"THESAURUS"

© Paul Auster, 1982, 1987, 1989, 1990, 1992, 1995, 1990, 1995

© ACTES SUD, 1988, 1989, 1990, 1991, 1993, 1995, 1991, 1995
pour la traduction française

ISBN 2-7427-2324-2

Illustration de couverture :
© Elizabeth Lennard

PAUL AUSTER

L'Invention de la solitude
Le Voyage d'Anna Blume
Moon Palace
La Musique du hasard
Léviathan
Smoke
Le Conte de Noël d'Auggie Wren
Brooklyn Boogie

"THESAURUS" *ACTES SUD*

Titre original :
The Invention of Solitude
Sun, New York
© Paul Auster, 1982

© ACTES SUD, 1988
pour la traduction française

L'INVENTION
DE LA SOLITUDE

roman traduit de l'américain
par Christine Le Bœuf

Première publication française en novembre 1988

PORTRAIT D'UN HOMME INVISIBLE

La traductrice remercie Victor Bol pour l'aide qu'il lui a apportée dans la recherche et le rétablissement du texte original des citations.

Qui cherche la vérité doit être prêt à l'inattendu, car elle est difficile à trouver et, quand on la rencontre, déconcertante.

HÉRACLITE

Un jour il y a la vie. Voici un homme en parfaite santé, pas vieux, jamais malade. Tout va pour lui comme il en fut toujours, comme il en ira toujours. Il vit au quotidien, s'occupe de ses affaires et ne rêve qu'aux réalités qui se présentent à lui. Et puis, d'un seul coup, la mort. Notre homme laisse échapper un petit soupir, s'affaisse dans son fauteuil, et c'est la mort. Si soudaine qu'il n'y a pas de place pour la réflexion, aucune possibilité pour l'intelligence de se trouver un mot de consolation. Il ne nous reste que la mort, l'irréductible évidence que nous sommes mortels. On peut l'accepter avec résignation au terme d'une longue maladie. On peut même attribuer au destin un décès accidentel. Mais qu'un homme meure sans cause apparente, qu'un homme meure simplement parce qu'il est un homme, nous voilà si près de l'invisible frontière entre la vie et la mort que nous ne savons plus de quel côté nous nous trouvons. La vie devient la mort, et semble en avoir fait partie depuis le début. La mort sans préavis. Autant dire : la vie s'arrête. Et cela peut arriver n'importe quand.

J'ai appris la mort de mon père voici trois semaines. C'était un dimanche matin, j'étais dans la cuisine en train de préparer le déjeuner de Daniel, mon petit garçon. Au lit, à l'étage, bien au chaud sous l'édredon, ma femme s'abandonnait aux délices d'une grasse matinée. L'hiver à la campagne : un univers de silence, de fumée de bois, de blancheur. L'esprit occupé des pages auxquelles j'avais travaillé la veille au soir, j'attendais l'après-midi, pour pouvoir m'y remettre. Le téléphone a sonné. Je l'ai su aussitôt : quelque chose n'allait pas. Personne n'appelle un dimanche à huit heures du matin sinon pour annoncer une nouvelle qui ne peut attendre. Et une nouvelle qui ne peut attendre est toujours mauvaise.

Je ne fus capable d'aucune pensée élevée.

Avant même d'avoir préparé nos bagages et entrepris les trois heures de route vers le New Jersey, je savais qu'il me faudrait écrire à propos de mon père. Je n'avais pas de projet, aucune idée précise de ce que cela représentait. Je ne me souviens même pas d'en avoir pris la décision. C'était là, simplement, une certitude, une obligation qui s'était imposée à moi dès l'instant où j'avais appris la nouvelle. Je pensais : Mon père est parti. Si je ne fais pas quelque chose, vite, sa vie entière va disparaître avec lui.

Quand j'y repense maintenant, à peine trois semaines plus tard, ma réaction me paraît curieuse. Je m'étais toujours imaginé paralysé devant la mort, figé de douleur. Mais confronté à l'événement je ne versais pas une larme, le monde ne me paraissait pas s'écrouler autour de moi. Bizarrement, je me trouvais tout à fait prêt à accepter cette disparition malgré sa soudaineté. J'étais troublé par tout autre chose, sans relation avec la mort ni avec mon attitude : je m'apercevais que mon père ne laissait pas de trace.

Il n'avait pas de femme, pas de famille qui dépendît de lui, personne dont son absence risquât de perturber la vie. Peut-être ici et là quelques personnes éprouveraient-elles un bref moment d'émotion, touchées par la pensée d'un caprice de la mort plus que par la perte de leur ami, puis il y aurait une courte période de tristesse, puis plus rien. A la longue ce serait comme s'il n'avait jamais existé.

De son vivant déjà, il était absent, et ses proches avaient appris depuis longtemps à accepter cette absence, à y voir une manifestation fondamentale de son être. Maintenant qu'il s'en était allé, les gens assimileraient sans difficulté l'idée que c'était pour toujours. Sa façon de vivre les avait préparés à sa mort – c'était comme une mort anticipée – et s'il arrivait qu'on se souvienne de lui ce serait un souvenir vague, pas davantage.

Dépourvu de passion, que ce soit pour un objet, une personne ou une idée, incapable ou refusant, en toute circonstance, de se livrer, il s'était arrangé pour garder ses distances avec la réalité, pour éviter l'immersion dans le vif des choses. Il mangeait, se rendait au travail, voyait ses amis, jouait au tennis, et cependant il n'était pas là. Au sens le plus profond, le plus inaltérable, c'était un homme invisible. Invisible pour les autres, et selon toute probabilité pour lui-même aussi. Si je l'ai cherché de son vivant, si j'ai toujours tenté de découvrir ce père absent, je ressens, maintenant qu'il est mort, le même besoin d'aller à sa recherche. La mort n'a rien changé. La seule différence c'est que le temps me manque.

Pendant quinze ans il avait vécu seul. Obstinément, obscurément, comme si le monde ne pouvait l'affecter. Il n'avait pas l'air d'un homme occupant l'espace mais plutôt d'un bloc d'espace impénétrable ayant forme humaine. Le monde rebondissait sur lui, se brisait contre lui, par moments adhérait à lui, mais ne l'avait jamais pénétré. Pendant quinze ans, tout seul, il avait hanté une maison immense, et c'est dans cette maison qu'il était mort.

Pendant une courte période nous y avions vécu en famille – mon père, ma mère, ma sœur et moi. Après le divorce de mes parents nous nous étions dispersés : ma mère avait entamé une autre vie, j'étais parti à l'université et ma sœur, en attendant d'en faire autant, avait habité chez ma mère. Seul mon père était resté. A cause d'une clause du jugement de divorce, qui attribuait à ma mère une part de la maison et le droit à la moitié du produit d'une vente éventuelle (ce qui rendait mon père peu disposé à vendre), ou à cause de quelque secret refus de changer sa vie (afin de ne pas montrer que le divorce l'avait affecté d'une manière qu'il ne pouvait contrôler), ou encore, simplement, par inertie, par une léthargie émotionnelle qui l'empêchait d'agir, il était resté et vivait seul dans une maison où six ou sept personnes auraient logé à l'aise.

C'était un endroit impressionnant : une vieille bâtisse solide, de style Tudor, avec des vitraux aux fenêtres, un toit d'ardoises et des pièces aux proportions royales. Son achat avait représenté pour mes parents une promotion, un signe d'accroissement de leur prospérité. C'était le plus beau quartier de la ville et, bien que la vie n'y fût pas agréable, surtout pour des enfants, son prestige l'avait emporté sur l'ennui mortel qui y régnait. Compte tenu qu'il devait finalement y passer le reste de ses jours, il y a de l'ironie dans le fait qu'au début mon père n'eût pas souhaité s'y installer. Il se plaignait du prix (une rengaine) et quand enfin il s'était laissé fléchir, ç'avait été à contrecœur et de mauvaise grâce. Il avait néanmoins payé comptant. Tout en une fois. Pas d'emprunt, pas de mensualités. C'était en 1959, et ses affaires marchaient bien.

Homme d'habitudes, il partait au bureau tôt le matin, travaillait dur toute la journée et ensuite, quand il rentrait (s'il n'était pas trop tard), faisait un petit somme avant le dîner. Au cours de notre première semaine dans cette maison, il avait commis une erreur bizarre. Après son travail, au lieu de rentrer à la nouvelle adresse, il s'était rendu tout droit à l'ancienne, comme il en avait eu l'habitude pendant des années ; il avait garé sa voiture dans l'allée, était entré par la porte de derrière, était monté à l'étage, entré dans la chambre, s'était allongé sur le lit et assoupi. Il avait dormi pendant une heure environ. Inutile de dire la surprise de la nouvelle maîtresse de maison trouvant, en rentrant chez elle, un inconnu sur son lit. A la différence de Boucles d'Or, mon père ne s'était pas enfui précipitamment. Le quiproquo éclairci, tout le monde avait ri de bon cœur. J'en ris encore aujourd'hui. Et pourtant, malgré tout, je ne peux m'empêcher de trouver cet incident pathétique. Reprendre par erreur le chemin de son ancienne maison est une chose, mais c'en est une tout autre, je pense, de ne pas remarquer que l'aménagement intérieur a changé. Le cerveau le plus fatigué ou le plus distrait conserve une part obscure de réaction instinctive qui permet au corps de se repérer. Il fallait être presque inconscient pour ne pas voir ou au moins sentir que ce n'était plus la même habitation. "La routine est un éteignoir", comme le suggère un personnage de Beckett. Et si l'esprit est incapable de réagir à une évidence matérielle, que fera-t-il des données émotionnelles ?

Durant ces quinze dernières années, il n'avait pratiquement rien changé dans la maison. Il n'avait pas ajouté un meuble, n'en avait enlevé aucun. La couleur des murs était restée la même, vaisselle et batterie de cuisine n'avaient pas été renouvelées et même les robes de ma mère étaient toujours là – suspendues dans une armoire au grenier. La dimension même des lieux l'autorisait à ne rien décider à propos des objets qui s'y trouvaient. Ce n'était pas qu'il fût attaché au passé et désireux de tout conserver comme dans un musée. Il paraissait au contraire inconscient de ce qu'il faisait. La négligence le gouvernait, non la mémoire, et bien qu'il eût habité là si longtemps, il y demeurait en étranger. Les années passant, il y vivait de moins en moins. Il prenait presque tous ses repas au restaurant, organisait son agenda de manière à être occupé chaque soir et n'utilisait guère son domicile que pour y dormir. Un jour, il y a plusieurs années, il m'est arrivé de lui dire quelle somme j'avais gagnée l'année précédente pour mes travaux littéraires et mes traductions (un montant minable, mais le plus important que j'avais jamais reçu), et sa réponse amusée avait été que pour ses seuls repas il dépensait plus que cela. Il est évident que sa vie n'avait pas pour centre son logement. La maison n'était qu'une des nombreuses haltes qui jalonnaient une existence agitée et sans attaches, et cette absence d'épicentre avait fait de lui un perpétuel outsider, un touriste dans sa propre existence. Jamais on n'avait l'impression de pouvoir le situer.

Néanmoins la maison me paraît importante, ne serait-ce que pour l'état de négligence où elle se trouvait – symptomatique d'une disposition d'esprit, par ailleurs inaccessible, qui se manifestait dans les attitudes concrètes d'un comportement inconscient. Elle était devenue métaphore de la vie de mon père, représentation exacte et fidèle de son monde intérieur. Car bien qu'il y fît le ménage et maintînt les choses à peu près en état, un processus de désintégration, graduel et inéluctable, y était perceptible. Mon père avait de l'ordre, remettait toujours chaque chose à sa place, mais rien n'était entretenu, rien jamais nettoyé. Les meubles, surtout ceux des pièces où il entrait rarement, étaient couverts de poussière et de toiles d'araignée, signes d'un abandon total ; la cuisinière, complètement incrustée d'aliments carbonisés, était irrécupérable. Dans le placard, abandonnés sur les étagères depuis des années : paquets de farine infestés de bestioles, biscuits rances, sacs de sucre transformés en blocs compacts, bouteilles de sirops impossibles à ouvrir. Quand il lui arrivait de se préparer un repas, il faisait aussitôt et consciencieusement sa vaisselle, mais se contentait de la rincer, sans jamais utiliser de savon, si bien que chaque tasse, chaque soucoupe, chaque assiette était recouverte d'une sordide pellicule de graisse. A toutes les fenêtres, les stores, toujours baissés, étaient si élimés que la moindre secousse les aurait mis en pièces. Des fuites d'eau tachaient le mobilier, la chaudière ne chauffait jamais convenablement, la douche ne fonctionnait plus. La maison était devenue miteuse, déprimante. On y avait l'impression de se trouver dans l'antre d'un aveugle.

Ses amis, sa famille, conscients de la folie de cette façon de vivre, le pressaient de vendre et de déménager. Mais il s'arrangeait toujours, d'un "Je suis bien ici", ou d'un "La maison me convient tout à fait", pour esquiver sans se compromettre. A la fin, pourtant, il s'était décidé à déménager. Tout à la fin. La dernière fois que nous nous sommes parlé au téléphone, dix jours avant sa mort, il m'a dit que la maison était vendue, l'affaire devait être conclue le 1er février, à trois semaines de là. Il voulait savoir si quelque objet m'intéressait, et nous sommes convenus que je viendrais lui rendre visite avec ma femme et Daniel dès que nous aurions une journée libre. Il est mort avant que nous en ayons eu l'occasion.

J'ai appris qu'il n'est rien de plus terrible que la confrontation avec les effets personnels d'un mort. Les choses sont inertes. Elles n'ont de signification qu'en fonction de celui qui les utilise. La disparition advenue, les objets, même s'ils demeurent, sont différents. Ils sont là sans y être, fantômes tangibles, condamnés à survivre dans un monde où ils n'ont plus leur place. Que penser, par exemple, d'une pleine garde-robe attendant silencieusement d'habiller un homme qui jamais plus n'en ouvrira la porte ? de préservatifs éparpillés dans des tiroirs bourrés de sous-vêtements et de chaussettes ? du rasoir électrique qui, dans la salle de bains, porte encore les traces poussiéreuses du dernier usage ? d'une douzaine de tubes de teinture pour cheveux cachés dans une trousse de toilette en cuir ? – révélation soudaine de choses qu'on n'a aucune envie de voir, aucune envie de savoir. C'est à la fois poignant et, dans un sens, horrible. Tels les ustensiles de cuisine de quelque civilisation disparue, les objets en eux-mêmes ne signifient rien. Pourtant ils nous parlent, ils sont là non en tant qu'objets mais comme les vestiges d'une pensée, d'une conscience, emblèmes de la solitude dans laquelle un homme prend les décisions qui le concernent : se teindre les cheveux, porter telle ou telle chemise, vivre, mourir. Et la futilité de tout ça, la mort venue.

Chaque fois que j'ouvrais un tiroir ou passais la tête dans un placard, je me sentais un intrus, cambrioleur violant l'intimité d'un homme. A tout moment je m'attendais à voir surgir mon père me dévisageant, incrédule, et me demandant ce que je fichais là. Il me paraissait injuste qu'il ne pût protester. Je n'avais pas le droit d'envahir sa vie privée.

Un numéro de téléphone hâtivement griffonné au dos de la carte de visite d'une de ses relations de travail : H. Limeburg – poubelles en tout genre. Des photographies du voyage de noces de mes parents aux chutes du Niagara, en 1946 : ma mère juchée nerveusement sur un taureau pour un de ces clichés amusants qui n'amusent personne, et le sentiment soudain que le monde a toujours été irréel, depuis sa préhistoire. Un tiroir plein de marteaux, de clous et de plus d'une vingtaine de tournevis. Un classeur rempli de chèques annulés datant de 1953 et des cartes que j'avais reçues pour mon sixième anniversaire. Et puis, enterrée au fond d'un tiroir de la salle de bains, la brosse à dents de ma mère, marquée à son chiffre, et qui n'avait plus été regardée ni touchée depuis au moins quinze ans.

La liste serait interminable.

Je me suis bientôt rendu à l'évidence que mon père ne s'était guère préparé à partir. Dans toute la maison, il n'y avait d'autres indices apparents d'un déménagement prochain que quelques cartons de livres – livres sans intérêt (des atlas périmés, une initiation à l'électronique vieille de cinquante ans, une grammaire latine de l'enseignement secondaire, d'anciens livres de droit) dont il avait projeté de faire don à une œuvre. A part cela, rien. Aucune caisse vide attendant d'être remplie. Aucun meuble donné ou vendu. Aucun accord prévu avec un déménageur. Comme s'il n'avait pas pu faire face. Plutôt que de vider la maison, il avait préféré mourir. C'était une façon de s'en sortir, la seule évasion légitime.

Pour moi, néanmoins, il n'y avait pas d'échappatoire. Ce qui devait être fait, personne d'autre ne pouvait le faire. Pendant dix jours j'ai tout passé en revue, j'ai nettoyé et rangé, préparé la maison pour ses nouveaux occupants. Triste période, mais aussi étrangement amusante, période d'insouciance et de décisions absurdes : vendre ceci, jeter cela, donner cette autre chose. Ma femme et moi avons acheté pour Daniel, qui avait dix-huit mois, un grand toboggan de bois que nous avons installé dans le salon. L'enfant semblait ravi par le chaos : il fouillait partout, se coiffait des abat-jour, semait en tous lieux des jetons de poker en plastique, et ses cavalcades retentissaient dans les vastes espaces des pièces progressivement débarrassées. Le soir, enfouis sous des édredons monolithiques, ma femme et moi regardions des films minables à la télévision. Jusqu'à ce que la télévision aussi s'en aille. La chaudière nous faisait des ennuis, elle s'éteignait si j'oubliais de la remplir d'eau. Un matin au réveil, nous nous sommes aperçus que la température dans la maison était tombée aux environs de zéro. Le téléphone sonnait vingt fois par jour, et vingt fois par jour j'annonçais la mort de mon père. J'étais devenu marchand de meubles, déménageur, messager de mauvaises nouvelles.

La maison commençait à ressembler au décor d'une banale comédie de mœurs. Des membres de la famille surgissaient, réclamaient tel meuble, telle pièce de vaisselle, essayaient les costumes de mon père, retournaient des cartons, jacassaient comme des oies. Des commissaires-priseurs venaient examiner la marchandise ("rien de capitonné, ça ne vaut pas un sou"), prenaient des mines dégoûtées et repartaient. Les hommes de la voirie, piétinant dans leurs lourdes bottes, emportaient des montagnes de bric-à-brac. L'employé de la compagnie des eaux est venu relever le compteur d'eau, celui de la compagnie du gaz le compteur de gaz et celui du fournisseur de fuel la jauge du fuel. (L'un d'eux, je ne me souviens plus lequel, qui avait eu maille à partir avec mon père au fil des années, m'a dit sur un ton de complicité farouche : "Ça m'ennuie de vous dire ça – ça ne l'ennuyait pas du tout – mais votre père était un type odieux.") L'agent immobilier, venu choisir quelques meubles à l'intention des nouveaux propriétaires, s'est finalement octroyé un miroir. Une brocanteuse a acheté les vieux chapeaux de ma mère. Un revendeur, arrivé avec son équipe (quatre Noirs nommés Luther, Ulysse, Tommy Pride et Joe Sapp), a tout embarqué, d'une paire d'haltères à un grille-pain hors d'usage. A la fin il ne restait rien. Pas même une carte postale. Pas une pensée.

S'il y a eu, durant ces quelques jours, un moment pire pour moi que les autres, c'est celui où j'ai traversé la pelouse sous une pluie battante afin de jeter à l'arrière du camion d'une association charitable une brassée de cravates. Il y en avait bien une centaine, et beaucoup me rappelaient mon enfance : leurs dessins, leurs couleurs, leurs formes étaient inscrits dans le tréfonds de ma conscience aussi clairement que le visage de mon père. Me voir les jeter comme de quelconques vieilleries m'était intolérable et c'est au moment précis où je les lançais dans le camion que j'ai été le plus près de pleurer. Plus que la vision du cercueil descendu dans la terre, le fait de jeter ces cravates m'a paru concrétiser l'idée de l'ensevelissement. Je comprenais enfin que mon père était mort.

Hier une gosse du voisinage est venue jouer avec Daniel. Une fillette de trois ans et demi environ, qui sait depuis peu que les grandes personnes aussi ont un jour été des enfants et que sa mère et son père ont eux-mêmes des parents. A un moment donné elle a pris le téléphone et entamé une conversation imaginaire, puis s'est tournée vers moi en disant : "Paul, c'est ton père, il veut te parler." C'était affreux. J'ai pensé : Il y a un fantôme au bout de la ligne, et il tient réellement à s'entretenir avec moi. Plusieurs instants se sont écoulés avant que je parvienne à balbutier : "Non, ça ne peut pas être mon père. Pas aujourd'hui. Il est ailleurs."

J'ai attendu qu'elle raccroche le combiné et j'ai quitté la pièce.

J'avais retrouvé dans le placard de sa chambre à coucher plusieurs centaines de photographies – fourrées dans des enveloppes fanées, collées aux pages noires d'albums délabrés, éparses dans des tiroirs. A voir la façon dont elles étaient mises de côté, j'ai pensé qu'il ne les regardait jamais, qu'il avait même oublié leur existence. Un très gros album, relié d'un cuir luxueux, avec un titre à l'or fin – Ceci est notre vie : les Auster – était totalement vide. Quelqu'un, ma mère sans doute, avait un jour pris la peine de le commander, mais personne ne s'était jamais soucié de le garnir.

Rentré chez moi, je me suis absorbé dans l'observation de ces clichés avec une fascination frisant la manie. Je les trouvais irrésistibles, précieux, l'équivalent de reliques sacrées. Ils me semblaient susceptibles de me raconter des choses que j'avais jusqu'alors ignorées, de me révéler une vérité cachée, et je me plongeais dans leur étude, me pénétrant du moindre détail, de l'ombre la plus banale, jusqu'à ce qu'ils fassent tous partie de moi. Je ne voulais rien laisser échapper.

A l'homme la mort prend son corps. Vivant, l'individu est synonyme de son corps. Ensuite il y a lui, et il y a sa dépouille. On dit : "Voici le corps de X", comme si ce corps, qui un jour a été l'homme lui-même, non sa représentation ni sa propriété, mais l'homme même connu sous le nom de X, soudain n'avait plus d'importance. Quand quelqu'un entre dans une pièce et que vous échangez une poignée de main, ce n'est pas avec sa main, ni avec son corps que vous avez l'impression de l'échanger, c'est avec *lui*. La mort modifie cela. Voici le corps de X, et non pas voici X. Toute la syntaxe est différente. On parle maintenant de deux choses au lieu d'une, ce qui implique que l'homme continue d'exister mais comme une idée, un essaim d'images et de souvenirs dans l'esprit des survivants. Quant au corps, il n'est plus que chair et ossements, une simple masse de matière.

La découverte de ces photographies m'était importante car elles me paraissaient réaffirmer la présence physique de mon père en ce monde, me donner l'illusion qu'il était encore là. Du fait que beaucoup m'étaient inconnues, surtout celles de sa jeunesse, j'avais la curieuse sensation que je le rencontrais pour la première fois et qu'une partie de lui commençait à peine à exister. J'avais perdu mon père. Mais dans le même temps je le découvrais. Tant que je gardais ces images devant mes yeux, tant que je continuais à les étudier de toute mon attention, c'était comme si, même disparu, il était encore vivant. Ou, sinon vivant, du moins pas mort. Plutôt en suspens, bloqué dans un univers qui n'avait rien à voir avec la mort, où jamais elle n'aurait accès.

La plupart de ces instantanés ne m'ont pas appris grand-chose mais ils m'ont aidé à combler des lacunes, à confirmer des impressions, à trouver des preuves là où elles avaient toujours manqué. Telle cette série de clichés, pris sans doute au cours de plusieurs années, quand il était encore garçon, qui témoignent avec précision de certains aspects de sa personnalité, submergés pendant les années de son mariage, une face de lui que je n'ai commencé à entrevoir qu'après son divorce : dandy, mondain, bon vivant. Image après image, le voici en compagnie de femmes, deux ou trois le plus souvent, toutes prenant des poses comiques, se tenant embrassées, ou assises à deux sur ses genoux, ou alors un baiser théâtral à l'intention du seul photographe. A l'arrière-plan : la montagne, un court de tennis, une piscine peut-être ou une cabane de rondins. Témoins de balades de week-end dans les Catskill avec ses amis célibataires. Le tennis, les femmes. Il avait vécu ainsi jusqu'à trente-quatre ans.

Cette vie lui convenait et je comprends qu'il y soit retourné après la rupture de son mariage. Pour quelqu'un qui ne trouve la vie tolérable qu'à la condition d'en effleurer seulement la surface, il est naturel de se contenter, dans ses échanges avec les autres, de rapports superficiels. Peu d'exigences à satisfaire, aucune obligation de s'engager. Le mariage, au contraire, c'est une porte qui se ferme. Confiné dans un espace étriqué, il faut constamment manifester sa personnalité et par conséquent s'observer, s'analyser en profondeur. Porte ouverte, il n'y a pas de problème : on peut toujours s'échapper. On peut esquiver toute confrontation désagréable, avec soi-même comme avec autrui, rien qu'en sortant.

La capacité d'évasion de mon père était presque illimitée. Le domaine d'autrui lui paraissant irréel, les incursions qu'il pouvait y faire concernaient une part de lui-même qu'il considérait comme également irréelle, une personnalité seconde qu'il avait entraînée à le représenter comme un acteur dans la comédie absurde du vaste monde. Ce substitut de lui-même était avant tout un farceur, un enfant débordant d'activité, un raconteur d'histoires. Il ne prenait rien au sérieux.

Comme rien ne lui paraissait important, il s'arrogeait la liberté de faire tout ce qu'il voulait (entrer en fraude dans des clubs de tennis, se faire passer pour un critique gastronomique afin d'obtenir un repas gratuit), et le charme qu'il déployait pour ses conquêtes était précisément ce qui les dénuait de sens. Il dissimulait son âge véritable avec la vanité d'une femme, inventait des histoires à propos de ses affaires et ne parlait de lui-même qu'avec des détours – à la troisième personne, comme d'une de ses relations. ("Un de mes amis a tel problème ; que pensez-vous qu'il puisse faire ?...") Chaque fois qu'une situation devenait embarrassante, chaque fois qu'il se sentait acculé à l'obligation de se démasquer, il s'en sortait par un mensonge. A force, le mensonge était devenu chez lui automatique, il s'y adonnait par goût. Son principe était d'en dire le moins possible. Si les gens ne le connaissaient jamais vraiment ils ne pourraient pas, un jour, retourner sa vérité contre lui. Mentir était une façon de s'assurer une protection. Ce que les gens voyaient quand ils l'avaient devant eux ce n'était donc pas lui mais un personnage inventé, une créature artificielle qu'il pouvait manipuler afin de manipuler autrui. Lui-même demeurait invisible, marionnettiste solitaire tirant dans l'obscurité, derrière le rideau, les ficelles de son alter ego.

Pendant ses dix ou douze dernières années, il avait une amie régulière, avec qui il sortait et qui jouait le rôle de compagne officielle. Il y avait de temps en temps de vagues rumeurs de mariage (venant d'elle) et tout le monde présumait qu'elle était la seule femme dans sa vie. Mais après sa mort d'autres ont surgi. L'une l'avait aimé, celle-ci l'avait adoré, celle-là devait l'épouser. L'amie en titre était stupéfaite d'apprendre l'existence de ces rivales ; mon père ne lui en avait jamais soufflé mot. Il avait donné la réplique à chacune séparément et chacune s'imaginait le posséder. Il s'est avéré qu'aucune ne savait rien de lui. Il s'était arrangé pour échapper à toutes.

Solitaire. Mais cela ne signifie pas qu'il était seul. Pas dans le sens où Thoreau, par exemple, cherchait dans l'exil à se trouver ; pas comme Jonas non plus, qui dans le ventre de la baleine priait pour être délivré. La solitude comme une retraite. Pour n'avoir pas à se voir, pour n'avoir pas à voir le regard des autres sur lui.

Bavarder avec lui était une rude épreuve. Ou bien il était absent, comme à son habitude, ou bien il faisait montre d'un enjouement exagéré, et ce n'était qu'une autre forme d'absence. Autant essayer de se faire comprendre par un vieillard sénile. Vous disiez quelque chose, et il n'y avait pas de réponse, ou si peu appropriée que d'évidence il n'avait pas suivi le fil de votre phrase. Chaque fois que je lui téléphonais, ces dernières années, je me surprenais à parler plus que de raison, je devenais agressivement volubile, avec l'espoir futile de retenir son attention par mon bavardage et de provoquer une réaction. Après quoi, invariablement, je me sentais idiot d'avoir fait un tel effort.

Il ne fumait pas, ne buvait pas. Aucun goût pour les plaisirs des sens, aucune soif de plaisirs intellectuels. Les livres l'ennuyaient et rare était le film ou la pièce de théâtre qui ne l'endormait pas. Dans les soirées on pouvait le voir lutter pour garder les yeux ouverts, et le plus souvent il succombait, s'assoupissait dans un fauteuil au beau milieu des conversations. Un homme sans appétits. On avait le sentiment que rien ne pourrait jamais s'imposer à lui, qu'il n'avait aucun besoin de ce que le monde peut offrir.

A trente-quatre ans, mariage. A cinquante-deux, divorce. En un sens cela avait duré des années, mais en fait ce n'avait été que l'affaire de quelques jours. Jamais il n'a été un homme marié, jamais un divorcé, mais un célibataire à vie qui s'était trouvé par hasard dans un interlude nommé mariage. Bien qu'il ne se soit pas dérobé devant ses devoirs évidents de chef de famille (il était fidèle, entretenait sa femme et ses enfants et assumait toutes ses responsabilités), il était clair qu'il n'était pas taillé pour tenir ce rôle. Il n'avait simplement aucun don pour cela.

Ma mère avait juste vingt et un ans quand elle l'a épousé. Pendant la brève période où il lui faisait la cour, il avait été chaste. Pas d'avances audacieuses, aucun de ces assauts de mâle haletant d'excitation. De temps à autre ils se tenaient les mains, échangeaient un baiser poli en se disant bonsoir. En bref, il n'y eut jamais de déclaration d'amour, ni d'une part ni de l'autre. Quand arriva la date du mariage, ils ne se connaissaient pratiquement pas.

Il n'a pas fallu longtemps à ma mère pour s'apercevoir de son erreur. Avant même la fin de leur voyage de noces (ce voyage sur lequel j'avais retrouvé une documentation si complète, comme par exemple cette photo où ils sont assis ensemble sur un rocher, au bord d'un lac parfaitement calme ; un ruissellement de soleil sur la pente derrière eux guide le regard vers une pinède ombragée, il a les bras autour d'elle et tous deux se regardent en souriant timidement, comme si le photographe leur avait fait tenir la pose un instant de trop), avant même la fin de la lune de miel elle savait que leur mariage serait un échec. Elle est allée en larmes chez sa mère, lui dire qu'elle voulait le quitter. D'une manière ou d'une autre, sa mère a réussi à la persuader de rentrer chez elle et de donner une chance à leur couple. Et alors, avant que les choses se tassent, elle s'est trouvée enceinte. Et il était soudain trop tard pour faire quoi que ce soit.

J'y pense parfois : j'ai été conçu aux chutes du Niagara, dans ce lieu de villégiature pour jeunes mariés. Le lieu n'a pas d'importance. Mais l'idée de ce qui doit avoir été une étreinte sans passion, un tâtonnement soumis entre les draps glacés d'un hôtel, n'a jamais manqué de me faire considérer avec humilité ma propre précarité. Les chutes du Niagara. Ou le hasard de deux corps réunis. Et puis moi, homoncule aléatoire, tel l'un de ces casse-cou qui descendent les chutes dans une barrique.

Un peu plus de huit mois après, en s'éveillant le matin de son vingt-deuxième anniversaire, ma mère a dit à mon père que le bébé arrivait. Ridicule, a-t-il répondu, on ne l'attend pas avant trois semaines – et il est aussitôt parti travailler, en l'abandonnant sans voiture.

Elle a attendu. Pensé qu'il avait peut-être raison. Attendu encore un peu et puis téléphoné à sa belle-sœur pour lui demander de la conduire à l'hôpital. Ma tante a passé la journée auprès d'elle, et toutes les heures elle appelait mon père en insistant pour qu'il vienne. Plus tard, répondait-il, je suis occupé, je viendrai dès que je pourrai.

Un peu après minuit je me frayais un chemin en ce monde, le derrière en avant et sans doute en braillant.

Ma mère attendait mon père mais il n'est arrivé que le lendemain matin – en compagnie de sa mère qui désirait inspecter son septième petit-fils. Une visite brève, tendue, et il est reparti à son travail.

Elle a pleuré, bien entendu. Elle était jeune, après tout, et ne s'était pas attendue à ce qu'il y accordât si peu d'importance. Mais lui n'a jamais compris ce genre de choses. Ni au début ni à la fin. Jamais il n'a été capable d'être où il était. Toute sa vie il a été ailleurs, entre ici et là. Jamais vraiment ici. Et jamais vraiment là.

Le même petit drame s'est reproduit trente ans plus tard. Cette fois j'y étais, je l'ai vu de mes yeux.

Après la naissance de mon fils, j'avais pensé : Ça va lui faire plaisir. Les hommes ne sont-ils pas toujours heureux d'être grands-pères ?

J'aurais aimé le voir s'attendrir sur le bébé, m'offrir une preuve qu'il était, après tout, capable de manifester un sentiment – en somme qu'il pouvait, comme tout le monde, en éprouver un. Et s'il témoignait de l'affection à son petit-fils, ne serait-ce pas, d'une façon indirecte, m'en montrer à moi ? Même adulte, on ne cesse pas d'être affamé d'amour paternel.

Mais les gens ne changent pas. Tout bien compté, mon père n'a vu son petit-fils que trois ou quatre fois, et à aucun moment n'a su le distinguer de la masse anonyme des bébés qui naissent chaque jour dans le monde. La première fois qu'il a posé les yeux sur lui, Daniel avait juste quinze jours. Je m'en souviens comme si c'était hier : un dimanche torride de la fin de juin, un temps de vague de chaleur, l'air de la campagne gris d'humidité. Mon père a garé sa voiture, il a vu ma femme installer le bébé dans son landau pour la sieste et s'est dirigé vers elle pour la saluer. Il a mis le nez dans le berceau pendant un dixième de seconde, s'est redressé en disant : "Un beau bébé, je te félicite" et a poursuivi son chemin vers la maison. Il aurait aussi bien pu être en train de parler à des inconnus dans une file de supermarché. De tout le temps de sa visite, ce jour-là, il ne s'est plus occupé de Daniel et pas une fois il n'a demandé à le prendre dans ses bras.

Tout ceci, simplement, à titre d'exemple.

Il est impossible, je m'en rends compte, de pénétrer la solitude d'autrui. Si nous arrivons jamais, si peu que ce soit, à connaître un de nos semblables, c'est seulement dans la mesure où il est disposé à se laisser découvrir. Quelqu'un dit : J'ai froid. Ou bien il ne dit rien et nous le voyons frissonner. De toute façon, nous savons qu'il a froid. Mais que penser de celui qui ne dit rien et ne frissonne pas ? Là où tout est neutre, hermétique, évasif, on ne peut qu'observer. Mais en tirer des conclusions, c'est une tout autre question.

Je ne veux présumer de rien.

Jamais il ne parlait de lui-même, ni ne paraissait savoir qu'il aurait pu le faire. C'était comme si sa vie intérieure lui avait échappé, à lui aussi.

Il ne pouvait en parler et passait donc tout sous silence.

Et s'il n'y a que ce silence, n'est-ce pas présomptueux de ma part de parler ? Et pourtant : s'il y avait eu autre chose que du silence, aurais-je d'abord ressenti le besoin de parler ?

Je n'ai pas grand choix. Je peux me taire, ou alors parler de choses invérifiables. Je veux au moins consigner les faits, les exposer aussi honnêtement que possible et leur laisser raconter ce qu'ils peuvent. Mais même les faits ne disent pas toujours la vérité.

Il était, en surface, d'une neutralité si implacable, son comportement était si platement prévisible que tout ce qu'il entreprenait devenait une surprise. On ne peut croire à l'existence d'un tel homme – si dépourvu de sentiments et attendant si peu des autres. Et si cet homme n'existait pas, cela signifie qu'il y en avait un autre, dissimulé à l'intérieur de l'homme absent, et dans ce cas ce qu'il faut, c'est le trouver. A condition qu'il soit là.

Je dois reconnaître, dès le départ, que cette entreprise est par essence vouée à l'échec.

Premier souvenir : son absence. Durant les premières années de ma vie, il partait travailler très tôt, avant que je sois éveillé, et ne rentrait que longtemps après qu'on m'eut remis au lit. J'étais le fils de ma mère, je vivais dans l'orbite de celle-ci. Petite lune tournant autour de cette terre gigantesque, poussière dans sa sphère d'attraction, j'en contrôlais les marées, le climat, la force des sentiments. Mon père répétait comme un refrain : Ne fais pas tant de chichis, tu le gâtes. Mais ma santé n'était pas bonne et ma mère en usait pour se justifier des attentions qu'elle me prodiguait. Nous passions beaucoup de temps ensemble, elle avec sa solitude et moi avec mes crampes, à attendre patiemment dans les cabinets des médecins que quelqu'un apaise le désordre qui me ravageait continuellement l'estomac. Je m'accrochais à ces médecins avec une sorte de désespoir, je voulais qu'ils me prennent dans leurs bras. Dès le début, semble-t-il, je cherchais mon père, je cherchais avec frénésie quelqu'un qui lui ressemblât.

Souvenir plus récent : un désir dévorant. L'esprit toujours à l'affût d'un prétexte qui me permît de nier l'évidence, je m'obstinais à espérer quelque chose qui jamais ne m'était donné – ou donné si rarement, si arbitrairement que cela paraissait se produire en dehors du champ normal de l'expérience, en un lieu où je ne pourrais en aucune façon vivre plus de quelques instants à chaque fois. Je n'avais pas l'impression qu'il ne m'aimait pas. Simplement, il paraissait distrait, incapable de me voir. Et plus que tout, je souhaitais qu'il fasse attention à moi.

N'importe quoi me suffisait, la moindre chose. Un jour, par exemple, nous étions allés en famille au restaurant, c'était un dimanche, la salle était bondée, il fallait attendre qu'une table se libère, et mon père m'a emmené à l'extérieur ; il a sorti (d'où ?) une balle de tennis, posé un penny sur le trottoir, et entrepris de jouer avec moi : il fallait toucher la pièce avec la balle. Je ne devais avoir que huit ou neuf ans.

Rétrospectivement, rien de plus banal. Et pourtant le fait d'avoir participé, le fait que mon père, tout naturellement, m'ait demandé de partager son ennui, j'en avais été presque écrasé de joie.

Les déceptions étaient plus fréquentes. Pendant un moment il paraissait changé, plus ouvert, et puis tout à coup il n'était plus là. La seule fois où j'avais réussi à le persuader de m'emmener à un match de football (les *Giants* contre les *Cardinals* de Chicago, au *Yankee Stadium* ou aux *Polo Grounds*, je ne sais plus), il s'est levé tout à coup au milieu du quatrième quart en disant : "Il est temps de s'en aller." Il voulait "passer avant la foule" et éviter d'être pris dans la circulation. Rien de ce que j'ai pu dire ne l'a convaincu de rester et nous sommes partis, comme ça, pendant que le jeu battait son plein. Plein d'un désespoir inhumain, je l'ai suivi le long des rampes de béton, et ce fut pis encore dans le parking, avec derrière moi les hurlements de la foule invisible.

Il aurait été vain d'attendre de lui qu'il devine ce qu'on voulait, qu'il ait l'intuition de ce qu'on pouvait ressentir. L'obligation de s'expliquer gâchait d'avance tout plaisir, perturbait un rêve d'harmonie avant que la première note en ait été jouée. Et puis, quand bien même on arrivait à s'exprimer, on n'était pas du tout certain d'être compris.

Je me souviens d'un jour très semblable à celui-ci. Un dimanche de crachin, une maison silencieuse, léthargique. Mon père sommeillait, ou venait de s'éveiller, et pour une raison ou une autre j'étais avec lui sur le lit, seuls tous les deux dans sa chambre. Raconte-moi une histoire. Cela doit avoir commencé ainsi. Et parce qu'il ne faisait rien, parce qu'il était encore assoupi dans la langueur de l'après-midi, il a obtempéré et, tout à trac, s'est lancé dans un récit. Je m'en souviens avec une telle clarté. Comme si je sortais à peine de la pièce, avec son fouillis d'édredons sur le lit, comme si je pouvais, rien qu'en fermant les yeux, y retourner dès que l'envie m'en prendrait.

Il m'a raconté ses aventures de prospecteur en Amérique du Sud. Aventures hautes en couleur, truffées de dangers mortels, d'évasions à vous faire dresser les cheveux sur la tête et de revers de fortune invraisemblables : il se frayait un chemin dans la jungle à coups de machette, mettait des bandits en déroute à mains nues, abattait son âne qui s'était cassé une jambe. Son langage était fleuri et contourné, l'écho sans doute de ses propres lectures d'enfant. Mais ce style était précisément ce qui m'enchantait. Non content de me révéler sur lui-même des choses nouvelles, de lever le voile sur l'univers lointain de son passé, il utilisait pour cela des mots étranges et inconnus. Cette forme comptait tout autant que l'histoire elle-même. Elle lui convenait, en un sens elle en était indissociable. Son étrangeté même était garante de son authenticité.

Il ne m'est pas venu à l'esprit qu'il pouvait avoir tout inventé. J'y ai cru pendant des années. Même passé l'âge où j'aurais dû voir clair, j'avais encore le sentiment qu'il s'y trouvait une part de vérité. Cela représentait à propos de mon père une information à laquelle je pouvais me raccrocher, et je n'avais pas envie d'y renoncer. J'y voyais enfin une explication à ses mystérieuses disparitions, à son indifférence envers moi. Il était un personnage romanesque, un homme au passé obscur et fascinant, et sa vie présente n'était qu'une halte, une façon d'attendre le moment de repartir vers une nouvelle aventure. Il était en train de mettre au point son plan, la façon dont il s'y prendrait pour récupérer l'or enfoui profondément au cœur de la cordillère des Andes.

En arrière-plan dans mon esprit : le désir de faire quelque chose d'extraordinaire, de l'impressionner par un acte aux proportions héroïques. Plus il était distant, plus l'enjeu me paraissait élevé. Mais si tenace et si idéaliste que soit la volonté d'un gamin, elle est aussi terriblement pratique. Je n'avais que dix ans et ne disposais d'aucun enfant à tirer d'un immeuble en flammes, d'aucun marin à sauver en mer. J'étais d'autre part bon au base-ball, la vedette de mon équipe de juniors et, bien que mon père ne s'y intéressât pas, je pensais que s'il me voyait jouer, ne fût-ce qu'une fois, il commencerait à me considérer sous un jour nouveau.

Et finalement il est venu. Les parents de ma mère nous rendaient alors visite et mon grand-père, grand amateur de base-ball, l'accompagnait. C'était un match spécial pour le *Memorial Day* et toutes les places étaient occupées. Si je devais accomplir un haut fait, c'était le moment ou jamais. Je me souviens de les avoir aperçus sur les gradins de bois, mon père en chemise blanche sans cravate, et mon grand-père avec un mouchoir blanc sur son crâne chauve pour le protéger du soleil – je vois encore toute la scène, inondée de cette aveuglante lumière blanche.

Il va sans dire que j'ai fait un gâchis. J'ai raté tous mes coups de batte, perdu l'équilibre sur le terrain, j'avais un trac épouvantable. Des centaines de matchs que j'ai joués dans mon enfance, celui-ci a été le pire.

Ensuite, comme nous retournions à la voiture, mon père m'a dit que j'avais bien joué. Non, ai-je répliqué, c'était affreux. Et lui : Tu as fait de ton mieux, on ne peut pas toujours être bon.

Son intention n'était pas de m'encourager. Ni d'être désagréable. Il parlait simplement comme on le fait en pareille occasion, quasi automatiquement. Les mots convenaient, mais ils étaient vides de sens, simple exercice de décorum, prononcés sur le même ton abstrait que vingt ans plus tard son "Un beau bébé, je te félicite". Je voyais bien qu'il avait l'esprit ailleurs.

Cela n'a pas d'importance en soi. Ce qui en a, c'est que je comprenais que même si tout s'était passé aussi bien que je l'avais espéré, sa réaction aurait été identique. Que je réussisse ou non ne comptait guère pour lui. J'existais à ses yeux en fonction de ce que j'étais, non de ce que je faisais, et cela signifiait que jamais la perception qu'il avait de moi ne changerait, nos rapports étaient déterminés de façon inaltérable, nous étions séparés l'un de l'autre par un mur. Je comprenais surtout que tout cela n'avait pas grand-chose à voir avec moi. Lui seul était en cause. Comme tous les éléments de son existence, il ne me voyait qu'à travers les brumes de sa solitude, à grande distance. L'univers était pour lui, à mon avis, un lieu éloigné où jamais il ne pénétrait pour de bon, et c'est là-bas, dans le lointain, parmi les ombres qui flottaient devant lui, que j'étais né et devenu son fils, que j'avais grandi, apparaissant et disparaissant comme une ombre de plus dans la pénombre de sa conscience.

Avec sa fille, née quand j'avais trois ans et demi, ça s'est passé un peu mieux. Mais il a eu en fin de compte des difficultés infinies.

Elle était très belle. D'une fragilité hors du commun, elle avait de grands yeux bruns qui se remplissaient de larmes à la moindre émotion. Elle était presque toujours seule, petite silhouette vagabondant à travers une contrée imaginaire d'elfes et de fées, dansant sur la pointe des pieds en robe de ballerine garnie de dentelle, chantant pour elle-même d'une voix imperceptible. C'était une Ophélie en miniature qui semblait déjà destinée à une vie de perpétuelle lutte intérieure. Elle avait peu d'amis, suivait difficilement la classe, et était, même très jeune, tourmentée par un manque de confiance en elle qui transformait les moindres routines en cauchemars d'angoisse et d'échec. Elle piquait des rages, des crises de larmes épouvantables, elle était constamment bouleversée. Rien ne semblait jamais la contenter longtemps.

Plus sensible que moi à l'atmosphère du mariage malheureux de nos parents, elle en éprouvait un sentiment d'insécurité monumental, traumatisant. Au moins une fois par jour, elle demandait à notre mère si "elle aimait papa". La réponse invariable était : Bien sûr, je l'aime.

Le mensonge ne devait pas être très convaincant. Sinon elle n'aurait pas eu besoin de reposer la même question dès le lendemain.

D'autre part, on voit mal comment la vérité aurait pu arranger les choses.

On aurait dit qu'elle dégageait un parfum de détresse. Chacun avait le réflexe immédiat de la protéger, de l'isoler des assauts du monde. Comme tous les autres, mon père la dorlotait. Plus elle paraissait pleurer pour des caresses, plus il était disposé à lui en donner. Longtemps après qu'elle eut su marcher, il s'entêtait à la porter pour lui faire descendre l'escalier. Il agissait ainsi par amour, c'est indiscutable, avec plaisir, parce qu'elle était son petit ange. Mais sous ces attentions se cachait ce message : jamais elle ne serait capable de se débrouiller toute seule. Pour lui, elle n'était pas une personne mais un être éthéré, et à force de n'être jamais obligée à se conduire comme quelqu'un d'autonome elle n'a jamais pu le devenir.

Ma mère, elle, avait conscience de ce qui se passait. Sitôt que ma sœur a eu cinq ans, elle l'a emmenée en consultation chez un psychiatre pour enfants, et le médecin a conseillé de commencer une thérapie. Ce soir-là, quand ma mère l'a mis au courant du résultat de cette consultation, mon père a explosé d'une colère violente. Jamais ma fille, etc. Penser que son enfant ait besoin de soins psychiatriques, ce n'était pas moins grave pour lui que d'apprendre qu'elle avait la lèpre. Il ne l'acceptait pas. Il ne voulait même pas en discuter.

C'est sur ce point que je veux insister. Son refus de s'analyser n'avait d'égal que son obstination à ne pas voir le monde, à ignorer les évidences les plus indiscutables, même si elles lui étaient fourrées sous le nez. C'est ce qu'il a fait toute sa vie : il regardait une chose en face, hochait la tête, et puis se détournait en prétendant que ça n'existait pas. Toute conversation avec lui devenait ainsi presque impossible. Quand on avait enfin réussi à établir un terrain d'entente, il sortait sa pelle et minait le sol sous vos pieds.

Des années plus tard, alors que ma sœur passait par une série de dépressions nerveuses épuisantes, mon père continuait à croire qu'elle allait tout à fait bien. On aurait dit qu'il était biologiquement incapable d'admettre son état. Dans l'un de ses livres, R. D. Laing décrit le père d'une enfant catatonique qui, à chacune des visites qu'il lui rendait à l'hôpital, l'attrapait par les épaules et la secouait aussi vigoureusement qu'il le pouvait en lui enjoignant : "Sors-toi de là." Mon père ne bousculait pas ma sœur mais dans le fond son attitude était la même. Ce dont elle a besoin, affirmait-il, c'est de se trouver un travail, de se faire belle et de se mettre à vivre dans la réalité. C'était vrai, bien entendu. Mais c'était précisément ce dont elle était incapable. Elle est sensible, c'est tout, disait-il, il faut qu'elle surmonte sa timidité. Il apprivoisait le problème en le réduisant à un trait de caractère, et conservait ainsi l'illusion que tout allait bien. C'était moins de l'aveuglement qu'un manque d'imagination. A quel moment une maison cesse-t-elle d'être une maison ? Quand on enlève le toit ? les fenêtres ? Quand on abat les murs ? A quel moment n'y a-t-il plus qu'un tas de gravats ? Il disait : Elle n'est pas comme les autres, mais elle va très bien. Et un beau jour les murs de la maison finissent par s'effondrer. Pour peu que la porte soit encore debout, il n'y a qu'à la franchir pour se trouver à l'intérieur. C'est agréable de dormir sous les étoiles. Tant pis s'il pleut. Cela ne durera guère.

Petit à petit la situation empirait, et il a bien dû l'admettre. Mais même alors, à chaque étape, son acceptation était peu orthodoxe, excentrique au point de quasi s'annuler. Par exemple, il s'était mis en tête que la seule chose susceptible de faire du bien à sa fille, c'était une thérapie de choc à base de mégavitamines. C'était l'approche chimique de la maladie mentale. Bien que son efficacité n'ait jamais été démontrée, cette méthode de soins est largement pratiquée. On comprend qu'elle ait attiré mon père. Au lieu d'avoir à se colleter avec un problème émotionnel dévastateur, il pouvait considérer qu'il s'agissait d'une affection physique, guérissable au même titre qu'une grippe. Le mal devenait une force externe, une sorte de microbe que l'on pourrait expulser en lui opposant une force externe équivalente. Dans sa vision bizarre, ma sœur pouvait sortir indemne de tout cela. Elle n'était que le site où se livrait la bataille, et cela signifiait qu'elle-même n'en serait pas réellement affectée.

Il s'est efforcé plusieurs mois durant de la persuader d'entreprendre cette cure de mégavitamines – allant jusqu'à prendre lui-même les pilules pour lui prouver qu'elle ne risquait pas de s'empoisonner – et quand elle y a enfin consenti, elle n'a persévéré que pendant une ou deux semaines. Ces vitamines coûtaient cher mais il ne se dérobait pas devant la dépense. Il refusait par contre avec colère de payer pour tout autre type de traitement. Il ne croyait pas qu'un étranger puisse prendre à cœur ce qui arrivait à sa fille. Les psychiatres n'étaient que des charlatans, uniquement intéressés par l'argent qu'ils pouvaient extorquer à leurs patients et par les voitures de luxe. Comme il ne voulait pas payer les honoraires, elle en était réduite aux soins réservés aux indigents. Elle était pauvre, sans revenus, mais il ne lui envoyait presque rien.

Il aurait désiré prendre lui-même les choses en main. Bien que ce ne fût souhaitable pour aucun des deux, il voulait qu'elle vînt habiter chez lui afin que la responsabilité de veiller sur elle lui incombât à lui seul. Il pourrait au moins s'en remettre à ses propres sentiments, et il savait qu'il l'aimait. Mais quand elle est venue (pour quelques mois, à la suite d'un de ses séjours à l'hôpital), il n'a, pour s'occuper d'elle, rien changé à ses habitudes – il continuait de passer à l'extérieur le plus clair de son temps et l'abandonnait, fantôme errant dans cette maison immense.

Il était négligent et entêté. Mais sous ces dehors je savais qu'il souffrait. Parfois, au téléphone, quand il me parlait de ma sœur, j'entendais dans sa voix une imperceptible fêlure, comme s'il avait tenté de dissimuler un sanglot. A la différence de tous les événements auxquels il s'était heurté, le mal de sa fille le touchait – mais ne provoquait chez lui qu'un sentiment de totale impuissance. Il n'est pas de plus grand tourment pour des parents qu'une telle

impuissance. Il faut l'accepter, même si on en est incapable. Et plus on l'accepte, plus le désespoir augmente.
   Son désespoir est devenu très profond.

   Aujourd'hui j'ai traîné dans la maison, sans but, déprimé, j'avais l'impression d'être en train de perdre contact avec ce que j'écrivais, et je suis tombé par hasard sur ces mots dans une lettre de Van Gogh : "Je ressens comme n'importe qui le besoin d'une famille et d'amis, d'affection et de rapports amicaux. Je ne suis pas fait de pierre ou de métal, comme une fontaine ou un réverbère."
   C'est peut-être là ce qui compte réellement : parvenir au plus profond du cœur humain, en dépit des apparences.

   Ces images minuscules : inaltérables, logées dans la vase de la mémoire, ni enfouies ni totalement récupérables. Et pourtant, chacune d'elles est une résurrection éphémère, un instant qui échappe à la disparition. Sa façon de marcher, par exemple, en un curieux équilibre, rebondissant sur la plante des pieds comme s'il s'apprêtait à plonger en avant dans l'inconnu. Ou sa façon de se tenir à table quand il mangeait, le dos arrondi, les épaules raides, consommant la nourriture, ne la savourant jamais. Ou encore les odeurs que dégageaient les voitures qu'il utilisait pour son travail : vapeurs d'essence, relents d'huile, gaz d'échappement ; le remue-ménage des outils de métal ; l'éternel bruit de ferraille quand il roulait. Le souvenir d'un jour où je l'ai accompagné dans le centre de Newark : j'avais à peine six ans, il a freiné si brusquement que le choc m'a envoyé buter de la tête contre le tableau de bord ; un attroupement de Noirs s'est aussitôt formé autour de la voiture pour voir si j'allais bien, une femme en particulier me tendait par la fenêtre ouverte un cornet de glace à la vanille et j'ai très poliment dit "non, merci", trop sonné pour savoir ce que je voulais. Ou un autre jour, dans une autre voiture, quelques années plus tard, quand il a craché par la fenêtre en oubliant qu'elle n'était pas baissée, ma joie sans bornes et sans raison à la vue de la salive glissant sur la vitre. Et aussi, lorsque j'étais encore petit, comment il m'emmenait parfois au restaurant juif dans des quartiers que je n'avais jamais vus, des endroits sombres peuplés de vieux, avec des tables garnies chacune d'une bouteille d'eau de Seltz bleue, et comment j'attrapais la nausée et laissais ma nourriture intouchée, me contentant de le regarder avaler goulûment bortsch, pirojkis ou viandes bouillies recouvertes de raifort. Moi qui étais élevé à l'américaine et en savais moins sur mes ancêtres que sur le chapeau de Hopalong Cassidy. Ou encore, quand j'avais douze ou treize ans, voulant à tout prix sortir avec quelques amis, je l'avais appelé au bureau pour lui demander sa permission et lui, pris de court, ne sachant que dire, m'avait déclaré : "Vous n'êtes qu'une bande de blancs-becs", et pendant des années mes amis et moi (l'un d'eux est mort maintenant, d'une overdose d'héroïne), nous avons répété ces mots comme une expression folklorique, une blague nostalgique.

    La taille de ses mains. Leurs cals.
    Son goût pour la peau qui se forme sur le chocolat chaud.
    Thé citron.
    Les paires de lunettes cerclées d'écaille noire qui traînaient dans toute la maison : sur les meubles de cuisine, sur les tables, sur le bord des lavabos – toujours ouvertes, abandonnées comme d'étranges animaux d'une espèce inconnue.
    Le voir jouer au tennis.
    Sa manière de fléchir parfois les genoux en marchant.
    Son visage.
    Sa ressemblance avec Abraham Lincoln, les gens en faisaient toujours la remarque.
    Il n'avait jamais peur des chiens.
    Son visage. Et encore son visage.
    Poissons tropicaux.

Il donnait souvent l'impression d'être déconcentré, d'oublier où il se trouvait, comme s'il avait perdu le sens de sa propre continuité. Cela le rendait sujet aux accidents : ongles écrasés d'un coup de marteau, innombrables petits accrochages en voiture.

Sa distraction au volant : effrayante parfois. J'ai toujours pensé que c'est une voiture qui aurait sa peau.

A part cela il se portait si bien qu'il semblait invulnérable, exempté de tous les maux physiques qui nous affligent tous. Comme si rien, jamais, ne pouvait l'atteindre.

Sa manière de parler : comme s'il faisait un effort immense pour émerger de sa solitude, comme si sa voix était rouillée, avait perdu l'habitude de la parole. Il faisait des hem et des ah, s'éclaircissait la gorge, paraissait bredouiller à mi-phrase. On sentait, sans aucun doute, qu'il était mal à l'aise.

De même, quand j'étais petit, le voir signer son nom m'amusait toujours. Il ne pouvait se contenter de poser la plume sur le papier et d'écrire. Au moment de passer à l'acte, comme s'il avait inconsciemment repoussé le moment de vérité, il esquissait une fioriture préliminaire, un mouvement circulaire à quelques centimètres de la page, comme une mouche qui bourdonne sur place au-dessus de l'endroit où elle va se poser. C'était une variante de la signature de Norton dans *les Jeunes Mariés (The Honeymooners)* d'Art Carney.

Il avait même une prononciation un peu spéciale pour certains mots (*upown*, par exemple, au lieu de *upon*), comme une contrepartie vocale à ses jeux de mains. Cela avait quelque chose de musical, d'aéré. Quand il répondait au téléphone, il vous saluait d'un "allôoo" mélodieux. L'effet en était moins drôle qu'attachant. Il avait l'air un peu simplet, comme déphasé par rapport au reste du monde – mais pas de beaucoup. Juste d'un degré ou deux.

Tics indélébiles.

Il avait parfois des crises d'humeur folle, tendue, pendant lesquelles il faisait étalage d'opinions bizarres, sans les prendre vraiment au sérieux ; il s'amusait à jouer l'avocat du diable pour animer l'atmosphère. Taquiner les gens le mettait en joie et après vous avoir lancé une remarque particulièrement inepte il vous étreignait volontiers la jambe – toujours là où on est chatouilleux. Vraiment, il aimait vous "faire marcher".

La maison encore.
Si négligente que pût paraître, vue de l'extérieur, sa façon de s'en occuper, il avait foi en son système. Comme un inventeur fou jaloux du secret de sa machine à mouvement perpétuel, il ne souffrait aucune intervention. Entre deux appartements, ma femme et moi avons vécu chez lui pendant trois ou quatre semaines. Trouvant la pénombre oppressante, nous avions remonté tous les stores afin de permettre au jour de pénétrer. Quand, à son retour du bureau, il a vu ce que nous avions fait, il s'est mis dans une colère incontrôlable, tout à fait disproportionnée avec la faute que nous avions pu commettre.

Il manifestait rarement de telles rages – sauf s'il se sentait acculé, envahi, écrasé par la présence d'autrui. Des questions d'argent pouvaient les déclencher. Ou un détail sans importance : les stores de ses fenêtres, une assiette cassée, un rien.

Je pense néanmoins que cette colère couvait au fond de lui en permanence. Telle sa maison, qui paraissait bien en ordre alors qu'elle se désagrégeait du dedans, cet homme calme, d'une impassibilité quasi surnaturelle, subissait pourtant les tumultes d'une fureur intérieure incoercible. Toute sa vie, il s'est efforcé d'éviter la confrontation avec cette force en entretenant une espèce de comportement automatique qui lui permettait de passer à côté. En se créant des routines bien établies, il s'était libéré de l'obligation de s'interroger au moment de prendre des décisions. Il avait toujours un cliché aux lèvres ("Un beau bébé, je te félicite") en place des mots qu'il aurait dû se donner la peine de chercher. Tout ceci tendait à effacer sa personnalité. Mais c'était en même temps son salut, ce qui lui permettait de vivre. Dans la mesure où il était capable de vivre.

Dans un sac plein de clichés disparates : une photo truquée, prise dans un studio d'Atlantic City dans le courant des années quarante. Il s'y trouve en plusieurs exemplaires assis autour d'une table, chaque image saisie sous un angle particulier de sorte qu'on croit d'abord qu'il s'agit d'un groupe d'individus différents. L'obscurité qui les entoure, l'immobilité complète de leurs poses donnent l'impression qu'ils se sont réunis là pour une séance de spiritisme. Et puis si on y regarde bien on s'aperçoit que ces hommes sont tous le même homme. La séance devient réellement médiumnique, comme s'il ne s'y était rendu que pour s'évoquer lui-même, pour se rappeler d'entre les morts, comme si, en se multipliant, il s'était inconsidérément fait disparaître. Il est là cinq fois, mais la nature du trucage rend impossible tout échange de regards entre les personnages. Chacun est condamné à fixer le vide, comme sous les yeux des autres, mais sans rien voir, à jamais incapable de rien voir. C'est une représentation de la mort, le portrait d'un homme invisible.

Je commence lentement à comprendre l'absurdité de mon entreprise. Il me semble bien que j'essaie d'aller quelque part, comme si je savais ce que j'ai envie d'exprimer, mais plus j'avance, plus il me paraît certain qu'il n'existe aucune voie vers mon objectif. Il me faut inventer chaque étape de ma démarche, et cela signifie que je ne sais jamais avec certitude où je suis. J'ai l'impression de tourner en rond, de revenir sans cesse sur mes pas, de partir dans tous les sens à la fois. Même quand je parviens à progresser un peu, c'est sans la moindre certitude que cela me mènera où je crois. Le simple fait d'errer dans le désert n'implique pas l'existence de la Terre promise.

Au début, j'ai imaginé que cela viendrait spontanément, dans un épanchement proche de l'état de transe. Mon besoin d'écrire était si grand que je voyais l'histoire se rédiger d'elle-même. Mais jusqu'ici les mots arrivent très lentement. Même les meilleurs jours je n'ai pas réussi à faire plus d'une ou deux pages. Comme si j'étais en butte à une malédiction, à une défaillance de l'esprit, qui m'empêchent de me concentrer. Cent fois j'ai vu mes pensées s'égarer loin de leur objet. Je n'ai pas sitôt formulé une idée que celle-ci en évoque une autre, et puis une autre, jusqu'à une telle densité d'accumulation de détails que j'ai l'impression de suffoquer. Je n'avais encore jamais eu autant conscience du fossé qui sépare la pensée de l'écriture. En fait, depuis quelques jours, il me semble que l'histoire que j'essaie de raconter est comme incompatible avec le langage, qu'elle résiste au langage dans la mesure exacte où j'arrive près d'exprimer une chose importante, et que, le moment venu de dire la seule chose vraiment importante (à supposer qu'elle existe), j'en serai incapable.

J'avais une blessure, et je découvre maintenant qu'elle est très profonde. Au lieu de la guérir, comme je me le figurais, l'acte d'écrire l'a entretenue. Je sens par moments la douleur qui se concentre dans ma main droite, comme si, chaque fois que je prends la plume et l'appuie sur la page, ma main était lacérée. Au lieu de m'aider à enterrer mon père, ces mots le maintiennent en vie, plus en vie peut-être que jamais. Je ne le vois plus seulement tel qu'il était, mais tel qu'il est, tel qu'il sera, et il est là tous les jours, il envahit mes pensées, me surprend sans avertissement : gisant sous terre dans son cercueil, encore intact, avec les ongles et les cheveux qui continuent de pousser. L'impression que si je veux comprendre quelque chose, je dois percer cette image d'obscurité, pénétrer les ténèbres absolues de la terre.

Kenosha, Wisconsin. 1911 ou 1912. Même lui n'était pas sûr de la date. Dans le désordre d'une grande famille d'immigrants, on n'attachait pas beaucoup d'importance aux extraits de naissance. Ce qui compte c'est qu'il était le dernier de cinq enfants survivants – une fille et quatre garçons, tous nés en l'espace de huit ans – et que sa mère, une petite femme sauvage qui parlait à peine l'anglais, maintenait l'unité de la famille. Elle était la matriarche, le dictateur absolu, souverain moteur au centre de l'univers.

Mon grand-père était mort en dix-neuf, ce qui signifie que depuis sa tendre enfance mon père avait été privé du sien. Quand j'étais petit, il m'a raconté trois versions différentes de la mort de celui-ci. Dans la première, mon grand-père avait été tué lors d'un accident de chasse. Dans la deuxième, il était tombé d'une échelle. Dans la troisième, il avait été abattu au cours de la Première Guerre mondiale. Conscient que ces contradictions n'avaient aucun sens, je les supposais dues au fait que mon père lui-même ne connaissait pas la vérité. Il était si jeune quand c'est arrivé – sept ans seulement – que j'imaginais qu'on ne la lui avait pas racontée. Mais ceci non plus n'avait pas de sens. Assurément, l'un de ses frères aurait pu lui dire ce qui s'était passé.

Mais tous mes cousins m'ont dit qu'eux aussi avaient reçu de leurs pères plusieurs explications.

Personne ne parlait de mon grand-père. Il y a quelques années à peine, je n'avais encore jamais vu une photo de lui. Comme si la famille avait décidé de faire semblant qu'il n'avait jamais existé.

Parmi les clichés retrouvés chez mon père le mois dernier, il y avait un seul portrait de famille, datant de ces temps anciens à Kenosha. Tous les enfants y sont. Mon père, qui n'a pas plus d'un an, est assis sur les genoux de sa mère et les quatre autres sont debout autour d'elle dans l'herbe haute. Il y a deux arbres derrière eux et derrière les arbres une grande maison de bois. Tout un monde semble surgir de cette image : une époque précise, un lieu précis, et l'indestructible notion de passé. La première fois que je l'ai regardée, j'ai remarqué qu'elle avait été déchirée en son milieu et maladroitement recollée, de sorte que l'un des arbres à l'arrière-plan paraît étrangement suspendu dans les airs. J'ai supposé que c'était arrivé par accident et n'y ai plus pensé. Mais la seconde fois je l'ai mieux observée et j'ai découvert des choses qu'il fallait être aveugle pour n'avoir pas aperçues. J'ai vu le bout des doigts d'un homme contre le torse d'un de mes oncles. J'ai vu, très distinctement, que la main d'un autre de mes oncles ne reposait pas, comme je l'avais cru d'abord, sur l'épaule de son frère, mais sur le dossier d'un siège absent. Et j'ai compris alors ce que cette photo avait de bizarre : mon grand-père en avait été éliminé. L'image était faussée parce qu'on en avait coupé une partie. Mon grand-père avait dû être assis dans un fauteuil à côté de sa femme avec un de ses fils debout entre les genoux, et il n'y était plus. Il ne restait que le bout de ses doigts : comme s'il essayait de se faufiler dans la scène, émergeant de quelque abîme du temps, comme s'il avait été exilé dans une autre dimension.

J'en avais le frisson.

Il y a quelque temps que j'ai appris l'histoire de la mort de mon grand-père. Sans une coïncidence extraordinaire, elle serait restée à jamais ignorée.

En 1970, une de mes cousines est partie en vacances en Europe avec son mari. Dans l'avion, elle était assise à côté d'un vieil homme et, comme cela se fait souvent, ils ont bavardé pour passer le temps. Il se trouve que cet homme habitait Kenosha, dans le Wisconsin. Amusée par la coïncidence, ma cousine a dit que son père y avait vécu quand il était enfant. Curieux, son voisin lui a demandé le nom de sa famille. Quand elle a dit Auster, il a pâli. Auster ? Votre grand-mère n'était pas une petite femme cinglée avec des cheveux roux ? Oui, c'est tout ma grand-mère, a-t-elle répondu. Une petite femme cinglée avec des cheveux roux.

C'est alors qu'il lui a raconté l'histoire. Il y avait plus de cinquante ans que c'était arrivé, mais il se souvenait encore de tous les faits essentiels.

Rentré chez lui à la fin de ses vacances, il s'est mis à la recherche des articles de journaux relatifs à l'événement, les a photocopiés et envoyés à ma cousine. Voici la lettre qui leur était jointe :

Le 15 juin 1970

Chère... et cher...
Votre lettre m'a fait plaisir et, bien que la tâche ait pu sembler ardue, j'ai eu un coup de chance. – Fran et moi

sommes allés dîner chez un certain Fred Plons et sa femme, et c'est le père de Fred qui a racheté à votre famille l'immeuble à appartements de Park Avenue. – M. Plons doit avoir trois ans de moins que moi, mais il affirme qu'à l'époque cette affaire l'avait fasciné, et il se rappelle bien plusieurs détails. – Il a mentionné que votre grand-père a été la première personne enterrée dans le cimetière juif de Kenosha. – (Avant 1919 les juifs n'avaient pas de cimetière à Kenosha, ils devaient faire enterrer les leurs à Chicago ou à Milwaukee.) Grâce à ce renseignement, je n'ai eu aucune difficulté à localiser l'endroit où repose votre grand-père. – Et cela m'a permis de préciser la date. Le reste se trouve dans les copies que je vous envoie.

Je vous demande seulement que votre père n'ait jamais connaissance de l'information que je vous transmets – je ne voudrais pas lui infliger ce chagrin supplémentaire après ce qu'il a déjà connu...

J'espère que ceci jettera un peu de lumière sur le comportement de votre père au cours des années écoulées.

Nos pensées très affectueuses à vous deux,

Ken et Fran.

Ces articles sont là, sur mon bureau. Maintenant que le moment est venu d'en parler, je me surprends à faire n'importe quoi pour le retarder. Toute la matinée j'ai tergiversé. Je suis allé vider les poubelles. J'ai joué dans le jardin avec Daniel pendant près d'une heure. J'ai lu le journal entier, y compris les résultats des matchs d'entraînement. Même en ce moment où je décris ma répugnance à écrire, je suis insupportablement agité. Tous les deux ou trois mots je bondis de ma chaise, je marche de long en large, j'écoute le vent qui bouscule les gouttières branlantes contre la maison. La moindre chose me distrait.

Ce n'est pas que j'aie peur de la vérité. Je n'ai même pas peur de la dire. Ma grand-mère a assassiné mon grand-père. Le 23 janvier 1919, soixante ans exactement avant la mort de mon père, sa mère a tué son père d'un coup de feu dans la cuisine de leur maison, avenue Frémont à

Kenosha, Wisconsin. En eux-mêmes, les faits ne me troublent pas plus qu'on ne peut s'y attendre. Ce qui est difficile, c'est de les voir imprimés – exhumés, pour ainsi dire, du domaine des secrets, livrés au domaine public. Il y a plus de vingt articles, longs pour la plupart, tous extraits du *Kenosha Evening News*. Bien qu'à peine lisibles, rendus presque indistincts par l'âge et les hasards de la photocopie, ils ont encore le pouvoir de bouleverser. Je suppose qu'ils sont typiques du journalisme de l'époque, mais ils n'en sont pas moins sensationnels. C'est un mélange de ragots et de sentimentalisme, corsé du fait que les acteurs du drame étaient juifs – donc étranges, par définition –, d'où un ton souvent sarcastique, condescendant. Pourtant, en dépit des défauts de style, les faits semblent s'y trouver. Je ne crois pas qu'ils expliquent tout, mais il est indiscutable qu'ils expliquent beaucoup. Un enfant ne peut pas vivre ce genre de chose sans en garder des traces une fois adulte.

Dans les marges de ces articles, je peux tout juste déchiffrer quelques traces d'informations de moindre importance à l'époque, des événements que la comparaison avec le meurtre reléguait presque à l'insignifiance. Par exemple, la découverte du corps de Rosa Luxemburg dans le canal du Landwehr. Par exemple, la conférence pour la paix à Versailles. Et encore, jour après jour : l'affaire Eugène Debs ; un commentaire du premier film de Caruso ("On dit que les situations... sont très dramatiques et pleines d'une grande émotion") ; des reportages sur la guerre civile en Russie ; les funérailles de Karl Liebknecht et de trente et un autres spartakistes ("Plus de cinquante mille personnes ont suivi le cortège, long d'environ huit kilomètres. Au moins vingt pour cent des participants portaient des couronnes de fleurs. Il n'y eut ni cris ni acclamations") ; la ratification de l'amendement national sur la prohibition ("William Jennings Bryan – l'homme qui a fait la célébrité du jus de raisin – arborait un large sourire") ; à Lawrence, Massachusetts, une grève dans le textile conduite par les Wobblies ; la mort d'Emiliano Zapata, "chef de brigands dans le sud du Mexique" ; Winston Churchill ; Béla Kun ; Lénine premier ministre *(sic)* ; Woodrow Wilson ; Dempsey contre Willard.

J'ai lu une douzaine de fois les articles consacrés au meurtre. Pourtant j'ai peine à admettre que je n'ai pas rêvé. Ils m'obsèdent avec toute la force d'une manœuvre de l'inconscient et déforment la réalité à la manière des rêves. Parce que les énormes manchettes qui annoncent le crime éclipsent tout ce qui est arrivé d'autre dans le monde ce jour-là, elles confèrent à l'événement la même prépondérance égocentrique que nous accordons à ceux de notre vie privée. Un peu comme ce que dessinerait un enfant troublé par une peur inexprimable : la chose la plus importante est toujours la plus grande. La perspective cède le pas aux proportions – qui ne sont pas dictées par l'œil mais par les exigences de l'esprit.

J'ai lu ces articles comme de l'Histoire. Mais aussi comme des peintures rupestres découvertes sur les parois internes de mon crâne.

Le premier jour, 24 janvier, les manchettes couvrent plus d'un tiers de la une.

HARRY AUSTER ASSASSINÉ
SON ÉPOUSE EN GARDE A VUE

Un ancien agent immobilier bien connu
a été tué par balles dans la cuisine
de la maison de sa femme
jeudi soir, à la suite d'une altercation
familiale à propos d'argent – et d'une femme.

L'ÉPOUSE AFFIRME QUE SON MARI S'EST SUICIDÉ

Le mort avait été blessé au cou et dans la hanche
gauche et la femme reconnaît que le revolver
avec lequel les balles ont été tirées lui appartenait.
Le fils âgé de neuf ans, témoin de la tragédie,
détient peut-être la solution du mystère.

D'après le journal, "Auster et sa femme étaient séparés depuis quelque temps et une action en divorce avait été déposée devant le tribunal civil du comté de Kenosha. Ils avaient eu à plusieurs reprises des difficultés pour des questions d'argent. Ils s'étaient aussi querellés parce que Auster (illisible) amicales avec une jeune femme connue de l'épouse sous le nom de «Fanny». On pense qu'il a été question de «Fanny» lors du différend qui a précédé le coup de feu…"

Comme ma grand-mère n'a rien avoué avant le 26 janvier, les relations de l'événement étaient plutôt confuses. Mon grand-père (alors âgé de trente-six ans) était arrivé chez sa femme à six heures du soir avec des "costumes" pour ses deux fils aînés alors que, selon les témoignages, Mme Auster était dans la chambre en train de coucher Sam, le plus jeune. Sam (mon père) a affirmé n'avoir pas vu sa mère prendre un revolver sous le matelas en le bordant dans son lit.

Il semble que mon grand-père ait alors été réparer un interrupteur dans la cuisine et que l'un de mes oncles (le cadet) l'ait éclairé à l'aide d'une bougie. "L'enfant a déclaré avoir été pris de panique en entendant la détonation et en voyant l'éclair d'un revolver, et s'être enfui de la pièce." D'après ma grand-mère, mon grand-père s'était suicidé. Elle admettait qu'ils s'étaient disputés pour des questions d'argent et "il a dit alors, continuait-elle, «ceci sera ta fin ou la mienne», en me menaçant. J'ignorais qu'il avait le revolver. Je l'avais mis sous mon matelas et il le savait."

Comme ma grand-mère parlait à peine l'anglais, j'imagine que cette déclaration, comme toutes celles qu'on lui a attribuées, sont des inventions des journalistes. Quoi qu'il en soit, on ne l'a pas crue. "Mme Auster a répété son histoire aux différents officiers de police sans y apporter de changement notable, et elle a manifesté une grande surprise en apprenant qu'elle allait être arrêtée. Elle a embrassé le petit Sam avec beaucoup de tendresse avant de s'en aller à la prison du comté."

"Les deux petits Auster ont été hier soir les hôtes du département de police. Ils ont dormi dans la salle de garde et semblaient ce matin tout à fait remis de la frayeur provoquée par la tragédie qui s'est déroulée chez eux."

Vers la fin de l'article, on trouve ces renseignements sur mon grand-père : "Harry Auster est né en Autriche. Arrivé dans notre pays il y a de nombreuses années, il a d'abord vécu à Chicago, puis au Canada et enfin à Kenosha. D'après ce qu'on a raconté à la police, lui et sa femme sont retournés en Autriche par la suite, mais elle avait rejoint son mari ici à l'époque de leur installation à Kenosha. Auster avait acheté plusieurs maisons dans le deuxième arrondissement et ses affaires se sont maintenues un certain temps sur une grande échelle. Il a construit le triple immeuble à appartements sur South Park Avenue et un autre, généralement appelé «Maison Auster» sur South Exchange Street. Voici six ou huit mois, il a connu des revers de fortune...

"Il y a quelque temps, Mme Auster a fait appel à la police pour demander qu'on surveille son mari, dont elle prétendait qu'il avait des relations avec une jeune femme et qu'il fallait ouvrir une enquête. C'est ainsi que les policiers ont entendu parler pour la première fois de la nommée «Fanny»...

"De nombreuses personnes ont vu Auster jeudi après-midi et ont bavardé avec lui, et tous témoignent qu'il paraissait normal et n'avait en rien l'apparence d'un homme qui songerait à s'ôter la vie."

L'enquête du coroner eut lieu le lendemain. Etant seul à avoir assisté au drame, mon oncle fut cité comme témoin. "Vendredi après-midi, un petit garçon aux yeux tristes, qui jouait nerveusement avec son bonnet de laine, a écrit le second chapitre du mystère du meurtre Auster... Ses tentatives de sauvegarder le nom de sa famille étaient tragiques, pathétiques. Chaque fois qu'on lui demandait si ses parents s'étaient querellés, il répondait : «Ils bavardaient simplement» jusqu'à ce qu'enfin, paraissant se souvenir de son serment, il ajoute : «Et disputés, peut-être, un tout petit peu.»" L'article décrit les jurés comme "étrangement émus par les efforts de l'enfant pour protéger à la fois son père et sa mère".

Il est clair que la version du suicide n'allait pas être retenue. Dans le dernier paragraphe, le journaliste ajoute que "les officiels font allusion à de possibles développements de nature surprenante".

Et puis vint l'enterrement. Ce fut pour le reporter anonyme l'occasion d'imiter le ton le plus choisi du mélodrame victorien. Le meurtre n'était plus seulement un scandale. C'était devenu un spectacle passionnant.

UNE VEUVE AUX YEUX SECS
SUR LA TOMBE D'AUSTER

Dimanche, sous bonne garde, Mme Anna Auster
assiste aux funérailles de son mari.

"Sans une larme, sans la moindre marque d'émotion, Mme Harry Auster, qui est gardée à vue depuis la mort mystérieuse de son mari, a assisté dimanche matin sous bonne garde à l'enterrement de l'homme dont la mort a provoqué sa détention.

"Ni à la chapelle de Crossin, où elle a revu pour la première fois depuis jeudi soir le visage de son mari décédé, ni au cimetière, elle n'a montré le plus petit signe d'attendrissement. Le seul indice qu'elle fût peut-être en train de céder à la pression de cette épreuve terrible est le fait que, sur la tombe, après la fin des obsèques, elle a demandé un entretien pour l'après-midi au révérend M. Hartman, rabbin de la congrégation B'nai Zadek...

"A la fin du rituel, elle a calmement resserré son col de fourrure sur la gorge et signifié aux officiers de police qu'elle était prête à partir.

"Après une courte cérémonie, le cortège funèbre s'est formé dans Wisconsin Street. Mme Auster a demandé à être également autorisée à se rendre au cimetière, requête que la police lui a accordée volontiers. Elle semblait très irritée qu'on n'ait pas prévu de voiture à son intention, en souvenir peut-être de la courte période d'apparente opulence où l'on voyait dans Kenosha la limousine des Auster...

"L'épreuve a duré exceptionnellement longtemps car il y avait du retard dans la préparation de la tombe. Pendant qu'elle attendait, elle a appelé près d'elle son fils Sam, le plus jeune, et a refermé avec soin le col de son manteau. Elle lui a parlé avec calme, mais à cette exception près a gardé le silence jusqu'à la fin de la cérémonie...

"Une des personnalités marquantes à cet enterrement était Samuel Auster, de Detroit, le frère de Harry Auster. Il a veillé avec un soin particulier sur les enfants les plus jeunes et s'est efforcé de les consoler de leur chagrin.

"Paroles et attitudes d'Auster donnaient l'impression d'une grande amertume devant la mort de son frère. Il a montré clairement qu'il ne croit pas à la thèse du suicide et proféré contre la veuve quelques remarques qui ressemblaient à des accusations...

"Le révérend M. Hartman... a fait un sermon éloquent au bord de la tombe. Déplorant le fait que la première personne enterrée dans ce cimetière soit morte de mort violente, tuée en pleine jeunesse, il a rendu hommage à l'esprit entreprenant de Harry Auster mais regretté son décès prématuré.

"La veuve ne semblait pas émue par les éloges décernés à son mari défunt. C'est d'un geste indifférent qu'elle a ouvert son manteau pour permettre au patriarche de faire un accroc dans son chandail, comme le recommande la liturgie juive en signe de douleur.

"A Kenosha, les officiels ne sont pas près d'abandonner l'idée qu'Auster a été tué par sa femme..."

Le journal du lendemain, le 26 janvier, rapporte la nouvelle de la confession. Après avoir vu le rabbin, Mme Auster avait demandé un entretien avec le chef de la police. "En entrant dans la pièce elle tremblait un peu et il était clair qu'elle était agitée. Le chef de la police lui a avancé un siège. «Vous savez ce que votre petit garçon nous a dit, a-t-il commencé quand il a senti que le moment psychologique était arrivé. Vous ne souhaitez pas que nous pensions qu'il nous ment, n'est-ce pas ?» Et la mère, dont le visage impassible, depuis des jours, ne laissait rien deviner des horreurs qu'il dissimulait, a jeté le masque et, soudain devenue tendre, a raconté avec des sanglots son terrible secret. «Il ne vous a pas menti ; tout ce qu'il vous a raconté est vrai. Je l'ai tué et je veux avouer.»

Voici sa déposition officielle : "Je m'appelle Anna Auster. J'ai tué Harry Auster dans la ville de Kenosha, Wisconsin, le 23 janvier de l'an 1919. J'ai entendu dire qu'il y avait eu trois coups de feu mais je ne me rappelle pas combien de coups ont été tirés ce jour-là. La raison pour laquelle j'ai tué ledit Harry Auster est que lui, ledit Harry Auster, en avait mal usé envers moi. J'étais comme folle quand j'ai tiré sur ledit Harry Auster. Je n'ai jamais pensé le tuer, ledit Harry Auster, jusqu'au moment où j'ai tiré sur lui. Je crois que cette arme est celle avec laquelle j'ai tué ledit Harry Auster. Je fais cette déclaration de ma propre volonté et sans y être contrainte."

Le journaliste poursuit : "Sur la table devant Mme Auster se trouvait le revolver avec lequel son mari a été abattu. En le mentionnant, elle l'a effleuré avec hésitation pour aussitôt retirer sa main avec un net frisson d'horreur. Sans un mot, le chef a poussé l'arme de côté, puis il a demandé à Mme Auster si elle désirait ajouter quelque chose.

"«C'est tout pour le moment, a-t-elle répondu avec calme. Signez pour moi et je ferai ma marque.»

"On a obéi à ses ordres – depuis quelques instants elle était de nouveau quasi royale –, elle a ratifié la signature et demandé qu'on la ramène dans sa cellule…"

Le lendemain, lors de l'établissement de l'acte d'accusation, son avocat a plaidé non coupable. "Emmitouflée dans un manteau somptueux et portant un boa de renard, Mme Auster est entrée dans la salle d'audience. En s'asseyant à sa place, elle a adressé un sourire à une amie dans la foule."

De l'aveu du reporter, l'audience s'est déroulée "sans accroc". Il n'a cependant pas pu résister à la tentation d'ajouter : "Un incident survenu au moment où elle retournait derrière les barreaux donne une indication sur l'état d'esprit de Mme Auster.

"Une femme accusée de relations avec un homme marié avait été arrêtée et emprisonnée dans la cellule voisine de la sienne. A sa vue, Mme Auster a demandé qui elle était et appris ce qui lui était reproché.

"«Elle devrait en prendre pour dix ans, s'est-elle exclamée tandis que la porte de fer résonnait sans pitié. C'est à cause d'une de ses pareilles que je suis ici.»"

Après des discussions légales compliquées à propos de la caution, qui ont été traînées en longueur pendant plusieurs jours, elle a été libérée. "«Avez-vous le moindre soupçon que cette femme pourrait ne pas se présenter au procès ?» a demandé le juge aux avocats. C'est Me Baker qui a répondu : «Où irait une mère de cinq enfants ? Elle leur est attachée et la Cour peut constater qu'ils tiennent à elle.»"

Pendant une semaine, la presse est restée silencieuse. Puis, le 8 février, il y a eu toute une histoire à propos du "soutien actif apporté à l'affaire par certains journaux publiés à Chicago en langue yiddish. Dans certains de ces journaux des articles commentent le cas de Mme Auster et on affirme qu'ils ont vivement pris son parti...

"Vendredi après-midi, Mme Auster était assise avec l'un de ses enfants dans le bureau de son avocat pendant la lecture d'extraits de ces articles. Elle sanglotait comme un enfant tandis que l'interprète en expliquait le contenu à l'homme de loi...

"Me Baker a déclaré ce matin que la défense de Mme Auster se fonderait sur la folie émotionnelle...

"On s'attend à ce que le procès de Mme Auster soit l'un des jugements pour homicide les plus intéressants jamais rendus par le tribunal de Kenosha, et l'on pense que l'aspect humain de l'histoire telle qu'elle a été jusqu'ici représentée dans la défense de cette femme sera largement exploité durant le procès."

Ensuite un mois sans rien. Les titres du 10 mars annoncent :

ANNA AUSTER A TENTÉ DE SE SUICIDER

La tentative de suicide avait eu lieu à Peterborough, Ontario, en 1910 – elle avait absorbé du phénol et ouvert le gaz. L'avocat a porté cette information devant le tribunal afin qu'on lui accorde un report du procès qui lui donnerait le temps nécessaire pour obtenir des dépositions. "Me Baker soutient que par la même occasion cette femme avait mis en grave danger la vie de deux de ses enfants, et que l'histoire de cette tentative de suicide est importante dans la mesure où elle est révélatrice de l'état mental de Mme Auster."

Le 27 mars. La date du procès est fixée au 7 avril. Ensuite encore une semaine de silence. Et puis le 4 avril, comme si tout cela devenait un peu terne, un nouveau rebondissement.

AUSTER TIRE SUR LA VEUVE DE SON FRÈRE

"Sam Auster, frère de Harry Auster... a tenté sans succès de venger la mort de son frère ce matin juste après dix heures en tirant sur Mme Auster... Cela s'est passé devant l'épicerie Miller...

"Auster est sorti à la suite de Mme Auster et a tiré une fois dans sa direction. Bien que le coup ne l'ait pas atteinte, Mme Auster s'est effondrée sur le trottoir et Auster est rentré dans le magasin en déclarant, au dire des témoins : «Eh bien voilà, je suis content d'avoir fait ça.» Après quoi il a attendu calmement qu'on vienne l'arrêter.

"Au poste de police... Auster, nerveusement très abattu, a expliqué son acte.

"«Cette femme, affirmait-il, a tué mes quatre frères et ma mère. J'ai essayé d'intervenir, mais elle ne me laisse pas faire.» Pendant qu'on le conduisait en prison, il sanglotait : «Dieu prendra mon parti, j'en suis sûr.»

"Dans sa cellule, Auster a déclaré avoir essayé tout ce qui était en son pouvoir pour aider les enfants de son frère défunt. Il était depuis peu obsédé par le refus du tribunal de le nommer administrateur de la succession, parce qu'il avait été décrété que la veuve avait des droits en cette affaire… «Ce n'est pas une veuve, c'est une criminelle, elle ne devrait avoir aucun droit», s'est-il exclamé aujourd'hui à ce propos…

"Auster ne sera pas immédiatement traduit en justice, afin qu'une enquête approfondie puisse être menée sur son affaire. La police admet la possibilité que la mort de son frère et les événements qui l'ont suivie aient pesé sur son esprit au point qu'il ne soit pas tout à fait responsable de son acte. Auster a exprimé à plusieurs reprises l'espoir de mourir aussi et toute précaution sera prise pour l'empêcher d'attenter à ses jours…"

Le journal du lendemain ajoutait ceci : "Auster a passé une nuit très agitée sous les verrous. Les policiers l'ont trouvé plusieurs fois en train de pleurer dans sa cellule, et son comportement était celui d'un hystérique…

"Il a été reconnu que Mme Auster a éprouvé un «grave choc nerveux» par suite de la frayeur éprouvée lors de l'attentat dont elle a été l'objet vendredi, mais on a estimé qu'elle serait capable de se présenter au tribunal lundi après-midi, quand son affaire sera jugée."

La procédure d'accusation a duré trois jours. L'avocat général, qui soutenait la thèse de la préméditation, comptait principalement sur le témoignage d'une certaine Mme Matthews, employée de l'épicerie Miller, qui affirmait que "Mme Auster était venue trois fois au magasin le jour du crime pour utiliser le téléphone. L'une des trois fois, disait le témoin, Mme Auster a appelé son mari pour lui demander de venir réparer une lampe. Elle a mentionné qu'Auster lui avait promis de venir à six heures."

Mais même si elle l'a prié de venir chez elle, cela ne signifie pas qu'elle avait l'intention de le tuer.

De toute manière, ça revient au même. Quels qu'aient pu être les faits, l'avocat de la défense a retourné habilement toute la situation à son avantage. Sa stratégie consistait à apporter des preuves écrasantes sur deux fronts – l'infidélité de mon grand-père, d'une part, et d'autre part la démonstration que ma grand-mère avait un passé d'instabilité mentale – et à établir grâce à la combinaison des deux que l'affaire relevait du meurtre avec circonstances atténuantes ou de l'homicide "en état de folie". L'un ou l'autre conviendrait.

Dès son préambule, Mᵉ Baker avait calculé ses remarques de manière à tirer du jury toute la sympathie possible. "Il a raconté comme Mme Auster avait peiné avec son mari pour édifier leur foyer et le bonheur qu'ils avaient connu jadis à Kenosha après des années de difficulté... «Alors, après l'effort commun qu'ils avaient fourni pour établir leur famille, continuait Mᵉ Baker, voilà cette sirène qui arrive de la ville et Anna Auster est abandonnée comme un chiffon. Au lieu de nourrir les siens, son mari avait installé Fanny Koplan dans un appartement à Chicago. L'argent qu'Anna avait aidé à accumuler était dépensé sans compter pour une femme plus belle et devant une telle trahison faut-il s'étonner qu'elle ait eu l'esprit dérangé et perdu un instant le contrôle de sa raison ?»"

Le premier témoin de la défense était Mme Elizabeth Grossman, l'unique sœur de ma grand-mère, qui vivait dans une ferme près de Brunswick, dans le New Jersey. "C'était un témoin splendide. Avec simplicité, elle a raconté l'histoire de la vie de Mme Auster ; sa naissance en Autriche ; la mort de sa mère quand Mme Auster n'avait que six ans ; le voyage que les deux sœurs avaient accompli huit ans plus tard pour venir dans ce pays ; les longues heures passées à fabriquer des chapeaux et des bonnets chez des modistes de New York ; les quelques centaines de dollars que la petite immigrante avait économisés grâce à ce travail. Elle a dit le mariage de la jeune femme avec Auster juste après son vingt-troisième anniversaire et leurs tentatives de se lancer dans les affaires ; l'échec qu'ils avaient connu avec une petite confiserie, et leur long voyage jusqu'à Lawrence, dans le Kansas, où ils avaient tenté de redémarrer, et où le premier enfant était né ; le retour à New York et leur deuxième échec dans les affaires, qui s'était terminé par une faillite et la fuite d'Auster au Canada. Elle a raconté comment Mme Auster l'y avait suivi ; comment Auster avait déserté sa femme et ses jeunes enfants en annonçant qu'il allait «se fich' en l'air» *(sic)* et comment il avait prévenu sa femme qu'il prenait cinquante dollars pour qu'on les trouve sur lui quand il serait mort et qu'ils servent à l'enterrer décemment... Elle a rappelé qu'ils avaient vécu au Canada sous le nom de M. et Mme Harry Ball...

"Le récit de Mme Grossman s'étant interrompu faute d'informations, celles-ci ont été fournies par MM. Archie Moore, ancien chef de la police, et Abraham Low, tous deux du comté de Peterborough, au Canada. Ces messieurs ont décrit le départ d'Auster de Peterborough et le chagrin de sa femme. Auster, ont-ils rapporté, avait quitté la ville le 14 juillet 1909 et la nuit suivante, Moore avait trouvé son épouse dans une chambre de leur misérable maison, souffrant des effets du gaz. Elle était couchée avec ses enfants sur un matelas posé sur le sol cependant que le gaz s'échappait des quatre brûleurs ouverts. Moore a parlé aussi du flacon de phénol qu'il avait trouvé dans la pièce et des traces de phénol qui avaient été découvertes sur les lèvres de Mme Auster. On l'avait emmenée à l'hôpital, déclarait le témoin, et elle avait été malade pendant plusieurs jours. Les deux hommes ont exprimé l'opinion qu'à l'époque où elle a attenté à sa vie, au Canada, Mme Auster présentait sans aucun doute des signes d'aliénation."

Parmi les autres témoins se trouvaient aussi les deux aînés des enfants, qui ont l'un et l'autre fait la chronique des difficultés domestiques. Il a été beaucoup question de Fanny, et aussi des chamailleries fréquentes à la maison. "Il a raconté qu'Auster avait l'habitude de lancer des assiettes et des verres et qu'un jour sa mère avait été si gravement coupée au bras qu'il avait fallu appeler un médecin pour la soigner. Il a raconté qu'en de telles occasions son père usait envers sa mère d'un langage grossier et indécent..."

Une dame de Chicago a témoigné qu'elle avait fréquemment vu ma grand-mère se frapper la tête contre les murs au cours de crises d'angoisse. Un officier de police de Kenosha, qu'un jour "il avait vu Mme Auster en train de courir comme une folle dans la rue. Il a déclaré qu'elle était «plus ou moins échevelée» et ajouté qu'elle se conduisait comme une femme qui a perdu l'esprit." On a aussi fait venir un médecin, qui a confirmé qu'elle avait souffert de "délire aigu".

L'interrogatoire de ma grand-mère a duré trois heures. "Entre des sanglots étouffés et le recours aux larmes, elle a raconté toute sa vie avec Auster jusqu'au moment de l'«accident»... Mme Auster a parfaitement soutenu l'épreuve difficile des questions contradictoires et trois versions de son histoire se sont révélées presque identiques."

Dans sa péroraison, "M⁰ Baker a plaidé avec force et émotion pour l'acquittement de Mme Auster. Parlant pendant près d'une heure et demie, il a rappelé avec éloquence les antécédents de Mme Auster... Mme Auster a été plusieurs fois émue aux larmes par les déclarations de son avocat et dans le public des femmes ont pleuré à maintes reprises en écoutant celui-ci dépeindre les luttes de cette femme immigrée pour défendre son foyer."

Le juge n'a donné le choix aux jurés qu'entre deux verdicts : coupable ou innocente du meurtre. Il leur a fallu moins de deux heures pour se mettre d'accord. Comme il est dit dans le bulletin du 12 avril, "à quatre heures trente, cet après-midi, le jury dans le procès de Mme Anna Auster a rendu son verdict et déclaré l'accusée non coupable".

14 avril. "«Je suis plus heureuse maintenant que je ne l'ai été depuis dix-sept ans», a déclaré Mme Auster samedi après-midi en serrant la main de chacun des jurés après la lecture du verdict. «Tant qu'Harry vivait, a-t-elle confié à l'un d'eux, j'étais préoccupée. Je n'ai jamais vraiment connu le bonheur. A présent je regrette qu'il soit mort de ma main. Je suis aussi heureuse que je pense pouvoir l'être jamais...»

"A la sortie du tribunal, Mme Auster était accompagnée de sa fille... et de ses deux plus jeunes fils, qui avaient attendu patiemment dans la salle d'audience le jugement qui libérerait leur mère.

"Dans la prison du comté, Sam Auster..., bien qu'il n'y comprenne rien, se dit prêt à se plier à la décision des douze jurés...

"«Hier soir, en entendant le résultat, a-t-il déclaré dimanche matin pendant une interview, je suis tombé par terre. Je ne pouvais pas croire qu'elle allait s'en tirer complètement libre après avoir tué mon frère, son mari. Tout cela me dépasse. Je ne comprends pas, mais je n'insisterai pas. J'ai essayé une fois de régler les choses à ma façon, j'ai échoué, et je n'ai plus qu'à accepter la décision du tribunal.»"

Le lendemain lui aussi a été libéré. "«Je reprends mon travail à l'usine, a-t-il dit à l'avocat général. Dès que j'aurai assez d'argent, je ferai dresser une pierre sur la tombe de Harry, et ensuite je consacrerai mon énergie à assurer la subsistance des enfants d'un autre de mes frères, qui vivait en Autriche et est mort au combat dans l'armée autrichienne.»"

"La conférence de ce matin a révélé que Sam Auster est le dernier des cinq frères Auster. Trois d'entre eux ont combattu dans l'armée autrichienne pendant la guerre mondiale et tous trois sont tombés au champ d'honneur."

Dans le dernier paragraphe du dernier article consacré à l'affaire, le journal rapporte que "Mme Auster a le projet de partir vers l'Est avec ses enfants dans quelques jours... On dit qu'elle a pris cette décision sur l'avis de ses avocats, qui lui ont conseillé de refaire sa vie dans un lieu nouveau, un lieu où personne ne connaîtrait l'histoire de son procès."

C'était, sans doute, un dénouement heureux. Du moins pour les lecteurs de journaux de Kenosha, pour l'astucieux Me Baker et, bien entendu, pour ma grand-mère. Et il n'a plus été question des aventures de la famille Auster. L'histoire officielle s'achève avec l'annonce de leur départ vers l'Est.

Je ne connais presque rien de la suite, car mon père me parlait rarement du passé. Mais j'ai pu, à partir des quelques détails qu'il avait évoqués, me faire une idée assez fidèle du climat dans lequel ils ont vécu.

Par exemple, ils déménageaient tout le temps. Il n'était pas rare que mon père fréquentât deux, parfois même trois écoles différentes au cours d'une seule année. Comme ils n'avaient pas d'argent, leur vie était devenue une succession de fuites, de propriétaires en créditeurs. Un tel nomadisme isola complètement cette famille déjà refermée sur elle-même. Ils n'avaient jamais de point de référence durable : ni maison, ni ville, ni amis sur lesquels ils auraient pu compter. Rien que la famille. C'était presque comme une quarantaine.

Mon père était le benjamin, et il continua toute sa vie à respecter ses trois frères aînés. Quand il était petit, on l'appelait "fiston". Il était asthmatique et souffrait d'allergies, était bon élève, jouait extérieur dans l'équipe de football, et il courait le quatre cents mètres au printemps. Il a terminé l'école pendant la première année de la Dépression, suivi des cours du soir de droit pendant un ou deux semestres puis abandonné, exactement comme ses frères l'avaient fait avant lui.

Les quatre garçons se serraient les coudes. Leur loyauté mutuelle avait quelque chose de presque médiéval. Malgré qu'ils ne fussent pas toujours d'accord entre eux, que de bien des manières ils ne s'aimassent même pas, je ne pense pas à eux comme à quatre individus distincts mais comme à un clan, une quadruple image de solidarité. Trois d'entre eux – les trois plus jeunes – se sont retrouvés associés en affaires et habitant la même ville, et ils ont aidé le quatrième à s'établir dans une ville du voisinage. Il se passait rarement une journée sans que mon père vît ses frères. Et cela pendant toute sa vie : tous les jours pendant plus de soixante ans.

Ils prenaient les habitudes les uns des autres : des expressions, de petits gestes, et tout cela se confondait si bien qu'il était impossible de repérer lequel était à l'origine de telle attitude ou de telle idée. Les sentiments de mon père ne variaient pas : jamais il n'a dit un mot à l'encontre de l'un d'eux. Encore cette conception de l'autre défini par ce qu'il est et non par ce qu'il fait. S'il arrivait que l'un des frères lui portât tort ou agît de façon répréhensible, il refusait toujours de le juger. C'est mon frère, disait-il, comme si cela justifiait tout. C'était là le premier principe, le postulat inattaquable, le seul et unique dogme. Autant que celle de la foi en Dieu, sa remise en question eût été une hérésie.

Comme il était le plus jeune, mon père était le plus loyal des quatre et aussi celui qui jouissait le moins du respect des autres. C'était lui qui travaillait le plus dur, qui était le plus généreux avec ses neveux et nièces, et pourtant cela n'était jamais vraiment reconnu, moins encore apprécié. En vérité, ma mère se souvient que le jour de son mariage, au cours de la réception qui suivait la cérémonie, un de ses beaux-frères lui a fait des avances. Aurait-il été jusqu'au bout de l'aventure, c'est une autre question. Mais le seul fait de l'avoir ainsi taquinée donne une assez bonne idée du peu de considération qu'il avait pour mon père. On ne se conduit pas de cette façon le jour où un homme se marie, surtout s'il est votre frère.

Au centre du clan se trouvait ma grand-mère, le type même de la maman juive des cavernes, mère entre les mères. Farouche, opiniâtre, le chef. C'est à cause de leur commune loyauté envers elle que les quatre frères sont restés si unis. Même adultes, mariés et pères de famille, ils continuaient à venir dîner chez elle, fidèlement, tous les vendredis soir – sans femmes ni enfants. C'était cette parenté-ci qui comptait, elle prenait le pas sur tout le reste. Cela devait avoir quelque chose d'un peu comique : quatre hommes grands et forts, ils mesuraient tous plus d'un mètre quatre-vingts, entourant une petite vieille dame qui faisait bien trente centimètres de moins qu'eux.

Un jour, à l'une des rares occasions où ils étaient là avec leurs épouses, un voisin entré par hasard s'est montré surpris de découvrir une telle assemblée. A sa question : Est-ce votre famille, madame Auster ? celle-ci, avec un grand sourire de fierté, a répondu oui. Voici..., voici..., voici..., et voici Sam. Un peu éberlué, le voisin a demandé : Et ces charmantes dames, qui sont-elles ? Oh, a répliqué ma grand-mère avec un geste désinvolte de la main, celle-là est à..., celle-là à..., celle-ci à..., et voici celle de Sam.

Le portrait qu'avaient tracé d'elle les journaux de Kenosha n'était pas faux. Elle vivait pour ses enfants. (Mᵉ Baker : "Où irait une mère de cinq enfants ? Elle leur est attachée et la Cour peut constater qu'ils tiennent à elle.") Mais en même temps c'était un tyran capable de hurlements ou de crises d'hystérie. Quand elle était en colère, il lui arrivait de donner à ses fils des coups de balai sur la tête. Elle exigeait l'obéissance, et l'obtenait.

Elle est un jour entrée dans la chambre de mon père, qui avait réussi en vendant des journaux à accumuler l'énorme somme de vingt dollars afin de s'acheter une bicyclette neuve, et, sans même un mot d'excuse, elle a cassé sa tirelire et pris son argent. Elle en avait besoin pour payer une facture et mon père n'avait eu aucun recours, aucune possibilité de réclamer. Quand il m'a raconté cette histoire, ce n'était pas dans le but de mettre en évidence l'injustice de sa mère, mais de démontrer que le bien de la famille passait toujours avant celui de l'un de ses membres. Sans doute en avait-il eu de la peine, mais il ne s'est pas plaint.

C'était le règne de l'arbitraire. Pour un enfant, cela voulait dire que le ciel risquait à tout moment de lui tomber sur la tête, qu'il ne pouvait jamais être sûr de rien. C'est ainsi qu'il a appris à ne faire confiance à personne. Pas plus qu'à lui-même. Il y aurait toujours quelqu'un pour lui prouver que ce qu'il pensait était faux, que cela n'avait aucune valeur. Il a appris à refréner ses désirs.

Mon père a vécu avec sa mère jusqu'à un âge plus avancé que le mien. Il a été le dernier à partir, celui qui était resté pour s'occuper d'elle. On ne peut pourtant pas dire qu'il était un "fils à maman". Il était trop indépendant, ses frères lui avaient trop bien inculqué les façons qui conviennent à un homme. Il était gentil avec elle, plein de prévenances et d'attentions, mais non sans un peu de distance, voire d'humour. Après qu'il se fut marié, elle lui téléphonait souvent pour le sermonner à propos de ceci ou de cela. Mon père posait l'écouteur sur la table, s'en allait à l'autre bout de la pièce, s'occupait quelques instants, puis il venait reprendre l'appareil, disait quelque chose d'anodin pour qu'elle sache qu'il était là (mmm, mmm, oui, bien sûr) puis il repartait, allant et venant jusqu'à ce qu'elle ait épuisé son monologue.

Le côté comique de son caractère imperturbable. Et ça lui a parfois rendu grand service.

Je me souviens d'une petite créature ratatinée, assise dans le salon de sa maison, dans le quartier de Weequahic, à Newark, en train de lire le *Jewish Daily Forward*. Je savais bien qu'il fallait m'exécuter chaque fois que je la voyais, mais j'avais toujours un mouvement de recul au moment de l'embrasser. Elle avait le visage si ridé, la peau d'une douceur tellement inhumaine. Le pire était encore son odeur – une odeur que j'ai pu identifier bien plus tard comme celle du camphre, elle devait en avoir mis dans les tiroirs de sa commode et, avec le temps, l'étoffe de ses vêtements s'en était imprégnée. Cette odeur était inséparable dans mon esprit de l'idée de "grand-maman".

Pour autant que je m'en souviens, elle ne s'intéressait pratiquement pas à moi. La seule fois où elle m'a offert un cadeau, c'était un livre pour enfants de deuxième ou troisième main, une biographie de Benjamin Franklin. Je me rappelle l'avoir lu d'un bout à l'autre et j'en ai encore quelques passages en mémoire. La future épouse de Franklin, par exemple, se moquant de lui la première fois qu'elle le voit en train de marcher dans les rues de Philadelphie avec une énorme miche de pain sous le bras. Le livre avait une jaquette bleue et était illustré de silhouettes. A cette époque je devais avoir sept ou huit ans.

Après la mort de mon père, j'ai découvert dans la cave de sa maison une malle qui avait appartenu à sa mère. Elle était fermée à clef et j'ai décidé d'en forcer la serrure avec un marteau et un tournevis, dans l'idée qu'elle renfermait peut-être quelque secret enseveli, quelque trésor depuis longtemps perdu. A l'instant où le loquet cédait et où je soulevais le couvercle elle a surgi de nouveau, identique – l'odeur, elle me sautait au nez, immédiate, palpable, comme s'il s'était agi de ma grand-mère en personne. C'était comme si j'avais ouvert son cercueil.

La malle ne contenait rien d'intéressant : une série de couteaux à découper, un tas de bijoux en toc. Et aussi un sac à main en plastique dur, une sorte de boîte octogonale pourvue d'une poignée. Je l'ai offert à Daniel qui l'a aussitôt transformé en garage portable pour sa flottille de petits camions et de voitures.

Pendant toute sa vie mon père a travaillé dur. A neuf ans il trouvait son premier emploi. A dix-huit ans, avec l'un de ses frères, il montait une affaire de réparation de radios. A l'exception du bref instant où il a été engagé comme assistant dans le laboratoire de Thomas Edison (pour en être renvoyé dès le lendemain, quand Edison a su qu'il était juif), mon père a toujours été son propre patron. C'était un patron très difficile, beaucoup plus exigeant que n'aurait pu l'être un étranger.

A la longue, l'atelier de radio est devenu une petite boutique d'appareils électriques, qui à son tour s'est transformée en grand magasin de meubles. A partir de là, il a commencé à s'occuper d'immobilier (par exemple en achetant une maison pour y installer sa mère), jusqu'à ce que cette activité, prenant le pas sur le magasin dans ses préoccupations, devienne une affaire en soi. L'association avec deux de ses frères se poursuivait d'une entreprise à l'autre.

Il se levait tôt chaque matin, ne rentrait que tard le soir, et entre les deux le travail, rien que le travail. Travail était le nom du pays qu'il habitait, dont il était un des plus fervents patriotes. Cela ne veut pas dire cependant qu'il y prenait plaisir. S'il s'acharnait ainsi, c'est parce qu'il voulait gagner le plus d'argent possible. Son activité était le moyen d'arriver à ses fins – un moyen de s'enrichir. Mais ce but atteint, il n'y aurait pas davantage trouvé de satisfaction. Comme l'a écrit Marx dans sa jeunesse : "Si l'*argent* est le lien qui m'unit à la *vie humaine*, qui unit à moi la société et m'unit à la nature et à l'homme, l'argent n'est-il pas le lien de tous les liens ? Ne peut-il pas nouer ou dénouer tous les liens ? N'est-il pas, de la sorte, l'*instrument de division universel ?*"

Il a rêvé toute sa vie de devenir millionnaire, l'homme le plus riche du monde. Ce qu'il convoitait n'était pas tant la fortune que ce qu'elle représente : non seulement le succès aux yeux des autres mais aussi une possibilité de se sentir intouchable. Avoir de l'argent, ce n'est pas seulement pouvoir acheter : cela signifie être hors d'atteinte de la réalité. L'argent en tant que protection, non pour le plaisir. Parce que dans son enfance il en avait été démuni, et donc vulnérable aux caprices de l'existence, l'idée de richesse était devenue pour lui synonyme d'évasion : échapper au mal, à la souffrance, ne plus être une victime. Il ne prétendait pas s'acheter le bonheur mais simplement l'absence de malheur. L'argent était la panacée, la matérialisation de ses désirs les plus profonds, les plus difficiles à exprimer. Il ne voulait pas le dépenser mais le posséder, savoir qu'il était là. Moins élixir qu'antidote : la petite fiole à emporter au fond d'une poche si on va dans la jungle – au cas où on serait mordu par un serpent venimeux.

Sa répugnance à la dépense était parfois telle qu'on aurait presque pu le croire malade. Jamais il n'en est arrivé au point de se refuser ce dont il avait besoin (car ses besoins étaient minimes), mais, c'était plus subtil, chaque fois qu'il avait des achats à faire, il optait pour la solution la moins coûteuse. La recherche des bonnes affaires comme règle de vie.

Cette attitude impliquait une sorte de primitivisme des perceptions. Toutes distinctions éliminées, tout était réduit au plus petit commun dénominateur. La viande était de la viande, les chaussures des chaussures et un stylo un stylo. Qu'importait le fait qu'on puisse choisir entre des bas morceaux et une côte à l'os, trouver des stylos à bille jetables à trente-neuf cents et des porte-plumes réservoirs à cinquante dollars qui dureraient vingt ans ? L'objet vraiment beau était presque exécrable : il signifiait un prix à payer si extravagant que cela paraissait malsain moralement. Sur un plan plus général, une telle attitude entraînait un état permanent de privation sensorielle. A force de fermer les yeux, il se refusait tout contact intime avec les formes et les matières, excluant la possibilité de ressentir un plaisir esthétique. L'univers où il portait le regard était un univers pratique. Chaque chose y avait sa valeur et son prix, et l'idée d'ensemble était d'obtenir ce dont on avait besoin à un prix aussi proche que possible de sa valeur. Chaque objet était considéré d'après sa fonction, estimé seulement d'après son coût, jamais pris en compte pour ses propriétés intrinsèques. Dans un sens, j'imagine qu'un tel monde devait lui paraître bien ennuyeux. Uniforme, incolore, sans relief. Si l'on n'envisage l'existence qu'en termes d'argent, on finit par la perdre de vue complètement.

Quand j'étais enfant, il m'est arrivé d'être vraiment gêné pour lui en public. Il marchandait avec les boutiquiers, se mettait en colère pour un prix élevé, discutait comme si sa virilité même était en jeu. Souvenir précis de cette impression que tout en moi se rétractait, du souhait d'être n'importe où sauf où j'étais. Un incident particulier resurgit, l'achat d'un gant de base-ball. Depuis quinze jours je passais tous les jours après l'école devant le magasin pour admirer l'objet de mon désir. Et puis, quand un soir mon père m'a emmené l'acheter, il a fait une telle scène au vendeur que j'ai cru qu'il allait le mettre en pièces. Effrayé, écœuré, je lui ai dit de ne pas insister, qu'après tout je ne voulais pas ce gant. En sortant de là, il m'a offert un cornet de glace. De toute façon ce gant ne valait rien, m'a-t-il déclaré. Je t'en achèterai un plus beau une autre fois.
Plus beau, bien entendu, voulait dire moins beau.

Ses diatribes parce que trop de lampes étaient allumées dans la maison. Par principe, il achetait toujours des ampoules de faible intensité.

Son excuse pour ne jamais nous emmener au cinéma : "Pourquoi sortir et dépenser une fortune ? Cela passera à la télévision dans un an ou deux."

Les rares repas familiaux au restaurant : il fallait toujours commander les plats les moins chers du menu. C'était devenu une sorte de rite. Oui, disait-il en hochant la tête, tu as bien choisi.

Des années plus tard, quand ma femme et moi vivions à New York, il nous invitait parfois à dîner. Le scénario était toujours identique : dès l'instant où nous avions la dernière fourchette de nourriture dans la bouche, il demandait : "Vous êtes prêts ? Nous partons ?" Aucune possibilité d'envisager un dessert.

Il était totalement mal dans sa peau. Incapable de rester tranquille, de bavarder, de se détendre.

En sa compagnie on se sentait nerveux. On avait tout le temps l'impression qu'il était sur le point de s'en aller.

Il adorait les petites astuces futées, et il était fier de sa capacité d'être plus malin que les autres à leur propre jeu. Une mesquinerie, dans les contingences les plus dérisoires, aussi ridicule que déprimante. Dans ses voitures, il déconnectait toujours le compteur et falsifiait le kilométrage pour s'assurer un meilleur prix à la revente. Chez lui, il réparait tout lui-même au lieu de faire appel à des professionnels. Comme il avait un don pour les machines et connaissait leur fonctionnement, il utilisait des expédients bizarres, se servant de ce qui lui tombait sous la main pour appliquer les recettes de Rube Goldberg aux problèmes mécaniques et électriques – plutôt que de payer le prix pour que ce soit fait convenablement.

Les solutions définitives ne l'intéressaient pas. Il a passé son temps à rafistoler, à coller des rustines, une ici, une là, sans jamais permettre à son bateau de couler mais sans lui donner la moindre chance de naviguer.

Sa façon de se vêtir : comme s'il retardait de vingt ans. Des costumes bon marché en tissu synthétique, achetés chez des soldeurs ; des chaussures dépareillées provenant des fonds de boutiques. Son manque d'intérêt pour la mode n'était pas seulement signe de sa pingrerie, il renforçait l'image qu'on avait de lui comme d'un homme un peu hors du monde. Les vêtements qu'il portait paraissaient l'expression de sa solitude, une façon concrète d'affirmer son absence. Bien qu'il fût à l'aise, qu'il eût les moyens de s'offrir tout ce qu'il voulait, on l'aurait pris pour un indigent, un cul-terreux arrivé droit de la ferme.

Au cours des dernières années de sa vie, cela avait un peu changé. Le fait d'être à nouveau célibataire l'avait sans doute stimulé : il s'est rendu compte que s'il voulait la moindre vie sociale, il devait se rendre présentable. Il n'est pas allé jusqu'à s'acheter des vêtements coûteux mais au moins l'allure de sa garde-robe s'est modifiée : les bruns ternes et les gris ont été abandonnés pour des couleurs plus gaies ; le style démodé a cédé la place à une image plus voyante, plus soignée. Pantalons à carreaux, chaussures blanches, chandails à col roulé jaunes, bottines à grosses boucles. Mais en dépit de ces efforts, il semblait déplacé, ainsi vêtu. Cela ne s'intégrait pas à sa personnalité. Il faisait penser à un petit garçon habillé par ses parents.

Etant donné sa relation bizarre avec l'argent (son désir de richesse, son inaptitude à la dépense), il est normal, d'une certaine manière, qu'il ait gagné sa vie parmi les pauvres. Comparé à eux, il jouissait d'une fortune immense. Cependant, à passer son temps parmi des gens qui ne possédaient presque rien, il pouvait garder devant les yeux la vision de ce qu'il craignait le plus au monde : se trouver sans argent. Il conservait ainsi le sens des proportions. Il ne se considérait pas comme avare – mais raisonnable, un homme qui connaît la valeur d'un dollar. Il fallait qu'il fût vigilant. C'était le seul rempart entre lui et ce cauchemar, la pauvreté.

A l'époque où leurs affaires marchaient le mieux, ses frères et lui possédaient près de cent immeubles. Leur territoire comprenait la sinistre région industrielle du nord du New Jersey – Jersey City, Newark – et presque tous leurs locataires étaient des Noirs. On parle de "seigneur des taudis", mais dans son cas cette image aurait été inexacte, injuste. De même qu'il n'était en aucune manière un propriétaire absentéiste. Il était *là*, et s'imposait des horaires qui auraient poussé à la grève le plus consciencieux des employés.

Son activité relevait d'une jonglerie permanente. Il fallait acheter et vendre des immeubles, acheter et réparer des équipements, organiser le travail de plusieurs équipes d'ouvriers, louer les appartements, superviser les chefs de chantier, écouter les doléances des locataires, recevoir la visite des inspecteurs du bâtiment, affronter des problèmes constants avec les compagnies des eaux et d'électricité, sans parler des démêlés fréquents avec le tribunal – comme plaignant ou comme prévenu – pour récupérer des loyers impayés ou répondre d'infractions. Tout arrivait toujours en même temps, c'était un assaut perpétuel venant d'une douzaine de directions à la fois, et seul un homme qui ne se laissait pas désarçonner pouvait y répondre. Il n'y avait pas un jour où il fût possible de faire tout ce qu'il y avait à faire. On ne rentrait pas chez soi parce qu'on avait terminé mais simplement parce qu'il était tard et que le temps manquait. Le lendemain, on retrouvait les mêmes problèmes – et plusieurs autres. Cela n'avait jamais de fin. En quinze ans il n'a pris que deux fois des vacances.

Il était compatissant avec ses locataires – leur accordait des délais de paiement, leur donnait des vêtements pour leurs enfants, les aidait à trouver du travail – et ils avaient confiance en lui. Des vieux qui craignaient les cambrioleurs lui demandaient de garder leurs objets de valeur dans le coffre-fort de son bureau. Des trois frères, c'était à lui que les gens s'adressaient quand ils avaient des ennuis. Personne ne l'appelait M. Auster. Il était toujours M. Sam.

En rangeant la maison après sa mort, j'ai trouvé cette lettre au fond d'un tiroir de la cuisine. C'est, de toutes mes découvertes, celle qui m'a causé le plus de plaisir. Elle équilibre en quelque sorte le bilan, elle m'apporte une preuve vivante quand mon imagination s'éloigne trop des faits. La lettre est adressée à "M. Sam", et l'écriture en est presque illisible.

Le 19 avril 1976

Cher Sam,
Je sais que vous êtes surpris d'avoir de mes nouvelles. D'abord je devrais peut-être me présenter à vous. Je suis Mme Nash. Je suis la belle-Sœur d'Albert Groover — Mme Groover et Albert qui ont habité si longtemps au 285 de la rue des Pins à Jersey City et Mme Banks aussi est ma Sœur. Peu importe, si vous vous souvenez.

Vous vous étiez débrouillé pour nous trouver un appartement, à mes enfants et moi, au 327, Johnston Avenue juste à côté de chez M. & Mme Groover ma Sœur.

De toute façon je suis partie en vous laissant 40 dollars de loyer impayé. C'était en 1964 mais je n'ai pas oublié que je devais cette grave dette. Alors maintenant voici votre argent. Merci d'avoir été si gentil avec les enfants et moi à cette époque. c'est pour dire combien j'ai apprécié tout ce que vous avez fait pour nous. J'espère que vous vous rappelez ce temps-là. Ainsi moi je ne vous ai jamais oublié.

J'ai appelé votre bureau il y a à peu près trois semaines mais vous n'y étiez pas à ce moment-là. le Bon Dieu vous bénisse à jamais. Je ne viens presque pas à Jersey City si cela arrive je viendrai vous voir.

De toute façon maintenant je suis contente de payer cette dette. C'est tout pour aujourd'hui.

Sincèrement vôtre,

Mme J. B. Nash.

Quand j'étais enfant, j'accompagnais de temps en temps mon père dans ses tournées de collecte des loyers. J'étais trop jeune pour comprendre ce que je voyais, mais je me souviens de mes impressions, comme si, précisément du fait de mon incompréhension, la perception brute de ces expériences s'était fichée en moi, où elle demeure aujourd'hui, aussi immédiate qu'une écharde dans le pouce.

Je revois les bâtiments de bois avec leurs vestibules sombres et inhospitaliers. Et derrière chaque porte une horde d'enfants en train de jouer dans un appartement à peine meublé ; une mère, toujours maussade, surmenée, exténuée, penchée sur une planche à repasser. Le plus frappant était l'odeur, comme si la pauvreté n'était pas seulement le manque d'argent mais aussi une sensation physique, une puanteur qui envahit la tête et empêche de penser. Chaque fois que j'entrais dans un immeuble avec mon père, je retenais mon souffle, par crainte de respirer, comme si cette odeur allait me faire mal. Tout le monde était toujours content de voir le fils de M. Sam. On m'a souri et caressé la tête d'innombrables fois.

Un jour, quand j'étais un peu plus âgé, j'étais en voiture avec lui dans une rue de Jersey City et j'ai aperçu un garçon qui portait un T-shirt que j'avais abandonné depuis plusieurs mois parce qu'il était devenu trop petit. C'était un T-shirt très reconnaissable, avec un assemblage particulier de lignes bleues et jaunes, et il n'y avait aucun doute que c'était bien celui qui m'avait appartenu. Inexplicablement, je me suis senti submergé de honte.

Un peu plus tard encore, à treize, quatorze, quinze ans, j'accompagnais parfois mon père pour me faire un peu d'argent en travaillant avec les charpentiers, les peintres et les ouvriers chargés des réparations. Un jour, au cœur de l'été, par une chaleur torride, on m'a confié la tâche d'aider un des hommes à goudronner un toit. Cet homme s'appelait Joe Levine (il était noir mais avait pris le nom de Levine en signe de gratitude envers un vieil épicier juif qui l'avait aidé dans sa jeunesse), et il était l'homme de confiance de mon père, le plus sûr de ses ouvriers. Nous avons hissé sur le toit plusieurs barils de cent litres de goudron et entrepris de l'étaler sur la surface avec des balais. Le soleil tapait dur sur ce toit noir et après une demi-heure environ j'ai été pris de vertige, j'ai glissé sur une plaque de goudron frais et suis tombé en renversant l'un des fûts qui, du coup, a répandu sur moi son contenu.

Quand je suis arrivé dans son bureau quelques minutes plus tard, mon père a éclaté de rire. Je me rendais compte que la situation était comique, mais j'étais trop embarrassé pour avoir envie d'en plaisanter. Il faut mettre au crédit de mon père qu'il ne s'est ni fâché ni moqué de moi. Il riait, mais d'une façon qui m'incitait à en faire autant. Puis il a abandonné ce qu'il était en train de faire et m'a emmené de l'autre côté de la rue, chez Woolworth, pour m'acheter de nouveaux vêtements. Il m'était soudain devenu possible de me sentir proche de lui.

Avec les années, l'affaire commença à décliner. Elle était saine en elle-même, mais sa nature la condamnait à sombrer : à cette époque-là, à cet endroit-là, elle ne pouvait survivre plus longtemps. Les villes allaient à vau-l'eau et nul ne semblait s'en soucier. Ce qui avait été pour mon père une activité assez satisfaisante devenait une corvée. Durant les dernières années de sa vie, il a détesté se rendre au travail.

Le vandalisme devenait un problème tellement grave qu'il était déprimant d'entreprendre la moindre réparation. A peine avait-on terminé l'installation de plomberie dans un bâtiment que des voleurs arrachaient les tuyauteries. Sans arrêt, des fenêtres étaient brisées, des portes enfoncées, des vestibules mis à sac, des incendies se déclaraient. En même temps, pas question de vendre. Personne ne voulait de ces immeubles. La seule façon de s'en débarrasser était de les abandonner et de laisser les municipalités les prendre en charge. On perdait ainsi des sommes énormes, une vie entière de travail. A la fin, quand mon père est mort, il ne restait que six ou sept immeubles. L'empire entier s'était désintégré.

La dernière fois que je suis allé à Jersey City (il y a au moins dix ans), on aurait dit le lieu d'une catastrophe, un site pillé par les Huns. Des rues grises et désolées, des ordures entassées de tous côtés ; désœuvrés, sans but, des vagabonds traînaient la savate. Le bureau de mon père avait été cambriolé tant de fois qu'il n'y restait plus que quelques meubles métalliques, des chaises, et trois ou quatre téléphones. Plus une seule machine à écrire, pas une touche de couleur. En vérité ce n'était plus un lieu de travail mais une annexe de l'enfer. Je me suis assis et j'ai regardé au-dehors ; il y avait une banque de l'autre côté de la rue. Personne n'y entrait, personne n'en sortait. Les seuls êtres vivants étaient deux chiens, sur les marches, en train de se grimper dessus.

Où trouvait-il l'énergie de venir ici tous les jours, cela dépasse mon entendement. La force de l'habitude, ou alors pure obstination. Ce n'était pas seulement déprimant, c'était dangereux. Il a été attaqué à plusieurs reprises et a reçu un jour un si mauvais coup sur la tête que son ouïe a définitivement diminué. Il a vécu ses quatre ou cinq dernières années avec un bruit léger mais constant dans la tête, un bourdonnement qui ne le lâchait jamais, même pendant son sommeil. Les médecins disaient qu'on ne pouvait rien y faire.

A la fin, il ne sortait dans la rue qu'avec une clef à molette dans la main droite. Passé soixante-cinq ans, il ne voulait plus prendre de risque.

Ce matin, pendant que je montre à Daniel comment on fait les œufs brouillés, deux phrases me reviennent soudain à l'esprit :

"«Et maintenant je veux savoir, s'écria tout à coup la femme avec une violence terrible, je veux savoir où, sur toute la terre, vous trouveriez un père tel que mon père !...»" (Isaac Babel.)

"Les enfants ont généralement tendance à sous-estimer ou à surestimer leurs parents, et aux yeux d'un bon fils son père est toujours le meilleur des pères, sans aucun rapport avec les raisons objectives qu'il peut avoir de l'admirer." (Proust.)

Je me rends compte maintenant que je dois avoir été un mauvais fils. Ou du moins, sinon vraiment mauvais, décevant, cause de souci et de tristesse. Cela n'avait aucun sens pour lui d'avoir engendré un poète. Pas plus qu'il ne pouvait comprendre comment un jeune homme fraîchement nanti de deux diplômes de l'université de Columbia pouvait s'engager comme matelot sur un pétrolier dans le golfe du Mexique et puis, sans rime ni raison, s'en aller à Paris pour y passer quatre ans à vivre au jour le jour.

Il me décrivait d'habitude comme ayant "la tête dans les nuages" ou "pas les pieds sur terre". Dans un sens comme dans l'autre, je ne devais guère lui paraître réel, comme si j'étais une sorte de créature éthérée, pas tout à fait de ce monde. A ses yeux c'était par le travail qu'on prenait part à la réalité. Et le travail, par définition, rapportait de l'argent. Sans cela ce n'était pas du travail. Par conséquent écrire, et particulièrement écrire de la poésie, n'en était pas. C'était, au mieux, un délassement, un passe-temps agréable entre des activités sérieuses. Mon père considérait que je gaspillais mes dons et refusais de devenir adulte.

Une sorte d'attachement demeurait néanmoins entre nous. Sans être intimes, nous gardions le contact. Un coup de téléphone tous les mois environ, peut-être trois ou quatre visites par an. Lorsqu'un recueil de mes poèmes sortait de presse, je ne manquais jamais de lui en adresser un exemplaire, et il m'appelait toujours pour me remercier. Si j'écrivais un article pour une revue, j'en conservais un numéro pour le lui apporter lors de notre prochaine rencontre. La *New York Review of Books* ne représentait rien pour lui mais il était impressionné par les textes parus dans *Commentary*. Sans doute pensait-il que si des juifs me publiaient c'est que cela valait peut-être quelque chose.

Il m'a un jour écrit, quand j'habitais encore Paris, pour me raconter qu'il était allé à la bibliothèque publique lire certains de mes poèmes récemment parus dans la revue *Poetry*. Je me l'imaginais, dans une grande salle déserte, tôt le matin avant d'aller travailler, assis à l'une de ces longues tables, son pardessus sur le dos, courbé sur des mots qui devaient lui paraître incompréhensibles.

J'ai essayé de garder cette image à l'esprit, à côté de toutes ces autres dont je ne peux me défaire.

Poids insidieux, totalement déconcertant, de la contradiction. Je comprends à présent que tout fait est annulé par le suivant, que chaque pensée engendre sa symétrique opposée et de force égale. Impossible d'affirmer sans réserve : Il était bon, ou : Il était mauvais ; il était ceci, ou cela. Le tout est vrai. Il me semble parfois que j'écris à propos de trois ou quatre hommes différents, tous bien distincts, chacun en contradiction avec tous les autres. Des fragments. Ou l'anecdote comme une forme de connaissance. Oui.

Ses accès occasionnels de générosité. Dans les rares moments où il ne voyait pas le monde comme une menace, la bonté semblait sa raison de vivre. "Le bon Dieu vous bénisse à jamais."

Ses amis faisaient appel à lui dès qu'ils étaient dans l'embarras. Qu'une voiture tombe en panne quelque part au milieu de la nuit, mon père s'arrachait à son lit pour aller à la rescousse. Dans un sens il était facile d'abuser de lui. Il ne se serait jamais plaint de quoi que ce soit.

Une patience quasi surhumaine. Il était la seule personne que j'aie jamais connue qui pouvait donner des leçons de conduite automobile sans se mettre en colère ni piquer de crise de nerfs. Même si vous donniez de la bande droit dans un réverbère, il ne s'énervait pas.

Impénétrable. Et, à cause de cela, presque serein par moments.

Alors qu'il était encore un jeune homme, il a commencé à porter un intérêt particulier à l'aîné de ses neveux – le seul enfant de son unique sœur. Ma tante menait une vie sans joie, ponctuée par une série de mariages difficiles, et son fils en subissait le poids : expédié dans des écoles militaires, jamais il n'avait eu réellement de foyer. Sans autre motif, à mon avis, que la bonté et le sens du devoir, mon père l'a pris sous son aile. Il s'est occupé de lui, l'encourageant constamment, lui enseignant comment naviguer dans le monde. Plus tard, il l'a aidé dans ses affaires et dès que survenait un problème il était toujours prêt à écouter et à donner des conseils. Même après que mon cousin se fut marié et eut fondé sa propre famille, mon père continuait à s'intéresser activement à leur sort. Il les a hébergés chez lui pendant plus d'un an. Il offrait religieusement des cadeaux à ses petits-neveux et petites-nièces pour leur anniversaire et allait souvent dîner chez eux.

La mort de mon père a été pour ce cousin un choc plus grand que pour aucun de nos autres parents. Pendant la réunion de famille qui suivait l'enterrement, il est venu me dire trois ou quatre fois : "Je l'ai rencontré par hasard il y a quelques jours. Nous devions dîner ensemble vendredi soir."

Chaque fois, exactement les mêmes mots. Comme s'il ne savait plus ce qu'il disait.

J'avais le sentiment que les rôles étaient inversés, qu'il était le fils affligé et moi le neveu compatissant. J'avais envie de lui entourer les épaules de mon bras en lui disant quel homme bon son père avait été. Après tout, c'était lui le véritable fils, il était celui que je n'avais jamais réussi à devenir.

Depuis deux semaines ces lignes de Maurice Blanchot me résonnent dans la tête : "Il faut que ceci soit entendu : je n'ai rien raconté d'extraordinaire ni même de surprenant. Ce qui est extraordinaire commence au moment où je m'arrête. Mais je ne suis plus maître d'en parler."

Commencer par la mort. Remonter le cours de la vie et puis, pour finir, revenir à la mort.

Ou encore : la vanité de prétendre dire quoi que ce soit à propos de qui que ce soit.

En 1972, il est venu me voir à Paris. C'est le seul voyage qu'il ait jamais fait en Europe.

J'habitais cette année-là un sixième étage, dans une chambre de bonne minuscule où il y avait à peine la place pour un lit, une table, une chaise et un évier. Face aux fenêtres et au petit balcon, un ange de pierre surgissait de

Saint-Germain-l'Auxerrois ; à ma gauche, le Louvre, les Halles à ma droite, et Montmartre droit devant, dans le lointain. J'éprouvais une grande tendresse pour cette chambre et beaucoup des poèmes parus ensuite dans mon premier livre y ont été écrits.

Mon père n'avait pas l'intention de rester longtemps, pas même ce qu'on pourrait appeler des vacances : quatre jours à Londres, trois à Paris, et puis retour. Mais je me réjouissais de le voir et me préparais à lui faire passer un bon moment.

Quoi qu'il en soit, cela n'a pas été possible, pour deux raisons : j'avais attrapé une mauvaise grippe ; et, le lendemain de son arrivée, j'ai dû partir au Mexique où il me fallait aider quelqu'un à écrire son livre.

Transpirant, fiévreux, délirant presque de faiblesse, je l'avais attendu toute la matinée dans le hall de l'hôtel de tourisme où il avait réservé une chambre. Comme il n'était pas arrivé à l'heure prévue, j'avais patienté encore une heure ou deux, puis finalement renoncé, et j'étais rentré m'écrouler sur mon lit.

En fin d'après-midi, il est venu frapper à ma porte et me tirer d'un sommeil profond. Notre rencontre sortait tout droit de Dostoïevski : le père bourgeois rend visite à son fils dans une ville étrangère et trouve le jeune poète, seul dans une mansarde, dévoré par la fièvre. Le choc de cette découverte, l'indignation qu'on puisse vivre dans un endroit pareil ont galvanisé son énergie : il m'a fait mettre mon manteau, m'a traîné dans une clinique des environs et puis est allé acheter toutes les pilules qui m'avaient été prescrites. Après quoi il a refusé de me laisser passer la nuit chez moi. Je n'étais pas en état de discuter, j'ai donc accepté de loger dans son hôtel.

Le lendemain je n'allais pas mieux. Mais j'avais des choses à faire, j'ai rassemblé mon courage et je les ai faites. Le matin, j'ai emmené mon père avenue Henri-Martin, dans le vaste appartement du producteur de cinéma qui m'envoyait au Mexique. Je travaillais pour lui depuis un an, de façon discontinue, à ce qu'on pourrait appeler des petits boulots – traductions, résumés de scénarios – sans grand rapport avec le cinéma, qui du reste ne m'intéressait pas. Chaque projet était plus inepte que le précédent mais j'étais bien payé et j'en avais besoin. Il souhaitait cette fois que j'aide sa femme, une Mexicaine, à écrire un livre que lui avait commandé un éditeur anglais : *Quetzalcóatl et les mystères du serpent à plumes*. Ça paraissait un peu gros, et j'avais déjà refusé à plusieurs reprises. Mais à chacun de mes refus il augmentait son offre et me proposait maintenant une telle somme que je ne pouvais plus dire non. Je ne serais parti qu'un mois, et il me payait comptant – et d'avance.

C'est à cette transaction que mon père a assisté. Pour une fois, j'ai vu qu'il était impressionné. Non seulement je l'avais amené dans cet endroit somptueux, où je l'avais présenté à un homme qui brassait des millions, mais voilà que cet homme me tendait calmement une liasse de billets de cent dollars par-dessus la table en me souhaitant bon voyage. C'était l'argent, bien sûr, qui faisait la différence, le fait que mon père ait pu le voir de ses propres yeux. J'ai ressenti cela comme un triomphe, comme si d'une certaine façon j'étais vengé. Pour la première fois, il avait été obligé d'admettre que je pouvais me prendre en charge à ma façon.

Il est devenu très protecteur, plein d'indulgence pour mon état de faiblesse. M'a aidé à déposer l'argent à la banque, tout sourires et bons mots. Puis nous a trouvé un taxi et m'a accompagné jusqu'à l'aéroport. Une généreuse poignée de main pour finir. Bonne chance, fils. Fais un malheur.

Tu parles.

Depuis plusieurs jours, rien.

En dépit des excuses que je me suis trouvées, je comprends ce qui se passe. Plus j'approche de la fin de ce que je suis capable d'exprimer, moins j'ai envie de dire quoi que ce soit. Je souhaite retarder le terme et je me berce ainsi de l'illusion que je viens à peine de commencer, que la meilleure partie de mon histoire est encore à venir. Si inutiles que paraissent ces mots, ils m'ont néanmoins protégé d'un silence qui continue de me terrifier. Quand j'entrerai dans ce silence, cela signifiera que mon père a disparu pour toujours.

Le tapis vert miteux de l'établissement de pompes funèbres. Et le directeur, onctueux, professionnel, atteint d'eczéma et les chevilles gonflées, qui parcourait sa liste de prix comme si je m'apprêtais à acheter à crédit un mobilier de chambre à coucher. Il m'a tendu une enveloppe qui contenait la bague que portait mon père quand il est mort. En la manipulant distraitement tandis que la conversation suivait son cours monotone, j'ai remarqué que la face interne de la pierre portait la trace d'un lubrifiant savonneux. Quelques instants ont passé avant que je fasse le rapprochement et puis c'est devenu d'une évidence absurde : on avait utilisé ce produit pour faire glisser l'anneau de son doigt. J'essayais d'imaginer l'individu qui avait pour tâche ce genre de travail. J'étais moins horrifié que fasciné. Je me souviens de m'être dit : Me voici dans le monde des faits, le royaume des détails bruts. La bague était en or, avec un cabochon noir orné de l'insigne d'une corporation maçonnique. Il y avait plus de vingt ans que mon père n'en était plus un membre actif.

L'entrepreneur des pompes funèbres répétait avec insistance qu'il avait connu mon père "dans le bon vieux temps", impliquant une intimité et une amitié dont je suis certain qu'elles n'ont jamais existé. Pendant que je lui donnais les renseignements à transmettre aux journaux pour la rubrique nécrologique, il allait au-devant de mes remarques en citant des faits inexacts, me coupait la parole dans sa précipitation à démontrer à quel point il avait été en bonnes relations avec mon père. Chaque fois que cela arrivait, je m'arrêtais pour le reprendre. Le lendemain, quand la notice a paru dans les journaux, plusieurs de ces inexactitudes avaient été imprimées.

Trois jours avant sa mort, mon père avait acheté une nouvelle voiture. Il ne l'a conduite qu'une fois ou deux, et quand je suis rentré chez lui après les funérailles, je l'ai trouvée dans le garage, inanimée, déjà éteinte, comme une énorme créature mort-née. Un peu plus tard dans la journée je suis descendu au garage pour être seul un moment. Assis derrière le volant de cette voiture, j'en respirais l'étrange odeur de mécanique neuve. Le compteur indiquait soixante-sept miles. Il se trouve que c'était aussi l'âge de mon père : soixante-sept ans. Une telle brièveté m'a donné la nausée. Comme si c'était la distance entre la vie et la mort. Un tout petit voyage, à peine plus long que d'ici à la ville voisine.

Un de mes pires regrets : je n'ai pas pu le voir après sa mort. J'avais supposé par ignorance que le cercueil serait ouvert pendant le service funèbre et quand je me suis aperçu qu'on l'avait fermé il était trop tard, il n'y avait plus rien à faire.

De ne pas l'avoir vu mort me dépossède d'une angoisse que j'aurais volontiers ressentie. Ce n'est pas que sa disparition m'en semble moins réelle mais à présent, chaque fois que je veux me la représenter, chaque fois que je veux en palper la réalité, je dois faire un effort d'imagination. Il n'y a rien dont je puisse me souvenir. Rien qu'une sorte de vide.

Quand on a ouvert la tombe pour y déposer le cercueil, j'ai remarqué qu'une grosse racine orange poussait dans la fosse. Son effet sur moi a été étrangement calmant. Pendant un bref instant les paroles et les gestes de la cérémonie n'ont plus masqué la simple réalité de la mort. Elle était là, sans intermédiaire ni ornement, il m'était impossible d'en détourner les yeux. On descendait mon père dans la terre et, avec le temps, son cercueil allait se désagréger petit à petit et son corps nourrirait cette même racine. Plus que tout ce qui avait été fait ou dit ce jour-là, ceci me paraissait avoir un sens.

Le rabbin qui officiait était celui-là même qui avait présidé à ma *bar-mitzva* dix-neuf ans plus tôt. La dernière fois que je l'avais vu, il était jeune encore et rasé de près. Il était vieux maintenant, avec une grande barbe grise. Il n'avait pas connu mon père, en fait il ne savait rien de lui, et une demi-heure avant le début du service nous nous sommes assis ensemble et je lui ai fait des suggestions pour son éloge funèbre. Il prenait des notes sur de petits bouts de papier. Quand le moment est venu de son intervention, il s'est exprimé avec beaucoup d'émotion. Il s'agissait d'un homme qu'il n'avait jamais rencontré et on avait pourtant l'impression qu'il parlait du fond du cœur. J'entendais derrière moi des femmes pleurer. Il suivait presque mot pour mot mes indications.

Il me vient à l'esprit qu'il y a longtemps que j'ai commencé à écrire cette histoire, bien avant la mort de mon père.

Nuit après nuit, je reste éveillé dans mon lit, les yeux ouverts dans l'obscurité. Impossible de dormir, impossible de ne pas penser à la façon dont il est mort. Je transpire dans mes draps en essayant d'imaginer ce qu'on ressent lors d'une crise cardiaque. J'ai des bouffées d'adrénaline, ma tête bat la chamade et mon corps entier semble concentré dans ce petit secteur de mon thorax. Besoin de connaître la même panique, la même douleur mortelle.

Et puis, la nuit, presque chaque nuit, il y a les rêves. Dans l'un d'eux, dont je me suis réveillé voici quelques heures, j'apprenais d'une adolescente, fille de l'amie de mon père, qu'elle, la jeune fille, était enceinte de ses œuvres à lui. Parce qu'elle était si jeune, on convenait que ma femme et moi élèverions l'enfant dès sa naissance. Ce serait un garçon. Tout le monde le savait d'avance.

Il est peut-être également vrai que cette histoire, une fois terminée, va continuer toute seule à se raconter, même après l'épuisement des mots.

Le vieux monsieur présent à l'enterrement était mon grand-oncle Sam Auster, qui a maintenant près de quatre-vingt-dix ans. Il est grand et chauve, avec une voix aiguë, râpeuse. Pas un mot sur les événements de 1919, et je n'ai pas eu le cœur de les évoquer. Il a dit : Je me suis occupé de Sam quand il était petit. C'est tout.

Quand on lui a demandé s'il voulait boire quelque chose, il a répondu : Un verre d'eau chaude. Du citron ? Non merci, simplement de l'eau chaude.

Blanchot encore : "Mais je ne suis plus maître d'en parler."

En provenance de la maison : un document officiel du comté de St. Clair, Etat d'Alabama, l'attestation du divorce de mes parents. En bas, cette signature : Ann W. Love.

En provenance de la maison : une montre, quelques chandails, une veste, un réveille-matin, six raquettes de tennis et une vieille Buick rouillée qui ne marche presque plus. De la vaisselle, une table basse, trois ou quatre lampes. Une statuette de bar représentant Johnnie Walker, pour Daniel. L'album de photographies aux pages vierges – Ceci est notre vie : les Auster.

Je me figurais au début que conserver ces objets serait un réconfort, qu'ils me rappelleraient mon père et m'aideraient à penser à lui tout en poursuivant mon chemin. Mais il paraît que les objets ne sont que des objets. Je me suis habitué à eux, j'en viens à les considérer comme les miens. Je lis l'heure à sa montre, je porte ses chandails, je circule dans sa voiture. Mais ce n'est qu'une intimité illusoire. Je me les suis déjà appropriés. Mon père s'en est retiré, il est de nouveau invisible. Et tôt ou tard ils s'useront, se briseront, et devront être jetés. Je doute même que j'y prenne garde.

"... Là, vraiment l'on peut dire : seul le travailleur a du pain, seul l'angoissé trouve le repos, seul celui qui descend aux enfers sauve la bien-aimée, seul celui qui tire le couteau reçoit Isaac... qui refuse de travailler s'y voit appliquer la parole de l'Ecriture sur les vierges d'Israël : il enfante du vent ; mais qui veut travailler enfante son propre père." (Kierkegaard.)

Au-delà de deux heures du matin. Un cendrier qui déborde, une tasse à café vide, et le froid d'un début de printemps. L'image de Daniel, maintenant, endormi là-haut dans son lit. Pour en finir.

Que pourront bien représenter pour lui ces pages, quand il sera en âge de les lire ?

Et l'image de son petit corps tendre et féroce, endormi là-haut dans son lit. Pour en finir.

(1979)

LE LIVRE DE LA MÉMOIRE

"Quand le mort pleure, c'est signe qu'il est en voie de guérison", dit solennellement le Corbeau.
  "Je regrette de contredire mon illustre confrère et ami, fit la Charrette, mais selon moi, quand le mort pleure, c'est signe qu'il n'a pas envie de mourir."

COLLODI,
Les Aventures de Pinocchio.

Il pose une feuille blanche sur la table devant lui et trace ces mots avec son stylo. Cela fut. Ce ne sera jamais plus.

Plus tard dans la journée, il revient dans sa chambre. Il prend une nouvelle feuille de papier et la pose sur la table devant lui. Il écrit jusqu'à ce que la page entière soit couverte de mots. Plus tard encore, quand il se relit, il a du mal à les déchiffrer. Ceux qu'il arrive à comprendre ne semblent pas dire ce qu'il croyait exprimer. Alors il sort pour dîner.

Ce soir-là, il se dit que demain est un autre jour. Dans sa tête commence à résonner la clameur de mots nouveaux, mais il ne les transcrit pas. Il décide de s'appeler A. Il va et vient entre la table et la fenêtre. Il allume la radio, puis l'éteint. Il fume une cigarette.
Puis il écrit. Cela fut. Ce ne sera jamais plus.

Veille de Noël, 1979. Sa vie ne semblait plus se dérouler dans le présent. Quand il ouvrait la radio pour écouter les nouvelles du monde, il se surprenait à les entendre comme les descriptions d'événements survenus depuis longtemps. Cette actualité dans laquelle il se trouvait, il avait l'impression de l'observer depuis le futur, et ce présent-passé était si dépassé que même les atrocités du jour, qui normalement l'auraient rempli d'indignation, lui paraissaient lointaines, comme si cette voix sur les ondes avait lu la chronique d'une civilisation perdue. Plus tard, à un moment de plus grande lucidité, il nommerait cette sensation la "nostalgie du présent".

Poursuivre avec une description détaillée des systèmes classiques de mémorisation, assortie de cartes, de diagrammes et de dessins symboliques. Raymond Lulle, par exemple, ou Robert Fludd, sans parler de Giordano Bruno, le fameux philosophe mort sur le bûcher en 1600. Lieux et images comme catalyseurs du souvenir d'autres lieux et d'autres images : objets, événements, vestiges enfouis de notre propre vie. Mnémotechnique. Poursuivre avec cette idée de Bruno, que la structure de la pensée humaine correspond à celle de la nature. Et conclure, par conséquent, que toute chose est, en un sens, reliée à toutes les autres.

En même temps, comme en parallèle à ce qui précède, un bref discours sur la chambre. Par exemple l'image d'un homme seul, assis dans une pièce. Comme dans Pascal : "Tout le malheur des hommes vient d'une seule chose, qui est de ne savoir pas demeurer au repos dans une chambre." Comme dans la phrase : "Il a écrit le Livre de la mémoire dans cette chambre."

Le Livre de la mémoire. Livre un.
Veille de Noël, 1979. Il est à New York, seul dans sa petite chambre au 6, Varick Street. Comme beaucoup d'immeubles du voisinage, celui-ci n'était à l'origine qu'un lieu de travail. Des traces de cette vie antérieure subsistent partout autour de lui : réseaux de mystérieuses tuyauteries, plafonds de tôle couverts de suie, radiateurs chuintants. Quand il pose les yeux sur le panneau de verre dépoli de la porte, il peut lire, à l'envers, ces lettres tracées avec maladresse : R. M. Pooley, électricien agréé. Il n'a jamais été prévu que

des gens habitent ici. Cet endroit était destiné à des machines, à des crachoirs et à de la sueur.

Il ne peut pas appeler cela sa maison, mais depuis neuf mois c'est tout ce qu'il a. Quelques douzaines de livres, un matelas sur le sol, une table, trois chaises, un réchaud et un évier corrodé où ne coule que de l'eau froide. Les toilettes sont au bout du couloir, mais il ne les utilise que quand il doit chier. Il pisse dans l'évier. Depuis trois jours l'ascenseur est en panne et il hésite maintenant à sortir. Ce n'est pas que les dix volées d'escalier à grimper au retour lui fassent peur, mais il trouve déprimant de se donner tant de mal pour se retrouver dans cet endroit sinistre. S'il reste dans sa chambre pendant un laps de temps suffisant, il réussit généralement à la remplir de ses pensées, ce qui lui donne l'illusion d'en dissiper l'atmosphère lugubre, ou lui permet d'en avoir moins conscience. Chaque fois qu'il sort, il emporte ses pensées et, en son absence, la pièce se débarrasse progressivement des efforts qu'il avait fournis pour l'habiter. Quand il rentre, tout le processus est à recommencer et cela demande du travail, un vrai travail spirituel. Compte tenu de sa condition physique après cette ascension (les poumons tels des soufflets de forge, les jambes aussi raides et lourdes que des troncs d'arbre), il lui faut d'autant plus longtemps pour engager cette lutte intérieure. Dans l'intervalle, dans ce néant qui sépare l'instant où il ouvre la porte de celui où commence sa reconquête du vide, son esprit se débat en une panique sans nom. C'est comme s'il était obligé d'assister à sa propre disparition, comme si, en franchissant le seuil de cette chambre, il pénétrait dans une autre dimension, comme s'il s'installait à l'intérieur d'un trou noir.

Au-dessus de lui des nuages sombres passent devant la lucarne tachée de goudron et dérivent dans le soir de Manhattan. Au-dessous de lui, il entend la circulation qui se précipite vers le Holland Tunnel : des flots de voitures rentrent ce soir dans le New Jersey pour la veillée de Noël. Aucun bruit dans la chambre à côté. Les frères Pomponio, qui arrivent là tous les matins pour fabriquer, en fumant leurs cigares, des lettres en plastique destinées aux étalages

– une entreprise qu'ils font tourner à raison de douze ou quatorze heures de travail par jour – sont probablement chez eux en train de se préparer au repas de réveillon. Tant mieux. Depuis quelque temps l'un d'eux passe la nuit dans son atelier et ses ronflements empêchent inexorablement A. de dormir. Il couche tout près de A., juste de l'autre côté de la cloison qui sépare leurs deux chambres, et, au fil des heures, A., allongé sur son lit, le regard perdu dans l'obscurité, essaie d'accorder le rythme de ses pensées au flux et au reflux des rêves adénoïdes et agités de son voisin. Les ronflements enflent progressivement et, à l'acmé de chaque cycle, deviennent longs, aigus, presque hystériques, comme si le ronfleur devait, la nuit venue, imiter le bruit de la machine qui le retient captif dans la journée. Pour une fois A. peut compter sur un sommeil calme et ininterrompu. Même la venue du père Noël ne le dérangera pas.

Solstice d'hiver : la période la plus sombre de l'année. A peine éveillé le matin, il sent que déjà le jour commence à lui échapper. Il n'a pas une lumière où s'engager, aucun sens du temps qui passe. Il a plutôt une sensation de portes qui se ferment, de serrures verrouillées. Une saison hermétique, un long repliement sur soi-même. Le monde extérieur, le monde tangible de la matière et des corps semble n'être plus qu'une émanation de son esprit. Il se sent glisser à travers les événements, rôder comme un fantôme autour de sa propre présence, comme s'il vivait quelque part à côté de lui-même – pas réellement ici, mais pas ailleurs non plus. Il formule quelque part en marge d'une pensée : Une obscurité dans les os ; noter ceci.

Dans la journée, les radiateurs chauffent au maximum. Même maintenant, en plein cœur de l'hiver, il est obligé de laisser la fenêtre ouverte. Mais pendant la nuit il n'y a pas de chauffage du tout. Il dort tout habillé, avec deux ou trois chandails, emmitouflé dans un sac de couchage. Pendant les week-ends, le chauffage est coupé complètement, jour et nuit, et il lui est arrivé ces derniers temps, quand il essayait d'écrire, assis à sa table, de ne plus sentir le stylo entre ses doigts. Ce manque de confort, en soi, ne le dérange pas. Mais il a pour effet de le déséquilibrer, de le forcer à se maintenir en état permanent de vigilance. En dépit des apparences, cette chambre n'est pas un refuge. Il n'y a rien ici d'accueillant, aucun espoir d'une vacance du corps, où il pourrait se laisser séduire par les charmes de l'oubli. Ces quatre murs ne recèlent que les signes de sa propre inquiétude et pour trouver dans cet environnement un minimum de paix il lui faut s'enfoncer en lui-même de plus en plus profondément. Mais plus il s'enfoncera, moins il restera à pénétrer. Ceci lui paraît incontestable. Tôt ou tard, il va se consumer.

Quand le soir tombe, l'intensité électrique diminue de moitié, puis remonte, puis redescend, sans raison apparente. Comme si l'éclairage se trouvait sous le contrôle de quelque divinité fantasque. La *Consolidated Edison* ne tient aucun compte de cet endroit et personne ici n'a jamais dû payer le courant. De même, la compagnie du téléphone a refusé de reconnaître l'existence de A. Installé depuis neuf mois, l'appareil fonctionne sans problème ; mais jusqu'à présent A. n'a pas reçu de facture. Quand il a appelé l'autre jour pour régulariser la situation, on lui a soutenu qu'on n'avait jamais entendu parler de lui. Pour une raison ou une autre il a réussi à échapper aux griffes de l'ordinateur, et ses appels ne sont jamais comptabilisés. Son nom ne figure pas dans les livres. Il pourrait s'il en avait envie occuper ses moments perdus à téléphoner gratuitement aux quatre coins du monde. Mais en fait il n'a envie de parler à personne. Ni en Californie, ni à Paris, ni en Chine. L'univers s'est rétréci pour lui aux dimensions de cette chambre et, pendant tout le temps qu'il lui faudra pour comprendre cela, il doit rester où il est. Une seule chose est certaine : il ne peut être nulle part tant qu'il ne se trouve pas ici. Et s'il n'arrive pas à découvrir cet endroit, il serait absurde de penser à en chercher un autre.

La vie à l'intérieur de la baleine. Un commentaire sur Jonas, et la signification du refus de parler. Texte parallèle : Geppetto dans le ventre du requin (une baleine dans la version de Disney) et l'histoire de sa délivrance par Pinocchio.

Est-il vrai qu'on doit plonger dans les profondeurs de la mer pour sauver son père avant de devenir un vrai garçon ? Première exposition de ces thèmes. Episodes ultérieurs à suivre.

Ensuite, le naufrage. Crusoé sur son île. "Ce jeune homme pourrait vivre heureux, s'il voulait rester chez lui, mais s'il part à l'étranger il sera le plus malheureux du monde." Conscience solitaire. Ou, comme le dit George Oppen, "le naufrage du singulier".
Se figurer les vagues tout autour, l'eau aussi illimitée que l'air, et derrière lui la chaleur de la jungle. "Me voici séparé de l'humanité, solitaire, proscrit de la société humaine."
Et Vendredi ? Non, pas encore. Il n'y a pas de Vendredi, du moins pas ici. Tout ce qui arrive est antérieur à ce moment-là. Ou bien : les vagues auront effacé les traces de pieds.

Premier commentaire sur la nature du hasard.
Voici le point de départ. Un de ses amis lui raconte une histoire. Plusieurs années passent, et un beau jour il se trouve y penser à nouveau. Le point de départ n'est pas cette histoire. C'est plutôt le fait de s'en être souvenu, par lequel il prend conscience que quelque chose est en train de lui arriver. Car cette anecdote ne lui serait pas revenue à l'esprit si la cause même du réveil de sa mémoire ne s'était déjà fait sentir. Sans le savoir, il a fouillé dans les profondeurs de souvenirs presque disparus, et maintenant que l'un d'eux remonte à la surface, il ne pourrait évaluer le temps pendant lequel il a fallu creuser.
Pendant la guerre, pour échapper aux nazis, le père de M. s'était caché pendant plusieurs mois à Paris dans une *chambre de bonne*. Il avait finalement réussi à partir et à atteindre l'Amérique, où il avait commencé une vie nouvelle. Des années s'étaient écoulées, plus de vingt années. M. était né, avait grandi, et s'en allait maintenant étudier à Paris. Une fois là, il passait quelques semaines difficiles à

chercher un logement. Au moment précis où, découragé, il allait y renoncer, il se trouvait une petite *chambre de bonne*. Aussitôt installé, il écrivait à son père pour lui annoncer la bonne nouvelle. Environ une semaine plus tard arrivait la réponse : Ton adresse, écrivait le père de M., est celle de l'immeuble où je me suis caché pendant la guerre. Suivait une description détaillée de la chambre. C'était celle-là même que son fils venait de louer.

Le point de départ est donc cette chambre. Et puis cette autre chambre. Et au-delà, il y a le père, il y a le fils, et il y a la guerre. Parler de la peur, rappeler que l'homme qui se cachait dans cette mansarde était juif. Noter aussi que cela se passait à Paris, une ville d'où A. revenait à peine (le 15 décembre) et où il avait jadis vécu toute une année dans une *chambre de bonne* – il y avait écrit son premier recueil de poèmes et son propre père, à l'occasion de son unique voyage en Europe, y était un jour venu le voir. Se souvenir de la mort de son père. Et au-delà de tout cela, comprendre – c'est le plus important – que l'histoire de M. ne signifie rien.

Il s'agit bien, néanmoins, du point de départ. Le premier mot n'apparaît qu'au moment où plus rien ne peut être expliqué, à un point de l'expérience qui dépasse l'entendement. On est réduit à ne rien dire. Ou alors, à se dire : Voici ce qui me hante. Et se rendre compte, presque dans le même souffle, que soi-même on hante cela.

Il pose une feuille blanche sur la table devant lui et trace ces mots avec son stylo. Epigraphe possible pour le Livre de la mémoire.
Ensuite il ouvre un livre de Wallace Stevens *(Opus Posthumous)* et en copie la phrase suivante.
"En présence d'une réalité extraordinaire, la conscience prend la place de l'imagination."

Plus tard dans la journée, il écrit sans arrêt pendant trois ou quatre heures. Après quoi, se relisant, il ne trouve d'intérêt qu'à un seul paragraphe. Bien qu'il ne sache pas trop ce qu'il en pense, il décide de le conserver pour référence future et le copie dans un carnet ligné :
Quand le père meurt, transcrit-il, le fils devient son propre père et son propre fils. Il observe son fils et se reconnaît sur le visage de l'enfant. Il imagine ce que voit celui-ci quand il le regarde et se sent devenir son propre père. Il en est ému, inexplicablement. Ce n'est pas tant par la vision du petit garçon, ni même par l'impression de se trouver à l'intérieur de son père, mais par ce qu'il aperçoit, dans son fils, de son propre passé disparu. Ce qu'il ressent, c'est peut-être la nostalgie de sa vie à lui, le souvenir de son enfance à lui, en tant que fils de son père. Il est alors bouleversé, inexplicablement, de bonheur et de tristesse à la fois, si c'est possible, comme s'il marchait à la fois vers l'avant et vers l'arrière, dans le futur et dans le passé. Et il y a des moments, des moments fréquents, où ces sensations sont si fortes que sa vie ne lui paraît plus se dérouler dans le présent.

La mémoire comme un lieu, un bâtiment, une succession de colonnes, de corniches et de portiques. Le corps à l'intérieur de l'esprit, comme si là-dedans nous déambulions d'un lieu à un autre, et le bruit de nos pas tandis que nous déambulons d'un lieu à un autre.

"Il faut se servir d'emplacements nombreux, écrit Cicéron, remarquables, bien distincts, et cependant peu éloignés les uns des autres ; employer des images saillantes, à vives arêtes, caractéristiques, qui puissent se présenter d'elles-mêmes et frapper aussitôt notre esprit... Les lieux sont les tablettes de cire sur lesquelles on écrit ; les images sont les lettres qu'on y trace, l'arrangement et la disposition de ces images à l'écriture, et la parole à la lecture."

Il y a dix jours qu'il est revenu de Paris. Il s'y était rendu pour raisons professionnelles et c'était la première fois depuis plus de cinq ans qu'il retournait à l'étranger. Le voyage, les conversations continuelles, les excès de boisson avec de vieux amis, le fait d'être si longtemps séparé de son petit garçon, tout l'avait lassé à la fin. Comme il disposait de quelques jours avant son retour, il a préféré les passer à Amsterdam, une ville où il n'était jamais allé. Il pensait : les tableaux. Mais une fois sur place, c'est par une visite imprévue qu'il a été le plus impressionné. Sans raison particulière (il feuilletait un guide trouvé dans sa chambre d'hôtel), il a décidé d'aller voir la maison d'Anne Frank, qu'on a transformée en musée. C'était un dimanche matin, gris et pluvieux, et les rues le long du canal étaient désertes. Il a grimpé l'escalier étroit et raide, et pénétré dans l'annexe secrète. Dans la chambre d'Anne Frank, cette chambre où le journal a été écrit, nue maintenant, avec encore aux murs les photos fanées de stars d'Hollywood qu'elle collectionnait, il s'est soudain aperçu qu'il pleurait. Sans les sanglots que provoquerait une douleur intérieure profonde, mais silencieusement, les joues inondées de larmes, simple réponse à la vie. C'est à ce moment, il s'en est rendu compte plus tard, que le Livre de la mémoire a commencé. Comme dans la phrase : "Elle a écrit son journal dans cette chambre."

De cette pièce, qui donnait sur la cour, on apercevait la façade arrière de la maison où jadis Descartes a vécu. Il y a maintenant dans ce jardin des balançoires, des jouets d'enfants éparpillés dans l'herbe, de jolies petites fleurs. Ce jour-là, en regardant par la fenêtre, A. se demandait si les enfants à qui appartenaient ces jouets avaient la moindre idée de ce qui s'était passé trente-cinq ans plus tôt à l'endroit même où il se trouvait. Et si oui, quel effet cela pouvait faire de grandir dans l'ombre de la chambre d'Anne Frank.

Revenir à Pascal : "Tout le malheur des hommes vient d'une seule chose, qui est de ne savoir pas demeurer au repos dans une chambre." Au même moment à peu près où ces mots prenaient place dans *les Pensées*, Descartes écrivait, de son logis dans cette maison d'Amsterdam, à un ami qui vivait en France. "Quel autre pays, demandait-il avec enthousiasme, où l'on jouisse d'une liberté si entière ?" Dans un sens, tout peut être lu comme une glose sur tout le reste. Imaginer Anne Frank, par exemple, si elle avait survécu à la guerre, devenue étudiante à l'université d'Amsterdam, et lisant les *Méditations* de Descartes. Imaginer une solitude si écrasante, si inconsolable que pendant des centaines d'années on ne puisse plus respirer.

Il note avec une certaine fascination que l'anniversaire d'Anne Frank est le même que celui de son fils. Le 12 juin. Sous le signe des Gémeaux. L'image des jumeaux. Un monde où tout est double, où tout arrive toujours deux fois.

La mémoire : espace dans lequel un événement se produit pour la seconde fois.

Le Livre de la mémoire. Livre deux.
Le Dernier Testament d'Israël Lichtenstein. Varsovie, le 31 juillet 1942.

"C'est avec ferveur et enthousiasme que je me suis mis à la tâche afin d'aider au rassemblement des archives. On m'en a confié la conservation. J'ai caché les documents. Personne à part moi n'est au courant. Je ne me suis confié qu'à mon ami Hersch Wasser, mon supérieur... Ils sont bien dissimulés. Plaise à Dieu qu'ils soient préservés. Ce sera ce que nous aurons accompli de plus beau et de meilleur en ces temps d'épouvante... Je sais que nous ne serons plus là. Survivre, rester en vie après des meurtres et des massacres aussi horribles serait impossible. C'est pourquoi je rédige ce testament qui est le mien. Peut-être ne suis-je pas digne qu'on se souvienne de moi, sinon pour avoir eu le courage de travailler au sein de la communauté Oneg Shabbat et de m'être trouvé le plus exposé, puisque je détenais tous les documents. Risquer ma propre tête serait peu de chose. Je risque celle de ma chère épouse Gele Seckstein et celle de mon trésor, ma petite fille, Margalit... Je ne veux ni gratitude, ni monument, ni louanges. Je voudrais qu'on se souvienne, afin que ma famille, mon frère et ma sœur qui vivent à l'étranger, puissent savoir ce que sont devenus mes restes... Je voudrais qu'on se souvienne de ma femme. Gele Seckstein, artiste, des douzaines d'œuvres, du talent, elle n'a pas réussi à exposer, pas pu se faire connaître du public. A travaillé parmi les enfants pendant les trois années de guerre, comme éducatrice, comme institutrice, a créé des décors, des costumes pour leurs spectacles, a reçu des prix. Ensemble, maintenant, nous nous préparons à accueillir la mort... Je voudrais qu'on se souvienne de ma petite fille. Margalit, vingt mois aujourd'hui. Elle a une maîtrise parfaite du yiddish, elle parle un yiddish pur. Dès neuf mois elle a commencé à s'exprimer clairement en yiddish. Pour l'intelligence, elle est l'égale d'enfants de trois ou quatre ans. Ceci n'est pas fanfaronnade. Il y a des témoins, ceux qui me le racontent, ce sont les enseignants de l'école du 68, rue Nowolipki... Je ne regrette pas ma vie ni celle de mon épouse. Mais je pleure pour la fillette si douée. Elle aussi mérite qu'on se souvienne d'elle... Puisse notre sacrifice racheter tous les autres juifs dans le monde entier. Je crois à la survivance de notre peuple. Les juifs ne seront pas anéantis. Nous, les juifs de Pologne, de Tchécoslovaquie, de Lituanie et de Lettonie, nous sommes les boucs émissaires pour tout Israël dans tous les autres pays."

Debout, immobile, il guette. Il s'assied. Il se met au lit. Il marche dans les rues. Il prend ses repas au *Square Diner*, seul dans une stalle, un journal étalé devant lui sur la table. Il ouvre son courrier. Il écrit des lettres. Debout, il guette. Il marche dans les rues. Il apprend d'un vieil ami anglais, T., que leurs deux familles sont originaires de la même ville d'Europe de l'Est (Stanislav). Avant la Première Guerre mondiale, cette ville faisait partie de l'Empire austro-hongrois ; entre les deux guerres, elle est passée à la Pologne ; et maintenant, depuis la fin de la Deuxième Guerre mondiale, à l'Union soviétique. Dans sa première lettre, T. se demande s'il ne se pourrait pas, après tout, qu'ils soient cousins. Dans la seconde, néanmoins, il apporte des éclaircissements.

Une vieille tante lui a raconté qu'à Stanislav sa famille avait de la fortune ; la famille de A., par contre (et ceci correspond à ce que celui-ci a toujours su), était pauvre. Selon la tante de T., un parent de A. habitait un petit pavillon dans la propriété de la famille de T. Amoureux fou de la jeune fille de la maison, il l'avait demandée en mariage et elle l'avait éconduit. Il avait alors quitté Stanislav définitivement.

Cette histoire exerce sur A. une fascination particulière, parce que cet homme portait exactement le même nom que son fils.

Quelques semaines plus tard, il lit l'article suivant dans l'*Encyclopédie juive* :

"AUSTER, DANIEL (1893-1962). Juriste israélien et maire de Jérusalem. Auster, né à Stanislav (alors en Galicie occidentale), a étudié le droit à Vienne. Diplômé en 1914, il s'est installé en Palestine. Pendant la Première Guerre mondiale, engagé dans l'état-major du Corps expéditionnaire autrichien à Damas, il a assisté Arthur Ruppin pour l'envoi, de Constantinople, d'une aide financière aux *yishuv* affamés. Après la guerre, il a ouvert à Jérusalem un cabinet juridique qui représentait plusieurs intérêts judéo-arabes, et exercé les fonctions de secrétaire du département juridique de la Commission sioniste (1919-1920). En 1934, Auster a été élu au conseil municipal de Jérusalem et en 1935, adjoint au maire. Pendant les années 1936-1938 et 1944-1945, il a fait fonction de maire. En 1947-1948, aux Nations unies, il a défendu la cause juive contre la proposition d'internationalisation de Jérusalem. En 1948, Auster (représentant du parti progressiste) a été élu maire de Jérusalem, poste qu'il était le premier à occuper depuis l'indépendance d'Israël. Il y est resté jusqu'en 1951. En 1948, il a également fait partie du Conseil provisoire de l'Etat d'Israël. Il a présidé l'Association israélienne pour les Nations unies depuis sa création et jusqu'à sa mort."

Durant ces trois jours à Amsterdam, il a passé son temps à se perdre. La ville a un plan circulaire (une série de cercles concentriques coupés par les canaux, hachurés par des centaines de petits ponts dont chacun donne accès à un autre, puis à un autre, indéfiniment) et on ne peut pas, comme ailleurs, "suivre" simplement une rue. Pour atteindre un endroit, il faut savoir d'avance par où aller. A. ne le savait pas, puisqu'il était étranger, et de plus il éprouvait une curieuse réticence à consulter un plan. Il a plu pendant trois jours, et pendant trois jours il a tourné en rond. Il se rendait compte que, comparée à New York (ou New Amsterdam, comme il se le répète volontiers depuis son retour), Amsterdam est petite, on pourrait probablement mémoriser ses rues en une dizaine de jours. Et même s'il était perdu, ne lui aurait-il pas été possible de demander son chemin à un passant ? En théorie, oui, mais en fait il était incapable de s'y résoudre. Non qu'il eût peur des inconnus, ou une répugnance physique à parler. C'était plus subtil : il hésitait à s'adresser en anglais aux Hollandais. Presque tout le monde, à Amsterdam, pratique un excellent anglais. Mais cette facilité de communication le troublait, comme si elle avait, d'une certaine manière, risqué de priver le lieu de son individualité. Non qu'il recherchât l'exotisme, mais il lui semblait que la ville y perdrait de son caractère propre – comme si le fait de parler sa langue pouvait rendre les Hollandais moins hollandais. S'il avait eu la certitude de n'être compris de personne, il n'aurait pas hésité à aborder un inconnu et à s'adresser à lui en anglais, dans un effort comique pour se faire comprendre à l'aide de mots, de gestes et de grimaces. Les choses étant ce qu'elles étaient, il ne se sentait pas disposé à violer l'identité nationale des Hollandais, même si eux, depuis longtemps, avaient consenti à un tel viol. Il se taisait donc. Marchait. Tournait en rond. Acceptait de se perdre. Parfois – il s'en apercevait ensuite –, il parvenait à quelques mètres de sa destination mais, faute de savoir où tourner, s'engageait alors dans une mauvaise direction et s'éloignait de plus en plus de l'endroit vers lequel il croyait aller. L'idée lui est venue qu'il errait peut-être dans les cercles de l'enfer, que le plan de la ville avait été conçu comme une image du royaume des morts, sur la base de l'une ou l'autre représentation classique. Il s'est alors souvenu que plusieurs schémas du monde souterrain avaient été utilisés comme systèmes mnémotechniques par des écrivains du XVIe siècle traitant de ce sujet (Cosmas Rossellius, par exemple, dans son *Thesaurus Artificiosae Memoriae*, Venise, 1579). Et si Amsterdam était l'enfer, et l'enfer la mémoire, cela avait peut-être un sens, il s'en rendait compte, qu'il se perdît ainsi. Coupé de tout ce qui lui était familier, incapable d'apercevoir le moindre point de référence, il voyait ces pas qui ne le menaient nulle part le mener en lui-même. C'est en lui-même qu'il errait, qu'il se perdait. Loin de l'inquiéter, cette absence de repère devenait une source de bonheur, d'exaltation. Il s'en imprégnait jusqu'à la moelle. Comme à l'ultime instant précédant la découverte de quelque connaissance cachée, il s'en imprégnait jusqu'à la moelle en se disant, presque triomphalement : Je suis perdu.

Sa vie ne semblait plus se dérouler dans le présent. Chaque fois qu'il voyait un enfant, il essayait d'imaginer l'adulte qu'il serait un jour. Chaque fois qu'il voyait un vieillard, il tentait de se représenter l'enfant qu'il avait été.

C'était pis avec les femmes, particulièrement avec une femme jeune et belle. Il ne pouvait s'empêcher de considérer, derrière son visage, à travers la peau, le crâne anonyme. Et plus le visage était joli, plus il mettait d'ardeur à y détecter ces signes intrus, annonciateurs du futur : les rides naissantes, le menton promis à l'avachissement, un reflet de désillusion dans les yeux. Il superposait les masques : cette femme à quarante ans, à soixante, à quatre-vingts, comme s'il se sentait obligé de partir, de ce présent où il se trouvait, à la recherche du futur, tenu de dépister la mort qui vit en chacun de nous.

Quelque temps plus tard, il a rencontré une pensée similaire dans une des lettres de Flaubert à Louise Colet (août 1846) et le parallèle l'a frappé : "... C'est que je devine l'avenir, moi. C'est que sans cesse l'antithèse se dresse devant mes yeux. Je n'ai jamais vu un enfant sans penser qu'il deviendrait vieillard ni un berceau sans songer à une tombe. La contemplation d'une femme nue me fait rêver à son squelette."

Marcher dans un couloir d'hôpital et entendre un homme qui vient d'être amputé d'une jambe crier à tue-tête : J'ai mal, j'ai mal. Cet été-là (1979), tous les jours pendant plus d'un mois, traverser la ville pour se rendre à l'hôpital ; chaleur insupportable. Aider son grand-père à mettre ses fausses dents. Raser les joues du vieillard à l'aide d'un rasoir électrique. Lui lire dans le *New York Post* les résultats des matchs de base-ball.

Première exposition de ces thèmes. Episodes ultérieurs à suivre.

Deuxième commentaire sur la nature du hasard.

Il se souvient d'avoir manqué l'école un jour pluvieux d'avril 1962 avec son ami D. pour aller aux *Polo Grounds* assister à l'un des tout premiers matchs joués par les *Mets* de New York. Le stade était presque vide (huit ou neuf mille spectateurs), et les *Mets* ont été largement battus par les *Pirates* de Pittsburgh. Les deux amis étaient assis à côté d'un garçon de Harlem et A. se rappelle l'agréable aisance avec laquelle tous trois ont bavardé au cours de la partie.

Il n'est retourné qu'une fois aux *Polo Grounds* au cours de cette saison, pour un match double contre les *Dodgers* à l'occasion du *Memorial Day* (jour du Souvenir, jour des Morts) : plus de cinquante mille personnes sur les gradins, un soleil resplendissant et un après-midi d'événements extravagants sur le terrain : un triple jeu, des coups de circuit sans que la balle sorte du stade, des doubles vols de base. Le même ami l'accompagnait ce jour-là, et ils étaient assis dans un coin reculé du stade, rien à voir avec les bonnes places où ils avaient réussi à se faufiler lors du match précédent. Un moment donné, ils se sont levés pour aller chercher des hot-dogs et là, à peine quelques rangées plus bas sur les marches de béton, se trouvait le garçon qu'ils avaient rencontré en avril, installé cette fois à côté de sa mère. Ils se sont reconnus et salués chaleureusement, et chacun s'étonnait de la coïncidence de cette deuxième rencontre. Qu'on ne s'y trompe pas : l'improbabilité d'une telle rencontre était astronomique. Comme les deux amis, A. et D., le garçon qui était maintenant assis près de sa mère n'était pas revenu voir un seul match depuis ce jour pluvieux d'avril.

La mémoire : une chambre, un crâne, un crâne qui renferme la chambre dans laquelle un corps est assis. Comme dans cette image : "Un homme était assis seul dans sa chambre."
"Grande, ô mon Dieu, est cette puissance de la mémoire ! s'étonne saint Augustin. [...] C'est un sanctuaire immense, infini. Qui a jamais pénétré jusqu'au fond ? Ce n'est pourtant qu'une puissance de mon esprit, liée à ma nature : mais je ne puis concevoir intégralement ce que je suis. L'esprit est donc trop étroit pour se contenir lui-même ? Alors où reflue ce qu'il ne peut contenir de lui ? Serait-ce hors de lui et non en lui ? Mais comment ne le contient-il pas ?"

Le Livre de la mémoire. Livre trois.
C'est à Paris, en 1965, qu'il a éprouvé pour la première fois les possibilités infinies d'un espace limité. Au hasard d'une rencontre dans un café avec un inconnu, on l'a présenté à S. A cette époque, l'été entre lycée et université, A. venait d'avoir dix-huit ans et n'était encore jamais venu à Paris. Ce sont ses tout premiers souvenirs de cette ville où il devait passer plus tard une si grande partie de sa vie, et ils sont inévitablement liés à la notion de chambre.
Le quartier de la place Pinel, dans le treizième arrondissement, où habitait S., était un quartier ouvrier et, à cette époque, l'un des derniers vestiges du vieux Paris – le Paris dont on parle encore mais qui n'existe plus. S. habitait un espace si réduit que cela ressemblait d'abord à un défi, une résistance à toute intrusion. Un seul occupant peuplait la pièce, deux personnes l'encombraient. Il était impossible de s'y déplacer sans contracter son corps pour le réduire à ses moindres dimensions, sans concentrer son esprit en un point infiniment petit au-dedans de soi. Ce n'est qu'à cette condition que l'on pouvait commencer à respirer, sentir la chambre se déployer, et se voir en explorer mentalement

l'étendue démesurée et insondable. Car cette chambre contenait un univers entier, une cosmogonie en miniature comprenant tout ce qui existe de plus vaste, de plus distant, de plus inconnu. C'était une châsse, à peine plus grande qu'un corps humain, à la gloire de tout ce qui en dépasse les limites : la représentation, jusqu'au moindre détail, du monde intérieur d'un homme. S. avait littéralement réussi à s'entourer de ce qui se trouvait au-dedans de lui. L'espace qu'il habitait tenait du rêve, ses murs telle la peau d'un second corps autour du sien, comme si celui-ci avait été transformé en esprit, vivant instrument de pensée pure. C'était l'utérus, le ventre de la baleine, le lieu originel de l'imagination. En se situant dans cette obscurité, S. avait inventé un moyen de rêver les yeux ouverts.

Ancien élève de Vincent d'Indy, S. avait été considéré jadis comme un jeune compositeur plein de promesses. Aucune de ses œuvres n'avait pourtant été interprétée en public depuis plus de vingt ans. Naïf en toutes choses mais particulièrement en politique, il avait eu le tort de faire jouer à Paris, pendant la guerre, deux de ses plus importantes pièces orchestrales – la *Symphonie de feu* et l'*Hommage à Jules Verne* – qui demandaient chacune plus de cent trente musiciens. Et cela en 1943, quand l'occupation nazie battait son plein. A la fin de la guerre, on en avait conclu que S. avait été un collaborateur et, bien que rien ne fût plus éloigné de la vérité, il avait été boycotté par le monde musical français – insinuations, consentement tacite, jamais de confrontation directe. L'unique signe témoignant que ses collègues se souvenaient encore de lui était la carte de vœux qu'il recevait, chaque Noël, de Nadia Boulanger.

Bégayeur, innocent, porté sur le vin rouge, il était si dépourvu de malice, si ignorant de la méchanceté du monde qu'il aurait été bien incapable de se défendre contre ses accusateurs anonymes. Il s'était contenté de s'effacer, en se dissimulant derrière un masque d'excentricité. S'étant institué prêtre orthodoxe (il était russe), il portait une longue barbe et une soutane noire, et avait changé son nom en *l'Abbaye de la Tour du Calame.* Il continuait cependant – par à-coups, entre des périodes de stupeur – l'œuvre de sa vie : une composition pour trois orchestres et quatre chœurs dont l'exécution aurait duré douze jours. Du fond de sa misère et de son dénuement, il se tournait vers A. et déclarait, dans un bégaiement désespéré, ses yeux gris étincelants : "Tout est miraculeux. Il n'y a jamais eu d'époque plus merveilleuse que celle-ci."

Le soleil ne pénétrait pas dans sa chambre, place Pinel. Il avait tendu devant la fenêtre une épaisse étoffe noire et le peu de lumière qu'il tolérait provenait de quelques lampes de faible intensité, disposées à des endroits stratégiques. A peine plus grande qu'un compartiment de chemin de fer de deuxième classe, cette chambre en avait plus ou moins la forme : étroite, haute, avec une seule fenêtre tout au fond. S. avait encombré cet espace minuscule d'une multitude d'objets, vestiges d'une vie entière : livres, photographies, manuscrits, fétiches personnels – tout ce qui présentait pour lui quelque importance. Le long de chaque mur, jusqu'au plafond, se dressaient des rayonnages ; surchargés par cette accumulation, tous plus ou moins affaissés et inclinés vers l'intérieur, il semblait que la moindre turbulence risquât d'en ébranler l'édifice et de précipiter sur S. la masse entière des objets. Il vivait, travaillait, mangeait et dormait dans son lit. Juste à sa gauche, de petites étagères étaient encastrées dans le mur, vide-poches qui paraissaient receler tout ce qu'il souhaitait avoir sous la main au cours de la journée : stylos, crayons, encre, papier à musique, fume-cigarette, radio, canif, bouteilles de vin, pain, livres, loupe. A sa droite se trouvait un plateau fixé sur un support métallique, qu'il pouvait faire pivoter pour l'amener au-dessus du lit ou l'en écarter, et qu'il utilisait tour à tour comme bureau et pour prendre ses repas. C'était une vie à la Crusoé : naufragé au cœur de la ville. Car S. avait tout prévu. Il avait réussi, malgré sa pauvreté, à s'organiser avec plus d'efficacité que bien des millionnaires. Il était réaliste, en dépit des apparences, jusque dans ses excentricités. Un examen approfondi lui avait permis de connaître ce qui était nécessaire à sa survie et il admettait ses bizarreries comme conditions de son existence. Son attitude n'avait rien de timoré ni de pieux, n'évoquait en rien le renoncement d'un ermite. Il s'accommodait des circonstances avec passion, avec un joyeux enthousiasme, et en y repensant aujourd'hui, A. se rend compte qu'il n'a jamais rencontré personne aussi porté à rire, de si bon cœur et si souvent.

La composition gigantesque à laquelle S. se consacrait depuis quinze ans était loin d'être achevée. Il en parlait comme de son *work in progress*, en un écho conscient à Joyce, qu'il admirait profondément, ou alors comme du *Dodécalogue*, la décrivant comme l'ouvrage-à-accomplir-qu'on-accomplit-en-l'accomplissant. Il était peu probable qu'il s'imaginât l'achever un jour. Il paraissait accepter presque comme une donnée théologique le caractère inévitable de son échec et ce qui aurait conduit tout autre à une impasse désespérée était pour lui une source intarissable d'espoirs chimériques. A une époque antérieure, la plus sombre, peut-être, qu'il eût connue, il avait fait l'équation entre sa vie et son œuvre, et il n'était plus capable désormais de les distinguer l'une de l'autre. Toute idée alimentait son œuvre ; l'idée de son œuvre donnait un sens à sa vie. Si sa création avait appartenu à l'ordre du possible – un travail susceptible d'être terminé et, par conséquent, détaché de lui – son entreprise en eût été faussée. Il était essentiel d'échouer, mais de n'échouer que dans la tentative la plus incongrue que l'on pût concevoir. Paradoxalement, le résultat final était l'humilité, une manière de mesurer sa propre insignifiance par rapport à Dieu. Car des rêves tels que les siens ne pouvaient exister que dans l'esprit de Dieu. En rêvant ainsi, S. avait trouvé un moyen de participer à tout ce qui le dépassait, de se rapprocher de quelques pouces du cœur de l'infini.

Pendant plus d'un mois, au cours de cet été 1965, A. lui avait rendu visite deux ou trois fois par semaine. Il ne connaissait personne d'autre dans la ville et S. y était devenu son point d'attache. Il pouvait toujours compter sur lui pour être là, l'accueillir avec enthousiasme (à la russe : en l'embrassant sur les joues, trois fois, à gauche, à droite, à gauche) et ne demander qu'à bavarder. Plusieurs années après, dans une période de grande détresse, il a compris que la continuelle attirance exercée sur lui par ces rencontres avec S. provenait de ce que, grâce à elles, pour la première fois, il savait quelle impression cela fait d'avoir un père. Son propre père était un personnage lointain, presque absent, avec lequel il avait très peu en commun. S., de son côté, avait deux fils adultes qui, se détournant tous deux de son exemple, avaient adopté vis-à-vis de l'existence une attitude agressive et hautaine. En plus de la relation naturelle qui existait entre eux, S. et A. étaient attirés l'un vers l'autre par des besoins convergents : pour l'un, celui d'un fils qui l'acceptât tel qu'il était ; pour l'autre, celui d'un père qui l'acceptât tel qu'il était. Ceci était renforcé par des coïncidences de dates : S. était né la même année que le père de A., qui était né la même année que le plus jeune fils de S. Avec A., S. assouvissait sa fringale de paternité en un curieux mélange de générosité et d'exigences. Il l'écoutait avec gravité et considérait son ambition de devenir écrivain comme le plus naturel des espoirs pour un jeune homme. Si A. avait souvent éprouvé, devant le comportement étrange et renfermé de son père, le sentiment d'être superflu dans sa vie, incapable de rien accomplir qui puisse l'impressionner, S. lui permettait, par sa vulnérabilité et son dénuement, de se sentir nécessaire. A. lui apportait à manger, l'approvisionnait en vin et en cigarettes, s'assurait qu'il ne se laissait pas mourir de faim – un danger réel. Car c'était là le problème avec S. : il ne demandait jamais rien à personne. Il attendait que le monde vînt à lui et s'en remettait à la chance pour son salut. Tôt ou tard, quelqu'un passerait bien : son ex-femme, l'un de ses fils, un ami. Même alors, il ne demandait rien. Mais il ne refusait rien non plus.

  Chaque fois que A. arrivait avec un repas (généralement un poulet rôti provenant d'une charcuterie de la place d'Italie), cela se transformait en simulacre de festin, prétexte à célébration. "Ah, du poulet !" s'exclamait S. en mordant dans un pilon. Et puis tandis qu'il mastiquait, le jus dégoulinant dans sa barbe : "Ah, du poulet !" ponctué d'un rire espiègle et un peu moqueur, comme s'il avait considéré son appétit avec ironie sans toutefois renier le plaisir de manger. Dans ce rire, tout devenait absurde et lumineux. L'univers était retourné, balayé, et aussitôt rétabli comme une sorte de plaisanterie métaphysique. Un monde où il n'y avait pas de place pour un homme dépourvu du sens de son propre ridicule.

D'autres rencontres avec S. Echange de lettres entre Paris et New York, quelques photographies, le tout disparu aujourd'hui. En 1967 : un nouveau séjour de plusieurs mois. S. avait alors abandonné ses soutanes et repris son propre nom. Mais sa façon de s'habiller lorsqu'il faisait de petites balades dans les rues de son quartier était tout aussi merveilleuse. Béret, chemise de soie, écharpe, pantalons de gros velours, bottes d'équitation en cuir, canne d'ébène à pommeau d'argent : Paris vu par Hollywood vers les années vingt. Ce n'est peut-être pas un hasard si son plus jeune fils est devenu producteur de cinéma.

En février 1971, A. est retourné à Paris, où il allait demeurer pendant trois ans et demi. Bien qu'il ne fût plus là en visiteur et que par conséquent son temps fût occupé, il a continué à voir S. assez régulièrement, à peu près tous les deux mois. Le lien entre eux existait toujours mais, avec le temps, A. s'est mis à se demander si leur relation actuelle ne reposait pas sur la mémoire de cet autre lien, formé six ans plus tôt. Il se trouve qu'après son retour à New York (juillet 1974) A. n'a plus écrit à S. Non qu'il eût cessé de penser à lui. Mais les souvenirs qu'il en gardait lui paraissaient plus importants que la perspective de renouer un jour le contact. C'est ainsi qu'il a commencé à ressentir de façon palpable, comme dans sa peau, le passage du temps. Sa mémoire lui suffisait. Et cette découverte, en elle-même, était stupéfiante.

Mais ce qui l'a étonné plus encore c'est que lorsqu'il est enfin retourné à Paris (en novembre 1979), après une absence de plus de cinq ans, il n'a pas rendu visite à S. Et cela en dépit de la ferme intention qu'il en avait. Pendant tout son séjour, long de plusieurs semaines, il s'est éveillé chaque matin en se disant : Aujourd'hui je dois trouver le temps de voir S., et puis, au fil de la journée, il s'inventait des excuses pour ne pas y aller. Il a commencé à comprendre que sa réticence était due à la peur. Mais la peur de quoi ? De remonter dans son propre passé ? De découvrir un présent en contradiction avec le passé, qui risquait donc d'altérer celui-ci et de détruire, par conséquent, les souvenirs qu'il voulait préserver ? Non, ce n'était pas si simple, il s'en rendait compte. Alors quoi ? Les jours passaient, et peu à peu il a vu clair. Il avait peur que S. ne soit mort. C'était irrationnel, il le savait. Mais parce que son père était mort depuis moins d'un an, et parce que l'importance que S. avait pour lui était précisément liée à la notion de père, il avait l'impression que d'une certaine manière la mort de l'un impliquait automatiquement celle de l'autre. Il avait beau se raisonner, c'était sa conviction. En plus, il se disait : Si je vais chez S., je vais apprendre qu'il est mort. Si je n'y vais pas, cela signifie qu'il vit. Il lui semblait donc pouvoir contribuer, par son absence, à maintenir S. en ce monde. Jour après jour, il déambulait dans Paris avec en tête l'image de S. Cent fois dans la journée, il s'imaginait entrant dans la petite chambre de la place Pinel. Et il demeurait malgré tout incapable de s'y rendre. C'est alors qu'il s'est aperçu que vivre ainsi était insoutenable.

Nouveau commentaire sur la nature du hasard.
Une photographie subsiste de sa dernière visite à S., à la fin de ces années parisiennes (1974). A. et S. sont debout, dehors, devant l'entrée de la maison de S. Chacun entoure de son bras les épaules de l'autre et leurs visages rayonnent manifestement d'amitié et de camaraderie. Cette image fait partie des rares souvenirs personnels qu'il a emportés Varick Street.
Cette photo qu'il examine maintenant (veille de Noël 1979) lui en rappelle une autre qu'il voyait jadis au mur de la chambre de S. : S. jeune, il peut avoir dix-huit ou dix-neuf ans, y pose avec un garçon de douze ou treize ans. La même évocation d'amitié, les mêmes sourires, les mêmes

attitudes bras-autour-des-épaules. S. avait raconté à A. qu'il s'agissait du fils de Marina Tsvetaieva. Marina Tsvetaieva, qui, avec Mandelstam, était aux yeux de A. le plus grand poète russe. Regarder cette photo de 1974 c'est, pour A., imaginer la vie impossible de cette femme, cette vie à laquelle elle a mis fin en 1941, en se pendant. Elle avait habité en France pendant la plus grande partie des années écoulées entre la guerre civile et sa mort, dans le milieu des émigrés russes, la même communauté au sein de laquelle S. avait été élevé ; il l'avait connue et s'était lié d'amitié avec son fils, Mour ; Marina Tsvetaieva, qui avait écrit : "Passer sans laisser de trace / est peut-être la meilleure façon / de conquérir le temps et l'univers – / passer, et ne pas laisser une ombre / sur les murs..." ; qui avait écrit : "Je ne le voulais pas. Ou alors / pas cela. (En silence : écoute ! / Vouloir, c'est le propre des corps, / Dès lors l'un à l'autre – âmes nous / Voilà...)" ; qui avait écrit : "En ce monde-ci hyperchrétien / Les poètes sont des juifs."

A leur retour à New York, en 1974, A. et sa femme s'étaient installés dans un immeuble de Riverside Drive. Parmi leurs voisins se trouvait un vieux médecin russe, Gregory Altschuller ; il avait plus de quatre-vingts ans, travaillait encore comme chercheur dans un des hôpitaux de la ville et partageait avec son épouse la passion de la littérature. Son père avait été le médecin personnel de Tolstoï et une énorme photographie de l'écrivain barbu, dûment dédicacée, d'une écriture également énorme, à son ami et docteur, trônait sur une table dans l'appartement de Riverside Drive. Au cours de leurs conversations, A. avait appris une chose qui lui avait paru pour le moins extraordinaire. Dans un petit village de la région de Prague, en plein cœur de l'hiver 1925, Gregory Altschuller avait accouché Marina Tsvetaieva de son fils, ce même fils qui deviendrait le garçon sur la photo au mur de S. Mieux encore : cet accouchement était le seul qu'il eût pratiqué au cours de sa carrière.

"Il faisait nuit, écrivait il y a peu le docteur Altschuller, c'était le dernier jour de janvier 1925... Il neigeait, une tempête terrible qui ensevelissait tout. Un jeune Tchèque est arrivé chez moi en courant, du village où Tsvetaieva habitait avec sa famille, bien que son mari ne fût pas auprès d'elle à ce moment-là. Sa fille était partie aussi, avec son père. Marina était seule.

"Le gamin est entré en trombe en m'annonçant : «Pani Tsvetaieva voudrait que vous veniez tout de suite, elle a commencé d'accoucher ! Il faut vous dépêcher, le bébé arrive.» Que pouvais-je répondre ? Je me suis habillé rapidement et suis parti à travers la forêt, dans la neige jusqu'aux genoux, sous une tempête déchaînée. J'ai ouvert la porte et je suis entré. A la faible lueur d'une ampoule solitaire, j'ai vu des piles de livres dans un coin de la pièce ; ils atteignaient presque le plafond. Des déchets accumulés depuis plusieurs jours avaient été poussés dans un autre coin. Et Marina était là, au lit, fumant cigarette sur cigarette, avec son bébé déjà bien engagé. M'accueillant d'un joyeux : «Vous êtes presque en retard !» Je cherchais partout quelque chose de propre, un peu de savon. Rien, pas un mouchoir frais, pas le moindre bout de quoi que ce soit. Elle fumait dans son lit, souriante, en disant : «Je vous avais prévenu que vous mettriez mon bébé au monde. Vous êtes là – c'est votre affaire maintenant, plus la mienne...»

"Tout s'est passé sans trop de mal. Mais le bébé est né avec le cordon ombilical si serré autour du cou qu'il pouvait à peine respirer. Il était bleu...

"J'ai fait des efforts désespérés pour le ranimer et il a enfin commencé à respirer ; de bleu, il est devenu rose. Pendant ce temps Marina fumait en silence, sans un mot, les yeux fixés sur le bébé, sur moi...

"Je suis revenu le lendemain et ensuite j'ai vu le bébé tous les dimanches pendant plusieurs semaines. Dans une lettre datée du 10 mai 1925, Marina écrivait : «Pour tout ce qui concerne Mour, Altschuller donne ses directives avec fierté et tendresse. Avant ses repas, Mour prend une cuiller à café de jus de citron sans sucre. Il est nourri selon les principes du professeur Czerny, qui a sauvé la vie à des milliers de nouveau-nés en Allemagne pendant la guerre. Altschuller vient le voir chaque dimanche. Percussion, auscultation, une sorte de calcul arithmétique. Après quoi il écrit pour moi le régime de la semaine, ce qu'il faut donner à Mour, combien de beurre, combien de citron, combien de lait, comment augmenter progressivement les quantités. Sans prendre de notes, il se souvient à chacune de ses visites de ce qu'il a prescrit la fois précédente... J'ai parfois une envie folle de lui prendre la main pour l'embrasser...»

"L'enfant a grandi rapidement, c'est devenu un gosse plein de santé, sa mère et ses amis l'adoraient. La dernière fois que je l'ai vu il n'avait pas un an. A cette époque Marina est partie en France, où elle a vécu pendant quatorze ans. Georges (le nom officiel de Mour) est allé à l'école et a étudié avec enthousiasme la littérature, la musique et les beaux-arts. En 1936 sa sœur Alia, qui avait à peine vingt ans, a quitté sa famille et la France pour retourner en Russie soviétique, à la suite de son père. Marina restait seule avec son petit garçon... dans des conditions matérielles et morales extrêmement dures. En 1939 elle a demandé un visa soviétique et a regagné Moscou avec son fils. Deux ans plus tard, en août 1941, sa vie atteignait son terme tragique...

"C'était encore la guerre. Le jeune Georges Efron était au front. «Adieu littérature, musique, études», écrivait-il à sa sœur. Il signait «Mour». Soldat, il s'est conduit avec courage, en combattant intrépide ; il a participé à de nombreuses batailles et est mort en juillet 1944, l'une des centaines de victimes tombées près de Druika, sur le front ouest. Il n'avait que vingt ans."

Le Livre de la mémoire. Livre quatre.

Plusieurs pages blanches. Poursuivre avec d'abondantes illustrations. De vieilles photos de famille, à chaque personne sa famille, en remontant aussi loin que possible dans les générations. Les regarder avec la plus grande attention.

Ensuite plusieurs séries de reproductions, à commencer par les portraits peints par Rembrandt de son fils Titus. Les y inclure tous : depuis l'image du petit garçon en 1650 (cheveux dorés, chapeau à plume rouge), et celle de l'enfant en 1655, "étudiant ses leçons" (pensif devant sa table, balançant un compas de la main gauche, le pouce droit appuyé contre son menton), jusqu'au Titus de 1658 (dix-sept ans, l'extraordinaire chapeau rouge et, comme l'a écrit un commentateur, "l'artiste a peint son fils avec le même regard pénétrant qu'il appliquait généralement à ses propres traits") et enfin la dernière toile qui subsiste, du début de 1660 : "Le visage semble être celui d'un vieil homme affaibli, rongé par la maladie. Bien entendu, notre regard est averti – nous savons que Titus allait précéder son père dans la mort…"

Poursuivre avec le tableau (d'auteur inconnu) représentant sir Walter Raleigh avec son fils Wat à huit ans, en 1602, qui se trouve à Londres, à la National Portrait Gallery. A noter : l'étrange similitude de leurs attitudes. Père et fils posent de face, la main gauche sur la hanche, le pied droit pointé vers l'extérieur à quarante-cinq degrés, le pied gauche vers l'avant, et l'expression de farouche détermination du fils imite le regard assuré et impérieux du père. Se souvenir que lorsque Raleigh a été relâché après treize ans d'incarcération dans la tour de Londres (1618) et s'est lancé, pour laver son honneur, dans la fatale expédition de Guyane, Wat était avec lui. Se souvenir que Wat a perdu la vie dans la jungle, à la tête d'une charge téméraire contre les Espagnols. Raleigh à son épouse : "Jusqu'ici j'ignorais ce que douleur veut dire." Et il est rentré en Angleterre, et a laissé le roi lui couper la tête.

Poursuivre avec d'autres photographies, plusieurs douzaines peut-être : le fils de Mallarmé, Anatole ; Anne Frank ("Sur cette photo-ci, on me voit telle que je voudrais être toujours. Alors j'aurais sûrement une chance à Hollywood. Mais ces temps-ci, hélas, je suis en général différente") ; Mour ; les enfants du Cambodge ; les enfants d'Atlanta. Les enfants morts. Les enfants qui vont disparaître, ceux qui sont morts. Himmler : "J'ai pris la décision d'anéantir tous les enfants juifs de la surface du globe." Rien que des images. Parce que, à un certain point, on est amené par les mots à la conclusion qu'il n'est plus possible de parler. Parce que ces images sont l'indicible.

Il a passé la majeure partie de sa vie d'adulte à parcourir des villes, souvent étrangères. Il a passé la majeure partie de sa vie d'adulte, courbé sur un petit rectangle de bois, à se concentrer sur un rectangle de papier blanc plus petit encore. Il a passé la majeure partie de sa vie d'adulte à se lever, à s'asseoir et à marcher de long en large. Telles sont les limites du monde connu. Il écoute. S'il entend quelque chose, il se remet à écouter. Puis il attend. Il guette et attend. Et s'il commence à voir quelque chose, il guette et attend encore. Telles sont les limites du monde connu.

La chambre. Brève évocation de la chambre et/ou des dangers qui y sont tapis. Comme dans cette image : Hölderlin dans sa chambre.

Raviver le souvenir de ce voyage mystérieux : trois mois seul, à pied, à travers le Massif central, les doigts crispés, dans sa poche, autour d'un pistolet ; ce voyage de Bordeaux à Stuttgart (des centaines de kilomètres) qui a précédé les premiers vacillements de sa raison, en 1802.

"Mon cher, il y a longtemps que je ne t'ai écrit ; entretemps j'ai été en France et j'ai vu la terre triste et solitaire, les bergers de la France méridionale et certaines beautés, hommes et femmes, qui ont grandi dans l'angoisse du doute patriotique et de la faim. L'élément puissant, le feu du ciel et le silence des hommes, leur vie dans la nature, modeste et contente, m'ont saisi constamment, et comme on le prétend des héros, je puis bien dire qu'Apollon m'a frappé."

Arrivé à Stuttgart, "d'une pâleur mortelle, très maigre, les yeux vides et farouches, les cheveux longs, barbu, habillé comme un mendiant", il s'est présenté devant son ami Matthison avec ce seul mot : "Hölderlin."

Six mois plus tard, sa bien-aimée Suzette était morte. 1806, schizophrénie, et après cela, pendant trente-six ans, une bonne moitié de sa vie, il a vécu seul dans la tour que lui avait bâtie Zimmer, le charpentier de Tübingen — *Zimmer*, ce qui, en allemand, veut dire *chambre*.

A ZIMMER

Les lignes de la vie sont divisées,
Comme le sont les monts à la lisière.
Ce que nous sommes, un dieu peut là-bas le parfaire
En harmonie, en salaire à jamais, pacifié.

Vers la fin de la vie d'Hölderlin, un de ses visiteurs a prononcé le nom de Suzette. "Ah, ma Diotima, a répondu le poète. Ne me parlez pas de ma Diotima. Elle m'a donné treize fils. L'un est pape, le Sultan en est un autre, le troisième c'est l'empereur de Russie." Et puis : "Savez-vous ce qui lui est arrivé ? Elle est devenue folle, oui, folle, folle, folle."

On dit que pendant ces années-là Hölderlin ne sortait que rarement. Et s'il quittait sa chambre, ce n'était que pour errer sans but dans la campagne, bourrant ses poches de cailloux et cueillant des fleurs qu'ensuite il réduirait en lambeaux. En ville, les étudiants se moquaient de lui et les enfants effrayés s'enfuyaient s'il faisait mine de les saluer. Vers la fin, il avait l'esprit si troublé qu'il s'était mis à se donner plusieurs noms différents – Scardinelli, Killalusimeno – et un jour qu'un visiteur tardait à s'en aller, il lui a montré la porte en disant, un doigt levé en signe d'avertissement : "Je suis le Seigneur Dieu."

Ces derniers temps, on s'est livré à des spéculations nouvelles au sujet du séjour d'Hölderlin dans cette chambre. Quelqu'un prétend que sa folie était feinte, que le poète s'était retiré du monde en réponse à la réaction politique paralysante qui avait submergé l'Allemagne à la suite de la Révolution française. En quelque sorte, dans sa tour, il vivait en clandestinité. Selon cette théorie, tous ses écrits de folie (1806-1843) ont en fait été composés dans un code secret, révolutionnaire. On a même exposé cette idée dans une pièce de théâtre. Dans la scène finale, le jeune Marx rend visite à Hölderlin dans sa tour. Il est suggéré par cette rencontre que Marx a trouvé auprès du vieux poète moribond l'inspiration de ses *Manuscrits économiques et philosophiques* de 1844. Si c'était le cas, Hölderlin aurait été non seulement le plus grand poète allemand du XIXe siècle, mais aussi une figure de premier ordre dans l'histoire de la pensée politique : le lien entre Hegel et Marx. Car le fait est prouvé qu'Hölderlin et Hegel étaient amis dans leur jeunesse. Ils étaient ensemble étudiants au séminaire de Tübingen.

Cependant, A. trouve fastidieuses de telles spéculations. La présence d'Hölderlin dans sa chambre ne lui pose pas problème. Il irait même jusqu'à soutenir qu'Hölderlin ne pouvait pas survivre ailleurs. Sans la générosité, la bonté de Zimmer, on peut imaginer que la vie du poète aurait connu une fin prématurée. La retraite dans un lieu clos ne signifie pas l'aveuglement. La folie ne signifie pas la mutité. En toute probabilité, c'est la chambre qui a ramené Hölderlin à la vie, qui lui a rendu ce qui pouvait lui rester de vie. Comme le dit saint Jérôme en commentaire au Livre de Jonas, à propos du passage où il est question de Jonas dans le ventre de la baleine : "Il faut noter que là où on s'attendait à la mort, on trouve une sauvegarde."

"L'image de l'homme a des yeux, écrivait Hölderlin au cours de sa première année dans la tour, mais / La lune, elle, de la lumière. Le roi Œdipe a un / œil en trop, peut-être. Ces douleurs, et / d'un homme tel, ont l'air indescriptibles, / inexprimables, indicibles. Quand le drame / produit même douleur, du coup la voilà. Mais / de moi, maintenant, qu'advient-il, que je songe à toi ? / Comme des ruisseaux m'emporte la fin de quelque chose, là / et qui se déploie telle l'Asie. Cette douleur, / naturellement, Œdipe la connaît. Pour cela, oui, naturellement. / Hercule, a-t-il aussi souffert, lui ? / Certes… / Oui, / lutter, comme Hercule, avec Dieu, c'est là une douleur. Mais / être de ce qui ne meurt pas, et que la vie jalouse, / est aussi une douleur. / Douleur aussi, cependant, lorsque l'été / un homme est couvert de rousseurs – / être couvert des pieds à la tête de maintes taches ! Tel / est le travail du beau soleil ; car / il appelle toute chose à sa fin. / Jeunes, il éclaire la route aux vivants, / du charme de ses rayons, comme avec des roses. / Telles douleurs, elles paraissent, qu'Œdipe a supportées, / d'un homme, le pauvre, qui se plaint de quelque chose. / Fils de Laïos, pauvre étranger en Grèce ! / Vivre est une mort, et la mort elle aussi est une vie."

La chambre. Contreproposition à ce qui précède. Ou : des raisons de demeurer dans la chambre.

Le Livre de la mémoire. Livre cinq.

Deux mois après la mort de son père (en janvier 1979), le mariage de A. s'est défait. Il y avait quelque temps que des problèmes couvaient, et la séparation a finalement été décidée. Accepter cette rupture, en être malheureux mais l'admettre comme inévitable était une chose pour lui, mais c'en était une tout autre d'encaisser sa conséquence : la séparation d'avec son fils. Cette idée lui était intolérable.

Il a emménagé Varick Street au début du printemps. Pendant quelques mois, il a fait la navette entre sa chambre et la maison dans le comté de Dutchess où sa femme et lui avaient habité les trois dernières années. En semaine : la solitude en ville ; en week-end : les visites à la campagne, à cent miles, où il couchait dans ce qui était maintenant son ancien bureau, jouait avec son fils, qui n'avait pas encore deux ans, et lui faisait la lecture de ses livres préférés : *Partons en camion, Chapeaux à vendre* et *Ma mère l'Oye*.

Peu de temps après l'installation de A. Varick Street, le petit Etan Patz, âgé de six ans, a disparu dans les rues du même quartier. Où qu'il se tournât, A. retrouvait la photographie du gamin (sur des réverbères, dans les vitrines, sur des murs de brique), chapeautée des mots : ENFANT PERDU. Parce que ce visage ne différait pas radicalement de celui de son propre fils (et quand bien même, quelle importance ?), chaque fois qu'il apercevait cette image il pensait à celui-ci – en ces termes précis : enfant perdu. La mère d'Etan Patz l'avait envoyé un matin à l'arrêt du bus scolaire (c'était le premier jour après une longue grève des chauffeurs de bus, et le gosse avait été ravi de faire cette petite chose-là tout seul, ravi de cette petite manifestation d'indépendance), il était descendu de chez lui et on ne l'avait plus revu. Quoi qu'il lui fût arrivé, c'était arrivé sans laisser de trace. Il pouvait avoir été kidnappé, il pouvait avoir été assassiné, ou peut-être avoir simplement vagabondé et trouvé la mort en un lieu où personne ne le voyait. La seule certitude était qu'il avait disparu – comme rayé de la surface du globe. Les journaux faisaient grand cas de cette histoire (interviews des parents, interviews des détectives chargés de l'affaire, articles consacrés à la personnalité du petit garçon : les jeux auxquels il aimait à jouer, les aliments qu'il aimait manger), et A. s'est rendu compte qu'il était impossible d'échapper à la réalité de ce malheur – superposé à son propre malheur, dont il admettait la moindre gravité. Où qu'il tournât les yeux, il lui semblait n'apercevoir que le reflet de ce qui se passait au-dedans de lui. Les jours passaient, et chaque jour un petit peu plus de sa peine intime était exhibée. La sensation d'une perte l'avait envahi, et ne le quittait plus. Et par moments cette sensation était si forte, si suffocante, qu'il lui semblait qu'elle ne le quitterait jamais.

Quelques semaines plus tard, au début de l'été. Juin à New York, radieux : clarté de la lumière sur les briques ; ciels bleus, transparents, fondus en un azur qui aurait charmé même Mallarmé.
Le grand-père de A. – du côté maternel – se mourait lentement. Un an plus tôt, il avait encore accompli des tours de magie lors de la fête du premier anniversaire du fils de A., mais maintenant, à quatre-vingt-cinq ans, il était si faible qu'il ne pouvait plus se tenir debout sans aide, ne pouvait plus se déplacer sans un effort de volonté si intense que la seule idée de bouger suffisait à l'épuiser. La famille avait tenu conseil dans le cabinet du médecin, et pris la décision de l'envoyer au Doctor's Hospital, au carrefour d'East End Avenue avec la 88ᵉ rue. (Le même hôpital où sa femme était morte onze ans plus tôt de sclérose latérale amyotrophique – la maladie de Lou Gehrig.) A. assistait à cette réunion, de même que sa mère et la sœur de sa mère, les deux enfants de son grand-père. Comme elles ne pouvaient ni l'une ni l'autre demeurer à New York, il avait été convenu que A. se chargerait de tout. Sa mère devait rentrer

chez elle en Californie pour s'occuper de son mari, qui était gravement malade, et sa tante était sur le point de partir à Paris pour rendre visite à sa première petite-fille, l'enfant nouveau-née de son fils. Tout semblait devenu question de vie ou de mort. A. s'était alors surpris à se rappeler (peut-être parce que son grand-père l'avait toujours fait penser à W. C. Fields) une scène d'un film de Fields de 1932, *Million Dollar Legs* : Jack Oakey court comme un fou pour rattraper une diligence en train de partir et supplie le conducteur d'arrêter. "C'est une question de vie ou de mort !" crie-t-il. Calme et cynique, le conducteur répond : "Qu'est-ce qui ne l'est pas ?"

Pendant cette réunion de famille, A. lisait la peur sur le visage de son grand-père. A un moment donné, le vieillard avait croisé son regard et désigné d'un geste, derrière le bureau du docteur, le mur couvert de certificats encadrés, de diplômes, de prix et de témoignages, l'air de dire : "Impressionnant, non ? Ce type-là me soignera bien." Le vieil homme s'était toujours laissé prendre à cette sorte d'apparat. "Je viens de recevoir une lettre du président de la Chase Manhattan Bank", annonçait-il, alors qu'il ne s'agissait que d'une circulaire. Mais ce jour-là, dans le cabinet du médecin, cela faisait mal à A. : ce refus du vieux de reconnaître à quoi il était confronté. "Je suis content de tout ceci, déclarait-il. Je sais que vous allez me remettre sur pied." Et pourtant, presque contre son gré, A. s'était aperçu qu'il admirait cette capacité d'aveuglement. Plus tard, ce jour-là, il avait aidé son grand-père à emballer le petit bagage qu'il emportait à l'hôpital. Le vieux avait fourré dans le sac deux ou trois de ses accessoires de magie. "Pourquoi t'encombrer de ces trucs-là ?" lui avait demandé A. "Pour distraire les infirmières, si jamais on s'ennuie", avait-il répondu.

A. avait décidé de s'installer chez son grand-père aussi longtemps que celui-ci serait hospitalisé. L'appartement ne pouvait pas rester inoccupé (il fallait que quelqu'un paie les factures, ramasse le courrier, arrose les plantes), et serait sans conteste plus confortable que la chambre Varick Street. Mais surtout, l'illusion du retour du vieillard devait être maintenue. Jusqu'à ce que la mort advînt, il existait toujours une possibilité qu'elle n'advînt pas, et cette chance, si mince soit-elle, méritait d'être prise en compte.

Il a habité là pendant six ou sept semaines. C'était un endroit qu'il connaissait depuis sa plus tendre enfance : ce grand immeuble trapu et biscornu, au sud de Central Park, à l'angle de Columbus Circle. Il se demandait combien d'heures il y avait passées, quand il était petit, à observer la circulation des voitures autour de la statue de Christophe Colomb. De ces mêmes fenêtres du sixième étage, il avait assisté aux défilés du *Thanksgiving Day*, suivi la construction du Colosseum et passé des après-midi entiers à compter les gens qui marchaient, en bas, dans les rues. Il se sentait à présent réinvesti par ce lieu, avec le guéridon chinois du téléphone, la ménagerie de verre de sa grand-mère, et le vieil humidificateur à cigares. Il était retourné tout droit vers son enfance.

A. continuait d'espérer une réconciliation avec sa femme. Quand elle a accepté de venir en ville avec leur fils et de séjourner dans cet appartement, il s'est figuré qu'un changement réel pouvait se produire. Coupés des objets et des soucis de leur propre vie, il leur semblait retrouver une certaine harmonie dans cet environnement neutre. Mais ni l'un ni l'autre n'était alors prêt à admettre qu'il ne s'agissait pas d'une illusion, d'un effet du souvenir doublé d'un espoir sans fondement.

Chaque après-midi, A. prenait deux autobus pour se rendre à l'hôpital, passait une heure ou deux auprès de son grand-père et puis rentrait par le même chemin. Cette organisation a fonctionné pendant une dizaine de jours. Puis le temps a changé. Une chaleur torride s'est abattue sur New York et la ville est devenue un cauchemar de sueur, d'épuisement et de bruit. Tout cela n'était pas fameux pour le petit garçon (confiné dans un appartement au conditionnement d'air asthmatique, ou traînant dans les rues avec sa mère), et comme la situation ne s'arrangeait pas (un record d'humidité pendant plusieurs semaines), A. et sa femme ont décidé qu'elle repartirait à la campagne avec l'enfant.

Il est resté seul. Chaque jour répétait le précédent. Outre les conversations avec le docteur, les trajets entre l'appartement et l'hôpital, il fallait engager et congédier des infirmières privées, écouter les plaintes de son grand-père, retaper les oreillers sous sa tête. A. était pris d'un sentiment d'horreur chaque fois qu'il apercevait la chair du vieillard. Les membres émaciés, les testicules ratatinés, le corps amaigri qui ne devait même plus peser cinquante kilos. Lui qui avait été un homme corpulent, précédé où qu'il aille par une bedaine majestueuse et bien rembourrée, n'était plus qu'à peine présent. Si A. avait été confronté, au début de l'année, à un visage de la mort, une mort si soudaine que, livré à elle, il n'avait pu la reconnaître, il en découvrait à présent un autre aspect et c'était cette lenteur, ce fatal épuisement, cet abandon de la vie au cœur de la vie qui lui révélaient enfin ce qu'il savait depuis toujours.

Il recevait presque tous les jours un coup de téléphone de l'ancienne secrétaire de son grand-père. Elle avait travaillé pour celui-ci pendant plus de vingt ans et était devenue, après la mort de son épouse, la plus fidèle de ses amies, la femme respectable avec laquelle il se montrait en public dans les occasions officielles : réunions de famille, mariages, enterrements. A chacun de ses appels, elle se livrait à une enquête complète sur l'état du vieil homme et priait A. de lui organiser une visite à l'hôpital. Le problème était sa propre santé. Elle n'était pas très âgée (une bonne soixantaine, au plus), mais elle était atteinte de la maladie de Parkinson et vivait depuis un certain temps dans une clinique du Bronx. A la suite de nombreuses conversations (et sa voix, au téléphone, était si faible qu'il fallait à A. toute sa capacité de concentration pour entendre à peine la moitié de ce qu'elle disait), il a fini par convenir de la retrouver devant le Metropolitan Museum, où un bus spécial de la clinique déposait une fois par semaine, pour un après-midi dans Manhattan, les pensionnaires capables de se déplacer. Ce jour-là, pour la première fois depuis près d'un mois, il pleuvait. Arrivé en avance au rendez-vous, A., planté sur les marches du musée et la tête protégée par un journal, a passé plus d'une heure à la guetter. S'étant enfin résolu à abandonner, il a fait un dernier tour du quartier. C'est alors qu'il l'a trouvée : une ou deux rues plus loin dans la 5ᵉ avenue, debout, comme pour s'y abriter de la pluie, sous un arbrisseau pathétique, un bonnet de plastique transparent sur la tête, elle s'appuyait sur sa canne, le corps penché en avant, raide de la tête aux pieds, n'osant faire un pas et regardant fixement le trottoir mouillé. Cette voix éteinte, encore, A. collait quasiment l'oreille à sa bouche pour l'entendre – et glaner ainsi quelque pauvre remarque insipide : le chauffeur du bus avait oublié de se raser, on n'avait pas livré les journaux. Il avait toujours trouvé cette femme ennuyeuse et, même quand elle était encore en bonne santé, détesté devoir passer plus de cinq minutes en sa compagnie. Il ressentait maintenant presque de la colère à son égard, il lui en voulait pour cette façon qu'elle avait de paraître attendre sa pitié. Il lui adressait mentalement des reproches cinglants pour son abject égocentrisme.

Trouver un taxi a pris plus de vingt minutes. Et alors, épreuve interminable, il a fallu l'aider à marcher jusqu'au bord du trottoir et à monter dans la voiture. Elle traînait les pieds sur le pavé : quelques centimètres, une pause ; encore quelques centimètres, encore une pause ; et puis encore, et puis encore. Il la tenait par le bras et l'encourageait de son mieux. Quand ils sont arrivés à l'hôpital et qu'il a réussi à l'extraire du siège arrière, ils ont entrepris leur lente progression vers l'entrée. Juste devant la porte, à l'instant même où A. se disait qu'ils allaient y parvenir, elle s'est figée. Elle était soudain terrassée par la peur de ne pouvoir bouger et, de ce fait, ne le pouvait plus. Quoi que lui dise A. et malgré la douceur avec laquelle il s'efforçait de la persuader d'avancer, elle restait pétrifiée. Des gens entraient et sortaient – médecins, infirmières, visiteurs – et ils restaient bloqués là, A. et la femme impotente, au milieu de ce trafic humain. Lui conseillant d'attendre sur place (comme si elle avait pu faire autrement), A. est entré dans le vestibule, où il a trouvé un fauteuil roulant dont il s'est emparé sous l'œil suspicieux d'une employée de l'administration. Après y avoir installé sa malheureuse compagne, il l'a poussée en hâte à travers le vestibule jusqu'aux ascenseurs sans prendre garde aux cris de l'employée : "Est-ce que c'est une patiente ? Est-ce que cette dame est une patiente ? Les fauteuils roulants sont réservés aux patients."

Quand il l'a fait entrer dans la chambre de son grand-père, celui-ci était assoupi, entre sommeil et veille, abandonné à une torpeur aux limites de la conscience. Au bruit de leur arrivée, il s'est ranimé, s'est rendu compte de leur présence puis, comprenant enfin ce qui se passait, a souri pour la première fois depuis des semaines. Ses yeux soudain se sont remplis de larmes. Saisissant la main de sa vieille amie, il a déclaré à A., comme s'il s'adressait au monde entier (mais faiblement, si faiblement) : "Shirley est ma chérie. Shirley est celle que j'aime."

Vers la fin de juillet, A. a décidé de quitter la ville pendant un week-end. Il avait envie de voir son fils, et besoin d'échapper un peu à la chaleur et à l'hôpital. Confiant l'enfant à ses parents, sa femme était venue à New York. Ce qu'ils ont pu y faire ce jour-là, il n'en a aucun souvenir, mais en fin d'après-midi ils étaient arrivés dans le Connecticut, à la plage où le petit garçon avait passé la journée avec ses grands-parents. A. avait trouvé son fils assis sur une balançoire et ses premiers mots (sa grand-mère lui avait fait la leçon pendant tout l'après-midi) avaient été d'une lucidité surprenante : "Je suis très content de te voir, papa."

Cependant, A. lui trouvait une voix bizarre. Il paraissait essoufflé, prononçait chaque mot en un staccato de syllabes distinctes. Il ne faisait aucun doute pour A. que quelque chose n'allait pas. Il a exigé que tous quittent aussitôt la plage pour rentrer à la maison. Bien que l'enfant fût de bonne humeur, il continuait à s'exprimer de cette voix étrange, presque mécanique, comme s'il était la poupée d'un ventriloque. Il respirait de façon précipitée, le torse haletant, inspirations, expirations, tel un petit oiseau. Dans l'heure, A. et sa femme consultaient la liste des pédiatres, s'efforçant d'en trouver un chez lui (c'était l'heure du dîner, un vendredi soir). A leur cinquième ou sixième tentative, ils sont tombés sur une jeune doctoresse qui venait de s'installer dans la ville. Par chance, elle était encore à son cabinet et les a invités à y venir sur-le-champ. Que ce soit parce qu'elle était nouvelle dans sa profession, ou de tempérament nerveux, son examen du petit garçon a plongé A. et sa femme dans la panique. Elle avait assis l'enfant sur une table et lui auscultait le buste, comptait ses respirations par minute, observait ses narines dilatées, la coloration légèrement bleutée de son visage. Puis, allant et venant à travers son bureau dans une grande agitation, elle a entrepris de monter un appareil respiratoire compliqué : une machine à vapeur pourvue d'un capuchon, rappelant une caméra du siècle dernier. Mais le gamin ne voulait pas garder la tête sous ce capuchon et le sifflement de la vapeur froide l'effrayait. Elle a essayé une injection d'adrénaline. "Voyons ce que donne celle-ci, expliquait-elle, si ça ne marche pas je lui en ferai une autre." Après avoir attendu quelques minutes, elle a recommencé à contrôler le rythme respiratoire, puis a pratiqué une seconde piqûre. Toujours sans effet. "Bon. Eh bien, il faut l'emmener à l'hôpital." Elle a donné le coup de téléphone nécessaire puis, avec une furieuse énergie qui semblait rassembler toute sa petite personne, elle a expliqué à A. et à sa femme comment la suivre jusqu'à l'hôpital, où aller, que faire, après quoi elle est sortie avec eux et ils sont partis dans leurs voitures respectives. Son diagnostic – une pneumonie avec complications asthmatiques – devait être confirmé à l'hôpital après une radio et des examens plus approfondis.

Installé dans une chambre spéciale du service de pédiatrie, l'enfant avait été piqué et bousculé par des infirmières, maintenu hurlant pendant qu'on lui versait une potion dans le gosier, raccordé à un tube de perfusion et couché dans un berceau recouvert d'une tente en plastique transparent – dans laquelle une valve placée sur le mur diffusait une brume d'oxygène froid. Il est resté sous cette tente pendant trois jours et trois nuits. Ses parents, autorisés à rester près de lui en permanence, se relayaient auprès du petit lit, la tête et les bras sous la tente, pour lui faire la lecture, lui raconter des histoires et jouer avec lui ; tandis qu'ils attendaient, tour à tour, dans un salon réservé aux adultes, ils observaient les visages des autres parents dont les enfants étaient hospitalisés : aucun de ces étrangers n'osait engager la conversation, ils pensaient tous à une seule chose, et en parler n'aurait fait qu'aggraver leur angoisse.

C'était épuisant pour A. et sa femme car le produit qui coulait goutte à goutte dans les veines de leur fils était, pour l'essentiel, de l'adrénaline, ce qui lui donnait une énergie débordante – bien supérieure à l'énergie normale d'un enfant de deux ans – et ils passaient la plus grande partie de leur temps à essayer de le calmer et à l'empêcher de sortir de dessous la tente. Pour A., ceci comptait peu. La maladie du petit garçon et la certitude que s'ils ne l'avaient pas mené à temps chez le médecin il aurait pu en mourir (et l'horreur qui le submergeait quand il pensait : et s'ils avaient décidé, sa femme et lui, de passer la nuit en ville en laissant l'enfant à la garde de ses grands-parents – que l'âge rendait moins attentifs aux détails et qui, en fait, à la plage, ne s'étaient pas aperçus que l'enfant respirait de façon étrange et s'étaient d'abord moqués de A. lorsqu'il en avait fait la remarque), tout cela rendait insignifiant l'effort à fournir pour calmer l'enfant. Le seul fait d'avoir envisagé la possibilité de la mort de son fils, d'avoir rencontré de plein fouet, dans le cabinet du docteur, l'idée de cette mort, suffisait pour qu'il considère sa guérison comme une sorte de résurrection, un miracle dans la distribution des cartes du hasard.

Sa femme, elle, tenait moins bien le coup. A un moment, elle est venue retrouver A. dans le petit salon en disant : "Je renonce, je n'arrive plus à le maintenir" – et il y avait dans sa voix tant de ressentiment envers l'enfant, une telle rage d'exaspération, que quelque chose en A. s'est brisé.

Stupidement, cruellement, il aurait voulu punir sa femme de tant d'égoïsme et en ce seul instant l'harmonie nouvelle qui s'était instaurée entre eux durant ce dernier mois s'est effacée : pour la première fois de toutes leurs années communes, il s'est senti son adversaire. Sortant en trombe de la pièce, il est retourné au chevet de son fils.

    Le néant moderne. Intermède sur la force des vies parallèles.
    A Paris, cet automne, il a assisté à un petit dîner organisé par un de ses amis, J., écrivain français renommé. Au nombre des invités se trouvait une Américaine, une lettrée, spécialiste de la poésie française contemporaine, qui lui a parlé d'un livre dont elle était en train de préparer l'édition : des œuvres choisies de Mallarmé. Elle voulait savoir si A. avait jamais traduit cet auteur.
    Effectivement, cela lui était arrivé. Plus de cinq ans auparavant, peu de temps après son installation à Riverside Drive, il avait traduit certains des fragments écrits par Mallarmé en 1879 au chevet de son fils mourant. Il s'agit de courtes pièces d'une extrême obscurité : notes pour un poème qui n'a jamais vu le jour. On ne les a même pas découvertes avant la fin des années cinquante. En 1974, A. avait effectué une traduction sommaire de trente ou quarante d'entre elles, puis mis le manuscrit de côté. Dès son retour de Paris, dans sa chambre Varick Street (en décembre 1979, cent ans exactement après que Mallarmé eut composé ces pages funèbres à son fils), il a exhumé le dossier contenant ces ébauches de traduction et entrepris d'en mettre au point la version définitive. Celle-ci a été publiée par la suite dans la *Paris Review*, accompagnée d'une photographie d'Anatole Mallarmé en costume marin. Extrait de son avant-propos : "Le 6 octobre 1879, le fils unique de Mallarmé, Anatole, est mort à l'âge de huit ans après une longue maladie. Le mal, un rhumatisme propre à l'enfance, s'était étendu progressivement d'un membre à l'autre jusqu'à gagner le corps entier. Plusieurs mois durant, Mallarmé et sa femme étaient restés impuissants au chevet

de leur fils tandis que les médecins essayaient toutes sortes de remèdes et lui administraient sans succès divers traitements. On transportait l'enfant de la ville à la campagne, pour le ramener en ville. Le 22 août, Mallarmé écrivait à son ami Henry Roujon : «... Dans ce combat entre la vie et la mort, que soutient notre pauvre petit adoré... l'horrible, c'est le malheur en soi que ce petit être ne soit plus, si pareil sort est le sien ! J'avoue là que je faiblis et ne puis affronter cette idée.»"

A. se rendait compte que c'était cette idée même qui l'avait incité à retourner à ces textes. Les traduire ne constituait pas un exercice littéraire. Cela représentait pour lui un moyen de revivre sa propre panique dans le cabinet du médecin cet été-là : c'est trop pour moi, je ne puis affronter cette idée. Car ce n'est qu'à ce moment, il s'en était rendu compte ensuite, qu'il avait enfin pris conscience de toute l'étendue de sa paternité : la vie de l'enfant comptait plus pour lui que la sienne ; s'il fallait mourir pour sauver son fils, il mourrait volontiers. Et ce n'est donc qu'en cet instant de peur qu'il était devenu, une fois pour toutes, le père de son fils. Il était peut-être insignifiant de traduire ces quelque quarante fragments de Mallarmé, mais cela revenait dans son esprit à l'équivalent d'une prière d'action de grâces pour la vie de son fils. Prière à quoi ? A rien peut-être. A son sens de la vie. Au *néant moderne**.

Bref commentaire sur le mot "rayonnement".

La première fois qu'il a entendu ce mot à propos de son fils, c'est un soir où il avait montré une photo de celui-ci à son vieil ami R., un poète américain qui vivait depuis huit ans à Amsterdam. Ils prenaient un verre dans un bar, serrés de près par la foule et une musique bruyante. Sortant la photo de son portefeuille, A. l'avait tendue à R. qui l'avait longuement regardée. Puis, se tournant vers A., un peu ivre, il avait déclaré sur un ton de grande émotion : "Il a le même rayonnement que Titus."

---

* Voir p. 197.

Un an plus tard environ, peu après la publication de sa traduction de *Pour un tombeau d'Anatole* dans la *Paris Review*, A. s'est rendu chez R. Celui-ci (qui s'était pris d'une grande affection pour le fils de A.) lui a raconté : "Il m'est arrivé aujourd'hui une chose extraordinaire. J'étais dans une librairie, je feuilletais des magazines, et je suis tombé dans la *Paris Review* sur un portrait du fils de Mallarmé. J'ai cru un instant qu'il s'agissait du tien. La ressemblance est frappante."

"Mais c'est ma traduction, s'est exclamé A. C'est moi qui ai demandé qu'on y mette cette photo. Tu ne savais pas ?"

Et R., alors : "Je n'ai pas été plus loin. J'étais si ému par cette image que je n'ai pu que refermer la revue. Je l'ai remise à sa place et je suis sorti."

Son grand-père a vécu deux ou trois semaines encore. Son fils hors de danger, son mariage dans une impasse définitive, A. s'est réinstallé à Columbus Circle. Ces journées doivent être les pires qu'il ait connues. Il était incapable de travailler, incapable de penser. Il se négligeait, se nourrissait mal (repas surgelés, pizzas, nouilles chinoises à emporter), et abandonnait l'appartement à son sort : linge sale entassé dans un coin de la chambre à coucher, vaisselle empilée sur l'évier de la cuisine. Couché sur le canapé, il regardait de vieux films à la télévision et lisait de mauvais polars en fumant cigarette sur cigarette. Il n'essayait de joindre aucun de ses amis. La seule personne qu'il ait appelée – une fille qu'il avait rencontrée à Paris quand il avait dix-huit ans – était partie habiter dans le Colorado.

Un soir, sans raison particulière, étant sorti se promener dans le quartier, ce quartier sans vie des *West Fifties*, il est entré dans un "topless bar". Installé à une table avec un verre de bière, il s'est soudain retrouvé assis à côté d'une jeune femme à la nudité voluptueuse. Elle s'est serrée contre lui et mise à lui détailler avec lasciveté tout ce qu'elle lui ferait s'il la payait pour aller "derrière". Ses façons avaient quelque chose de si ouvertement drôle et réaliste qu'il a finalement accepté sa proposition. Ils sont convenus que le mieux serait, puisqu'elle revendiquait un talent extraordinaire pour cette activité, qu'elle lui suce le pénis. Et elle s'y est appliquée, en vérité, avec un enthousiasme tout à fait étonnant. Au moment où il jouissait dans sa bouche, quelques instants plus tard, avec un flot de semence dans un grand frisson, il a eu, à cette seconde précise, une vision qui depuis continue à l'habiter : chaque éjaculation représente plusieurs milliards de spermatozoïdes – soit à peu près le chiffre de la population du globe –, ce qui signifie que chaque homme contient en lui-même cette population en puissance. Et cela donnerait, si cela se réalisait, toute la gamme des possibilités : une progéniture d'idiots et de génies, d'êtres beaux ou difformes, de saints, de catatoniques, de voleurs, d'agents de change et de funambules. Tout homme est donc un univers, porteur dans ses gènes de la mémoire de l'humanité entière. Ou, selon l'expression de Leibniz : "Chaque substance simple est un miroir vivant perpétuel de l'univers." Car en vérité nous sommes faits de la matière même qui a été créée lors de la première explosion de la première étincelle dans le vide infini de l'espace. C'est ce qu'il se disait, à cet instant, tandis que son pénis explosait dans la bouche d'une femme nue dont il a oublié le nom. Il pensait : L'irréductible monade. Et alors, comme s'il saisissait enfin, il a imaginé la cellule microscopique, furtive, qui s'était frayé un chemin dans le corps de sa femme, quelque trois ans plus tôt, pour devenir son fils.

A part cela, rien. Il languissait, accablé par la chaleur de l'été. Pelotonné sur le canapé, tel un Oblomov contemporain, il ne bougeait qu'en cas de nécessité.

Il y avait la télévision par câble chez son grand-père et il disposait d'une quantité de chaînes dont il n'avait jamais soupçonné l'existence. Chaque fois qu'il allumait l'appareil, il était certain de trouver sur l'une ou l'autre un match de base-ball en cours. Il pouvait suivre non seulement les *Yankees* et les *Mets* de New York, mais aussi les *Red Sox* de Boston, les *Phillies* de Philadelphie et les *Braves* d'Atlanta. Sans parler de petits extra occasionnels dans l'après-midi : les rencontres entre les grandes équipes japonaises, par exemple (il était fasciné par les roulements de tambour continuels tout au long de ces parties) ou, plus étranges encore, les championnats juniors de Long Island. S'absorber dans ces jeux, c'était sentir son esprit tendre vers un espace de pure forme. En dépit de l'agitation qui régnait sur le terrain, le base-ball lui apparaissait comme une image de ce qui ne bouge pas, comme un lieu par conséquent où sa conscience pouvait trouver le repos et la sécurité, à l'abri des caprices de l'existence.

Il s'y était adonné pendant toute son enfance. Des premiers jours boueux du début de mars aux derniers après-midi glacés de la fin d'octobre. Il jouait bien, avec une ferveur quasi obsessionnelle. Il y trouvait non seulement le sentiment de ses propres possibilités, la conviction que les autres pouvaient avoir de la considération pour lui, mais aussi l'occasion d'échapper à la solitude de sa petite enfance. C'était à la fois, pour lui, une initiation au monde des autres et un domaine intérieur qu'il pouvait se réserver. Le base-ball offrait à sa rêverie un terrain riche en potentialités. Il fantasmait sans cesse, s'imaginait aux *Polo Grounds*, dans la tenue des *Giants* de New York, en train de rejoindre au petit trot sa place en troisième base tandis que la foule saluait d'acclamations délirantes la proclamation de son nom par les haut-parleurs. Jour après jour, au retour de l'école, il lançait une balle de tennis contre les marches du seuil de sa maison comme si chacun de ses gestes avait fait partie du match de championnat qui se déroulait dans sa tête. Il en arrivait invariablement à la même situation : en fin de partie, les *Giants* avaient toujours un point de retard, c'était toujours lui le batteur et il réussissait chaque fois le coup qui emportait la victoire.

Au cours de ces longues journées d'été passées dans l'appartement de son grand-père, il a commencé à comprendre que l'emprise exercée sur lui par le base-ball était l'emprise de la mémoire. La mémoire aux deux sens du terme : catalyseur de ses propres souvenirs, et structure artificielle d'ordonnance pour le passé historique. 1960, par exemple, était l'année de l'élection de Kennedy à la présidence ; c'était aussi celle de la *bar-mitzva* de A., l'année où il était supposé devenir un homme. Mais la première image qui lui vient à l'esprit quand on mentionne 1960 est le circuit de Bill Mazeroski, grâce auquel les *Yankees* avaient été battus aux championnats mondiaux. Il voit encore la balle s'envoler par-dessus la barrière de *Forbes Fields* – cette barrière haute et sombre, couverte d'une pagaille de numéros peints en blanc – et l'évocation de ce qu'il a ressenti à ce moment, en cet instant de plaisir brusque et étourdissant, lui permet de se retrouver dans un univers qui, sans cela, serait perdu pour lui.

Il lit dans un livre : Depuis qu'en 1893 (l'année de la naissance de son grand-père) on a reculé de dix pieds la butte du lanceur, la forme du terrain n'a pas changé. Le "diamant" est inscrit dans notre conscience. Sa géométrie primitive – lignes blanches, herbe verte, terre brune – est une image aussi familière que la bannière étoilée. A l'inverse de presque tout le reste en Amérique au cours de ce siècle, le base-ball est demeuré pareil à lui-même. A part quelques modifications mineures (gazon artificiel, désignation des batteurs), le jeu tel qu'on le pratique aujourd'hui est d'une similitude frappante avec celui que jouaient Wee Willie Keeler et les anciens *Orioles* de Baltimore : ces jeunes gens des photographies, morts depuis longtemps, avec leurs moustaches en crocs et leurs poses héroïques.

Ce qui se passe aujourd'hui n'est qu'une variation sur ce qui s'est passé hier. L'écho d'hier résonne aujourd'hui, et demain laisse présager des événements de l'an prochain. Le passé du base-ball professionnel est intact. Chaque rencontre est enregistrée, il y a des statistiques pour chaque coup, chaque erreur, chaque base atteinte. On peut comparer les performances, les joueurs et les équipes, parler des disparus comme s'ils vivaient encore. Tout enfant qui pratique ce sport s'imagine aussi en train d'y jouer en tant qu'adulte, et la puissance de ce fantasme s'exerce même dans la plus fortuite des parties improvisées. Combien d'heures, se demande A., a-t-il passées quand il était petit à tenter d'imiter la position de Stan Musial à la batte (pieds joints, genoux pliés, dos arrondi) ou le style de Willie Mays pour attraper la balle au vol ? A leur tour, ceux qui, une fois adultes, sont devenus professionnels ont conscience de réaliser leurs rêves d'enfants – d'être bel et bien payés pour rester enfants. Et il ne faudrait pas minimiser la profondeur de ces rêveries. A. se souvient que, dans son enfance juive, il confondait les derniers mots de la célébration de la Pâque, "L'année prochaine à Jérusalem", avec le refrain résolument optimiste des supporters déçus, "On se retrouve l'année prochaine", comme si l'un était le commentaire de l'autre, comme si gagner le tournoi avait signifié l'accès à la Terre promise. Dans son esprit, le base-ball s'était en quelque sorte enchevêtré à l'expérience religieuse.

C'est alors, quand A. commençait à s'enfoncer ainsi dans les sables mouvants du base-ball, que Thurman Munson, un jeune joueur new-yorkais, s'est tué. A. s'en est fait la remarque, Munson était le premier capitaine *Yankee* depuis Lou Gehrig ; et il a noté que sa grand-mère était morte de la même maladie que Lou Gehrig, et que la mort de son grand-père suivrait de près celle de Munson.

Les journaux étaient pleins d'articles sur ce dernier. Depuis toujours, A. admirait le jeu de Munson sur le terrain : sa batte rapide et efficace, son allure lorsqu'il courait, trapu et obstiné, d'une base à l'autre, la rage dont il semblait possédé. C'est avec émotion que A. découvrait maintenant son action en faveur des enfants et les difficultés auxquelles l'avait confronté le caractère hyperactif de son fils. Tout paraissait se répéter. La réalité ressemblait à l'un de ces coffrets chinois : une infinité de boîtes contenant d'autres boîtes. Ici encore, de la façon la plus inattendue, le même thème resurgissait : l'absence du père, cette malédiction. Apparemment, Munson était seul capable d'apaiser le petit garçon. Du moment qu'il était là, les crises de l'enfant cessaient, ses délires se calmaient. Munson avait décidé d'apprendre à piloter afin de pouvoir rentrer chez lui plus souvent pendant la saison pour s'occuper de son fils, et c'est en pilotant qu'il s'était tué.

Les souvenirs de base-ball de A. étaient inévitablement liés à la mémoire de son grand-père. C'est lui qui l'avait emmené à son premier match, qui avait évoqué pour lui les joueurs d'autrefois, qui lui avait révélé que ce sport est affaire de parole autant que spectacle. Lorsqu'il était enfant, il arrivait souvent à A. d'être déposé au bureau de la 57e rue ; il s'y amusait avec les machines à écrire et à calculer jusqu'à ce que son grand-père fût prêt à partir, puis ils s'en allaient ensemble faire une petite balade paisible dans Broadway. Le rituel comprenait toujours quelques parties de "Pokerino" dans une des galeries de jeux, un déjeuner rapide, et puis le métro – à destination d'un des terrains de sport de la ville. A présent que son grand-père était en train de s'enfoncer dans la mort, ils parlaient toujours base-ball. C'était le seul sujet qu'ils pouvaient encore aborder en égaux. A chacune de ses visites à l'hôpital, A. achetait le *New York Post* et puis, assis près du lit, lisait au vieil homme la relation des matchs de la veille. C'était son dernier contact avec le monde extérieur, contact sans douleur, série de messages codés qu'il pouvait comprendre les yeux fermés. N'importe quoi d'autre eût été de trop.

Tout à fait vers la fin, d'une voix à peine perceptible, son grand-père lui a raconté qu'il s'était mis à se rappeler sa vie. Ramenant du tréfonds de sa mémoire l'époque de son enfance à Toronto, il revivait des événements qui s'étaient passés quelque quatre-vingts ans plus tôt : quand il avait pris la défense de son jeune frère contre une bande de gamins brutaux, quand il livrait le pain, le vendredi après-midi, aux familles juives du voisinage, tous ces petits détails oubliés depuis longtemps lui revenaient, maintenant qu'il était immobilisé dans son lit, parés de l'importance d'illuminations spirituelles. "A force de rester couché, j'arrive à me souvenir", disait-il, comme s'il s'était découvert là une faculté nouvelle. A. sentait à quel point il y prenait plaisir. Un plaisir qui peu à peu dominait la peur lisible sur son visage depuis quelques semaines. Seule la mémoire le maintenait en vie, comme s'il avait voulu garder la mort à distance aussi longtemps que possible afin de pouvoir encore se souvenir.

Il savait, et pourtant ne voulait pas admettre qu'il savait. Jusqu'à l'ultime semaine, il a continué d'évoquer son retour chez lui, et pas une fois le mot "mort" n'a été prononcé. Même le dernier jour, il a attendu la fin de sa visite pour dire au revoir à A. Celui-ci s'en allait, il passait la porte quand son grand-père l'a rappelé. A. est revenu près du lit. Le vieillard lui a pris la main et l'a serrée aussi fort qu'il pouvait. Ensuite : un long, long moment. Puis A. s'est penché pour embrasser son visage. Aucun des deux n'a soufflé mot.

Toujours à échafauder des projets, à combiner des marchés, saisi d'optimismes bizarres et grandioses : tel il demeure dans le souvenir de A. Qui d'autre, après tout, aurait pu sans rire appeler sa fille Queenie ? Mais il avait déclaré à sa naissance : "Ce sera une reine", et il n'avait pu résister à la tentation. Il adorait le bluff, les gestes symboliques, le rôle de boute-en-train. Des tas de blagues, des tas de copains, un sens impeccable de l'à-propos. Il jouait en douce, trompait sa femme (plus il vieillissait, plus les filles étaient jeunes), et tous ces appétits l'ont animé jusqu'à la fin. Une serviette ne pouvait pas être simplement une serviette, mais toujours une "moelleuse serviette éponge". Un drogué : un "toxicomane". Il n'aurait jamais dit : "J'ai vu..." mais : "J'ai eu l'occasion d'observer..." Il parvenait ainsi à enfler la réalité, à rendre son univers plus attrayant, plus exotique. Il jouait les grands personnages en se délectant des retombées de sa pose : les maîtres d'hôtel qui l'appelaient monsieur B., le sourire des livreurs devant ses pourboires disproportionnés, les coups de chapeau du monde entier. Arrivé du Canada à New York juste après la Première Guerre mondiale, jeune juif pauvre cherchant fortune, il avait fini par réussir. New York était sa passion et, dans les dernières années de sa vie, il refusait d'en partir, répondant à sa fille, qui lui proposait de s'installer au soleil de Californie, ces mots devenus un refrain fameux : "Je ne peux pas quitter New York. C'est ici que tout se passe."

A. se souvient d'un jour, quand il avait quatre ans. Pendant une visite des grands-parents, son grand-père lui avait montré un petit tour de magie, quelque chose qu'il avait trouvé dans une boutique de farces et attrapes. Comme il ne récidivait pas la fois suivante, A., déçu, avait fait une scène. A partir de ce moment, il y avait eu, à chaque occasion, un nouveau tour : des pièces de monnaie disparaissaient, des foulards de soie surgissaient de nulle part, une machine métamorphosait en billets de banque des bandes de papier blanc, une grosse balle de caoutchouc se transformait, quand on la serrait dans sa main, en cinq petites balles, une cigarette pouvait être écrasée dans un mouchoir sans trace de brûlure, un pot de lait se renverser sans couler dans un cornet de papier journal. Ce qui au début n'avait représenté qu'un moyen d'étonner et d'amuser son petit-fils a pris pour lui la dimension d'une véritable vocation. Il est devenu un illusionniste amateur accompli, un prestidigitateur habile, particulièrement fier de sa carte de membre de l'Association des magiciens. A chacun des anniversaires de A., il apparaissait avec ses mystères, et il a continué à se produire jusqu'à la dernière année de sa vie ; il faisait la tournée des clubs du troisième âge new-yorkais, flanqué d'une de ses amies (une personne extravagante, avec une énorme tignasse rouge) qui chantait, en s'accompagnant à l'accordéon, une chanson dans laquelle il était présenté comme le Grand Zavello. C'était tout naturel. Son existence entière était fondée sur la mystification, il avait conclu tant de marchés, en affaires, grâce à sa faculté de persuader les gens de le croire (d'admettre la présence de quelque chose qui n'existait pas, ou vice versa) que ce n'était rien pour lui de monter en scène pour les mystifier encore, en cérémonie cette fois. Il avait le don d'obliger les gens à faire attention à lui, et le plaisir qu'il éprouvait à se trouver au centre de leur intérêt était évident aux yeux de tous. Nul n'est moins cynique qu'un magicien. Il sait, et chacun sait, que tout ce qu'il fait est illusion. L'astuce n'est pas vraiment de tromper les gens, mais de les enchanter à un degré tel qu'ils souhaitent être trompés : de sorte que, pendant quelques minutes, la relation de cause à effet est dénouée, les lois de la nature contredites. Comme le dit Pascal dans *les Pensées* : "Il n'est pas possible de croire raisonnablement contre les miracles."

Mais le grand-père de A. ne se contentait pas de la magie. Il était aussi grand amateur de plaisanteries – d'"histoires", disait-il – , qu'il avait toujours sur lui, notées dans un petit carnet au fond d'une poche de son veston. A chaque réunion de famille venait un moment où il se retirait dans un coin, sortait son carnet, le parcourait rapidement, le remettait dans sa poche et s'installait dans un fauteuil pour se lancer dans une bonne heure de délire verbal. Encore un souvenir de rire. Pas comme celui de S., qui éclatait du fond du ventre, mais un rire qui fusait des poumons, une longue courbe sonore qui commençait comme un soupir, s'épanouissait en mélopée puis se dispersait progressivement en un sifflement chromatique de plus en plus faible. C'est une image de lui que A. voudrait aussi garder en mémoire : assis dans son fauteuil, suscitant l'hilarité générale.

Pourtant son coup le plus fumant n'était ni un tour de magie ni une blague, mais une sorte de "vaudou" extrasensoriel qui a intrigué la famille pendant des années. Il appelait ce jeu "le Sorcier". Prenant un paquet de cartes, il demandait à quelqu'un d'en choisir une, n'importe laquelle, et de la faire voir à tout le monde. Le cinq de cœur. Il allait alors au téléphone, formait un numéro et demandait à parler au Sorcier. C'est exact, confirmait-il, je désire parler au Sorcier. Un moment après, il passait l'appareil à la ronde et on entendait une voix dans le combiné, une voix d'homme qui répétait inlassablement : Cinq de cœur, cinq de cœur, cinq de cœur. Il remerciait alors, raccrochait, et se retournait vers l'assistance avec un large sourire.

Quand, des années plus tard, l'explication en a enfin été donnée à A., elle était bien simple. Son grand-père et un ami étaient convenus de jouer l'un pour l'autre le rôle du Sorcier. La question "Puis-je parler au Sorcier ?" était un signal et celui qui le recevait commençait par énumérer les couleurs : pique, cœur, carreau, trèfle. Quand il citait la bonne, l'autre disait quelque chose, n'importe quoi, qui signifiait "ne va pas plus loin", et le Sorcier entamait alors la litanie des chiffres : as, deux, trois, quatre, cinq, etc. Dès qu'il arrivait à celui de la carte, son interlocuteur l'interrompait à nouveau et le Sorcier s'arrêtait, assemblait les deux éléments et les répétait dans le téléphone : Cinq de cœur, cinq de cœur, cinq de cœur.

Le Livre de la mémoire. Livre six.

Il trouve extraordinaire, même dans l'ordinaire de son existence quotidienne, de sentir le sol sous ses pieds, et le mouvement de ses poumons qui s'enflent et se contractent à chaque respiration, de savoir qu'il peut, en posant un pied devant l'autre, marcher de là où il est à l'endroit où il veut aller. Il trouve extraordinaire que, certains matins, juste après son réveil, quand il se penche pour lacer ses chaussures, un flot de bonheur l'envahisse, un bonheur si intense, si naturellement en harmonie avec l'univers qu'il prend conscience d'être vivant dans le présent, ce présent qui l'entoure et le pénètre, qui l'envahit soudain, le submerge de la conscience d'être vivant. Et le bonheur qu'il découvre en lui à cet instant est extraordinaire. Et qu'il le soit ou non, il trouve ce bonheur extraordinaire.

On a parfois l'impression d'être en train de déambuler sans but dans une ville. On se promène dans une rue, on tourne au hasard dans une autre, on s'arrête pour admirer la corniche d'un immeuble, on se penche pour inspecter sur le trottoir une tache de goudron qui fait penser à certains tableaux que l'on a admirés, on regarde les visages des gens que l'on croise en essayant d'imaginer les vies qu'ils trimbalent en eux, on va déjeuner dans un petit restaurant pas cher, on ressort, on continue vers le fleuve (si cette ville possède un fleuve) pour regarder passer les grands bateaux, ou les gros navires à quai dans le port, on chantonne peut-être en marchant, ou on sifflote, ou on cherche à se souvenir d'une chose oubliée. On a parfois l'impression, à se balader ainsi dans la ville, de n'aller nulle part, de ne chercher qu'à passer le temps, et que seule la fatigue nous dira où et quand nous arrêter. Mais de même qu'un pas entraîne immanquablement le pas suivant, une pensée est la conséquence inévitable de la précédente et dans le cas où une pensée en engendrerait plus d'une autre (disons deux ou trois, équivalentes quant à toutes leurs implications), il sera non seulement nécessaire de suivre la première jusqu'à sa conclusion mais aussi de revenir sur ses pas jusqu'à son point d'origine, de manière à reprendre la deuxième de bout en bout, puis la troisième, et ainsi de suite, et si on devait essayer de se figurer mentalement l'image de ce processus on verrait apparaître un réseau de sentiers, telle la représentation de l'appareil circulatoire humain (cœur, artères, veines, capillaires), ou telle une carte (le plan des rues d'une ville, une grande ville de préférence, ou même une carte routière, comme celles des stations-service, où les routes s'allongent, se croisent et tracent des méandres à travers un continent entier), de sorte qu'en réalité, ce qu'on fait quand on marche dans une ville, c'est penser, et on pense de telle façon que nos réflexions composent un parcours, parcours qui n'est ni plus ni moins que les pas accomplis, si bien qu'à la fin on pourrait sans risque affirmer avoir voyagé et, même si l'on ne quitte pas sa chambre, il s'agit bien d'un voyage, on pourrait sans risque affirmer avoir été quelque part, même si on ne sait pas où.

Il prend dans sa bibliothèque une brochure qu'il a achetée voici dix ans à Amherst, Massachusetts, souvenir de sa visite à la maison d'Emily Dickinson ; il se rappelle l'étrange épuisement qui l'avait accablé ce jour-là dans la chambre du poète : il respirait mal, comme s'il venait d'escalader le sommet d'une montagne. Il s'était promené dans cette petite pièce baignée de soleil en regardant le couvre-lit blanc, les meubles cirés, et il pensait aux mille sept cents poèmes qui ont été écrits là, s'efforçant de les voir comme partie intégrante de ces quatre murs mais n'y parvenant pas. Car si les mots sont un moyen d'appréhender l'univers, pensait-il, alors, même si aucun monde n'est accessible, l'univers se trouve déjà là, dans cette chambre, ce qui signifie que la chambre est présente dans les poèmes et non le contraire. Il lit maintenant, à la dernière page de la brochure, dans la prose maladroite de son auteur anonyme :

"Dans cette chambre-cabinet de travail, Emily proclamait que l'âme peut se satisfaire de sa propre compagnie. Mais elle a découvert que la connaissance était captivité autant que liberté, de sorte qu'elle était même ici victime de son auto-enfermement dans le désespoir ou la peur... Pour le visiteur sensible, l'atmosphère de la chambre d'Emily paraît imprégnée des différents états d'âme du poète : orgueil, anxiété, angoisse, résignation ou extase. Davantage peut-être que tout autre lieu concret de la littérature américaine, celui-ci est le symbole d'une tradition nationale, dont Emily incarne la quintessence, l'assiduité dans l'étude de la vie intérieure."

Chant pour accompagner le Livre de la mémoire. *Solitude*, dans l'interprétation de Billie Holiday. Dans l'enregistrement du 9 mai 1941 par Billie Holiday et son orchestre. Durée de l'exécution : trois minutes quinze secondes. Comme suit : *In my solitude you haunt me* (Dans ma solitude tu me hantes) / *with reveries of days gone by* (avec les songes de jours enfuis). / *In my solitude you taunt me* (Dans ma solitude tu me nargues) / *with memories that never die* (avec des souvenirs qui ne meurent jamais)... Etc. Hommage rendu à D. Ellington, E. De Lange et I. Mills.

Première allusion à une voix de femme. Poursuivre avec des références spécifiques à plusieurs autres.

Car il a la conviction que s'il existe une voix de la vérité – en supposant que la vérité existe, et en supposant qu'elle ait une voix – elle sort de la bouche d'une femme.

Il est vrai aussi que la mémoire, parfois, se manifeste à lui comme une voix, une voix qui parle au-dedans de lui, et qui n'est pas forcément la sienne. Elle s'adresse à lui comme on le ferait pour raconter des histoires à un enfant, et pourtant par moments elle se moque de lui, le rappelle à l'ordre ou l'injurie carrément. Par moments, plus préoccupée d'effets dramatiques que de vérité, elle altère délibérément l'épisode qu'elle est en train de raconter, en modifie les faits au gré de ses humeurs. Il doit alors élever sa propre voix pour ordonner à celle-là de se taire et la renvoyer ainsi au silence d'où elle est sortie. A d'autres moments, elle chante pour lui. A d'autres encore elle chuchote. Et puis il y a des moments où elle murmure, ou babille, ou pleure. Et même quand elle ne dit rien, il sait qu'elle est encore là et, dans le silence de cette voix qui ne dit rien, il attend qu'elle parle.

Jérémie : "Et je dis : «Ah, Seigneur Iahvé, je ne sais point parler, car je suis un enfant !» Et Iahvé me dit : «Ne dis pas, je suis un enfant : car tu iras vers tous ceux à qui je t'enverrai, et tu diras tout ce que je t'ordonnerai...» Puis Iahvé étendit sa main et toucha ma bouche ; et Iahvé me dit : «Voici que je mets mes paroles dans ta bouche.»"

Le Livre de la mémoire. Livre sept.
Premier commentaire sur le Livre de Jonas.
On est frappé dès le premier abord par sa singularité dans l'ensemble des textes prophétiques. Cette œuvre brève, la seule qui soit écrite à la troisième personne, est la plus dramatique histoire de solitude de toute la Bible, et pourtant elle est racontée comme de l'extérieur, comme si, plongé dans les ténèbres de cette solitude, le "moi" s'était perdu de vue. Il ne peut donc parler de lui-même que comme d'un autre. Comme dans la phrase de Rimbaud : "Je est un autre."

Non seulement Jonas (comme Jérémie, par exemple) répugne à prendre la parole, il va jusqu'à s'y refuser. "Maintenant la parole de Iahvé fut adressée à Jonas... Mais Jonas se leva pour s'enfuir loin de la face de Iahvé."

Jonas fuit. Il paie son passage sur un navire. Une terrible tempête survient et les marins ont peur de faire naufrage. Tous prient pour leur salut. Mais Jonas "était descendu dans les flancs du navire ; il s'était couché, et il dormait profondément". Le sommeil, donc, retraite ultime du monde. Le sommeil, image de la solitude. Oblomov, pelotonné sur son divan, rêvant son retour dans le sein maternel. Jonas dans le ventre du navire ; Jonas dans le ventre de la baleine. Le capitaine du bateau vient trouver Jonas et l'invite à prier son dieu. Pendant ce temps, les marins ont tiré au sort, pour voir lequel d'entre eux est responsable de la tempête, "... et le sort tomba sur Jonas.

"Et il leur dit, prenez-moi et jetez-moi dans la mer ; ainsi la mer s'apaisera pour vous ; car je sais que c'est à cause de moi que cette grande tempête est venue sur vous.

"Les hommes ramaient pour ramener le vaisseau à la terre ; mais ils ne le purent pas ; car la mer continuait de se soulever de plus en plus contre eux...

"Alors... prenant Jonas, ils le jetèrent à la mer ; et la mer calma sa fureur."

Quelle que soit la mythologie populaire à propos de la baleine, le gros poisson qui avale Jonas n'est en aucune façon un agent de destruction. C'est lui qui le sauve de la noyade. "Les eaux m'avaient enserré jusqu'à l'âme, l'abîme m'environnait, l'algue encerclait ma tête." Dans la profondeur de cette solitude, qui est aussi la profondeur du silence, comme si le refus de parler impliquait également celui de se tourner vers l'autre ("Jonas se leva pour s'enfuir loin de la face de Iahvé") – ce qui revient à dire : qui recherche la solitude recherche le silence ; qui ne parle pas est seul ; seul, jusque dans la mort – Jonas rencontre les ténèbres de la mort. On nous raconte que "Jonas fut dans les entrailles du poisson trois jours et trois nuits", et ailleurs, dans un chapitre du Zohar, on trouve ceci : "«Trois jours et trois nuits» : cela représente, pour un homme, les trois jours dans la tombe avant que le ventre n'éclate." Et quand le poisson le vomit sur la terre ferme, Jonas est rendu à la vie, comme si la mort trouvée dans le ventre du poisson était préparation à une vie nouvelle, une vie qui a fait l'expérience de la mort, et qui peut donc enfin parler. Car la frayeur qu'il a éprouvée lui a ouvert la bouche. "Dans ma détresse j'ai invoqué Iahvé, et il m'a répondu ; du ventre du schéol j'ai crié : tu as entendu ma voix." Dans les ténèbres de cette solitude qu'est la mort, la langue finalement se délie, et dès l'instant où elle commence à parler la réponse vient. Et même s'il ne vient pas de réponse, l'homme a commencé à parler.

Le prophète. Comme dans faux : la projection dans le futur, non par la connaissance mais par l'intuition. Le vrai prophète sait. Le faux prophète devine.
Tel était le grand problème de Jonas. S'il proclamait le message de Dieu, s'il annonçait aux Ninivites qu'ils seraient détruits quarante jours plus tard à cause de leur iniquité, ils allaient se repentir, c'était certain, et être épargnés. Car il savait que Dieu est "miséricordieux et clément, lent à la colère".
Donc "les gens de Ninive crurent en Dieu ; ils publièrent un jeûne et se revêtirent de sacs, depuis le plus grand jusqu'au plus petit".
Et si les Ninivites étaient épargnés, cela ne ferait-il pas mentir la prédiction de Jonas ? Ne deviendrait-il pas un faux prophète ? D'où le paradoxe au cœur de ce livre : sa parole ne resterait véridique que s'il la taisait. Dans ce cas, évidemment, il n'y aurait pas de prophétie et Jonas ne serait plus un prophète. Mais plutôt n'être rien qu'un imposteur. "Maintenant, Iahvé, retire de moi mon âme, car la mort vaut mieux pour moi que la vie."
C'est pourquoi Jonas a tenu sa langue. C'est pourquoi il a fui la face du Seigneur et rencontré son destin : le naufrage. C'est-à-dire le naufrage du singulier.

Rémission dans la relation de cause à effet.
Un souvenir d'enfance de A. (datant de ses douze ou treize ans). Il errait sans but, un après-midi de novembre, avec son ami D. Rien ne se passait. Mais chacun d'eux

sentait que tout était possible. Rien ne se passait. A moins que l'on ne puisse considérer que se passait, justement, cette prise de conscience de l'infini du possible.

Alors qu'ils se baladaient dans l'air gris et froid de cet après-midi, A., s'arrêtant brusquement, a déclaré à son ami : Dans un an d'ici, il va nous arriver quelque chose d'extraordinaire, quelque chose qui transformera entièrement nos existences.

L'année s'est écoulée et, le jour venu, rien d'extraordinaire ne s'était produit. Ça ne fait rien, a expliqué A. à D. ; l'événement important sera pour l'an prochain. L'année suivante accomplie, même chose : rien n'était arrivé. Mais A. et D. étaient inébranlables. Ils ont continué, pendant toutes leurs études secondaires, à commémorer ce jour. Sans cérémonie, mais en marquant le coup. Par exemple en se rappelant, s'ils se croisaient dans un couloir de l'école : C'est pour samedi. Ce n'était plus l'attente d'un miracle. Mais plus curieux : avec le temps, ils s'étaient tous deux attachés au souvenir de leur prédiction.

L'insouciance du futur, le mystère de ce qui n'a pas encore eu lieu : cela aussi, il l'a appris, peut être conservé dans la mémoire. Et parfois, il est frappé par l'idée que c'était la prophétie aveugle de son adolescence, vingt ans plus tôt, cette prévision de l'extraordinaire, qui était en réalité remarquable : cette joyeuse projection de son imagination dans l'inconnu. Car, c'est un fait, beaucoup d'années ont passé. Et toujours, à la fin de novembre, il se surprend à repenser à cette date.

Prophétie. Comme dans vrai. Comme dans Cassandre, parlant du fond de sa cellule solitaire. Comme dans une voix de femme.

Le futur lui tombe des lèvres au présent, chaque événement exactement tel qu'il se produira, et son destin est de n'être jamais crue. Folle, la fille de Priam ; "les cris de cet oiseau de mauvais augure" dont les *"... sounds of woe / Burst dreadful, as she chewed the laurel leaf, / And ever and anon, like the black Sphinx, / Poured the full tide of* *enigmatic song**". (La *Cassandre* de Lycophron, dans la traduction de Royston, 1806.) Parler du futur, c'est user d'un langage à jamais en avance sur lui-même, à propos d'événements qui ne se sont pas encore produits, pour les assigner au passé, à un "déjà" éternellement retardataire ; et dans cet espace entre le discours et l'acte s'ouvre une faille, et quiconque contemple un tel vide, ne fût-ce qu'un instant, est pris de vertige et se sent basculer dans l'abîme.

A. se rappelle avec quelle émotion, à Paris, en 1974, il a découvert ce poème de Lycophron (300 ans environ avant J.-C.), un monologue de dix-sept cents vers, délires de Cassandre dans sa prison avant la chute de Troie. L'œuvre lui a été révélée par la traduction française de Q., un écrivain du même âge que lui (vingt-quatre ans). Trois ans plus tard, rencontrant Q. dans un café de la rue Condé, il lui a demandé s'il en existait à sa connaissance une version anglaise. Q. lui-même ne lisait ni ne parlait l'anglais mais, oui, il l'avait entendu dire, d'un certain lord Royston, au début du XIXe siècle. Dès son retour à New York, pendant l'été 1974, A. s'est rendu à la bibliothèque de Columbia University pour rechercher ce livre. A sa grande surprise, il l'a trouvé. *Cassandre, traduit du grec original de Lycophron et illustré de notes* ; Cambridge, 1806.

Cette traduction est le seul ouvrage de quelque importance que l'on doive à la plume de lord Royston. Il l'a achevée alors qu'il était encore étudiant à Cambridge et a publié lui-même une luxueuse édition privée du poème. Puis il est parti, après l'obtention de ses diplômes, pour le traditionnel périple sur le continent. A cause des désordres napoléoniens en France, il ne s'est pas dirigé vers le sud – comme il eût été naturel pour un jeune homme de son éducation – mais vers le nord, vers les pays scandinaves, et en 1808, alors qu'il naviguait sur les eaux perfides de la Baltique, il s'est noyé au cours d'un naufrage au large des côtes russes. Il avait juste vingt-quatre ans.

---

* Dans la traduction de Pascal Quignard *(Alexandra)* : "Cri improférable / de sa gorge brilla, mâcheuse de laurier, surgissant un langage / mimant si près la voix sonore, répétant la voix / dont la question étreint – celle d'un sphinx : assombrissant."

Lycophron : "l'obscur". Dans ce poème dense, déconcertant, rien n'est jamais nommé, tout devient référence à autre chose. On se perd rapidement dans le labyrinthe de ces associations, et pourtant on continue à le parcourir, mû par la force de la voix de Cassandre. Le poème est un déluge verbal, soufflant le feu, dévoré par le feu, qui s'oblitère aux limites du sens. La parole de Cassandre. "Venue du silence", comme l'a dit un ami de A. (B., assez curieusement, dans une conférence consacrée à la poésie d'Hölderlin – qu'il compare au langage de Cassandre), "elle est ce signe – *deutungslos* –, signe du bruit ou du silence, irréductible, aussitôt perçu, à l'ordre de la langue, mais à travers cette langue, pourtant, et uniquement par elle, il se fait jour... Parole sans saisie, parole de Cassandre, parole dont nulle leçon n'est à tirer, parole, somme toute, pour ne rien dire, et dont nous ne faisons que prendre acte, sans conclure, dès lors que nous l'avons entendue."

En découvrant cette traduction, A. s'est rendu compte qu'un grand talent avait disparu dans ce naufrage. L'anglais de Royston roule avec une telle violence, une syntaxe si habile et si acrobatique qu'à la lecture du poème on se sent pris au piège dans la bouche de Cassandre.

Il a été frappé aussi de constater que Royston et Q., l'un comme l'autre, avaient à peine vingt ans quand ils ont traduit cette œuvre. A un siècle et demi de distance, l'un et l'autre ont enrichi leur propre langage, par le truchement de ce poème, d'une force particulière. L'idée l'a effleuré, un moment, que Q. était peut-être une réincarnation de Royston. Tous les cent ans environ, Royston renaîtrait afin de traduire le poème dans une autre langue et, de même que Cassandre était destinée à n'être pas crue, de même l'œuvre de Lycophron demeurerait ignorée de génération en génération. Un travail inutile, par conséquent : écrire un livre qui restera fermé à jamais. Et encore, cette vision : le naufrage. La conscience engloutie au fond de la mer, le bruit horrible des craquements du bois, les grands mâts qui s'effondrent dans les vagues. Imaginer les pensées de Royston au moment où son corps s'écrasait à la surface des flots. Imaginer le tumulte de cette mort.

Le Livre de la mémoire. Livre huit.

A l'époque de son troisième anniversaire, les goûts littéraires du fils de A. ont commencé à évoluer, passant des simples livres d'images pour tout-petits à des ouvrages pour enfants plus élaborés. Les illustrations en étaient encore une grande source de plaisir, mais ce n'était plus décisif. L'histoire en elle-même suffisait à soutenir son attention, et quand A. arrivait à une page dépourvue du moindre dessin, il était ému de voir le petit garçon fixer intensément devant lui le vide de l'air, un mur blanc, rien, en se représentant ce que les mots lui suggéraient. "C'est amusant d'imaginer ce qu'on ne voit pas", a-t-il dit à son père, un jour qu'ils marchaient dans la rue. Une autre fois, il était allé à la salle de bains, s'était enfermé et ne ressortait plus. "Qu'est-ce que tu fais là-dedans ?" a demandé A. à travers la porte. "Je pense, a répondu l'enfant. Pour ça il faut que je sois seul."

Peu à peu, ils ont commencé tous deux à se sentir attirés par un seul livre. *Les Aventures de Pinocchio*. D'abord dans la version de Disney, puis, bientôt, dans le texte original de Collodi, avec les illustrations de Mussino. Le petit garçon ne se lassait jamais d'entendre le chapitre où il est question de la tempête en mer, et de la façon dont Pinocchio retrouve Geppetto dans le ventre du Terrible Requin.

"Oh ! mon petit papa ! Je vous ai enfin retrouvé ! Je ne vous laisserai plus jamais maintenant, plus jamais, plus jamais !"

Geppetto explique : "«La mer était forte et une grosse vague renversa ma barque. Alors un horrible Requin qui se trouvait tout près de là, dès qu'il me vit dans l'eau, accourut tout de suite vers moi, et, sortant sa langue, il m'attrapa très naturellement et m'avala comme un petit pâté de Bologne.»"

"«Et depuis combien de temps êtes-vous enfermé ici dedans ?»"

"«Ça doit faire environ deux ans : deux ans, mon petit Pinocchio, qui m'ont paru deux siècles !»"

"«Et comment avez-vous fait pour survivre ? Où avez-vous trouvé cette bougie ? Et les allumettes pour l'allumer, qui vous les a données ?»

"«... Cette même tempête qui renversa ma barque fit aussi couler un grand bateau marchand. Tout l'équipage put se sauver, mais le bâtiment coula à pic, et le Requin, qui avait ce jour-là un excellent appétit, engloutit le bâtiment après m'avoir englouti moi-même... Heureusement pour moi, ce bâtiment était plein de viande conservée dans des boîtes de métal, de biscuits, de pain grillé, de bouteilles de vin, de raisins secs, de fromage, de café, de sucre, de bougies et de boîtes d'allumettes. Avec tout cela, grâce à Dieu ! j'ai pu survivre pendant deux ans ; mais j'en suis maintenant à mes dernières réserves : aujourd'hui, il n'y a plus rien dans le garde-manger, et cette bougie que tu vois allumée est la dernière qui me reste.»

"«Et après ?...»

"«Et après, mon cher enfant, nous resterons tous les deux dans l'obscurité.»"

Pour A. et son fils, si souvent loin l'un de l'autre depuis un an, il y avait quelque chose de profondément satisfaisant dans cet épisode des retrouvailles. En effet, Pinocchio et Geppetto sont séparés tout au long du livre. C'est au deuxième chapitre que Maître Cerise donne à Geppetto la mystérieuse pièce de bois qui parle. Au troisième chapitre, le vieil homme sculpte la marionnette. Avant même d'être achevée, celle-ci entame ses frasques et ses espiègleries. "C'est bien fait, se dit Geppetto. J'aurais dû y penser avant. Maintenant c'est trop tard." A ce moment-là, comme tous les nouveau-nés, Pinocchio est pur désir, appétit libidineux dépourvu de conscience. Très rapidement, en l'espace de quelques pages, Geppetto apprend à son fils à marcher, la marionnette découvre la faim et se brûle accidentellement les pieds – que son père lui remplace. Le lendemain, Geppetto vend son manteau afin d'acheter à Pinocchio un abécédaire pour l'école ("Pinocchio comprit... et, ne pouvant refréner l'élan de son bon cœur, il sauta au cou de Geppetto et couvrit son visage de baisers"), et à partir de là ils ne se revoient pas pendant plus de deux cents pages.

La suite du livre raconte l'histoire de Pinocchio à la recherche de son père – et celle de Geppetto en quête de son fils. A un moment donné, Pinocchio se rend compte qu'il veut devenir un vrai garçon. Mais il est clair que cela ne pourra se produire qu'après qu'il aura retrouvé son père. Aventures, mésaventures, détours, résolutions, luttes, événements fortuits, progrès, reculs, et à travers tout cela l'éveil progressif de la conscience. La supériorité de l'original de Collodi sur l'adaptation de Disney réside dans sa réticence à expliciter les motivations profondes. Elles demeurent intactes, sous une forme inconsciente, onirique, tandis que Disney les exprime – ce qui les sentimentalise et donc les banalise. Chez Disney, Geppetto prie pour avoir un fils ; chez Collodi, il le fabrique, simplement. L'acte matériel de donner forme au pantin (dans une pièce de bois qui parle, qui est *vivante*, ce qui reflète la notion qu'avait Michel-Ange de la sculpture : l'œuvre est déjà là, dans le matériau ; l'artiste se borne à tailler dans la matière en excès jusqu'à ce que la vraie forme se révèle, ce qui implique que l'être de Pinocchio est antérieur à son corps : sa tâche au long du livre sera de le découvrir, en d'autres mots de se trouver, ce qui signifie qu'il s'agit d'une histoire de devenir plutôt que de naissance), cet acte de donner forme au pantin suffit pour faire passer l'idée de prière, d'autant plus puissante, certes, qu'elle est silencieuse. De même pour les efforts accomplis par Pinocchio afin de devenir un vrai garçon. Chez Disney, la Fée Bleue lui recommande d'être "courageux, honnête et généreux", comme s'il existait une formule commode de conquête de soi. Chez Collodi, pas de directives. Pinocchio avance en trébuchant, il vit, et arrive peu à peu à la conscience de ce qu'il peut devenir. La seule amélioration que Disney apporte à l'histoire, et elle est discutable, se trouve à la fin, dans l'épisode de l'évasion hors du Terrible Requin (Monstro la Baleine). Chez Collodi, la bouche du Requin est ouverte (il souffre d'asthme et d'une maladie de cœur) et pour organiser la fuite, Pinocchio n'a besoin que de courage. "«Alors, mon petit papa, il n'y a pas de temps à perdre. Il faut tout de suite penser à fuir…»

"«A fuir ?... Mais comment ?»

"«En s'échappant de la bouche du Requin, en se jetant à la mer et en nageant.»

"«Tu parles d'or ; mais moi, mon cher Pinocchio, je ne sais pas nager.»

"«Qu'importe ?... Vous monterez à cheval sur mes épaules et moi, qui suis un bon nageur, je vous porterai sain et sauf jusqu'au rivage.»

"«Illusions, mon garçon ! répliqua Geppetto en secouant la tête et en souriant mélancoliquement. Te semble-t-il possible qu'un pantin à peine haut d'un mètre, comme tu l'es, ait assez de force pour me porter en nageant sur ses épaules ?»

"«Essayons et vous verrez ! De toute façon, s'il est écrit dans le ciel que nous devons mourir, nous aurons au moins la grande consolation de mourir dans les bras l'un de l'autre.»

"Et, sans rien ajouter, Pinocchio prit la bougie, et, passant devant pour éclairer, il dit à son père : «Suivez-moi et n'ayez pas peur.»"

Chez Disney, cependant, il faut aussi à Pinocchio de la ressource. La baleine garde la bouche fermée, et si elle l'ouvre, ce n'est que pour laisser l'eau entrer, jamais sortir. Pinocchio, plein d'astuce, décide de construire un feu à l'intérieur de l'animal, provoquant chez Monstro l'éternuement qui lance à la mer le pantin et son père. Mais on perd plus qu'on ne gagne avec cette enjolivure. Car l'image capitale du livre est éliminée : celle de Pinocchio qui nage dans une mer désolée, coulant presque sous le poids de Geppetto, progressant dans la nuit gris bleuté (page 296 de l'édition américaine), avec la lune qui brille par-dessus, un sourire bienveillant sur le visage, et l'immense gueule du requin béante derrière eux. Le père sur le dos de son fils : l'image évoquée ici est si clairement celle d'Enée ramenant Anchise sur son dos des ruines de Troie que chaque fois qu'il lit cette histoire à son fils, A. ne peut s'empêcher de voir (car il ne s'agit pas de pensée, en vérité, tout cela passe si vite à l'esprit) des essaims d'autres images, jaillies du cœur de ses préoccupations : Cassandre, par exemple, qui prédit la ruine de Troie, et ensuite la perte, comme dans les errances d'Enée précédant la fondation de Rome, et ces errances en figurent une autre, celle des juifs dans le désert, qui à son tour cède la place à de nouveaux essaims : "L'an prochain à Jérusalem", et, avec celle-ci, dans l'*Encyclopédie juive*, la photographie de son parent, celui qui portait le nom de son fils.

A. a observé avec attention le visage de son fils pendant ces lectures de Pinocchio. Il en a conclu que c'est l'image de Pinocchio en train de sauver Geppetto (quand il nage avec le vieil homme sur son dos) qui à ses yeux donne son sens à l'histoire. A trois ans on est un très petit garçon. Petit bout d'homme de rien du tout à côté de la stature de son père, il rêve d'acquérir des pouvoirs démesurés afin de maîtriser sa chétive réalité. Il est encore trop jeune pour comprendre qu'il sera un jour aussi grand que son père, et même si on prend grand soin de le lui expliquer, il reste une large place pour des interprétations fausses : "Et un jour je serai aussi grand que toi, et toi tu seras aussi petit que moi." La fascination pour les super-héros de bandes dessinées peut sans doute se justifier de ce point de vue. Le rêve d'être grand, de devenir adulte. "Que fait Superman ?" "Il sauve les gens." Et c'est bien ainsi en effet qu'agit un père : il protège du mal son petit garçon. Et pour celui-ci, voir Pinocchio, ce pantin étourdi, toujours trébuchant d'une mésaventure à l'autre, déterminé à être "sage" mais incapable de s'empêcher d'être "méchant", ce même petit pantin maladroit, qui n'est même pas un vrai garçon, devenir un personnage salvateur, celui-là même qui arrache son père à l'étreinte de la mort, c'est un instant sublime de révélation. Le fils sauve le père. Il faut bien se représenter ceci du point de vue de l'enfant. Il faut bien se le représenter dans l'esprit du père, qui a jadis été un petit garçon, c'est-à-dire, pour son propre père, un fils. *Puer aeternus*. Le fils sauve le père.

Nouveau commentaire sur la nature du hasard.

Il ne voudrait pas négliger de mentionner que, deux ans après avoir fait la connaissance de S. à Paris, il a rencontré son fils cadet à l'occasion d'un séjour ultérieur – par des relations et en des circonstances qui n'avaient rien à voir avec S. lui-même. Ce jeune homme, P., qui avait l'âge précis de A., était en train de se créer une situation considérable dans le cinéma auprès d'un grand producteur français. A. serait d'ailleurs un jour employé par ce même producteur, pour lequel il a effectué en 1971 et 1972 divers petits boulots (traductions, rewriting), mais tout ceci est sans importance. Ce qui compte c'est que dans la seconde moitié des années soixante-dix P. s'était débrouillé pour obtenir le statut de coproducteur et, en collaboration avec le fils du producteur français, avait sorti le film *Superman*, qui a coûté tant de millions de dollars, disait-on, qu'il a été considéré comme l'œuvre d'art la plus dispendieuse dans l'histoire du monde occidental.

Au début de l'été 1980, peu après le troisième anniversaire de son fils, A. a passé une semaine à la campagne avec celui-ci, dans la maison d'amis partis en vacances. Ayant vu dans le journal qu'on jouait *Superman* au cinéma local, il a décidé d'y emmener l'enfant, se disant qu'il y avait peut-être une chance qu'il puisse y assister jusqu'au bout. Pendant la première moitié du film, le petit garçon s'est tenu tranquille, il grignotait du pop-corn, posait ses questions à voix basse, comme A. le lui avait recommandé, et contemplait sans trop d'émotion les explosions de planètes, les vaisseaux spatiaux et l'univers intersidéral. Mais ensuite il s'est passé quelque chose. Superman a commencé à voler, et l'enfant a tout d'un coup perdu son sang-froid. Bouche bée, debout sur son siège et renversant son popcorn, il a tendu le doigt vers l'écran et s'est mis à crier : "Regarde, regarde, il vole !" Pendant le reste du film, il est demeuré hors de lui, le visage crispé par la crainte et la fascination, mitraillant son père de questions, s'efforçant d'absorber ce qu'il venait de voir, s'émerveillant, s'efforçant d'assimiler, s'émerveillant encore. Vers la fin, c'est devenu un peu excessif. "Trop de boum", protestait-il. Son père lui a demandé s'il voulait partir et il a acquiescé. A. l'a pris dans ses bras et ils sont sortis du cinéma – dans un violent orage de grêle. Comme ils couraient vers la voiture, l'enfant s'est écrié (ballotté dans les bras de A.) : "Quelle aventure, ce soir, hein ?"

Tout l'été, Superman est resté sa passion, son obsession, l'unique intérêt de sa vie. Il refusait de mettre une autre chemise que la bleue avec un S devant. Sa mère lui a confectionné une cape qu'il exigeait de porter chaque fois qu'il sortait, et il chargeait dans les rues, les bras tendus devant lui, comme s'il volait, ne s'arrêtant que pour annoncer à chaque passant âgé de moins de dix ans : "Je suis Superman !" Tout ceci amusait A., lui rappelait des choses analogues de sa propre enfance. Il n'était pas tant frappé par cette obsession, ni même, après tout, par cette coïncidence – connaître les producteurs du film qui l'avait suscitée –, que par ceci : chaque fois qu'il voyait son fils jouer à Superman, il ne pouvait s'empêcher de penser à son ami S., comme si c'était à lui qu'avait fait référence le S sur le T-shirt du gamin et non à Superman. Et il s'interrogeait sur cette tendance de son esprit à se jouer de lui, à transformer toujours toute chose en une autre, comme si derrière chaque réalité se cachait une ombre, aussi vivante pour lui que l'objet qu'il avait devant les yeux, et à la longue il ne savait plus, il n'aurait plus pu dire laquelle il voyait vraiment. Et c'est pourquoi il arrivait, il arrivait souvent que sa vie ne lui semble plus se dérouler dans le présent.

Le Livre de la mémoire. Livre neuf.

Depuis qu'il est adulte, il gagne sa vie en traduisant les livres d'autres écrivains. Assis à son bureau, il lit le texte français, puis prend son stylo et écrit le même texte en anglais. C'est et à la fois ce n'est pas le même livre, et il n'a jamais manqué d'être impressionné par le caractère étrange de cette activité. Tout livre est l'image d'une solitude. C'est un objet tangible, qu'on peut ramasser, déposer, ouvrir et fermer, et les mots qui le composent représentent plusieurs mois, sinon plusieurs années de la solitude d'un homme, de sorte qu'à chaque mot lu dans un livre on peut se dire confronté à une particule de cette solitude. Un homme écrit, assis seul dans une chambre. Que le livre parle de solitude ou de camaraderie, il est nécessairement un produit de la solitude. Assis dans sa chambre, A. traduit le livre d'un autre, et c'est comme s'il pénétrait la solitude de cet autre et la faisait sienne. Certes, cela est impossible. Car dès lors qu'une solitude est violée, dès que quelqu'un la partage, ce n'en est plus une, mais une sorte de camaraderie. Même si un seul homme se trouve dans la pièce, ils sont deux. A. se voit comme une sorte de fantôme de cet autre, présent et absent à la fois, et dont le livre est et n'est pas le même que celui qu'il est en train de traduire. C'est pourquoi, se dit-il, on peut à la fois être et ne pas être seul.

Un mot devient un autre mot, une chose une autre chose. Ainsi, se dit-il, cela fonctionne comme la mémoire. Il imagine au-dedans de lui une immense Babel. Il y a un texte, et ce texte se traduit dans une infinité de langages. Des phrases coulent de lui à la vitesse de la pensée, chaque mot dans un langage différent, un millier de langues clament en lui, et leur vacarme résonne à travers un dédale de chambres, de corridors et d'escaliers, sur plus de cent étages. Il se répète. Dans l'espace de la mémoire, toute chose est à la fois elle-même et une autre. Et il lui apparaît alors que tout ce qu'il s'efforce de consigner dans le Livre de la mémoire, tout ce qu'il a écrit jusqu'ici, n'est rien d'autre qu'une traduction d'un ou deux moments de sa vie – ces moments passés la veille de Noël 1979 dans sa chambre du 6, Varick Street.

L'instant d'illumination qui flamboie dans le ciel de solitude.
Pascal, dans sa chambre, au soir du 23 novembre 1654, coud *le Mémorial* dans la doublure de ses vêtements afin de pouvoir à tout moment, tout le reste de sa vie, trouver sous sa main la relation de cette extase.

L'An de grâce 1654
Lundi, 23 novembre, jour de saint Clément,
pape et martyr,
et autres au martyrologe,

Veille de saint Chrysogone, martyr, et autres,
depuis environ dix heures et demie du soir
jusques environ minuit et demi,

feu.
"Dieu d'Abraham, Dieu d'Isaac, Dieu de Jacob",
non des philosophes et des savants.
Certitude. Certitude. Sentiment. Joie. Paix.

. . .

Grandeur de l'âme humaine.

. . .

Joie, joie, joie, pleurs de joie.

. . .

Non obliviscar sermones tuos. Amen.

. . .

A propos du pouvoir de la mémoire.
 Au printemps 1966, peu de temps après avoir rencontré sa future épouse et à l'invitation du père de celle-ci (professeur d'anglais à Columbia), A. est allé prendre le dessert et le café dans leur appartement familial de Morningside Drive. Les futurs beaux-parents de A. recevaient à dîner Francis Ponge et sa femme, et ils s'étaient dit que le jeune A. (qui venait d'avoir dix-neuf ans) serait heureux de rencontrer un écrivain aussi renommé. Ponge, le maître de la poésie de l'objet, dont l'invention se situe dans la réalité concrète plus nettement peut-être qu'aucune autre, faisait ce semestre-là un cours à Columbia. A cette époque A. parlait un français acceptable. Comme Ponge et sa femme ne pratiquaient pas l'anglais, et ses futurs beaux-parents presque pas le français, A. participait à la conversation plus que ne l'y auraient poussé sa timidité naturelle et sa tendance à se taire autant que possible. Il se souvient de Ponge comme d'un homme charmant et vif, aux yeux bleus étincelants.
 Sa seconde rencontre avec Ponge remonte à 1969 (mais ç'aurait pu être 1968 ou 1970) à une réception organisée en l'honneur de Ponge par G., un professeur de Barnard College qui avait traduit son œuvre. En serrant la main de

Ponge, A. s'est présenté en lui rappelant que, bien qu'il ne s'en souvînt sans doute pas, ils s'étaient rencontrés un jour à New York, plusieurs années plus tôt. Au contraire, a répliqué Ponge, il se souvenait très bien de cette soirée. Et il s'est mis alors à parler de l'appartement où ce dîner avait eu lieu, le décrivant en détail, de la vue qu'on avait des fenêtres à la couleur du canapé et à la disposition des meubles dans les différentes pièces. A. a été aussi stupéfait que d'un acte surnaturel du fait qu'un homme pût se rappeler avec une telle précision des objets qu'il n'avait vus qu'une fois, et qui ne pouvaient avoir eu le moindre rapport avec son existence que pendant un instant fugitif. Il s'est rendu compte qu'il n'y avait pour Ponge aucune séparation entre le fait d'écrire et celui de regarder. Car on ne peut pas écrire un seul mot sans l'avoir d'abord vu, et avant de trouver le chemin de la page, un mot doit d'abord avoir fait partie du corps, présence physique avec laquelle on vit de la même façon qu'on vit avec son cœur, son estomac et son cerveau. La mémoire, donc, non tant comme le passé contenu en nous, mais comme la preuve de notre vie dans le présent. Pour qu'un homme soit réellement présent au milieu de son entourage, il faut qu'il ne pense pas à lui-même mais à ce qu'il voit. Pour être là, il faut qu'il s'oublie. Et de cet oubli naît le pouvoir de la mémoire. C'est une façon de vivre son existence sans jamais rien en perdre.

Il est vrai aussi, comme Beckett l'a écrit à propos de Proust, que "l'homme doué d'une bonne mémoire ne se souvient de rien car il n'oublie rien". Et il est vrai que l'on doit prendre garde à distinguer entre mémoire volontaire et involontaire, comme le fait Proust tout au long du roman qu'il a consacré au passé.

Néanmoins, ce que A. a l'impression de faire en rédigeant les pages de son propre livre ne participe d'aucun de ces deux types de mémoire. Sa mémoire à lui est à la fois bonne et mauvaise. Il a beaucoup perdu, il a aussi beaucoup conservé. Lorsqu'il écrit, il se sent progresser vers l'intérieur (en lui-même) et en même temps vers l'extérieur (vers l'univers). Ce dont il a fait l'expérience, la veille de Noël 1979, pendant ces quelques instants dans la solitude de sa chambre de Varick Street, c'est peut-être ceci : sa brusque prise de conscience de ce que même seul, dans la profonde solitude de sa chambre, il n'était pas seul, ou plus précisément que, dès l'instant où il avait tenté de parler de cette solitude, il était devenu plus que simplement lui-même. La mémoire, donc, non tant comme la résurrection d'un passé personnel, que comme une immersion dans celui des autres, c'est-à-dire l'histoire – dont nous sommes à la fois acteurs et témoins, dont nous faisons partie sans en être. Tout se trouve donc à la fois dans sa conscience, comme si chaque élément reflétait la lumière de tous les autres en même temps qu'il émet son propre rayonnement unique et intarissable. S'il existe une raison à sa présence dans cette chambre en ce moment, c'est, en lui, une fringale de tout voir en même temps, de savourer tout ce chaos dans la plénitude brute et nécessaire de sa simultanéité. Et pourtant le récit n'en peut être que lent, délicate tentative de se rappeler ce dont on s'est déjà souvenu. Jamais la plume ne pourra courir assez vite pour consigner chaque mot découvert dans le domaine de la mémoire. Certains événements sont à jamais perdus, d'autres resurgiront peut-être, d'autres encore disparaissent, reviennent, et disparaissent à nouveau. On ne peut être sûr de rien de tout ceci.

    Epigraphe(s) possible(s) pour le Livre de la mémoire.
    "Hasard donne les pensées, et hasard les ôte. Point d'art pour conserver ni pour acquérir. Pensée échappée. Je la voulais écrire ; j'écris, au lieu, qu'elle m'est échappée..." (Pascal.)
    "En écrivant ma pensée, elle m'échappe quelquefois ; mais cela me fait souvenir de ma faiblesse que j'oublie à toute heure, ce qui m'instruit autant que ma pensée oubliée, car je ne tends qu'à connaître mon néant." (Pascal.)

Le Livre de la mémoire. Livre dix.

En parlant de la chambre, il ne veut pas négliger les fenêtres qu'elle comporte parfois. Elle ne figure pas nécessairement une conscience hermétique, et quand un homme ou une femme se trouve seul dans une pièce, il conçoit bien qu'il y a là davantage que le silence de la pensée, le silence d'un être qui s'efforce d'exprimer sa pensée. Il ne veut pas non plus suggérer qu'il n'existe que souffrance à l'intérieur des quatre murs de la conscience, comme dans les allusions faites plus haut à Hölderlin et à Emily Dickinson. Il pense, par exemple, aux femmes de Vermeer, seules dans leurs chambres, où la lumière éclatante du monde réel se déverse par une fenêtre ouverte ou fermée, et à la complète immobilité de ces solitudes, évocation presque déchirante du quotidien et de ses variables domestiques. Il pense, en particulier, à un tableau qu'il a vu lors de son voyage à Amsterdam, *La Liseuse en bleu*, dont la contemplation l'a frappé de quasi-paralysie au Rijksmuseum. Comme l'écrit un commentateur : "La lettre, la carte de géographie, la grossesse de la femme, la chaise vide, le coffret béant, la fenêtre hors de vue – autant de rappels ou de symboles naturels de l'absence, de l'inaperçu, de consciences, de volontés, de temps et de lieux différents, du passé et de l'avenir, de la naissance et peut-être de la mort – en général, d'un univers qui s'étend au-delà des bords du cadre, et d'horizons plus vastes, plus larges, qui empiètent sur la scène suspendue devant nos yeux en même temps qu'ils la contiennent. Et néanmoins, c'est sur la perfection et la plénitude de l'instant présent que Vermeer insiste – avec une telle conviction que sa capacité d'orienter et de contenir est investie d'une valeur métaphysique."

Plus encore que les objets énumérés dans cette liste, c'est la qualité de la lumière en provenance de la fenêtre invisible sur la gauche qui incite aussi chaleureusement l'attention à se tourner vers l'extérieur, vers le monde au-delà du tableau. A. fixe le visage de la femme et, au bout de quelque temps, il commence presque à entendre sa voix intérieure tandis qu'elle lit la lettre qu'elle tient entre ses mains. Si enceinte, si calme dans l'immanence de sa

maternité, avec cette lettre prise dans le coffret et que sans doute elle lit pour la centième fois, et là, accrochée au mur à sa droite, une carte du monde, l'image de tout ce qui existe en dehors de la chambre : cette lumière doucement déversée sur son visage, brillant sur sa tunique bleue, le ventre gonflé de vie, et tout ce bleu baigné de luminosité, une lumière si pâle qu'elle frôle la blancheur. Poursuivre avec d'autres œuvres du même peintre : *La Laitière, La Femme à la balance, Le Collier de perles, La Femme à l'aiguière, La Liseuse à la fenêtre.*
   "La perfection, la plénitude de l'instant présent."

   Si c'était en quelque sorte par Rembrandt et Titus que A. avait été attiré à Amsterdam, où, dans les chambres qu'il découvrait, il s'était alors trouvé en présence de femmes (les femmes de Vermeer, Anne Frank), son voyage dans cette ville avait aussi été conçu comme un pèlerinage dans son propre passé. Une fois de plus, ses réactions intimes se trouvaient exprimées par la peinture : les œuvres d'art offraient une représentation tangible d'un état émotionnel, comme si la solitude de l'autre était en fait l'écho de la sienne.
   Dans ce cas-ci, Van Gogh, et le musée construit pour abriter son œuvre. Tel un traumatisme primitif enfoui dans l'inconscient et qui lie à jamais deux objets dépourvus de relation apparente (cette chaussure est mon père ; cette rose est ma mère), la peinture de Van Gogh lui apparaît comme une image de son adolescence, une traduction des sentiments les plus profonds qu'il ait éprouvés durant cette période. Il peut même en parler avec une grande précision, replacer avec exactitude des événements et sa réaction à ces événements dans leur lieu et dans leur temps (l'endroit et l'instant : l'année, le mois, le jour, à l'heure et à la minute près). Mais ce qui compte, c'est moins la séquence de la chronique, l'ordre dans lequel elle se déroule, que ses conséquences, sa permanence dans le champ de la mémoire. Se souvenir, donc, d'un jour d'avril quand il avait seize ans, il séchait l'école avec la fille dont il était amoureux : si passionnément, si désespérément que cela fait

encore mal d'y penser. Se souvenir du train, puis du ferry pour New York (ce ferry disparu depuis longtemps : ferraille, brouillard tiède, rouille), puis de s'être rendus à une grande exposition Van Gogh. Se retrouver là, tremblant de bonheur, comme si le fait de partager avec elle la contemplation de ces œuvres les avait investies de sa présence, revêtues comme d'un vernis mystérieux de l'amour qu'il lui portait.

Quelques jours plus tard, il a commencé à composer une série de poèmes (aujourd'hui perdus) basés sur les toiles qu'il avait vues, et qui portaient chacun le titre d'un des tableaux de Van Gogh. Mieux qu'une méthode pour pénétrer ces peintures, ils représentaient une tentative de retenir le souvenir de cette journée. Mais plusieurs années ont passé avant qu'il ne s'en rende compte. Ce n'est qu'à Amsterdam, tandis qu'il examinait ces mêmes tableaux admirés jadis avec son amie (il les revoyait pour la première fois – depuis près de la moitié de sa vie), qu'il s'est rappelé avoir écrit ces poèmes. Dès lors l'équation lui a paru évidente : l'acte d'écrire comme un acte de mémoire. Car l'important dans tout cela, outre les poèmes eux-mêmes, c'est qu'il n'en avait rien oublié.

Dans le musée Van Gogh d'Amsterdam (décembre 1979), devant *la Chambre*, toile achevée en Arles en octobre 1888.

Van Gogh à son frère : "C'est cette fois-ci ma chambre à coucher tout simplement... Enfin la vue du tableau doit reposer la tête ou plutôt l'imagination.

"Les murs sont d'un violet pâle. Le sol est à carreaux rouges.

"Le bois du lit et les chaises sont jaune beurre-frais, les draps et l'oreiller citron vert très clair.

"La couverture rouge écarlate. La fenêtre verte.

"La table à toilette orangée, la cuvette bleue.

"Les portes lilas.

"Et c'est tout – rien dans cette chambre à volets clos..."

Mais A., plongé dans l'étude de ce tableau, ne pouvait s'empêcher de penser que Van Gogh avait réalisé quelque chose de très différent de ce qu'il avait pensé entreprendre. Au premier abord, A. avait en effet éprouvé une impression de calme, de repos, conforme à la description qu'en fait l'artiste. Mais peu à peu, à force de s'imaginer habitant la pièce représentée sur la toile, il s'est mis à la ressentir comme une prison, un espace impossible, moins l'image d'un lieu habitable que celle de celui qui avait été contraint d'y habiter. Observez bien. Le lit bloque une porte, la chaise l'autre, les volets sont fermés : on ne peut pas entrer, et une fois dedans on ne peut pas sortir. Etouffé entre les meubles et les objets quotidiens, on commence à percevoir dans ce tableau un cri de souffrance, et dès l'instant qu'on l'entend il ne cesse plus. "Dans ma détresse j'ai crié..." Mais cet appel-ci reste sans réponse. L'homme figuré ici (il s'agit bien d'un autoportrait, semblable à n'importe quelle représentation du visage d'un homme avec nez, yeux, lèvres et mâchoire) est resté trop longtemps seul, s'est trop débattu dans les ténèbres de la solitude. L'univers s'arrête devant cette porte barricadée. Car la chambre n'est pas une image de la solitude, elle en est la substance même. Et c'est une chose si lourde, si étouffante, qu'elle ne peut être montrée en d'autres termes que ceux-là. "Et c'est tout – rien dans cette chambre à volets clos..."

Nouveau commentaire sur la nature du hasard.
A. est arrivé à Londres et reparti de Londres, et il a profité de l'une et l'autre occasion pour rendre visite à des amis anglais. La jeune fille du ferry et de l'exposition Van Gogh était anglaise (elle était née à Londres, avait vécu en Amérique entre douze et dix-huit ans environ et était rentrée faire les Beaux-Arts à Londres) et, durant la première étape de son voyage il a passé plusieurs heures avec elle. Depuis la fin de leurs études, ils avaient à peine gardé le contact, s'étaient revus tout au plus cinq ou six fois. Guéri depuis longtemps de sa passion, A. ne s'en était jamais tout à fait débarrassé, comme s'il était resté attaché au sentiment qu'il avait éprouvé, alors qu'elle-même avait perdu de son importance à ses yeux. Leur dernière rencontre remontait

à plusieurs années, et il trouvait maintenant sa compagnie triste, presque pénible. Elle était encore belle, pensait-il, mais elle paraissait enfermée dans la solitude comme un oiseau à naître dans son œuf. Elle vivait seule, presque sans amis. Depuis des années, elle sculptait le bois, mais refusait de montrer son travail. Chaque fois qu'elle avait terminé une œuvre, elle la détruisait, puis en commençait une autre. Une fois de plus, A. se trouvait face à face avec la solitude d'une femme. Mais celle-ci s'était retournée contre elle-même, desséchée à la source.

Un ou deux jours plus tard, il s'est rendu à Paris, ensuite à Amsterdam et enfin de nouveau à Londres. Je n'aurai pas le temps de la revoir, pensait-il. Peu avant de repartir pour New York, devant dîner avec un ami (T., celui qui s'était demandé s'ils n'étaient pas cousins), il a décidé de passer l'après-midi à la Royal Academy of Arts, qui abritait une importante exposition de peinture "postimpressionniste". Mais la foule qui se bousculait dans le musée lui a ôté l'envie d'y rester tout le temps prévu, et il s'est retrouvé avec trois ou quatre heures à perdre avant l'heure convenue pour le dîner. Incertain du parti à tirer de ce temps libre, il a déjeuné d'un *fish and chips* dans une petite gargote de Soho. Sa note payée, il est sorti du restaurant, a tourné le coin de la rue, et l'a vue, là, en train de regarder la vitrine d'un grand magasin de chaussures.

Ce n'est pas tous les jours qu'il tombait dans les rues de Londres sur une de ses relations (dans cette cité de plusieurs millions d'habitants, il ne connaissait que peu de monde), et il lui a semblé pourtant que cette rencontre allait de soi, comme un événement tout naturel. L'instant d'avant, il pensait à elle, regrettant sa décision de ne pas lui faire signe, et maintenant qu'elle se trouvait là, soudain, devant ses yeux, il ne pouvait s'empêcher de croire que son apparition avait été provoquée par le désir qu'il en éprouvait.

Marchant vers elle, il a prononcé son nom.

La peinture. Ou le temps télescopé par les images.

L'exposition qu'il a visitée à la Royal Academy de Londres comprenait plusieurs œuvres de Maurice Denis. A Paris, A. s'est rendu chez la veuve du poète Jean Follain (Follain, mort dans un accident de la circulation en 1971, juste avant que A. ne s'installe à Paris) pour les besoins d'une anthologie de la poésie française à laquelle il travaillait, qui était en fait le motif de son retour en Europe. Comme il l'a bientôt appris, Mme Follain était la fille de Maurice Denis, et on voyait aux murs de son appartement de nombreux tableaux de son père. Elle devait avoir près de quatre-vingts ans, peut-être plus, et A. était impressionné par sa rudesse très parisienne, sa voix rocailleuse et son dévouement à l'œuvre de son mari.

L'un des tableaux portait un titre : *Madeleine à dix-huit mois*, que Denis avait inscrit en haut de la toile. C'était cette même Madeleine qui, devenue adulte, avait épousé Follain, et venait d'inviter A. à pénétrer chez elle. Pendant un moment, sans s'en rendre compte, elle est restée debout devant ce tableau peint près de quatre-vingts ans plus tôt et il est apparu à A., comme en un bond incroyable à travers les âges, que le visage de l'enfant sur la toile et celui de la vieille femme devant lui étaient exactement les mêmes. Il a ressenti alors, l'espace d'une seconde, l'impression d'avoir percé l'illusion du temps humain, de l'avoir connu pour ce qu'il est : rien de plus qu'un clin d'œil. Il avait vu devant lui une vie entière, télescopée en ce seul instant.

O. à A., au cours d'une conversation, décrivant l'impression que cela fait de devenir vieux. O. a maintenant plus de soixante-dix ans, sa mémoire se brouille, son visage est aussi ridé qu'une paume à demi fermée. Pince-sans-rire, il regarde A. en hochant la tête : "Etrange, ce qui peut arriver à un petit garçon !"

Oui, il est possible que nous ne grandissions pas, que même en vieillissant nous restions les enfants que nous avons été. Nous nous souvenons de nous-mêmes tels que nous étions alors, et ne nous sentons pas différents. C'est nous qui nous sommes faits tels que nous sommes aujourd'hui et, en dépit des années, nous demeurons ce que nous étions. A nos propres yeux, nous ne changeons pas. Le temps nous fait vieillir, mais nous ne changeons pas.

Le Livre de la mémoire. Livre onze.
Il se souvient de son retour chez lui après la réception qui avait suivi son mariage, en 1974, sa femme à ses côtés en robe blanche ; il prend la clef dans sa poche, la glisse dans la serrure et, au moment où son poignet pivote, il sent la clef se casser dans la serrure.

Il se souvient qu'au printemps 1966, peu de temps après sa rencontre avec sa future épouse, elle a cassé une des touches de son piano : le *fa* du milieu. Cet été-là, ils ont fait ensemble un voyage dans une région reculée du Maine. Un jour qu'ils se promenaient dans une ville presque abandonnée, ils sont entrés dans une ancienne salle de réunions qui n'avait plus été utilisée depuis des années. Des vestiges de la présence d'une association masculine étaient éparpillés çà et là : coiffures indiennes, listes de noms, les traces d'assemblées d'ivrognes. La salle était poussiéreuse et déserte, seul un piano droit demeurait dans un coin. Sa femme s'est mise à jouer (elle jouait bien) et s'est aperçue que toutes les touches fonctionnaient sauf une : le *fa* du milieu.

C'est peut-être à ce moment qu'il a compris que le monde continuerait toujours à lui échapper.

Si un romancier s'était servi de ces petits incidents, les touches de piano cassées ou la mésaventure du jour des noces (la clef perdue dans la porte), le lecteur serait obligé de les remarquer, de supposer que l'auteur avait essayé de démontrer quelque chose au sujet de ses personnages ou de l'univers. On pourrait parler de signification symbolique, ou de texte sous-jacent, ou de simples procédés formels (car dès qu'un fait se produit plus d'une fois, même si c'est arbitraire, un dessin s'ébauche, une forme surgit).

Dans une œuvre de fiction, on admet l'existence, derrière les mots sur la page, d'une intelligence consciente. Rien de pareil en présence des événements du monde prétendu réel. Dans une histoire inventée, tout est chargé de signification, tandis que l'histoire des faits n'a que celle des faits eux-mêmes. Si quelqu'un vous annonce : "Je vais à Jérusalem", vous vous dites : Quelle chance il a, il va à Jérusalem. Mais qu'un personnage de roman prononce les mêmes paroles, "Je vais à Jérusalem", votre réaction est tout à fait différente. Vous pensez, d'abord, à la ville : son histoire, son rôle religieux, sa fonction en tant que lieu mythique. Vous pouvez évoquer le passé, le présent (la politique ; ce qui revient aussi à penser au passé récent), et le futur – comme dans la phrase : "L'année prochaine à Jérusalem." En plus de tout cela, vous pouvez intégrer dans ces réflexions ce que vous savez déjà du personnage qui se rend à Jérusalem et, grâce à cette nouvelle synthèse, élaborer d'autres conclusions, raffiner votre compréhension de l'œuvre, et y penser, dans son ensemble, de manière plus cohérente. Et c'est alors, une fois l'ouvrage terminé, la dernière page lue et le livre refermé, que commence l'interprétation : psychologique, historique, sociologique, structurale, philologique, religieuse, sexuelle, philosophique, séparément ou en diverses combinaisons, selon votre tempérament. Bien qu'il soit possible d'interpréter une vie réelle à la lumière de n'importe lequel de ces systèmes (après tout, les gens consultent bien des prêtres et des psychiatres ; des gens tentent parfois de comprendre leur vie en termes de circonstances historiques), l'effet n'en est pas le même. Il manque quelque chose : la grandeur, la notion du général, l'illusion de la vérité métaphysique. On dit : Don Quichotte, c'est la raison qui s'égare dans l'imaginaire. Dans la réalité, si l'on regarde quelqu'un qui n'a pas sa raison (pour A., sa sœur schizophrène, par exemple) on ne dit rien. Peut-être : C'est triste une vie gâchée – rien de plus.

De temps en temps, A. se surprend à porter sur une œuvre d'art le même regard que sur la réalité. Lire ainsi l'imaginaire revient à le détruire. Il pense notamment à la description de l'opéra dans *Guerre et Paix*. Dans ce passage, rien n'est considéré comme allant de soi, et de ce fait tout est réduit à l'absurde. Tolstoï s'amuse de ce qu'il voit simplement en le décrivant. "Le décor du deuxième acte représentait des monuments funèbres ; un trou dans la toile figurait la lune ; on leva les abat-jour de la rampe, les trompettes et les contrebasses jouèrent en sourdine, tandis que de droite et de gauche s'avançait une foule de gens en robes noires. Ils se mirent à gesticuler, à brandir des objets qui ressemblaient à des poignards ; puis une autre troupe accourut dans le dessein d'emmener la jeune fille qu'on avait vue vêtue de blanc au premier acte et qui maintenant portait une robe bleue. Ils ne l'entraînèrent, d'ailleurs, pas tout de suite, mais chantèrent longtemps avec elle ; quand ils l'eurent enfin emmenée, un bruit métallique se fit par trois fois entendre dans la coulisse ; alors tous les acteurs tombèrent à genoux et entonnèrent une prière. Ces diverses scènes furent, à plusieurs reprises, interrompues par les cris enthousiastes des spectateurs."

A l'opposé, la tentation existe aussi, également forte, de regarder l'univers comme une extension de l'imaginaire. C'est déjà arrivé à A. mais il répugne à voir dans cette attitude une solution valable. Comme tout le monde, il a besoin que les choses aient un sens. Comme tout le monde, il mène une existence si fragmentée que s'il aperçoit une connexion entre deux fragments sa tentation est grande, chaque fois, de lui chercher une signification. La connexion existe. Mais lui donner un sens, chercher plus loin que le simple fait de son existence, reviendrait à construire un monde imaginaire à l'intérieur du monde réel, et il sait que cela ne tiendrait pas debout. Quand il en a le courage, il adopte pour principe initial l'absence de signification, et il comprend alors que son devoir est de regarder ce qui est devant lui (même si c'est également en lui) et de dire ce qu'il voit. Il est dans sa chambre, Varick Street. Sa vie ne signifie rien. Le livre qu'il est en train d'écrire ne signifie rien. Il y a le monde et ce qu'on y rencontre, et en parler, c'est être dans le monde. Une clef se brise dans une serrure, quelque chose s'est produit. C'est-à-dire qu'une clef s'est brisée dans une serrure. Le même piano paraît se trouver à deux endroits différents. Un jeune homme, vingt ans plus tard, se retrouve installé dans la même chambre où son père a été confronté à l'horreur de la solitude. Un homme rencontre la femme qu'il aime dans la rue d'une ville étrangère. Cela ne signifie que ce qui est. Rien de plus, rien de moins. Il écrit alors : Entrer dans cette chambre, c'est disparaître dans un lieu où se rencontrent le passé et le présent. Et il écrit alors : Comme dans la phrase : "Il a écrit le Livre de la mémoire dans cette chambre."

L'invention de la solitude.
Il voudrait dire. Comme : il veut dire. De même qu'en français, "vouloir dire" c'est, littéralement : avoir la volonté de dire, mais, en fait : signifier. Il veut dire (il pense) ce qu'il souhaite exprimer. Il veut dire (il souhaite exprimer) ce qu'il pense. Il dit ce qu'il désire exprimer. Il veut dire ce qu'il dit.

Vienne, 1919.
Pas de signification, soit. Mais il est impossible de prétendre que nous ne sommes pas hantés. Freud a qualifié d'"étranges" de telles expériences, ou *unheimlich* – le contraire de *heimlich*, qui signifie "familier", "naturel", "de la maison". Il implique donc que nous sommes éjectés de la coquille protectrice de nos perceptions habituelles, comme si nous nous trouvions soudain hors de nous-mêmes, à la dérive dans un monde que nous ne comprenons pas. Par définition, nous sommes perdus dans ce monde. Nous ne pouvons même pas espérer y retrouver notre chemin.
Freud affirme que chaque étape de notre développement coexiste avec toutes les autres. Même adultes, nous conservons au fond de nous la mémoire de la façon dont nous percevions l'univers quand nous étions enfants. Et pas seulement la mémoire : la structure elle-même en est intacte. Freud rattache l'expérience de l'"inquiétante étrangeté" à un retour de la perception égocentrique, animiste, de l'enfance. "Il semble que nous ayons tous, au cours de notre

développement individuel, traversé une phase correspondant à cet animisme des primitifs, que chez aucun de nous elle n'ait pris fin sans laisser en nous des restes et des traces toujours capables de se réveiller, et que tout ce qui aujourd'hui nous semble étrangement inquiétant remplisse cette condition de se rattacher à ces restes d'activité psychique animiste et de les inciter à se manifester." Il conclut : "L'inquiétante étrangeté prend naissance dans la vie réelle lorsque des complexes infantiles *refoulés* sont ranimés par quelque impression extérieure, ou bien lorsque de primitives convictions *surmontées* semblent de nouveau être confirmées."

Tout ceci, bien entendu, n'explique rien. Au mieux, cela sert à décrire le processus, à reconnaître le terrain où il se situe. A ce titre, A. ne demande pas mieux que d'en admettre l'exactitude. Un déracinement, donc, qui rappelle un autre enracinement, très antérieur, de la conscience. De même qu'un rêve peut parfois résister à toute interprétation jusqu'à ce qu'un ami en suggère une explication simple, presque évidente, de même A. ne peut avancer aucun argument décisif pour ou contre la théorie de Freud, mais elle lui paraît juste et il est tout disposé à l'adopter. Toutes les coïncidences qui paraissent s'être multipliées autour de lui sont donc, d'une certaine manière, reliées à l'un de ses souvenirs d'enfance comme si, dès qu'il commence à se rappeler celle-ci, l'univers même retournait à un stade antérieur. Ceci lui paraît juste. Il se souvient de son enfance, et celle-ci lui est apparue dans le présent sous la forme de ces expériences. Il se souvient de son enfance, et celle-ci s'énonce pour lui dans le présent. Peut-être est-ce là ce qu'il veut dire lorsqu'il écrit : "L'absence de signification est le principe initial." Peut-être est-ce là ce qu'il veut dire lorsqu'il écrit : "Il pense ce qu'il dit." Peut-être est-ce là ce qu'il veut dire. Et peut-être pas. On ne peut être sûr de rien de tout ceci.

L'invention de la solitude. Histoires de vie et de mort. L'histoire commence par la fin. Parle ou meurs. Et aussi longtemps que tu parleras, tu ne mourras pas. L'histoire commence par la mort. Le roi Shehryar a été cocufié : "Et ils ne mirent fin à leurs baisers, caresses, copulations et autres cajoleries qu'avec l'approche du jour." Il se retire du monde, jurant de ne jamais plus succomber à la traîtrise féminine. Par la suite il remonte sur le trône et assouvit ses désirs physiques en enlevant les femmes de son royaume. Une fois satisfait, il ordonne leur exécution. "Et il ne cessa d'agir de la sorte pendant la longueur de trois années, tant et si bien qu'il n'y avait plus dans le pays la moindre jeune fille à marier, et que toutes les femmes et les mères et les pères pleuraient et protestaient, maudissant le roi et se plaignant au Créateur du Ciel et de la Terre et appelant au secours Celui qui entend la prière et répond à ceux qui s'adressent à lui ; et ils s'enfuirent avec ce qu'il leur restait de filles. Et il ne resta dans la ville aucune fille en état de servir à l'assaut du monteur."

C'est à ce moment que Schéhérazade, la fille du vizir, offre de se rendre chez le roi. "Elle avait lu les livres, les annales, les légendes des rois anciens et les histoires des peuples passés. Et elle était fort éloquente et très agréable à écouter." Son père, désespéré, tente de la dissuader d'aller à cette mort certaine, mais elle ne se laisse pas fléchir. "Marie-moi avec ce roi, car, ou je vivrai, ou je serai une rançon pour les filles des musulmans et la cause de leur délivrance d'entre les mains du roi !" Elle s'en va dormir avec le roi et met son plan à exécution : "... Raconter des histoires merveilleuses pour passer le temps de notre nuit... Ainsi je serai sauvée, le peuple sera débarrassé de cette calamité, et je détournerai le roi de cette coutume."

Le roi accepte de l'écouter. Elle commence à raconter, et ce qu'elle raconte est une histoire de contes, une histoire qui en contient d'autres dont chacune, à son tour, renferme une autre histoire – grâce à laquelle un homme est sauvé de la mort.

L'aube pointe, et à mi-chemin du premier conte-à-l'intérieur-du-conte, Schéhérazade se tait. "Ceci n'est rien en comparaison de ce que je raconterai la nuit prochaine, dit-elle, si le roi me laisse la vie." Et le roi songe : "Par Allah, je ne la tuerai pas avant d'avoir entendu la fin de l'histoire."

Cela continue donc pendant trois nuits, et chaque nuit l'histoire s'arrête avant la fin et se poursuit au début de celle de la nuit suivante, et le premier cycle s'étant achevé de la sorte un nouveau est entamé. En vérité, c'est une question de vie et de mort. La première nuit, Schéhérazade commence avec *le Marchand et le Génie*. Un homme s'arrête pour manger son déjeuner dans un jardin (une oasis dans le désert), il jette un noyau de datte et voici qu'"apparut devant lui un génie, grand de taille, qui, brandissant une épée, s'approcha du marchand et s'écria : «Lève-toi, que je te tue comme tu as tué mon enfant !» Et le marchand lui dit : «Comment ai-je tué ton enfant ?» Il lui dit : «Quand, les dattes mangées, tu jetas les noyaux, les noyaux vinrent frapper mon fils à la poitrine : alors c'en fut fait de lui ! Et il mourut à l'heure même.»"

Voici l'innocence coupable (ce qui rappelle le sort des jeunes filles à marier du royaume), et en même temps la naissance de l'enchantement – qui transforme une pensée en objet, donne la vie à l'invisible. Le marchand plaide sa cause, et le génie accepte de suspendre son exécution. Mais dans un an exactement, l'homme devra revenir au même endroit, où le génie accomplira la sentence. Un parallèle apparaît déjà avec la situation de Schéhérazade. Elle désire gagner du temps et, en suscitant cette idée dans l'esprit du roi, elle plaide sa propre cause – mais de telle manière que le roi ne s'en aperçoit pas. Car telle est la fonction du conte : amener l'auditeur, en lui suggérant autre chose, à voir ce qu'il a devant les yeux.

L'année s'écoule et le marchand, fidèle à sa parole, revient dans le jardin. Il s'assied sur le sol et se met à pleurer. Passe un vieillard qui tient une gazelle enchaînée ; il lui demande ce qui ne va pas. Fasciné par ce que lui narre le marchand (comme si la vie de ce dernier était un conte avec un début, un développement et une fin, une fiction concoctée par un autre cerveau – ce qui, en fait, est le cas), il décide d'attendre pour voir ce qui va se passer. Un autre vieillard arrive alors, avec deux grands chiens en laisse. La conversation est répétée et lui aussi s'assied pour attendre. Un troisième vieillard vient ensuite, menant une mule tachetée, et la même chose se passe à nouveau. Le génie apparaît enfin : "Un tourbillon de poussière se leva et une tempête souffla avec violence en s'approchant du milieu de la prairie." Au moment précis où il s'apprête à empoigner le marchand pour le frapper de son épée, "comme tu as tué mon enfant, le souffle de ma vie et le feu de mon cœur !", le premier vieillard s'avance et lui dit : "Si je te raconte mon histoire avec cette gazelle, et que tu sois émerveillé, en récompense tu me feras grâce du tiers du sang de ce marchand ?" Chose étonnante, le génie accepte, comme le roi a accepté d'écouter Schéhérazade : volontiers, sans hésitation.

Remarquez : le vieillard ne se propose pas de défendre le marchand comme on le ferait dans un tribunal, avec arguments, contre-arguments, présentation de preuves. Ce serait attirer l'attention du génie sur ce qu'il voit déjà : et là-dessus son parti est pris. Le vieillard désire plutôt le détourner des faits, le détourner de ses pensées de mort, et pour ce faire il le ravit (du latin *rapere*, littéralement : enlever, séduire), lui inspire un nouveau goût de vivre, qui à son tour le fera renoncer à son obsession vengeresse. Une telle obsession emmure un homme dans sa solitude. Il ne perçoit plus que ses propres pensées. Mais une histoire, dans la mesure où elle n'est pas un argument logique, brise ces murs. Car elle établit le principe de l'existence des autres et permet à celui qui l'écoute d'entrer en contact avec eux – ne fût-ce qu'en imagination.

Le vieillard se lance dans une histoire abracadabrante. La gazelle que vous avez devant vous, dit-il, est en réalité ma femme. Elle a partagé ma vie pendant trente ans, et de tout ce temps n'a pas réussi à me donner un fils. (Nouvelle allusion à l'enfant absent – mort ou à naître – qui renvoie le génie à son propre chagrin, mais obliquement, comme part d'un monde où la vie est l'égale de la mort.) "Aussi j'ai pris une concubine qui, avec la grâce d'Allah, me donna un enfant mâle beau comme la lune à son lever ; il avait des yeux magnifiques et des sourcils qui se rejoignaient et des membres parfaits..." Quand le garçon atteint l'âge de quinze ans, le vieillard se rend dans une autre ville (lui aussi est marchand) et son épouse, jalouse, profite de son absence pour user de magie et métamorphoser l'enfant et sa mère en une vache et son veau. "Ton esclave est morte et ton fils s'est enfui..." annonce-t-elle à son époux dès son retour. Après un an de deuil, on sacrifie la vache – à la suite des machinations de l'épouse. Mais un instant plus tard, quand l'homme s'apprête à abattre le veau, le cœur lui manque. "Et quand le veau me vit, il rompit son licol, courut à moi, et se roula à mes pieds ; quels gémissements et quels pleurs ! Alors j'eus pitié de lui et je dis au berger : «Apporte-moi une vache, et laisse celui-ci.» La fille du berger, versée elle aussi dans les arts de magie, découvre par la suite la vraie identité du veau. Après avoir obtenu du marchand les deux choses qu'elle souhaite (épouser le fils et ensorceler la femme jalouse, en l'enfermant sous l'apparence d'une gazelle – "sinon je ne serai jamais à l'abri de ses perfidies"), elle rend au jeune homme sa forme primitive. Et l'histoire ne s'arrête pas pour autant. L'épouse du fils, poursuit le vieillard, "est demeurée avec nous des jours et des nuits, des nuits et des jours, jusqu'à ce que Dieu la rappelle à lui ; et après sa mort, mon fils est parti en voyage vers le pays d'Ind, qui est le pays natal de ce marchand ; et au bout de quelque temps j'ai pris la gazelle et m'en suis allé avec elle d'un lieu à un autre, en quête de nouvelles de mon fils, jusqu'à ce que le hasard me guide dans ce jardin, où j'ai trouvé cet homme assis en train de pleurer ; telle est mon histoire." Le génie reconnaît que c'est une histoire merveilleuse et accorde au vieillard un tiers du sang du marchand.

 L'un après l'autre, les deux autres vieillards proposent au génie le même marché, et commencent leurs contes de la même façon. "Ces deux chiens sont mes frères aînés", dit le deuxième. Et le troisième : "Cette mule était ma femme." Ces phrases d'ouverture contiennent l'essence du projet entier. Qu'est-ce que cela signifie, en effet, de regarder quelque chose, un objet réel dans le monde réel, un animal, par exemple, en affirmant que ce n'est pas ce que l'on voit ? Cela revient à dire que toute chose possède une double existence, à la fois dans le monde et dans nos pensées, et que refuser d'admettre l'une ou l'autre, c'est tuer la chose dans ses deux existences à la fois. Dans les histoires des trois vieillards, deux miroirs se font face, reflétant chacun la lumière de l'autre. L'un et l'autre sont des enchantements, le réel et l'imaginaire ensemble, et chacun existe en vertu de l'autre. Et il s'agit, véritablement, d'une question de vie ou de mort. Le premier vieillard est arrivé dans le jardin à la recherche de son fils ; le génie y est venu pour tuer le meurtrier involontaire du sien. Ce que le vieux lui explique, c'est que nos fils sont toujours invisibles. C'est la plus simple des vérités : une vie n'appartient qu'à celui qui la vit ; la vie elle-même revendiquera les vivants ; vivre, c'est laisser vivre. Et à la fin, grâce à ces histoires, le marchand sera épargné.

C'est ainsi que commencent *les Mille et Une Nuits*. A la fin, quand la chronique entière s'est déroulée, histoire après histoire après histoire, elle a un résultat spécifique, chargé de toute l'inaltérable gravité d'un miracle. Schéhérazade a eu du roi trois fils. Une fois de plus, la leçon est claire. Une voix qui parle, une voix de femme qui parle, qui raconte des histoires de vie et de mort, a le pouvoir de donner la vie.

"«O roi, oserais-je te demander une faveur ?»

"«Demande, ô Schéhérazade, elle te sera accordée.»

"Alors elle appela les gouvernantes et les eunuques et leur dit : «Apportez-moi mes enfants.»

"Et ils les lui apportèrent en hâte, et c'étaient trois enfants mâles, l'un marchait, l'autre rampait, et le troisième était à la mamelle. Elle les prit, les posa devant le roi, et baisa le sol en disant : «O roi des temps, voici tes enfants et je te supplie de me délier de la malédiction de la mort, à cause de ces petits.»"

En entendant ces mots, le roi se met à pleurer. Il prend les trois garçons dans ses bras et déclare son amour à Schéhérazade.

"Alors ils décorèrent la ville de manière splendide, jamais on n'en avait vu la pareille, et les tambours battirent et les flûtes jouèrent, et tous les mimes, les charlatans et les comédiens déployèrent leurs talents et le roi leur distribua en abondance ses cadeaux et ses largesses. Il donna aussi des aumônes aux pauvres et aux nécessiteux et sa bonté s'étendit à tous ses sujets et à tous les peuples de son royaume."

Texte miroir. Si la voix d'une femme qui raconte des histoires a le pouvoir de mettre des enfants au monde, il est vrai aussi qu'un enfant peut donner vie à des contes. On dit qu'un homme deviendrait fou s'il ne pouvait rêver la nuit. De même, si on ne permet pas à un enfant de pénétrer dans l'imaginaire, il ne pourra jamais affronter le réel. Les contes répondent dans l'enfance à un besoin aussi fondamental que la nourriture, et qui se manifeste de la même façon que la faim. Raconte-moi une histoire, demande l'enfant. Raconte-moi une histoire. Raconte-moi une histoire, s'il te plaît, papa. Le père s'assied alors pour raconter une histoire à son fils. Ou bien il s'allonge auprès de lui dans l'obscurité, à deux dans le lit de l'enfant, et il commence à parler comme s'il ne restait rien au monde que sa voix dans l'obscurité en train de raconter une histoire à son fils. C'est souvent un conte de fées, ou une aventure. Mais souvent aussi ce n'est qu'une simple incursion dans l'imaginaire. Il y avait une fois un petit garçon qui s'appelait Daniel, raconte A. à son fils qui s'appelle Daniel, et ces histoires dont l'enfant lui-même est le héros sont peut-être pour lui les plus gratifiantes de toutes. De la même façon, A. le comprend, dans sa chambre, en rédigeant le Livre de la mémoire, il parle de lui-même comme d'un autre dans le but de raconter sa propre histoire. Il faut qu'il s'efface afin de se trouver. Il dit donc A., même quand il pense Je. Car l'histoire de la mémoire est celle du regard. Même si les objets de ce regard ont disparu, c'est une histoire de regard. La voix poursuit donc. Et même quand l'enfant ferme les yeux et s'endort, la voix du père continue à parler dans l'obscurité.

Le Livre de la mémoire. Livre douze.
Il ne peut aller plus loin. Des enfants ont souffert par le fait d'adultes, sans aucune raison. Des enfants ont été

abandonnés, affamés, assassinés, sans aucune raison. Il se rend compte qu'il est impossible d'aller plus loin.

"Mais les enfants, les enfants, dit Ivan Karamazov, comment justifier leur souffrance ?" Et encore : "Je désire pardonner et me réconcilier, je souhaite qu'il n'y ait plus de souffrance dans l'univers. Si les larmes des enfants sont indispensables pour parfaire la somme de douleur qui sert de rançon à la vérité, j'affirme catégoriquement que celle-ci ne mérite pas d'être payée d'un tel prix !"

Chaque jour, sans le moindre effort, il s'y retrouve confronté. C'est l'époque de l'effondrement du Cambodge et tous les jours il se retrouve en face de cela, dans la presse, avec les inévitables images de mort : les enfants émaciés, les adultes au regard vide. Jim Harrison, par exemple, un ingénieur d'Oxfam, note dans son journal : "Visité une petite clinique au km 7. Manque absolu de médicaments – cas graves de sous-alimentation – manifestement ils meurent faute de nourriture… Des centaines d'enfants, tous atteints de marasme – beaucoup de maladies de peau, nombreux cas de calvitie ou de décoloration des cheveux, une grande peur dans toute la population." Ou, plus loin, la description de ce dont il a été témoin le 7 janvier à l'hôpital de Phnom Penh : "… Des conditions terribles – des enfants alités dans des haillons crasseux, mourant de dénutrition – pas de médicaments – rien à manger… L'effet conjugué de la tuberculose et de la famine donne aux gens l'air d'internés de Bergen-Belsen. Dans une salle, un enfant de treize ans lié à son lit, parce qu'il est en train de devenir fou – beaucoup d'enfants sont orphelins ou ne trouvent plus leur famille – et de nombreuses personnes sont agitées de spasmes ou de tics nerveux. Dans les bras d'une petite fille de cinq ans, son petit frère de dix-huit mois, le visage ravagé par ce qui paraît être une infection de la peau, la chair attaquée par un kwashiorkor aigu, les yeux pleins de pus… Je trouve ce genre de chose très dure à encaisser – et des centaines de Cambodgiens doivent aujourd'hui se trouver dans une situation comparable."

Deux semaines avant de lire ces lignes, A. est allé dîner avec une de ses amies, P., écrivain et rédactrice dans un grand hebdomadaire d'information. Il se trouve qu'elle était responsable pour son journal de "l'histoire du Cambodge". Elle avait eu sous les yeux presque tout ce qui a été écrit à propos de la situation là-bas dans la presse américaine et étrangère et elle a raconté à A. une histoire rapportée pour un journal de Caroline du Nord par un médecin américain – volontaire dans un des camps de réfugiés au-delà de la frontière thaïlandaise. Il s'agissait de la visite dans ces camps de l'épouse du président des Etats-Unis, Rosalynn Carter. A. se souvenait des photographies qui avaient été publiées dans les journaux et les magazines (la "première dame" embrassant un petit Cambodgien, la "première dame" en conversation avec les médecins), et en dépit de tout ce qu'il savait quant à la responsabilité des Etats-Unis dans l'existence même de la situation que Mme Carter était venue dénoncer, ces images l'avaient ému. Or le camp que Mme Carter avait visité était celui où travaillait ce médecin américain. L'hôpital n'y était qu'une installation de fortune, un toit de chaume soutenu par quelques poutres, où les patients étaient installés sur des nattes à même le sol. L'épouse du président était arrivée, suivie d'un essaim d'officiels, de reporters et de cameramen. Ils étaient trop nombreux et au passage de leur troupe il y avait eu des mains écrasées sous les lourdes chaussures occidentales, des installations de perfusion débranchées, des coups de pied assénés par inadvertance. Aurait-on pu, ou non, éviter ce désordre ? Toujours est-il que, leur inspection terminée, le médecin américain a lancé un appel à ces visiteurs : S'il vous plaît, a-t-il déclaré, certains d'entre vous pourraient-ils prendre le temps de faire don d'un peu de sang à l'hôpital ; même le sang du plus valide des Cambodgiens est trop pauvre pour nous être de la moindre utilité ; nos réserves sont épuisées. Mais le programme de la "première dame" était minuté. Il lui fallait aller en d'autres lieux, ce jour-là, voir la souffrance d'autres gens. Nous n'avons plus le temps, disaient-ils. Désolés. Tout à fait désolés. Et ils sont partis aussi abruptement qu'ils étaient arrivés.

Par *ce* que le monde est monstrueux. Par *ce* que le monde ne peut mener un homme qu'au désespoir, un désespoir si total, si absolu, que rien n'ouvrira la porte de cette prison, l'absence de toute espérance, A. s'efforce de regarder à travers les barreaux de sa cellule et découvre une pensée, une seule, qui le console quelque peu : l'image de son fils. Et pas uniquement son fils, mais un fils, une fille, nés de n'importe quel homme ou de n'importe quelle femme.

Par *ce* que le monde est monstrueux. Par *ce* qu'il ne paraît proposer aucun espoir d'avenir, A. regarde son fils et comprend qu'il ne doit pas se laisser aller au désespoir. Il y a la responsabilité de ce petit être, et par *ce* qu'il l'a engendré, il ne doit pas désespérer. Minute par minute, heure par heure, lorsqu'il demeure en présence de son fils, attentif à ses besoins, dévoué à cette jeune vie qui constitue une injonction permanente à demeurer dans le présent, il sent s'évanouir son désespoir. Et même si celui-ci persiste, il ne se l'autorise plus.

C'est pourquoi l'idée de la souffrance d'un enfant lui paraît monstrueuse. Plus monstrueuse encore que la monstruosité du monde lui-même. Car elle prive le monde de sa seule consolation, et par *ce* qu'un monde dépourvu de consolation est imaginable, elle est monstrueuse.

Il ne peut aller plus loin.

Voici le commencement. Il est seul, planté au milieu d'une pièce vide, et il se met à pleurer. "Je ne puis affronter cette idée." "L'apparence d'internés de Bergen-Belsen", comme le note l'ingénieur, au Cambodge. Et, oui, c'est là qu'Anne Frank est morte.

"Il est très étonnant, écrit-elle, trois semaines avant son arrestation, que je n'aie pas abandonné tous mes espoirs, car ils me paraissent absurdes et irréalisables... Je vois le monde transformé de plus en plus en désert, j'entends, toujours plus fort, le grondement du tonnerre qui approche, et qui annonce probablement notre mort ; je compatis à la douleur de millions de gens, et pourtant, quand je regarde le ciel, je pense que ça changera, que tout redeviendra bon, que même ces jours impitoyables prendront fin…"

Non, il ne veut pas dire que c'est la seule chose. Il ne prétend même pas affirmer qu'on peut la comprendre, qu'on peut, à force d'en parler et d'en reparler, y découvrir une signification. Non, ce n'est pas la seule chose et, pour certains sinon pour la plupart, la vie continue néanmoins. Et pourtant, parce qu'à jamais cela dépasse l'entendement, il veut que cela reste pour lui ce qui vient toujours avant le commencement. Comme dans ces phrases : "Voici le commencement. Il est seul, planté au milieu d'une pièce vide, et il se met à pleurer."

Retour au ventre de la baleine.
"La parole de Iahvé fut adressée à Jonas… en ces termes : Lève-toi, va à Ninive, la grande ville, et prêche contre elle…"
Par ce commandement aussi, l'histoire de Jonas se distingue de celles de tous les autres prophètes. Car les gens de Ninive ne sont pas juifs. A la différence des autres messagers de la parole divine, Jonas n'est pas chargé de s'adresser à son propre peuple, mais à des étrangers. Pis encore, à des ennemis de son peuple. Ninive était la capitale de l'Assyrie, le plus puissant empire du monde de ce temps. Selon Nahum (dont les prophéties ont été consignées sur les mêmes manuscrits que l'histoire de Jonas) : "La cité sanglante… pleine de mensonges et de rapine."
"Lève-toi, va à Ninive", ordonne Dieu à Jonas. Ninive est à l'est. Jonas part aussitôt vers l'ouest, à Tharsis (Tartessus, à l'extrême pointe de l'Espagne). Non content de s'enfuir, il va aux limites du monde connu. Il n'est pas difficile de comprendre son attitude. Imaginez un cas analogue : un juif obligé de se rendre en Allemagne pendant la Deuxième Guerre mondiale et de prêcher contre le national-socialisme. L'idée même en est inconcevable.
Dès le IIe siècle, un commentateur rabbinique a suggéré que Jonas avait pris le bateau dans le but de se noyer dans

la mer pour le salut d'Israël, et non d'échapper à la présence divine. C'est une lecture politique du livre, et les exégètes chrétiens ont eu vite fait de la retourner contre les juifs. Théodore de Mopsueste, par exemple, affirme que Jonas a été envoyé à Ninive parce que les juifs refusaient d'écouter les prophètes, et que le Livre de Jonas a été conçu comme une leçon pour ces "gens à la nuque raide". De son côté, Rupert de Deutz, un autre de ces exégètes (XIIe siècle), soutient que Jonas a refusé par dévouement envers son peuple la mission qui lui était assignée, et que c'est la raison pour laquelle Dieu ne lui en a pas vraiment tenu rigueur. Cette opinion fait écho à celle du rabbin Akiba lui-même, qui a déclaré que "Jonas est jaloux de la gloire du fils (Israël) mais non de celle du père (Dieu)".

Jonas finit néanmoins par accepter de se rendre à Ninive. Mais aussitôt qu'il a délivré son message, aussitôt que les gens de Ninive, repentis, ont retrouvé le droit chemin, aussitôt que Dieu leur a pardonné, nous apprenons que "Jonas en éprouva un vif chagrin, et il fut irrité". Sa colère est patriotique. Pourquoi les ennemis d'Israël seraient-ils épargnés ? C'est alors qu'il reçoit la leçon contenue dans ce livre – dans la parabole du ricin.

"Fais-tu bien d'être irrité ?" demande Dieu. Jonas se retire alors dans les parages de Ninive, "jusqu'à ce qu'il vît ce qui arriverait dans la ville" – ce qui implique qu'il pense avoir encore une chance de la voir détruite, ou l'espoir que ses habitants vont retomber dans leur péché et s'attirer un châtiment. Dieu fait alors pousser un ricin pour le protéger du soleil, et "Jonas éprouva une grande joie à cause du ricin". Mais le lendemain matin, la plante s'est étiolée, il fait un violent vent d'est, un soleil implacable, et "il défaillit. Il demanda à mourir et dit : La mort vaut mieux pour moi que la vie" – les mots mêmes qu'il a prononcés au début, ce qui indique que le message de cette parabole est le même que dans la première partie du livre. "Et Dieu dit à Jonas : Fais-tu bien de t'irriter à cause du ricin ? Et il répondit : Je fais bien de m'irriter jusqu'à la mort. Et Iahvé dit : Tu t'affliges au sujet du ricin pour lequel tu n'as pas travaillé et que tu n'as pas fait croître ; et moi je ne m'affligerais pas au sujet de Ninive, la grande ville, dans laquelle il y a plus de cent vingt mille hommes qui ne distinguent pas leur droite de leur gauche, et des animaux en grand nombre ?"

    Ces pécheurs, ces païens – et jusqu'aux bêtes qui leur appartiennent – sont aussi bien que les Hébreux des créatures de Dieu. Voici une notion surprenante et originale, surtout si l'on considère de quand date cette histoire – le VIIIe siècle avant J.-C. (l'époque d'Héraclite). Mais c'est en somme l'essence même de l'enseignement que les rabbins ont à dispenser. S'il doit y avoir une justice, il faut qu'elle existe pour tous. Nul n'en peut être exclu, ou il ne s'agit plus de justice. On ne peut éluder cette conclusion. Etrange et parfois comique, le minuscule Livre de Jonas occupe une place centrale dans la liturgie : on le lit chaque année dans les synagogues à l'occasion de la fête du Yom Kippour, le jour du Grand Pardon, la plus grande solennité du calendrier juif. En effet, comme on l'a déjà noté, toute chose est en relation avec toutes les autres. Et s'il y a tout, il s'ensuit qu'il y a tout le monde. Il n'oublie pas les derniers mots de Jonas : "Je fais bien de m'irriter jusqu'à la mort." Et il s'aperçoit, cependant, qu'il est en train d'écrire ces mots sur la page devant lui. S'il y a tout, il s'ensuit qu'il y a tout le monde.

    Les mots riment, et même s'ils n'ont pas un réel rapport entre eux, il ne peut s'empêcher de les associer. *Room* et *tomb, tomb* et *womb, womb* et *tomb. Breath* et *death.* Ou le fait qu'avec les lettres du mot *live* on peut épeler *evil**. Il sait que ce n'est là qu'un amusement d'écolier. Mais en écrivant le mot "écolier", il se rappelle ses huit ou neuf ans, et le sentiment de puissance qu'il a éprouvé quand il s'est aperçu qu'on pouvait jouer ainsi avec les mots – comme s'il avait découvert une voie secrète vers la vérité : la vérité absolue, universelle et incontestable cachée au cœur de l'univers. Plein d'un enthousiasme juvénile, il

---

* *Room* : chambre ; *tomb* : tombeau ; *womb* : le sein (ventre) maternel ; *breath* : le souffle ; *death* : la mort ; *live* : vivre ; *evil* : le mal. *(N.d.T.)*

avait bien entendu négligé de prendre en compte l'existence d'autres langues que l'anglais, de toutes les langues bourdonnantes qui se disputaient cette tour de Babel, le monde au-delà de sa vie d'écolier. Et comment se pourrait-il que la vérité absolue et incontestable varie d'un langage à un autre ?

Mais on ne peut ignorer tout à fait le pouvoir de la rime et des métamorphoses du verbe. L'impression de merveilleux demeure, même si on ne peut la confondre avec une quête de la vérité, et cette magie, cette correspondance entre les mots existent dans toutes les langues, quelles que soient les différences dans leurs combinaisons particulières. On trouve au cœur de chaque langue un réseau de rimes, d'assonances et de chevauchements des significations, et chacune de ces occurrences joue en quelque sorte le rôle d'un pont entre des aspects opposés ou contrastés de l'univers. Le langage, donc, non seulement comme une liste d'objets distincts dont la somme totale équivaut à l'univers, mais plutôt tel qu'il s'organise dans le dictionnaire : un corps infiniment complexe, dont tous les éléments – nerfs et cellules, corpuscules et os, extrémités et fluides – sont simultanément présents dans le monde, où nul ne peut exister par lui-même. Puisque chaque mot est défini à l'aide d'autres mots, ce qui signifie que pénétrer n'importe quelle partie du langage c'est le pénétrer tout entier. Le langage, donc, en tant que monadologie, pour reprendre l'expression de Leibniz. ("Car comme tout est plein, ce qui rend toute matière liée, et comme dans le plein tout mouvement fait quelque effet sur les corps distants à mesure de la distance, de sorte que chaque corps est affecté non seulement par ceux qui le touchent, et se ressent en quelque façon de tout ce qui leur arrive, mais aussi par leur moyen se ressent de ceux qui touchent les premiers dont il est touché immédiatement : il s'ensuit que cette communication va à quelque distance que ce soit. Et par conséquent tout corps se ressent de tout ce qui se fait dans l'univers, tellement que celui qui voit tout pourrait lire dans chacun ce qui se fait partout, et même ce qui s'est fait ou se fera, en remarquant dans le présent ce qui est éloigné tant selon les temps que selon les lieux... Mais une âme ne peut lire en elle-même que ce qui y est représenté distinctement ; elle ne saurait développer tout d'un coup ses replis, car ils vont à l'infini.")

Jouer avec les mots comme le faisait A. dans son enfance revenait donc moins à rechercher la vérité que l'univers, tel qu'il apparaît dans le langage. Le langage n'est pas la vérité. Il est notre manière d'exister dans l'univers. Jouer avec les mots c'est simplement examiner les modes de fonctionnement de l'esprit, refléter une particule de l'univers telle que l'esprit la perçoit. De même, l'univers n'est pas seulement la somme de ce qu'il contient. Il est le réseau infiniment complexe des relations entre les choses. De même que les mots, les choses ne prennent un sens que les unes par rapport aux autres. "Deux visages semblables, écrit Pascal, dont aucun ne fait rire en particulier, font rire ensemble par leur ressemblance." Ces visages riment pour l'œil, juste comme deux mots peuvent rimer pour l'oreille. Poussant un peu plus loin, A. irait jusqu'à soutenir que les événements d'une vie peuvent aussi rimer entre eux. Un jeune homme loue une chambre à Paris et puis découvre que son père s'est caché dans la même chambre pendant la guerre. Si l'on considère séparément ces deux faits, il n'y a pas grand-chose à en dire. Mais la rime qu'ils produisent quand on les voit ensemble modifie la réalité de chacun d'eux. De même que deux objets matériels, si on les rapproche l'un de l'autre, dégagent des forces électromagnétiques qui affectent non seulement la structure moléculaire de chacun mais aussi l'espace entre eux, modifiant, pourrait-on dire, jusqu'à l'environnement, ainsi la rime advenue entre deux (ou plusieurs) événements établit un contact dans l'univers, une synapse de plus à acheminer dans le grand plein de l'expérience.

De telles connexions sont monnaie courante en littérature (pour revenir à cette idée) mais on a tendance à ne pas les voir dans la réalité – car celle-ci est trop vaste et nos vies sont trop étriquées. Ce n'est qu'en ces rares instants où on a la chance d'apercevoir une rime dans l'univers que l'esprit peut s'évader de lui-même, jeter comme une passerelle à travers le temps et l'espace, le regard et la mémoire. Mais il ne s'agit pas seulement de rime. La grammaire de l'existence comporte tous les aspects du langage : comparaison, métaphore, métonymie, synecdoque – de sorte que tout ce que l'on peut rencontrer dans le monde est en réalité multiple et cède à son tour la place à de multiples autres choses, cela dépend de ce dont celles-ci sont proches, ou éloignées, ou de ce qui les contient.

Il arrive souvent aussi que le deuxième terme d'une comparaison manque. Il peut avoir été oublié, ou enfoui dans l'inconscient, être pour une raison quelconque indisponible. "Il en est ainsi de notre passé, écrit Proust dans un passage important de son roman. C'est peine perdue que nous cherchions à l'évoquer, tous les efforts de notre intelligence sont inutiles. Il est caché hors de son domaine et de sa portée, en quelque objet matériel (en la sensation que nous donnerait cet objet matériel) que nous ne soupçonnons pas. Cet objet, il dépend du hasard que nous le rencontrions avant de mourir, ou que nous ne le rencontrions pas." Tout le monde a fait d'une manière ou d'une autre l'expérience de ces étranges sensations de perte de mémoire, de l'effet mystifiant du terme manquant. En entrant dans cette pièce, dira-t-on, j'ai eu l'impression bizarre d'y être déjà venu, bien que je n'arrive pas à m'en souvenir. Comme dans les expériences de Pavlov sur les chiens (qui démontrent, au niveau le plus simple, de quelle manière le cerveau peut établir une relation entre deux objets différents, oublier au bout de quelque temps le premier et, par conséquent, transformer un objet en un autre), il s'est passé quelque chose, même si nous sommes bien en peine de dire quoi. Ce que A. s'efforce d'exprimer, c'est peut-être que depuis quelque temps aucun des termes ne lui fait défaut. Où que s'arrêtent son regard ou sa pensée, il semble qu'il découvre une nouvelle connexion, une autre passerelle vers un autre lieu, et même dans la solitude de sa chambre le monde se précipite sur lui à une vitesse vertigineuse, comme si soudain tout convergeait vers lui, comme si tout lui arrivait en même temps. Coïncidence : ce qui survient avec. Ce qui occupe le même point dans le temps ou l'espace. L'esprit, donc, en tant que ce qui contient plus que soi-même. Comme dans la phrase de saint Augustin : "Alors où reflue ce qu'il ne peut contenir de lui ?"

Second retour dans le ventre de la baleine.
"Quand il revint de son effroi, le pantin n'arrivait pas à savoir dans quel monde il se trouvait. Autour de lui régnait de toutes parts une grande obscurité ; une obscurité si noire et si profonde qu'il lui semblait être entré tout entier dans un encrier rempli d'encre."
Telle est la description par Collodi de l'arrivée de Pinocchio à l'intérieur du requin. Il aurait pu écrire, comme on le fait d'ordinaire, "des ténèbres aussi noires que l'encre" – poncif aussitôt oublié que lu. Mais ce qui se passe ici est très différent, et transcende la question du bien ou mal écrire (et ceci n'est manifestement pas mal écrit). Remarquez bien : Collodi n'utilise dans ce passage aucune comparaison ; pas de "comme si", pas de "tel", rien qui identifie ou oppose une chose à une autre. L'image d'obscurité absolue cède à l'instant la place à celle d'un encrier. Pinocchio vient de pénétrer dans le ventre du requin. Il ignore encore que Geppetto s'y trouve aussi. Pendant ce bref instant au moins, tout est perdu. Pinocchio est entouré des ténèbres de la solitude. Et c'est au cœur de ces ténèbres, où le pantin finira par trouver le courage de sauver son père et achèvera ainsi sa transformation en vrai garçon, que se produit l'acte créateur essentiel du récit.

En plongeant sa marionnette dans l'obscurité du requin, Collodi nous le dit, il plonge sa plume dans le noir de son encrier. Pinocchio, après tout, n'est fait que de bois. Collodi l'utilise comme un instrument (littéralement : un porte-plume) pour écrire sa propre histoire. Ceci sans nulle complaisance pour une psychologie primaire. Collodi n'aurait pu réussir ce qu'il a entrepris avec Pinocchio si le livre n'avait été pour lui un livre de mémoire. Agé de plus de cinquante ans quand il a commencé à l'écrire, il venait de prendre sa retraite après une médiocre carrière de fonctionnaire, au cours de laquelle il ne s'était fait remarquer, selon son neveu, "ni par le zèle, ni par la ponctualité, ni par la discipline". Autant que le roman de Proust, son récit est une quête de son enfance perdue. Même le pseudonyme qu'il s'est choisi évoque son passé. Il s'appelait en vérité Carlo Lorenzini. Collodi était le nom d'une petite ville où sa mère était née et où il avait passé ses vacances durant sa petite enfance. On dispose de quelques informations sur cette enfance. Il aimait raconter des histoires et ses amis admiraient sa capacité de les fasciner par ses inventions. D'après son frère Ippolito, "il contait si bien et avec des mimiques si expressives que la moitié du monde y prenait plaisir et que les enfants l'écoutaient bouche bée". Dans un sketch autobiographique écrit à la fin de sa vie, longtemps après l'achèvement de Pinocchio, Collodi laisse peu de doute sur le fait qu'il se voyait comme le double du pantin. Il se décrit comme un clown espiègle – qui mange des cerises en classe et fourre les noyaux dans la poche d'un condisciple, qui attrape des mouches et les met dans l'oreille d'un autre, qui peint des silhouettes sur les vêtements du garçon placé devant lui : il sème la pagaille générale. Que ce soit vrai ou non, là n'est pas la question. Pinocchio est devenu le substitut de Collodi et, après avoir inventé le pantin, Collodi s'est reconnu en lui. La marionnette était devenue l'image de lui-même enfant. La plonger dans l'encrier était donc faire usage de sa créature pour écrire sa propre histoire. Car ce n'est que dans l'obscurité de la solitude que commence le travail de la mémoire.

Epigraphe(s) possible(s) pour le Livre de la mémoire.
"Ne devrions-nous pas rechercher, chez l'enfant déjà, les premières traces de l'activité poétique ? L'occupation préférée et la plus intensive de l'enfant est le jeu. Peut-être sommes-nous en droit de dire que tout enfant qui joue se comporte en poète, en tant qu'il se crée un monde à lui, ou, plus exactement, qu'il transpose les choses du monde où il vit dans un ordre nouveau tout à sa convenance. Il serait alors injuste de dire qu'il ne prend pas ce monde au

sérieux ; tout au contraire, il prend très au sérieux son jeu, il y emploie de grandes quantités d'affect." (Freud.)

"N'oubliez pas que la façon, peut-être surprenante, dont j'ai souligné l'importance des souvenirs d'enfance dans la vie des créateurs découle en dernier lieu de l'hypothèse d'après laquelle l'œuvre littéraire, tout comme le rêve diurne, serait une continuation et un substitut du jeu enfantin d'autrefois." (Freud.)

Il observe son fils. Il regarde le petit garçon circuler dans la pièce et écoute ce qu'il dit. Il le voit jouer avec ses jouets et l'entend se parler à lui-même. Chaque fois que l'enfant ramasse un objet, pousse un camion sur le plancher ou ajoute un bloc de plus à la tour qui grandit sous ses yeux, il parle de ce qu'il est en train de faire, à la manière du narrateur dans un film, ou bien il invente une histoire pour accompagner l'action qu'il a engagée. Chaque mouvement engendre un mot ou une série de mots ; chaque mot déclenche un autre mouvement : un revirement, un prolongement, une série nouvelle de mouvements et de mots. Tout cela n'a pas de centre fixe ("un univers dans lequel le centre est partout, la circonférence nulle part") sauf peut-être la conscience de l'enfant, elle-même le champ en modification constante de perceptions, de souvenirs et de formulations. Il n'est pas de loi naturelle qui ne puisse être enfreinte : les camions volent, un bloc devient un personnage, les morts ressuscitent à volonté. L'esprit enfantin navigue sans hésitation d'un objet à un autre. Regarde, dit-il, mon brocoli est un arbre. Regarde, mes pommes de terre sont des nuages. Regarde le nuage, c'est un bonhomme. Ou bien, au contact des aliments sur sa langue, levant les yeux, avec un éclair malicieux : "Tu sais comment Pinocchio et son père ont échappé au requin ?" Une pause, pour laisser descendre la question. Puis, chuchoté : "Ils ont marché doucement tout le long de sa langue sur la pointe des pieds."

A. a parfois l'impression que les démarches mentales de son fils en train de jouer sont l'image exacte de sa propre progression dans le labyrinthe de son livre. Il a même imaginé que s'il arrivait à représenter par un diagramme les jeux de son fils (une description exhaustive, mentionnant chaque déplacement, chaque association, chaque geste) et son livre par un autre, similaire (en élucidant ce qui se passe entre les mots, dans les interstices de la syntaxe, dans les blancs entre les paragraphes – en d'autres termes, en démêlant l'écheveau des connexions), les deux diagrammes seraient identiques : ils se superposeraient parfaitement.

Depuis qu'il travaille au Livre de la mémoire, il éprouve un plaisir particulier à observer l'enfant face à ses souvenirs. Comme tous ceux qui ne savent pas encore lire ni écrire, celui-ci a une mémoire prodigieuse. Il a une capacité quasi infinie d'observer les détails, de remarquer les objets dans leur singularité. L'écriture nous dispense de la nécessité d'exercer notre mémoire, puisque les souvenirs sont engrangés dans les mots. Mais la mémoire de l'enfant, qui se trouve à un stade antérieur à l'apparition de l'écrit, fonctionne de la manière qu'eût préconisée Cicéron, la même qu'utilisent nombre d'écrivains classiques : l'image associée au lieu. Un jour, par exemple (et ceci n'est qu'un exemple, choisi parmi une myriade de possibilités), A. et son fils marchaient dans la rue. Ils ont rencontré devant une pizzeria un camarade de jardin d'enfants du petit garçon, accompagné de son père. Le fils de A. était ravi de voir son ami, mais celui-ci paraissait intimidé. Dis bonjour, Kenny, insistait son père, et l'enfant, rassemblant son courage, avait salué faiblement. A. et son fils avaient alors continué leur chemin. Trois ou quatre mois plus tard, comme ils passaient ensemble à ce même endroit, A. a soudain entendu son fils murmurer pour lui-même, d'une voix à peine audible : Dis bonjour, Kenny, dis bonjour. Il est apparu à A. que si, dans un sens, le monde marque nos esprits de son empreinte, il est vrai aussi que nos expériences laissent une trace dans le monde. Pendant ce bref instant, en passant devant la pizzeria, l'enfant avait revu son passé. Le passé, pour reprendre les mots de Proust, est caché dans quelque objet matériel. Errer de par le monde, c'est donc aussi errer en nous-mêmes. Ce qui revient à dire qu'aussitôt entrés dans le champ de la mémoire, nous pénétrons dans l'univers.

C'est un monde perdu. A. se rend compte avec un choc que c'est un monde perdu pour toujours. Le petit garçon oubliera tout ce qui lui est arrivé jusqu'ici. Il n'en restera rien qu'une vague lueur, peut-être moins encore. Les milliers d'heures que A. lui a consacrées pendant les trois premières années de sa vie, les millions de mots qu'il lui a dits, les livres qu'il lui a lus, les repas qu'il lui a préparés, les larmes qu'il lui a essuyées – tout cela disparaîtra à jamais de la mémoire de l'enfant.

Le Livre de la mémoire. Livre treize.

Il se souvient qu'il s'était rebaptisé John, parce que tous les cow-boys s'appellent John, et qu'il refusait de répondre à sa mère lorsqu'elle s'adressait à lui sous son vrai nom. Il se souvient d'être sorti de chez lui en courant et de s'être couché au milieu de la route, les yeux fermés, pour attendre qu'une voiture l'écrase. Il se souvient que son grand-père lui avait donné une grande photographie de Gabby Hayes et qu'il l'avait mise à la place d'honneur au-dessus de son bureau. Il se rappelle avoir cru que le monde est plat. Il se revoit en train d'apprendre à lacer ses chaussures. Il se souvient que les vêtements de son père étaient rangés dans l'armoire de sa chambre et qu'il était réveillé le matin par le cliquetis des cintres. Il revoit son père qui lui dit, tout en nouant sa cravate : Lève-toi et brille, petit homme. Il se souvient qu'il aurait voulu être un écureuil, parce qu'il aurait aimé être aussi léger qu'un écureuil et avoir une queue touffue et pouvoir sauter d'arbre en arbre comme s'il volait. A la naissance de sa sœur, il se rappelle avoir vu, entre les lames du store vénitien, le bébé qui arrivait de l'hôpital dans les bras de sa mère. Il se souvient de la nurse tout en blanc qui s'occupait de la petite fille ; elle le régalait de carrés de chocolat suisse, et il se souvient qu'elle disait "suisse" et qu'il ne savait pas ce que cela signifiait. Il se revoit, au lit, dans le crépuscule du plein été, en train de regarder l'arbre devant sa fenêtre, où il discerne des visages dans le dessin des branches. Il se revoit, assis dans la baignoire, ses genoux sont des montagnes et le savon blanc un paquebot. Il se souvient du jour où son père lui a donné une prune en lui disant d'aller jouer dehors sur son tricycle. Il n'a pas aimé le goût de la prune et l'a jetée dans le caniveau, après quoi il s'est senti coupable. Il se souvient du jour où sa mère l'a emmené avec son ami B. au studio de télévision de Newark pour assister à un spectacle de *Junior Frolics*. Oncle Fred avait le visage maquillé, juste comme sa mère, et ça l'a surpris. Il se souvient que les dessins animés passaient sur un petit écran de télévision, pas plus grand que celui qu'ils avaient chez eux, et que sa déception était si écrasante qu'il a voulu se lever pour crier son mécontentement à l'oncle Fred. Il s'était attendu à voir le fermier Gray et Félix le Chat, grandeur nature, se poursuivre sur une scène avec de vraies fourches et de vrais râteaux. Il se souvient que B., dont la couleur préférée était le vert, prétendait que dans les veines de son ours en peluche coulait du sang vert. Il se souvient que B. vivait avec ses deux grands-mères et que pour accéder à sa chambre il fallait traverser un salon, à l'étage, où ces vieilles dames aux cheveux blancs passaient leurs journées entières devant la télévision. Il se rappelle être allé avec B. farfouiller dans les buissons et les jardins du voisinage, à la recherche d'animaux morts. Ils les enfouissaient sur le côté de sa maison, dans la profondeur obscure du lierre, et il se souvient qu'il y avait surtout des oiseaux, des petits oiseaux tels que moineaux, rouges-gorges et roitelets. Il se rappelle leur avoir fabriqué des croix avec des bâtons et avoir récité des prières sur les cadavres que B. et lui déposaient dans les trous qu'ils avaient creusés dans le sol, les yeux contre la terre meuble et humide. Il se rappelle avoir démonté la radio familiale un après-midi, à l'aide d'un marteau et d'un tournevis, et avoir expliqué à sa mère qu'il s'agissait d'une expérience scientifique. Il se rappelle avoir dit cela en ces termes et avoir reçu une fessée. Il se rappelle avoir essayé, avec une hache émoussée trouvée dans le garage, d'abattre un petit arbre fruitier dans le jardin, et n'avoir réussi à y faire que quelques marques de coups.

Il se souvient qu'on voyait le vert sous l'écorce et qu'il a reçu une fessée pour cela aussi. Il se revoit devant son pupitre, en première année, à l'écart des autres enfants, en punition pour avoir bavardé en classe. Il se revoit assis à ce pupitre, en train de lire un livre qui avait une couverture rouge et des illustrations rouges avec un arrière-plan vert et bleu. Il revoit la maîtresse, arrivée par-derrière, qui pose très doucement la main sur son épaule en lui chuchotant une question à l'oreille. Elle porte une blouse blanche sans manches et ses bras sont gros et couverts de taches de rousseur. Il se souvient que pendant une partie de base-ball dans la cour de l'école il est entré en collision avec un autre garçon et a été projeté sur le sol avec une telle violence que pendant cinq ou dix minutes tout ce qu'il voyait ressemblait à une photographie en négatif. Il se souvient de s'être remis sur ses pieds et d'avoir pensé, en se dirigeant vers les bâtiments scolaires : Je deviens aveugle. Il se rappelle comment sa panique s'est peu à peu transformée pendant ces quelques minutes en acceptation et même en fascination, et comment il a éprouvé, lorsque sa vision normale s'est rétablie, le sentiment que quelque chose d'extraordinaire s'était produit au-dedans de lui. Il se souvient d'avoir mouillé son lit longtemps après l'âge où on peut accepter que cela arrive, et des draps glacés quand il s'éveillait le matin. Il se souvient d'avoir été invité pour la première fois à dormir chez un ami, et d'avoir eu si peur de se mouiller, de l'humiliation, qu'il avait veillé toute la nuit, les yeux fixés sur les aiguilles phosphorescentes de la montre qu'il avait reçue pour son sixième anniversaire. Il se souvient d'avoir examiné les illustrations d'une Bible pour enfants et accepté l'idée que Dieu a une longue barbe blanche. Il se souvient qu'il prenait pour celle de Dieu la voix qu'il entendait au fond de lui-même. Il se souvient d'avoir accompagné son grand-père au cirque, à Madison Square Garden et d'avoir, pour cinquante cents, ôté une bague au doigt d'un géant de deux mètres cinquante qui faisait partie des attractions. Il se souvient qu'il a conservé cette bague sur son bureau à côté de la photographie de Gabby Hayes et qu'il pouvait y introduire quatre de ses doigts. Il se souvient de s'être demandé si le monde entier n'était pas enfermé dans un bocal posé, en compagnie de douzaines d'autres mondes en bocaux, sur une étagère du garde-manger dans la maison d'un géant. Il se rappelle qu'il refusait de chanter les cantiques de Noël à l'école, parce qu'il était juif, et qu'il restait seul en classe pendant que les autres allaient répéter dans l'auditorium. Il se souvient qu'en rentrant chez lui, avec son costume neuf, après une première journée à l'école hébraïque, il a été poussé dans un ruisseau par des garçons plus âgés, en blouson de cuir, qui le traitaient de "sale juif". Il se revoit en train d'écrire son premier livre, un roman policier qu'il rédigeait à l'encre verte. Il se souvient d'avoir pensé que, si Adam et Eve étaient les premiers hommes sur terre, tout le monde devait être de la même famille. Il se souvient qu'il a voulu jeter une pièce de monnaie par la fenêtre de l'appartement de ses grands-parents, à Columbus Circle, et que sa mère lui a dit qu'elle risquait de transpercer le crâne de quelqu'un. Il se souvient de s'être étonné que les taxis qu'il voyait du haut de l'Empire State Building paraissent encore jaunes. Il se souvient d'avoir visité la statue de la Liberté avec sa mère, qui s'est prise d'inquiétude à l'intérieur de la torche et l'a obligé à redescendre l'escalier assis, une marche à la fois. Il se souvient du garçon qui a été tué par la foudre lors d'une randonnée pendant un camp d'été ; il est resté allongé près de lui sous la pluie et il se souvient d'avoir vu ses lèvres devenir bleues. Il se rappelle que sa grand-mère lui racontait ses souvenirs de son arrivée de Russie en Amérique quand elle avait cinq ans. Elle lui disait se rappeler qu'elle s'était réveillée, au sortir d'un profond sommeil, dans les bras d'un soldat qui la portait sur un bateau. C'était, prétendait-elle, la seule chose dont elle pût se souvenir.

Le Livre de la mémoire. Plus tard, le même soir. Peu de temps après avoir écrit "la seule chose dont elle pût se souvenir", A. a quitté sa table et est sorti de sa chambre. Il marchait dans la rue et, comme il se sentait vidé par sa journée de labeur, il a décidé de continuer quelque temps sa promenade. Le soir venait. A. s'est arrêté pour dîner, un journal étalé devant lui sur la table et, après avoir payé l'addition, il a décidé de passer le reste de la soirée au cinéma. Il lui a fallu près d'une heure pour y arriver. Au moment de prendre son billet, il a changé d'avis et remis l'argent dans sa poche, et il est reparti. Revenant sur ses pas, il a suivi le même itinéraire qu'en arrivant en sens inverse. Quelque part en chemin, il a bu un verre de bière. Puis il a repris sa marche. Quand il a ouvert la porte de sa chambre il était presque minuit.

Cette nuit-là, pour la première fois de sa vie, il a rêvé qu'il était mort. Il s'est réveillé à deux reprises, pendant ce rêve, tremblant de panique. Les deux fois, il s'est efforcé de se calmer, s'est dit que s'il changeait de position dans le lit le rêve s'arrêterait, et chaque fois, dès qu'il retombait dans le sommeil, le rêve reprenait à l'endroit précis où il s'était interrompu.

Il n'était pas tout à fait mort, mais sur le point de mourir. C'était une certitude, un fait absolu et immanent. Atteint d'une maladie mortelle, il gisait sur un lit d'hôpital. Il avait perdu ses cheveux par plaques, et son crâne était à moitié chauve. Deux infirmières vêtues de blanc entraient dans la chambre en annonçant : "Aujourd'hui vous allez mourir, il est trop tard, on ne peut plus rien pour vous." Dans leur indifférence à son égard, elles faisaient penser à des machines. Il pleurait et les suppliait : "Je suis trop jeune pour mourir, je ne veux pas mourir maintenant." "Il est trop tard, répondaient-elles. Nous devons vous raser la tête." Il les laissait faire en pleurant à chaudes larmes. Elles disaient alors : "Le cercueil est là. Allez vous y étendre, fermez les yeux, et vous serez bientôt mort." Il aurait bien voulu s'enfuir, mais savait qu'il n'était pas permis de leur désobéir. Il allait donc s'installer dans le cercueil. On rabattait sur lui le couvercle, mais dedans il gardait les yeux ouverts.

C'est alors qu'il s'est réveillé pour la première fois.

Après s'être rendormi, il s'est retrouvé grimpant hors du cercueil. Il était vêtu d'une longue chemise d'hôpital et ne portait pas de chaussures. Il sortait de la chambre et errait un bon moment dans un dédale de corridors, puis il quittait l'établissement. Peu de temps après, il frappait à la porte de son ex-épouse. "Je dois mourir aujourd'hui, lui annonçait-il, et je ne peux rien y faire." Elle réagissait à la nouvelle avec autant d'indifférence que les infirmières. Mais il n'était pas là pour se faire plaindre. Il voulait lui donner des instructions sur ce qu'il souhaitait qu'elle fasse de ses manuscrits. Il énumérait une longue liste de ses œuvres et expliquait comment et où il fallait publier chacune d'elles. Puis il ajoutait : "Le Livre de la mémoire n'est pas terminé. Je n'y peux rien. Je n'aurai pas le temps de le finir, achève-le pour moi." Elle lui donnait son accord, mais sans grand enthousiasme. Et alors il se remettait à pleurer, comme au début : "Je suis trop jeune pour mourir. Je ne veux pas mourir maintenant." Mais elle, patiente, lui expliquait que puisque c'était inévitable, il fallait l'accepter. Alors il partait de chez elle et retournait à l'hôpital. Comme il arrivait au parking, il s'est réveillé pour la deuxième fois.

Dès qu'il a replongé dans le sommeil, il s'est encore retrouvé à l'hôpital, dans un sous-sol proche de la morgue. C'était une grande pièce nue et blanche, un peu comme une cuisine de l'ancien temps. Il y avait un groupe de gens, des amis de son enfance, adultes maintenant, assis autour d'une table en train de faire honneur à un banquet fastueux. A son entrée, tous se tournaient vers lui en le dévisageant. Il leur expliquait : "Regardez, on m'a rasé le crâne. Je dois mourir aujourd'hui, et je ne veux pas mourir." Ses amis étaient très émus. Ils l'invitaient à prendre place auprès d'eux. "Non, répondait-il, je ne peux pas partager votre repas. Il faut que j'aille mourir dans la pièce à côté." Il désignait une porte à va-et-vient, avec un hublot circulaire. Ses amis se levaient de table et le rejoignaient devant la porte. Pendant un petit moment, tous évoquaient leur enfance commune. Il trouvait apaisant de leur parler mais, en même temps, d'autant plus difficile de rassembler son courage pour franchir le passage.

Il annonçait enfin : "Il faut que j'y aille, maintenant. C'est maintenant que je dois mourir." Les joues inondées de larmes, il embrassait ses amis l'un après l'autre, les étreignait de toutes ses forces, et leur disait au revoir.
Alors il s'est éveillé pour de bon.

Dernières phrases pour le Livre de la mémoire.
Extrait d'une lettre de Nadejda Mandelstam à Ossip Mandelstam, datée du 22 octobre 1938, et jamais envoyée.
"Mon amour, les mots me manquent pour cette lettre... Je l'envoie dans l'espace. Peut-être ne serai-je plus là quand tu reviendras. Ce sera le dernier souvenir que tu auras de moi... La vie est longue. Qu'il est long et difficile de mourir seul, ou seule. Est-ce le sort qui nous attend, nous qui étions inséparables ? L'avons-nous mérité, nous qui étions des chiots, des enfants, et toi qui étais un ange ? Et tout continue. Et je ne sais rien. Mais je sais tout, et chacune de tes journées et chacune de tes heures, je les vois clairement, comme dans un rêve... Mon dernier rêve : je t'achète une nourriture quelconque au comptoir malpropre d'une boutique malpropre. Je suis entourée d'étrangers et, après avoir fait mes achats, je me rends compte que je ne sais pas où poser tout cela, car je ne sais pas où tu es. A mon réveil j'ai dit à Choura : «Ossia est mort !» Je ne sais pas si tu es en vie mais c'est à partir de ce jour-là que j'ai perdu ta trace. Je ne sais pas où tu es. Je ne sais pas si tu m'entendras. Si tu sais combien je t'aime. Je n'ai pas eu le temps de te dire combien je t'aimais. Et je ne sais pas le dire maintenant non plus. Je répète seulement : Toi, toi... Tu es toujours avec moi, et moi, sauvage et mauvaise, moi qui n'ai jamais su pleurer simplement, je pleure, je pleure, je pleure... C'est moi, Nadia. Où es-tu ?"

Il pose une feuille blanche sur la table devant lui et trace ces mots avec son stylo.
Le ciel est bleu, noir, gris, jaune. Le ciel n'est pas là, et il est rouge. Tout ceci s'est passé hier. Tout ceci s'est passé

voici cent ans. Le ciel est blanc. Il a un parfum de terre, et il n'est pas là. Il est blanc comme la terre, et il a l'odeur d'hier. Tout ceci s'est passé demain. Tout ceci s'est passé dans cent ans. Le ciel est citron, rose, lavande. Le ciel est la terre. Le ciel est blanc, et il n'est pas là.

Il s'éveille. Il va et vient entre la table et la fenêtre. Il s'assied. Il se lève. Il va et vient entre le lit et la chaise. Il se couche. Il fixe le plafond. Il ferme les yeux. Il ouvre les yeux. Il va et vient entre la table et la fenêtre.

Il prend une nouvelle feuille de papier, la pose sur la table devant lui, et trace ces mots avec son stylo.

Cela fut. Ce ne sera jamais plus. Se souvenir.

(1980-1981)

Tu peux, avec tes
petites mains, m'entraîner
dans ta tombe – tu
en as le droit –
– moi-même
qui te suis moi, je
me laisse aller –
– mais, si tu
veux, à nous
deux, faisons…

une alliance
un hymen, superbe
– et la vie
restant en moi
je m'en servirai
pour——

                        *

non – pas
mêlé aux grands
morts – etc.
– tant que nous
mêmes vivons, il
vit – en nous
ce n'est qu'après notre
mort qu'il en sera

— que les cloches
des Morts sonneront pour
 lui

    *

voile —
  navigue
  fleuve,
ta vie qui
passe, coule

    *

  Soleil couché
et vent
  or parti, et
vent de *rien*
qui souffle
(là, le néant
? moderne)

    *

la mort — chuchote bas
— je ne suis personne —
je m'ignore même
(car les morts ne savent
pas qu'ils sont
morts —, ni même qu'ils
   meurent
— pour les enfants
du moins
  — ou

héros — morts
soudaines
car autrement
ma beauté est

faite *des derniers*
instants –
lucidité, beauté
visage – de
ce qui serait

moi, sans moi

   *

Oh ! tu sais bien
que si je consens
à vivre – à paraître
t'oublier –
c'est pour
nourrir ma douleur
– et que cet oubli
apparent
 jaillisse plus
vif en larmes, à

un moment
quelconque, au
milieu de cette
vie, quand tu
m'y apparais

   *

vrai deuil en
 l'appartement
 – pas cimetière –

  meubles

   *

Trouver *absence*
seule –

> – en présence
> de petits vêtements
> – etc. –
>
> *
>
> non – je ne
> laisserai pas
> le néant
>
> père – je
> sens le néant
> m'envahir
>
> STÉPHANE MALLARMÉ,
Pour un tombeau d'Anatole,
(fragments*).

---

* Seuls sont restitués ici les fragments qui figurent dans le livre de Paul Auster.

INDEX DES CITATIONS

Page 17
Samuel Beckett, *Fin de partie*, Minuit, 1957.

Page 38
Vincent Van Gogh, *Lettres*, Grasset et Fasquelle, 1981.

Pages 65-66
Karl Marx, *Economie et philosophie* (*Manuscrits parisiens*, 1844), trad. de Jean Malaqué et Claude Orsini, Gallimard, "Pléiade", 1968.

Page 74
Isaac Babel, *Cavalerie rouge*, trad. de Maurice Parijanine, Gallimard, 1959.

Marcel Proust, *A l'ombre des jeunes filles en fleurs*, Gallimard, 1954.

Page 77
Maurice Blanchot, *L'Arrêt de mort*, Gallimard, 1948.

Pages 83-84
Sören Kierkegaard, *Crainte et tremblement*, trad. de P. H. Tissot, Aubier, 1935.

Page 90
Blaise Pascal, *Les Pensées*, Gallimard, "Pléiade", 1960.

Page 96
Cicéron, *De l'orateur*, trad. d'Edmond Courbaud, Les Belles Lettres, 1927.

Pages 98-99
"Israel Lichtenstein's Last Testament", in *A Holocaust Reader*, ed. by Lucy S. Dawidowicz, New York, Behrman House, 1976.

Page 102
Gustave Flaubert, "Lettre à Louise Colet", 6 ou 7 août 1846, in *Correspondance*, Gallimard, "Pléiade", 1973.

Page 104
Saint Augustin, *Confessions (LX)*, trad. de P. de Labriole, Les Belles Lettres, 1925.

Page 111
Marina Tsvetaieva, *Poèmes de la fin*, trad. d'Eve Malleret, L'Age d'homme, 1984 (les cinq premiers vers cités par Paul Auster sont ici traduits de l'anglais).

Pages 111-113
Dr. Gregory Altschuller, "Marina Tsvetayeva : a Physician's Memoir", in *Sun*, vol. IV, n° 3, hiver 1980, New York.

Pages 113-114
Christopher Wright, *Rembrandt and his Art*, New York, Galahad Books, 1975.

Page 114
Anne Frank, *Le Journal* (10 octobre 1942), trad. de T. Caren et S. Lombard, Calmann-Lévy, 1950.

Page 115
Hölderlin, *Lettre à Casimir Ulrich Böhlendorff*, trad. de Denise Naville, Gallimard, "Pléiade", 1967.

Page 116
Id., *A Zimmer*, poème, trad. de Jean-Pierre Faye.

Page 117
Saint Jérôme, *Sur Jonas*, trad. de dom P. Antin, Le Cerf, 1956.

Pages 117-118
Id., *En bleu adorable*, trad. d'André Du Bouchet, Gallimard, "Pléiade".

Page 128
Stéphane Mallarmé, *Lettre à Henry Roujon* (22 août 1879), Gallimard, 1965.

Page 130
Wilhelm Leibniz, *La Monadologie*, Aubier-Montaigne, 1962.

Page 137
Blaise Pascal, "Preuves de Jésus-Christ", in *Les Pensées, op. cit.*

Page 141
Le Livre de Jérémie.
Toutes les citations bibliques sont extraites de la traduction de l'abbé Crampon, Desclée et Cie, 1928.

Pages 141-143
Le Livre de Jonas.

Page 146
André du Bouchet, *Hölderlin aujourd'hui*, éd. Le Collet de Buffle (Colloque de Stuttgart, 21 mars 1970).

Pages 147-151
Carlo Collodi, *Les Aventures de Pinocchio*.
Toutes les citations de Pinocchio (y compris l'épigraphe du *Livre de la mémoire*) sont conformes à la traduction de Nathalie Castagné, publiée par Gallimard, "Folio Junior", 1985.

Page 154-155
Blaise Pascal, *Le Mémorial*, Cluny, 1938.

Page 157
Blaise Pascal, *Les Pensées, op. cit.*

Page 158
Edward A. Snow, *A Study of Vermeer*, Berkeley, University of California Press, 1979.

Pages 160-161
Vincent Van Gogh, *Lettre à Théo*, 16 octobre 1888, Grasset et Fasquelle, 1981.

Page 166
Léon Tolstoï, *Guerre et Paix*, trad. d'Henri Mongault, Gallimard, "Pléiade", 1944.

Pages 167-168
Sigmund Freud, "L'inquiétante étrangeté", in *Essais de psychanalyse appliquée*, trad. de M. Bonaparte et E. Mary, Gallimard, 1952.

Pages 234-241
Les Mille et Une Nuits. Toutes les citations sont extraites de la traduction du Dr J.-C. Mardrus, Bruxelles, éd. La Boétie, 1947. D'éventuelles infidélités sont dues à des différences entre cette version et la traduction anglaise (de John Payne) citée par Paul Auster.

Page 175
Fédor Dostoïevski, *Les Frères Karamazov*, trad. de Marc Chapiro, Mermod, 1946.
Jim Harrison, cité dans "The End of Cambodia", par William Shawcross, dans la *New York Review of Books*, 24 janvier 1980.

Pages 177-178
Anne Frank, *Le Journal, op. cit.*

Pages 178-180
Le Livre de Jonas.

Pages 181-182
Wilhelm Leibniz, *La Monadologie, op. cit.*

Page 182
Blaise Pascal, *Les Pensées, op. cit.*

Page 183
Marcel Proust, *Du côté de chez Swann*, Gallimard, 1954.

Pages 185-186
Sigmund Freud, "La création littéraire et le rêve éveillé", in *Essais de psychanalyse appliquée, op. cit..*

Page 194
Nadejda Mandelstam, *Contre tout espoir*, trad. du russe par Maya Minoustchine, Gallimard, 1972-1975.

LE VOYAGE D'ANNA BLUME

roman traduit de l'américain
par Patrick Ferragut

Première publication française en septembre 1989

Titre original :
In the Country of Last Things
Viking Penguin Inc., New York
© Paul Auster, 1987

© ACTES SUD, 1989
pour la traduction française

Il n'y a pas si longtemps, ayant franchi les portes du rêve, j'ai visité cette région de la terre où se trouve la célèbre Cité de la Destruction.

NATHANIEL HAWTHORNE

Ce sont les dernières choses, a-t-elle écrit. L'une après l'autre elles s'évanouissent et ne reparaissent jamais. Je peux te parler de celles que j'ai vues, de celles qui ne sont plus, mais je crains de ne pas avoir le temps. Tout se passe trop vite, à présent, et je ne peux plus suivre.

Je ne m'attends pas à ce que tu comprennes. Tu n'as rien vu de tout cela et même si tu essayais tu ne saurais te l'imaginer. Ce sont les dernières choses. Une maison se trouve ici un jour et le lendemain elle a disparu. Une rue où on a marché hier n'est plus là aujourd'hui. Même le climat varie constamment. Un jour de soleil suivi par un jour de pluie, un jour de neige suivi par un jour de brouillard, de la chaleur puis de la fraîcheur, du vent puis le calme plat, une période de froid terrible et puis aujourd'hui, au milieu de l'hiver, un après-midi de lumière parfumée, assez chaud pour qu'on ne porte que des pulls. Quand on habite dans la ville on apprend à ne compter sur rien. On ferme les yeux un instant, on se tourne pour regarder autre chose, et ce qu'on avait devant soi s'est soudain évanoui. Rien ne dure, vois-tu, pas même les pensées qu'on porte en soi. Et il ne faut pas perdre son temps à les rechercher. Lorsqu'une chose est partie, c'est définitivement.

C'est ainsi que je vis, poursuivait-elle dans sa lettre. Je ne mange guère. Juste assez pour continuer à mettre un pied devant l'autre, pas davantage. Parfois ma faiblesse est telle que j'ai l'impression que je ne parviendrai jamais à faire le pas suivant. Mais j'y arrive. Malgré les défaillances, je continue à marcher. Tu devrais voir comme je me débrouille bien.

Les rues de la ville sont partout et il n'y en a pas deux semblables. Je mets un pied devant l'autre, puis l'autre devant l'un, et j'espère pouvoir recommencer. Rien de plus que ça. Il faut que tu comprennes comment ça se passe pour moi, à présent. Je me déplace. Je respire l'air qui m'est donné, quel qu'il soit. Je mange aussi peu que possible. On a beau dire, la seule chose qui compte est de rester sur ses pieds.

Tu te souviens de ce que tu m'as dit avant mon départ. William a disparu, as-tu dit, et si énergiquement que je cherche je ne le trouverai jamais. Voilà tes paroles. Alors je t'ai répondu que ce que tu disais m'était égal, que j'allais retrouver mon frère. Et puis je suis montée sur cet horrible bateau et je t'ai quitté. Il y a combien de cela ? Je ne peux plus m'en souvenir. Des années et des années, me semble-t-il. Mais à vue de nez, seulement. Je n'en fais pas un mystère. J'ai perdu la piste et jamais rien ne me remettra dans le bon chemin.

C'est en tout cas une certitude. Sans la faim que j'éprouve je ne pourrais pas continuer. Il faut s'habituer à faire avec aussi peu que possible. En désirant moins on se contente de moins, et plus les besoins sont réduits, mieux on se porte. C'est ce que la ville te fait. Elle te met les pensées à l'envers. Elle te donne envie de vivre en même temps qu'elle essaie de te prendre ta vie. C'est quelque chose dont on ne sort pas. Tu y arrives ou pas. Et, si tu y arrives, tu ne peux pas être assuré de réussir la fois suivante. Et, si tu n'y arrives pas, il n'y aura pas de fois suivante.

Je ne sais pas pourquoi je t'écris à présent. En vérité je n'ai guère pensé à toi depuis que je suis arrivée ici. Mais soudain, après tout ce temps, j'ai le sentiment qu'il y a quelque chose à dire, et si je ne le note pas rapidement ma tête va éclater. Peu importe que tu le lises. Peu importe même que je l'envoie – en supposant que ce soit possible. Peut-être cela se ramène-t-il à la chose suivante. Je t'écris parce que tu n'es au courant de rien. Parce que tu es loin de moi et que tu n'es au courant de rien.

Il y a des gens qui sont si minces, écrivait-elle, qu'il leur arrive d'être emportés par le vent. Dans cette ville les bourrasques sont extrêmement violentes ; elles soufflent du fleuve en rafales qui te sifflent aux oreilles, te ballottent d'un côté et de l'autre, soulevant un tourbillon permanent de bouts de papiers et d'ordures devant tes pieds. Il n'est pas rare de voir les gens les plus minces se déplacer par deux et par trois – parfois ce sont des familles entières ficelées et enchaînées ensemble – pour se lester mutuellement face aux bourrasques. D'autres renoncent complètement à sortir, s'agrippant aux entrées des maisons et aux renfoncements, jusqu'à ce que même le ciel le plus serein leur semble menaçant. Mieux vaut pour eux attendre calmement dans leur coin, se disent-ils, que d'être précipités contre les pierres. On peut aussi acquérir une telle aptitude à se passer de nourriture qu'on finit par arriver à ne rien manger du tout.

C'est encore pire pour ceux qui luttent contre leur faim. Trop penser à manger ne peut que causer des ennuis. Il y a ceux qui s'obsèdent, qui refusent de se soumettre aux faits. Ils écument les rues à toute heure, fouillant les ordures à la recherche d'une bouchée, prenant des risques énormes pour la plus infime des miettes. Peu importe combien ils en trouvent, ils n'en auront jamais assez. Ils mangent sans jamais se repaître, lacérant leur nourriture avec une hâte bestiale, grattant de leurs doigts osseux tandis que leurs mâchoires tremblantes ne restent jamais fermées. Presque tout leur dégouline le long du menton, et ce qu'ils réussissent à avaler est généralement régurgité au bout de quelques minutes. C'est une mort lente, comme si la nourriture était un brasier, une folie qui les consume de l'intérieur. Ils croient manger pour rester en vie, mais finalement ce sont eux qui sont dévorés.

Il s'avère que s'alimenter est une affaire compliquée, et, à moins d'apprendre à accepter ce qui t'échoit, tu n'arrives jamais à te sentir en paix avec toi-même. Les pénuries sont fréquentes et un aliment qui t'a fait plaisir tel jour a toutes chances d'avoir disparu le lendemain. Les marchés municipaux sont probablement les endroits les plus sûrs pour faire des courses, ceux sur lesquels on peut le plus compter. Mais les prix y sont élevés et le choix très restreint. Un jour il n'y a que des radis, un autre rien que du gâteau au chocolat rassis. Changer de régime si souvent et si radicalement peut mettre l'estomac à très rude épreuve. Mais les marchés municipaux ont l'avantage d'être sous surveillance policière et tu te dis qu'au moins ce que tu y achètes finira dans ton estomac et non dans celui de quelqu'un d'autre. Les vols d'aliments dans les rues sont si fréquents qu'ils ne sont même plus considérés comme des crimes. De plus, les marchés municipaux constituent la seule forme de distribution alimentaire légalement autorisée. Il y a beaucoup d'épiciers privés, dans toute la ville, mais leurs marchandises peuvent leur être confisquées à n'importe quel moment. Même ceux qui ont les moyens de payer à la police les pots-de-vin nécessaires pour continuer à travailler doivent constamment affronter la menace d'attaques de la part des voleurs. Lesdits voleurs sont aussi le fléau des clients des marchés privés, et on a démontré statistiquement qu'un achat sur deux suscite un acte de brigandage.

De tels risques, me semble-t-il, ne valent guère d'être pris pour avoir le bonheur éphémère d'une orange ou pour goûter du jambon cuit. Mais les gens sont insatiables : la faim est une malédiction qui reprend chaque jour et l'estomac est un gouffre sans fond, un trou aussi vaste que le monde. Les marchés privés tournent donc bien malgré les obstacles, partant d'un endroit pour en gagner un autre, toujours en déplacement, surgissant une heure ou deux quelque part avant de disparaître. Un mot d'avertissement, cependant. Si tu dois te fournir dans un marché privé, veille bien à éviter les négociants rénégats, car la fraude fleurit et nombreux sont ceux qui vendent n'importe quoi pour le moindre bénéfice : des œufs et des oranges remplis de sciure, des bouteilles de pisse en guise de bière. Non il n'y a rien que les gens se retiennent de faire, et le plus vite tu l'auras appris, le mieux tu te porteras.

Lorsque tu marches dans les rues, poursuivait-elle, tu dois te souvenir de ne faire qu'un pas à la fois. Sinon la chute est inévitable. Tes yeux doivent être constamment en alerte, braqués vers le haut, le bas, devant, derrière, surveillant d'autres corps, à l'affût de l'imprévisible. Une collision avec quelqu'un peut être fatale. Deux individus se bousculent et puis se mettent à s'assommer à coups de poing. Ou bien ils tombent au sol et n'essaient pas de se relever. Car, tôt ou tard, vient un moment où l'on ne fait plus l'effort de se relever. Les corps souffrent, vois-tu, il n'y a pas de remède à cela. Et bien plus atrocement ici qu'ailleurs.

Les gravats présentent un problème particulier. Il faut apprendre à passer des tranchées qu'on n'a pas remarquées, des tas de pierres imprévus, des petites ornières, tout cela de façon à ne pas trébucher ni se blesser. Et puis il y a le pire, les péages, qu'on n'évite que par l'astuce. Il suffit qu'il y ait des bâtiments effondrés ou des ordures accumulées pour que s'élèvent de grands tas au milieu de la rue, bloquant tout passage. Il y a des hommes pour construire ces barricades chaque fois que les matériaux sont disponibles. Puis, armés de gourdins, de carabines ou de briques, ils montent dessus. De leur perchoir ils attendent que les gens viennent. Ce sont eux qui tiennent la rue. Si on veut passer, on doit donner à ces gardiens ce qu'ils exigent. Parfois de l'argent ; parfois de la nourriture ; parfois du sexe. Les brutalités sont habituelles, et de temps à autre on entend parler d'un meurtre.

De nouveaux péages se dressent, les anciens s'en vont. Tu ne sais jamais quelle rue prendre, ni laquelle éviter. Par bribes, la ville te dépouille de toute certitude. Il ne peut jamais exister de chemin tracé d'avance, et tu ne peux survivre que si rien ne t'est nécessaire. Tu dois pouvoir tout changer de but en blanc, laisser tomber ce que tu fais, repartir en arrière. A la fin, il n'y a rien qui échappe à cette règle. Par conséquent, il te faut apprendre à déchiffrer les signaux. Lorsque les yeux sont défaillants, le nez vient parfois à la rescousse. Mon odorat est devenu anormalement sensible. Malgré les effets secondaires – la nausée soudaine, le vertige, la peur qui survient lorsque l'air fétide m'envahit le corps –, mon nez me protège lorsque je tourne au coin d'une rue – l'endroit des plus grands dangers. Les péages, en effet, ont une puanteur particulière qu'on apprend à distinguer même de très loin. Composés de pierres, de ciment et de bois, ces monticules contiennent aussi des ordures et des éclats de plâtre : le soleil agit sur les immondices, produisant une odeur encore plus infecte qu'ailleurs, tandis que la pluie travaille le plâtre pour le boursoufler et le dissoudre, de façon qu'il dégage ses propres émanations. Et lorsque les deux agissent l'un sur l'autre avec de brusques alternances de sécheresse et d'humidité, le péage se met alors à exhaler toute son odeur. L'essentiel est de ne pas s'accoutumer. Car les habitudes sont mortelles. Même si c'est la centième fois, il faut aborder chaque chose comme si on ne l'avait encore jamais rencontrée. Peu importe combien de fois, ce doit toujours être la première. Ce qui est pratiquement impossible, je m'en rends bien compte, mais c'est une règle absolue.

On se dit que tôt ou tard tout cela devrait prendre fin. Les choses tombent en morceaux et s'évanouissent alors que rien de neuf n'est créé. Les gens meurent et les bébés refusent de naître. Durant toutes les années que j'ai passées ici, je ne peux pas me rappeler avoir vu un seul nouveau-né. Et pourtant il y a toujours de nouveaux arrivants pour remplacer les disparus. Ils affluent des campagnes et des villes de la périphérie, tirant des chariots où s'empilent en hauteur toutes leurs possessions, ou encore dans des voitures délabrées qui passent en pétaradant, et ils sont tous affamés, tous sans abri. Jusqu'à ce qu'ils soient au courant des usages de la ville, ces nouveaux venus constituent des victimes faciles. Un bon nombre d'entre eux se font escroquer leur argent avant la fin du premier jour. Il y en a qui paient des appartements qui n'existent pas, d'autres qui se laissent entraîner à verser des commissions pour des emplois qui ne se concrétisent jamais, d'autres encore qui déboursent leurs économies pour acheter de la nourriture qui s'avère n'être rien d'autre que du carton peint. Encore ces supercheries-là sont-elles les plus ordinaires. Je connais quelqu'un qui gagne sa vie en se postant devant l'ancien hôtel de ville et en demandant un paiement chaque fois qu'un des nouveaux venus jette un coup d'œil à l'horloge de la tour. Si une dispute survient, son assistant, qui joue le béjaune, fait semblant de se plier au rituel de regarder l'horloge et de payer, de façon que l'étranger croie que c'est la pratique habituelle. Ce qui est stupéfiant, ce n'est pas qu'existent des escrocs, mais qu'il leur soit si facile d'amener les gens à se départir de leur argent.

Quant à ceux qui ont un logement, ils courent toujours le danger de le perdre. La plupart des bâtiments ne connaissant pas de propriétaire, on n'a pas de droits en tant que locataire : pas de bail, pas de support juridique sur lequel s'appuyer si les choses tournent contre soi. Il n'est pas rare que des gens soient expulsés de leur appartement par la force et jetés à la rue. Une bande te tombe dessus avec des carabines et des gourdins, et t'ordonne de déguerpir ; à moins d'estimer être plus fort qu'eux, que te reste-t-il comme choix ? Cette pratique est connue sous le nom d'effraction, et il y a peu de gens de la ville qui, à un moment ou un autre, n'aient pas perdu leur logement de cette manière. Mais même si tu as la chance d'échapper à cette forme-là d'expulsion, tu ne sais jamais quand tu seras victime de l'un des propriétaires fantômes. Ce sont des gens qui extorquent de l'argent et terrorisent pratiquement tous les quartiers en forçant les habitants à payer des primes de protection pour pouvoir rester dans leur appartement. Ils s'autoproclament propriétaires d'un bâtiment, escroquent les occupants et ne rencontrent presque jamais d'opposition.

Pour ceux qui n'ont pas de logement, cependant, la situation est au-delà de toute issue. Bien qu'il n'existe jamais rien de libre, les agences de location continuent une sorte d'activité. Elles insèrent chaque jour des annonces dans le journal, faisant hardiment état d'appartements à louer pour attirer des clients dans leurs officines et leur soutirer une commission. Personne n'est dupe de ce manège, et pourtant il existe un nombre élevé de personnes qui acceptent d'engloutir leurs derniers sous dans ces promesses illusoires. Ils arrivent tôt le matin devant les bureaux, font patiemment la queue, parfois pendant des heures, rien que pour pouvoir s'asseoir dix minutes avec un employé et regarder des photos d'immeubles dans des rues bordées d'arbres, des pièces confortables, des appartements équipés de tapis et de fauteuils en cuir souple – scènes paisibles pour évoquer une bonne odeur de café qui flotte depuis la cuisine, la vapeur d'un bain chaud, les couleurs brillantes de plantes dans leurs pots joliment rangés sur le rebord d'une fenêtre. Personne ne semble se soucier du fait que ces photos datent de plus de dix ans.

Nous sommes si nombreux à être redevenus comme des enfants. Ce n'est pas que nous le voulions, comprends-tu, ni qu'aucun de nous en soit réellement conscient. Mais lorsque l'espérance s'est enfuie, lorsqu'on découvre qu'on a même cessé d'espérer que l'espérance soit possible, on a tendance à remplir les espaces vides par des rêves, des petites pensées enfantines et des histoires qui aident à tenir. Même les plus endurcis ont du mal à s'en empêcher. Sans cérémonie ni préalable, ils coupent court à ce qu'ils sont en train de faire, s'assoient et parlent des désirs qui ont surgi en eux. La nourriture est évidemment un de leurs sujets préférés. Il est fréquent de surprendre une conversation de groupe où on décrit un repas dans tous ses détails, en commençant par les soupes et les amuse-gueule pour arriver lentement au dessert, en insistant sur chaque saveur et chaque épice, sur les divers goûts et arômes, en se concentrant tantôt sur la méthode de préparation, tantôt sur les effets de l'acte même de manger, depuis le premier picotement sur la langue jusqu'à la sensation de paix qui vous envahit graduellement à mesure que l'aliment descend le long de la gorge pour atteindre le ventre. Ces conversations durent parfois des heures et suivent un rituel extrêmement rigoureux. On ne doit jamais rire, par exemple, et on ne doit jamais laisser la faim prendre le dessus sur soi-même. Pas d'éclats, pas de soupirs involontaires. Cela conduirait à des pleurs et rien ne gâte une conversation gastronomique plus vite que des larmes. Pour avoir les meilleurs résultats, il faut laisser son esprit plonger dans les paroles qui surgissent de la bouche des autres. Si on réussit à se laisser absorber par ces paroles, on parvient à oublier sa faim et à entrer dans ce que les gens appellent "le domaine du nimbe nourricier". Il y a même ceux qui soutiennent que ces conversations gastronomiques ont une valeur nutritive – si elles atteignent la concentration nécessaire et s'il y a chez les participants le même désir de croire aux paroles énoncées.

Tout ceci appartient à la langue des spectres. Il existe bien d'autres formes de conversation possibles dans cette langue. La plupart d'entre elles commencent dès que quelqu'un dit à un autre : Je voudrais. Ce qu'il souhaite peut être n'importe quoi, du moment que c'est irréalisable. Je voudrais que le soleil ne se couche jamais. Je voudrais que l'argent pousse dans mes poches. Je voudrais que la ville soit comme autrefois. Tu vois ce que je veux dire. Des choses absurdes et infantiles, dépourvues de sens et de réalité. En général, les gens croient fermement qu'autrefois les choses, si mauvaises qu'elles aient pu être, étaient meilleures qu'aujourd'hui. Comment elles étaient il y a deux jours vaut même mieux que comment elles étaient hier. Plus on recule dans le passé, plus le monde devient beau et désirable. On s'extrait du sommeil chaque matin pour se retrouver en face de quelque chose qui est toujours pire que ce qu'on a affronté la veille ; mais, en parlant du monde qui a existé avant qu'on s'endorme, on peut se donner l'illusion que le jour présent n'est qu'une apparition ni plus ni moins réelle que le souvenir de tous les autres jours qu'on trimbale à l'intérieur de soi.

Je comprends pourquoi les gens jouent ce jeu, mais personnellement je ne le trouve pas du tout à mon goût. Je refuse de parler la langue des spectres, et chaque fois que j'entends quelqu'un l'utiliser, je m'éloigne ou je me bouche les oreilles avec les mains. Oui, les choses ont changé en ce qui me concerne. Tu te souviens de la petite fille enjouée que j'étais. Tu n'étais jamais rassasié de mes histoires, des mondes que j'imaginais et dans lesquels nous jouions. Le Château sans Retour, le Pays de la Tristesse, la

Forêt des Mots oubliés. T'en souviens-tu ? A quel point j'aimais te raconter des mensonges, t'amener par ruse à croire mes contes, et combien j'aimais voir ton visage prendre une expression sérieuse tandis que je te faisais passer d'une scène incongrue à la suivante ? Puis je t'avouais que c'était tout inventé, et tu te mettais à pleurer. Je crois que j'aimais tes pleurs autant que ton sourire. Oui, j'étais sans doute un peu perverse, même à cette époque où je portais les petites robes que ma mère me mettait, avec mes genoux écorchés, couverts de croûtes, et ma petite chatte de bébé sans poils. Mais tu m'as aimée, n'est-ce pas ? Tu m'as aimée jusqu'à t'en rendre fou.

A présent, je ne suis que bon sens et froids calculs. Je ne veux pas être comme les autres. Je vois ce que leurs fantasmes leur font, et je ne veux pas que cela m'arrive. Le peuple des spectres meurt toujours dans son sommeil. Pendant un mois ou deux, ils se promènent avec un sourire étrange aux lèvres, et un halo bizarre d'altérité flotte autour d'eux comme s'ils avaient déjà commencé à disparaître. Les symptômes ne laissent place à aucun doute, pas plus que les signes annonciateurs : la légère rougeur des joues, les yeux un peu plus grands que d'habitude, le pas traînant et léthargique, l'odeur infecte du bas du corps. Et pourtant c'est probablement une mort heureuse. Je le leur concède volontiers. Il m'est presque arrivé de les envier. Mais au bout du compte je ne peux pas me laisser aller. Je ne me le permettrai pas. Je vais tenir aussi longtemps que je peux, même si ça me tue.

D'autres morts sont plus dramatiques. C'est ainsi qu'il y a les Coureurs, une secte d'individus qui dévalent les rues aussi vite qu'ils peuvent en battant furieusement des bras, en frappant l'air et en criant à s'époumoner. La plupart du temps, ils se déplacent en groupes de six, dix, voire vingt, fonçant ensemble le long de la voie, ne s'arrêtant à aucun obstacle sur leur chemin, courant et courant jusqu'à ce qu'ils tombent d'épuisement. Leur but est de mourir aussi rapidement que possible, de se malmener au point que leur cœur ne puisse plus tenir. Les Coureurs disent que personne ne serait assez courageux pour y parvenir tout seul. Dans une course en groupe, chaque membre est emporté par les autres, encouragé par les hurlements, fouetté jusqu'à cette frénésie d'endurance autopunitive. Il y a là un côté ironique : pour se tuer en courant, il faut d'abord s'entraîner à devenir un bon coureur, sinon on n'aura pas la force de se pousser assez loin. Les Coureurs se livrent donc à des préparatifs rigoureux pour accomplir leur destin fatal, et, s'il leur arrive de tomber alors qu'ils sont en chemin vers ce destin, ils savent se relever immédiatement et continuer. Je suppose que c'est une sorte de religion. Il existe plusieurs bureaux à travers la ville – un pour chacune des neuf zones de recensement – et pour adhérer on doit subir toute une série de difficiles épreuves d'initiation : retenir son souffle sous l'eau, jeûner, mettre la main sur une flamme de bougie, ne parler à personne durant sept jours. Une fois accepté, on doit se soumettre au code du groupe. Ce qui implique entre six et douze mois de vie en communauté, un régime rigoureux d'exercice et d'entraînement, ainsi qu'une réduction progressive de la quantité de nourriture ingérée. Lorsqu'un membre est prêt à faire sa course fatale, il a atteint simultanément son point ultime de force et de faiblesse. Théoriquement, il peut courir éternellement, mais en même temps son corps a brûlé toutes ses ressources. Cette combinaison produit le résultat recherché. Le candidat part avec ses compagnons le matin du jour fixé et court jusqu'à ce qu'il échappe à son corps : il court et hurle jusqu'à ce qu'il se soit envolé hors de lui-même. Il arrive un moment où son âme arrive à s'extraire et à se libérer. Son corps tombe alors à terre, et il est mort. Les Coureurs, dans leur publicité, prétendent que leur méthode a un taux de réussite de plus de quatre-vingt-dix pour cent – ce qui signifie que pratiquement personne ne se voit jamais dans l'obligation de faire une deuxième course à la mort.

Les morts solitaires sont plus habituelles. Mais elles aussi se sont transformées en une sorte de rite public. Les gens grimpent sur les lieux les plus élevés, sans autre raison que celle de sauter. Le Saut ultime, tel est son nom, et j'avoue que c'est un spectacle qui a quelque chose de poignant, quelque chose qui semble ouvrir en toi tout un monde de liberté nouvelle : de voir ce corps en équilibre au bord du toit, et puis, toujours, un petit instant d'hésitation (comme issu du désir de savourer ces dernières secondes) tandis que ta propre vie se noue dans ta gorge ; alors, à l'improviste (car on n'est jamais sûr du moment où ça va se produire), le corps se précipite dans le vide et fend les airs jusqu'à la chaussée. Tu serais surpris de l'enthousiasme des foules, de leurs acclamations frénétiques, de leur excitation. C'est comme si la violence et la beauté du spectacle les avaient arrachés à eux-mêmes, leur avaient fait oublier l'étroitesse de leur propre vie. Le Saut ultime est un acte que chacun peut comprendre, qui correspond aux désirs profonds de tous : mourir en un éclair, s'annihiler en un bref et glorieux instant. Il m'arrive de penser que la mort est véritablement la seule chose dont nous ayons le sens. C'est notre forme d'art, notre seule façon de nous exprimer.

Il y a quand même ceux d'entre nous qui réussissent à vivre. Car la mort aussi est devenue source de vie. Lorsque tant de gens réfléchissent à la manière de mettre un terme aux choses, méditent sur les diverses façons de quitter ce monde, tu t'imagines bien les occasions d'en tirer profit. Quelqu'un d'adroit peut très bien vivre de la mort d'autrui. Car tout le monde n'a pas la bravoure des Coureurs ou des Sauteurs, et nombreux sont ceux qui ont besoin d'être soutenus dans leur décision. La capacité de payer ces services est naturellement une condition préalable, ce qui fait que peu de gens, en dehors des plus riches, peuvent y avoir recours. Mais c'est pourtant un domaine où le commerce est florissant, surtout dans les Cliniques d'euthanasie. Ces dernières se répartissent en divers modèles, selon le prix que tu es disposé à payer. Le modèle le plus simple et le moins cher ne prend pas plus d'une heure ou deux ; dans les publicités, on l'appelle le Voyage retour. Tu te fais enregistrer à la Clinique, tu paies ton billet au guichet, et puis on te conduit dans une petite chambre privée où il y a un lit tendu de frais. Un employé te borde et te fait une injection, à la suite de quoi tu pars doucement à la dérive dans un sommeil dont tu ne te réveilles jamais. Un peu plus haut dans l'échelle des prix se trouve le Parcours des merveilles, qui dure de un à trois jours selon les cas. Il consiste en une série de piqûres à intervalles réguliers qui donnent au client la sensation euphorique de se laisser aller et d'être heureux, jusqu'à ce qu'une dernière injection, fatale celle-là, lui soit administrée. Ensuite, il y a la Croisière des plaisirs, qui peut durer jusqu'à deux semaines. On offre aux clients une vie d'opulence, on cherche à les satisfaire avec un soin qui se compare à la splendeur des hôtels de luxe de jadis. Il y a des repas raffinés, des vins, des divertissements, même un bordel prévu pour les besoins des femmes comme des hommes. Tout cela demande pas mal d'argent, mais, pour certaines personnes, une chance de connaître la belle vie, ne serait-ce qu'un court moment, représente une tentation irrésistible.

Les Cliniques d'euthanasie ne constituent cependant pas le seul moyen d'acheter sa propre mort. Il existe aussi des Clubs d'assassinat qui connaissent une popularité croissante. Celui qui veut mourir, mais qui a trop peur pour s'en charger lui-même, s'inscrit au Club d'assassinat de sa zone de recensement, moyennant une cotisation modique. On lui attribue alors un assassin. Le client n'est nullement informé des dispositions prises, et tout ce qui concerne sa mort reste pour lui une énigme : la date, le lieu, la méthode qui sera utilisée, l'identité de son tueur. En un certain sens, la vie continue comme toujours. La mort reste à l'horizon, c'est une certitude absolue, mais elle est indéchiffrable quant à sa forme spécifique. Au lieu de la vieillesse, de la maladie ou d'un accident, le membre d'un Club d'assassinat peut compter sur une mort rapide et violente dans un avenir pas très lointain : une balle dans le cerveau, un couteau dans le dos, des mains nouées autour de sa gorge au milieu de la nuit. Le résultat de tout ceci, me semble-t-il, est de renforcer sa vigilance. La mort n'est plus une abstraction, mais une éventualité réelle qui hante chaque moment de la vie. Au lieu de se soumettre passivement à l'inéluctable, ceux qui sont marqués pour être abattus ont tendance à devenir plus alertes, plus vigoureux dans leurs mouvements, plus pénétrés du sens de vivre – comme transformés par une nouvelle compréhension des choses. En fait, un bon nombre d'entre eux se rétractent et choisissent à nouveau la vie. Mais c'est une affaire compliquée. Car une fois qu'on est inscrit à un Club d'assassinat on n'a pas le droit d'en partir. En revanche, celui qui réussit à tuer son bourreau peut être relevé de son obligation – et, s'il le désire, être employé à son tour comme tueur. C'est là que réside le danger du travail d'assassin et la raison pour laquelle il est si bien payé. Il est rare qu'un assassin soit tué, car il est forcément plus expérimenté que sa victime désignée, mais ça se produit parfois. Beaucoup de pauvres, surtout de jeunes hommes pauvres, font des économies pendant des mois, voire des années, rien que pour pouvoir adhérer à un Club d'assassinat. Leur but est de se faire engager comme assassin – et par conséquent de s'élever à une meilleure vie. Il y en a peu qui y réussissent. Si je te racontais l'histoire de certains de ces garçons tu n'en dormirais pas d'une semaine.

Tout ceci débouche sur une grande quantité de problèmes pratiques. La question des corps, par exemple. Les gens ne meurent pas ici comme au temps jadis, où ils expiraient tranquillement dans leur lit ou dans le sanctuaire hygiénique d'une salle d'hôpital. Ils meurent là où ils se trouvent, et pour la plupart d'entre eux cela signifie la rue. Je ne parle pas seulement des Coureurs, des Sauteurs et des membres de Clubs d'assassinat (car ils ne forment qu'une petite fraction de la totalité), mais de vastes tranches de population. Une bonne moitié des gens sont des sans-logis qui n'ont absolument aucun endroit où aller. Il y a donc des cadavres partout où l'on se tourne – sur le trottoir, dans les entrées, sur la chaussée elle-même. Ne me demande pas de me lancer dans les détails. C'est assez pour moi de le dire – c'est même plus qu'assez. A l'inverse de ce que tu pourrais croire, le vrai problème n'est jamais le manque de pitié. Rien ne se fend ici plus facilement que le cœur.

La plupart des cadavres sont nus. Des charognards écument les rues en permanence, et il ne faut jamais très longtemps avant qu'un mort soit dépouillé de ses possessions. Les souliers partent en premier, parce qu'ils sont très recherchés et qu'il est très difficile de s'en procurer. Les poches viennent en second dans l'ordre des convoitises, mais ensuite c'est généralement tout le reste qui suit, c'est-à-dire les vêtements et ce qu'ils peuvent contenir. A la fin, arrivent les hommes aux ciseaux et aux tenailles qui arrachent de la bouche les dents en or et en argent. Comme c'est un sort inéluctable, beaucoup de familles se chargent elles-mêmes de dépouiller leurs morts, ne voulant pas laisser cela à des étrangers. Il y a des cas où elles agissent par souci de préserver la dignité de leur bien-aimé ; mais il y en a d'autres où c'est simplement une question d'égoïsme. Ce dernier point est peut-être trop subtil. Si l'or d'une dent de ton mari peut te permettre de te nourrir pendant un mois, qui oserait dire que tu as tort de l'arracher ? Ce genre de comportement est repoussant, je le sais bien, mais celui qui veut survivre ici doit pouvoir céder sur des questions de principe.

Tous les matins, la municipalité fait sortir des camions pour ramasser les cadavres. C'est la fonction principale du gouvernement ; aussi dépense-t-on plus d'argent pour cela que pour n'importe quoi d'autre. Tout autour des bords de la ville se trouvent les crématoires – les prétendus Centres de transformation – dont on peut voir nuit et jour la fumée monter dans le ciel. Mais les rues sont si mal entretenues, à présent, et elles sont si nombreuses à être retombées à l'état de rocaille, que cette tâche devient de plus en plus ardue. Les hommes doivent arrêter les camions et partir fourrager à pied, ce qui ralentit considérablement le travail. En plus, il y a souvent des pannes mécaniques de véhicule et, de temps à autre, des explosions d'agressivité de la part de la population. Car c'est un passe-temps habituel, chez les sans-logis, que de lancer des pierres aux employés des transports mortuaires. Bien que ces ouvriers soient armés et qu'on ait relevé des cas où ils ont tiré sur la foule à la mitraillette, quelques-uns de ces lanceurs de cailloux sont très habiles à se cacher, et leur tactique de harcèlement et de disparition peut parfois entraîner l'arrêt total du ramassage. Ces agressions n'ont pas de motifs cohérents. Elles proviennent de la colère, du ressentiment, de l'ennui, et comme les employés au ramassage sont les seuls fonctionnaires municipaux à jamais se montrer dans le voisinage, ils constituent des cibles commodes. On pourrait dire que ces pierres représentent le dégoût des gens envers un gouvernement qui ne fait rien pour eux avant qu'ils soient morts. Mais ce serait aller trop loin. Ces cailloux sont une façon d'exprimer le malheur et c'est tout. Car il n'y a pas de politique en tant que telle dans la ville. Les gens sont trop affamés, trop pris dans leurs pensées, trop dressés les uns contre les autres pour cela.

*

La traversée a duré dix jours et j'étais la seule passagère. Mais tu le sais déjà. Tu as rencontré le capitaine et l'équipage, tu as vu ma cabine, il n'y a pas lieu de revenir là-dessus. Je passais mon temps à regarder l'eau et le ciel, c'est à peine si j'ai ouvert un livre au cours de ces dix jours. Nous sommes arrivés à la ville pendant la nuit et c'est seulement à cet instant-là que j'ai commencé à ressentir un peu de panique. Le rivage était complètement noir, sans aucune lumière nulle part, et on avait l'impression d'entrer dans un monde invisible, un endroit où seuls des aveugles vivaient. Mais j'avais l'adresse du bureau de William, ce qui m'a quelque peu rassurée. Il me suffit d'y aller, me suis-je dit, et puis les choses s'enclencheront d'elles-mêmes. Je comptais bien, au pire, pouvoir retrouver la trace de William. Mais je n'avais pas imaginé que les rues auraient disparu. Ce n'était pas une question de bureau vide ou d'immeuble abandonné. Il n'y avait pas d'immeuble, pas de rue, pas de ci ou de ça : rien que des pierres et des gravats sur des hectares à la ronde.

Il s'agissait de la troisième zone de recensement, comme je l'ai su plus tard ; et, presque une année auparavant, une sorte d'épidémie s'y était déclarée. La municipalité était intervenue, avait muré la zone et tout rasé par le feu. C'est du moins ce que j'ai entendu dire. Depuis, j'ai appris à ne pas accorder trop de crédit à ce qu'on me dit. Ce n'est pas que les gens veuillent vraiment mentir, c'est seulement que dès qu'il s'agit du passé la vérité tend à s'obscurcir rapidement. Des légendes surgissent en quelques heures, des histoires invraisemblables se répandent, et les faits sont vite enfouis sous des montagnes de théories incongrues. Dans cette ville, la meilleure méthode consiste à ne croire que ses propres yeux. Mais même cela n'est pas infaillible. Car il y a peu de choses qui soient jamais comme elles le paraissent, surtout ici où il y a tant à enregistrer à chaque pas, où il y a tant qui défie l'entendement. Tout ce que tu vois a la capacité de te blesser, de te diminuer, comme si par le seul acte de voir une chose tu étais dépouillé d'une partie de toi-même. On a souvent l'impression qu'il est dangereux de regarder, et on a tendance à détourner les yeux, voire à les fermer. De ce fait, il est facile de s'embrouiller, de ne pas être sûr de percevoir réellement la chose qu'on croit fixer. Car il se pourrait qu'on soit en train de l'imaginer ou de la confondre avec une autre, ou même de se remémorer une chose déjà vue – sinon déjà imaginée. Tu vois combien c'est complexe. Il ne suffit pas de simplement regarder et de se dire : "Je regarde tel objet." Car c'est une chose de se le dire lorsque l'objet devant ses yeux est, disons, un crayon ou une croûte de pain. Mais qu'en est-il lorsqu'on se trouve devant un enfant mort, une petite fille étendue toute nue dans la rue, la tête fracassée et ensanglantée ? Ce n'est pas une affaire simple, vois-tu, de déclarer carrément et sans aucune hésitation : "Je regarde une enfant morte." L'esprit semble renâcler à former ces mots, et, d'une certaine façon, on ne peut se résoudre à le faire. Car l'objet devant tes yeux n'est pas quelque chose que tu puisses très facilement séparer de toi-même. C'est ce que je veux dire par être blessé : tu ne peux pas voir, sans plus, car chaque chose vue t'appartient aussi en quelque manière et fait partie de l'histoire qui se déroule à l'intérieur de toi. Il serait agréable, je suppose, de s'endurcir au point de ne plus être affecté par rien. Mais alors on serait seul, tellement coupé de tous les autres que la vie deviendrait impossible. Il y a ici des gens qui y parviennent, qui trouvent la force de se transformer en monstres, mais tu serais surpris de savoir comme ils sont peu nombreux. Ou bien, pour le formuler autrement : nous sommes tous devenus des monstres, mais il n'y a presque personne qui ne garde en lui quelque vestige de la vie telle qu'elle était jadis.

C'est là peut-être le plus grand de tous les problèmes. La vie telle que nous la connaissons a pris fin, et personne encore n'est en mesure de saisir ce qui l'a remplacée. Ceux d'entre nous qui ont été élevés ailleurs, ou qui sont assez âgés pour se souvenir d'un monde différent de celui-ci, doivent lutter terriblement, uniquement pour se maintenir jour après jour. Je ne parle pas seulement des épreuves qu'on subit. Devant l'incident le plus ordinaire, on ne sait plus comment agir, et comme on ne peut agir on se trouve incapable de réfléchir. Le cerveau sombre dans la confusion. Autour de soi tout n'est que changement, chaque jour amène un nouveau bouleversement, les hypothèses d'hier ne sont plus que du vide et du vent. Là est le dilemme. D'un côté tu veux survivre, t'adapter, tirer le meilleur parti des choses telles qu'elles sont. Mais, de l'autre, il faudrait pour y arriver que tu extermines tout ce qui jadis te désignait à tes propres yeux comme un être humain. Comprends-tu ce que je veux dire ? Pour vivre, tu dois te faire mourir. C'est pourquoi tant de gens ont abandonné. Car ils peuvent lutter aussi farouchement qu'ils veulent, ils savent qu'ils perdront forcément. Et quand on en arrive là, il est certainement absurde de vouloir même lutter.

Dans mon esprit, ça s'embrouille à présent : ce qui a eu lieu et n'a pas eu lieu, les rues la première fois, les jours, les nuits, le ciel au-dessus de moi, les pierres qui s'étendent au loin. Je crois me rappeler avoir beaucoup regardé en l'air comme si je fouillais le ciel à la recherche d'une lacune, ou d'un surplus, enfin de quelque chose qui l'aurait différencié d'autres cieux, comme si le firmament pouvait expliquer les choses que je voyais autour de moi. Il se pourrait cependant que je sois dans l'erreur. Peut-être suis-je en train de reporter mes observations plus tardives sur celles des premiers jours. Mais je doute que ça puisse avoir quelque importance, surtout à présent.

Après une longue et minutieuse étude, je peux annoncer sans risque que le ciel ici est identique à celui qui se trouve au-dessus de toi. Nous avons les mêmes nuages et la même luminosité, les mêmes tempêtes et les mêmes accalmies, les mêmes vents qui emportent tout sur leur passage. Si les effets diffèrent quelque peu ici, c'est uniquement à cause de ce qui se passe au sol. C'est ainsi que les nuits ne sont jamais tout à fait comme chez nous. On retrouve la même obscurité et la même immensité, mais il y manque la sensation de calme, remplacée par un inlassable courant de fond, un murmure qui te tire vers le bas et te pousse en avant sans relâche. Et puis, dans la journée, la luminosité devient parfois intolérable – c'est un éblouissement qui t'étourdit et semble tout blanchir tandis que les surfaces déchiquetées miroitent et que l'air lui-même lance presque des reflets. La lumière se comporte de telle façon que les couleurs se déforment de plus en plus à mesure qu'on s'approche d'elles. Même les ombres sont agitées, secouées par des pulsations fiévreuses et fantasques sur leurs contours. Dans cette lumière, il faut faire attention de ne pas ouvrir trop grands les yeux, de cligner avec l'exacte précision qui permet de garder l'équilibre. Sinon, on trébuche en marchant et je n'ai pas besoin de m'étendre sur les dangers des chutes. S'il n'y avait l'obscurité et ces nuits étranges qui descendent sur nous, je pense parfois que le ciel se brûlerait entièrement. Les jours finissent quand ils doivent le faire, au moment précis où le soleil paraît avoir épuisé les choses sur lesquelles il brille. Rien ne pourrait encore adhérer à cet éclat. Tout ce monde si peu plausible se liquéfierait et ce serait la fin.

Lentement et sûrement la ville semble se consumer, et cela bien qu'elle subsiste. C'est absolument inexplicable. Je ne peux qu'enregistrer, je ne prétends pas comprendre. Tous les jours, dans les rues, on entend des explosions comme si quelque part au loin un bâtiment s'écroulait ou un trottoir s'effondrait. Mais on ne les voit jamais se produire. Si souvent qu'on entende ces bruits, leur source reste toujours invisible. Tu te dis qu'une fois ou l'autre l'explosion devrait avoir lieu en ta présence. Mais les faits se moquent des probabilités. Ne crois pas que j'invente – ces bruits ne proviennent pas de ma tête. Les autres les entendent, eux aussi, même s'ils n'y font guère attention. Quelquefois ils s'arrêtent pour en dire deux mots, mais ils ne paraissent jamais inquiets. Ça s'améliore un peu actuellement, remarqueront-ils. Ou bien : Cet après-midi c'est l'artillerie. Autrefois je posais pas mal de questions sur ces explosions, mais je n'ai jamais obtenu de réponse. Rien de plus qu'un regard idiot ou un haussement d'épaules. J'ai fini par apprendre qu'il y a des choses qu'on ne demande pas, tout simplement, que même ici il y a des sujets dont personne n'a envie de discuter.

Pour ceux du bas de l'échelle, il y a les rues, les parcs et les anciennes stations de métro. Les rues, c'est le pire, car on y est exposé à tous les risques et à tous les désagréments. Les parcs sont un lieu un peu moins agité, à l'écart de la circulation et des gens qui passent en permanence ; mais à moins d'être un de ces privilégiés qui disposent d'une tente ou d'une cabane, on n'est jamais à l'abri des intempéries. On ne peut être certain d'y échapper que dans les stations de métro où, en revanche, on est obligé d'affronter une multitude d'autres contrariétés : l'humidité, les foules, ainsi que le bruit perpétuel de gens qui crient comme s'ils étaient hypnotisés par l'écho de leur voix.

Pendant les premières semaines, c'est la pluie que j'ai redoutée plus que tout. Même le froid est une broutille en comparaison. Contre lui, il suffit d'avoir un manteau bien chaud (c'était mon cas) et de se déplacer d'un pas alerte pour que le sang continue à circuler rapidement. J'ai aussi découvert les avantages qu'on pouvait tirer des journaux, car ils constituent certainement le meilleur et le moins cher des matériaux pour isoler les vêtements. Les jours de froid, il faut se lever très tôt pour être sûr d'être bien placé dans les queues qui se forment devant les kiosques. On doit évaluer judicieusement l'attente, car il n'y a rien de pire que de faire le pied de grue trop longtemps dans l'air glacé du matin. Si on estime qu'on va rester là plus de vingt ou vingt-cinq minutes, il vaut mieux, selon la sagesse commune, s'en aller et laisser tomber.

Une fois le journal acheté – en supposant qu'on ait réussi à s'en procurer un –, le mieux est de prendre une page et de la déchirer en bandes qu'on tord en petits faisceaux. Ces tortillons vont bien pour bourrer la pointe de la chaussure, ou pour colmater les interstices d'air autour de la cheville, et ils peuvent être passés dans les trous des vêtements. Pour les membres et le torse, la meilleure méthode consiste le plus souvent à envelopper des pages entières autour de plusieurs tortillons assez lâches. Quant au cou, il est bien de prendre une douzaine desdits tortillons et de les tresser ensemble pour former une collerette. Le tout donne un air bouffi et rembourré, ce qui a l'avantage cosmétique de camoufler la minceur. Pour ceux qui se soucient de sauver les apparences, le "repas de papier" (c'est ainsi qu'on le nomme) est une technique permettant de ne pas perdre la face. Des personnes qui littéralement meurent de faim, avec des ventres rétrécis et des membres comme des allumettes, se promènent en essayant d'avoir l'air de peser cent ou cent cinquante kilos. Personne n'est jamais dupe de ce déguisement – on peut repérer ces gens à un kilomètre –, mais là n'est peut-être pas le fond de l'affaire. Car ils semblent dire qu'ils savent ce qui leur est arrivé et qu'ils en ont honte. Plus que toute autre chose, leur corps gonflé est un emblème de leur notion d'eux-mêmes, c'est une marque amère de leur conscience d'eux-mêmes. Ils se changent en caricatures grotesques de gens prospères et bien nourris, et, dans cette tentative avortée, à demi folle, de parvenir à la respectabilité, ils démontrent qu'ils sont exactement l'inverse de ce qu'ils prétendent être – et qu'ils le savent.

La pluie, en revanche, est invincible. Car lorsque tu te mouilles, tu continues à le payer pendant des heures, sinon des jours. Il n'y a pas de plus grande faute que de te faire prendre par une averse. Non seulement tu risques de t'enrhumer, mais tu dois endurer d'innombrables désagréments : tes vêtements saturés d'humidité, tes os comme gelés et le danger toujours présent de ruiner tes souliers. Comme la tâche la plus importante est de pouvoir rester sur ses pieds, imagine les conséquences d'avoir des chaussures défectueuses. Et rien n'agit plus désastreusement sur les chaussures qu'un bon trempage. Il peut s'ensuivre toutes sortes de problèmes : des ampoules, des cors, des oignons, des ongles incarnés, des plaies, des déformations – et lorsque la marche devient douloureuse, autant dire que tu es perdu. Un pas, puis un autre pas, puis encore un autre : telle est la règle d'or. Si tu ne peux même pas arriver à faire ça, alors autant te coucher tout de suite sur place et t'ordonner à toi-même de cesser de respirer.

Mais comment éviter la pluie si elle peut frapper à tout moment ? Il y a bien des fois, de nombreuses fois, où tu te trouves dehors, allant d'un endroit à un autre, en chemin et obligé d'y être, lorsque soudain le ciel s'assombrit, les nuages s'écrasent les uns contre les autres et te voilà trempé jusqu'aux os. Même si tu réussis à trouver un abri au moment de l'averse et ainsi à te sauver cette fois-ci, il te faudra encore faire preuve d'une extrême prudence quand la pluie cessera. Car alors tu devras faire attention aux flaques dans les ornières de la chaussée, aux mares qui surgissent parfois des crevasses, et même à la boue traîtresse qui suinte du sol et te monte jusqu'aux chevilles. Avec des rues dans un tel état de délabrement, avec tant de fissures, de trous, de boursouflures et de crevasses, on ne peut pas échapper à un incident de ce genre. Tôt ou tard, tu es sûr d'arriver à un endroit où tu seras coincé de tous côtés. Et il n'y a pas seulement les surfaces à surveiller, le monde sous tes pieds, il y a aussi les écoulements venant des hauteurs, l'eau qui glisse des avant-toits et, pire encore, les vents violents qui succèdent souvent aux ondées, les terribles tourbillons qui écument la surface des mares et des flaques, qui relancent l'eau dans l'atmosphère, la chassant devant eux comme de minuscules aiguilles, des fléchettes qui te piquent le visage et voltigent autour de toi, rendant toute visibilité impossible. Lorsque les vents soufflent après la pluie, les gens entrent en collision encore plus souvent, davantage de bagarres éclatent dans les rues, l'air lui-même semble chargé de menaces.

Ce serait autre chose si le temps pouvait être prévu avec un minimum de précision. Dans ce cas on pourrait élaborer des projets, savoir quand éviter les rues, se préparer à des changements. Mais tout se passe trop vite ici, les variations sont trop brusques, ce qui est vrai à un moment donné ne l'est plus une minute après. J'ai perdu beaucoup de temps à chercher des indices dans l'air, à essayer d'étudier l'atmosphère pour trouver quelque signe de ce qui allait suivre et quand : la couleur et la consistance des nuages, la vitesse et la direction du vent, les odeurs à telle ou telle heure, la texture du ciel nocturne, l'étalement des couchers de soleil, la quantité de rosée à l'aube. Mais rien ne m'a été d'aucune utilité. Etablir une corrélation entre ceci et cela, relier un nuage d'après-midi à une brise du soir, de telles choses ne mènent qu'à la folie. Tu pars en vrille dans le tourbillon de tes calculs, et, juste au moment où tu as la certitude qu'il pleuvra, le soleil continue à briller pendant une journée entière.

Ce qu'il te faut donc faire, c'est être prêt à toute éventualité. Mais les opinions divergent du tout au tout pour ce qui est de la meilleure façon de s'y prendre. C'est ainsi qu'une petite minorité croit que le mauvais temps provient des mauvaises pensées. Il s'agit là d'un abord assez mystique du problème, car il implique que des pensées puissent se traduire directement en événements du monde physique. Selon cette minorité, le fait d'avoir une idée sombre ou pessimiste produit un nuage dans le ciel. S'il y a suffisamment de gens qui nourrissent en même temps des pensées sinistres, la pluie se mettra à tomber. Telle est la raison de tous ces changements météorologiques si surprenants, affirment-ils, et c'est pourquoi personne n'a su donner d'explication scientifique à notre climat bizarre. Leur solution consiste à maintenir une inébranlable bonne humeur, si sombre que soit la situation autour d'eux. Pas de froncements de sourcils, pas de gros soupirs, pas de pleurs.

On appelle ces gens les Tout-sourires et il n'y a pas dans la ville de secte plus innocente ni plus enfantine. Si une majorité de la population pouvait se convertir à leur croyance, ils sont persuadés que le temps commencerait enfin à se stabiliser et que la vie s'améliorerait. Aussi sont-ils toujours à essayer de convertir, à chercher en permanence de nouveaux fidèles, mais la douceur des manières qu'ils se sont imposées en fait des gens de faible persuasion. Ils réussissent rarement à gagner quelqu'un à leur doctrine, et par conséquent leurs idées n'ont jamais été mises à l'épreuve – car sans un grand nombre de croyants il n'y aura pas assez de bonnes pensées pour amener un changement. Mais ce manque de preuve ne les rend que plus obstinés dans leur foi. Je te vois déjà hocher la tête, eh oui, je suis d'accord avec toi que ce sont là des gens ridicules et égarés. Mais, dans le contexte quotidien de la ville, leur argument possède une certaine force et n'est probablement pas plus absurde qu'un autre. En tant que personnes, les Tout-sourires seraient d'une compagnie plutôt rafraîchissante, car leur gentillesse et leur optimisme constituent un antidote bienvenu contre l'amertume rageuse qu'on rencontre partout ailleurs.

A l'inverse, il existe un autre groupe qu'on appelle les Rampants. Ils croient que les conditions continueront à empirer jusqu'à ce que nous démontrions – d'une façon absolument convaincante – à quel point nous avons honte de notre ancienne manière de vivre. Leur solution consiste à se prostrer à terre et à refuser de se relever jusqu'à ce qu'un signe leur soit donné que leur pénitence a été jugée suffisante. Ce que doit être ce signe fait l'objet de longs débats théoriques. Certains parlent d'un mois de pluie, d'autres au contraire d'un mois de beau temps, et d'autres encore maintiennent qu'ils n'en sauront rien jusqu'à ce qu'ils en aient la révélation dans leur cœur. On trouve deux factions principales dans cette secte : les Chiens et les Serpents. Selon les premiers, le fait de ramper sur les mains et les genoux atteste un repentir adéquat, alors que selon les seconds rien ne saurait suffire à moins de ramper sur le ventre. Des combats sanglants éclatent souvent entre les deux clans

– chacun voulant avoir la haute main sur l'autre – mais aucun des deux n'a acquis beaucoup de partisans et j'ai l'impression qu'à l'heure actuelle la secte est au bord de l'extinction.

En fin de compte, la plupart des gens n'ont pas d'opinion arrêtée sur ces questions. Si j'additionnais les divers groupes qui professent une théorie cohérente sur le climat (les Tambourineurs, les Fin-du-mondistes, les Libres Associationnistes) je serais étonnée qu'ils soient plus qu'une goutte d'eau dans un seau. A quoi tout cela se ramène principalement, me semble-t-il, c'est au hasard pur et simple. Le ciel est gouverné par le hasard, par des forces si complexes et si obscures que personne ne peut totalement les expliquer. S'il arrive que tu te mouilles sous la pluie, tu n'as pas eu de chance et c'est tout. S'il arrive que tu restes sec, eh bien tant mieux. Mais cela n'a rien à voir avec tes attitudes ou tes croyances. La pluie ne fait pas de discriminations. Une fois ou l'autre elle dégringole sur chacun de nous, et, lorsqu'elle tombe, chacun est égal à tous les autres – aucun n'est meilleur ou pire, tous sont égaux et pareils.

Il y a tant de choses que je voudrais te dire. Puis je commence et soudain je m'aperçois de la pauvreté de ma compréhension. Pour ce qui est des faits et des chiffres, s'entend, pour toute information précise sur notre façon de vivre dans cette ville. C'était la tâche que devait accomplir William. Le journal l'avait envoyé ici en reportage et il devait y avoir un compte rendu par semaine : l'arrière-plan historique, des articles sur la vie des gens, l'éventail complet. Mais nous n'avons pas reçu grand-chose, n'est-ce pas ? Quelques brèves dépêches, puis le silence. Si William n'a pas pu y arriver, je ne vois pas comment je peux m'attendre à faire mieux. Je n'ai aucune idée de la manière dont la ville se maintient, et même si je devais explorer ces choses-là, il me faudrait sans doute tellement de temps que toute la situation aurait changé pendant que je serais parvenue à mes découvertes. Où poussent les légumes, par exemple, et comment on les transporte en ville ? Je ne peux pas te donner la réponse, et je n'ai jamais rencontré quelqu'un qui le puisse. Les gens parlent de zones agricoles dans l'arrière-pays à l'ouest, mais il ne s'ensuit pas que cela soit vrai. Les gens parlent de n'importe quoi, ici, surtout de ce dont ils ne savent rien. Ce qui me paraît surprenant, ce n'est pas que tout se désagrège, mais que tant de choses continuent à exister. Il faut longtemps pour qu'un monde disparaisse, bien plus longtemps qu'on ne le suppose. Les vies continuent à être vécues et chacun d'entre nous reste le témoin de son propre petit drame. Il est vrai qu'il n'y a plus d'écoles ; il est vrai que le dernier film a été projeté voilà plus de cinq ans ; il est vrai que le vin est désormais si rare que seuls les riches peuvent se le payer. Mais est-ce là ce que nous entendons par vie ? Que tout s'évanouisse et voyons alors ce qu'il y a. Telle est peut-être la question la plus intéressante : voir ce qui se passe lorsqu'il n'y a rien, et savoir si nous serons capables d'y survivre.

Les conséquences peuvent en être assez bizarres, et elles vont souvent à rebours de ce qu'on attendait. Le désespoir le plus extrême peut coexister avec l'inventivité la plus éblouissante ; l'entropie et la floraison se mêlent. Il reste si peu de choses qu'on ne jette presque plus rien, et on a trouvé à utiliser des matériaux qui autrefois étaient traités avec mépris comme des détritus. Tout cela vient d'une nouvelle façon de penser. La pénurie plie l'esprit à des solutions novatrices, et l'on se découvre enclin à nourrir des pensées qu'on n'aurait jamais eues auparavant. Prends le cas des déchets humains, au sens littéral. La plomberie n'existe pratiquement plus. Les tuyaux ont été rongés par la corrosion, les latrines se sont fissurées et fuient, le réseau d'égouts est en grande partie détruit. Au lieu de laisser les gens se débrouiller et se débarrasser de leurs eaux sales de n'importe quelle façon – ce qui conduirait vite au chaos et à l'épidémie – on a mis au point un système complexe où chaque quartier est quadrillé par une patrouille d'éboueurs qui collectent les déchets de la nuit. Ils passent bruyamment dans les rues trois fois par jour, tirant et poussant leurs engins rouillés sur la chaussée crevassée, faisant tinter leurs cloches pour que les gens du voisinage sortent de chez eux et vident leurs seaux dans la cuve. L'odeur est évidemment insoutenable, et, au début de l'installation de ce système, seuls les détenus acceptaient d'y travailler, car on leur donnait le choix douteux, soit de purger une peine plus longue s'ils refusaient, soit de voir leur condamnation réduite s'ils consentaient. Les choses ont changé depuis lors, et les Fécaleux ont à présent un statut de fonctionnaires, étant même logés sur un pied égal avec la police. Ce n'est que justice, me semble-t-il. S'il n'y avait quelque avantage à retirer de ce travail, qui voudrait le faire et pourquoi ? Ce qui prouve surtout l'efficacité que peut avoir le gouvernement dans certaines circonstances. Les cadavres et la merde : quand il s'agit de se débarrasser de facteurs de maladie, notre administration a une organisation absolument digne de Rome, un vrai modèle de lucidité et d'efficacité.

Les choses ne s'arrêtent cependant pas là. Après que les Fécaleux ont recueilli les immondices, ils ne s'en débarrassent pas purement et simplement. La merde et les ordures sont devenues ici des ressources de première importance, et, avec la baisse des réserves de charbon et de pétrole jusqu'à des niveaux dangereusement bas, elles constituent une source importante de l'énergie que nous arrivons encore à produire. Chaque zone de recensement possède sa propre centrale d'énergie qui fonctionne entièrement à l'ordure. L'essence qui alimente les voitures, comme le fioul qui sert à chauffer les maisons, proviennent à cent pour cent du méthane produit dans ces usines. Cela peut te paraître drôle, j'en ai conscience, mais personne ici ne plaisante à ce sujet. La merde est une affaire sérieuse, et toute personne qui se fait prendre en train de la jeter dans les rues est arrêtée. A la deuxième infraction on est automatiquement condamné à mort. Un tel système tend à calmer l'envie de plaisanter. Tu te plies à ce qu'on exige de toi et bientôt tu n'y penses même plus.

L'essentiel est de survivre. Si tu as l'intention de durer, ici, tu dois avoir un moyen de gagner de l'argent, et pourtant il ne reste que peu de postes professionnels dans l'ancienne acception de ce mot. Sans appuis, il est impossible de postuler pour la moindre position officielle, si basse soit-elle (employé de bureau, portier, agent de Centre de transformation et ainsi de suite). Il en va de même pour les commerces légaux et illégaux au sein de la ville (les Cliniques d'euthanasie, les négoces alimentaires renégats, les propriétaires fantômes). Sauf si tu connais quelqu'un, il est inutile de chercher à travailler dans ces entreprises. Pour ceux qui sont au bas de l'échelle sociale, se faire charognard est la solution la plus répandue. C'est là le travail des sans-emploi, et j'estime qu'il y a bien dix à vingt pour cent de la population qui s'y livre. Je l'ai pratiqué moi-même quelque temps, et le constat est très simple : dès qu'on commence, il est presque impossible de s'arrêter. Ça exige tellement de toi qu'il ne te reste plus le temps d'envisager quoi que ce soit d'autre. Tous les charognards appartiennent à l'une de deux grandes classes : les ramasseurs d'ordures et les chasseurs d'objets. Le premier groupe est beaucoup plus vaste que le second, et si on travaille dur, si on tient le coup douze ou quatorze heures par jour, on a des chances réelles de gagner sa vie. Il y a maintenant bien des années que le système municipal d'enlèvement des ordures ne fonctionne plus. Au lieu de cela, un certain nombre d'entrepreneurs privés, des courtiers en ordures (il y en a un par zone de recensement) se partagent la ville. Ils ont acheté à l'administration municipale le droit de recueillir les détritus de leur aire géographique. Pour arriver à être employé comme ramasseur d'ordures, il te faut d'abord obtenir un permis délivré par un de ces courtiers – à qui tu dois verser une redevance mensuelle se montant parfois jusqu'à cinquante pour cent de tes gains. Il est tentant de travailler sans permis ; mais c'est aussi extrêmement dangereux : chaque courtier, en effet, possède sa propre équipe d'inspecteurs qui patrouillent les rues et contrôlent sur place toute personne en train de ramasser des ordures. Si tu ne peux pas montrer les papiers adéquats, les inspecteurs ont légalement le droit de t'infliger une amende, et, si tu ne peux pas la payer, tu es arrêté. Ce qui signifie être déporté dans l'un des camps de travail à l'ouest de la ville – et passer les sept années qui suivent en prison. Il y a des gens qui disent que la vie dans ces camps est meilleure qu'en ville, mais il ne s'agit là que de on-dit. Quelques personnes sont même allées jusqu'à se faire arrêter exprès, mais nul ne les a jamais revues.

En admettant que tu sois un ramasseur de poubelles dûment enregistré et que tous tes papiers soient en règle, tu gagnes ta vie en recueillant le plus d'ordures possible et en les transportant à la centrale d'énergie la plus proche. Là on te paie tant par kilo – un taux ridiculement bas – et les immondices sont ensuite versées dans une des cuves de traitement. L'instrument le plus apprécié pour le transport des ordures est le chariot de supermarché – semblable à celui que nous connaissons chez nous. Ces paniers métalliques montés sur roues se sont révélés être des objets très solides et il n'est pas douteux qu'ils sont plus efficaces que tout autre moyen de transport. Un véhicule plus grand serait trop épuisant à pousser lorsqu'il serait totalement rempli, et un plus petit exigerait trop d'aller et retour jusqu'au dépôt. (Il y a quelques années, une brochure a même été publiée sur ce sujet, démontrant l'exactitude de ces hypothèses.) Par conséquent, ces chariots sont très demandés, et le premier objectif de chaque nouveau ramasseur d'ordures est d'arriver à s'en acheter un. Cela peut lui prendre des mois, parfois même des années – mais jusqu'à ce que tu aies un chariot, il est impossible de réussir. Il y a au fond de tout cela une équation terrible. Puisque le travail rapporte si peu, il est rarement possible de mettre quoi que ce soit de côté – et si tu y arrives, cela signifie le plus souvent que tu te prives de quelque chose d'essentiel : de nourriture, par exemple, sans laquelle tu n'auras pas la force de faire le travail requis pour gagner l'argent du chariot. Tu vois le problème. Plus tu travailles dur, plus tu t'affaiblis ; plus tu es faible, plus la besogne t'épuise. Mais ce n'est là que le début. Car même si tu te débrouilles à trouver un chariot, tu dois veiller à le garder en bon état. Les rues mettent l'équipement à terrible épreuve, et les roues en particulier doivent être l'objet de soins constants. Mais même si tu réussis à surmonter ces problèmes, il y a encore la nécessité de ne jamais perdre le chariot de vue.

Ces véhicules sont devenus si prisés qu'ils sont particulièrement convoités par les voleurs – et il ne pourrait exister de pire calamité que de perdre ton chariot. La plupart des charognards font donc la dépense d'une sorte d'attachement connu sous le nom de "cordon ombilical" – ce qui signifie une corde, une laisse de chien ou une chaîne qu'on se passe littéralement autour de la taille et qu'on noue au chariot. Il devient alors plutôt malaisé de marcher, mais cela vaut la peine. A cause du bruit que font les chaînes lorsque le chariot se déplace en cahotant dans les rues, les charognards sont souvent désignés sous le nom de "musiciens".

Un chasseur d'objets doit se plier à la même procédure d'enregistrement qu'un ramasseur d'ordures, et il est sujet aux mêmes inspections-surprise, mais son travail est différent. Le ramasseur d'ordures recherche les détritus ; le chasseur d'objets est en quête de choses à récupérer. Il essaie de se procurer des biens et des matériaux qui puissent être réutilisés, et bien qu'il soit libre de faire ce qui lui plaît des objets qu'il trouve, il les vend généralement à un des agents de Résurrection de la ville – des exploitants privés qui convertissent ce bric-à-brac en de nouvelles marchandises qui finissent par être vendues au marché libre. Ces agents remplissent des fonctions multiples : en partie chiffonniers, en partie fabricants, en partie boutiquiers. Et comme les autres modes de production ont à présent presque disparu de cette ville, ils se retrouvent parmi les gens les plus riches et les plus puissants, seuls les courtiers en ordures pouvant rivaliser avec eux. Un bon chasseur d'objets est donc en position de gagner correctement sa vie par son travail. Mais il doit être rapide, il doit être adroit, et il doit savoir où chercher. Les jeunes sont généralement les meilleurs, et il est rare de voir un chasseur d'objets qui ait plus de vingt ou vingt-cinq ans. Ceux qui ne sont pas à la hauteur doivent chercher rapidement un autre travail, car il n'y a aucune garantie qu'ils obtiennent quoi que ce soit en récompense de leurs efforts. Les ramasseurs d'ordures constituent un groupe plus âgé et plus rassis, satisfaits de trimer parce qu'ils savent que ça leur procurera de quoi vivre – du moins s'ils travaillent de toutes leurs forces. Mais rien n'est jamais vraiment sûr, parce que la compétition est devenue terrible à tous les niveaux de l'ébouage. Plus les choses se font rares dans la ville, plus les gens hésitent à jeter quoi que ce soit. Alors qu'auparavant on n'y aurait pas regardé à deux fois avant de laisser tomber une peau d'orange dans la rue, maintenant ces pelures sont moulues, réduites en bouillie, et bien des gens les mangent. Un T-shirt effiloché, un slip déchiré, un bord de chapeau – tous ces morceaux de tissu sont désormais mis de côté pour que bout à bout ils fassent un nouvel habit. On voit des gens vêtus de la façon la plus bigarrée et la plus bizarre, et chaque fois qu'une personne habillée de patchwork passe devant soi, on sait qu'elle a probablement mis au chômage un chasseur d'objets de plus.

Néanmoins, c'est l'activité que j'ai tentée – la chasse aux objets. J'ai eu la chance de commencer avant que mes fonds ne soient épuisés. Même après avoir acheté le permis (dix-sept glots), le chariot (soixante-six glots), une laisse et une nouvelle paire de chaussures (cinq glots et soixante et onze glots), il me restait encore plus de deux cents glots. C'était une bonne chose, car j'avais ainsi droit à une certaine marge d'erreur, et à ce moment-là j'avais besoin de tout ce qui pouvait m'aider. Tôt ou tard ce serait périr ou nager, mais j'avais alors quelque chose à quoi me raccrocher : un morceau de bois flottant, un bout d'épave pour soutenir mon poids.

Au début, ça n'a pas bien marché. La ville m'était nouvelle, en ce temps-là, et il me semblait toujours que j'étais perdue. Je gaspillais mon temps en incursions sans résultats, des coups de tête erronés m'envoyaient dans des rues stériles, au mauvais endroit et au mauvais moment. S'il m'arrivait de trouver quelque chose, c'était toujours parce que j'avais buté dessus accidentellement. Le hasard était mon seul procédé, l'acte purement gratuit de voir une chose de mes deux yeux et de me baisser pour la ramasser. Je n'avais pas de méthode comme les autres paraissaient en avoir, aucun moyen de savoir d'avance où aller, aucun sens de ce qui se trouverait où et à quel moment. Il faut avoir vécu des années dans la ville pour en arriver à ce point et je n'étais qu'une néophyte, une ignorante qui venait de débarquer et qui pouvait à peine trouver son chemin pour aller d'une zone de recensement à la suivante.

Pourtant, je n'ai pas complètement échoué. J'avais mes jambes, après tout, et un certain enthousiasme juvénile pour me soutenir même lorsque les perspectives étaient loin d'être encourageantes. Je me lançais en tous sens dans des courses à perdre haleine, évitant les déviations dangereuses et les barricades à péage, me balançant brusquement d'une rue à l'autre, ne cessant jamais d'espérer faire une trouvaille extraordinaire au prochain coin de rue. C'est une chose bizarre, me semble-t-il, d'avoir constamment le regard baissé vers le sol, d'être toujours à la recherche de choses brisées et mises au rebut. Après un moment, le cerveau doit certainement en être affecté. Car rien n'est plus vraiment soi-même. Il y a des bouts de ceci et des bouts de cela, mais rien ne constitue un ensemble. Et pourtant, très curieusement, à la limite de tout ce chaos, tout recommence à se fondre. Une pomme pulvérisée et une orange pulvérisée sont finalement la même chose, n'est-ce pas ? On ne peut différencier une bonne robe d'une mauvaise si elles sont toutes deux réduites en lambeaux, n'est-ce pas ? A un certain point, les choses se désintègrent en fange, ou en poussière, ou en débris, et ce qu'on obtient est quelque chose de neuf, une particule ou un conglomérat de matière qui ne peut être identifié. C'est une agglutination, un atome, un fragment du monde qui n'a pas de place : une nullité du monde des choses. En tant que chasseur d'objets, tu dois les sauver avant qu'ils n'atteignent cet état de décomposition absolue. Tu ne peux jamais t'attendre à trouver un objet entier – ce serait un accident, une erreur de la part de la personne qui l'a perdu – mais tu ne peux non plus perdre ton temps à rechercher ce qui est totalement usé. Tu balances quelque part entre les deux, à l'affût de choses qui gardent encore un semblant de leur forme originale – même si leur utilité s'est évanouie. Ce que quelqu'un d'autre a jugé bon de jeter, il te faut l'examiner, le disséquer et le ramener à la vie. Un bout de ficelle, une capsule de bouteille, une planchette intacte tirée d'un cageot défoncé – rien de cela ne saurait être négligé. Toutes les choses se désagrègent, mais pas toutes les parties de toutes les choses, du moins pas en même temps. La tâche consiste à prendre pour cible ces petits îlots d'intégrité, à les imaginer réunis à d'autres îlots semblables, puis encore à d'autres, et à créer ainsi de nouveaux archipels de matière. Tu dois sauver ce qui est récupérable et apprendre à négliger le reste. Le truc, c'est de le faire aussi vite que possible.

Petit à petit mes prises sont devenues presque suffisantes. Du bric-à-brac, bien sûr, mais aussi quelques trouvailles totalement inattendues : un télescope repliable avec une lentille fendue ; un masque de Frankenstein en caoutchouc ; une roue de bicyclette ; une machine à écrire à caractères cyrilliques où ne manquaient que cinq touches et la barre d'espacement ; le passeport d'un dénommé Quinn. Ces trésors ont compensé quelques-uns des mauvais jours, et à mesure que le temps passait j'ai commencé à me débrouiller suffisamment bien avec les agents de Résurrection pour garder intact mon bas de laine. J'aurais pu mieux faire, me semble-t-il, mais je m'étais imposé certaines limites que je refusais de transgresser. Toucher les morts, par exemple. Dépouiller des cadavres est un des côtés les plus avantageux du métier de charognard, et il y a peu de chasseurs d'objets qui ne sautent sur l'occasion. Je n'arrêtais pas de me dire que j'étais une idiote, une petite fille de riches trop délicate qui ne voulait pas survivre, mais rien n'y a vraiment fait. J'ai essayé. Une ou deux fois, j'ai failli y aller – mais quand il s'est agi de passer à l'action je n'en ai pas eu le courage. Je me souviens d'un vieillard et d'une adolescente : je m'étais accroupie près d'eux, je laissais mes mains s'approcher de leurs corps et j'essayais de me persuader que ça n'avait pas d'importance. Puis, dans la Lampshade Street, un matin de bonne heure, un petit garçon d'environ six ans. Je ne pouvais absolument pas m'y résoudre. Ce n'était pas par quelque fierté découlant d'une grande décision morale, c'était que je n'avais simplement pas en moi ce qu'il fallait pour aller si loin.

Une autre chose qui m'a porté tort a été mon isolement. Je ne me mêlais pas aux autres charognards, je ne faisais aucun effort pour gagner l'amitié de qui que ce soit. On a pourtant besoin d'alliés, surtout pour se protéger des Vautours – ces charognards qui vivent en volant d'autres charognards. Les inspecteurs ferment les yeux sur cette méchante pratique, portant toute leur attention sur ceux qui font de l'ébouage sans permis. Pour les charognards en règle, donc, ce travail est une jungle, avec des attaques et des contre-attaques permanentes, et le sentiment qu'il peut t'arriver n'importe quoi à tout moment. Mes prises m'étaient volées en moyenne une fois par semaine, à tel point que je me suis mise à calculer ces pertes d'avance comme si elles faisaient normalement partie du travail. Avec des amis j'aurais pu éviter certains de ces raids. Mais au bout du compte il ne m'a pas semblé que ça en valait la peine. Les charognards constituaient un groupe répugnant – autant les non-Vautours que les Vautours – et j'avais la nausée rien qu'à écouter leurs combines, leurs vantardises et leurs mensonges. L'important, c'est que je n'ai jamais perdu mon chariot. C'était pendant mes premiers temps dans la ville, j'étais encore assez forte pour bien le tenir, encore assez rapide pour bondir loin du danger quand il le fallait.

Ne perds pas patience envers moi. Je sais qu'il m'arrive de m'écarter du sujet, mais si je n'écris pas les choses telles qu'elles se présentent à moi, j'ai l'impression que je les perdrai définitivement. Mon esprit n'est plus tout à fait ce qu'il était. Il est plus lent, pesant et moins alerte, et suivre très loin ne serait-ce que la plus simple des pensées m'épuise. C'est donc ainsi que ça commence, malgré mes efforts. Les mots ne me viennent que lorsque je crois ne plus pouvoir les trouver, au moment où je désespère de pouvoir jamais les reprononcer. Chaque jour apporte la même lutte, le même vide, le même désir d'oublier et puis de ne pas oublier. Quand ça commence, ce n'est jamais ailleurs qu'ici, jamais ailleurs qu'à cette frontière, que le crayon se met à écrire. L'histoire commence et s'arrête, avance et puis se perd, et, entre chaque mot, quels silences, quelles paroles s'échappent et s'évanouissent pour ne jamais reparaître.

Pendant longtemps je me suis efforcée de ne me souvenir de rien. En cantonnant mes pensées au présent, je pouvais mieux me débrouiller, mieux éviter les moments de cafard. La mémoire est le grand piège, vois-tu, et j'ai fait de mon mieux pour me retenir, pour m'assurer que mes pensées ne repartaient pas en douce vers le temps passé. Mais récemment j'ai commis des écarts, un peu plus nombreux chaque jour, semble-t-il, et il y a maintenant des moments où je ne peux plus me détacher : de mes parents, de William, de toi. J'étais une telle sauvageonne, n'est-ce pas ? J'ai grandi trop vite pour mon bien, et personne ne pouvait me dire quoi que ce soit sans que je réponde que je le savais déjà. A présent, je ne peux penser qu'à la manière dont j'ai blessé mes parents, et comment ma mère a pleuré lorsque je lui ai dit que je partais. Il ne suffisait pas qu'ils aient déjà perdu William, ils allaient me perdre aussi. S'il te plaît – si tu vois mes parents – dis-leur que je regrette. J'ai besoin de savoir que quelqu'un fera cela pour moi, et il n'y a personne sur qui compter à part toi.

Oui, il y a bien des choses dont j'ai honte. Parfois ma vie ne me paraît être rien d'autre qu'une succession de regrets, de mauvais tournants, d'erreurs irréversibles. C'est le problème, quand on commence à regarder en arrière. On se voit tel qu'on était, et on est horrifié. Mais il est trop tard pour s'excuser, maintenant, je m'en rends compte. Il est trop tard pour tout, sauf pour s'en accommoder. Tels sont donc les mots. Tôt ou tard j'essaierai de tout dire, et peu importe ce qui vient et à quel moment, si la première chose arrive en deuxième, ou la deuxième en dernier. Tout cela tourbillonne en même temps dans ma tête, et le simple fait de me tenir assez longtemps à une chose pour la dire représente une victoire. Si ce que je dis t'embrouille, je suis désolée. Mais je n'ai pas grand choix. Je dois prendre ça strictement comme je peux le faire venir.

Je n'ai jamais trouvé William, a-t-elle continué. Cela va peut-être sans dire. Je ne l'ai jamais trouvé, et je n'ai jamais rencontré quelqu'un qui puisse me dire où il était. La raison me dit qu'il est mort, mais je ne peux pas en être certaine. Il n'y a aucun indice pour étayer même la plus extravagante des suppositions, et jusqu'à ce que j'aie quelque preuve, je préfère garder l'esprit ouvert. Sans connaissance, on ne peut ni espérer ni désespérer. Ce qu'on peut faire de mieux c'est de douter, et dans ces circonstances le doute est une grande bénédiction.

Même si William n'est pas dans la ville, il pourrait être ailleurs. Ce pays est énorme, vois-tu, et on ne saurait dire où il a pu se rendre. Au-delà de la zone agricole à l'ouest, il y a, paraît-il, des centaines de kilomètres de désert. Plus loin, cependant, on entend dire qu'existent d'autres villes, des chaînes de montagnes, des mines et des usines, de vastes territoires qui s'étendent jusqu'à un deuxième océan. Il y a peut-être du vrai dans cette rumeur. Dans ce cas, il est possible que William ait tenté sa chance dans un de ces endroits. Je n'oublie pas combien il est difficile de quitter la ville, mais nous savons tous deux comment était William. S'il existait la moindre possibilité de sortir, il l'aurait découverte.

Je ne te l'ai jamais raconté, mais à un moment donné, pendant ma dernière semaine chez nous, j'ai rencontré le rédacteur en chef du journal de William. Ce devait être trois ou quatre jours avant que je te dise au revoir, et j'ai évité de t'en parler parce que je ne voulais pas que nous nous disputions à nouveau. Les choses allaient déjà assez mal, et ça n'aurait fait que gâcher les derniers moments que nous passions ensemble. Ne sois pas fâché contre moi à présent, je t'en supplie. Je crois que je ne pourrais pas le supporter.

Ce rédacteur s'appelait Bogat – un homme chauve avec un gros ventre, des bretelles démodées et une montre dans son gousset. Il me rappelait mon grand-père : surmené, léchant le bout de ses crayons avant d'écrire, il émanait de lui un air de bienveillance distraite qui semblait mêlée de roublardise, une gentillesse qui masquait une pointe secrète de cruauté. J'ai attendu presque une heure à la réception.

Lorsque, enfin, il a été prêt à me recevoir, il m'a conduite par le coude jusqu'à son bureau, m'a fait asseoir dans son fauteuil et a écouté mon histoire. J'ai bien parlé cinq ou dix minutes avant qu'il ne m'interrompe. William n'avait pas envoyé de dépêche depuis plus de neuf mois, a-t-il dit. Oui, il avait bien compris que les machines de cette ville étaient en panne, mais il ne s'agissait pas de cela. Un bon reporter réussit toujours à expédier son papier – et William avait été son meilleur journaliste. Un silence de neuf mois ne pouvait signifier qu'une chose : William avait eu des ennuis, et il ne reviendrait pas. Très directement, sans précautions oratoires. J'ai haussé les épaules et je lui ai répondu que ce n'étaient que des suppositions.

Ne faites pas ça, petite fille, a-t-il dit. Vous seriez folle d'aller là-bas.

Je ne suis pas une petite fille, ai-je répliqué. J'ai dix-neuf ans et je peux me débrouiller mieux que vous ne croyez.

Peu m'importe que vous ayez cent ans. Personne ne ressort de là-bas. C'est le bout de ce foutu monde.

Je savais qu'il avait raison. Mais j'avais pris ma décision et rien n'allait m'obliger à la modifier. Voyant mon obstination, Bogat a changé de tactique.

Ecoutez, a-t-il dit, j'ai envoyé quelqu'un d'autre là-bas, il y a environ un mois. Je devrais avoir bientôt de ses nouvelles. Pourquoi ne pas attendre jusque-là ? Vous pourriez avoir toutes vos réponses sans être obligée de partir.

Qu'est-ce que cela a à voir avec mon frère ?

William fait partie du tableau, lui aussi. Si ce reporter fait son boulot, il découvrira ce qui lui est arrivé.

Mais ça n'allait pas marcher, et Bogat le savait. Je suis restée sur mes positions, décidée à contrer son paternalisme suffisant, et petit à petit il a paru abandonner. Sans que je le demande, il m'a donné le nom de ce dernier reporter, puis, pour faire un ultime geste, il a ouvert le tiroir d'un classeur derrière son bureau et sorti la photo d'un jeune homme.

Vous devriez peut-être emporter cela avec vous, a-t-il dit en la jetant sur le bureau. Juste en cas.

C'était une photo du reporter. J'ai jeté un bref coup d'œil dessus puis je l'ai glissée dans mon sac pour ne pas être désobligeante. Notre conversation s'est arrêtée là. La rencontre se soldait par un match nul, aucun n'ayant cédé à l'autre. Je crois que Bogat était à la fois irrité et un peu impressionné.

N'oubliez pas que je vous ai prévenue, dit-il.

Je n'oublierai pas, ai-je répondu. Lorsque j'aurai ramené William, je viendrai vous rappeler cette conversation.

Bogat était sur le point d'ajouter quelque chose, lorsqu'il a paru se raviser. Il a poussé un soupir, a fait claquer doucement la paume de ses mains contre le bureau et s'est levé. Ne vous méprenez pas, a-t-il dit. Je ne suis pas contre vous. Mais j'estime simplement que vous faites une erreur. Il y a une différence, voyez-vous.

Il y en a peut-être une. Mais il est quand même erroné de ne rien faire, et vous ne devriez pas tirer de conclusion hâtive avant de savoir ce que vous dites.

C'est là le problème, a répondu Bogat. Je sais parfaitement ce que je dis.

A ce moment-là, je crois que nous nous sommes serré la main, ou peut-être nous sommes-nous contentés de nous fixer du regard par-dessus le bureau. Puis il m'a accompagnée à travers la salle de presse jusqu'aux ascenseurs dans le couloir. Nous avons attendu là en silence sans même nous regarder. Bogat se balançait sur ses talons, fredonnant en sourdine sans aucune mélodie. Il était évident qu'il pensait déjà à autre chose. Lorsque les portes se sont ouvertes et que j'ai pénétré dans l'ascenseur, il m'a dit avec lassitude : Je vous souhaite une bonne vie, petite fille. Avant que j'aie pu lui répondre, les portes s'étaient refermées et j'étais en train de descendre.

Finalement cette photo a tout changé. Je n'avais même pas l'intention de l'emporter avec moi, et puis je l'ai mise avec mes affaires dans mes bagages à la dernière minute, presque après coup. A ce moment-là, je ne savais évidemment pas que William avait disparu. Je m'attendais à trouver son remplaçant au bureau du journal et à commencer mes recherches à partir de là. Mais rien ne s'est déroulé comme prévu. Quand je suis parvenue dans la troisième zone de recensement et que j'ai vu ce qui lui était arrivé, j'ai compris que cette photo était soudain la seule chose qui me restait. C'était mon dernier lien avec William.

Cet homme s'appelait Samuel Farr ; hormis cela, je ne savais rien de lui. J'avais montré trop d'arrogance envers Bogat pour demander des détails, et maintenant je n'avais vraiment pas grand-chose pour aller de l'avant. Un nom et un visage, voilà tout. Si j'avais éprouvé le sentiment d'humilité qu'il convenait d'avoir, je me serais épargné bien des ennuis. En fin de compte, Sam et moi nous sommes rencontrés, mais je n'y étais pour rien. Ce fut l'œuvre du pur hasard, un de ces coups de chance qui tombent du ciel. Et il a fallu longtemps avant que ça arrive, bien plus longtemps qu'il ne me plairait de m'en souvenir.

Les premiers jours ont été les plus durs. J'errais comme une somnambule sans savoir où j'étais, sans même oser adresser la parole à qui que ce soit. A un moment donné, j'ai vendu mes bagages à un agent de Résurrection, ce qui m'a procuré de la nourriture pour un bon bout de temps, mais, même après m'être mise à travailler pour un charognard, je n'avais pas d'endroit où habiter. Je dormais dehors par tous les temps, cherchant tous les soirs un nouveau lieu où passer la nuit. Dieu sait combien a duré cette période, mais il n'y a aucun doute qu'elle a été la pire, celle qui, plus que toute autre, a failli avoir raison de moi. Au minimum deux ou trois semaines, mais peut-être jusqu'à plusieurs mois. J'étais si malheureuse qu'il me semblait que mon esprit cessait de fonctionner. M'engourdissant intérieurement, je n'étais plus qu'instinct et égoïsme. Des choses horribles me sont arrivées à cette époque, et je ne sais toujours pas comment j'ai réussi à leur survivre. J'ai presque été violée par un Péagiste à l'angle de Dictionary Place et de Muldoon Boulevard. J'ai volé de la nourriture à un homme âgé qui avait voulu me détrousser un soir dans la cour d'entrée du vieux Théâtre des Hypnotiseurs – je lui ai arraché sa bouillie des mains sans en éprouver le moindre regret. Je n'avais pas d'amis, je n'avais personne à qui parler ou avec qui partager un repas. S'il n'y avait pas eu la photo de Sam, je crois que j'aurais coulé. Mais le simple fait de savoir qu'il était dans cette ville me donnait un espoir. C'est l'homme qui t'aidera, me disais-je toujours, et dès que tu l'auras trouvé tout sera différent. J'ai bien dû sortir la photo de ma poche cent fois par jour. Au bout de quelque temps elle était tellement plissée et froissée que le visage en était presque effacé. Mais à ce stade je la connaissais par cœur, et l'image elle-même n'avait plus d'importance. Je la gardais comme une amulette, un bouclier infime pour me préserver du désespoir.

Puis ma chance a tourné. Ce devait être un mois ou deux après que j'avais commencé à travailler comme chasseur d'objets – bien qu'il ne s'agisse là que d'une estimation. Un jour, je longeais les abords de la cinquième zone de recensement, près de l'emplacement où se trouvait jadis Filament Square, lorsque j'ai vu une femme de haute taille et d'âge mûr qui poussait un chariot de supermarché sur des cailloux avec une démarche lente, maladroite et heurtée. Manifestement, ses pensées étaient ailleurs. Le soleil brillait fort ce jour-là – le genre de soleil qui éblouit et rend les choses invisibles –, et l'air était chaud, je m'en souviens, très chaud, presque jusqu'à l'étourdissement. Juste au moment où la femme a réussi à placer son chariot au milieu de la chaussée, une bande de Coureurs est arrivée en fonçant au coin de la rue. Ils étaient une douzaine ou une quinzaine, et ils fonçaient à corps perdu, en rangs serrés, poussant leur vrombissement de mort d'un ton d'extase. J'ai vu la femme lever les yeux vers eux comme si elle était arrachée en sursaut à sa rêverie, mais au lieu de se précipiter hors d'atteinte elle est restée pétrifiée sur place, debout comme une biche désorientée prise au piège des phares d'une voiture. Pour une raison que même aujourd'hui je ne connais pas, j'ai dégrafé de ma taille le cordon ombilical et j'ai couru, ceinturant la femme de mes deux bras et la traînant hors de la route une ou deux secondes avant le passage des Coureurs. Si je ne l'avais pas fait, elle aurait sans doute été piétinée à mort.

C'est ainsi que j'ai rencontré Isabelle. Pour le meilleur ou pour le pire, ma véritable vie dans la ville a commencé à cet instant. Tout le reste n'avait été qu'un prologue, une multitude de pas chancelants, de jours et de nuits, de pensées dont je ne me souviens pas. S'il n'y avait pas eu ce moment de déraison dans la rue, l'histoire que je te raconte ne serait pas celle-ci. Etant donné l'état dans lequel je me trouvais alors, il serait étonnant qu'il y ait même eu une histoire.

Nous étions par terre dans la rigole, pantelantes, nous tenant encore l'une à l'autre. Lorsque le dernier des Coureurs a disparu à l'angle, Isabelle a paru comprendre peu à peu ce qui lui était arrivé. Elle s'est assise, a jeté des regards tout autour, puis sur moi, et alors, très lentement, elle s'est mise à pleurer. Ce moment a constitué pour elle une prise de conscience terrible. Non parce qu'elle avait été si près de se faire tuer, mais parce qu'elle n'avait pas su où elle était. Je ressentais de la pitié pour elle, mais aussi un peu de peur. Qui était cette femme mince et tremblante avec son long visage et ses yeux enfoncés – et qu'est-ce que je faisais étalée près d'elle dans la rue ? Elle paraissait à moitié démente, et, lorsque j'ai repris souffle, mon premier mouvement a été de m'éloigner. "Oh, ma chère enfant", a-t-elle dit en essayant de me toucher le visage. "Oh, ma chère et gentille petite enfant, tu t'es coupée. Tu as bondi pour aider une vieille femme et c'est toi qui as été blessée. Sais-tu pourquoi ? Parce que je porte la guigne. Tout le monde le sait, mais on n'a pas le courage de me le dire. Mais je le sais. Je sais tout, même si personne ne me le dit."

Je m'étais éraflée sur une des pierres en tombant, et du sang coulait goutte à goutte de ma tempe gauche. Ce n'était pourtant rien de grave, il n'y avait pas de quoi s'alarmer. J'étais sur le point de dire au revoir et de m'en aller, lorsque j'ai éprouvé un léger serrement de cœur en la quittant. Peut-être devrais-je la raccompagner chez elle, me suis-je dit, pour m'assurer qu'il ne lui arrive rien d'autre. Je l'ai aidée à se relever, et je suis allée chercher le chariot de l'autre côté du square.

Ferdinand va être en rage contre moi, a-t-elle dit. C'est le troisième jour de suite que je rentre bredouille. Quelques jours de plus comme ça et c'est terminé pour nous.

Il me semble que vous feriez bien de rentrer quand même, ai-je dit. Au moins un moment. Vous n'êtes pas pour l'instant en état de vous promener avec ce chariot.

Mais Ferdinand. Il va être fou quand il verra que je n'ai rien.

Ne vous en faites pas, ai-je dit. Je lui expliquerai ce qui s'est passé.

Je n'avais évidemment aucune idée de ce que j'avançais, mais quelque chose s'était emparé de moi que je ne pouvais maîtriser : une bouffée soudaine de pitié, un besoin idiot de prendre soin de cette femme. Il se peut que les vieilles histoires sur une vie qu'on sauve soient vraies. Quand ça se produit, selon elles, tu deviens responsable de celui que tu as sauvé, et, que ça te plaise ou non, vous vous appartenez mutuellement pour toujours.

Il nous a fallu près de trois heures pour revenir chez elle. Normalement ça nous aurait pris la moitié de ce temps-là, mais Isabelle se déplaçait si lentement, avançait à pas si hésitants, que le soleil se couchait déjà lorsque nous sommes arrivées. Elle ne portait pas de cordon ombilical (elle l'avait perdu quelques jours auparavant, disait-elle), et de temps à autre le chariot lui glissait des mains et partait en bondissant dans la rue. A un moment donné quelqu'un le lui a presque arraché. Après quoi j'ai décidé de garder une main sur son chariot et l'autre sur le mien, ce qui a encore ralenti notre progression. Nous avons suivi les bords de la sixième zone de recensement en nous écartant des grappes de barricades à péage de Memory Avenue, puis nous nous sommes traînées à travers le Secteur des Bureaux de Pyramid Road où la police a maintenant sa caserne. A sa manière décousue et assez incohérente, Isabelle m'a raconté pas mal de choses sur sa vie. Son mari était autrefois un peintre d'enseignes commerciales, a-t-elle dit, mais avec toutes ces entreprises qui fermaient ou qui ne pouvaient plus faire face aux frais, Ferdinand était sans emploi depuis plusieurs années. Pendant quelque temps il s'était mis à boire – volant de l'argent la nuit dans le porte-monnaie d'Isabelle pour payer ses beuveries, ou bien rôdant autour de la distillerie de la quatrième zone de recensement en tapant les ouvriers de quelques glots pour danser devant eux et leur raconter des blagues – jusqu'à ce qu'un jour il soit roué de coups par un groupe d'individus, et à partir de là il n'était plus jamais ressorti. A présent il refusait de bouger, restant jour après jour dans leur petit appartement, disant rarement quoi que ce soit et ne montrant aucun intérêt pour leur survie. Pour les choses pratiques il s'en remettait à Isabelle, car il ne considérait plus de tels détails comme dignes de ses préoccupations. La seule chose dont il se souciait à présent, c'était son passe-temps : sculpter des vaisseaux miniatures et les mettre dans des bouteilles.

"Ils sont si beaux, a dit Isabelle, qu'on voudrait presque lui pardonner sa façon d'être. Des petits bateaux si beaux, si parfaits et minuscules. Ils vous donnent envie de vous rapetisser jusqu'à être de la taille d'une épingle, de monter à bord et puis de partir au large...

"Ferdinand est un artiste, a-t-elle poursuivi, et même autrefois il avait ses humeurs, il était du genre imprévisible. En forme une minute, déprimé la suivante, avec toujours quelque chose pour l'envoyer d'un côté ou de l'autre. Mais tu aurais dû voir les enseignes qu'il peignait. Tout le monde voulait employer Ferdinand, et il a travaillé pour toutes sortes de boutiques. Pharmacies, épiceries, débits de tabac, joailleries, tavernes, librairies, tout. A cette époque il avait son propre atelier, en ville, en plein dans la zone des entrepôts, un petit endroit adorable. Mais tout cela a disparu, à présent : les scies, les pinceaux, les seaux de peinture, les odeurs de sciure et de vernis. Tout a été balayé pendant la deuxième purge de la huitième zone de recensement, et ça s'est terminé là."

Je ne comprenais pas la moitié de ce que disait Isabelle. Mais en lisant entre les lignes et en essayant de combler les lacunes moi-même, j'ai déduit qu'elle avait trois ou quatre enfants qui étaient tous, soit morts, soit partis de chez elle. Lorsque Ferdinand eut perdu son affaire, Isabelle se fit charognarde. On se serait attendu à ce qu'une femme de son âge s'inscrive comme ramasseur d'ordures, mais curieusement elle avait choisi d'être chasseur d'objets.

Ce qui m'a frappée comme le pire des choix possible. Elle n'était pas rapide, elle n'était pas astucieuse, et elle n'avait pas une grande énergie physique. Oui, a-t-elle déclaré, elle s'en rendait bien compte, mais elle avait compensé ses manques par d'autres qualités – un flair bizarre pour savoir où aller, un instinct pour renifler des objets dans des lieux négligés, une boussole intérieure qui semblait d'une certaine façon l'attirer vers le bon endroit. Elle-même n'était pas capable d'expliquer la chose, mais elle avait incontestablement fait quelques découvertes sensationnelles : un sac entier de sous-vêtements en dentelle dont elle et Ferdinand avaient réussi à vivre pendant presque un mois, un saxophone parfaitement intact, un carton encore fermé rempli de ceintures de cuir absolument neuves (elles paraissaient sortir tout droit de l'usine bien que le dernier fabricant de ceintures eût fermé plus de cinq ans auparavant), et un Ancien Testament imprimé sur papier de Chine, doré sur tranche et relié en cuir de veau. Mais il y avait déjà quelque temps de cela, ajoutait-elle, et depuis six mois elle perdait la main. Elle était usée, trop fatiguée pour rester debout très longtemps, et son esprit vagabondait sans cesse loin de son travail. Presque tous les jours elle se découvrait en train de longer une rue qu'elle ne reconnaissait pas, ou tournant à un angle sans se rappeler d'où elle venait, ou pénétrant dans un quartier en croyant être ailleurs. "Que tu te sois trouvée là était un miracle", a-t-elle dit alors que nous nous étions arrêtées dans une entrée d'immeuble. "Mais ce n'était pas un accident. J'ai prié Dieu si longtemps qu'il m'a enfin envoyé quelqu'un pour me secourir. Je sais qu'on ne parle plus de Dieu, mais je ne peux pas m'en empêcher. Je pense à lui tous les jours, je lui adresse mes prières la nuit lorsque Ferdinand dort, je lui parle dans mon cœur tout le temps. Puisque Ferdinand ne me parle plus, Dieu est mon seul ami, le seul qui m'écoute. Je sais qu'il a beaucoup à faire et qu'il n'a pas de temps pour une vieille femme comme moi, mais Dieu est un gentleman et je figure sur sa liste. Aujourd'hui, enfin, il m'a rendu visite. Il t'a envoyée à moi en témoignage de son amour. Tu es la chère et douce enfant que Dieu m'a envoyée, et désormais je prendrai soin de toi, je ferai tout ce que je peux pour toi. Plus de nuits à dormir dehors, plus d'errances dans les rues du matin au soir, plus de mauvais rêves. Tout cela est maintenant terminé, je te le promets. Tant que je serai en vie, tu auras un endroit où vivre et peu m'importe ce qu'en dit Ferdinand. Désormais il y aura un toit sur ta tête et de quoi manger. C'est de cette façon que je vais remercier Dieu pour ce qu'il a fait. Il a répondu à mes prières, et maintenant tu es ma chère et douce enfant, mon Anna chérie qui m'est venue de Dieu."

Leur maison se trouvait dans Circus Lane, enfouie dans un enchevêtrement de petites allées et de chemins de terre qui serpentaient au cœur de la deuxième zone de recensement. C'était la partie la plus ancienne de la ville, je n'y avais été que deux ou trois fois auparavant. Il n'y avait pas grand-chose à grappiller dans ce quartier, pour les charognards, et j'avais toujours éprouvé quelque inquiétude de me perdre dans le dédale de ses ruelles. La plupart des maisons étaient construites en bois, ce qui provoquait un certain nombre d'effets curieux. Au lieu de briques rongées et de pierres effritées, avec leurs entassements déchiquetés et leurs restes poussiéreux, les choses qu'on voyait ici semblaient pencher et pendre, ployer sous leur propre poids, se tordre pour pénétrer lentement dans le sol. Alors que les autres bâtiments s'écaillaient en lambeaux, ceux-ci se ratatinaient comme des vieillards qui auraient perdu leurs forces, comme des arthritiques qui ne pourraient plus se lever. Un grand nombre de toits s'étaient affaissés, les bardeaux avaient pourri pour ressembler à des éponges, et çà et là on pouvait voir des maisons entières pencher dans deux directions opposées, posées précairement comme des parallélogrammes géants – si près de succomber qu'un doigt posé sur elles, un léger souffle de respiration suffiraient à les abattre avec fracas.

Le bâtiment où vivait Isabelle était en revanche fait de briques. Il avait six étages de quatre petits appartements chacun, une cage d'escalier obscure avec des marches usées et branlantes, et de la peinture qui pelait sur les murs. Les fourmis et les cafards s'y déplaçaient sans être inquiétés et le tout puait la nourriture aigre, le linge non lavé et la poussière. Mais la maison elle-même paraissait relativement solide et je n'avais pour unique pensée que de bénir ma chance. Remarque à quelle vitesse les choses changent pour nous. Si quelqu'un m'avait dit, avant que j'arrive là, que c'était l'endroit où j'aboutirais, je ne l'aurais pas cru. Mais maintenant je me sentais comblée, comme si une grande faveur m'avait été accordée. La crasse et le confort sont après tout des termes relatifs. Trois ou quatre mois, à peine, après mon arrivée dans la ville j'étais disposée à accepter ce nouveau chez-moi sans le moindre frisson.

Ferdinand n'a guère fait de bruit lorsque Isabelle a annoncé que j'emménageais avec eux. Je crois que tactiquement elle s'y est bien prise. Elle ne lui a pas demandé sa permission, elle l'a simplement informé du fait qu'à présent ils étaient trois à vivre ici au lieu de deux. Comme Ferdinand avait abandonné depuis longtemps à sa femme toutes les décisions pratiques, il lui aurait été difficile d'affirmer son autorité en ce domaine sans admettre tacitement qu'il devrait assumer davantage de responsabilités en d'autres. Isabelle n'y a pas non plus mêlé la question de Dieu comme elle l'avait fait avec moi. Elle a relaté les faits avec une expression absolument neutre, lui racontant comment je l'avais sauvée, ajoutant le lieu et l'heure, mais sans fioritures ni commentaires.

Ferdinand l'a écoutée en silence, faisant semblant de ne pas être attentif, me lançant de temps à autre un coup d'œil furtif, mais se contentant la plupart du temps de regarder du côté de la fenêtre comme si tout cela ne le concernait pas. Lorsque Isabelle s'est arrêtée, il a paru peser un moment les choses, puis il a eu un haussement d'épaules. Pour la première fois, il m'a regardée en face et il a dit : "Dommage que vous ayez pris tant de peine. Ce vieux sac d'os serait bien mieux mort." Puis, sans attendre ma réponse, il s'est éloigné vers sa chaise dans un angle de la pièce et s'est remis à travailler sur son minuscule modèle réduit de bateau.

Ferdinand n'était pourtant pas aussi mauvais que je l'aurais cru, du moins pas au début. C'était certes une présence sans coopération, mais aussi sans cette méchanceté manifeste à laquelle je m'étais attendue. Si ses accès de mauvaise humeur s'exprimaient en éclats brefs et hargneux, la plupart du temps il ne disait rien, refusant obstinément de parler à quiconque, remuant de sombres pensées dans son coin comme une créature aberrante et maligne. Ferdinand était un homme laid, et rien en lui ne faisait oublier sa laideur – pas de charme, pas de générosité, pas de grâce salvatrice. Il était d'une maigreur squelettique, voûté, avec un grand nez crochu et un crâne à demi chauve. Les quelques cheveux qui lui restaient étaient crêpelés et désordonnés, se dressant furieusement en tous sens, tandis que sa peau avait une lividité maladive – une blancheur sinistre qui paraissait d'autant plus forte qu'elle contrastait avec les poils noirs qui lui poussaient partout : sur les bras, les jambes et la poitrine. Perpétuellement mal rasé, vêtu de guenilles, sans jamais de chaussures aux pieds, il ressemblait à une caricature de bohémien des plages. C'était presque comme si son obsession des bateaux l'avait conduit à jouer le rôle d'un homme abandonné sur une île déserte. Ou bien c'était l'inverse. Déjà échoué, il s'était peut-être mis à faire des bateaux en signe de détresse intérieure – comme un secret appel à l'aide. Mais cela ne signifiait pas que l'appel aurait une réponse. Ferdinand n'irait plus jamais nulle part et il le savait. Un jour où il était d'humeur un peu plus aimable, il m'a avoué qu'il n'avait pas mis le pied hors de l'appartement depuis plus de quatre ans. "Dehors il n'y a que la mort", a-t-il dit en faisant des gestes vers la fenêtre. "Il y a des requins dans ces eaux, et des baleines qui peuvent t'avaler tout rond. Accroche-toi au rivage, tel est mon conseil, accroche-toi au rivage et envoie autant de signaux de fumée que tu peux."

Isabelle n'avait pourtant pas exagéré les talents de Ferdinand. Ses bateaux constituaient de remarquables petits spécimens de construction, réalisés avec une habileté stupéfiante, conçus et assemblés avec ingéniosité, et tant qu'on lui fournissait suffisamment de matériaux – des bouts de bois et de papier, de la colle, de la ficelle et une bouteille à l'occasion –, il était trop absorbé par son travail pour être une source d'ennuis dans la maison. J'ai appris que la meilleure façon de s'entendre avec lui était de faire comme s'il n'était pas là. Au début, j'ai déployé de grands efforts pour prouver mes intentions pacifiques, mais Ferdinand était tellement pris dans ses conflits, tellement dégoûté de lui-même et du monde, qu'il n'en est rien sorti de bon. Des paroles gentilles ne voulaient rien dire, pour lui, et la plupart du temps il les retournait en menaces. C'est ainsi qu'une fois j'ai commis la faute d'admirer ses bateaux à haute voix et de suggérer qu'ils iraient chercher pas mal d'argent s'il avait un jour envie de les vendre. Mais Ferdinand était indigné. Il s'est levé en sautant de sa chaise et s'est mis à tituber autour de la pièce en me brandissant son canif au visage. "Vendre ma flotte ! criait-il. Tu es folle ? Il faudra me tuer d'abord. Je ne me séparerai pas d'un seul vaisseau – jamais ! C'est une mutinerie, voilà ce que c'est. Une insurrection ! Un mot de plus et tu passes à la planche !"

Sa seule autre passion semblait être de capturer les souris qui vivaient dans les murs de la maison. Nous pouvions les entendre la nuit courir à toute allure et grignoter n'importe quel petit reste qu'elles avaient trouvé. Il leur arrivait de faire un tel boucan que notre sommeil en était troublé, mais c'étaient des souris astucieuses qui ne se laissaient pas attraper facilement. Ferdinand avait bricolé un petit piège avec du grillage métallique et du bois, et chaque nuit il le garnissait consciencieusement d'un bout d'appât. Le piège ne tuait pas les souris. Lorsqu'elles entraient pour prendre la nourriture, la porte se refermait et elles étaient emprisonnées dans la cage. Cela ne réussissait qu'une ou deux fois par mois, mais les matins où Ferdinand se réveillait et découvrait une souris prisonnière il devenait presque fou de bonheur – il sautillait autour de la cage en battant des mains, avec des bouffées de rire qui lui sortaient du nez comme un reniflement bruyant. Il prenait la souris par la queue, puis, avec une grande application, la faisait rôtir sur les flammes du fourneau. C'était une chose horrible à voir, cette souris qui se tordait et qui piaulait avec l'énergie du désespoir, mais Ferdinand restait sans réagir, entièrement absorbé par ce qu'il faisait, ricanant et marmonnant entre ses dents quelque chose sur les plaisirs de la viande. "Petit déjeuner de gala pour le capitaine", lançait-il lorsqu'il avait fini de flamber sa bestiole et puis, crunch, crunch, en bavant, un rictus démoniaque sur le visage, il dévorait la créature avec les poils et tout, recrachant soigneusement les os tout en mastiquant. Il mettait ces derniers à sécher sur le rebord de la fenêtre dans l'intention de les employer pour un de ses bateaux – d'en faire des mâts, des hampes ou des harpons. Je me souviens qu'une fois il a détaché les côtes d'une souris et s'en est servi comme rames pour une galère. Une autre fois il a utilisé un crâne de souris comme figure de proue pour une goélette de pirates. Je dois avouer que c'était un beau petit bout de travail, même si je ne pouvais pas le regarder sans être dégoûtée.

Les jours de beau temps, Ferdinand plaçait sa chaise devant la fenêtre ouverte, posait son oreiller sur le rebord et restait là assis pendant des heures, penché vers l'avant, son menton dans ses mains, regardant la rue en bas. Il était impossible de savoir ce qu'il pensait, puisqu'il n'articulait jamais une parole, mais de temps à autre, peut-être une heure ou deux après avoir fini son guet, il se mettait à déblatérer d'un ton féroce, vomissant des torrents de sornettes agressives. "Tous à la moulinette, crachait-il. A la moulinette, et on éparpillera leurs poussières. Des porcs, jusqu'au dernier ! Il faut me faire dégringoler, mon saligaud au beau plumage, tu ne m'auras jamais ici. Bisque rage je suis à l'abri là où je suis." C'était un non-sens après l'autre qu'il déversait comme un poison accumulé dans son sang. Il délirait et s'emportait ainsi pendant quinze ou vingt minutes, puis soudain, sans préavis, il retombait dans son silence comme si sa tempête intérieure s'était tout à coup calmée.

Pendant les mois que j'ai passés là, les bateaux de Ferdinand ont progressivement rapetissé. Après les bouteilles de whisky et de bière, il est passé aux flacons de sirop contre la toux et aux éprouvettes, puis aux fioles vides de parfum jusqu'à ce qu'à la fin il construise des vaisseaux de taille presque microscopique. Un tel labeur m'était inimaginable, et pourtant Ferdinand semblait ne jamais s'en lasser. Et plus le navire était petit, plus il s'y attachait. Une ou deux fois, alors que je m'étais réveillée le matin un peu plus tôt que d'habitude, j'ai réellement vu Ferdinand, assis près de la fenêtre, tenir un bateau en l'air : il s'en amusait comme un enfant de six ans, le poussant en faisant un bruit de glissement sur l'eau, le guidant sur un océan imaginaire et murmurant tout seul avec des voix diverses comme s'il jouait les rôles d'un jeu qu'il avait inventé. Pauvre Ferdinand, pauvre imbécile. "Plus c'est petit, mieux c'est", m'a-t-il déclaré un soir, se vantant de ses talents d'artiste. "Un jour, je ferai un vaisseau si minuscule que personne ne pourra le voir. Alors tu sauras à qui tu as affaire, mon petit clodo si malin. Un vaisseau si minuscule que personne ne pourra le voir. On écrira un livre sur moi, tellement je serai célèbre. Alors tu verras de quoi il retourne, ma petite salope vicelarde. Tu n'auras pas la moindre idée de ce qui te tombe dessus. Ha, ha ! Pas la moindre idée !"

Nous vivions dans une pièce de taille moyenne, environ cinq mètres sur six. Il y avait un évier, un petit poêle de campagne, une table, deux chaises – plus tard il en est arrivé une troisième – et un pot de chambre dans un coin, séparé du reste de la pièce par un drap tout mince. Ferdinand et Isabelle dormaient à l'écart l'un de l'autre, chacun dans un angle, tandis que j'occupais le troisième. Il n'y avait pas de lits, mais, avec une couverture pliée sous moi pour matelasser le plancher, je n'étais pas mal à l'aise. En comparaison des mois que j'avais passés à la belle étoile, c'était même très confortable.

Ma présence facilitait les choses pour Isabelle, et pendant quelque temps elle a paru récupérer un peu de sa force. Jusque-là elle avait fait tout le travail elle-même – chercher des objets dans les rues, se rendre chez les agents de Résurrection, faire les courses au marché municipal, préparer le repas du soir à la maison, vider les eaux sales le matin – et maintenant il y avait au moins quelqu'un pour partager le fardeau. Pendant les premières semaines, nous avons tout fait ensemble. Rétrospectivement, je dirais que ces jours-là ont été les meilleurs que nous ayons connus : toutes les deux dans les rues avant le lever du soleil, vadrouillant dans les aurores tranquilles, les allées désertes, les larges boulevards tout autour. C'était au printemps, la dernière moitié d'avril, me semble-t-il, et le temps était d'une clémence trompeuse, si doux qu'on avait l'impression qu'il ne pleuvrait jamais plus, que le froid et le vent avaient disparu pour toujours. Nous ne prenions qu'un chariot, laissant l'autre à la maison, et je le poussais lentement, progressant au rythme d'Isabelle, attendant qu'elle se repère et qu'elle évalue les perspectives alentour. Tout ce qu'elle avait dit sur elle-même était vrai. Elle possédait un don extraordinaire pour ce genre de travail, et même dans l'état affaibli où elle se trouvait, aucun des chasseurs que j'avais observés n'était meilleur qu'elle. J'avais parfois l'impression que c'était un démon, une parfaite sorcière qui trouvait tout par enchantement. Je lui demandais constamment comment elle s'y prenait, mais elle n'était jamais en mesure d'en dire grand-chose. Elle faisait une pause, réfléchissait sérieusement pendant quelque temps, puis se contentait d'un commentaire général sur la capacité de tenir bon sans perdre espoir – mais en termes si vagues qu'il ne m'était d'aucune aide. Ce que j'ai fini par tirer d'elle, je l'ai appris en regardant, pas en écoutant, et je l'ai intégré par une sorte d'osmose, de la même façon qu'on apprend une nouvelle langue. Nous partions à l'aveuglette, déambulant plus ou moins au hasard jusqu'à ce qu'Isabelle ait une intuition de l'endroit où nous ferions bien de chercher, et alors je trottinais jusqu'au lieu désigné, laissant Isabelle sur place pour protéger le chariot. Si on tient compte de tout ce qui manquait dans les rues à cette époque, nos prises étaient fort bonnes, en tout cas suffisantes pour nous permettre de tenir, et il n'y a aucun doute que nous avons bien travaillé ensemble. Au demeurant, nous ne parlions pas beaucoup dehors. C'était un risque contre lequel Isabelle m'avait mise en garde à de nombreuses reprises.

Ne pense jamais à rien, disait-elle. Contente-toi de te fondre dans la rue et fais comme si ton corps n'existait pas. Pas de rêveries ; pas de tristesse ni de gaieté ; rien que la rue, rien que du vide à l'intérieur en te concentrant seulement sur le pas que tu vas faire. De tous les conseils qu'elle m'a donnés, c'est l'unique chose que j'aie jamais comprise.

Même avec mon aide, cependant, et le nombre important de kilomètres qui lui était épargné chaque jour, Isabelle a vu ses forces lui manquer. Petit à petit, il lui est devenu plus difficile de se débrouiller dehors, de supporter les longues heures passées debout, et un matin, inévitablement, elle n'a plus été capable de se lever. Les douleurs dans ses jambes étaient trop fortes, et je suis sortie toute seule. A partir de ce jour-là, j'ai accompli tout le travail moi-même.

Tels sont les faits, et, un par un, je te les livre. Je me suis chargée des tâches quotidiennes de la maisonnée. C'est moi qui ai pris les commandes et qui ai tout assumé. Je suis sûre que cela te fera rire. Tu te souviens comment c'était chez moi : la cuisinière, la bonne, le linge frais et plié tous les vendredis dans les tiroirs de ma commode. Je n'ai jamais eu à lever le petit doigt. Le monde entier m'arrivait sur un plateau et je ne me posais pas la moindre question : leçons de piano, cours de peinture, étés à la campagne au bord du lac, voyages à l'étranger avec mes amis. Maintenant j'étais devenue une bête de somme, le seul soutien de deux personnes que, dans ma vie antérieure, je n'aurais même jamais rencontrées. Isabelle, avec son extravagante pureté et sa bonté, Ferdinand à la dérive dans ses colères folles et grossières. Tout cela était si étrange, si peu probable. Mais le fait était qu'Isabelle avait aussi sûrement sauvé ma vie que moi la sienne, et il ne m'est jamais venu à l'esprit de ne pas faire tout ce que je pouvais. De la petite fille abandonnée qu'ils avaient recueillie dans la rue, j'étais devenue la mesure exacte de ce qui les séparait de leur ruine totale. Sans moi, ils n'auraient pas tenu dix jours. Ce n'est pas pour me vanter de ce que j'ai fait, mais, pour la première fois de ma vie, il y avait des gens qui dépendaient de moi et je ne les ai pas laissés tomber.

Au début, Isabelle a continué à soutenir qu'elle allait bien et qu'elle ne souffrait de rien que quelques jours de repos ne sauraient guérir. "Je serai debout en un rien de temps", me disait-elle lorsque je partais le matin. "Ce n'est qu'un problème passager." Mais cette illusion a vite été balayée. Les semaines ont passé sans que son état progresse. Vers le milieu du printemps, il nous est clairement apparu à toutes les deux qu'elle n'allait pas guérir. Le coup le plus dur est venu quand j'ai dû vendre son chariot et son permis de charognard à un commerçant du marché noir, dans la quatrième zone de recensement. C'était la confirmation absolue de sa maladie, mais nous ne pouvions pas faire autrement. Le chariot restait à la maison jour après jour, sans aucune utilité pour quiconque, et nous avions alors terriblement besoin de cet argent. Conformément à son caractère, c'est Isabelle elle-même qui a fini par suggérer que je franchisse le pas et que je vende, mais cela ne veut pas dire que ce n'était pas dur pour elle.

Ensuite, notre relation a changé quelque peu. Nous n'étions plus des partenaires à part égale, et, comme elle se sentait très coupable de me mettre sur le dos tout ce travail supplémentaire, elle est devenue extrêmement protectrice à mon égard, presque hystérique dès qu'il s'agissait de mon bien-être. Peu de temps après que j'ai commencé à charogner toute seule, elle a lancé une offensive pour modifier mon apparence. J'étais, disait-elle, trop jolie pour être tous les jours en contact avec les rues, et il fallait y faire quelque chose. "Je ne peux tout simplement pas supporter de te voir partir comme ça chaque matin, a-t-elle expliqué. Il arrive tout le temps des choses horribles à des jeunes filles, des choses si horribles que je ne peux même pas en parler. Oh, Anna, ma chère petite enfant, si je te perdais à présent je ne me le pardonnerais jamais, j'en mourrais sur-le-champ. Il n'y a plus de place pour la vanité, mon ange – il te faut abandonner tout cela." Isabelle parlait avec tant de conviction qu'elle s'était mise à pleurer, et j'ai compris qu'il valait mieux aller dans son sens que commencer une dispute. A vrai dire, j'étais tout à fait bouleversée. Mais j'avais déjà vu certaines de ces choses dont elle ne pouvait parler, et je n'avais presque rien à ajouter pour la contredire. Ce sont mes cheveux qui sont partis en premier, et ça n'a pas été une partie de plaisir. J'ai fait tout mon possible pour ne pas éclater en sanglots tandis qu'Isabelle y allait de ses ciseaux, m'exhortant au courage alors qu'elle n'arrêtait pas de trembler, toujours sur le point de lancer en larmoyant quelques sombres paroles de tristesse maternelle, ce qui rendait les choses encore plus difficiles. Bien entendu, Ferdinand était aussi là, assis dans son coin, les bras croisés, observant la scène avec un détachement cruel. Il riait lorsque mes cheveux tombaient par terre ; quand ils ont continué à joncher le sol, il a déclaré que je commençais à ressembler à une gouine, et comme c'était drôle qu'Isabelle me fasse ça alors que justement elle avait maintenant le con aussi sec qu'un morceau de bois. "Ne l'écoute pas, mon ange, m'a murmuré Isabelle à l'oreille, ne fais pas attention à ce que dit ce monstre." Mais il était difficile de ne pas l'écouter, difficile de ne pas être affectée par son rire malveillant. Lorsque Isabelle est enfin arrivée au bout, elle m'a tendu un petit miroir et m'a demandé de regarder. Les premiers moments ont été effrayants. J'étais si laide que je ne me reconnaissais plus moi-même. C'était comme si j'avais été transformée en quelqu'un d'autre. Que m'est-il arrivé ? me suis-je demandé. Où suis-je ? Puis, à cet instant, Ferdinand a encore éclaté de rire, une véritable gorgée de rancœur, et là j'ai débordé. J'ai lancé le miroir à travers la pièce. Il a manqué de peu son visage, frôlant son épaule avant de s'écraser contre le mur et de retomber au sol en fragments. Pendant quelques secondes Ferdinand est resté bouche bée, comme s'il n'arrivait pas à croire ce que j'avais fait, puis il s'est tourné vers Isabelle, tout tremblant de colère, complètement hors de lui, et il a dit : "Tu as vu ça ? Elle a voulu me tuer ! Cette salope a voulu me tuer !" Mais Isabelle n'était pas près de compatir, et quelques minutes plus tard il a fini par se taire. Dès lors, il n'a jamais plus rien dit là-dessus, n'a jamais plus mentionné mes cheveux.

J'ai fini par m'y faire. C'était l'idée de la chose qui m'embêtait, mais au fond je ne crois pas que ça m'enlaidissait tant. Isabelle, après tout, ne voulait pas me donner l'air d'un garçon – pas de déguisement, pas de fausses moustaches – mais souhaitait seulement rendre moins apparents mes côtés féminins, mes protubérances, comme elle les appelait. Je n'ai jamais eu grand-chose d'un garçon manqué, et ce n'était pas maintenant que j'aurais pu me faire passer pour quelqu'un comme ça. Tu te souviens de mes rouges à lèvres, de mes boucles d'oreilles provocantes, de mes jupes étroites et de mes ourlets serrés. J'ai toujours aimé m'habiller et jouer les vamps, même quand nous étions enfants. Ce que voulait Isabelle, c'était que j'attire l'attention le moins possible, que je sois certaine que les regards ne se retourneraient pas sur moi à mon passage. Une fois mes cheveux partis, elle m'a donné une casquette, une veste large, des pantalons de laine et une paire de souliers appropriés – qu'elle avait récemment achetés pour elle-même. Ces chaussures avaient une pointure de trop, mais une paire de chaussettes supplémentaire a paru suffisante pour éliminer le risque d'ampoules. Maintenant que mon corps était enveloppé dans ce costume, mes seins et mes hanches étaient assez bien cachés, ce qui ne laissait vraiment pas grand-chose pour aiguiser le désir des gens. Il aurait fallu une grande imagination pour voir ce qu'il y avait vraiment là-dessous, et s'il y a une chose en quantité limitée dans cette ville, c'est bien l'imagination.

C'est ainsi que je vivais. Levée et partie de bonne heure, de longues journées dans les rues, puis, le soir, de retour à la maison. J'étais trop occupée pour penser, trop épuisée pour me distancier de moi-même et regarder vers l'avenir, et chaque soir après le souper je ne souhaitais rien d'autre que de m'effondrer dans mon coin et dormir. Malheureusement, l'incident du miroir avait provoqué un changement chez Ferdinand, et la tension qui était montée entre nous devenait presque intolérable. A quoi s'ajoutait le fait qu'il devait à présent passer ses journées à la maison en compagnie d'Isabelle – ce qui le privait de sa liberté et de sa solitude. Dès que j'étais là, je devenais donc le centre de son attention. Je ne parle pas seulement de ses grognements, ni des petites vannes qu'il m'envoyait en permanence sur la quantité d'argent que je gagnais ou sur la nourriture que je rapportais à la maison pour nos repas. Non, c'était là tout ce à quoi on pouvait s'attendre de sa part. Le mal était encore plus pernicieux, plus destructeur par la rage qui le sous-tendait. J'étais soudain devenue le seul exutoire de Ferdinand, sa seule possibilité d'échapper à Isabelle, et comme il me méprisait, comme ma seule présence était pour lui une torture, il s'ingéniait à me rendre les choses les plus difficiles possible. Littéralement, il me sabotait la vie, me harcelant à toute occasion, me lançant des milliers de petites attaques que je n'avais pas le moyen de parer. J'ai pressenti très tôt où tout cela menait, mais rien ne m'avait jamais préparée à ce genre de situation, et je ne savais pas comment me défendre.

Tu me connais parfaitement. Tu sais ce dont mon corps a besoin et ce dont il n'a pas besoin, quelles tempêtes et quels appétits se dissimulent en lui. De telles choses ne disparaissent pas, même dans un endroit comme celui-ci. Certes, on trouve ici moins d'occasions de se laisser aller à ses pensées, et lorsqu'on marche dans les rues on doit s'envelopper jusqu'à la moelle et se débarrasser l'esprit de toute digression érotique – mais pourtant, il y a des moments où on est seul, au lit la nuit, par exemple, quand le monde qui nous entoure est tout noir, et il devient difficile de ne pas s'imaginer dans certaines situations. Je ne vais pas nier à quel point je me suis sentie seule dans mon coin. De telles choses peuvent te rendre folle, parfois. Tu ressens une douleur en toi, une douleur horrible, vociférante, et si tu n'y fais rien elle ne connaîtra jamais de fin. Dieu est témoin que j'ai essayé de me maîtriser, mais il y a eu des moments où je n'en pouvais plus, des moments où j'ai cru que mon cœur allait exploser. Je fermais les yeux et je m'ordonnais de dormir, mais mon cerveau était dans une telle agitation, déversant des images de la journée que je venais de vivre, me narguant avec un tohu-bohu de rues et de corps et, les insultes de Ferdinand toutes fraîches dans mon esprit s'ajoutant au chaos, le sommeil ne venait tout simplement pas. La seule chose qui paraissait avoir quelque effet était la masturbation. Pardonne-moi d'être si crue, mais je ne vois pas la raison de mâcher les mots. C'est une solution assez ordinaire pour nous tous, et dans ces circonstances je n'avais guère le choix. Presque sans m'en rendre compte, je me mettais à toucher mon corps, faisant comme si mes mains étaient celles d'un autre – passant les paumes doucement sur mon ventre, caressant l'intérieur de mes cuisses, parfois même agrippant mes fesses et travaillant la chair avec les doigts, comme si j'étais deux et que nous fussions dans les bras l'un de l'autre. Je savais bien qu'il ne s'agissait que d'un petit jeu triste, mais mon corps répondait néanmoins à ces ruses, et par la suite je sentais un épanchement d'humidité s'installer en bas. Le majeur de ma main droite faisait le reste, et lorsque c'était fini, une langueur me gagnait les os, pesant sur mes paupières jusqu'à ce qu'enfin je sombre dans le sommeil.

Tout cela est bel et bon, peut-être. Le problème était que dans des conditions de logement aussi exiguës, le moindre son était dangereux et que certains soirs j'ai dû me laisser aller, j'ai dû laisser échapper un soupir ou un gémissement au moment crucial. J'en parle parce que j'ai vite su que Ferdinand m'avait écoutée, et qu'avec un esprit sordide comme le sien il ne lui a pas fallu longtemps pour découvrir ce que je trafiquais. Petit à petit ses insultes ont pris un tour plus sexuel – un tir nourri d'insinuations et de vilaines plaisanteries. Un instant il me traitait de petite pute à l'esprit sale, puis l'instant suivant il déclarait qu'aucun homme ne voudrait jamais toucher un monstre frigide tel que moi – chaque affirmation contredisant les autres, me bombardant de tous côtés, sans relâche. C'était une histoire minable de bout en bout, et je savais qu'elle finirait mal pour nous tous. Une graine avait été placée dans le cerveau de Ferdinand, et il n'y avait aucun moyen de l'extraire. Il rassemblait ses forces, se préparant à l'action, et chaque jour je le voyais plus audacieux, plus affirmé, plus engagé dans son projet. J'avais déjà fait cette mauvaise rencontre avec le Péagiste du Muldoon Boulevard, mais c'était en plein air et j'avais été en mesure de m'enfuir. Maintenant c'était une autre histoire. L'appartement était trop petit, et s'il s'y passait quelque chose je serais coincée.

A moins de ne plus jamais m'endormir, je n'avais aucune idée de ce qu'il fallait faire.

C'était l'été, je ne me souviens plus du mois. Je me rappelle la chaleur, les longues journées à faire bouillir le sang, les nuits sans air. Le soleil se couchait, mais l'atmosphère torride nous pesait encore dessus, alourdie de toutes ses senteurs irrespirables. C'est pendant l'une de ces nuits que Ferdinand s'est enfin décidé – traversant lentement la pièce à quatre pattes, centimètre par centimètre, se dirigeant vers mon lit d'un mouvement furtif et stupide. Pour des raisons que je ne connais toujours pas, ma terreur s'est entièrement apaisée au moment même où il m'a touchée. J'étais allongée dans l'obscurité, faisant semblant de dormir, sans savoir si j'allais essayer de me battre contre lui ou simplement de hurler aussi fort que possible. A présent il m'était soudain apparu clairement que je ne ferais ni l'un ni l'autre. Ferdinand a posé sa main sur mon sein et il a émis un petit ricanement intérieur, un de ces bruits abjects et suffisants qui ne peuvent venir que de personnes en réalité déjà mortes, et à cet instant j'ai su précisément ce que j'allais faire. Ce savoir avait en lui une profondeur de certitude que je n'avais encore jamais connue. Je ne me suis pas débattue, je n'ai pas hurlé, je n'ai réagi avec aucune partie de moi que je puisse reconnaître comme mienne. Rien ne semblait plus avoir d'importance. C'est-à-dire rien du tout. Il y avait en moi cette certitude, et elle détruisait tout le reste. A l'instant où Ferdinand m'a touchée, j'ai su que j'allais le tuer, et cette certitude était si forte, si irrésistible, que j'ai presque voulu m'arrêter pour le lui dire, juste pour qu'il puisse comprendre ce que je pensais de lui et pourquoi il méritait la mort.

Il a fait glisser son corps plus près du mien, s'étendant au bord de ma paillasse, et il a commencé à me frotter le cou de sa face rugueuse, me murmurant qu'il avait raison depuis le début, que oui, il allait me baiser et que oui, j'allais adorer ça de bout en bout. Son haleine sentait le bœuf séché et les navets que nous avions mangés au dîner, et nous étions tous deux des boules de sueur, nos corps entièrement recouverts de transpiration. L'air de cette pièce était suffocant, absolument immobile, et chaque fois que Ferdinand me touchait je sentais l'eau salée me glisser sur la peau. Je n'ai rien fait pour l'arrêter, je suis restée là, inerte et impassible, sans articuler une parole. Au bout d'un moment il a commencé à s'oublier, je pouvais m'en rendre compte, je le sentais qui me tripatouillait le corps, puis, lorsqu'il a commencé à me grimper dessus, j'ai mis mes doigts autour de son cou. J'y suis d'abord allée doucement, faisant semblant de jouer avec lui, comme si j'avais fini par succomber à ses charmes, ses irrésistibles appas, et c'est pourquoi il n'a rien soupçonné. Puis je me suis mise à serrer, et un petit bruit aigu, comme derrière un bâillon, lui est sorti de la gorge. Dès ce premier instant où j'ai commencé à presser, j'ai éprouvé un bonheur immense, l'émergence incontrôlable d'une sensation d'extase. C'était comme si j'avais franchi un seuil intérieur, et tout d'un coup le monde est devenu autre, un endroit d'une simplicité inimaginable. J'ai fermé les yeux, et alors c'était comme si je volais dans l'espace vide, comme si je me déplaçais dans une immense nuit d'obscurité et d'étoiles. Tant que je tenais la gorge de Ferdinand, j'étais libre. J'étais au-delà de l'attraction terrestre, au-delà de la nuit, au-delà de toute pensée de moi-même.

C'est alors qu'est arrivée la chose la plus bizarre. Au moment même où il m'est clairement apparu que tout serait fini en gardant la pression encore quelques instants, j'ai lâché prise. Ça n'avait rien à voir avec de la faiblesse, rien à voir avec de la pitié. Mon étreinte autour de la gorge de Ferdinand avait la force d'un étau d'acier, et jamais il n'aurait réussi à la desserrer en se débattant ou en donnant des coups de pied. Ce qui s'est passé, c'est que j'ai soudain pris conscience du plaisir que j'éprouvais. Je ne sais comment décrire les choses autrement, mais juste à la fin, tandis que j'étais allongée sur le dos dans cette obscurité suffocante, en train de presser la vie hors du corps de Ferdinand, j'ai compris que je ne le tuais pas en état de légitime défense – je le tuais par pur plaisir. Conscience horrible, horrible, conscience horrible. J'ai lâché la gorge de Ferdinand et je l'ai repoussé loin de moi aussi violemment que j'ai pu. Je ne ressentais rien que du dégoût, rien que de la révolte et de l'amertume. Le fait d'avoir arrêté n'avait presque pas d'importance. Ce n'était qu'une affaire de quelques secondes de plus ou de moins, mais à présent je comprenais que je ne valais pas mieux que Ferdinand, pas mieux que n'importe qui d'autre.

Un râle épouvantable et sifflant est sorti des bronches de Ferdinand, un son inhumain et misérable semblable à un braiment d'âne. Il se tortillait sur le sol, les mains agrippées à son cou et la poitrine soulevée de spasmes frénétiques, avalant l'air désespérément, crachotant, toussant, avec des haut-le-cœur qui semblaient lui vomir la catastrophe sur tout le corps.

"Maintenant tu comprends, lui ai-je dit, maintenant tu sais à quoi tu t'attaques. La prochaine fois que tu essaies quelque chose de ce genre, je ne serai pas aussi magnanime."

Je n'ai même pas attendu qu'il se soit complètement remis. Il allait vivre, et c'était suffisant, plus que suffisant. J'ai enfilé mes vêtements à toute vitesse et j'ai quitté l'appartement, descendant les escaliers et sortant dans la nuit. Tout s'était passé si vite. Du début à la fin, je me suis aperçue que le tout n'avait duré que quelques minutes. Et Isabelle avait continué à dormir. C'était en soi un miracle. J'étais arrivée à un doigt de tuer son mari, et Isabelle n'avait même pas bougé dans son lit.

J'ai erré sans but pendant deux ou trois heures, puis je suis retournée à l'appartement. On approchait des quatre heures du matin, et Ferdinand et Isabelle dormaient chacun dans son coin habituel. Je me suis dit que j'avais jusqu'à six heures avant le début de la folie : Ferdinand tempêtant dans la pièce, battant des bras, l'écume aux lèvres, m'accusant d'un crime après l'autre. Il était impossible que cela n'eût pas lieu. Ma seule incertitude concernait la réaction d'Isabelle. Mon instinct me prédisait qu'elle se rangerait de mon côté, mais je ne pouvais pas en être sûre. On ne sait jamais quelles fidélités émergent au moment critique, quels conflits peuvent se mettre à bouillonner quand on s'y attend le moins. J'ai essayé de me préparer au pire – en sachant que si les choses tournaient à mon désavantage je serais à la rue le jour même.

Isabelle s'est réveillée la première, selon son habitude. Ce n'était pas une chose facile pour elle, car c'était généralement le matin que ses douleurs aux jambes étaient les plus vives, et il lui fallait souvent de vingt à trente minutes avant qu'elle trouve le courage de se lever. Ce matin-là s'est avéré particulièrement éprouvant pour elle, et tandis qu'elle travaillait lentement à rassembler ses forces et ses esprits, je me suis occupée dans l'appartement à ma manière habituelle, essayant d'agir comme si rien ne s'était passé : j'ai fait bouillir de l'eau, j'ai coupé du pain, mis le couvert – bref, je me suis tenue à la routine normale. La plupart du temps, le matin, Ferdinand continuait à dormir tant qu'il le pouvait, ne bougeant que rarement avant de sentir l'odeur du porridge sur le poêle. En cet instant, aucune de nous deux ne faisait attention à lui. Il avait le visage tourné vers le mur, et, selon toutes les apparences, il ne faisait que s'accrocher au sommeil avec un peu plus d'obstination que d'habitude. Compte tenu de ce qu'il avait subi pendant la nuit, ça semblait plutôt logique et je n'y ai pas autrement réfléchi.

A la fin, pourtant, son silence est devenu manifeste. Isabelle et moi avions toutes les deux fini nos préparatifs, et nous étions prêtes à nous asseoir pour prendre notre petit déjeuner. D'habitude, l'une de nous aurait déjà tiré Ferdinand de son sommeil, mais ce matin-là nous n'avons dit un mot ni l'une ni l'autre. Une hésitation bizarre semblait flotter dans l'air, et après un moment j'ai commencé à sentir que nous évitions volontairement le sujet, que chacune de nous avait décidé de laisser l'autre parler la première. J'avais mes propres raisons de me taire, certes, mais le comportement d'Isabelle était sans précédent. Il en émanait quelque chose de mystérieusement étrange, un soupçon de bravade et d'énervement, comme si un décalage imperceptible s'était opéré en elle. Je ne savais qu'en déduire. Peut-être m'étais-je trompée au sujet de la nuit passée. Peut-être s'était-elle réveillée ;

peut-être avait-elle eu les yeux ouverts et avait-elle vu toute cette sale affaire.
Tu vas bien, Isabelle ? ai-je demandé.
Bien sûr, ma chère. Bien sûr, je vais bien, a-t-elle dit en me lançant un de ses sourires angéliques un peu idiots. Tu ne penses pas que nous devrions réveiller Ferdinand ? Tu sais comment il est lorsqu'on commence sans lui. Nous ne voulons pas qu'il ait l'impression qu'on lui vole sa part.
Non, sans doute ne voulons-nous pas cela, a-t-elle répondu en laissant échapper un petit soupir. Il y a seulement que je me délectais de ce petit moment en ta compagnie. Il est si rare que nous soyons seules, désormais. Il y a quelque chose de magique dans le silence d'une maison, n'est-ce pas ton avis ?
Oui, Isabelle. Mais je crois aussi qu'il est l'heure de réveiller Ferdinand.
Si tu insistes. J'essayais seulement de retarder l'heure des comptes. La vie peut être si magnifique, après tout, même en des temps comme ceux-ci. Dommage que certaines personnes n'aient en tête que de la gâcher.
Je n'ai fait aucune réponse à ces remarques énigmatiques. Il était évident que quelque chose n'allait pas, et je commençais à soupçonner de quoi il s'agissait. Je suis allée jusqu'au coin de Ferdinand, je me suis accroupie près de lui et j'ai posé ma main sur son épaule. Rien. J'ai secoué l'épaule, et lorsque Ferdinand encore une fois n'a pas bougé, je l'ai fait basculer sur le dos. Pendant une ou deux secondes je n'ai rien vu du tout. Il n'y avait qu'une impression, un tumulte pressant de sensations qui me traversaient en trombe. Cet homme est mort, me suis-je dit. Ferdinand est un homme mort, et je le regarde de mes deux yeux. C'est seulement à ce moment-là, après avoir prononcé ces mots en moi-même, que j'ai réellement vu l'état de son visage : ses yeux exorbités, sa langue qui sortait de sa bouche, les caillots de sang séché autour de ses narines. Il n'était pas possible que Ferdinand fût mort, ai-je pensé. Il était vivant lorsque j'ai quitté l'appartement, et mes mains n'auraient pu d'aucune manière faire cela. J'ai essayé de lui fermer la bouche, mais ses mâchoires étaient déjà raidies et je n'ai

pas pu les bouger. Il aurait fallu briser les os du visage, et je n'en avais pas la force.
Isabelle, ai-je dit d'un ton calme. Il faudrait que tu viennes par ici.
Quelque chose qui ne va pas ? a-t-elle demandé. Sa voix ne trahissait rien, et je ne pouvais dire si elle savait ce que j'allais lui montrer ou pas.
Viens ici et regarde de tes propres yeux.
Avec cette démarche traînante qu'elle avait été obligée de prendre récemment, Isabelle a traversé la pièce en se soutenant de sa chaise. Arrivée au coin de Ferdinand, elle a accompli une manœuvre pour se rasseoir sur son siège, fait une courte pause pour reprendre haleine, puis elle a baissé les yeux vers le cadavre. Pendant plusieurs instants, elle s'est contentée de le fixer, complètement détachée, ne montrant absolument aucune émotion. Puis, tout à coup, sans le moindre geste ni le moindre bruit, elle s'est mise à pleurer – presque inconsciemment, semblait-il, avec des larmes qui débordaient de ses yeux et ruisselaient sur ses joues. C'est ainsi que les petits enfants pleurent parfois – sans sanglots ni hoquets : l'eau coule régulièrement de deux robinets identiques.
Je ne crois pas que Ferdinand se réveillera jamais, a-t-elle dit, les yeux encore braqués sur le corps. On aurait cru qu'elle était incapable de regarder ailleurs, que ses yeux resteraient rivés là pour toujours.
Qu'est-il arrivé, selon toi ?
Dieu seul le sait, ma chère. Je n'oserais même pas hasarder une hypothèse.
Il a dû mourir en dormant.
Oui, cela me paraît assez sensé. Il a dû mourir en dormant.
Comment te sens-tu, Isabelle ?
Je ne sais pas. C'est trop tôt pour le dire. Mais en cet instant, il me semble que je suis heureuse. Je sais que c'est horrible à dire, mais il me semble que je suis très heureuse.
Ce n'est pas horrible. Tu mérites un peu de paix, autant que n'importe qui.
Non, ma chère, c'est horrible. Mais je n'y peux rien. J'espère que Dieu me pardonnera. J'espère qu'il trouvera

en son cœur ce qu'il faut pour ne pas me punir de ce que je ressens à présent.

Isabelle a passé le reste de la matinée à s'affairer autour du corps de Ferdinand. Elle ne voulait pas que je l'aide, et pendant plusieurs heures je suis restée dans mon coin à la regarder. Il était évidemment absurde d'habiller Ferdinand, mais Isabelle refusait qu'il en fût autrement. Elle voulait qu'il ressemblât à l'homme qu'il avait été bien des années plus tôt, avant d'être détruit par la colère et la pitié de soi. Elle l'a lavé à l'eau et au savon, elle lui a rasé le visage, coupé les ongles, puis elle lui a mis le costume bleu qu'il avait porté autrefois dans les grandes occasions. Pendant plusieurs années, elle avait gardé ce costume caché sous une planche désajustée du plancher, car elle avait peur que Ferdinand ne la force à le vendre s'il l'avait découvert. A présent il était trop grand pour son corps, et Isabelle a dû faire un cran supplémentaire à la ceinture pour maintenir le pantalon autour de la taille. Isabelle procédait avec une lenteur incroyable, peinant sur chaque détail avec une précision exaspérante, sans jamais faire de pause, sans jamais accélérer le rythme, et au bout de quelque temps ça a commencé à m'énerver. Je voulais que tout soit fait aussi vite que possible, mais Isabelle ne se souciait aucunement de moi. Elle était si absorbée dans sa tâche que je me demande si elle se rendait même compte de ma présence. En travaillant, elle continuait à parler à Ferdinand, le grondant d'une voix douce, dégoisant comme s'il pouvait l'entendre, comme s'il écoutait chacune de ses paroles. Avec sa figure bloquée dans cette horrible grimace de mort, je ne crois pas qu'il ait eu d'autre possibilité que de la laisser parler. Après tout, c'était la dernière occasion qu'elle avait, et pour une fois il n'avait aucun moyen de l'arrêter.

Elle a fait durer les soins jusqu'à la fin de la matinée – lui peignant les cheveux, enlevant les petites poussières de sa veste, le parant et l'apprêtant comme si elle habillait une poupée. Lorsqu'elle a eu enfin terminé, nous avons dû décider comment nous débarrasser du corps. J'étais d'avis de porter Ferdinand au bas des escaliers et de l'abandonner dans la rue. Mais Isabelle pensait que c'était trop cruel. Le moins que nous puissions faire, a-t-elle dit, serait de le mettre sur le chariot de ramassage des ordures et de le pousser à travers la ville jusqu'à un Centre de transformation. Je me suis opposée à cette proposition pour plusieurs raisons. D'abord Ferdinand était trop grand et il serait dangereux de franchir ainsi les rues. Je voyais le chariot se renverser, Ferdinand tomber, et des Vautours s'emparer des deux. Ensuite, et c'était plus important, Isabelle n'avait pas assez de forces pour une telle expédition, et je craignais qu'elle ne se fît réellement mal. Une longue journée debout pouvait détruire le peu qui lui restait de santé, et je n'ai pas voulu lui céder malgré ses pleurs et ses supplications.

Nous avons fini par trouver une sorte de solution. Sur le moment elle m'a paru tout à fait raisonnable, mais quand j'y repense aujourd'hui elle me frappe par sa bizarrerie. Après beaucoup d'énervement et d'hésitation, nous avons décidé de traîner Ferdinand sur le toit et de le pousser en bas. Notre idée était de le faire passer pour un Sauteur. Au moins les voisins penseraient que Ferdinand avait conservé en lui quelque pugnacité, a dit Isabelle. Ils le regarderaient s'envoler du toit et se diraient que c'était un homme qui avait le courage de prendre les choses en main. Il n'était pas difficile de voir à quel point cette pensée l'attirait. Mentalement, lui ai-je dit, nous ferons comme si nous le jetions par-dessus bord. C'est ce qui se passe lorsqu'un marin meurt en mer : il est lancé à l'eau par ses compagnons. Oui, cela a beaucoup plu à Isabelle. Nous grimperions sur le toit et ferions semblant d'être sur le pont d'un navire. L'air remplacerait l'eau, et le sol serait le fond de l'océan. Ferdinand aurait des funérailles de marin, et, dès lors, il appartiendrait à la mer. Il y avait dans ce projet quelque chose de si juste qu'il a mis fin à toute nouvelle discussion. Ferdinand reposerait dans la grande Baille, et à la fin les requins se l'approprieraient.

Malheureusement, ce n'était pas aussi simple qu'il le semblait. L'appartement avait beau être au dernier étage de l'immeuble, il n'y avait pas d'escalier jusqu'au toit. Le seul accès passait par une échelle étroite, en fer, qui menait à un panneau dans le plafond, une sorte de trappe qu'on ouvrait en soulevant de dessous. L'échelle avait une douzaine de barreaux et ne mesurait pas plus de deux ou trois mètres, mais cela signifiait quand même qu'il fallait hisser Ferdinand sur un seul bras, puisque l'autre main devait pouvoir s'agripper pour garder l'équilibre. Isabelle n'était guère capable d'aider, et j'ai donc dû tout faire moi-même. J'ai essayé de pousser par en bas, puis j'ai essayé de tirer par le haut, mais il s'est avéré que je n'avais tout simplement pas la force voulue. Ferdinand était trop lourd pour moi, trop grand, trop malaisé à bouger, et dans cette chaleur étouffante d'été, avec la sueur qui me coulait dans les yeux, je ne voyais pas comment on pouvait y arriver. J'ai commencé à me demander si on ne pouvait pas produire le même effet en ramenant Ferdinand dans l'appartement et en le balançant par la fenêtre. Ce ne serait évidemment pas aussi théâtral, mais étant donné les circonstances c'était une solution plausible. Or, juste au moment où j'allais abandonner, Isabelle a eu une idée. Nous allons envelopper Ferdinand dans un drap, a-t-elle dit, puis nouer à celui-ci un autre drap qui nous servira de corde pour le hisser. Ça n'a pas été non plus une simple affaire, mais au moins je n'étais pas obligée de grimper et de porter simultanément. Je suis montée sur le toit et j'ai tiré Ferdinand barreau après barreau. Avec le concours d'Isabelle, debout au-dessous, qui dirigeait le paquet et s'assurait qu'il ne s'accrochait à rien, le corps est enfin parvenu en haut. Alors je me suis couchée à plat ventre, j'ai tendu la main dans l'obscurité au-dessous de moi et j'ai aidé Isabelle à monter à son tour sur le toit. Je ne parlerai pas des faux pas, des quasi-désastres, de la difficulté de tenir bon. Lorsqu'elle a finalement franchi la trappe en rampant, qu'elle s'est lentement traînée vers moi, nous étions toutes les deux si épuisées que nous nous sommes effondrées sur la surface de goudron chaud, incapables de nous lever pendant plusieurs minutes, incapables du moindre mouvement. Je me souviens d'avoir été allongée sur le dos et d'avoir regardé le ciel en pensant que j'allais flotter hors de mon corps, en m'efforçant de reprendre souffle, et en me sentant complètement écrasée par le soleil brillant et ses folles réverbérations.

Le bâtiment n'était pas particulièrement haut, mais c'était la première fois que j'étais aussi loin du sol depuis mon arrivée en ville. Une petite brise a commencé à faire ondoyer les choses, et lorsque enfin je me suis relevée et que j'ai plongé mes regards dans l'enchevêtrement du monde au-dessous de moi, j'ai été frappée de découvrir l'océan – tout là-bas, au bord, une bande de lumière gris-bleu qui scintillait au loin. C'était une chose étrange, de voir ainsi l'océan, et je ne peux pas te dire l'effet que cela a eu sur moi. Pour la première fois depuis mon arrivée, j'avais la preuve que la ville n'était pas partout, qu'il existait quelque chose au-delà, qu'il y avait d'autres mondes en plus de celui-ci. C'était comme une révélation, comme une bouffée d'oxygène dans mes poumons, et rien que d'y penser m'a presque donné le vertige. J'ai vu un toit après l'autre. J'ai vu la fumée qui montait des crématoires et des centrales d'énergie. J'ai entendu une explosion provenant d'une rue proche. J'ai vu des gens qui marchaient en bas, trop petits pour être encore humains. J'ai senti le vent sur mon visage et la puanteur de l'air. Tout me semblait étranger, et tandis que j'étais là, debout sur le toit près d'Isabelle, encore trop épuisée pour dire quoi que ce soit, j'ai soudain eu le sentiment que j'étais morte, aussi morte que Ferdinand dans son costume bleu, aussi morte que les gens qui brûlaient et partaient en fumée aux limites de la ville. Je me suis sentie plus calme que je ne l'avais été depuis longtemps, presque heureuse, en fait, mais heureuse d'une façon impalpable, comme si ce bonheur n'avait rien à voir avec moi. Puis, soudain, je me suis mise à pleurer – c'est-à-dire à pleurer vraiment, avec de gros sanglots dans ma poitrine, avec ma respiration qui se coupait et le manque d'air qui m'étouffait –, à chialer comme jamais depuis que je n'étais plus une petite fille. Isabelle a passé ses bras autour de moi, et j'ai gardé mon visage caché contre son épaule pendant longtemps, sanglotant de tout mon cœur sans aucune raison valable. Je n'ai pas la moindre idée d'où venaient ces larmes, mais ensuite, pendant plusieurs mois, je ne me suis plus sentie moi-même. Je continuais à vivre et à respirer, à me déplacer d'un endroit à l'autre, mais je ne pouvais pas m'ôter la pensée que j'étais morte, que rien ne pourrait jamais me rendre à la vie.

En fin de compte, nous sommes revenues à notre ouvrage sur le toit. C'était déjà la fin de l'après-midi, et la chaleur avait commencé à faire fondre le goudron, à le dissoudre en un tapis épais et visqueux. Le costume de Ferdinand avait souffert du voyage par l'échelle, et quand nous avons extrait le corps du drap qui l'entourait, Isabelle s'est remise longuement à l'astiquer et à le préparer. Lorsque enfin est arrivé le moment de le porter au bord, Isabelle a insisté pour qu'il soit mis debout. Sans quoi le but de la pantomime serait perdu. Il nous faut créer l'illusion que Ferdinand est un Sauteur, a-t-elle dit, et les Sauteurs ne rampent pas, ils marchent audacieusement vers le précipice, la tête haute. Il n'y avait rien à redire à cette logique, et nous avons donc passé les quelques minutes suivantes à lutter avec le corps inerte de Ferdinand, à le pousser et à le tirer jusqu'à ce que nous soyons parvenues à le dresser précairement sur ses pieds. C'était une épouvantable petite comédie, je peux te le dire. Ferdinand le mort se tenait debout entre nous, vacillant comme un gigantesque jouet à ressort – ses cheveux ébouriffés dans le vent, son pantalon qui lui glissait des hanches, et cet air de saisissement horrifié qu'il avait encore sur son visage. Tandis que nous le menions vers l'angle du toit, ses genoux n'arrêtaient pas de céder et de traîner, et quand enfin nous sommes arrivés, ses deux souliers étaient déjà tombés. Aucune de nous deux n'a eu le courage de se tenir très près du bord, aussi n'avons-nous jamais pu être certaines qu'il y avait quelqu'un dans la rue pour voir ce qui se passait. A un mètre environ de la bordure, comme nous n'osions pas aller plus loin, nous avons compté d'une même voix pour synchroniser nos efforts et imprimé à Ferdinand une forte poussée, tombant immédiatement en arrière pour que notre élan ne nous emporte pas avec lui. Son ventre a cogné le bord en premier, ce qui l'a fait un peu rebondir, puis il a basculé. Je me souviens d'avoir prêté l'oreille pour entendre le bruit du corps arrivant sur la chaussée, mais je n'ai rien perçu d'autre que mon propre pouls, le son de mon cœur qui battait dans ma tête. Nous n'avons plus jamais revu Ferdinand. Aucune de nous deux n'est descendue dans la rue le reste de la journée, et quand je suis sortie le lendemain pour entreprendre ma tournée avec le chariot, Ferdinand avait disparu avec tout ce qu'il portait sur lui.

Je suis restée avec Isabelle jusqu'au bout. Ce qui comprend l'été et l'automne, puis un petit peu au-delà – jusqu'à l'entrée de l'hiver, au moment où le froid s'est mis à frapper pour de bon. Pendant tous ces mois, nous n'avons jamais parlé de Ferdinand – ni de sa vie, ni de sa mort, ni de rien. J'avais du mal à croire qu'Isabelle avait trouvé la force ou le courage de le tuer, mais c'était la seule explication qui me parût sensée. J'ai eu à de nombreuses reprises envie de l'interroger sur cette nuit, mais je n'ai jamais pu m'y résoudre. D'une certaine façon, c'était l'affaire d'Isabelle, et, sauf si elle désirait en parler, j'estimais que je n'avais pas le droit de lui poser des questions.

En tout cas il y avait une certitude : sa disparition ne nous désolait ni l'une ni l'autre. Un jour ou deux après la cérémonie sur le toit, j'ai rassemblé toutes ses possessions et je les ai vendues, y compris les miniatures de vaisseaux et un tube de colle à moitié vide ; Isabelle n'a pas dit un mot. Une période de possibilités nouvelles aurait dû s'ouvrir pour elle, mais les choses ne sont pas allées dans ce sens. Sa santé a continué à se détériorer, et elle n'a jamais été vraiment en mesure de profiter de la vie sans Ferdinand. En fait, après ce jour sur le toit, elle n'a jamais plus quitté l'appartement.

Je savais qu'Isabelle était en train de mourir, mais je n'aurais pas cru que ça viendrait si vite. Ça a débuté par son incapacité à marcher, puis, petit à petit, l'infirmité s'est étendue jusqu'à ce que ce ne soient plus seulement ses jambes qui ne puissent plus fonctionner, mais tout, à partir des bras jusqu'à la colonne vertébrale, et en fin de compte même sa gorge et sa bouche. C'était une forme de sclérose, m'a-t-elle dit, et il n'y avait nul remède à cela. Sa grand-mère était morte longtemps auparavant de cette même maladie qu'Isabelle désignait simplement par les mots d'"effondrement" ou de "désintégration". Je pouvais m'efforcer de lui épargner des souffrances, mais à part ça il n'y avait rien à faire.

Le pire, c'était que je devais quand même travailler. Il fallait encore que je me lève tôt le matin et que je me force à partir le long des rues, à l'affût de tout ce que je pourrais trouver. Le cœur n'y était plus, et il m'est devenu de plus en plus difficile de dénicher quelque chose qui ait un peu de valeur. J'étais toujours à la traîne de moi-même, mes pensées dans une direction et mes pas dans une autre, incapable d'une action rapide ou décidée. A de multiples reprises, j'ai été devancée par d'autres chasseurs d'objets. Ils me semblaient fondre de nulle part, me dérobant les choses au moment même où j'allais les ramasser. Ce qui signifiait que je devais passer de plus en plus de temps à l'extérieur pour remplir mon quota, tourmentée en permanence par la pensée que je devrais être à la maison en train de m'occuper d'Isabelle. Je m'imaginais sans cesse qu'il lui arriverait quelque chose en mon absence, qu'elle mourrait sans que je sois là, et cela suffisait à me déjeter complètement, à me faire oublier le travail qui m'incombait. Et crois-moi, ce travail devait être fait. Sinon, nous n'aurions rien eu à manger.

Vers la fin, Isabelle est devenue incapable de se mouvoir toute seule. Je m'efforçais de bien l'arrimer dans son lit, mais, du fait qu'elle ne contrôlait plus guère ses muscles, elle se remettait inévitablement à glisser après quelques minutes. Ces changements de position lui causaient une souffrance atroce, et même le poids de son corps pressé contre le plancher lui donnait la sensation d'être brûlée vive. Mais la douleur n'était qu'une partie du problème. L'effondrement des muscles et des os a fini par atteindre sa gorge, et à ce moment-là Isabelle a commencé à perdre la capacité de parler. Un corps qui se désintègre est une chose ; mais lorsque la voix s'en va à son tour, on a l'impression que c'est la personne qui n'est plus là. Ça a débuté par un certain relâchement de l'élocution – escamotage des contours des mots, adoucissement et brouillage des consonnes qui se sont mises peu à peu à ressembler à des voyelles. Je n'ai pas d'abord prêté grande attention à ce phénomène. Il y avait beaucoup de choses plus urgentes à considérer, et, à ce stade, il était encore possible de la comprendre en ne faisant qu'un petit effort. Mais ça a continué à empirer, et j'ai découvert que je peinais pour arriver à saisir ce qu'elle essayait de dire. Je me débrouillais toujours pour y arriver en fin de compte, mais avec de plus en plus de difficulté à mesure que les jours passaient. Puis, un matin, je me suis rendu compte qu'elle ne parlait plus. Elle gargouillait et gémissait, voulant me dire quelque chose mais n'arrivant à produire qu'un crachotement incohérent, un bruit horrible qui ressemblait au chaos même. De la bave lui coulait au coin des lèvres tandis que le bruit continuait à sortir, chant funèbre d'une confusion et d'une douleur inimaginables. Isabelle a pleuré lorsqu'elle s'est entendue ce matin-là et qu'elle a vu l'air d'incompréhension que prenait mon visage, et je ne crois pas avoir jamais éprouvé plus de compassion pour quiconque que pour elle en cet instant. Par petits bouts, le monde entier avait glissé hors de son emprise, et il ne restait à présent presque rien.

Mais ce n'était pas tout à fait la fin. Pendant dix jours environ, Isabelle a gardé assez de force pour m'écrire des messages avec un crayon. Je suis allée chez un agent de Résurrection, un après-midi, et j'ai acheté un grand cahier à couverture bleue. Toutes les pages étaient vierges, ce qui en faisait un article cher, les bons cahiers étant extrêmement difficiles à trouver dans cette ville. Mais cela me paraissait incontestablement en valoir la peine, quel que fût le prix. L'agent était quelqu'un avec qui j'avais déjà fait du commerce – M. Gambino, le bossu de la rue de Chine – et je me souviens d'avoir marchandé avec lui bec et ongles, dans une bataille qui nous a pris presque une demi-heure. Je n'ai pas réussi à lui faire baisser le prix du cahier, mais à la fin il a rajouté gratuitement six crayons et un petit taille-crayon en plastique.

    Assez curieusement, c'est dans ce cahier bleu que j'écris à présent. Isabelle n'a jamais été en mesure de l'utiliser beaucoup – pas plus de cinq ou six pages – et lorsqu'elle est morte je n'ai pas pu me résoudre à le jeter. Je l'ai emporté dans mes voyages, et depuis lors je l'ai toujours gardé avec moi – le cahier bleu avec les six crayons jaunes et le taille-crayon vert. Si je n'avais pas trouvé ces objets dans mon sac l'autre jour, je ne crois pas que je me serais mise à t'écrire. Mais il y avait le cahier avec toutes ces pages blanches à l'intérieur, et soudain j'ai éprouvé une envie irrésistible de prendre un des crayons et de commencer cette lettre. A présent, c'est la seule chose qui m'importe : d'avoir enfin la parole, de tout consigner sur ces feuilles avant qu'il ne soit trop tard. Je tremble lorsque je réfléchis à quel point tout se tient de près. Si Isabelle n'avait pas perdu la voix, aucun de ces mots n'existerait. Parce qu'elle n'avait plus de mots, ces mots-ci sont sortis de moi. Je veux que tu t'en souviennes. S'il n'y avait eu Isabelle, il n'y aurait rien maintenant. Je n'aurais pas commencé.

    A la fin, ce qui l'a achevée est la même chose que ce qui avait emporté sa voix. Sa gorge a totalement arrêté de fonctionner, et de ce fait elle n'a plus été en mesure d'avaler. Dès lors, il n'était plus question de nourriture solide, mais au bout du compte il lui est même devenu impossible de faire descendre de l'eau. J'en étais réduite à déposer quelques gouttes d'humidité sur ses lèvres pour empêcher sa bouche de sécher, mais nous savions toutes les deux que ce n'était plus désormais qu'une affaire de temps, puisqu'elle mourait littéralement de faim, se décharnant par manque de nourriture. Chose remarquable, il m'a même paru une fois qu'Isabelle me souriait, tout à fait à la fin, alors que j'étais assise près d'elle à lui appliquer de l'eau sur les lèvres. Je ne peux pas en être absolument sûre, cependant, car elle était déjà si loin de moi, mais j'aime à croire que c'était un sourire, même si Isabelle ne savait pas ce qu'elle faisait. Elle s'était tant excusée de tomber malade, elle avait éprouvé tant de honte de devoir se reposer sur moi pour tout, mais en réalité j'avais tout autant besoin d'elle qu'elle de moi. Ce qui s'est passé alors, juste après le sourire si c'en était un, c'est qu'Isabelle a commencé à suffoquer à cause de sa propre salive. Elle ne pouvait tout simplement plus la faire descendre, et bien que j'aie tenté de lui nettoyer la bouche avec mes doigts, il y en avait trop qui lui revenait dans la gorge, et bientôt il ne lui est plus resté d'air à respirer. Le son qu'elle a émis alors était horrible, mais il était si faible, si dénué de toute lutte réelle, qu'il n'a pas duré très longtemps.

Plus tard, ce jour-là, j'ai rassemblé un certain nombre de choses de l'appartement, je les ai emballées dans mon chariot et je les ai portées avenue du Progrès, dans la huitième zone de recensement. Mes idées n'étaient pas très claires – je me rappelle même que je m'en rendais compte – mais cela ne m'a pas arrêtée. J'ai vendu des assiettes, de la literie, des casseroles, des poêles, Dieu sait quoi encore – tout ce sur quoi j'ai pu mettre la main. C'était un soulagement de se débarrasser de toutes ces choses, et d'une certaine façon ça prenait chez moi la place des larmes. Je ne pouvais plus pleurer, vois-tu, depuis la journée sur le toit, et après la mort d'Isabelle j'avais envie de casser des choses, de mettre la maison sens dessus dessous. J'ai pris l'argent et je suis allée de l'autre côté de la ville, à Ozone Prospect, où j'ai acheté la plus belle robe que j'aie trouvée. Elle était blanche, avec de la dentelle sur le col et les manches, et une large ceinture de satin. Je crois qu'Isabelle aurait été heureuse si elle avait su qu'elle la portait.

Ensuite, les choses se brouillent un peu pour moi. J'étais épuisée, tu comprends, et j'avais cette confusion dans le cerveau qui fait croire qu'on n'est plus soi-même, quand on commence à flotter à l'intérieur et à l'extérieur de sa conscience tout en étant éveillé. Je me souviens d'avoir soulevé Isabelle dans mes bras et d'avoir frissonné en sentant à quel point elle était devenue légère. C'était comme porter un enfant, avec ces os comme de la plume et ce corps souple et tendre. Puis j'ai été dans la rue, je la poussais dans le chariot à travers la ville, et je me rappelle que j'avais peur, avec l'impression que tous ceux que je croisais regardaient le chariot en se demandant comment ils allaient s'y prendre pour m'attaquer et voler la robe que portait Isabelle. Ensuite je me vois arrivant à la porte du troisième Centre de transformation et faisant la queue avec beaucoup d'autres gens – puis, quand mon tour est venu, en train de recevoir le paiement habituel des mains d'un fonctionnaire. Il a, lui aussi, détaillé du regard la robe d'Isabelle avec un intérêt un peu plus prononcé qu'il n'est d'usage, et je pouvais voir les roues de sa sordide petite tête tourner à toute allure. J'ai brandi l'argent qu'il venait de me donner et je lui ai dit qu'il pouvait le garder s'il me promettait de brûler la robe en même temps qu'Isabelle. Il a naturellement accepté – avec un clin d'œil vulgaire et complice – mais je n'ai aucun moyen de savoir s'il a tenu parole. J'aurais tendance à penser qu'il ne l'a pas fait, ce qui explique que je préfère ne pas y penser du tout.

Après avoir quitté le Centre de transformation, je dois avoir déambulé quelque temps, la tête dans les nuages, ne prêtant aucune attention à l'endroit où je me trouvais. Plus tard je me suis endormie quelque part, sans doute dans une entrée d'immeuble, mais quand je me suis réveillée je ne me sentais pas mieux qu'avant, peut-être même plus mal. J'ai pensé retourner à l'appartement, puis j'ai décidé que je n'étais pas prête à affronter cela. Je redoutais la perspective de m'y trouver seule, de revenir dans cette pièce et de rester là assise en n'ayant rien à faire. Peut-être quelques heures supplémentaires d'air frais me feraient-elles du bien, me suis-je dit. Puis, en m'éveillant un peu plus et en voyant graduellement où j'étais, j'ai découvert que je n'avais plus de chariot. Le cordon ombilical était encore attaché autour de ma taille, mais le chariot lui-même avait disparu. Je l'ai cherché du haut en bas de la rue, courant frénétiquement d'une porte d'entrée à l'autre, mais en vain. Soit je l'avais laissé au crématoire, soit on me l'avait volé dans mon sommeil. Mon esprit était si embrouillé, en cet instant, que je ne pouvais être certaine de l'un ou de l'autre. Il n'en faut pas plus. Un moment ou deux d'inattention, une seule seconde où l'on oublie d'être vigilant, et tout est perdu, tout ton travail est soudain réduit à néant. Le chariot était l'objet dont j'avais vraiment besoin pour survivre, et voilà qu'il avait disparu. Je n'aurais pas mieux saboté ma propre existence si j'avais pris une lame de rasoir et si je m'étais tranché la gorge.

Ça allait assez mal comme ça, mais ce qu'il y avait de bizarre c'était que je ne paraissais pas m'en soucier. Objectivement, la perte de mon chariot était un désastre, mais elle m'offrait aussi ce que je cherchais secrètement depuis longtemps : un prétexte pour ne plus être charognard. J'avais enduré la chose à cause d'Isabelle, mais, maintenant qu'elle n'était plus là, je ne pouvais plus m'imaginer en train de continuer. C'était un pan de vie qui venait de se clore pour moi, et une chance s'offrait de suivre un cours nouveau, de prendre mon existence en main et d'agir sur elle.

Sans faire la moindre pause, je me suis mise en quête d'un des faussaires de la cinquième zone de recensement, et je lui ai vendu mon permis de ramasseur d'ordures pour treize glots. L'argent que j'avais recueilli ce jour-là me permettrait de tenir au moins deux ou trois semaines, mais maintenant que j'avais commencé je n'avais nullement l'intention de m'arrêter là. Je suis revenue à l'appartement avec plein de projets, en calculant combien d'argent je pouvais encore me procurer par la vente d'autres articles de ménage. J'ai travaillé toute la nuit, empilant les objets au milieu de la pièce. J'ai mis le placard à sac pour en retirer la moindre chose utile, retournant les boîtes, fouillant les tiroirs, et puis, vers cinq heures du matin, j'ai extrait un butin inespéré de la cachette d'Isabelle dans le plancher : un couteau et une fourchette en argent, la Bible dorée sur tranche, et une petite poche bourrée de quarante-huit glots en pièces. J'ai passé toute la journée suivante à fourrer ce qui était vendable dans une valise et à arpenter la ville pour aller voir divers agents de Résurrection, vendant une cargaison puis retournant à l'appartement pour préparer la suivante. Au total, j'ai ramené plus de trois cents glots (le couteau et la fourchette rapportant presque un tiers de cette somme), et tout d'un coup je me voyais pourvue de bien cinq ou six mois de sécurité. Etant donné les circonstances, c'était plus que ce que j'aurais pu demander. Je me sentais riche, le monde était à mes pieds.

Cette euphorie n'a pourtant pas duré très longtemps. Je me suis couchée ce soir-là épuisée par ma débauche de vente, et dès le lendemain matin, à peine une heure après l'aube; j'ai été réveillée par des coups sonores lancés contre la porte. C'est bizarre à quelle vitesse on devine de telles choses, mais ma première pensée, lorsque j'ai entendu ce bruit de coups, a été d'espérer qu'ils ne me tueraient pas. Je n'ai même pas eu la possibilité de me lever. Les cambrioleurs ont forcé la porte et ont franchi le seuil avec leurs matraques et leurs bâtons habituels à la main. Ils étaient trois, et j'ai reconnu les deux plus grands, c'étaient les fils Gunderson d'en bas. Les nouvelles se propagent vite, me suis-je dit. Isabelle n'était morte que depuis deux jours et déjà les voisins s'abattaient sur moi.

Allez, la nénette, debout sur tes pattes, a dit l'un d'eux. C'est l'heure de décamper. Dégage tranquillement et il ne t'arrivera rien.

C'était tellement rageant, tellement intolérable. Donnez-moi quelques minutes pour faire mon sac, ai-je dit en m'extrayant de mes couvertures. Je faisais de mon mieux pour rester calme, pour étouffer ma colère, sachant que la moindre trace de violence de ma part ne ferait que les pousser à attaquer.

D'accord, a dit un autre. On te donne trois minutes. Mais pas plus d'un sac. Fous tes affaires là-dedans et décanille.

Miraculeusement, la température avait brutalement chuté pendant la nuit et j'avais abouti au lit tout habillée. Ce qui m'a épargné l'humiliation de devoir m'habiller devant eux, mais, plus que cela – et c'est finalement ce qui m'a sauvé la vie – j'avais mis les trois cents glots dans mes poches de pantalon. Je ne suis pas du genre à croire en la voyance, mais c'est presque comme si j'avais su d'avance ce qui allait se passer. Les voyous m'ont observée attentivement tandis que je remplissais mon sac à dos, mais aucun d'eux n'a eu l'intelligence de soupçonner où était caché l'argent.

Puis je me suis bousculée pour sortir de là aussi vite que je le pouvais, dévalant les marches d'escalier deux à deux. J'ai fait une brève pause en bas pour reprendre haleine, puis j'ai ouvert la porte d'entrée. L'air m'a frappée comme un marteau. Il y avait un bruit énorme de vent et de froid, une bourrasque d'hiver dans mes oreilles, et tout autour de moi des objets volaient avec une violence folle, s'écrasant pêle-mêle contre les flancs des bâtiments, rasant le sol des rues, éclatant comme des blocs de glace. J'étais dans la ville depuis plus d'un an et rien ne s'était réalisé. Dans ma poche il y avait un peu d'argent, mais j'étais sans travail et sans domicile. Après tous ces hauts et ces bas, je me retrouvais exactement au point de départ.

Contrairement à ce qu'on pourrait supposer, les faits ne sont pas réversibles. Ce n'est pas parce que tu as pu entrer que tu seras capable de sortir. Les entrées ne deviennent pas des sorties, et il n'y a rien pour garantir que la porte que tu as franchie il y a un moment sera encore là quand tu te retourneras pour la chercher à nouveau. C'est ainsi que ça marche dans la ville. Chaque fois que tu crois connaître la réponse à une question, tu découvres que la question n'a pas de sens.

J'ai passé plusieurs semaines à tenter de m'évader. D'abord, il semblait y avoir un grand nombre de possibilités, tout un éventail de méthodes pour me rapatrier, et, du fait que j'avais quelque argent à employer, je pensais que ce ne serait pas très difficile. C'était faux, bien entendu, mais il m'a fallu un moment pour parvenir à l'admettre. J'étais arrivée dans le navire d'une œuvre caritative étrangère, et il me semblait logique de supposer que je pourrais repartir par le même moyen. Je suis donc allée jusqu'aux docks, entièrement prête à graisser la patte de tout fonctionnaire grâce auquel je pourrais prendre un passage. Il n'y avait pas de navire en vue, cependant, et même les petits bateaux de pêche que j'avais vus là un mois plus tôt avaient disparu. En revanche, les quais étaient noirs d'ouvriers – il y en avait, me semblait-il, des centaines et des centaines, bien plus que je ne pouvais en compter. Quelques-uns déchargeaient des gravats apportés par camion, d'autres portaient des briques et des pierres jusqu'au bord de l'eau, d'autres encore posaient les fondations de ce qui paraissait être un immense mur, ou une fortification face à la mer. Des policiers armés, montés sur des plates-formes, surveillaient les travailleurs, et tout résonnait de bruit et de confusion – le grondement des machines, les gens qui couraient en tous sens, la voix des chefs d'équipe qui criaient des ordres. Il s'est avéré qu'il s'agissait du Projet de Mur marin, un programme de travaux publics récemment lancé par le nouveau gouvernement. Les gouvernements vont et viennent très vite, ici, et il est souvent difficile d'être au fait des modifications. C'était la première fois que j'entendais parler de ce changement de pouvoir, et quand j'ai demandé à quelqu'un quel était le but du Mur marin, il m'a répondu qu'il devait prévenir le risque de guerre. La menace d'une invasion étrangère se faisait plus forte, a-t-il dit, et notre devoir de citoyen était de protéger notre patrie. Grâce aux efforts du grand Untel – quel qu'ait pu être le nom du nouveau chef – les matériaux des bâtiments effondrés étaient à présent récupérés pour servir à la défense, et le projet fournirait du travail à des milliers de gens. Qu'est-ce qu'ils donnent comme paie ? ai-je demandé. Pas d'argent, a-t-il dit, mais un toit et un repas chaud par jour. Cela m'intéressait-il de m'enrôler ? Non merci, ai-je répondu, j'ai d'autres choses à faire. Eh bien, a-t-il dit, j'aurais bien le temps de changer d'avis. Le gouvernement estimait qu'il faudrait au moins cinquante ans pour finir le mur. Grand bien leur fasse, ai-je dit, mais, en attendant, comment est-ce qu'on sort de là ? Oh non, a-t-il dit en secouant la tête, c'est impossible. Les bateaux n'ont plus le droit d'entrer, désormais – et si rien n'entre, rien ne sort.

Et avec un avion ? ai-je dit. C'est quoi, un avion ? m'a-t-il demandé en me souriant d'un air intrigué, comme si je venais de faire une plaisanterie qu'il ne comprenait pas. Un avion, ai-je dit. Une machine qui vole dans les airs et transporte les gens d'un endroit à un autre. C'est ridicule, a-t-il rétorqué, me jetant un regard soupçonneux. Une telle chose n'existe pas. C'est impossible. Ne vous en souvenez-vous donc pas ? ai-je demandé. Je ne sais pas de quoi vous parlez, a-t-il répondu. Il pourrait vous en cuire de répandre des bobards comme ça. Le gouvernement n'aime pas qu'on invente des histoires. Ça sape le moral.

Tu vois à quoi on se heurte ici. Ce n'est pas seulement que les choses disparaissent – mais lorsqu'elles sont parties, le souvenir qu'on en avait s'évanouit aussi. Des zones obscures se forment dans ton cerveau, et à moins que tu ne fasses un effort constant pour te rappeler les choses qui ont disparu, elles se perdent aussi pour toi à jamais. Je ne suis pas plus à l'abri que quiconque de cette maladie, et il n'est pas douteux que de nombreux vides de ce genre se trouvent en moi. Une chose s'évanouit, et si on attend trop longtemps avant d'y repenser, aucun effort, si grand soit-il, ne réussira à l'arracher à l'oubli. Après tout, le souvenir n'est pas un acte volontaire. C'est quelque chose qui a lieu malgré soi, et, lorsqu'il y a trop de choses qui changent en permanence, il est inévitable que le cerveau flanche, il est inévitable que certaines choses passent au travers. Parfois, quand je me trouve à chercher obscurément une pensée qui m'a échappé, je me mets à dériver vers les jours anciens, chez nous, me rappelant comment c'était lorsque j'étais petite fille et que toute la famille prenait le train vers le nord pour les vacances d'été. Grand frère William me laissait toujours m'asseoir près de la fenêtre, et le plus souvent je ne disais rien à personne, je voyageais, le visage pressé contre la glace, regardant le paysage, étudiant le ciel, les arbres et l'eau tandis que le train filait dans les étendues sauvages. Je trouvais toujours cela si beau, tellement plus beau que les choses de la ville, et tous les ans je me disais : Anna, tu n'as jamais rien vu de plus beau que cela – essaie de t'en souvenir, essaie de garder en mémoire toutes les belles choses que tu vois, et de cette façon elles seront toujours avec toi, même lorsque tu ne pourras plus les voir. Je ne crois pas avoir jamais scruté le monde plus intensément qu'au cours de ces voyages en train vers le nord. Je voulais que tout m'appartienne, que toute cette beauté fasse partie de ce que j'étais, et je me rappelle avoir essayé de m'en souvenir, avoir tenté de l'emmagasiner pour plus tard, avoir voulu la retenir pour le temps où j'en aurais vraiment besoin. Mais ce qu'il y avait de curieux, c'est qu'il ne m'en restait jamais rien. J'avais beau essayer de toutes mes forces, d'une façon ou d'une autre j'arrivais toujours à la perdre, et, en fin de compte, la seule chose dont je pouvais me souvenir c'était quel effort j'avais déployé. Les choses elles-mêmes passaient trop vite, et au moment où je les voyais elles s'envolaient déjà dans ma tête, remplacées par d'autres encore qui s'évanouissaient avant que je puisse les voir. Il ne m'en reste qu'une vision brouillée, un brouillage beau et brillant. Les arbres, le ciel et l'eau – tout cela est parti. Et c'était toujours ainsi, parti, avant même que je me l'approprie.

Il ne suffira donc pas de simplement ressentir du dégoût. Chacun est porté à oublier, même dans les conditions les plus favorables, et dans un endroit comme celui-ci, où il y a tant qui disparaît réellement du monde physique, tu peux t'imaginer combien de choses tombent en permanence dans l'oubli. Au bout du compte, le problème n'est pas seulement que les gens oublient, mais surtout qu'ils n'oublient pas toujours la même chose. Ce qui existe encore en tant que souvenir pour l'un peut être irrémédiablement perdu pour l'autre, ce qui crée des difficultés, des barrières insurmontables à l'entendement. Comment parler à quelqu'un d'avions, par exemple, s'il ne sait pas ce qu'est un avion ? C'est un processus lent, mais inéluctable, d'effacement. Les mots ont tendance à durer un peu plus que les choses, mais ils finissent aussi par s'évanouir en même temps que les images qu'ils évoquaient jadis. Des catégories entières d'objets disparaissent – les pots de fleurs, par exemple, ou les filtres de cigarettes, ou les élastiques – et pendant quelque temps on peut reconnaître ces mots même si on ne peut se rappeler ce qu'ils signifient. Mais ensuite, petit à petit, les mots deviennent uniquement des sons, une distribution aléatoire de palatales et de fricatives, une tempête de phonèmes qui tourbillonnent, jusqu'à ce qu'enfin le tout s'effondre en charabia. Le mot "pot de fleurs" n'aura pas plus de sens pour toi que le mot "splandigo". Ton esprit l'entendra, mais il l'enregistrera comme quelque chose d'incompréhensible, comme un terme d'une langue que tu ne peux parler. Dans la mesure où de plus en plus de ces mots à consonance étrangère affluent autour de toi, les conversations deviennent malaisées. En fait, chacun parle sa propre langue personnelle, et, comme les occasions d'arriver à une compréhension partagée diminuent, il devient de plus en plus difficile de communiquer avec qui que ce soit.

Il a fallu que j'abandonne l'idée de rentrer chez nous. De toutes les choses qui m'étaient arrivées jusqu'alors, je crois que celle-ci a été la plus difficile à accepter. Jusque-là, j'avais gardé l'illusion qu'il m'était possible de revenir dès que je voudrais. Mais avec la construction du Mur marin, avec tant de gens mobilisés pour empêcher tout départ, cette idée réconfortante a volé en éclats. D'abord Isabelle était morte, puis j'avais perdu l'appartement. Ma seule consolation avait consisté à penser à chez nous, et voilà que soudain cela m'était aussi enlevé. Pour la première fois depuis que j'étais arrivée en ville, je sombrais dans le pessimisme.

J'ai songé à filer dans la direction opposée. Le rempart du Ménétrier s'élevait sur la bordure ouest de la ville, et un permis de voyage était censé suffire pour le franchir à pied. A mon sens, tout valait mieux que la ville, même l'inconnu, mais après des allées et venues entre plusieurs agences gouvernementales, après avoir fait la queue jour après jour pour m'entendre seulement dire de porter ma demande à un autre bureau, j'ai fini par apprendre que le prix des permis de voyage était monté à deux cents glots. C'était hors de question, puisque cela signifiait que je dépenserais la plus grande partie de mes fonds en une seule fois. J'ai entendu parler d'une organisation clandestine qui faisait passer des gens à l'extérieur de la ville pour un dixième de ce prix, mais beaucoup de gens étaient d'avis qu'il s'agissait en fait d'une ruse – d'une sorte de piège astucieux mis au point par le nouveau gouvernement. Des policiers étaient placés à l'autre bout du tunnel, disaient-ils, et dès que tu arrivais en rampant de l'autre côté tu étais arrêté – puis promptement expédié dans un des camps de travaux forcés de la zone minière du Sud.

Je n'avais aucun moyen de savoir si cette rumeur était fondée ou pas, mais il m'a semblé qu'il ne valait pas la peine de prendre le risque de la vérifier. Puis l'hiver est arrivé, et la question a été réglée pour moi. Toute idée de partir devrait attendre le printemps – en admettant, bien entendu, que je puisse tenir jusque-là. Etant donné les circonstances, rien ne m'a paru moins sûr.

Cet hiver a été le plus rigoureux dont on se souvienne – l'Hiver terrible, c'est ainsi que tout le monde l'appelait – et même à présent, plusieurs années après, il reste comme un événement crucial de l'histoire de la ville, une ligne de démarcation entre une période et la suivante.
Le froid s'est poursuivi pendant cinq ou six mois. De temps à autre il y avait un court dégel, mais ces petits accès de chaleur ne faisaient qu'aggraver les choses. Il neigeait pendant une semaine – des tempêtes immenses et aveuglantes dont les coups enfonçaient la ville dans la blancheur – et puis le soleil sortait, brillant brièvement avec une intensité estivale. La neige fondait, et dès l'après-midi les rues étaient inondées. Les rigoles débordaient d'eaux torrentielles, et partout où on jetait ses regards on voyait un étincellement affolant d'eau et de lumière, comme si le monde entier avait été transformé en un énorme cristal en train de se dissoudre. Puis, soudain, le ciel s'obscurcissait, la nuit commençait et la température redescendait au-dessous de zéro – gelant l'eau si brutalement que la glace prenait des configurations bizarres : des bosses, des rides et des spirales, des vagues entières solidifiées en pleine ondulation, une sorte de délire géologique en miniature. Dès le matin, évidemment, il était presque impossible de marcher – les gens glissaient sur toutes les parties de leur corps, des crânes se fendaient sur la glace, des corps se débattaient en vain sur les surfaces dures et lisses. Puis il se remettait à neiger et le cycle se répétait. Ainsi pendant des mois, et lorsque ça a pris fin, des milliers et des milliers de gens avaient péri. Pour les sans-logis, il était presque hors de question de survivre, mais même chez ceux qui étaient

logés et bien nourris il y a eu d'innombrables pertes. Des bâtiments anciens se sont écroulés sous le poids de la neige, et des familles entières ont été écrasées. Le froid rendait les gens fous, et rester toute la journée à ne rien faire dans un appartement mal chauffé ne valait finalement guère mieux qu'être dehors. Les gens brisaient leurs meubles et les brûlaient pour un peu de chaleur, et un bon nombre de ces feux dégénéraient en incendies. Des bâtiments étaient détruits presque chaque jour, parfois des pâtés de maisons entiers et des quartiers. Chaque fois qu'éclatait un de ces incendies, de vastes cohortes de sans-logis s'attroupaient autour du brasier et restaient là tant que l'immeuble brûlait – s'enivrant de chaleur, célébrant les flammes qui montaient dans le ciel. Tous les arbres de la ville ont été coupés pendant cet hiver et utilisés comme combustible. Tous les animaux domestiques ont disparu ; tous les oiseaux ont été abattus. La disette est devenue si terrible qu'on a suspendu la construction du Mur marin – six mois à peine après l'avoir commencé – de façon que tous les policiers disponibles puissent être utilisés pour escorter les expéditions de fruits et de légumes vers les marchés municipaux. Il y a eu malgré tout un certain nombre d'émeutes pour la nourriture, ce qui a mené à davantage de morts et de blessés, davantage de désastres. Nul ne sait combien de gens ont péri pendant l'hiver, mais j'ai entendu des estimations qui allaient d'un quart à un tiers de la population.

D'une façon ou d'une autre, la chance ne m'a pas lâchée. Vers la fin de novembre, j'ai failli être arrêtée dans une émeute pour la nourriture sur le boulevard Ptolémée. Ce jour-là, comme d'habitude, il y avait une queue interminable, et après avoir attendu pendant plus de deux heures dans un froid glacial sans avancer, trois hommes juste devant moi se sont mis à insulter un garde appartenant à la police. Le garde a sorti sa matraque et il est venu droit sur nous, prêt à lancer un coup à toute personne qui se mettrait sur son chemin. Leur politique est de frapper d'abord et de poser des questions ensuite, et je savais que je n'aurais pas la moindre chance de me défendre. Sans même m'arrêter pour réfléchir, j'ai quitté la queue et je me suis mise à sprinter le long de la rue, courant à perdre haleine. Troublé un instant, le garde a fait deux ou trois pas dans ma direction, mais il s'est arrêté ensuite, ne voulant manifestement pas détourner son attention de la foule. Si je débarrassais le parquet, c'était tant mieux selon lui. J'ai continué à foncer, et juste au moment où je suis arrivée à l'angle, j'ai entendu derrière moi la multitude éclater en cris haineux et hostiles. Ce qui a provoqué en moi une vraie panique, car je savais que dans quelques minutes tout le quartier serait submergé par un nouvel arrivage de brigades anti-émeutes. Je continuais à filer aussi vite que je pouvais, dévalant une rue après l'autre, trop effrayée pour même regarder derrière moi. A la fin, après un quart d'heure, je me suis retrouvée en train de courir le long d'un grand bâtiment de pierre. J'étais incapable de dire si on me poursuivait ou pas, mais c'est alors qu'une porte s'est ouverte un ou deux mètres devant moi et je me suis engouffrée à l'intérieur. Un homme mince, avec des lunettes et un visage pâle, se tenait sur le seuil. Il allait sortir, et il m'a regardée d'un air horrifié quand je l'ai dépassé. J'avais pénétré dans ce qui paraissait être une sorte de bureau – une petite pièce avec trois ou quatre tables de travail et un entassement de papiers et de livres.

Vous ne pouvez pas entrer ici, a-t-il déclaré avec irritation. C'est la bibliothèque.

Ça m'est égal si c'est le palais du gouverneur, ai-je répondu, pliée en deux pour reprendre haleine. Je suis ici, maintenant, et personne ne va me faire sortir.

Je vais être obligé de vous signaler, a-t-il dit d'un ton coincé et suffisant. Vous n'avez pas le droit d'entrer ici comme dans un moulin. C'est la bibliothèque, et nul n'y pénètre sans une carte d'accès.

J'étais trop abasourdie par tant de tartufferie pour savoir quoi répondre. J'étais épuisée, au bout du rouleau, et, au lieu d'essayer de discuter avec lui, je l'ai simplement poussé à terre de toutes mes forces. C'était une réaction absurde, mais je n'étais pas en mesure de m'en empêcher. Ses lunettes ont sauté de son visage au moment où il a heurté le plancher, et pendant un instant j'ai même eu envie de les écraser sous mon pied.

Signalez-moi si vous voulez, ai-je dit. Mais il faudra me traîner pour que je sorte d'ici. Puis, avant qu'il ait le temps de se relever, j'ai tourné les talons et j'ai franchi en courant la porte à l'autre bout de la pièce.

Je suis entrée dans un grand hall, une salle vaste et impressionnante, avec un haut plafond en forme de dôme et un sol de marbre. Le contraste soudain entre le minuscule bureau et cet énorme espace était stupéfiant. Le bruit de mes pas me revenait en écho, et c'était presque comme si je pouvais entendre ma respiration résonner contre les murs. Ici et là, des groupes de gens faisaient des allées et venues, parlant calmement entre eux, manifestement absorbés dans de sérieuses conversations. Un bon nombre de têtes se sont tournées vers moi lorsque je suis entrée, mais seulement par réflexe, et l'instant suivant elles se sont toutes retournées de l'autre côté. J'ai dépassé ces gens en marchant aussi calmement et aussi discrètement que possible, regardant le plancher et faisant comme si je savais où j'allais. Au bout d'une dizaine de mètres, j'ai découvert un escalier et j'ai commencé à le gravir.

C'était la première fois que je me trouvais dans la Bibliothèque nationale. Elle était logée dans un édifice splendide, avec sur les murs des portraits de gouverneurs et de généraux, des rangées de colonnes à l'italienne et du beau marbre plaqué – une des constructions remarquables de la ville. Mais comme pour tout le reste, ses beaux jours étaient derrière elle. Un plafond au deuxième étage s'était affaissé, des colonnes étaient penchées et fêlées, des livres et des papiers jonchaient le sol. J'ai encore vu des grappes de gens en train de circuler – des hommes, pour la plupart, m'est-il apparu –, mais personne n'a fait attention à moi. De l'autre côté des rangées du fichier à cartes, j'ai trouvé une porte de cuir vert qui menait à un escalier intérieur. J'ai gravi ses marches jusqu'à l'étage au-dessus où je l'ai quitté pour entrer dans un long couloir au plafond bas, flanqué de nombreuses portes des deux côtés.

Personne d'autre ne s'y trouvait, et comme je n'entendais aucun son provenant de l'autre côté des portes, j'ai supposé que les pièces étaient vides. J'ai essayé d'ouvrir la première porte sur ma droite, mais elle était fermée à clef. La deuxième l'était aussi. Puis, contre toute attente, la troisième s'est ouverte. A l'intérieur, cinq ou six hommes étaient assis autour d'une table de bois, parlant de quelque chose avec des voix animées et insistantes. La pièce était nue, avec une peinture jaunâtre qui pelait sur les murs et de l'eau qui suintait du plafond. Les hommes avaient tous des barbes, ils étaient vêtus de noir et portaient des chapeaux. J'ai été tellement saisie de les découvrir que j'ai laissé échapper un petit hoquet et j'ai commencé à fermer la porte. Mais le plus vieux des hommes assis à la table s'est tourné et m'a lancé un sourire magnifique, tellement rempli de chaleur et de gentillesse que j'ai hésité.

Y a-t-il quelque chose que nous puissions faire pour vous ? a-t-il demandé.

Sa voix avait un fort accent (il disait *d* pour *t* et *v* pour *f*), mais je ne pouvais pas discerner de quel pays il venait. Y a-d-il quèque chôse que nous puissions ver pour vous. Alors je l'ai regardé dans les yeux et une lueur de reconnaissance a clignoté en moi.

Je croyais que tous les juifs étaient morts, ai-je murmuré.

Il reste un petit nombre d'entre nous, a-t-il dit en me souriant à nouveau. Ce n'est pas si facile de se débarrasser de nous, voyez-vous.

Je suis juive, moi aussi, ai-je laissé échapper. Je m'appelle Anna Blume, et je viens de loin. Il y a plus d'un an que je suis dans la ville à la recherche de mon frère. Je ne pense pas que vous le connaissiez. Il s'appelle William. William Blume.

Non, ma chère, a-t-il répondu en secouant la tête. Je n'ai jamais rencontré votre frère. Il a dirigé ses regards vers ses collègues de l'autre côté de la table et leur a posé la même question, mais aucun d'eux ne savait qui était William.

Ça fait longtemps, ai-je dit. A moins qu'il ne se soit débrouillé pour s'échapper, je suis sûre qu'il est mort.

C'est très possible, a dit le rabbin avec douceur. Il y en a tant qui sont morts, voyez-vous. Il vaut mieux ne pas s'attendre à des miracles.

Je ne crois plus en Dieu, si c'est ce que vous voulez dire, ai-je ajouté. J'ai abandonné tout cela quand j'étais encore petite fille.

Il est difficile de faire autrement, a dit le rabbin. Quand on considère les preuves, on voit de bonnes raisons pour que tant de gens pensent comme vous.

Vous n'allez pas me dire que *vous* croyez en Dieu, ai-je dit.

Nous lui parlons. Quant à savoir s'il nous entend ou pas, c'est une autre affaire.

Mon amie Isabelle croyait en Dieu, ai-je poursuivi. Elle est morte, elle aussi. J'ai vendu sa Bible sept glots à M. Gambino, l'agent de Résurrection. C'est une action épouvantable, n'est-ce pas ?

Pas forcément. Il y a des choses plus importantes que les livres, après tout. La nourriture vient avant les prières.

C'était bizarre, ce qui s'était emparé de moi en présence de cet homme, mais plus je lui parlais, plus je me faisais l'effet d'être une enfant. Peut-être me faisait-il penser à l'époque où j'étais très jeune, aux âges obscurs où je croyais encore en ce que me disaient les pères et les professeurs. Je ne peux l'affirmer, mais en réalité je me sentais en terrain sûr avec lui, et je savais que c'était quelqu'un en qui je pouvais avoir confiance. Presque inconsciemment, je me suis trouvée en train de plonger la main dans la poche de mon manteau et d'en extraire la photo de Samuel Farr.

Je cherche aussi cet homme, ai-je dit. Il s'appelle Samuel Farr, et il y a de grandes chances pour qu'il sache ce qui est arrivé à mon frère.

J'ai tendu la photo au rabbin, mais, après l'avoir étudiée pendant quelque temps, il a secoué la tête et déclaré qu'il ne reconnaissait pas ce visage. Je commençais juste à ressentir la déception, lorsqu'un homme à l'autre bout de la table a ouvert la bouche. C'était le plus jeune de l'assistance, et sa barbe aux reflets roux était plus courte et plus follette que celle des autres.

Rabbi, a-t-il demandé timidement, puis-je dire quelque chose ?

Tu n'as pas besoin de permission, Isaac, a répondu le rabbin. Tu peux dire ce que tu veux.

Rien n'est sûr, évidemment, mais je crois savoir qui est cette personne, a dit le jeune homme. Du moins je connais quelqu'un de ce nom. Il se peut que ce ne soit pas celui que cherche la jeune dame, mais je connais ce nom.

Dans ce cas, regarde la photo, a dit le rabbin en faisant glisser l'image sur la table dans sa direction.

Isaac a regardé, et l'expression sur son visage était si sombre, si dénuée de réaction que j'ai aussitôt perdu espoir. La ressemblance est très médiocre, a-t-il enfin dit. Mais maintenant que j'ai eu l'occasion de l'étudier, je pense qu'il n'y a aucun doute : il s'agit de l'homme en question. Le visage pâle et studieux d'Isaac s'est alors épanoui en un sourire. Je lui ai parlé plusieurs fois, a-t-il poursuivi. C'est un homme intelligent mais extrêmement amer. Nous sommes en désaccord sur pratiquement tout.

J'avais du mal à croire ce que j'entendais. Avant que j'aie pu dire un mot, le rabbin a demandé : Isaac, où peut-on trouver ce monsieur ? M. Farr n'est pas au phare, a répondu Isaac, incapable de s'abstenir de ce jeu de mots. Après un bref gloussement, il a ajouté : Il habite juste ici dans la bibliothèque.

Est-ce vrai ? ai-je enfin demandé. Est-ce réellement vrai ?

Bien sûr que c'est vrai. Je peux vous mener jusqu'à lui tout de suite si vous voulez. Isaac a hésité, puis s'est tourné vers le rabbin. En supposant que vous me donniez la permission.

Le rabbin avait cependant l'air d'éprouver quelque inquiétude. Ce monsieur a-t-il un lien avec l'une des académies ? a-t-il demandé.

Pas à ma connaissance, a dit Isaac. Je crois que c'est un indépendant. Il m'a dit qu'il avait travaillé pour un journal quelque part.

C'est exact, ai-je dit. C'est parfaitement exact. Samuel Farr est un journaliste.

Et que fait-il à présent ? a demandé le rabbin sans tenir compte de mon interruption.

Il écrit un livre. Je n'en connais pas le sujet, mais je crois comprendre que ça a quelque chose à voir avec la ville.

Nous en avons parlé à quelques reprises dans le grand vestibule en bas. Il pose des questions très pénétrantes.

Est-il favorable ? a demandé le rabbin.

Il est neutre, a dit Isaac, ni pour ni contre. C'est quelqu'un de tourmenté, mais absolument sans parti pris, et il ne prêche pas pour sa paroisse.

Le rabbin s'est tourné vers moi pour fournir quelques explications. Vous comprenez, nous avons beaucoup d'ennemis, a-t-il dit. Notre permis est en danger parce que nous n'avons plus notre plein statut académique, et je dois agir avec beaucoup de prudence. J'ai fait oui de la tête, essayant de me comporter comme si je savais de quoi il parlait. Mais étant donné les circonstances, a-t-il ajouté, je ne vois pas de mal à ce qu'Isaac vous montre où habite ce monsieur.

Merci, Rabbi, ai-je dit, je vous en suis très reconnaissante.

Isaac vous conduira jusqu'à la porte, mais je ne veux pas qu'il aille plus loin que cela. Est-ce bien clair, Isaac ? Il a regardé son disciple avec une expression de tranquille autorité.

Oui, Rabbi, a répondu Isaac.

Alors le rabbin s'est levé de sa chaise et m'a serré la main. Il faudra que vous reveniez me rendre visite un de ces jours, Anna, a-t-il déclaré. Il avait soudain l'air très vieux, très fatigué. Je veux savoir comment tout cela va tourner.

Je reviendrai, ai-je dit, je vous le promets.

La chambre était située au neuvième étage, le dernier du bâtiment. Dès que nous sommes arrivés, Isaac a détalé en grommelant des excuses indistinctes sur le fait qu'il ne pouvait pas rester, et je me suis soudain retrouvée seule, debout dans le couloir totalement noir avec une petite bougie qui brûlait dans ma main gauche. Il existe une loi de la vie en ville selon laquelle on ne doit jamais frapper à une porte sans savoir ce qui se trouve derrière. Est-ce que j'avais parcouru tout ce chemin pour provoquer seulement un nouveau désastre qui me tomberait sur la tête ? Samuel Farr n'était rien de plus qu'un nom, pour moi, un symbole de désirs impossibles et d'espoirs absurdes. Je l'avais utilisé comme un aiguillon pour ne pas m'arrêter, mais à présent que j'étais enfin parvenue jusqu'à sa porte, je me sentais terrifiée. Si la bougie n'avait pas été en train de fondre si vite, il se peut que je n'aie jamais eu le courage de frapper.

Une voix rude, inamicale, s'est élevée de l'intérieur de la pièce. Allez-vous-en, criait-elle.

Je cherche Samuel Farr. Est-ce que c'est Samuel Farr qui est là ?

Qui veut savoir ? a demandé la voix.

Anna Blume, ai-je dit.

Je ne connais pas d'Anna Blume, a répliqué la voix. Allez-vous-en.

Je suis la sœur de William Blume, ai-je repris. J'essaie de vous trouver depuis plus d'un an. Vous ne pouvez pas me renvoyer, maintenant. Si vous ne voulez pas ouvrir la porte, je continuerai à frapper jusqu'à ce que vous le fassiez.

J'ai entendu une chaise racler le plancher, j'ai suivi le bruit de pas qui se rapprochaient, puis celui d'un pêne glissant hors de la gâche. La porte s'est ouverte et soudain j'ai été submergée par la lumière, par un grand flot de lumière solaire qui se déversait dans le couloir depuis une fenêtre de la chambre. Il a fallu à mes yeux quelque temps pour s'y adapter. Lorsque j'ai enfin pu discerner la personne qui me faisait face, la première chose que j'aie vue était un revolver – un petit pistolet noir braqué en plein sur mon ventre. C'était bien Samuel Farr, mais il ne ressemblait plus guère à la photo. Le robuste jeune homme du cliché avait fait place à un personnage émacié et barbu avec des cernes foncés sous les yeux, et une énergie nerveuse, agitée, paraissait émaner de son corps. Ça lui donnait l'air de quelqu'un qui n'aurait pas dormi pendant un mois.

Comment puis-je savoir que vous êtes celle que vous dites ? a-t-il demandé.

Parce que je le dis. Parce que vous seriez bête de ne pas me croire.

J'ai besoin d'une preuve. Je ne vous laisserai pas entrer si vous ne me donnez pas une preuve.

Il vous suffit de m'écouter parler. J'ai le même accent que vous. Nous venons du même pays, de la même ville. Nous avons même probablement grandi dans le même quartier.

N'importe qui peut imiter une voix. Il faut que vous me montriez autre chose.

Que dites-vous de ça ? ai-je dit en sortant la photo de la poche de mon manteau.

Il l'a étudiée pendant dix ou vingt secondes, sans dire une parole, et graduellement tout son corps a paru se ratatiner, se replier en lui-même. Lorsqu'il m'a regardée à nouveau, j'ai vu que le pistolet pendait à son côté.

Bon Dieu, a-t-il dit doucement, presque dans un souffle. Où avez-vous pris ça ?

Chez Bogat. Il me l'a donnée avant que je parte.

C'est moi, a-t-il dit. C'est à ça que je ressemblais.

Je sais.

C'est dur à croire, n'est-ce pas ?

Pas vraiment. Il ne faut pas oublier depuis combien de temps vous êtes ici.

Il a semblé partir un moment dans ses pensées. Lorsqu'il a de nouveau porté ses regards sur moi, c'était comme s'il ne me reconnaissait plus.

Qui donc dites-vous que vous êtes ? Il a fait un sourire d'excuse et je pouvais voir qu'il lui manquait trois ou quatre dents du bas.

Anna Blume. La sœur de William Blume.

Blume.

C'est exact.

Je suppose que vous voulez entrer, n'est-ce pas ?

Oui. C'est pour cela que je suis ici. Nous avons beaucoup de choses à nous dire.

C'était une petite chambre, mais pas si petite que deux personnes ne puissent s'y tenir. Un matelas par terre, un bureau et une chaise près de la fenêtre, un poêle à bois, des quantités de papiers et de livres entassés contre un des murs, des vêtements dans un carton. Ça me faisait penser à une chambre dans un dortoir d'étudiants – pas très différente de celle que tu avais à l'université l'année où je suis venue te rendre visite. Le plafond était bas, et il était si incliné qu'on ne pouvait atteindre le mur donnant sur l'extérieur sans se courber. La fenêtre de ce même mur, en revanche, était extraordinaire – une belle ouverture en forme d'éventail qui occupait presque toute la surface. Elle était faite de carreaux épais et segmentés, divisés par de fines barres de plomb, et le tout formait un dessin aussi compliqué qu'une aile de papillon. La vue qu'elle offrait s'étendait littéralement à des kilomètres – jusqu'au rempart du Ménétrier et au-delà.

Sam m'a fait signe de m'asseoir sur le lit, puis il a pris place dans le fauteuil du bureau qu'il a fait pivoter vers moi. Il m'a présenté ses excuses pour avoir braqué son pistolet sur moi, mais, a-t-il expliqué, sa situation était précaire et il ne pouvait pas courir de risques. Il y avait maintenant presque un an qu'il vivait dans la bibliothèque, et une rumeur avait couru selon laquelle il gardait dans sa chambre un gros paquet d'argent.

Si j'en juge par l'aspect des choses qui sont ici, ai-je dit, je n'imaginerais jamais que vous soyez riche.

Je n'utilise pas cet argent pour moi-même. C'est pour le livre que j'écris. Je paie des gens pour qu'ils viennent ici me parler. Je donne tant par entretien, selon combien de temps ça prend. Un glot pour la première heure, un demi-glot pour toute heure supplémentaire. J'en ai fait des centaines, une histoire après l'autre. Je n'imagine aucune autre manière de procéder. L'histoire est si gigantesque, voyez-vous, qu'il est impossible à une seule personne de la raconter.

Sam était venu dans la ville envoyé par Bogat, et même à présent il se demandait encore ce qui lui avait pris d'accepter cette mission. Nous savions tous que quelque chose de terrible était arrivé à votre frère, a-t-il dit. Nous n'avions aucune nouvelle de lui depuis plus de six mois, et quiconque le suivrait allait forcément tomber dans le même pot au noir. Bogat, évidemment, ne s'est pas embarrassé d'une telle considération. Il m'a fait venir à son bureau un matin et m'a dit : Voilà la chance que vous attendiez, jeune homme. Je vous envoie là-bas pour remplacer Blume. Mes instructions étaient claires : réaliser les reportages, découvrir ce qui était arrivé à William, rester en vie. Trois jours plus tard, ils ont organisé en mon honneur une fête de départ avec du champagne et des cigares. Bogat a prononcé un toast et tout le monde a bu à ma santé, m'a serré la main, m'a tapé sur l'épaule. Je me sentais comme un invité à mon propre enterrement. Mais au moins je n'avais pas trois enfants et un aquarium plein de poissons rouges qui m'attendaient à la maison, comme Willoughby. On peut dire ce qu'on veut sur le chef, mais c'est un homme de sentiment. Je ne lui en ai jamais voulu de m'avoir choisi comme celui qui devait partir. Le fait est que je voulais probablement y aller. Sinon, il m'aurait été relativement simple de démissionner. C'est donc ainsi que ça a démarré. J'ai fait mes bagages, taillé mes crayons et prononcé mes adieux. C'était il y a plus d'un an et demi. Il va sans dire que je n'ai jamais envoyé de reportage et que je n'ai jamais retrouvé William. Pour l'instant, il s'avère que je suis resté en vie. Mais je ne voudrais pas parier sur le temps que ça va durer.

J'espérais que vous pourriez me donner une information plus catégorique sur William, ai-je dit. Dans un sens ou dans l'autre.

Sam a secoué la tête. Rien n'est catégorique, ici. Etant donné les possibilités, vous devriez être contente de ça.

Je ne vais pas perdre espoir. Pas avant que j'aie une certitude.

C'est votre droit. Mais je ne crois pas que vous seriez très avisée de vous attendre à autre chose qu'au pire.

C'est ce que le rabbin m'a dit.

C'est ce que vous dirait n'importe quelle personne sensée.

Sam parlait d'un ton agité et moqueur envers lui-même, passant du coq à l'âne d'une façon qui m'était difficile à suivre. Il me donnait la sensation d'un homme au bord de l'effondrement – quelqu'un qui s'était trop forcé et pouvait à peine encore se tenir debout. Il avait, disait-il, accumulé plus de trois mille pages de notes. S'il continuait à travailler à son rythme actuel, il pensait pouvoir terminer le travail préliminaire de son livre dans cinq ou six mois. Le problème était que son argent s'épuisait et que la chance semblait avoir tourné en sa défaveur. Il ne pouvait plus payer les entretiens, et, ses fonds étant dangereusement bas, il ne mangeait plus qu'un jour sur deux. Ce qui, bien sûr, aggravait encore la situation. Sa force en était sapée, et il lui arrivait d'avoir de tels étourdissements qu'il ne voyait plus les mots qu'il écrivait. Parfois, disait-il, il s'endormait à son bureau sans même s'en rendre compte.

Vous allez vous tuer avant d'avoir fini, ai-je déclaré. Et à quoi cela rime-t-il ? Vous devriez arrêter d'écrire ce livre et prendre soin de vous-même.

Je ne peux pas m'arrêter. Ce livre est la seule chose qui me maintienne. Il m'empêche de penser à moi-même et d'être englouti dans ma propre vie. Si jamais j'arrêtais d'y travailler, je serais perdu. Je ne crois pas que je survivrais un jour de plus.

Il n'y a personne pour lire votre foutu bouquin, ai-je répondu avec colère. Ne voyez-vous donc pas cela ? Peu importe combien de pages vous écrivez. Personne ne verra jamais ce que vous avez fait.

Vous vous trompez. Je vais rapporter le manuscrit chez nous. Le livre sera publié et tout le monde découvrira ce qui se passe ici.

Vous dites n'importe quoi. N'avez-vous donc pas entendu parler du projet de Mur marin ? Il est devenu impossible de partir d'ici.

Je suis au courant du Mur marin. Mais ce n'est qu'un endroit. Il y en a d'autres, croyez-moi. Le long de la côte au nord. A l'ouest par les territoires abandonnés. Lorsque l'heure viendra, je serai prêt.

Vous ne tiendrez pas assez longtemps. Quand vous aurez passé l'hiver, vous ne serez plus prêt pour quoi que ce soit.

Il arrivera quelque chose. Sinon, eh bien, ça ne me fera ni chaud ni froid.

Combien d'argent vous reste-t-il ?

Je ne sais pas. Entre trente et trente-cinq glots, je crois.

J'ai été abasourdie d'entendre un chiffre aussi bas. Même en prenant toutes les précautions possibles, en ne dépensant que le strict nécessaire, trente glots ne dureraient pas au-delà de trois ou quatre semaines. J'ai soudain compris le danger de la position de Sam. Il marchait en droite ligne vers sa propre mort, et il n'en avait même pas conscience.

A cet instant, des paroles se sont mises à me sortir de la bouche. Je n'avais aucune idée de ce qu'elles signifiaient jusqu'à ce que je les aie entendues moi-même, mais alors il était déjà trop tard. J'ai un peu d'argent, ai-je dit. Pas grand-chose, mais quand même beaucoup plus que vous.

Tant mieux pour vous, a répondu Sam.

Vous ne comprenez pas. Quand je dis que j'ai de l'argent, je veux dire que je serais d'accord pour le partager avec vous.

Le partager ? Et pourquoi diable ?

Pour nous garder en vie, ai-je répondu. J'ai besoin d'un endroit où vivre, et vous avez besoin d'argent. Si nous mettons nos ressources en commun, nous aurons une chance de survivre à l'hiver. Sinon nous mourrons tous les deux. Je ne crois pas qu'il y ait le moindre doute là-dessus. Nous mourrons, et c'est idiot de mourir quand on n'y est pas obligé.

Mon franc-parler nous a ébranlés tous les deux, et, pendant plusieurs moments, ni l'un ni l'autre n'avons rien dit. Tout cela était si absolu, si déroutant, mais d'une certaine façon j'avais réussi à exprimer la vérité. Ma première impulsion a été de m'excuser, mais mes paroles continuaient à flotter entre nous et elles gardaient tout leur sens ; aussi étais-je peu disposée à les retirer. Je crois que nous comprenions tous les deux ce qui se passait, mais cela ne facilitait pas l'émergence de la parole suivante. Dans des situations analogues, on a vu des gens de cette ville s'entre-tuer. Ce n'est presque rien d'assassiner quelqu'un pour une chambre ou pour une poignée de monnaie. Peut-être que ce qui nous a gardés de nous faire du mal a été le simple fait de ne pas être d'ici. Nous n'étions pas des gens de cette ville. Nous avions grandi ailleurs, et peut-être cela suffisait-il à nous donner l'impression que nous n'étions pas sans rien connaître l'un de l'autre. Je ne saurais dire avec certitude. Le hasard nous avait projetés l'un vers l'autre d'une façon presque impersonnelle, ce qui semblait donner à notre rencontre une logique propre, une force qui ne dépendait d'aucun de nous deux. J'avais fait une proposition extravagante, j'avais sauté sans retenue dans sa vie privée, et Sam n'avait pas prononcé une parole. Le simple fait de ce silence était extraordinaire, à mon sens, et plus il durait, plus il semblait légitimer ce que j'avais dit. Lorsqu'il a pris fin, il ne restait plus rien à discuter.

C'est drôlement à l'étroit, ici, a dit Sam en regardant tout autour de la petite chambre. Où vous proposez-vous de dormir ?

Ça n'a pas d'importance, ai-je répondu. Nous aménagerons quelque chose.

William parlait de vous, parfois, a repris Sam en laissant paraître un faible soupçon de sourire au coin des lèvres. Il m'a même mis en garde à votre sujet. Fais attention à ma petite sœur, disait-il. Elle est soupe au lait. Est-ce ainsi que vous êtes, Anna Blume, soupe au lait ?

Je sais ce que vous pensez, ai-je dit, mais vous n'avez pas à vous inquiéter. Je ne vous gênerai pas. Je ne suis quand même pas idiote. Je sais lire et écrire. Je sais penser. Le livre sera réalisé beaucoup plus vite si je suis dans les parages.

Je ne suis pas inquiet, Anna Blume. Vous débarquez ici de nulle part, vous vous laissez choir sur mon lit, vous me proposez de faire de moi un homme riche, et vous voudriez que je sois inquiet ?

Il ne faut pas exagérer. Ça n'atteint pas trois cents glots. Pas même deux cent soixante-quinze.

C'est ce que j'ai dit – un homme riche.

Si vous le dites.

Je le dis. Et j'ajoute : c'est une sacrée chance pour nous deux que le pistolet n'ait pas été chargé.

C'est ainsi que j'ai survécu à l'Hiver terrible. J'ai habité avec Sam dans la bibliothèque, et, pendant les six mois suivants, cette petite chambre a été le centre de mon univers. Je suppose que tu ne seras pas choqué si tu apprends que nous avons fini par dormir dans le même lit. Il faudrait être fait de pierre pour résister à une telle chose, et lorsque c'est enfin arrivé, la troisième ou la quatrième nuit, nous nous sommes tous les deux trouvés bêtes d'avoir attendu si longtemps. Ce n'était d'abord qu'une affaire de corps, des membres pressés et emmêlés, une débauche de désirs refrénés. La sensation de défoulement était immense, et pendant les quelques jours suivants nous nous sommes rués l'un sur l'autre jusqu'à l'épuisement. Puis le rythme est retombé, comme il devait le faire, et petit à petit, pendant les semaines qui ont suivi, nous sommes en fait tombés amoureux. Je ne parle pas seulement de la tendresse ou du confort d'une vie partagée. Nous sommes tombés profondément et irrévocablement amoureux, et à la fin c'était comme si nous étions mariés, comme si nous ne devions plus jamais nous quitter.

Ces jours-là ont été pour moi les meilleurs. Pas seulement ici, vois-tu, mais n'importe où – les meilleurs jours de ma vie. C'est curieux que j'aie pu être si heureuse pendant cette époque terrible, mais vivre avec Sam changeait tout. Vers l'extérieur, les choses ne bougeaient guère. Les mêmes luttes continuaient, il fallait affronter les mêmes problèmes tous les jours, mais à présent j'avais reçu la possibilité d'espérer, et je commençais à croire que tôt ou tard nos ennuis allaient finir. Sam était mieux informé sur la ville que toute autre personne que j'avais pu rencontrer. Il était capable de réciter la liste de tous les gouvernements des dix dernières années ; il connaissait le nom des gouverneurs, des maires et d'innombrables fonctionnaires de deuxième rang ; il pouvait raconter l'histoire des Péagistes, décrire la construction des centrales d'énergie, rendre compte en détail de toutes les sectes, même des plus petites. Qu'il ait su autant de choses et que malgré tout il soit resté confiant quant à nos chances de sortir – c'est cela qui a emporté ma conviction. Sam n'était pas du genre à déformer les faits. C'était un journaliste, après tout, et il s'était entraîné à jeter un regard sceptique sur le monde. Ce n'était pas un songe-creux enclin à de vagues suppositions. S'il disait qu'il nous était possible de rentrer chez nous, cela signifiait qu'il savait que ça pourrait être accompli.

En général, Sam n'était guère optimiste, ce n'était pas vraiment ce qu'on appelle une bonne pâte. Il y avait en lui une sorte de fureur qui bouillonnait tout le temps, et même quand il dormait il paraissait tourmenté, se débattant sous les couvertures comme s'il se bagarrait en rêve avec quelqu'un. Il était en mauvaise forme lorsque j'ai emménagé, dénutri, toussant constamment, et il a fallu plus d'un mois avant qu'il soit ramené à un semblant de bonne santé. Jusque-là j'ai pratiquement fait tout le travail. Je suis sortie acheter les provisions, je me suis chargée de vider les eaux sales, j'ai fait la cuisine et le ménage de la chambre. Plus tard, lorsque Sam a eu assez de forces pour braver à nouveau le froid, il a commencé à filer le matin pour faire lui-même les corvées, insistant pour que je reste au lit et que je rattrape mes heures de sommeil. Il avait un grand talent pour la bonté, Sam – et il m'a bien aimée, beaucoup mieux que ce à quoi je m'étais jamais attendue. Si ses bouffées d'angoisse le coupaient parfois de moi, il en faisait cependant une affaire interne à lui-même. Son obsession restait le livre, et il avait tendance à exiger trop de lui-même à cet égard, à travailler au-delà de ce qu'il pouvait supporter. Devant la contrainte de devoir assembler les éléments hétéroclites qu'il avait recueillis pour en faire un tout cohérent, il se mettait soudain à perdre confiance dans le projet. Il le jugeait nul, un tas futile de papiers qui cherchaient à dire des choses qui ne pouvaient pas être dites, puis il plongeait dans une dépression qui durait de un à trois jours. Ces moments d'humeur noire étaient invariablement suivis de périodes de tendresse extrême. Il m'achetait alors des petits cadeaux – une pomme, par exemple, ou un ruban pour mes cheveux, ou une tablette de chocolat. Il avait probablement tort de faire ces dépenses supplémentaires, mais j'avais du mal à ne pas être émue par ces gestes. C'était toujours moi qui tenais le rôle de la femme pratique, de la ménagère sévère qui économise et s'inquiète, mais lorsque Sam rentrait en ayant fait une extravagance de ce genre, je me sentais renversée de joie, totalement submergée. Je n'y pouvais rien. J'avais besoin de savoir qu'il m'aimait, et si cela impliquait que nos réserves allaient fondre un peu plus tôt, j'acceptais de payer ce prix-là.

Il nous est venu à tous les deux une passion pour les cigarettes. Le tabac est dur à trouver, ici, et quand on y arrive il est terriblement cher, mais Sam s'était créé un certain nombre de contacts dans le marché noir pendant qu'il effectuait des recherches pour son livre, et il était souvent en mesure de dénicher des paquets de vingt pour un prix aussi modique que un glot ou un glot et demi. Je parle de cigarettes réelles, à l'ancienne, celles qu'on produisait dans des usines avec des étuis de papier joliment colorés et une enveloppe de cellophane. Celles que Sam achetait avaient été volées sur les divers bateaux de missions caritatives qui avaient accosté ici antérieurement, et les noms des marques étaient imprimés dans des langues que d'ordinaire nous n'étions même pas capables de lire. Nous fumions après la tombée de la nuit, allongés dans le lit et regardant, à travers la grande fenêtre en éventail, le ciel et ses turbulences, les nuages qui voguaient à travers la lune, les minuscules étoiles, les blizzards qui déferlaient d'en haut. Nous rejetions la fumée par la bouche et nous la regardions flotter dans la pièce, jetant sur le mur du fond des ombres qui se dispersaient sitôt qu'elles se formaient. Il y avait dans tout cela une belle fugacité, le sentiment d'un destin qui nous entraînait avec lui dans les recoins inconnus de l'oubli. Dans ces moments nous avons souvent parlé de chez nous, évoquant autant de souvenirs que nous le pouvions, rappelant les images les plus infimes et les plus spécifiques dans une sorte d'incantation langoureuse – les érables de l'avenue Miró en octobre, les horloges à chiffres romains dans les salles de classe des écoles publiques, l'éclairage en forme de dragon vert dans le restaurant chinois en face de l'université. Nous pouvions partager la saveur de ces choses, revivre la myriade de menus détails d'un monde que nous avions tous les deux connu depuis notre enfance, et cela nous aidait, me semble-t-il, à garder bon moral, à nous faire croire qu'un jour nous pourrions retrouver tout cela.

Je ne sais pas combien de gens vivaient dans la bibliothèque, à cette époque, mais j'ai l'impression qu'ils étaient au-delà d'une centaine et peut-être même davantage. Les résidents étaient tous des chercheurs et des écrivains, rescapés du Mouvement de Purification qui avait eu lieu pendant le tumulte de la précédente décennie. Selon Sam, le gouvernement suivant avait institué une politique de tolérance, logeant des chercheurs dans un certain nombre d'édifices publics de la ville – le gymnase de l'université, un hôpital abandonné, la Bibliothèque nationale. Ce dispositif d'hébergement était entièrement subventionné (ce qui expliquait la présence d'un poêle en fonte dans la chambre de Sam et le miracle d'éviers et de W.-C. en état de fonctionner au sixième étage), et par la suite le programme avait été élargi jusqu'à inclure quelques groupes religieux et des journalistes étrangers. Mais lorsqu'un autre gouvernement était arrivé au pouvoir deux ans plus tard, cette politique avait été arrêtée. Les chercheurs n'avaient pas été expulsés de leur logement, mais ils n'avaient plus reçu de subsides de la part de l'Etat. Le taux d'attrition avait été élevé, cela se comprend, car de nombreux chercheurs avaient été mis en situation de devoir sortir pour trouver d'autres formes de travail. Ceux qui étaient restés avaient été plus ou moins livrés à leurs propres expédients, car les gouvernements qui s'étaient succédé au pouvoir ne tenaient plus compte d'eux. Une certaine camaraderie méfiante s'était installée entre les diverses factions de la bibliothèque, allant jusqu'à l'échange de paroles et d'idées entre de nombreuses personnes. Là était l'explication des groupes que j'avais aperçus dans le hall le premier jour. Chaque matin se tenaient des colloques publics qui duraient deux heures – on les appelait les heures péripatétiques – et tous ceux qui vivaient dans la bibliothèque y étaient invités. Sam avait rencontré Isaac à l'une de ces séances, mais généralement il s'en tenait éloigné, jugeant les chercheurs de peu d'intérêt sinon par ce qu'ils représentaient eux-mêmes en tant que phénomène – encore un aspect de la vie dans la ville. La plupart d'entre eux étaient engagés dans des travaux plutôt ésotériques : recherche de parallèles entre les événements actuels et des événements de la littérature classique, analyses statistiques des tendances démographiques, composition d'un nouveau dictionnaire et ainsi de suite.

Sam n'avait cure de ce genre de choses, mais il s'efforçait de rester en bons termes avec tout le monde, car il savait que les chercheurs peuvent devenir haineux quand ils pensent qu'on se moque d'eux. J'ai appris à connaître un bon nombre d'entre eux d'une manière plutôt informelle – en faisant la queue avec mon seau devant l'évier du sixième étage, en échangeant des tuyaux sur la nourriture avec d'autres femmes, en écoutant les ragots – mais j'ai suivi le conseil de Sam et je ne me suis impliquée avec aucun d'entre eux, gardant une réserve amicale mais distante.

A part Sam, la seule personne à qui je parlais était le rabbin. Pendant le premier mois, environ, je lui ai rendu visite chaque fois que j'en ai eu la possibilité – si j'avais une heure de libre en fin d'après-midi, par exemple, ou bien dans un de ces rares moments où Sam était perdu dans son livre et où il ne restait plus de corvée à faire. Le rabbin était souvent occupé avec ses disciples, ce qui voulait dire qu'il n'avait pas toujours du temps à me consacrer, mais nous avons réussi à nous ménager plusieurs bonnes discussions. Ce dont je me souviens le mieux, c'est d'une remarque qu'il m'a adressée au cours de ma dernière visite. Je l'ai trouvée tellement saisissante sur le moment que j'ai continué à y penser depuis lors. Chaque juif, a-t-il dit, croit qu'il appartient à la dernière génération de juifs. Nous sommes toujours au bout, toujours au bord du moment ultime, et pourquoi devrions-nous aujourd'hui nous attendre à autre chose ? Peut-être me suis-je si bien rappelé ces paroles parce que je ne l'ai jamais plus revu après cette conversation. La fois suivante, quand je suis descendue au troisième étage, le rabbin était parti, et quelqu'un d'autre avait pris sa place dans la salle – un homme mince et chauve avec des lunettes cerclées de fer. Il était assis à la table et il écrivait furieusement dans un cahier, entouré par des piles de papiers et par ce qui ressemblait à plusieurs ossements et crânes humains. Dès que j'ai pénétré dans la pièce, il a levé les yeux vers moi, et son visage a pris un air irrité, voire hostile.

On ne vous a jamais appris à frapper ? a-t-il demandé.

Je cherche le rabbin.

Le rabbin est parti, a-t-il lancé avec impatience, retroussant les lèvres et dardant sur moi un regard comme si j'étais une idiote. Tous les juifs ont plié bagage il y a deux jours.

Qu'est-ce que vous racontez ?

Les juifs ont plié bagage il y a deux jours, a-t-il répété en émettant un soupir dégoûté. Les jansénistes partent demain, et les jésuites doivent dégager lundi. Vous ne savez donc rien ?

Je n'ai pas la moindre idée de ce dont vous parlez.

Les nouvelles lois. Les groupes religieux ont perdu leur statut académique. Je ne peux pas croire que quelqu'un puisse être aussi ignorant.

Vous n'avez pas besoin d'être aussi déplaisant pour autant. Pour qui vous prenez-vous donc ?

Dujardin, a-t-il dit. Henri Dujardin. Je suis ethnographe.

Et cette salle vous appartient, à présent ?

Exactement. Cette salle est à moi.

Et les journalistes étrangers ? Est-ce que leur statut a changé, lui aussi ?

Je n'en ai pas la moindre idée. Je m'en fiche.

Je suppose que vous ne vous fichez pas de ces os et de ces crânes.

C'est juste. Je suis en train de les analyser.

A qui appartiennent-ils ?

A des cadavres anonymes. Des gens qui sont morts de froid.

Savez-vous où se trouve le rabbin ?

Sans doute en chemin vers la Terre promise, a-t-il répondu dans un sarcasme. Maintenant partez, je vous en prie. Vous m'avez assez pris de temps. J'ai un travail important à faire et je n'aime pas être interrompu. Merci. Et n'oubliez pas de fermer la porte en sortant.

Finalement, Sam et moi n'avons jamais souffert de ces lois. L'échec du Projet de Mur marin avait déjà affaibli le gouvernement, et avant qu'il ait pu s'attaquer à la question des journalistes étrangers, un nouveau régime était arrivé au pouvoir. L'expulsion des groupes religieux n'avait rien été d'autre qu'une forfanterie absurde et désespérée, une agression arbitraire contre ceux qui ne pouvaient pas se défendre. Son absolue futilité me stupéfiait, et cela rendait la disparition du rabbin d'autant plus dure à supporter. Tu vois comment sont les choses dans ce pays. Tout disparaît, les gens tout aussi sûrement que les objets, ce qui vit tout autant que ce qui est mort. J'ai pleuré la perte de mon ami, et le seul poids de ce deuil me réduisait en miettes. Il n'y avait même pas la certitude de la mort pour me consoler – rien d'autre qu'une sorte de blanc, un néant vorace.

Après cela, le livre de Sam est devenu la chose la plus importante de ma vie. J'ai pris conscience que tant que nous n'arrêtions pas d'y travailler, la notion d'un avenir possible continuerait à exister pour nous. Sam avait essayé de m'expliquer cela le premier jour, mais à présent je le comprenais toute seule. J'ai accompli toutes les tâches nécessaires – le classement des pages, la révision des interviews, la transcription de leur version finale, la réécriture d'une copie nette du manuscrit. Il aurait certes été préférable d'avoir une machine à écrire, mais Sam avait vendu la sienne – un modèle portatif – plusieurs mois auparavant, et nous n'avions aucun moyen de nous en payer une autre. Il était déjà assez difficile comme ça de garder un approvisionnement suffisant de crayons et de stylos. Les pénuries hivernales avaient fait grimper les prix à des niveaux records, et sans les six crayons que je possédais déjà – ainsi que les deux stylos-bille que j'avais trouvés par hasard dans la rue – nous aurions peut-être été à court de matériel. Nous avions du papier en abondance (Sam en avait emmagasiné douze rames le jour où il avait emménagé), mais les bougies constituaient un autre problème pour notre travail. La lumière du jour nous était nécessaire si nous ne voulions pas trop dépenser, mais nous nous trouvions en plein hiver, avec le soleil qui décrivait un maigre petit arc dans le ciel en quelques brèves heures, et à moins que nous n'acceptions de voir le livre prendre un temps infini, il nous fallait faire certains sacrifices. Nous avons essayé de nous limiter à quatre ou cinq cigarettes par soirée, et Sam a fini par laisser à nouveau pousser sa barbe. Les lames de rasoir représentaient quand même un luxe, et il a fallu arriver à faire un choix entre un visage lisse pour lui ou des jambes lisses pour moi. Les jambes ont gagné haut la main. De jour comme de nuit, il fallait des bougies quand on se rendait dans les rayons. Les livres étaient situés au cœur du bâtiment, et il n'y avait donc de fenêtres dans aucun des murs. Comme l'électricité était coupée depuis longtemps, nous n'avions pas d'autre solution que de transporter notre éclairage. A une époque, disait-on, il y avait eu plus d'un million de volumes dans la Bibliothèque nationale. Ce nombre avait été fortement réduit avant mon arrivée, mais il en restait encore des centaines de mille, et c'était une avalanche imprimée ahurissante. Il y avait des livres posés droit sur leur étagère tandis que d'autres jonchaient chaotiquement le plancher et que d'autres encore étaient amoncelés en tas désordonnés. Il y avait bien un règlement de la bibliothèque – et il était rigoureusement appliqué – qui interdisait de sortir les livres hors du bâtiment, mais un grand nombre d'entre eux avaient néanmoins été dérobés et vendus au marché noir. De toute façon, on pouvait se poser la question de savoir si la bibliothèque en était encore une. Le système de classement avait été complètement chamboulé, et, avec tant de volumes déplacés, il était virtuellement impossible de trouver un ouvrage qu'on aurait précisément recherché. Si on considère qu'il y avait sept étages de rayonnages, dire qu'un livre n'était pas à sa place revenait à déclarer qu'il avait cessé d'exister. Même s'il était physiquement présent dans ces locaux, le fait était que personne ne le retrouverait plus jamais. J'ai fait la chasse à un certain nombre de vieux registres municipaux que voulait Sam, mais la plupart de mes incursions dans ces locaux n'avaient d'autre but que de ramasser des livres au hasard. Je n'aimais pas beaucoup me trouver là, car je ne savais jamais sur qui je pouvais tomber et je devais respirer cette humidité froide avec son odeur de pourriture moisie. J'entassais autant d'ouvrages que je pouvais sous mes deux bras et je remontais à toute vitesse dans notre chambre. Les livres nous ont servi à nous chauffer pendant cet hiver. En l'absence de toute autre sorte de combustible, nous les brûlions dans le poêle en fonte pour faire de la chaleur. Je sais que ça a l'air épouvantable, mais nous n'avions pas vraiment le choix. C'était, soit cela, soit mourir de froid. L'ironie de la chose ne m'échappe pas – passer tous ces mois à travailler à un livre en même temps que nous brûlions des centaines d'autres ouvrages pour nous tenir chaud. Ce qu'il y a de curieux, c'est que je n'en ai jamais éprouvé de regret. Pour être franche, je crois que j'avais en fait du plaisir à jeter ces livres dans les flammes. Peut-être cela libérait-il quelque colère secrète en moi ; ou peut-être était-ce simplement une façon de reconnaître que ce qui leur arrivait n'avait pas d'importance. Le monde auquel ils avaient appartenu était révolu, et au moins ils étaient à présent utilisés à quelque chose. La plupart ne valaient d'ailleurs pas qu'on les ouvre : des romans sentimentaux, des recueils de discours politiques, des manuels périmés. Chaque fois que je trouvais quelque chose qui me paraissait consommable, je le mettais de côté et je le lisais. Parfois, lorsque Sam était épuisé, je lui faisais la lecture avant qu'il s'endorme. Je me souviens d'avoir ainsi parcouru des parties d'Hérodote et, un soir, j'ai lu le curieux petit livre que Cyrano de Bergerac a écrit sur ses voyages dans la Lune et le Soleil. Mais en fin de compte tout aboutissait au poêle, tout partait en fumée.

Rétrospectivement, je crois encore que ça aurait pu marcher pour nous. Nous aurions fini le livre, et tôt ou tard nous aurions trouvé un moyen de rentrer chez nous. S'il n'y avait eu cette erreur stupide que j'ai commise à la fin de l'hiver, je pourrais être assise en face de toi à l'heure qu'il est, en train de te raconter cette histoire de vive voix. Le fait que ma bévue ait été innocente n'en diminue pas la douleur. J'aurais dû être plus avisée, et parce que j'ai agi impulsivement, que j'ai accordé ma confiance à quelqu'un alors que je n'avais aucune raison de le faire, j'ai entièrement détruit ma vie. Je ne dramatise pas, en disant cela. J'ai tout détruit par ma propre bêtise, et nul n'est à blâmer à part moi-même.

C'est arrivé de la façon suivante. Peu après le Nouvel An, j'ai découvert que j'étais enceinte. Ne sachant pas comment Sam allait prendre la nouvelle, je la lui ai cachée quelque temps, mais un jour j'ai été saisie d'un méchant accès de nausée matinale – j'avais des sueurs froides, j'ai vomi par terre –, et j'ai fini par lui dire la vérité. A mon étonnement, Sam en a été heureux, peut-être même plus que moi. Ce n'est pas que je n'aie pas voulu cet enfant, comprends-tu, mais je ne pouvais pas m'empêcher d'avoir peur, et il y avait des moments où je sentais mes nerfs me lâcher, où la pensée de donner naissance à un bébé dans ces conditions me paraissait pure folie. Autant j'étais inquiète, cependant, autant Sam était enthousiaste. Il était réellement revigoré par l'idée de devenir père, et petit à petit il a apaisé mes doutes, m'amenant à considérer ma grossesse comme un bon présage. L'enfant signifie que nous avons été épargnés, disait-il. Nous avions fait basculer les chances en notre faveur, et désormais tout serait différent. En créant ensemble un enfant, nous avions rendu possible l'émergence d'un monde nouveau. Je n'avais encore jamais entendu Sam parler ainsi. Des sentiments si courageux, si idéalistes – j'étais presque choquée d'entendre de telles choses venir de lui. Ce qui ne signifiait pas que je ne les aimais pas. Je les aimais tant qu'en fait je me suis mise à y croire.

Surtout je ne voulais pas le décevoir. Malgré quelques mauvaises matinées les premières semaines, ma santé est restée bonne, et j'ai tenu à assumer ma part de travail exactement comme avant. A la mi-mars il y a eu des signes montrant que l'hiver commençait à perdre de sa rigueur : les tempêtes éclataient un peu moins souvent, les périodes de dégel duraient un peu plus longtemps, la température ne semblait plus plonger aussi bas la nuit. Je ne veux pas dire qu'il s'était mis à faire doux, mais il y avait de nombreux petits indices laissant penser que les choses allaient dans ce sens, une sensation – si modeste fût-elle – que le pire était passé. Par un coup de chance, c'est juste vers cette période que mes souliers ont lâché – ceux-là mêmes qu'Isabelle m'avait donnés si longtemps auparavant. Je ne saurais calculer combien de kilomètres j'avais parcourus avec eux. Ils m'accompagnaient depuis plus d'un an, absorbant chaque pas que je faisais, me suivant dans tous les coins de la ville, et voilà qu'à présent ils étaient complètement fichus : les semelles étaient trouées, le dessus partait en lambeaux, et même si je faisais mon possible pour colmater les trous avec du papier journal, ils ne pouvaient affronter les rues mouillées, et, inévitablement, j'avais les pieds trempés chaque fois que je sortais. C'est arrivé une fois de trop, je suppose, et, un des premiers jours d'avril, j'ai été terrassée par un rhume. C'était un spécimen parfait, avec les douleurs et les frissons, la gorge enflée, les éternuements, toute la panoplie. Sam était tellement impliqué dans ma grossesse que ce rhume l'a inquiété jusqu'à le rendre hystérique. Il a tout lâché pour s'occuper de moi, rôdant autour du lit comme une infirmière folle, gaspillant de l'argent pour des articles extravagants tels que du thé et des soupes en boîte. Je me suis rétablie en l'espace de trois ou quatre jours, mais après cela Sam a fixé la loi. Jusqu'à ce que nous trouvions une nouvelle paire de chaussures pour moi, a-t-il dit, il ne voulait pas que je mette le pied dehors. Il ferait lui-même toutes les courses. Je lui ai répondu que c'était ridicule, mais il a tenu bon et il ne m'a pas laissée le dissuader.

Ce n'est pas parce que je suis enceinte que je vais être traitée comme une invalide, ai-je dit.

Ce n'est pas toi, ce sont les souliers. Chaque fois que tu sortiras, tes pieds vont se mouiller. Le prochain rhume pourrait ne pas être aussi facile à guérir, et que nous arriverait-il si tu tombais malade ?

Puisque tu es si inquiet, pourquoi ne me prêtes-tu pas tes chaussures quand je sors ?

Elles sont trop grandes. Tu flotterais dedans comme un gosse, et tôt ou tard tu tomberais. Et alors ? Dès que tu serais par terre, quelqu'un te les arracherait des pieds.

Ce n'est pas ma faute si j'ai des petits pieds. Je suis née comme ça.

Tu as de beaux pieds, Anna. Les orteils les plus mignonnets qu'on ait jamais inventés. J'adore ces pieds. J'embrasse le sol qu'ils foulent. C'est la raison pour laquelle ils doivent être protégés. Nous devons nous assurer qu'ils ne subissent jamais de dommage.

Les semaines qui ont suivi ont été difficiles pour moi. J'ai vu Sam perdre son temps à des choses que j'aurais facilement pu faire moi-même, et le livre n'a presque pas avancé. J'étais ulcérée de penser qu'une misérable paire de chaussures pouvait être la cause de tant d'ennuis. Le bébé commençait à peine à se voir, et je me sentais comme une grosse bête inutile, une princesse idiote qui restait enfermée toute la journée pendant que son seigneur et chevalier allait péniblement livrer bataille. Si seulement je pouvais trouver des souliers, me disais-je constamment, la vie pourrait alors redémarrer. Je me suis mise à poser des questions autour de moi, à interroger les gens pendant que je faisais la queue à l'évier, et il m'est aussi arrivé de descendre dans le hall et de me rendre aux heures péripatétiques avec l'espoir d'y trouver quelqu'un qui pourrait m'aiguiller. Il n'en est rien sorti, mais un jour je suis tombée sur Dujardin dans le couloir du sixième étage, et il s'est aussitôt lancé dans une discussion avec moi, bavardant comme si nous étions deux vieilles connaissances. Je m'étais tenue à l'écart de Dujardin depuis notre première rencontre dans la salle du rabbin, et cette affabilité soudaine chez lui m'a paru bizarre. Dujardin était une petite fouine pédante, et pendant tous ces derniers mois il m'avait évitée aussi soigneusement que je l'avais fait de mon côté. A présent il était tout sourires et bienveillante sollicitude. J'ai entendu dire que vous avez besoin de souliers, a-t-il dit. Si c'est le cas, je suis peut-être en mesure de vous apporter un peu d'aide.

J'aurais dû comprendre tout de suite que quelque chose n'allait pas, mais la mention du mot "souliers" m'a fait perdre l'équilibre. Je les voulais si désespérément, vois-tu, qu'il ne m'est pas venu à l'esprit de m'interroger sur ses motivations.

Voilà ce qu'il en est, a-t-il dit en poursuivant son bavardage. J'ai un cousin qui a des relations dans le, hmmh, comment dirais-je, dans le commerce des ventes et des achats. D'objets utilisables, donc, des articles de consommation, des choses de ce genre. Il arrive que des chaussures croisent son chemin – celles que je porte, par exemple – et je ne pense pas qu'il serait absurde de supposer qu'il en ait d'autres en réserve en ce moment. Puisqu'il se trouve que je vais chez lui ce soir, ça ne serait rien, absolument rien pour moi de prendre des renseignements pour voir. Il faut, bien sûr, que je sache votre pointure – hmmh, pas grande, me semble-t-il – et combien vous voulez dépenser. Mais il s'agit là de détails, de simples détails. Si nous pouvons fixer une heure pour nous rencontrer demain, il se peut que j'aie quelque information pour vous. Après tout, chacun a besoin de chaussures, et si j'en juge par l'aspect de ce que vous avez aux pieds, je comprends pourquoi vous cherchez autour de vous. Des lambeaux et des guenilles. Ça ne peut pas aller, pas avec le temps que nous avons ces jours-ci.

Je lui ai dit ma pointure, la somme que je pouvais dépenser, puis nous avons pris rendez-vous pour le lendemain après-midi. Tout onctueux qu'il fût, je ne pouvais m'empêcher de penser que Dujardin faisait un effort pour paraître gentil. Sans doute recevait-il une ristourne sur les affaires qu'il ramenait à son cousin, mais je ne voyais là rien de mal. Nous avons tous besoin de gagner de l'argent d'une façon ou d'une autre, et s'il avait une combine ou deux sous le manteau, tant mieux pour lui. J'ai réussi à ne rien dire à Sam de cette rencontre pendant le reste de la journée. Il n'était absolument pas évident que le cousin de Dujardin ait quelque chose pour moi, mais si l'affaire avait lieu, je voulais que ce soit une surprise. J'ai fait de mon mieux pour ne pas compter dessus. Nos fonds s'étaient réduits à moins de cent glots, et le chiffre que j'avais mentionné à Dujardin était ridiculement bas : à peine onze ou douze glots, me semble-t-il, ou même dix. En revanche, il n'avait pas tiqué devant ma proposition, ce qui me paraissait être un signe encourageant. Cela suffisait en tout cas à nourrir mes espoirs, et pendant les vingt-quatre heures qui ont suivi, j'ai tourbillonné dans des remous d'anticipation.

Nous nous sommes rencontrés le lendemain à deux heures, à l'angle nord-ouest du grand hall. Dujardin est arrivé en portant un sac en papier brun, et dès que je l'ai aperçu j'ai compris que ça avait marché. Je crois que nous avons de la chance, a-t-il dit en prenant mon bras avec l'air d'un conspirateur et en me menant derrière une colonne de marbre où personne ne pouvait nous voir. Mon cousin avait une paire dans votre pointure, et il veut bien la céder pour treize glots. Je suis désolé de ne pas avoir pu faire baisser le prix davantage, mais j'ai fait de mon mieux. Etant donné la qualité de la marchandise, c'est encore une excellente affaire. En se tournant vers le mur de façon à me montrer son dos, Dujardin a extrait avec précaution un soulier du sac. C'était une chaussure de marche marron, pour le pied gauche. Les matériaux étaient manifestement authentiques, et la semelle était faite d'un caoutchouc solide, durable, d'aspect confortable. C'était parfait pour affronter les rues de la ville. De surcroît, ce soulier était dans un état pratiquement neuf. Essayez-le, a proposé Dujardin. Voyons s'il va bien. Il allait bien. Debout, avec mes orteils qui se tortillaient contre la surface lisse de la semelle intérieure, j'ai éprouvé un plaisir tel que je n'en avais pas connu depuis longtemps. Vous m'avez sauvé la vie, ai-je dit. Pour treize glots, l'affaire est conclue. Donnez-moi l'autre chaussure et je vous paie tout de suite. Mais Dujardin a paru hésiter, et puis, avec un air gêné sur son visage, il m'a montré que le sac était vide. Est-ce une plaisanterie ? ai-je demandé. Où est l'autre soulier ?

Je ne l'ai pas avec moi, a-t-il répondu.

Tout ça n'est qu'une minable petite mise en scène, n'est-ce pas ? Vous m'appâtez en me mettant une bonne chaussure sous le nez, vous me faites verser l'argent d'avance et puis vous me refilez une godasse toute pourrie pour l'autre pied. C'est ça, hein ? Eh bien je suis désolée, mais je ne vais pas tomber dans ce piège. Vous n'aurez pas un seul glot de moi jusqu'à ce que j'aie vu l'autre soulier.

Non, mademoiselle Blume, vous n'y êtes pas. Ce n'est pas ça du tout. L'autre chaussure est dans le même état que celle-ci, et personne ne vous demande de payer d'avance. Malheureusement, c'est la façon qu'a mon cousin de faire du commerce. Il insiste pour que vous veniez en personne à son bureau achever l'opération. J'ai essayé de l'en

dissuader, mais il n'a pas voulu m'écouter. A un prix aussi bas, prétend-il, il n'y a pas de place pour un intermédiaire.
– Vous voulez me faire croire que votre cousin ne peut pas vous confier treize glots ?
– Ça me met dans une position très embarrassante, je l'admets. Mais mon cousin est un homme très dur. Il ne fait confiance à personne quand il s'agit d'affaires. Vous pouvez vous imaginer comment je me suis senti lorsqu'il m'a dit ça. Il a mis en doute mon intégrité, et la pilule est amère, je vous le garantis.
– Si vous n'y gagnez rien, pourquoi avez-vous pris la peine de venir à notre rendez-vous ?
– Je vous avais fait une promesse, mademoiselle Blume, et je ne voulais pas me renier. Ça n'aurait servi qu'à prouver que mon cousin avait raison, et je dois penser à ma dignité, voyez-vous, j'ai ma fierté. Ce sont là des choses plus importantes que l'argent.

Le jeu de Dujardin était impressionnant. Il ne présentait pas de défaut, pas la moindre faille qui permette de croire qu'il puisse être autre chose qu'un homme aux sentiments profondément blessés. J'ai pensé : Il veut rester dans les bonnes grâces de son cousin, et c'est pour cela qu'il accepte de me rendre ce service. C'est un test pour lui, et s'il le réussit, son cousin l'autorisera à conclure des affaires tout seul. Tu vois à quel point j'ai essayé d'être astucieuse. Je croyais avoir été plus fine que Dujardin et, du coup, je n'ai pas eu l'intelligence d'avoir peur.

C'était un après-midi chatoyant. Du soleil partout, et le vent qui nous transportait presque dans ses bras. Je me sentais comme quelqu'un qui vient de sortir d'une longue maladie – retrouvant à nouveau cette lumière et sentant mes jambes qui se déplaçaient au-dessous de moi à l'air libre. Nous avons marché à vive allure, esquivant de nombreux obstacles, virant avec agilité autour des tas de débris laissés par l'hiver, et c'est à peine si nous avons échangé une parole pendant tout le trajet. Il n'y avait pas de doute que le printemps était sur le point de s'installer, mais des plaques de neige et de glace apparaissaient encore dans l'ombre projetée par le côté des bâtiments ; et dans les rues, là où le soleil était le plus fort, de larges ruisseaux s'élançaient entre les pierres déterrées et les bouts de chaussée désagrégée. Au bout de dix minutes, mes chaussures n'étaient qu'une lamentable bouillie, à l'intérieur comme à l'extérieur : mes chaussettes étaient trempées, mes orteils mouillés, froids et gluants à cause des infiltrations. Ça peut paraître curieux, de mentionner ces détails à présent, mais c'est ce qui ressort avec le plus de vivacité de cette journée : le bonheur du trajet, la sensation d'élévation, presque d'enivrement que procurait le mouvement. Ensuite, lorsque nous sommes parvenus à destination, les choses se sont déroulées trop vite pour que je m'en souvienne. Si je les revois à présent, c'est seulement en petits groupes surgis au hasard, en images isolées, coupées de tout contexte, en éclats de lumière et d'ombre. C'est ainsi que l'immeuble ne m'a pas laissé d'impression. Je me rappelle qu'il était situé au bord du quartier des entrepôts, dans la huitième zone de recensement, non loin de l'endroit où autrefois Ferdinand avait son atelier d'enseignes peintes – mais ce n'est que parce que Isabelle m'avait un jour montré du doigt cette rue en passant, et j'ai eu le sentiment d'être en terrain familier. Il se pourrait que j'aie été trop distraite pour enregistrer la surface des choses, trop perdue dans mes propres pensées pour songer à quoi que ce soit d'autre qu'à la joie de Sam quand je rentrerais. Par conséquent, la façade de l'immeuble reste pour moi un blanc. Il en va de même pour la façon dont j'ai passé la porte d'entrée et gravi plusieurs étages. C'est comme si ces choses n'avaient jamais eu lieu, bien que je sache pertinemment qu'elles ont existé. La première image qui m'apparaisse avec une quelconque netteté, c'est le visage du cousin de Dujardin. Pas tellement son visage, peut-être, mais la façon que j'ai eue de remarquer qu'il portait les mêmes lunettes cerclées de fer que Dujardin, et le fait que je me sois demandé – très brièvement, à peine une minuscule fraction de seconde – s'ils les avaient tous deux achetées à la même personne. Je ne crois pas avoir posé mes yeux sur ce visage plus d'une seconde ou deux, car à ce moment précis, lorsqu'il s'est avancé vers moi la main tendue, une porte s'est ouverte derrière lui – par accident, semble-t-il, car le bruit des charnières en mouvement a fait passer son expression de la cordialité à une inquiétude aussi soudaine qu'extrême, et il s'est aussitôt retourné pour la fermer sans se soucier de me serrer la main – et c'est à cet instant que j'ai compris que j'avais été trompée, que ma visite ici n'avait rien à voir avec des souliers ou de l'argent ou quelque commerce que ce soit. Car juste à ce moment-là, dans le minuscule laps de temps qui s'était écoulé avant qu'il refermât la porte, j'avais pu voir distinctement quelque chose à l'intérieur de l'autre pièce, et je ne pouvais pas me tromper sur ce que j'y avais aperçu : trois ou quatre corps humains suspendus tout nus à des crochets de boucherie, tandis qu'un homme penché sur une table se servait d'une hachette pour découper les membres d'un autre cadavre. Des rumeurs avaient circulé dans la bibliothèque, affirmant qu'il existait maintenant des abattoirs humains, mais je ne les avais pas crues. A présent, du fait que la porte derrière le cousin de Dujardin s'était accidentellement ouverte, je pouvais avoir un aperçu du sort que ces hommes m'avaient réservé. Je crois qu'en cet instant je me suis mise à hurler. Parfois je peux même m'entendre en train de crier répétitivement le mot "assassins". Mais cela n'a pas pu durer bien longtemps. Il m'est impossible de reconstruire mes pensées à partir de ce moment-là, impossible de savoir si j'avais même la moindre pensée. J'ai vu une fenêtre à ma gauche et je me suis ruée dessus. Je me souviens d'avoir vu Dujardin et son cousin se jeter en avant sur moi, mais j'ai franchi en plein élan leurs bras tendus et je suis passée par la fenêtre en la fracassant. Je me rappelle le bruit du verre qui vole en éclats et de l'air qui me fouette le visage. La chute doit avoir été longue. Assez longue en tout cas pour que je me rende compte que je tombais. Assez longue pour que je sache qu'au moment où je heurterais le sol je serais morte.

Petit à petit je m'efforce de te raconter ce qui est arrivé. Ce n'est pas ma faute s'il y a des trous dans ma mémoire. Certains événements refusent de réapparaître, et je peux batailler tant que je veux, je suis impuissante à les déterrer. Je dois m'être évanouie au moment où j'ai touché le sol, mais je n'ai aucun souvenir de douleur ni de l'endroit où je suis tombée. Si on veut aller au fond de l'affaire, la seule chose dont je puisse être certaine c'est que je ne suis pas morte. C'est un fait qui continue à m'abasourdir. Plus de deux ans après être tombée de cette fenêtre, je ne comprends toujours pas comment j'ai réussi à survivre.

Je gémissais lorsqu'ils m'ont soulevée, m'ont-ils dit, mais plus tard je suis restée inerte, respirant tout juste encore, émettant à peine le moindre son. Beaucoup de temps s'est écoulé. Ils ne m'ont jamais dit combien, mais j'ai cru comprendre que c'était plus d'un jour, peut-être jusqu'à trois ou quatre. Lorsque j'ai enfin ouvert les yeux, m'ont-ils dit, c'était moins un rétablissement qu'une résurrection, un surgissement absolu hors du néant. Je me rappelle avoir remarqué un plafond au-dessus de moi et m'être demandé comment j'avais pu arriver à l'intérieur d'une maison, mais l'instant suivant j'ai été transpercée de douleur – dans ma tête, le long de mon côté droit, dans mon ventre – et je souffrais tellement que j'en suffoquais. J'étais dans un lit, un véritable lit avec des draps et des oreillers, mais la seule chose que je pouvais faire était de rester allongée et de gémir tandis que la douleur me parcourait tout le corps. Une femme est soudain apparue dans mon champ de vision, elle baissait les yeux vers moi avec un sourire sur son visage. Elle avait autour de trente-huit ou quarante ans, avec des cheveux bruns ondulés et de grands yeux verts. En dépit de mon état à ce moment-là, je pouvais constater qu'elle était belle – peut-être était-ce la femme la plus belle que j'aie vue depuis que j'étais arrivée dans la ville.

Vous devez avoir très mal, a-t-elle dit.

Ce n'est pas la peine d'en sourire, ai-je répondu. Je ne suis pas d'humeur à sourire. Dieu sait d'où me venait un tel tact, mais la douleur était si abominable que j'avais prononcé les premières paroles qui m'étaient venues à l'esprit. La femme n'a cependant pas semblé vexée, et elle a gardé le même sourire réconfortant.

Je suis heureuse de voir que vous êtes vivante, a-t-elle dit.

Vous voulez dire que je ne suis pas morte ? Il faudra que vous me le prouviez avant que je le croie.

Vous avez un bras cassé, deux ou trois côtes fracturées et une vilaine bosse sur la tête. Pour l'heure, cependant, il semble que vous soyez en vie. Votre langue en est une preuve suffisante, à mon avis.

Qui êtes-vous donc ? ai-je demandé en refusant d'abandonner mon irritabilité. L'ange de la miséricorde ?

Je suis Victoria Woburn. Et nous sommes dans la résidence Woburn. Nous aidons les gens, ici.

Les jolies femmes n'ont pas le droit d'être médecins. C'est interdit par le règlement.

Je ne suis pas médecin. Mon père l'était, mais il est mort à présent. C'est lui qui a mis en place la résidence Woburn.

Un jour, j'ai entendu quelqu'un parler de cet endroit. J'ai cru qu'il inventait.

Ça arrive. Il est devenu difficile de savoir ce qu'on peut croire.

Est-ce vous qui m'avez amenée ici ?

Non, c'est M. Frick. M. Frick et son petit-fils Willie. Ils sortent avec la voiture tous les mercredis après-midi pour faire leur tournée. Tous ceux qui ont besoin de soins ne sont pas capables de venir par leurs propres moyens, vous comprenez, c'est pourquoi nous allons à leur rencontre. Nous essayons de faire entrer de cette manière au moins une personne nouvelle par semaine.

Vous voulez dire qu'ils m'ont trouvée par accident ?

Ils passaient en voiture lorsque vous avez dégringolé par la fenêtre.

Je n'essayais pas de me suicider, ai-je dit en me défendant. Il ne faut pas que vous vous fassiez des idées biscornues à ce sujet.

Les Sauteurs ne se jettent pas des fenêtres. Ou s'ils le font, ils prennent bien soin de les ouvrir d'abord.

Je ne me suiciderais en aucun cas, ai-je dit en parlant fort pour souligner mon affirmation, mais, au moment même où j'ai prononcé ces paroles, une vérité obscure a commencé à poindre en moi. Je ne me suiciderais en aucun cas, ai-je répété. Je vais avoir un bébé, vous comprenez, et pourquoi une femme enceinte voudrait-elle se suicider ? Il faudrait qu'elle soit folle, pour faire une telle chose. A la façon dont son visage a changé d'expression, j'ai tout de suite compris ce qui s'était passé. Je le savais sans qu'on me l'ait dit. Mon bébé n'était plus en moi. Il n'avait pas pu supporter la chute, et à présent il était mort. Je ne peux pas te dire à quel point tout est devenu lugubre dès cet instant. C'était une misère animale brute qui m'empoignait, et elle ne contenait aucune image, aucune pensée, absolument rien à voir ou à penser. Je dois m'être mise à pleurer avant qu'elle ait prononcé un mot de plus.

C'est déjà un miracle que vous ayez réussi à être enceinte, a-t-elle dit en me caressant la joue de sa main. Ici, il ne naît plus de bébés. Vous le savez autant que moi. Ça ne s'est pas produit depuis des années.

Ça m'est égal, ai-je répondu avec colère, essayant de parler entre les sanglots. Vous vous trompez. Mon enfant allait vivre. Je sais que mon enfant allait vivre.

A chaque convulsion de ma poitrine, mes côtes étaient déchirées de douleur. J'ai tenté d'étouffer ces éclats, mais cela ne les rendait que plus intenses. Je m'efforçais tant de rester calme que j'ai été saisie de tremblements qui ont déclenché à leur tour une série de spasmes insupportables. Victoria a essayé de me consoler, mais je ne voulais pas de son réconfort. Je ne voulais pas que quelqu'un me réconforte. S'il vous plaît, allez-vous-en, ai-je fini par dire. Je ne veux personne ici, à présent. Vous avez été très gentille envers moi, mais j'ai besoin de rester seule.

Il a fallu longtemps avant que mes blessures s'améliorent. Les coupures sur mon visage sont parties sans laisser trop de traces irréversibles (une cicatrice sur le front et une autre près de la tempe), et mes côtes se sont réparées avec le temps. Le bras cassé, en revanche, ne s'est pas ressoudé comme il faut et me cause toujours pas mal d'ennuis : des douleurs quand je le remue trop brusquement ou dans le mauvais sens, et je ne peux plus l'étendre complètement. J'ai gardé les pansements sur ma tête pendant presque un mois ; les bosses et les écorchures sont passées, mais il m'en est resté une sorte de mal de tête latent : des migraines comme des coups de couteau qui me poignardent n'importe quand, une douleur sourde de temps à autre qui m'élance dans la nuque. Quant aux autres coups reçus, j'hésite à en parler. Mon utérus est une énigme, et je n'ai aucun moyen d'évaluer la catastrophe qui a eu lieu à l'intérieur.

L'atteinte physique, cependant, n'était qu'une partie du problème. Quelques heures à peine après ma première conversation avec Victoria, j'ai reçu d'autres mauvaises nouvelles, et à ce moment-là j'ai presque abandonné, j'ai presque cessé de vouloir vivre. Tôt ce soir-là, elle est revenue dans ma chambre avec un plateau de nourriture. Je lui ai dit l'urgence qu'il y avait d'envoyer quelqu'un à la Bibliothèque nationale pour avertir Sam. J'ai dit qu'il devait être inquiet à mourir et qu'il fallait que je sois avec lui tout de suite. *Tout de suite*, ai-je hurlé, il faut que je sois avec lui *tout de suite*. J'étais soudain hors de moi, sanglotant sans pouvoir me maîtriser. Willie, le garçon de quinze ans, a été dépêché pour cela, mais les nouvelles qu'il a rapportées étaient accablantes. Un incendie avait éclaté dans la bibliothèque ce même après-midi, a-t-il annoncé, et le toit s'était déjà effondré. Nul ne savait comment le feu avait pris, mais à présent tout le bâtiment était en flammes, et on disait que plus de cent personnes étaient prisonnières à l'intérieur. On n'était pas certain que des gens aient pu s'échapper ; les bruits qui couraient étaient contradictoires. Mais même si Sam avait fait partie des chanceux, il n'y avait nul moyen pour Willie ou n'importe qui d'autre de le retrouver. Et s'il était mort avec les autres, alors tout était perdu pour moi. Je ne voyais pas d'autre issue. S'il était mort, je n'avais pas le droit d'être vivante. Et s'il était vivant, il était presque certain que je ne le reverrais jamais plus.

Voilà les faits que j'ai dû affronter pendant mes premiers mois à la résidence Woburn. Cette période a été sombre, pour moi, plus sombre que toute autre que j'aie jamais connue. Au début, je restais dans ma chambre à l'étage. Trois fois par jour quelqu'un venait me rendre visite : deux fois pour apporter les repas, une fois pour vider le pot de chambre. Il y avait toujours en bas un brouhaha de gens (des voix, des pas traînants, des grognements et des rires, des clameurs, des ronflements la nuit), mais j'étais trop faible et trop déprimée pour prendre la peine de sortir du lit. Je broyais du noir et je boudais, je ruminais sous les couvertures et je me mettais à pleurer de but en blanc. Le printemps était déjà arrivé, et je passais le plus clair de mon temps à regarder les nuages par la fenêtre, à inspecter la moulure qui bordait le haut des murs, à fixer les fissures du plafond. Pendant les dix ou douze premiers jours, je ne pense pas avoir même réussi à aller dans le couloir de l'autre côté de la porte.

La résidence Woburn était un hôtel particulier de cinq étages avec plus de vingt chambres – elle était située en retrait par rapport à la rue et entourée d'un petit parc privé. Elle avait été construite par le grand-père du docteur Woburn, il y avait de cela près de cent ans, et elle passait pour l'une des demeures privées les plus élégantes de la ville. Lorsque la période des troubles avait commencé, le docteur Woburn avait été l'un des premiers à attirer l'attention sur le nombre croissant de gens sans domicile. Comme c'était un médecin respecté, issu d'une famille importante, ses déclarations avaient reçu beaucoup de publicité, et il avait vite été de bon ton, dans les milieux riches, de soutenir sa cause. On avait organisé des dîners de gala et des bals pour les bonnes œuvres, ainsi que d'autres réceptions mondaines, et finalement un certain nombre d'immeubles dans la ville avaient été convertis en centres d'hébergement. Le docteur Woburn avait abandonné sa pratique médicale privée pour administrer ces centres pour itinérants, comme on les appelait, et tous les matins il s'y rendait dans sa voiture conduite par un chauffeur. Il s'entretenait avec les résidents de ces foyers et leur apportait toute l'aide médicale qu'il pouvait. Il était devenu une sorte de légende dans la ville, réputé pour sa bonté et son idéalisme, et chaque fois qu'on parlait de la barbarie de l'époque, on mentionnait son nom pour prouver qu'il était encore possible d'accomplir de nobles actions. Mais c'était il y a longtemps, quand personne encore ne croyait que les choses puissent se désintégrer au point qu'elles ont fini par atteindre. A mesure que les conditions empiraient, le succès du projet du docteur Woburn était sapé. La population des sans-logis grandissait fortement, en progression géométrique, et l'argent pour financer les abris diminuait dans une proportion identique. Les riches disparaissaient, filant hors du pays avec leur or et leurs diamants, et ceux qui restaient ne pouvaient plus se permettre d'être généreux. Le docteur avait dépensé de grosses sommes sur ses fonds propres pour les centres d'hébergement, mais cela ne les avait pas empêchés de ne plus pouvoir tourner, et, les uns après les autres, ils avaient dû fermer. Un autre que lui aurait peut-être abandonné, mais il avait refusé de laisser les choses se terminer ainsi. S'il ne pouvait sauver des milliers de gens, disait-il, peut-être pouvait-il en sauver des centaines, et, sinon des centaines, alors peut-être vingt ou trente. Le nombre n'avait plus d'importance. Trop de choses s'étaient déjà passées, et il savait que tous les secours qu'il prodiguerait ne seraient que symboliques – un geste contre la ruine totale. Cela s'est passé il y a six ou sept ans, et le docteur Woburn avait déjà largement plus de soixante ans. Avec le soutien de sa fille, il a alors décidé d'ouvrir sa maison à des étrangers, convertissant les deux premiers étages de l'hôtel familial en un ensemble formant hôpital et foyer. Ils ont acheté des lits, des fournitures pour la cuisine, et petit à petit ils ont usé les derniers avoirs de la fortune des Woburn pour maintenir ce centre. Lorsque l'argent liquide a été épuisé, ils se sont mis à vendre les bijoux de famille et les meubles anciens, vidant graduellement les pièces des étages supérieurs. Grâce à des efforts permanents et éreintants, ils ont été en mesure d'héberger entre dix-huit et vingt-quatre personnes à tout moment. Les indigents ont été autorisés à rester dix jours ; ceux qui étaient très gravement malades pouvaient demeurer plus longtemps. A chacun était attribué un lit propre et deux repas chauds par jour. Ce qui ne résolvait rien, évidemment, mais donnait au moins aux hébergés un répit dans leurs ennuis, une occasion de reprendre force avant de repartir. "Nous ne pouvons pas faire grand-chose, disait le docteur, mais le peu qui est en notre pouvoir, nous le faisons."

Le docteur Woburn était déjà mort, depuis quatre mois exactement, lorsque je suis arrivée à la résidence Woburn. Victoria et les autres faisaient de leur mieux pour continuer sans lui, mais certains changements s'étaient avérés nécessaires – en particulier quant au côté médical, puisqu'il n'y avait personne capable d'accomplir le travail du médecin. Victoria tout comme M. Frick étaient des infirmiers compétents, mais de là à pouvoir établir des diagnostics et prescrire des traitements, il y avait fort loin. Je pense que cela aide à comprendre pourquoi ils m'ont soignée avec tant d'attention. Parmi toutes les personnes blessées qui avaient été transportées dans la résidence depuis la mort du docteur, j'étais la première chez qui leurs soins avaient eu un résultat, la première à manifester des signes de guérison. Dans ce sens, je servais à justifier leur détermination de ne pas fermer la résidence. J'étais leur cas réussi, l'exemple lumineux de ce qu'ils étaient encore capables de réaliser ; pour cette raison ils m'ont dorlotée aussi longtemps que mon état a paru l'exiger, ils m'ont choyée quand j'étais d'humeur sombre, ils m'ont accordé tous les bénéfices du doute.

M. Frick me croyait réellement ressuscitée des morts. Il avait longtemps travaillé comme chauffeur du médecin (quarante et un ans, m'a-t-il dit), et il avait vu de près plus de vies et de morts que la plupart des gens n'en voient jamais. A l'entendre, il n'y avait jamais eu de cas comme le mien. "Ah ça non, mademoiselle, disait-il. Vous étiez déjà dans l'autre monde. Ça, je l'ai vu de mes yeux propres. Morte vous et puis vous revenue à la vie." M. Frick avait une façon bizarre de parler, peu grammaticale, et il mélangeait souvent ses idées quand il essayait de les exprimer. Je ne crois pas que cela ait eu quelque chose à voir avec la qualité de son esprit – c'était simplement que les mots lui donnaient du fil à retordre. Il avait du mal à les manœuvrer autour de sa langue, et il lui arrivait de buter dessus comme s'il s'agissait d'objets solides, de pierres littérales obstruant sa bouche. De ce fait, il paraissait particulièrement sensible aux propriétés des mots en eux-mêmes : de leur son en tant que distinct du sens, de leurs symétries et de leurs contradictions. "Les mots sont ceux qui me disent comment connaître, m'a-t-il un jour expliqué. C'est pourquoi je suis devenu si vieux. Je m'appelle Otto. Ça va et ça revient pareil. Sans fin nulle part mais ça recommence. Comme ça, je peux vivre deux fois, deux fois plus longtemps que personne. Aussi vous, mademoiselle. Vous avez un nom comme moi. A-n-n-a. Ça va et ça revient pareil, comme Otto pour moi. C'est pourquoi vous êtes renée. C'est une bénédiction de la chance, mademoiselle Anna. Morte vous, et je vous ai vue renée de mes yeux propres. C'est une grande et bonne bénédiction de la chance."

Il y avait quelque chose d'impossible dans la grâce de ce vieil homme, avec sa posture droite, mince et osseuse, et ses bajoues couleur d'ivoire. Sa fidélité à l'égard du docteur Woburn était sans faille, et même à présent il continuait à entretenir la voiture qu'il avait conduite pour lui – une ancienne Pierce Arrow de seize cylindres avec des marchepieds et des sièges recouverts de cuir. Cette automobile noire, vieille de cinquante ans, avait représenté la seule extravagance du médecin, et tous les mardis soir, quelle que fût la quantité de travail à faire par ailleurs, Frick se rendait au garage derrière la résidence et passait au moins deux heures à l'astiquer et à la nettoyer, la préparant le mieux possible pour la tournée du mercredi après-midi. Il avait fait subir au moteur une adaptation lui permettant de marcher au méthane, et c'était sans doute à cette adresse qu'il avait dans les mains que la résidence Woburn devait principalement de ne pas s'être désintégrée. Il avait réparé la plomberie, installé des douches, creusé un nouveau puits. Ces améliorations, et d'autres de diverses natures, avaient permis à la maison de continuer à fonctionner même aux périodes les plus difficiles. Son petit-fils, Willie, travaillait avec lui comme assistant pour tous ces projets, le suivant en silence d'une tâche à l'autre, petite forme morose et rabougrie dans un sweat-shirt vert à capuchon. L'intention de Frick était d'apprendre assez de choses au garçon pour qu'il puisse lui succéder après sa mort, mais Willie ne semblait pas être un élève particulièrement doué. "Rien à craindre, m'a expliqué Frick un jour, à ce sujet. Willie nous le formons lentement. D'aucune façon, pas besoin de précipitation là-dessus. Quand j'arrive à rendre mon bulletin de naissance, lui déjà devenu vieillard."

C'est Victoria, cependant, qui s'est le plus intéressée à moi. J'ai déjà mentionné l'importance qu'avait pris pour elle ma guérison, mais je crois qu'il y avait encore autre chose. Elle était avide d'avoir quelqu'un avec qui parler, et quand mes forces ont commencé à revenir, elle s'est mise à monter me voir plus souvent. Depuis la mort de son père, elle était restée toute seule avec Frick et Willie, dirigeant le centre et s'occupant de ce qu'il y avait à faire, mais il n'y avait eu personne avec qui elle pût partager ses pensées. Petit à petit, il a semblé que je devenais cette personne. Il ne nous était pas difficile de nous parler, et, notre amitié grandissant, j'ai compris combien de choses nous avions en commun. Il est vrai que je n'étais pas issue d'un milieu aussi riche que Victoria, mais mon enfance avait été facile, pleine de splendeurs et d'avantages bourgeois, et j'avais vécu avec le sentiment que tous mes désirs étaient dans le domaine du possible. J'avais fréquenté de bonnes écoles et j'étais capable de parler de livres. Je connaissais la différence entre un beaujolais et un bordeaux, et je comprenais pourquoi Schubert était un plus grand compositeur que Schumann. Si on considère le monde dans lequel Victoria était née, dans l'hôtel particulier des Woburn, j'étais certainement plus près d'un membre de sa classe que tous ceux qu'elle avait rencontrés depuis des années. Je ne veux pas suggérer que Victoria fût snob. L'argent en soi ne l'intéressait pas, et elle avait tourné le dos, depuis longtemps, à ce qu'il représentait. Il y avait seulement que nous avions un certain langage en commun, et quand elle me parlait de son passé, je la comprenais sans être obligée de demander des explications.

Elle a été mariée deux fois – d'abord brièvement, "une alliance sociale brillante", comme elle le dit sarcastiquement, puis à un homme qu'elle mentionnait en l'appelant Tommy, bien que je n'aie jamais appris son nom de famille. Apparemment il s'agissait d'un avocat, et ensemble ils ont eu deux enfants, une fille et un garçon. Lorsque les Désordres ont commencé, cet homme a été de plus en plus pris par la politique. D'abord il a travaillé comme sous-secrétaire du parti Vert (il y a eu une période ici où toutes les appartenances politiques étaient désignées par des couleurs), puis, lorsque le parti Bleu a absorbé les membres de son organisation dans une alliance stratégique, il a été le coordinateur urbain de la moitié ouest de la ville. Au moment des premiers soulèvements contre les Péagistes, il y a de cela onze ou douze ans, il a été coincé dans une des émeutes de la perspective Néron et abattu d'une balle par un policier. Après la mort de Tommy, le doteur Woburn a pressé Victoria de quitter le pays avec ses enfants (qui, à l'époque, avaient à peine trois et quatre ans), mais elle a refusé. Au lieu de cela, elle a envoyé les enfants, avec les parents de Tommy, vivre en Angleterre. Elle ne voulait pas faire partie de ceux qui avaient abandonné et s'étaient enfuis, a-t-elle déclaré, mais elle ne voulait pas non plus faire subir à ses enfants les désastres qui allaient nécessairement se produire. Il existe des décisions que personne ne devrait jamais être obligé de prendre, me semble-t-il, des choix qui constituent simplement un poids trop lourd pour l'esprit. Quoi qu'on fasse en fin de compte, on le regrettera et on continuera à le regretter pour le restant de ses jours. Les enfants sont partis pour l'Angleterre, et pendant une année, voire deux, Victoria a réussi à rester en contact avec eux par courrier. Puis le système postal a commencé à se désintégrer. Les communications sont devenues sporadiques et imprévisibles – une angoisse permanente faite d'attente, de messages jetés aveuglément à la mer –, et puis à la fin elles se sont complètement arrêtées. C'était il y a huit ans. Pas un mot n'est arrivé depuis lors, et Victoria a depuis longtemps abandonné tout espoir d'avoir encore de leurs nouvelles.

Je mentionne ces choses pour te montrer les similitudes dans ce que nous avons toutes les deux vécu, les liens qui ont contribué à former notre amitié. Les gens qu'elle aimait s'étaient évanouis de sa vie tout aussi durement que ceux que j'aimais s'étaient évanouis de la mienne. Nos maris et nos enfants, son père et mon frère – tous avaient disparu dans la mort et l'incertitude. Lorsque j'ai été assez bien portante pour m'en aller (mais où étais-je donc censée aller ?), il a paru tout naturel qu'elle me propose de rester à la résidence Woburn pour travailler dans l'équipe. Ce n'était pas une solution que j'avais souhaitée pour moi-même, mais, étant donné les circonstances, je ne voyais pas d'autre possibilité. La philosophie de bienfaisance qui régnait ici me mettait un peu mal à l'aise – l'idée de prêter assistance à des étrangers, de se sacrifier à une cause. Le principe en était trop abstrait pour moi, trop sérieux, trop altruiste. Le livre de Sam avait représenté quelque chose en quoi je pouvais croire, mais Sam avait été mon amoureux, ma vie, et je me demandais si j'avais en moi ce qu'il fallait pour me dédier à des gens que je ne connaissais pas. Victoria a vu mon peu d'empressement, mais elle n'a pas débattu avec moi ni essayé de me faire changer d'avis. Plus que tout, c'est, je crois, cette retenue chez elle qui m'a conduite à accepter. Elle n'a pas tenu de grands discours, ni voulu me persuader que j'étais sur le point de sauver mon âme. Elle a seulement déclaré : "Il y a beaucoup de travail à faire ici, Anna, plus de travail que nous pourrons jamais espérer en accomplir. Je n'ai aucune idée de ce qui se passera dans ton cas, mais les cœurs brisés sont parfois recollés par le travail."

La besogne courante était infinie et épuisante. Il ne s'agissait pas tant d'un remède que d'un dérivatif, mais tout ce qui pouvait engourdir la douleur était pour moi bienvenu. Après tout, je ne m'attendais pas à des miracles. J'avais déjà utilisé tout mon stock de ces derniers, et je savais que désormais tout serait dans l'après-coup – une sorte de vie posthume terrible, une vie qui continuerait à m'arriver bien qu'elle fût terminée. La douleur, alors, n'a pas disparu. Mais petit à petit j'ai commencé à remarquer que je pleurais moins, que je ne trempais pas forcément l'oreiller avant de m'endormir le soir, et un jour j'ai même découvert que j'avais réussi à tenir trois heures d'affilée sans penser à Sam. Ce n'étaient là que des petits exploits, j'en conviens, mais étant donné ce qu'étaient alors les choses pour moi, je n'étais pas dans une position qui m'aurait permis de m'en moquer.

Il y avait six chambres en bas, avec trois ou quatre lits dans chacune. Au premier étage se trouvaient deux pièces privées, réservées aux cas difficiles, et c'était dans l'une d'elles que j'avais passé mes premières semaines à la résidence Woburn. Après avoir commencé à travailler, j'ai eu ma propre chambre au troisième étage. Celle de Victoria était au bout du couloir, et, juste au-dessus d'elle, il y avait une salle où vivaient Frick et Willie. La seule autre personne à travailler là habitait au rez-de-chaussée dans une pièce adjacente à la cuisine. C'était Maggie Vine, une sourde-muette sans âge précis qui servait de cuisinière et de lingère. Elle était très petite, avec des cuisses trapues et épaisses, et une figure large que couronnait une jungle de cheveux roux. A part les conversations qu'elle menait avec Victoria en langage gestuel, elle ne communiquait avec personne. Elle s'occupait de son travail dans une sorte de transe morose, accomplissant avec ténacité et efficacité toutes les tâches qui lui étaient assignées, travaillant pendant de si longues heures que je me demandais s'il lui arrivait de dormir. Il était rare qu'elle me salue ou qu'elle prenne note de ma présence, mais de loin en loin, lorsque nous nous trouvions par hasard seules toutes les deux, elle me donnait une tape sur l'épaule, se fendait d'un sourire énorme, puis se mettait à exécuter une pantomime complexe représentant une chanteuse d'opéra en train de pousser une aria – et tout y était, jusqu'aux gestes théâtraux et à la gorge qui vibrait. Puis elle faisait la révérence, répondant gracieusement aux vivats de son public imaginaire, et elle retournait brusquement à son travail, sans aucune pause ni transition. C'était absolument fou. Ça doit s'être produit six ou sept fois, mais je n'ai jamais pu savoir si elle voulait m'amuser ou m'effrayer. Pendant toutes les années qu'elle avait passées ici, m'a dit Victoria, Maggie n'avait jamais chanté pour quelqu'un d'autre.

Tout résident – c'était le nom que nous utilisions – devait accepter certaines conditions avant d'être admis à Woburn.

Il était interdit de se battre ou de voler, par exemple, et il fallait consentir à mettre la main à la pâte pour les corvées : faire son lit, rapporter son assiette à la cuisine après les repas, ainsi de suite. En échange, les résidents étaient logés et nourris, recevaient des vêtements neufs, la possibilité de se doucher tous les jours, et le droit sans restriction d'utiliser les commodités de l'endroit. Dans ces dernières étaient inclus le salon du rez-de-chaussée – qui offrait plusieurs canapés et fauteuils, une bibliothèque bien fournie et des jeux divers (cartes, loto, trictrac) – ainsi que la cour derrière la maison, qui était un lieu particulièrement agréable par beau temps. Il y avait un terrain de croquet dans le coin le plus éloigné, un filet de badminton, et un grand choix de chaises de jardin. Selon tous les critères, la résidence Woburn était un havre, un refuge idyllique hors de la misère et de la saleté ambiantes. On se dit que tous ceux à qui on donnait l'occasion de passer quelques jours en un tel lieu en auraient savouré chaque instant, mais cela ne paraissait pas toujours être le cas. La plupart, certes, en étaient reconnaissants, la plupart appréciaient ce qu'on faisait pour eux, mais il y en avait beaucoup d'autres qui vivaient les choses difficilement. Les disputes entre résidents éclataient fréquemment, et il semblait que presque n'importe quoi pouvait mettre le feu aux poudres : la façon qu'avait Untel de manger ou de se curer le nez, telle opinion qui se heurtait à telle autre, le fait qu'Untel toussait ou ronflait pendant que les autres essayaient de dormir – toutes les querelles mesquines qui se produisent lorsque des gens sont soudain rassemblés sous un même toit. Je suppose qu'il n'y a là rien d'extraordinaire, mais cela m'a toujours paru pathétique, comme une petite farce triste et ridicule qui se rejouerait indéfiniment. Presque tous les résidents de Woburn avaient longtemps vécu dans la rue. Peut-être le contraste entre cette vie-là et celle-ci était-il pour eux un choc insupportable. On s'habitue à s'occuper de soi-même, à ne se soucier que de son propre bien-être, et puis quelqu'un vient vous dire que vous devez coopérer avec un tas d'inconnus, avec précisément le genre de gens dont vous avez appris à vous méfier. Quand on sait qu'on sera de nouveau à la rue dans quelques jours à peine, vaut-il vraiment la peine de se démolir la personnalité pour cela ?

D'autres résidents paraissaient presque déçus de ce qu'ils trouvaient à Woburn. C'étaient ceux qui avaient tant attendu pour être admis que leurs espérances s'étaient gonflées au-delà de toute raison – faisant de la résidence Woburn un paradis terrestre, l'objet de toutes les convoitises qu'ils avaient jamais ressenties. L'idée de recevoir la permission de vivre en ce lieu leur avait servi à tenir jour après jour, mais une fois sur place ils devaient fatalement éprouver une déception. Après tout, ils n'entraient pas dans un royaume enchanté. La résidence Woburn était certes un endroit ravissant, mais elle était tout de même située dans le monde réel, et ce qu'on y trouvait n'était rien d'autre qu'un peu plus de vie – une vie meilleure, peut-être, mais pourtant rien de plus que la vie telle qu'on l'avait toujours connue. Ce qu'il y avait de remarquable, c'était la rapidité avec laquelle tout le monde s'adaptait au confort matériel qu'on y offrait – aux lits et aux douches, à la bonne nourriture et aux habits propres, à la possibilité de ne rien faire. Après deux ou trois jours à Woburn, des hommes et des femmes qui s'étaient nourris dans des poubelles pouvaient s'asseoir à une table joliment mise, devant un vrai régal, avec tout l'aplomb et le sang-froid de gros bourgeois. Peut-être n'est-ce pas aussi curieux qu'il y paraît. Tous, nous prenons les choses comme allant de soi, et lorsqu'il s'agit de données aussi élémentaires que la nourriture et le logement, de choses, donc, qui nous appartiennent sans doute par droit naturel, il ne nous faut pas longtemps pour les considérer comme des parties intégrantes de nous-mêmes. C'est seulement lorsque nous les perdons que nous remarquons les choses que nous avons eues. Dès que nous les regagnons, nous arrêtons encore une fois de les remarquer. Tel était le problème de ceux qui se sentaient déçus par la résidence Woburn. Ils avaient vécu si longtemps avec la privation qu'ils ne pouvaient plus penser à quoi que ce soit d'autre, mais dès qu'ils recouvraient ce qu'ils avaient perdu, ils étaient stupéfaits de découvrir qu'aucun grand changement ne s'était produit en eux. Le monde était exactement comme il avait toujours été. Maintenant ils avaient le ventre plein, mais rien d'autre n'avait subi la moindre modification.

Nous prenions toujours grand soin de prévenir les gens des difficultés du dernier jour, mais je ne crois pas que nos conseils aient jamais fait beaucoup de bien à quiconque. On ne peut pas se préparer à une telle chose, et nous n'avions aucun moyen de prédire qui ne voudrait plus rien savoir au moment crucial. Il y avait des gens qui étaient capables de partir sans en être traumatisés, tandis que d'autres ne pouvaient pas se plier à affronter la réalité. Ils souffraient horriblement à l'idée de devoir retourner à la rue – surtout ceux qui étaient aimables et doux, ceux qui éprouvaient le plus de gratitude pour l'aide que nous leur avions accordée – et il y avait des moments où je me demandais sérieusement si tout cela valait la peine, si en fait il n'aurait pas été préférable de ne rien faire plutôt que de tendre aux gens des présents que nous allions leur arracher des mains un instant plus tard. Il y avait dans ce processus une cruauté fondamentale, et la plupart du temps je trouvais cela intolérable. Voir des hommes et des femmes adultes tomber soudain à genoux et vous implorer de leur accorder un jour de plus. Assister aux pleurs, aux hurlements, aux supplications échevelées. Certains simulaient des maladies – tombant dans des syncopes pareilles à la mort, faisant semblant d'être paralysés –, tandis que d'autres allaient jusqu'à se blesser sciemment : ils se tailladaient les poignets, ils s'entaillaient les jambes avec des ciseaux, ils s'amputaient de doigts ou d'orteils. Puis, à l'extrême limite, il y avait les suicides, au moins trois ou quatre dont j'ai le souvenir. Nous étions censés aider les gens, à la résidence Woburn, mais il arrivait parfois qu'en fait nous les détruisions. Le dilemme est pourtant gigantesque. A partir du moment où on accepte l'idée qu'il peut y avoir quelque chose de bon dans un endroit comme Woburn, on s'enfonce dans un marécage de contradictions. Il ne suffit pas d'affirmer sans plus que les résidents devraient être autorisés à rester davantage – surtout si on a l'intention d'être juste. Car, que fait-on de tous les autres qui se pressent dehors et attendent leur chance d'entrer ? Pour chaque personne occupant un lit à Woburn, il y en avait des douzaines qui suppliaient d'être admises. Que vaut-il mieux – aider un peu un grand nombre de gens, ou aider beaucoup un petit nombre ? Je ne crois pas vraiment qu'il y ait de réponse à cette question. Le docteur Woburn avait lancé l'œuvre dans un certain esprit, et Victoria était déterminée à s'y conformer jusqu'au bout. Ce qui ne signifiait pas forcément que la direction était bonne. Mais cela ne la rendait pas mauvaise non plus. Le problème n'était pas tant dans la méthode que dans la nature du problème lui-même. Il y avait trop de gens à aider et pas assez de gens pour les aider. L'arithmétique était accablante, implacable dans les ravages qu'elle provoquait. On pouvait travailler tant qu'on voulait, il n'y avait aucune possibilité de ne pas échouer. C'était là, de près comme de loin, toute l'affaire. Sauf si on acceptait la totale futilité de ce travail, il était absurde de s'y livrer.

Le plus clair de mon temps était pris par des entrevues avec les candidats résidents ; je portais leur nom sur une liste et j'organisais un calendrier pour les entrants. Ces entretiens avaient lieu entre neuf heures du matin et une heure de l'après-midi. En moyenne je parlais avec vingt ou vingt-cinq personnes par jour. Je les voyais séparément, l'une après l'autre, dans le vestibule de devant. Comme des incidents très pénibles avaient éclaté dans le passé – des agressions violentes, des groupes qui avaient tenté de pénétrer en forçant la porte –, il devait toujours y avoir un garde armé en faction pendant le déroulement des entretiens. Frick se tenait debout sur les marches d'entrée, une carabine à la main, et surveillait la foule pour s'assurer que la file avançait normalement et qu'il ne se produisait rien d'incontrôlable. Le nombre de gens devant la maison pouvait être ahurissant, surtout pendant les mois où il faisait chaud. Il n'était pas rare de voir à n'importe quel moment entre cinquante et soixante-quinze personnes là, dans la rue. Ce qui signifiait que la plupart de ceux à qui je parlais avaient attendu entre trois et six jours rien que pour avoir la possibilité d'une entrevue. Ils avaient dormi sur le trottoir, avançant centimètre par centimètre dans la queue, restant obstinément là jusqu'à ce que leur tour arrive enfin. Un par un, ils entraient d'un pas mal assuré pour me voir – un flot sans fin ni trêve. Ils s'asseyaient en face de moi sur la chaise recouverte de cuir rouge, de l'autre côté de la table, et je leur posais toutes les questions nécessaires. Nom, âge, situation familiale, profession antérieure, dernière adresse permanente, ainsi de suite. Cela ne prenait jamais plus de deux ou trois minutes, mais rare était l'entretien qui s'arrêtait là. Ils voulaient tous me raconter leur histoire, et je ne pouvais faire autrement qu'écouter. C'était chaque fois un récit différent, et pourtant c'était finalement toujours le même. Les enchaînements de malchances, les erreurs de calcul, le poids toujours plus fort des circonstances. Nos vies ne sont rien de plus que la somme de multiples aléas, et, si diverses soient-elles dans leurs détails, elles partagent toutes une contingence essentielle dans leur trame : ceci puis cela, et, à cause de cela, ceci. Un jour je me suis réveillé et j'ai vu. Je m'étais fait mal à la jambe et je ne pouvais donc pas courir assez vite. Ma femme a dit, ma mère est tombée, mon mari a oublié. J'entendais ces histoires par centaines, et il y avait des moments où je me disais que je ne pouvais plus le supporter. Il fallait que je montre de la sympathie, que j'approuve à tous les endroits voulus, mais l'attitude sereine et professionnelle que j'essayais de maintenir n'était qu'une faible défense contre les choses que j'entendais. Je n'étais pas faite pour recueillir les histoires de filles qui avaient travaillé en tant que prostituées dans les Cliniques d'euthanasie. Je n'étais pas taillée pour écouter des mères me raconter comment leurs enfants étaient morts. C'était trop horrible, trop impitoyable, et tout ce que je pouvais faire était de me cacher derrière un masque professionnel. Je portais le nom du candidat sur la liste et je lui donnais une date – à deux, trois, voire quatre mois de distance. Nous devrions avoir un coin pour vous à ce moment-là, disais-je. Lorsque arrivait le jour de leur entrée à la résidence Woburn, c'était moi qui m'occupais de les accueillir. C'était ma tâche principale tous les après-midi : je guidais les nouveaux venus dans la maison, je leur expliquais le règlement et je les aidais à s'installer. La plupart d'entre eux parvenaient à tenir le rendez-vous que je leur avais fixé quelques semaines auparavant, mais certains ne se présentaient pas. Il n'était jamais très difficile de deviner pourquoi. Notre ligne de conduite était de garder en attente le lit de cette personne pendant un jour entier. Si elle ne se manifestait toujours pas, j'ôtais son nom de la liste.

Le fournisseur de la résidence Woburn était un homme du nom de Boris Stepanovich. C'était lui qui nous apportait la nourriture dont nous avions besoin, les pains de savon, les serviettes, les équipements difficiles à trouver. Il passait jusqu'à quatre ou cinq fois par semaine, livrant ce que nous avions demandé et emportant encore un trésor de la succession Woburn : une théière en porcelaine, un ensemble de voiles de fauteuils, un violon ou un cadre de tableau – tous les objets qui avaient été entreposés dans les pièces du quatrième étage et qui continuaient à fournir l'argent liquide grâce auquel la résidence Woburn tournait encore. Victoria m'avait dit que Boris Stepanovich était un de leurs familiers depuis longtemps, depuis l'époque des premiers centres d'hébergement du docteur Woburn. Les deux hommes semblaient s'être connus encore de nombreuses années auparavant, et, compte tenu de ce que j'avais appris au sujet du docteur, j'étais étonnée qu'il eût pu entretenir des relations d'amitié avec un personnage aussi douteux que Boris Stepanovich. Je crois que ça avait quelque chose à voir avec le fait que le docteur avait un jour sauvé la vie de Boris, ou c'était peut-être l'inverse. J'ai entendu différentes versions de cette histoire, et je n'ai jamais pu savoir laquelle était vraie.

Boris Stepanovich était un homme rondelet, d'âge mûr, qui paraissait presque gros selon les critères de la ville. Il avait un penchant pour les vêtements tape-à-l'œil (chapeaux de fourrure, cannes, fleurs à la boutonnière), et, dans son visage rond et parcheminé, quelque chose me faisait penser à un chef indien ou à un potentat oriental. Tout en lui dénotait un certain chic, même sa façon de fumer – il tenait la cigarette fermement entre le pouce et l'index, avalant la fumée avec une nonchalance élégante et paradoxale, puis la rejetait par ses volumineuses narines comme de la vapeur sortant d'une bouilloire. Il était souvent difficile de suivre sa conversation, et en le connaissant mieux j'ai appris à m'attendre à pas mal de confusion dès que Boris Stepanovich ouvrait la bouche. Il avait une prédilection pour les sentences obscures et les allusions elliptiques, et il enjolivait de simples remarques par des images si fleuries qu'on se perdait vite à vouloir le comprendre. Boris détestait qu'on le prenne au mot, et il utilisait le langage comme un moyen de locomotion – toujours en mouvement, toujours à foncer et à feinter, à se déplacer en cercle, à disparaître pour réapparaître soudain ailleurs. A un moment ou un autre, il m'a raconté tant d'histoires sur lui-même, m'a présenté tant de versions contradictoires de sa vie, que j'ai cessé de faire l'effort d'y croire. Un jour il m'assurait qu'il était né dans cette ville et y avait toujours vécu. Le lendemain, comme s'il avait oublié son récit de la veille, il me racontait qu'il était né à Paris et qu'il était le fils aîné d'émigrés russes. Puis, changeant à nouveau de cap, il m'avouait que Boris Stepanovich n'était pas son véritable nom. A la suite de problèmes pénibles qu'il avait eus dans sa jeunesse avec la police turque, il avait assumé une nouvelle identité. Depuis lors, il avait si souvent changé de nom qu'il ne pouvait plus se rappeler lequel était réellement le sien. Peu importe, disait-il. Un homme doit vivre selon l'instant, et qui se soucie de ce que tu étais le mois dernier du moment que tu sais qui tu es aujourd'hui ? A l'origine, déclarait-il, il avait été un Indien algonquin, mais, après la mort de son père, sa mère avait épousé un comte russe. Quant à lui, il ne s'était jamais marié, ou alors il avait été marié trois fois – selon la version qui lui convenait sur le moment. Chaque fois que Boris Stepanovich se lançait dans une de ses histoires autobiographiques, c'était toujours pour prouver une chose ou une autre – comme si en se réclamant de sa propre expérience il pouvait prétendre à une autorité irréfutable sur n'importe quel sujet. Pour la même raison, il avait exercé tous les métiers imaginables, de la plus humble tâche manuelle jusqu'aux responsabilités directoriales les plus prestigieuses. Il avait été laveur de vaisselle, jongleur, vendeur de voitures, professeur de littérature, pickpocket, agent immobilier, rédacteur dans un journal et gérant d'un grand magasin spécialisé en haute couture féminine. J'en oublie sans doute d'autres, mais tu vois bien ce que je veux dire. Boris Stepanovich ne s'attendait jamais réellement à ce qu'on le croie, mais en même temps il ne traitait pas ses inventions comme des mensonges. Elles s'intégraient au projet presque conscient qu'il avait de se fabriquer un monde plus agréable – un monde qui pouvait varier selon ses caprices et qui n'était pas sujet à ces lois et à ces sinistres nécessités qui nous enfonçaient tous. Si cela ne faisait pas de lui un réaliste au sens strict du terme, il n'était quand même pas du genre à se faire des illusions. Boris Stepanovich n'était pas vraiment le vantard combinard qu'il paraissait être, et, sous son esbroufe et sa cordialité, perçait toujours un brin d'autre chose – une perspicacité, peut-être, la conscience d'une compréhension plus profonde. Je n'irais pas jusqu'à dire que c'était quelqu'un de bien (dans le sens où Isabelle et Victoria étaient "bien"), mais Boris avait ses propres règles et il s'y tenait. A la différence de tous ceux que j'ai rencontrés ici, il réussissait à flotter au-dessus des circonstances. La famine, le meurtre, les pires formes de cruauté – c'étaient des choses près desquelles, ou même au milieu desquelles il passait sans qu'elles paraissent jamais vraiment l'atteindre. C'était comme s'il avait imaginé d'avance toutes les éventualités, et comme si, du coup, il n'était jamais surpris par ce qui arrivait. Ce que cette attitude avait d'inhérent, c'était un pessimisme si profond, si implacable, si totalement en accord avec la réalité, qu'en fait Boris Stepanovich en devenait gai.

Une ou deux fois par semaine, Victoria me demandait d'accompagner Boris Stepanovich dans ses tournées à travers la ville – ses "expéditions d'achat-vente", comme il les appelait. Ce n'était pas que je puisse vraiment l'aider, mais j'étais toujours heureuse d'avoir l'occasion de quitter mon travail, ne serait-ce que quelques heures. Victoria comprenait cela, me semble-t-il, et elle prenait soin de ne pas trop me surmener. Je restais d'humeur maussade, et en général je continuais à être dans un état d'esprit fragile – facilement irritée, renfrognée et renfermée sans raison apparente. Boris Stepanovich était sans doute pour moi un bon antidote, et j'ai commencé à attendre avec plaisir nos petites excursions comme une façon de rompre la monotonie de mes pensées.

Je n'ai jamais pris part aux tournées d'approvisionnement de Boris (dans lesquelles il trouvait la nourriture pour la résidence Woburn, et se débrouillait pour dénicher les choses que nous lui commandions), mais je l'ai souvent observé alors qu'il s'occupait de vendre des objets dont Victoria avait décidé de se défaire. Il prenait une ristourne de dix pour cent sur ces ventes, mais à le voir agir on aurait cru qu'il travaillait entièrement pour lui-même. Boris avait pour règle de ne jamais revenir chez le même agent de Résurrection plus d'une fois par mois. Par conséquent, nous faisions de grands parcours à travers la ville, prenant chaque fois une direction différente, nous aventurant souvent dans des territoires que je n'avais encore jamais vus. Jadis, Boris avait possédé une voiture – une Stutz Bearcat, prétendait-il –, mais l'état des rues était devenu trop peu fiable à son goût, et désormais il faisait tous ses voyages à pied. Fourrant sous son bras l'objet que Victoria lui avait donné, il improvisait un itinéraire à mesure que nous avancions, s'assurant toujours que nous évitions les foules. Il m'emmenait dans des ruelles dérobées et des sentiers déserts, enjambant adroitement la chaussée défoncée et naviguant au milieu des nombreux périls et chausse-trappes, virant tantôt à gauche, tantôt à droite, sans jamais briser le rythme de sa marche. Il se déplaçait avec une agilité surprenante pour un homme de sa corpulence, et j'avais souvent du mal à garder la même allure que lui. En se fredonnant des chansons, en dégoisant sur une chose ou une autre, Boris avançait en dansant, avec une bonne humeur agitée, tandis que je trottais derrière. Il semblait connaître tous les agents de Résurrection, et pour chacun il avait une mise en scène différente : poussant la porte et faisant irruption les bras ouverts chez les uns, se faufilant furtivement chez les autres. Chaque personnalité présente un point faible, et Boris plantait son boniment en plein dedans. Si un agent avait un penchant pour la flatterie, Boris le flattait ; si un agent aimait le bleu, Boris lui donnait un objet bleu. Certains affectionnaient les comportements cérémonieux, d'autres préféraient jouer les copains, d'autres encore s'en tenaient strictement aux affaires. Boris se prêtait à leurs caprices à tous et mentait effrontément sans le moindre scrupule. Mais cela faisait partie du jeu, et Boris n'a jamais cru, ne serait-ce qu'un instant, qu'il ne s'agissait pas d'un jeu. Ses histoires n'avaient ni queue ni tête, mais il les inventait si vite, il donnait des détails si élaborés, il parlait avec une telle conviction qu'il était difficile de ne pas se trouver aspiré dans le tourbillon. "Mon cher monsieur, disait-il ainsi, regardez soigneusement cette tasse à thé. Prenez-la en main, si vous le voulez bien. Fermez les yeux, portez-la à vos lèvres, et imaginez-vous en train d'y boire du thé – exactement comme moi il y a trente et un ans, dans le salon de la comtesse Oblomov. J'étais jeune en ce temps-là, j'étudiais la littérature à l'université, et j'étais mince, si incroyable que ça paraisse, mince et élégant, avec une belle tête bouclée. La comtesse était la femme la plus ravissante de Minsk, une jeune femme aux charmes surnaturels. Le comte, héritier de la grande fortune des Oblomov, avait été tué en duel – une affaire d'honneur qu'il n'est pas utile de discuter ici – et vous pouvez vous imaginer l'effet que cela avait eu sur les hommes qui fréquentaient le cercle de la comtesse. Ses prétendants étaient devenus légion ; ses salons suscitaient la jalousie de tout Minsk. Une telle femme, cher ami, l'image de sa beauté ne m'a jamais quitté : ses cheveux d'un roux flamboyant ; sa poitrine blanche et palpitante ; ses yeux qui étincelaient d'esprit – et, oui, un soupçon, à peine perceptible, de perversité. C'était assez pour vous rendre fou. Nous rivalisions d'effort pour attirer son attention, nous l'adorions, nous écrivions des poèmes pour elle, nous étions tous éperdument amoureux. Et pourtant c'est moi, le jeune Boris Stepanovich, c'est moi qui ai réussi à gagner les faveurs de cette singulière tentatrice. Je vous le dis en toute modestie. Si vous aviez pu me voir alors, vous auriez compris comment c'était possible. Il y a eu des rendez-vous dans des coins retirés de la ville, des rencontres au cœur de la nuit, des visites secrètes à ma mansarde (elle traversait les rues avec un déguisement), et il y a eu cet été, long et plein de ravissements, que j'ai passé comme invité dans son domaine de campagne. La comtesse me submergeait tant elle était généreuse – et pas seulement de sa personne, ce qui m'aurait amplement suffi, je vous l'assure, plus que suffi ! mais de cadeaux qu'elle apportait avec elle, de gentillesses sans fin dont elle me comblait. Les œuvres de Pouchkine reliées en cuir. Un samovar en argent. Une montre en or. Tant de choses que je ne saurais les énumérer toutes. Parmi elles se trouvait un service à thé de facture exquise qui avait appartenu jadis à un membre de la cour de France (le duc de Fantômas, me semble-t-il), et je n'utilisais ce service que lorsqu'elle venait me voir, le préservant pour ces occasions où, poussée par la passion, elle se lançait à travers les rues de Minsk couvertes de neige pour se jeter dans mes bras. Hélas, le temps a été cruel. Le service a subi l'assaut des ans : les sous-tasses se sont fêlées, les tasses se sont brisées, un monde s'est perdu. Et pourtant, malgré tout cela, un seul vestige a survécu, un ultime lien au passé. Traitez-le avec douceur, cher ami. Vous tenez mes souvenirs dans votre main."

Son astuce, me semble-t-il, était de pouvoir donner vie aux choses inertes. Boris Stepanovich éloignait les agents de Résurrection des objets eux-mêmes, les forçant à entrer dans un domaine où ce qui était à vendre n'était plus la tasse à thé mais la comtesse Oblomov elle-même. Il n'importait pas que ces histoires fussent vraies ou pas. A partir du moment où la voix de Boris entrait en œuvre, elle suffisait à brouiller complètement les fils. Cette voix constituait sans doute sa meilleure arme. Il possédait un registre superbe de modulations et de timbres, et dans ses discours il virevoltait sans cesse entre des sons durs et d'autres plus doux, permettant aux mots de monter et de retomber alors que sa bouche les déversait en barrages de syllabes aussi denses qu'étroitement entrelacées. Boris avait un faible pour les expressions rebattues et les sentiments de convention littéraire, mais, en dépit de tout ce que son langage avait de mort, ses histoires possédaient une vivacité remarquable. L'éloquence était tout, et Boris n'hésitait pas à utiliser tous les trucs, même les plus vils. S'il le fallait, il versait de vraies larmes. S'il le fallait, il cassait un objet par terre. Un jour, pour démontrer quelle confiance il mettait dans un service de verres d'aspect fragile, il a jonglé avec eux pendant plus de cinq minutes. J'étais toujours légèrement gênée par ces mises en scène, mais il était indubitable qu'elles marchaient. Le prix suit l'offre et la demande, après tout, et la demande pour des antiquités de valeur n'était pas vraiment très forte. Seuls les riches pouvaient se les offrir – les profiteurs du marché noir, les courtiers en ordures, les agents de Résurrection eux-mêmes – et Boris aurait eu tort de mettre l'accent sur leur utilité. Le fond de l'affaire était qu'il s'agissait d'extravagances, d'objets à posséder parce qu'ils remplissaient une fonction, celle de symboliser le pouvoir et la richesse. D'où les histoires sur la comtesse Oblomov et les ducs du XVIIIe siècle en France. Lorsqu'on achetait un vase ancien à Boris Stepanovich, on ne recevait pas seulement un vase mais tout un monde comme garniture.

L'appartement de Boris était situé dans un petit immeuble de l'avenue Turquoise, à dix minutes, pas plus, de la résidence Woburn. Lorsque nous avions fini de traiter avec les agents de Résurrection, nous y allions souvent prendre une tasse de thé. Boris aimait beaucoup le thé, et, généralement, il servait quelques pâtisseries pour l'accompagner – délice scandaleux provenant de la maison du Gâteau, boulevard Windsor : des choux à la crème, des petits pains briochés à la cannelle, des éclairs au chocolat, le tout acquis à un coût exorbitant. Boris ne pouvait cependant pas résister à ces menues satisfactions, et il les savourait lentement, accompagnant sa mastication d'un grondement musical ténu au fond de sa gorge, un courant de fond sonore qui se situait quelque part entre le rire et le soupir prolongé. Je prenais également plaisir à ces thés, mais moins pour la pâtisserie que pour l'insistance que mettait Boris à la partager avec moi. Mon amie la jeune veuve est trop mince et pâlotte, disait-il. Il faut que nous mettions un peu plus de chair sur ses os, que nous ramenions l'éclat de la rose sur les joues et dans les yeux de mademoiselle Anna Blume elle-même. Il m'était difficile de ne pas prendre plaisir à être traitée de cette manière, et par moments j'avais le sentiment que toute l'effervescence de Boris n'était qu'une pantomime qu'il jouait à mon intention. Les uns après les autres, il assumait les rôles de clown, de coquin et de philosophe, mais, plus je le connaissais, plus je percevais ces rôles comme des aspects d'une seule personnalité qui déployait ses diverses armes dans la tentative de me ramener à la vie. Nous sommes devenus des amis très chers, et je garde envers Boris une dette pour sa compassion, pour les attaques obliques et persistantes qu'il a lancées contre les bastions de ma tristesse.

L'appartement était un minable logis de trois pièces, entièrement encombré par des années d'entassement de choses – de la vaisselle, des habits, des valises, des couvertures, des tapis, tout un bric-à-brac. Dès qu'il rentrait chez lui, Boris se retirait dans sa chambre, ôtait son costume qu'il pendait soigneusement dans l'armoire, et mettait un vieux pantalon, des pantoufles et sa robe de chambre. Ce dernier vêtement était un souvenir assez fantastique de l'ancien temps : un long machin fait de velours rouge, avec un col et des revers de manche en hermine, complètement en loques à présent qu'il avait des trous de mites dans les manches et des effilochures tout le long du dos – mais Boris le portait avec son panache habituel. Après avoir lissé en arrière les mèches de ses cheveux de plus en plus clairsemés et s'être aspergé le cou d'eau de Cologne, il entrait d'un pas digne dans le salon poussiéreux et encombré pour préparer le thé.

La plupart du temps, il me régalait d'anecdotes sur sa vie, mais il y avait d'autres fois où nous regardions diverses choses de la pièce et nous parlions – les boîtes de bibelots, les bizarres petits trésors, les résidus d'un millier d'"expéditions d'achat-vente". Boris était particulièrement fier de sa collection de chapeaux, qu'il rangeait dans un grand bahut de bois près de la fenêtre. Je ne sais pas combien il en avait là-dedans, mais je dirais deux ou trois douzaines et peut-être davantage. Parfois il en choisissait deux que nous mettions en prenant notre thé. Ce jeu l'amusait beaucoup, et j'avoue que j'y prenais aussi plaisir ; je serais pourtant fort embarrassée si je devais expliquer pourquoi. Il y avait des chapeaux de cow-boys et des melons, des fez et des casques coloniaux, des mortiers carrés et des bérets – toutes les sortes de couvre-chefs qu'on puisse imaginer. Chaque fois que je demandais à Boris pourquoi il les collectionnait, il me donnait une réponse différente. Un jour il disait que le port d'une coiffure faisait partie de sa religion. A un autre moment, il expliquait que tous ses chapeaux avaient appartenu à des membres de sa famille, et qu'il les portait pour communier avec l'âme de ses ancêtres décédés. En mettant un chapeau, disait-il, il recevait les qualités spirituelles de son ancien propriétaire. Et il est vrai qu'il avait donné un nom à chacune de ses coiffures, mais j'interprétais ces noms davantage comme la projection des sentiments personnels qu'il nourrissait à l'égard des chapeaux que comme la représentation de personnes ayant réellement existé. Le fez, par exemple, était oncle Abduhl. Le melon était sir Charles. Le mortier carré était professeur Salomon. Dans une autre circonstance, cependant, alors que j'avais de nouveau abordé ce sujet, Boris m'a expliqué qu'il aimait porter des chapeaux parce qu'ils empêchaient ses pensées de s'envoler loin de sa tête. Si nous en mettions tous deux en buvant notre thé, nous aurions nécessairement une conversation plus intelligente et plus entraînante. *"Le chapeau influence le cerveau,* a-t-il déclaré en passant au français. *Si on protège la tête, la pensée n'est plus bête*."*

Il n'y a eu qu'une seule occasion où Boris a paru baisser sa garde, et c'est l'entretien dont je me souviens le mieux, celui qui ressort à présent avec le plus de relief. Il pleuvait, cet après-midi-là – un déluge sinistre qui durait toute

* En français dans le texte. *(N.d.T.)*

la journée –, et j'ai lambiné plus que d'habitude, peu encline à quitter la chaleur de l'appartement pour revenir à la résidence Woburn. Boris était d'humeur curieusement pensive, et pendant la plus grande partie de la visite c'était moi qui avais alimenté la conversation. Juste au moment où j'ai enfin trouvé le courage de mettre mon manteau et de dire au revoir (je me souviens de l'odeur de laine humide, des reflets des bougies sur la fenêtre, de l'intériorité de cet instant – semblable à celle d'une cave), Boris m'a pris la main et l'a tenue serrée dans la sienne, me regardant avec un sourire sardonique et énigmatique.

Tu dois comprendre que tout cela est une illusion, ma chère, a-t-il dit.

Je ne suis pas sûre de savoir ce que tu veux dire, Boris.

La résidence Woburn. Elle est bâtie sur une fondation de nuages.

Elle me semble parfaitement solide. J'y suis tous les jours, tu sais, et la maison n'a encore jamais changé de place. Elle n'a même pas vacillé.

Jusqu'à présent, c'est vrai. Mais donne-lui encore quelque temps et tu verras de quoi je parle.

Et c'est combien, quelque temps ?

Le temps qu'il faut. Les pièces du quatrième étage n'ont qu'une capacité limitée, vois-tu, et tôt ou tard il n'y aura plus rien à vendre. Le fonds commence déjà à être mince – et une fois qu'une chose est partie il n'y a aucun moyen de la récupérer.

Est-ce donc si épouvantable ? Tout a une fin, Boris. Je ne vois pas pourquoi la résidence Woburn serait différente.

Ça t'est facile de le dire. Mais qu'en est-il de Victoria ?

Victoria n'est pas idiote. Je suis certaine qu'elle a pensé à cela elle-même.

Victoria est aussi têtue. Elle tiendra jusqu'au dernier glot, et puis elle ne sera pas en meilleure posture que ceux qu'elle a voulu aider.

Ça la regarde, n'est-ce pas ?

Oui et non. J'ai promis à son père que je veillerais sur elle, et je ne suis pas près de manquer à ma parole. Si seulement tu l'avais vue quand elle était jeune – il y a des années, avant l'effondrement. Si belle, si pleine de vie. Je suis torturé par l'idée qu'il pourrait lui arriver quelque chose de mal.

Ça m'étonne de toi, Boris. Tu parles comme un pur sentimental.

Chacun de nous parle sa propre langue fantomatique, j'en ai bien peur. J'ai lu les mots tracés à la main sur le mur, et je n'y ai rien trouvé d'encourageant. Les fonds de la résidence Woburn s'épuiseront. J'ai des ressources supplémentaires dans cet appartement, bien sûr – et là Boris a englobé d'un geste tous les objets de la pièce – mais elles aussi seront vite épuisées. A moins que nous ne commencions à prévoir, il n'y a pas grand avenir pour aucun de nous.

Que veux-tu dire ?

Elaborer des projets. Prendre en compte les possibilités. Agir.

Et tu comptes que Victoria te suivra ?

Pas forcément. Mais si tu es de mon côté, il y a au moins une chance.

Qu'est-ce qui te fait croire que je pourrais avoir une influence sur elle ?

Les yeux que j'ai dans la tête. Je vois ce qui se passe là-bas, Anna. Victoria n'a jamais réagi à quelqu'un comme elle le fait à ton égard. Elle est totalement éprise.

Nous sommes amies, tout simplement.

Il y a autre chose, ma chère. Bien autre chose.

Je ne sais pas de quoi tu parles.

Ça viendra. Tôt ou tard, tu comprendras chacune de mes paroles. Je te le garantis.

Boris avait raison. En fin de compte, j'ai compris. En fin de compte, tout ce qui était sur le point de se réaliser est arrivé. Il m'a fallu longtemps, cependant, pour saisir. En fait, je n'ai pas vu ce qui se passait jusqu'à ce que ça me frappe en plein visage – mais c'est peut-être excusable, étant donné que je suis l'être le plus ignorant qui ait jamais vécu.

Ne perds pas patience envers moi. Je sais que je commence à bégayer, mais les mots ne viennent pas facilement pour dire ce que je veux dire. Tu dois t'imaginer comment étaient les choses pour nous à ce moment-là – le sentiment d'un destin funeste qui nous oppressait, l'atmosphère d'irréalité qui flottait autour de chaque instant. Le mot "lesbianisme" n'est qu'un terme clinique qui déforme les faits. Victoria et moi n'avons pas constitué un couple au sens habituel du mot. Nous sommes plutôt devenues l'une pour l'autre un refuge, l'endroit où chacune de nous pouvait aller pour trouver un réconfort dans sa solitude. Au bout du compte, le côté sexuel était le moins important de tous. Un corps n'est qu'un corps, après tout, et il semble de peu d'importance que la main qui te touche soit celle d'un homme ou d'une femme. Le fait d'être avec Victoria m'a donné du plaisir, mais m'a donné aussi le courage de vivre à nouveau dans le présent. C'était la chose qui comptait le plus. Je n'étais plus à regarder tout le temps en arrière, et, petit à petit, cela a paru panser quelques-unes des innombrables blessures que je portais en moi. Je n'étais pas rendue à la santé, mais au moins je ne détestais plus ma vie. Une femme était tombée amoureuse de moi, et puis j'ai découvert que j'étais capable de l'aimer. Je ne te demande pas de comprendre ça, mais simplement de l'accepter comme un fait. Il y a bien des choses que je regrette dans ma vie, mais ce n'en est pas une.

Ça a commencé vers la fin de l'été, trois ou quatre mois après mon arrivée à la résidence Woburn. Victoria est entrée dans ma chambre pour l'une de nos conversations de fin de soirée, et je me souviens que j'étais fourbue, j'avais mal au bas du dos et je me sentais encore plus abattue que d'habitude. Elle a commencé à me masser le dos d'une façon amicale, essayant de me décontracter les muscles, avec cette gentillesse fraternelle qu'on attendrait de n'importe qui dans ces circonstances. Personne ne m'avait touchée depuis des mois, cependant – depuis la dernière nuit que j'avais passée avec Sam –, et j'avais presque oublié à quel point on se sent bien lorsqu'on est massé de la sorte. Victoria continuait à promener ses mains du haut en bas de ma colonne vertébrale, et elle a fini par les glisser sous mon T-shirt, mettant ses doigts sur ma peau nue. C'était extraordinaire de sentir qu'on me faisait ça, et rapidement je me suis mise à flotter de plaisir, comme si mon corps allait se désintégrer. Même à ce moment-là, pourtant, je ne crois pas que nous ayons su, l'une comme l'autre, ce qui allait se produire. C'était un lent processus, qui suivait de longs méandres d'une étape à l'autre, sans avoir clairement d'objectif en vue. Il y a eu un moment où le drap m'a glissé des jambes et je n'ai pas pris la peine de le rechercher. Les mains de Victoria parcouraient de plus en plus de surface sur mon corps, prenant mes jambes et mes fesses, vagabondant le long de mes flancs et remontaient à mes épaules, jusqu'à ce qu'à la fin il n'y ait nul endroit de mon corps que je ne souhaitais pas qu'elle touche. J'ai roulé sur le dos, et voilà Victoria penchée au-dessus de moi, toute nue sous son peignoir, avec un sein qui pendait hors de l'échancrure. "Tu es si belle, lui ai-je dit, je crois que j'ai envie de mourir." Je me suis légèrement redressée et je me suis mise à embrasser ce sein si beau, si rond et tellement plus volumineux que les miens, déposant des baisers sur l'aréole brune, suivant du bout de ma langue le treillis des veines bleues qui s'étendait juste sous la surface. J'avais la sensation d'une chose grave qui me choquait, et pendant les tout premiers moments j'ai eu l'impression d'avoir buté sur un désir qu'on ne pouvait trouver que dans l'obscurité des rêves – mais ce sentiment n'a pas duré très longtemps, et ensuite je me suis laissée aller, j'ai été entièrement emportée.

Nous avons continué à dormir ensemble pendant les quelques mois qui ont suivi, et en fin de compte j'ai commencé à me sentir à l'aise dans cet endroit. La nature du travail à la résidence Woburn était trop démoralisante sans quelqu'un sur qui compter, sans quelque lieu permanent où je puisse ancrer mes sentiments. Trop de gens arrivaient et repartaient, trop de vies allaient et venaient autour de moi, et à peine avais-je fait la connaissance de quelqu'un que déjà il faisait ses bagages et poursuivait son chemin. Alors c'était quelqu'un d'autre qui entrait et qui dormait dans le lit qu'avait occupé le précédent, qui prenait la même chaise et piétinait le même bout de terrain ; puis venait le moment où cet autre devait à son tour partir, et le processus se répétait. A l'opposé de tout cela, Victoria et moi étions là l'une pour l'autre – contre vents et marées, disions-nous – et c'était la seule chose qui ne variait pas malgré les changements qui se produisaient autour de nous. Grâce à ce lien, j'ai pu me réconcilier avec le travail, ce qui a eu en retour un effet apaisant sur mes esprits. Puis de nouveaux événements se sont produits, et il ne nous a plus été possible de continuer comme avant. J'en parlerai dans un instant, mais l'important a été que rien ne s'est vraiment modifié. Le lien était toujours là, et j'ai compris une fois pour toutes à quel point Victoria était un être remarquable.

C'était au milieu du mois de décembre, juste à l'époque du premier coup de froid sérieux. L'hiver ne s'est finalement pas avéré aussi rude que le précédent, mais personne ne pouvait le savoir d'avance. Le froid ramenait tous les mauvais souvenirs de l'année antérieure et on pouvait sentir la panique monter dans les rues, le désespoir des gens qui essayaient de se préparer au choc. Les files d'attente devant la résidence Woburn ont été plus longues qu'elles ne l'avaient été pendant les derniers mois, et je me suis trouvée à faire des heures supplémentaires rien que pour rester au niveau de l'affluence. Le matin dont je parle, je me rappelle avoir vu dix ou onze candidats coup sur coup, chacun me racontant son horrible histoire. L'une de ces personnes – elle s'appelait Melissa Reilly, c'était une femme d'une soixantaine d'années – était tellement affolée qu'elle a craqué et s'est mise à pleurer devant moi, se cramponnant à ma main et me demandant de l'aider à retrouver son mari qui s'était égaré en juin et dont on n'avait plus de nouvelles depuis. Qu'attendez-vous de moi ? ai-je demandé. Je ne peux pas quitter mon poste et aller courir les rues avec vous, il y a trop de choses à faire ici. Elle a continué cependant à faire une scène, et j'ai commencé à me fâcher à cause de son insistance. Ecoutez, ai-je dit, vous n'êtes pas la seule femme, dans cette ville, qui ait perdu son mari. Le mien a disparu depuis aussi longtemps que le vôtre, et, autant que je sache, il est aussi mort que le vôtre. Est-ce que vous me voyez là en train de pleurer et de m'arracher les cheveux ? C'est une chose à laquelle nous devons tous faire face. Je me trouvais répugnante de déverser de telles platitudes, de la traiter avec tant de brusquerie, mais elle me troublait l'esprit avec toute son hystérie et ses jacasseries incohérentes sur M. Reilly, leurs enfants et le voyage de noces qu'ils avaient fait trente-sept ans auparavant. Je me fiche de vous, m'a-t-elle finalement lancé. Une sale garce au cœur gelé comme vous ne mérite pas d'avoir un mari, et vous pouvez prendre votre jolie résidence Woburn et vous la mettre où je pense. Si le bon docteur vous entendait, il se retournerait dans sa tombe. Quelque chose dans ce goût-là, bien que je ne me souvienne pas des termes exacts. Puis Mme Reilly s'est levée et elle est partie avec une ultime bouffée d'indignation. Dès qu'elle est sortie, j'ai reposé ma tête sur le bureau et j'ai fermé les yeux en me demandant si je n'étais pas trop épuisée pour recevoir d'autres personnes ce jour-là. L'entretien avait été désastreux, et c'était ma faute car j'avais laissé mes sentiments m'échapper. J'étais inexcusable, je ne pouvais pas justifier la manière dont j'avais déversé mes ennuis sur une pauvre femme qui, de toute évidence, était à moitié folle de chagrin. J'ai dû m'assoupir juste à ce moment-là, peut-être pendant cinq minutes, peut-être seulement une minute ou deux – je ne saurais dire avec certitude. Toujours est-il qu'une distance infinie a paru s'insérer entre ce moment et le suivant, entre le moment où j'ai fermé les yeux et celui où je les ai ouverts à nouveau. J'ai levé le regard et il y avait Sam assis dans la chaise en face de moi pour l'entretien suivant. J'ai d'abord cru que je dormais. C'est une vision, me suis-je dit. Il sort d'un de ces rêves où l'on s'imagine en train de se réveiller mais où le réveil fait lui-même partie du rêve. Puis je me suis dit : Sam – et j'ai aussitôt compris qu'il ne pouvait s'agir de personne d'autre. C'était Sam, mais ce n'était pas non plus Sam. C'était Sam dans un autre corps, avec des cheveux grisonnants et des ecchymoses sur un côté du visage, avec des ongles noirs, déchirés, et des habits en loques. Il était assis là avec un regard noir, complètement absent – en train de dériver en lui-même, me semblait-il, absolument perdu. J'ai tout entrevu d'un seul coup, en un tourbillon, en un clin d'œil. C'était bien Sam, mais il ne me reconnaissait pas, il ne savait pas qui j'étais. J'ai senti mon cœur battre à tout rompre, et pendant une seconde j'ai cru que j'allais m'évanouir. Puis, très lentement, deux larmes ont commencé à couler le long des joues de Sam. Il se mordait la lèvre inférieure et son menton tremblait de façon incontrôlée. Soudain son corps tout entier a été agité de secousses, de l'air a jailli de sa bouche, et le sanglot qu'il s'efforçait de garder en lui est sorti en saccades. Il a détourné son visage, essayant encore de se maîtriser, mais les spasmes continuaient à faire tressaillir son corps, et le même bruit rauque, haletant, s'échappait encore de ses lèvres closes. Je me suis levée de ma chaise, j'ai titubé jusqu'à l'autre côté de la table et j'ai entouré Sam de mes bras. Dès que je l'ai touché, j'ai entendu les journaux froissés bruire dans son manteau. L'instant suivant je me suis mise à pleurer, et puis je n'ai pas pu cesser. Je m'accrochais à lui tant que je pouvais, j'enfouissais mon visage dans le tissu de son manteau et je ne pouvais pas trouver le moyen de m'arrêter.

C'était il y a plus d'un an. Des semaines se sont écoulées avant que Sam soit assez en forme pour parler de ce qui lui était arrivé, mais même alors ses récits restaient vagues, pleins de contradictions et de lacunes. Tout lui paraissait se fondre, disait-il, et il avait du mal à distinguer les contours des événements, il ne pouvait pas démêler un jour d'un autre. Il se souvient d'avoir attendu que je reparaisse, assis dans la chambre jusqu'à six ou sept heures le lendemain matin, puis il a fini par sortir à ma recherche. Il était au-delà de minuit lorsqu'il est revenu, et à ce moment-là la bibliothèque était déjà la proie des flammes. Il était resté dans la foule de ceux qui s'étaient assemblés pour regarder l'incendie, puis, lorsque le toit s'était finalement effondré, il avait vu notre livre brûler avec tout le reste dans l'immeuble. Il a dit qu'il avait vraiment pu le voir dans son esprit, qu'il avait réellement su à quel moment précis les flammes avaient pénétré dans notre chambre et dévoré les feuilles du manuscrit.

Après cela, tout perdait sa définition pour lui. Il avait l'argent dans sa poche, les vêtements sur son dos, et c'était tout. Pendant deux mois il n'avait pas fait grand-chose sinon me chercher – il dormait où il pouvait, il mangeait seulement quand il ne pouvait pas faire autrement. De cette manière il avait réussi à ne pas sombrer, mais à la fin de l'été il ne lui restait presque plus d'argent. Pire encore, a-t-il dit, il avait fini par ne plus me chercher. Il était persuadé que j'étais morte, et il ne pouvait plus supporter de se torturer par de faux espoirs. Il s'était retiré dans un coin du terminal Diogène – la vieille gare du secteur nord-ouest de la ville – et il avait vécu parmi les épaves humaines et les fous, les gens de l'ombre qui errent dans les longs couloirs et les salles d'attente abandonnées. C'était comme devenir une bête, a-t-il dit, une créature souterraine plongée en hibernation. Une ou deux fois par semaine il se louait à des ramasseurs d'ordures pour porter de lourdes charges, travaillant pour la pitance qu'ils lui donnaient, mais la plupart du temps il ne faisait rien, refusant de bouger à moins d'y être absolument obligé. "J'ai abandonné tout effort d'être quelqu'un, a-t-il dit. Le but de ma vie était de me soustraire à mon environnement, de vivre dans un endroit où rien ne pourrait plus me blesser. L'une après l'autre j'ai essayé de laisser tomber mes attaches, de me dessaisir de toutes les choses qui avaient eu pour moi quelque importance. Mon intention était d'arriver à l'indifférence, une indifférence si puissante et si sublime qu'elle me protégerait de toute agression ultérieure. Je t'ai dit adieu, Anna ; j'ai dit adieu au livre ; j'ai dit adieu à la pensée de revenir chez nous. J'ai même essayé de dire adieu à moi-même. Petit à petit, je suis devenu aussi serein qu'un bouddha, assis dans mon coin et n'accordant aucune attention au monde qui m'entourait. S'il n'y avait eu les exigences occasionnelles de mon corps – de mon estomac et de mes intestins – j'aurais pu ne jamais bouger à nouveau. Ne rien vouloir, me disais-je continuellement, ne rien avoir, ne rien être. Je ne pouvais imaginer de solution plus parfaite que celle-là. A la fin, je n'étais pas loin de vivre une existence de pierre."

Nous avons donné à Sam la chambre au premier étage que j'avais occupée autrefois. Il était dans un état épouvantable, et pendant les premiers dix jours sa vie n'a tenu qu'à un fil. J'ai passé tout mon temps avec lui, expédiant mes autres tâches autant que je le pouvais, et Victoria ne s'y est pas opposée. C'est ce que j'ai trouvé de si remarquable chez elle. Non seulement elle ne s'y est pas opposée, mais elle a même fait des efforts pour favoriser la chose. Il y avait du surnaturel dans sa façon de comprendre la situation, dans sa capacité d'accepter la fin soudaine, presque violente, de notre manière de vivre. Je m'attendais toujours à ce qu'elle nous force à une confrontation, qu'elle explose dans une manifestation de déception ou de jalousie, mais rien de tel n'a jamais eu lieu. Sa première réaction à la nouvelle a été de la joie – joie pour moi, joie parce que Sam était vivant – et ensuite elle s'est dépensée tout autant que moi pour assurer la guérison de Sam. Elle avait subi une perte intime, mais elle savait aussi que la présence de Sam signifiait un gain pour Woburn. La pensée d'avoir un homme de plus dans l'équipe, surtout quelqu'un comme Sam – qui n'était, ni âgé comme Frick, ni lent d'esprit comme Willie –, suffisait pour elle à équilibrer les comptes. Je trouvais que cette fixation à un unique objectif pouvait avoir quelque chose d'effrayant, mais rien n'importait plus à Victoria que la résidence Woburn – pas même moi, pas même elle, s'il est possible d'imaginer une telle chose. Je ne veux pas être par trop simpliste, mais, le temps passant, j'ai presque eu l'impression qu'elle m'avait permis de tomber amoureuse d'elle pour que je puisse me rétablir. Maintenant que j'allais mieux, elle déplaçait son attention sur Sam. La résidence Woburn était son unique réalité, vois-tu, et finalement il n'y avait rien qui puisse résister à cela.

Par la suite, Sam est monté vivre avec moi au troisième étage. Lentement il a pris du poids, lentement il s'est mis à ressembler à celui qu'il avait été autrefois, mais les choses ne pouvaient pas toutes être pareilles à ses yeux – pas maintenant, plus maintenant. Je ne parle pas seulement des épreuves subies par son corps – les cheveux prématurément gris, les dents manquantes, le tremblement léger, mais continu, de ses mains –, je parle également de choses intérieures. Sam n'était plus l'arrogant jeune homme avec qui j'avais habité dans la bibliothèque. Ce qu'il avait vécu l'avait modifié, presque mortifié, et il y avait à présent dans sa manière d'être un rythme plus doux et plus placide. Il parlait épisodiquement de redémarrer le livre, mais je voyais bien que le cœur n'y était pas. Le livre n'était plus pour lui une solution, et avec la perte de cette fixation il semblait mieux à même de comprendre les choses qui lui étaient arrivées et qui nous arrivaient à tous. Ses forces sont revenues, et petit à petit nous nous sommes réhabitués l'un à l'autre, mais il me semblait que nous étions dans une relation plus égalitaire qu'auparavant. Peut-être avais-je moi aussi changé durant ces mois-là, mais en fait j'avais la sensation que Sam avait plus besoin de moi qu'autrefois, et j'aimais sentir qu'on avait besoin de moi à ce point, j'aimais cela plus que tout au monde.

Il a commencé à travailler vers le début de février. D'abord j'ai été totalement opposée à l'emploi que Victoria avait inventé pour lui. Après avoir longuement réfléchi à la chose, disait-elle, elle était arrivée à penser que Sam servirait au mieux les intérêts de la résidence Woburn en devenant le nouveau médecin. "Tu trouveras peut-être cette idée curieuse, a-t-elle poursuivi, mais depuis la mort de mon père nous ne faisons que cafouiller. Cet endroit n'a plus de cohésion, ni de sens du but à atteindre. Nous donnons aux gens un abri et de la nourriture pendant un petit bout de temps, et c'est tout – une sorte de soutien minimum qui apporte à peine une aide à quiconque. Autrefois les gens venaient parce qu'ils voulaient se trouver auprès de mon père. Même quand il ne pouvait pas les aider en tant que médecin, il était là pour leur parler et écouter leurs plaintes. C'était cela, la chose importante. Il aidait les gens à se sentir mieux en étant tout simplement lui-même. Les gens recevaient de la nourriture, mais ils recevaient aussi de l'espoir. Si nous avions un autre docteur dans les lieux, maintenant, peut-être pourrions-nous nous rapprocher de l'esprit que cette maison connaissait autrefois."

Mais Sam n'est pas médecin, ai-je répondu. Ce serait un mensonge, et je ne vois pas comment on peut aider les gens si la première chose qu'on fait est de leur mentir.

Ce n'est pas mentir, a poursuivi Victoria. C'est une mascarade. On ment pour des raisons égoïstes, mais dans ce cas nous ne prendrions rien pour nous-mêmes. C'est pour les autres, c'est un moyen de leur donner de l'espoir. Du moment qu'ils pensent que Sam est un docteur, ils croiront en ce qu'il dit.

Mais si quelqu'un découvre la vérité ? Nous serons grillés, alors. Personne ne nous fera plus confiance après cela – pas même quand nous dirons la vérité.

Personne ne découvrira la chose. Sam ne pourra pas se trahir parce qu'il n'exercera pas la médecine. Même s'il le voulait, il ne reste plus de médicaments pour qu'il exerce. Nous avons deux ou trois bocaux d'aspirine, une ou deux boîtes de pansements et c'est à peu près tout. Ce n'est pas parce qu'il se fera appeler docteur Farr qu'il fera nécessairement ce que fait un médecin. Il parlera et les gens l'écouteront. C'est tout ce dont il s'agit. Une façon de donner à des gens une chance de trouver leur propre force.

Et si Sam n'est pas capable de tenir ce rôle ?

Eh bien il n'en sera pas capable. Mais nous ne pouvons pas le savoir avant qu'il ait essayé, n'est-ce pas ?

A la fin, Sam a accepté de jouer le jeu. "Ce n'est pas une chose à laquelle j'aurais pensé de moi-même, a-t-il déclaré, pas même si je vivais encore cent ans. Anna trouve que c'est cynique, et au bout du compte je crois qu'elle a raison. Mais qui sait si les faits ne sont pas tout aussi cyniques ? Les gens meurent, dehors, et ils vont continuer à mourir que nous leur donnions un bol de soupe ou que nous sauvions leur âme. Je ne vois pas comment on peut sortir de ça. Si Victoria estime qu'ils auront la vie plus facile en ayant un faux docteur à qui parler, de quel droit dirais-je qu'elle a tort ? Je serais étonné que ça fasse grand bien, mais il ne me semble pas non plus qu'il y ait grand mal à ça. C'est une tentative, et je veux bien m'y prêter pour cette raison."

Je n'ai pas reproché à Sam de dire oui, mais je suis restée quelque temps fâchée contre Victoria. J'avais été choquée de la voir justifier son fanatisme par des arguments si alambiqués sur ce qui est bien et ce qui est mal. Quel que soit le nom qu'on veuille lui donner – un mensonge, une mascarade, un moyen justifié par la fin – ce plan me faisait l'effet d'une trahison des principes de son père. Je m'étais déjà suffisamment tourmentée pour la résidence Woburn, et s'il y avait une chose qui m'avait aidée à accepter cet endroit, c'était bien Victoria elle-même. Sa franchise, la clarté de ses motivations, la rigueur morale que j'avais trouvée chez elle – ces choses m'avaient servi d'exemple et m'avaient donné la force de continuer. Soudain, il semblait exister en elle un domaine obscur que je n'avais pas remarqué jusque-là. C'était une désillusion, me semble-t-il, et pendant un certain temps j'ai éprouvé envers elle un réel ressentiment, j'ai été consternée de la voir se révéler si semblable à tous les autres. Mais ensuite, quand j'ai commencé à évaluer plus clairement la situation, ma colère est passée. Victoria avait réussi à me cacher la vérité, mais en fait la résidence Woburn était sur le point de sombrer. La mascarade avec Sam n'était rien d'autre qu'une tentative de sauver quelque chose du désastre, une bizarre petite coda agrafée à un morceau qui avait déjà été joué. Tout était terminé. La seule chose était que je ne le savais pas encore.

L'ironie a voulu que Sam réussisse dans son rôle de médecin. Tous les accessoires étaient à sa disposition – la blouse blanche, la trousse noire, le stéthoscope, le thermomètre – et il les utilisait à fond. Il est indubitable qu'il avait l'air d'un médecin, mais après quelque temps il a aussi commencé à en avoir la chanson. C'était cela qui était incroyable. D'abord j'ai été réticente quant à sa transformation, ne voulant pas admettre que Victoria avait eu raison ; mais par la suite j'ai dû céder devant les faits. Les gens réagissaient positivement à Sam. Il avait une façon de les écouter qui leur donnait envie de parler, et les paroles sortaient en torrent de leur bouche dès qu'il s'asseyait avec eux. Sa pratique de journaliste l'aidait certainement pour tout cela, mais à présent il était auréolé par une nouvelle dimension de dignité, une *persona* de bonté, pourrait-on dire, et comme les gens avaient confiance en cette *persona*, ils lui racontaient des choses qu'il n'avait encore jamais entendues de quiconque. C'était comme être confesseur, disait-il, et petit à petit il s'est mis à mesurer tout le bien qu'on fait lorsqu'on permet aux gens de s'épancher – l'effet salutaire de prononcer des paroles, de laisser sortir les mots qui racontent ce qui leur est arrivé. La tentation aurait consisté, me semble-t-il, à commencer à croire en ce rôle, mais Sam a réussi à garder ses distances. En privé, il plaisantait là-dessus et il a fini par se donner quelques nouveaux noms : docteur Samuel Charlot, docteur Mariol, docteur Bidonus. Sous cette raillerie, cependant, je sentais que son travail avait plus d'importance pour lui qu'il ne voulait l'admettre. Le fait de se faire passer pour médecin lui avait soudain donné accès aux pensées intimes des autres, et ces pensées commençaient maintenant à faire partie de lui-même. Son monde intérieur est devenu plus vaste, plus solide, mieux à même d'absorber les choses qui y entraient. "C'est mieux de ne pas être obligé d'être moi-même, m'a-t-il dit un jour. Si je n'avais pas cette autre personne derrière laquelle me cacher – celle qui porte la blouse blanche et qui a un air compatissant sur son visage –, je pense que je ne pourrais pas tenir. Les histoires m'anéantiraient. Mais dans ces circonstances j'ai un moyen de les écouter, de les mettre à la place qui leur revient – à côté de ma propre histoire, à côté de l'histoire du moi que je ne suis plus obligé d'être tant que je les écoute."

Le printemps est arrivé tôt, cette année-là, et déjà à la mi-mars les crocus fleurissaient dans le jardin de derrière : des tiges jaunes et pourpres qui débordaient des marges herbeuses, le vert bourgeonnant mélangé aux flaques de boue séchée. Même les nuits étaient douces et parfois nous allions, Sam et moi, nous promener brièvement autour du clos avant de rentrer. C'était bon d'être dehors pendant ces quelques moments, avec les fenêtres de la maison plongées dans le noir derrière nous et les étoiles qui brûlaient faiblement au-dessus de nos têtes. Chaque fois que nous faisions une de ces petites promenades je sentais que je redevenais à nouveau amoureuse de lui comme au début ; chaque fois je m'éprenais de lui dans cette obscurité, m'accrochant à son bras et me rappelant comment c'était pour nous au commencement, à l'époque de l'Hiver terrible, quand nous vivions dans la bibliothèque et regardions tous les soirs par la grande fenêtre en éventail. Nous ne parlions plus de l'avenir. Nous ne faisions pas de projets et ne parlions pas de rentrer chez nous. Le présent nous dévorait entièrement, désormais, et avec tout le travail à faire chaque jour, avec tout l'épuisement qui s'ensuivait, il ne restait plus de temps pour penser à quoi que ce soit d'autre. Cette vie avait un équilibre fantomatique, mais cela ne la rendait pas forcément mauvaise, et il arrivait que je me trouve presque heureuse de la vivre, de poursuivre avec les choses telles qu'elles étaient.

Ces choses ne pouvaient évidemment pas continuer. Elles constituaient une illusion, exactement comme Boris Stepanovich l'avait dit, et rien ne pouvait empêcher les changements d'arriver. A la fin d'avril, nous avons commencé à ressentir la gêne. Victoria a fini par craquer et nous a expliqué la situation, puis nous avons fait, une par une, les économies nécessaires. Les tournées du mercredi après-midi ont été supprimées les premières. Nous avons décidé qu'il était absurde de dépenser de l'argent pour la voiture. Le carburant était trop cher et il y avait bien assez de gens qui nous attendaient juste devant la porte. Inutile d'aller les chercher, a dit Victoria, et même Frick n'a pas soulevé d'objection. Ce même après-midi nous avons fait un dernier tour en ville – Frick au volant avec Willie à son côté, Sam et moi derrière. Nous avons circulé en pétaradant le long des boulevards périphériques, plongeant occasionnellement en ville pour jeter un coup d'œil à un quartier, sentant les bosses quand Frick manœuvrait au-dessus des ornières et des nids-de-poule. Aucun de nous ne disait grand-chose. Nous nous contentions de regarder les monuments qui glissaient derrière nous ; je crois que nous étions un peu impressionnés parce que ça ne se reproduirait jamais plus, parce que c'était la dernière fois ; et, très vite, c'est devenu comme si nous ne regardions même plus, nous étions là dans nos sièges avec le curieux désespoir de rouler en rond. Après, Frick a remisé la voiture au garage et fermé la porte à clef. Je ne crois pas qu'il l'ait jamais rouverte ensuite. Un jour où nous étions ensemble dans le jardin, il a montré du doigt le garage de l'autre côté, et son visage s'est fendu d'un large sourire édenté. "Ces choses-là qu'on voit quand y a plus rien, a-t-il dit. Dis adieu et puis oublie. Une brillance dans la tête, maintenant. Fsssh ça passe, tu vois et fini. Tout ça brille et puis oublie."

Les vêtements y sont passés ensuite : tous les vestiaires gratuits que nous avions donnés aux résidents, les chemises et les chaussures, les vestes et les pulls, les pantalons, les chapeaux, les vieux gants. Boris Stepanovich les avait achetés en gros à un fournisseur de la quatrième zone de recensement, mais ce marchand avait à présent fermé boutique. En fait, son commerce avait été liquidé par un consortium de bandits et d'agents de Résurrection, et il ne nous était plus possible de faire fonctionner ce côté-là de la chaîne. Même dans les bonnes périodes, l'achat de vêtements avait représenté entre trente et quarante pour cent du budget de Woburn. Maintenant que les temps difficiles étaient finalement là, nous n'avions pas le choix et devions rayer cette dépense de nos comptes. Pas de réduction, pas de diminution progressive, non, ç'a été la totalité, la hache d'un seul coup. Victoria a lancé une campagne pour ce qu'elle a appelé le "ravaudage consciencieux". Elle a rassemblé plusieurs sortes de matériel de couture – aiguilles, bobines de fil, carrés de tissu, dés à coudre, boules à repriser et ainsi de suite –, et elle a fait de son mieux pour restaurer les vêtements que portaient les résidents à leur arrivée à Woburn. Son intention était d'économiser le plus d'argent possible pour la nourriture. Etant donné que ce dernier poste était le plus important, que c'était ce qui faisait le plus de bien aux résidents, nous avons tous été d'accord pour trouver juste l'idée de Victoria. Pourtant, comme les pièces du quatrième étage continuaient à se vider, l'approvisionnement en nourriture à son tour n'a pas pu résister à l'érosion. Un par un, des articles ont été éliminés : le sucre, le sel, le beurre, les fruits, les petites portions de viande que nous nous accordions, le verre de lait occasionnel. A chaque fois que Victoria annonçait une de ces économies, Maggie Vine faisait une crise – elle partait dans une pantomime effrénée de clown montrant une personne en larmes, elle se frappait la tête contre le mur, elle battait des bras contre ses cuisses comme si elle voulait s'envoler. Ce n'était cependant une partie de plaisir pour aucun de nous. Nous avions tous pris l'habitude d'avoir assez à manger, et ces privations traumatisaient douloureusement notre système. J'ai été forcée de repenser toute cette question pour moi : ce que ça veut dire d'avoir faim, comment détacher la notion de nourriture de celle de plaisir, comment accepter ce qu'on reçoit et ne pas avoir immodérément envie de plus. Quand nous avons atteint le milieu de l'été, notre régime s'était déjà réduit à diverses sortes de graines, des féculents et des racines comestibles : navets, betteraves, carottes. Nous avons essayé de planter un potager derrière la maison, mais les graines étaient rares et nous n'avons réussi à faire pousser que quelques laitues. Maggie improvisait autant qu'elle pouvait, préparant diverses soupes claires, faisant rageusement des mixtures à partir de haricots et de nouilles, martelant des boulettes dans un tourbillon de farine blanche – des boules de pâte gluante qui donnaient presque des haut-le-cœur. En comparaison de ce que nous mangions auparavant, c'était une pitance affreuse, mais elle nous maintenait malgré tout en vie. Le côté horrible n'était pas en réalité la qualité de la nourriture, mais la certitude que les choses n'allaient qu'empirer. Petit à petit, la différence entre la résidence Woburn et le reste de la ville s'amenuisait. Nous étions en train d'être engloutis, et aucun de nous ne savait comment empêcher cela.

Puis Maggie a disparu. Un jour elle n'a tout simplement plus été là et nous n'avons découvert aucun indice pour savoir où elle était allée. Elle avait dû sortir pendant que nous dormions en haut, mais cela n'expliquait pas pourquoi elle avait laissé sur place toutes ses affaires. Si elle avait voulu s'enfuir, il semblait logique qu'elle eût préparé un sac pour son expédition. Willie a passé deux ou trois jours à la chercher dans le proche voisinage, mais il n'a pas trouvé trace d'elle et aucun des gens à qui il en a parlé ne l'avait vue. Après quoi Willie et moi avons assumé les tâches de la cuisine. Nous commencions à peine à nous sentir à l'aise dans ce travail qu'il s'est produit autre chose. Soudain, et sans aucun signe prémonitoire, le grand-père de Willie est mort. Nous avons essayé de nous consoler en nous disant que Frick était vieux – presque quatre-vingts ans, a déclaré Victoria –, mais ça n'a pas vraiment aidé. Il est mort en dormant, un soir du début d'octobre, et c'est Willie qui a découvert le corps : en se réveillant le matin, il a vu que son grand-père était encore couché, puis, lorsqu'il a essayé de le secouer, il a regardé avec horreur le vieillard tomber lourdement par terre. C'est pour Willie, bien sûr, que ça a été le plus dur, mais chacun de nous a souffert de cette mort à sa manière. Sam a versé des larmes amères lorsque ça s'est produit, et Boris Stepanovich n'a parlé à personne pendant quatre heures après avoir appris la nouvelle, ce qui doit être une sorte de record pour lui. Victoria n'a pas laissé paraître grand-chose, mais ensuite elle s'est lancée dans une action téméraire, et j'ai compris à quel point elle était proche d'un désespoir total. Il est absolument illégal d'enterrer les morts. Tous les cadavres doivent obligatoirement être acheminés jusqu'à un Centre de transformation, et ceux qui enfreignent ce règlement sont sujets aux plus lourdes peines : une amende de deux cent cinquante glots payable dès que la sommation est délivrée, ou bien la déportation immédiate dans un camp de travail du sud-ouest du pays. En dépit de tout cela, une heure à peine après avoir appris la mort de Frick, Victoria a annoncé qu'elle prévoyait d'organiser pour lui des funérailles dans le jardin cet après-midi même. Sam a essayé de l'en dissuader, mais elle a refusé de changer de position. "Personne n'en saura rien, a-t-elle dit. Et même si la police arrive à savoir, ça ne fait rien. Nous devons faire ce qui est juste. Si nous laissons une loi imbécile nous en empêcher, alors nous ne valons rien." C'était une action irréfléchie, totalement irresponsable, mais au fond je crois qu'elle la faisait pour Willie. Car Willie était un garçon dont l'intelligence était au-dessous de la moyenne, et, à l'âge de dix-sept ans, il était encore pris dans la violence d'un moi qui ne comprenait presque rien du monde qui l'entourait. Frick s'était occupé de lui, avait pensé à sa place, l'avait littéralement fait passer à travers les épreuves de sa vie. Son grand-père parti, on ne pouvait prédire ce qui risquait de lui arriver. Willie avait besoin maintenant d'un geste de notre part : une affirmation claire et frappante de notre loyauté, la preuve que nous serions avec lui quelles qu'en soient les conséquences. L'enterrement était un risque énorme, mais, même à la lumière de ce qui s'est produit, je ne crois pas que Victoria ait eu tort de le prendre.

Avant la cérémonie, Willie s'est rendu dans le garage où il a démonté le klaxon de la voiture et passé pratiquement une heure à l'astiquer. C'était un de ces vieux avertisseurs en forme de trompe qu'on avait l'habitude de voir sur les bicyclettes d'enfant – mais plus grand et plus impressionnant, avec un pavillon en bronze et une poire en caoutchouc noir presque aussi volumineuse qu'un pamplemousse. Ensuite, Sam et lui ont creusé un trou près des buissons d'aubépines dans le fond. Six résidents ont porté le corps de Frick depuis la maison jusqu'à la tombe, et lorsqu'ils l'ont fait descendre dans la fosse, Willie a déposé le klaxon sur la poitrine de son grand-père pour être bien sûr qu'il soit enterré avec lui. Boris Stepanovich a alors donné lecture d'un court poème qu'il avait écrit à cette occasion, à la suite de quoi Sam et Willie ont repelleté la terre dans le trou. C'était, au mieux, une cérémonie primitive sans prières ni chants, mais le seul fait de l'accomplir était suffisamment chargé de sens. Tout le monde s'était rassemblé là – tous les résidents et toute l'équipe –, et, avant la fin, la plupart d'entre nous avaient les larmes aux yeux. Une petite pierre a été déposée sur l'emplacement de la tombe pour le marquer, puis nous sommes rentrés dans la maison.

Ensuite nous avons tous essayé de combler le vide chez Willie. Victoria lui a délégué de nouvelles responsabilités, lui permettant même de monter la garde avec la carabine pendant que je faisais mes entretiens dans le vestibule, et Sam s'est efforcé de le prendre sous sa protection : lui enseignant à se raser convenablement, à écrire son nom en cursive, à faire des additions et des soustractions. Willie réagissait bien à ces soins. Sans un terrible coup du sort, je crois qu'il aurait tout à fait bien évolué. Mais environ deux semaines après l'enterrement de Frick, un policier de la Maréchaussée centrale nous a rendu visite. C'était un personnage d'aspect grotesque, tout grassouillet et rouge de visage, arborant un des nouveaux uniformes dont on avait récemment doté les officiers de sa branche : une tunique rouge vif, des culottes de cheval blanches et des bottes de cuir verni avec un képi assorti. Il craquait de partout dans ce costume absurde, et comme il s'obstinait à bomber le torse, j'ai réellement cru qu'il allait faire sauter ses boutons. Il a claqué les talons et fait le salut réglementaire quand j'ai ouvert la porte ; et s'il n'y avait eu le fusil-mitrailleur qu'il portait en bandoulière, je lui aurais probablement dit de partir. "Est-ce bien la résidence de Victoria Woburn ?" a-t-il demandé. "Oui, ai-je répondu, entre autres." "Alors écartez-vous, mademoiselle", a-t-il dit en me poussant de côté et en pénétrant dans le hall. "L'enquête va commencer."

Je t'épargnerai les détails. Le fin mot de l'histoire était que quelqu'un avait signalé l'enterrement à la police qui était venue vérifier la plainte. Ce devait être un des résidents, mais cet acte de trahison était si stupéfiant qu'aucun de nous n'avait envie d'essayer de découvrir de qui il s'agissait. De quelqu'un, sans doute, qui avait assisté aux funérailles, qui avait ensuite été obligé de quitter Woburn à l'expiration de son séjour et qui nous en voulait d'avoir été reconduit à la rue. C'était une hypothèse logique, mais elle n'importait plus guère. Peut-être la police avait-elle versé quelque argent au dénonciateur, peut-être avait-il seulement agi par dépit. Quoi qu'il en soit, le renseignement était on ne peut plus précis. L'officier s'est dirigé à grands pas vers le jardin de derrière avec deux assistants à ses trousses. Il a scruté l'enclos pendant plusieurs instants, puis il a montré du doigt l'endroit exact où la fosse avait été creusée. Il a exigé des pelles et les deux assistants se sont promptement mis au travail, à la recherche du cadavre dont ils savaient déjà qu'il était là. "Ceci est absolument illégal, a déclaré l'officier. L'égoïsme d'un enterrement, de nos jours – voyez-moi cette impudence. Sans corps à brûler, nous y passerions vite, c'est certain, nous serions coulés, tous tant que nous sommes. D'où viendrait notre combustible ? Comment resterions-nous en vie ? En cette époque de crise nationale il nous faut tous être vigilants. Aucun corps ne peut être épargné, et ceux qui s'arrogent le droit d'enfreindre cette loi ne doivent pas s'en tirer comme ça. Ce sont des malfaiteurs de la pire espèce, de perfides fauteurs de troubles, de la racaille de renégats. Il faut les extirper et les punir."

Nous étions déjà tous dans le jardin, nous pressant autour de la tombe tandis que cet imbécile pérorait avec ses remarques vicieuses et creuses. Le visage de Victoria était devenu blanc, et si je n'avais pas été là pour la soutenir, je pense qu'elle se serait peut-être effondrée. De l'autre côté du trou qui s'agrandissait, Sam veillait attentivement sur Willie. Le garçon était en larmes, et tandis que les assistants de l'officier de police continuaient à extraire de la terre avec leurs pelles et à la jeter négligemment dans les buissons, il s'est mis à hurler d'une voix saisie par la panique : "C'est la terre de grand-papa. Vous n'avez pas le droit de la jeter. Cette terre appartient à grand-papa." Il criait si fort que l'officier a dû s'arrêter au milieu de sa harangue. Il a toisé Willie avec mépris, puis, juste au moment où il déplaçait son bras en direction de son fusil-mitrailleur, Sam a collé sa main sur la bouche de Willie et s'est mis à le tirer vers la maison – en bataillant pour le contenir tandis que le garçon se tortillait et donnait des coups de pied en traversant la pelouse. Pendant ce temps un certain nombre de résidents s'étaient jetés au sol et suppliaient l'officier de croire à leur innocence. Ils ne savaient rien de cet épouvantable crime ; ils n'étaient pas là quand ça s'était passé ; si quelqu'un leur avait parlé d'actes aussi abominables, ils n'auraient jamais accepté de rester là ; c'étaient tous des prisonniers qu'on retenait contre leur volonté. Une affirmation servile après l'autre, une éruption de lâcheté de masse. Je me sentais si dégoûtée que j'aurais voulu cracher.

Une vieille femme – elle s'appelait Beulah Stansky – s'est même agrippée à la botte de l'officier et s'est mise à la couvrir de baisers. Il a essayé de lui faire lâcher prise, mais comme elle ne voulait pas, il lui a enfoncé la pointe de sa botte dans le ventre et l'a envoyée rouler de tout son long. Elle a gémi et pleurniché comme un chien battu. Heureusement pour nous tous, Boris Stepanovich a décidé d'entrer en scène juste à ce moment-là. Il a ouvert la porte-fenêtre derrière la maison, il est sorti avec précaution sur le gazon, puis il s'est dirigé d'un pas tranquille vers le tumulte, avec sur son visage une expression calme, presque pensive. C'était comme s'il avait déjà été cent fois le témoin d'une pareille scène et que rien n'allât lui faire perdre son sang-froid – ni la police, ni les fusils, rien de tout ça. Ils étaient en train de tirer le corps hors de la fosse quand il nous a rejoints, et le pauvre Frick était étendu sur l'herbe, les yeux à présent manquaient à son visage, sa figure était toute maculée de terre tandis qu'une horde de vers blancs se tortillaient dans sa bouche. Boris n'a même pas pris la peine de lui jeter un coup d'œil. Il s'est dirigé tout droit vers le policier à la tunique rouge, l'a appelé mon général, puis l'a attiré sur le côté avec lui. Je n'ai pas entendu ce qu'ils ont dit, mais j'ai remarqué que pendant leur discussion Boris n'arrêtait pratiquement pas de sourire d'un air moqueur et de froncer les sourcils. A la fin, une liasse a surgi de sa poche. Il en a détaché des billets les uns après les autres, puis il a mis l'argent dans la main de l'officier. Je ne sais pas ce que ça signifiait – si Boris avait payé l'amende ou s'ils avaient conclu une sorte d'accord en privé –, mais la transaction n'a pas duré plus que ça : un bref et rapide échange d'argent liquide, et l'affaire était réglée. Les assistants ont franchi la pelouse en portant le corps de Frick, puis ils ont traversé la maison et ils sont ressortis devant pour jeter le cadavre à l'arrière d'un camion garé dans la rue. Le policier nous a sermonnés une fois de plus du haut des marches – très sévèrement, en utilisant les mêmes termes que dans le jardin –, puis il a fait un dernier salut réglementaire, claqué les talons, et il est descendu vers le camion, chassant les badauds dépenaillés d'un bref revers de main. Dès qu'il a démarré avec ses hommes, j'ai couru dans le jardin pour rechercher le klaxon. J'avais pensé le faire briller à nouveau et le donner à Willie, mais je ne l'ai pas trouvé. Je suis même descendue dans la tombe ouverte pour voir s'il y était, mais il n'y était pas. Comme tant d'autres choses avant lui, le klaxon avait disparu sans laisser de trace.

    Nous avions sauvé notre peau pour quelque temps. Personne n'irait en prison, en tout cas, mais l'argent que Boris avait dû allonger au policier avait en grande partie épuisé nos réserves. Dans les trois jours qui ont suivi l'exhumation de Frick, les derniers objets du quatrième étage ont été vendus : un coupe-papier plaqué or, une table basse en acajou et les rideaux de velours bleu qui avaient orné les fenêtres. Après, nous avons fait rentrer un peu d'argent liquide supplémentaire en vendant des livres de la bibliothèque du rez-de-chaussée – deux étagères de Dickens, cinq Shakespeare complets (dont l'un en trente-huit volumes miniatures qui n'étaient pas plus grands que la paume de la main), un Jane Austen, un Schopenhauer, un *Don Quichotte* illustré – mais le marché du livre avait déjà rendu l'âme et ces objets n'ont rapporté que des broutilles. A partir de là, c'est Boris qui nous a servi de soutien. Sa réserve de marchandises était cependant loin d'être illimitée, et nous n'entretenions pas l'illusion qu'elle durerait très longtemps. Nous nous donnions au plus trois ou quatre mois. Avec le retour de l'hiver, nous savions que ce serait probablement moins que ça.

    La réaction intelligente aurait consisté à fermer tout de suite la résidence Woburn. Nous avons essayé d'en persuader Victoria, mais il lui était difficile de prendre une telle mesure, et il s'est ensuivi plusieurs semaines d'incertitude. Puis, au moment où Boris paraissait sur le point de la convaincre, la décision lui a échappé comme elle nous a échappé à tous. Je veux parler de Willie. Rétrospectivement, il semble tout à fait inévitable que ça ait tourné ainsi, mais je te mentirais si je te disais qu'un seul d'entre nous l'ait vu venir. Nous étions tous trop pris par les tâches à accomplir, et lorsque ça s'est finalement produit, ce fut comme un coup de tonnerre dans un ciel serein, comme une explosion venue des entrailles de la terre.

Après l'enlèvement du corps de Frick, Willie n'a jamais été le même. Il continuait à faire son travail, mais seulement en silence, dans une solitude de regards vides et de haussements d'épaules. Dès qu'on s'approchait de lui, ses yeux s'enflammaient d'hostilité et de ressentiment. Une fois il a même repoussé ma main de son épaule comme pour signifier qu'il me ferait du mal si je recommençais. Comme nous travaillions ensemble dans la cuisine tous les jours, je passais probablement plus de temps avec lui que n'importe qui d'autre. Je faisais de mon mieux pour arranger les choses, mais je ne crois pas qu'il ait jamais intégré ce que je lui disais. "Ton grand-père va bien, Willie, disais-je. Il est au ciel, à présent, et ce qui arrive à son corps n'a pas d'importance. Son âme est en vie et il ne voudrait pas que tu te fasses tout ce souci pour lui. Rien ne peut lui faire du mal. Il est heureux là où il est maintenant, et il veut que tu sois heureux toi aussi." Je me sentais comme un père ou une mère essayant d'expliquer la mort à un jeune enfant, resservant ces mêmes hypocrisies absurdes que j'avais entendues dans la bouche de mes propres parents. Peu importait ce que je disais, pourtant, car Willie n'en avait absolument rien à faire. C'était un homme préhistorique, et sa seule façon de pouvoir réagir à la mort était d'adorer son ancêtre décédé, de le diviniser en pensée. C'était une chose que Victoria avait comprise instinctivement. Le lieu de l'inhumation de Frick était devenu un site sacré pour Willie, et maintenant cet endroit avait été profané. L'ordre des choses avait été pulvérisé, et je pouvais parler tout mon soûl, ça ne le remettrait jamais en place.

Il a commencé à sortir après le repas du soir, rentrant rarement avant deux ou trois heures du matin. Il était impossible de savoir ce qu'il faisait là-bas dans les rues, car il n'en parlait jamais et lui poser des questions ne servait à rien. Un matin, il n'est pas apparu. Je me suis dit que peut-être il était parti pour de bon, mais alors, juste après le déjeuner, il est entré dans la cuisine sans un mot et s'est mis à hacher des légumes, me mettant au défi d'être impressionnée par son arrogance. C'était vers la fin de novembre, et Willie était parti sur sa propre orbite, un météore errant sans trajectoire définie. J'ai cessé de compter sur lui pour qu'il fasse sa part de travail. Lorsqu'il était là, j'acceptais son aide ; lorsqu'il était parti, je faisais la besogne moi-même. Une fois, il est resté absent deux jours avant de revenir ; une autre fois, trois jours. A cause de ces absences qui se prolongeaient graduellement, nous nous sommes bercés de l'idée que d'une certaine façon il se séparait progressivement de nous. Tôt ou tard, pensions-nous, viendrait le moment où il ne serait plus là, plus ou moins de la même manière que Maggie Vine n'était plus là. Nous avions alors tant de choses à faire, la lutte pour maintenir à flot notre navire en train de couler était si épuisante, que nous avions tendance à ne pas penser à Willie quand il n'était pas dans les parages. La fois suivante il est resté absent six jours, et à ce stade nous avons tous eu l'impression, je crois, que nous ne le reverrions plus. Puis, très tard une nuit de la première semaine de décembre, nous avons été réveillés en sursaut par d'horribles coups sourds et un grand fracas venant des pièces du bas. Ma première réaction a été de penser que les gens de la file d'attente, dehors, avaient pénétré de force dans la maison ; mais alors, juste au moment où Sam a sauté du lit et s'est emparé du fusil de chasse que nous gardions dans notre chambre, il y a eu un bruit de mitraillette en bas, une forte détonation suivie par une pluie de balles, puis encore et encore la même chose. J'ai entendu des gens hurler, j'ai senti la maison trembler sous les pas, entendu la mitraillette déchirer les murs et les fenêtres, faire éclater les parquets. J'ai allumé une bougie, et j'ai suivi Sam jusqu'à l'escalier, en étant persuadée que j'allais voir l'officier de police ou un de ses hommes et en me bardant de courage pour l'instant où je serais criblée de balles. Victoria fonçait déjà devant nous, et, d'après ce que j'ai pu voir, elle n'était pas armée. Ce n'était pas le policier, évidemment, bien que je n'aie aucun doute qu'il s'agissait bien de son fusil-mitrailleur. Willie, debout sur le palier du premier étage, était en train de monter vers nous, son arme à la main. Ma chandelle était trop éloignée pour que je puisse apercevoir son visage, mais je l'ai vu observer un temps d'arrêt quand il a remarqué que Victoria s'avançait vers lui. "Ça suffit, Willie, a-t-elle dit. Laisse tomber ce fusil. Laisse tomber ce fusil immédiatement." Je ne sais pas s'il avait l'intention de faire feu sur elle, mais le fait est qu'il n'a pas laissé tomber son arme. Sam était alors debout près de Victoria, et l'instant après qu'elle eut dit ces mots il a appuyé sur la gâchette de son fusil de chasse. La charge a atteint Willie en pleine poitrine, et il s'est soudain envolé en arrière, dégringolant les escaliers tout du long. Il est mort avant d'arriver en bas, je crois, mort avant même de s'apercevoir qu'on lui avait tiré dessus.

Ça s'est passé il y a six ou sept semaines. Des dix-huit résidents qui vivaient ici à ce moment-là, sept ont été tués, cinq ont réussi à s'échapper, trois ont été blessés et trois sont sortis indemnes. M. Hsia, un nouvel arrivant qui nous avait présenté des tours de cartes la veille au soir, est décédé de ses blessures par balles à onze heures le matin suivant. M. Rosenberg et Mme Rudniki se sont rétablis tous les deux. Nous les avons soignés pendant plus d'une semaine, et lorsqu'ils ont eu à nouveau assez de force pour marcher nous les avons mis dehors. Ils ont été les derniers résidents de Woburn. Le matin après le désastre, Sam a fait un panneau qu'il a cloué sur la porte d'entrée : RÉSIDENCE WOBURN FERMÉE. Les gens dehors ne s'en sont pas tout de suite allés, mais il s'est mis à faire très froid, et comme les jours ont passé et que la porte ne s'est pas ouverte, les foules se sont dispersées. Depuis lors, nous ne bougeons plus, échafaudant des plans et nous efforçant de durer un hiver de plus. Sam et Boris passent une partie de chaque jour dans le garage à vérifier la voiture pour s'assurer qu'elle est en état de marche. Notre projet est de partir en auto dès que le temps redeviendra clément. Même Victoria se dit d'accord pour s'en aller, mais je ne suis pas certaine qu'elle parle vraiment sérieusement. Nous verrons bien quand viendra le moment, je suppose. Si j'en juge par la façon dont le ciel s'est comporté ces dernières soixante-douze heures, je ne crois pas que nous ayons beaucoup plus longtemps à attendre.

Nous avons fait de notre mieux pour nous débarrasser des corps, nettoyer les dégâts et lessiver le sang. Au-delà de ça, je ne veux rien dire. Nous n'avons terminé que l'après-midi suivant. Sam et moi sommes montés faire un petit somme, mais je ne pouvais pas m'endormir. Sam a plongé dans le sommeil presque tout de suite. Comme je ne voulais pas le déranger, je suis sortie du lit et je me suis assise sur le plancher dans un coin de la chambre. Mon vieux sac se trouvait là sur le sol, et sans aucune raison particulière je me suis mise à l'explorer. C'est alors que j'ai redécouvert le cahier bleu que j'avais acheté pour Isabelle. Plusieurs pages du début étaient couvertes de ses messages, de courtes notes qu'elle m'avait écrites durant les derniers jours de sa maladie. La plupart de ces messages étaient fort simples – des choses comme "merci", ou "de l'eau", ou "Anna chérie" – mais quand j'ai vu cette écriture fragile et exagérément grande sur la feuille, quand je me suis souvenue de la dure bataille qu'elle avait menée pour rendre ces mots intelligibles – ces messages ne m'ont plus du tout paru aussi simples. Un millier de choses me sont aussitôt revenues en trombe. Sans même marquer un temps d'arrêt pour y réfléchir, j'ai tranquillement détaché ces pages du cahier, je les ai bien pliées en carré et je les ai replacées dans le sac. Puis, prenant un des crayons que j'avais achetés à M. Gambino si longtemps auparavant, j'ai calé le cahier sur mes genoux et je me suis mise à écrire cette lettre.

J'y suis sans arrêt depuis lors, ajoutant chaque jour quelques pages de plus, m'efforçant de tout noter pour toi. Parfois je me demande combien de choses j'ai omises, combien se sont perdues pour moi et ne se retrouveront jamais, mais il s'agit là de questions qui ne peuvent avoir de réponses. Le temps tire à sa fin, maintenant, et je ne dois pas gaspiller plus de mots que nécessaire. Au début, je pensais que ça ne prendrait pas très longtemps – quelques jours pour te livrer l'essentiel et ce serait terminé. A présent, presque tout le cahier est rempli et j'ai à peine effleuré la surface. Ce qui explique pourquoi mon écriture est devenue de plus en plus petite à mesure que j'avançais. J'ai essayé de tout faire tenir, d'arriver au bout avant qu'il ne soit trop tard, mais je me rends compte maintenant que je me suis très lourdement trompée. Les mots ne permettent pas ce genre de choses. Plus on s'approche de la fin, plus il y a de choses à dire. La fin n'est qu'imaginaire, c'est une destination qu'on s'invente pour continuer à avancer, mais il arrive un moment où on se rend compte qu'on n'y parviendra jamais. Il se peut qu'on soit obligé de s'arrêter, mais ce sera uniquement parce qu'on sera à court de temps. On s'arrête, mais ça ne veut pas dire qu'on soit arrivé au bout.

Les mots deviennent de plus en plus petits, si minuscules qu'ils ne sont peut-être plus lisibles. Ça m'évoque Ferdinand et ses bateaux, sa flotte lilliputienne de voiliers et de goélettes. Dieu sait pourquoi je persiste. Je ne crois pas qu'il y ait un moyen pour que cette lettre te parvienne. C'est comme appeler dans le vide, comme hurler dans un vaste et terrible vide. Puis, quand je m'accorde un moment d'optimisme, je frémis à la pensée de ce qui se passera si elle aboutit entre tes mains. Tu seras abasourdi par ce que j'ai écrit, tu en seras malade d'inquiétude et puis tu commettras la même erreur imbécile que moi. Non, s'il te plaît, je t'en supplie. Je te connais assez pour savoir que tu le ferais. S'il te reste encore quelque amour pour moi, je t'en prie, ne te laisse pas happer par ce piège. Je ne pourrais pas supporter l'idée de devoir me faire du souci pour toi, de penser que tu pourrais errer dans ces rues. C'est bien assez qu'un de nous ait été perdu. L'important, c'est que tu restes où tu es, que tu continues à y être pour moi dans mon esprit. Je suis ici, tu es là-bas. C'est la seule consolation que j'ai, et tu ne dois rien faire pour la détruire.

D'un autre côté, même si ce cahier finit par te parvenir, rien ne dit que tu doives le lire. Tu n'as aucune obligation envers moi, et je ne voudrais pas me dire que je t'ai forcé à faire quoi que ce soit contre ta volonté. Parfois, je me découvre même en train d'espérer que ça se passera ainsi : que tu n'auras tout simplement pas le courage de commencer. Je vois bien la contradiction, mais c'est le sentiment que j'ai parfois. Si c'est le cas, les mots que je t'écris à présent sont déjà invisibles pour toi. Tes yeux ne les verront jamais, ton cerveau ne sera jamais encombré par la plus infime partie de ce que j'ai dit. Tant mieux, peut-être. Pourtant, je ne crois pas que je souhaiterais que tu détruises cette lettre ni que tu la jettes. Si tu décides de ne pas la lire, peut-être devrais-tu alors la faire passer à mes parents. Je suis sûre qu'ils aimeraient avoir ce cahier, même s'ils ne peuvent, eux non plus, se résoudre à le lire. Ils pourraient le mettre quelque part dans ma chambre, chez nous. Il me semble que ça me plairait de savoir qu'il a abouti dans cette pièce. Debout sur une des étagères au-dessus de mon lit, par exemple, avec mes vieilles poupées et le costume de ballerine que j'avais à l'âge de sept ans – une dernière chose pour se souvenir de moi.

Je ne sors plus guère. Seulement lorsque vient mon tour de faire les courses, mais même alors Sam se propose généralement pour me remplacer. J'ai perdu l'habitude des rues, à présent, et les sorties sont devenues pour moi une rude épreuve. Je crois que c'est une question d'équilibre. Mes maux de tête ont à nouveau été violents, cet hiver, et dès que je dois faire plus de cinquante ou de cent mètres à pied, je commence à vaciller. Chaque fois que je fais un pas, j'ai l'impression que je vais tomber. Rester à l'intérieur ne m'est pas aussi difficile. Je continue à faire la plus grande partie de la cuisine, mais après avoir préparé des repas pour vingt ou trente personnes, cuisiner pour quatre n'est presque rien. De toute façon nous mangeons peu. Assez pour calmer les élancements, mais à peine plus que ça. Nous essayons de préserver notre argent pour le voyage, et nous devons donc nous en tenir à ce régime. L'hiver a été relativement froid, presque autant que l'Hiver terrible, mais sans les tempêtes de neige perpétuelles et les vents forts. Nous nous sommes chauffés en démantelant des parties de la maison et en mettant les morceaux dans la chaudière. C'est Victoria elle-même qui a proposé cet expédient, mais je ne saurais dire si cela signifie qu'elle se tourne vers l'avenir ou si simplement ça lui est devenu indifférent. Nous avons démoli les rampes d'escalier, le châssis des portes, les cloisons. Nous avons d'abord trouvé une sorte de plaisir anarchique à couper ainsi la maison en morceaux pour faire du combustible, mais à présent ça n'a plus rien que de sinistre. La plupart des pièces ont été mises à nu, et c'est comme si nous habitions dans une gare routière désaffectée, une vieille épave d'immeuble promise à la démolition.

Pendant les deux dernières semaines, Sam est sorti pratiquement tous les jours pour passer au peigne fin les zones de défense à la périphérie, étudiant la situation le long des remparts, regardant soigneusement pour déterminer si les troupes sont en train de se masser ou pas. Le fait de savoir ces choses pourrait revêtir une importance cruciale le moment venu. A l'heure actuelle, le rempart du Ménétrier semble représenter le choix logique pour nous. C'est la barrière la plus occidentale, et il conduit directement à une route menant en rase campagne. La porte Millénaire, au sud, nous a cependant tentés. Il y a plus de circulation de l'autre côté, à ce qu'on dit, mais la porte elle-même n'est pas aussi fortement gardée. La seule direction que nous ayons totalement éliminée jusqu'à présent est le nord. Apparemment, il y a beaucoup de danger et de remue-ménage dans cette partie du pays, et depuis quelque temps les gens parlent d'invasion, d'armées étrangères qui se regroupent dans les forêts et s'apprêtent à attaquer la ville dès la fonte des neiges. Nous avons déjà entendu ces rumeurs auparavant, bien sûr, et il est difficile de savoir ce qu'il faut croire. Boris Stepanovich nous a déjà obtenu des permis de voyage en soudoyant un fonctionnaire, mais il passe encore plusieurs heures tous les jours à rôder autour des bâtiments municipaux, dans le centre de la ville, avec l'espoir de glaner quelques bribes d'informations qui pourraient nous être utiles. Nous avons de la chance d'avoir les permis de voyage, mais il ne s'ensuit pas forcément qu'ils seront efficaces. Il peut s'agir de faux, auquel cas nous risquons d'être arrêtés lorsque nous les présenterons au Superviseur des sorties. Ou bien il peut les confisquer sans aucune raison et nous ordonner de faire demi-tour. Ce sont des choses dont on sait qu'elles ont eu lieu et nous devons être prêts à toute éventualité. Boris, par conséquent, continue à fureter et à tendre l'oreille, mais ce qu'il entend dire est trop confus et trop contradictoire pour être de quelque valeur concrète. Il pense que ça signifie que le gouvernement va bientôt tomber à nouveau. Si c'est le cas, nous pourrions profiter de la confusion momentanée, mais rien n'est encore bien clair. Rien n'est clair, et nous continuons à attendre. Pendant ce temps, la voiture est dans le garage, avec notre chargement de valises et neuf jerrycans de carburant supplémentaire.

Boris a emménagé avec nous il y a un mois environ. Il est nettement plus mince qu'auparavant, et de temps à autre je peux déceler un air défait sur son visage, comme s'il souffrait de quelque maladie. Il ne se plaint jamais, cependant, et il est donc impossible de savoir quel est le problème. Physiquement, il est incontestable qu'il a perdu un peu de son ressort, mais je ne crois pas que son moral en ait été affecté, du moins pas de manière évidente. Son obsession principale, ces jours-ci, est d'essayer de déterminer ce que nous ferons de nous-mêmes lorsque nous aurons quitté la ville. Il sort un nouveau plan presque tous les matins, et chacun est plus absurde que le précédent. Le plus récent les bat tous, mais je crois que secrètement c'est celui-là qui lui tient à cœur. Il veut que nous mettions sur pied, tous les quatre, un spectacle de magiciens. Nous pourrons sillonner la campagne dans notre voiture, dit-il, et donner des représentations en échange de la nourriture et du logement. Ce sera lui le magicien, bien sûr, habillé d'un smoking noir et d'un haut-de-forme en soie. Sam sera l'aboyeur et Victoria sera l'impresario. Je serai quant à moi l'assistante – la jeune femme voluptueuse qui caracole dans des vêtements courts tout ornés de sequins. Je passerai ses instruments au maestro pendant qu'il se produira, et pour la grande finale j'entrerai dans une caisse en bois où on me sciera en deux. Il y aura une longue et folle pause, et puis, à l'instant précis où tout espoir aura été abandonné, je surgirai de la boîte avec tous mes membres intacts, je ferai des gestes de triomphe et j'enverrai des baisers à la foule avec, sur mon visage, un sourire radieux et factice.

Si on considère ce à quoi nous devons nous attendre, c'est un plaisir que de rêver à de telles absurdités. Le dégel paraît imminent, désormais, et il est même possible que nous partions demain matin. Voici où en étaient les choses quand nous sommes allés nous coucher : si le ciel paraît favorable, nous nous en irons sans un mot de plus. Nous sommes au cœur de la nuit, maintenant, et le vent souffle dans la maison à travers les fissures. Tous les autres dorment et je suis assise en bas, dans la cuisine, en essayant d'imaginer ce qui m'attend. Je ne peux pas me le représenter. Je ne peux même pas avoir un début d'idée de ce qui va nous arriver là-bas. Tout est possible, ce qui est à peu près la même chose que rien, à peu près la même chose que de naître dans un monde qui n'a encore jamais existé. Peut-être trouverons-nous William après avoir quitté la ville, mais j'essaie de ne pas nourrir trop d'espoirs. La seule chose que je demande à présent, c'est la chance de vivre un jour de plus. C'est Anna Blume, ta vieille amie d'un autre monde. Lorsque nous arriverons là où nous allons, j'essaierai de t'écrire à nouveau, je te le promets.

MOON PALACE

roman traduit de l'américain
par Christine Le Bœuf

Première publication française en avril 1990

Titre original :
Moon Palace
Viking Penguin Inc., New York
© Paul Auster, 1989

© ACTES SUD, 1990
pour la traduction française

pour Norman Schiff – in memoriam

Rien ne saurait étonner un Américain.

JULES VERNE,
De la Terre à la Lune.

1

C'était l'été où l'homme a pour la première fois posé le pied sur la Lune. J'étais très jeune en ce temps-là, mais je n'avais aucune foi dans l'avenir. Je voulais vivre dangereusement, me pousser aussi loin que je pourrais aller, et voir ce qui se passerait une fois que j'y serais parvenu. En réalité j'ai bien failli ne pas y parvenir. Petit à petit, j'ai vu diminuer mes ressources jusqu'à zéro ; j'ai perdu mon appartement ; je me suis retrouvé à la rue. Sans une jeune fille du nom de Kitty Wu, je serais sans doute mort de faim. Je l'avais rencontrée par hasard peu de temps auparavant, mais j'ai fini par m'apercevoir qu'il s'était moins agi de hasard que d'une forme de disponibilité, une façon de chercher mon salut dans la conscience d'autrui. Ce fut la première période. A partir de là, il m'est arrivé des choses étranges. J'ai trouvé cet emploi auprès du vieil homme en chaise roulante. J'ai découvert qui était mon père. J'ai parcouru le désert, de l'Utah à la Californie. Il y a longtemps, certes, que cela s'est passé, mais je me souviens bien de cette époque, je m'en souviens comme du commencement de ma vie.

Je suis arrivé à New York à l'automne 1965. J'avais alors dix-huit ans, et durant les neuf premiers mois j'ai habité dans une résidence universitaire. A Columbia, tous les étudiants de première année étrangers à la ville devaient obligatoirement résider sur le campus, mais dès la fin de la session j'ai déménagé dans un appartement de la 112e rue ouest. C'est là que j'ai passé les trois années suivantes. Compte tenu des difficultés auxquelles j'ai dû faire face, il est miraculeux que j'aie tenu aussi longtemps.

J'ai vécu dans cet appartement avec plus d'un millier de livres. Dans un premier temps, ils avaient appartenu à mon oncle Victor, qui les avait peu à peu accumulés au long d'environ trente années. Juste avant mon départ pour le collège, d'un geste impulsif, il me les avait offerts en cadeau d'adieu. J'avais résisté de mon mieux, mais oncle Victor était un homme sentimental et généreux, et il n'avait rien voulu entendre. "Je n'ai pas d'argent à te donner, disait-il, et pas le moindre conseil. Prends les livres pour me faire plaisir." J'ai pris les livres, mais pendant un an et demi je n'ai ouvert aucun des cartons dans lesquels ils étaient emballés. J'avais le projet de persuader mon oncle de les reprendre et, en attendant, je souhaitais qu'il ne leur arrive rien.

Tels quels, ces cartons me furent en réalité très utiles. L'appartement de la 112e rue n'était pas meublé et, plutôt que de gaspiller mes fonds en achats que je ne désirais ni ne pouvais me permettre, je convertis les cartons en "mobilier imaginaire". Cela ressemblait à un jeu de patience : il fallait les grouper selon différentes configurations modulaires, les aligner, les empiler les uns sur les autres, les arranger et les réarranger jusqu'à ce qu'ils ressemblent enfin à des objets domestiques. Une série de seize servait de support à mon matelas, une autre de douze tenait lieu de table, groupés par sept ils devenaient sièges, par deux, table de chevet. Dans l'ensemble, l'effet était plutôt monochrome, avec, où que l'on regardât, ce brun clair assourdi, mais je ne pouvais me défendre d'un sentiment de fierté devant mon ingéniosité. Mes amis trouvaient bien cela étrange, mais ils s'étaient déjà frottés à mes étrangetés. Pensez à la satisfaction, leur expliquais-je, de vous glisser au lit avec l'idée que vos rêves vont se dérouler au-dessus de la littérature américaine du XIXe siècle. Imaginez le plaisir de vous mettre à table avec la Renaissance entière tapie sous votre repas. A vrai dire je ne savais pas du tout quels livres se trouvaient dans quels cartons, mais j'étais très fort à cette époque pour inventer des histoires, et j'aimais le ton de ces phrases, même si elles n'étaient pas fondées.

Mon mobilier imaginaire resta intact pendant près d'un an. Puis, au printemps 1967, oncle Victor mourut. Sa mort fut pour moi un choc terrible ; à bien des égards, c'était le pire choc que j'eusse jamais subi. Oncle Victor n'était pas seulement l'être au monde que j'avais le plus aimé, il était mon seul parent, mon unique relation à quelque chose de plus vaste que moi. Sans lui, je me sentis dépossédé, écorché vif par le destin. Si je m'étais d'une manière ou d'une autre attendu à sa disparition, j'en aurais sans doute pris plus facilement mon parti. Mais comment s'attendre à la mort d'un homme de cinquante-deux ans dont la santé a toujours été bonne ? Mon oncle s'est simplement écroulé par un bel après-midi de la mi-avril, et ma vie à cet instant a commencé à basculer, j'ai commencé à disparaître dans un autre univers.

Il n'y a pas grand-chose à raconter sur ma famille. La liste des personnages est courte, et pour la plupart ils ne sont guère restés en scène. J'ai vécu jusqu'à onze ans avec ma mère, mais elle a été tuée dans un accident de la circulation, renversée par un autobus qui dérapait, incontrôlable, dans la neige de Boston. Il n'y avait jamais eu de père dans le tableau, seulement nous deux, ma mère et moi. Le fait qu'elle portât son nom de jeune fille prouvait qu'elle n'avait jamais été mariée, mais je n'ai appris qu'après sa mort que j'étais illégitime. Quand j'étais petit, il ne me venait pas à l'esprit de poser des questions sur de tels sujets. J'étais Marco Fogg, ma mère Emily Fogg, et mon oncle de Chicago Victor Fogg. Nous étions tous des Fogg et il me paraissait tout à fait logique que les membres d'une même famille portent le même nom. Plus tard, oncle Victor m'a raconté qu'à l'origine le nom de son père était Fogelman, et que quelqu'un, à Ellis Island, dans les bureaux de l'immigration, l'avait réduit à Fog, avec un g, ce qui avait tenu lieu de nom américain à la famille jusqu'à l'ajout du second g, en 1907. Fogel veut dire oiseau, m'expliquait mon oncle, et j'aimais l'idée qu'une telle créature fît partie de mes fondements. Je m'imaginais un valeureux ancêtre qui, un jour, avait réellement été capable de voler. Un oiseau volant dans le brouillard, me figurais-je*, un oiseau

---

* En anglais, *fog* signifie brouillard. *(N.d.T.)*

géant qui traversait l'Océan sans se reposer avant d'avoir atteint l'Amérique.

Je ne possède aucun portrait de ma mère et j'ai du mal à me rappeler son apparence. Quand je l'évoque en pensée, je revois une petite femme aux cheveux sombres, avec des poignets d'enfant et des doigts blancs, délicats, et soudain, chaque fois, je me souviens combien c'était bon, le contact de ces doigts. Elle est toujours très jeune et jolie, dans ma mémoire, et c'est sans doute la vérité, puisqu'elle n'avait que vingt-neuf ou trente ans quand elle est morte. Nous avons habité plusieurs petits appartements à Boston et à Cambridge, et je crois qu'elle travaillait pour l'un ou l'autre éditeur de livres scolaires, mais j'étais trop jeune pour me représenter ce qu'elle pouvait y faire. Ce qui me revient avec la plus grande vivacité, ce sont les occasions où nous allions ensemble au cinéma (des westerns avec Randolph Scott, *La Guerre des mondes*, *Pinocchio*), et comment, assis dans l'obscurité de la salle et nous tenant par la main, nous faisions un sort à un cornet de pop-corn. Elle était capable de raconter des blagues qui provoquaient chez moi des fous rires à perdre haleine, mais cela n'arrivait que rarement, quand les planètes se trouvaient dans une conjonction favorable. La plupart du temps, elle était rêveuse, avec une légère tendance à la morosité, et par moments je sentais émaner d'elle une véritable tristesse, l'impression qu'elle était en lutte contre un désarroi immense et secret. Au fur et à mesure que je grandissais, elle me laissait plus souvent seul chez nous, à la garde d'une baby-sitter, mais je n'ai compris la signification de ses mystérieuses absences que beaucoup plus tard, des années après sa mort. En ce qui concerne mon père, cependant, rien, ni avant, ni après. C'était l'unique sujet dont ma mère refusait de discuter avec moi, et chaque fois que je l'interrogeais, elle était inébranlable. "Il est mort depuis longtemps, disait-elle, bien avant ta naissance." Il n'y avait aucune trace de lui dans la maison. Pas une photographie, pas même un nom. Faute de pouvoir m'accrocher à quelque chose, je me l'imaginais comme une sorte de Buck Rogers aux cheveux sombres, un voyageur sidéral, passé dans une quatrième dimension, et qui ne trouvait pas le chemin du retour.

Ma mère a été enterrée auprès de ses parents dans le cimetière de Westlawn, et ensuite je suis allé habiter chez oncle Victor, dans le nord de Chicago. Je n'ai guère de souvenirs de cette première période mais il semble que j'ai souvent broyé du noir et largement joué ma partie de reniflette, m'endormant le soir en sanglots comme quelque orphelin pathétique dans un roman du XIXe siècle. Un jour, une femme un peu sotte, que connaissait Victor, nous a rencontrés dans la rue et, au moment où je lui étais présenté, elle s'est mise à pleurer, à se tamponner les yeux avec son mouchoir et à bafouiller que je devais être l'enfant de l'amour de cette pauvre Emily. Je n'avais jamais entendu cette expression, mais j'y devinais une allusion à des choses affreuses et lamentables. Quand j'en ai demandé l'explication à oncle Victor, il a improvisé une réponse que je n'ai pas oubliée : "Tous les enfants sont des enfants de l'amour, m'a-t-il dit, mais on n'appelle ainsi que les meilleurs."

Le frère aîné de ma mère était un vieux garçon de quarante et un ans, long et maigre, avec un nez en bec d'oiseau, qui gagnait sa vie en jouant de la clarinette. Comme tous les Fogg, il avait un penchant pour l'errance et la rêverie, avec des emballements soudains et de longues torpeurs. Après des débuts prometteurs comme membre de l'orchestre de Cleveland, il avait finalement été victime de ces traits de caractère. Il restait au lit à l'heure des répétitions, arrivait aux concerts sans cravate, et eut un jour l'effronterie de raconter une blague cochonne à portée d'oreille du chef d'orchestre bulgare. Après avoir été mis à la porte, il s'était retrouvé dans des orchestres de moindre importance, chacun un peu plus minable que le précédent, et à l'époque de son retour à Chicago, en 1953, il avait appris à accepter la médiocrité de sa carrière. Quand je suis venu vivre chez lui en 1958, il donnait des leçons à des clarinettistes débutants et jouait pour les *Howie Dunn's Moonlight Moods**, un petit groupe qui faisait les tournées habituelles,

---

* Les Ambiances lunaires de Howie Dunn. *(N.d.T.)*

de mariages en confirmations et en célébrations de fin d'études. Victor avait conscience de manquer d'ambition, mais il savait aussi qu'il existait au monde d'autres sujets d'intérêt que la musique. Si nombreux, en fait, qu'il en était souvent débordé. Il était de ces gens qui, lorsqu'ils sont occupés à une chose, rêvent toujours à une autre ; il était incapable de s'asseoir pour répéter un morceau sans s'interrompre afin de réfléchir à un problème d'échecs, de jouer aux échecs sans songer aux faiblesses des *Chicago Cubs*, de se rendre au stade sans méditer sur quelque personnage mineur dans Shakespeare et puis, enfin rentré chez lui, de s'installer avec un livre pendant plus de vingt minutes sans ressentir une envie urgente de jouer de sa clarinette. Où qu'il eût été, où qu'il allât, la trace qu'il laissait derrière lui restait parsemée de coups maladroits aux échecs, de pronostics non réalisés et de livres à demi lus.

Il n'était pas difficile, pourtant, d'aimer l'oncle Victor. Nous mangions moins bien que du temps de ma mère, et les appartements où nous habitions étaient plus miteux et plus encombrés, mais il ne s'agit là, en fin de compte, que de détails. Victor ne prétendait pas être ce qu'il n'était pas. Il savait la paternité au-dessus de ses forces et me traitait en conséquence moins comme un enfant que comme un ami, un camarade en modèle réduit et fort adoré. Cet arrangement nous convenait à tous deux. Dans le mois de mon installation, il avait élaboré un jeu consistant à inventer ensemble des pays, des mondes imaginaires qui renversaient les lois de la nature. Il fallait des semaines pour perfectionner certains des meilleurs, et les cartes que j'en traçais étaient accrochées en place d'honneur au-dessus de la table de la cuisine. La Contrée de la Lumière sporadique, par exemple, ou le Royaume des Hommes à un œil. Etant donné les difficultés que nous rencontrions tous deux dans le monde réel, il était sans doute logique que nous cherchions à nous en évader aussi souvent que possible.

Peu de temps après mon arrivée à Chicago, oncle Victor m'a emmené voir le film à succès de la saison, *Le Tour du monde en quatre-vingts jours*. Le nom du héros de cette histoire est Fogg, bien sûr, et à partir de ce jour-là oncle Victor m'a appelé Philéas en signe de tendresse – en secrète référence à cet instant étrange où, selon son expression, "nous avons été confrontés à nous-mêmes sur l'écran". Oncle Victor adorait concocter des théories complexes et absurdes à propos de tout, et il ne se lassait jamais d'interpréter les gloires dissimulées dans mon nom. Marco Stanley Fogg. D'après lui, cela prouvait que j'avais le voyage dans le sang, que la vie m'emporterait en des lieux où nul homme n'avait encore été. Marco, bien naturellement, rappelait Marco Polo, le premier Européen à se rendre en Chine ; Stanley, le journaliste américain qui avait retrouvé la trace du docteur Livingstone "au cœur des ténèbres africaines" ; et Fogg, c'était Philéas, l'homme qui était passé comme le vent autour du globe, en moins de trois mois. Peu importait que ma mère n'eût choisi Marco que parce qu'elle aimait ce prénom, que Stanley eût été celui de mon grand-père et que Fogg fût une appellation fausse, caprice d'un fonctionnaire américain illettré. Oncle Victor trouvait du sens là où nul autre n'en aurait vu et puis, subrepticement, le muait en une sorte de connivence secrète. En vérité, j'étais ravi de toute l'attention qu'il me prodiguait, et même si je savais que ses propos n'étaient que vent et rodomontades, une part de moi y croyait mot pour mot. A court terme, le nominalisme de Victor m'a aidé à surmonter l'épreuve des premières semaines dans ma nouvelle école. Rien n'est plus vulnérable que les noms, et "Fogg" se prêtait à une foule de mutilations spontanées : *Fag* et *Frog**, par exemple, accompagnées d'innombrables allusions météorologiques : Boule de Neige, Gadoue, Gueule de Crachin. Après avoir épuisé les ressources que leur offrait mon patronyme, mes camarades avaient dirigé leur attention sur mon prénom. Le *o* à la fin de Marco était assez évident pour susciter des épithètes telles que Dumbo, Jerko, et Mumbo-Jumbo, mais ce qu'ils ont trouvé en outre défiait toute attente. Marco est devenu Marco Polo ; Marco Polo, *Polo Shirt* ; *Polo Shirt*, *Shirt Face* ; et *Shirt Face* a donné *Shit Face***, une

---

* Mégot et grenouille. *(N.d.T.)*
** Marco Polo, Chemise de polo, Face de chemise, Face de merde. *(N.d.T.)*

éblouissante manifestation de cruauté qui m'a stupéfié la première fois que je l'ai entendue. A la longue, j'ai survécu à mon initiation d'écolier, mais il m'en est resté la sensation de l'infinie fragilité de mon nom. Ce nom était pour moi tellement lié à la conscience de mon individualité que je souhaitais désormais le protéger de toute agression. A quinze ans, j'ai commencé à signer mes devoirs M. S. Fogg, en écho prétentieux aux dieux de la littérature moderne, mais enchanté aussi du fait que ces initiales signifient manuscrit. Oncle Victor approuvait de grand cœur cette pirouette. "Tout homme est l'auteur de sa propre vie, disait-il. Le livre que tu écris n'est pas terminé. C'est donc un manuscrit. Que pourrait-il y avoir de plus approprié ?" Petit à petit, Marco a disparu du domaine public. Pour mon oncle, j'étais Philéas, et quand est arrivé le temps du collège j'étais M. S. pour tous les autres. Quelques esprits forts ont fait remarquer que ces lettres étaient aussi les initiales d'une maladie*, mais à cette époque j'accueillais avec joie tout supplément d'associations ou d'ironie qui pût m'être rattaché. Quand j'ai connu Kitty Wu, elle m'a donné plusieurs autres noms, mais ils étaient sa propriété personnelle, si l'on peut dire, et de plus je les aimais bien : Foggy, par exemple, qui ne servait que dans des occasions particulières, et Cyrano, adopté pour des raisons qui deviendront évidentes plus tard. Si oncle Victor avait vécu assez longtemps pour la rencontrer, je suis certain qu'il aurait apprécié le fait que Marco eût enfin, à sa manière, mis quelque peu le pied en Chine.

Les leçons de clarinette ne furent pas un succès (j'avais le souffle avare, les lèvres impatientes), et je m'arrangeai bientôt pour les esquiver. Le base-ball m'attirait davantage, et dès l'âge de onze ans j'étais devenu l'un de ces gosses américains efflanqués qui se promènent partout avec leur gant, envoyant le poing droit dans la poche un millier de fois par jour. Il ne fait aucun doute que le base-ball m'a aidé, à l'école, à franchir certains obstacles, et quand j'ai été admis en *Little League*, ce premier printemps, oncle Victor

---

* *Multiple Sclerosis* : sclérose multiple. (N.d.T.)

est venu assister à presque tous les matchs pour m'encourager. En juillet 1958, pourtant, nous sommes soudain partis habiter à Saint Paul, dans le Minnesota ("une occasion unique", disait Victor, à propos d'un poste de professeur de musique qu'on lui avait proposé), mais l'année suivante nous étions de retour à Chicago. En octobre, Victor a acheté un poste de télévision, et il m'a autorisé à manquer l'école pour regarder les *White Sox* perdre les *World Series* en six rencontres. C'était l'année d'Early Wynn et des *"go-go Sox"*, de Wally Moon qui renvoyait ses balles dans la lune. Nous étions pour Chicago, bien sûr mais avons tous deux éprouvé un contentement secret quand l'homme aux sourcils broussailleux a réussi son circuit au cours de la dernière partie. Dès le début de la nouvelle saison, nous sommes redevenus d'ardents supporters des *Cubs* – ces pauvres maladroits de *Cubs* –, l'équipe qui possédait nos âmes. Victor était un avocat convaincu du base-ball en plein jour, et il considérait comme un bienfait moral que le roi du chewing-gum n'eût pas succombé à la perversion des lumières artificielles. "Quand je vais regarder un match, disait-il, je ne veux voir d'autres étoiles que celles qui sont sur le terrain. C'est un sport fait pour le soleil et la laine imprégnée de sueur. Le char d'Apollon planant au zénith ! Le grand ballon en flammes dans le ciel américain !" Nous avons eu de longues discussions, ces années-là, à propos d'hommes tels qu'Ernie Banks, George Altman et Glen Hobbie. Hobbie était l'un de ses préférés mais, fidèle à sa conception de l'univers, mon oncle affirmait que ce lanceur ne réussirait jamais puisque son nom impliquait l'amateurisme. De tels jeux de mots étaient caractéristiques du type d'humour de Victor. A cette époque, je m'étais pris d'une réelle affection pour ses plaisanteries, et je comprenais pourquoi elles devaient être proférées d'une mine impassible.

Peu après mes quatorze ans, notre ménage s'agrandit d'une troisième personne. Dora Shamsky, "née" Katz, était une veuve corpulente d'une bonne quarantaine, avec une extravagante chevelure blonde oxygénée et une croupe étroitement corsetée. Depuis la mort de M. Shamsky, six ans auparavant, elle travaillait comme secrétaire à l'actuariat de la compagnie d'assurances *Mid American Life*. Victor l'avait rencontrée dans la salle de bal de l'hôtel *Featherstone*, où cette compagnie avait confié aux *Moonlight Moods* le soin d'assurer le décor musical de sa soirée annuelle, à la veille du Jour de l'an. Après une cour menée en coup de vent, le couple convola en mars. Je ne trouvais rien à redire à tout ceci *per se* et c'est avec fierté que je servis de témoin au mariage. Mais une fois la poussière retombée, je remarquai avec tristesse que ma nouvelle tante n'était pas prompte à rire des plaisanteries de Victor ; je me demandais si cela n'indiquait pas chez elle un caractère quelque peu obtus, un manque d'agilité mentale de mauvais augure pour l'avenir de leur union. J'appris bientôt qu'il y avait deux Dora. La première, toute d'activité et d'efficacité, était un personnage bourru, un peu masculin, qui circulait dans la maison comme une tornade avec une énergie de sergent-major en affichant une bonne humeur crépitante, un "je sais tout", un patron. La seconde Dora, une coquette alcoolique, une créature sensuelle, larmoyante et portée à s'attendrir sur elle-même, traînaillait en robe de chambre rose et vomissait sur le tapis du salon quand elle avait trop bu. Des deux, c'est la seconde que je préférais, ne fût-ce que pour la tendresse dont elle faisait alors preuve à mon égard. Mais Dora prise de boisson représentait une énigme que j'étais bien en peine de résoudre, car ses effondrements rendaient Victor triste et malheureux et, plus que tout au monde, je détestais voir souffrir mon oncle. Victor pouvait s'accommoder de la Dora sobre et querelleuse, mais son ivrognerie suscitait en lui une sévérité et une impatience qui me paraissaient peu naturelles, une perversion de sa vraie nature. Le bien et le mal se livraient donc un combat perpétuel. Quand Dora était gentille, Victor ne l'était pas. Quand Dora était désagréable, Victor allait bien. La bonne Dora suscitait un mauvais Victor, et le bon Victor ne revenait que si Dora n'était pas aimable. Je suis resté pendant plus d'un an prisonnier de cette machine infernale.

Heureusement, la compagnie d'autobus de Boston avait versé une indemnisation généreuse. D'après les calculs de

Victor, il devait y avoir assez pour me payer quatre années d'études en subvenant à des besoins raisonnables, plus un petit extra pour m'aider à accéder à la prétendue vraie vie. Pendant les premières années, il avait scrupuleusement conservé cette somme intacte. Il m'entretenait à ses frais et en était heureux, fier de sa responsabilité et sans aucune intention apparente de toucher ne fût-ce qu'à une partie de cet argent. Avec Dora dans le tableau, néanmoins, il modifia son projet. Il retira d'un coup les intérêts qui s'étaient accumulés, ainsi qu'une partie du "petit extra", et m'inscrivit dans une école du New Hampshire, pensant annuler ainsi les effets de son erreur. Car si Dora ne s'était pas révélée la mère qu'il avait espéré me donner, il ne voyait pas pourquoi ne pas chercher une autre solution. Dommage pour le "petit extra", bien sûr, mais on n'y pouvait rien. Confronté à un choix entre maintenant et plus tard, Victor avait toujours penché du côté de maintenant, et, puisque sa vie entière était régie par la logique de cette tendance, il n'était que naturel qu'il optât à nouveau pour l'immédiat.

J'ai passé trois ans à l'Anselm Academy pour garçons. Quand je suis revenu à la maison, la deuxième année, Victor et Dora étaient déjà à la croisée des chemins, mais il ne semblait pas y avoir intérêt à me changer à nouveau d'école et je suis donc retourné dans le New Hampshire après la fin des vacances d'été. La relation que m'a faite Victor du divorce était plutôt embrouillée et je n'ai jamais été certain de ce qui s'était réellement passé. J'ai entendu parler de comptes en banque défaillants et de vaisselle cassée, de même que d'un nommé Georges, dont je me suis demandé s'il n'y était pas pour quelque chose. Cependant, je n'ai pas insisté auprès de mon oncle pour avoir des détails, car une fois l'affaire réglée il semblait plus soulagé que sonné de se retrouver seul. Si Victor avait survécu aux guerres conjugales, cela ne signifie pas qu'il en sortait indemne. J'étais bouleversé par son aspect chiffonné (boutons manquants, cols sales, bas de pantalons effilochés), et jusqu'à ses plaisanteries prenaient un tour mélancolique, presque déchirant. Quelle que fût la gravité de ces signes, j'étais plus inquiet encore de ses défaillances physiques. Il lui arrivait de trébucher (une mystérieuse faiblesse des genoux), de se cogner aux objets familiers, de paraître oublier où il était. Je me disais que c'était la rançon de sa vie avec Dora, et pourtant il devait y avoir autre chose. Refusant de m'alarmer davantage, je réussissais à me persuader que ces troubles concernaient moins sa santé que son moral. J'avais peut-être raison, mais avec du recul j'ai peine à imaginer que les symptômes qui m'apparaissaient cet été-là étaient sans rapport avec la crise cardiaque dont il est mort deux ans plus tard. Même si Victor ne disait rien, son corps, lui, m'adressait un message codé, et je n'ai eu ni la capacité ni l'intelligence de le déchiffrer.

Quand je suis revenu à Chicago pour les vacances de Noël, la crise semblait passée. Victor avait recouvré presque tout son entrain et de grands événements se préparaient soudain. En septembre, Howie Dunn et lui avaient dissous les *Moonlight Moods* et créé un nouveau groupe en s'associant avec trois jeunes musiciens qui prenaient la relève à la batterie, au piano et au saxophone. Ils s'appelaient désormais les *Moon Men* – les Hommes de la lune – et la plupart de leurs chansons étaient des pièces originales. Victor écrivait les textes, Howie composait la musique, et ils chantaient tous les cinq, à leur manière. "Plus de vieux tubes, m'annonça Victor à mon arrivée. Plus d'airs de danse. Plus de noces soûlographiques. Nous en avons fini avec les fêtes et banquets minables, nous allons dans le haut de gamme." Il est indiscutable qu'ils avaient mis au point une formule originale, et quand le lendemain soir je suis allé les écouter leurs chansons m'ont fait l'effet d'une révélation – pleines d'humour et d'esprit, d'une sorte d'effronterie turbulente qui se moquait de tout, de la politique à l'amour. Les poèmes de Victor avaient une saveur désinvolte de vieux refrains, mais avec une tonalité sous-jacente aux effets presque swiftiens. La rencontre de Spike Jones et de Schopenhauer, si on peut imaginer une chose pareille. Howie avait décroché pour les *Moon Men* un engagement dans un club du centre-ville, et ils avaient continué de s'y produire toutes les fins de semaine, de Thanksgiving à la Saint-Valentin. Quand je suis revenu à Chicago après la fin de mes études secondaires, une tournée était déjà en préparation et on parlait même d'enregistrer un disque pour une société de Los Angeles. C'est alors que les livres d'oncle Victor ont fait leur entrée dans mon histoire. Il prenait la route à la mi-septembre et ne savait pas quand il serait de retour.

    C'était une soirée tardive, à moins d'une semaine de la date prévue pour mon départ à New York. Victor était installé dans son fauteuil près de la fenêtre, il avait fumé tout un paquet de Raleighs et buvait du schnaps dans un gobelet de supermarché. Vautré sur le divan, je flottais dans une stupeur béate, à base de bourbon et de cigarettes. Nous avions bavardé de choses et d'autres pendant trois ou quatre heures, mais une accalmie était survenue dans la conversation et chacun de nous dérivait dans le silence de ses propres pensées. En louchant vers la fumée qui lui remontait en spirale le long de la joue, oncle Victor a aspiré une ultime bouffée de sa cigarette, puis il l'a écrasée dans son cendrier préféré, un souvenir de l'Exposition universelle de 1939. Tout en m'observant avec une attention affectueuse, il a bu un dernier petit coup, fait claquer ses lèvres et poussé un profond soupir. "Nous arrivons maintenant au plus difficile, a-t-il déclaré. Les conclusions, les adieux, les dernières paroles. L'arrachage des bornes, comme je crois qu'on dit dans les westerns. Si tu ne reçois pas souvent de mes nouvelles, Philéas, souviens-toi que tu occupes mes pensées. J'aimerais pouvoir dire que je sais où je serai, mais de nouveaux mondes nous appellent soudain tous les deux, et je doute que nous ayons souvent l'occasion de nous écrire." Il a fait une pause pour allumer une cigarette, et je voyais trembler la main qui tenait l'allumette. "Personne ne sait combien de temps cela durera, a-t-il continué, mais Howie est très optimiste. Nous avons déjà de nombreux engagements, et d'autres suivront à coup sûr. Colorado, Arizona, Nevada, Californie. Nous mettons le cap à l'ouest et nous lançons dans les régions sauvages. De toute façon, cela devrait être intéressant, me semble-t-il. Une bande de rats des villes au milieu des cow-boys et des Indiens. Mais je me réjouis à l'idée de ces grands espaces, à l'idée de faire de la musique sous le ciel du désert. Qui sait si quelque vérité nouvelle ne m'y sera pas révélée ?"

Oncle Victor a ri, comme pour atténuer le sérieux de son propos. "L'essentiel, a-t-il repris, c'est que pour couvrir de telles distances il faut voyager léger. Je vais devoir me débarrasser de certains objets, en donner, en jeter aux orties. Comme la perspective de leur disparition définitive me chagrine, j'ai décidé de te les passer. A qui d'autre puis-je me fier, après tout ? Qui d'autre perpétuerait la tradition ? Je commence par les livres. Si, si, tous les livres. Pour ma part, le moment me paraît convenir le mieux du monde. Quand je les ai comptés cet après-midi, il y avait mille quatre cent quatre-vingt-douze volumes. Un chiffre de bon augure, à mon avis, puisqu'il évoque le souvenir de la découverte de l'Amérique par Colomb, et que le nom du collège où tu vas lui a été donné en l'honneur de Colomb. Certains de ces livres sont grands, d'autres petits, il y en a des gros et des minces – mais tous contiennent des mots. Si tu lis ces mots, ils seront peut-être utiles à ton éducation. Non, non, je ne veux rien entendre. Pas un souffle de protestation. Dès que tu seras installé à New York, je te les ferai expédier. Je garderai le deuxième exemplaire du Dante, mais à part cela ils sont tous pour toi. Ensuite il y a le jeu d'échecs en bois. Je conserve le jeu magnétique, mais tu dois prendre le jeu en bois. Et puis la boîte à cigares avec les autographes de joueurs de base-ball. Nous avons pratiquement tous les *Cubs* des dernières décennies, quelques stars et de nombreux seconds rôles provenant de toute la *League*. Matt Batts, Memo Luna, Rip Repulski, Putsy Caballero, Dick Drott. L'obscurité même de ces noms devrait leur assurer l'immortalité. Après cela j'en arrive à diverses babioles, bricoles et menus machins. Mes cendriers souvenirs de New York et de l'Alamo, les disques de Haydn et de Mozart que j'ai enregistrés avec l'orchestre de Cleveland, l'album de photos de famille, la médaille que j'ai gagnée quand j'étais petit, en terminant premier de l'Etat dans un concours musical. En 1924, le croirais-tu ? Cela fait bien, bien longtemps ! Enfin je veux que tu prennes le costume en tweed que j'ai acheté dans le Loop* voici quelques hivers. Je n'en aurai pas besoin là où je vais, et il est fait de la plus belle laine d'Ecosse. Je ne l'ai porté que deux fois, et si je le donnais à l'Armée du Salut il aboutirait sur le dos de quelque sotte créature de Skid Row. Beaucoup mieux que ce soit pour toi. Cela te donnera une certaine distinction, et ce n'est pas un crime de se faire beau, pas vrai ? Nous irons dès demain matin chez le tailleur pour te le faire ajuster.

"Voilà. Je pense que c'est tout. Les livres, le jeu d'échecs, les autographes, les divers, le costume. Maintenant que j'ai disposé de mon royaume, je suis satisfait. Tu n'as pas besoin de me regarder comme ça. Je sais ce que je fais, et je suis content de l'avoir fait. Tu es un bon gars, Philéas, et tu seras toujours avec moi, où que je sois. Pour l'instant, nous partons dans des directions opposées. Mais tôt ou tard nous nous retrouverons, j'en suis sûr. Tout s'arrange à la fin, vois-tu, tout se raccorde. Les neuf cercles. Les neuf planètes. Les neuf tours de batte. Nos neuf vies. Penses-y. Les correspondances sont infinies. Mais assez radoté pour ce soir. Il se fait tard, et le sommeil nous attend tous les deux. Viens, donne-moi la main. Oui, c'est bien, une bonne prise ferme. Comme ça. Et maintenant serre. C'est ça, une poignée de main d'adieu. Une poignée de main qui nous durera jusqu'à la fin des temps."

Une ou deux fois par quinzaine, oncle Victor m'envoyait une carte postale. C'étaient en général de ces cartes pour touristes, aux quadrichromies criardes : couchers de soleil sur les montagnes Rocheuses, photos publicitaires de motels routiers, cactus, rodéos, ranchs pour touristes, villes fantômes, panoramas du désert. On y lisait parfois des salutations dans la ligne dessinant un lasso, et il y eut même une mule qui parlait, avec au-dessus de sa tête une bulle de bande dessinée : *Un bonjour de Silver Gulch*. Les messages au verso étaient brefs, des griffonnages sibyllins, mais j'étais

---

* Quartier de Chicago. *(N.d.T.)*

moins affamé de nouvelles de mon oncle que d'un signe de vie occasionnel. Le vrai plaisir se trouvait dans les cartes elles-mêmes, et plus elles étaient ineptes et vulgaires, plus j'étais heureux de les recevoir. Il me semblait que nous partagions une blague complice chaque fois que j'en trouvais une dans ma boîte aux lettres, et j'ai même été jusqu'à coller les meilleures (la photo d'un restaurant vide à Reno, une grosse femme sur un cheval à Cheyenne) sur le mur au-dessus de mon lit. Mon compagnon de chambre comprenait pour le restaurant vide, mais pas pour la cavalière. Je lui expliquai qu'elle ressemblait étrangement à l'ex-femme de mon oncle, Dora. Vu la façon dont vont les choses en ce monde, disais-je, il y a de fortes chances pour que cette femme soit Dora elle-même.

Parce que Victor ne restait jamais nulle part très longtemps, il m'était malaisé de lui répondre. A la fin d'octobre, je rédigeai pour lui une lettre de neuf pages à propos de la panne de courant à New York (j'avais été coincé dans un ascenseur avec deux amis), mais je ne la postai qu'en janvier, quand les *Moon Men* entamèrent leur contrat de trois semaines à Tahoe. Si je ne pouvais pas écrire souvent, je m'arrangeai néanmoins pour rester en contact spirituel avec lui en portant son costume. La mode n'était guère aux complets en ce temps-là pour les étudiants, mais je m'y sentais chez moi, et comme tout bien considéré je n'avais pas d'autre chez-moi, je continuai à le porter tous les jours, du début à la fin de l'année. Dans les moments difficiles ou tristes, je trouvais un réconfort particulier à me sentir emmitouflé dans la chaleur des habits de mon oncle, et il m'est arrivé d'avoir l'impression que le costume me maintenait effectivement en forme, que si je ne le portais pas mon corps s'éparpillerait. Il fonctionnait comme une membrane protectrice, une deuxième peau qui m'abritait des coups de l'existence. Avec du recul, je me rends compte que je devais avoir une curieuse allure : hâve, échevelé, intense, un jeune homme dont le décalage par rapport au reste du monde était évident. Mais le fait est que je n'avais aucune envie d'entrer dans la danse. Si mes camarades de cours me considéraient comme un individu bizarre, ce n'était pas mon problème. J'étais l'intellectuel sublime, le futur génie irascible et imbu de ses opinions, le *malevolo* ténébreux qui se tenait à l'écart du troupeau. Le souvenir des poses ridicules que j'affectais alors me fait presque rougir. J'étais un amalgame grotesque de timidité et d'arrogance, avec des accès d'une turbulence effroyable alternant avec de longs silences embarrassés. Quand l'humeur m'en prenait, je passais des nuits entières dans les bars à boire et à fumer comme si je voulais me tuer, en récitant les vers de poètes du XVIe siècle, en lançant en latin d'obscures références à des philosophes médiévaux, en faisant tout ce que je pouvais pour impressionner mes amis. Dix-huit ans, c'est un âge terrible, et tandis que je nourrissais la conviction d'être d'une certaine façon plus mûr que mes condisciples, je n'avais trouvé en vérité qu'une autre manière d'être jeune. Le costume était, plus que tout, l'insigne de mon identité, l'emblème de la vision de moi que je souhaitais offrir aux autres. En toute objectivité, il n'y avait rien à y redire. Il était en tweed vert foncé, avec de petits carreaux et des revers étroits – un complet solide et de bonne fabrication – mais après avoir été porté sans cesse pendant plusieurs mois son aspect était devenu un peu aléatoire, il pendait sur ma maigre carcasse comme une arrière-pensée froissée, un tourbillon de laine affaissé. Ce que mes amis ignoraient, bien sûr, c'est que je le revêtais pour des raisons sentimentales. Sous cette affectation de non-conformisme, je satisfaisais mon désir d'avoir mon oncle auprès de moi, et la coupe du vêtement n'y était pratiquement pour rien. Si Victor m'avait donné des fringues violettes, je les aurais sans nul doute portées dans le même esprit que je portais le tweed.

 Au printemps, à la fin des cours, je refusai la proposition de mon compagnon de chambre, qui suggérait que nous habitions ensemble l'année suivante. J'aimais bien Zimmer (en fait, il était mon meilleur ami), mais après quatre ans de chambres partagées et de foyers d'étudiants, je ne pouvais résister à la tentation de vivre seul. Je trouvai un appartement dans la 112e rue ouest, et y emménageai le 15 juin, arrivant avec mes valises quelques instants à peine avant que deux robustes gaillards me livrent les soixante-seize cartons de livres d'oncle Victor, qui avaient passé neuf mois en attente dans un entrepôt. C'était un studio au cinquième étage d'un grand immeuble avec ascenseur : une pièce de taille moyenne, avec un coin cuisine au sud-est, un placard, une salle de bains, et une paire de fenêtres donnant sur une ruelle. Des pigeons battaient des ailes et roucoulaient sur la corniche, et en bas, sur le trottoir, traînaient six poubelles cabossées. Dedans, il faisait sombre, l'air semblait teinté de gris et, même par les journées les plus ensoleillées, ne filtrait qu'une pâle lueur. Après quelques angoisses, au début, de petites bouffées de peur à l'idée de vivre seul, je fis une découverte singulière, qui me permit de réchauffer la pièce et de m'y installer. C'était la première ou la deuxième nuit que j'y passais et, tout à fait par hasard, je me trouvai debout entre les deux fenêtres, dans une position oblique par rapport à celle de gauche. Tournant légèrement les yeux dans cette direction, je remarquai soudain un vide, un espace entre les deux immeubles du fond. Je voyais Broadway, une minuscule portion abrégée de Broadway, et ce qui me parut remarquable, c'est que toute la zone que je pouvais en apercevoir était occupée par une enseigne au néon, une torche éclatante de lettres roses et bleues qui formaient les mots MOON PALACE. Je la reconnaissais comme celle du restaurant chinois au coin de la rue, mais la violence avec laquelle ces mots m'assaillaient excluait toute référence, toute association pratique. Suspendues là, dans l'obscurité, comme un message venu du ciel même, ces lettres étaient magiques. MOON PALACE. Je pensai aussitôt à l'oncle Victor et à sa petite bande, et en ce premier instant irrationnel mes peurs perdirent toute emprise sur moi. Je n'avais jamais rien éprouvé d'aussi soudain, d'aussi absolu. Une chambre nue et sordide avait été transformée en un lieu d'intériorité, point d'intersection de présages étranges et d'événements mystérieux, arbitraires. Je continuai à regarder l'enseigne du *Moon Palace*, et je compris petit à petit que j'étais arrivé au bon endroit, que ce petit logement était bien le lieu où je devais vivre.

Je passai l'été à travailler à temps partiel dans une librairie, à aller au cinéma, à me prendre et me déprendre d'amour pour une certaine Cynthia dont le visage a depuis longtemps disparu de ma mémoire. Je me sentais de mieux en mieux chez moi dans mon nouvel appartement, et quand les cours reprirent à l'automne, je me lançai dans une ronde effrénée de beuveries nocturnes avec Zimmer et mes amis, de conquêtes amoureuses, et de longues bordées totalement silencieuses de lecture et d'étude. Bien plus tard, quand j'ai regardé tout cela avec le recul des années, j'ai compris combien cette époque avait été fertile pour moi.

Puis j'eus vingt ans, et peu de semaines après je reçus d'oncle Victor une longue lettre presque incompréhensible, écrite au crayon au verso de formulaires de commande de l'encyclopédie Humboldt. D'après ce que j'y démêlai, les *Moon Men* avaient connu des revers, et, après une longue période de malchance (engagements rompus, pneus crevés, un ivrogne qui avait envoyé un coup de poing sur le nez du saxophoniste), les membres du groupe avaient fini par se séparer. Depuis novembre, oncle Victor vivait à Boise, dans l'Idaho, où il avait trouvé un travail temporaire comme vendeur d'encyclopédies au porte à porte. Mais ça ne marchait pas, et, pour la première fois depuis toutes les années que je le connaissais, je percevais un ton de défaite dans les paroles de Victor. "Ma clarinette est au clou, disait la lettre, mon compte en banque est à zéro, et les habitants de Boise ne s'intéressent pas aux encyclopédies."

Je lui envoyai de l'argent, puis insistai par télégramme pour qu'il vînt à New York. Victor répondit quelques jours plus tard en me remerciant de l'invitation. Il aurait emballé ses affaires à la fin de la semaine, écrivait-il, et partirait alors avec le premier bus. Je calculai qu'il serait là le mardi, au plus tard le mercredi. Mais le mercredi vint et passa, et Victor n'arrivait pas. J'envoyai un autre télégramme, mais il resta sans réponse. Les possibilités d'un désastre me paraissaient infinies. J'imaginais tout ce qui peut arriver à quelqu'un entre Boise et New York, et le continent américain devenait soudain une vaste zone dangereuse pleine de pièges et de labyrinthes, un cauchemar périlleux. J'entrepris de trouver la trace du propriétaire de la maison où Victor avait loué une chambre, n'arrivai à rien, et alors, en dernier ressort, téléphonai à la police de Boise. J'expliquai mon problème en détail au sergent qui était à l'autre bout de la ligne, un nommé Neil Armstrong. Le lendemain, le sergent Armstrong me rappelait pour me donner la nouvelle. Oncle Victor avait été retrouvé mort dans son logement de la 12e rue nord – affalé dans un fauteuil, vêtu de son pardessus, une clarinette à demi assemblée serrée entre les doigts de sa main droite. Deux valises pleines étaient posées près de la porte. On avait fouillé la chambre, mais les autorités n'avaient rien découvert qui pût suggérer une agression. D'après le rapport préliminaire de l'examen médical, la cause probable de la mort était une crise cardiaque. "Pas de chance, fiston, ajouta le sergent, je suis vraiment désolé."

Je partis en avion vers l'ouest le lendemain matin pour prendre les dispositions nécessaires. J'identifiai le corps de Victor à la morgue, payai des dettes, signai des papiers et des formulaires, fis des démarches pour le retour du corps à Chicago. L'entrepreneur des pompes funèbres de Boise était désespéré par l'état du cadavre. Après presque une semaine d'attente dans l'appartement, il n'y avait plus grand-chose à en faire. "A votre place, me dit-il, je n'attendrais pas de miracles."

J'organisai les funérailles par téléphone, je prévins quelques-uns des amis de Victor (Howie Dunn, le saxophoniste au nez cassé, un certain nombre de ses anciens élèves), tentai sans beaucoup de conviction d'atteindre Dora (elle resta introuvable), puis accompagnai le cercueil à Chicago. Victor fut enterré à côté de ma mère et le ciel nous transperça de pluie tandis que nous regardions notre ami disparaître dans la terre. Ensuite nous nous rendîmes chez les Dunn, dans le North Side ; Mme Dunn avait préparé un modeste repas de viandes froides et de soupe chaude. Il y avait quatre heures que je pleurais sans arrêt, et dans la maison j'avalai bientôt cinq ou six doubles bourbons tout en mangeant. Ils eurent sur mon moral un effet considérable, et après une heure ou deux je me mis à chanter d'une voix forte. Howie m'accompagnait au piano, et pendant un moment l'assemblée devint assez bruyante. Puis je vomis sur le sol, et le charme fut rompu. A six heures, je faisais mes adieux et m'élançais sous la pluie. Je me promenai à l'aveuglette pendant deux ou trois heures, vomis encore sur un seuil, puis trouvai une petite prostituée aux yeux gris debout dans la rue sous un parapluie, à la lumière des néons. Je l'accompagnai dans une chambre à l'hôtel *Eldorado*, lui fis une brève causerie sur les poèmes de sir Walter Raleigh, et lui chantai des berceuses pendant qu'elle ôtait ses vêtements et écartait les jambes. Elle me traita de cinglé, mais je lui donnai cent dollars et elle accepta de passer la nuit avec moi. Je dormis mal, néanmoins, et à quatre heures du matin je me glissais hors du lit, enfilais mes habits mouillés et prenais un taxi pour l'aéroport. A dix heures j'étais revenu à New York.

A long terme, mon problème n'a pas été le chagrin. Le chagrin se trouvait peut-être à l'origine, mais il a bientôt cédé la place à quelque chose de différent – quelque chose de plus tangible, de plus mesurable dans ses effets, de plus violent dans les dégâts qui en sont résultés. Toute une chaîne de forces avait été mise en mouvement, et à un certain moment je me suis mis à vaciller, à voler autour de moi-même en cercles de plus en plus larges, jusqu'à me trouver enfin chassé hors de l'orbite.

Le fait est que l'état de mes finances se détériorait. Il y avait un certain temps que je m'en rendais compte, mais jusqu'alors la menace était restée lointaine, et je n'y avais pas pensé sérieusement. Après la mort d'oncle Victor, néanmoins, et avec les milliers de dollars que j'avais dépensés pendant ces jours terribles, le budget qui était supposé me durer jusqu'à la fin du collège était réduit en miettes. Si je ne faisais pas quelque chose pour remplacer cet argent, je ne tiendrais pas jusqu'au bout. Je calculai que si je continuais mes dépenses au même rythme, j'aurais épuisé mes fonds au mois de novembre de ma dernière année. Et par là j'entendais bien tout : chaque pièce de cinq cents, chaque centime, chaque sou, jusqu'au fond.

Mon premier mouvement fut d'abandonner l'université mais, après avoir joué avec cette idée pendant un jour ou deux, j'y renonçai. J'avais promis à mon oncle de terminer mes études, et puisqu'il n'était plus là pour donner son approbation à un changement de projet, je ne me sentais pas libre de manquer à ma parole. Il y avait, de plus, la question du service militaire. Si j'abandonnais à ce moment, mon sursis d'étudiant serait révoqué, et la perspective de m'en aller à une mort certaine dans les jungles de l'Asie ne me disait rien. Je resterais donc à New York et poursuivrais mes cours à Columbia. C'était la décision de bon sens, l'attitude qui convenait. Après un début aussi prometteur, il ne m'aurait pas été difficile de continuer à me conduire de façon raisonnable. Il existait toutes sortes de solutions à la portée de gens dans mon cas – des bourses, des prêts, des programmes études-travail – mais sitôt que je commençais à les envisager, j'étais envahi de dégoût. C'était une réaction soudaine, involontaire, un haut-le-cœur. Je me rendis compte que je ne voulais rien avoir à faire de tout cela, et je rejetai donc l'ensemble – avec entêtement, avec mépris, avec la pleine conscience d'être en train de saboter mon unique chance de survivre à ma situation critique. A partir de ce moment, en fait, je ne levai plus le petit doigt, je ne fis plus rien pour m'en sortir. Dieu sait pourquoi j'agissais ainsi. A l'époque je me suis inventé d'innombrables raisons, mais en somme cela se réduisait sans doute au désespoir. J'étais désespéré, et face à une telle tourmente une attitude drastique me paraissait en quelque sorte indispensable. Je voulais cracher sur le monde, accomplir l'acte le plus extravagant qui fût. Avec toute la ferveur et l'idéalisme d'un jeune homme qui a trop pensé et lu trop de livres, je décidai que cet acte serait : rien – mon action consisterait en un refus militant de toute action. C'était du nihilisme haussé au niveau d'une proposition esthétique. Je ferais de ma vie une œuvre d'art, me sacrifiant à ce paradoxe raffiné : chaque souffle de vie me préparerait à mieux savourer ma propre fin. Tous les signes convergeaient vers une éclipse totale et, en dépit de mes tentatives de les interpréter différemment, l'image de cette obscurité peu à peu me fascinait, j'étais séduit par la simplicité de son dessein. Je ne chercherais pas à contrarier l'inévitable, mais je ne me précipiterais pas davantage à sa rencontre. Si la vie continuait pendant quelque temps telle qu'elle avait toujours été, tant mieux. Je serais patient, je tiendrais bon. Simplement, je savais ce qui m'attendait et, que cela arrive aujourd'hui ou que cela arrive demain, de toute façon cela devait arriver. L'éclipse totale. La bête avait été immolée, ses entrailles déchiffrées. La Lune cacherait le Soleil, et alors je disparaîtrais. Je serais complètement fauché, un débris de chair et d'os sans un centime à revendiquer.

C'est alors que je commençai à lire les livres d'oncle Victor. Deux semaines après les funérailles, je choisis une caisse au hasard, découpai avec soin, au couteau, la bande adhésive, et lus tout son contenu. Je découvrais là un curieux mélange, emballé sans apparence d'ordre ni d'intention. Il y avait des romans et des pièces de théâtre, des livres d'histoire et des guides de voyages, des manuels d'échecs et des polars, de la science-fiction et des ouvrages de philosophie – un chaos absolu de matière imprimée. Peu m'importait. Je les lisais de bout en bout, en refusant tout jugement. A mes yeux, chaque livre avait autant de valeur que n'importe quel autre, chaque phrase était composée exactement du bon nombre de mots, et chaque mot se trouvait exactement là où il fallait. C'est ainsi que j'avais choisi de porter le deuil d'oncle Victor. Une par une, j'ouvrirais les caisses, et un par un, je lirais les livres. Telle était la tâche que je m'étais assignée, et je m'y suis tenu jusqu'à l'amère fin.

Toutes ces caisses renfermaient le même genre de fatras que la première, un bric-à-brac du meilleur et du pire, d'œuvres éphémères éparpillées parmi les classiques, de livres de poche en lambeaux coincés entre des ouvrages reliés, de littérature alimentaire auprès de Donne et de Tolstoï. Jamais oncle Victor n'avait organisé sa bibliothèque de façon systématique. Chaque fois qu'il achetait un livre, il le plaçait sur l'étagère à côté du précédent, et petit à petit les rangées s'étaient étendues, occupant de plus en plus d'espace au cours des années. C'était ainsi, précisément, que les livres étaient entrés dans les cartons. La chronologie au moins était intacte, cette séquence avait été préservée à défaut d'autre chose. Je considérais cet arrangement comme idéal. Lorsque j'ouvrais un carton, j'avais accès à un nouveau segment de la vie de mon oncle, une période définie de jours, de semaines ou de mois, et je trouvais de la consolation dans l'impression d'occuper le même espace mental que Victor avait un jour occupé – de lire les mêmes mots, d'habiter les mêmes histoires, d'avoir peut-être les mêmes pensées. C'était presque comme parcourir l'itinéraire d'un explorateur du temps jadis, retracer les pas qui l'avaient porté dans un territoire vierge, en direction de l'occident, avec le soleil, à la poursuite de la lumière jusqu'à ce qu'elle s'éteignît enfin. Les caisses n'étant ni numérotées ni étiquetées, je n'avais aucun moyen de savoir d'avance dans quelle période j'allais pénétrer. Le voyage consistait donc en excursions discrètes, discontinues. De Boston à Lenox, par exemple. De Minneapolis à Sioux Falls. De Kenosha à Salt Lake City. Peu m'importait d'être obligé de sauter d'un bout à l'autre de la carte. A la fin, tous les vides seraient remplis, toutes les distances couvertes.

J'avais déjà lu beaucoup de ces livres, et il s'en trouvait dont Victor lui-même m'avait fait la lecture : *Robinson Crusoé, Le Docteur Jekyll et M. Hyde, L'Homme invisible.* Mais je ne considérais pas que ce fût un obstacle. Animé d'une égale passion, j'allais mon chemin à travers tout, dévorant les vieilleries avec autant d'appétit que les nouveautés. Des piles de livres achevés se dressaient dans les coins de ma chambre, et, dès que l'une d'elles paraissait en danger de s'écrouler, je chargeais les volumes menacés dans deux sacs à provisions afin de les emporter dès que je me rendrais à Columbia. Juste en face du campus, sur Broadway, se trouvait la librairie Chandler, un trou à rats, encombré et poussiéreux, qui faisait commerce actif de livres d'occasion. Entre l'été soixante-sept et l'été soixante-neuf j'y fis des douzaines d'apparitions, me défaisant petit à petit de mon héritage. C'était la seule action que je m'autorisais : disposer de ce que je possédais déjà. Je trouvais déchirant de me séparer de ce qui avait appartenu à oncle Victor, mais en même temps je savais qu'il ne m'en aurait pas voulu.

D'une certaine manière, je m'étais acquitté de ma dette envers lui en lisant les livres, et en ce moment où l'argent me manquait tant, il ne me paraissait que logique de franchir l'étape suivante, et de les échanger contre des espèces. Le problème était que je n'y trouvais pas mon compte. Chandler ne faisait pas de cadeaux, et sa conception des œuvres était si différente de la mienne que je me défendais mal. A mon idée, les livres n'étaient pas tant le contenant des mots que les mots eux-mêmes, et la valeur d'un ouvrage donné dépendait de sa valeur spirituelle plutôt que de sa condition physique. Un Homère écorné, par exemple, avait plus de prix qu'un Virgile en parfait état ; trois volumes de Descartes moins qu'un seul de Pascal. Ces distinctions étaient pour moi essentielles, mais pour Chandler elles n'existaient pas. Un livre n'était à ses yeux qu'un objet, une chose appartenant au domaine des choses, et en cela ne différait guère d'une boîte à chaussures, d'une chasse de W.-C. ou d'une cafetière. Chaque fois que je lui apportais une nouvelle portion de la bibliothèque d'oncle Victor, le vieillard affectait le même jeu : il manipulait les volumes avec mépris, en examinait les dos, cherchait taches et flétrissures, ne manquant jamais de donner l'impression qu'il s'agissait d'un tas d'ordures. C'était ainsi que cela marchait. Dévaluer la marchandise permettait à Chandler d'offrir des prix planchers. Après trente années d'expérience, il possédait son rôle jusqu'au bout des ongles : un répertoire de marmonnements et d'apartés, de grimaces, de claquements de langue et de hochements de tête désolés, performance destinée à me donner conscience du peu de valeur de mon propre jugement, à m'accabler de honte devant l'audace dont je faisais preuve en lui présentant de tels ouvrages. Vous souhaitez de l'argent pour cela, dites-vous ? Vous attendez-vous à ce que les éboueurs vous paient lorsqu'ils vous débarrassent de vos saletés ?

J'étais conscient de me faire avoir, mais ne prenais guère la peine de protester. Qu'y pouvais-je, après tout ? Chandler négociait en position de force, et rien ne modifierait jamais cela – car j'étais toujours désespérément désireux de vendre, et lui peu intéressé par l'achat. Et il eût été vain pour moi de feindre l'indifférence. L'affaire n'aurait tout simplement pas été conclue, et ne pas vendre eût somme toute été pis qu'une mauvaise affaire. Je m'aperçus que cela avait tendance à se passer mieux lorsque j'apportais de petites quantités de livres, pas plus d'une douzaine ou d'une quinzaine à la fois. Le prix moyen par volume semblait alors très légèrement plus élevé. Mais plus le nombre était limité, plus il me faudrait retourner souvent, et je savais que la fréquence de mes visites devait être réduite au minimum – car plus je traiterais avec Chandler, plus ma position s'affaiblirait. A tous les coups, c'était bien lui qui gagnerait. Les mois passaient, et le vieux libraire ne faisait pas l'effort de me parler. Il ne disait jamais bonjour, n'ébauchait jamais un sourire, il ne m'a même jamais serré la main. Il était si dépourvu d'expression que je me demandais parfois s'il se souvenait de moi d'une visite à l'autre. En ce qui le concernait, j'aurais aussi bien pu être un nouveau client chaque fois que je me présentais – une collection d'étrangers disparates, une horde aléatoire.

Avec la vente des livres, mon appartement subit de nombreuses modifications. C'était inévitable, puisque, chaque fois que j'ouvrais une nouvelle caisse, je détruisais du même coup un autre meuble. Mon lit fut démantelé, mes fauteuils diminuèrent et disparurent, mon bureau s'atrophia jusqu'à s'anéantir. Ma vie était devenue un zéro croissant, quelque chose que je voyais véritablement : un vide palpable, bourgeonnant. Chacune de mes plongées dans le passé de mon oncle entraînait un résultat matériel, un effet dans le monde réel. J'en avais donc en permanence les conséquences devant les yeux, il n'y avait pas moyen de les esquiver. Il restait tant de caisses, tant de caisses étaient parties. D'un seul regard sur mon domaine, je savais où j'en étais. La chambre était une machine à mesurer ma condition : combien il restait de moi, combien de moi n'existait plus. J'étais à la fois le malfaiteur et le témoin, acteur en même temps que public dans un théâtre pour un homme seul. Je constatais le progrès de mon propre démembrement. Morceau par morceau, je me regardais disparaître.

Cette époque a été difficile pour tout le monde, bien entendu. Je m'en souviens comme d'un tumulte de politiciens et de foules, de scandales, de mégaphones et de violence. Au printemps soixante-huit, chaque journée paraissait vomir un nouveau cataclysme. Si ce n'était Prague, c'était Berlin ; si ce n'était Paris, c'était New York. Un demi-million de soldats se trouvaient au Viêt-nam. Le président annonçait qu'il ne se représenterait pas. Des gens étaient assassinés. Après des années de combats, la guerre avait pris de telles proportions que les moindres pensées en étaient contaminées, et je savais bien, quoi que je fasse ou ne fasse pas, que j'y avais part, comme tout le monde. Un soir où je regardais l'eau, assis sur un banc de Riverside Park, je vis sur la rive opposée exploser une citerne d'essence. Des flammes envahirent soudain le ciel et, tandis que j'observais les débris incandescents qui flottaient à travers l'Hudson et venaient atterrir à mes pieds, il m'apparut que le dedans et le dehors ne peuvent pas être séparés sans causer de grands dommages à la vérité. Plus tard, au cours du même mois, le campus de Columbia fut transformé en champ de bataille, et des centaines d'étudiants furent arrêtés, y compris de doux rêveurs comme Zimmer ou moi-même. Je n'ai pas l'intention de discuter ici de ces choses. L'histoire de cette période est bien connue de tous et y revenir ne servirait à rien. Cela ne signifie pas, néanmoins, que je les voue à l'oubli. Ma propre histoire s'enracine dans la caillasse de ce temps-là, et ne peut avoir aucun sens si ceci n'est pas entendu.

A l'époque où je commençais ma troisième année de cours (septembre 1967), le costume avait disparu depuis longtemps. Détrempés par la pluie de Chicago, le fond du pantalon avait été transpercé, le veston déchiré aux poches et à la fente, et je m'étais résigné à l'abandonner comme une cause perdue. Je l'avais pendu dans le placard en souvenir des jours heureux et m'étais acheté les vêtements les moins chers et les plus durables que je puisse trouver : bottes de travail, jeans, chemises de flanelle, et un blouson de cuir d'occasion dans un surplus de l'armée. Mes amis s'étonnaient de cette transformation, mais je ne m'en expliquais pas car, tout compte fait, leur opinion était le moindre de mes soucis. De même pour le téléphone : je ne l'avais pas fait couper dans le but de m'isoler du monde, mais simplement parce que je ne pouvais plus me le payer. Comme Zimmer me haranguait un jour à ce sujet devant la bibliothèque (protestant qu'il n'arrivait plus à me joindre), j'avais esquivé la question en m'embarquant dans un long réquisitoire à propos des fils, des voix, et de la mort des contacts humains. "Une voix transmise électriquement n'est pas réelle, affirmais-je. Nous nous sommes tous habitués à ces simulacres de nous-mêmes, mais si on veut bien y réfléchir, le téléphone est un instrument de distorsion et de fabulation. C'est la communication entre des fantômes, la sécrétion verbale d'esprits dépourvus de corps. J'ai envie de voir la personne à qui je parle. Si je ne peux pas, je préfère ne pas parler." De telles déclarations me caractérisaient de plus en plus – propos ambigus, théories saugrenues offertes en réponse à des questions tout à fait raisonnables. Puisque je ne voulais pas qu'on sût à quel point j'étais démuni, je n'avais pas le choix : seul le mensonge pouvait me sortir d'embarras. Plus ma situation se dégradait, plus mes inventions devenaient bizarres et contournées. Pourquoi j'avais cessé de fumer, pourquoi j'avais cessé de boire, pourquoi j'avais cessé de manger au restaurant – je n'étais jamais en peine de concocter quelque explication d'une rationalité absurde. A la longue on m'aurait pris pour un ermite anarchiste, un excentrique contemporain, un disciple de Ludd. Mais cela amusait mes amis et je réussissais ainsi à protéger mon secret. L'orgueil jouait un rôle, sans nul doute, dans ces mystifications, mais l'essentiel était ma volonté d'empêcher quiconque de se mettre en travers de la voie que je m'étais tracée. En parler n'aurait pu que susciter la pitié, peut-être même des offres d'aide, et toute l'opération en eût été gâchée. Au lieu de quoi je m'emmurais dans le délire de mon projet et réagissais par des pitreries à toute possibilité d'y échapper, en attendant que mon temps fût écoulé.

La dernière année fut la plus dure. J'avais cessé en novembre de payer mes notes d'électricité, et en janvier un employé de la *Consolidated Edison* était venu couper le compteur. Après cela, pendant plusieurs semaines, j'avais expérimenté toutes sortes de bougies en comparant les marques du point de vue de leur prix, de leur luminosité et de leur durée. A ma surprise, les cierges des cérémonies juives s'étaient révélés les plus intéressants. Je trouvais très belles les lumières et les ombres vacillantes, et maintenant que le réfrigérateur avait été réduit au silence (avec ses attaques intempestives de frissons), il me semblait que l'absence d'électricité, tout compte fait, était un mieux. Quoi que l'on pût dire de moi, j'avais du ressort. Je découvrais les avantages cachés que recélait chaque privation, et, aussitôt que j'avais appris à me passer de quelque commodité, je la chassais pour de bon de mes pensées. Je savais que ce processus ne pouvait durer toujours (tôt ou tard, certaines choses s'avéreraient indispensables), mais en attendant je m'émerveillais du peu de regrets que m'inspirait ce que j'avais perdu. Lentement mais sûrement, je m'apercevais que j'étais capable d'aller très loin, beaucoup plus loin que je ne l'aurais cru possible.

Une fois payée mon inscription pour le dernier semestre, il ne me restait plus que six cents dollars. Une douzaine de caisses demeuraient, ainsi que la collection d'autographes et la clarinette. Pour me tenir compagnie, j'assemblais parfois l'instrument afin de souffler dedans, remplissant l'appartement d'étranges éjaculations sonores, un charivari de gémissements et de soupirs, de rires et de ricanements plaintifs. En mars, je vendis les autographes à un amateur du nom de Milo Flax, un curieux petit homme auréolé de boucles blondes, qui avait passé une annonce dans les dernières pages du *Sporting News*. Quand Flax vit les signatures des *Cubs* rassemblées dans la boîte, il fut frappé de stupeur. Il examina les papiers avec révérence et, se tournant vers moi, les larmes aux yeux, m'annonça sans ambages que cette année soixante-huit serait celle des *Cubs*. Il avait presque raison, bien entendu, et sans leur effondrement en fin de saison, combiné avec la percée éblouissante de ces canailles de *Mets*, sa prédiction se serait certainement vérifiée. Les autographes me rapportèrent cent cinquante dollars, ce qui couvrait plus d'un mois de loyer. Les livres m'assuraient la nourriture, et je me débrouillai pour garder la tête hors de l'eau pendant avril et mai, et terminer mon travail scolaire en bûchant et rédigeant dans la fièvre, à la lumière des bougies ; après quoi je vendis ma machine à écrire vingt-six dollars, ce qui me permit de louer une coiffe et une robe afin d'assister à la contre-célébration organisée par les étudiants en contestation des cérémonies universitaires officielles.

J'avais atteint le but que je m'étais fixé, mais n'eus guère l'occasion de savourer mon triomphe. J'entamais mes derniers cent dollars, et des livres il ne restait que trois caisses. Il n'était plus question de payer mon loyer, et même si la caution devait me permettre de franchir un mois encore, il était certain qu'ensuite je serais mis à la porte. Si je recevais en juillet les premières mises en demeure, le couperet tomberait en août, ce qui signifiait que je serais à la rue en septembre. Vue du 1er juin cependant, la fin de l'été paraissait à des années-lumière. La question n'était pas tant ce que je ferais ensuite que la façon d'arriver d'abord jusquelà. Les livres rapporteraient environ cinquante dollars. Avec les quatre-vingt-seize dollars que je possédais, cela représentait cent quarante-six dollars pour les trois prochains mois. Cela semblait bien peu, mais en me contentant d'un repas par jour, en ignorant journaux, autobus, et toutes dépenses frivoles, je pensais pouvoir y arriver. C'est ainsi qu'a commencé l'été soixante-neuf. Selon toute apparence, il s'agissait de mon dernier été en ce monde.

Tout au long de l'hiver et au début du printemps, j'avais conservé mes aliments sur l'appui de la fenêtre, à l'extérieur de l'appartement. Au cours des mois les plus froids, certains avaient gelé (des blocs de beurre, des pots de fromage blanc), mais rien qui ne fût mangeable après avoir été réchauffé. Le problème majeur était de protéger mes provisions contre la suie et les crottes de pigeon, et j'avais bientôt appris à les emballer dans un sac en plastique avant de les ranger dehors. Après qu'une tempête eut emporté l'un de ces sacs, je me mis à les amarrer avec une ficelle au radiateur, dans la chambre. Je gérais ce système en expert, et comme le gaz était, heureusement, compris dans le loyer (ce qui signifiait que je n'avais pas à craindre d'être privé de mon réchaud), la question nourriture paraissait maîtrisée. Mais cela, c'était pendant la saison froide. Le temps avait changé et l'appui de fenêtre, sous un soleil qui s'attardait dans le ciel treize ou quatorze heures par jour, faisait plus de tort que de bien. Le lait tournait. Les jus devenaient aigres, le beurre s'effondrait en flaques jaunes brillantes et visqueuses. Après avoir subi plusieurs de ces désastres, comprenant qu'il me fallait éviter tous les produits sensibles à la chaleur, j'entrepris une révision de mon régime. Le 12 juin, je m'appliquai à rédiger mon nouveau programme diététique. Lait en poudre, café instantané, pain en petits emballages – telles en seraient les bases – et je mangerais tous les jours la même chose : des œufs, de mémoire d'homme l'aliment le plus nourrissant et le moins cher. De temps à autre une extravagance : une pomme ou une orange, et si le besoin en devenait trop aigu, je m'offrirais un hamburger ou un ragoût en boîte. Mes réserves ne se gâteraient pas et (du moins en principe) je ne mourrais pas de faim. Deux œufs à la coque par jour, cuits à la perfection en deux minutes et demie, deux tranches de pain, trois tasses de café, et autant d'eau que je pourrais en boire. A défaut d'être inspirant, ce plan me semblait du moins équilibré. Etant donné la rareté des choix qui me restaient, je m'appliquais à trouver ceci encourageant.

Je ne mourus pas de faim, mais il était rare que je ne me sentisse pas affamé. Je rêvais souvent de nourriture, et cet été-là mes nuits étaient pleines de visions de festins et de gloutonnerie : des assiettées de steaks et de gigot, des porcs succulents sur des plateaux volants, des gâteaux et autres desserts aux allures de châteaux, de gigantesques corbeilles de fruits. Dans la journée, mon estomac rouspétait sans cesse avec les gargouillements d'un flot de sucs inapaisés, me rappelant obstinément qu'il était vide, et je n'arrivais à l'ignorer que par une lutte constante. Moi qui n'avais jamais été bien gros, je continuai à perdre du poids tout au long de l'été. De temps en temps, je glissais une piécette dans la fente d'une balance Exacto pour voir ce qui m'arrivait. De soixante-dix kilos en juin, j'étais descendu à soixante-trois en juillet, puis en août à cinquante-six. Pour quelqu'un qui mesurait plus d'un mètre quatre-vingts, cela devenait dangereux. Les os et la peau, c'est possible, après tout, jusqu'à un certain point, mais au-delà on risque des dégâts importants.

J'essayais de me séparer de mon corps, de contourner mon dilemme en me persuadant qu'il n'existait pas. D'autres avant moi avaient suivi cette voie, et tous avaient découvert ce dont j'ai fini par m'apercevoir : l'esprit ne peut pas vaincre la matière, car sitôt qu'il se trouve sollicité exagérément, il se révèle lui aussi fait de matière. Pour m'élever au-dessus des conditions de mon existence, il me fallait me convaincre que je n'étais plus réel, avec pour résultat que toute réalité devenait pour moi incertaine. Des objets qui ne se trouvaient pas là apparaissaient soudain devant mes yeux, puis disparaissaient. Un verre de limonade glacée, par exemple. Un journal avec mon nom en gros titre. Mon vieux costume étalé sur le lit, parfaitement intact. Je vis même un jour une version antérieure de moi-même qui circulait dans la chambre en tâtonnant, avec des manières d'ivrogne, et cherchait dans les coins quelque chose d'introuvable. Ces hallucinations ne duraient qu'un instant, mais elles continuaient de résonner en moi pendant des heures. A certaines périodes, je perdais carrément ma propre trace. Une pensée me survenait, et lorsque, après l'avoir suivie jusqu'à sa conclusion, je relevais la tête, je m'apercevais que la nuit était tombée. Aucun moyen de rendre compte des heures perdues. En d'autres occasions, je me surprenais en train de mâcher des aliments imaginaires, de fumer des cigarettes imaginaires, de souffler en l'air des ronds de fumée imaginaires. Ces moments-là étaient sans doute les pires de tous, car je me rendais compte que je n'osais plus me fier à moi-même. Mon esprit avait commencé à dériver, et cela, il n'était pas en mon pouvoir de l'arrêter.

Dans l'ensemble, ces symptômes n'apparurent pas avant la mi-juillet. Avant cela, j'avais lu consciencieusement tous les derniers livres de l'oncle Victor, puis je les avais vendus à Chandler. Mais plus j'approchais de la fin, plus les livres me posaient problème. Je sentais mes yeux établir un contact avec les mots sur la page, mais aucune signification ne m'en atteignait, aucun son ne résonnait dans ma tête. Ces signes noirs me paraissaient tout à fait déroutants, un rassemblement arbitraire de lignes et de courbes qui ne divulguaient rien que leur propre silence. A la fin je ne faisais même plus semblant de comprendre ce que je lisais. Je sortais un livre du carton, l'ouvrais à la première page, et promenais mon doigt le long de la première ligne. Quand je l'avais terminée, je recommençais à la deuxième ligne, puis à la troisième, et ainsi de suite jusqu'au bas de la page. C'est ainsi que j'en vins à bout : comme un aveugle lisant du braille. Puisque je n'arrivais pas à voir les mots, je voulais au moins les toucher. Les choses allaient alors si mal pour moi que ceci me paraissait parfaitement sensé. En touchant tous les mots de ces livres, je méritais le droit de les vendre.

Le hasard voulut que j'apporte les derniers volumes à Chandler le jour même où les astronautes se sont posés sur la Lune. Je les vendis un petit peu plus de cent dollars, et comme je rentrais ensuite chez moi par Broadway je décidai d'entrer au *Quinn's Bar & Grill*, un petit bistrot de quartier au coin sud-est de la 108e rue. Le temps était extrêmement chaud, et je ne voyais pas quel mal il y aurait à m'accorder une ou deux bières à dix cents. Installé au bar, sur un tabouret, près de trois ou quatre habitués, je savourais l'éclairage tamisé et la fraîcheur de l'air conditionné. Répandant sa lumière surnaturelle sur les bouteilles de whisky et de bourbon, un grand appareil de télévision était allumé, et c'est ainsi que j'eus la chance d'être témoin de l'événement. Je vis ces silhouettes capitonnées faire leurs premiers pas dans un univers sans air et rebondir comme des jouets dans le paysage, conduire un *kart* dans la poussière, planter un drapeau dans l'œil de ce qui avait été un jour la déesse de l'amour et de la folie. Diane radieuse, pensai-je, image de toutes nos ténèbres intérieures. Puis le président parla. D'une voix solennelle et impassible, il déclara qu'il s'agissait du plus grand événement depuis la création du monde. En entendant ça, les vieux, au bar, se mirent à rire et je parvins moi-même, me semble-t-il, à grimacer quelques sourires. Mais quelle que fût l'absurdité de cette remarque, une chose était incontestable : depuis le jour de son expulsion du Paradis, jamais Adam ne s'était trouvé aussi loin de chez lui.

Après cela, je passai par un bref intervalle de calme quasi parfait. Mon appartement était nu désormais, mais loin de me déprimer, comme je m'y étais attendu, ce vide me paraissait réconfortant. Je suis bien en peine de l'expliquer, mais mes nerfs étaient redevenus plus solides, et pendant deux ou trois jours je commençai presque à me reconnaître. Si curieux que soit l'usage d'un tel mot dans ce contexte, pendant la courte période qui suivit la vente des derniers livres d'oncle Victor, j'irais même jusqu'à prétendre que j'étais *heureux*. Comme un épileptique au bord d'une crise, j'avais pénétré un univers étrange dans lequel tout paraissait lumineux, rayonnant d'une clarté nouvelle et prodigieuse. Je ne faisais pas grand-chose. J'allais et venais dans ma chambre, m'étendais sur mon matelas, consignais mes réflexions dans un carnet. C'était sans importance. La seule action de ne rien faire me paraissait considérable, et c'est sans aucun scrupule que je laissais les heures s'écouler dans l'oisiveté. De temps à autre je me plantais entre les deux fenêtres pour regarder l'enseigne du *Moon Palace*. Même cela me donnait du plaisir, et semblait toujours susciter une série de pensées intéressantes. Ces pensées me sont aujourd'hui quelque peu obscures – des essaims d'associations saugrenues, un cycle désordonné de rêveries – mais à l'époque je les trouvais terriblement signifiantes. Peut-être le mot *moon* s'était-il transformé pour moi depuis que j'avais vu des hommes se promener sur la surface de la Lune. Peut-être étais-je frappé par cette coïncidence : avoir rencontré à Boise, dans l'Idaho, un homme qui s'appelait Neil Armstrong, et puis vu s'envoler dans l'espace quelqu'un qui portait le même nom. Peut-être étais-je simplement délirant de faim, et hypnotisé par ces lettres lumineuses. Je n'ai aucune certitude, mais le fait est que les mots *Moon Palace* se mirent à hanter mon esprit avec le mystère et la fascination d'un oracle. Tout s'y mêlait à la fois : oncle Victor et la Chine, les vaisseaux spatiaux et la musique, Marco Polo et le Far West. En contemplation devant l'enseigne, je me lançais, par exemple, dans une réflexion sur l'électricité. Celle-ci évoquait la panne de courant qui avait eu lieu pendant ma première année de collège, qui me rappelait les parties de base-ball à Wrigley Field, qui me ramenaient à l'oncle Victor et aux cierges allumés sur l'appui de ma fenêtre. Chaque idée en entraînait une autre, en une spirale sans cesse croissante de connexions. La notion de voyage dans l'inconnu, un parallèle entre Colomb et les astronautes. La découverte de l'Amérique, échec dans la tentative de parvenir en Chine ; la cuisine chinoise et mon estomac vide ; la pensée, comme dans nourrir sa pensée, et la tête un palais peuplé de rêves. Je me disais : Le projet Apollo ; Apollon, dieu de la musique ; oncle Victor et les *Moon Men* en tournée au Far West. Je me disais : L'Ouest ; la guerre contre les Indiens ; la guerre au Viêt-nam, jadis appelé Indochine. Je me disais : Armes, bombes, explosions ; nuages nucléaires dans les déserts de l'Utah et du Nevada ; et puis je me demandais : Pourquoi l'Ouest américain ressemble-t-il tant au paysage de la Lune ? Cela n'avait pas de fin, et plus je m'ouvrais à ces correspondances secrètes, plus je me sentais près de comprendre quelque vérité fondamentale de l'univers. J'étais peut-être en train de devenir fou, mais je sentais néanmoins monter en moi une puissance énorme, une joie gnostique qui pénétrait les choses jusqu'au cœur. Puis, tout d'un coup, aussi soudainement que j'avais acquis ce pouvoir, je le perdis. J'avais vécu à l'intérieur de mes pensées pendant trois ou quatre jours, et en me réveillant un matin je m'aperçus que j'étais ailleurs : revenu dans un monde de fragments, dans un monde de faim et de murs blancs et nus. Je m'efforçai de retrouver l'équilibre des jours précédents, mais en vain. L'univers pesait à nouveau sur moi, et je pouvais à peine respirer.

J'entrai dans une nouvelle période de désolation. L'obstination m'avait soutenu jusque-là, mais je me sentais de moins en moins résolu et vers le 1er août j'étais sur le point de m'effondrer. Je tâchai de mon mieux d'entrer en contact avec quelques amis, avec l'intention de demander un prêt, mais sans grand résultat. Quelques marches épuisantes dans la chaleur, une poignée de pièces de monnaie gaspillées. C'était l'été, tout le monde semblait avoir quitté la ville. Même Zimmer, le seul sur qui je savais pouvoir compter, avait mystérieusement disparu. Je me rendis plusieurs fois chez lui, au coin d'Amsterdam Avenue et de la 120e rue, mais personne ne répondit à mes coups de sonnette. Je glissai des messages dans la boîte aux lettres et sous la porte, toujours sans réponse. Beaucoup plus tard, j'appris qu'il avait déménagé. Quand je lui demandai pourquoi il ne m'avait pas communiqué sa nouvelle adresse, il répondit que je lui avais dit passer l'été à Chicago. J'avais oublié ce mensonge, évidemment, mais à cette époque j'avais inventé tant de mensonges que j'en avais perdu le compte.

Ignorant que Zimmer n'y était plus, je continuais à me rendre à son ancien appartement et à laisser des billets sous la porte. Un dimanche matin, au début du mois d'août, l'inévitable se produisit enfin. Je sonnai, m'attendant si bien à ne trouver personne qu'en poussant le bouton je me tournais déjà pour m'en aller, quand j'entendis du mouvement à l'intérieur : le raclement d'une chaise, des pas, une toux. Un flot de soulagement m'envahit, pour s'anéantir aussitôt quand la porte s'ouvrit. Celui qui aurait dû être Zimmer n'était pas lui. C'était quelqu'un de tout à fait différent : un jeune homme avec une barbe noire frisée et des cheveux jusqu'aux épaules. Je supposai qu'il venait de s'éveiller, car il n'était vêtu que d'un simple caleçon. "Que puis-je pour vous ?" demanda-t-il en m'observant d'un air amical bien que légèrement perplexe, et au même instant j'entendis des rires dans la cuisine (un mélange de voix masculines et féminines) et me rendis compte que j'étais arrivé dans une sorte de réunion.

"Je crois que je me suis trompé d'endroit, dis-je. Je cherche David Zimmer.

— Oh, fit l'inconnu tout à trac, vous devez être Fogg. Je me demandais quand vous reviendriez."

Il faisait une chaleur atroce au-dehors – torride, oppressante – et la marche m'avait épuisé. Debout devant cette porte, avec la sueur qui me coulait dans les yeux et mes muscles spongieux et hébétés, je me demandais si j'avais bien entendu. Je voulus me détourner, m'enfuir, mais me sentis soudain si faible que j'eus peur de m'évanouir. M'appuyant de la main sur le cadre de la porte pour retrouver mon équilibre, je balbutiai : "Pardon, vous voulez bien répéter ? Je ne suis pas sûr d'avoir compris.

— J'ai dit que vous deviez être Fogg, répéta l'inconnu. C'est très simple, en fait. Si vous cherchez Zimmer, vous devez être Fogg. C'est Fogg qui a glissé tous ces messages sous la porte.

— Très astucieux, remarquai-je, en poussant un petit soupir palpitant. Vous ne savez pas où est Zimmer maintenant, je suppose.

— Désolé. Je n'en ai pas la moindre idée."

A nouveau, j'entrepris de rassembler mon courage et de partir, mais au moment précis où j'allais m'en aller, je vis que l'inconnu m'observait. Son regard était bizarre et pénétrant, fixé directement sur mon visage. "Quelque chose qui ne va pas ? balbutiai-je.

— Je me demandais simplement si vous êtes un ami de Kitty.

— Kitty ? Je ne connais pas de Kitty. Je n'ai même jamais rencontré aucune Kitty.

— Vous avez le même T-shirt qu'elle. Ça m'a fait supposer que vous pouviez avoir un lien quelconque."

Je baissai les yeux et constatai que je portais un T-shirt des *Mets*. Je l'avais acheté dix cents à la farfouille un peu plus tôt dans l'année. "Je n'aime même pas les *Mets*, murmurai-je. Je suis un supporter des *Cubs*.

— C'est une coïncidence étrange, continua l'inconnu sans faire attention à ce que j'avais dit. Kitty va être ravie. Elle adore ce genre de choses."

Avant d'avoir pu esquisser une protestation, je me retrouvai saisi par le bras et conduit dans la cuisine. J'y découvris un groupe de cinq ou six personnes assises autour de la table devant un petit déjeuner dominical. La table était encombrée de nourriture : des œufs au lard, une cafetière pleine, des bagels et du fromage à tartiner, un plat de poisson fumé. Il y avait des mois que je n'avais rien vu de pareil et je ne savais comment réagir. C'était comme si je m'étais tout à coup trouvé en plein milieu d'un conte de fées. J'étais l'enfant affamé qui a été perdu dans les bois, et je venais de trouver la maison enchantée, la cabane en pain d'épice.

"Regardez tous, annonça en souriant mon hôte au torse nu. Voici le frère jumeau de Kitty."

On fit alors les présentations. Tout le monde me souriait, me saluait, et je faisais de mon mieux pour sourire à mon tour. Ils étaient pour la plupart étudiants à la Julliard School – musiciens, danseurs, chanteurs. L'hôte s'appelait Jim ou John, et il venait d'emménager la veille dans l'ancien appartement de Zimmer. Les autres étaient sortis faire la fête cette nuit-là et, au lieu de rentrer chez eux ensuite, ils avaient décidé de surprendre Jim ou John avec un petit déjeuner-pendaison de crémaillère impromptu. Ceci expliquait sa tenue légère et l'abondance de nourriture que je voyais devant moi. Je hochais poliment la tête tandis qu'on me racontait tout cela, mais je ne faisais que semblant d'écouter. En vérité je m'en moquais éperdument et dès la fin de l'histoire j'avais oublié tous leurs noms. Faute de mieux, j'examinais ma sœur jumelle, une petite Chinoise de dix-neuf ou vingt ans avec des bracelets d'argent aux deux poignets et un bandeau navajo garni de perles autour de la tête. Elle me rendit mon regard avec un sourire – un sourire qui me parut d'une chaleur exceptionnelle, plein d'humour et de complicité – et puis, incapable d'en détourner les yeux très longtemps, je ramenai mon attention vers la table. Je me rendais compte que j'étais sur le point de mal me conduire. Les odeurs des aliments avaient commencé à me torturer, et tandis que je restais là dans l'attente d'être invité à m'asseoir, je n'avais pas trop de toutes mes forces pour m'empêcher d'attraper quelque chose et de me le fourrer dans la bouche.

C'est Kitty qui enfin brisa la glace. "Maintenant que mon frère est là, dit-elle, entrant manifestement dans l'humeur du moment, la moindre des choses serait que nous l'invitions à partager notre déjeuner." Je l'aurais bien embrassée pour tant de clairvoyance. Il y eut néanmoins un instant d'embarras, car on ne trouvait plus de chaise, mais Kitty encore vint à la rescousse en me faisant signe de m'installer entre elle et son voisin de droite. Je m'y faufilai aussitôt et plantai une fesse sur chaque chaise. On posa devant moi une assiette avec les accessoires nécessaires : couteau et fourchette, verre et tasse, serviette, cuiller. Après quoi je sombrai dans une fièvre de mangeaille et d'oubli. C'était une réaction infantile, mais, dès l'instant où j'eus de la nourriture dans la bouche, tout contrôle de moi-même me devint impossible. J'engouffrais un plat après l'autre, dévorant tout ce qu'on me présentait, et à la fin c'était comme si j'avais perdu l'esprit. Comme la générosité des autres paraissait infinie, je continuai à manger jusqu'à ce que tout ce qui s'était trouvé sur la table eût disparu. Tel est en tout cas mon souvenir. Je me gavai pendant quinze à vingt minutes et, quand j'eus terminé, il ne restait qu'un petit tas d'arêtes de poisson. Rien de plus. J'ai beau fouiller dans ma mémoire, je ne trouve rien d'autre. Pas une bouchée. Pas même une croûte de pain.

C'est alors seulement que je remarquai l'intensité avec laquelle tous m'observaient. Etait-ce si affreux ? me demandai-je. Me suis-je mal tenu, donné en spectacle ? Je me tournai vers Kitty avec un faible sourire. Elle paraissait moins dégoûtée qu'ahurie. J'en fus un peu rassuré, mais je voulais me faire pardonner, quelque offense que j'eusse pu commettre envers les autres. C'était bien le moins, pensais-je : chanter pour ma pitance, leur faire oublier que je viens de nettoyer leurs assiettes. En attendant une occasion de prendre part à la conversation, j'étais de plus en plus conscient du bien-être que j'éprouvais, assis à côté de ma jumelle enfin retrouvée. D'après ce que je glanais dans les propos qui m'entouraient, je compris qu'elle était danseuse, et il est indiscutable qu'elle mettait beaucoup mieux que moi le T-shirt des *Mets* en valeur. Il n'était pas difficile d'en être impressionné, et tandis qu'elle continuait de bavarder et de rire avec les autres, je glissais sans cesse de petits coups d'œil vers elle. Elle n'était pas maquillée et ne portait pas de soutien-gorge, mais un tintement constant de bracelets et de boucles d'oreilles accompagnait ses mouvements. Elle avait de jolis seins, qu'elle arborait avec une admirable nonchalance, sans les exhiber ni faire semblant qu'ils n'existaient pas. Je la trouvais belle, mais surtout j'aimais sa façon de se tenir, de ne pas paraître, comme tant de belles filles, paralysée par sa beauté. Peut-être à cause de la liberté de ses gestes, de la qualité franche, terre à terre, que j'entendais dans sa voix. Il ne s'agissait pas d'une enfant gâtée, d'une gosse de bourgeois comme les autres, mais de quelqu'un qui connaissait la vie, qui s'était débrouillé pour apprendre seul. Le fait qu'elle semblât heureuse de la proximité de mon corps, qu'elle ne s'écartât pas de mon épaule ni de ma jambe, qu'elle laissât même son bras nu s'attarder contre le mien – tout cela me rendait un peu fou.

L'accès à la conversation me fut offert au bout de peu de temps. Quelqu'un s'étant mis à parler de l'atterrissage sur la Lune, un autre déclara que cela ne s'était pas vraiment passé. Tout ça, c'est de la blague, affirmait-il, une extravagance médiatique mise en scène par le gouvernement pour nous distraire de la guerre. "Les gens croient tout ce qu'on leur dit de croire, ajoutait-il, n'importe quelle connerie en toc filmée dans un studio hollywoodien." Il ne m'en fallait pas plus pour faire mon entrée. Prenant mon élan avec l'allégation la plus excessive que je puisse inventer, j'énonçai calmement que non seulement l'alunissage du mois précédent avait été authentique, mais qu'il était loin d'être le premier. Il y avait des centaines d'années que des gens se rendaient sur la Lune, prétendis-je, peut-être même des milliers. Des petits rires nerveux accueillirent mon intervention, mais je plongeai aussitôt dans ma meilleure veine comico-pédante, et pendant dix minutes je déversai sur mes auditeurs une histoire de folklore lunaire, complétée de références à Lucien, Godwin et d'autres. Je voulais qu'ils soient impressionnés par mes connaissances, mais je voulais aussi les faire rire. Soûlé par le repas que je venais d'achever, déterminé à prouver à Kitty que je ne ressemblais à personne qu'elle connût, je me hissai à ma forme la plus éblouissante et ma diction coupante, *staccato*, leur donna à tous le fou rire. Je me mis alors à décrire le voyage de Cyrano, et quelqu'un m'interrompit. Cyrano de Bergerac n'était pas réel, disait cette personne, c'était un personnage dans une pièce, un homme imaginaire. Je ne pouvais laisser passer cette erreur, et, dans une brève digression, je leur racontai la vie de Cyrano. J'esquissai ses jeunes années de soldat, dissertai sur sa carrière de philosophe et de poète, puis m'attardai assez longuement sur les difficultés de son existence : ses problèmes d'argent, l'angoisse d'une attaque de syphilis, ses démêlés avec l'autorité à cause de ses opinions radicales. Je leur racontai comment il avait finalement trouvé un protecteur en la personne du duc d'Arpajon et comment, juste trois ans plus tard, il avait été tué dans une rue de Paris par une pierre tombée d'un toit sur sa tête. Observant une pause dramatique, je leur permis de se pénétrer de l'humour grotesque de cette tragédie. "Il n'avait que trente-six ans, repris-je, et nul ne sait à ce jour s'il s'agissait ou non d'un accident. A-t-il été assassiné par un de ses ennemis ou n'était-ce qu'une simple malchance, un destin aveugle déversant la destruction du haut du ciel ? Hélas, pauvre Cyrano. Il ne s'agit pas d'une fiction, mes amis, mais d'une créature de chair et de sang, d'un homme réel qui a vécu dans le monde réel, et qui a écrit en 1649 un livre sur son voyage dans la Lune. Comme c'est un récit de première main, je ne vois pas pourquoi on le mettrait en doute. D'après Cyrano, la Lune est un monde comme celui-ci. Vue de ce monde, notre Terre a la même apparence que la Lune vue de chez nous. Le Paradis est situé sur la Lune, et quand Adam et Eve ont mangé le fruit de l'Arbre de la Connaissance, Dieu les a exilés sur la Terre. Dans une première tentative, Cyrano essaie de s'envoler vers la Lune en s'attachant au corps des bouteilles de rosée plus-légère-que-l'air, mais, après être arrivé à mi-distance, il redescend et atterrit au sein d'une tribu d'Indiens nus en Nouvelle-France. Là, il construit une machine qui finit par l'amener à destination, ce qui montre sans conteste que l'Amérique a toujours été l'endroit idéal pour lancer des fusées. Les gens qu'il rencontre sur la Lune mesurent dix-huit pieds de haut et marchent à quatre pattes. Ils parlent deux langues différentes, mais il n'y a de mots dans aucune. La première, employée par les gens du commun, est un code compliqué fait de gestes de pantomime et nécessitant un mouvement constant de toutes les parties du corps. La seconde, parlée par les classes supérieures, consiste en son pur, un chantonnement complexe mais inarticulé qui ressemble fort à de la musique. Pour manger, les habitants de la Lune n'avalent pas les aliments mais les hument. Leur monnaie est de la poésie – de vrais poèmes, écrits sur des morceaux de papier dont la valeur est déterminée par celle de chaque poème. Le plus grand crime est la virginité, et l'on attend des jeunes gens qu'ils manquent de respect à leurs parents. Plus on a le nez long, plus on est considéré pour la noblesse de son caractère. (On châtre les hommes au nez court, car les gens de la Lune préféreraient l'extinction de leur race à l'obligation de vivre dans une telle laideur.) Il y a des livres qui parlent et des villes qui voyagent. Quand un grand philosophe meurt, ses amis boivent son sang et mangent sa chair. Les hommes arborent, pendus à leur ceinture, des pénis en bronze, comme au XVIIe siècle en France on portait l'épée. Ainsi que l'explique un homme de la Lune à Cyrano étonné, ne vaut-il pas mieux honorer l'instrument de la vie que ceux de la mort ? Cyrano passe une bonne partie du livre dans une cage. A cause de sa petitesse, les Luniens pensent qu'il doit être un perroquet sans plumes. A la fin, un géant le rejette sur la Terre avec l'Antéchrist."

Je poursuivis mon bavardage pendant plusieurs minutes encore, mais tant parler m'avait épuisé et je sentais que mon inspiration commençait à flancher. En plein milieu de mon dernier discours (sur Jules Verne et le *Gun Club* de Baltimore), elle m'abandonna tout à fait. Ma tête rétrécit puis devint immense ; je voyais des lumières bizarres et des comètes me passer devant les yeux ; mon estomac se mit à gronder, à s'agiter, la douleur me donnait des coups de poignard et je sentis soudain que j'allais être malade. Sans un mot d'avertissement, j'interrompis ma conférence, me dressai et annonçai que je devais partir. "Merci de votre gentillesse, dis-je, mais des affaires urgentes m'appellent. Vous m'êtes chers, vous êtes bons, je vous promets de penser à vous tous dans mon testament." C'était une scène de folie, la danse d'un aliéné. Renversant au passage une tasse de café, je sortis de la cuisine en trébuchant et me dirigeai tant bien que mal vers la porte. Quand j'atteignis celle-ci, Kitty se trouvait près de moi. A ce jour, je n'ai jamais compris comment elle avait fait pour arriver là avant moi.

"Tu es un drôle de frère, dit-elle. Tu as l'air d'un homme, et puis tu te transformes en loup. Après quoi le loup devient un moulin à paroles. Tout est dans la bouche pour toi, n'est-ce pas ? D'abord la nourriture, et puis les mots – dedans et puis dehors. Mais tu oublies le meilleur usage à faire d'une bouche. Je suis ta sœur, après tout, et je ne te laisserai pas partir sans m'embrasser."

Je voulus m'excuser, mais, sans m'accorder une chance de prononcer le moindre mot, Kitty se dressa sur la pointe des pieds, posa la main sur ma nuque, et m'embrassa – très tendrement, me sembla-t-il, presque avec compassion. Je ne savais que penser. Etais-je supposé prendre ce baiser pour un vrai baiser, ou n'était-ce que partie du jeu ? Avant d'avoir pu en décider, j'appuyai sans le vouloir mon dos contre la porte, et la porte s'ouvrit. J'y vis comme un message, une suggestion discrète que la fin était venue et, sans un mot de plus, je continuai donc à reculer, me retournai lorsque mes pieds franchirent le seuil, et m'en fus.

Après cela, il n'y eut plus de repas gratuit. Quand le deuxième avis d'expulsion arriva, le 13 août, je ne possédais plus que trente-sept dollars. Il se trouve que c'était le jour même où les astronautes sont venus à New York pour leur grande parade des confettis. Les services de santé ont déclaré par la suite que trois cents tonnes de papier avaient été jetées dans les rues durant ces festivités. C'était un record absolu, disaient-ils, la plus grande parade dans l'histoire universelle. Je gardai mes distances. Ne sachant plus où me tourner, je sortais aussi peu que possible de l'appartement, tâchant d'économiser le peu de force qui me restait. Un petit saut au coin de la rue pour m'approvisionner et puis retour, rien de plus. J'avais le cul irrité à force de me torcher avec le papier brun des sacs que je rapportais du marché, mais c'est de la chaleur que je souffrais le plus. Il faisait insupportable dans l'appartement, une torpeur d'étuve qui m'accablait nuit et jour, et j'avais beau ouvrir les fenêtres, nulle brise ne se laissait apprivoiser. J'étais constamment en nage. Le simple fait de rester assis sur place me faisait transpirer, et, si je bougeais le moins du monde, cela provoquait une inondation. Je buvais autant d'eau que je pouvais. Je prenais des bains froids, me douchais la tête sous le robinet, appliquais des serviettes mouillées sur mon visage, mon cou et mes poignets. Ce n'était qu'un maigre confort, mais au moins j'étais propre. Le savon dans la salle de bains s'était réduit à un mince copeau blanc, et je devais le garder pour me raser. Comme mon stock de lames baissait aussi, je me limitai à deux rasages par semaine, en m'arrangeant avec soin pour qu'ils tombent les jours où je sortais faire mes courses. Bien que cela n'eût sans doute guère d'importance, je trouvais consolant de penser que je réussissais à sauver les apparences.

 L'essentiel était de combiner mes prochaines actions. Mais c'était là précisément ce qui m'était le plus difficile, ce que je n'arrivais plus à faire. J'avais perdu la capacité de prévoir, et j'avais beau m'appliquer à tenter d'imaginer l'avenir, je ne le voyais pas, je ne voyais rien du tout. Le seul futur qui m'appartînt jamais était le présent que j'étais en train de vivre et la lutte pour y demeurer avait peu à peu pris le pas sur tout le reste. Je n'avais plus d'idées. Les instants se déroulaient l'un après l'autre, et l'avenir m'apparaissait à tout moment comme une page blanche, vide, une page d'incertitude. Si la vie était une histoire, comme oncle Victor me l'avait souvent affirmé, et si chaque homme était l'auteur de sa propre histoire, alors j'inventais la mienne au fil du chemin. Je travaillais sans scénario, j'écrivais chaque phrase comme elle se présentait et refusais de penser à la suivante. C'était bel et bon, sans doute, mais la question n'était plus de savoir si je pouvais écrire dans l'inspiration du moment. Cela, je l'avais fait. La question était : que devrais-je faire lorsque je me trouverais à court d'encre ? La clarinette était toujours là, rangée dans son étui à côté de mon lit. J'ai honte aujourd'hui de l'admettre, mais j'ai failli craquer et la vendre. Pire, j'ai même été jusqu'à l'apporter un jour dans un magasin de musique pour savoir combien elle valait. En constatant que je n'en tirerais même pas assez pour couvrir un mois de loyer, j'abandonnai cette idée. Mais c'est la seule chose qui m'a épargné l'indignité d'aller jusqu'au bout. Avec le temps, j'ai compris combien j'avais été près de commettre un péché impardonnable. La clarinette était mon dernier lien avec oncle Victor, et parce que c'était le dernier, parce qu'il n'y avait aucune autre trace de lui, elle portait en elle toute la force de son âme. Chaque fois que je la regardais, je sentais cette force en moi aussi. C'était un objet auquel je pouvais m'accrocher, un débris du naufrage, qui m'aidait à flotter.

Plusieurs jours après ma visite chez le marchand de musique, un désastre mineur eut presque raison de moi. Les deux œufs que je m'apprêtais à mettre à bouillir dans une casserole d'eau pour mon repas quotidien glissèrent entre mes doigts et s'écrasèrent sur le sol. C'étaient les deux derniers de mes réserves, et je ne pus m'empêcher d'y voir la mésaventure la plus cruelle, la plus terrible qui me soit jamais arrivée. Les œufs avaient atterri avec un affreux bruit mou. Je me souviens d'être resté pétrifié d'horreur tandis qu'ils se répandaient sur le sol. Leur contenu lumineux, translucide, s'infiltrait dans les fentes du plancher, et soudain il y eut de la morve partout, une flaque visqueuse avec des bulles et des bouts de coquilles. Par miracle, un jaune avait survécu à la chute, mais quand je me penchai pour le ramasser, il glissa de la cuiller et se rompit. Il me sembla qu'une étoile explosait, qu'un grand soleil venait de mourir. Le jaune s'étala sur le blanc puis commença à tourbillonner, pour se transformer en une vaste nébuleuse, débris de gaz interstellaires. C'était trop pour moi – la dernière goutte, impondérable. Quand ceci s'est passé, je me suis assis, vrai, et j'ai pleuré.

Dans une tentative de dominer mon émotion, je m'en allai au *Moon Palace* m'offrir un repas. Cela ne servit à rien. J'étais passé de l'attendrissement sur moi-même à la prodigalité, et je me haïssais d'avoir cédé à ce caprice. Pour accroître encore mon dégoût, je commençai par un potage à l'œuf : j'étais incapable de résister à la perversité d'un tel jeu sur les mots. Je poursuivis avec des beignets, une assiettée de crevettes épicées et une bouteille de bière chinoise. Mais tout bienfait qu'aurait pu m'apporter cette nourriture était annulé par le poison de mes pensées. Je faillis vomir sur le riz. Ceci n'est pas un dîner, pensais-je, c'est le dernier repas, celui qu'on sert au condamné avant de le traîner à l'échafaud. Tandis que je m'obligeais à mâcher, à avaler, je me souvins d'une phrase de Raleigh, dans sa dernière lettre à sa femme, écrite la veille de son exécution : *Mon cerveau est brisé*. Rien n'aurait pu mieux me convenir que ces mots. Je pensai à la tête tranchée de Raleigh, conservée par sa femme dans une boîte en verre. Je pensai à la tête de Cyrano, défoncée par la chute d'une pierre. Puis j'imaginai l'éclatement de ma propre tête, s'éparpillant comme les œufs tombés sur le sol de ma chambre. Je sentais mon cerveau s'écouler goutte à goutte. Je me voyais en morceaux.

Je laissai au garçon un pourboire exorbitant et retournai vers mon immeuble. En entrant dans le hall, je m'arrêtai par routine devant ma boîte aux lettres et m'aperçus qu'il y avait quelque chose dedans. A part les avis d'expulsion, c'était le premier courrier que je recevais depuis des mois. Je me figurai pendant un bref instant que quelque bienfaiteur inconnu m'avait envoyé un chèque, mais en examinant la lettre je constatai que c'était simplement une autre sorte d'avis. Je devais me rendre à la visite médicale de l'armée le 16 septembre. Etant donné mon état du moment, j'encaissai la nouvelle avec un calme relatif. Il faut dire que le lieu où le couperet tomberait me paraissait de peu d'importance. A New York ou en Indochine, pensais-je, au bout du compte cela revient au même. Si Colomb avait pu confondre l'Amérique avec Cathay, qui étais-je pour faire la fine bouche avec la géographie ? Je rentrai chez moi et glissai la lettre dans l'étui de la clarinette d'oncle Victor. En l'affaire de quelques minutes j'avais réussi à l'oublier complètement.

J'entendis quelqu'un frapper à la porte, mais décidai que cela ne valait pas la peine d'aller voir qui c'était. Je réfléchissais, et souhaitais n'être pas dérangé. Quelques heures plus tard, j'entendis frapper à nouveau. On frappait d'une façon très différente de la première fois, et je ne croyais pas qu'il pût s'agir de la même personne. Celle-ci était grossière et brutale, un poing coléreux qui secouait la porte sur ses gonds, tandis que l'autre avait été discrète, presque timide : le fait d'un seul doigt, tapant sur le bois son message léger et intime. Je tournai ces différences dans ma tête pendant plusieurs heures, en méditant sur les trésors de connaissance humaine que renfermaient des sons aussi simples. Si les deux bruits avaient été produits par la même main, pensais-je, le contraste semblerait alors indiquer une frustration terrible, et j'étais bien en peine de me figurer qui pouvait si désespérément souhaiter me voir. Ceci signifiait que ma première interprétation était la bonne. Il y avait deux individus. L'un était probablement une femme, l'autre pas. Je continuai à réfléchir en ce sens jusqu'à la tombée de la nuit. Aussitôt que je m'aperçus qu'il faisait noir, j'allumai une bougie, puis me remis à réfléchir jusqu'à ce que je m'endorme. Pendant tout ce temps, cependant, il ne me vint pas à l'esprit de me demander qui ces gens pouvaient être. Mieux encore, je ne fis pas le moindre effort pour comprendre pourquoi je ne désirais pas savoir.

Les coups sur la porte reprirent le lendemain matin. Quand je fus suffisamment réveillé pour être sûr que je ne rêvais pas, j'entendis un bruit de clefs au-dehors, dans le vestibule – un violent grondement de tonnerre qui m'explosa dans le crâne. J'ouvris les yeux, et à cet instant une clef fut introduite dans la serrure. Le pêne tourna, la porte s'ouvrit à la volée, et Simon Fernandez, le surveillant de l'immeuble, fit son entrée dans la chambre. Il arborait son habituelle barbe de deux jours et portait le même pantalon kaki avec le même T-shirt blanc que depuis le début de l'été – une tenue défraîchie maintenant, avec des taches de suie grisâtre et les dégoulinades de plusieurs douzaines de repas. Il me regarda droit dans les yeux en faisant semblant de ne pas me voir. Depuis Noël, quand j'avais failli à la coutume du pourboire annuel (encore une dépense rayée de mes livres), Fernandez était devenu hostile. Plus de bonjours, plus de commentaires sur le temps, plus d'histoires à propos de son cousin de Ponce qui avait presque été admis à faire partie de l'équipe des *Cleveland Indians*. Fernandez s'était vengé en faisant comme si je n'existais pas, et nous n'avions pas échangé un mot depuis des mois. Ce matin entre tous les matins, néanmoins, sa stratégie avait subi une modification inattendue. Il déambula quelques instants autour de la pièce en tapotant les murs comme pour les inspecter, en quête de dégâts, puis, comme il passait pour la deuxième ou troisième fois à côté de mon lit, il s'arrêta, se retourna, et affecta un haut-le-corps exagéré en m'apercevant enfin. "Doux Jésus, s'écria-t-il, tu es toujours là ?

— Toujours là, répondis-je. Si on peut dire.

— Faut que tu t'en ailles aujourd'hui, annonça Fernandez. L'appartement est loué pour le premier du mois, tu sais, et Willie s'amène avec les peintres demain matin. T'as pas envie que les flics viennent te tirer d'ici, hein ?

— Ne vous en faites pas. Je serai parti bien à temps."

Fernandez examina la chambre d'un air de propriétaire, puis secoua la tête, dégoûté. "Quel trou tu as ici, mon ami. Sans vouloir t'offenser, ça me fait penser à un cercueil. Une de ces caisses en sapin dans lesquelles on enterre les types.

— Mon décorateur a pris des vacances, expliquai-je. Nous avions le projet de peindre les murs en bleu œuf de rouge-gorge, mais nous n'étions pas certains que cela irait avec les carreaux de la cuisine. Nous sommes convenus d'y réfléchir encore un peu avant de nous lancer.

— Un petit malin d'étudiant. T'as un problème, ou quoi ?

— Pas de problème. Quelques ennuis financiers, c'est tout. Le marché était mauvais, ces derniers temps.

— Si t'as besoin d'argent, faut le gagner. Comme je vois les choses, tu fais que rester assis sur ton cul toute la journée. Comme un chimp au zoo, tu vois ce que je veux dire ? Tu peux pas payer ton loyer si tu ne bosses pas.

— Mais je travaille. Je me lève le matin comme tout le monde, et puis je m'applique à essayer de vivre encore toute une journée. C'est un travail à temps plein. Pas de pauses café, pas de week-ends, pas de bonus ni de congés. Je ne me plains pas, remarquez, mais le salaire est plutôt bas.
— Tu m'as l'air d'un foutu paumé. Un petit malin d'étudiant, complètement paumé.
— Il ne faut pas surestimer les études. Ça ne mérite pas tout le foin qu'on en fait.
— Si j'étais toi, j'irais voir un médecin, déclara Fernandez, faisant soudain montre de sympathie. Je veux dire, regarde-toi. C'est vraiment triste, mon vieux. Y a plus rien. Juste un tas d'os.
— J'ai suivi un régime. Il n'est pas facile d'être au mieux de sa forme avec deux œufs à la coque par jour.
— Je ne sais pas, remarqua Fernandez, qui dérivait dans ses propres pensées. Parfois c'est comme si tout le monde était devenu cinglé. Si tu veux mon avis, c'est tous ces trucs qu'on tire dans l'espace. Tous ces machins bizarres, ces satellites, ces fusées. Si on envoie des gens dans la Lune, il faut bien que ça craque. Tu vois ce que je veux dire ? Ça fait faire aux gens de drôles de choses. On ne peut pas déconner avec le ciel et espérer que rien ne se passe."

Il déplia le numéro du *Daily News* qu'il tenait dans la main gauche et me montra la première page. C'était la preuve, l'ultime pièce à conviction. Je ne distinguai pas du premier coup, mais ensuite je vis qu'il s'agissait de la photographie aérienne d'une foule. Il y avait des dizaines de milliers de gens sur cette photographie, un gigantesque agglomérat de corps, plus de corps que je n'en avais jamais vus en un même lieu. Woodstock. Cela avait si peu de rapport avec ce qui était en train de m'arriver que je ne savais que penser. C'étaient des gens de mon âge, mais, pour ce qui concerne la connivence que je ressentais avec eux, ils auraient aussi bien pu se trouver sur une autre planète.

Fernandez s'en alla. Je restai où j'étais pendant plusieurs minutes, puis sortis de mon lit et m'habillai. Il ne me fallut pas longtemps pour me préparer. Je fourrai quelques bricoles dans un sac de toile, calai l'étui à clarinette sous mon bras, et pris la porte. C'était la fin du mois d'août 1969. Si je me souviens bien, un soleil radieux brillait ce matin-là, et une petite brise soufflait de la rivière. Je me tournai vers le sud, m'arrêtai un moment, puis fis un pas. Puis je fis encore un pas, et de cette façon je commençai à descendre la rue. Pas une fois je ne regardai en arrière.

2

A partir d'ici, l'histoire se complique. Je peux décrire les événements mais, si précisément et si complètement que je m'y efforce, ma relation ne représentera jamais qu'une partie de ce que je tente de raconter. D'autres que moi sont concernés, et à la fin ils sont impliqués autant que moi dans ce qui m'est arrivé. Je pense à Kitty Wu, à Zimmer, à des gens qu'à l'époque je ne connaissais pas encore. J'ai appris beaucoup plus tard, par exemple, que c'était Kitty qui était venue frapper à ma porte. Alarmée par mon exhibition, lors de ce déjeuner dominical, et plutôt que de continuer à se tracasser, elle avait décidé de se rendre chez moi pour s'assurer que j'allais bien. La difficulté était de trouver mon adresse. Elle l'avait cherchée dès le lendemain dans l'annuaire, mais comme je n'avais pas le téléphone, je n'y figurais pas. Son inquiétude s'en était trouvée accrue. Se souvenant que la personne que je recherchais s'appelait Zimmer, elle s'était mise à son tour en quête de lui – sachant qu'il était sans doute la seule personne à New York à pouvoir lui dire où j'habitais. Malheureusement Zimmer n'avait emménagé dans son nouvel appartement que dans la seconde moitié du mois d'août, plus de dix ou douze jours après. Presque à l'instant même où elle parvenait à se procurer son numéro aux renseignements, je laissais tomber les œufs sur le sol de ma chambre. (A force de ressasser la chronologie dans le but de repérer tous nos faits et gestes, nous avons reconstitué tout ceci à la minute près.) Elle avait aussitôt voulu téléphoner à Zimmer, dont la ligne était occupée. Quand elle avait réussi à l'atteindre, j'étais déjà installé au *Moon Palace*, en train de m'en aller en pièces devant mon repas. Elle avait aussitôt pris le métro en direction du Upper West Side. Mais le trajet avait duré plus d'une heure, et lorsqu'elle était enfin arrivée chez moi il était trop tard. J'étais perdu dans mes pensées, et je l'avais laissée frapper à la porte sans réagir. Elle m'a raconté qu'elle était restée sur le palier pendant cinq à dix minutes. Elle m'entendait parler tout seul à l'intérieur (des mots trop confus pour qu'elle puisse les comprendre) et puis, tout à coup, il semble que je me sois mis à chanter – d'une façon bizarre, un chant sans mélodie, disait-elle – mais je n'en ai aucun souvenir. Elle avait frappé de nouveau, mais de nouveau j'étais demeuré sans réaction. Ne désirant pas s'imposer, elle avait finalement renoncé.

C'est là ce que Kitty m'a raconté. Cela m'a d'abord semblé plausible, mais dès que j'ai commencé d'y réfléchir, son histoire m'a paru de moins en moins convaincante. "Je ne comprends toujours pas pourquoi tu es venue, lui ai-je dit. Nous ne nous étions vus que cette seule fois, et je ne pouvais rien représenter pour toi, à l'époque. Pourquoi t'es-tu donné tout ce mal à cause de quelqu'un que tu ne connaissais même pas ?"

Détournant de moi ses yeux, Kitty a regardé par terre. "Parce que tu étais mon frère, a-t-elle répondu, très doucement.

— Ce n'était qu'une plaisanterie. On ne se démène pas ainsi pour une plaisanterie.

— Non, sans doute", a-t-elle murmuré, avec un léger haussement d'épaules. Je pensais qu'elle allait poursuivre, mais plusieurs secondes se sont écoulées sans qu'elle ajoutât rien.

"Alors ? ai-je demandé. Pourquoi ?"

Elle m'a lancé un bref regard puis s'est remise à fixer le sol. "Parce que je croyais que tu étais en danger, dit-elle. Je croyais que tu étais en danger, et de ma vie je ne m'étais jamais sentie aussi triste pour qui que ce soit."

Elle était retournée à l'appartement le lendemain, mais j'étais déjà parti. La porte était entrouverte, néanmoins, et comme elle la poussait pour franchir le seuil elle était tombée sur Fernandez qui s'affairait dans la chambre ; il était en train d'entasser mes possessions dans des sacs poubelles en plastique tout en grommelant et en jurant dans sa barbe. Tel que Kitty le décrivait, on aurait dit quelqu'un qui s'efforce de nettoyer la chambre d'un homme qui vient de mourir de la peste : ses mouvements rapides trahissaient une répugnance paniquée, il touchait à peine aux objets, comme s'il avait eu peur d'en être infecté. Elle lui avait demandé s'il savait où j'étais parti, mais il n'avait pu lui dire grand-chose. J'étais un dingue, un connard de paumé, disait-il, et, s'il avait la moindre notion de la moindre idée, j'étais probablement en train de ramper quelque part à la recherche d'un trou où mourir. Kitty était alors partie et redescendue dans la rue, et elle avait téléphoné à Zimmer de la première cabine qu'elle avait trouvée. Le nouvel appartement de Zimmer se trouvait à Bank Street, à l'ouest du Village, mais dès qu'il avait entendu ce qu'elle avait à lui dire, il avait laissé en plan ce qu'il était en train de faire et s'était précipité pour rejoindre Kitty dans mon quartier. Et c'est ainsi que j'ai fini par être sauvé : parce que ces deux-là s'étaient mis à ma recherche. Au moment même je n'en avais pas conscience, bien sûr, mais maintenant que je sais ce que je sais, il m'est impossible d'évoquer ces jours passés sans ressentir une bouffée de nostalgie pour mes amis. Dans un sens, cela altère la réalité de mon expérience. J'avais sauté du haut d'une falaise, et puis, juste au moment où j'allais m'écraser en bas, il s'est passé un événement extraordinaire : j'ai appris que des gens m'aimaient. D'être aimé ainsi, cela fait toute la différence. Cela ne diminue pas la terreur de la chute, mais cela donne une perspective nouvelle à la signification de cette terreur. J'avais sauté de la falaise, et puis, au tout dernier moment, quelque chose s'est interposé et m'a rattrapé en plein vol. Quelque chose que je définis comme l'amour. C'est la seule force qui peut stopper un homme dans sa chute, la seule qui soit assez puissante pour nier les lois de la gravité.

Je n'avais aucune idée de ce que j'allais faire. Après avoir quitté l'appartement, ce matin-là, je me mis simplement à marcher. J'allais où mes pieds me menaient. Dans la mesure où je pensais, c'était à laisser le hasard décider des événements, à suivre la voie de l'impulsivité et de l'arbitraire. Mes premiers pas se dirigeaient vers le sud, je continuai donc vers le sud et me rendis compte, deux ou trois rues plus loin, que de toute façon il valait sans doute mieux m'éloigner de mon quartier. On peut remarquer que l'orgueil avait atténué ma volonté de détachement envers ma misère, l'orgueil et un sentiment de honte. Une part de moi-même était consternée que j'eusse accepté d'en arriver là, et je ne souhaitais pas courir le risque de rencontrer quelqu'une de mes connaissances. Le nord, cela voulait dire Morningside Heights, où les rues seraient peuplées de visages familiers. J'étais certain d'y tomber sur des gens qui, s'ils n'étaient pas des amis, me connaissaient au moins de vue : les habitués du *West End Bar*, des camarades d'études, d'anciens professeurs. Je n'avais pas le courage de supporter qu'ils me voient, qu'ils me fixent, qu'ils se retournent sur moi, le regard incrédule. Pis encore, j'étais horrifié à l'idée d'avoir à parler à l'un d'entre eux.

Je partis donc vers le sud, et, de tout mon séjour dans les rues, je ne remis pas le pied sur Upper Broadway. J'avais en poche quelque chose comme seize ou vingt dollars ; mon sac contenait un chandail, un blouson de cuir, une brosse à dents, un rasoir avec trois lames neuves, une paire de chaussettes de rechange, des slips, et un petit carnet vert à spirale où j'avais glissé un crayon. Juste au nord de Columbus Circle, moins d'une heure après que je me fus embarqué dans ce pèlerinage, un incident improbable se produisit. Arrêté devant la boutique d'un horloger, j'examinais le mécanisme d'une montre ancienne exposée dans la vitrine quand soudain, en baissant les yeux, j'aperçus à mes pieds un billet de dix dollars. Je fus si ému que je ne savais comment réagir. Mon esprit était déjà plein de confusion, et, plutôt que d'y voir un simple coup de chance, je me persuadai que ce qui venait de se passer était d'une importance profonde : un événement religieux, un véritable miracle. Je me penchai pour ramasser cet argent et quand je constatai qu'il était bien réel, je me mis à trembler de joie. Ça va marcher, me dis-je, tout finira par s'arranger. Sans autre considération, j'entrai dans un café grec et m'offris un petit déjeuner de fermier : jus de pamplemousse, cornflakes, œufs au jambon, café, le grand jeu. J'achetai même, après ce repas, un paquet de cigarettes, et m'attardai au comptoir en buvant encore une tasse de café. J'étais saisi d'un sentiment incontrôlable de joie et de bien-être, d'un amour tout neuf pour l'univers. Tout dans ce restaurant me semblait merveilleux : les urnes à café fumantes, les tabourets tournants, les grille-pain à quatre fentes, les machines argentées qui servaient à préparer les milk-shakes, les petits pains frais empilés dans leurs récipients de verre. Je me sentais comme sur le point de renaître, de découvrir un continent nouveau. En savourant une deuxième Camel, je regardai le garçon s'affairer derrière le comptoir. Je dirigeai ensuite mon attention vers la serveuse, son air mal soigné, ses faux cheveux roux. L'un et l'autre me paraissaient indiciblement poignants. J'aurais aimé leur dire combien ils m'étaient importants, mais les mots refusaient de me sortir de la bouche. Pendant quelques minutes encore, je restai assis là, plongé dans ma propre euphorie, à m'écouter penser. Mon cerveau débordait de sentimentalisme, un vrai pandémonium d'élucubrations rhapsodiques. Puis, ma cigarette s'étant réduite à un mégot, je rassemblai mes forces et repris mon chemin.

Dans l'après-midi, la chaleur devint étouffante. Ne sachant que faire de moi-même, j'entrai dans un des cinémas à triple programme de la 42e rue, près de Times Square. La promesse du conditionnement d'air m'avait séduit, et j'y pénétrai aveuglément, sans même prendre la peine de lire sur l'affiche ce qu'on jouait. Pour quatre-vingt-dix-neuf cents, j'étais prêt à assister à n'importe quoi. Je m'installai à l'étage, dans la section fumeurs, et vins lentement à bout de dix ou douze autres Camel en regardant les deux premiers films, dont j'ai oublié les titres. Je me trouvais dans l'un de ces fastueux palaces de rêve construits pendant la Dépression : lustres dans le vestibule, escaliers de marbre, décors rococo sur les murs. C'était moins un cinéma qu'une châsse, un temple à la gloire de l'illusion. A cause de la température extérieure, la plus grande partie de la population clocharde de New York paraissait présente ce jour-là. Il y avait des ivrognes et des drogués, des gens avec des croûtes sur le visage, des gens qui marmonnaient pour eux-mêmes et répliquaient aux acteurs sur l'écran, des gens qui ronflaient, qui pétaient, des gens qui pissaient sous eux. Une équipe de portiers circulait dans les allées avec des lampes électriques, vérifiant si personne ne s'était endormi. Le bruit était toléré dans ce théâtre, mais il était apparemment illégal d'y perdre conscience. Chaque fois qu'un portier découvrait un dormeur, il lui dirigeait sa lampe droit dans la figure en lui ordonnant d'ouvrir les yeux. Si l'homme ne réagissait pas, le portier s'avançait jusqu'à son siège et le secouait. Les récalcitrants étaient éjectés de la salle, non sans fortes et amères protestations. Ceci se produisit une demi-douzaine de fois au cours de l'après-midi. Il ne m'est venu à l'esprit que beaucoup plus tard que les portiers étaient sans doute en quête de morts.

Je ne laissai rien de tout cela me troubler. J'étais au frais, au calme, j'étais content. Compte tenu des incertitudes qui m'attendaient au sortir de là, j'avais la situation bien en main. Ensuite la troisième partie du programme commença et j'eus soudain l'impression que le sol se dérobait au-dedans de moi. Il se trouve qu'on donnait *le Tour du monde en quatre-vingts jours*, ce même film que j'avais vu onze ans plus tôt à Chicago avec l'oncle Victor. Je pensai que j'éprouverais du plaisir à le revoir, et considérai pendant un petit moment que j'avais de la chance de m'être installé dans cette salle juste le jour où on le projetait – ce film, entre tous les films. Il me sembla que le destin veillait sur moi, que ma vie se déroulait sous la protection d'esprits bienveillants. Au bout de peu de temps, je m'aperçus néanmoins que des larmes étranges, inexplicables, me montaient aux yeux. Au moment où Philéas Fogg et Passepartout s'envolent dans le ballon à air chaud (quelque part au cours de la première demi-heure), les vannes cédèrent enfin et un flot de larmes brûlantes et salées m'inonda les joues. Mille chagrins d'enfance me revenaient en tempête, j'étais impuissant à m'en défendre. Je sentais que si l'oncle Victor avait pu me voir, il en aurait eu le cœur brisé. Je m'étais laissé aller à rien, un homme mort, dégringolant en enfer la tête la première. Dans la nacelle de leur ballon, qui flottait au-dessus de la généreuse campagne française, David Niven et Cantinflas regardaient le paysage, et moi, en bas, dans l'obscurité, en compagnie d'un ramassis d'ivrognes, je sanglotais à perdre le souffle sur ma misérable existence. Je quittai ma place et me frayai un chemin vers la sortie. Au-dehors, je fus agressé par la lumière de cette fin d'après-midi, replongé soudain dans la chaleur. C'est tout ce que je mérite, me dis-je. J'ai créé mon néant, il me faut maintenant y vivre.

Il en fut ainsi pendant plusieurs jours encore. Au gré de sautes d'humeur qui passaient avec brusquerie d'un extrême à l'autre, je balançai tant et si bien de la joie au désespoir que ces allées et venues me délabrèrent le cerveau. Presque n'importe quoi servait de déclencheur : une confrontation inattendue avec le passé, le sourire d'un étranger, la façon dont la lumière frappait le trottoir à une heure donnée. Je m'efforçais d'atteindre à une forme d'équilibre intérieur, mais en vain : tout était instabilité, tumulte, lubies extravagantes. Engagé un moment dans une quête philosophique, avec la suprême certitude d'accéder bientôt au rang des illuminés, je m'écroulais l'instant d'après, en larmes, sous le poids de mon angoisse. Mon absorption en moi-même était si profonde que je ne voyais plus les choses telles qu'elles étaient : les objets devenaient pensées, et chaque pensée jouait son rôle dans le drame qui se développait au-dedans de moi.

Me trouver projeté dans l'inconnu était une tout autre affaire que de rester dans ma chambre à attendre que le ciel me tombe sur la tête. Une fois sorti du cinéma, il ne me fallut pas dix minutes pour comprendre enfin ce qui m'attendait. La nuit approchait, je devais sans délai me trouver un endroit où dormir. Si étonnant que cela me paraisse aujourd'hui, je n'avais pas sérieusement réfléchi à ce problème.

Je supposais qu'une solution ou une autre surgirait d'elle-même, que la confiance aveugle dans la chance pure suffirait. Mais lorsque je commençai à examiner les perspectives qui s'offraient à moi, je me rendis compte qu'elles n'étaient pas gaies. Je n'allais pas m'allonger sur le trottoir comme un clochard, me disais-je, pour y passer la nuit emballé dans de vieux journaux. Ce serait m'exposer à tous les fous de la ville, les inviter à me couper la gorge. Et même si je ne subissais pas d'agression, j'étais certain de me faire arrêter pour vagabondage. D'autre part, de quelles possibilités d'abri disposais-je ? La perspective de coucher dans un asile me faisait horreur. Je ne supportais pas l'idée de me trouver dans la même pièce qu'une centaine de crève-la-faim, obligé de respirer leurs odeurs, d'écouter les grognements de vieillards en train de se foutre entre eux. Je ne voulais rien avoir à faire de ce genre d'endroits, même si l'accès en était gratuit. Il y avait le métro, bien sûr, mais je savais d'avance que je ne pourrais jamais y fermer l'œil – ni à cause des cahots, du bruit, des lumières fluorescentes, ni de la conscience qu'à tout moment un surveillant pouvait venir me balancer sa matraque sur la plante des pieds. J'errai pendant plusieurs heures, la peur au ventre, sans parvenir à une décision. Si je finis par choisir Central Park, c'est uniquement parce que j'étais trop épuisé pour trouver une autre idée. Je me trouvai, vers onze heures, en train de marcher sur la 52e avenue en parcourant d'une main distraite le mur de pierre qui la sépare du parc. Je regardai de l'autre côté, vis cet immense espace inhabité, et me rendis compte que rien de mieux ne se présenterait à cette heure. Au moins, le sol y serait mou, et j'accueillais avec soulagement l'idée de m'étendre sur l'herbe, de pouvoir faire mon lit en un lieu où personne ne me verrait. J'entrai dans le parc quelque part près du Metropolitan Museum, m'enfonçai vers l'intérieur pendant plusieurs minutes, puis me glissai en rampant sous un buisson. Je ne me sentais pas capable d'une recherche plus attentive. J'avais entendu toutes les histoires horribles qu'on raconte à propos de Central Park, mais à ce moment ma fatigue était plus grande que ma peur. Je me disais que si le buisson ne me dissimulait pas aux regards j'avais toujours mon couteau pour me défendre. Je roulai en boule mon blouson de cuir en guise d'oreiller puis m'agitai quelques instants en essayant de trouver une position confortable. Aussitôt que je fus immobile, j'entendis un criquet dans le buisson voisin. Peu après, une brise légère se mit à agiter les feuilles et les branches au-dessus de ma tête. Je ne savais plus que penser. Il n'y avait pas de lune cette nuit-là dans le ciel, ni la moindre étoile. Avant de m'être souvenu de saisir mon couteau dans ma poche, je dormais profondément.

Je me réveillai avec l'impression d'avoir couché dans un fourgon. Le jour venait de se lever, et j'avais le corps entier endolori, les muscles noués. Je m'extirpai tant bien que mal du buisson, jurant et gémissant à chaque mouvement, puis découvris mon environnement. J'avais passé la nuit au bord d'un terrain de *soft-ball*, dans le bosquet situé derrière une des bases. Le terrain était situé dans un creux, et à cette heure matinale un léger brouillard gris flottait au-dessus de l'herbe. Il n'y avait rigoureusement personne en vue. Quelques moineaux voletaient en pépiant aux alentours de la deuxième base, un geai criait dans la cime des arbres. C'était New York, mais cela n'avait rien à voir avec le New York que j'avais toujours connu. Cet endroit était dépourvu d'associations, il aurait pu se trouver n'importe où. Tandis que je méditais là-dessus, je réalisai tout à coup que j'avais réussi à passer la première nuit. Je n'affirmerais pas que je me réjouissais de ce succès (mon corps me faisait trop souffrir), mais j'avais conscience de m'être débarrassé d'un souci important. J'avais passé la première nuit, et, si je l'avais fait une fois, il n'y avait pas de raison d'imaginer que je ne pourrais pas recommencer.

Après cela, je couchai tous les soirs dans le parc. Il était devenu pour moi un sanctuaire, un refuge d'intériorité contre les exigences énervantes de la rue. Cela faisait plus de trois cents hectares où vagabonder et, à la différence du quadrillage massif d'immeubles et de tours qui en dominait le pourtour, le parc m'offrait la possibilité de m'isoler, de me séparer du reste du monde. Dans les rues, tout n'est que corps et commotions et, qu'on le veuille ou non, on ne peut y pénétrer sans adhérer à un protocole rigoureux. Marcher dans une foule signifie ne jamais aller plus vite que les autres, ne jamais traîner la jambe, ne jamais rien faire qui risque de déranger l'allure du flot humain. Si on se conforme aux règles de ce jeu, les gens ont tendance à vous ignorer. Un vernis particulier ternit les yeux des New-Yorkais quand ils circulent dans les rues, une forme naturelle, peut-être nécessaire, d'indifférence à autrui. Par exemple, l'apparence ne compte pas. Tenues extravagantes, coiffures bizarres, T-shirts imprimés de slogans obscènes – personne n'y fait attention. En revanche, quelque accoutrement qu'on arbore, la façon dont on se comporte est capitale. Le moindre geste étrange est immédiatement ressenti comme une menace. Parler seul à voix haute, se gratter le corps, fixer quelqu'un droit dans les yeux : de tels écarts de conduite peuvent déclencher dans l'entourage des réactions hostiles et parfois violentes. On ne peut ni trébucher ni tituber, il ne faut pas se tenir aux murs, ni chanter, car toute attitude spontanée ou involontaire provoque à coup sûr des regards durs, des remarques caustiques, et même à l'occasion une bourrade ou un coup de pied dans les tibias. Je n'en étais pas au point de subir pareils traitements, mais j'avais vu de telles choses se produire et je savais qu'un jour viendrait tôt ou tard où je ne serais plus capable de me contrôler. Par contraste, la vie dans Central Park proposait une gamme plus étendue de variables. Personne ne s'y étonnait qu'on s'étende sur l'herbe pour s'endormir en plein midi. Personne ne tiquait si l'on restait assis sous un arbre à ne rien faire, si l'on jouait de la clarinette, si l'on hurlait à tue-tête. A part les employés de bureau qui en longeaient les limites à l'heure du déjeuner, la majorité des gens qui fréquentaient le parc se conduisaient comme s'ils avaient été en vacances. Les mêmes choses qui les auraient inquiétés dans la rue n'étaient ici considérées qu'avec une indifférence amusée. Les gens se souriaient et se tenaient par la main, pliaient leurs corps en postures inhabituelles, s'embrassaient. C'était vivre et laisser vivre, et du moment qu'on n'intervenait pas directement dans l'existence des autres on était libre d'agir à sa guise.

Il est indiscutable que le parc me fit le plus grand bien. Il me donnait une possibilité d'intimité, mais surtout il me permettait d'ignorer la gravité réelle de ma situation. L'herbe et les arbres étaient démocratiques, et quand je flânais au soleil d'une fin d'après-midi, ou quand, en début de soirée, j'escaladais les rochers en quête d'un endroit où dormir, j'avais l'impression de me fondre dans l'environnement, de pouvoir passer, même devant un œil exercé, pour l'un des pique-niqueurs ou des promeneurs qui m'entouraient. Les rues n'autorisaient pas de telles illusions. Quand je marchais dans la foule, j'étais aussitôt accablé par la honte. Je me sentais tache, vagabond, raté, bouton obscène sur la peau de l'humanité. Chaque jour, je devenais un peu plus sale que le jour précédent, un peu plus dépenaillé et brouillon, un peu plus différent de tous les autres. Dans le parc, je n'avais pas à trimbaler ce fardeau de conscience de moi-même. J'y possédais un seuil, une frontière, un moyen de distinguer le dedans du dehors. Si les rues m'obligeaient à me voir tel que les autres me voyaient, le parc m'offrait une chance de retrouver ma vie intérieure, de m'appréhender sur le seul plan de ce qui se passait au-dedans de moi. Je m'apercevais qu'il est possible de survivre sans un toit sur sa tête, mais pas sans établir un équilibre entre l'intérieur et l'extérieur. C'est ce que le parc faisait pour moi. Comme foyer, ce n'était pas grand-chose, sans doute, mais, à défaut de tout autre abri, c'en était assez proche.

Des choses inattendues m'y arrivaient sans cesse, des choses dont il me paraît presque impossible de me souvenir aujourd'hui. Un jour, par exemple, une jeune femme aux cheveux d'un roux éclatant vint me glisser dans la main un billet de cinq dollars – comme ça, sans la moindre explication. Une autre fois, je fus convié par un groupe de gens à me joindre à eux pour un déjeuner sur l'herbe. Quelques jours plus tard, je passai un après-midi entier à jouer au *soft-ball*. Compte tenu de ma condition physique du moment, je m'en tirai honorablement (deux ou trois *singles*, une balle rattrapée en plongeon dans le champ gauche), et chaque fois que revenait le tour de mon équipe d'être à la batte, les autres joueurs m'offraient à manger, à boire et à fumer : des sandwiches géants et des bretzels, des boîtes de bière, des cigarettes. Ce furent des moments heureux, et ils m'ont aidé à franchir certaines périodes plus sombres, quand la chance paraissait m'avoir abandonné. Peut-être était-ce là tout ce que je m'étais jamais appliqué à prouver : que dès lors qu'on a jeté sa vie à tous les vents, on découvre des choses qu'on n'avait jamais soupçonnées, des choses qu'on ne peut apprendre en nulle autre circonstance. J'étais à moitié mort de faim, mais chaque fois qu'un événement heureux survenait, je l'attribuais moins à la chance qu'à un état d'esprit particulier. Que penser, sinon, des extraordinaires gestes de générosité dont je fus l'objet à Central Park ? Je ne demandais jamais rien à personne, je ne bougeais pas de ma place, et pourtant des inconnus venaient sans cesse m'apporter de l'aide. Une force devait émaner de moi vers le monde, pensais-je, quelque chose d'indéfinissable qui donnait aux gens l'envie d'agir ainsi. Avec le temps, je commençai à remarquer que les bonnes choses n'arrivaient que lorsque j'avais renoncé à les espérer. Si c'était vrai, l'inverse devait l'être aussi : trop espérer les empêcherait de se produire. C'était la conséquence logique de ma théorie, car si je m'étais prouvé que je pouvais exercer sur autrui une attirance, il s'ensuivait que je pouvais le repousser. En d'autres termes, on n'obtenait ce qu'on désirait qu'en ne le désirant pas. Cela n'avait aucun sens, mais l'inintelligibilité de cette proposition était ce qui me plaisait. Si mes besoins ne pouvaient être comblés qu'à condition de ne pas y penser, toute pensée consacrée à ma situation était nécessairement improductive. Dès l'instant où j'adoptai cette idée, je me trouvai en équilibre instable sur le fil d'une conscience inconcevable. Car comment ne pas penser à la faim quand on est toujours affamé ? Comment réduire son estomac au silence quand il proteste sans répit en réclamant satisfaction ? Il est presque impossible d'ignorer de telles demandes. J'y cédai à maintes reprises, et je savais aussitôt, automatiquement, que j'avais détruit mes chances de secours. Ce résultat était inévitable, il avait la rigueur et la précision d'une formule mathématique. Tant que je me préoccupais de mes problèmes, le monde se détournait de moi. Ce qui ne me laissait d'autre choix que de me suffire à moi-même, de chaparder, de me débrouiller tout seul. Le temps passait. Un jour, deux jours, trois ou quatre même, peut-être, et je purgeais petit à petit mon esprit de toute idée de sauvetage, je me déclarais perdu. C'était alors seulement qu'intervenaient les événements miraculeux. Ils tombaient toujours du ciel. Je ne pouvais les prévoir, et, une fois qu'ils avaient eu lieu, je ne pouvais en aucune manière compter sur leur répétition. Chaque miracle était donc toujours le dernier miracle. Et parce que c'était le dernier, j'étais chaque fois rejeté vers les commencements, obligé chaque fois de reprendre la lutte.

Je passais une partie de mes journées à chercher de la nourriture dans le parc. Cela m'aidait à réduire mes dépenses, et aussi à repousser le moment où il faudrait m'aventurer dans les rues. Avec le temps, les rues étaient devenues ma pire crainte, et j'étais prêt à quasiment n'importe quoi pour les éviter. Les week-ends, en particulier, m'étaient très profitables. Quand il faisait beau, des masses de gens venaient au parc, et je constatai bientôt que la plupart y apportaient quelque chose à manger : toutes sortes de repas et de casse-croûte, de quoi s'empiffrer à cœur joie. Il en résultait un gaspillage inévitable, des masses gargantuesques d'aliments abandonnés mais comestibles. Il me fallut un peu de temps pour m'y adapter, mais, une fois acceptée l'idée de mettre dans ma bouche quelque chose qui avait déjà touché celle d'un autre, je trouvai autour de moi de quoi me nourrir à satiété. Des croûtes de pizzas, des morceaux de hot-dogs, des quignons de sandwiches, des boîtes de limonade à moitié pleines – les prés et les rochers en étaient parsemés, les poubelles débordaient de cette abondance. Pour surmonter mon dégoût, j'entrepris de leur donner des noms comiques. Je les appelais restaurants cylindriques, repas à la fortune du pot, colis d'assistance municipale – n'importe quoi pour éviter de les appeler par leur nom. Un jour où je fourrageais dans l'une d'elles, un policier s'approcha et me demanda ce que je faisais. Pendant quelques instants, je balbutiai, pris tout à fait au dépourvu, puis je déclarai que j'étais étudiant. Je prétendis travailler pour un projet d'études urbaines, et avoir consacré tout l'été à l'analyse statistique et sociologique du contenu des poubelles. Pour confirmer ce que je disais, j'extirpai de ma poche ma carte universitaire de Columbia, en espérant qu'il ne remarquerait pas qu'elle était périmée depuis juin. Il examina un moment la photographie, regarda mon visage, revint à la photographie pour les comparer, puis haussa les épaules. "Tâche de ne pas trop enfoncer la tête dedans, lança-t-il. Tu risques de rester bloqué, si tu ne fais pas attention."

 Je ne voudrais pas suggérer que je trouvais tout ceci plaisant. Ramasser des miettes n'avait rien de romanesque, et le peu de nouveauté que cela avait pu présenter au début s'était rapidement émoussée. Je me souvenais d'un passage dans un livre que j'avais lu un jour (*Lazarillo de Tormes*, je crois bien) dans lequel un hidalgo famélique se promène partout un cure-dent à la bouche afin de donner l'impression qu'il vient de terminer un repas copieux. Je me mis à affecter moi-même ce déguisement, et je n'oubliais jamais de rafler une poignée de cure-dents chaque fois que j'allais prendre une tasse de café dans un bistrot. Ils me permettaient de mâchouiller dans les périodes creuses entre les repas, et je pensais qu'ils conféraient à mon apparence une sorte de distinction, un air d'indépendance et de calme. Pas grand-chose, mais j'avais besoin de tout ce qui pouvait m'aider à tenir debout. J'éprouvais une difficulté particulière à m'approcher d'une poubelle quand je me sentais observé et je m'efforçais toujours d'y mettre toute la discrétion possible. Si ma faim l'emportait en général sur mon inhibition, c'est simplement que ma faim était trop grande. A plusieurs reprises, j'entendis des gens se moquer de moi, et une ou deux fois je remarquai des enfants qui me montraient du doigt, en disant à leur mère de regarder ce drôle de bonhomme qui mangeait des ordures. Ce sont là des choses qu'on n'oublie jamais, le temps n'y fait rien. Je luttais pour maîtriser ma colère, mais je me souviens d'au moins une occasion où j'ai adressé à un petit garçon un grognement si féroce qu'il a fondu en larmes. J'arrivai néanmoins tant bien que mal à accepter ces humiliations comme une part normale de la vie que je menais. Quand je me sentais moralement fort, je parvenais à les interpréter comme une initiation spirituelle, des obstacles dressés sur mon chemin pour mettre à l'épreuve ma foi en moi-même. Si j'apprenais à les surmonter, je finirais par atteindre à un degré supérieur de conscience. Quand j'étais d'humeur moins exultante, j'avais tendance à me considérer sous un angle politique, avec l'espoir de justifier mon état en le traitant comme un défi au mode de vie américain. Je prétendais représenter un instrument de sabotage, une pièce desserrée dans la machine nationale, un inadapté chargé de jouer le rôle du grain de sable dans les rouages. Nul ne pouvait me regarder sans ressentir de honte, de colère ou de pitié. J'étais la preuve vivante que le système avait échoué, que le pays béat et suralimenté de l'abondance se lézardait enfin.

De telles pensées occupaient une grande partie de mes veilles. Je gardais toujours une conscience aiguë de ce qui m'arrivait, mais sitôt que la moindre chose se produisait, mon esprit réagissait et s'enflammait d'une passion incendiaire. Mon cerveau bouillonnait de théories livresques, de voix contradictoires, de colloques intérieurs complexes. Par la suite, après mon sauvetage, Zimmer et Kitty m'ont maintes fois demandé comment je m'étais débrouillé pour ne rien faire pendant tant de jours. Ne m'étais-je pas ennuyé ? se demandaient-ils. N'était-ce pas monotone ? Ces questions étaient logiques, mais en réalité je ne me suis jamais ennuyé. J'ai été sujet, dans le parc, à toutes sortes d'humeurs et d'émotions, mais l'ennui n'en faisait pas partie. Quand je n'étais pas occupé de questions pratiques (la recherche d'un endroit où passer la nuit, le souci de mon estomac), une foule d'autres activités semblaient s'offrir à moi. Vers le milieu de la matinée, je découvrais généralement un journal dans l'une des poubelles, et pendant une heure ou deux, désireux de rester au courant de ce qui advenait dans le monde, j'en passais les pages au peigne fin. La guerre continuait, bien sûr, mais d'autres événements méritaient l'attention : Chappaquidick, les huit de Chicago*, le procès des Black Panthers, un deuxième alunissage, les *Mets*. Je suivis la dégringolade spectaculaire des *Cubs* avec un intérêt particulier, et je m'émerveillais qu'ils aient pu tomber aussi bas. Il m'était difficile de ne pas voir de correspondance entre leur plongeon du sommet et ma propre situation, mais je ne prenais pas cela personnellement. A dire vrai, je me sentais plutôt gratifié par la bonne étoile des *Mets*. Leur histoire était encore plus abominable que celle des *Cubs*, et les voir soudain, contre toute vraisemblance, surgir des profondeurs, cela semblait prouver que tout en ce monde est possible. Cette pensée était consolante. La causalité n'était plus le démiurge caché qui régit l'univers : le bas devenait le haut, le dernier, le premier, et la fin, le commencement. Héraclite était ressuscité de dessus son fumier, et ce qu'il avait à nous montrer était la plus simple des vérités : la réalité était un yo-yo, le changement la seule constante.

Une fois que j'avais médité sur les nouvelles du jour, je passais généralement quelque temps à me balader dans le parc, à en explorer les zones où je n'étais pas encore allé. J'appréciais le paradoxe de vivre dans une nature fabriquée par l'homme. Une nature sublimée, si l'on peut dire, et qui offrait une variété de sites et de paysages que la nature concentre rarement en un lieu aussi limité. Il y avait des collines et des champs, des affleurements rocheux et des jungles de feuillage, de douces prairies et des réseaux serrés de souterrains. J'aimais aller et venir entre ces différents secteurs, car cela me permettait d'imaginer que je couvrais de grandes distances alors même que je demeurais dans les bornes de mon univers en miniature. Il y avait le zoo, bien sûr, tout au fond du parc, et le lac où des gens louaient de petits bateaux de plaisance, et le réservoir, et les terrains de jeux pour enfants. J'occupais pas mal de temps rien qu'à regarder les gens : j'étudiais leurs gestes et leur démarche, je leur inventais des biographies, j'essayais de m'abandonner complètement à ce que

---

* En 1968, manifestation anti-Viêt-nam. *(N.d.T.)*

je voyais. Souvent, quand j'avais l'esprit particulièrement vide, je me surprenais plongé dans des jeux mornes, obsessionnels. Je comptais le nombre de personnes qui passaient à un endroit donné, par exemple, ou je cataloguais les visages en fonction des animaux auxquels ils ressemblaient – cochons ou chevaux, rongeurs ou oiseaux, escargots, marsupiaux, chats. A l'occasion, je notais quelques-unes de ces observations dans mon carnet, mais en général j'éprouvais peu le désir d'écrire, car je ne voulais m'abstraire de mon environnement en aucune façon sérieuse. Je considérais que j'avais déjà vécu par les mots une trop grande partie de ma vie, et que si je voulais trouver un sens à cette période-ci, il me fallait l'éprouver aussi pleinement que possible, fuir tout ce qui n'était pas ici et maintenant, le tangible, le vaste univers sensoriel en contact avec ma peau.

Je m'y trouvai aussi confronté à des dangers, mais rien de calamiteux en vérité, rien dont je n'aie fini par me sortir. Un matin, un vieillard s'assit à côté de moi sur un banc, me tendit la main, et se présenta sous le nom de Frank. "Vous pouvez m'appeler Bob si vous préférez, ajouta-t-il, je ne suis pas difficile. Du moment que vous ne m'appelez pas Bill, nous nous entendrons bien." Puis, presque sans reprendre son souffle, il se lança dans un récit compliqué à propos d'une affaire de jeu, et s'étendit longuement sur un pari de mille dollars qu'il avait placé en 1936 et qui concernait un cheval nommé Cigarillo, un gangster nommé Duke et un jockey nommé Tex. A sa troisième phrase, j'étais largué, mais ce n'était pas désagréable d'écouter ce conte décousu et tiré par les cheveux, et comme le personnage me semblait tout à fait inoffensif je ne songeai pas à m'en aller. Après dix minutes de ce monologue, pourtant, il se leva brusquement, empoigna l'étui à clarinette que je tenais sur mes genoux, et partit en courant sur le sentier en macadam, tel un joggeur invalide, à petits pas traînants et pathétiques, absurdes, en projetant bras et jambes dans toutes les directions. Je n'eus aucun mal à le rattraper. Je lui saisis alors brusquement un bras par-derrière, le fis tourner sur lui-même et lui arrachai l'étui des mains. Il parut étonné que j'aie pris la peine de le poursuivre. "En voilà une façon de traiter un vieillard", protesta-t-il, sans manifester le moindre remords de ce qu'il avait fait. J'avais une furieuse envie de lui boxer la figure, mais il tremblait déjà d'une telle peur que je me retins. Au moment où j'allais me détourner, il me lança un regard effrayé, méprisant, et puis envoya dans ma direction un énorme crachat. La moitié environ dégoutta sur son menton, mais le reste m'atteignit sur la chemise, à hauteur de la poitrine. Je baissai les yeux un instant pour inspecter les dégâts, et dans cette fraction de seconde il s'échappa de nouveau, en regardant par-dessus son épaule si je le suivais. Je pensais en être quitte mais, aussitôt qu'il eut mis entre nous assez de distance pour se sentir en sécurité, il s'arrêta net, se retourna, et se mit à agiter le poing vers moi, en donnant des coups dans l'air avec indignation. "Sale communiste ! criait-il. Sale agitateur communiste ! Retourne chez toi en Russie !" Il me provoquait, pour que je le reprenne en chasse, dans l'espoir évident de faire durer notre aventure, mais je ne tombai pas dans le piège. Sans ajouter un mot, je fis demi-tour en le laissant en plan.

Un épisode sans importance, certes, mais d'autres me firent un effet plus menaçant. Un soir, une bande de gamins me pourchassa à travers Sheep's Meadow et je ne dus mon salut qu'au fait que l'un d'eux tomba et se tordit la cheville. Un autre jour, un ivrogne batailleur me menaça avec une bouteille de bière cassée. J'échappai de peu, ces deux fois-là, mais le plus terrifiant arriva vers la fin, pendant une nuit nuageuse, quand je tombai par hasard, dans un buisson, sur trois personnes en train de faire l'amour – deux hommes et une femme. On ne voyait pas grand-chose, mais j'eus l'impression qu'ils étaient nus, et le ton de leurs voix après qu'ils se furent aperçus de ma présence me fit penser qu'ils étaient aussi soûls. Une branche craqua sous mon pied gauche, et j'entendis la voix de la femme, suivie d'un bruit soudain de feuilles et de rameaux écrasés. "Jack, dit-elle, il y a un gus là." Deux voix répondirent au lieu d'une, grondant toutes deux d'hostilité, chargées d'une violence que j'avais rarement entendue. Puis une ombre se dressa et dirigea vers moi ce qui ressemblait à une arme. "Un mot, connard, proféra-t-il, et je t'en renvoie six." Je supposai qu'il parlait des balles dans son revolver. Si ma frayeur n'a pas déformé les événements, je crois avoir entendu alors un déclic, le bruit de l'armement du percuteur. Je m'enfuis avant même d'avoir compris combien j'avais peur. Je tournai les talons et courus. Si mes poumons n'avaient fini par me lâcher, j'aurais sans doute couru jusqu'au matin.

Il m'est impossible d'évaluer combien de temps j'aurais pu tenir le coup. Jusqu'aux premiers froids, j'imagine, à supposer que personne ne m'ait assassiné. A part quelques incidents inattendus, je contrôlais la situation. Je ne dépensais mon argent qu'avec une prudence extrême, jamais plus d'un dollar ou un dollar et demi par jour, et rien que cela aurait retardé quelque temps le moment fatal. Et même quand mes fonds dégringolaient à un niveau dangereux, quelque chose paraissait toujours se produire à la dernière minute : je trouvais de l'argent par terre (c'est arrivé plusieurs fois), ou un inconnu surgissait, auteur de l'un de ces miracles que j'ai déjà évoqués. Je ne me nourrissais pas bien, mais je ne crois pas avoir jamais passé un jour entier sans me mettre dans l'estomac au moins quelques menus morceaux. Il est vrai qu'à la fin j'étais d'une maigreur effroyable (à peine cinquante kilos), mais c'est au cours de mes tout derniers jours dans le parc que j'ai perdu le plus de poids. La raison en est que j'avais attrapé quelque chose – la grippe, un virus, Dieu sait quoi – et qu'à partir de ce moment je n'ai plus rien mangé du tout. J'étais trop faible, et chaque fois que je réussissais à avaler quelque chose, cela revenait aussitôt. Si mes deux amis ne m'avaient pas trouvé au moment où ils m'ont trouvé, il me paraît indiscutable que je serais mort. J'avais épuisé mes réserves, il ne me restait rien pour lutter.

Depuis le début, le temps avait été de mon côté, au point que j'avais cessé d'y penser comme à un problème. Presque chaque jour était une répétition du précédent : un beau ciel de fin d'été, un soleil dont la chaleur séchait le sol, et puis l'air retrouvait la fraîcheur des nuits pleines de criquets.

Pendant les deux premières semaines, il avait à peine plu, et s'il pleuvait ce n'était jamais que de petites ondées. Peu à peu conditionné à l'idée que je serais en sécurité n'importe où, je m'étais mis à tenter le sort, à dormir plus ou moins à découvert. Une nuit où je rêvais, couché dans l'herbe, intégralement exposé aux cieux, je fus pris dans une averse. C'était l'une de ces pluies cataclysmiques où le ciel soudain se déchire en déversant des trombes d'eau, dans une prodigieuse furie sonore. Je m'éveillai trempé, le corps entier roué de coups, les gouttes rebondissaient sur moi comme volées de chevrotine. Je me mis à courir dans l'obscurité, affolé, à la recherche d'un endroit où me cacher, mais il me fallut plusieurs minutes avant de réussir à trouver un abri (sous une corniche de rochers granitiques) et à ce moment-là le lieu où je me trouvais n'avait plus guère d'importance. J'étais aussi mouillé que quelqu'un qui vient de traverser l'océan à la nage.

La pluie dura jusqu'à l'aube, avec des accalmies parfois, et parfois des explosions, des éclats monumentaux – bataillons hurlants de chats et de chiens, colère pure tombant des nuages. Ces éruptions étaient imprévisibles, et je ne voulais pas courir le risque d'être surpris par l'une d'elles. Je restai dans mon petit coin, debout, immobile, avec mes bottes pleines d'eau, mon blue-jean collant et mon blouson de cuir luisant. Mon sac avait subi l'inondation comme tout le reste, et je n'avais donc rien de sec à me mettre. Je n'avais d'autre choix que d'attendre que cela passe en grelottant dans le noir comme un chien perdu. Pendant une heure ou deux, je fis de mon mieux pour ne pas m'apitoyer sur mon sort, mais je renonçai bientôt et m'abandonnai à une débauche de cris et de jurons, en rassemblant toute mon énergie dans les imprécations les plus atroces qui me venaient à l'esprit – chapelets d'invectives putrides, insultes obscènes et contournées, exhortations emphatiques lancées à Dieu et au pays. Au bout de quelque temps, je m'étais mis dans un tel état que mes paroles étaient entrecoupées de sanglots, les hoquets se mêlaient à mes déclamations, et pourtant j'arrivais encore à produire des phrases si savantes et de si longue haleine que même un brigand turc en eût été impressionné. Ceci dura peut-être une demi-heure. Après quoi j'étais épuisé et m'endormis sur place, toujours debout. Je m'assoupis quelques minutes, puis fus réveillé par une recrudescence de la pluie. J'aurais voulu renouveler mon offensive, mais j'étais trop fatigué, j'avais la voix trop rauque pour crier encore. Je passai le reste de la nuit debout, éperdu d'attendrissement sur moi-même, à espérer que le jour se lève.

A six heures, j'entrai dans une cantine de la 48e rue ouest et commandai un bol de soupe. De la soupe de légumes, si je me souviens bien, avec des morceaux graisseux de céleri et de carottes qui flottaient dans un bouillon jaunâtre. Elle me réchauffa jusqu'à un certain point, mais mes vêtements mouillés me collaient encore à la peau et j'étais tellement transi d'humidité que ce bienfait ne pouvait durer. Je descendis dans les toilettes et me passai la tête sous la soufflerie d'un séchoir électrique. A mon horreur, le courant d'air chaud eut pour effet de transformer mes cheveux en un fouillis ridicule, je ressemblais à une gargouille, figure grotesque jaillie du clocher d'une cathédrale gothique. Dans une tentative désespérée de réparer les dégâts, je plaçai impulsivement dans mon rasoir une lame neuve (la dernière de mon sac) et entrepris de tailler cette chevelure de gorgone. Lorsque j'en eus terminé, j'avais les cheveux si courts que je ne me reconnaissais plus. Ma maigreur s'en trouvait accentuée à un point consternant. Mes oreilles étaient décollées, ma pomme d'Adam pointait, ma tête ne paraissait pas plus grosse que celle d'un enfant. Je commence à rétrécir, me dis-je, et je m'entendis soudain parler à voix haute au visage dans le miroir. "N'aie pas peur, disait ma voix. Personne n'est autorisé à mourir plus d'une fois. La comédie sera bientôt terminée, et plus jamais tu n'auras à repasser par là."

Plus tard ce matin-là, je m'installai pendant quelques heures dans la salle de lecture de la bibliothèque publique, avec l'idée que mes habits sécheraient mieux dans cette atmosphère renfermée. Malheureusement, sitôt qu'ils commencèrent à devenir vraiment secs, ils se mirent aussi à sentir mauvais. Tous les plis, tous les recoins de mes vêtements semblaient avoir soudain décidé de raconter leurs secrets au monde. Jamais ceci ne m'était arrivé et je fus choqué de réaliser quelle affreuse odeur pouvait monter de ma personne. Le mélange de vieille sueur et d'eau de pluie devait avoir provoqué quelque bizarre réaction chimique, et, au fur et à mesure que mes vêtements séchaient, cette odeur devenait plus désagréable et plus forte. A la fin je sentais même mes pieds – une puanteur horrible qui passait à travers le cuir de mes bottes pour m'envahir les narines comme un nuage de gaz délétères. Il me paraissait impossible qu'une chose pareille soit en train de m'arriver. Je continuai à feuilleter l'*Encyclopédie britannique*, avec l'espoir que personne ne remarquerait rien, mais mes prières furent sans effet. Un vieillard assis en face de moi à la même table leva les yeux de son journal et se mit à renifler, puis il jeta dans ma direction un regard dégoûté. J'eus un instant la tentation de sauter sur mes pieds et de lui reprocher sa grossièreté, mais je me rendis compte que je n'en avais pas l'énergie. Avant qu'il ait eu une chance de dire quoi que ce soit, je me levai et sortis.

Dehors, il faisait un triste temps : un jour terne et morose, de brume et de désespoir. J'avais l'impression de tomber petit à petit à court d'idées. Une faiblesse étrange s'insinuait dans mes os, et j'arrivais tout juste à ne pas trébucher. J'achetai un sandwich chez un petit traiteur dans la 50e et quelques rue (pas loin du Colosseum), mais j'eus ensuite de la peine à m'y intéresser. Après en avoir pris quelques bouchées, je le remballai et le mis en réserve dans mon sac pour plus tard. J'avais mal à la gorge et j'étais en sueur. Je traversai la rue à Columbus Circle et rentrai dans le parc, où je commençai à chercher un endroit où m'étendre. Je n'avais encore jamais dormi en plein jour, et toutes mes vieilles cachettes me paraissaient soudain précaires, exposées, vaines sans la protection de la nuit. Je poursuivis mon chemin vers le nord en espérant trouver quelque chose avant de m'écrouler. La fièvre montait en moi, et un épuisement léthargique semblait s'emparer de sections de mon cerveau. Il n'y avait presque personne dans le parc. Juste au moment où j'allais m'en étonner, il commença à pleuviner. Si je n'avais eu la gorge si douloureuse, j'aurais probablement ri. Et puis, avec une violence abrupte, je me mis à vomir. Des bouts de légumes et de sandwich me jaillirent de la bouche, éclaboussèrent le sol devant moi. Agrippant mes genoux, je regardais fixement l'herbe en attendant que le spasme s'apaise. C'est ça, la solitude humaine, me dis-je. Voilà ce que cela signifie de n'avoir personne. Je n'étais plus en colère, cependant, et je pensais ces mots avec une sorte de franchise brutale, une objectivité absolue. En l'espace de deux ou trois minutes, l'épisode entier me fit l'impression de remonter à plusieurs mois. Je ne voulais pas abandonner ma recherche, et je continuai à marcher. Si quelqu'un était survenu alors, je lui aurais sans doute demandé de m'emmener dans un hôpital. Personne ne survint. Je ne sais pas combien de temps il me fallut pour y arriver, mais à un moment donné je découvris un groupe de grands rochers entourés d'arbres et de broussailles. Ils formaient une caverne naturelle, et, sans prendre le temps d'y réfléchir davantage, je rampai dans cette faille peu profonde, tirai derrière moi quelques branchages pour en bloquer l'ouverture, et m'endormis rapidement.

J'ignore combien de temps j'y suis resté. Deux ou trois jours, sans doute, peu importe à présent. Quand Zimmer et Kitty m'ont interrogé, je leur ai dit trois, mais c'est seulement parce que trois est un nombre littéraire, le nombre de jours que Jonas a passés dans l'estomac de la baleine. J'étais la plupart du temps à peine conscient et, même si je paraissais éveillé, tellement occupé des tribulations de mon corps que j'avais perdu toute notion de l'endroit où je me trouvais. Je me souviens de longues crises de vomissement, de périodes frénétiques pendant lesquelles je n'arrêtais pas de trembler, pendant lesquelles le seul bruit que j'entendais était le claquement de mes dents. La fièvre devait être très forte, et elle entraînait des rêves féroces – d'inépuisables visions mouvantes qui semblaient naître directement de ma peau brûlante. Aucune forme ne paraissait fixe. Dès qu'une image se dessinait, elle commençait à se transformer en une autre. Une fois, je m'en souviens, je vis devant moi l'enseigne du *Moon Palace*, plus éclatante qu'elle ne l'avait jamais été en réalité. Les lettres au néon roses et bleues étaient si grandes que leur éclat remplissait le ciel entier. Puis, soudain, elles avaient disparu, seuls restaient les deux *o* du mot *Moon*. Je me vis suspendu à l'un d'eux, luttant pour rester accroché, à la façon d'un acrobate qui aurait raté un tour dangereux. Puis je le contournais en rampant, comme un ver minuscule, puis je n'étais plus là du tout. Les deux *o* étaient devenus des yeux, de gigantesques yeux humains qui me regardaient avec mépris et impatience. Ils continuaient à me fixer, et au bout d'un moment je fus convaincu que c'était le regard de Dieu.

Le soleil réapparut le dernier jour. Je n'en ai guère de souvenirs, mais je dois à un moment donné m'être traîné hors de ma grotte pour m'étendre sur l'herbe. Mon cerveau était si embrouillé que j'attribuais à la chaleur du soleil la capacité de faire évaporer ma fièvre, d'aspirer littéralement la maladie de mes os. Je me rappelle m'être répété inlassablement les mots *été indien*, tant de fois qu'ils avaient fini par perdre toute signification. Au-dessus de moi, le ciel était immense, d'une clarté étincelante et sans fin. Si je continuais à le regarder, je sentais que j'allais me dissoudre dans la lumière. Ensuite, sans avoir eu conscience de m'endormir, je me mis soudain à rêver d'Indiens. Je me voyais, il y a trois cent cinquante ans, en train de suivre un groupe d'hommes à moitié nus à travers les forêts de Manhattan. C'était un rêve étrangement palpitant, soutenu, exact dans le détail, plein de silhouettes filant comme des flèches parmi les feuilles et les branches tachetées de lumière. Une brise légère agitait les frondaisons et étouffait le bruit des pas, et je continuais à avancer en silence derrière ces hommes, d'une démarche aussi leste que la leur, me sentant à chaque instant plus près de comprendre l'esprit de la forêt. Si je me souviens tellement bien de ces images, c'est peut-être parce qu'elles correspondent à l'instant précis où Zimmer et Kitty m'ont trouvé, gisant sur l'herbe, avec ce rêve bizarre et agréable qui me tournait dans la tête. C'est Kitty que j'ai vue la première, mais je ne l'ai pas reconnue, même si je sentais qu'elle m'était familière. Elle portait son bandeau navajo, et ma première réaction a été de la prendre pour une image résiduelle, une femme ombre, un esprit surgi de l'obscurité de mon rêve. Plus tard, elle m'a raconté que je lui avais souri, et que, lorsqu'elle s'était penchée pour me regarder de plus près, je l'avais appelée Pocahontas. Je me rappelle que je la voyais mal à cause du soleil, mais j'ai le souvenir très net qu'elle avait les larmes aux yeux lorsqu'elle s'est approchée de moi, bien qu'elle n'ait jamais voulu l'admettre par la suite. Un instant plus tard, Zimmer est entré à son tour dans le tableau, et j'ai entendu sa voix. "Espèce d'imbécile", disait-il. Il y eut un petit silence, puis, craignant de me lasser par un discours trop long, il a répété : "Espèce d'imbécile. Espèce de pauvre imbécile."

3

Pendant plus d'un mois, j'habitai chez Zimmer. La fièvre s'était calmée le deuxième ou le troisième jour, mais pendant une longue période je restai sans force, à peine capable de me mettre debout sans perdre l'équilibre. Au début, Kitty venait me voir à peu près deux fois par semaine, mais elle ne disait jamais grand-chose, et s'en allait la plupart du temps au bout de vingt ou trente minutes. Si j'avais été plus attentif à ce qui se passait, j'aurais pu me poser des questions, surtout après que Zimmer m'eut raconté l'histoire de mon sauvetage. Il était un peu étrange, après tout, que quelqu'un qui pendant trois semaines avait remué ciel et terre pour me retrouver se conduise soudain avec une si grande réserve une fois que j'étais là. Mais c'était comme ça, et je ne m'étonnais pas. J'étais trop faible alors pour m'étonner de quoi que ce soit, et j'acceptais telles quelles ses allées et venues. C'étaient des événements naturels, ils avaient la même force, le même caractère inévitable que le temps qu'il faisait, le mouvement des planètes, ou la lumière qui filtrait par la fenêtre vers trois heures tous les après-midi.

Ce fut Zimmer qui s'occupa de moi durant ma convalescence. Son nouveau logement se trouvait au deuxième étage d'un vieil immeuble à l'ouest du Village. C'était une tanière douteuse, encombrée de livres et de disques : deux petites pièces sans porte de séparation, une cuisine rudimentaire, une salle de bains dépourvue de fenêtre. Je comprenais quel sacrifice cela représentait pour lui de m'y héberger, mais chaque fois que j'essayais de le remercier, Zimmer me renvoyait d'un geste en prétendant que c'était sans importance. Il me nourrissait de sa poche, me faisait coucher dans son lit, ne demandait rien en échange. En même temps, il était furieux contre moi, et ne se privait pas de me dire sans ambages combien je le dégoûtais. Non seulement je m'étais conduit comme un imbécile, mais j'avais ainsi failli me tuer. Une telle conduite était inexcusable pour quelqu'un de mon intelligence, disait-il. C'était grotesque, c'était stupide, c'était de la démence. Si j'avais des ennuis, pourquoi ne l'avais-je pas appelé à l'aide ? Ne savais-je pas qu'il aurait été prêt à faire n'importe quoi pour moi ? Je ne répondais guère à ces attaques. Je comprenais que Zimmer avait été blessé, et j'avais honte de lui avoir fait cela. Avec le temps, il me devint de plus en plus difficile de trouver un sens au désastre dont j'étais l'auteur. J'avais cru agir avec courage, mais il s'avérait que j'avais seulement fait preuve de la forme la plus abjecte de lâcheté : je m'étais complu dans mon mépris du monde en refusant de regarder la réalité en face. Je n'éprouvais plus que des remords, le sentiment paralysant de ma propre stupidité. Les jours se succédaient dans l'appartement de Zimmer, et, tandis que je récupérais lentement, je me rendis compte que j'allais devoir recommencer ma vie complètement. Je voulais corriger mes erreurs, me racheter aux yeux des gens qui se souciaient encore de moi. J'étais fatigué de moi-même, fatigué de mes pensées, fatigué de ruminer sur mon destin. Par-dessus tout, je ressentais le besoin de me purifier, de me repentir de tous mes excès d'égocentrisme. Après un si total égoïsme, je résolus d'atteindre à un état d'altruisme total. Je penserais aux autres avant de penser à moi, je m'efforcerais en conscience de réparer les dégâts que j'avais provoqués, et de cette façon je commencerais peut-être à accomplir quelque chose en ce monde. C'était un programme irréalisable, bien sûr, mais je m'y appliquai avec un fanatisme quasi religieux. Je voulais devenir un saint, un saint sans dieu qui irait de par le monde accomplir de bonnes actions. Si absurde que cela me paraisse aujourd'hui, je crois que c'est exactement ce que je voulais. J'avais un besoin désespéré de certitude, et j'étais prêt à n'importe quoi pour en trouver.

Il me restait un obstacle à franchir, néanmoins. A la fin, la chance m'aida à le contourner, mais à un minuscule cheveu près. Un jour ou deux après que ma température fut redevenue normale, je sortis du lit pour me rendre à la salle de bains. C'était le soir, je crois, et Zimmer travaillait à son bureau dans l'autre pièce. Comme je m'en revenais en traînant les pieds, je remarquai sur le plancher l'étui à clarinette d'oncle Victor. Je n'y avais plus pensé depuis mon sauvetage, et je fus soudain horrifié de voir en quel mauvais état il se trouvait. Le cuir noir qui le recouvrait avait à moitié disparu, et une bonne partie de ce qui en restait était boursouflée et craquelée. L'orage à Central Park lui avait été fatal, et je me demandai si l'eau, en s'infiltrant à l'intérieur, avait aussi endommagé l'instrument. Je ramassai l'étui et le pris avec moi au lit, prêt au pire. Je déclenchai les fermoirs et soulevai le couvercle mais, sans me laisser le temps d'examiner la clarinette, une enveloppe blanche voleta vers le sol et je me rendis compte que mes ennuis ne faisaient que commencer. C'était ma convocation au service militaire. J'avais oublié non seulement la date de l'examen médical, mais jusqu'au fait que cette lettre m'avait été adressée. En cet instant, tout me revint à l'esprit. Je songeai qu'aux yeux de la loi j'étais probablement un fugitif. Si j'avais manqué l'examen, le gouvernement devait déjà avoir lancé contre moi un mandat d'arrêt – et cela signifiait un prix à payer, des conséquences que je ne pouvais pas imaginer. Je déchirai l'enveloppe et cherchai la date qui avait été tapée dans l'espace prévu sur la circulaire : le 16 septembre. Ceci ne représentait rien pour moi, car je n'avais plus notion de la date. J'avais perdu l'habitude de regarder les pendules et les calendriers, et je n'aurais même pas pu la deviner.

"Une petite question, demandai-je à Zimmer, encore penché sur son travail. Tu sais peut-être quel jour on est ?

— Mardi, répondit-il sans lever la tête.

— Je veux dire quelle date. Le mois et le jour. Tu n'as pas besoin de me donner l'année. Ça je crois bien le savoir.

— Le 15 septembre, fit-il, toujours sans se déranger.

— Le 15 septembre ? Tu en es certain ?

— Bien sûr, j'en suis certain. Sans l'ombre d'un doute."
Je me laissai retomber sur l'oreiller en fermant les yeux.
"C'est extraordinaire, marmonnai-je. C'est absolument extraordinaire."
Zimmer se retourna enfin et me regarda d'un air intrigué. "Pourquoi diable est-ce extraordinaire ?
— Parce que ça signifie que je ne suis pas un criminel.
— Quoi ?
— Parce que ça signifie que je ne suis pas un criminel.
— J'ai entendu la première fois. Te répéter ne te rend pas plus clair."
Je brandis la lettre et l'agitai en l'air. "Quand tu auras vu ceci, déclarai-je, tu comprendras ce que je veux dire."
Je devais me présenter à Whitehall Street le lendemain matin. Zimmer avait passé la visite médicale en juillet (il avait été réformé pour cause d'asthme), et les deux ou trois heures suivantes s'écoulèrent en évocation de ce qui m'attendait. Pour l'essentiel, notre conversation ressemblait à celles de millions de jeunes gens dans l'Amérique de ces années-là. A la différence de la plupart d'entre eux, cependant, je n'avais rien fait pour me préparer au moment critique. Je n'avais pas de certificat médical, je ne m'étais pas bourré de drogues afin de fausser mes réflexes moteurs, je n'avais pas mis en scène une série de dépressions nerveuses dans le but de suggérer un passé psychologique troublé. J'avais toujours considéré que je n'irais pas à l'armée mais, une fois cette certitude établie, je n'avais guère réfléchi à la question. Comme en tant d'autres domaines, mon inertie l'avait emporté et j'avais avec constance chassé ce problème de mes préoccupations. Zimmer était consterné, mais même lui était obligé d'admettre qu'il était trop tard pour réagir. Ou bien je serais accepté à l'examen, ou bien je serais rejeté, et si j'étais accepté il ne me resterait qu'une alternative : quitter le pays ou aller en prison. Zimmer me raconta plusieurs histoires de gens qui étaient partis à l'étranger, au Canada, en France, en Suède, mais cela ne m'intéressait pas beaucoup. "Je n'ai pas d'argent, lui rappelai-je, et je ne suis pas d'humeur à voyager.

— Alors tu te retrouveras tout de même criminel, dit-il.

— Prisonnier, précisai-je. Prisonnier d'opinion. C'est différent. "

Ma convalescence ne faisait que commencer, et quand je me levai le lendemain matin pour m'habiller (avec des vêtements de Zimmer, trop petits pour moi de plusieurs tailles), je me rendis compte que je n'étais pas en état d'aller où que ce soit. Je me sentais complètement épuisé, et la seule tentative de marcher jusqu'à l'autre côté de la chambre exigeait toute mon énergie et ma concentration. Je n'avais encore quitté mon lit que pendant une ou deux minutes à la fois, pour traîner ma faiblesse à la salle de bains et retour. Si Zimmer n'avait été là pour me soutenir, je ne suis pas certain que j'aurais réussi à gagner la porte. Littéralement, il me maintint sur mes pieds, descendant l'escalier avec moi en m'entourant de ses deux bras, puis me laissant m'appuyer sur lui tandis que nous nous dirigions en trébuchant vers le métro. Un triste spectacle, j'en ai peur. Zimmer m'accompagna jusqu'à la porte d'entrée de l'immeuble de Whitehall Street et me désigna un restaurant juste en face, où il m'assura que je le trouverais quand ce serait fini. Il me serra le bras en signe d'encouragement. "Ne t'en fais pas, dit-il. Tu feras un soldat du tonnerre, Fogg, ça saute aux yeux.

— Tu as raison, bordel, répondis-je. Le meilleur foutu soldat de toute cette foutue armée. N'importe quel idiot peut le constater." J'adressai à Zimmer une parodie de salut puis entrai dans l'immeuble en titubant, en m'accrochant aux murs pour ne pas tomber.

J'ai oublié, aujourd'hui, la plus grande partie de ce qui suivit. Quelques pièces et morceaux demeurent, mais rien dont la somme constitue un souvenir complet, rien dont je puisse parler avec conviction. Cette incapacité de revoir ce qui s'est passé prouve à quel point ma faiblesse devait être lamentable. Il me fallait toute mon énergie rien que pour rester debout, en m'efforçant de ne pas m'écrouler, et je n'étais pas aussi attentif que j'aurais dû. Je pense, en fait, avoir gardé les yeux fermés presque tout le temps, et quand je réussissais à les ouvrir c'était rarement assez longtemps pour permettre au monde de m'atteindre. Nous étions une cinquantaine, une centaine à parcourir ensemble ce processus. Je me rappelle avoir été assis devant un bureau dans une vaste salle et avoir écouté un sergent nous parler, mais je ne sais plus ce qu'il disait, je n'arrive pas à en retrouver le moindre mot. On nous donna des formulaires à remplir, puis il y eut une sorte de test écrit, mais il est possible que le test soit venu en premier et les formulaires ensuite. Je me souviens que j'ai coché les organisations auxquelles j'avais appartenu et que cela m'a pris pas mal de temps : SDS au collège, SANE et SNCC* au lycée, et puis que j'ai dû expliquer les circonstances de mon arrestation l'année précédente. J'ai terminé le dernier de la salle, et à la fin le sergent, debout derrière mon épaule, marmonnait quelque chose à propos d'oncle Hô et du drapeau américain.

Après cela, il y a un trou de plusieurs minutes, une demi-heure peut-être. Je vois des corridors, des lumières fluorescentes, des groupes de jeunes gens en caleçon. Je me souviens de l'intense vulnérabilité que je ressentais alors, mais de nombreux autres détails ont disparu. Où nous nous étions déshabillés, par exemple, et ce que nous nous disions tandis que nous attendions en file. En particulier, je n'arrive pas à évoquer la moindre image de nos pieds. Au-dessus des genoux, nous ne portions rien que nos caleçons, mais plus bas tout me reste mystérieux. Etions-nous autorisés à garder nos chaussures et / ou nos chaussettes, ou nous fit-on circuler pieds nus dans ces salles ? Je ne retrouve que néant à ce sujet, je ne peux discerner la moindre lueur.

Finalement, on me fit entrer dans une pièce. Un docteur me tapota la poitrine et le dos, regarda dans mes oreilles, m'empoigna les couilles et me demanda de tousser. Tout cela n'exigeait guère d'effort, mais vint le moment où il fallut me faire une prise de sang, et l'examen prit un tour plus mouvementé. J'étais tellement anémique et émacié que le docteur ne trouvait pas de veine dans mon bras. Il enfonça son aiguille à deux ou trois endroits, me piqua, me meurtrit la peau, mais aucun sang ne coula dans son tube.

---

* *Students for Democratic Society* ; *Sane Nuclear Policy* ; *Students Non-violent Coordinating Committee*. (N.d.T.)

Je devais avoir alors une mine affreuse – tout pâle et pris de nausées, comme quelqu'un qui va tourner de l'œil – et il renonça bientôt et me conseilla de m'asseoir sur un banc. Sa réaction était plutôt gentille, me semble-t-il, ou du moins indifférente. "Si vous avez encore des vertiges, dit-il, asseyez-vous par terre en attendant que ça passe. Nous ne voudrions pas que vous alliez tomber et vous heurter la tête, n'est-ce pas ?"

J'ai un souvenir net d'être resté assis sur ce banc, mais ensuite je me revois étendu sur une table dans une autre pièce. Impossible de savoir combien de temps s'était écoulé entre ces deux scènes. Je ne crois pas m'être évanoui, mais il est probable qu'en vue d'une nouvelle tentative de me prendre du sang, on avait voulu limiter les risques. Un tube de caoutchouc avait été fixé autour de mon biceps pour faire saillir la veine, et quand le médecin réussit enfin à y planter son aiguille (je ne sais plus si c'était le même médecin ou un autre) il fit une remarque à propos de ma maigreur et me demanda si j'avais pris le petit déjeuner. En un instant, qui fut sûrement pour moi le plus lucide de la journée, je me tournai vers lui pour lui donner la réponse la plus simple, la plus sincère qui me vînt à l'esprit. "Docteur, fis-je, ai-je l'air de quelqu'un qui peut se passer de petit déjeuner ?"

Il y eut d'autres choses, il dut y avoir beaucoup d'autres choses, mais je n'arrive pas à les retrouver. On nous donna un repas quelque part (dans l'immeuble ? Dans un restaurant près de l'immeuble ?), mais mon seul souvenir à ce propos est que personne ne voulait s'asseoir à côté de moi. L'après-midi, retour là-haut, dans les corridors, et on entreprit enfin de nous mesurer et de nous peser. La balance indiquait pour moi un chiffre ridiculement bas (cinquante kilos, je crois, ou peut-être cinquante-deux – dans ces eaux-là), et à partir de ce moment je fus séparé du reste du groupe. On m'envoya chez un psychiatre, un homme pansu, avec des doigts courts et écrasés, je me souviens d'avoir pensé qu'il ressemblait davantage à un lutteur qu'à un médecin. Il était hors de question de lui raconter des mensonges. J'avais entamé ma nouvelle période de sainteté potentielle et la dernière chose que je souhaitais était d'agir d'une façon que je regretterais par la suite. Le psychiatre soupira une ou deux fois au cours de notre conversation, mais il ne parut à part cela troublé ni par mes remarques ni par mon apparence. J'imagine qu'il avait une longue pratique de ces interviews, et que plus grand-chose ne pouvait le perturber. Pour ma part, j'étais plutôt étonné du vague de ses questions. Il me demanda si je me droguais, et quand je lui dis non, il leva les sourcils et me le redemanda, mais je lui fis la même réponse la seconde fois et il n'insista pas. Des questions standard suivirent : comment fonctionnaient mes intestins, si j'avais ou non des éjaculations nocturnes, si je pensais souvent au suicide. Je répondis aussi simplement que je pouvais, sans embellissements ni commentaires. Pendant que je parlais, il cochait de petites cases sur une feuille de papier, sans me regarder. Il y avait quelque chose de rassurant à discuter de sujets aussi intimes de cette manière – comme si j'avais eu affaire à un comptable ou à un garagiste. Mais lorsqu'il atteignit le bas de la page, le docteur releva les yeux et me fixa pendant quatre ou cinq secondes au moins.

"Tu es en piteux état, fiston, déclara-t-il enfin.

— Je le sais, dis-je. Je n'ai pas été très bien. Mais je crois que maintenant ça va mieux.

— Tu as envie d'en discuter ?

— Si vous voulez.

— Tu peux commencer par me parler de ton poids.

— J'ai eu la grippe. J'ai attrapé un de ces trucs à l'estomac, il y a quelques semaines, et je n'ai plus pu manger.

— Combien de poids as-tu perdu ?

— Je ne sais pas. Vingt ou vingt-cinq kilos, je crois.

— En deux semaines ?

— Non, ça a pris environ deux ans. Mais j'ai perdu la plus grande partie cet été.

— Pourquoi ça ?

— L'argent, d'un côté. Je n'en avais pas assez pour acheter à manger.

— Tu n'avais pas de travail ?

— Non.

— Tu en as cherché un ?
— Non.
— Il va falloir m'expliquer ça, fils.
— C'est une affaire assez compliquée. Je ne sais pas si vous pourrez comprendre.
— Laisse-moi juger de cela. Raconte-moi simplement ce qui s'est passé et ne te préoccupe pas de l'effet que ça fait. Nous ne sommes pas pressés."
Pour une raison quelconque, j'éprouvais un désir irrésistible de déballer toute mon histoire devant cet étranger. Rien n'aurait pu être moins approprié, mais, avant que j'aie une chance de m'arrêter, les mots avaient commencé à jaillir de ma bouche. Je sentais le mouvement de mes lèvres, mais c'était en même temps comme si j'avais écouté quelqu'un d'autre. J'entendais ma voix qui bavardait, intarissable, à propos de ma mère, à propos d'oncle Victor, à propos de Central Park et de Kitty Wu. Le docteur hochait la tête avec politesse, mais il était évident qu'il n'avait aucune idée de ce dont je parlais. Comme je continuais à décrire l'existence qui avait été la mienne au cours des deux dernières années, je me rendis compte qu'il était, en fait, de plus en plus mal à l'aise. Je m'en sentis frustré, et plus manifeste devenait son incompréhension, plus désespérée était ma tentative de lui exprimer les choses avec clarté. Il me semblait que, d'une certaine manière, mon humanité était en jeu. Peu importait qu'il fût médecin militaire ; c'était aussi un être humain, et rien ne comptait davantage que de communiquer avec lui. "Nos vies sont déterminées par de multiples contingences, déclarai-je, en essayant d'être aussi succinct que possible, et nous luttons chaque jour contre ces chocs, ces accidents, afin de conserver notre équilibre. Il y a deux ans, pour des raisons philosophiques et personnelles, j'ai décidé de renoncer à cette lutte. Ce n'était pas par envie de me tuer – n'allez pas croire ça – mais parce qu'il me semblait que si je m'abandonnais au chaos de l'univers, l'univers me révélerait peut-être en dernier ressort une harmonie secrète, une forme, un plan, qui m'aideraient à pénétrer en moi-même. La condition était d'accepter les choses telles qu'elles se

présentaient, de se laisser flotter dans le courant de l'univers. Je ne prétends pas y avoir très bien réussi. En fait, j'ai échoué lamentablement. Mais l'échec n'entache pas la sincérité de la tentative. Même si j'ai failli en mourir, je crois que cela m'a rendu meilleur."

Ce fut un affreux gâchis. Mon langage devenait de plus en plus maladroit et abstrait, et je m'aperçus finalement que le docteur avait cessé d'écouter. Les yeux embrumés de confusion et de pitié mêlées, il fixait un point invisible au-dessus de ma tête. Je n'ai aucune idée du nombre de minutes que dura mon monologue, mais ce fut suffisant pour qu'il arrive à la conclusion que j'étais un cas désespéré – un authentique cas désespéré, non l'une de ces contrefaçons de fous qu'il était entraîné à reconnaître. "Ça suffit, fiston, déclara-t-il enfin, en me coupant au milieu d'une phrase. Je crois que je commence à voir le tableau." Je restai assis sur ma chaise sans parler pendant une ou deux minutes, tremblant et transpirant, tandis qu'il griffonnait une note sur un papier à en-tête officiel. Il le plia en deux et me le tendis par-dessus son bureau. "Donne ceci à l'officier responsable au bout du couloir, et dis au suivant d'entrer quand tu sors."

Je me rappelle avoir parcouru le couloir avec sa lettre à la main, en luttant contre la tentation d'y jeter un coup d'œil. Je ne pouvais me défendre de l'impression que j'étais surveillé, que l'immeuble était peuplé de gens capables de lire dans mes pensées. L'officier responsable était un homme imposant, en grand uniforme, la poitrine garnie d'une mosaïque de médailles et de décorations. Il releva la tête d'une pile de papiers sur son bureau et me fit négligemment signe d'entrer. Je lui remis la note du psychiatre. A peine y eut-il jeté un regard que son visage s'éclaira d'un large sourire. "Tant mieux, fit-il, tu viens de m'épargner quelques jours de travail." Sans autre explication, il se mit à déchirer les papiers qui se trouvaient sur son bureau et à les jeter dans la corbeille. Sa satisfaction paraissait énorme. "Je suis content que tu sois recalé. Nous allions entreprendre une enquête complète à ton sujet, mais du moment que tu n'es pas bon pour le service, nous n'avons plus à nous en faire.

— Une enquête ? demandai-je.
— Toutes ces organisations auxquelles tu as appartenu, répondit-il, presque joyeux. On ne peut pas accueillir des cocos et des agitateurs dans l'armée, n'est-ce pas ? Ça ne vaut rien pour le moral."

Ensuite, je n'ai pas de souvenir précis de la succession des événements, mais je me retrouvai bientôt assis dans une pièce avec les autres inaptes et refusés. Nous devions être une douzaine, et je crois n'avoir jamais vu plus pathétique ramassis de gens dans un même lieu. Un garçon dont le visage et le dos étaient hideusement couverts d'acné tremblotait dans un coin en parlant tout seul. Un autre avait un bras atrophié. Debout contre un mur, un autre, qui pesait au moins cent cinquante kilos, imitait avec ses lèvres des bruits de pet en riant après chaque émission comme un sale gamin de sept ans. C'était là les demeurés, les grotesques, des jeunes gens qui n'avaient nulle part leur place. J'étais presque inconscient de fatigue, à ce moment, et je ne fis la conversation avec personne. Je m'installai sur une chaise près de la porte et fermai les yeux. Quand je les rouvris, un officier me secouait par le bras en m'enjoignant de me réveiller. "Vous pouvez rentrer chez vous, dit-il, c'est terminé."

Je traversai la rue dans le soleil de fin d'après-midi. Comme il me l'avait promis, Zimmer m'attendait dans le restaurant.

Après cela je repris rapidement du poids. Je dois avoir grossi de neuf à dix kilos en une dizaine de jours, et à la fin du mois je commençais à ressembler à l'individu que j'avais un jour été. Zimmer m'alimentait avec conscience ; il garnissait le frigo de toutes sortes de nourritures, et dès que je lui parus assez ferme sur mes pieds pour m'aventurer au-dehors, il se mit à m'emmener chaque soir dans un bar des environs, un endroit obscur et calme, où il y avait peu de passage, et où nous buvions de la bière en regardant les matchs à la télé. L'herbe paraissait toujours bleue, dans cette télé, et les joueurs avaient l'air de clowns, mais nous nous sentions bien, blottis dans notre petit coin, à bavarder des heures durant de tout ce qui nous attendait. Ce fut dans nos deux vies une période de tranquillité exquise : un bref instant d'immobilité avant de reprendre notre chemin.

Ce fut au cours de ces conversations que je commençai à en savoir plus au sujet de Kitty Wu. Zimmer la trouvait extraordinaire, il était difficile de ne pas entendre l'admiration dans sa voix quand il parlait d'elle. Il alla même un jour jusqu'à déclarer que s'il n'avait déjà été amoureux de quelqu'un d'autre, il le serait devenu d'elle, éperdument. Elle approchait de la perfection plus qu'aucune fille qu'il eût jamais rencontrée, affirmait-il, et, tout bien considéré, la seule chose en elle qui l'intriguait était qu'elle pût éprouver de l'attirance pour un aussi triste spécimen que moi.

"Je ne crois pas qu'elle soit attirée par moi, dis-je. Elle a bon cœur, c'est tout. Elle m'a pris en pitié et elle a agi en conséquence – comme d'autres s'apitoient sur des chiens blessés.

— Je l'ai vue tous les jours, M. S. Tous les jours pendant près de trois semaines. Elle n'arrêtait pas de parler de toi.

— C'est absurde.

— Crois-moi, je sais ce que je dis. Cette fille est folle de toi.

— Alors pourquoi ne vient-elle pas me voir ?

— Elle est occupée. Ses cours ont commencé, à Julliard, et en plus elle a un boulot à mi-temps.

— Je ne savais pas.

— Bien sûr. Parce que tu ne sais rien. Tu passes tes journées au lit, tu pilles le frigo, tu lis mes livres. Une fois de temps en temps, tu t'essaies à la vaisselle. Comment pourrais-tu savoir quoi que ce soit ?

— Je reprends des forces. Quelques jours encore, et je serai de nouveau normal.

— Physiquement. Mais au moral, il te reste du chemin à faire.

— Qu'est-ce que ça veut dire ?

— Ça veut dire que tu dois regarder sous la surface, M. S. Tu dois te servir de ton imagination.

— Ça, j'ai toujours pensé que j'en abusais. Je m'efforce d'être plus réaliste maintenant, plus terre à terre.

— Envers toi-même, oui, mais envers les autres tu ne peux pas. Pourquoi crois-tu que Kitty a pris des distances ? Pourquoi crois-tu qu'elle ne vient plus te voir ?
— Parce qu'elle n'a pas le temps. Tu viens de me le dire.
— Ça n'explique qu'une partie.
— Tu tournes en rond, David.
— J'essaie de te montrer que c'est plus complexe que tu ne penses.
— Bon, d'accord. Quelle est l'autre partie ?
— De la pudeur.
— C'est bien le dernier mot que j'utiliserais pour décrire Kitty. Elle est sans doute la personne la plus ouverte et la plus spontanée que j'aie jamais rencontrée.
— C'est vrai. Mais, là-dessous, il y a une immense discrétion, une réelle délicatesse de sentiment.
— Elle m'a embrassé la première fois que je l'ai vue, tu le savais ? Juste au moment où je partais, elle m'a rattrapé sur le seuil, m'a jeté les bras autour du cou, et m'a planté un énorme baiser sur les lèvres. Ce n'est pas exactement ce que j'appellerais de la délicatesse ou de la discrétion.
— C'était un bon baiser ?
— En fait, c'était un baiser extraordinaire. Un des meilleurs baisers que j'aie jamais eu le bonheur de recevoir.
— Tu vois ? Ça prouve que j'ai raison.
— Ça ne prouve rien du tout. Ce n'était qu'un de ces trucs qui arrivent dans l'inspiration du moment.
— Non. Kitty savait ce qu'elle faisait. C'est quelqu'un qui se fie à ses élans, mais ces élans sont aussi une sorte de sagesse.
— Tu as l'air bien sûr de toi.
— Mets-toi à sa place. Elle tombe amoureuse de toi, elle t'embrasse sur la bouche, elle laisse tout tomber pour se lancer à ta recherche. Et qu'est-ce que tu as fait pour elle ? Rien. Même pas l'ombre d'un rien. La différence entre Kitty et les gens, c'est qu'elle est disposée à accepter ça. Imagine, Fogg. Elle te sauve la vie, et tu ne lui dois rien. Elle n'attend de toi aucune gratitude. Elle n'attend même pas ton amitié. Elle les souhaite peut-être, mais elle ne les demandera jamais. Elle respecte trop les autres pour les obliger à agir contre

leurs désirs. Elle est ouverte et spontanée, mais en même temps elle préférerait mourir que de te donner l'impression qu'elle s'impose à toi. C'est là qu'intervient sa discrétion. Elle est allée assez loin, à présent elle n'a plus le choix : elle reste où elle est, et elle attend.
— Qu'est-ce que tu essaies de me dire ?
— Que ça dépend de toi, Fogg. C'est à toi d'agir."

D'après ce que Kitty avait raconté à Zimmer, son père avait été l'un des généraux du Kuo-min-tang dans la Chine prérévolutionnaire. Dans les années trente, il avait occupé la position de maire ou de gouverneur militaire de Pékin. Quoiqu'il fît partie des intimes de Chiang Kai-shek, il avait un jour sauvé la vie de Chou En-lai en lui procurant un sauf-conduit pour qu'il puisse quitter la ville où Chiang l'avait pris au piège sous prétexte d'une rencontre organisée entre le Kuo-min-tang et les communistes. Le général était néanmoins demeuré loyal envers la cause nationaliste et, après la révolution, il était parti à Taiwan avec le reste des partisans de Chiang. La maison Wu était importante : une épouse officielle, deux concubines, cinq ou six enfants, et une domesticité abondante. Kitty était née de la seconde concubine en février 1950, et, seize mois plus tard, le général Wu avait été nommé ambassadeur au Japon, et la famille s'était installée à Tôkyô. Il s'agissait là, sans aucun doute, d'une habile manœuvre de Chiang : il honorait, avec ce poste important, un officier au franc-parler et au caractère difficile, et en même temps il l'éloignait de Taipei, le centre du pouvoir. A cette époque, le général Wu approchait des soixante-dix ans, et le temps de son influence paraissait révolu.

Kitty avait passé son enfance à Tôkyô, fréquenté des écoles américaines (ce qui expliquait son anglais impeccable), et bénéficié de tous les avantages que pouvait offrir sa situation privilégiée : cours de danse, Noëls à l'américaine, voitures avec chauffeur. Néanmoins, c'était une enfance solitaire. Elle avait dix ans de moins que la plus proche de ses demi-sœurs, et l'un de ses frères (un banquier qui vivait en Suisse) avait une bonne trentaine d'années de plus qu'elle. Pis encore, la position de sa mère, en tant que seconde concubine, lui laissait à peine plus d'autorité dans la hiérarchie familiale qu'à une servante. L'épouse, âgée de soixante-quatre ans, et la première concubine, qui en avait cinquante-deux, étaient jalouses de la jeune et jolie mère de Kitty et faisaient tout ce qu'elles pouvaient pour affaiblir son statut dans la maison. Comme Kitty l'avait expliqué à Zimmer, leur vie ressemblait un peu à celle d'une cour impériale chinoise, avec toutes les rivalités, toutes les factions que cela implique, les machinations secrètes, les complots silencieux et les faux sourires. On n'y voyait guère le général. Quand il n'était pas occupé à ses obligations officielles, il passait le plus clair de son temps à cultiver l'affection de diverses jeunes femmes à la réputation douteuse. Tôkyô était une ville riche en tentations, et les occasions de plaisirs de ce genre inépuisables. Il avait fini par prendre une maîtresse, l'avait installée dans un appartement à la mode, et dépensait des sommes extravagantes afin de la satisfaire : il lui avait payé des vêtements, des bijoux, et même une voiture de sport. A la longue, néanmoins, tout cela ne suffisait plus, et même une coûteuse et douloureuse cure de jouvence n'avait pu inverser les effets du temps. Les attentions de la maîtresse devenaient distraites, et un soir où le général arrivait chez elle à l'improviste, il l'avait trouvée dans les bras d'un homme plus jeune. Il en était résulté une bataille horrible : cris aigus, ongles tranchants, une chemise déchirée et tachée de sang. C'était la dernière folle illusion d'un vieillard. Le général était rentré chez lui, avait accroché au milieu de sa chambre la chemise en lambeaux, et y avait fixé une feuille de papier avec la date de l'incident : le 4 octobre 1959. Il l'y avait laissée jusqu'à la fin de sa vie, pour s'en pénétrer comme d'un monument à sa vanité détruite.

Puis, la mère de Kitty était morte, Zimmer ne savait pas pourquoi ni dans quelles circonstances. Le général avait alors plus de quatre-vingts ans et sa santé se dégradait, mais, dans un dernier sursaut d'intérêt pour sa plus jeune fille, il avait pris des dispositions pour qu'elle soit envoyée en pension en Amérique. Kitty avait juste quatorze ans quand elle était arrivée dans le Massachusetts pour entrer en première année à la Fielding Academy. Etant donné sa personnalité, il ne lui avait pas fallu longtemps pour s'y adapter et s'y faire une place. Elle avait dansé, joué la comédie, noué des amitiés, étudié, obtenu des notes honorables. A la fin de ses quatre ans dans cet endroit, elle savait qu'elle ne retournerait pas au Japon. Ni à Taiwan, du reste, ni ailleurs. L'Amérique était devenue son pays, et en jonglant avec le petit héritage qu'elle avait reçu après la mort de son père, elle avait réussi à payer les frais d'inscription à Julliard et à s'installer à New York. Il y avait plus d'un an maintenant qu'elle y habitait et sa seconde année de cours était en train de commencer.

"Ça a quelque chose de familier, n'est-ce pas ? observa Zimmer.

— Familier ? fis-je. C'est une des histoires les plus exotiques que j'aie jamais entendues.

— En surface seulement. Gratte un peu la couleur locale, et ça se réduit presque à l'histoire de quelqu'un que je connais. A quelques détails près, bien sûr.

— Mm, oui, je vois ce que tu veux dire. Orphelins dans la tourmente, ce genre de choses.

— Exactement."

Je fis une pause, pour réfléchir à ce que Zimmer venait de dire. "Je suppose qu'il y a quelques ressemblances, ajoutai-je enfin. Mais tu crois que ce qu'elle raconte est vrai ?

— Je n'ai aucun moyen d'en être sûr. Mais si je me fonde sur ce que j'ai vu d'elle jusqu'ici, je serais très surpris du contraire."

J'avalai une gorgée de bière en hochant la tête. Beaucoup plus tard, quand j'ai appris à mieux la connaître, j'ai su que Kitty ne mentait jamais.

Plus je restais chez Zimmer, plus je me sentais mal à l'aise. Il assumait les frais de ma guérison et, bien qu'il ne s'en plaignît jamais, je me doutais que ses finances n'étaient pas assez solides pour lui permettre de continuer ainsi longtemps. Zimmer recevait un peu d'aide de sa famille dans le New Jersey, mais pour l'essentiel il ne pouvait compter que sur lui-même. Vers le 20 de ce mois, il devait commencer à Columbia une licence de littérature comparée. L'université l'avait attiré dans ce programme à l'aide d'une bourse (la gratuité des cours et une allocation de deux mille dollars), mais même si cela représentait à l'époque une jolie somme, il y avait à peine de quoi survivre pendant un an. Pourtant, Zimmer continuait à prendre soin de moi en puisant sans mesure dans ses maigres économies. Si généreux qu'il fût, il devait avoir un autre mobile que le pur altruisme. Depuis la première année où nous avions partagé une chambre, j'avais toujours eu l'impression qu'il était d'une certaine manière intimidé par moi, débordé, si l'on peut dire, par la folle intensité de mes lubies. Maintenant que j'étais dans une mauvaise passe, il y voyait peut-être une chance de prendre l'avantage, de corriger l'équilibre interne de notre amitié. Je doute que lui-même en ait eu conscience, mais une sorte de supériorité un peu exaspérée perçait dans sa voix lorsqu'il me parlait, et il était difficile de ne pas sentir le plaisir qu'il éprouvait à me taquiner. Je le supportais, néanmoins, et ne m'en offensais pas. Mon appréciation de moi-même était alors tombée si bas que j'accueillais ses tracasseries avec un plaisir secret, comme une forme de justice, la punition largement méritée de mes péchés.

Zimmer était un petit type nerveux, avec des cheveux noirs bouclés et une allure raide, contenue. Il portait les lunettes à monture métallique que l'on voyait beaucoup à cette époque chez les étudiants, et avait entrepris de laisser pousser sa barbe, ce qui lui donnait l'air d'un jeune rabbin. De tous les élèves de Columbia que j'ai connus, il était le plus brillant et le plus consciencieux, et il avait sans aucun doute l'étoffe de devenir un fin lettré s'il s'y acharnait. Nous partagions la même passion pour des livres obscurs et oubliés (l'*Alexandra* de Lycophron, les dialogues philosophiques de Giordano Bruno, les carnets de Joseph Joubert, pour ne citer que quelques-unes de nos découvertes communes), mais alors que j'avais tendance, devant ces œuvres, à m'enthousiasmer comme un fou et à me disperser, Zimmer, minutieux et systématique, les pénétrait à une profondeur dont je m'étonnais souvent. Avec cela, loin de tirer de ses talents critiques une fierté particulière, il ne leur accordait qu'une importance secondaire. La principale préoccupation de Zimmer dans la vie était d'écrire de la poésie, et il y passait de longues heures laborieuses, à travailler chaque mot comme si le sort du monde en eût dépendu – ce qui est certainement la seule façon raisonnable de procéder. A bien des égards, les poèmes de Zimmer ressemblaient à son corps : compacts, tendus, inhibés. Ses idées s'enchevêtraient avec une telle densité qu'il était souvent difficile d'en trouver le sens. J'admirais pourtant leur étrangeté et leur langue en éclats de silex. Zimmer avait confiance en mon opinion, et j'étais toujours aussi honnête que possible lorsqu'il me la demandait ; je l'encourageais de mon mieux, mais en même temps je refusais de mâcher mes mots quand quelque chose ne me plaisait pas. Je n'avais pour ma part aucune ambition littéraire, et cela facilitait sans doute nos relations. Si je critiquais son travail, il savait que ce n'était pas à cause d'une compétition inavouée entre nous.

Il y avait deux ou trois ans qu'il était amoureux de la même fille, une certaine Anna Bloom, ou Blume, je n'ai jamais été certain de l'orthographe. Elle avait grandi en face de chez Zimmer, dans la même rue d'un faubourg du New Jersey, et s'était trouvée dans la même classe que sa sœur, c'est-à-dire qu'elle devait avoir quelques années de moins que lui. Je ne l'avais rencontrée qu'une ou deux fois, une fille menue, avec des cheveux noirs, un joli visage et une personnalité extravertie et animée, et j'avais eu le soupçon que Zimmer, avec sa nature studieuse, n'était peut-être pas tout à fait de taille. Dans le courant de l'été, elle était partie soudain rejoindre son frère aîné, William, qui travaillait comme journaliste dans un pays lointain, et depuis lors Zimmer n'avait pas reçu de ses nouvelles – pas une lettre, pas une carte postale, rien. Au fur et à mesure que passaient les semaines, ce silence le désespérait de plus en plus. Chaque journée débutait par la même descente rituelle à la boîte aux lettres, et chaque fois qu'il sortait de l'immeuble ou y rentrait, il ouvrait et refermait la boîte vide avec la même obsession. Ce pouvait être n'importe quelle heure, jusqu'à deux ou trois heures du matin, quand il n'y avait aucune chance au monde que quelque chose de nouveau soit arrivé. Mais Zimmer était incapable de résister à la tentation. Souvent, lorsque nous revenions tous deux de la *White Horse Tavern*, au coin de la rue, à moitié ivres de bière, il me fallait assister au triste spectacle de mon ami en train de chercher sa clef, et puis de tendre une main aveugle vers quelque chose qui n'était pas là, qui ne serait jamais là. C'est peut-être la raison pour laquelle il a supporté si longtemps ma présence chez lui. Faute de mieux, j'étais quelqu'un à qui parler, une distraction de ses soucis, une sorte de dérivatif comique, étrange et imprévisible.

Je n'en étais pas moins cause de la diminution de ses ressources, et plus le temps passait sans protestation de sa part, plus je me sentais mal à l'aise. J'avais l'intention de me mettre à chercher du travail dès que j'en aurais la force (un travail quelconque, peu importait lequel) et de commencer à lui rembourser ce qu'il avait dépensé pour moi. Ce n'était pas une solution au problème de trouver un autre endroit où habiter, mais du moins je persuadai Zimmer de me laisser passer les nuits sur le sol afin qu'il puisse à nouveau dormir dans son propre lit. Ses cours à Columbia commencèrent quelques jours après cet échange de chambres. Pendant la première semaine, il revint un soir avec une grosse liasse de papiers et m'annonça d'un air sombre qu'une de ses amies du département de français, qui avait été engagée pour faire une traduction rapide, venait de se rendre compte qu'elle n'en avait pas le temps. Zimmer lui avait demandé si elle serait d'accord de lui sous-traiter ce travail, et elle avait accepté. C'est ainsi qu'arriva chez nous ce manuscrit, un fastidieux rapport d'une centaine de pages sur la réorganisation structurelle du consulat de France à New York. Dès l'instant où Zimmer avait commencé à m'en parler, j'avais compris que cela représentait pour moi une chance de me rendre utile. J'avançai que mon français était aussi bon que le sien et que, puisque je n'étais pas surchargé de responsabilités pour l'instant, il n'y avait pas de raison de ne pas me laisser le soin de cette traduction. Zimmer était réticent, mais je m'y étais attendu, et je l'emportai petit à petit sur ses hésitations. Je lui expliquai que je voulais rééquilibrer nos comptes, et que ce travail serait le moyen le plus rapide et le plus pratique d'y parvenir. L'argent lui reviendrait (deux ou trois cents dollars, je ne me souviens plus de la somme exacte), et dès lors nous serions de nouveau à égalité. Ce fut ce dernier argument qui finalement le persuada. Zimmer aimait bien jouer les martyrs, mais aussitôt qu'il eut compris qu'il s'agissait de mon bien-être, il céda.

"Eh bien, dit-il, nous pourrions partager, je suppose, si ça t'importe à ce point.

— Non, répondis-je, tu n'y es toujours pas. Tout l'argent sera pour toi. Sinon ça n'aurait aucun sens. Chaque centime sera pour toi."

J'obtins ce que je voulais, et pour la première fois depuis des mois je me mis à éprouver l'impression que ma vie avait de nouveau un but. Zimmer se levait tôt pour se rendre à Columbia, et pendant le reste de la journée, je restais livré à moi-même, libre de me caler devant son bureau et d'y travailler sans interruption. Il s'agissait d'un texte abominable, truffé de jargon bureaucratique, mais plus il me donnait de peine, plus je m'acharnais à relever le défi, refusant de lâcher prise jusqu'à ce qu'un semblant de signification commence à apparaître au travers des phrases maladroites et ampoulées. La difficulté même de la tâche m'était un encouragement. Si cette traduction s'était révélée plus facile, je n'aurais pas eu le sentiment d'accomplir une pénitence adéquate pour mes fautes passées. D'une certaine manière, c'était la complète inutilité de cette entreprise qui en faisait la valeur. Je me sentais comme quelqu'un qui a été condamné aux travaux forcés. Mon lot consistait à prendre un marteau pour casser des pierres, et, une fois ces pierres cassées, à les réduire encore en cailloux plus petits. Ce labeur était dépourvu de sens. Mais, en fait, les résultats ne m'intéressaient pas. Le travail était en lui-même une fin, et je m'y plongeais avec toute la détermination d'un prisonnier modèle.

Quand il faisait beau, je sortais parfois faire un petit tour dans le quartier pour m'éclaircir les idées. On était en octobre, le plus beau mois de l'année à New York, et je prenais plaisir à étudier la lumière d'automne, à observer la clarté nouvelle dont elle semblait parée quand elle frappait en biais les immeubles de brique. L'été était fini, mais l'hiver paraissait encore loin, et je savourais cet équilibre entre chaud et froid. Où que j'aille, ces jours-là, dans les rues, il n'était question que des *Mets*. C'était l'un de ces rares moments d'unanimité où tout le monde a la même chose en tête. Les gens se promenaient avec leur transistor réglé sur le match, de larges foules se rassemblaient devant la vitrine des magasins d'appareils électroménagers pour regarder la partie sur des télévisions silencieuses, des ovations soudaines éclataient dans les bars aux coins des rues, aux fenêtres des appartements, sur d'invisibles toits en terrasse. Il y eut d'abord Atlanta en demi-finale, puis Baltimore pour les championnats. Sur huit rencontres en octobre, les *Mets* ne perdirent qu'une seule fois, et quand l'aventure fut terminée, New York leur fit une nouvelle parade des confettis qui surpassa même en extravagance celle qui avait salué les astronautes deux mois plus tôt. Plus de cinq cents tonnes de papier tombèrent ce jour-là dans les rues, un record qui n'a jamais été égalé depuis.

Je pris l'habitude de manger mon déjeuner dans Abingdon Square, un petit parc à un bloc et demi à l'est de l'appartement de Zimmer. Il y avait là un terrain de jeu rudimentaire pour les enfants, et j'appréciais le contraste entre le langage mort du rapport que je traduisais et l'énergie furieuse et déchaînée des gamins qui tourbillonnaient autour de moi en piaillant. Je m'étais aperçu que cela m'aidait à me concentrer, et il m'arriva plusieurs fois d'apporter ma traduction pour y travailler là, assis en plein milieu de ce tohu-bohu. Il se trouve que c'est au cours d'un de ces après-midi de la mi-octobre que je revis enfin Kitty Wu. J'étais en train de me débattre dans un passage ardu, et je ne la remarquai que lorsqu'elle était déjà assise sur le banc auprès de moi. C'était notre première rencontre depuis que Zimmer m'avait fait la morale dans le bar, et la surprise me laissa sans défense. J'avais passé plusieurs semaines à imaginer tout ce que je lui dirais de brillant quand je la retrouverais, mais maintenant qu'elle était là en chair et en os, je pouvais à peine balbutier un mot.

« Bonjour, monsieur l'écrivain, dit-elle. Ça fait plaisir de vous voir remis sur pied. »

Elle portait cette fois des lunettes de soleil, et avait les lèvres peintes d'un rouge vif. Parce que ses yeux étaient invisibles derrière les verres sombres, j'avais toutes les peines du monde à détourner les miens de sa bouche.

« Je n'écris pas vraiment, dis-je. C'est une traduction. Un truc que je fais pour gagner un peu d'argent.

— Je sais. J'ai rencontré David, hier, et il m'a raconté. »

Peu à peu, je me trouvai emporté par la conversation. Kitty avait un talent naturel pour sortir les gens d'eux-mêmes, et il était facile de lui emboîter le pas, de se sentir à l'aise en sa présence. Comme me l'avait un jour lointain expliqué oncle Victor, une conversation ressemble à un échange de balles. Un bon partenaire vous envoie la balle droit dans le gant, de sorte qu'il vous est presque impossible de la rater ; quand c'est à lui de recevoir, il rattrape tout ce qui arrive de son côté, même les coups les plus erratiques et les plus incompétents. C'est ainsi que faisait Kitty. Elle relançait sans cesse la balle juste au creux de mon gant, et quand je la lui retournais, elle ramenait tout ce qui parvenait peu ou prou à sa portée, sautant vers les chandelles qui lui passaient au-dessus de la tête, plongeant avec agilité de gauche à droite, se précipitant pour réussir des prises acrobatiques. Mieux encore, son talent était tel qu'elle me donnait toujours l'impression que j'avais fait exprès de mal lancer, comme si mon seul objectif avait été de rendre la partie plus amusante. Elle me faisait paraître meilleur que je n'étais et cela me donnait confiance, et m'aidait ensuite à lui envoyer des balles moins difficiles à recevoir. En d'autres mots, je commençai à lui parler à elle, plutôt qu'à moi-même, et le plaisir en était plus grand que tout ce que j'avais connu depuis longtemps.

Notre conversation se prolongeait dans la lumière d'octobre, et je me mis à chercher le moyen de la faire durer.

J'étais trop ému et heureux pour accepter qu'elle prenne fin, et le fait que Kitty porte à l'épaule un grand sac dont dépassaient des bouts d'affaires de danse – une manche de maillot, le col d'un sweat-shirt, un coin de serviette – m'inspirait la crainte qu'elle ne fût sur le point de se lever et de se précipiter à un autre rendez-vous. Il y avait un soupçon de fraîcheur dans l'air, et, au bout de vingt minutes de bavardage sur le banc, je remarquai que Kitty frissonnait très légèrement. Rassemblant mon courage, j'émis une remarque sur le froid qui tombait, et suggérai que nous rentrions chez Zimmer, où je pourrais nous faire du café chaud. Miraculeusement, elle acquiesça et répondit qu'elle trouvait l'idée bonne.

Je me mis à préparer le café. Le salon était séparé de la cuisine par la chambre à coucher, et au lieu de m'attendre dans le salon Kitty s'assit sur le lit pour que nous puissions continuer à parler. Le passage à l'intérieur avait transformé le ton de notre conversation, nous étions l'un et l'autre plus calmes et plus timides, comme à la recherche de la meilleure interprétation de notre nouveau rôle. Il régnait une étrange atmosphère d'anticipation, et j'étais heureux d'avoir à m'occuper du café et de pouvoir ainsi masquer le trouble qui s'était soudain emparé de moi. Quelque chose allait se produire, mais je me sentais trop ému pour m'attarder sur cette impression, il me semblait que si je m'autorisais le moindre espoir, cette chose pourrait être détruite avant même d'avoir pris forme. Kitty devint alors très silencieuse, pendant vingt ou trente secondes elle ne dit plus rien. Je continuais à m'affairer dans la cuisine, à ouvrir et à fermer le frigo, à sortir des tasses et des cuillers, à verser du lait dans un pot, et ainsi de suite. Pendant un bref instant, je tournai le dos à Kitty et, avant que je m'en rende bien compte, elle n'était plus assise sur le lit mais debout dans la cuisine. Sans un mot, elle se glissa derrière moi, m'entoura la taille de ses bras, et posa la tête contre mon dos.

"Qui est là ?" demandai-je, feignant l'ignorance.

"C'est la Reine des Dragons, fit Kitty. Elle vient te prendre."

Je lui saisis les mains, en essayant de ne pas trembler quand je sentis la douceur de sa peau. "Je crois qu'elle me tient déjà", murmurai-je.
Il y eut un léger silence, puis Kitty resserra son étreinte autour de ma taille. "Tu m'aimes un petit peu, dis ?
— Plus qu'un petit peu. Tu le sais bien. Beaucoup plus qu'un petit peu.
— Je ne sais rien du tout. J'attends depuis trop longtemps pour savoir quoi que ce soit."
Toute la scène avait quelque chose d'imaginaire. J'étais conscient qu'elle était réelle, mais en même temps c'était mieux que la réalité, plus proche d'une projection de ce que j'attendais de la réalité que tout ce qui m'était arrivé auparavant. Mes désirs étaient forts, ils étaient même impérieux, mais ce n'est que grâce à Kitty qu'ils purent se manifester. Tout s'articula sur ses réactions, la subtilité de ses encouragements, sa science des gestes, son absence d'hésitation. Kitty n'avait pas peur d'elle-même, elle vivait avec son corps sans embarras ni arrière-pensée. Cela avait peut-être à voir avec sa profession de danseuse, mais il est plus vraisemblable que c'était le contraire. Parce qu'elle se plaisait dans son corps, elle pouvait danser.
Nous fîmes l'amour pendant plusieurs heures dans l'appartement de Zimmer où baissait la lumière de fin d'après-midi. C'était sans aucun doute l'une des choses les plus extraordinaires que j'eusse jamais vécues, et à la fin je pense que j'en ai été fondamentalement transformé. Je ne veux pas parler que du sexe ni des permutations du désir, mais d'un écroulement spectaculaire de parois intérieures, d'un tremblement de terre au cœur de ma solitude. Je m'étais si bien habitué à être seul que je n'imaginais pas qu'une telle chose fût possible. Je m'étais résigné à un certain mode de vie et puis, pour des raisons d'une obscurité totale, cette belle jeune Chinoise s'était posée devant moi, descendue comme un ange d'un autre univers. Il aurait été impossible de ne pas en tomber amoureux, impossible de n'être pas transporté par le seul fait de sa présence.

A partir de ce moment, mes journées devinrent plus chargées. Je travaillais à ma traduction le matin et l'après-midi, et m'en allais dans la soirée rejoindre Kitty, en général *uptown*, aux environs de Columbia et de Julliard. Le problème, dans la mesure où il y en avait un, était la difficulté de nous trouver seuls ensemble. Kitty habitait dans un foyer une chambre qu'elle partageait avec une camarade de cours, et dans l'appartement de Zimmer aucune porte ne séparait la chambre à coucher du salon. Même s'il y en avait eu une, il aurait été impensable que j'y ramène Kitty. Etant donné l'état de la vie sentimentale de Zimmer à cette époque, je n'aurais pas eu le cœur de lui infliger les bruits de nos amours, de l'obliger à écouter, assis dans la pièce à côté, nos gémissements et nos soupirs. De temps en temps, l'autre étudiante sortait pour la soirée, et nous profitions de son absence pour poser des jalons sur le lit étroit de Kitty. D'autres fois, des appartements vides accueillaient nos rendez-vous. C'était Kitty qui se chargeait des détails de cette organisation, par l'intermédiaire d'amis, ou d'amis de ses amis, auxquels elle demandait l'usage d'une chambre pendant quelques heures. Tout cela avait un côté frustrant, mais en même temps quelque chose d'assez palpitant, une source d'excitation qui ajoutait à notre passion un élément de danger et d'incertitude. Nous prenions ensemble des risques qui me paraissent aujourd'hui inimaginables, des risques insensés qui auraient bien pu entraîner les situations les plus embarrassantes. Un jour, par exemple, nous avons arrêté un ascenseur entre deux étages et, tandis que les habitants de l'immeuble, furieux de l'attente, criaient et tambourinaient, j'ai baissé les jeans de Kitty et sa petite culotte et, de ma langue, l'ai menée à l'orgasme. Une autre fois, pendant une soirée, nous avons baisé par terre dans la salle de bains, dont nous avions verrouillé la porte derrière nous sans nous soucier des gens qui faisaient la queue dans le couloir pour avoir leur tour aux W.-C. C'était du mysticisme érotique, une religion secrète exclusivement réservée à deux fidèles. Pendant toute cette période du début de nos relations, l'échange d'un regard suffisait à nous mettre en émoi. Dès que Kitty s'approchait de moi, je me mettais à penser au sexe. J'étais incapable d'empêcher mes mains de la toucher, et plus son corps me devenait familier, plus je désirais son contact. Nous sommes même allés, un soir, jusqu'à faire l'amour après l'un de ses cours de danse au beau milieu du vestiaire, après le départ de ses camarades. Elle devait participer à un spectacle le mois suivant et j'essayais d'assister aux répétitions chaque fois que je le pouvais. A part la tenir dans mes bras, je ne connaissais rien de meilleur que de regarder Kitty danser, et je suivais ses évolutions sur la scène avec une concentration quasi démente. J'adorais ça, et pourtant je n'y comprenais rien. La danse m'était totalement étrangère, elle se situait au-delà du domaine des mots, et je n'avais d'autre possibilité que de rester assis en silence, abandonné à la contemplation du mouvement pur.

J'achevai la traduction vers la fin d'octobre. Zimmer reçut l'argent de son amie quelques jours plus tard, et le soir même Kitty et moi allâmes dîner avec lui au *Moon Palace*. C'était moi qui avais choisi le restaurant, pour sa valeur symbolique plus que pour la qualité de sa table, mais le repas y fut bon néanmoins car Kitty, qui parlait mandarin avec les serveurs, put commander des plats qui n'étaient pas au menu. Zimmer était en bonne forme, intarissable au sujet de Trotski, de Mao, de la théorie de la révolution permanente, et je me souviens qu'à un moment Kitty posa la tête sur mon épaule, avec un beau sourire langoureux et que, appuyés tous deux contre les coussins de la banquette, nous laissâmes David dérouler son monologue en marquant notre approbation par des hochements de tête tandis qu'il résolvait les dilemmes de l'existence humaine. Ce fut pour moi un moment merveilleux, un moment de joie et d'équilibre extraordinaires, comme si mes amis s'étaient réunis là pour célébrer mon retour au pays des vivants. Après qu'on eut enlevé notre couvert, nous déballâmes tous trois nos papillotes et examinâmes avec une feinte solennité les horoscopes qu'elles renfermaient. C'est étrange, je me souviens du mien comme si je le tenais encore entre mes mains. On y lisait : "Le Soleil est le passé, la Terre est le présent, la Lune est le futur." Par la suite, je devais rencontrer à nouveau cette phrase énigmatique, et je ressens rétrospectivement l'impression que le hasard qui me l'avait attribuée était chargé d'une mystérieuse vérité prémonitoire. Pour des raisons que je n'examinai pas à l'époque, je glissai la languette de papier dans mon portefeuille et neuf mois plus tard, longtemps après avoir oublié son existence, je la portais toujours avec moi.

Le lendemain matin, je me mis à chercher du travail. Sans résultat ce premier jour, ni davantage le jour suivant. Je me rendis compte qu'avec les journaux je n'arriverais à rien, et décidai de me rendre à Columbia afin de tenter ma chance au bureau d'emploi des étudiants. En tant que licencié de l'université, j'avais le droit de m'adresser à ce service, et puisqu'il n'y avait rien à payer s'ils vous trouvaient un job, il me paraissait raisonnable de débuter par là. Moins de dix minutes après être entré à Dodge Hall, j'aperçus la réponse à mon problème, dactylographiée sur une fiche placée dans le coin inférieur gauche du panneau d'information. L'offre était rédigée comme suit : "Monsieur âgé en chaise roulante cherche jeune homme pour office de compagnon à domicile. Promenades quotidiennes, un peu de secrétariat. Cinquante dollars par semaine, logé et nourri." Ce dernier détail fut pour moi déterminant. J'allais non seulement commencer à gagner ma vie, mais aussi, enfin, pouvoir partir de chez Zimmer. Mieux encore, je m'en irais dans West End Avenue à la hauteur de la 84e rue, c'est-à-dire beaucoup plus près de Kitty. Cela semblait parfait. Quant à l'emploi lui-même, il n'y avait pas de quoi pavoiser, mais, de toute façon, je n'avais en fait nulle part où pavoiser.

Je téléphonai aussitôt pour demander une entrevue, inquiet à l'idée que quelqu'un d'autre obtienne avant moi cette situation. Deux heures plus tard, j'étais assis en face de mon éventuel employeur, et le soir même, à huit heures, il m'appelait chez Zimmer pour m'annoncer que j'étais engagé. A l'entendre, on pouvait supposer qu'il n'avait pas pris sans peine sa décision et que j'avais été choisi de préférence à plusieurs autres candidats de valeur. Tout bien considéré, cela n'aurait sans doute rien changé, mais si j'avais su alors qu'il mentait, je me serais fait une idée plus juste de ce qui m'attendait. Car la vérité, c'est qu'il n'y avait aucun autre candidat. J'étais le seul à m'être présenté pour cet emploi.

4

La première fois que j'ai eu Thomas Effing devant les yeux, j'ai eu l'impression de n'avoir jamais vu quelqu'un d'aussi fragile. Assis dans un fauteuil roulant sous des couvertures écossaises, le corps affaissé sur le côté, il évoquait un minuscule oiseau brisé. Rien que des os sous une peau fripée. Il avait quatre-vingt-six ans, mais on lui en aurait donné beaucoup plus, cent ans au moins, si c'est possible, un âge au-delà des chiffres. Il était comme muré de toutes parts, absent, d'une impénétrabilité de sphinx. Deux mains noueuses, couvertes de taches de son, agrippaient les accoudoirs du fauteuil et parfois voltigeaient un moment, mais c'était le seul signe de vie consciente. On ne pouvait pas établir avec lui de contact visuel, car Effing était aveugle, ou du moins affectait de l'être, et le jour où je suis allé chez lui pour notre première entrevue, il portait sur les yeux deux caches noirs. Quand je me rappelle aujourd'hui ce commencement, il me paraît approprié qu'il ait eu lieu un 1er novembre. Le 1er novembre, le jour des Morts, le jour où on commémore les saints et les martyrs inconnus.

La porte de l'appartement me fut ouverte par une femme. Lourde, négligée, d'âge indéterminé, elle était vêtue d'une robe d'intérieur flottante ornée de fleurs roses et vertes. Dès qu'elle se fut assurée que j'étais bien le M. Fogg qui avait demandé un rendez-vous à une heure, elle me tendit la main en annonçant qu'elle était Rita Hume, l'infirmière et la gouvernante de M. Effing depuis neuf ans. En même temps, elle m'examinait de haut en bas, m'étudiant avec la curiosité sans fard d'une femme qui rencontre pour la première fois un fiancé par correspondance. Il y avait néanmoins, dans sa manière de me regarder, quelque chose de si direct et de si aimable que je ne me sentis pas offensé. Il aurait été difficile de ne pas aimer Mme Hume, avec son large visage rebondi, ses épaules puissantes et ses deux énormes seins, des seins si gros qu'ils paraissaient en ciment. Elle trimbalait ce chargement d'une démarche généreuse, en se dandinant quelque peu, et tandis qu'elle me précédait dans le vestibule pour me conduire au salon, j'entendais siffler son souffle au passage de ses narines.

C'était l'un de ces immenses appartements du West Side avec de longs corridors, des pièces séparées par des cloisons coulissantes en chêne, et des murs aux moulures ornementées. Il y régnait un fouillis très victorien, et j'avais du mal à absorber la soudaine abondance des objets qui m'entouraient : livres, tableaux, guéridons, des tapis qui se chevauchaient, un bric-à-brac de boiseries sombres. A mi-chemin, Mme Hume s'arrêta dans le vestibule pour me prendre le bras en me murmurant à l'oreille : "Ne vous inquiétez pas s'il se conduit de façon un peu bizarre. Il s'emporte souvent, mais ça ne signifie pas grand-chose. Les dernières semaines ont été pénibles pour lui. L'homme qui s'occupait de lui depuis trente ans est mort en septembre, et il a de la peine à s'y faire."

Je sentis que j'avais en cette femme une alliée, et cela me fit l'effet d'une sorte de protection contre ce qui pouvait m'arriver d'étrange. Le salon était démesuré, ses fenêtres s'ouvraient sur l'Hudson et les *Palisades* du New Jersey, sur l'autre rive. Effing était installé au milieu de la pièce, dans son fauteuil roulant, en face d'un canapé dont le séparait une table basse. L'impression initiale que j'eus de lui fut peut-être liée au fait qu'il ne réagit pas à notre entrée dans la pièce. Mme Hume lui annonça que j'étais arrivé, "M. M. S. Fogg est là pour une entrevue", mais il ne lui répondit pas un mot, n'eut pas un frémissement. Son inertie semblait surnaturelle, et ma première réaction fut de le croire mort. Mais Mme Hume se contenta de me sourire, et de me faire signe de m'asseoir sur le canapé. Puis elle s'en alla, et je me trouvai seul avec Effing, à attendre qu'il se décide à rompre le silence.

Il fallut longtemps, mais quand enfin sa voix se fit entendre, elle emplit la pièce avec une force surprenante. Il ne paraissait pas possible que son corps émette de tels sons. Les mots sortaient de sa trachée en crépitant avec une sorte de furieuse énergie râpeuse, et c'était soudain comme si on avait allumé une radio branchée sur l'une de ces stations lointaines qu'on capte parfois au milieu de la nuit. C'était tout à fait inattendu. Une synapse fortuite d'électrons me transmettait cette voix à des milliers de kilomètres de distance, et sa clarté étonnait mes oreilles. Pendant un instant, je me suis réellement demandé si un ventriloque n'était pas caché quelque part dans la pièce.

"Emmett Fogg, disait le vieillard, en crachant les mots avec mépris. Quelle sorte de nom est-ce là ?

— M. S. Fogg, répliquai-je. M. comme Marco, S. comme Stanley.

— Ça ne vaut pas mieux. C'est même pire. Comment allez-vous arranger ça, jeune homme ?

— Je ne vais rien arranger du tout. Mon nom et moi avons vécu beaucoup de choses ensemble, et avec le temps je m'y suis attaché."

Effing ricana, une sorte de rire grognon qui paraissait écarter le sujet une fois pour toutes. Aussitôt après, il se redressa dans son fauteuil. La rapidité de transformation de son apparence fut surprenante. Il ne ressemblait plus à un demi-cadavre comateux perdu dans une rêverie crépusculaire ; tout en nerfs et en attention, il était devenu une petite masse effervescente de force ressuscitée. Comme je devais l'apprendre à la longue, c'était là le véritable Effing, si on peut user du mot véritable en parlant de lui. Une si grande part de son personnage était construite sur la duplicité et l'imposture qu'il était presque impossible de savoir quand il disait la vérité. Il adorait mystifier les gens par des expérimentations et des inspirations soudaines, et de tous ses tours, celui qu'il préférait était de faire le mort.

Il se pencha en avant sur son siège, comme pour m'indiquer que l'entrevue allait commencer pour de bon. Malgré les caches noirs sur ses yeux, son regard était dirigé droit vers moi. "Répondez-moi, monsieur Fogg, dit-il, êtes-vous un homme de vision ?

— Je croyais l'être, mais je n'en suis plus tellement certain.

— Quand vous avez un objet devant les yeux, êtes-vous capable de l'identifier ?

— La plupart du temps, oui. Mais dans certains cas c'est assez difficile.

— Par exemple ?

— Par exemple, j'ai parfois de la peine à distinguer les hommes des femmes dans la rue. Tant de gens ont maintenant les cheveux longs, un coup d'œil rapide ne renseigne pas toujours. Surtout si l'on a affaire à un homme féminin ou à une femme masculine. Les signaux peuvent être plutôt confus.

— Et quand vous êtes en train de me regarder, quels sont les mots qui vous viennent à l'esprit ?

— Je dis que je regarde un homme assis dans un fauteuil roulant.

— Un vieil homme ?

— Oui, un vieil homme.

— Un très vieil homme ?

— Oui, un très vieil homme.

— Avez-vous remarqué quelque chose de particulier à mon propos, jeune homme ?

— Les caches sur vos yeux, sans doute. Et le fait que vos jambes paraissent paralysées.

— Oui, oui, mes infirmités. Elles sautent aux yeux, n'est-ce pas ?

— D'une certaine manière, oui.

— Et qu'avez-vous conclu au sujet des caches ?

— Rien de précis. J'ai d'abord cru que vous étiez aveugle, mais ce n'est pas nécessairement évident. Si on ne voit pas, pourquoi prendre la peine de se protéger la vue ? Ça n'aurait aucun sens. Donc, j'envisage d'autres possibilités. Les caches dissimulent peut-être quelque chose de pire que la cécité. Une difformité hideuse, par exemple. Ou bien vous venez d'être opéré, et vous devez les porter pour des raisons médicales. D'autre part, il se pourrait que vous soyez partiellement aveugle et que la forte lumière vous irrite les yeux. Ou qu'il vous plaise de les arborer pour eux-mêmes, parce que vous les trouvez jolis. Il y a des quantités de réponses possibles à votre question. Pour le moment, je ne dispose pas d'assez d'informations pour dire quelle est la bonne. A vrai dire, la seule chose dont je suis sûr est que vous portez des caches noirs sur les yeux. Je peux affirmer qu'ils sont là, mais je ne sais pas pourquoi ils sont là.

— Autrement dit, vous ne considérez rien comme acquis ?

— Cela peut être dangereux. Il arrive souvent que les choses soient différentes de ce qu'on croit, et on peut s'attirer des ennuis en se faisant une opinion à la légère.

— Et mes jambes ?

— Cette question me paraît plus simple. D'après ce qu'on en voit sous la couverture, elles paraissent desséchées, atrophiées, ce qui indiquerait qu'elles n'ont plus servi depuis plusieurs années. Si tel est le cas, il est raisonnable d'en inférer que vous ne pouvez plus marcher. Peut-être n'avez-vous jamais pu marcher.

— Un vieillard qui ne voit pas et ne peut pas marcher. Que vous en semble, jeune homme ?

— Il me semble qu'un tel homme est plus dépendant des autres qu'il ne le souhaiterait."

Effing poussa un grognement, se laissa aller en arrière dans son fauteuil, puis renversa la tête vers le plafond. Dix ou quinze secondes passèrent sans qu'aucun de nous ne parlât.

"Quel genre de voix avez-vous, jeune homme ? demanda-t-il enfin.

— Je ne sais pas. Je ne la remarque pas vraiment quand je parle. Les quelques fois où je l'ai entendue sur un enregistreur, je l'ai trouvée affreuse. Mais il paraît que tout le monde a la même impression.

— Est-ce qu'elle tient la distance ?

— La distance ?

— Est-elle capable de fonctionner dans la durée ? Pouvez-vous parler pendant deux ou trois heures sans enrouement ? Pouvez-vous rester là un après-midi entier à me faire la

lecture, et arriver encore à prononcer les mots ? Voilà ce que j'entends par tenir la distance.
— Je crois que j'en suis capable, oui.
— Comme vous-même l'avez observé, j'ai perdu la capacité de voir. Mes relations avec vous seront donc composées de mots, et si votre voix ne tient pas la distance, vous ne vaudrez pas un clou pour moi.
— Je comprends."
Effing se pencha de nouveau en avant, puis fit une petite pause, pour intensifier son effet. "Avez-vous peur de moi, jeune homme ?
— Non, je ne crois pas.
— Vous devriez avoir peur. Si je me décide à vous engager, vous apprendrez ce qu'est la peur, je vous le garantis. Je ne suis peut-être plus capable de voir ni de marcher, mais j'ai d'autres pouvoirs, des pouvoirs que peu d'hommes ont maîtrisés.
— Quels genres de pouvoirs ?
— Mentaux. Une force de volonté qui peut faire plier l'univers matériel, lui donner n'importe quelle forme à mon gré.
— De la télékinésie.
— Oui, si vous voulez. De la télékinésie. Vous vous souvenez de la panne d'électricité, il y a quelques années ?
— En automne 1965.
— Exact. C'est moi qui l'ai provoquée. Je venais de perdre la vue, et je me suis un jour retrouvé tout seul dans cette pièce, en train de maudire le sort qui m'était fait. Vers cinq heures, approximativement, je me suis dit : J'aimerais que le monde entier soit obligé de vivre dans la même obscurité que moi. Moins d'une heure plus tard, toutes les lumières de la ville étaient éteintes.
— Peut-être une coïncidence.
— Il n'y a pas de coïncidences. L'usage de ce mot est l'apanage des ignorants. En ce monde, tout est électricité, les objets animés comme les objets inanimés. Même les pensées produisent une charge électrique. Si elles sont assez intenses, les pensées d'un homme peuvent transformer le monde qui l'entoure. N'oubliez jamais ça, jeune homme.

— Je ne l'oublierai pas.
— Et vous, Marco Stanley Fogg, de quels pouvoirs disposez-vous ?
— Aucun, que je sache. Les pouvoirs normaux d'un homme, je suppose, mais rien de plus. Je peux manger et dormir. Je peux marcher d'un lieu à un autre. Je peux avoir mal. Parfois, même, il m'arrive de penser.
— Un esprit fort. C'est ça que vous êtes, jeune homme ?
— Pas vraiment. Je ne crois pas que je serais capable de persuader qui que ce soit de faire quoi que ce soit.
— Une victime, alors. C'est l'un ou l'autre. On mène ou on est mené.
— Nous sommes tous victimes de quelque chose, monsieur Effing. Ne fût-ce que d'être en vie.
— Etes-vous sûr d'être en vie, jeune homme ? Peut-être n'en avez-vous que l'illusion.
— Tout est possible. Il se peut que nous soyons, vous et moi, imaginaires, que nous n'existions pas en réalité. Oui, je suis prêt à accepter que c'est là une possibilité.
— Savez-vous tenir votre langue ?
— S'il le faut, je peux me taire aussi bien qu'un autre.
— Et qui serait cet autre, jeune homme ?
— N'importe. C'est une façon de parler. Je peux me taire ou ne pas me taire, cela dépend de la nature de la situation.
— Si je vous engage, Fogg, il est probable que vous me prendrez en grippe. Rappelez-vous simplement que c'est pour votre bien. Il y a un mobile caché derrière toutes mes actions, et il ne vous appartient pas de juger.
— Je m'efforcerai de m'en souvenir.
— Bien. Maintenant venez ici, que je tâte vos muscles. Je ne peux pas me faire véhiculer dans les rues par un gringalet, n'est-ce pas ? Si vos muscles ne font pas l'affaire, vous ne vaudrez pas un clou pour moi."

Je fis mes adieux à Zimmer ce soir-là, et le lendemain matin, ayant mis dans un sac mes quelques possessions, je m'en fus vers les hauts quartiers et l'appartement d'Effing. Je ne devais revoir Zimmer que treize ans plus tard.

Les circonstances nous ont séparés, et quand au printemps quatre-vingt-deux je l'ai enfin croisé, par hasard (au coin de Varick Street et de West Broadway, dans le bas de Manhattan), il avait tellement changé qu'au premier abord je ne l'ai pas reconnu. Il avait grossi de dix ou quinze kilos, et, en le voyant arriver à ma rencontre avec sa femme et ses deux petits garçons, j'avais été frappé par son apparence on ne peut plus conventionnelle : la bedaine et le cheveu rare d'une maturité précoce, l'expression placide et un peu troublée d'un père de famille fatigué. Marchant en sens inverse, nous étions passés l'un près de l'autre. Puis, soudain, je l'ai entendu m'appeler par mon nom. Il n'y a rien d'extraordinaire, j'en suis sûr, à tomber sur quelqu'un qui surgit du passé, mais cette rencontre avec Zimmer a remué en moi tout un monde de choses oubliées. Découvrir ce qu'il était devenu, apprendre qu'il enseignait dans une université quelque part en Californie, qu'il avait publié une étude de quatre cents pages sur le cinéma français, qu'il n'avait pas écrit un seul poème depuis plus de dix ans – tout cela importait peu. Ce qui importait, c'était de l'avoir revu. Nous sommes restés plantés là, sur un coin de trottoir, à évoquer le bon vieux temps pendant quinze à vingt minutes, et puis il est reparti avec sa famille là où ils se rendaient. Je ne l'ai plus rencontré depuis, je n'ai plus eu de ses nouvelles, mais je soupçonne que l'idée d'écrire ce livre m'est venue pour la première fois après cette rencontre, il y a quatre ans, au moment précis où Zimmer disparaissait au bout de la rue, et où je l'ai reperdu de vue.

Lorsque j'arrivai chez Effing, Mme Hume me fit asseoir dans la cuisine devant une tasse de café. Elle m'expliqua que M. Effing faisait son petit somme du matin et ne se lèverait pas avant dix heures. En attendant, elle me mit au courant des obligations qui seraient les miennes dans la maison, des heures de repas, du temps que j'aurais à consacrer chaque jour à Effing, et ainsi de suite. C'était elle qui se chargeait des "soins du corps", comme elle disait : elle l'habillait et le lavait, le mettait au lit et l'aidait à se lever, le rasait, l'accompagnait aux toilettes, tandis que mes fonctions étaient à la fois plus complexes et assez mal définies. Je n'étais pas précisément embauché pour être son ami, mais c'était presque ça : un compagnon compréhensif, quelqu'un qui rompe la monotonie de sa solitude. "Dieu sait qu'il ne lui reste pas beaucoup de temps, disait-elle. Le moins que nous puissions faire est de nous assurer que ses derniers jours ne soient pas trop malheureux." Je répondis que je comprenais.

"Ça lui fera du bien au moral d'avoir un jeune dans la maison, poursuivit-elle. Sans parler de mon moral.

— Je suis content qu'il m'ait engagé.

— Il a apprécié votre conversation, hier. Il m'a dit que vous lui aviez bien répondu.

— Je ne savais pas quoi dire, en réalité. Il est parfois difficile à suivre.

— A qui le dites-vous ! Il y a toujours quelque chose qui mijote dans son cerveau. Il est un peu cinglé, mais je ne le qualifierais pas de sénile.

— Non, il est drôlement au fait. J'ai l'impression qu'il ne me passera rien.

— Il m'a dit que vous aviez une voix agréable. C'est un début prometteur, en tout cas.

— J'imagine mal le mot «agréable» dans sa bouche.

— Ce n'était peut-être pas le mot exact, mais c'est ce qu'il voulait dire. Il a ajouté que votre voix lui rappelait quelqu'un qu'il a connu jadis.

— J'espère que c'est quelqu'un qu'il aimait bien.

— Il ne me l'a pas précisé. Quand vous commencerez à connaître M. Thomas, vous saurez qu'il ne raconte jamais que ce qu'il veut."

Ma chambre se trouvait au bout d'un long couloir. C'était une petite pièce nue dont la seule fenêtre donnait sur la ruelle derrière l'immeuble, un espace rudimentaire pas plus grand qu'une cellule de moine. Un tel territoire m'était familier, et il ne me fallut pas longtemps pour me sentir chez moi dans ce mobilier réduit au minimum : un lit de fer à l'ancienne mode, avec des barreaux verticaux aux deux bouts, une commode et, le long d'un des murs, une bibliothèque garnie principalement de livres français et russes. Il y avait un seul tableau, un grand dessin dans un cadre laqué noir, qui représentait une scène mythologique encombrée de silhouettes humaines et d'une pléthore de détails architecturaux. J'appris plus tard qu'il s'agissait d'une reproduction en noir et blanc de l'un des panneaux d'une série peinte par Thomas Cole et intitulée *le Cours de l'empire*, une saga visionnaire sur la naissance et le déclin du Nouveau Monde. Je déballai mes vêtements et m'assurai que toutes mes possessions trouvaient aisément leur place dans le tiroir supérieur du bureau. Je ne possédais qu'un livre, une édition de poche des *Pensées* de Pascal, cadeau d'adieu de Zimmer. Je le déposai provisoirement sur l'oreiller et reculai pour examiner mon nouveau domaine. Ce n'était pas grand, mais c'était chez moi. Après tant de mois d'incertitude, il était encourageant de me trouver entre ces quatre murs, de savoir qu'il existait en ce monde un lieu que je pouvais dire mien.

Il plut sans arrêt pendant les deux premiers jours. Faute de pouvoir sortir nous promener dans l'après-midi, nous demeurâmes tout le temps au salon. Effing était moins combatif que durant notre première entrevue, et restait la plupart du temps silencieux, à écouter les livres que je lui lisais. Il m'était difficile d'apprécier la nature de son silence, de deviner s'il était destiné à me mettre à l'épreuve d'une façon que je ne comprenais pas, ou s'il correspondait simplement à son humeur. Comme si souvent au cours de la période où j'ai vécu avec lui, j'étais partagé, devant le comportement d'Effing, entre la tendance à prêter à ses actions quelque intention sinistre et celle qui consistait à ne les considérer que comme le produit d'impulsions erratiques. Les choses qu'il me disait, les lectures qu'il me choisissait, les missions bizarres dont il me chargeait, faisaient-elles partie d'un plan obscur et élaboré, ou n'en ont-elles acquis l'apparence qu'avec le recul ? J'avais parfois l'impression qu'il essayait de me communiquer un savoir mystérieux et secret, qu'il s'était institué le mentor de ma vie intérieure, mais sans m'en informer, qu'il m'obligeait à jouer à un jeu dont il ne m'indiquait pas les règles. Cet Effing-là, c'était un guide spirituel délirant, un maître excentrique qui s'efforçait de m'initier aux arcanes de l'univers.

A d'autres moments, par contre, quand il se laissait emporter par les orages de son égoïsme et de son arrogance, je ne voyais plus en lui qu'un vieil homme méchant, un fou épuisé végétant à la frontière entre la démence et la mort. L'un dans l'autre, il me fit subir une quantité considérable de grossièretés, et je commençai bientôt à me méfier de lui, malgré la fascination croissante qu'il m'inspirait. Plusieurs fois, alors que j'étais sur le point d'abandonner, Kitty me persuada de rester, mais tout compte fait je crois que j'en avais envie, même lorsqu'il me paraissait impossible de tenir le coup une minute de plus. Des semaines entières s'écoulaient pendant lesquelles je supportais à peine de tourner les yeux vers lui, il me fallait rassembler tout mon courage rien que pour rester assis avec lui dans une chambre. Mais je résistai, je tins bon jusqu'à la fin.

Même quand son humeur était des plus sereines, Effing s'amusait à fomenter de petites surprises. Ce premier matin, par exemple, quand il arriva dans la pièce sur son fauteuil roulant, il arborait une paire de lunettes noires d'aveugle. Les caches qui avaient été un tel sujet de discussion pendant notre entrevue avaient disparu. Effing ne commenta pas cette substitution. Entrant dans son jeu, je supposai qu'il s'agissait de l'un de ces cas où j'étais censé tenir ma langue, et je n'en dis rien non plus. Le lendemain matin, il portait des lunettes médicales normales, avec une monture métallique et des verres d'une épaisseur incroyable. Ils agrandissaient et déformaient ses yeux, les faisaient paraître aussi gros que des œufs d'oiseau, deux sphères bleues protubérantes qui semblaient jaillir de sa tête. Je ne me rendais guère compte si ces yeux voyaient ou non. A certains moments j'étais persuadé que tout cela n'était que du bluff et qu'il avait la vue aussi claire que la mienne ; à d'autres, j'étais également convaincu de sa cécité totale. D'évidence c'était là ce qu'Effing voulait. Il émettait des signaux intentionnellement ambigus puis, ravi de la perplexité des gens, refusait obstinément de divulguer la vérité. Certains jours, il laissait ses yeux à découvert, ne portait ni caches ni lunettes. D'autres fois encore, il arrivait avec un bandeau noir autour de la tête, ce qui lui donnait l'apparence d'un prisonnier sur le point d'être abattu par un peloton d'exécution. J'étais incapable de deviner ce que signifiaient ces déguisements. Il n'y faisait jamais allusion, et je n'eus jamais le courage de l'interroger. L'important, décidai-je, était de ne pas me laisser atteindre par ses bouffonneries. Il pouvait faire ce qu'il voulait, mais, du moment que je ne tombais pas dans ses pièges, cela ne pouvait en rien m'affecter. C'est du moins ce que je me répétais. Malgré mes résolutions, il était parfois difficile de lui résister. En particulier les jours où il ne se protégeait pas les yeux, je me surprenais souvent à les regarder fixement, incapable d'en détourner les miens, sans défense contre leur pouvoir de fascination. Comme si j'avais tenté d'y découvrir une vérité, une ouverture qui m'aurait donné un accès direct dans l'obscurité de son crâne. Je n'arrivai jamais à rien, néanmoins. Au long des centaines d'heures que j'ai passées à les fixer, les yeux d'Effing ne m'ont jamais rien révélé.

Il avait choisi d'avance tous les livres, et savait exactement ce qu'il souhaitait entendre. Ces lectures ressemblaient moins à une récréation qu'à une recherche systématique, une investigation opiniâtre de certains sujets précis et limités. Cela ne me rendait pas ses motifs plus apparents, mais l'entreprise y trouvait une sorte de logique souterraine. La première série concernait la notion de voyage, voyage dans l'inconnu, en général, et la découverte de mondes nouveaux. Nous débutâmes avec ceux de saint Brendan et de sir John de Mandeville, suivis par Colomb, Cabeza de Vaca et Thomas Harriot. Nous lûmes des extraits des *Voyages en Arabie déserte*, de Doughty, parcourûmes l'ouvrage entier de John Wesley Powell à propos de ses expéditions cartographiques le long du fleuve Colorado, et lûmes pour finir un certain nombre de récits de captivité des XVIIIe et XIXe siècles, témoignages directs rédigés par des colons blancs qui avaient été enlevés par des Indiens. J'éprouvais pour tous un égal intérêt, et une fois habitué à faire usage de ma voix pendant de longues périodes d'affilée, je pense avoir acquis un style de lecture adéquat. Tout s'articulait sur la clarté de l'énonciation, qui dépendait à son tour des modulations de timbre, de pauses subtiles, et d'une attention soutenue pour les mots sur la page. Effing faisait peu de commentaires pendant que je lisais, mais je savais qu'il écoutait grâce aux bruits qui lui échappaient à l'occasion chaque fois que nous arrivions à un passage particulièrement épineux ou passionnant. Ces séances de lecture étaient sans doute les moments où je me sentais le plus en harmonie avec lui, mais j'appris bientôt à ne pas confondre sa concentration silencieuse avec de la bonne volonté. Après le troisième ou le quatrième récit de voyage, je suggérai au passage qu'il pourrait trouver amusant d'écouter des parties du voyage de Cyrano sur la Lune. Ceci ne provoqua chez lui qu'un ricanement. "Gardez vos idées pour vous, mon garçon, déclara-t-il, si je voulais votre opinion, je vous la demanderais."

Le mur du fond du salon était occupé par une bibliothèque qui s'élevait du sol jusqu'au plafond. Je ne sais combien de livres contenaient ses étagères, mais il devait y en avoir au moins cinq ou six cents, peut-être mille. Effing semblait connaître la place de chacun, et quand le moment venait d'en commencer un nouveau, il m'indiquait avec précision où le trouver. "La deuxième rangée, disait-il, le douzième ou le quinzième en partant de la gauche. Lewis et Clark. Un livre rouge, relié en toile." Il ne se trompait jamais, et je ne pouvais m'empêcher d'être impressionné devant l'évidence croissante de la puissance de sa mémoire. Je lui demandai un jour si les systèmes de mémorisation de Cicéron et de Raymond Lulle lui étaient familiers, mais il rejeta ma question d'un geste de la main. "Ces choses-là ne s'étudient pas, dit-il. C'est un talent inné, un don naturel." Il fit une pause puis reprit, d'une voix rusée, moqueuse. "Mais comment pouvez-vous être certain que je sais où ces livres sont? Réfléchissez un instant. Je viens peut-être ici la nuit, en cachette, pour les réarranger pendant que vous dormez. Ou je les déplace par télépathie lorsque vous avez le dos tourné. N'est-ce pas le cas, jeune homme?" Je considérai cette question comme rhétorique, et évitai de le contredire. "Souvenez-vous bien, Fogg, poursuivit-il, ne prenez jamais rien pour acquis. Surtout quand vous avez affaire à quelqu'un comme moi."

Nous passâmes ces deux premiers jours dans le salon tandis que la pluie drue de novembre frappait les fenêtres au-dehors. Il faisait très silencieux chez Effing, et à certains moments, quand je m'arrêtais de lire pour reprendre mon souffle, ce que j'entendais de plus sonore était le tic-tac de l'horloge sur la cheminée. Mme Hume faisait à l'occasion un peu de bruit dans la cuisine, et de tout en bas montait la rumeur assourdie du trafic, le chuintement des pneus qui roulaient dans les rues mouillées. Je trouvais à la fois étrange et agréable d'être assis à l'intérieur tandis que le monde allait à ses affaires, et cette impression de détachement était sans doute renforcée par les livres eux-mêmes. Tout ce qu'ils contenaient était lointain, brumeux, chargé de merveilles : un moine irlandais qui traversait l'Atlantique à la voile en l'an 500 et découvrait une île qu'il prenait pour le Paradis ; le royaume mythique du prêtre Jean ; un savant américain manchot fumant la pipe avec les Indiens Zuñis dans le Nouveau-Mexique. Les heures se succédaient et nous ne bougions ni l'un ni l'autre, Effing dans son fauteuil roulant, moi sur le canapé en face de lui, et il m'arrivait d'être si absorbé par ce que je lisais que je ne savais plus trop où je me trouvais, que j'avais le sentiment de n'être plus dans ma propre peau.

Nous prenions le déjeuner et le dîner dans la salle à manger à midi et à six heures tous les jours. Effing s'en tenait à cet horaire avec beaucoup de précision, et dès que Mme Hume passait la tête dans l'embrasure de la porte pour annoncer qu'un repas était prêt, il se désintéressait aussitôt de notre lecture. Peu importait le passage où nous étions arrivés. Même s'il ne restait qu'une ou deux pages avant la fin, Effing me coupait en pleine phrase et exigeait que je m'arrête. "A table, disait-il, nous reprendrons ceci plus tard." Ce n'était pas qu'il eût un appétit particulier (en fait, il mangeait très peu), mais son besoin d'ordonner ses journées de façon stricte et rationnelle était trop impérieux pour qu'il pût l'ignorer. A une ou deux reprises, il parut sincèrement désolé que nous dussions nous interrompre, mais jamais au point d'envisager une rupture de la règle. "Dommage, s'exclamait-il, juste quand ça devenait intéressant."

La première fois, je lui proposai de continuer à lire encore un peu. "Impossible, répondit-il. On ne peut pas désorganiser l'univers pour un plaisir momentané. Nous aurons tout le temps demain."

Effing ne mangeait pas beaucoup, mais le peu qu'il mangeait était prétexte à une exhibition insensée : il bavait, grognait, renversait. Je trouvais ce spectacle répugnant, mais je n'avais pas le choix, il fallait le supporter. Si d'aventure Effing sentait que je le regardais, il s'inventait aussitôt une nouvelle panoplie de manières encore plus dégoûtantes : il laissait les aliments dégouliner de sa bouche le long de son menton, rotait, feignait la nausée ou la crise cardiaque, enlevait son dentier et le posait sur la table. Il était grand amateur de soupe, et pendant tout l'hiver nous commençâmes chaque repas avec un potage différent. Mme Hume les préparait elle-même, de merveilleuses potées aux légumes, au cresson, aux poireaux et pommes de terre, mais je me mis bientôt à craindre le moment où il faudrait m'asseoir et regarder Effing les absorber. Dire qu'il les lapait bruyamment n'est rien ; en vérité il les suçait à grand fracas, dans un tintamarre assourdissant d'aspirateur défectueux. C'était un son tellement exaspérant, tellement particulier que je me mis à l'entendre sans cesse, même en dehors des repas. Aujourd'hui encore, si je parviens à une concentration suffisante, je peux en reconstituer la plupart des caractéristiques les plus subtiles : le choc du premier instant, quand la cuiller rencontrait les lèvres d'Effing et que le calme était rompu par une inspiration monumentale ; le vacarme aigu et prolongé qui suivait, un tapage insupportable qui donnait l'impression que le liquide en train de lui descendre dans la gorge s'était transformé en une mixture de gravier et de verre pilé ; une petite pause, quand il déglutissait, puis la houle frissonnante d'une expiration. A ce stade, il se léchait les babines, pouvait même grimacer de plaisir, et reprenait tout le processus : il remplissait sa cuiller, la portait à ses lèvres (la tête toujours penchée en avant – pour réduire la distance entre le bol et sa bouche – mais néanmoins d'une main tremblante, qui envoyait de petits ruisseaux de potage retomber dans le bol en éclaboussant tandis que la cuiller approchait de son but), et puis on entendait une nouvelle explosion, on avait les oreilles percées quand la succion recommençait. Grâce au ciel, il finissait rarement un bol entier. Trois ou quatre cuillerées cacophoniques suffisaient en général à l'épuiser, après quoi il repoussait son couvert et demandait avec calme à Mme Hume quel plat principal elle avait préparé. Je ne sais combien de fois j'ai entendu ce bruit, mais ce que je sais, c'est que je ne l'oublierai jamais, que je le garderai en tête pour le restant de mes jours.

Mme Hume faisait preuve d'une patience remarquable pendant ces exhibitions. Sans jamais manifester ni inquiétude ni dégoût, elle se conduisait comme si les manières d'Effing avaient fait partie de l'ordre naturel des choses. Telle une personne qui habite à proximité d'une voie de chemin de fer ou d'un aéroport, elle s'était habituée à des interruptions périodiques assourdissantes, et chaque fois qu'il recommençait son numéro, elle se contentait d'arrêter de parler en attendant que le tumulte s'apaise. Le rapide pour Chicago passait en trombe dans la nuit en faisant trembler les vitres et les fondations de la maison, puis disparaissait aussi vite qu'il était arrivé. De temps à autre, quand Effing était dans une forme particulièrement détestable, Mme Hume m'adressait un clin d'œil, comme pour me dire : Ne vous en faites pas ; le vieux n'a plus sa tête, nous n'y pouvons rien. Quand j'y repense aujourd'hui, je me rends compte du rôle important qu'elle jouait pour le maintien d'une certaine stabilité dans la maisonnée. Quelqu'un de moins solide aurait eu la tentation de réagir aux provocations d'Effing, et cela n'aurait fait que les aggraver car, mis au défi, le vieil homme devenait féroce. Le tempérament flegmatique de Mme Hume convenait à merveille pour neutraliser drames naissants et scènes désagréables. Son corps généreux s'assortissait d'une âme aussi généreuse, capable d'absorber beaucoup sans effet notable. Au début, j'étais gêné de la voir accepter de lui tant de grossièretés, mais je compris bientôt que c'était la seule stratégie raisonnable face à ses excentricités. Sourire, hausser les épaules, ne pas le contrarier. C'est d'elle que j'ai appris comment me comporter avec Effing, et, sans son exemple, je pense que je n'aurais pas gardé très longtemps cet emploi.

Elle arrivait toujours à table armée d'un torchon propre et d'un bavoir. Le bavoir était attaché autour du cou d'Effing dès le début du repas, et le torchon servait à lui essuyer le visage en cas d'urgence. De ce point de vue, c'était un peu comme si nous avions mangé avec un bébé. Mme Hume se chargeait avec beaucoup d'assurance du rôle de la mère attentive. Elle avait élevé ses trois enfants, m'expliqua-t-elle un jour, et ceci ne lui posait aucun problème. Outre le soin de ces questions matérielles, il y avait aussi la responsabilité de faire la conversation à Effing de manière à le garder sous contrôle verbal. Elle montrait là toute l'habileté d'une prostituée expérimentée manipulant un client difficile. Aucune demande n'était si absurde qu'elle la refusât, aucune suggestion ne la choquait, aucun commentaire n'était trop farfelu pour qu'elle le prît au sérieux. Une ou deux fois par semaine, Effing se mettait à l'accuser de comploter contre lui – d'empoisonner sa nourriture, par exemple (et il recrachait avec mépris sur son assiette des bouts de carottes et de viande à demi mâchés), ou d'intriguer pour lui voler son argent. Loin de s'en offenser, elle lui répondait avec calme que nous serions bientôt morts tous les trois, puisque nous mangions la même chose. Ou bien, s'il insistait, elle changeait de tactique, reconnaissait les faits. "C'est vrai, disait-elle. J'ai mis six cuillerées à soupe d'arsenic dans la purée de pommes de terre. L'effet devrait commencer à se manifester d'ici à un quart d'heure, et alors tous mes soucis prendront fin. Je serai une femme riche, monsieur Thomas (elle l'appelait toujours monsieur Thomas), et vous pourrirez dans votre tombe, enfin !" Un tel langage ne manquait jamais d'amuser M. Effing. "Ha, pouffait-il. Ha, ha ! Vous en avez à mes millions, femelle avide. Je m'en doutais. Ensuite ce sera fourrures et diamants, n'est-ce pas ? Mais cela ne vous profitera pas, ma grosse. Quelques vêtements que vous portiez, vous aurez toujours l'air d'une lavandière bouffie." Après quoi, sans se soucier de la contradiction, il s'enfournait de plus belle dans le gosier les aliments empoisonnés.

Effing mettait Mme Hume à rude épreuve, mais je crois qu'au fond elle lui était très attachée. A la différence de la plupart des gens qui s'occupent de personnes très âgées, elle ne le traitait pas comme un enfant demeuré ou un morceau de bois. Elle le laissait libre de parler et de se conduire comme un énergumène, mais pouvait aussi, quand la situation l'exigeait, lui opposer une grande fermeté. Elle lui avait inventé toute une série d'épithètes et de surnoms, et n'hésitait pas à s'en servir quand il la provoquait : vieil oison, canaille, choucas, fumiste, elle disposait d'une réserve inépuisable. J'ignore où elle les trouvait, ils lui volaient de la bouche en bouquets où elle réussissait toujours à combiner un ton insultant avec une affection bourrue. Il y avait neuf ans qu'elle vivait auprès d'Effing, et, compte tenu qu'elle n'était pas de ceux qui paraissent aimer la souffrance en soi, elle devait bien trouver dans cet emploi un minimum de satisfaction. Pour ma part, je trouvais accablante l'idée de ces neuf ans. Et si l'on voulait réfléchir au fait qu'elle ne prenait qu'un jour de congé par mois, cela devenait presque inconcevable. Je disposais au moins de mes nuits, passé une certaine heure je pouvais aller et venir à ma guise. J'avais Kitty, et aussi la consolation de savoir que ma situation auprès d'Effing ne représentait pas le but central de mon existence, que tôt ou tard je m'en irais ailleurs. Pour Mme Hume, rien de pareil. Elle était toujours à son poste, et n'avait d'autre occasion de sortir que, chaque après-midi, une heure ou deux pour faire le marché. On pouvait à peine parler d'une vraie vie. Elle avait ses *Reader's Digest* et ses revues *Redbook*, de temps à autre un policier en édition de poche, et une petite télévision en noir et blanc qu'elle regardait dans sa chambre après avoir couché Effing, non sans baisser le son au plus bas. Son mari était mort du cancer treize ans plus tôt, et ses trois enfants, adultes, habitaient au loin : une fille en Californie, une autre au Kansas, un fils militaire stationné en Allemagne. Elle leur écrivait à tous, et rien ne lui faisait plus plaisir que de recevoir des photographies de ses petits-enfants, qu'elle glissait dans les coins du miroir de sa table de toilette. Les jours de congé, elle rendait visite à son frère Charlie à l'hôpital des

Vétérans de l'armée, dans le Bronx. Il avait été pilote de bombardier pendant la guerre, et, d'après le peu qu'elle m'en avait raconté, j'avais compris qu'il n'avait plus toute sa tête. Elle allait le voir, fidèlement, tous les mois, sans jamais oublier de lui apporter un petit sac de chocolats et une pile de magazines sportifs, et pas une fois, de tout le temps que je l'ai connue, je ne l'ai entendue se plaindre de cette obligation. Mme Hume était un roc. Tout bien considéré, personne ne m'a autant appris qu'elle.

Effing était un cas difficile, mais il serait inexact de ne le définir qu'en termes de difficulté. S'il n'avait manifesté que méchanceté et sale caractère, on aurait pu prédire ses humeurs et les rapports avec lui s'en seraient trouvés simplifiés. On aurait su à quoi s'attendre ; il aurait été possible de savoir où l'on se trouvait. Mais le vieillard était plus insaisissable que cela. Dans une large mesure, il était d'autant plus difficile qu'il ne l'était pas tout le temps, et qu'il parvenait, pour cette raison, à nous maintenir dans un état permanent de déséquilibre. Pendant des jours entiers, il ne proférait que sarcasmes amers, et, au moment précis où je me persuadais qu'il n'y avait plus en lui une once de bonté ou de sympathie humaine, il exprimait une opinion empreinte d'une compassion si bouleversante, une phrase révélatrice d'une telle compréhension et d'une si profonde connaissance d'autrui qu'il me fallait admettre que je l'avais mal jugé, qu'il n'était tout compte fait pas si mauvais que je l'avais cru. Peu à peu, je lui découvrais un autre aspect. Je n'irais pas jusqu'à parler d'un côté sentimental, mais à certains moments il s'en approchait beaucoup. Je pensai d'abord qu'il ne s'agissait que d'une comédie, d'une ruse destinée à me déstabiliser, mais cela aurait supposé qu'Effing eût calculé d'avance ces attendrissements, alors que ceux-ci paraissaient toujours se produire de manière spontanée, suscités par un détail fortuit au cours d'un événement particulier ou d'une conversation. Néanmoins, si ce bon côté d'Effing était authentique, pourquoi ne lui permettait-il pas plus souvent de se manifester ? N'était-ce qu'une aberration de sa vraie nature, ou au contraire l'essence de sa personnalité réelle ? Je n'arrivai jamais à aucune conclusion à ce sujet, sinon peut-être que ni l'une ni l'autre éventualité ne pouvait être exclue. Effing était les deux à la fois. Un monstre, mais en même temps il y avait en lui l'étoffe d'un homme bon, d'un homme que j'allais jusqu'à admirer. Cela m'empêchait de le détester d'aussi bon cœur que je l'aurais souhaité. Comme je ne pouvais le chasser de mon esprit sur la base d'un sentiment unique, je me retrouvais presque sans arrêt en train de penser à lui. Je commençais à voir en lui une âme torturée, un homme hanté par son passé, luttant pour dissimuler quelque secrète angoisse qui le dévorait du dedans.

C'est le deuxième soir, au cours du repas, que j'eus mon premier aperçu de cet autre Effing. Mme Hume me posait des questions à propos de mon enfance, et j'en vins à mentionner que ma mère avait été écrasée par un autobus à Boston. Effing, qui jusque-là n'avait prêté aucune attention à la conversation, déposa soudain sa fourchette et tourna son visage dans ma direction. D'une voix que je ne lui avais encore jamais entendue – tout imprégnée de tendresse et de chaleur –, il remarqua : "C'est une chose terrible, ça, mon garçon. Une chose vraiment terrible." Rien ne suggérait qu'il ne fût pas sincère. "Oui, répondis-je, j'en ai été très secoué. Je n'avais que onze ans quand cela s'est produit, et ma mère a longtemps continué à me manquer. Pour être tout à fait honnête, elle me manque encore." Mme Hume hocha la tête en entendant ces mots, et je remarquai qu'une bouffée de tristesse lui faisait les yeux brillants. Après un petit silence, Effing reprit : "Les voitures sont un danger public. Si nous n'y prenons garde, elles nous menacent tous. La même chose est arrivée à mon ami russe, il y a deux mois. Il est sorti de la maison un beau matin pour acheter le journal, est descendu du trottoir pour traverser Broadway, et s'est fait renverser par une saleté de Ford jaune. Le chauffeur a continué sans ralentir, il n'a pas pris la peine de s'arrêter. Sans ce fou furieux, Pavel serait assis dans cette même chaise où vous vous trouvez maintenant, Fogg, en train de manger ces mêmes aliments que vous portez à votre bouche. Au lieu de quoi, il est couché à six pieds sous terre dans un coin oublié de Brooklyn.

— Pavel Shum, ajouta Mme Hume. Il avait commencé à travailler pour M. Thomas à Paris, vers les années trente.
— Cela explique tous les livres russes dans ma chambre, dis-je.
— Les livres russes, les livres français, les livres allemands, ajouta Effing. Pavel parlait couramment six ou sept langues. C'était un homme instruit, un véritable érudit. Quand je l'ai rencontré, en trente-deux, il lavait la vaisselle dans un restaurant et logeait dans une chambre de bonne au sixième étage, sans eau courante ni chauffage. L'un de ces Russes blancs qui sont arrivés à Paris pendant la révolution. Ils avaient tout perdu. Je l'ai pris chez moi, je lui ai donné un endroit où habiter, et en échange il m'aidait. Ça a duré trente-sept ans, Fogg, et mon seul regret est de n'être pas mort avant lui. Cet homme était le seul vrai ami que j'aie jamais eu."
Tout à coup, les lèvres d'Effing se mirent à trembler, comme s'il était au bord des larmes. Malgré tout ce qui s'était passé avant, je ne pus me défendre d'un sentiment de compassion.

Le soleil réapparut le troisième jour. Effing fit comme d'habitude son petit somme du matin, mais quand Mme Hume le poussa hors de sa chambre à dix heures, il était équipé en vue de notre première promenade : emmitouflé dans d'épais vêtements de laine, il brandissait une canne dans la main droite. Quoi que l'on eût pu dire à son sujet, Effing ne prenait pas la vie sans passion. Il se réjouissait d'une excursion dans les rues du quartier avec tout l'enthousiasme d'un explorateur sur le point d'entreprendre un voyage dans l'Arctique. Il fallait veiller à d'innombrables préparatifs : vérifier la température et la vitesse du vent, déterminer à l'avance un itinéraire, s'assurer qu'il était convenablement couvert. Par temps froid, Effing portait toutes sortes de protections externes superfétatoires ; il s'enveloppait dans des pull-overs et des écharpes, un énorme pardessus qui lui descendait jusqu'aux chevilles, une couverture, des gants, et une toque de fourrure russe à oreillettes.

Si la température était particulièrement basse (quand le thermomètre indiquait moins de zéro degré), il portait aussi un passe-montagne. Tous ces habits l'ensevelissaient de leur masse, et lui donnaient l'air encore plus frêle et plus ridicule que d'ordinaire, mais Effing ne supportait aucun inconfort physique et, comme la perspective d'attirer sur lui l'attention ne le dérangeait pas, il jouait à fond de ces extravagances vestimentaires. Le jour de notre première sortie, tandis que nous nous préparions, il me demanda si je possédais un pardessus. Je répondis que non, je n'avais que mon blouson de cuir. "Ce n'est pas suffisant, déclara-t-il. Ce n'est pas du tout suffisant. Je ne veux pas que vous vous geliez en plein milieu d'une promenade, expliqua-t-il. Il vous faut un vêtement qui assure la distance, Fogg." Mme Hume reçut l'ordre d'aller chercher le manteau qui avait un jour appartenu à Pavel Shum. Il s'agissait d'une vénérable relique, dans un tweed de couleur brunâtre parsemé de mouchetures rouges et vertes ; il était à peu près à ma taille. En dépit de mes protestations, Effing insista pour que je le garde, et je ne pouvais dès lors plus objecter grand-chose sans provoquer une dispute. C'est ainsi que j'en arrivai à hériter du pardessus de mon prédécesseur. J'éprouvais un certain malaise à me balader dans ce vêtement dont je savais que le propriétaire était mort, mais je continuai à le porter lors de toutes nos sorties jusqu'à la fin de l'hiver. Pour apaiser mes scrupules, je m'efforçais de le considérer comme une sorte d'uniforme inhérent à la fonction, mais sans grand succès. Chaque fois que je l'enfilais, je me défendais mal de l'impression d'être en train de m'introduire dans la peau d'un mort, d'être devenu le fantôme de Pavel Shum.

Il ne me fallut pas longtemps pour apprendre à manipuler le fauteuil roulant. Après quelques secousses le premier jour, dès que j'eus découvert comment incliner le siège à l'angle qui convenait pour monter sur les trottoirs et en descendre, les choses se passèrent plutôt bien. Effing était d'une extrême légèreté, et le pousser ne me fatiguait pas les bras. A d'autres égards, néanmoins, nos excursions se révélèrent difficiles pour moi. Aussitôt dehors, Effing commençait à désigner de sa canne des objets divers en me demandant de les lui décrire. Poubelles, vitrines, entrées d'immeubles : il exigeait sur tout cela des rapports précis, et si je n'arrivais pas à trouver mes mots assez vite pour le satisfaire, il explosait de colère. "Sacredieu, mon garçon, disait-il, servez-vous de vos yeux ! Je ne vois rien, et vous vous contentez de me débiter des sornettes à propos de «réverbères standard» et de «plaques d'égout parfaitement ordinaires». Il n'existe pas deux choses identiques, n'importe quel abruti sait cela. Je veux voir ce que nous regardons, sacredieu, je veux que vous me rendiez ces objets perceptibles !" C'était humiliant d'être ainsi réprimandé en pleine rue, de subir sans réaction les insultes du vieillard, de devoir encaisser cela tandis que les passants tournaient la tête pour regarder la scène. Une ou deux fois, je fus tenté de m'en aller, de le laisser en plan, mais il était incontestable qu'Effing n'avait pas entièrement tort. Je ne m'en tirais pas très bien. Je me rendis compte que je n'avais jamais acquis l'habitude de regarder les choses avec attention, et maintenant que cela m'était demandé, les résultats étaient lamentables. Jusque-là, j'avais toujours eu un penchant pour les généralisations, une tendance à remarquer les similitudes entre des objets plutôt que leurs différences. J'étais plongé maintenant dans un monde de particularités, et la tentative de les évoquer en paroles, d'en reconnaître les données sensuelles immédiates, représentait un défi auquel j'étais mal préparé. Afin d'obtenir ce qu'il désirait, Effing aurait dû engager Flaubert pour le pousser dans les rues – mais même Flaubert travaillait lentement, s'acharnait parfois pendant des heures à la mise au point d'une seule phrase. Il me fallait non seulement décrire avec précision ce que je voyais, mais aussi le faire en quelques secondes. Je détestais plus que tout l'inévitable comparaison avec Pavel Shum. Une fois, comme je m'en sortais particulièrement mal, Effing se lança dans un éloge de plusieurs minutes à propos de son ami disparu, qu'il décrivait comme un maître de la phrase poétique, un inventeur hors pair d'images appropriées et frappantes, un styliste dont les mots pouvaient comme par miracle révéler la réalité palpable des objets. "Et penser, ajoutait-il, que l'anglais n'était pas sa langue maternelle." Ce fut la seule occasion où je lui répliquai à ce sujet, mais sa remarque m'avait blessé au point que je ne pus m'en empêcher. "Si vous désirez une autre langue, dis-je, je serais heureux de vous obliger. Que penseriez-vous du latin ? A partir de maintenant, je vous parle latin, si vous voulez. Ou mieux, latin de cuisine. Vous ne devriez pas avoir de difficulté à le comprendre." C'était idiot de dire cela, et Effing eut tôt fait de me remettre à ma place. "Taisez-vous, garçon, et racontez, dit-il. Racontez-moi à quoi ressemblent les nuages. Donnez-moi tous les nuages du ciel occidental, chaque nuage aussi loin que vous pouvez voir."

Pour répondre à l'exigence d'Effing, il me fallut apprendre à garder mes distances. L'essentiel était de ne pas ressentir ses demandes comme une corvée, mais de les transformer en accomplissements que je souhaitais pour moi-même. Après tout, cette activité en elle-même n'était pas dénuée d'intérêt. Considéré sous l'angle convenable, l'effort de décrire les choses avec exactitude était précisément le genre de discipline qui pouvait m'enseigner ce que je désirais le plus apprendre : l'humilité, la patience, la rigueur. Au lieu de ne m'y appliquer que par obligation, je me mis à l'envisager comme un exercice spirituel, une méthode d'entraînement à l'art de regarder l'univers comme si je le découvrais pour la première fois. Que vois-tu ? Et si tu le vois, comment l'exprimer en paroles ? L'univers pénètre en nous par les yeux, mais nous n'y comprenons rien tant qu'il n'est pas descendu dans notre bouche. Je commençai à apprécier la distance que cela représente, à comprendre le trajet qui doit être accompli entre un lieu et l'autre. Matériellement, pas plus de quelques centimètres, mais si l'on tient compte du nombre d'accidents et de pertes qui peuvent se produire en chemin, il pourrait aussi bien s'agir d'un voyage de la Terre à la Lune. Mes premières tentatives, avec Effing, furent d'un vague lamentable, ombres fugitives sur arrière-plan brouillé. J'avais déjà vu ces objets, me disais-je, comment pourrais-je éprouver la moindre difficulté à les décrire ? Une borne à incendie, un taxi, une bouffée de vapeur surgissant d'un trottoir – ils m'étaient familiers, il me semblait les connaître par cœur. Mais c'était compter sans leur mutabilité, leur manière de se transformer selon la force et l'angle de la lumière, la façon dont leur aspect pouvait être modifié par ce qui arrivait autour d'eux : un passant, un coup de vent soudain, un reflet inattendu. Tout se mouvait en un flux constant, et si deux briques dans un mur pouvaient se ressembler très fort, à l'analyse elles ne se révéleraient jamais identiques. Mieux, une même brique n'était jamais la même, en vérité. Elle s'usait, se délabrait imperceptiblement sous les effets de l'atmosphère, du froid, de la chaleur, des orages qui l'agressaient, et à la longue, si on pouvait l'observer au-delà des siècles, elle disparaîtrait. Tout objet inanimé était en train de se désintégrer, tout être vivant de mourir. Mon cerveau se prenait de palpitations lorsque je pensais à tout cela et me représentais les mouvements furieux et désordonnés des molécules, les incessantes explosions de la matière, les collisions, le chaos en ébullition sous la surface de toutes choses. Selon l'injonction d'Effing, le premier jour : ne rien considérer comme acquis. Je passai d'une indifférence insouciante à une période d'intense anxiété. Mes descriptions devinrent fouillées à l'excès, dans un effort désespéré pour saisir toutes les nuances possibles de ce que je voyais, j'accumulais les détails avec le souci frénétique de ne rien laisser passer. Les mots déboulaient de ma bouche comme des balles de mitraillette, le staccato d'une salve soutenue. Effing était constamment obligé de me demander de ralentir et se plaignait de ne pas pouvoir suivre. Le problème résidait moins dans ma diction que dans mon approche générale. J'empilais trop de mots les uns par-dessus les autres et plutôt que de révéler leur objet, en fait ils le rendaient obscur en l'ensevelissant sous une avalanche de subtilités et d'abstractions géométriques. L'important eût été de me souvenir qu'Effing était aveugle. Je n'avais pas à l'épuiser par des catalogues interminables, mais à l'aider à voir pour lui-même. Les mots, au bout du compte, étaient indifférents. Leur tâche consistait à lui permettre d'appréhender la réalité aussi vite que possible, et pour cela je devais les faire disparaître dès le moment où je les prononçais. Il me fallut des semaines d'un labeur acharné pour apprendre à simplifier mes phrases, à séparer le superflu de l'essentiel. Je découvris que les résultats étaient d'autant meilleurs que je laissais plus d'air autour d'une chose, car cela donnait à Effing la possibilité d'accomplir par lui-même le travail décisif : la construction d'une image sur la base de quelques suggestions, et de sentir le mouvement de sa propre intelligence vers l'objet que je lui décrivais. Dégoûté de mes premières performances, je pris l'habitude de m'entraîner lorsque j'étais seul, le soir dans mon lit, par exemple, et de passer en revue ce qui se trouvait dans la chambre, pour voir si je ne pouvais m'améliorer. Plus je m'y appliquais, plus je mettais de sérieux à cette activité. Je ne la considérais plus comme esthétique, mais comme morale, et je devins moins irrité par les critiques d'Effing, car je me demandais si son impatience et son insatisfaction ne pouvaient pas m'aider finalement à atteindre un but plus élevé. J'étais un moine en quête d'illumination, et Effing mon cilice, les verges dont je me fouettais. S'il me paraît indiscutable que je faisais des progrès, cela ne signifie pas que j'aie jamais été tout à fait satisfait de mes efforts. Les mots ont plus d'exigences que cela, on rencontre trop d'échecs pour se réjouir d'un succès occasionnel. Avec le temps, Effing se montra plus tolérant envers mes descriptions, mais j'ignore si cela voulait dire qu'elles se rapprochaient en vérité de ce qu'il souhaitait. Peut-être avait-il cessé d'espérer, ou peut-être son intérêt commençait-il à faiblir. Il m'était difficile de le savoir. A la fin, il se pouvait qu'il fût simplement en train de s'habituer à moi.

 Pendant l'hiver, nos sorties ne dépassèrent pas le voisinage immédiat. West End Avenue, Broadway, les rues transversales, des soixante-dix aux quatre-vingts. Un bon nombre des gens que nous croisions reconnaissaient Effing et, au contraire de ce que j'aurais imaginé, se comportaient comme s'ils étaient contents de le voir. Certains s'arrêtaient même pour lui dire bonjour. Marchands de légumes, vendeurs de journaux, personnes âgées également en promenade. Effing les repérait tous au son de leur voix, et leur parlait avec une courtoisie quelque peu distante : un aristocrate descendu de son château pour se mêler aux habitants du village. Il paraissait leur inspirer du respect, et au cours des premières semaines on évoqua beaucoup Pavel Shum, que tous semblaient avoir connu et apprécié. L'histoire de sa mort était de notoriété publique (certains avaient même été témoins de l'accident), et Effing dut accepter force poignées de main navrées et offres de condoléances, ce dont il s'acquittait avec un naturel absolu. Il avait une capacité remarquable, quand il le voulait, de se conduire avec élégance, de faire preuve d'une compréhension profonde des conventions sociales. "Voici mon nouveau compagnon, annonçait-il avec un geste dans ma direction, M. M. S. Fogg, licencié depuis peu de l'université de Columbia." Tout cela très correct, très digne, comme si j'étais un personnage distingué qui, pour l'honorer de sa présence, s'était arraché à de nombreuses autres obligations. La même métamorphose se manifestait dans la pâtisserie de la 72e rue où nous allions parfois prendre une tasse de thé avant de rentrer chez nous. Plus un débordement, plus un crachement, plus un bruit n'échappait de ses lèvres. Devant des regards étrangers, Effing était un parfait gentleman, un modèle impressionnant de décorum.

La conversation était malaisée, pendant ces promenades. Nous étions tournés tous les deux dans la même direction et ma tête se trouvait à une telle hauteur par rapport à celle d'Effing que ses paroles avaient tendance à se perdre avant d'arriver à mes oreilles. Il fallait que je me penche pour entendre ce qu'il disait, et, comme il n'aimait pas que nous nous arrêtions ni que nous ralentissions, il réservait ses commentaires pour les coins de rues, lorsque nous attendions de pouvoir traverser. Quand il ne me demandait pas de descriptions, Effing se limitait en général à de brèves remarques, à quelques questions. Dans quelle rue sommes-nous ? Quelle heure est-il ? Je commence à avoir froid. Certains jours, il prononçait à peine un mot du début à la fin ; abandonné au mouvement du fauteuil roulant au long des trottoirs, le visage levé vers le soleil, il gémissait tout bas, dans une transe de plaisir physique. Il adorait le contact de l'air contre sa peau, jouissait avec volupté de l'invisible lumière répandue autour de lui, et si j'arrivais à assurer à notre allure une cadence régulière, en synchronisant mon pas au rythme des roues, je sentais qu'il se laissait aller peu à peu à cette musique, alangui comme un bébé dans une poussette.

Fin mars et début avril, laissant derrière nous Upper Broadway pour nous diriger vers d'autres quartiers, nous entreprîmes de plus longues promenades. Malgré la hausse de la température, Effing continuait à s'emmitoufler dans d'épais vêtements et, même s'il faisait une douceur délicieuse, refusait d'affronter l'extérieur avant d'avoir endossé son manteau et enroulé une couverture autour de ses jambes. Il se montrait aussi frileux que s'il avait craint, faute de prendre pour les protéger des mesures drastiques, d'exposer jusqu'à ses entrailles. Mais du moment qu'il avait chaud, il accueillait avec plaisir le contact de l'air, et rien ne le mettait d'humeur joyeuse comme une bonne petite brise. Si le vent soufflait sur lui, il ne manquait jamais d'en faire toute une affaire, riant et jurant en agitant sa canne comme pour menacer les éléments. Même en hiver, Riverside Park était son lieu préféré, et il y passait des heures, assis en silence, sans jamais somnoler comme je m'y serais attendu ; il écoutait, tentait de suivre ce qui se passait autour de lui : froufrou des oiseaux et des écureuils dans les feuilles et les ramures, frémissements du vent dans les branches, bruits de circulation provenant de l'autoroute, en contrebas. Je pris l'habitude d'emporter un guide de la nature quand nous nous rendions au parc afin de pouvoir y trouver les noms des buissons et des fleurs quand il m'interrogeait à leur sujet. J'appris ainsi à identifier des douzaines de plantes, j'en examinais les feuilles et la disposition des bourgeons avec un intérêt et une curiosité que je n'avais encore jamais ressentis pour ces choses. Un jour où Effing était d'humeur particulièrement réceptive, je lui demandai pourquoi il n'habitait pas à la campagne. Cela se passait dans les premiers temps, à la fin de novembre ou au début de décembre, quand je n'avais pas encore peur de lui poser des questions. Le parc semblait lui procurer tant de plaisir qu'il était dommage, suggérai-je, qu'il ne puisse être toujours au milieu de la nature. Il attendit un bon moment avant de me répondre, si longtemps que je crus qu'il ne m'avait pas entendu. "Je l'ai déjà fait, dit-il enfin. Je l'ai fait, et maintenant c'est dans ma tête. Seul, loin de tout, j'ai vécu dans le désert pendant des mois, des mois et des mois... une vie entière. Une fois qu'on a connu ça, mon garçon, on ne l'oublie jamais. Je n'ai plus besoin d'aller nulle part. Dès que je me mets à y penser, je m'y retrouve. C'est là que je suis le plus souvent, ces jours-ci – je me retrouve là-bas, loin de tout."

A la mi-décembre, Effing cessa soudain de s'intéresser aux récits de voyages. Nous en avions lu plusieurs douzaines et progressions dans *A Canyon Voyage*, de Frederick S. Dellenbaugh (une relation de la seconde expédition de Powell le long du Colorado) quand il m'arrêta au milieu d'une phrase en déclarant : "Je crois que ça suffit, monsieur Fogg. Ça devient un peu ennuyeux, et nous n'avons pas de temps à perdre. Il y a du travail à accomplir, des affaires à ne pas négliger."

Je n'avais aucune idée des affaires auxquelles il faisait allusion, mais c'est avec plaisir que je remis le livre dans la bibliothèque et attendis ses instructions. Celles-ci s'avérèrent plutôt décevantes. "Descendez au coin de la rue, me dit-il, et achetez le *New York Times*. Mme Hume vous donnera de l'argent.

— C'est tout ?

— C'est tout. Et dépêchez-vous. Ce n'est plus le moment de traîner."

Jusqu'alors, Effing n'avait pas fait preuve du moindre intérêt pour l'actualité. Mme Hume et moi en parlions parfois au cours des repas, mais jamais il ne prenait part à ces conversations, jamais il ne les avait seulement commentées. Voici qu'il ne voulait plus rien d'autre, et pendant deux semaines je passai les matinées à lui lire avec assiduité des articles du *New York Times*. Les relations de la guerre au Viêt-nam prédominaient, mais il s'enquérait aussi d'un certain nombre d'autres sujets : débats au Congrès, incendies à Brooklyn, coups de couteau dans le Bronx, cours des valeurs, critiques de livres, résultats de base-ball, tremblements de terre. De tout ceci, rien qui parût en rapport avec le ton d'urgence sur lequel, ce premier jour, il m'avait envoyé acheter le journal. Il était manifeste qu'Effing avait une idée derrière la tête, mais j'étais bien en peine de deviner laquelle. Il s'en approchait par la bande, en décrivant lentement des cercles autour de son intention, comme un chat jouant avec une souris. Il souhaitait sans aucun doute m'abuser, mais en même temps ses stratégies étaient d'une telle transparence qu'il aurait aussi bien pu m'avertir de me tenir sur mes gardes.

Nous terminions toujours notre matinée d'actualités par un parcours minutieux des pages nécrologiques. Ces dernières paraissaient retenir l'attention d'Effing plus fermement que les autres articles, et j'étais parfois étonné de constater avec quelle intensité il écoutait la prose incolore de ces notices. Capitaines d'industrie, politiciens, danseurs de marathon, inventeurs, stars du cinéma muet : tous suscitaient chez lui une égale curiosité. Les jours passèrent, et peu à peu nous nous mîmes à consacrer aux nécrologies une partie plus importante de chaque séance. Il me faisait lire certaines des histoires deux ou trois fois, et lorsque les morts étaient rares, il me priait de lire les annonces payantes imprimées en petits caractères au bas de la page. Georges Untel, âgé de soixante-neuf ans, époux et père bien-aimé, regretté par sa famille et ses amis, sera inhumé cet après-midi à treize heures dans le cimetière de Our Lady of Sorrows. Effing ne paraissait jamais fatigué de ces mornes récitations. Finalement, après les avoir gardées pour la fin pendant presque deux semaines, il renonça complètement à faire semblant de vouloir entendre les nouvelles et me pria de commencer par la page nécrologique. Je ne fis pas de commentaires à propos de ce changement d'ordre, mais comme, une fois les notices étudiées, il ne me demandait aucune autre lecture, je compris que nous étions enfin arrivés.

"Nous savons maintenant quel est leur ton, n'est-ce pas, mon garçon ? déclara-t-il.

— Il me semble, répondis-je. Nous en avons assurément lu assez pour connaître leur allure.
— C'est déprimant, je l'admets. Mais je pensais qu'un peu de recherche s'imposait avant de nous lancer dans notre projet.
— Notre projet ?
— Mon tour arrive. N'importe quel abruti peut s'en rendre compte.
— Je ne m'attends pas à ce que vous viviez éternellement, monsieur. Mais vous avez déjà dépassé l'âge de la plupart des gens, et il n'y a pas de raison d'imaginer que vous ne continuerez pas comme cela longtemps encore.
— Peut-être. Mais si je fais erreur, ce sera la première fois de ma vie que je me serai trompé.
— C'est vous qui le dites.
— Je dis ce que je sais. Une centaine de petits signes m'en informent. Le temps commence à me manquer, et nous devons nous y mettre avant qu'il soit trop tard.
— Je ne comprends toujours pas.
— Ma notice nécrologique. Il faut que nous l'entreprenions maintenant.
— Je n'ai jamais entendu parler de quelqu'un qui rédigeait sa propre nécrologie. En principe, d'autres personnes s'en chargent pour vous – après votre mort.
— Quand ils sont informés, oui. Mais que se passe-t-il quand les fichiers sont vides ?
— Je vois ce que vous voulez dire. Vous souhaitez rassembler quelques faits.
— Exactement.
— Mais qu'est-ce qui vous fait penser qu'on désirera la publier ?
— On l'a publiée il y a cinquante-deux ans. Je ne vois pas pourquoi on ne saisirait pas la chance de recommencer.
— Je ne vous suis pas.
— J'étais mort. On ne publie pas la nécrologie des vivants, n'est-ce pas ? J'étais mort, ou du moins on me croyait mort.
— Et vous n'avez rien dit ?

— Je n'en avais pas envie. J'étais content d'être mort, et, une fois que les journaux l'ont annoncé, j'ai pu le rester.
— Vous deviez être quelqu'un de très important.
— J'étais très important.
— Alors pourquoi n'ai-je jamais entendu parler de vous ?
— J'avais un autre nom. Après ma mort, je m'en suis débarrassé.
— Quel nom ?
— Ridicule. Julian Barber. Je l'ai toujours détesté.
— Je n'ai jamais entendu parler de Julian Barber non plus.
— Il y a trop longtemps pour qu'on s'en souvienne. Ce dont je parle remonte à cinquante ans, Fogg. 1916, 1917. J'ai glissé dans l'obscurité, comme on dit, et n'en suis jamais revenu.
— Que faisiez-vous lorsque vous étiez Julian Barber ?
— J'étais peintre. Un grand peintre américain. Si j'avais persisté, je serais sans doute reconnu comme l'artiste le plus important de mon époque.
— En toute modestie, bien entendu.
— Je vous raconte les faits. Ma carrière a été trop courte, et je n'ai pas peint assez.
— Où se trouvent vos œuvres à présent ?
— Je n'en ai aucune idée. Tout est parti, je suppose, tout a disparu, volatilisé. Cela ne me concerne plus.
— Alors pourquoi voulez-vous rédiger cette nécrologie ?
— Parce que je vais bientôt mourir et que cela n'aura plus d'importance, alors, que le secret soit gardé. Ils l'ont loupée la première fois. Peut-être disposeront-ils d'une version exacte quand cela comptera vraiment.
— Je vois", dis-je. Je ne voyais rien du tout.
"Mes jambes jouent un grand rôle là-dedans, bien entendu, poursuivit-il. Vous vous êtes assurément posé des questions à leur sujet. Tout le monde s'en pose, ce n'est que naturel. Mes jambes. Mes jambes atrophiées, inutiles. Je ne suis pas né infirme, sachez-le, que ceci soit clair dès le départ. J'étais un garçon plein d'entrain, dans ma jeunesse, plein de ressort et de malice, je faisais le fou avec tous les autres. Cela se passait sur Long Island, dans la

grande maison où nous passions l'été. Tout cela, maintenant, est couvert de caravanes et de parkings, mais à l'époque c'était le paradis, il n'y avait que des prés et la plage, un petit éden terrestre. Quand je suis parti pour Paris, en 1920, il n'était pas nécessaire de raconter la vérité à qui que ce soit. Ce qu'on pensait était sans importance, de toute façon. Du moment que j'étais convaincant, qui se souciait de la réalité ? J'ai inventé plusieurs histoires, dont chacune améliorait la précédente. Je les sortais en fonction des circonstances et de mon humeur, non sans les modifier un peu à l'occasion, embellissant un passage ici, raffinant un détail là, jouant avec elles au cours des années jusqu'à les mettre parfaitement au point. Les meilleures étaient sans doute les histoires de guerre, j'y étais devenu excellent. Je veux parler de la Grande Guerre, celle qui a arraché le cœur à toutes choses, la guerre entre les guerres. Vous auriez dû m'entendre décrire les tranchées et la boue. J'étais éloquent, inspiré. Je pouvais expliquer la peur comme personne, les canons tonnant dans la nuit, les visages stupéfiés des petits ploucs américains qui chiaient dans leurs frocs. Des shrapnels, prétendais-je, plus de six cents fragments dans mes deux jambes – c'est ainsi que c'est arrivé. Les Français gobaient tout, ils n'en avaient jamais assez. J'avais une autre histoire, à propos de l'escadrille La Fayette. J'y décrivais avec un réalisme qui donnait le frisson comment j'avais été abattu par les Boches. Celle-là était excellente, croyez-moi, ils en redemandaient toujours. Le problème était de me rappeler quelle histoire j'avais racontée en quelles circonstances. J'ai gardé bon ordre dans ma tête pendant des années, je m'assurais de ne pas donner aux gens que je revoyais une version différente de la première. Ce n'en était que plus excitant, de savoir qu'à tout moment je pouvais me faire prendre, que quelqu'un pouvait surgir tout à coup pour me traiter de menteur. Si on ment, autant le faire de façon à se mettre en danger.

— Et pendant toutes ces années, il n'y a personne à qui vous ayez raconté la vraie histoire ?

— Pas une âme.

— Pas même Pavel Shum ?

— Surtout pas Pavel Shum. Cet homme était la discrétion même. Il ne m'a jamais questionné, je ne lui ai jamais rien dit.
— Et maintenant vous êtes prêt à le faire ?
— Quand le moment sera venu, mon garçon, quand le moment sera venu. Patience.
— Mais pourquoi à moi ? Nous ne nous connaissons que depuis quelques mois.
— Parce que je n'ai pas le choix. Mon ami russe est mort, et Mme Hume n'est pas taillée pour des choses pareilles. Qui d'autre, Fogg ? Que ça me plaise ou non, vous êtes mon seul auditeur."

Je m'attendais à ce qu'il reprenne dès le lendemain matin, qu'il redémarre son récit à l'endroit où nous l'avions quitté. Si l'on considère ce qui s'était passé ce jour-là, c'eût été logique, mais j'aurais dû savoir qu'il ne fallait pas espérer de logique de la part d'Effing. Loin de faire la moindre allusion à notre conversation de la veille, il se lança aussitôt dans un discours embrouillé et confus à propos d'un homme qu'il semblait avoir connu jadis, avec de folles divagations d'un sujet à l'autre, un tourbillon de réminiscences fragmentées qui n'avaient aucun sens pour moi. Je faisais de mon mieux pour le suivre, mais c'était comme s'il était parti sans m'attendre, et quand enfin je lui emboîtai le pas il était trop tard pour le rattraper.

"Un nabot, disait-il. Le pauvre diable avait l'air d'un nabot. Trente-six kilos, quarante, à la rigueur, et dans les yeux ce regard noyé, lointain, les yeux d'un fou, à la fois malheureux et extatiques. C'était juste avant qu'on ne l'enferme, la dernière fois que je l'ai vu. Dans le New Jersey. Nom de Dieu, on se serait cru au bout du monde. Orange, East Orange, foutu nom. Edison aussi se trouvait dans une de ces villes. Mais il ne connaissait pas Ralph, n'en avait sans doute jamais entendu parler. Imbécile inculte. Au diable Edison. Au diable Edison et ses foutues ampoules. Ralph m'annonce qu'il n'a plus d'argent. A quoi peut-on s'attendre avec huit moutards dans la maison et une chose pareille en guise de femme ? J'ai fait ce que je pouvais. J'étais riche à cette époque, je n'avais pas de problèmes d'argent. Tiens, ai-je dit en mettant la main dans ma poche, prends ceci, ça ne compte pas pour moi. Je ne sais plus combien il y avait. Cent dollars, deux cents dollars. Ralph était si reconnaissant qu'il s'est mis à pleurer, comme ça, debout devant moi, il chialait comme un bébé. Pathétique. Aujourd'hui ce souvenir me donne envie de vomir. Un de nos plus grands hommes, complètement brisé, sur le point de perdre l'esprit. Il me racontait souvent ses voyages dans l'Ouest, pendant des semaines et des semaines il a erré dans le désert sans voir une âme. Trois ans, il y est resté. Wyoming, Utah, Nevada, Californie. C'était une région sauvage en ce temps-là. Pas d'ampoules électriques ni de cinéma alors, soyez certain, pas de ces maudites écraseuses d'automobiles. Il disait qu'il aimait bien les Indiens. Ils étaient gentils avec lui et lui permettaient de coucher dans leurs villages quand il passait par là. Et c'est ainsi qu'il a fini par craquer. Il s'est habillé en Indien, un costume qu'un chef lui avait donné vingt ans plus tôt, et s'est mis à se balader dans cette tenue par les rues de ce foutu New Jersey. Avec plumes sur la tête, colliers, ceintures, cheveux longs, poignard à la taille, l'attirail complet. Pauvre petit bonhomme. Et, comme si ça ne suffisait pas, il s'est mis en tête de fabriquer sa propre monnaie. Des billets de mille dollars peints à la main, avec son propre portrait – en plein milieu, comme celui de quelque père fondateur. Un jour il entre à la banque, présente l'un de ces billets au caissier et demande qu'on le lui change. Personne ne trouve ça très drôle, surtout quand il commence à faire du scandale. On ne peut pas toucher au sacro-saint dollar et espérer s'en tirer. Donc on l'empoigne, on l'expulse, malgré ses coups de pied et ses hurlements, dans son costume indien graisseux. Il ne s'est guère écoulé de temps avant qu'on décide de s'en débarrasser pour de bon. Quelque part dans l'Etat de New York, je crois. Il a vécu jusqu'à la fin dans une maison de fous, mais il a continué à peindre, croyez-le si vous pouvez, cet enfant de putain n'aurait pas pu s'en empêcher. Il peignait sur tout ce qui lui tombait sous la main. Papier, carton, boîtes à cigares, même les stores des fenêtres. Et ce qu'il y a de tordu, c'est que ses premières œuvres ont alors commencé à se vendre. Et à gros prix, ne vous y trompez pas, des sommes inouïes pour des tableaux auxquels personne n'aurait accordé un regard quelques années plus tôt. Un foutu sénateur du Montana a déboursé quatorze mille dollars pour *Moonlight* – le prix le plus élevé qu'on ait jamais payé l'œuvre d'un artiste américain vivant. Pour ce que Ralph et sa famille en ont profité... Sa femme vivait avec cinquante dollars par an dans une cahute près de Catskill – dans ce territoire que Thomas Cole avait l'habitude de peindre – et elle ne pouvait même pas s'offrir le billet d'autocar pour aller rendre visite à son mari chez les dingues. Un avorton tourmenté, je vous le concède, qui vivait dans une frénésie permanente, plaquant de la musique sur le piano pendant qu'il était en train de peindre ses tableaux. Je l'ai vu faire, un jour, il se précipitait du piano au chevalet, du chevalet au piano, je ne l'oublierai jamais. Bon Dieu, tout cela me revient, maintenant. Brosse, couteau, pierre ponce. Appliquer, aplatir, poncer. Encore et encore. Appliquer, aplatir, poncer. Il n'y a jamais rien eu de pareil. Jamais. Jamais, jamais, jamais." Effing s'arrêta un instant pour reprendre haleine puis, comme au sortir d'une transe, tourna pour la première fois la tête vers moi. "Que pensez-vous de ça, mon garçon ?

— Ça irait mieux si je savais qui était Ralph, répondis-je poliment.

— Blakelock, chuchota Effing, avec l'air de lutter pour le contrôle de ses sentiments. Ralph Albert Blakelock.

— Je ne crois pas en avoir jamais entendu parler.

— Ne connaissez-vous rien à la peinture ? Je croyais que vous aviez de l'éducation. Que diable vous apprenait-on dans votre université de fantaisie, monsieur Grosse Tête ?

— Pas grand-chose. Rien au sujet de Blakelock, en tout cas.

— Ça n'ira pas. Je ne peux pas continuer à vous parler si vous ne connaissez rien."

Il me paraissait vain de tenter de me défendre, et je demeurai muet. Un bon moment s'écoula – deux ou trois minutes, une éternité pour qui attend que quelqu'un reprenne la parole. Effing avait laissé retomber la tête sur sa poitrine, comme si, n'en pouvant plus, il avait décidé de faire un somme. Quand il la releva, j'étais tout à fait prêt à recevoir mon congé. Et je suis certain que, s'il ne s'était déjà senti dépendant de moi, il m'aurait en effet congédié.

"Allez à la cuisine, dit-il enfin, demander à Mme Hume un peu d'argent pour le métro. Ensuite mettez votre manteau et vos gants, et passez la porte. Prenez l'ascenseur jusqu'en bas, sortez, et marchez jusqu'à la station de métro la plus proche. Une fois là, entrez dans la station et achetez deux jetons. Mettez l'un des jetons dans votre poche. Glissez l'autre jeton dans le tourniquet, descendez l'escalier, et prenez le numéro 1 en direction du sud jusqu'à la 72e rue. Descendez à la 72e rue, traversez le quai, et attendez le *downtown express* – numéro 2 ou 3, c'est pareil. Dès qu'il arrive, aussitôt que les portes s'ouvrent, montez et trouvez-vous une place assise. L'heure de pointe est passée, vous ne devriez pas avoir de difficulté. Trouvez une place assise et ne dites pas un mot, à personne. C'est très important. De l'instant où vous partirez d'ici jusqu'à celui de votre retour, je veux que vous n'émettiez pas un son. Pas le moindre. Si quelqu'un vous adresse la parole, faites semblant d'être sourd-muet. En achetant vos jetons au guichet, montrez deux doigts pour indiquer ce qu'il vous faut. Une fois installé sur votre siège dans le *downtown express*, restez-y jusqu'à Grand Army Plaza, à Brooklyn. Ce trajet devrait vous durer entre trente et quarante minutes. Pendant ce temps, je veux que vous gardiez les yeux fermés. Pensez aussi peu que vous pouvez – à rien, si possible – et si c'est trop demander, pensez à vos yeux et à cette capacité extraordinaire que vous possédez de voir l'univers. Imaginez ce qui vous arriverait si vous ne pouviez le voir. Imaginez que vous regardez quelque chose sous les différentes lumières qui nous rendent le monde visible : lumière du soleil, de la lune, lumière électrique, bougies, néon. Choisissez quelque chose de simple, d'ordinaire. Une pierre, par exemple, ou un petit bloc de bois. Réfléchissez bien à la façon dont l'aspect de cet objet varie selon qu'il est placé sous chacune de ces lumières. Ne pensez à rien d'autre, à supposer que vous ne réussissiez pas à penser à rien. Quand le métro arrive à Grand Army Plaza, rouvrez les yeux. Sortez du train et montez l'escalier. De là je veux que vous vous rendiez au musée de Brooklyn. Il se trouve sur Eastern Parkway, pas plus de cinq minutes à pied depuis la sortie du métro. Ne demandez pas votre chemin. Même si vous vous perdez, je ne veux pas que vous parliez à quiconque. Vous finirez bien par le dénicher, cela ne devrait pas être difficile. Ce musée est un grand bâtiment de pierre, conçu par McKim, Mead et White, qui sont aussi les architectes de l'université dont vous venez d'être diplômé. Ce style devrait vous paraître familier. Soit dit en passant, Stanford White a été abattu par un nommé Henry Thaw sur le toit de Madison Square Garden. C'est arrivé en dix-neuf cent et quelques, parce que White passait plus de temps qu'il n'aurait dû dans le lit de Mme Thaw. A l'époque, ça a fait la une des journaux, mais ce n'est pas votre affaire. Contentez-vous de trouver le musée. Quand vous y serez, montez l'escalier, entrez dans le vestibule et payez votre ticket d'entrée à l'individu en uniforme assis derrière le comptoir. Je ne sais pas combien ça coûte, pas plus d'un ou deux dollars. Vous pouvez les demander à Mme Hume en même temps que l'argent du métro. Souvenez-vous de ne pas parler en payant ce garde. Tout ceci doit se dérouler en silence. Repérez l'étage où sont exposées les collections permanentes de peinture américaine et rendez-vous dans cette galerie. Efforcez-vous de ne rien regarder de trop près. Dans la deuxième ou troisième salle, vous trouverez sur un des murs le *Clair de lune* de Blakelock, et là, arrêtez-vous. Regardez ce tableau. Regardez ce tableau pendant au moins une heure, en ignorant tout le reste de la salle. Concentrez-vous. Regardez-le à différentes distances – à trois mètres, à un mètre, à deux centimètres. Etudiez-en la composition d'ensemble, étudiez-en les détails. Ne prenez pas de notes. Voyez si vous arrivez à mémoriser tous les éléments du tableau, en apprenant avec précision l'emplacement des personnages, des objets naturels, des couleurs de chacun de tous les points de la toile. Fermez les yeux et mettez-vous à l'épreuve. Rouvrez-les. Voyez si vous commencez à avoir accès au paysage que vous avez devant vous. Voyez si vous commencez à avoir accès au cerveau de l'artiste qui a peint le paysage que vous avez devant vous. Imaginez que vous êtes Blakelock, en train de peindre vous-même ce tableau. Au bout d'une heure, prenez un peu de répit. Promenez-vous dans la galerie, si vous le désirez, et regardez les autres toiles. Puis revenez à Blakelock. Passez encore un quart d'heure en face de lui, en vous y abandonnant comme s'il n'existait plus dans le monde entier que ce tableau. Ensuite, partez. Retraversez le musée sur vos pas, sortez, marchez jusqu'au métro. Reprenez l'express jusqu'à Manhattan, changez à la 72e rue, et revenez ici. Pendant le trajet, faites comme à l'aller : gardez les yeux fermés, ne parlez à personne. Pensez au tableau. Tâchez de le voir mentalement. Tâchez de vous en souvenir, tâchez de vous y accrocher aussi longtemps que possible. Est-ce bien compris ?

— Je pense que oui, répondis-je. Y a-t-il autre chose ?

— Rien d'autre. Mais souvenez-vous : si vous ne faites pas exactement ce que je vous ai dit, je ne vous adresserai plus jamais la parole."

Je gardai les yeux fermés dans le métro, mais il était difficile de ne penser à rien. J'essayais de concentrer mon attention sur un caillou, mais même cela s'avérait plus difficile qu'il n'y paraissait. Il y avait trop de bruit autour de moi, trop de gens bavardaient et me bousculaient. A cette époque il n'y avait pas encore de haut-parleurs dans les voitures pour annoncer les stations, et il me fallait repérer mentalement l'endroit où nous étions, en comptant les arrêts sur mes doigts : moins un, encore dix-sept ; moins deux, encore seize. La tentation était inévitable d'écouter les conversations des passagers assis près de moi. Leurs voix s'imposaient, je n'arrivais pas à les en empêcher. A chaque nouvelle voix que j'entendais, j'avais envie d'ouvrir les yeux pour voir à qui elle appartenait. Ce désir était presque irrésistible. Dès qu'on entend quelqu'un parler, on s'en imagine l'apparence. On absorbe en quelques secondes toutes sortes d'informations caractéristiques : le sexe, l'âge approximatif, la classe sociale, le lieu d'origine et jusqu'à la couleur de la peau. Quand on dispose de la vue, on a le réflexe naturel de jeter un coup d'œil pour comparer cette image mentale avec la réalité. Le plus souvent, elles correspondent assez bien, mais on peut aussi se tromper de façon étonnante : professeurs d'université qui s'expriment comme des chauffeurs de poids lourds, petites filles qui se révèlent être de vieilles femmes, Noirs qui sont, en fait, blancs. Je ne pouvais m'empêcher de songer à tout cela pendant que le métro ferraillait dans l'obscurité. Tandis que je m'obligeais à garder les yeux fermés, je commençai à avoir faim d'un aperçu du monde, et cette faim me fit réaliser que j'étais en train de réfléchir à ce que cela signifie d'être aveugle, ce qui était exactement ce qu'Effing attendait de moi. Je poursuivis cette méditation pendant plusieurs minutes. Alors, dans une soudaine panique, je me rendis compte que j'avais perdu le compte des arrêts. Si je n'avais entendu une femme demander à quelqu'un si le prochain était Grand Army Plaza, j'aurais aussi bien pu continuer le voyage jusqu'à l'autre bout de Brooklyn.

   C'était un matin de semaine hivernal, et le musée était presque désert. Après avoir payé mon entrée au comptoir, je montrai cinq doigts au garçon d'ascenseur et montai en silence. La peinture américaine se trouvait au cinquième étage et, à part un garde qui somnolait dans la première salle, il n'y avait que moi dans toute cette aile. J'en fus content, comme si cela rehaussait d'une certaine manière la solennité de l'occasion. Je traversai plusieurs salles vides avant de découvrir le Blakelock, en m'efforçant, selon les instructions d'Effing, d'ignorer les autres toiles sur les murs. J'aperçus quelques éclats de couleur, enregistrai quelques noms – Church, Bierstadt, Ryder – mais luttai contre la tentation de les regarder vraiment. J'arrivai alors devant le *Clair de lune*, l'objet de ce voyage étrange et élaboré, et, dans le choc de ce premier instant, je ne pus me défendre d'une déception. Je ne sais pas à quoi je m'attendais – à quelque chose de grandiose, peut-être, à un déploiement violent et criard de virtuosité superficielle – mais assurément pas au petit tableau que j'avais sous les yeux. Il ne mesurait que soixante-dix centimètres sur quatre-vingts et paraissait au premier abord presque tout à fait dépourvu de couleur : du brun sombre, du vert sombre, une minuscule tache de rouge dans un coin. Il était sans conteste bien exécuté, mais ne possédait en rien le caractère ostensiblement dramatique par lequel j'avais imaginé qu'Effing devait se sentir attiré. Peut-être étais-je moins déçu par le tableau que par moi-même, pour avoir mal interprété Effing. Il s'agissait ici d'une œuvre de contemplation profonde, un paysage d'intériorité et de calme, et j'étais perplexe à l'idée que mon fou d'employeur y entendît quelque chose.

Je m'efforçai de chasser Effing de mes pensées, reculai d'un pas ou deux et commençai à regarder le tableau pour moi-même. Une pleine lune parfaitement ronde occupait le centre de la toile – en plein centre mathématique, me semblait-il – et la pâleur de ce disque blanc illuminait tout ce qui se trouvait au-dessus et au-dessous : le ciel, un lac, un grand arbre aux branches arachnéennes, et des montagnes basses sur l'horizon. Au premier plan, on voyait deux petites zones de terrain, séparées par un ruisseau qui coulait entre elles. Sur la rive gauche se trouvaient un tipi indien et un feu de camp ; on devinait, autour de ce feu, un certain nombre de figures assises, mais on les distinguait mal, formes humaines à peine suggérées, cinq ou six peut-être, teintées de rouge par le reflet des braises. A droite du grand arbre, à l'écart, un cavalier solitaire observait l'autre rive – dans une immobilité absolue, comme plongé dans une méditation profonde. L'arbre auquel il tournait le dos était quinze ou vingt fois plus grand que lui, et le contraste le faisait paraître minuscule, insignifiant. Lui et son cheval n'étaient que des silhouettes, des ombres noires sans épaisseur ni caractère individuel. Sur la rive opposée, c'était encore moins clair, presque noyé dans les ténèbres. Il y avait quelques petits arbres, avec les mêmes ramures arachnéennes que le grand, et puis, tout en bas, une touche de couleur à peine perceptible qui me semblait

pouvoir figurer un autre personnage (couché sur le dos
– peut-être endormi, mort peut-être, ou peut-être en train
de contempler la nuit –) ou alors les vestiges d'un autre
feu, je n'aurais pu le dire. J'étais si absorbé par l'examen
de ces obscurs détails dans la partie inférieure du tableau
que, lorsque je relevai enfin les yeux pour étudier le ciel,
je fus choqué de constater combien toute la partie supérieure donnait une impression de lumière. Même compte
tenu de la pleine lune, le ciel paraissait trop visible. Sous le
vernis craquelé qui en recouvrait la surface, la peinture
brillait d'une intensité surnaturelle, et plus je dirigeais mon
regard vers l'horizon, plus cette lueur s'accentuait – comme
s'il eût fait jour là-bas, et que les montagnes eussent été
éclairées par le soleil. Une fois que j'eus constaté ceci, je
commençai à remarquer toutes sortes d'autres choses dans
le tableau. Le ciel, par exemple, avait dans l'ensemble une
tonalité verdâtre. Teinté par le jaune qui bordait les nuages,
il tourbillonnait autour du grand arbre à coups de pinceau
précipités qui lui donnaient l'aspect d'une spirale, un vor-
tex de matière céleste au fin fond de l'espace. Comment le
ciel pourrait-il être vert ? me demandai-je. C'était la même
couleur que celle du lac, au-dessous, et cela ne paraissait
pas possible. Sauf au plus sombre de la nuit la plus noire,
le ciel et la terre sont toujours différents. Blakelock était
manifestement un peintre trop habile pour ignorer cela.
Mais s'il n'avait pas essayé de représenter un paysage réel,
quelle avait été son intention ? Je tentai de mon mieux de
me le figurer, mais le vert du ciel m'en empêchait. Un ciel
de la même couleur que la terre, une nuit qui ressemble
au jour, et tous les personnages réduits par la grandeur de
la scène à la taille de nains – silhouettes indéchiffrables,
simples idéogrammes de vie. Je ne voulais pas me lancer
trop vite dans une interprétation symbolique, mais, devant
les évidences du tableau, je pensais n'avoir pas d'autre
choix. En dépit de leur petitesse par rapport au décor, les
Indiens ne montraient aucun signe de peur ni d'anxiété.
Ils étaient installés confortablement dans leur environnement, en paix avec eux-mêmes et avec l'univers, et plus
j'y réfléchissais, plus cette sérénité me paraissait dominer

le tableau. Je me demandai si Blakelock n'avait pas peint son ciel en vert pour mettre l'accent sur cette harmonie, pour démontrer la connexion entre les cieux et la terre. Si les hommes peuvent vivre confortablement dans leur environnement, aurait-il suggéré, s'ils peuvent apprendre à sentir qu'ils font partie de ce qui les entoure, la vie sur terre peut alors s'empreindre d'un sentiment de sainteté. J'étais réduit aux conjectures, bien sûr, mais j'avais l'impression que Blakelock peignait une idylle américaine, le monde habité par les Indiens avant que les Blancs n'arrivent pour le détruire. La plaque fixée au mur indiquait que cette toile avait été peinte en 1885. Si mes souvenirs étaient exacts, cela correspondait presque exactement au milieu de la période entre le dernier combat de Custer et le massacre de Wounded Knee – c'est-à-dire tout à la fin, quand il était trop tard pour espérer qu'aucune de ces choses survive. Peut-être, me disais-je, cette œuvre a-t-elle été conçue comme un témoignage de ce que nous avons perdu. Ce n'était pas un paysage, c'était un mémorial, une ode funèbre pour un monde disparu.

    Je passai plus d'une heure en compagnie de ce tableau. Je m'en écartais, je m'en approchais, peu à peu je l'appris par cœur. Je n'étais pas certain d'avoir découvert ce qu'Effing avait prévu que je découvrirais, mais quand je quittai le musée je savais que j'avais appris quelque chose, même si j'ignorais ce que c'était. J'étais épuisé, vidé de toute énergie. Pendant le trajet de retour dans le *IRT express*, c'est à peine si j'évitai de m'endormir.

    Il était juste trois heures quand j'arrivai chez Effing. D'après Mme Hume, le vieil homme se reposait. Comme il ne faisait jamais de sieste à cette heure de la journée, j'en conclus qu'il n'avait pas envie de me parler. Ça tombait bien. Moi non plus, je n'avais pas envie de lui parler. Je pris une tasse de café dans la cuisine avec Mme Hume, puis je ressortis de l'appartement, remis mon manteau et pris le bus en direction de Morningside Heights. J'avais rendez-vous avec Kitty à huit heures, et en attendant je voulais faire quelques recherches dans la bibliothèque d'art de Columbia. Je m'aperçus qu'il y avait peu de renseignements sur

Blakelock : quelques articles ici et là, une paire de vieux catalogues, pas grand-chose. En rassemblant ces informations, je découvris néanmoins qu'Effing ne m'avait pas menti. J'étais surtout venu dans ce but. Il s'était un peu embrouillé dans certains détails, dans la chronologie, mais tous les faits importants étaient vrais. La vie de Blakelock avait été misérable. Il avait souffert, était devenu fou, on l'avait ignoré. Avant d'être enfermé à l'asile, il avait en effet peint des billets de banque à sa propre effigie – non pas des billets de mille dollars, comme me l'avait raconté Effing, mais d'un million de dollars, une somme qui dépasse toute imagination. D'une petitesse incroyable (moins d'un mètre cinquante, moins de quarante-cinq kilos), père de huit enfants, il avait parcouru l'Ouest dans sa jeunesse, et vécu parmi les Indiens – tout cela était vrai. J'appris avec un intérêt particulier que certaines de ses premières œuvres, dans les années 1870, avaient été peintes à Central Park. Il avait représenté les cabanes qui s'y trouvaient quand la création du parc était encore récente, et en voyant les reproductions de ces paysages ruraux dans ce qui avait un jour été New York, je ne pouvais m'empêcher de penser à la triste existence que j'y avais menée. J'appris aussi que Blakelock avait consacré les meilleures années de sa création à des scènes de clair de lune. Il existait des douzaines de tableaux similaires à celui que j'avais découvert au musée de Brooklyn : la même forêt, la même lune, le même silence. La lune était toujours pleine dans ces tableaux, et toujours pareille : un petit cercle d'une rondeur parfaite, au milieu de la toile, répandant une pâle lueur blanche. Après que j'en eus regardé cinq ou six, elles se mirent peu à peu à se séparer de leur environnement, et je n'arrivais plus à y voir des lunes. Elles devenaient trous dans la toile, ouvertures de blancheur sur un autre monde. L'œil de Blakelock, peut-être. Un cercle vide suspendu dans l'espace, contemplant des choses disparues.

Le lendemain, Effing paraissait prêt à se mettre à l'ouvrage. Sans une allusion à Blakelock ni au musée de

Brooklyn, il m'envoya dans Broadway acheter un cahier et un bon stylo. "Nous y voici, avait-il déclaré, c'est le moment de vérité. Aujourd'hui, nous commençons à écrire."

Dès mon retour, je repris place sur le canapé, ouvris le cahier à la première page et attendis qu'il commence. Je supposais qu'il se mettrait en train en m'indiquant quelques faits et chiffres – sa date de naissance, le nom de ses parents, les écoles qu'il avait fréquentées – et passerait ensuite à des choses plus importantes. Mais ce ne fut pas du tout le cas. Il se mit simplement à parler, en nous plongeant tout de go au beau milieu de son histoire.

"Ralph m'en avait donné l'idée, dit-il, mais c'est Moran qui m'y a poussé. Le vieux Thomas Moran, avec sa barbe blanche et son chapeau de paille. Il habitait à l'extrême pointe de l'île, à cette époque, et peignait de petites aquarelles du détroit. Des dunes et de l'herbe, les vagues et la lumière, tout ce verbiage bucolique. Des tas de peintres vont là-bas maintenant, mais lui était le premier, c'est lui qui a lancé ça. C'est pour ça que je me suis appelé Thomas quand j'ai changé de nom. En son honneur. Effing, c'est autre chose, il m'a fallu un certain temps pour y penser. Vous trouverez peut-être ça tout seul. C'était un jeu de mots.

"J'étais jeune, alors. Vingt-cinq, vingt-six ans, même pas marié. Je possédais une maison dans la 12e rue, à New York, mais je passais plus de temps sur l'île. J'aimais bien m'y trouver, c'était là que je peignais mes tableaux et rêvais mes rêves. La propriété a disparu, maintenant, mais que voulez-vous ? Il y a longtemps de cela, et les choses évoluent, comme on dit. Le progrès. Les bungalows et les caravanes ont pris la relève, chaque crétin a sa propre voiture. Alléluia.

"La ville s'appelait Shoreham. S'appelle encore Shoreham, que je sache. Vous écrivez ? Je ne me répéterai pas, et si vous ne prenez pas note tout ceci sera perdu à jamais. Rappelez-vous, mon garçon. Si vous ne faites pas votre travail, je vous tuerai. Je vous étranglerai de mes propres mains.

"La ville s'appelait Shoreham. Le hasard a voulu que Tesla construisît là sa Wardenclyffe Tower. Il s'agit des années 1901, 1902, le *World Wireless System* : le réseau sans fil international. Vous n'en avez sans doute jamais entendu parler. Le projet bénéficiait du soutien de J. P. Morgan au plan financier, et c'est Stanford White qui en avait conçu l'architecture. Nous avons fait allusion à lui hier. Il a été tué sur le toit du Madison Square Garden, et l'entreprise a été abandonnée. Mais les vestiges en sont restés sur place pendant quinze ou seize années encore, soixante mètres de haut, ça se voyait de partout. Gigantesque. Une sorte de robot-sentinelle menaçant qui surplombait les environs. Ça me faisait penser à la tour de Babel : des émissions de radio dans toutes les langues, toute la sacrée planète en train d'échanger des bavardages, juste dans la ville où j'habitais. La chose a finalement été démolie au cours de la Première Guerre mondiale. On prétendait qu'elle servait de base d'espionnage aux Allemands, et on l'a abattue. J'étais déjà parti, de toute façon, ça m'était égal. Pas que j'eusse pleuré sur elle, si j'eusse encore été là. Que tout s'écroule, voilà ce que je dis. Que tout s'écroule et disparaisse, une bonne fois pour toutes.

"La première fois que j'ai vu Tesla, c'était en 1893. Je n'étais encore qu'un môme, mais je me souviens bien de la date. L'Exposition Colomb était ouverte à Chicago, et mon père m'y a emmené en train, c'était la première fois que je m'en allais de chez moi. L'idée était de célébrer le quatre centième anniversaire de la découverte de l'Amérique par Colomb. Exposer tous les gadgets, toutes les inventions, montrer combien nos savants étaient malins. Vingt-cinq millions de personnes sont venues visiter ça, comme elles seraient allées au cirque. On y voyait la première fermeture à glissière, la première roue Ferris, toutes les merveilles de l'âge nouveau. Tesla était responsable de la section Westinghouse, qu'on appelait l'Œuf de Colomb, et je me rappelle avoir vu, en entrant dans le théâtre, ce grand type en smoking blanc, debout sur la scène, qui parlait à son auditoire avec un accent bizarre – serbe, je l'ai su plus tard – et de la voix la plus lugubre que vous entendrez jamais. Il exécutait des tours de magie au moyen de l'électricité : de petits œufs de métal qui tournaient autour de la table en pivotant sur eux-mêmes, ses doigts qui jetaient des étincelles, et tout le monde était bouche bée d'étonnement, moi compris, nous n'avions jamais rien vu de pareil. C'était l'époque de la guerre courant alternatif-courant continu entre Edison et Westinghouse, et la démonstration de Tesla avait une certaine valeur de propagande. Environ dix ans auparavant, Tesla avait découvert le courant alternatif – le champ magnétique circulaire –, et c'était un gros progrès par rapport au courant continu qu'utilisait Edison. Beaucoup plus puissant. Pour le courant continu, il fallait un générateur tous les deux ou trois kilomètres ; avec le courant alternatif, un seul générateur suffisait pour une ville entière. Quand Tesla était arrivé en Amérique, il avait essayé de vendre son idée à Edison, mais l'imbécile de Menlo Park l'avait remballé. Il craignait que son ampoule n'en devienne obsolète. Nous y revoilà, cette foutue ampoule. Tesla avait donc vendu son courant alternatif à Westinghouse, et ils étaient allés de l'avant, ils avaient commencé à construire leur usine aux chutes du Niagara, la plus grosse centrale électrique du pays. Edison était parti en guerre. Le courant alternatif est trop dangereux, affirmait-il, il risque de tuer ceux qui s'en approchent. Afin de prouver ce qu'il avançait, il envoyait ses hommes faire des démonstrations dans toutes les foires nationales ou régionales du pays. J'ai assisté à l'une d'elles quand j'étais encore tout petit, et j'en ai pissé dans ma culotte. Ils amenaient des animaux sur l'estrade pour les électrocuter. Des chiens, des cochons, même des vaches. Ils les tuaient en plein sous vos yeux. C'est ainsi qu'on a inventé la chaise électrique. Edison a mijoté ça pour montrer les dangers du courant alternatif, et puis il l'a vendue à la prison de Sing Sing, où on l'utilise encore de nos jours. Charmant, n'est-ce pas ? Si le monde n'était pas si beau, on risquerait tous de devenir cyniques.

"L'Œuf de Colomb a mis fin à cette controverse. Trop de gens ont vu Tesla, ça les a rassurés. Cet homme était cinglé, bien sûr, mais au moins il n'était pas intéressé par l'argent. Quelques années plus tard, Westinghouse a eu des ennuis financiers, et Tesla a déchiré, en geste d'amitié, le contrat qui fixait ses royalties. Des millions et des millions de dollars. Il l'a simplement déchiré, et est passé à autre chose. Il va sans dire qu'il a fini par mourir sans le sou. "Dès le moment où je l'ai vu, j'ai commencé à lire ce que les journaux racontaient sur Tesla. Il était tout le temps question de lui, à l'époque : reportages sur ses dernières inventions, citations des déclarations extravagantes qu'il faisait à qui voulait l'entendre. C'était un sujet en or. Un fantôme sans âge, qui vivait seul au Waldorf, dans une terreur morbide des microbes, paralysé par toutes les phobies possibles, sujet à des crises d'hypersensibilité qui le rendaient presque fou. Le bourdonnement d'une mouche dans la pièce voisine lui paraissait aussi bruyant qu'une escadrille d'avions. S'il marchait sous un pont, il en sentait la pression sur son crâne, comme s'il allait être écrasé. Son laboratoire se trouvait dans le bas Manhattan, sur West Broadway, je crois, au carrefour de West Broadway et de Grand Street. Dieu sait ce qu'il n'a pas inventé dans cet endroit. Des tubes de radio, des torpilles commandées à distance, un projet d'électricité sans fil. C'est bien ça, sans fil. On plantait dans le sol une tige de métal pour sucer en direct l'énergie de l'atmosphère. Un jour, il a prétendu avoir inventé un appareil à ondes sonores qui canalisait les pulsations terrestres et les concentrait en un point minuscule. Il l'a appliqué contre le mur d'un immeuble de Broadway, et en moins de cinq minutes toute la structure s'est mise à trembler, elle se serait écroulée s'il n'avait arrêté. J'adorais lire ces histoires quand j'étais gamin, j'en avais la tête farcie. Les gens se livraient à toutes sortes de spéculations au sujet de Tesla. Il apparaissait comme un prophète des âges à venir, et nul ne pouvait lui résister. La conquête totale de la nature ! Un monde où tous les rêves étaient possibles ! L'absurdité la plus incongrue a été le fait d'un nommé Julian Hawthorne, qui se trouvait être le fils de Nathaniel Hawthorne, le grand auteur américain. Julian. C'était aussi mon prénom, si vous vous en souvenez, et je suivais donc l'œuvre du jeune Hawthorne avec un certain degré d'intérêt personnel. C'était alors un auteur à succès, un véritable barbouilleur qui écrivait aussi mal que son père écrivait bien. Un pauvre spécimen humain. Imaginez : grandir avec Melville et Emerson à domicile, et devenir ça. Il a écrit cinquante et quelques livres, des centaines d'articles dans des magazines, tous bons pour la poubelle. A un moment donné il a même abouti en prison à cause d'une quelconque fraude boursière, il avait filouté les agents du fisc, j'ai oublié les détails. De toute façon, ce Julian Hawthorne était un ami de Tesla. En 1899, 1900 peut-être, Tesla était parti à Colorado Springs pour installer un laboratoire dans les montagnes afin d'étudier les effets de la foudre en boule. Une nuit, il avait travaillé tard en oubliant de fermer son transmetteur. Des bruits étranges s'étaient élevés de l'appareil. Electricité statique, signaux radios, qui sait ? Quand Tesla avait raconté ça aux reporters le lendemain, il avait prétendu que cela prouvait l'existence d'une intelligence vivante dans l'espace, que les foutus Martiens lui avaient parlé. Croyez-le ou non, personne n'avait ri de cette affirmation. Lord Kelvin lui-même, fin soûl lors d'un banquet, avait déclaré qu'il s'agissait d'une des plus grandes découvertes scientifiques de tous les âges. Peu de temps après cet incident, Julian Hawthorne a écrit un article sur Tesla dans un des magazines nationaux. Tesla jouissait d'une intelligence tellement supérieure, avançait-il, qu'il était impossible qu'il fût humain. Né sur une autre planète – je crois qu'il s'agissait de Vénus –, il avait été envoyé sur la Terre en mission spéciale pour nous enseigner les secrets de la nature, pour révéler à l'homme les voies de Dieu. Ici aussi, on pourrait penser que les gens rirent, mais ce ne fut pas le cas du tout. La plupart prirent cela très au sérieux, et maintenant encore, soixante, soixante-dix ans plus tard, ils restent des milliers à y croire. Aujourd'hui, en Californie, Tesla est l'objet d'un culte, il est adoré en tant qu'extraterrestre. Vous n'avez pas besoin de me croire sur parole. Je possède ici un peu de leur prose, et vous pourrez voir par vous-même. Pavel Shum m'en faisait la lecture les jours de pluie. C'est impayable. Tellement drôle qu'on en rit à se péter la panse.

"Je vous raconte tout ça pour vous donner une idée de ce qu'il représentait pour moi. Tesla, ce n'était pas n'importe qui, et quand il est arrivé à Shoreham pour y construire sa tour je n'en croyais pas ma chance. Le grand homme, en personne, venait chaque semaine dans ma petite ville. Je le regardais descendre du train, j'imaginais que je pourrais peut-être apprendre quelque chose en l'observant, que la simple proximité avec lui me contaminerait de son génie – comme s'il s'était agi d'une maladie contagieuse. Je n'avais jamais le courage de lui parler, mais ça ne faisait rien. Je trouvais exaltant de le savoir là, de savoir qu'il m'était possible de l'apercevoir quand je voulais. Un jour, nos regards se sont croisés, je m'en souviens bien, c'était très important, nos regards se sont croisés et j'ai senti le sien me passer à travers, comme si je n'avais pas existé. Ç'a été un instant incroyable. J'ai senti son regard entrer par mes yeux et ressortir par l'arrière de ma tête, en faisant grésiller le cerveau dans mon crâne jusqu'à le réduire à un petit tas de cendres. Pour la première fois de ma vie, je me suis rendu compte que je n'étais rien, absolument rien. Non, je n'en ai pas été bouleversé de la façon que vous pourriez croire. J'ai d'abord été sonné, mais, quand le choc a commencé à s'atténuer, je m'en suis senti revigoré, comme si j'avais réussi à survivre à ma propre mort. Non, ce n'est pas tout à fait ça. Je n'avais que dix-sept ans, presque encore un gamin. Quand les yeux de Tesla m'ont traversé, j'ai fait ma première expérience du goût de la mort. Ceci est plus proche de ce que je veux dire. J'ai senti dans ma bouche le goût de la mort, et à ce moment-là j'ai compris que je ne vivrais pas éternellement. Il faut longtemps pour apprendre ça, mais, une fois qu'on le découvre, le changement intérieur est complet, on ne peut plus jamais redevenir tel qu'on était. J'avais dix-sept ans, et tout à coup, sans la plus petite ombre d'un doute, j'ai compris que ma vie était mienne, qu'elle m'appartenait, à moi, et à personne d'autre.

"C'est de liberté qu'il s'agit ici, Fogg. Un sentiment de désespoir qui devient si grand, si écrasant, si catastrophique qu'on n'a plus d'autre choix que d'être libéré par lui. C'est le seul choix, à moins de se traîner pour mourir dans un coin. Tesla m'a fait don de ma mort, et j'ai su dès cet instant que je deviendrais peintre. C'était ce que je désirais, mais jusqu'alors je n'avais pas eu les couilles de l'admettre. Mon père ne vivait que pour la Bourse et les actions, sacré brasseur d'affaires, il me prenait pour une femmelette. Mais je m'y suis mis, je l'ai fait, je suis devenu artiste et alors, quelques années plus tard, le vieux est tombé mort dans son bureau de Wall Street. J'avais vingt-deux ou vingt-trois ans, et me suis retrouvé l'héritier de toute sa fortune, j'en ai hérité au centime près. Ha ! J'étais le plus riche des foutus peintres qui eussent jamais existé. Un artiste millionnaire. Représentez-vous ça, Fogg. J'avais l'âge que vous avez maintenant, et je possédais tout, nom de Dieu, tout ce que je pouvais désirer.

"J'ai revu Tesla, mais plus tard, beaucoup plus tard. Après ma disparition, après ma mort, après mon départ d'Amérique et mon retour. 1939, 1940. J'ai quitté la France avec Pavel Shum avant que les Allemands ne l'envahissent, nous avons fait nos valises et nous nous sommes tirés. Ce n'était plus un endroit pous nous, plus la place d'un Américain infirme et d'un poète russe, ça n'avait plus aucun sens de se trouver là. Nous avons d'abord envisagé l'Argentine, et puis j'ai pensé merde, revoir New York, peut-être que ça me fouetterait le sang. Ça faisait vingt ans, après tout. L'Exposition universelle venait de commencer quand nous sommes arrivés. Encore un hymne au progrès, mais qui cette fois me laissait assez froid, après ce que j'avais vu en Europe. Imposture, tout ça. Le progrès allait nous fiche en l'air, n'importe quel nigaud aurait pu vous le dire. Il faudrait que vous rencontriez un jour le frère de Mme Hume, Charlie Bacon. Il était pilote pendant la guerre. Vers la fin, il a été envoyé dans l'Utah pour s'entraîner avec cette bande qui a lancé la bombe atomique sur le Japon. Il a perdu l'esprit quand il a découvert ce qui se passait. Pauvre diable, qui le lui reprocherait ? Parlons-en, du progrès. Un piège à souris plus grand, plus efficace chaque mois. Bientôt nous serons en mesure de tuer toutes les souris d'un coup.

"Je me retrouvais à New York, et nous avons commencé, Pavel et moi, à nous balader dans la ville. Comme nous, maintenant : il poussait mon fauteuil, on s'arrêtait pour regarder des choses, mais plus longtemps, on restait partis des journées entières. C'était la première fois que Pavel venait à New York, et je lui montrais les points de vue, on se promenait de quartier en quartier, et par la même occasion j'essayais de m'y familiariser à nouveau. Un jour, pendant l'été trente-neuf, après avoir visité la bibliothèque publique au coin de la 42e rue et de la 5e avenue, nous avons fait halte pour prendre l'air à Bryant Park. C'est là que j'ai revu Tesla. Pavel était assis sur un banc à côté de moi et, à trois ou quatre mètres de nous, un vieillard donnait à manger aux pigeons. Il était debout, et les oiseaux voltigeaient autour de lui, se posaient sur sa tête et sur ses bras, des douzaines de pigeons roucoulants qui chiaient sur ses vêtements et lui mangeaient dans les mains, et le vieux leur parlait, il les appelait ses chéris, ses amours, ses anges. Dès l'instant où j'ai entendu cette voix, j'ai reconnu Tesla. Il a tourné la tête vers moi, et c'était bien lui. Un vieillard de quatre-vingts ans. Blanc comme un spectre, maigre, aussi laid que je le suis à présent. J'ai eu envie de rire en le voyant. L'ex-génie, l'homme venu d'un autre monde, le héros de ma jeunesse. Il n'en restait qu'un vieux débris, un clochard. Vous êtes Nikola Tesla, lui ai-je dit. Juste comme ça, sans entrée en matière. Vous êtes Nikola Tesla, je vous connaissais, jadis. Il m'a souri en saluant légèrement. Je suis occupé en ce moment, a-t-il déclaré, nous pourrons peut-être converser une autre fois. Je me suis tourné vers Pavel : Donne un peu d'argent à M. Tesla, Pavel, ça pourra lui servir à acheter des graines pour les oiseaux. Pavel s'est levé, s'est approché de Tesla et lui a tendu un billet de dix dollars. Ce fut un instant d'éternité, Fogg, un instant qui n'aura jamais son égal. Ha ! Je n'oublierai jamais le regard confus de ce fils de pute. M. Demain, le prophète des temps nouveaux ! Pavel lui tendait le billet de dix dollars, et je voyais bien qu'il luttait pour l'ignorer, pour en détourner les yeux – mais il n'y arrivait pas. Il restait planté là, à le fixer comme un mendiant fou. Et puis il a pris l'argent, il l'a happé dans la main de Pavel et fourré dans sa poche. C'est très aimable à vous, m'a-t-il dit, très aimable. Les chers petits ont besoin de chaque miette qu'ils peuvent trouver. Puis il nous a tourné le dos en marmonnant quelque chose aux oiseaux. Alors Pavel m'a emmené, et ç'a été tout. Je ne l'ai jamais revu."

Effing se tut un bon moment pour savourer le souvenir de sa cruauté. Puis, d'une voix plus calme, il reprit. "Nous avançons, mon garçon, me dit-il, ne vous faites pas de souci. Contentez-vous de faire travailler votre plume, et ce sera bien. A la fin tout aura été dit, tout sera révélé. Je parlais de Long Island, n'est-ce pas ? De Thomas Moran et de la façon dont l'affaire a démarré. Vous voyez, je n'ai pas oublié. Contentez-vous d'écrire les mots. Il n'y aura de notice nécrologique que si vous écrivez les mots.

"C'est Moran qui m'a convaincu. Il était allé dans l'Ouest dans les années soixante-dix, il avait visité la région entière de haut en bas. Il ne voyageait pas seul, bien sûr, pas à la manière de Ralph, qui parcourait le désert comme quelque chevalier errant, il n'était pas, comment dire, il n'était pas à la recherche du même genre de choses. Moran avait de la classe. Il a été le peintre officiel de l'expédition Hayden, en soixante et onze, après quoi il est reparti avec Powell en soixante-treize. Nous avons lu le livre de Powell voici quelques mois, toutes les illustrations qu'il contient sont de Moran. Vous rappelez-vous celle qui représente Powell accroché au bord de la falaise, toute sa vie pendue au bout d'un seul bras ? Beau travail, il faut en convenir, le vieux savait dessiner. Moran a dû sa célébrité à ce qu'il a fait là-bas, il a été le premier à montrer aux Américains à quoi ressemblait l'Ouest. Le premier à peindre le Grand Canyon fut Moran, ce tableau se trouve à Washington, au Capitole ; le premier à peindre le Yellowstone, le premier à peindre le Grand Désert Salé, le premier à peindre la région des canyons dans l'Utah – toujours Moran. Destin manifeste ! On en a tracé des cartes, on en a rapporté des images, tout ça a été digéré dans la grande machine à profit américaine. C'étaient les dernières parcelles du continent, les espaces blancs que personne n'avait explorés. Maintenant tout était là, couché sur une belle toile, offert à tous les regards. Une pointe d'or fichée dans nos cœurs !

"Je ne peignais pas comme Moran, n'allez pas penser ça. Je faisais partie de la nouvelle génération, et je n'étais pas partisan de ces foutaises romantiques. J'avais été à Paris dans les années six et sept, et j'étais au courant de ce qui s'y passait. Les Fauves, les cubistes, j'étais dans ces vents-là dans ma jeunesse, et une fois qu'on a goûté au futur on ne peut pas revenir en arrière. Je fréquentais la bande des habitués de la galerie Stieglitz, 5e avenue, nous allions ensemble boire et parler d'art. Ils aimaient ce que je faisais, m'avaient repéré comme l'un des nouveaux cracks. Marin, Dove, Demuth, Man Ray, pas un que je n'aie connu. J'étais un rusé petit gaillard, à cette époque, la tête pleine de grandes idées. Tout le monde aujourd'hui parle de l'*Armory Show*, mais pour moi c'était de l'histoire ancienne quand ça s'est passé. J'étais pourtant différent de la plupart des autres. La ligne ne m'intéressait pas. L'abstraction mécanique, la toile en tant qu'univers, l'art intellectuel – j'y voyais un cul-de-sac. J'étais coloriste, et mon sujet était l'espace, le pur espace et la lumière : la force de la lumière quand elle frappe le regard. Je travaillais encore d'après nature, et c'est pourquoi j'appréciais les discussions avec quelqu'un comme Moran. Il représentait l'arrière-garde, mais il avait été influencé par Turner, et nous avions ça en commun, ainsi qu'une passion pour les paysages, une passion pour le monde réel. Moran me parlait sans cesse de l'Ouest. A moins d'aller là-bas, tu ne peux pas comprendre ce qu'est l'espace. Ton œuvre va s'arrêter de progresser si tu ne fais pas le voyage. Encore et encore, toujours la même chose. Il recommençait chaque fois que je le voyais, et au bout de quelque temps je me suis dit pourquoi pas, ça ne me fera pas de mal d'aller voir sur place.

"C'était en 1916. J'avais trente-trois ans et j'étais marié depuis quatre ans. De tout ce que j'ai fait, ce mariage a été la pire erreur. Elle s'appelait Elizabeth Wheeler. Sa famille était riche, elle ne m'avait donc pas épousé pour mon argent, mais elle aurait aussi bien pu, si on considère nos relations. Il ne m'a pas fallu longtemps pour découvrir la vérité. Elle a pleuré comme une écolière le soir de nos noces, et à partir de là les herses sont tombées. Oh, je prenais bien la citadelle d'assaut une fois de temps en temps, mais plus par colère que pour toute autre raison. Juste pour qu'elle sache qu'elle ne s'en tirerait pas toujours. Même maintenant, je me demande ce qui m'avait pris de l'épouser. Son visage, peut-être, qui était trop joli, son corps trop rond et trop potelé, je ne sais pas. Elles se mariaient toutes vierges à cette époque-là, et j'imaginais qu'elle y prendrait goût. Mais ça ne s'est jamais amélioré, il n'y a jamais eu que larmes et batailles, crises de hurlements, dégoût. Elle me considérait comme une bête, un suppôt du diable. La peste de la garce frigide ! Elle aurait dû vivre au couvent. Je lui avais fait voir les ténèbres et la malpropreté qui font tourner le monde, et elle ne me l'a jamais pardonné. *Homo erectus*, une horreur pour elle : le mystère du corps masculin. Quand elle a vu ce qui lui arrivait, elle s'est décomposée. Je ne vais pas m'étendre là-dessus. C'est une vieille histoire, vous l'avez sûrement déjà entendue. J'ai trouvé mon plaisir ailleurs. Les occasions ne manquaient pas, je vous le garantis, ma bite n'a jamais souffert d'abandon. J'étais un jeune homme bien sapé, l'argent ne comptait pas, j'étais toujours en feu. Ha ! Si nous avions le temps d'en parler un peu ! Les envolées que j'ai connues, les aventures de mon cinquième membre. Mes deux jambes sont peut-être mortes, mais leur petit frère a continué à vivre sa vie. Même maintenant, Fogg, me croirez-vous ? Le petit bonhomme ne s'est jamais rendu.

"Ça va, ça va, je m'arrête. C'est sans importance. Je vous esquisse l'arrière-plan, j'essaie de situer la scène. Si vous avez besoin d'une explication pour ce qui s'est passé, mon mariage avec Elizabeth en est une. Je ne prétends pas qu'il soit seul en cause, mais il a joué un rôle, c'est certain. Quand je me suis trouvé dans cette situation, je n'ai pas eu de regrets à l'idée de disparaître. J'ai vu l'occasion d'être mort, et j'en ai profité.

"Ce n'était pas intentionnel. Je m'étais dit : Deux ou trois mois, et puis je reviens. Les gens que je fréquentais à New York trouvaient que j'étais fou de partir là-bas, ils n'en voyaient pas l'intérêt. Va en Europe, me répétaient-ils, il n'y a rien à apprendre en Amérique. Je leur expliquais mes raisons et, rien que d'en parler, je me sentais de plus en plus impatient. Je me suis lancé dans les préparatifs, je ne pouvais attendre de m'en aller. Assez tôt, j'avais décidé de prendre quelqu'un avec moi, un jeune homme du nom d'Edward Byrne – Teddy, comme disaient ses parents. Son père était un de mes amis, et il m'avait persuadé d'emmener le garçon. Je n'avais pas d'objection sérieuse. Je pensais qu'un peu de compagnie serait la bienvenue, et Byrne avait du caractère, j'avais à plusieurs reprises fait de la voile avec lui, et je savais qu'il avait la tête sur les épaules. Solide, doué d'une intelligence rapide, c'était un gars costaud et athlétique de dix-huit ou dix-neuf ans. Il rêvait de devenir topographe et voulait reprendre le relevé géologique des Etats-Unis et passer sa vie à parcourir les espaces infinis. Cet âge-là, Fogg. Teddy Roosevelt, la moustache en croc, tout ce fatras viril. Le père de Byrne lui a acheté un équipement complet – sextant, compas, théodolite, le grand jeu – et je me suis procuré assez de fournitures d'art pour plusieurs années. Crayons, fusains, pastels, pinceaux, rouleaux de toile, papier – j'avais l'intention de beaucoup travailler. Les discours de Moran devaient m'avoir convaincu à la longue, et j'attendais énormément de ce voyage. J'allais accomplir là-bas le meilleur de mon œuvre, et je ne voulais pas être surpris à court de matériel.

"Si glacée qu'elle se fût montrée au lit, Elizabeth a été prise d'angoisse à l'idée que je m'en aille. Plus le moment en approchait, plus elle se désolait : elle fondait en larmes, me suppliait d'y renoncer. Je n'ai pas encore compris. On aurait pu croire qu'elle serait contente d'être débarrassée de moi. Cette femme était imprévisible, elle faisait toujours le contraire de ce qu'on en attendait. La veille de mon départ, elle est allée jusqu'au sacrifice suprême. Je pense qu'elle s'était d'abord un peu enivrée – vous savez, pour se donner du courage – et puis elle est carrément venue s'offrir à moi. Les bras ouverts, les yeux fermés, bordel, une vraie martyre. Je ne l'oublierai jamais. Oh, Julian, répétait-elle, oh mon époux chéri. Comme la plupart des cinglés, elle savait sans doute déjà ce qui allait arriver, elle devait sentir que les choses allaient changer pour de bon. Je l'ai baisée, ce soir-là – c'était mon devoir, après tout – mais ça ne m'a pas empêché de la quitter le lendemain. Il se trouve que c'est la dernière fois que je l'ai vue. C'est ainsi. Je vous énonce les faits, vous pouvez les interpréter à votre guise. Cette nuit-là a eu des conséquences, il serait peu correct de ne pas le mentionner, mais il s'est écoulé beaucoup de temps avant que je les connaisse. Trente années, en fait, une vie entière dans le futur. Des conséquences. C'est ainsi que ça se passe, mon garçon. Il y a toujours des conséquences, qu'on le veuille ou non.

"Nous avons pris le train, Byrne et moi. Chicago, Denver, jusqu'à Salt Lake City. C'était un trajet interminable en ce temps-là, et quand nous sommes enfin arrivés, le voyage me semblait avoir duré un an. Nous étions en avril 1916. A Salt Lake, nous nous sommes déniché un guide mais le jour même, le croirez-vous, en fin d'après-midi, il s'est brûlé la jambe dans l'échoppe d'un maréchal-ferrant, et nous avons dû engager quelqu'un d'autre. L'homme que nous avons trouvé s'appelait Jack Scoresby. C'était un ancien soldat de la cavalerie, quarante-huit à cinquante ans, un vieux dans ces régions, mais les gens disaient qu'il connaissait bien le territoire, aussi bien que n'importe quel autre. J'étais obligé de les croire sur parole. Mes interlocuteurs étaient des inconnus, ils pouvaient me raconter n'importe quoi, ils s'en fichaient. Je n'étais qu'un blanc-bec, un riche blanc-bec venu de l'Est, et pourquoi diable se seraient-ils souciés de moi ? Voilà comment c'est arrivé, Fogg. Il n'y avait rien à faire que de plonger à l'aveuglette en espérant que tout irait bien.

"Dès le début, j'ai eu des doutes à propos de Scoresby, mais nous étions trop pressés de commencer notre expédition pour perdre davantage de temps. C'était un sale petit bonhomme ricanant, moustachu et graisseux, mais il faut reconnaître qu'il tenait un discours alléchant. Il promettait de nous emmener à des endroits où peu de gens avaient mis le pied, c'est ce qu'il disait, et de nous montrer des choses que seuls Dieu et les Peaux-Rouges avaient vues. On voyait qu'il était plein de merde, mais comment résister à l'impatience ? Nous avons étendu une carte sur une table de l'hôtel pour décider de notre itinéraire. Scoresby paraissait connaître son affaire, et faisait à tout propos étalage de sa science au moyen de commentaires et d'apartés : combien il faudrait de chevaux et d'ânes, quelle conduite adopter avec les mormons, comment affronter la rareté de l'eau dans le Sud. Il était manifeste qu'il nous considérait comme des idiots. L'idée d'aller s'extasier devant les paysages n'avait aucun sens à ses yeux, et quand je lui avais dit que j'étais peintre, il s'était à peine retenu de rire. Nous avons néanmoins conclu ce qui paraissait un marché honnête, et l'avons tous trois scellé d'une poignée de main. Je me figurais que les choses se mettraient en place quand nous nous connaîtrions mieux.

"La veille du départ, Byrne et moi avons bavardé tard dans la nuit. Il m'a montré ses instruments topographiques, et je me rappelle que j'étais dans un de ces états d'excitation où tout semble soudain s'accorder d'une façon nouvelle. Byrne m'a expliqué qu'on ne peut pas déterminer sa position exacte sur terre sans référence à quelque point du ciel. Ça avait quelque chose à voir avec la triangulation, la technique de mensuration, j'ai oublié le détail. Mais j'ai été frappé par ce nœud, je n'ai jamais cessé de l'être. On ne peut pas savoir où l'on est sur cette terre, sinon par rapport à la Lune ou à une étoile. L'astronomie vient d'abord ; les cartes du territoire en découlent. Juste le contraire de ce qu'on attendrait. Si on y pense assez longtemps, on en a l'esprit chamboulé. Ici n'existe qu'en fonction de là ; si nous ne regardons pas en haut, nous ne saurons jamais ce qui se trouve en bas. Méditez ça, mon garçon. Nous ne nous découvrons qu'en nous tournant vers ce que nous ne sommes pas. On ne peut poser les pieds sur le sol tant qu'on n'a pas touché le ciel.

"J'ai bien travaillé au début. Nous avions quitté la ville en direction de l'ouest, campé un jour ou deux près du lac, et puis continué dans le Grand Désert Salé. Cela ne ressemblait à rien de ce que j'avais vu auparavant. L'endroit le plus plat, le plus désolé de la planète, un ossuaire d'oubli. Vous voyagez jour après jour, et nom de Dieu vous ne voyez rien. Pas un arbre, pas un buisson, pas le moindre brin d'herbe. Rien que de la blancheur, un sol craquelé qui s'étend de toutes parts dans le lointain. La terre a un goût de sel, et là-bas, à la limite, l'horizon est bordé de montagnes, un immense cercle de montagnes qui vibrent dans la lumière. Entouré de ces scintillements, de tout cet éclat, on a l'impression d'approcher de l'eau, mais ce n'est qu'une illusion. C'est un monde mort, et la seule chose dont on se rapproche jamais, c'est un peu plus du même néant. Dieu sait combien de pionniers se sont plantés dans ce désert et y ont rendu l'âme, on voit leurs os blanchis pointer hors du sol. C'est ce qui a eu raison de l'expédition Donner, tout le monde sait cela. Ils se sont empêtrés dans le sel, et quand enfin ils ont atteint les montagnes de la sierra californienne, c'était l'hiver, la neige les a bloqués, et ils ont fini par se manger entre eux pour rester en vie. Tout le monde sait cela, c'est le folklore américain, mais néanmoins un fait réel, un fait réel et indiscutable. Roues de chariots, crânes, cartouches vides – j'ai vu de tout là-bas, même en 1916. Un cimetière géant, voilà ce que c'était, une page blanche, une page de mort.

"Pendant les premières semaines, j'ai dessiné comme une brute. N'importe quoi, je n'avais encore jamais travaillé comme ça. Je n'avais pas imaginé que l'échelle ferait une différence, mais c'était le cas, il n'y avait pas d'autre moyen d'affronter la dimension des choses. Les traces sur la page devenaient de plus en plus petites, petites au point de disparaître. Ma main paraissait animée d'une vie propre. Contente-toi de noter, me répétais-je, contente-toi de noter et ne t'en fais pas, tu réfléchiras plus tard. Nous avons profité d'une petite halte à Wendover pour nous décrasser, puis sommes passés au Nevada et partis vers le sud, en longeant le massif appelé Confusion Range. Ici encore, j'étais assailli par des impressions auxquelles je n'étais pas préparé. Les montagnes, la neige au sommet des montagnes, les nuages sur la neige. Au bout d'un moment, tout cela se fondait ensemble et je n'arrivais plus à rien distinguer. De la blancheur, et encore de la blancheur. Comment dessiner quelque chose si on ne sait pas que ça existe ? Vous voyez ce que je veux dire, n'est-ce pas ? C'était inhumain. Le vent soufflait avec une violence telle qu'on ne s'entendait plus penser, et puis il s'arrêtait tout d'un coup, et l'air devenait si immobile qu'on se demandait si on n'était pas devenu sourd. Un silence surnaturel, Fogg. La seule chose qu'on perçût encore, c'étaient les battements de son cœur, le bruit du sang circulant dans son cerveau.

"Scoresby ne nous facilitait pas la vie. Sans doute, il faisait son travail, il nous guidait, construisait les feux, chassait pour nous procurer de la viande, mais jamais il ne s'est départi de son mépris à notre égard, la mauvaise volonté qui émanait de lui imprégnait l'atmosphère. Il boudait, crachait, marmonnait dans sa barbe, nous narguait de ses humeurs maussades. Après quelque temps, Byrne se méfiait tellement de lui qu'il ne desserrait pas les dents tant que Scoresby se trouvait dans les parages. Scoresby partait à la chasse pendant que nous étions à l'ouvrage – le jeune Teddy en train d'escalader les rochers en prenant des mesures, moi perché sur l'une ou l'autre corniche avec ma peinture et mes fusains – et le soir nous préparions notre dîner à trois autour du feu de camp. Un jour, dans l'espoir d'arranger un peu la situation, j'ai proposé à Scoresby une partie de cartes. L'idée a paru lui plaire mais, comme la plupart des gens stupides, il avait trop bonne opinion de sa propre intelligence. Il s'est figuré qu'il allait me battre et gagner beaucoup d'argent. Non pas seulement me battre aux cartes, me dominer dans tous les sens, me montrer une bonne fois qui était le patron. Nous avons joué au *black jack*, et les cartes m'ont été favorables, il a perdu six ou sept manches à la suite. Sa confiance en lui ébranlée, il s'est mis alors à jouer mal, à proposer des enjeux extravagants, à essayer de me bluffer, à faire tout de travers. Je dois lui avoir pris cinquante ou soixante dollars ce soir-là, une fortune pour un pauvre type comme lui. Le voyant consterné, j'ai tenté de réparer les dégâts en annulant la dette. Quelle importance, pour moi, cet argent ? Je lui ai dit : Ne vous en faites pas, j'ai juste eu de la chance, je suis prêt à l'oublier, sans rancune, quelque chose dans ce style. C'était probablement ce que je pouvais trouver de pis. Scoresby a cru que je le prenais de haut, que je voulais l'humilier, et il a été blessé dans son orgueil, deux fois blessé. A partir de ce moment-là, nos relations ont été empoisonnées, et il n'était pas en mon pouvoir d'y porter remède. J'étais moi-même un foutu cabochard, vous l'avez sans doute remarqué. J'ai renoncé à essayer de l'apaiser. S'il désirait se conduire comme un âne, qu'il braie jusqu'à la fin des temps. Nous avions beau nous trouver dans ce pays immense, sans rien alentour, rien que de l'espace vide à des kilomètres à la ronde, c'était comme d'être enfermés dans une prison – comme de partager une cellule avec un homme qui ne vous quitte pas du regard, qui reste assis sur place à attendre que vous vous retourniez, pour pouvoir vous planter son couteau dans le dos.

"C'était ça, le problème. Le pays est trop vaste, là-bas, et après quelque temps il commence à vous dévorer. Je suis arrivé à un point où je ne pouvais plus l'encaisser. Tout ce foutu silence, tout ce vide. On s'efforce d'y trouver des repères, mais c'est trop grand, les dimensions sont trop monstrueuses et finalement, je ne sais pas comment on pourrait dire, finalement cela cesse d'être là. Il n'y a plus ni monde, ni pays, ni rien. Ça fait cet effet-là, Fogg, à la fin tout est imaginaire. Le seul lieu où vous existiez est votre propre tête.

"Nous avons poursuivi notre chemin à travers le centre de l'Etat, puis avons obliqué vers la région des canyons, au sud-est, ce qu'on appelle les Quatre Coins, où l'Utah, l'Arizona, le Colorado et le Nouveau-Mexique se rencontrent. C'était l'endroit le plus étrange de tous, un monde de rêve, rien que de la terre rouge et des rochers aux formes bizarres, des structures formidables qui surgissaient du sol telles les ruines de quelque cité perdue construite par des géants. Obélisques, minarets, palais : toutes étaient à la fois reconnaissables et étrangères, on ne pouvait s'empêcher en les regardant d'y voir des formes familières, même en sachant que ce n'était que l'effet du hasard, crachats pétrifiés des glaciers et de l'érosion, d'un million d'années de vent et d'intempéries. Pouces, orbites, pénis, champignons, personnages, chapeaux. Comme lorsqu'on s'invente des images dans les nuages. Tout le monde sait maintenant à quoi ressemblent ces régions, vous-même les avez vues des centaines de fois. Glen Canyon, la Monument

Valley, la vallée des Dieux. C'est là que sont tournés tous ces films de cow-boys et d'Indiens, cet imbécile de bonhomme Marlboro y galope tous les soirs à la télévision. Mais ces images ne vous en disent rien, Fogg. Tout cela est bien trop énorme pour être peint ou dessiné ; même la photographie n'arrive pas à le rendre. Tout est déformé, c'est comme si on essayait de reproduire les distances des espaces interstellaires : plus on voit, moins le crayon y arrive. Le voir, c'est le faire disparaître.

"Nous avons erré dans ces canyons pendant plusieurs semaines. Il nous arrivait de passer la nuit dans d'antiques ruines indiennes, les villages troglodytiques des Anasazi. Ce sont ces tribus qui ont disparu voici un millier d'années, personne ne sait ce qui leur est arrivé. Ils ont laissé derrière eux leurs villes de pierre, leurs pictogrammes, leurs tessons de poterie, mais les gens eux-mêmes se sont volatilisés. C'était alors la fin juillet, ou début août, et l'hostilité de Scoresby allait croissant, ce n'était plus qu'une question de temps avant que quelque chose ne se brise, on le sentait dans l'air. La région était nue et aride, avec partout des broussailles sèches, pas un arbre à perte de vue. Il faisait une chaleur atroce, et nous étions obligés de nous rationner l'eau, ce qui nous rendait tous d'humeur massacrante. Un jour nous avons dû abattre un des ânes, imposant ainsi aux deux autres un fardeau supplémentaire. Les chevaux commençaient à montrer des signes de fatigue. Nous nous trouvions à cinq ou six jours de la ville de Bluff, et j'ai pensé qu'il nous fallait nous y rendre aussi rapidement que possible afin de nous refaire. Scoresby nous a signalé un raccourci qui pouvait réduire le trajet d'un ou deux jours, et nous sommes donc partis dans cette direction, sur un sol accidenté et avec le soleil en plein visage. La progression était ardue, plus dure que tout ce que nous avions tenté jusque-là, et au bout d'un moment l'idée s'est imposée à moi que Scoresby nous entraînait dans un piège. Nous n'étions pas, Byrne et moi, aussi bons cavaliers que lui, et n'arrivions qu'à grand-peine à surmonter les difficultés du terrain. Scoresby marchait devant, Byrne en second, et moi en dernier. Après avoir escaladé péniblement plusieurs falaises abruptes, nous avancions en longeant une crête, au sommet. C'était très étroit, parsemé de rocs et de cailloux, et la lumière rebondissait sur les pierres comme pour nous aveugler. Il ne nous était plus possible de faire demi-tour à cet endroit, mais je ne voyais pas comment nous pourrions aller beaucoup plus loin. Tout à coup, le cheval de Byrne a perdu pied. Il n'était pas à plus de trois mètres devant moi, et je me souviens de l'affreux fracas des pierres qui dégringolaient, des hennissements du cheval qui se débattait pour trouver une prise sous ses sabots. Mais le sol continuait à s'effondrer et, avant que j'aie pu réagir, Byrne a poussé un hurlement, et puis ils ont basculé, lui et son cheval, ils se sont écrasés ensemble au pied de la falaise. C'était foutrement loin, il devait bien y avoir cent mètres et, sur toute la hauteur, rien que des rochers aux arêtes vives. Sautant de mon cheval, j'ai pris la boîte à médicaments et me suis précipité en bas de la pente pour voir ce que je pouvais faire. J'ai d'abord cru que Byrne était mort, mais j'ai senti battre son pouls. A part cela, rien ne paraissait très encourageant. Il avait le visage couvert de sang, et sa jambe et son bras gauches étaient tous deux fracturés, ça se voyait au premier regard. Ensuite je l'ai fait rouler sur le dos et j'ai aperçu la plaie béante juste sous ses côtes – une vilaine blessure palpitante qui devait bien mesurer quinze ou vingt centimètres. C'était terrible, le gosse était déchiqueté. J'allais ouvrir la boîte à pansements lorsque j'ai entendu un coup de feu derrière moi. Je me suis retourné et j'ai vu Scoresby debout près du cheval tombé de Byrne, un pistolet fumant dans la main droite. Jambes cassées, rien d'autre à faire, m'a-t-il expliqué d'un ton sec. Je lui ai dit que Byrne était mal en point et avait besoin de nos soins immédiats, mais lorsque Scoresby s'est approché, il a ricané en le voyant et déclaré : Ne perdons pas notre temps avec ce type. Le seul remède pour lui, c'est une dose de ce que je viens d'administrer au cheval. Levant son pistolet, Scoresby l'a dirigé vers la tête de Byrne, mais j'ai détourné son bras. Je ne sais pas s'il avait l'intention de tirer, mais je ne pouvais pas courir ce risque. Quand je lui ai frappé le bras, Scoresby m'a jeté un regard mauvais en me conseillant de garder mes mains chez moi. C'est ce que je ferai quand vous ne menacerez plus des gens sans défense avec votre arme, ai-je répondu. Alors il s'est tourné vers moi en me visant. Je menace qui je veux, m'a-t-il dit, et soudain il s'est mis à sourire, d'un large sourire d'idiot, ravi du pouvoir qu'il avait sur moi. Sans défense, a-t-il répété. C'est exactement ce que vous êtes, monsieur le Peintre, un tas d'os sans défense. J'ai pensé alors qu'il allait me tuer. Tandis que j'attendais qu'il actionne la gâchette, je me demandais combien de temps il me faudrait pour mourir après que la balle m'eut pénétré le cœur. Je pensais : Ceci est la dernière pensée que j'aurai jamais. Ça m'a paru durer une éternité, le temps qu'il se décide, lui et moi nous regardant dans les yeux. Puis Scoresby s'est mis à rire. Il était totalement satisfait de lui-même, comme s'il venait de remporter une énorme victoire. Il a remis le revolver dans sa gaine et craché par terre. On aurait dit qu'il m'avait déjà tué, que j'étais déjà mort.

"Il est retourné auprès du cheval et a entrepris de détacher la selle et les fontes. Bien qu'encore sous le choc de l'affaire du pistolet, je me suis accroupi auprès de Byrne et mis à l'ouvrage, m'efforçant autant que possible de nettoyer et de panser ses plaies. Quelques minutes plus tard, Scoresby est revenu m'annoncer qu'il était prêt à partir. Partir ? ai-je répliqué, qu'est-ce que vous racontez ? On ne peut pas emmener le gosse, il n'est pas en état d'être déplacé. Eh bien alors, laissons-le là, a dit Scoresby. Il est foutu, de toute façon, et je n'ai pas l'intention de m'installer dans ce canyon de merde pour attendre pendant Dieu sait combien de temps qu'il arrête de respirer. Ça n'en vaut pas la peine. Faites ce que vous voulez, ai-je répondu, mais je ne quitterai pas Byrne aussi longtemps qu'il sera en vie. Scoresby a grogné. Vous parlez comme un héros dans une saleté de bouquin. Vous risquez d'être coincé ici une bonne semaine avant qu'il claque, et ça servirait à quoi ? Je suis responsable de lui, ai-je dit. C'est tout. Je suis responsable de lui, et je ne l'abandonnerai pas.

"Avant le départ de Scoresby, j'ai arraché une page à mon carnet de croquis afin d'adresser un message à ma femme. Je ne me souviens plus de ce que j'y racontais. Quelque chose de mélodramatique, j'en suis à peu près certain. C'est sans doute la dernière fois que tu auras de mes nouvelles, je crois avoir effectivement écrit cela. L'idée était que Scoresby posterait la lettre lorsqu'il serait en ville. C'est ce dont nous étions convenus, mais je soupçonnais qu'il n'avait aucune intention de tenir sa promesse. Ça l'aurait impliqué dans ma disparition, et pourquoi aurait-il accepté de courir le risque que quelqu'un l'interroge ? Il était bien préférable pour lui de s'en aller sur son cheval et de tout oublier. Il se trouve que c'est exactement ce qui s'est passé. Du moins je le suppose. Quand, longtemps après, j'ai lu les articles et les notices nécrologiques, je n'y ai trouvé aucune allusion à Scoresby – bien que j'eusse pris soin de faire figurer son nom dans la lettre.

"Il a parlé aussi d'organiser une expédition de secours si je ne réapparaissais pas au bout d'une semaine, mais je savais qu'il n'en ferait rien non plus. Je le lui ai dit en face et, loin de nier, il m'a adressé une de ses grimaces insolentes. Votre dernière chance, monsieur le Peintre, vous m'accompagnez ou non ? Trop furieux pour parler, j'ai fait non de la tête. Scoresby a soulevé son chapeau en signe d'adieu, puis s'est mis à escalader la falaise pour récupérer son cheval et s'en aller. Comme ça, sans un mot de plus. Il lui a fallu quelques minutes pour arriver en haut, et je ne l'ai pas quitté des yeux un instant. Je ne voulais pas tenter le sort. J'imaginais qu'il essaierait de me tuer avant de partir, cela me paraissait presque inévitable. Eliminer les preuves, s'assurer que je ne raconterais jamais à personne ce qu'il avait fait – abandonner ainsi un jeune garçon à la mort, loin de tout. Mais Scoresby ne s'est pas retourné. Pas par bonté, je vous l'assure. La seule explication possible est que cela ne lui semblait pas nécessaire. Il n'estimait pas avoir besoin de me tuer, car il ne me croyait pas capable de revenir par mes propres moyens.

"Scoresby était parti. Moins d'une heure après, il me semblait déjà n'avoir jamais existé. Je ne puis vous décrire l'étrangeté de cette sensation. Ce n'était pas comme si j'avais décidé de ne plus penser à lui : je n'arrivais plus à me souvenir de lui quand j'y pensais. Son apparence, le son de sa voix, je ne me rappelais plus rien. Tel est l'effet du silence, Fogg, il oblitère tout. Scoresby se trouvait effacé de ma mémoire, et chaque fois que, par la suite, j'ai tenté de l'évoquer, j'aurais aussi bien pu être en train d'essayer de revoir un personnage aperçu en rêve, de chercher quelqu'un qui n'avait jamais été là.

"Byrne a mis trois ou quatre jours à mourir. En ce qui me concernait, cette lenteur a sans doute été un bienfait. J'étais occupé et, de ce fait, je n'avais pas le temps d'avoir peur. La peur n'est arrivée que plus tard, lorsque je me suis retrouvé seul, après l'avoir enterré. Le premier jour, je dois avoir escaladé la montagne une dizaine de fois pour décharger l'âne des provisions et de l'équipement et les porter jusqu'en bas. Brisant mon chevalet, j'en ai utilisé le bois en guise d'attelles pour le bras et la jambe de Byrne. A l'aide d'une couverture et d'un trépied, j'ai construit un petit auvent qui abritait son visage du soleil. J'ai pris soin du cheval et de l'âne. Je renouvelais les pansements avec des bandes de tissu déchirées dans nos vêtements. J'entretenais le feu, préparais à manger, faisais ce qu'il y avait à faire. Le sentiment de ma culpabilité me poussait, il m'était impossible de ne pas me sentir responsable de ce qui était arrivé, mais même ce sentiment constituait un réconfort. C'était un sentiment humain, qui témoignait que j'étais encore rattaché à l'univers où vivaient les autres hommes. Une fois Byrne disparu, je n'aurais plus à me préoccuper de rien, et ce vide m'effrayait, j'en avais une peur atroce.

"Je savais qu'il n'y avait aucun espoir, je l'ai su tout de suite, mais je continuais à me bercer de l'illusion qu'il s'en tirerait. Il n'a jamais repris conscience ; de temps à autre, il marmonnait, à la façon de quelqu'un qui parle en dormant. C'était un délire de mots incompréhensibles, de sons qui ne formaient pas vraiment des mots, et chaque fois que cela se produisait j'imaginais qu'il était peut-être sur le point de revenir à lui. J'avais l'impression qu'il était séparé de moi par un léger voile, une membrane invisible qui le maintenait sur l'autre rive de ce monde. J'essayais de l'encourager grâce au son de ma voix, je lui parlais sans cesse, je lui chantais des chansons, je priais pour que quelque chose, enfin, parvienne jusqu'à lui et le réveille. Cela ne servait absolument à rien. Son état empirait toujours. Je n'arrivais pas à lui faire prendre le moindre aliment, tout au plus réussissais-je à lui humecter les lèvres avec un mouchoir trempé dans l'eau, mais ça ne suffisait pas, ça ne le nourrissait pas. Petit à petit, je voyais ses forces diminuer. Sa blessure à l'estomac avait cessé de saigner, mais elle ne cicatrisait pas bien. Elle avait pris une teinte verdâtre, du pus en suintait et envahissait les pansements. Personne, en aucune manière, n'aurait pu survivre à cela.

"Je l'ai enterré sur place, au pied de la montagne. Je vous épargne les détails. Creuser la tombe, traîner son corps jusqu'au bord, le sentir m'échapper au moment où je l'ai poussé dedans. Je devenais déjà un peu fou, je crois. C'est à peine si j'ai pu me forcer à reboucher le trou. Le couvrir, jeter de la terre sur son visage mort, c'était trop pour moi. Je l'ai fait en fermant les yeux, c'est la solution que j'ai fini par trouver, j'ai pelleté la terre là-dedans sans regarder. Après, je n'ai pas fabriqué de croix, je n'ai récité aucune prière. Dieu de merde, me disais-je, Dieu de merde, je ne te donnerai pas cette satisfaction. J'ai planté un bâton dans le sol et j'y ai attaché un bout de papier. Edward Byrne, j'avais mis, 1898–1916. Enterré par son ami, Julian Barber. Ensuite je me suis mis à hurler. Voilà comment c'est arrivé, Fogg. Vous êtes le premier à qui je raconte ceci. Je me suis mis à hurler, et puis je me suis abandonné à la folie."

5

Nous n'allâmes pas plus loin ce jour-là. Cette dernière phrase prononcée, Effing fit une pause pour respirer, et avant qu'il eût repris sa narration Mme Hume entra pour annoncer que c'était l'heure du déjeuner. Après les choses terribles qu'il m'avait racontées, je pensais qu'il aurait du mal à retrouver son sang-froid, mais il ne parut guère affecté par l'interruption. "Bien, s'écria-t-il en frappant des mains. L'heure du déjeuner. Je suis affamé." Sa capacité de passer ainsi sans transition d'une humeur à l'autre m'ahurissait. Quelques instants auparavant, il avait la voix tremblante d'émotion. Je l'avais cru sur le point de s'effondrer et là, tout d'un coup, il débordait d'enthousiasme et de bonne humeur. "Nous avançons, maintenant, mon garçon, déclara-t-il tandis que je le poussais vers la salle à manger. Ceci n'était que le début, la préface, pourrait-on dire. Attendez que je sois bien en train. Vous n'avez encore rien entendu."

A partir du moment où nous fûmes à table, il n'y eut plus d'allusions à la notice nécrologique. Le repas suivit son cours normal, avec l'accompagnement habituel de bruits de bouche et de grossièretés, ni plus ni moins que n'importe quel autre jour. Comme si Effing avait déjà oublié qu'il venait de passer trois heures dans la chambre voisine à étaler ses tripes devant moi. A la fin du déjeuner, animé par les conversations d'usage, nous établîmes notre bulletin du temps quotidien en vue de l'excursion de l'après-midi. C'est ainsi que se passèrent les trois ou quatre semaines suivantes. Les matinées étaient consacrées à la notice. L'après-midi, nous sortions nous promener. Je remplis des récits d'Effing plus d'une douzaine de cahiers, à la cadence générale de vingt ou trente pages par jour. Il me fallait pour le suivre écrire à vive allure, et il arrivait que mes transcriptions soient à peine lisibles. Je lui demandai un jour si nous pouvions utiliser plutôt un enregistreur, mais Effing refusa. "Pas d'électricité, déclara-t-il, pas de machines. Je déteste le bruit que font ces trucs infernaux. Ça ronronne, ça chuinte, ça me rend malade. La seule chose que je veux entendre est la course de votre plume sur le papier." Je lui expliquai que je n'étais pas secrétaire de profession. "Je ne connais pas la sténo, dis-je, et j'ai souvent de la peine à relire ce que j'ai écrit.

— Alors dactylographiez-le quand je ne suis pas là, répondit-il. Je vais vous donner la machine à écrire de Pavel. C'est une superbe vieille mécanique, je la lui ai achetée quand nous sommes arrivés en Amérique en trente-neuf. Une Underwood. On n'en fabrique plus de pareilles, maintenant. Elle doit peser trois tonnes et demie." Le jour même, je la dénichai au fond du placard de ma chambre et l'installai sur une petite table. A partir de ce moment, je passai chaque soir plusieurs heures à transcrire les pages de notre séance du matin. C'était un travail fastidieux, mais les paroles d'Effing étaient encore fraîches dans ma mémoire et je n'en laissais guère échapper.

Après la mort de Byrne, racontait-il, il avait abandonné tout espoir. Il avait tenté sans conviction de se dépêtrer du canyon, mais s'était bientôt perdu dans un labyrinthe d'obstacles : falaises, gorges, monticules défiant l'escalade. Son cheval s'était écroulé le deuxième jour, mais, faute de bois à brûler, la chair en était presque inutilisable. La *sagebrush* ne s'enflammait pas. Elle fumait, crachotait, mais ne produisait pas de feu. Pour calmer sa faim, Effing avait découpé sur la carcasse des lamelles qu'il avait flambées au moyen d'allumettes. Ceci avait suffi pour un repas, après quoi, à court d'allumettes et peu désireux de manger cette viande crue, il avait laissé l'animal derrière lui. Arrivé à ce point, Effing était convaincu que sa vie s'achevait. Il continuait à avancer péniblement dans les rochers en tirant derrière lui le dernier âne survivant, mais à chaque pas l'idée le tourmentait qu'il dérivait peut-être de plus en plus loin de toute possibilité de salut. Son matériel de peinture était intact, et il lui restait de la nourriture et de l'eau pour deux jours encore. Cela lui était égal. Même s'il parvenait à survivre, il se rendait compte que tout était fini pour lui. La mort de Byrne lui ôtait toute alternative, il ne voyait pas comment il pourrait jamais prendre sur lui de rentrer. La honte serait trop forte : les questions, les récriminations, il aurait perdu la face. Mieux valait qu'on le croie mort, lui aussi, car au moins son honneur serait sauf, et personne ne saurait à quel point il s'était montré faible et irresponsable. C'est à ce moment que Julian Barber a été oblitéré : là, en plein désert, cerné par les rochers et la lumière ardente, il s'est supprimé, simplement. A l'époque, cette décision ne lui paraissait pas bien draconienne. Il allait mourir, c'était indiscutable, et, si d'aventure il ne mourait pas, cela reviendrait au même, de toute façon. Personne ne saurait le premier mot de ce qui lui était arrivé.

Effing m'avait dit qu'il était devenu fou, mais je ne savais trop s'il fallait prendre cette affirmation au pied de la lettre. Il m'avait raconté qu'après la mort de Byrne il avait hurlé presque sans arrêt pendant trois jours, le visage maculé du sang qui coulait de ses mains – lacérées par les rochers – mais, compte tenu des circonstances, ce comportement ne me paraissait pas anormal. J'avais pour ma part hurlé sans réserve pendant l'orage, à Central Park, alors que ma situation était loin de paraître aussi désespérée que la sienne. Quand un homme se sent parvenu au bout du rouleau, il est parfaitement naturel qu'il ait envie de crier. L'air s'accumule dans ses poumons, et il ne peut plus respirer s'il n'arrive à l'expulser, à le chasser de toutes ses forces, au moyen de ses hurlements. Sinon, son propre souffle le suffoquera, le ciel lui-même l'étouffera.

Le matin du quatrième jour, alors qu'il ne lui restait rien à manger, et moins d'une tasse d'eau dans sa gourde, Effing aperçut au sommet d'une falaise proche quelque chose qui ressemblait à une caverne. Cela ferait un bon endroit pour mourir, se dit-il. A l'abri du soleil et inaccessible aux vautours, un endroit si bien caché que personne ne le retrouverait jamais. Rassemblant son courage, il entama cette laborieuse escalade. Il lui fallut près de deux heures pour l'accomplir et, une fois en haut, à bout de force, il tenait à peine sur ses pieds. La caverne était considérablement plus grande qu'elle ne paraissait, vue d'en bas, et Effing eut la surprise de constater qu'il n'aurait pas besoin de se baisser pour y pénétrer. Il débarrassa l'ouverture des branchages et des bâtons qui l'obstruaient et entra. Contre toute attente, la grotte n'était pas vide. Elle s'étendait sur six à sept mètres à l'intérieur de la falaise et des meubles la garnissaient : une table, quatre chaises, une armoire, un vieux poêle délabré. En intention et par destination, il s'agissait d'une maison. Les objets semblaient bien entretenus et la pièce était arrangée avec soin, installée confortablement dans une sorte d'ordre domestique rudimentaire. Effing alluma la bougie qui se trouvait sur la table et l'emporta au fond de la chambre pour explorer les coins sombres où la lumière du soleil ne pénétrait pas. Contre le mur gauche, il trouva un lit, et dans ce lit, un homme. Effing supposa que cet homme dormait mais comme, s'étant raclé la gorge pour annoncer sa présence, il ne suscitait aucune réaction, il se pencha et approcha la bougie du visage de l'inconnu. C'est alors qu'il s'aperçut que celui-ci était mort. Pas simplement mort, assassiné. Là où aurait dû se trouver son œil droit, il n'y avait qu'un grand trou. L'œil gauche regardait fixement les ténèbres, et l'oreiller sous la tête était éclaboussé de sang.

Se détournant du cadavre, Effing revint vers l'armoire et découvrit qu'elle était remplie de nourriture. Des boîtes de conserve, de la viande salée, de la farine, du matériel de cuisine – entassées sur les étagères, assez de provisions pour une personne pendant un an. Se préparant aussitôt un repas, il dévora la moitié d'un pain et deux boîtes de haricots. Une fois sa faim apaisée, il entreprit de se débarrasser du corps. Il avait déjà élaboré un plan ; restait à le mettre en pratique. Le mort devait avoir été un ermite, raisonnait Effing, pour vivre ainsi tout seul dans la montagne, et dans ce cas peu de gens devaient avoir eu connaissance de sa présence. Pour autant qu'il pouvait en juger (la chair qui n'avait pas commencé à se décomposer, l'absence d'odeur écœurante, le pain qui n'était pas rassis), le meurtre devait avoir été commis peu de temps auparavant, peut-être pas plus de quelques heures – ce qui signifiait que la seule personne au courant de la mort de l'ermite était son assassin. Rien, pensait Effing, ne l'empêchait de prendre la place du solitaire. Ils étaient à peu près du même âge, mesuraient à peu près la même taille, avaient tous deux les mêmes cheveux châtains. Il ne serait pas difficile de se laisser pousser la barbe et de porter les vêtements du mort. Il allait reprendre la vie de celui-ci et la continuer à sa place, agir comme si l'âme du défunt était dorénavant la sienne. Si quelqu'un montait lui rendre visite, il n'aurait qu'à faire semblant d'être celui qu'il n'était pas – et voir s'il s'en tirait. Pour se défendre si quelque chose tournait mal, il avait une carabine, mais il supposait que de toute façon la chance lui serait favorable, puisqu'il ne paraissait guère vraisemblable qu'un ermite eût beaucoup de visiteurs.

Après avoir déshabillé l'inconnu, il traîna le cadavre hors de la caverne et l'emporta de l'autre côté de la falaise. Et là, il fit sa découverte la plus remarquable : une petite oasis à une dizaine de mètres au-dessous du niveau de la grotte, une étendue luxuriante surplombée par deux peupliers, avec une source en activité et d'innombrables buissons dont il ignorait les noms. Une minuscule poche de vie au cœur de cette aridité écrasante. En ensevelissant l'ermite dans la terre meuble près du ruisseau, il se rendit compte que tout lui devenait possible à cet endroit. Il avait des provisions et de l'eau ; il avait une maison ; il s'était trouvé une nouvelle identité, une existence nouvelle et totalement inattendue. Le renversement dépassait presque sa compréhension. A peine une heure plus tôt, il s'était senti prêt à mourir. A présent il tremblait de joie, incapable de s'empêcher de rire tandis qu'il lançait sur le visage du mort pelletée après pelletée de terre.

Les mois passèrent. Au début, Effing était trop stupéfait de sa bonne fortune pour prêter beaucoup d'attention à ce qui l'entourait. Il mangeait et dormait et, quand le soleil n'était pas trop fort, s'asseyait sur les rochers devant la grotte et regardait les lézards multicolores zigzaguer près de ses pieds. Du haut de la falaise, on avait une vue immense, qui englobait des kilomètres de territoire inconnu, mais il ne la contemplait guère, préférant confiner ses pensées dans le voisinage immédiat : ses trajets jusqu'au ruisseau avec le seau à eau, le ramassage de bois à brûler, l'intérieur de la caverne. Il avait eu son plein de paysages, et se trouvait content d'ignorer celui-ci. Puis, d'un coup, cette impression de calme l'abandonna, et il entra dans une période de solitude presque insoutenable. Envahi d'horreur au souvenir des derniers mois, il fut pendant une ou deux semaines dangereusement près de se tuer. Son cerveau débordait d'illusions et de terreurs, il imagina plusieurs fois qu'il était déjà mort, qu'il était mort à l'instant où il pénétrait dans la caverne et se trouvait dès lors prisonnier de quelque au-delà démoniaque. Un jour, dans un accès de folie, il empoigna la carabine de l'ermite et abattit son âne, pensant que celui-ci avait été métamorphosé, était devenu l'ermite, spectre en colère qui revenait le hanter avec ses braiments insidieux. L'âne savait qui il était vraiment, et il n'avait pas le choix : il fallait éliminer ce témoin de son imposture. Après cela, obsédé par l'idée de découvrir l'identité du défunt, il se mit à fouiller systématiquement l'intérieur de la caverne, à la recherche d'un journal, d'un paquet de lettres, de la page de garde d'un livre, de n'importe quoi susceptible de révéler le nom du solitaire. Mais il ne trouva rien, ne découvrit jamais la moindre particule d'information.

Au bout de deux semaines, il commença lentement à revenir à lui et à se retrouver petit à petit dans un état qui ressemblait à la paix de l'esprit. Cela ne pouvait durer toujours, se disait-il, et cette idée à elle seule le réconfortait, lui donnait le courage de continuer. A un moment ou à un autre, il arriverait au bout de ses provisions, et il serait alors obligé de partir ailleurs. Il se donnait environ un an, un peu plus s'il était attentif. Après ce délai, les gens auraient perdu tout espoir de les voir revenir, Byrne et lui. Il doutait fort que Scoresby postât jamais sa lettre mais, s'il le faisait, le résultat, pour l'essentiel, serait le même. On organiserait une expédition de secours, financée par Elizabeth et par le père de Byrne. Elle errerait dans le désert pendant quelques semaines à la recherche assidue des disparus – on aurait certes promis aussi une récompense – mais ne trouverait jamais rien. Au mieux, on découvrirait peut-être la tombe de Byrne, mais c'était peu probable. Et si ça se produisait, ça ne les rapprocherait pas de lui. Julian Barber n'existait plus, et personne ne le suivrait à la trace. Il s'agissait de tenir jusqu'à ce qu'on cesse de le rechercher. Les notices nécrologiques paraîtraient dans les journaux new-yorkais, un service funèbre aurait lieu, et ce serait fini. Après cela, il pourrait se rendre où il désirerait ; il pourrait devenir qui il voudrait.

Il était conscient de n'avoir pas intérêt à précipiter les choses. Plus il resterait caché longtemps, plus il serait en sécurité lorsqu'il se déciderait à partir. Il entreprit donc d'organiser son existence le plus rigoureusement possible, mettant tout en œuvre pour allonger la durée de son séjour : se limiter à un repas par jour, préparer une ample réserve de bois pour l'hiver, prendre soin de sa forme physique. Il s'établit des plans et des barèmes, et chaque soir, avant de se mettre au lit, rédigea des comptes méticuleux des ressources qu'il avait utilisées pendant la journée, en s'efforçant de maintenir la discipline la plus stricte. Au début, il trouva difficile de réaliser les objectifs qu'il s'était fixés et succomba souvent à la tentation de prendre une tranche de pain supplémentaire ou une seconde assiette de ragoût en boîte, mais l'effort en soi lui semblait valable, et il y trouvait un stimulant. C'était une façon de mettre à l'épreuve ses propres faiblesses, et, au fur et à mesure que le réel se rapprochait de l'idéal, il ne pouvait s'empêcher d'y voir un triomphe personnel. Il savait que ce n'était qu'un jeu, mais ce jeu nécessitait une concentration fanatique, dont l'excès même l'empêchait de se laisser glisser dans le marasme.

Après deux ou trois semaines de cette nouvelle vie disciplinée, il se mit à ressentir l'envie de peindre. Un soir où il s'était assis, le crayon à la main, pour consigner son bref compte rendu des activités de la journée, il commença tout à coup à esquisser sur la page opposée un petit dessin représentant une montagne. Avant même qu'il eût réalisé ce qu'il faisait, le croquis était terminé. Cela n'avait pas pris plus d'une demi-minute mais, dans ce geste soudain et inconscient, il avait trouvé une force qui n'avait jamais existé dans toute son œuvre. Le soir même, il déballait son matériel, et, de ce jour jusqu'à celui où les couleurs vinrent à lui manquer, il continua à peindre, quittant chaque matin la caverne dès l'aube pour passer la journée entière au-dehors. Cela dura deux mois et demi, et pendant ce laps de temps il acheva près de quarante toiles. Incontestablement, me disait-il, cette période avait été la plus heureuse de sa vie.

Son travail était régi par les exigences d'une double restriction, et chacune à sa manière se révéla positive. Il y avait d'abord le fait que personne ne verrait jamais ce qu'il peignait. Cela paraissait évident mais, loin d'être tourmenté par un sentiment de futilité, Effing éprouvait l'impression d'une libération. Il travaillait désormais pour lui-même, la menace de l'opinion d'autrui ne pesait plus sur lui, et cela seul suffit à provoquer une modification fondamentale dans sa façon d'envisager son art. Pour la première fois de sa vie, il cessa de se préoccuper des résultats, et par conséquent les termes "succès" ou "échec" perdirent soudain pour lui leur signification. Il découvrit que le vrai but de l'art n'était pas de créer de beaux objets. C'était une méthode de réflexion, un moyen d'appréhender l'univers et d'y trouver sa place, et les éventuelles qualités esthétiques que pouvait offrir une toile individuelle n'étaient que le sous-produit presque accidentel de l'effort accompli pour s'engager dans cette quête, pour pénétrer au cœur des choses. Il se débarrassa des règles qu'il avait apprises, pour traiter le paysage avec confiance, en partenaire, en égal, dans un abandon délibéré de ses intentions aux élans de la chance et de la spontanéité, au jaillissement des détails bruts. Il n'avait plus peur du vide qui l'entourait. D'une certaine manière, la tentative de le représenter sur la toile le lui avait fait intérioriser, et il pouvait maintenant en ressentir l'indifférence comme quelque chose qui lui appartenait, de même qu'il appartenait, lui, à la puissance silencieuse de ces espaces gigantesques. Les tableaux qu'il peignait étaient crus, racontait-il, remplis de couleurs violentes et étranges, de poussées inattendues d'énergie, un tourbillon de formes et de lumière. Il n'aurait pu dire s'ils étaient laids ou beaux, mais la question n'était sans doute pas là. C'étaient les siens, et ils ne ressemblaient à aucun de ceux qu'il avait vus auparavant. Cinquante ans plus tard, il affirmait se souvenir encore de chacun d'entre eux.

La seconde contrainte, plus subtile, exerçait néanmoins sur lui une influence plus forte encore : à la longue, les fournitures lui manqueraient. Il n'y avait après tout que tant de tubes de couleur et tant de toiles et, du moment qu'il continuait à travailler, il était inévitable qu'il en vienne à bout. Dès le premier instant, la fin était donc déjà visible. Alors même qu'il peignait ses tableaux, il avait l'impression de sentir le paysage disparaître sous ses yeux. Cela donna à tout ce qu'il fit, durant ces quelques mois, un caractère particulièrement poignant. Chaque fois qu'il achevait une nouvelle toile, les dimensions de son avenir rétrécissaient, le rapprochaient, inexorables, du moment où il n'y aurait plus du tout d'avenir. Après un mois et demi de travail constant, il arriva à la dernière toile. Il restait cependant plus d'une douzaine de tubes de couleur. Sans désemparer, Effing retourna les tableaux et, sur leurs dos, commença une nouvelle série. Ce fut un sursis extraordinaire, me dit-il, et pendant les trois semaines qui suivirent il eut l'impression d'une résurrection. Il travailla à ce second cycle de paysages avec une intensité encore plus grande que pour le premier, et à la fin, quand tous les dos furent couverts, il se mit à peindre sur les meubles de la caverne, à coups de pinceau frénétiques sur l'armoire, la table et les chaises de bois, et quand toutes ces surfaces furent couvertes, elles aussi, il pressa les tubes aplatis pour en extraire les dernières bribes de couleur et s'attaqua au mur sud, où il ébaucha les contours d'une peinture rupestre panoramique. Elle aurait été son chef-d'œuvre, disait Effing, mais les couleurs tarirent alors qu'elle n'était qu'à moitié terminée.

Et puis ce fut l'hiver. Il disposait encore de plusieurs carnets et d'une boîte de crayons, mais, plutôt que de remplacer la peinture par le dessin, il se replia sur lui-même pendant les froids et passa son temps à écrire. Il notait dans un cahier ses réflexions et ses observations, tentant ainsi de poursuivre avec les mots ce qu'il avait entrepris avec les images, tandis qu'il continuait dans un autre son journal de bord quotidien, où il tenait le compte exact de ce qu'il consommait : combien de nourriture il avait mangée, combien il en restait, combien de bougies il avait brûlées, combien étaient encore intactes. En janvier, il neigea tous les jours pendant une semaine, et il prit plaisir à voir cette blancheur tomber sur les roches rouges, transformer le paysage qui lui était devenu si familier. Dans l'après-midi, le soleil se montrait et la neige fondait en plaques irrégulières, créant ainsi un bel effet de diaprures, et quand le vent se levait il soufflait dans les airs les blanches particules pulvérulentes qu'il faisait tournoyer en danses brèves et tempétueuses. Effing passait des heures debout, à observer tout cela sans jamais s'en lasser. Sa vie s'était ralentie au point que les plus petits changements lui étaient maintenant perceptibles. Lorsqu'il s'était trouvé à court de couleurs, il avait connu une période d'angoisse et de dépossession, puis il s'était aperçu que l'écriture pouvait constituer un substitut très convenable à la peinture. Mais à la mi-février il avait rempli tous ses carnets, il ne lui restait pas une page où écrire. Contrairement à son attente, il n'en fut pas déprimé. Il était descendu dans la solitude à une telle profondeur qu'il n'avait plus besoin de distractions. Bien que cela lui parût presque inimaginable, le monde petit à petit lui était devenu suffisant.

Enfin, dans les derniers jours de mars, il reçut son premier visiteur. Le hasard voulut qu'Effing fût assis sur le toit de la caverne quand l'étranger fit son apparition au bas de la falaise, et il put donc suivre sa progression dans les rochers, observer presque une heure durant la petite silhouette qui grimpait vers lui. Quand l'homme arriva au sommet, Effing l'attendait avec la carabine. Il s'était joué cette scène une centaine de fois dans le passé, mais maintenant qu'elle se passait pour de bon, il fut choqué de découvrir combien il avait peur. Il ne faudrait pas plus de trente secondes pour que la situation soit clarifiée : l'homme connaissait-il ou non l'ermite, et, s'il le connaissait, le déguisement le tromperait-il au point de lui faire croire qu'Effing était celui qu'il prétendait être ? Si d'aventure l'homme était l'assassin de l'ermite, le déguisement ne servait à rien. De même que si c'était un membre de l'expédition de secours, une dernière âme enténébrée rêvant encore de la récompense. Tout serait réglé en quelques instants, mais en attendant Effing n'avait d'autre choix que de se préparer au pire. Il se rendit compte qu'en plus de tous ses autres péchés il avait de bonnes chances d'être sur le point de commettre un meurtre.

Il fut frappé tout d'abord par la taille imposante de l'homme, et aussitôt après par la bizarrerie de son accoutrement. Ses habits paraissaient composés d'un assemblage aléatoire de pièces d'étoffe – ici un carré d'un rouge vif, là un rectangle à carreaux bleus et blancs, un morceau de laine à un endroit, un bout de jeans à un autre – et ce costume lui donnait l'aspect d'un clown étrange, échappé de quelque cirque ambulant. Au lieu d'une coiffure à larges bords, style western, il portait un chapeau melon cabossé surmonté d'une plume blanche fixée dans le ruban. Ses cheveux noirs et raides lui pendaient jusqu'aux épaules et, tandis qu'il se rapprochait, Effing vit que le côté gauche de son visage était déformé, creusé par une large cicatrice irrégulière qui s'étendait de sa joue à sa lèvre inférieure. Effing supposait qu'il s'agissait d'un Indien, mais à ce moment-là ce qu'il pouvait être n'avait guère d'importance. C'était une apparition, un bouffon de cauchemar qui venait de se matérialiser, surgi des rochers. L'homme se hissa sur le sommet en grognant d'épuisement, puis il se mit debout et sourit à Effing. Il n'était qu'à trois ou quatre mètres. Effing leva sa carabine et le mit en joue, mais l'homme montra plus de surprise que de crainte.

"Eh, Tom, fit-il, avec des intonations traînantes de simple d'esprit. Tu ne sais plus qui je suis ? Ton vieux pote, Georges. T'as pas besoin de jouer à ça avec moi."

Effing hésita un instant, puis abaissa la carabine en gardant néanmoins, par précaution, le doigt sur la détente. "Georges", murmura-t-il de manière presque inaudible, afin que sa voix ne le trahisse pas.

"Je suis resté enfermé tout l'hiver, continua le colosse, c'est pour ça que je ne suis pas venu te voir." Il continuait à approcher et ne s'arrêta que lorsqu'il fut assez près d'Effing pour échanger une poignée de main. Effing fit passer la carabine dans sa main gauche et tendit la droite. L'Indien le fixa dans les yeux pendant un moment d'un regard scrutateur, puis le danger passa soudain. "Tu as l'air en forme, Tom, dit-il. En bonne forme.

— Merci, répondit Effing. Toi aussi, tu as l'air en forme."

L'autre éclata de rire, saisi d'une sorte de ravissement balourd, et dès lors Effing sut qu'il allait s'en tirer. C'était comme s'il venait de raconter la blague la plus drôle du siècle, et, si une si petite cause pouvait avoir de tels effets, l'illusion ne serait pas difficile à maintenir. En fait, tout se déroulait avec une aisance stupéfiante. La ressemblance d'Effing avec l'ermite n'était qu'approximative, mais le pouvoir de la suggestion paraissait suffisant pour transformer l'évidence matérielle en ce qu'elle n'était pas. L'Indien était monté à la caverne pour voir Tom, l'ermite, et parce qu'il ne pouvait concevoir qu'un homme répondant au nom de Tom puisse être un autre que le Tom qu'il cherchait, il s'était hâté d'adapter la réalité à ses expectatives, attribuant toute incohérence éventuelle entre les deux Tom à une faiblesse de sa propre mémoire. Cela ne faisait pas de mal, certes, que l'homme fût un demeuré. Peut-être savait-il depuis le début qu'Effing n'était pas le vrai Tom. Il était venu à la caverne chercher quelques heures de compagnie, et puisqu'il avait trouvé ce qu'il cherchait, il n'allait pas se poser de questions sur la personne qui le lui procurait. Tout bien considéré, le fait qu'il s'agît ou non du vrai Tom lui était sans doute complètement indifférent.

Ils passèrent l'après-midi ensemble, assis dans la caverne, à fumer des cigarettes. Georges avait apporté un paquet de tabac, son cadeau habituel à l'ermite, et Effing fuma sans discontinuer dans une transe de plaisir. Il trouvait bizarre de se retrouver avec quelqu'un après tant de mois d'isolement, et éprouva pendant une bonne heure de la difficulté à prononcer le moindre mot. Il avait perdu la pratique de la parole, et sa langue ne fonctionnait plus comme auparavant. Elle lui paraissait maladroite, tel un serpent agité de soubresauts désordonnés, qui n'obéissait plus à ses ordres. Heureusement, le véritable Tom ne devait pas avoir été bien bavard, et l'Indien semblait n'attendre de lui que des réactions occasionnelles. Il était manifeste que Georges s'amusait le mieux du monde ; toutes les trois ou quatre phrases, la tête renversée en arrière il se mettait à rire. Chaque fois qu'il riait, il perdait le fil de ses pensées et redémarrait sur un sujet différent, ce qui donnait à Effing de la difficulté à suivre ce qu'il racontait. A une histoire concernant une réserve navajo succédait soudain la relation d'une bagarre avinée dans un saloon, qui à son tour cédait la place au récit passionné de l'attaque d'un train. D'après ce qu'Effing arrivait à comprendre, son compagnon était connu sous le nom de Georges la Sale Gueule. C'est ainsi en tout cas que les gens l'appelaient, mais cela ne paraissait pas déranger le colosse. Il donnait au contraire l'impression d'être plutôt content que le monde lui ait attribué un nom qui n'appartenait qu'à lui et à nul autre, comme s'il s'était agi de l'insigne d'une distinction. Effing n'avait jamais rencontré chez personne une pareille combinaison de gentillesse et d'imbécillité, et il s'appliquait à l'écouter avec attention, en hochant la tête aux bons moments. Une ou deux fois, il fut tenté de demander à Georges s'il avait entendu parler d'une expédition de recherche, mais il réussit chaque fois à refréner cette impulsion.

Au fur et à mesure que l'après-midi s'avançait, Effing arriva progressivement à mettre bout à bout quelques informations concernant le vrai Tom. Les récits décousus et informes de Georges la Sale Gueule commençaient à revenir sur eux-mêmes à une certaine fréquence, avec des points d'intersection en nombre suffisant pour acquérir la structure d'une histoire plus longue et plus unifiée. Des incidents se répétaient, des passages essentiels étaient négligés, des événements du début n'étaient rapportés qu'à la fin, mais il finissait par en ressortir assez d'informations pour qu'Effing parvienne à la conclusion que l'ermite avait été impliqué dans l'une ou l'autre activité criminelle avec une bande de hors-la-loi connus comme les frères Gresham. Il ne pouvait déterminer si l'ermite en avait été un participant actif ou s'il avait simplement permis à la bande d'utiliser la caverne en guise de refuge mais, dans un cas comme dans l'autre, cela semblait expliquer le meurtre qui avait été commis, sans parler de l'abondance des provisions qu'il avait découvertes le premier jour. Craignant de révéler son ignorance, Effing ne demanda pas de détails à Georges, mais il paraissait probable, d'après les propos de l'Indien, que les Gresham reviendraient avant longtemps, dès la fin du printemps peut-être. Georges était néanmoins trop distrait pour se rappeler où la bande se trouvait alors ; il bondissait régulièrement de sa chaise pour faire le tour de la pièce en examinant les tableaux, avec des hochements de tête admiratifs. Il ignorait que Tom sût peindre, disait-il, et il répéta cette remarque plusieurs douzaines de fois au cours de l'après-midi. Il n'avait jamais rien vu de plus beau, il n'existait rien de plus beau dans le monde entier. S'il se conduisait bien, suggéra-t-il, Tom pourrait peut-être un jour lui apprendre à en faire autant, et Effing, en le regardant dans les yeux, répondit oui, peut-être, un jour. Effing regrettait que quelqu'un ait vu les tableaux, mais en même temps il était content d'une réaction aussi enthousiaste ; il se rendait compte que c'était vraisemblablement la seule réaction que son œuvre susciterait jamais.

Après la visite de Georges la Sale Gueule, rien ne fut plus pareil pour Effing. Il y avait sept mois qu'il s'exerçait avec application à vivre seul, qu'il s'efforçait de faire de sa solitude quelque chose de substantiel, une place forte absolue délimitant les frontières de sa vie, mais maintenant que quelqu'un s'était trouvé avec lui dans la caverne, il comprenait ce que sa situation avait d'artificiel. Des gens savaient où le trouver, et puisque c'était arrivé cette fois, il n'y avait pas de raison de croire que cela n'arriverait pas de nouveau. Il devait se tenir sur ses gardes, rester constamment à l'affût d'éventuels visiteurs, se plier aux exigences de cette vigilance, qui le rongeaient au point de détruire l'harmonie de son univers. Il n'y pouvait rien. Il lui fallait passer ses journées à guetter et à attendre, se préparer à ce qui allait advenir. Au début, il pensait sans cesse que Georges allait réapparaître, mais comme les semaines s'écoulaient sans signe du colosse, il se mit à concentrer son attention sur les frères Gresham. Il eût été logique, à ce moment-là, de s'avouer battu, de rassembler ses affaires et d'abandonner la caverne pour de bon, mais quelque chose en lui répugnait à céder si facilement devant la menace. Il savait que c'était une folie de ne pas partir, un geste dépourvu de signification qui aurait pour résultat presque évident qu'il se ferait tuer, mais la caverne était devenue la seule chose pour laquelle il eût à se battre, et il ne pouvait prendre sur lui de la quitter.

L'essentiel était de ne pas leur permettre de le prendre par surprise. S'ils tombaient sur lui pendant qu'il dormait, il n'aurait pas une chance, ils le tueraient avant qu'il sorte du lit. Ils avaient déjà fait cela une fois, ce ne serait rien pour eux de recommencer. D'autre part, s'il combinait un système d'alarme afin d'être prévenu de leur approche, il n'en tirerait sans doute pas un avantage de plus de quelques secondes. Assez, peut-être, pour s'éveiller et attraper la carabine, mais si les trois frères arrivaient en même temps, il serait toujours en mauvaise posture. Il pouvait gagner quelques instants de plus en se barricadant à l'intérieur de la caverne, en bloquant l'ouverture à l'aide de pierres et de branches, mais c'était renoncer à sa seule supériorité sur ses attaquants : le fait qu'ils ne soupçonnaient pas sa présence. Dès qu'ils apercevraient la barricade, ils se rendraient compte que quelqu'un habitait la caverne et réagiraient en conséquence. Effing passait presque toutes ses journées à ressasser ces questions et à examiner les différentes stratégies qu'il pouvait adopter, en essayant d'imaginer un plan qui ne fût pas suicidaire. A la fin, cessant tout à fait de dormir dans la grotte, il installa ses couvertures et son oreiller sur une corniche à mi-hauteur, de l'autre côté de la falaise. Georges la Sale Gueule avait évoqué le goût des Gresham pour le whisky, et Effing supposait qu'il ne serait que naturel pour de tels hommes de commencer à boire dès qu'ils seraient installés dans la caverne. Le désert les aurait fatigués, et, s'ils allaient jusqu'à s'enivrer, l'alcool deviendrait son allié le plus sûr. Afin d'éliminer de son mieux toute trace évidente de sa présence dans la grotte, il rangea ses toiles et ses carnets tout au fond, dans l'obscurité, et cessa d'utiliser le poêle. Pour les peintures sur les meubles et les murs, il n'y avait rien à faire, mais si au moins le poêle n'était pas chaud quand ils arrivaient, les Gresham supposeraient peut-être que leur auteur était parti. Il n'était pas du tout certain qu'ils penseraient cela, mais Effing ne voyait pas d'autre façon de contourner cette impasse. Il souhaitait qu'ils sachent que quelqu'un était venu, car si la caverne donnait l'impression d'être restée inhabitée depuis leur dernière visite, l'été précédent, rien ne justifierait la disparition du corps de l'ermite. Les Gresham s'en étonneraient, mais, du moment qu'ils voyaient que quelqu'un d'autre avait vécu dans la grotte, ils pourraient ne pas se poser trop de questions. Tel était du moins l'espoir d'Effing. Compte tenu des myriades d'impondérables que comportait la situation, il ne s'autorisait pas beaucoup d'espoir.

Un mois s'écoula encore, un mois d'enfer, et ils arrivèrent enfin. C'était la mi-mai, il y avait un peu plus d'un an qu'il avait quitté New York avec Byrne. Chevauchant dans le crépuscule, les Gresham annoncèrent leur présence par des éclats de bruit qui résonnaient dans les rochers : des voix fortes, des rires, les bribes d'un chant enroué. Effing eut largement le temps de se préparer, mais cela n'empêcha pas son pouls de battre de façon désordonnée. Malgré les injonctions qu'il s'était adressées de garder son calme, il se rendait compte qu'il lui faudrait en finir le soir même avec cette affaire. Il ne serait pas capable de tenir plus longtemps.

Il se tapit sur l'étroite corniche derrière la caverne, attendant son heure tandis que l'obscurité tombait autour de lui. Il entendit approcher les Gresham, écouta quelques remarques éparses à propos de choses qu'il ne comprit pas, puis entendit l'un d'eux s'exclamer : "Je pense qu'on va devoir aérer, quand on aura bazardé ce vieux Tom." Les deux autres rirent, et immédiatement après les voix disparurent. Cela signifiait qu'ils étaient entrés dans la grotte. Une demi-heure plus tard, de la fumée se mit à sortir du tuyau de fer-blanc qui dépassait du toit, puis il commença à percevoir une odeur de viande en train de cuire. Pendant deux heures, rien ne se produisit. Il écoutait les chevaux se racler la gorge et frapper des sabots sur un bout de terrain en contrebas de la caverne, et petit à petit le soir bleu sombre vira au noir. Il n'y avait pas de lune, cette nuit-là, et le ciel était illuminé d'étoiles. De temps à autre, il devinait les bribes étouffées d'un rire, mais c'était tout. Puis, à intervalles réguliers, les Gresham commencèrent à sortir de la caverne l'un après l'autre pour pisser contre les rochers. Effing espérait que cela voulait dire qu'ils étaient en train de jouer aux cartes là-dedans et de s'enivrer, mais il était impossible de s'en assurer. Il décida de patienter jusqu'à ce que le dernier d'entre eux se fût vidé la vessie, et puis de leur donner encore une heure, une heure et demie. A ce moment ils seraient sans doute endormis, et personne ne l'entendrait entrer dans la grotte. En attendant, il se demandait comment il allait se servir de la carabine avec une seule main. Si les lumières étaient éteintes dans la caverne, il serait obligé de se munir d'une bougie pour situer ses objectifs, et il ne s'était jamais entraîné à tirer d'une seule main. La carabine était une Winchester à répétition, qu'il fallait réarmer après chaque coup, et il avait toujours fait cela de la main gauche. Il pouvait se fourrer la bougie dans la bouche, évidemment, mais il serait dangereux d'avoir la flamme si près des yeux, sans parler de ce qui arriverait si elle touchait sa barbe. Il devrait tenir la bougie comme un cigare, décida-t-il, calée entre l'index et le majeur de sa main gauche, avec l'espoir qu'en même temps ses trois autres doigts réussiraient à attraper le barillet. S'il appuyait la crosse de la carabine contre son estomac et non contre son épaule, il arriverait peut-être à réarmer suffisamment vite de la main droite après avoir actionné la gâchette. Là encore, impossible d'être sûr de rien. Ces calculs de dernière minute paraissaient désespérés, et, tandis qu'il restait à attendre là dans l'obscurité, il se maudissait pour sa négligence, abasourdi par la profondeur de sa stupidité. En fait, la lumière ne fut pas un problème. Quand, se glissant hors de sa cachette, il rampa jusqu'à l'entrée de la caverne, il s'aperçut qu'une bougie brûlait encore à l'intérieur. Il s'arrêta à côté de l'ouverture et, retenant son souffle, écouta, prêt à retourner précipitamment sur sa corniche si les Gresham ne dormaient pas. Après quelques instants, il entendit ce qui ressemblait à un ronflement, mais celui-ci fut aussitôt suivi par plusieurs bruits qui semblaient provenir du voisinage de la table : un soupir, un silence, puis un petit choc, comme si on venait de poser un verre sur sa surface. Il y en avait encore au moins un d'éveillé, se dit-il, mais comment savoir s'il n'y en avait qu'un ? Il entendit alors qu'on battait un jeu de cartes, puis il y eut sept petits chocs, suivis d'une courte pause. Ensuite six chocs et une nouvelle pause. Puis cinq. Puis quatre, puis trois, puis deux, puis un. Solitaire, se dit Effing, solitaire, sans l'ombre d'un doute. L'un d'entre eux veillait, les deux autres dormaient. Ce ne pouvait être que cela, sinon le joueur aurait parlé à l'un des autres. Mais il ne parlait pas, et cela ne pouvait que signifier l'absence d'un interlocuteur.

Effing balança la carabine en position de tir et se dirigea vers l'entrée de la caverne. Il s'aperçut qu'il tenait la bougie de la main gauche sans difficulté ; sa panique avait été sans fondement. L'homme qui se trouvait devant la table releva violemment la tête quand Effing apparut, puis le regarda d'un air horrifié. "Bordel de Dieu, chuchota-t-il, tu es supposé être mort.

— Je crois que tu te trompes, rétorqua Effing. C'est toi qui es mort, pas moi."

Il appuya sur la détente, et un instant plus tard l'homme volait sur sa chaise, avec un hurlement au moment où la balle lui frappait la poitrine et puis, soudain, plus le moindre bruit. Effing réarma la carabine et la dirigea vers le second frère, qui essayait fébrilement de se dépêtrer de sa literie, sur le sol. Effing le tua d'un coup, lui aussi, le frappant en plein visage d'une balle qui lui déchira l'arrière du crâne et projeta de l'autre côté de la pièce un jaillissement de cervelle et d'os. Mais les choses ne furent pas aussi simples avec le troisième frère. Celui-ci était couché sur le lit au fond de la caverne, et, tandis qu'Effing en finissait avec les deux premiers, numéro trois avait attrapé son revolver et se préparait à tirer. Une balle frôla la tête d'Effing et ricocha derrière lui contre le poêle de fonte. Il arma sa carabine et bondit à l'abri de la table, sur sa gauche, et ce faisant il éteignit accidentellement les deux bougies. Une obscurité totale envahit la caverne, au fond de laquelle l'homme se mit à balbutier, avec des sanglots hystériques, un flot de sottises à propos de l'ermite mort, tout en tirant des coups de revolver désespérés en direction d'Effing. Celui-ci connaissait par cœur les contours de la caverne et, même dans le noir, savait exactement où l'homme se trouvait. Conscient que le troisième frère, dans sa rage, serait dans l'impossibilité de recharger son arme sans lumière, il compta six coups, puis se redressa et marcha vers le lit. Il appuya sur la détente de sa carabine, entendit l'homme hurler quand la balle pénétra dans son corps, réarma et tira une fois encore. Le silence retomba dans la caverne. Effing respira l'odeur de poudre qui flottait dans l'air et, soudain, fut pris de tremblements. Il sortit en trébuchant, tomba à genoux et vomit sur le sol.

Il dormit sur place, à l'entrée de la caverne. Quand il s'éveilla, le lendemain matin, il se mit aussitôt en devoir de se débarrasser des corps. Il fut surpris de s'apercevoir qu'il n'éprouvait aucun remords, qu'il pouvait regarder les hommes qu'il avait tués sans ressentir le moindre spasme de conscience. Un par un, il les traîna de la caverne à l'arrière de la falaise, pour les enterrer sous le peuplier à côté de l'ermite. L'après-midi commençait quand il en eut terminé avec le dernier cadavre. Epuisé par ses efforts, il rentra dans la caverne pour déjeuner, et c'est alors, au moment où il s'asseyait à table et commençait à se verser un verre du whisky des frères Gresham, qu'il aperçut les fontes rangées sous le lit. Selon ce qu'Effing m'a affirmé, c'est à cet instant précis que tout changea de nouveau pour lui, que sa vie bascula soudain dans une nouvelle direction.

Il y avait en tout six grandes fontes et lorsqu'il renversa sur la table le contenu de la première il comprit que le temps de la caverne était révolu – comme ça, avec la rapidité et la force d'un livre qu'on referme. Il y avait de l'argent sur la table, et chaque fois qu'il vidait un autre sac la pile continuait à grandir. Quand enfin il en fit le compte, il trouva plus de vingt mille dollars rien qu'en espèces. Mêlés à celles-ci, il avait découvert des montres, des bracelets, des colliers, et dans le dernier sac trois liasses solidement ficelées de bons au porteur représentant encore une valeur de dix milliers de dollars en investissements tels que les mines d'argent du Colorado, la société de services de Westinghouse ou la Ford Motors. Cela représentait à l'époque une somme incroyable, disait Effing, une véritable fortune. Bien gérée, elle lui assurerait des revenus pour le restant de ses jours.

Il ne fut jamais question pour lui de rendre l'argent volé, me confia-t-il, jamais question de s'adresser aux autorités pour expliquer ce qui s'était passé. Non qu'il craignît d'être reconnu lorsqu'il raconterait son histoire, mais simplement parce qu'il voulait cet argent pour lui-même. Ce besoin était si violent qu'il ne prit pas la peine de réfléchir à ce qu'il faisait. Il s'appropria l'argent parce qu'il se trouvait là, parce qu'il avait l'impression qu'il lui appartenait déjà, d'une certaine manière, et voilà tout. La question du bien ou du mal n'intervint pas. Il avait tué trois hommes de sang-froid, et s'était dès lors placé au-delà des finesses de telles considérations. De toute façon, il doutait fort que beaucoup de gens s'attristent de la perte des frères Gresham. Ils avaient disparu, et le monde s'habituerait bientôt à leur absence. Le monde s'y habituerait, de la même façon qu'il s'était habitué à vivre sans Julian Barber.

Le lendemain, il consacra la journée entière à préparer son départ. Il remit les meubles en place, lava toutes les taches de sang qu'il put trouver, et serra ses carnets dans l'armoire. Il regrettait d'avoir à dire adieu à ses tableaux, mais il n'y avait rien d'autre à faire et il les rangea soigneusement au pied du lit, tournés contre le mur. Ceci ne lui prit pas plus de quelques heures, et il passa le reste de la matinée et tout l'après-midi, sous le soleil brûlant, à rassembler des pierres et des branchages pour obstruer l'ouverture de sa caverne. S'il pensait ne jamais revenir, il désirait néanmoins que cet endroit demeure caché. C'était son monument personnel, la tombe où il avait enseveli son passé, et il voulait savoir, chaque fois qu'il l'évoquerait dans le futur, qu'elle était toujours là, exactement telle qu'il l'avait laissée. De cette manière, la caverne continuerait à jouer pour lui le rôle d'un refuge mental, même s'il n'y mettait plus jamais les pieds.

Il dormit dehors cette nuit-là, et le lendemain matin se prépara au voyage. Il remplit les fontes, fit provision de nourriture et d'eau, et chargea le tout sur les trois chevaux laissés là par les Gresham. Puis il s'en alla, en essayant d'imaginer ce qu'il ferait ensuite.

Il nous avait fallu plus de deux semaines pour en arriver là. Noël était passé depuis longtemps, et la décennie s'était achevée une semaine plus tard. Mais Effing ne prêtait guère attention à ces points de repère. Ses pensées se concentraient sur une époque antérieure, et il fouillait dans ses souvenirs avec une attention infatigable, sans rien négliger, revenant en arrière pour compléter des détails mineurs, s'attardant sur les nuances les plus imperceptibles, dans la tentative de reconstituer son passé. Après un certain temps, je cessai de me demander s'il me racontait ou non la vérité. Ses récits avaient alors pris un caractère fantasmagorique et il semblait par moments qu'il fût moins en train de se rappeler les faits extérieurs de sa vie que d'inventer une parabole pour en expliquer les significations internes. La grotte de l'ermite, les fontes pleines d'argent, la fusillade au Far West – c'était tellement extravagant, et pourtant les excès mêmes de son histoire en étaient les éléments les plus convaincants. Il ne paraissait pas possible que quiconque puisse l'avoir inventée, et Effing racontait si bien, avec une sincérité si palpable, que je me laissais tout simplement emporter, et refusais de mettre en doute la réalité de ces événements. J'écoutais, je consignais ce qu'il disait, je ne l'interrompais pas. En dépit de l'écœurement qu'il m'inspirait parfois, je ne pouvais me défendre de le considérer comme une âme sœur. Cela commença peut-être lorsque nous arrivâmes à l'épisode de la caverne. J'avais mes propres souvenirs, après tout, de la vie dans une caverne, et quand il décrivit le sentiment de solitude qu'il avait connu alors, je fus frappé de constater qu'il décrivait d'une certaine manière ce que j'avais éprouvé. Ma propre histoire était aussi improbable que la sienne, mais je savais que si je décidais un jour de la lui raconter, il me croirait mot pour mot.

Les jours passaient, et l'atmosphère de l'appartement devenait de plus en plus claustrophobique. Dehors, il faisait un temps atroce – pluie glacée, verglas dans les rues, vents qui vous transperçaient – et nous fûmes obligés d'abandonner momentanément nos promenades de l'après-midi. Effing se mit à redoubler les séances nécrologiques ; il se retirait dans sa chambre pour faire une petite sieste après le déjeuner, puis réapparaissait, plein d'énergie, vers deux heures et demie, trois heures, prêt à reprendre la parole pendant plusieurs heures. Je ne sais pas d'où lui venait la force de continuer à un tel train, mais, à part la nécessité de s'arrêter entre les phrases un peu plus souvent que d'habitude, la voix ne semblait jamais lui faire défaut. Je commençais à vivre à l'intérieur de cette voix comme à l'intérieur d'une chambre, d'une chambre dépourvue de fenêtres, et qui rétrécissait de jour en jour. Effing portait maintenant presque constamment les bandeaux noirs sur ses yeux, et je ne pouvais donc pas me faire d'illusions sur la possibilité d'une connivence entre nous. Il était seul dans sa tête avec son histoire, comme j'étais seul avec les mots que déversait sa bouche. Ces mots remplissaient chaque centimètre cube de l'air qui m'entourait, et à la fin je n'avais plus rien d'autre à respirer. Sans Kitty, j'aurais sans doute été étouffé. Lorsque j'avais terminé mon travail pour Effing, je m'arrangeais en général pour la retrouver pendant plusieurs heures, et passer la nuit avec elle le plus souvent possible. En plus d'une occasion, je ne rentrai que le lendemain matin. Mme Hume était au courant, mais si Effing avait la moindre idée de mes allées et venues, il n'en manifesta jamais rien. La seule chose qui comptait était que j'apparaisse chaque jour à huit heures à la table du petit déjeuner, et je ne manquai jamais d'être ponctuel.

Après son départ de la caverne, Effing me raconta qu'il avait cheminé plusieurs jours durant dans le désert avant d'atteindre la ville de Bluff. A partir de là, tout lui était devenu plus facile. Il avait voyagé vers le nord en passant sans hâte de ville en ville, et était arrivé à Salt Lake City vers la fin de juin ; là, ayant rejoint le chemin de fer, il avait pris un billet pour San Francisco. C'est en Californie qu'il avait inventé son nouveau nom et s'était transformé en Thomas Effing, le premier soir, au moment de signer le registre de son hôtel. Il voulait Thomas en souvenir de Moran, et ce n'est qu'au moment de prendre la plume qu'il s'était rendu compte que Tom était aussi le nom de l'ermite, le nom qui avait secrètement été le sien pendant plus d'un an. Il avait interprété cette coïncidence comme un signe favorable, comme si son choix en eût été fortifié, en fût devenu inévitable. Quant à son patronyme, il affirmait qu'il ne serait pas nécessaire de m'en fournir la glose. Il m'avait déjà suggéré qu'Effing était un jeu de mots, et il me semblait qu'à moins de l'avoir fondamentalement mal interprété je savais d'où cela venait. En écrivant le mot *Thomas*, il s'était sans doute souvenu de l'expression *"doubting Thomas"* (Thomas l'Incrédule). Un gérondif remplaçant l'autre, cela avait donné *"fucking Thomas"* (Thomas le Salaud) que, par égard pour les convenances, il avait transformé en *f-ing*. Il était donc Thomas Effing, l'homme qui avait salopé sa vie. Connaissant son goût pour les plaisanteries cruelles, j'imaginais combien il avait dû se sentir satisfait de celle-ci.

Je m'étais attendu, presque depuis le début, à apprendre ce qui était arrivé à ses jambes. Les rochers de l'Utah me paraissaient l'endroit rêvé pour un accident de ce genre, mais chaque jour son récit progressait sans qu'il fît allusion à ce qui l'avait rendu invalide. L'expédition en compagnie de Scoresby et de Byrne, la rencontre de Georges la Sale Gueule, la fusillade avec les Gresham : l'une après l'autre, il était sorti indemne de ces aventures. Il arrivait maintenant à San Francisco, et je commençais à douter qu'il m'en parlât jamais. Il passa plus d'une semaine à décrire ce qu'il avait fait de l'argent, les affaires financières qu'il avait conclues, les risques fantastiques qu'il avait pris en Bourse. En neuf mois, il était redevenu riche, presque aussi riche qu'auparavant : il possédait une maison à Russian Hill, avait des domestiques, toutes les femmes qu'il désirait, et ses entrées dans les cercles les plus élégants de la société. Il aurait pu s'installer définitivement dans ce type d'existence (en fait, le type même d'existence qu'il avait connu depuis l'enfance), sans un incident qui se produisit environ un an après son arrivée. Invité à un dîner d'une vingtaine de convives, il y fut soudain confronté à un personnage de son passé, un ancien collaborateur de son père, qui avait travaillé avec lui à New York pendant plus de dix ans. Alonzo Riddle était alors un vieillard, mais quand on lui présenta Effing et qu'ils se serrèrent la main, il le reconnut sans aucun doute. Dans sa stupéfaction, il alla même jusqu'à balbutier qu'Effing était la vivante image de quelqu'un qu'il avait connu. Effing affecta de prendre la coïncidence à la légère et rappela sur le ton de la plaisanterie que tout homme est censé posséder quelque part son double exact, mais Riddle était trop étonné pour se laisser distraire, et il se mit à raconter à Effing et aux autres invités l'histoire de la disparition de Julian Barber. Ce fut pour Effing un moment affreux, et il passa le reste de la soirée dans un état de panique, incapable de se libérer du regard perplexe et soupçonneux de Riddle.

    Il comprit alors à quel point sa situation était précaire. Tôt ou tard, il rencontrerait inévitablement d'autres personnages surgis de son passé, et rien ne permettait d'espérer qu'il aurait autant de chance qu'avec Riddle. Le prochain serait plus sûr de lui, plus offensif dans ses accusations, et, avant qu'Effing ait le temps de s'en apercevoir, l'affaire entière risquait de lui éclater en pleine figure. Par mesure de précaution, il cessa d'un coup de recevoir du monde et d'accepter des invitations, mais il était conscient que ce n'était pas une solution durable. Les gens finiraient par remarquer qu'il se tenait à l'écart et leur curiosité en serait éveillée, ce qui susciterait des commérages, d'où ne pouvaient découler que des ennuis. On était en novembre 1918. L'armistice venait d'être signé, et Effing se rendait compte qu'en Amérique ses jours étaient comptés. Malgré cette certitude, il se découvrit incapable d'agir en conséquence. Il sombra dans l'inertie, ne parvenant ni à faire des projets ni à réfléchir aux possibilités qui s'offraient à lui. Accablé par un terrible sentiment de culpabilité devant ce qu'il avait fait de sa vie, il s'abandonnait à des fantasmes débridés, se voyait rentrer à Long Island armé de quelque mensonge colossal pour expliquer ce qui s'était passé. Il ne pouvait en être question, mais il s'accrochait à ces idées comme à un rêve rédempteur, s'obstinait à imaginer une fausse sortie après une autre, et n'arrivait pas à passer aux actes. Pendant plusieurs mois, il se coupa du monde, dormant le jour dans l'obscurité de sa chambre et s'en allant la nuit chercher l'aventure à Chinatown. Toujours à Chinatown. Il ne désirait jamais s'y rendre, mais ne trouvait jamais le courage de ne pas y aller. Contre sa volonté, il se mit à fréquenter les bordels, les fumeries d'opium et les salons de jeux cachés dans le labyrinthe de ces rues étroites. Il en espérait l'oubli, me raconta-t-il, l'ensevelissement dans une dégradation égale à la haine qu'il éprouvait pour lui-même. Ses nuits étaient envahies de miasmes : cliquetis de la roulette, fumée, Chinoises aux visages marqués par la vérole ou aux dents manquantes, pièces étouffantes, nausée. Il perdait des sommes si extravagantes qu'en août il avait dissipé dans ces débauches près d'un tiers de sa fortune. Cela aurait pu durer jusqu'à la fin, disait-il, jusqu'à ce qu'il se tue ou se retrouve sans un sou, si le destin ne l'avait rattrapé et brisé. Ce qui se produisit n'aurait pu être plus violent ni plus soudain, mais le fait est, en dépit de tout le malheur qui devait en résulter, qu'il fallait au moins un désastre pour le sauver.

Il pleuvait cette nuit-là, me raconta Effing. Il venait de passer plusieurs heures à Chinatown et rentrait chez lui à pied, tout imbibé de drogue et flageolant, à peine conscient de l'endroit où il se trouvait. Il était trois ou quatre heures du matin, et il avait commencé à grimper la forte pente qui menait vers son quartier, en s'arrêtant presque à chaque réverbère pour se reposer et reprendre haleine. Quelque part, au début du trajet, il avait perdu son parapluie, et, une fois parvenu à la dernière montée, il était trempé jusqu'aux os. A cause de la pluie qui tambourinait sur le trottoir et de la stupeur opiacée qui lui noyait le cerveau, il n'entendit pas l'inconnu arriver derrière lui. A un moment, il se traînait dans la rue, et l'instant d'après ce fut comme si un immeuble s'était écroulé sur lui. Il n'avait aucune idée de ce dont il s'agissait – un gourdin, une brique, la crosse d'un revolver –, ce pouvait être n'importe quoi. Tout ce qu'il ressentit fut la violence du coup, un formidable choc à la base du crâne, puis il tomba, il s'écroula immédiatement sur le trottoir. Il doit n'avoir été inconscient que quelques secondes, car son premier souvenir après cela était d'avoir ouvert les yeux et senti son visage éclaboussé d'eau. Il glissait sur la pente, précipité vers le bas de la rue mouillée à une vitesse qu'il ne pouvait contrôler, la tête la première, sur le ventre, agitant les bras et les jambes dans ses tentatives d'agripper quelque chose afin de freiner cette folle descente. Malgré ses efforts désespérés, il ne réussissait ni à s'arrêter, ni à se mettre debout, ni à rien d'autre qu'à tournoyer sur lui-même comme un insecte blessé. Un moment donné, il doit s'être tordu de telle façon que sa trajectoire obliqua par rapport au trottoir, et il s'aperçut soudain qu'il allait être projeté en vol plané dans la rue. Il se prépara à la secousse mais, juste au moment où il atteignait le bord, une nouvelle rotation de quatre-vingts ou quatre-vingt-dix degrés l'envoya droit sur un réverbère dont sa colonne vertébrale heurta la fonte avec toute la force de la vitesse acquise. Dans l'instant, il entendit craquer quelque chose, puis fut envahi par une douleur qui ne ressemblait à rien qu'il eût jamais éprouvé, une douleur si excessive et si violente qu'il crut que son corps avait explosé.

Il ne me donna jamais de détails médicaux précis sur son accident. Ce qui comptait, c'était le diagnostic, et les médecins ne furent pas longs à rendre un verdict unanime. Ses jambes étaient mortes et, malgré tous les traitements auxquels il pourrait recourir, il ne marcherait plus. Si étrange que cela paraisse, me dit-il, il fut presque soulagé de l'apprendre. Il avait été châtié, et d'un châtiment si terrible qu'il n'avait plus besoin de se punir. Il avait payé pour son crime, et soudain se retrouvait vide : débarrassé des remords, de l'angoisse d'être reconnu, de la peur. Si l'accident avait été de nature différente, il ne lui aurait peut-être pas fait le même effet, mais parce qu'il n'avait pas vu son agresseur, parce qu'il ne comprit jamais la raison première de cette agression, il ne put s'empêcher de l'interpréter comme une sorte de rétribution cosmique. La justice la plus pure avait été distribuée. Un coup brutal et anonyme était tombé du ciel et l'avait écrasé, arbitrairement et sans pitié. Sans lui laisser le temps de se défendre ni de plaider sa cause. Il ignorait encore l'existence d'un procès que celui-ci était déjà terminé, la sentence avait été prononcée et le juge avait disparu du tribunal.

Il lui fallut neuf mois pour se rétablir (dans la mesure où il pouvait se rétablir), puis il commença de se préparer à quitter le pays. Il vendit sa maison, fit transférer son argent sur un compte numéroté dans une banque suisse, et acheta à un sympathisant anarchosyndicaliste un faux passeport au nom de Thomas Effing. C'était en plein l'époque des *Palmer raids**, on lynchait les *Wobblies***, Sacco et Vanzetti avaient été arrêtés, et la plupart des membres de groupes radicaux se cachaient. Le faussaire était un immigré hongrois qui officiait au fond d'une cave encombrée dans le quartier de la Mission, et Effing se souvenait d'avoir payé le document au prix fort. L'homme était au bord de la dépression nerveuse, me raconta-t-il, et comme il soupçonnait Effing d'être un agent déguisé qui l'arrêterait dès que le travail serait achevé, il le fit attendre pendant plusieurs semaines, avec des excuses saugrenues chaque fois qu'un nouveau délai se trouvait dépassé. Le prix montait aussi, mais l'argent représentait alors pour Effing le moindre de ses soucis, et il réussit enfin à dénouer la situation en promettant à l'homme de doubler son prix le plus élevé si le

---

* *Palmer raids* : en 1919, arrestations massives de gens de gauche, à l'instigation du procureur général Palmer. *(N.d.T.)*
** Les *Wobblies* : groupe populiste anarchiste. *(N.d.T.)*

passeport pouvait être prêt sans retard le lendemain à neuf heures du matin. La tentation était trop grande pour que le Hongrois ne prenne pas le risque – la somme atteignait plus de huit cents dollars – et quand Effing, le jour suivant, lui remit l'argent et ne l'arrêta pas, l'anarchiste fondit en larmes et se mit à lui baiser les mains avec une gratitude hystérique. Il était la dernière personne qu'Effing eût rencontrée en Amérique avant vingt ans, et le souvenir de cet homme brisé ne l'avait jamais quitté. Le pays entier est foutu, pensa-t-il, et il réussit à lui faire ses adieux sans regret.

En septembre 1920, il s'embarqua sur le s.s. *Descartes* à destination de la France, par le canal de Panama. Il n'avait pas de raison particulière de se rendre en France, mais pas davantage de ne pas y aller. Il avait envisagé un moment de s'installer dans quelque colonie perdue – en Amérique centrale, peut-être, ou sur une île du Pacifique – mais la perspective de passer le restant de ses jours dans une jungle, fût-ce en roitelet adulé par d'innocents indigènes, ne stimulait pas son imagination. Il ne cherchait pas un paradis, mais simplement un pays où il ne s'ennuierait pas. Il ne pouvait être question de l'Angleterre (il trouvait les Anglais méprisables), et même si les Français ne valaient guère mieux, il se souvenait avec plaisir de l'année qu'il avait passée à Paris dans sa jeunesse. L'Italie l'attirait aussi, mais le fait que le français fût la seule langue étrangère qu'il parlât un peu couramment inclina la balance vers la France. Au moins il mangerait bien et boirait de bons vins. En vérité, Paris était la ville où il courait le plus de risques de rencontrer l'un ou l'autre de ses anciens amis artistes new-yorkais, mais cette possibilité ne l'inquiétait plus. L'accident avait modifié tout cela. Julian Barber était mort. Il n'était plus peintre, il n'était plus personne. Il était devenu Thomas Effing, un invalide expatrié condamné à la chaise roulante, et si quelqu'un contestait son identité il l'enverrait au diable. Ce n'était pas plus compliqué. Il ne se souciait plus de ce que les gens pensaient, et si cela entraînait pour lui l'obligation de mentir de temps à autre, eh bien, il mentirait. De toute façon, tout cela n'était qu'une comédie et ce qu'il faisait importait peu.

Il poursuivit son récit pendant deux ou trois semaines encore, mais je n'en étais plus aussi ému. L'essentiel était dit ; il ne restait pas de secrets à révéler, ni de sombres vérités à lui arracher. Les grands moments décisifs de sa vie avaient tous eu lieu en Amérique, dans les années comprises entre le départ pour l'Utah et l'accident à San Francisco, et après l'arrivée en Europe son histoire devenait banale, une chronologie de faits et d'événements, une histoire de temps qui passe. Effing s'en rendait compte, me semblait-il, et bien qu'il n'allât jamais jusqu'à s'en exprimer ouvertement, sa façon de raconter commença à changer, à perdre la précision et le sérieux des premiers épisodes. Il s'accordait davantage de digressions, paraissait perdre plus souvent le fil de sa pensée, et se trouva même plusieurs fois en franche contradiction avec lui-même. Un jour, par exemple, il prétendait avoir passé ces années dans l'oisiveté – à lire des livres, à jouer aux échecs, à des terrasses de bistrots –, et le lendemain, faisant volte-face, il évoquait des marchés aventureux, des toiles peintes puis détruites, une librairie dont il aurait été propriétaire, une activité d'agent secret, des fonds récoltés pour l'armée républicaine espagnole. Il mentait, sans aucun doute, mais j'avais l'impression qu'il mentait plus par habitude que dans l'intention de m'en faire accroire. Vers la fin, il me parla de manière émouvante de son amitié avec Pavel Shum, m'expliqua en détail comment il avait continué, malgré son état, à avoir des relations sexuelles, et se lança dans plusieurs longues harangues à propos de sa théorie de l'univers : l'électricité de la pensée, les connexions dans la matière, la transmigration des âmes. Le dernier jour, il me raconta comment Pavel Shum et lui avaient réussi à quitter Paris avant l'entrée des Allemands, recommença le récit de sa rencontre avec Tesla à Bryant Park et puis, sans transition, s'arrêta net.

"Ça suffit, déclara-t-il, nous en resterons là.

— Mais il nous reste une heure avant le déjeuner, dis-je en jetant un coup d'œil à l'horloge sur la cheminée. Nous avons tout le temps de commencer l'épisode suivant.

— Ne me contredisez pas, mon garçon. Si je dis que nous avons fini, ça veut dire fini.

— Mais nous ne sommes qu'en 1939. Il y a encore trente années à rapporter.
— Elles sont sans importance. Vous pouvez vous en tirer en quelques phrases. «Après son départ d'Europe au début de la Deuxième Guerre mondiale, M. Effing est rentré à New York, où il a passé les trente dernières années de sa vie.» Quelque chose comme ça. Ça ne devrait pas être difficile.
— Vous ne parlez pas seulement d'aujourd'hui, alors. Vous pensez à l'histoire entière. Vous dites que nous avons atteint la fin, c'est ça ?
— Je croyais m'être exprimé avec clarté.
— Ça ne fait rien, je comprends maintenant. Je ne vois toujours pas bien pourquoi, mais je comprends.
— Nous allons manquer de temps, jeune sot, voilà pourquoi. Si nous ne commençons pas à la rédiger, cette damnée notice ne verra jamais le jour."

Je passai toutes les matinées des trois semaines suivantes dans ma chambre, à taper sur la vieille Underwood différentes versions de la vie d'Effing. Il y en avait une brève, destinée aux journaux, cinq cents mots sans saveur qui ne faisaient qu'effleurer les faits les plus saillants ; il y en avait une plus complète, intitulée *la Mystérieuse Existence de Julian Barber*, récit d'environ trois mille mots dans le genre sensationnel, qu'Effing voulait que je propose après sa mort à un magazine d'art ; et enfin, une version retravaillée de la transcription intégrale, l'histoire d'Effing racontée par lui-même. Elle faisait plus de cent pages, et c'est sur celle-là que je m'acharnai le plus, attentif à supprimer les répétitions et les tournures vulgaires, à aiguiser les phrases, m'efforçant de transformer la parole en langage écrit sans diminuer la force des mots. Entreprise ardue et délicate, je m'en aperçus, et à plusieurs reprises, afin de rester fidèle à leur sens original, je fus obligé de reconstruire certains passages presque entièrement. J'ignorais l'usage qu'Effing avait l'intention de faire de cette autobiographie (au sens strict, il ne s'agissait plus d'une notice nécrologique), mais il était manifeste qu'il tenait beaucoup à en être tout à fait satisfait, il me poussait à la tâche sans ménagement et se fâchait à grands cris quand je lui lisais une phrase qui ne lui plaisait pas. Nous nous querellions chaque après-midi d'un bout à l'autre de nos séances éditoriales, discutant avec passion des moindres détails stylistiques. C'était pour chacun de nous une expérience épuisante (deux âmes obstinées empoignées en un combat mortel), mais nous finîmes par nous mettre d'accord sur tous les points, un par un, et au début de mars nous en avions terminé.

Le lendemain, je trouvai trois livres posés sur mon lit. Tous trois étaient dus à un certain Salomon Barber, et, bien qu'Effing n'y fît pas allusion quand je le vis au petit déjeuner, je supposai que c'était lui qui les avait mis là. C'était un geste typique d'Effing – oblique, obscur, dépourvu de motif apparent – mais je le connaissais assez à cette époque pour comprendre que c'était sa façon de me demander de les lire. Compte tenu du nom de l'auteur, il paraissait raisonnable de considérer que cette demande n'avait rien de fortuit. Plusieurs mois plus tôt, le vieillard avait utilisé le mot "conséquences", et je me demandais s'il n'était pas en train de se préparer à m'en parler.

Ces livres traitaient de l'histoire américaine, et chacun avait été publié dans une édition universitaire différente : *L'Evêque Berkeley et les Indiens* (1947), *La Colonie perdue de Roanoke* (1955), et *Le Désert américain* (1963). Sur les couvertures, les notes biographiques étaient brèves, mais, en mettant bout à bout les divers renseignements, j'appris que Salomon Barber avait reçu un doctorat en histoire en 1944, avait collaboré par de nombreux articles à des revues spécialisées, et avait enseigné dans plusieurs universités du Middle West. La référence à 1944 était capitale. Si Effing avait fécondé sa femme juste avant son départ en 1916, son fils devait être né l'année suivante, ce qui signifie qu'il aurait eu vingt-sept ans en 1944 – un âge logique pour accéder au doctorat. Tout semblait concorder, mais je me gardai bien d'en conclure quoi que ce fût. Je dus attendre trois jours encore avant qu'Effing n'aborde le sujet, et c'est alors seulement que j'appris le bien-fondé de mes soupçons.

"Je suppose que vous n'avez pas regardé les livres que j'ai déposés dans votre chambre, mardi", déclara-t-il, sur un ton aussi calme que celui avec lequel on demanderait un second morceau de sucre.

"Je les ai regardés, répondis-je. J'ai même été jusqu'à les lire.

— Vous m'étonnez, mon garçon. Etant donné votre âge, je commence à croire qu'il peut y avoir de l'espoir pour vous.

— Il y a de l'espoir pour tout le monde, monsieur. C'est ce qui fait tourner l'univers.

— Epargnez-moi les aphorismes, Fogg. Qu'avez-vous pensé de ces livres ?

— Je les ai trouvés admirables. Bien écrits, solidement argumentés, et pleins d'informations qui étaient tout à fait nouvelles pour moi.

— Par exemple ?

— Par exemple, je n'avais jamais entendu parler du projet de Berkeley pour l'éducation des Indiens aux Bermudes, et je ne savais rien des années qu'il a passées à Rhode Island. J'ai eu la surprise de le découvrir, mais le meilleur du livre est la façon dont Barber rattache les expériences de Berkeley à ses travaux philosophiques sur la perception. Cela m'a paru très habile et original, très profond.

— Et les autres livres ?

— C'est pareil. Je ne connaissais pas non plus grand-chose sur Roanoke. Barber présente un dossier bien construit pour la solution du mystère, me semble-t-il, et j'ai tendance à partager son opinion que les colons perdus ont survécu en joignant leurs forces à celles des Indiens Croatan. J'ai aussi apprécié l'arrière-plan concernant Raleigh et Thomas Harriot. Saviez-vous que Harriot fut le premier homme à regarder la Lune dans un télescope ? J'avais toujours pensé que c'était Galilée, mais Harriot l'a devancé de plusieurs mois.

— Oui, mon garçon, je savais cela. Vous n'avez pas besoin de me faire un cours.

— Je ne fais que répondre à vos questions. Vous m'avez demandé ce que j'ai appris, je vous réponds.

— Ne répliquez pas. C'est moi qui pose les questions, ici. Est-ce compris ?
— Compris. Posez-moi toutes les questions que vous voulez, monsieur Effing, mais vous n'avez pas besoin de tourner en rond.
— Qu'est-ce que ça veut dire ?
— Ça veut dire que nous n'avons plus besoin de perdre du temps. Vous avez mis ces livres dans ma chambre parce que vous souhaitiez me dire quelque chose, et je ne vois pas pourquoi vous ne vous décidez pas à en parler.
— Ma parole, que nous sommes intelligent, aujourd'hui !
— Ce n'est pas si difficile à deviner.
— Non, sans doute. Je vous l'ai déjà dit, en quelque sorte, n'est-ce pas ?
— Salomon Barber est votre fils."

Effing garda un long silence, comme s'il refusait encore de constater jusqu'où la conversation nous avait entraînés. Le regard fixé dans le vide, il avait ôté ses lunettes et en frottait les verres avec son mouchoir – geste inutile, absurde pour un aveugle –, puis il émit une sorte de ricanement du fond de la gorge. "Salomon, fit-il. Un nom vraiment affreux. Mais je n'y suis pour rien, bien sûr. On ne peut pas donner un nom à quelqu'un dont on ignore l'existence, n'est-ce pas ?
— Vous l'avez rencontré ?
— Je ne l'ai jamais rencontré, il ne m'a jamais rencontré. Pour autant qu'il sache, son père est mort dans l'Utah en 1916.
— Quand avez-vous entendu parler de lui pour la première fois ?
— En 1947. Le responsable en est Pavel Shum, c'est lui qui a ouvert la porte. Un jour, il est arrivé avec un exemplaire du livre sur l'évêque Berkeley. C'était un grand lecteur, ce Pavel, je dois vous l'avoir dit, et quand il s'est mis à parler de ce jeune historien du nom de Barber, j'ai naturellement tendu l'oreille. Pavel ne savait rien de mon existence antérieure, et j'ai donc dû faire semblant de m'intéresser au livre afin d'en découvrir plus sur celui qui l'avait écrit. Rien n'était certain à ce moment-là. Barber n'est pas un

nom inhabituel, après tout, et je n'avais aucune raison d'imaginer la moindre relation entre ce Salomon et moi. J'en avais néanmoins une intuition, et s'il est une chose que j'ai apprise au cours de ma longue et stupide carrière d'être humain, c'est l'importance d'écouter mes intuitions. J'ai concocté une fable à l'intention de Pavel, bien que ce ne fût sans doute pas nécessaire. Il aurait fait n'importe quoi pour moi. Si je lui avais demandé d'aller au pôle Nord, il s'y serait aussitôt précipité. Il ne me fallait que quelques renseignements, mais je trouvais risqué de m'y lancer de front et je lui ai raconté que j'envisageais de créer une fondation qui attribuerait une récompense annuelle à un jeune auteur méritant. Ce Barber paraît prometteur, ai-je dit, pourquoi n'irions-nous pas voir s'il n'a pas besoin d'un peu d'argent ? Pavel était enthousiaste. En ce qui le concernait, il n'existait pas de plus grand bien à faire en ce monde que la promotion de la vie de l'esprit.

— Mais votre femme ? Avez-vous jamais découvert ce qui lui est arrivé ? Ce ne pouvait pas être bien difficile de vérifier si elle avait ou non eu un fils. Il doit y avoir des centaines de façons d'obtenir ce genre d'informations.

— Sans aucun doute. Mais je m'étais promis de ne me livrer à aucune enquête au sujet d'Elizabeth. J'étais curieux – il eût été impossible de n'être pas curieux – mais en même temps je ne désirais pas rouvrir ce sac de nœuds. Le passé était le passé, et il m'était hermétiquement fermé. Qu'elle fût vivante ou morte, remariée ou non – à quoi m'eût servi de le savoir ? Je m'obligeais à rester dans l'obscurité. Il y avait dans cette façon de voir les choses une tension puissante, et elle m'a aidé à me souvenir de mon identité, à garder présent à l'esprit le fait que j'étais désormais quelqu'un d'autre. Pas de retour en arrière – c'était là l'important. Pas de regrets, pas de pitié, pas de sentimentalisme. En refusant de m'informer d'Elizabeth, je préservais mes forces.

— Mais au sujet de votre fils, vous vouliez savoir.

— C'était différent. Si j'étais responsable de l'existence d'un individu en ce monde, j'avais le droit d'en être informé. Je voulais m'assurer des faits, rien de plus.

— Pavel a mis longtemps à vous renseigner ?

— Pas longtemps. Il a trouvé la trace de Salomon Barber et découvert qu'il enseignait à l'université d'un petit trou perdu dans le Middle West – dans l'Iowa, le Nebraska, je ne me souviens plus. Pavel lui a écrit à propos de son livre, une lettre de fan, pour ainsi dire. Il n'y a eu aucun problème après cela. Barber a répondu aimablement, et puis Pavel a récrit pour annoncer qu'il allait passer par l'Iowa ou le Nebraska et se demandait s'il pourrait le rencontrer. Simple coïncidence, bien entendu. Ha ! Comme s'il existait une chose pareille ! Barber a dit qu'il serait enchanté de faire sa connaissance, et c'est comme ça que c'est arrivé. Pavel a pris le train pour l'Iowa ou le Nebraska, ils ont passé une soirée ensemble, et Pavel est revenu avec tout ce que je voulais savoir.

— C'est-à-dire ?

— C'est-à-dire : que Salomon Barber était né à Shoreham, Long Island, en 1917. Que son père, un peintre, était mort dans l'Utah depuis longtemps. Que sa mère était morte depuis 1939.

— L'année de votre retour en Amérique.

— Apparemment.

— Et alors ?

— Et alors, quoi ?

— Qu'est-ce qui s'est passé ensuite ?

— Rien. J'ai dit à Pavel que j'avais changé d'avis au sujet de la fondation, et ç'a été tout.

— Et vous n'avez jamais eu envie de le voir ? C'est difficile d'imaginer que vous avez pu laisser tomber comme ça.

— J'avais mes raisons, mon garçon. Ne croyez pas que ce fût facile, mais je m'y suis tenu. Je m'y suis tenu envers et contre tout.

— Une noble attitude.

— Oui, très noble. Je suis un prince magnanime.

— Et maintenant ?

— J'ai réussi malgré tout à garder la trace de ses déplacements. Pavel a continué à correspondre avec lui, il m'a tenu au courant des faits et gestes de Barber au fil des ans. C'est pourquoi je vous raconte ceci maintenant. Je désire que vous fassiez une chose pour moi après ma mort. On

pourrait en charger les hommes de loi, mais je préférerais que ce soit vous. Vous vous en tirerez mieux.
— Que projetez-vous ?
— Je vais lui léguer ma fortune. Il y aura quelque chose pour Mme Hume, bien sûr, mais le reste ira à mon fils. Ce pauvre niais a fait un tel gâchis de sa vie, ça lui viendra peut-être à point. Il est gros, sans enfants, sans femme, une épave brisée, un désastreux dirigeable ambulant. Malgré son cerveau et son talent, sa carrière n'a été qu'une suite d'échecs. Il a été viré de son premier poste à la suite de je ne sais quel scandale – il aurait sodomisé des étudiants mâles, ou quelque chose comme ça – et puis, juste quand il retrouvait son assiette, il a été victime de cette affaire McCarthy et est retombé au plus bas. Il a passé sa vie dans les coins les plus sinistres et les plus reculés qu'on puisse imaginer, à enseigner dans des collèges dont personne n'a jamais entendu parler.
— Ça a l'air pathétique.
— C'est exactement ça. Pathétique. Cent pour cent pathétique.
— Mais quel est mon rôle là-dedans ? Léguez-lui l'argent par testament, et les notaires le lui donneront. Ça paraît assez simple.
— Je veux que vous lui adressiez mon autoportrait. Pourquoi pensez-vous que nous y avons tant travaillé ? Ce n'était pas simplement pour passer le temps, mon garçon, il y avait un but. Il y a toujours un but à ce que je fais, souvenez-vous-en. Quand je serai mort, je veux que vous le lui adressiez, accompagné d'une lettre dans laquelle vous lui expliquerez dans quelles conditions il a été écrit. Est-ce clair ?
— Pas vraiment. Après avoir gardé vos distances depuis 1947, je ne vois pas pourquoi vous tenez tout à coup tellement à entrer en contact avec lui maintenant. Ça n'a pas de sens.
— Tout le monde a le droit d'être informé de son passé. Je ne peux pas grand-chose pour lui, mais je peux au moins cela.
— Même s'il préfère ne pas savoir ?

— C'est cela, même s'il préfère ne pas savoir.
— Ça ne me paraît pas juste.
— Qui parle de justice ? Ceci n'a rien à voir. Je me suis tenu à l'écart de lui tant que je vivais, mais maintenant que je suis mort, il est temps que l'histoire soit révélée.
— Vous ne m'avez pas l'air mort.
— Ça vient, je vous le garantis. Ce sera bientôt là.
— Il y a des mois que vous affirmez cela, mais vous êtes en aussi bonne santé que jamais.
— Quel jour sommes-nous aujourd'hui ?
— Le 12 mars.
— Cela signifie qu'il me reste deux mois. Je mourrai le 12 mai, dans deux mois jour pour jour.
— Vous ne pouvez pas savoir cela. C'est impossible, personne ne le pourrait.
— Mais moi, oui, Fogg. Souvenez-vous de mes paroles. Dans deux mois, jour pour jour, je serai mort."

Après cette étrange conversation, nous retrouvâmes nos habitudes antérieures. Le matin, je lui faisais la lecture, et l'après-midi nous allions nous promener. L'organisation de nos journées était la même, mais je ne les reconnaissais plus. Auparavant, Effing avait choisi les livres en fonction d'un programme, et il me semblait maintenant le faire au hasard, sans aucune cohérence. Il pouvait me prier un jour de lui lire des histoires du *Décaméron* ou des *Mille et Une Nuits*, le lendemain, *La Comédie des erreurs*, et le jour suivant se passer complètement de livres et me demander les articles de journaux concernant l'entraînement de printemps dans les camps de base-ball en Floride. Ou peut-être avait-il décidé de s'en remettre désormais à la chance, et de parcourir sans s'attarder une multitude d'œuvres afin de leur faire ses adieux, comme si c'était une manière de prendre congé du monde. Pendant trois ou quatre jours d'affilée, il me fit lire des romans pornographiques (cachés dans un petit meuble sous la bibliothèque), mais même ceux-ci ne parvinrent pas à susciter chez lui un intérêt notable. Il caqueta deux ou trois fois, amusé, mais réussit aussi à s'assoupir en plein milieu d'un des passages les plus gratinés. Je poursuivis ma lecture pendant qu'il dormait, et quand il s'éveilla, une heure plus tard, il m'expliqua qu'il s'entraînait à être mort. "Je veux mourir avec du sexe en tête, murmura-t-il. Il n'y a pas de meilleure façon de s'en aller." Je n'avais encore jamais lu de pornographie, et je trouvais ces livres à la fois absurdes et excitants. Un jour, je mémorisai quelques-uns des meilleurs paragraphes et les récitai à Kitty quand je la retrouvai le soir. Ils parurent avoir sur elle le même effet. Ils la faisaient rire, mais lui donnèrent aussi envie de se déshabiller et de se mettre au lit.

Les promenades également avaient changé. Effing ne manifestait plus beaucoup d'enthousiasme à leur égard, et au lieu de me harceler pour que je lui décrive ce que nous rencontrions en chemin, il restait silencieux, pensif et renfermé. Par la force de l'habitude, je maintenais mon commentaire continu, mais il n'y semblait guère attentif et, n'ayant plus à réagir à ses persiflages et à ses critiques, je commençai à perdre le moral, moi aussi. Pour la première fois depuis que je le connaissais, Effing paraissait absent, déconnecté de son entourage, presque serein. Je parlai avec Mme Hume de ces changements et elle me confia qu'elle se faisait du souci à ce sujet. Sur le plan physique, néanmoins, nous ne remarquions ni l'un ni l'autre de transformation majeure. Il mangeait autant ou aussi peu qu'il avait toujours mangé ; ses digestions étaient normales ; il ne se plaignait d'aucune douleur, d'aucun inconfort. Cette curieuse période de léthargie dura environ trois semaines. Alors, juste comme je me résignais à croire qu'il déclinait sérieusement, il arriva un matin à la table du petit déjeuner débordant de bonne humeur et l'air aussi satisfait qu'on peut l'être, complètement redevenu lui-même.

"C'est décidé !" annonça-t-il en frappant du poing sur la table. Le coup fut asséné avec tant de force que l'argenterie tressauta en cliquetant. "Il y a des jours que je rumine ça, que ça me tourne en tête, que j'essaie de mettre au point le plan parfait. Après un long labeur mental, j'ai le plaisir de vous informer que c'est réglé. Réglé ! Bon Dieu, c'est la meilleure idée que j'aie jamais eue. C'est un chef-d'œuvre, un pur chef-d'œuvre. Etes-vous prêt à vous amuser, mon garçon ?

— Bien sûr, répondis-je, pensant qu'il valait mieux ne pas le contrarier. Je suis toujours prêt à m'amuser.

— Parfait, voilà comment il faut réagir, dit-il en se frottant les mains. Je vous le promets, mes enfants, ce sera un superbe chant du cygne, un ultime salut incomparable. Quel genre de temps fait-il là-dehors aujourd'hui ?

— Il fait clair et frais, déclara Mme Hume. A la radio, ils ont prévu que la température pourrait s'élever à douze degrés environ cet après-midi.

— Clair et frais, répéta-t-il, douze degrés. Ce ne pourrait être mieux. Et la date, Fogg, où en sommes-nous du calendrier ?

— Le 1er avril, un nouveau mois qui commence.

— Le 1er avril ! Le jour des farces et attrapes. En France on appelait ça les poissons d'avril. Eh bien, on va leur en faire renifler du poisson, n'est-ce pas, Fogg ? On va leur en donner un plein panier.

— Je vous crois ! répliquai-je. On va leur jouer le grand jeu."

Effing bavarda pendant tout le repas sur le même ton excité, en prenant à peine le temps de porter à sa bouche les cuillerées de céréales. Mme Hume paraissait préoccupée, mais je trouvais malgré tout plutôt encourageant ce flot soudain de folle énergie. Où que cela nous fasse aboutir, ce ne pouvait être que préférable aux semaines moroses que nous venions de passer. Effing n'était pas fait pour un rôle de vieillard maussade, et je préférais le voir tué par son propre enthousiasme que survivant dans un silence déprimé.

Après le petit déjeuner, il nous pria d'aller chercher ses affaires et de le préparer à sortir. Une fois empaqueté dans l'équipement habituel – la couverture, l'écharpe, le manteau, le chapeau, les gants –, il me demanda d'ouvrir le placard et d'y prendre une petite mallette en tissu écossais qui s'y trouvait enfouie sous un tas de chaussures et de bottes de caoutchouc. "Qu'en pensez-vous, Fogg ? fit-il. Croyez-vous que c'est assez grand ?

— Tout dépend de ce que vous avez l'intention d'y mettre.

— Nous y mettrons l'argent. Vingt mille dollars en espèces."

Sans me laisser le temps de réagir, Mme Hume intervint. "Vous ne ferez rien de pareil, monsieur Thomas, déclarat-elle. Je ne le permettrai pas. Un aveugle qui se promène dans les rues avec vingt mille dollars en espèces. Il ne faut pas penser un instant de plus à une sottise pareille.

— Taisez-vous, garce, coupa Effing. Taisez-vous ou je vous écrase. C'est mon argent, et j'en ferai ce que je veux. Je suis sous la protection de mon fidèle garde du corps et il ne m'arrivera rien. Et même s'il m'arrivait quelque chose, ça ne vous regarde pas. Vous m'entendez, grosse vache ? Plus un mot, sinon, à vos bagages !

— Elle ne fait que son travail, dis-je, tentant de défendre Mme Hume contre cet assaut furieux. Il n'y a pas de raison de vous énerver comme ça.

— Même chose pour vous, freluquet, s'écria-t-il. Ecoutez ce qu'on vous dit, ou dites adieu à votre emploi. Un, deux, trois, et vous êtes fini. Essayez donc, si vous ne me croyez pas.

— Que la peste vous étouffe, fit Mme Hume, vous n'êtes qu'un vieil imbécile, Thomas Effing. Je vous souhaite de le perdre, cet argent, jusqu'au dernier dollar. Je souhaite qu'il s'envole de votre sacoche et que vous ne le revoyiez jamais.

— Ha ! pouffa Effing. Ha, ha, ha ! Et que croyez-vous que j'aie l'intention d'en faire, ganache ? Le dépenser ? Vous croyez que Thomas Effing s'abaisserait à de telles banalités ? J'ai de grands projets en ce qui concerne cet argent, des projets magnifiques, comme personne encore n'en a jamais rêvé.

— Sornettes, dit Mme Hume. En ce qui me concerne, vous pouvez aller dépenser un million de dollars. Ça m'est bien égal. Je m'en lave les mains – de vous et de toutes vos manigances.

— Allons, allons, fit Effing, déployant soudain une sorte de charme onctueux. Pas la peine de bouder, mon petit canard." Il lui prit la main et lui baisa le bras plusieurs fois de haut en bas, avec toutes les apparences de la sincérité. "Fogg prendra soin de moi. Ce gamin est costaud, il ne nous arrivera rien. Faites-moi confiance, j'ai combiné l'opération dans le moindre détail.

— Vous ne m'embobinerez pas, répliqua-t-elle, agacée, en retirant sa main. Vous mijotez une bêtise, j'en suis sûre. Rappelez-vous simplement que je vous aurai prévenu. Il ne faudra pas venir vous excuser en pleurnichant. Trop tard. Quand on est sot c'est pour toujours. C'est ce que me disait ma mère, et elle avait raison.

— Je vous expliquerais maintenant si je pouvais, répondit Effing, mais nous n'avons pas le temps. Et d'ailleurs, si Fogg ne m'emmène pas bientôt hors d'ici, je vais cuire sous toutes ces couvertures.

— Alors, allez-vous-en, dit Mme Hume. Si vous croyez que je m'en soucie."

Effing grimaça un sourire, puis il se dressa et se retourna vers moi. "Etes-vous prêt, mon garçon ? aboya-t-il sur le ton d'un capitaine de navire.

— Prêt quand vous voulez, répondis-je.

— Bon. Alors, allons-y."

Notre première étape fut la Manhattan Chase Bank, à Broadway, où Effing retira les vingt mille dollars. A cause de l'importance de la somme, il fallut près d'une heure pour mener à bien cette transaction. Un cadre de la banque dut donner son accord, après quoi les caissiers eurent encore besoin d'un peu de temps pour rassembler la quantité voulue de billets de cinquante dollars, les seules coupures qu'Effing voulût bien accepter. Il était un vieux client de cette banque, "un client de marque", comme il le rappela plusieurs fois au directeur, et celui-ci, soupçonnant la possibilité d'une scène déplaisante, mit tout son zèle à le satisfaire. Effing continuait à cacher son jeu. Il refusait mon aide, et quand il sortit son livret de sa poche il prit garde de me le dissimuler, comme s'il craignait que je ne sache quelle somme il avait encore à son compte. Je ne m'offensais plus depuis longtemps de ce type de comportement de sa part, mais le fait est que je n'éprouvais pas le moindre intérêt pour ce montant. Quand l'argent fut enfin prêt, un caissier le compta deux fois, puis Effing me fit recommencer encore une fois pour la forme. Je n'avais jamais vu autant d'argent en même temps, mais lorsque j'eus fini de compter, la magie s'en était épuisée et les billets se trouvaient réduits à leur véritable nature : quatre cents morceaux de papier vert. Effing sourit avec satisfaction quand je lui annonçai que tout y était, puis il me dit de serrer les liasses dans la sacoche, qui se révéla bien assez grande pour contenir le magot. Je tirai la fermeture Eclair, plaçai soigneusement le sac sur les genoux du vieillard, et fis rouler son fauteuil vers la sortie. Il chahuta jusqu'à la porte, en brandissant sa canne et en poussant des mugissements comme si demain n'existait pas.

Une fois dehors, il voulut que je le conduise sur l'un des refuges situés au milieu de Broadway. L'endroit était bruyant, encombré de part et d'autre par le trafic des voitures et des camions, mais Effing paraissait indifférent à cette agitation. Il me demanda s'il y avait quelqu'un sur le banc, et comme je lui répondais que non, il m'enjoignit de m'asseoir. Il portait ses lunettes noires, ce jour-là, et avec ses deux bras qui entouraient le sac et le serraient contre son cœur, il avait l'air encore moins humain que d'habitude, on aurait dit une sorte d'oiseau-mouche géant tout juste tombé de l'espace.

"Je voudrais revoir mon plan avec vous avant de commencer, dit-il. On ne pouvait pas parler à la banque, et à l'appartement je craignais que cette mêle-tout n'écoute aux portes. Vous devez vous poser des tas de questions, et comme vous serez mon armée dans cette campagne, il est temps que je vous affranchisse.

— Je me disais bien que vous y viendriez tôt ou tard.

— Nous y voilà, jeune homme. Mon temps est presque écoulé, c'est pourquoi j'ai passé ces derniers mois à m'occuper de mes affaires. J'ai rédigé mon testament, j'ai écrit ma notice nécrologique, j'ai mis les choses en ordre. Une seule chose me tracassait encore – une dette exceptionnelle, si vous voulez – et maintenant que j'y ai réfléchi pendant quelques semaines, j'ai fini par en trouver la solution. Il y a cinquante-deux ans, souvenez-vous, j'ai trouvé un paquet d'argent. J'ai pris cet argent et je m'en suis servi pour faire encore plus d'argent, celui dont j'ai vécu depuis. Maintenant qu'arrive ma fin, je n'ai plus besoin de ce paquet d'argent. Alors que dois-je en faire ? La seule attitude sensée, c'est de le restituer.

— Le restituer ? Mais le restituer à qui ? Les Gresham sont morts, et d'ailleurs ce n'était pas à eux. Ils l'avaient volé à des gens dont vous ne saviez rien, à des inconnus anonymes. De toute façon, même si vous réussissiez à découvrir qui ils étaient, ils sont sans doute tous morts aujourd'hui.

— Précisément. Les gens sont tous morts, et il serait impossible de retrouver la trace de leurs héritiers, n'est-ce pas ?

— C'est ce que je viens de dire.

— Vous avez dit aussi que ces gens étaient des inconnus anonymes. Réfléchissez-y un instant. S'il est une chose dont cette ville abandonnée de Dieu regorge, c'est d'inconnus anonymes. Les rues en sont pleines. Où qu'on se tourne, on rencontre un inconnu anonyme. Ils sont des millions tout autour de nous.

— Vous n'êtes pas sérieux.

— Bien sûr que je suis sérieux. Je suis toujours sérieux. Vous devriez le savoir maintenant.

— Vous voulez dire que nous allons nous balader dans les rues en offrant des billets de cinquante dollars à n'importe qui ? Ça va provoquer une émeute. Les gens vont devenir fous, ils vont nous démolir.

— Pas si nous nous y prenons correctement. C'est une question de plan, et nous en avons un bon. Faites-moi confiance, Fogg. Ce sera ce que j'aurai accompli de plus grand dans ma vie, le couronnement de mon existence."

Son plan était très simple. Plutôt que de descendre dans la rue en plein jour pour distribuer l'argent à tous les passants (ce qui ne pouvait qu'attirer une foule nombreuse et indisciplinée), nous effectuerions une série d'attaques rapides de guérilla dans un certain nombre de zones choisies avec soin. L'opération entière serait répartie sur une période de dix jours ; pour une sortie donnée, il n'y aurait jamais plus de quarante bénéficiaires, ce qui réduirait sérieusement les risques de mésaventures. Je porterais l'argent dans ma poche, et si quelqu'un tentait de nous voler il en tirerait au plus deux mille dollars. Pendant ce temps, le reste attendrait dans la sacoche, à la maison, à l'abri du danger. Parcourant la ville en long et en large, nous ne nous rendrions jamais deux jours de suite dans des quartiers voisins. *Uptown* un jour, *downtown* le lendemain. L'East Side le lundi, le West Side le mardi. Nous ne demeurerions jamais nulle part assez longtemps pour que les gens réalisent ce que nous serions en train de faire. Quant à notre propre quartier, nous l'éviterions jusqu'à la fin. Cela donnerait à notre entreprise l'allure d'un événement unique au monde, et toute l'affaire serait terminée avant que quiconque puisse réagir.

Je compris tout de suite qu'il n'y avait rien à faire pour l'arrêter. Il avait pris sa décision, et plutôt que d'essayer de le dissuader, je fis de mon mieux pour rendre son plan aussi sûr que possible. C'était un bon plan, lui dis-je, mais tout dépendrait de l'heure que nous choisirions pour ces sorties. L'après-midi, par exemple, ne conviendrait guère. Il y aurait trop de monde dans les rues, et il était essentiel de donner l'argent à chaque récipiendaire sans que personne d'autre ne puisse remarquer ce qui se passait. De cette façon, on provoquerait le moins possible de désordre.

"Hmm, fit Effing, qui suivait mes paroles avec une grande concentration. Quel moment proposez-vous, alors, mon garçon ?

— Le soir. Quand la journée de travail est achevée, mais pas assez tard pour que nous risquions d'aboutir dans des rues désertes. Disons entre sept heures et demie et dix heures.

— Autrement dit, après notre dîner. Ce qu'on pourrait appeler une excursion digestive.

— Exactement.

— Considérez que c'est fait, Fogg. Nous irons errer au crépuscule, comme une paire de Robin des Bois en maraude, prêts à faire profiter de notre munificence les chanceux qui croiseront notre chemin.

— Vous devriez aussi songer au transport. La ville est grande, et certains des endroits où nous nous rendrons sont à des kilomètres d'ici. Si nous faisons tout à pied, nous rentrerons terriblement tard, ces soirs-là. Si jamais nous étions obligés de nous sauver en vitesse, nous pourrions avoir des ennuis.

— Vous parlez comme une mauviette, Fogg. Il ne nous arrivera rien. Si vous avez les jambes fatiguées, nous hélerons un taxi. Si vous vous sentez capable de marcher, nous marcherons.

— Je ne pensais pas à moi. Je voulais être certain que vous savez ce que vous faites. Avez-vous envisagé de louer une voiture ? Nous pourrions ainsi rentrer d'un instant à l'autre. Nous n'aurions qu'à monter dedans et le chauffeur nous emmènerait.

— Un chauffeur ! Quelle idée absurde. Ça gâcherait tout.

— Je ne vois pas pourquoi. L'idée est de donner l'argent, mais ça ne suppose pas que vous deviez traîner à travers toute la ville dans la fraîcheur du printemps. Ce serait idiot de tomber malade juste parce que vous essayez d'être généreux.

— Je veux pouvoir vagabonder, sentir les situations au moment où elles se présentent. Dans une voiture, ce n'est pas possible. Il faut être dehors, dans la rue, respirer le même air que tous les autres.

— Ce n'était qu'une suggestion.

— Eh bien, gardez vos suggestions pour vous. Je n'ai peur de rien, Fogg, je suis trop vieux, et moins vous vous tracasserez pour moi, mieux cela vaudra. Si vous êtes avec moi, parfait. Mais du moment que vous êtes avec moi, il faut vous taire. Nous ferons ceci à ma façon, contre vents et marées."

Pendant les huit premiers jours, tout se passa sans heurt. Nous étions convenus qu'il devait y avoir une hiérarchie du mérite, et cela me donnait les mains libres pour agir selon mon jugement. L'idée n'était pas d'offrir l'argent à n'importe quel passant éventuel, mais de chercher en conscience les gens qui en paraissaient les plus dignes, de choisir pour cibles ceux qui semblaient en proie à la plus grande nécessité. Les pauvres avaient automatiquement droit à plus de considération que les riches, les handicapés devaient être préférés aux bien portants, les fous passer avant les sains d'esprit. Nous avions établi ces règles dès le départ, et, compte tenu de la nature des rues de New York, il n'était guère difficile de s'y tenir.

Il y eut des gens qui fondaient en larmes quand je leur donnais l'argent ; d'autres qui éclataient de rire ; d'autres encore qui ne disaient rien du tout. Les réactions étaient imprévisibles, et j'appris bientôt que je ne devais m'attendre à voir personne se conduire comme j'aurais imaginé qu'il le ferait. Il y avait les soupçonneux, qui nous prêtaient des intentions louches – un homme alla même jusqu'à déchirer son billet, et plusieurs autres nous accusèrent d'être des faux-monnayeurs ; il y avait les avides, qui pensaient que cinquante dollars ne suffisaient pas ; il y avait les sans-amis, qui s'attachaient et ne voulaient plus nous quitter ; il y avait les bons vivants, qui voulaient nous offrir un verre, les tristes qui voulaient nous raconter leur vie, les artistes qui dansaient et chantaient en signe de gratitude. A ma surprise, aucun d'entre eux n'essaya de nous voler. Ce n'était sans doute que l'effet de la chance, mais il faut dire aussi que nous nous déplacions avec rapidité et ne nous attardions jamais longtemps au même endroit. La plupart du temps, je distribuais l'argent dans la rue, mais nous accomplîmes plusieurs raids dans des bars et des cafés minables – *Barney Stones, Bickfords, Chock Full o' Nuts* – où je plaquais une coupure de cinquante dollars devant chaque personne assise au comptoir. J'effeuillais la liasse de billets aussi vite que je pouvais, en criant : "Un petit rayon de soleil", et avant que les clients ahuris réalisent ce qui leur arrivait, j'étais revenu précipitamment dans la rue. Je donnai de l'argent à des clochardes et à des prostituées, à des ivrognes et à des vagabonds, à des hippies et à des enfants en cavale, à des mendiants et à des infirmes – à toute cette faune misérable qui encombre les boulevards après le crépuscule. Il y avait quarante cadeaux à attribuer chaque soir, et il ne nous fallut jamais plus d'une heure et demie pour en venir à bout.

Le neuvième soir, il pleuvait, et nous parvînmes, Mme Hume et moi, à persuader Effing de ne pas sortir. Il pleuvait encore le lendemain, mais nous ne réussîmes plus à le retenir. Ça lui était égal de risquer une pneumonie, déclara-t-il, il avait une tâche à accomplir et, par Dieu, il l'accomplirait. Et si j'y allais seul ? suggérai-je. Je lui ferais en rentrant un rapport complet, et ce serait presque comme s'il y était allé lui-même. Non, c'était impossible, il fallait qu'il s'y trouve en personne. Et d'ailleurs, comment pourrait-il être certain que je n'empocherais pas l'argent ? Rien ne m'empêcherait de me promener un moment puis d'inventer n'importe quelle histoire à lui raconter au retour. Il n'aurait aucun moyen de savoir si je disais vrai.

"Si c'est ça que vous pensez, fis-je, soudain furieux, hors de moi, vous pouvez prendre votre argent et vous le fourrer où je pense. Je m'en vais."

Pour la première fois depuis six mois que je le connaissais, Effing s'effondra véritablement et se répandit en excuses. Ce fut un instant dramatique, et tandis qu'il manifestait ses regrets et sa contrition, j'en arrivai presque à éprouver pour lui une certaine sympathie. Il tremblait, la salive lui venait aux lèvres, son corps entier paraissait sur le point de se désintégrer. Il savait que j'étais sérieux, et la menace de mon départ était plus qu'il n'en pouvait supporter. Il me demanda pardon, m'assura que j'étais un bon garçon, le meilleur qu'il eût jamais connu, et qu'aussi longtemps qu'il vivrait il n'aurait plus jamais pour moi une parole désagréable. "Je vous dédommagerai, affirma-t-il, je vous promets de vous dédommager." Puis, fourrageant désespérément dans le sac, il en sortit une poignée de billets de cinquante dollars qu'il brandit en l'air. "Tenez, dit-il, c'est pour vous, Fogg. Je veux que vous acceptiez un petit extra. Dieu sait que vous le méritez.

— Vous n'avez pas besoin de m'acheter, monsieur Effing. Je reçois déjà un salaire adéquat.

— Non, je vous en prie, je voudrais que vous acceptiez. Considérez que c'est un bonus. Une récompense pour services extraordinaires.

— Remettez l'argent dans le sac, monsieur Effing. C'est bon comme ça. Je préfère le donner à des gens qui en ont un réel besoin.

— Mais vous restez ?

— Oui, je reste. J'accepte vos excuses. Seulement, ne recommencez jamais un truc pareil."

Pour des raisons évidentes, nous ne sortîmes pas ce jour-là. Le lendemain soir, il faisait beau, et à huit heures nous descendîmes à Times Square, où nous terminâmes notre besogne dans le temps record de vingt-cinq à trente minutes. Comme il était encore tôt et que nous étions plus près de chez nous que d'habitude, Effing insista pour que nous rentrions à pied. En lui-même, ce détail est insignifiant, et je ne prendrais pas la peine de le mentionner s'il ne nous était arrivé en chemin quelque chose de curieux. Juste au sud de Columbus Circle, j'aperçus un jeune Noir à peu près de mon âge qui marchait parallèlement à nous de l'autre côté de la rue. A première vue, il n'avait rien d'extraordinaire. Il portait des vêtements convenables et rien dans son attitude ne suggérait l'ivresse ni la folie. Mais il arborait, en cette nuit de printemps sans un nuage, un parapluie ouvert au-dessus de sa tête. Cela semblait déjà assez incongru, mais je remarquai aussi que le parapluie était démoli : le tissu protecteur avait été arraché de l'armature, et avec ces baleines nues étalées, inutiles, dans le vide, il avait l'air de transporter une immense et invraisemblable fleur d'acier. Je ne pus m'empêcher de rire à ce spectacle. Quand je le lui décrivis, Effing rit à son tour. Son rire, plus bruyant que le mien, attira l'attention de l'homme, sur le trottoir d'en face. Avec un large sourire, il nous fit signe de le rejoindre sous son parapluie. "Pourquoi voudriez-vous rester sous la pluie ? demanda-t-il joyeusement. Venez par ici vous mettre au sec." Son offre avait quelque chose de si fantasque et de si spontané qu'il eût été grossier de la repousser. Nous traversâmes la rue et remontâmes Broadway pendant une trentaine de blocs à l'abri du parapluie cassé. Le naturel avec lequel Effing était entré dans l'esprit de la farce faisait plaisir à voir. Il jouait le jeu sans poser de question, comprenant par intuition qu'une fantaisie de ce genre ne pouvait durer que si nous faisions tous semblant d'y croire. Comédien-né, notre hôte, qui s'appelait Orlando, contournait agilement sur la pointe des pieds des flaques imaginaires et nous protégeait des gouttes en inclinant le parapluie selon différents angles, en maintenant tout au long du chemin un monologue en feu nourri d'associations comiques et de jeux de mots. C'était l'imagination sous sa forme la plus pure : l'art de donner vie à ce qui n'existe pas, de persuader les autres d'accepter un monde qui n'est pas vraiment là. Survenant ainsi, ce soir-là, cela semblait d'une certaine façon en harmonie avec l'intention qui sous-tendait ce que nous venions d'aller faire, Effing et moi, dans la 42e rue. Un souffle de folie avait saisi la ville. Des billets de cinquante dollars se promenaient dans les poches d'inconnus, il pleuvait et pourtant ne pleuvait pas, et, de l'ondée qui se déversait à travers notre parapluie cassé, pas une goutte ne nous atteignait.

Nous fîmes nos adieux à Orlando au coin de Broadway et de la 84e rue, après avoir échangé tous trois force poignées de main et nous être promis une amitié éternelle. En guise de conclusion à notre promenade, Orlando étendit une paume afin de sentir quel temps il faisait, réfléchit un moment, puis déclara que la pluie s'était arrêtée. Sans plus de cérémonie, il ferma le parapluie et me l'offrit en souvenir. "Tiens, vieux, dit-il, je pense que tu en auras besoin. On ne sait jamais quand il va se remettre à pleuvoir, et je ne voudrais pas que vous soyez mouillés, vous deux. C'est comme ça, le temps : il change sans cesse. Si on n'est pas prêt à tout, on n'est prêt à rien.

— C'est comme l'argent à la banque, remarqua Effing.

— Tu l'as dit, Tom, fit Orlando. Colle-le sous ton matelas et garde-le-toi pour un jour de pluie."

Poing levé, il nous fit le salut du *black power*, puis s'en alla d'une démarche nonchalante et disparut dans la foule avant le carrefour suivant.

C'était un curieux petit épisode, mais à New York de telles occurrences sont plus fréquentes qu'on ne le pense, spécialement si on y est ouvert. Ce qui fit pour moi le caractère inhabituel de celle-ci, ce n'est pas tant sa gaieté légère que l'influence mystérieuse qu'elle parut exercer sur les événements ultérieurs. Il semblait presque que notre rencontre avec Orlando eût été une prémonition de choses à venir, un présage du destin d'Effing. Un nouveau système d'images nous avait été imposé, par lequel nous étions désormais subjugués. Je pense en particulier aux orages et aux parapluies, mais encore davantage au changement – comment tout peut changer à tout moment, de façon soudaine et définitive.

Le lendemain soir devait être le dernier. Effing passa la journée dans un état d'agitation encore plus grande que d'habitude, refusant sa sieste, refusant qu'on lui fasse la lecture, refusant toutes les distractions que je tentais de lui inventer. En début d'après-midi, nous passâmes un moment dans le parc, mais le temps était brumeux et menaçant, et j'obtins de lui que nous rentrions à la maison plus tôt que prévu. Vers le soir, un brouillard dense s'était installé sur la ville. L'univers était devenu gris, et les lumières des immeubles brillaient à travers l'humidité comme si elles avaient été entourées de bandages. Ces conditions étaient rien moins qu'encourageantes, mais comme il n'y avait pas véritablement de pluie, tenter de détourner Effing de notre ultime expédition paraissait vain. J'imaginai que je pourrais expédier notre entreprise en vitesse et puis ramener promptement le vieil homme chez lui, en me dépêchant suffisamment pour éviter qu'il ne lui arrive rien de grave. Mme Hume était réticente, mais elle céda lorsque je lui promis qu'Effing emporterait un parapluie. Effing accepta volontiers cette condition, et, à huit heures, lorsque je lui fis passer la porte d'entrée, il me semblait avoir la situation bien en main.

Ce que j'ignorais, cependant, c'est qu'Effing avait remplacé son parapluie par celui dont Orlando nous avait fait cadeau la veille. Quand je m'en aperçus, nous nous trouvions déjà à cinq ou six rues de chez nous. En ricanant sous cape avec une sorte de joie infantile, Effing sortit de sous sa couverture le parapluie cassé et l'ouvrit. Comme le manche en était identique à celui du parapluie laissé à la maison, je supposai qu'il s'agissait d'une erreur, mais quand je l'informai de ce qu'il avait fait, il me répliqua avec violence de m'occuper de mes affaires.

"Ne faites pas l'imbécile, dit-il. J'ai pris celui-ci exprès. C'est un parapluie magique, n'importe quel idiot peut le constater. Dès qu'on l'a ouvert, on devient invincible."

J'allais répondre, mais me ravisai. En fait, il ne pleuvait pas, et je n'avais pas envie de m'embarquer dans une hypothétique discussion avec Effing. Je voulais accomplir ma tâche et, en l'absence de pluie, il n'y avait aucune raison pour qu'il ne tienne pas cet objet ridicule au-dessus de sa tête. Poursuivant notre chemin, je parcourus encore quelques blocs en distribuant des billets de cinquante dollars à tous les candidats possibles, et quand il ne me resta que la moitié de la liasse, je traversai la rue et repris la direction de la maison. C'est alors qu'il commença à pleuvoir – aussi inévitablement que si Effing avait, par sa seule volonté, provoqué l'arrivée des gouttes. D'abord insignifiantes, presque indifférenciées du brouillard qui nous entourait, elles avaient pris dès le carrefour suivant une importance qu'on ne pouvait négliger. Je poussai Effing sous une porte cochère, avec l'idée de rester là pour attendre que le pire se passe, mais aussitôt arrêté le vieil homme se mit à réclamer.

"Que faites-vous ? demanda-t-il. On n'a pas le temps de faire la pause. Il y a encore de l'argent à distribuer. Du nerf, mon garçon. Allez, allez, avançons. C'est un ordre !

— Vous ne l'avez peut-être pas remarqué, dis-je, mais il se trouve qu'il pleut. Et je ne veux pas parler d'une simple averse de printemps. Ça tombe dru. Les gouttes sont grosses comme des cailloux, la pluie rebondit sur le trottoir à près d'un mètre de haut.

— La pluie ? fit-il. Quelle pluie ? Je ne sens pas de pluie."

Et, se lançant en avant avec une pression soudaine sur les roues de son fauteuil, Effing m'échappa et s'avança sur le trottoir. Il empoigna de nouveau le parapluie cassé et l'éleva des deux mains au-dessus de sa tête en criant sous l'orage. "Pas la moindre pluie !" tempêtait-il, tandis que l'averse s'abattait sur lui de tous côtés, détrempait ses vêtements, lui criblait le visage. "Il pleut peut-être sur vous, mon garçon, mais pas sur moi ! Je suis parfaitement sec ! J'ai mon fidèle parapluie, et tout est pour le mieux dans le meilleur des mondes. Ha, ha ! Pincez-moi, je rêve, je ne sens rien du tout !"

Je compris alors qu'Effing voulait mourir. Il avait combiné cette petite comédie afin de se rendre malade, et il y faisait preuve d'une témérité et d'une joie dont j'étais stupéfait. Agitant le parapluie en tous sens, il encourageait les éléments en riant, et, en dépit de la révolte qu'il m'inspirait à ce moment, je ne pouvais m'empêcher d'admirer son audace. Il ressemblait à un Lear nain ressuscité dans le corps de Gloucester. Cette nuit devait être sa dernière, et il voulait effectuer sa sortie avec frénésie, attirer la mort sur lui-même en un geste ultime et glorieux. Mon premier mouvement fut de l'arracher au trottoir, de le tirer vers un abri, mais en le regardant mieux je me rendis compte qu'il était trop tard. Il était déjà trempé jusqu'aux os et, pour quelqu'un d'aussi fragile qu'Effing, cela signifiait sans aucun doute que le mal était fait. Il allait prendre froid, attraper une pneumonie, et mourir peu de temps après. Tout cela m'apparaissait avec une telle certitude que je cessai soudain de lutter. C'était un cadavre que je contemplais, me disais-je, et il importait peu que j'agisse ou non. Depuis, il ne s'est pas écoulé un jour où je ne regrette la décision que j'ai prise ce soir-là, mais au moment même elle paraissait raisonnable, comme s'il eût été mal, moralement, de contrecarrer Effing. S'il était déjà mort, de quel droit lui aurais-je gâché son plaisir ? Cet homme était déterminé à se détruire coûte que coûte, et, parce qu'il m'avait aspiré dans le tourbillon de sa folie, je ne levai pas le petit doigt pour l'en empêcher. Complice complaisant de son suicide, je me contentai de le laisser faire.

Quittant l'abri de la porte, j'empoignai le fauteuil d'Effing en grimaçant à cause de la pluie qui me battait les yeux. "Vous devez avoir raison, dis-je. Il me semble que cette averse ne m'atteint pas non plus." Tandis que je parlais, un éclair serpenta dans le ciel, suivi d'un énorme coup de tonnerre. L'orage se déversait sur nous sans pitié, soumettant nos corps sans défense à un tir soutenu de balles liquides.

Au coup de vent suivant, les lunettes d'Effing lui furent soufflées du visage, mais il ne fit qu'en rire, ravi de la violence de la tempête.

"C'est remarquable, n'est-ce pas ? me cria-t-il au travers du bruit. Ça a l'odeur de la pluie. Ça fait le bruit de la pluie. Ça a même le goût de la pluie. Et pourtant nous sommes tout à fait secs. C'est l'esprit qui domine la matière, Fogg. Nous avons enfin réussi ! Nous avons percé le secret de l'univers !"

Il semblait que j'eusse franchi quelque mystérieuse frontière au fond de moi-même, pour me faufiler par une trappe qui menait aux chambres les plus secrètes du cœur d'Effing. Il ne s'agissait pas seulement d'avoir cédé à sa lubie grotesque, j'avais accompli le geste ultime qui validait sa liberté, et en ce sens j'avais finalement fait mes preuves vis-à-vis de lui. Le vieil homme allait mourir, mais tant qu'il vivrait, il m'aimerait.

Nous naviguâmes ainsi par-delà sept ou huit carrefours encore, et pendant tout le trajet Effing poussait des hurlements extatiques. "C'est un miracle, clamait-il. C'est un sacré foutu miracle ! Les sous tombent du ciel, attrapez-les tant qu'il y en a ! Argent gratuit ! Argent pour tout le monde !"

Personne ne l'entendait, bien sûr, puisque les rues étaient complètement vides. Nous étions les seuls fous à ne pas nous être précipités à l'abri, et pour me débarrasser des derniers billets j'accomplissais de brèves incursions dans les bars et les cafés au long du chemin. Je rangeais Effing près de la porte tandis que je pénétrais dans ces établissements, et en distribuant l'argent je l'entendais rire comme un fou. Mes oreilles en bourdonnaient : accompagnement musical dément pour le finale de notre arlequinade. L'aventure échappait désormais à tout contrôle. Nous nous étions transformés en catastrophe naturelle, un typhon qui avalait sur son passage les victimes innocentes. "De l'argent, criais-je, en riant et en pleurant à la fois. Des billets de cinquante dollars pour tout le monde !" J'étais tellement imbibé d'eau que de mes chaussures giclaient des flaques, je jaillissais comme une larme à taille humaine, j'éclaboussais tout le monde. Heureusement, nous arrivions à la fin. Si cela avait duré encore, il est probable que nous aurions été arrêtés pour conduite dangereuse.

Notre dernière visite fut pour un café *Child*, un trou sordide et enfumé sous la lumière crue de tubes fluorescents. Douze ou quinze clients s'y trouvaient, affalés sur le comptoir, et chacun paraissait plus abandonné et plus misérable que son voisin. Il ne restait dans ma poche que cinq ou six billets, et soudain je ne sus plus comment faire face à la situation. Je n'étais plus capable de réfléchir, de décider. Faute de mieux, je roulai les billets en liasse dans mon poing et les lançai à travers la pièce. "Pour qui veut !" criai-je. Après quoi je sortis en courant et replongeai avec Effing dans la tempête.

Après cette soirée, il ne ressortit jamais de chez lui. La toux commença tôt le lendemain, et dès la fin de la semaine le ronflement glaireux avait progressé de ses bronches à ses poumons. Nous appelâmes le médecin, qui confirma le diagnostic de pneumonie. Il aurait souhaité envoyer aussitôt Effing à l'hôpital, mais le vieillard refusa et protesta qu'il avait le droit de mourir dans son lit, et que si quelqu'un posait ne fût-ce qu'une main sur lui dans l'intention de l'emmener il se tuerait. "Je me trancherai la gorge avec un rasoir, affirma-t-il, et puis vous n'aurez qu'à vivre avec ça sur la conscience." Le médecin avait déjà eu affaire à Effing, et il était assez intelligent pour s'être muni d'une liste de services de soins privés. Mme Hume et moi prîmes les arrangements nécessaires, et nous passâmes la semaine suivante jusqu'au cou dans les problèmes pratiques : hommes de loi, comptes en banque, procurations, etc. Il fallait donner d'interminables coups de téléphone, signer des papiers innombrables, mais je doute que rien de tout cela vaille d'être mentionné ici. L'important, c'est que je finis par faire la paix avec Mme Hume. Après mon retour à l'appartement avec Effing le soir de l'orage, elle avait été si fâchée qu'elle ne m'avait pas adressé la parole pendant deux jours entiers. Elle me considérait comme responsable de sa maladie et, parce que j'étais au fond du même avis, je n'essayais pas de me défendre. J'étais malheureux de cette brouille. Mais, alors même que je commençais à penser que notre rupture était définitive, la situation se renversa soudain. Je n'ai aucun moyen de savoir comment cela se passa, mais j'imagine qu'elle doit en avoir parlé à Effing qui, à son tour, doit l'avoir persuadée de ne pas m'en vouloir. La première fois que je la revis, elle me prit dans ses bras et me demanda pardon, en refoulant des larmes d'émotion. "Le moment est venu pour lui, déclara-t-elle d'un ton solennel. Il est prêt, maintenant, à s'en aller d'un instant à l'autre, et nous ne pouvons rien pour le retenir."

Les infirmières se relayaient toutes les huit heures, c'étaient elles qui administraient les médicaments, changeaient le bassin et surveillaient le goutte-à-goutte fixé au bras d'Effing. A quelques exceptions près, je les trouvais brusques et indifférentes et il va sans dire, je suppose, qu'Effing souhaitait avoir aussi peu que possible affaire à elles. Ceci resta vrai jusqu'au tout dernier jour, quand il fut devenu trop faible pour encore les remarquer. Sauf lorsqu'elles avaient à s'acquitter d'une tâche spécifique, il ne les tolérait pas dans sa chambre, ce qui signifiait qu'on les trouvait en général assises sur le canapé du salon, en train de feuilleter des magazines et de fumer des cigarettes avec une moue de dédain silencieux. Une ou deux d'entre elles nous abandonnèrent, et il fallut en renvoyer une ou deux autres. Pourtant, à part cette rigueur vis-à-vis des infirmières, Effing faisait preuve d'une remarquable douceur et il semblait que, dès l'instant où il s'était alité, sa personnalité s'était transformée, purgée de son venin par l'approche de la mort. Je ne pense pas qu'il ait beaucoup souffert, et bien qu'il y eût de bons et de mauvais jours (à un moment donné, en fait, on aurait pu le croire complètement rétabli, mais une rechute se manifesta soixante-douze heures plus tard), l'évolution de son mal se traduisait par une diminution progressive, une lente et inéluctable perte d'énergie qui se prolongea jusqu'à ce qu'enfin son cœur cessât de battre.

Je passais mes journées entières auprès de lui dans sa chambre, assis à côté de son lit, parce qu'il désirait ma présence. Depuis l'orage, nos relations s'étaient modifiées au point qu'il me témoignait autant de prédilection que si j'avais été sa chair et son sang. Il me tenait la main, affirmait que je lui faisais du bien, murmurait qu'il était si heureux que je sois là. Je me méfiai d'abord de ces débordements sentimentaux mais, les signes de cette affection nouvelle ne cessant de s'accumuler, je n'eus d'autre choix que d'en admettre l'authenticité. Au début, quand il avait encore la force de soutenir une conversation, il me questionnait au sujet de ma vie et je lui racontais des histoires où il était question de ma mère et de l'oncle Victor, de mes années d'université, de la période désastreuse qui s'était achevée par mon effondrement et de la façon dont Kitty Wu était venue à mon secours. Effing se disait préoccupé de ce que je deviendrais lorsqu'il aurait claqué (c'est son mot), mais je m'efforçais de le rassurer et de le persuader que j'étais capable de me débrouiller.

"Tu es un rêveur, mon petit, me dit-il. Ton esprit est dans la lune et, à en juger sur les apparences, il ne sera jamais ailleurs. Tu n'as aucune ambition, l'argent ne t'intéresse pas, et tu es trop philosophe pour avoir du goût pour l'art. Que vais-je faire de toi ? Tu as besoin de quelqu'un qui s'occupe de toi, qui veille à ce que tu aies le ventre plein et un peu d'argent en poche. Moi parti, tu vas te retrouver au point où tu en étais.

— J'ai des projets, affirmai-je, espérant par ce mensonge le détourner de ce sujet. L'hiver dernier, j'ai envoyé une demande d'inscription à l'école de bibliothécaires de Columbia, et ils m'ont accepté. Je pensais vous en avoir parlé. Les cours commencent à l'automne.

— Et comment paieras-tu ces cours ?

— On m'a accordé une bourse générale, plus une allocation pour les dépenses courantes. C'est une offre intéressante, une chance formidable. Le programme dure deux ans, et ensuite j'aurai toujours un gagne-pain.

— Je te vois mal en bibliothécaire, Fogg.

— Un peu étrange, je l'admets, mais je pense que ça pourrait me convenir. Les bibliothèques ne sont pas le monde réel, après tout. Ce sont des lieux à part, des sanctuaires de la pensée pure. Comme ça je pourrai continuer à vivre dans la lune pour le restant de mes jours. "

Je savais qu'Effing ne me croyait pas, mais il entra dans mon jeu par désir d'harmonie, afin de ne pas troubler le calme qui s'était établi entre nous. Cette attitude est caractéristique de ce qu'il était devenu au cours de ces dernières semaines. Il se sentait fier de lui, je crois, fier d'être capable de mourir de cette façon, comme si la tendresse qu'il avait commencé à me témoigner prouvait qu'il était encore capable d'accomplir tout ce qu'il voulait. En dépit de l'amenuisement de ses forces, il se croyait toujours maître de sa destinée, et cette illusion persista jusqu'à la fin : l'idée qu'il avait lui-même, par la puissance de son esprit, ordonné sa propre mort, et que tout se déroulait comme prévu. Il avait annoncé que le jour fatal serait le 12 mai, et la seule chose qui paraissait désormais lui importer était de tenir parole. Il s'était rendu bras ouverts à la mort, mais en même temps il la rejetait et luttait de toute son ultime énergie pour la contenir, pour retarder le dernier moment afin qu'il advienne dans les conditions qu'il avait énoncées. Même lorsqu'il fut devenu presque incapable de parler, quand le moindre gargouillement émis du fond de la gorge lui demandait un effort énorme, la première chose qu'il voulait savoir chaque matin dès mon entrée dans sa chambre était la date. Comme il avait perdu la notion du temps, il répétait cette question à plusieurs reprises dans le courant de la journée. Le 3 ou le 4 mai, il se mit soudain à décliner de façon spectaculaire ; il paraissait peu vraisemblable qu'il pût tenir jusqu'au 12. Je commençai à tricher avec les dates afin de le rassurer en lui faisant croire qu'il était toujours dans les temps : je sautais un jour chaque fois qu'il m'interrogeait, et un après-midi particulièrement pénible j'en vins à parcourir trois jours en l'espace de quelques heures. Nous sommes le 7, lui affirmai-je ; nous sommes le 8 ; le 9, et il était déjà si loin qu'il ne remarqua rien d'anormal. Quand, plus tard dans la semaine, son état se stabilisa, j'avais de l'avance sur le calendrier et je n'eus d'autre possibilité que de continuer à lui annoncer que nous étions le 9. Cela me semblait le moins que je pusse faire pour lui – lui donner la satisfaction de penser qu'il avait remporté cette épreuve de volonté. Quoi qu'il advienne, je m'assurerais que sa vie s'achève le 12.

Il disait que le son de ma voix l'apaisait, et même lorsqu'il fut devenu trop faible pour me répondre, il souhaitait que je continue à lui parler. Ce que je racontais importait peu, pourvu qu'il pût entendre ma voix et savoir que j'étais là. Je discourais de mon mieux, dérivant selon mes humeurs d'un sujet à un autre. Il n'était pas toujours facile d'entretenir un tel monologue, et chaque fois que je me trouvais à court d'inspiration, j'avais recours à un certain nombre de procédés pour me relancer : résumé de l'intrigue de romans ou de films, récitation par cœur de poèmes – Effing aimait tout particulièrement sir Thomas Wyatt et Fulke Greville – ou rappel des nouvelles lues dans le journal du matin. C'est étrange, j'ai gardé le souvenir de certaines de ces histoires, et si je les évoque maintenant (l'extension de la guerre au Cambodge, les tueries à l'université de Kent State) je me retrouve assis dans cette chambre auprès d'Effing, en train de le regarder, couché dans son lit. Je revois sa bouche béante et édentée ; j'entends haleter ses poumons encombrés ; je vois ses yeux, aveugles et larmoyants, dirigés fixement vers le plafond, ses mains décharnées agrippées à la couverture, l'accablante pâleur de sa peau ridée. L'association est inéluctable. Par un réflexe obscur et involontaire, je situe ces événements dans les contours du visage d'Effing, et je ne peux y penser sans le revoir devant moi.

A certains moments, je me contentais de décrire la pièce où nous nous trouvions. Appliquant les méthodes que j'avais mises au point au cours de nos promenades, je choisissais un objet et commençais à en parler. Le dessin du couvre-lit, le bureau dans un coin, le plan encadré des rues de Paris qui était accroché au mur à côté de la fenêtre. Dans la mesure où Effing arrivait à suivre ce que je disais, ces inventaires paraissaient lui procurer un plaisir profond. Tant de choses lui échappaient alors que la proximité matérielle immédiate des objets lui faisait l'effet d'une sorte de paradis, domaine inaccessible de miracles ordinaires : le tactile, le visuel, le champ des perceptions dont toute vie est entourée. En les traduisant en mots, je permettais à Effing de les connaître à nouveau, comme si le seul fait d'occuper sa place dans le monde des objets avait représenté le bien suprême. D'une certaine manière, je travaillai plus dur pour lui dans cette chambre que je n'avais jamais travaillé ; je me concentrais sur les moindres détails, sur les matières – les laines et les cotons, l'argent et l'étain, le grain des bois et les volutes des plâtres –, je fouillais chaque crevasse, j'énumérais chaque couleur, chaque forme, j'explorais les géométries microscopiques de tout ce que j'apercevais. Plus Effing s'affaiblissait, plus je m'appliquais avec acharnement, redoublant d'efforts pour franchir la distance qui ne cessait de grandir entre nous. A la fin, j'étais parvenu à un tel degré de minutie qu'il me fallait des heures pour accomplir le tour de la chambre. J'avançais par fractions de centimètre, sans permettre à rien de m'échapper, pas même aux grains de poussière suspendus dans l'air. Je sondai les limites de cet espace jusqu'à ce qu'il devînt inépuisable, une profusion d'univers contenus les uns dans les autres. A un moment donné, je me rendis compte que j'étais probablement en train de parler dans le vide, mais je persévérai néanmoins, hypnotisé par l'idée que ma voix était la seule chose qui pût maintenir Effing en vie. Cela ne servait à rien, bien sûr. Il s'en allait, et tout au long des deux dernières journées que je passai avec lui, je doute qu'il ait entendu un mot de ce que je lui disais.

Je n'étais pas présent quand il mourut. Le 11, après que je fus resté auprès de lui jusqu'à huit heures, Mme Hume vint me remplacer en insistant pour que je m'accorde le reste de la soirée. "Nous ne pouvons rien pour lui maintenant, me dit-elle. Vous êtes là-dedans avec lui depuis ce matin, et il est temps que vous preniez un peu l'air. Au moins, s'il passe la nuit, vous serez frais demain.

— Je ne pense pas qu'il y ait un demain, fis-je.

— Peut-être. Mais c'est ce que nous pensions hier, et il est toujours là."

J'emmenai Kitty dîner au *Moon Palace*, et ensuite nous vîmes un des films affichés au double programme du Thalia (il me semble que c'était *Cendres et diamant*, mais je peux me tromper). En temps normal, j'aurais alors ramené Kitty chez elle, mais je me sentais mal à l'aise au sujet d'Effing et nous redescendîmes West End Avenue dès la fin du film pour rentrer à l'appartement demander des nouvelles à Mme Hume. Il était près d'une heure du matin lorsque nous y parvînmes. Rita était en larmes quand elle ouvrit la porte, et je n'eus pas besoin, pour comprendre ce qui était arrivé, qu'elle me dise quoi que ce fût. Il se trouve qu'Effing était mort moins d'une heure avant notre arrivée. L'infirmière, à qui je demandais l'heure exacte, me répondit que cela s'était passé à 24 h 02, deux minutes après minuit. En fin de compte, Effing avait donc réussi à atteindre le 12. Cela semblait tellement énorme que je ne savais comment réagir. Un tintement bizarre résonnait dans ma tête, et j'eus soudain l'impression que les circuits de mon cerveau s'emmêlaient. Présumant que j'étais sur le point de me mettre à pleurer, je me retirai dans un coin de la pièce et cachai mon visage dans mes mains. Je restai immobile, dans l'attente des larmes, mais rien ne vint. Quelques instants s'écoulèrent encore, puis un spasme monta de ma gorge avec un bruit étrange. Il me fallut quelques secondes pour me rendre compte que je riais.

D'après les instructions laissées par Effing, son corps devait être incinéré. Il ne voulait ni service funèbre, ni enterrement, et il avait spécifié qu'aucun représentant d'aucune religion ne pouvait être présent lorsque nous disposerions de ses restes. La cérémonie serait extrêmement simple : Mme Hume et moi devions prendre le ferry pour Staten Island et, dès que nous aurions passé la moitié du trajet (avec la statue de la Liberté visible à notre droite), éparpiller ses cendres au-dessus des eaux du port de New York.

Pensant qu'il fallait donner à Salomon Barber l'occasion d'être présent, j'essayai de le joindre à Northfield, dans le Minnesota, mais après avoir appelé plusieurs fois chez lui, où personne ne répondait, je m'adressai au département d'histoire du Magnus College, où l'on m'apprit que le professeur Barber était en vacances pour tout le semestre de printemps. La secrétaire paraissait peu disposée à me donner de plus amples renseignements, mais, lorsque je lui eus expliqué la raison de mon appel, elle s'adoucit un peu et ajouta que le professeur était parti pour l'Angleterre en voyage d'études. Comment pourrais-je entrer en contact avec lui là-bas ? demandai-je. Ce sera difficile, répondit-elle, car il n'a pas laissé d'adresse. Mais son courrier, insistai-je, on doit bien le lui faire suivre quelque part ? Non, fit-elle, en réalité ce n'est pas le cas. Il nous a priés de le lui garder pour son retour. Et quand rentrera-t-il ? Pas avant le mois d'août, répondit-elle, en s'excusant de ne pouvoir me venir en aide, et quelque chose dans le ton de sa voix me fit penser qu'elle disait vrai. Plus tard, le même jour, je m'installai à ma table pour écrire à Barber une longue lettre dans laquelle je lui décrivais de mon mieux la situation. C'était une lettre compliquée à rédiger, et j'y travaillai pendant deux ou trois heures. Lorsqu'elle fut terminée, je la tapai à la machine, l'emballai avec la transcription révisée de l'autobiographie d'Effing, et expédiai le tout. Pour autant que je sache, ma responsabilité en cette affaire s'arrêtait là. J'avais exécuté ce dont Effing m'avait chargé, et à partir de ce moment la suite serait entre les mains des hommes de loi, qui prendraient contact avec Barber en temps utile.

Deux jours plus tard, Mme Hume et moi allâmes chercher les cendres au dépôt mortuaire. On les avait mises dans une urne de métal gris pas plus grosse qu'une miche de pain, et j'avais de la peine à imaginer qu'Effing s'y trouvait effectivement contenu. Une si grande part de lui s'était envolée en fumée, il paraissait bizarre de penser qu'il en restât quelque chose. Mme Hume, dont le sens des réalités était sans aucun doute plus vif que le mien, semblait avoir peur de l'urne et la tint à bras tendu jusqu'à la maison, comme si elle avait renfermé des matières empoisonnées ou radioactives. Nous tombâmes d'accord pour accomplir dès le lendemain, qu'il pleuve ou qu'il fasse soleil, notre voyage en ferry. C'était justement son jour de visite à l'hôpital des Vétérans, et, plutôt que de renoncer à voir son frère, Mme Hume décida qu'il viendrait avec nous. Tandis qu'elle m'en informait, il lui vint à l'esprit que Kitty aussi devrait nous accompagner. Cela ne me paraissait pas nécessaire, mais quand je transmis le message à Kitty elle me répondit qu'elle en avait envie. L'événement était important, me dit-elle, et elle aimait trop Mme Hume pour lui refuser le soutien moral de sa présence. C'est ainsi que nous fûmes quatre au lieu de deux. Je ne pense pas que New York ait jamais vu bande de croque-morts plus incongrue.

Mme Hume partit tôt le lendemain matin chercher son frère. Pendant son absence, Kitty arriva à l'appartement, vêtue d'une minuscule mini-jupe bleue, la splendeur de ses longues jambes cuivrées mise en valeur par les hauts talons qu'elle portait pour l'occasion. Je lui expliquai que le frère de Mme Hume avait, prétendait-on, la cervelle un peu dérangée mais que, ne l'ayant jamais rencontré, je n'étais pas très sûr de ce que cela voulait dire. Nous découvrîmes en Charlie Bacon un homme de forte taille, d'une cinquantaine d'années, avec un visage rond, des cheveux roux qui se raréfiaient et des yeux attentifs et inquiets. Il arriva, en compagnie de sa sœur, dans un état quelque peu agité et exubérant (c'était la première fois qu'il quittait l'hôpital depuis plus d'un an), et ne fit rien d'autre, pendant quelques minutes, que nous sourire et nous serrer la main. Il portait un blouson bleu d'où la fermeture Eclair était remontée jusqu'au cou, un pantalon kaki fraîchement repassé et des souliers noirs luisants avec des chaussettes blanches. Dans la poche de sa veste se trouvait un petit transistor d'où sortait le fil d'un écouteur. Il gardait constamment celui-ci dans l'oreille et glissait la main dans sa poche toutes les deux ou trois minutes pour jouer avec les boutons de sa radio. Chaque fois, il fermait les yeux et se concentrait, comme s'il avait été en train d'écouter des messages venus d'une autre galaxie. Quand je lui demandai quelle station il préférait, il me répondit qu'elles se ressemblaient toutes. "Je n'écoute pas la radio pour mon plaisir, ajouta-t-il. C'est mon boulot. Si je le fais bien, je peux dire ce qui arrive aux gros pétards, sous la ville."

— Les gros pétards ?

— Les bombes H. Il y en a une douzaine, stockées dans des tunnels souterrains, et on les déplace sans cesse pour que les Russes ne sachent pas où elles sont. Il doit

y avoir une centaine de sites différents – tout au fond, au-dessous de la ville, plus bas que le métro.
— Quel rapport avec la radio ?
— Elle diffuse des informations codées. Chaque fois qu'il y a une émission en direct, ça veut dire qu'on déplace les pétards. Les matchs de base-ball sont les meilleurs indicateurs. Si les *Mets* gagnent par 5 à 2, ça signifie qu'on range les pétards en position 52. S'ils perdent 6-1, ça représente la position 16. C'est très simple, en fait, une fois qu'on a le coup.
— Et les *Yankees* ?
— Quelle que soit l'équipe qui joue à New York, ce sont les scores qui comptent. Ils ne sont jamais en ville le même jour. Si les *Mets* jouent à New York, les *Yankees* sont sur les routes, et vice versa.
— Mais à quoi ça nous sert de savoir où se trouvent les bombes ?
— A nous mettre à l'abri. Je ne sais pas ce que vous en pensez, mais l'idée d'exploser ne me dit rien qui vaille. Il faut que quelqu'un se tienne au courant de ce qui se passe, et si personne d'autre ne s'en charge, je serai ce quelqu'un, je suppose."

Pendant cette conversation entre son frère et moi, Mme Hume changeait de robe. Dès qu'elle fut prête, nous quittâmes tous l'appartement et prîmes un taxi pour la station des ferries. La journée était belle, avec un ciel bleu clair et un vent léger qui bruissait dans l'air. Assis sur le siège arrière avec l'urne sur mes genoux, je me souviens que j'écoutais Charlie parler d'Effing tandis que le taxi progressait sur le West Side Highway. Ils s'étaient apparemment rencontrés plusieurs fois mais, après avoir évoqué leur unique point commun (l'Utah), Charlie s'embarqua dans une relation longue et chaotique des séjours que lui-même y avait faits. Pendant la guerre, il avait subi son entraînement de bombardier à Wendover, loin de tout au milieu du désert, à détruire de petites cités de sel. Il avait ensuite accompli trente ou quarante missions en survolant l'Allemagne et puis, à la fin des hostilités, on l'avait renvoyé dans l'Utah et affecté au programme de la bombe A. "Nous n'étions pas supposés savoir de quoi il s'agissait, racontait-il, mais je l'ai découvert. S'il y a une information à découvrir, faites confiance à Charlie Bacon. Ça a commencé par Little Boy, celle qu'ils ont lancée sur Hiroshima, avec le colonel Tibbetts. Il était prévu que je serais du vol suivant, trois jours plus tard, celui qui est allé à Nagasaki. Mais pas question de m'obliger à faire ça. La destruction à si grande échelle, c'est l'affaire de Dieu. Les hommes n'ont pas le droit de s'en mêler. Je les ai bien eus, j'ai simulé la folie. Je suis parti, un après-midi, j'ai commencé à marcher dans le désert, en pleine chaleur. Ça m'était égal si on m'abattait. C'était déjà assez moche en Allemagne, je n'allais pas les laisser me transformer en agent de destruction. Non, monsieur, plutôt devenir fou que d'avoir ça sur la conscience. A mon idée, ils ne l'auraient pas fait si ces Japs avaient été blancs. Les Jaunes, ils s'en foutent. Sans vouloir vous offenser, ajouta-t-il soudain, en se tournant vers Kitty, en ce qui les concerne les Jaunes ne valent pas plus que des chiens. Que pensez-vous que nous sommes en train de fiche, là-bas, en Asie du Sud-Est ? La même chose, on tue des Jaunes partout où on en trouve. Comme si on recommençait le massacre des Indiens. Maintenant, au lieu des bombes A, on a des bombes H. Les généraux sont encore en train de fabriquer des armes au fin fond de l'Utah, là où personne ne peut les voir. Vous vous rappelez ces moutons morts l'an dernier ? Six mille moutons. On avait injecté dans l'atmosphère un nouveau gaz empoisonné, et tout est mort à des kilomètres à la ronde. Non, monsieur, pas question que je me mette ce sang sur les mains. Les Jaunes, les Blancs, quelle différence ? Nous sommes tous pareils, n'est-ce pas ? Non, monsieur, pas question d'obliger Charlie Bacon à exécuter votre sale travail. Je préfère être fou, plutôt que de faire l'imbécile avec ces pétards."

 Son monologue fut interrompu par notre arrivée et Charlie se retira pour le restant de la journée dans les arcanes de son transistor. Il apprécia cependant la sortie en bateau et, malgré moi, je m'aperçus que j'étais moi aussi de bonne humeur. Notre mission comportait un côté étrange qui annulait en quelque sorte toute possibilité de broyer du noir, et même Mme Hume réussit à terminer l'expédition sans verser une larme. Je me rappelle surtout combien Kitty était belle, avec sa robe minuscule, le vent qui soufflait dans ses longs cheveux noirs, et son exquise petite main dans la mienne. Il n'y avait guère de monde sur le bateau à cette heure-là et, près de nous sur le pont, les mouettes étaient plus nombreuses que les passagers. Lorsque nous arrivâmes en vue de la statue de la Liberté, j'ouvris l'urne et secouai son contenu dans le vent. C'était un mélange de blanc, de gris et de noir, qui disparut en l'affaire de quelques secondes. Charlie se tenait à ma droite et Kitty à ma gauche, son bras gauche enlaçant Mme Hume. Nous suivîmes des yeux la fuite brève et éperdue des cendres jusqu'à ce que plus rien n'en fût visible, et ensuite Charlie se tourna vers sa sœur en disant : "C'est ça que je voudrais que tu fasses pour moi, Rita. Quand je serai mort, je voudrais que tu me fasses brûler et que tu me jettes au vent. C'est un spectacle merveilleux, cette danse dans toutes les directions à la fois, c'est le spectacle le plus merveilleux du monde."

Dès que le ferry eut abordé à Staten Island, nous nous rembarquâmes sur le bateau suivant pour revenir en ville. Mme Hume nous avait préparé un repas copieux et, moins d'une heure après notre retour à l'appartement, nous nous mettions à table et commencions à manger. Tout était terminé. Mon sac était prêt et dès la fin de ce repas je sortirais pour la dernière fois de la maison d'Effing. Mme Hume avait l'intention d'y rester jusqu'à ce que les questions d'héritage soient réglées, et si tout allait bien, disait-elle (en faisant allusion au legs qu'elle était censée recevoir), elle irait s'installer avec Charlie en Floride pour commencer une vie nouvelle. Pour la cinquantième fois, sans doute, elle m'affirma que j'étais le bienvenu si je voulais continuer à habiter l'appartement aussi longtemps qu'il me plairait, et pour la cinquantième fois je lui répondis que je disposais d'un logement chez un ami de Kitty. Elle désirait connaître mes projets. Qu'allais-je devenir ? Au point où nous en étions, je n'avais pas besoin de lui mentir. "Je ne suis pas certain, répondis-je. Il faut que j'y réfléchisse. Mais il se présentera bien quelque chose avant trop longtemps."

Nos adieux furent l'occasion d'embrassades passionnées et de larmes. Nous nous promîmes de rester en contact, mais bien sûr nous n'en fîmes rien, et je la voyais alors pour la dernière fois.

« Vous êtes un jeune homme très bien, me dit-elle, sur le seuil, et je n'oublierai jamais votre gentillesse envers M. Thomas. La moitié du temps, il n'en méritait pas tant.

— Tout le monde mérite qu'on soit gentil, répondis-je, n'importe qui, quel qu'il soit. »

Kitty et moi avions déjà franchi la porte et parcouru la moitié du corridor quand Mme Hume arriva en courant après nous. « J'ai failli oublier, dit-elle, j'avais quelque chose à vous donner. » Nous revînmes dans l'appartement, où Mme Hume ouvrit le placard et attrapa sur l'étagère supérieure un sac brun de supermarché tout chiffonné. « M. Thomas m'a donné ceci pour vous, le mois dernier, déclara-t-elle. Il voulait que je vous le garde jusqu'à votre départ. »

Je m'apprêtais à fourrer le sac sous mon bras et à ressortir, mais Kitty m'arrêta. « N'es-tu pas curieux de savoir ce qu'il y a dedans ? demanda-t-elle.

— Je pensais attendre que nous soyons dehors, répondis-je. Si jamais c'était une bombe. »

Mme Hume rit. « Ça ne me paraîtrait pas si étonnant de la part de ce vieux busard.

— Exactement. Une dernière blague, au-delà de la tombe.

— Eh bien, si tu n'ouvres pas le sac, je vais le faire, déclara Kitty. Il y a peut-être quelque chose de bien, là-dedans.

— Vous voyez quelle optimiste, fis-je remarquer à Mme Hume. Elle est toujours pleine d'espoir.

— Qu'elle l'ouvre, fit Charlie, intervenant dans la conversation avec animation. Je parie qu'il y a un cadeau précieux à l'intérieur.

— Bon, dis-je, en tendant le sac à Kitty. Puisque vous votez tous contre moi, à toi l'honneur. »

Avec une délicatesse inimitable, Kitty écarta les bords froissés du sac et jeta un coup d'œil par l'ouverture. Quand elle releva la tête vers nous, elle s'immobilisa un instant, émue, puis un large sourire de triomphe illumina son visage.

Sans un mot, elle retourna le sac et en laissa tomber le contenu sur le sol. De l'argent apparut en voletant, une pluie interminable de vieux billets chiffonnés. Nous contemplions en silence les coupures de dix, de vingt et de cinquante dollars qui atterrissaient à nos pieds. En tout, cela représentait plus de sept mille dollars.

6

Une période extraordinaire suivit ces événements. Pendant huit ou neuf mois, j'ai vécu d'une façon qui ne m'avait encore jamais été possible et, de bout en bout, je crois m'être trouvé plus près du paradis humain qu'à aucun autre moment des années que j'ai passées sur cette planète. Pas seulement à cause de l'argent (bien qu'il ne faille pas sous-estimer l'argent), mais à cause de la manière dont tout s'était soudain inversé. La mort d'Effing m'avait libéré de ma sujétion envers lui mais, en même temps, Effing m'avait délivré de ma sujétion à l'univers et, parce que j'étais jeune, parce que je connaissais si mal la vie, j'étais incapable de concevoir que cette période de bonheur pût un jour s'achever. Après avoir été perdu dans le désert, tout à coup, j'avais trouvé mon pays de Canaan, ma Terre promise. Au moment même, je ne pouvais qu'exulter, tomber à genoux, plein de reconnaissance, et baiser le sol qui me portait. Il était encore trop tôt pour imaginer que rien de tout cela puisse être détruit, trop tôt pour me représenter l'exil qui m'attendait.

L'année scolaire de Kitty s'acheva une semaine environ après que j'eus reçu l'argent, et vers la mi-juin nous avions trouvé un endroit où habiter. Pour moins de trois cents dollars par mois, nous nous installâmes ensemble dans un grand *loft* poussiéreux sur East Broadway, non loin de Chatham Square et du pont de Manhattan. C'était en plein cœur de Chinatown, et Kitty, qui s'était chargée de tout arranger, avait tiré parti de ses origines chinoises dans ses marchandages avec le propriétaire, dont elle avait obtenu un bail de cinq ans, avec des réductions partielles du loyer pour toutes les améliorations de structure que nous étions susceptibles d'apporter. Nous étions en 1970 et, mis à part quelques peintres et sculpteurs qui avaient transformé des *lofts* en ateliers, l'idée d'habiter d'anciens locaux commerciaux commençait à peine à se répandre à New York. Kitty avait besoin d'espace pour danser (il y avait plus de deux cents mètres carrés), et pour ma part je trouvais séduisante la perspective de loger dans un ancien entrepôt, avec des tuyauteries apparentes et des plafonds rouillés.

Nous achetâmes un fourneau et un frigo d'occasion dans le Lower East Side, puis nous nous offrîmes l'installation sommaire d'une douche et d'un chauffe-eau dans la salle de bains. Après avoir passé les rues au peigne fin pour dénicher de vieux meubles – une table, une bibliothèque, trois ou quatre sièges, un bureau vert tout de guingois – nous fîmes l'acquisition d'un matelas mousse et d'une batterie de cuisine. Notre mobilier n'encombrait guère l'immensité de cet espace mais, ayant en commun une aversion pour le fouillis, nous nous trouvions satisfaits du minimalisme rudimentaire de notre décor et n'y ajoutâmes plus rien. Plutôt que de consacrer au *loft* des sommes excessives – en fait, j'avais déjà dépensé près de deux mille dollars – je décidai de partir en expédition afin de nous acheter à tous deux des habits neufs. Je trouvai en moins d'une heure ce dont j'avais besoin, et puis nous passâmes le reste de la journée, de boutique en boutique, à chercher la robe idéale pour Kitty. Ce n'est qu'en revenant à Chinatown que nous la trouvâmes enfin : un *chipao* de soie indigo lustrée, garni de broderies rouges et noires. C'était une tenue de rêve pour la Reine des Dragons, fendue sur un côté et merveilleusement ajustée autour des hanches et des seins. A cause du prix exorbitant, je me souviens d'avoir dû tordre le bras à Kitty pour qu'elle me laisse l'acheter, mais ce fut en ce qui me concernait de l'argent bien dépensé, jamais je ne me lassai de la lui voir porter. Dès que la robe avait séjourné un peu longtemps dans le placard, j'inventais une raison d'aller dîner dans un restaurant convenable, rien que pour le plaisir de regarder Kitty l'enfiler. Kitty devinait toujours mes mauvaises pensées, et lorsqu'elle eut compris la profondeur de ma passion pour cette robe, elle prit même l'habitude de la porter dans la maison, certains soirs où nous restions chez nous – la faisant glisser doucement sur son corps nu en prélude à la séduction.

Chinatown était pour moi comme un pays étranger et, chaque fois que je sortais dans la rue, je me sentais complètement désorienté et confus. C'était l'Amérique, mais je n'entendais rien à ce que les gens disaient, je ne comprenais pas la signification de ce que je voyais. Même lorsque je commençai à connaître certains commerçants du quartier, nos contacts ne consistaient guère qu'en sourires polis et en gesticulations, langage par signes dépourvu de tout vrai contenu. Je n'avais pas accès au-delà des surfaces muettes des choses, et par moments cette exclusion me donnait l'impression de vivre dans un monde irréel, de circuler au milieu de foules spectrales où chacun portait un masque. Au contraire de ce que j'aurais imaginé, ce statut d'étranger ne me gênait pas. C'était une expérience curieusement stimulante qui, à la longue, paraissait embellir la nouveauté de tout ce qui m'arrivait. Il ne me semblait pas avoir déménagé d'un quartier de la ville à un autre, mais avoir accompli, pour parvenir où j'étais, un voyage autour de la moitié du globe, et il tombait sous le sens que rien ne pouvait plus me paraître familier, moi-même inclus.

Lorsque nous fûmes installés dans le *loft*, Kitty se trouva un emploi pour le reste de l'été. Je tentai de l'en dissuader, car j'aurais préféré lui donner de l'argent et lui épargner la peine d'aller travailler, mais elle refusa. Elle voulait que nous soyons à égalité, me dit-elle, et n'aimait pas l'idée que je la prenne en charge. L'important était de faire durer ma fortune, de la dépenser le plus lentement possible. Kitty était sans aucun doute plus sage que moi en cette matière, et je me rendis à sa logique supérieure. Elle s'inscrivit dans une agence de secrétariat temporaire et, à peine quelques jours plus tard, elle était embauchée par un magazine commercial dans l'immeuble McGraw-Hill, sur la 6e avenue. Nous avons trop souvent plaisanté à propos de l'intitulé de ce magazine pour que je ne m'en souvienne pas, et maintenant encore je ne peux l'évoquer sans sourire : *Les Plastiques modernes : revue de l'engagement plastique total*. Kitty travaillait là tous les jours de neuf à cinq et, dans la chaleur de l'été, avec des millions d'autres habitués, faisait la navette en métro. Ça ne devait pas être facile pour elle, mais il n'était pas dans son caractère de se plaindre de ce genre de choses. Elle faisait ses exercices de danse le soir, chez nous, pendant deux ou trois heures, et puis le lendemain matin, tôt levée et en forme, elle repartait faire son temps de bureau. En son absence, je m'occupais du ménage et des courses, et m'assurais toujours qu'un repas l'attende à son retour. C'était là ma première expérience de la vie domestique et je m'y adaptai tout naturellement, sans réticence. Nous ne parlions ni l'un ni l'autre de l'avenir, mais à un certain point, deux ou trois mois environ après que nous eûmes commencé à vivre ensemble, je pense que le soupçon nous était venu à tous deux que nous nous dirigions vers le mariage.

J'avais envoyé au *Times* la notice nécrologique d'Effing, mais je n'en reçus jamais de réponse, pas même un mot de refus. Peut-être ma lettre s'était-elle perdue, peut-être pensaient-ils qu'elle leur avait été adressée par un farceur. La version plus longue, que je m'étais fait un devoir de soumettre, selon le désir d'Effing, à l'*Art World Monthly*, fut rejetée, et il me semble que leur prudence n'était pas injustifiée. Comme me l'expliquait l'auteur de la lettre, personne à la rédaction n'avait entendu parler de Julian Barber et, à moins que je ne puisse leur procurer des ektas de son œuvre, la publication de l'article leur paraissait trop risquée. "Je ne sais pas non plus qui vous êtes, monsieur Fogg, poursuivait-il, et j'ai l'impression qu'il s'agit d'un canular élaboré de toutes pièces. Ceci ne signifie pas que votre histoire n'est pas attachante, mais vous auriez à mon avis plus de chances de la publier si vous renonciez à ce jeu et la proposiez quelque part en tant que fiction."

J'avais le sentiment que je devais à Effing au moins quelques efforts. Le lendemain du jour où j'avais reçu cette lettre de l'*Art World Monthly*, je me rendis à la bibliothèque et fis faire une photocopie de la notice nécrologique de Julian Barber datée de 1917, que j'adressai alors au rédacteur avec un mot d'accompagnement. "Barber était jeune et indiscutablement peu connu comme peintre à l'époque de sa disparition, écrivais-je, mais il a existé. Cette notice parue dans le *New York Sun* vous convaincra, je suppose, que l'article que je vous ai envoyé a été rédigé de bonne foi." La même semaine, le courrier m'apporta des excuses, mais ce n'était qu'une préface à un nouveau refus. "Je suis prêt à admettre qu'un peintre américain nommé Julian Barber a existé, écrivait le rédacteur, mais cela ne prouve pas que Thomas Effing et Julian Barber étaient le même homme. Et même s'ils l'étaient, il nous est impossible, sans aucune reproduction de l'œuvre de Barber, de juger de la qualité de sa peinture. Etant donné son obscurité, il serait logique de supposer qu'il ne s'agit pas d'un talent majeur. Dans ce cas, il n'y aurait aucune raison de lui consacrer de l'espace dans notre magazine. Dans ma lettre précédente je disais que vous aviez là le matériau d'un bon roman. Je retire ces mots maintenant. Ce que vous avez, c'est un cas de psychologie anormale. Cela peut être intéressant en soi, mais cela n'a rien à voir avec l'art."

Après cela, j'abandonnai. J'aurais pu sans doute, si j'avais voulu, dénicher quelque part une reproduction de l'un des tableaux de Barber, mais en réalité je préférais ne pas savoir à quoi ressemblait sa peinture. Après tant de mois à l'écoute d'Effing, je m'étais peu à peu figuré son œuvre, et je me rendais compte à présent de ma réticence à laisser quoi que ce fût troubler les beaux fantômes que j'avais créés. Publier l'article aurait entraîné la destruction de ces images, et il me semblait que cela n'en valait pas la peine. Si grand artiste qu'eût été Julian Barber, ses œuvres ne pourraient jamais se comparer à celles que Thomas Effing m'avait déjà données. Je me les étais rêvées d'après ses paroles, et telles elles existaient, parfaites, infinies, plus exactes dans leur représentation du réel que la réalité même. Aussi longtemps que je n'ouvrais pas les yeux, je pouvais continuer à les imaginer.

Mes jours s'écoulaient dans une splendide indolence. A part les simples tâches domestiques, je n'avais aucune responsabilité digne de ce nom. Sept mille dollars, à l'époque, c'était une somme considérable, et rien dans l'immédiat ne m'obligeait à faire des projets. Je m'étais remis à fumer, je lisais des livres, je me promenais dans les rues du bas Manhattan, je tenais un journal. De ces gribouillages naissaient de petits textes, bouffées de prose que je lisais à Kitty dès qu'ils étaient achevés. Depuis notre première rencontre, où je l'avais impressionnée par ma harangue sur Cyrano, elle était convaincue que je deviendrais écrivain, et maintenant que je m'installais tous les jours le stylo à la main, sa prophétie paraissait s'accomplir. De tous les auteurs que j'avais lus, Montaigne m'inspirait le plus. Comme lui, je tentais d'utiliser mes propres expériences pour structurer ce que j'écrivais, et même quand le matériau m'entraînait dans des territoires plutôt extravagants ou abstraits, j'avais moins l'impression de parler de ces sujets précis que de rédiger une version souterraine de l'histoire de ma vie. Je ne me souviens pas de tous les textes auxquels j'ai travaillé, mais plusieurs me reviennent en mémoire si je fais un effort suffisant : une méditation sur l'argent, par exemple, et une sur les vêtements ; un essai sur les orphelins, et un autre, plus long, sur le suicide, qui consistait surtout en une discussion du cas de Jacques Rigaud, un dadaïste français de second plan qui, à dix-neuf ans, a déclaré qu'il se donnait encore dix ans à vivre, et puis, une fois atteints ses vingt-neuf ans, a tenu parole et s'est tué d'une balle au jour convenu. Je me rappelle aussi avoir fait des recherches sur Tesla dans le cadre d'une tentative d'opposition de l'univers des machines au monde naturel. Un jour où je fouinais chez un bouquiniste de la 4e avenue, je tombai sur un exemplaire de l'autobiographie de Tesla, *Mes inventions*, qu'il avait publiée à l'origine dans un magazine du nom de *l'Ingénieur électricien*. Je rapportai chez nous ce petit volume et en commençai la lecture. Au bout de quelques pages, je rencontrai la même phrase que j'avais trouvée dans ma papillote, au *Moon Palace*, près d'un an auparavant : "Le Soleil est le passé, la Terre est le présent, la Lune est le futur." J'avais toujours gardé ce bout de papier dans mon portefeuille, et je fus frappé de découvrir que Tesla était l'auteur de ces mots, ce même Tesla qui avait tant compté pour Effing. La correspondance entre ces événements me paraissait chargée de signification, mais j'avais du mal à en saisir le sens. C'était comme si j'avais deviné un appel de mon destin et que, dès l'instant où j'essayais de l'entendre, je m'apercevais qu'il s'exprimait dans un langage inintelligible. Un ouvrier dans une fabrique de bonbons chinoise avait-il été lecteur de Tesla ? Cela paraissait peu probable, et pourtant, même si c'était le cas, pourquoi était-ce moi qui, à notre table, avais choisi la papillote contenant précisément ce message ? Je ne pouvais m'empêcher de me sentir troublé par ce qui était arrivé. C'était un nœud d'impénétrabilité, qui ne semblait pouvoir se résoudre sans l'aide de quelque théorie saugrenue : conspirations étranges de la matière, signes précurseurs, prémonitions, une vision de l'univers dans le genre de celle de Charlie Bacon. J'abandonnai mon essai sur Tesla et entrepris d'explorer la question des coïncidences, mais je n'allai pas loin. C'était un sujet trop difficile pour moi, et à la fin je le mis de côté en me disant que j'y reviendrais plus tard. Le destin fit que je n'y revins jamais.

Kitty reprit ses cours à Julliard à la mi-septembre, et dans les derniers jours de cette première semaine, enfin, je reçus des nouvelles de Salomon Barber. Près de quatre mois s'étaient écoulés depuis la mort d'Effing, et je n'en attendais plus. De toute façon, ce n'était pas essentiel, et compte tenu du nombre de réactions différentes qui m'auraient paru justifiées de la part d'un homme dans sa situation – choc, rancune, bonheur, consternation – je ne pouvais vraiment pas lui en vouloir de n'avoir pas fait signe. Avoir vécu cinquante ans avec la conviction que son père est mort, et puis apprendre, au même instant, que pendant tout ce temps il était bien vivant, et qu'il vient de mourir pour de bon – je ne me serais pas risqué à deviner comment quelqu'un pouvait encaisser un séisme d'une telle intensité. Mais la lettre de Barber arriva par la poste : une lettre aimable, pleine d'excuses et de remerciements émus pour toute l'aide que j'avais apportée à son père pendant les derniers mois de sa vie. Il serait heureux d'avoir l'occasion de parler avec moi, disait-il, et si ce n'était pas trop demander, il pensait qu'il pourrait peut-être venir à New York un week-end, cet automne. Son ton était si plein de tact, d'une telle politesse qu'il ne me vint pas à l'esprit de refuser. Dès que j'eus fini la lecture de sa lettre, je lui écrivis à mon tour que je le rencontrerais volontiers au moment qu'il choisirait.

Il prit l'avion pour New York peu après – un vendredi après-midi du début d'octobre, juste quand le temps commençait à changer. Aussitôt installé dans son hôtel, le *Warwick*, au centre de la ville, il m'appela pour m'informer de son arrivée, et nous convînmes de nous retrouver dans le hall aussi vite que je pourrais m'y rendre. Quand je lui demandai à quoi je le reconnaîtrais, il rit doucement dans le téléphone. "Je serai le type le plus gros dans la pièce, répondit-il, vous ne risquez pas de me manquer. Mais au cas où il y aurait quelqu'un d'autre de ma taille, je serai le chauve, celui qui n'a pas un cheveu sur la tête."

Gros, je le découvris bientôt, c'était peu dire. Le fils d'Effing était énorme, une masse monumentale, un pandémonium de chair sur chair accumulée. Je n'avais jamais vu personne avec de pareilles dimensions, et quand je le repérai, assis sur un canapé dans le hall de l'hôtel, j'hésitai un instant à l'aborder. C'était l'un de ces hommes monstrueux que l'on croise parfois dans une foule : si fort que l'on tente d'en détourner les yeux, on ne peut s'empêcher de les fixer, bouche bée. Il était d'une obésité titanesque, d'une rondeur si protubérante, si exorbitée qu'on ne pouvait le regarder sans se sentir rétrécir. Comme si sa tridimensionnalité avait été plus prononcée que celle des autres. Non seulement il occupait davantage d'espace qu'eux, mais il semblait en déborder, sourdre au travers de ses propres contours pour habiter des territoires où il ne se trouvait pas. Assis au repos, avec son crâne chauve de béhémoth surgissant des plis de son cou, son apparence avait quelque chose de mythique, et j'en ressentis une impression à la fois obscène et tragique. Il n'était pas possible qu'un être aussi fluet et aussi menu qu'Effing ait engendré un tel fils : il s'agissait d'un accident génétique – une semence infidèle qui s'était emballée et épanouie sans mesure. Pendant une ou deux secondes, je parvins presque à me convaincre que j'étais en proie à une hallucination, puis nos yeux se croisèrent et un sourire illumina son visage. Il portait un costume de tweed vert et des chaussures "Hush Puppy" fauves. Dans sa main gauche, un panatella à demi consumé paraissait à peine plus grand qu'une épingle.

"Salomon Barber ? demandai-je.

— Lui-même, répondit-il. Et vous devez être monsieur Fogg. Je suis heureux de vous rencontrer, monsieur."

Il avait une voix ample et résonnante, un peu rauque à cause de la fumée de cigare dans ses poumons. Je serrai l'énorme main qu'il me tendait et m'assis à côté de lui sur le canapé. Nous restâmes silencieux, l'un et l'autre, pendant plusieurs instants. Le sourire disparut lentement du visage de Barber, et une expression troublée, distante, envahit ses traits. Il m'étudiait avec intensité, mais paraissait en même temps perdu dans ses pensées, comme si une idée importante venait de le frapper. Puis, inexplicablement, il ferma les yeux et respira un grand coup.

"J'ai connu jadis quelqu'un du nom de Fogg, dit-il enfin. Il y a longtemps.

— Ce n'est pas un nom des plus communs, remarquai-je. Mais nous sommes plusieurs.

— C'était à l'université, dans les années quarante. Je venais de commencer à enseigner.

— Vous souvenez-vous comment il s'appelait, quel était son prénom ?

— Je m'en souviens, oui, mais il ne s'agit pas d'un homme, c'était une jeune femme. Emily Fogg. Elle était en première année dans ma classe d'histoire américaine.

— Savez-vous d'où elle venait ?

— Chicago. Je crois qu'elle venait de Chicago.

— Ma mère s'appelait Emily, et elle venait de Chicago. Se pourrait-il qu'il y ait eu dans le même collège deux Emily Fogg originaires de la même ville ?

— C'est possible, mais peu probable à mon avis. La ressemblance est trop forte. Je l'ai reconnue dès l'instant où vous êtes entré dans la pièce.

— Une coïncidence après l'autre, fis-je. L'univers en paraît plein.

— Oui, c'est assez stupéfiant, parfois, murmura Barber", qui dérivait à nouveau dans ses pensées. Au prix d'un effort visible, il se ressaisit après quelques secondes et poursuivit : "J'espère que ma question ne vous offensera pas, dit-il, mais comment se fait-il que vous vous trouviez porter le nom de jeune fille de votre mère ?

— Mon père est mort avant ma naissance, et ma mère a repris le nom de Fogg.

— Je regrette. Je ne voulais pas être indiscret.

— Ce n'est rien. Je n'ai jamais connu mon père, et ma mère est morte depuis des années.

— Oui, j'en ai entendu parler peu de temps après. Un accident de la circulation, je crois ? Une terrible tragédie. Ç'a dû être affreux pour vous.

— Elle a été renversée par un autobus à Boston. Je n'étais qu'un petit garçon à l'époque.

— Une terrible tragédie, répéta Barber, fermant à nouveau les yeux. Elle était belle et intelligente, votre mère. Je me souviens bien d'elle."

Dix mois plus tard, du lit où il était en train de mourir de son dos brisé dans un hôpital de Chicago, Barber m'a raconté qu'il avait commencé à soupçonner la vérité dès cette première conversation dans le hall de l'hôtel. La seule raison pour laquelle il s'était tu alors était la crainte de m'effrayer. Il ne savait encore rien de moi, et il lui était impossible de présumer la façon dont je réagirais à une nouvelle aussi soudaine, à un tel cataclysme. Il lui suffisait d'imaginer la scène pour comprendre l'importance de tenir sa langue. Un inconnu de cent soixante kilos m'invite à son hôtel, me serre la main, et puis, au lieu d'aborder les sujets dont nous devions nous entretenir, m'annonce en me regardant dans les yeux qu'il est ce père dont j'ai toujours été privé. Si grande qu'en fût la tentation, cela ne passerait pas. Selon toute probabilité, je le prendrais pour un fou et refuserais de lui adresser encore la parole. Comme nous aurions largement le temps d'apprendre à nous connaître, il ne voulait pas détruire ses chances en provoquant une scène au mauvais moment. Comme tant d'autres choses dans l'histoire que je tente de raconter, il s'avéra que c'était une erreur. Au contraire de ce que Barber s'était imaginé, il ne restait guère de temps. Pour résoudre ce problème il comptait sur l'avenir, mais cet avenir n'advint jamais. Il en paya le prix, bien que ce ne fût certes pas sa faute, et je payai avec lui, moi aussi. En dépit des résultats, je ne vois pas comment il aurait pu agir d'une autre manière. Personne ne pouvait savoir ce qui allait arriver ; personne n'aurait pu deviner les jours sombres et terribles qui nous attendaient.

Maintenant encore, je ne peux penser à Barber sans être submergé par la pitié. Si je n'avais jamais su qui était mon père, j'étais certain du moins qu'il avait un jour existé. Il faut bien qu'un enfant vienne de quelque part, après tout, et l'on appelle père, vaille qui vaille, l'homme qui a engendré cet enfant. Barber, lui, ne savait rien. Il avait couché avec ma mère une seule fois (par une nuit humide et privée d'étoiles, au printemps 1946), et le lendemain elle était partie, disparue de sa vie pour toujours. Il ignorait qu'elle s'était trouvée enceinte, qu'elle avait eu un fils, il ignorait tout de ce qu'il avait accompli. Etant donné le désastre qui en avait résulté, il n'aurait été que juste, me semble-t-il, qu'il reçoive quelque chose pour sa peine, ne fût-ce que la connaissance de ce qu'il avait fait. La femme de ménage était arrivée tôt ce matin-là, sans frapper, et à cause du cri qu'elle n'avait pu retenir dans sa gorge, la population entière de la pension s'était trouvée dans la chambre avant qu'ils aient eu une chance d'enfiler leurs vêtements. S'il n'y avait eu que la femme de ménage, ils auraient pu inventer une histoire, trouver même, peut-être, une échappatoire, mais dans ces circonstances ils avaient contre eux trop de témoins. Une petite étudiante de dix-neuf ans au lit avec son professeur d'histoire. Il y avait des règlements là-dessus, et seul un nigaud pouvait avoir la maladresse de se faire prendre, surtout dans un endroit comme Oldburn, Ohio. Il avait été renvoyé, Emily était retournée à Chicago, c'était la fin. Sa carrière ne s'était jamais remise de cet accident, mais ce qu'il y avait eu de pis, c'était le tourment d'avoir perdu Emily. Il en avait souffert pendant toute sa vie, et pas un mois ne s'était écoulé (il me l'a raconté à l'hôpital) sans qu'il revive dans sa cruauté l'instant où elle l'avait repoussé, l'expression d'horreur absolue qu'elle avait eue lorsqu'il lui avait demandé de l'épouser. "Vous m'avez brisée, avait-elle dit, je préférerais mourir plutôt que de jamais vous permettre de me revoir." Et en fait, il ne l'avait jamais revue. Lorsqu'il avait enfin réussi à retrouver sa trace, treize ans plus tard, elle était déjà dans sa tombe.

Pour autant que je sache, ma mère n'a jamais raconté à personne ce qui était arrivé. Ses parents étaient morts tous les deux, Victor parcourait le pays avec l'orchestre de Cleveland, rien ne l'obligeait donc à évoquer le scandale. Selon toute apparence, elle n'était qu'un cas de plus d'échec universitaire, et pour une jeune femme, en 1946, cela ne pouvait être considéré comme très alarmant. Le mystère, c'est que même après avoir appris qu'elle était enceinte, elle a refusé de divulguer le nom du père. J'ai interrogé mon oncle plusieurs fois à ce sujet pendant nos années de vie commune, mais il n'en savait pas plus que moi. "C'était le secret d'Emily, disait-il. Je l'ai questionnée là-dessus plus souvent que je n'aime m'en souvenir, et jamais elle ne m'a donné un soupçon de réponse." Pour donner naissance à un enfant illégitime, à cette époque-là, il fallait du courage et de l'obstination, mais il semble que ma mère n'ait jamais hésité. Avec tout le reste, je lui en dois de la reconnaissance. Une femme moins volontaire m'aurait fait adopter ou même, pis, se serait fait avorter. Ce n'est pas une idée très agréable, mais si ma mère n'avait pas été ce qu'elle était, je ne serais peut-être pas venu au monde. Si elle avait agi de façon raisonnable, je serais mort avant ma naissance, fœtus vieux de trois mois gisant au fond d'une poubelle dans quelque arrière-cour.

En dépit de son chagrin, Barber n'était pas réellement surpris que ma mère l'ait repoussé et, les années passant, il avait du mal à lui en vouloir. Ce qui l'étonnait, c'est d'abord qu'elle ait éprouvé pour lui de l'attirance. Il avait déjà vingt-neuf ans au printemps 1946, et Emily était en fait la première femme qui eût couché avec lui sans qu'il la paie. Et encore de telles transactions n'avaient-elles été que rares et espacées. Le risque était trop grand, simplement, et après avoir découvert que le plaisir peut être tué par l'humiliation, il n'avait plus guère osé essayer. Barber ne se faisait pas d'illusions sur sa personne. Il comprenait ce que voyaient les gens qui le regardaient, et trouvait qu'ils avaient raison de ressentir ce qu'ils ressentaient. Emily avait représenté son unique chance, et il l'avait perdue. Si dur que cela fût à accepter, il ne pouvait s'empêcher de penser que c'était tout ce qu'il méritait.

Son corps était un donjon et il avait été condamné à y passer le restant de ses jours, prisonnier oublié, privé du recours à l'appel, de l'espoir d'une réduction de peine ou de la possibilité d'une exécution miséricordieusement rapide. Il avait atteint à quinze ans sa taille adulte, entre un mètre quatre-vingt-sept et un mètre quatre-vingt-dix environ, et à partir de là son poids n'avait cessé d'augmenter. Tout au long de son adolescence, il avait lutté pour le maintenir au-dessous de cent kilos, mais ses virées nocturnes ne lui valaient rien, et les régimes paraissaient sans effet. Il avait évité les miroirs et passé seul le plus de temps possible. Le monde était une course d'obstacles, balisé de regards fixes et d'index pointés, et lui-même un monstre de foire ambulant, enfant-ballon qui passait en se dandinant entre deux haies cruelles, rigolardes, et devant qui les gens s'arrêtaient net sur leurs pas. Les livres étaient bientôt devenus son refuge, un lieu où il pouvait se tenir dissimulé – non seulement aux yeux des autres mais aussi à ses propres pensées. Car Barber n'a jamais eu le moindre doute quant à celui à qui incombait la responsabilité de son apparence. Lorsqu'il s'enfonçait dans les mots qui se trouvaient devant lui sur une page, il arrivait à oublier son corps et cela, plus que toute autre chose, l'aidait à mettre une sourdine à ses récriminations contre lui-même. Les livres lui offraient la possibilité de flotter, de suspendre son être dans sa conscience, et aussi longtemps qu'il leur portait une attention complète, il pouvait s'abuser, imaginer qu'il avait été libéré, que les cordes qui le tenaient attaché à son ancrage grotesque avaient été rompues.

Il avait terminé premier de sa classe ses études secondaires, accumulant distinctions et résultats d'examens qui avaient étonné tout le monde dans la petite ville de Shoreham, à Long Island. En juin de cette année-là, il avait prononcé un discours d'adieu, convaincu quoique décousu, en faveur du mouvement pacifiste, de la République espagnole, et d'un deuxième mandat pour Roosevelt. C'était en 1936, et le public, dans le gymnase torride, l'avait applaudi chaleureusement, même s'il ne partageait pas ses vues politiques. Puis, comme vingt-neuf ans plus tard son fils insoupçonné, il partit pour New York et quatre ans de Columbia College. A la fin de cette période, il s'était fixé un poids limite de cent trente kilos. Il avait ensuite obtenu une licence d'histoire, accompagnée d'un rejet de l'armée quand il avait cherché à s'engager. "On ne prend pas les gros", avait déclaré le sergent avec un rictus de mépris. Rejoignant les rangs du *"home front"*, Barber était donc resté à l'arrière avec les paraplégiques et les mentalement déficients, les trop jeunes et les trop vieux. Il avait passé ces années entouré de femmes, dans le département d'histoire de Columbia, masse anormale de chair mâle ruminant entre les rayons de la bibliothèque. Mais nul ne contestait qu'il n'excellât dans son domaine. Sa thèse sur l'évêque Berkeley et les Indiens avait reçu en 1944 l'American Studies Award, et après cela des postes lui avaient été proposés dans différentes universités de l'Est. Pour des motifs qui lui étaient toujours demeurés insondables, il avait opté pour l'Ohio.

La première année s'était assez bien passée. Il était un professeur populaire, participait en tant que baryton à la chorale de la faculté, et avait rédigé les trois premiers chapitres d'un livre sur des récits de captivité chez les Indiens. La guerre en Europe s'était enfin achevée ce printemps-là, et quand les deux bombes avaient été lancées sur le Japon en août, il avait tenté de se consoler avec l'idée que cela ne se produirait plus jamais. Contre toute attente, l'année suivante avait débuté brillamment. Il avait réussi à abaisser son poids à cent trente-six kilos et, pour la première fois de sa vie, il commençait à envisager l'avenir avec un certain optimisme. Le semestre de printemps avait amené Emily Fogg dans sa classe de première année d'histoire, et cette jeune fille pleine de charme et d'effervescence, à sa surprise, s'était entichée de lui. C'était trop beau pour être vrai, et bien qu'il s'enjoignît de rester prudent, il lui paraissait peu à peu évident que tout était soudain devenu possible, même ce dont il n'aurait jamais osé rêver. Ensuite il y avait eu la chambre, l'irruption de la femme de ménage, le désastre. A elle seule, la rapidité de tout cela l'avait paralysé, il en avait été trop stupéfait pour réagir. Lorsqu'il avait été convoqué dans le bureau du président, ce jour-là, l'idée de protester contre son renvoi ne l'avait même pas effleuré. Il était remonté dans sa chambre, avait fait ses bagages, et était parti sans dire au revoir à personne.

Le train de nuit l'avait emmené à Cleveland, où il s'était installé à l'YMCA. Il avait d'abord eu l'intention de se jeter par la fenêtre mais, après avoir attendu le moment favorable pendant trois jours, il s'était rendu compte qu'il n'en avait pas le courage. Après cela, il s'était résolu à céder, à abandonner la lutte une fois pour toutes. S'il n'avait pas le courage de mourir, s'était-il dit, au moins vivrait-il en homme libre. Il y était déterminé. Il ne se déroberait plus devant lui-même ; il ne permettrait plus à autrui de décider qui il était. Pendant quatre mois, il avait mangé à en perdre conscience : il se bourrait de beignets et de choux à la crème, de pommes de terre gorgées de beurre et de rôtis baignant dans la sauce, de crêpes, de poulets rôtis, de généreuses bolées de soupe aux fruits de mer. Quand sa fureur s'était apaisée, il avait pris près de vingt nouveaux kilos – mais les chiffres ne lui importaient plus. Il avait cessé de les regarder, et ils avaient donc cessé d'exister.

Plus son corps grossissait, plus il s'y enfouissait. Le but de Barber était de s'isoler du monde, de se rendre invisible dans la masse de sa propre chair. Ces mois passés à Cleveland, il les avait consacrés à s'apprendre l'indifférence quant à l'opinion des inconnus, à s'immuniser contre la douleur d'être vu. Chaque matin, il se mettait à l'épreuve en parcourant Euclid Avenue à l'heure de pointe, et les samedis et dimanches il se faisait un principe de flâner l'après-midi entier dans Weye Park où, exposé aux regards du plus grand nombre possible, il feignait de ne pas entendre les remarques des badauds et les forçait, de toute sa volonté, à détourner les yeux de lui. Il était seul, séparé du monde : monade bulbeuse, ovoïde, cheminant péniblement à travers le désordre de sa conscience. Mais l'effort n'avait pas été vain, il ne craignait plus son isolement. En s'immergeant dans le chaos dont il était habité, il était enfin devenu Salomon Barber, un personnage, quelqu'un, un univers en soi dont il était le créateur.

Le couronnement a été atteint, plusieurs années plus tard, quand Barber a commencé à perdre ses cheveux. Cela ressemblait d'abord à un mauvais calembour – un chauve nommé Barbier – mais comme perruques et moumoutes étaient hors de question, il n'avait pas le choix : il fallait vivre avec. Sur sa tête, le beau jardin s'est peu à peu flétri. Là où avaient poussé des fourrés de boucles acajou, ne restait qu'un crâne livide, une étendue déserte de peau nue. Ce changement d'apparence ne lui plaisait pas, mais le plus déconcertant était encore qu'il échappât à son contrôle de façon aussi radicale. Il en était réduit à une relation passive avec lui-même, et c'était précisément là ce qu'il ne pouvait plus tolérer. C'est pourquoi un beau jour, alors que le processus était à moitié accompli (il avait encore des cheveux des deux côtés, mais plus rien sur le dessus), il avait calmement pris son rasoir et achevé ce qui restait. Le résultat de cette expérience avait été beaucoup plus impressionnant qu'il ne s'y attendait. Barber avait découvert qu'il possédait un fameux caillou de crâne, un crâne mythologique, et tandis qu'il se regardait, planté devant le miroir, il lui avait semblé juste que le vaste globe de son corps fût désormais assorti d'une lune. A partir de ce jour-là, il avait traité cette sphère avec un soin scrupuleux, l'enduisant chaque matin d'huiles et d'onguents afin d'y maintenir le brillant et la douceur convenables, lui offrant des massages électriques, s'assurant qu'elle était toujours bien protégée des éléments. Il s'était mis à porter des chapeaux, toutes sortes de chapeaux, qui petit à petit étaient devenus l'insigne de son excentricité, la marque ultime de son identité. Non plus seulement Salomon Barber l'obèse, mais l'Homme aux chapeaux. Il fallait un culot certain, mais il avait appris alors à s'amuser à cultiver sa bizarrerie, et accumulé en chemin un attirail bigarré qui accentuait encore son talent à intriguer les gens. Il portait des melons et des fez, des casquettes de base-ball et des feutres mous, des casques coloniaux et des chapeaux de cow-boy, tout ce qui attirait sa fantaisie, sans égard pour le style ni pour les convenances. En 1957, sa collection avait pris de telles proportions qu'il lui est arrivé de passer vingt-trois jours sans porter deux fois le même couvre-chef.

Après la crucifixion de l'Ohio (comme il devait l'appeler plus tard), Barber avait trouvé du travail dans une série de petits collèges obscurs de l'Ouest et du Middle West. Ce qu'il avait d'abord envisagé comme un exil temporaire allait durer plus de vingt ans, et à la fin la carte de ses blessures était circonscrite par des points situés dans tous les coins du pays profond : Indiana et Texas, Nebraska et Oklahoma, Dakota du Sud et Kansas, Idaho et Minnesota. Il ne demeurait jamais nulle part plus de deux ou trois ans, et bien que tous ces établissements eussent tendance à se ressembler, ses continuels déplacements lui avaient évité l'ennui. Barber avait une grande capacité de travail, et dans le calme poussiéreux de ces retraites il ne faisait guère que travailler : il produisait avec régularité des articles et des livres, assistait à des conférences ou en donnait, et consacrait de si longues heures à ses étudiants et à ses cours qu'il ne manquait jamais d'émerger sur le campus comme le professeur le plus aimé. Bien que sa compétence en tant que savant fût incontestée, les grandes universités avaient continué à ne pas vouloir de lui même lorsque la flétrissure de l'Ohio avait commencé à tomber dans l'oubli. Effing avait fait allusion à McCarthy, mais la seule intrusion de Barber dans la politique de gauche avait consisté à faire route commune avec le Mouvement de la paix, à Columbia, dans les années trente. S'il ne se trouvait pas à proprement parler sur les listes noires, il était commode néanmoins pour ses détracteurs d'entourer son nom d'insinuations rosâtres, comme s'ils y voyaient en fin de compte un meilleur prétexte pour le rejeter. Nul ne l'aurait exprimé en clair, mais on avait le sentiment que Barber, tout simplement, ferait tache. Il était trop énorme, trop tapageur, trop complètement impénitent. Imaginez un Titan de cent soixante kilos se trimbalant dans les jardins de Yale coiffé d'un chapeau comme une barrique. Cela ne se pouvait pas. Cet homme n'avait aucune honte, aucun sens du décorum. Sa seule présence dérangerait l'ordre des choses, et pourquoi rechercher la difficulté alors qu'on avait le choix entre un si grand nombre de candidats ?

Cela valait peut-être mieux. En demeurant à la périphérie, Barber pouvait rester celui qu'il voulait être. Les petits collèges étaient contents de l'avoir, et parce qu'il n'était pas seulement le professeur le plus gros qu'on eût jamais vu mais aussi l'Homme aux chapeaux, il échappait aux mesquineries et aux intrigues qui empoisonnent la vie en province. Tout ce qui le concernait paraissait si outré, si extravagant, si manifestement en dehors des normes que personne n'osait le juger. Il arrivait à la fin de l'été, tout poussiéreux après plusieurs jours passés sur les routes, traînant une remorque derrière sa vieille voiture à l'échappement poussif. Si des étudiants passaient par là, il les embauchait aussitôt pour décharger ses affaires, leur payait ce travail d'un salaire exorbitant, puis les invitait à déjeuner. Le ton était ainsi posé. Ils voyaient son impressionnante collection de livres, ses innombrables couvre-chefs, et la table spéciale qui avait été fabriquée pour lui à Topeka – le bureau de saint Thomas d'Aquin, disait-il, dont la surface avait été creusée d'un large demi-cercle pour faire de la place à son ventre. Il était difficile de n'être pas fasciné, à le voir se mouvoir, le souffle court et sifflant, déplacer lentement son immense masse d'un endroit à un autre, et fumer sans arrêt ces longs cigares qui laissaient des cendres partout sur ses vêtements. Les étudiants riaient de lui derrière son dos, mais ils lui étaient très attachés et, pour ces fils et filles de fermiers, de boutiquiers et de pasteurs, il représentait ce qu'ils connaîtraient jamais de plus proche de la véritable intelligence. Il ne manquait jamais de petites élèves dont le cœur battait pour lui (prouvant que l'esprit peut en effet l'emporter sur le corps), mais Barber avait retenu la leçon et ne retomba jamais dans ce piège. Il adorait en secret se trouver entouré de jeunes filles au regard langoureux, mais il faisait semblant de ne pas les comprendre, et jouait son rôle de lettré bourru, d'eunuque jovial qui a étouffé le désir à force de manger. C'était douloureux et solitaire, mais cette attitude lui procurait une certaine protection, et si ça ne marchait pas toujours, il avait du moins appris l'importance de garder les stores baissés et la porte fermée. Durant toutes ses années d'errance, personne n'eut jamais rien à lui reprocher. Il ahurissait les gens par ses singularités, et avant que ses collègues eussent le temps de se lasser de lui il était déjà sur le départ, en train de faire ses adieux avant de disparaître dans le crépuscule.

D'après ce que Barber m'a raconté, sa route a croisé une fois celle de l'oncle Victor, mais si je réfléchis aux détails de leurs deux vies, je pense qu'ils pourraient s'être rencontrés en trois occasions. La première, c'est à New York, en 1939, à l'Exposition universelle. C'est un fait, je le sais, qu'ils l'ont visitée tous les deux et, même si c'est peu probable, il n'est certes pas impossible qu'ils s'y soient trouvés le même jour. J'aime à me les figurer, arrêtés ensemble devant un stand – la Voiture de l'avenir, par exemple, ou la Cuisine de demain –, et puis se bousculant par mégarde et soulevant leur chapeau en un geste d'excuse simultané, deux jeunes gens à la fleur de l'âge, l'un gros et l'autre maigre, duo de comédie fantôme qui joue pour moi cette saynète dans la salle de projection de mon crâne. Effing aussi s'est rendu à l'Exposition, bien entendu, peu après son retour d'Europe, et il m'est arrivé de lui donner une place dans cette scène imaginaire, assis sur un fauteuil roulant à l'ancienne mode, en osier, avec lequel Pavel Shum lui fait parcourir la foire. Barber et oncle Victor sont peut-être l'un à côté de l'autre au moment où passe Effing. Et, à cet instant précis, Effing est peut-être en train d'injurier son ami russe avec une mauvaise humeur bruyante, et Barber et oncle Victor, choqués par un tel étalage public de grossièreté, échangent en hochant la tête un sourire navré.

Sans se douter, bien sûr, que cet homme est le père de l'un et le futur grand-père du neveu de l'autre. De telles scènes offrent des possibilités sans limites, mais je m'efforce en général de les faire aussi modestes que je peux – des interactions brèves et silencieuses : un sourire, un chapeau soulevé, un murmure d'excuse. Elles me paraissent ainsi plus suggestives, comme si, en ne m'aventurant pas trop, en me concentrant sur de petits détails éphémères, je pouvais m'amener à croire qu'elles ont eu lieu en vérité.

La deuxième rencontre se serait produite à Cleveland, en 1946. Pour celle-ci plus encore que pour la première, je ne dispose que de conjectures, mais je garde le souvenir très net d'avoir remarqué, au cours d'une promenade avec mon oncle dans Lincoln Park, à Chicago, un homme d'une grosseur gigantesque qui mangeait un sandwich sur la pelouse. Cet homme avait rappelé à Victor un autre gros qu'il avait un jour vu à Cleveland ("à l'époque où je faisais encore partie de l'orchestre"), et bien que je n'en aie aucune preuve précise j'aime à penser que l'homme qui avait fait si forte impression sur lui était Barber. Les dates, à tout le moins, correspondent tout à fait, puisque Victor a joué à Cleveland de quarante-cinq à quarante-huit, et que Barber s'est installé à l'YMCA au printemps quarante-six. Selon ce que racontait Victor, il mangeait de la tarte au fromage un soir au *Lansky's Delicatessen*, une grande salle bruyante située trois blocs à l'ouest de Severence Hall. L'orchestre venait de jouer en concert un programme Beethoven, et il était entré là avec trois autres membres de la section des bois pour un petit repas tardif. Du siège qu'il occupait au fond du restaurant, rien ne faisait écran entre lui et un obèse assis seul à une table le long de la cloison latérale. Incapable de détourner les yeux de cette énorme figure solitaire, mon oncle l'avait regardé avec consternation faire un sort à deux bols de bouillon aux quenelles de matsa, une platée de chou farci, un supplément de blinis, trois portions de salade de chou cru, une corbeille de pain et six ou sept pickles pêchés dans un tonnelet de saumure. Victor avait été tellement horrifié par cette démonstration de gloutonnerie qu'il devait garder en mémoire, jusqu'à la fin de ses jours, cette figure du malheur humain pur et nu. "Quiconque mange comme cela tente de se suicider, m'avait-il dit. C'était pareil que de voir quelqu'un se laisser mourir de faim."

Leurs routes se sont croisées une dernière fois en 1959, au cours de la période où mon oncle et moi vivions à Saint Paul, dans le Minnesota. Barber était alors en poste au Macalester College, et un soir, chez lui, comme il parcourait les petites annonces de voitures d'occasion dans les dernières pages du *Pioneer Press*, il était tombé par hasard sur une offre de leçons de clarinette provenant d'un certain Victor Fogg, "ancien membre de l'orchestre de Cleveland". Le nom avait fendu sa mémoire, telle une lance, et l'image d'Emily s'était imposée à lui, plus vivace, plus flagrante que toutes celles qu'il avait revues depuis des années. Il la retrouvait soudain au-dedans de lui, ramenée à la vie par l'apparition de son nom, et il n'avait plus réussi, de toute cette semaine, à la chasser de ses pensées : il se demandait ce qu'elle était devenue, imaginait les différentes existences qu'elle pouvait avoir menées, la voyait avec une clarté dont il était presque choqué. Le professeur de musique n'avait sans doute aucun lien de parenté avec elle, mais il lui semblait qu'il ne risquait rien à tenter de s'en assurer. Sa première réaction avait été de téléphoner à Victor, mais, après avoir ressassé ce qu'il voulait dire, il avait changé d'avis. Il craignait d'avoir l'air d'un fou en essayant de raconter son histoire, de bégayer des incohérences, d'ennuyer cet inconnu à l'autre bout de la ligne. Il avait donc opté plutôt pour une lettre dont il avait ébauché sept ou huit versions avant de se sentir satisfait, puis il l'avait mise à la poste dans un élan d'angoisse, regrettant son geste dès l'instant où l'enveloppe avait disparu dans la fente. La réponse était arrivée dix jours après, griffonnage laconique jeté en travers d'une feuille de papier jaune. "Monsieur, avait-il lu, Emily Fogg était ma sœur, en effet, mais j'ai le triste devoir de vous informer qu'elle est morte il y a huit mois à la suite d'un accident de la circulation. Regrets infinis. Salutations sincères, Victor Fogg."

Tout bien considéré, ce message ne lui apprenait rien qu'il ne sût déjà. Victor n'avait révélé qu'un seul fait, un fait dont Barber avait pris conscience depuis longtemps : qu'il ne reverrait jamais Emily. La mort n'y changeait rien. Elle ne faisait que confirmer ce qui était déjà une certitude, renouveler cette perte avec laquelle il vivait depuis des années. La lecture de la lettre n'en avait pas été moins pénible, mais une fois ses pleurs calmés il s'était aperçu qu'il avait soif de plus d'informations. Que lui était-il arrivé ? Où était-elle allée, qu'avait-elle fait ? Avait-elle été mariée ? Avait-elle laissé des enfants ? Est-ce que quelqu'un l'avait aimée ? Barber voulait des faits. Il voulait remplir les blancs, construire une vie à Emily, quelque chose de tangible à trimbaler avec lui : une série d'images, en quelque sorte, un album de photos qu'il pourrait ouvrir à volonté dans sa tête pour le contempler. Le lendemain, il adressait à Victor une nouvelle lettre. Après avoir exprimé du fond du cœur ses condoléances et son chagrin dans un premier paragraphe, il poursuivait en suggérant, avec une délicatesse extrême, combien il serait important pour lui de connaître la réponse à quelques-unes de ces questions. Il avait attendu patiemment, mais deux semaines s'étaient écoulées sans un mot. A la fin, pensant que sa lettre pouvait s'être perdue, il avait téléphoné chez Victor. La sonnerie avait retenti trois ou quatre fois, puis une opératrice l'avait interrompue pour l'informer que ce numéro n'était plus en service. Barber avait été intrigué, mais ne s'était pas laissé décourager (cet homme était peut-être pauvre, après tout, trop fauché pour payer sa note de téléphone), et il s'était donc hissé dans sa Dodge 51 pour se rendre à l'immeuble où habitait Victor, 1025 Linwood Avenue. Comme il n'arrivait pas à trouver le nom de Fogg parmi les sonnettes de l'entrée, il avait appuyé sur celle du concierge. Au bout de quelques instants, un petit homme vêtu d'un sweater vert et jaune s'était approché de la porte en traînant les savates et lui avait annoncé que M. Fogg avait déménagé. "Lui et le petit garçon, avait-il dit, ils sont partis tout à coup il y a une dizaine de jours." Barber avait été déçu, il ne s'attendait pas à ce coup. Mais il ne lui était pas venu une seconde à l'esprit de se demander qui pouvait être ce petit garçon. Et même s'il y avait songé, cela n'aurait fait aucune différence. Il l'aurait pris pour le fils du clarinettiste, sans chercher plus loin.

Des années plus tard, quand Barber m'a parlé de la lettre qu'il avait reçue d'oncle Victor, j'ai enfin compris pourquoi mon oncle et moi avions quitté Saint Paul avec une telle précipitation en 1959. La scène prenait tout son sens : les bagages bouclés dans l'agitation, tard dans la soirée, le trajet en voiture sans arrêt jusqu'à Chicago, les deux semaines pendant lesquelles nous avions habité l'hôtel et je n'avais pas repris l'école. Victor ne pouvait pas savoir la vérité, à propos de Barber, mais il n'en avait pas moins peur de ce que pouvait être cette vérité. Il existait un père, quelque part, et pourquoi prendre des risques avec cet homme qui semblait si désireux d'apprendre des choses sur Emily ? Si on en venait au pire, qui pouvait affirmer qu'il n'exigerait pas la garde de l'enfant ? Il avait été assez simple d'éviter de parler de moi en répondant à sa première lettre, mais la seconde était arrivée, avec toutes ces questions, et Victor s'était rendu compte qu'il était coincé. L'ignorer ne serait revenu qu'à reporter le problème à plus tard, car si l'inconnu était aussi curieux qu'il y paraissait, il viendrait tôt ou tard à notre recherche. Et qu'arriverait-il, alors ? Victor ne voyait d'autre solution que de s'éclipser, de m'emporter au milieu de la nuit pour disparaître dans un nuage de fumée.

Cette histoire est l'une des dernières que Barber m'ait racontées, et elle m'a brisé le cœur. Je comprenais la réaction de Victor et, devant l'attachement dont elle témoignait à mon endroit, je me trouvais emporté par un tourbillon de sentiments – le regret déchirant de mon oncle, le deuil de sa mort éprouvé à nouveau. Mais en même temps, la frustration, l'amertume en évoquant les années perdues. Car si Victor avait répondu à la seconde lettre de Barber au lieu de s'enfuir, j'aurais pu découvrir mon père dès 1959. On ne peut reprocher à personne ce qui s'est passé, mais ce n'en est pas moins difficile à accepter. C'est un enchaînement de connexions manquantes ou mal synchronisées, de tâtonnements dans l'obscurité. Nous nous trouvions toujours au bon endroit au mauvais moment, nous nous manquions toujours à peine, toujours à quelques millimètres de comprendre la situation dans son ensemble. Cette histoire se résume ainsi, je pense. Une série d'occasions ratées. Tous les morceaux se trouvaient là depuis le début, mais personne n'a su les rassembler.

Rien de tout cela ne fut révélé au cours de notre première rencontre, bien entendu. Du moment que Barber avait décidé de ne pas évoquer ses soupçons, il ne nous restait d'autre sujet de conversation que son père, dont nous parlâmes abondamment au cours des quelques jours qu'il passa en ville. Le premier soir, il m'invita à dîner chez Gallagher, dans la 52e rue ; le deuxième soir, avec Kitty, dans un restaurant de Chinatown ; et le troisième jour, le dimanche, je le rejoignis à son hôtel pour le petit déjeuner, avant qu'il reprenne l'avion pour le Minnesota. L'esprit et le charme de Barber faisaient vite oublier sa malheureuse apparence, et plus je passais de temps avec lui, plus je me sentais à l'aise. Presque dès le début, nous bavardâmes sans contrainte, et nous racontâmes nos histoires réciproques en échangeant idées et plaisanteries, et parce qu'il n'était pas homme à craindre la vérité je pus lui parler de son père sans m'imposer de censure, et évoquer pour lui dans sa totalité la période que j'avais passée auprès d'Effing, le pire avec le meilleur.

Barber, pour sa part, n'avait jamais su grand-chose. On lui avait raconté que son père était mort dans l'Ouest quelques mois avant sa naissance, et cela paraissait assez plausible, puisque les murs de la maison étaient couverts de tableaux et que tout le monde avait toujours répété que son père était un peintre, un spécialiste des paysages qui avait beaucoup voyagé pour son art. La dernière fois, il était parti dans les déserts de l'Utah, disait-on, une région perdue s'il en fut, et c'est là-bas qu'il était mort. Mais les circonstances de cette mort ne lui avaient jamais été expliquées. Quand il avait sept ans, une tante lui avait raconté que son père était tombé d'une falaise. Trois ans plus tard, un oncle prétendait qu'il avait été capturé par des Indiens, et moins de six mois après, Molly Sharp annonçait que c'était l'œuvre du diable. Molly Sharp était la cuisinière qui lui préparait de si délicieux desserts après l'école – une Irlandaise rubiconde, haute en couleur, avec de larges espaces entre les dents – et pour autant qu'il sût elle ne mentait jamais. Quelle qu'en fût la cause, la mort de son père était toujours avancée comme la raison pour laquelle sa mère gardait la chambre. C'est ainsi que la famille faisait allusion à l'état de santé de sa mère, bien qu'elle sortît parfois de sa chambre, en particulier dans la chaleur des nuits d'été, quand elle errait dans les couloirs de la maison, ou même descendait sur la plage s'asseoir au bord de l'eau pour écouter les petites vagues qui arrivaient du détroit.

Il ne voyait pas souvent sa mère, et même dans ses bons jours elle avait du mal à se souvenir de son nom. Elle s'adressait à lui en l'appelant Teddy, ou Malcolm, ou Rob – en le regardant toujours droit dans les yeux et avec une conviction totale – ou en usant d'épithètes étranges auxquelles il ne trouvait aucun sens : Bally-Ball, Pooh-Bah ou M. Jinks. Il n'essayait jamais de la corriger, car les heures qu'il passait en la compagnie de sa mère étaient trop rares pour être gâchées, et il savait d'expérience que la moindre chicane pouvait bouleverser son humeur. Les autres membres de la maisonnée l'appelaient Solly. Ce surnom ne lui déplaisait pas, car d'une certaine manière son vrai nom grâce à cela restait intact, comme un secret connu de lui seul : Salomon, le sage roi des Hébreux, un homme si précis dans ses jugements qu'il pouvait menacer de couper un bébé en deux. Plus tard, on avait abandonné le diminutif et il était devenu Sol. Les poètes élisabéthains lui avaient appris qu'il s'agissait là d'un mot ancien pour désigner le soleil, et il avait découvert peu après que c'était aussi le mot français pour la surface de la terre. L'idée de pouvoir être à la fois le soleil et la terre l'intriguait, et il l'avait interprétée pendant plusieurs années comme la capacité de contenir à lui seul toutes les contradictions de l'univers.

Sa mère vivait au troisième étage avec une série de domestiques et de dames de compagnie, et de longues périodes s'écoulaient parfois sans qu'elle descendît. C'était un royaume distinct, là-haut, avec la cuisine qui avait été installée à un bout du couloir et la grande chambre aux neuf côtés. C'était là que son père avait l'habitude de peindre, disait-on, et les fenêtres étaient disposées de telle façon qu'en regardant au travers on ne voyait que de l'eau. Il avait découvert que si on demeurait assez longtemps debout devant ces fenêtres, le visage appuyé contre la vitre, on arrivait à ressentir l'impression de flotter dans le ciel. Il n'était pas souvent autorisé à y monter, mais de sa chambre à l'étage inférieur il lui arrivait d'entendre sa mère aller et venir pendant la nuit (le craquement du parquet sous le tapis), et de temps à autre il distinguait des voix : la rumeur d'une conversation, un rire, des bribes de chansons, un accès de gémissements ou de pleurs. Ses visites au troisième étage étaient régies par les infirmières, et chacune imposait des règles différentes. Miss Forrest lui réservait une heure chaque jeudi ; miss Caxton examinait les ongles de ses mains avant de le laisser entrer ; miss Flower recommandait des promenades énergiques sur la plage ; miss Buxley servait du chocolat chaud ; et miss Gunderson parlait à voix si basse qu'il ne comprenait pas ce qu'elle disait. Un jour, Barber avait passé l'après-midi entier à jouer avec sa mère à se déguiser, et une autre fois ils avaient fait naviguer un petit voilier sur le bassin jusqu'à la nuit tombée. Ces visites étaient celles dont il gardait le souvenir le plus net, et il s'était rendu compte des années après qu'elles devaient avoir été ses moments les plus heureux auprès d'elle. Aussi loin qu'il pouvait remonter dans sa mémoire, elle lui avait toujours paru vieille, avec ses cheveux gris et son visage sans maquillage, ses yeux d'un bleu délavé et sa bouche triste, les taches brunes au dos de ses mains. Ses gestes étaient agités d'un tremblement léger mais constant, ce qui lui donnait sans doute l'air encore plus fragile qu'elle ne l'était – une femme aux nerfs éparpillés, sans cesse sur le point de s'effondrer. Néanmoins, il ne la considérait pas comme folle (*malheureuse* était le mot qui lui venait d'habitude à l'esprit), et même lorsqu'elle se conduisait d'une façon qui alarmait tous les autres, lui pensait souvent qu'il ne s'agissait que d'un jeu. Au cours des années, il y avait eu plusieurs crises (un accès de hurlements, quand l'une des infirmières avait été renvoyée, une tentative de suicide, une période de plusieurs mois pendant lesquels elle avait refusé de porter le moindre vêtement), et à un moment donné elle avait été envoyée en Suisse pour ce que l'on appelait un long repos. Longtemps après, il avait découvert que la Suisse n'était qu'une façon polie de désigner un asile psychiatrique à Hartford, dans le Connecticut.

Son enfance avait été lugubre, mais non dépourvue de plaisirs, et beaucoup moins solitaire qu'on ne pourrait le penser. Les parents de sa mère avaient habité la maison la plupart du temps, et, en dépit de sa tendance à s'enflammer pour des théories fumeuses – comme celles du docteur Fletcher ou de Symes, ou les livres de Charles Fort –, sa grand-mère était très gentille avec lui, de même que son grand-père, qui lui racontait des histoires de la guerre de Sécession et lui apprenait à récolter des fleurs sauvages. Plus tard, son oncle Binkey et sa tante Clara étaient aussi venus s'installer, et ils avaient vécu tous ensemble pendant plusieurs années dans une sorte d'harmonie bougonne. Le krach de 1929 ne les avait pas ruinés, mais à partir de ce moment il avait fallu se résoudre à certaines économies. La Pierce Arrow était partie de même que le chauffeur, le bail pour l'appartement de New York n'avait pas été renouvelé, et on n'avait pas envoyé Barber en pension, comme tout le monde l'avait prévu. En 1931, quelques pièces de la collection de son père avaient été vendues – les dessins de Delacroix, le Samuel F. Morse, et le petit Turner qui se trouvaient dans le salon du rez-de-chaussée. Il restait encore beaucoup de choses. Barber aimait particulièrement les deux Blakelock de la salle à manger (un clair de lune sur le mur est et au sud une vue de camp indien), et il voyait, où qu'il se tournât, quantité de tableaux de son père : scènes marines à Long Island, images des côtes du Maine, études de l'Hudson, et une salle entière de paysages rapportés d'une excursion dans les monts Catskill – des fermes en ruine, des montagnes d'un autre monde, d'immenses champs de lumière. Barber avait passé des centaines d'heures à contempler ces toiles, et au cours de sa troisième année de lycée il avait organisé une exposition à l'hôtel de ville et consacré à l'œuvre de son père un essai qui avait été distribué gratuitement à tous les assistants le jour du vernissage.

L'année suivante, il avait passé ses soirées à composer un roman basé sur la disparition de son père. Barber avait alors dix-sept ans et se débattait dans les affres tumultueuses de l'adolescence ; il s'était mis en tête qu'il était un artiste, un futur génie qui sauverait son âme en déversant ses angoisses sur le papier. Dès son retour dans le Minnesota, il devait m'adresser un exemplaire du manuscrit – non, comme il s'en excuserait dans la lettre accompagnant l'envoi, pour faire valoir ses talents juvéniles (le livre avait été refusé par vingt et une maisons d'édition), mais pour me donner une idée de la façon dont son imagination avait été affectée par l'absence de son père. Le livre, intitulé *le Sang de Képler*, était rédigé dans le style à sensation des romans populaires des années trente. Un peu western, un peu science-fiction, le récit cahotait d'une invraisemblance à l'autre, brassait son chemin avec l'élan implacable d'un rêve. C'était très mauvais, dans l'ensemble, mais malgré tout je me sentis captivé, et quand j'atteignis la fin, je me rendis compte que je me faisais une meilleure idée de la personnalité de Barber, que je comprenais un peu ce qui l'avait formée.

L'époque où se déroulait l'histoire avait été reculée d'une quarantaine d'années et l'événement initial se passait vers 1870, mais à part cela le roman suivait presque mot pour mot les quelques informations que Barber avait pu récolter à propos de son père. Un artiste de trente-cinq ans, nommé John Képler, fait ses adieux à sa femme et à son jeune fils et s'en va de sa maison de Long Island, pour une expédition de six mois à travers l'Utah et l'Arizona, avec la perspective, selon les mots du jeune auteur (dix-sept ans), "de découvrir un pays de merveilles, un monde de beauté sauvage et de couleurs féroces, un territoire aux proportions si monumentales que même la plus petite pierre y porte la marque de l'infini". Tout se passe bien pendant quelques mois, puis survient un accident similaire au sort présumé de Julian Barber : Képler tombe du haut d'une falaise, se casse de nombreux os et sombre dans l'inconscience. En revenant à lui le lendemain matin, il s'aperçoit qu'il ne peut plus bouger, et comme ses provisions sont hors d'atteinte il se résigne à mourir de faim dans le désert. Mais le troisième jour, alors qu'il est sur le point de rendre l'âme, Képler est secouru par un groupe d'Indiens – et ceci fait écho à une autre des histoires que Barber avait entendues quand il était petit. Les Indiens transportent le mourant vers leur campement, situé dans une combe parsemée de rochers et de toute part entourée de falaises, et en ce lieu riche des parfums du yucca et du genévrier leurs soins le ramènent à la vie. Trente ou quarante personnes composent cette communauté, en nombre à peu près égal d'hommes, de femmes et d'enfants, qui circulent nus ou à peine vêtus dans la chaleur torride du plein été. Presque sans échanger un mot entre eux ni avec lui, ils veillent sur lui tandis que ses forces se reconstituent petit à petit, portant de l'eau à ses lèvres et lui offrant des aliments à l'aspect étrange qu'il n'a encore jamais goûtés. Quand il commence à recouvrer ses esprits, Képler remarque que ces gens ne ressemblent aux Indiens d'aucune des tribus locales – les Ute et les Navajos, les Paiute et les Shoschone. Ils lui paraissaient plus primitifs, plus isolés, d'un naturel plus doux. Après un examen plus attentif, il constate que les traits de plusieurs d'entre eux n'ont rien d'indien. Les uns ont les yeux bleus, d'autres ont des reflets roux dans les cheveux, et certains des hommes ont même le torse velu. Au lieu d'accepter l'évidence, Képler commence à s'imaginer qu'il est encore aux portes de la mort et que sa guérison n'est qu'une illusion due au délire, au coma et à la souffrance. Mais cela ne dure guère. Peu à peu, son état continue de s'améliorer et il est forcé de reconnaître qu'il est vivant et que tout ce qui l'entoure est réel.

"Ils se nommaient les Humains, écrit Barber, le Peuple, Ceux qui sont venus de Loin. Il y a longtemps, d'après les légendes qu'ils lui racontaient, leurs ancêtres avaient vécu sur la Lune. Mais une grande sécheresse avait privé le pays d'eau, et tous les Humains étaient morts sauf Pog et Ooma, le père et la mère originels. Pendant vingt-neuf jours et vingt-neuf nuits, Pog et Ooma avaient marché dans le désert, et quand ils étaient arrivés à la Montagne des Miracles, ils avaient grimpé au sommet et s'étaient accrochés à un nuage. Le nuage-esprit les avait transportés dans l'espace pendant sept ans, et au bout de ce temps les avait posés sur la Terre, où ils avaient découvert la Forêt des Choses Premières et entrepris de recommencer le monde. Pog et Ooma avaient procréé plus de deux cents enfants, et pendant de nombreuses années les Humains avaient vécu heureux ; ils se construisaient des maisons dans les arbres, cultivaient du maïs, chassaient le cerf enchanté et ramassaient des poissons dans l'eau. Les Autres habitaient aussi dans la Forêt des Choses Premières, et comme ils partageaient volontiers leurs secrets, les Humains avaient appris la Vaste Connaissance des plantes et des animaux, ce qui les avait aidés à se sentir chez eux sur la Terre. En échange de leur complaisance, les Humains à leur tour offraient aux Autres des cadeaux, et l'harmonie avait régné pendant des générations entre les deux peuples. Mais alors, de l'autre bout du monde, les Hommes Sauvages étaient arrivés un matin dans le pays, dans leurs grands voiliers de bois. Ces Visages Barbus avaient d'abord paru amicaux, puis ils avaient envahi la Forêt des Choses Premières et s'étaient mis à abattre des arbres. Quand les Humains et les Autres les avaient priés d'arrêter, les Hommes Sauvages avaient saisi leurs bâtons-à-foudre-et-à-tonnerre et les avaient tués. Les Humains avaient compris qu'ils ne pouvaient s'opposer à la puissance de telles armes, mais les Autres avaient décidé de résister et de se battre. Ce fut le temps des Adieux Terribles. Certains des Humains avaient rejoint les rangs des Autres, et quelques-uns des Autres s'étaient joints aux Humains, puis les chemins des deux familles s'étaient séparés. Abandonnant leurs maisons, les Humains étaient partis dans les Ténèbres et s'étaient enfoncés dans la Forêt des Choses Premières jusqu'à se sentir hors d'atteinte des Hommes

Sauvages. Ceci devait se répéter plusieurs fois au cours des années, car, aussitôt qu'ils avaient établi un campement dans un nouveau coin de la Forêt et commençaient à s'y sentir bien, les Hommes Sauvages suivaient. Les Visages Barbus commençaient toujours par se montrer amicaux, mais ils se mettaient invariablement à abattre des arbres et à tuer des Humains, en invoquant à grands cris leur dieu, leur livre, et leur force indomptable. Les Humains avaient donc continué à errer et à se déplacer vers l'ouest, tentant toujours de garder leurs distances avec la progression des Hommes Sauvages. Ils étaient enfin arrivés à la lisière de la Forêt des Choses Premières et avaient découvert le Monde Plat, avec ses hivers interminables et ses étés brefs mais infernaux. De là, ils avaient poursuivi jusqu'au Pays dans le Ciel, et quand leur temps y avait été écoulé, ils étaient descendus dans la Contrée de l'Eau Rare, un lieu si aride et si désolé que les Hommes Sauvages avaient refusé d'y habiter. Quand on apercevait des Hommes Sauvages, ce n'était que parce qu'ils étaient en chemin vers un autre endroit, et ceux qui parfois restaient et se construisaient des maisons étaient si peu nombreux et si dispersés que les Humains pouvaient sans peine les éviter. C'était ici que les Humains habitaient depuis le début du Temps Nouveau, et il y avait si longtemps que cela durait que plus personne ne se souvenait de ce qui y avait existé avant."

Au début, leur langage est incompréhensible pour Képler, mais au bout de quelques semaines il en a acquis une maîtrise suffisante pour se débrouiller au cours d'une conversation simple. Il commence par les noms, le ceci et le cela du monde qui l'entoure, et son discours n'est pas plus subtil que celui d'un enfant. *Crenepos* veut dire femme. *Mantoac*, ce sont les dieux. *Okeepenauk* désigne une racine comestible, et *tapisco* signifie pierre. Il y a tant à assimiler à la fois qu'il est incapable de détecter dans ce langage la moindre cohérence structurale. Les pronoms ne paraissent pas exister en tant qu'entités distinctes, par exemple, mais font partie d'un système complexe de suffixes verbaux variables selon l'âge et le sexe du locuteur. Certains mots d'usage courant possèdent deux significations diamétralement opposées – le haut et le bas, midi et minuit, l'enfance et la vieillesse – et dans de nombreux cas le sens des paroles est modifié par l'expression du visage. Au bout de deux ou trois mois, la langue de Képler devient plus apte à prononcer les sons étranges de ces vocables, et il commence à distinguer dans la fondrière des syllabes indifférenciées des unités verbales plus petites, plus définies, tandis que son oreille s'affine, apprend à s'ajuster avec plus de subtilité aux nuances et aux intonations. Il s'aperçoit, non sans étonnement, qu'il lui semble entendre des traces d'anglais dans le parler des Humains – pas précisément de l'anglais tel qu'il le connaît, mais des bribes, des vestiges de mots anglais, une sorte d'anglais métamorphosé qui s'est glissé Dieu sait comment dans les fissures de cet autre langage. Une expression comme *Land of Little Water* (le Pays de l'Eau Rare), par exemple, devient un seul mot, Lan-o-li-wa. *Wild Men* (Hommes Sauvages) devient Wi-me, et *Flat World* (le Monde Plat), quelque chose qui ressemble à *flow*. Képler a d'abord tendance à écarter ces parallèles comme de simples coïncidences. Les sonorités débordent d'une langue à une autre, après tout, et il craint de se laisser emporter par son imagination. D'un autre côté, il semble que près d'un mot sur sept ou huit dans le langage des Humains corresponde à ce schéma, et quand Képler finit par mettre sa théorie à l'épreuve en inventant des locutions et en les essayant sur les Humains (des locutions qu'on ne lui a pas enseignées, mais qu'il a fabriquées selon la méthode – décortiquer et décomposer – qui lui avait permis de reconstituer les autres), il découvre que les Humains les reconnaissent comme leurs. Encouragé par ce succès, Képler commence à avancer quelques idées concernant les origines de cette tribu étrange. Nonobstant la légende d'après laquelle elle viendrait de la Lune, il pense que ces gens doivent être le produit d'un très ancien mélange de sang anglais et indien. "Perdu dans les forêts immenses du Nouveau Monde, écrit Barber, qui développe le fil des réflexions de Képler, menacé peut-être d'extinction, un groupe de colons primitifs pourrait très bien avoir demandé asile à une tribu indienne afin d'assurer sa survie face aux forces hostiles de la nature." Ces Indiens, songeait Képler, pourraient être les "Autres" dont faisaient état les légendes qu'on lui avait racontées. Dans ce cas, un certain nombre d'entre eux, après s'être séparés de l'ensemble, étaient peut-être partis vers l'ouest, pour s'établir enfin dans l'Utah. Poussant d'un pas encore son hypothèse, il considérait que l'histoire de leurs origines avait sans doute été composée *après* leur arrivée dans l'Utah, comme un moyen de retirer un réconfort moral de la décision de s'installer dans un lieu d'une telle aridité. Car nulle part au monde, se disait Képler, la Terre plus qu'ici ne ressemble à la Lune.

Ce n'est qu'après avoir appris à parler couramment leur langage que Képler comprend pourquoi les Humains l'ont sauvé. Ils lui expliquent que leur nombre diminue, et que s'ils ne peuvent inverser le processus, la nation entière disparaîtra dans le néant. Pensée Silencieuse, leur sage et leur chef, qui a quitté la tribu l'hiver précédent pour vivre seul dans le désert en priant pour leur salut, a été averti en rêve qu'un homme mort les délivrerait. Ils trouveraient son corps quelque part dans les falaises qui entourent le campement, et s'ils lui appliquaient les remèdes convenables il reviendrait à la vie. Tout cela s'était produit exactement selon les prédictions de Pensée Silencieuse. Képler a été découvert et ressuscité, et il dépend de lui maintenant qu'il soit le père de la nouvelle génération. Il est le Géniteur Sauvage tombé de la Lune, le Procréateur d'Ames Humaines, l'Homme-Esprit qui arrachera le Peuple à l'oubli.

A partir d'ici, l'écriture de Barber devient trébuchante. Sans le moindre sursaut de conscience, Képler se transforme en indigène et décide de rester chez les Humains, abandonnant pour toujours la perspective de retrouver sa femme et son fils. Délaissant le ton précis et intellectuel des trente premières pages, Barber se laisse aller à une série de longs passages fleuris de fantaisies lascives, avidité masturbatoire échevelée d'un adolescent. Les femmes ressemblent moins aux Indiennes d'Amérique du Nord qu'à des objets sexuels polynésiens, de belles vierges aux seins nus qui s'offrent à Képler en riant, dans un abandon joyeux. C'est un pur fantasme : une société d'avant la chute, innocente, peuplée de nobles sauvages qui vivent en harmonie complète entre eux et avec l'univers. Il ne faut pas longtemps à Képler pour décréter que leur mode de vie est de loin supérieur au sien. Heureux de partager le sort des Humains, il secoue les rets de la civilisation du XIXe siècle et s'engage dans l'âge de la pierre.

Le premier chapitre s'achève avec la naissance du premier enfant humain de Képler, et quinze ans se sont écoulés quand s'ouvre le suivant. Nous nous retrouvons à Long Island, témoins, à travers le regard de John Képler Jr., âgé maintenant de dix-huit ans, des funérailles de l'épouse américaine de Képler. Résolu à élucider le mystère de la disparition de son père, le jeune homme se met en route dès le lendemain matin, selon le vrai mode épique, décidé à consacrer à cette quête le restant de sa vie. Il arrive dans l'Utah et voyage dans le désert pendant une année et demie à la recherche d'indices. Grâce à une chance miraculeuse (guère plausible, telle que Barber la présente), il finit par atteindre par hasard le campement des Humains dans les rochers. Il n'a jamais envisagé la possibilité que son père vive encore, mais holà, quand on le présente au chef et sauveur barbu de cette petite tribu, qui compte maintenant près de cent âmes, il reconnaît en cet homme les traits de John Képler. Stupéfait, il balbutie qu'il est son fils américain, perdu depuis si longtemps, mais Képler, calme et impassible, fait semblant de ne pas le comprendre. "Je suis un homme-esprit venu de la Lune, dit-il, et ces gens sont ma seule famille. Nous serons heureux de vous offrir à manger et un logement pour la nuit, mais il faut que vous partiez demain matin et que vous poursuiviez votre route." Ecrasé par ce rejet, le fils est envahi d'un désir de vengeance, et au milieu de la nuit il se glisse hors du lit, rampe jusqu'à Képler endormi et lui plonge un couteau dans le cœur. Avant que l'alarme puisse être donnée, il s'enfuit dans l'obscurité et disparaît.

Le crime n'a eu qu'un témoin, un garçon de douze ans nommé Jocomin (Yeux Sauvages), le fils préféré de Képler parmi les Humains. Jocomin poursuit le meurtrier pendant trois jours et trois nuits, mais il ne le trouve pas. Le matin du quatrième jour, il grimpe au sommet d'une mesa afin d'observer le paysage environnant et là, quelques minutes après avoir abandonné tout espoir, il rencontre Pensée Silencieuse en personne, le vieil homme-médecine qui avait quitté la tribu des années auparavant pour vivre en ermite dans le désert. Pensée Silencieuse adopte Jocomin et l'initie peu à peu aux mystères de son art, afin qu'il acquière, grâce à un entraînement de plusieurs années longues et pénibles, les pouvoirs magiques des Douze Métamorphoses. Jocomin est un élève doué et plein de bonne volonté. Non seulement il apprend à guérir les malades et à communiquer avec les dieux mais, après sept ans d'effort continu, il finit par pénétrer le secret de la Première Métamorphose et arriver, par la maîtrise de son corps et de son esprit, à se transformer en lézard. Les autres métamorphoses suivent à un rythme rapide : il devient une hirondelle, un faucon, un vautour ; il devient une pierre et un cactus ; il devient une taupe, un lapin et une sauterelle ; il devient un papillon et un serpent ; et enfin, conquérant l'ultime et la plus ardue des métamorphoses, il se mue en coyote. A ce moment, neuf ans ont passé depuis que Jocomin est venu vivre avec Pensée Silencieuse. Le vieil homme a enseigné tout ce qu'il savait à son fils adoptif, et il annonce à Jocomin que le moment est venu pour lui de mourir. Sans un mot de plus, il se drape dans ses vêtements de cérémonie et jeûne pendant trois jours, après quoi son esprit quitte son corps et s'envole vers la Lune, le lieu où séjournent après la mort les âmes des Humains.

Jocomin retourne au campement, dont il devient le chef. Les années passent. Les temps sont durs pour les Humains, et tandis que les épidémies succèdent aux périodes de sécheresse, et la discorde aux épidémies, Jocomin fait un rêve au cours duquel il est averti que la tribu ne retrouvera pas le bonheur tant que la mort de son père ne sera pas vengée. Dès le lendemain, après avoir pris conseil des anciens, Jocomin quitte les Humains et part vers l'est, s'enfonçant dans le monde des Hommes Sauvages à la recherche de John Képler Jr. Il prend le nom de Jack Moon et traverse le pays en travaillant pour payer son voyage, et il finit par arriver à New York, où il est embauché par une entreprise de construction spécialisée dans les gratte-ciel. Il fait partie de l'équipe la plus haute sur le chantier du Woolworth Building, une merveille architecturale qui restera pendant près de vingt ans la structure la plus élevée du monde. Jack Moon est un ouvrier magnifique, intrépide même à des altitudes terrifiantes, et il a bientôt gagné l'estime de ses camarades. En dehors du travail, néanmoins, il ne se lie pas, ne se fait pas d'amis. Il consacre tout son temps libre à la recherche de son demi-frère, et l'accomplissement de cette tâche lui prend près de deux ans. John Képler Jr. est devenu un homme d'affaires prospère. Avec sa femme et son fils âgé de six ans, il habite un hôtel particulier sur Pierrepont Avenue, à Brooklyn Heights, et on le conduit tous les matins à son bureau dans une longue voiture noire. Jack Moon épie la maison pendant plusieurs semaines, avec d'abord l'intention pure et simple de tuer Képler, puis il décide qu'il pourrait raffiner sa vengeance en enlevant le petit garçon pour le ramener avec lui au pays des Humains. Il réalise ceci sans être repéré, dérobant en plein jour le gamin à sa gouvernante, et c'est ainsi que se termine le quatrième chapitre du roman de Barber.

A son retour dans l'Utah avec l'enfant (qui entre-temps s'est pris pour lui d'une profonde affection), Jocomin s'aperçoit que tout a changé. Les Humains ont disparu, leurs maisons vides sont dépourvues du moindre signe de vie. Pendant six mois, il les recherche par monts et par vaux, mais en vain. Finalement, reconnaissant qu'il a été trahi par son rêve, il accepte comme une réalité la mort de tous les siens. Le cœur rempli de tristesse, il décide de rester là et de s'occuper du garçon comme de son propre fils, sans perdre toutefois l'espoir d'une régénération miraculeuse. Il donne à l'enfant le nom de Numa (New Man : Homme Nouveau) et s'efforce de ne pas perdre courage. Sept années s'écoulent. Il transmet à son fils adoptif les secrets appris de Pensée Silencieuse et puis, après trois ans encore de travail assidu, il réussit à accomplir la Treizième Métamorphose. Jocomin se transforme en femme, une femme jeune et fertile qui séduit l'adolescent de seize ans. Des jumeaux

naissent neuf mois plus tard, un garçon et une fille, et à partir de ces deux enfants les Humains repeupleront le pays.
L'action revient alors à New York, où nous trouvons Képler Jr. qui cherche désespérément son fils perdu. Il suit sans succès une piste après l'autre et puis, par pur hasard – tout arrive par hasard dans le livre de Barber –, il est mis sur la trace de Jack Moon, et commence peu à peu à rassembler les morceaux du puzzle et à comprendre que son fils lui a été enlevé à cause de ce que lui-même a fait à son père. Il n'a d'autre possibilité que de repartir pour l'Utah. Képler a quarante ans, maintenant, et les fatigues d'une expédition dans le désert lui pèsent, pourtant il poursuit son voyage avec obstination, horrifié de retourner à l'endroit où il a tué son père vingt ans auparavant, mais sachant qu'il n'a pas le choix, que cet endroit est celui où il retrouvera son fils. Une pleine lune théâtrale pose au milieu du ciel pour la scène finale. Arrivé à portée du campement des Humains, Képler bivouaque dans les falaises pour la nuit, une carabine entre les mains tandis qu'il guette des signes d'activité. Sur une crête rocheuse voisine, à moins de vingt mètres, il aperçoit soudain un coyote dont la silhouette se détache sur la lune. Inquiet de tout dans ce territoire étranger et aride, Képler dirige instinctivement sa carabine vers l'animal et presse la détente. Le coyote est tué sur le coup, et Képler ne peut s'empêcher de se féliciter de son adresse. Ce qu'il ne réalise pas, bien entendu, c'est qu'il vient d'assassiner son propre fils. Avant d'avoir eu le temps de se lever pour se diriger vers l'animal abattu, il est assailli par trois autres coyotes surgis de l'obscurité. Incapable de parer leur attaque, il est mis en pièces en l'espace de quelques minutes.
Ainsi finit *le Sang de Képler*, l'unique incursion de Barber dans le domaine de la fiction. Compte tenu de son âge à l'époque où il l'a écrit, il serait injuste de critiquer son effort avec trop de sévérité. En dépit de tous ses défauts et de ses excès, ce livre m'est précieux en tant que document psychologique, et il démontre, mieux que toute autre preuve, la façon dont Barber a extériorisé les drames intimes de ses premières années. Il refuse d'accepter le fait que son père

soit mort (d'où le sauvetage de Képler par les Humains) ; mais s'il n'est pas mort, rien ne l'excuse de n'être pas revenu auprès de sa famille (d'où le couteau que Képler Jr. enfonce dans le cœur de son propre père). L'idée de ce meurtre est cependant trop horrible pour ne pas inspirer de répulsion. Quiconque est capable d'une telle idée doit être puni, et c'est bien ce qui arrive à Képler Jr., dont le sort est plus affreux que celui de tous les autres personnages du livre. L'histoire entière est une danse complexe de culpabilité et de désir. Le désir se transforme en culpabilité, et puis, parce que cette culpabilité est intolérable, elle se mue en désir d'expiation, de soumission à une forme de justice cruelle et inexorable. Ce n'est pas par hasard, à mon avis, que Barber s'est spécialisé par la suite dans l'exploration de plusieurs des voies qui apparaissent dans *le Sang de Képler*. Les colons perdus de Roanoke, les récits d'hommes blancs qui ont vécu chez les Indiens, la mythologie de l'Ouest américain – tels sont les sujets que Barber a traités en tant qu'historien, et si scrupuleuse, si professionnelle qu'ait été sa manière de les aborder, il y avait toujours à l'arrière-plan de sa recherche un motif personnel, la conviction secrète que d'une certaine manière il fouillait les mystères de sa propre vie.

Au printemps 1939, Barber avait eu une dernière occasion d'en apprendre un peu plus au sujet de son père, mais cela n'avait rien donné. Il était alors en première année à Columbia, et vers la mi-mai, juste une semaine après son hypothétique rencontre avec oncle Victor à l'Exposition universelle, sa tante Clara l'avait appelé pour l'informer que sa mère venait de mourir dans son sommeil. Il avait pris le train de l'aube pour Long Island, puis affronté les diverses épreuves accompagnant l'enterrement : les discussions avec les pompes funèbres, la lecture du testament, les conversations tortueuses avec les avocats et les comptables. Secoué malgré lui de sanglots intermittents, il avait payé les factures de la maison de retraite où elle avait vécu les six derniers mois, signé des papiers et des formulaires. Après les funérailles, il était revenu loger dans la grande maison, conscient du fait que cette nuit était sans doute la dernière qu'il y passerait jamais. Il n'y restait plus alors que la tante Clara, et elle n'était pas en état de veiller pour bavarder avec lui. Une dernière fois ce jour-là, il avait repris avec patience le rituel consistant à l'assurer qu'elle était la bienvenue, qu'elle pouvait continuer à habiter la maison aussi longtemps qu'elle le désirerait. Une fois de plus, elle l'avait remercié de sa gentillesse en se dressant sur la pointe des pieds pour lui donner un baiser sur la joue, puis était retournée à la bouteille de sherry qu'elle gardait dissimulée dans sa chambre. Les domestiques avaient été sept à l'époque de la naissance de Barber, on n'en comptait plus qu'une – une femme noire, boiteuse, qui s'appelait Hattie Newcombe, cuisinait pour tante Clara et faisait de temps à autre un peu de ménage –, et depuis plusieurs années la maison paraissait s'effondrer autour de ses habitants. Après la mort du grand-père, en 1934, le jardin avait été abandonné, et ce qui avait un jour été une abondance décorative de fleurs et de pelouses était devenu un maquis terne de mauvaises herbes à hauteur d'homme. A l'intérieur, presque tous les plafonds étaient tendus de toiles d'araignée, on ne pouvait toucher les fauteuils sans provoquer l'émission de nuages de poussière ; les souris couraient comme des folles à travers les étages et Clara, toujours un peu ivre, avec son perpétuel sourire, ne remarquait rien. Cela durait depuis si longtemps que Barber avait cessé de s'en attrister. Il savait qu'il n'aurait jamais le courage de vivre dans cette maison, et une fois Clara morte de la même mort alcoolique que son mari, Binkey, peu lui importait que le toit s'écroule ou non.

Le lendemain matin, il avait trouvé tante Clara assise dans le salon du rez-de-chaussée. Il était encore trop tôt pour le premier verre de sherry (en règle générale, la bouteille n'était débouchée qu'après le repas de midi), et Barber s'était rendu compte que s'il désirait lui parler un jour il fallait que ce soit à ce moment-là. Quand il était entré dans la pièce, elle était assise dans un coin près d'une table de jeu, sa petite tête de moineau penchée sur une patience, et elle fredonnait pour elle-même une chanson vague, dépourvue de mélodie. "L'homme au trapèze volant", s'était-il dit en approchant, puis, passant derrière elle, il avait posé la main sur son épaule. Sous le châle de laine, le corps était tout en os.

"Le trois rouge sur le quatre noir," avait-il suggéré, en désignant les cartes sur la table.

Avec un claquement de langue pour sa propre stupidité, elle avait superposé les deux piles, puis retourné la carte qui venait d'être libérée. C'était un roi rouge. "Merci, Sol, avait-elle dit. Je me concentre mal, aujourd'hui. Je ne vois pas les coups que je devrais jouer, et puis je finis par tricher sans nécessité." Elle avait émis un petit rire étouffé, puis repris son chantonnement.

Barber s'était installé dans le fauteuil qui lui faisait face en cherchant comment il pourrait l'aborder. Il ne pensait pas qu'elle eût grand-chose à lui raconter, mais il n'avait personne d'autre à qui parler. Il était resté là pendant plusieurs minutes, se contentant d'observer son visage, d'examiner le réseau compliqué de ses rides, la poudre blanche qui formait des plaques sur ses joues, le rouge à lèvres grotesque. Il la trouvait pathétique, poignante. Cela n'avait pas dû être facile d'épouser un membre de cette famille, pensait-il, de partager pendant toutes ces années la vie du frère de sa mère, de ne pas avoir d'enfant. Binkey était un coureur de jupons, un gentil imbécile, qui avait épousé Clara dans les années 1880, moins d'une semaine après l'avoir vue sur la scène du théâtre Galileo de Providence, où elle était l'assistante du maestro Rudolfo dans son numéro de magie. Barber avait toujours aimé écouter les histoires abracadabrantes qu'elle racontait sur ses souvenirs du vaudeville, et il trouvait bizarre le fait qu'ils soient tous deux maintenant les derniers représentants de la famille. Le dernier Barber et la dernière Wheeler. Une fille de rien, comme sa grand-mère l'avait toujours désignée, petite putain pas bien maligne, qui avait perdu sa beauté depuis plus de trente ans, et messire Rotondité lui-même, l'enfant prodige né d'une folle et d'un fantôme, et qui ne cessait de s'épanouir. Jamais il n'avait éprouvé pour tante Clara plus de tendresse qu'à ce moment-là.

"Je repars à New York ce soir, avait-il dit.

— Ne t'en fais pas pour moi, avait-elle répondu sans quitter ses cartes des yeux. Je serai très bien ici toute seule. J'ai l'habitude, tu sais.

— Je repars ce soir, avait-il répété, et puis je ne remettrai jamais les pieds dans cette maison."

Tante Clara avait placé un six rouge sur un sept noir, parcouru la table du regard en quête d'un endroit où se débarrasser d'une reine noire, poussé un soupir de déception, puis relevé la tête vers Barber. "Oh, Sol, avait-elle dit, tu n'as pas besoin d'être si dramatique.

— Je ne suis pas dramatique. Simplement, c'est sans doute la dernière fois que nous nous voyons."

Tante Clara ne comprenait toujours pas. "Je sais que c'est triste de perdre sa mère, avait-elle dit. Mais tu ne dois pas prendre ça au tragique. C'est plutôt heureux qu'Elizabeth soit partie. Sa vie était un tourment, et maintenant elle est enfin en paix." Tante Clara s'était tue un instant, cherchant comment s'exprimer. "Tu ne dois pas te mettre des idées sottes dans la tête.

— Il ne s'agit pas de ma tête, tante Clara, mais de la maison. Je crois que je ne supporterais plus d'y venir.

— Mais c'est ta maison, maintenant. Elle t'appartient. Tout ce qui s'y trouve t'appartient.

— Ça ne veut pas dire que je dois la garder. Je peux m'en débarrasser si je veux.

— Mais, Solly... tu as dit hier que tu ne vendrais pas la maison. Tu as promis.

— Je ne la vendrai pas. Mais rien ne m'empêche de la donner, n'est-ce pas ?

— Ça revient au même. Elle appartiendrait à quelqu'un d'autre, et on me remballerait je ne sais où, je n'aurais plus qu'à mourir dans une chambre pleine de vieilles femmes.

— Pas si je te la donne, à toi. Alors tu pourrais rester.

— Cesse de dire des bêtises. Tu vas me faire attraper une crise cardiaque en parlant comme ça.

— Ce n'est pas compliqué de transférer l'acte. Je peux appeler le notaire aujourd'hui pour qu'il s'en occupe.

— Mais, Solly...

— Je prendrai sans doute certains des tableaux, mais tout le reste peut demeurer ici, avec toi.

— Ce n'est pas bien. Je ne sais pas pourquoi, mais ce n'est pas bien, tu ne devrais pas parler ainsi.

— Il faut juste que tu fasses une chose pour moi, avait-il poursuivi, en ignorant sa remarque. Je voudrais que tu fasses un testament en règle, et que dans ce testament tu lègues la maison à Hattie Newcombe.

— *Notre* Hattie Newcombe ?

— Oui, *notre* Hattie Newcombe.

— Mais Sol, crois-tu que ce soit bien convenable ? Je veux dire que Hattie... Hattie, tu sais, Hattie est...

— Est quoi, tante Clara ?

— Une femme de couleur. Hattie est une femme de couleur.

— Si Hattie est d'accord, je ne vois pas quel problème ça peut te poser.

— Mais que vont dire les gens ? Une femme de couleur, à Cliff House. Tu sais aussi bien que moi que dans cette ville les seuls Noirs sont des domestiques.

— N'empêche que Hattie est ta meilleure amie. Pour autant que je sache, elle est ta seule amie. Et pourquoi nous soucierions-nous de ce que disent les gens ? Rien n'est plus important en ce monde que d'être bons pour nos amis."

En comprenant que son neveu était sérieux, tante Clara avait été prise de fou rire. Tout un système mental avait été soudain démoli par ces paroles, et elle était ravie à l'idée qu'une telle chose fût possible. "Mon seul regret, c'est de devoir mourir avant qu'elle devienne propriétaire, avait-elle dit. J'aimerais pouvoir vivre et voir ça de mes yeux.

— Si le paradis est ce qu'on raconte, je suis certain que tu le verras.

— Sur ma vie, je ne comprendrai jamais pourquoi tu fais ça.

— Tu n'as pas besoin de comprendre. J'ai mes raisons, et tu n'as pas à t'en préoccuper. Je voudrais simplement bavarder d'abord avec toi de deux ou trois choses, et puis nous pourrons considérer que l'affaire est réglée.

— De quoi veux-tu parler ?

— Des choses anciennes. A propos du passé.
— Le théâtre Galileo ?
— Non, pas aujourd'hui. Je pensais à d'autres choses.
— Oh." Tante Clara, confuse, avait fait une pause momentanée. "C'est juste que tu as toujours aimé quand je te racontais des histoires de Rudolfo. Comment il me mettait dans un cercueil pour me scier en deux. C'était un bon numéro, le meilleur du spectacle. Tu te rappelles ?
— Bien sûr, je me rappelle. Mais ce n'est pas cela que je voudrais évoquer aujourd'hui.
— Comme tu veux. Le passé, il y en a beaucoup, après tout, surtout quand on arrive à mon âge.
— Je pensais à mon père.
— Ah, ton père. Oui, ça aussi, c'était il y a longtemps. Il y a bien longtemps. Pas tant que certaines choses, mais tout de même.
— Je sais que Binkey et toi ne vous êtes installés dans la maison qu'après sa disparition, mais je me demandais si tu te souvenais de l'expédition qui était partie à sa recherche.
— Ton grand-père avait tout arrangé, avec M. Je-ne-sais-plus-son-nom.
— M. Byrne ?
— C'est ça, M. Byrne, le père du garçon. Ils ont cherché pendant près de six mois, mais ils n'ont jamais rien trouvé. Binkey aussi y est allé pendant quelque temps, tu sais. Il est revenu avec toutes sortes de drôles d'histoires. C'est lui qui pensait qu'ils avaient été tués par des Indiens.
— Mais c'était une simple supposition, n'est-ce pas ?
— Binkey était très fort pour inventer des fables. Il n'y avait jamais une once de vérité dans rien de ce qu'il disait.
— Et ma mère, est-ce qu'elle est partie là-bas, elle aussi ?
— Ta mère ? Oh non, Elizabeth est restée ici tout le temps. Elle n'était vraiment pas... comment dirais-je... pas en état de voyager.
— Parce qu'elle était enceinte ?
— Eh bien, en partie, sans doute.
— Et l'autre partie ?
— Son état mental. Elle n'était pas bien solide, à l'époque.
— Elle était déjà folle ?

— Elizabeth a toujours été ce qu'on pourrait appeler bizarre. En un instant, elle passait de la bouderie au rire et au chant. Même il y a des années, dans les premiers temps où je l'ai connue. *Très nerveuse,* c'est comme ça qu'on disait alors.

— Quand est-ce devenu pire ?

— Quand ton père n'est pas revenu.

— Ça s'est produit progressivement, ou elle a basculé tout d'un coup ?

— Tout d'un coup, Sol. Ç'a été terrible à voir.

— Tu l'as vu ?

— De mes propres yeux. Tout. Je ne l'oublierai jamais.

— Quand est-ce arrivé ?

— La nuit où tu... Je veux dire, une nuit... Je ne me rappelle plus laquelle. Une nuit en hiver.

— Quelle nuit était-ce, tante Clara ?

— Il neigeait. Il faisait froid dehors, et il y avait une forte tempête. Je m'en souviens parce que le docteur a eu de la peine à arriver.

— C'était une nuit de janvier, n'est-ce pas ?

— Peut-être. Il neige souvent en janvier. Mais je ne sais plus quel mois c'était.

— C'était le 11 janvier, n'est-ce pas ? La nuit où je suis né.

— Oh Sol, tu devrais arrêter de m'interroger là-dessus. Ça s'est passé il y a si longtemps, ça n'a plus d'importance.

— Pour moi, si, tante Clara. Et tu es la seule à pouvoir me le raconter. Tu comprends ? Tu es la seule, tante Clara.

— Tu n'as pas besoin de crier. Je t'entends parfaitement, Salomon. Pas la peine de me bousculer ni de dire des gros mots.

— Je ne te bouscule pas. J'essaie simplement de te poser une question.

— Tu connais déjà la réponse. Elle m'a échappé il y a un instant, et maintenant je le regrette.

— Tu ne dois pas le regretter. L'important, c'est de dire la vérité. Il n'y a rien de plus important.

— C'est que ça paraît si... si... je ne veux pas que tu penses que j'invente. J'étais près d'elle dans sa chambre, cette nuit-là, vois-tu. Molly Sharp et moi, nous y étions toutes les deux, on attendait l'arrivée du docteur, et Elizabeth criait et se débattait si fort qu'il me semblait que la maison allait s'écrouler.

— Que criait-elle ?

— Des choses affreuses. Ça me rend malade d'y penser.

— Raconte-moi, tante Clara.

— Elle criait tout le temps : «Il essaie de me tuer. Il essaie de me tuer. Ne le laissons pas sortir.»

— Elle parlait de moi ?

— Oui, du bébé. Ne me demande pas comment elle savait qu'il s'agissait d'un garçon, mais c'est comme ça. Le moment approchait, et toujours pas de docteur. Molly et moi, nous tentions de la faire s'étendre sur son lit, de la cajoler pour qu'elle se mette en bonne position, mais elle refusait de coopérer. «Ecarte les jambes, on lui disait, ça fera moins mal.» Mais Elizabeth ne voulait pas. Dieu sait où elle trouvait tant d'énergie. Elle nous échappait pour courir vers la porte, et répétait sans cesse ces hurlements terribles : «Il essaie de me tuer. Ne le laissons pas sortir.» Finalement, nous l'avons installée de force sur le lit, je devrais plutôt dire Molly, avec un petit peu d'aide de ma part – cette Molly Sharp était un bœuf – mais une fois là, elle a refusé d'ouvrir les jambes. «Je ne le laisserai pas sortir, criait-elle. Je l'étoufferai d'abord là-dedans. Enfant monstre, enfant monstre. Je ne le laisserai pas sortir avant de l'avoir tué.» Nous avons voulu l'obliger à écarter les jambes, mais Elizabeth se dérobait, elle ruait et se débattait, tant et si bien que Molly s'est mise à la gifler – vlan, vlan, vlan, aussi fort qu'elle pouvait – ce qui a mis Elizabeth dans une telle colère qu'après ça elle n'a plus été capable que de hurler, comme un bébé, le visage tout rouge, avec des cris perçants à réveiller les morts.

— Bon Dieu.

— De toute ma vie, je n'ai jamais rien vu de pire. C'est pour ça que je ne voulais pas t'en parler.

— Enfin, je suis tout de même sorti, n'est-ce pas ?

— Tu étais le bébé le plus gros et le plus costaud qu'on ait jamais vu. Plus de cinq kilos, a dit le docteur. Un géant. Je suis persuadée que si tu n'avais pas été si grand, Sol, tu

n'y serais jamais arrivé. Souviens-toi toujours de cela. C'est grâce à ta taille que tu es venu au monde.
— Et ma mère ?
— Le docteur a fini par nous rejoindre – le docteur Bowles, celui qui est mort il y a six ou sept ans dans un accident d'auto – et il a fait une piqûre à Elizabeth, pour qu'elle dorme. Elle ne s'est réveillée que le lendemain, et entre-temps elle avait tout oublié. Je ne veux pas dire simplement la nuit précédente, mais tout – toute sa vie, tout ce qui s'était passé au cours des vingt dernières années. Quand Molly et moi t'avons apporté dans sa chambre pour qu'elle voie son fils, elle a cru que tu étais son petit frère. C'était si étrange, Sol. Elle était redevenue une petite fille, et elle ne savait plus qui elle était."

Barber s'apprêtait à lui poser encore une question, mais à cet instant précis l'horloge du vestibule s'était mise à sonner. Aussitôt attentive, tante Clara avait incliné la tête sur le côté en écoutant le carillon et en comptant les heures sur ses doigts. Quand l'horloge s'était tue, elle avait compté douze coups, et son visage avait pris une expression avide, presque implorante. "On dirait qu'il est midi, avait-elle annoncé. Il ne serait pas poli de faire attendre Hattie.

— Déjà l'heure du déjeuner ?

— J'en ai peur, avait-elle répondu en se levant de son fauteuil. Il est temps de nous fortifier en prenant quelque nourriture.

— Vas-y déjà, tante Clara. Je te rejoins dans une minute."

En regardant tante Clara sortir de la pièce, Barber avait réalisé que la conversation était soudain terminée. Pis, il comprenait que jamais elle ne reprendrait. Il avait étalé tout son jeu en une partie, et il ne lui restait plus de maison pour acheter la vieille dame, plus aucun truc pour la persuader de parler.

Il avait ramassé les cartes éparpillées sur la table, mélangé le paquet, et entamé une partie de solitaire. "Solly Tear", s'était-il dit, en jouant de son nom*. Il avait décidé

---

* *Tear* veut dire larme, ou déchirement. *(N.d.T.)*

de persévérer jusqu'à ce qu'il gagne – et était resté assis là pendant plus d'une heure. Ensuite, le déjeuner était fini, mais cela paraissait sans importance. Pour une fois dans sa vie, il n'avait pas faim.

Quand Barber me raconta cette histoire, nous nous trouvions dans le café de l'hôtel, en train de prendre le petit déjeuner. C'était le dimanche matin et il ne nous restait guère de temps. Nous bûmes ensemble une dernière tasse de café et c'est dans l'ascenseur, comme nous remontions pour prendre ses bagages, qu'il m'en livra la fin. Sa tante Clara était morte en 1943, me dit-il. Elle avait bien fait don de Cliff House à Hattie Newcombe, qui avait habité la maison dans sa splendeur en ruine jusqu'à la fin de la décennie, régnant sur une armée d'enfants et de petits-enfants qui en occupaient les vastes appartements. Après sa mort, en 1951, son gendre Fred Robinson avait vendu la propriété à la société Cavalcante Development, et le vieil hôtel avait bientôt été abattu. Dix-huit mois plus tard, le terrain avait été divisé en vingt lots de deux mille mètres carrés, et sur chaque lot se dressait une villa flambant neuve, chacune identique aux dix-neuf autres.

"Si vous aviez prévu cela, demandai-je, l'auriez-vous néanmoins donnée ?

— Absolument, répondit-il en approchant une allumette de son cigare éteint et en soufflant de la fumée. Je n'ai jamais eu aucun regret. On n'a pas souvent l'occasion de se conduire de façon aussi extravagante, et je suis content de n'avoir pas laissé échapper celle-là. Tout bien considéré, donner cette maison à Hattie Newcombe est sans doute la chose la plus intelligente que j'aie jamais faite."

Nous attendions, debout devant l'hôtel, que le portier nous appelle un taxi. Quand le moment arriva de nous dire au revoir, Barber paraissait, de façon inexplicable, au bord des larmes. Je supposai qu'il manifestait une réaction tardive à la situation, que ce week-end avait tout compte fait été très dur pour lui – mais je n'avais bien entendu aucune idée de ce qu'il éprouvait, je ne pouvais même pas commencer à en imaginer le premier mot. Lui se séparait de son fils, tandis que moi, je voyais simplement partir un nouvel ami, un homme dont j'avais fait la connaissance deux jours avant. Le taxi était arrêté devant lui, avec le cliquetis frénétique de son compteur, tandis que le portier posait son sac dans le coffre. Barber ébaucha un geste, comme s'il allait m'embrasser, mais au dernier instant il se ravisa, me prit par les épaules avec maladresse et me les tint serrées.

"Vous êtes le premier à qui je raconte tout cela, me dit-il. Merci de m'avoir si bien écouté. J'ai l'impression... comment dire... j'ai l'impression qu'il y a un lien entre nous maintenant.

— Ce week-end a été mémorable, répliquai-je.

— Oui, c'est ça. Un week-end mémorable. Un week-end entre les week-ends."

Barber introduisit alors son énorme masse dans le taxi, me fit du siège arrière un signe, pouce en l'air, et disparut dans le flot des voitures. A ce moment-là, je pensais ne jamais le revoir. Nous avions parlé de notre affaire, exploré ce que nous pouvions avoir à explorer, et il me semblait que tout était dit. Même lorsque le manuscrit du *Sang de Képler* arriva par la poste, la semaine suivante, cela me parut moins une continuation de ce que nous avions entamé qu'une conclusion, une dernière enjolivure pour saluer notre rencontre. Barber m'avait promis de l'envoyer, et je ne vis là qu'une simple politesse. Je lui écrivis dès le lendemain pour le remercier, et répéter encore combien j'avais été heureux de faire sa connaissance, et puis je perdis contact avec lui pour de bon, selon toute apparence.

A Chinatown, c'était toujours le paradis. Kitty dansait et étudiait, et moi je continuais à écrire et à me promener. Columbus Day arriva, puis Thanksgiving, puis Noël et le Nouvel An. Puis, un beau matin de la mi-janvier, le téléphone sonna, et à l'autre bout de la ligne se trouvait Barber. Je lui demandai d'où il appelait, et quand il répondit New York, je perçus dans le ton de sa voix l'excitation et le bonheur.

"Si vous avez des loisirs, dis-je, ça me ferait plaisir de vous revoir.

— Oui, je l'espère de tout cœur. Mais vous n'avez pas besoin de déranger votre emploi du temps pour moi. J'ai l'intention de passer quelque temps ici.

— Votre collège doit vous avoir accordé une bonne période de repos entre deux semestres.

— En réalité, je suis de nouveau en congé. Je ne reprends qu'en septembre, et d'ici là j'ai pensé que je tâterais de la vie à New York. J'ai sous-loué un appartement dans la 10e rue, entre la 5e et la 6e avenue.

— C'est un joli quartier. Je m'y suis souvent promené.

— Intime et charmant, comme disent les annonces de l'agence immobilière. Je suis arrivé hier soir, et je suis très content. Il faudra que Kitty et vous me rendiez visite.

— Nous serons ravis. Dites un jour, nous viendrons.

— Epatant. Je vous rappellerai plus tard dans la semaine, dès que je serai installé. J'ai un projet dont je veux vous parler, préparez-vous à faire travailler vos méninges.

— Je ne suis pas certain que vous y trouverez grand-chose, mais en tout cas vous êtes le bienvenu."

Trois ou quatre jours plus tard, Kitty et moi allâmes dîner chez Barber, et après cela nous commençâmes à le voir souvent. C'est lui qui avait pris l'initiative de notre amitié, et s'il possédait une raison cachée de nous faire la cour, nous ne la devinions ni l'un ni l'autre. Il nous invitait au restaurant, au cinéma, au concert, nous emmenait en balade à la campagne le dimanche, et c'était un homme si débordant de bonne humeur et d'affection que nous ne pouvions lui résister. Coiffé, où qu'il aille, d'un de ses chapeaux extravagants, plaisantant à tout propos, impavide à l'égard des remous qu'il suscitait dans les lieux publics, Barber nous avait pris sous son aile comme s'il voulait nous adopter, Kitty et moi. Puisque nous étions tous deux orphelins, l'arrangement paraissait bénéfique pour tout le monde.

Le premier soir, il nous raconta que la succession d'Effing avait été réglée. Il avait hérité d'une somme considérable, et pour la première fois de sa vie ne dépendait plus de son travail. Si tout se passait comme il l'espérait, il n'aurait pas besoin de recommencer à enseigner avant deux ou trois ans. "C'est l'occasion pour moi de me montrer à la hauteur, nous dit-il, et je compte bien en profiter.

— Avec la fortune d'Effing, remarquai-je, j'aurais pensé que vous pourriez vous retirer pour de bon.

— Eh non. Il y a eu les droits de succession, des droits de propriété, les honoraires des hommes de loi, des frais dont je n'avais jamais entendu parler. Un gros morceau y est passé. Et puis, d'abord, il y avait beaucoup moins que nous ne l'avions imaginé.

— Vous voulez dire qu'il n'y avait pas de millions ?

— Pas vraiment. Plutôt des milliers. Quand tout a été terminé, Mme Hume et moi en sommes sortis avec quelque chose comme quarante-six mille dollars chacun.

— J'aurais dû m'en douter, fis-je. A l'entendre, il était l'homme le plus riche de New York.

— Oui, je pense en effet qu'il avait tendance à exagérer. Mais loin de moi l'idée de lui en vouloir. J'ai hérité quarante-six mille dollars de quelqu'un que je n'ai jamais rencontré. C'est plus d'argent que je n'en ai possédé dans toute ma vie. C'est une aubaine fantastique, une chance inimaginable."

Barber nous expliqua qu'il travaillait depuis trois ans à un livre sur Thomas Harriot. D'ordinaire, il aurait prévu d'y consacrer encore deux ans, mais maintenant qu'il n'avait plus d'autres obligations, il pensait pouvoir le terminer vers le milieu de l'été, à six ou sept mois de là. Il en vint alors au projet auquel il avait fait allusion lorsqu'il m'avait téléphoné. Il avait cette idée en tête depuis quelques semaines, nous dit-il, et il souhaitait mon avis avant de se mettre à y réfléchir sérieusement. Ce serait pour plus tard, une chose à entreprendre après avoir achevé le livre sur Harriot, mais, s'il s'y décidait, des préparatifs considérables seraient nécessaires. "Je pense que ça peut se réduire à une seule question, et je n'attends pas de vous que vous me fournissiez une réponse inconditionnelle, ajouta-t-il. Mais étant donné les circonstances, votre opinion est la seule à laquelle je puisse me fier."

Nous avions alors fini de dîner et, je m'en souviens, encore attablés tous les trois, nous buvions du cognac en fumant des cigares cubains que Barber avait rapportés en fraude lors d'un récent voyage au Canada. Nous étions un peu ivres et, dans l'humeur du moment, même Kitty avait accepté l'un des énormes Churchill que Barber avait offerts à la ronde. Cela m'amusait de la voir souffler la fumée, très calme, assise là, dans son *chipao*, mais le spectacle qu'offrait Barber, qui s'était habillé pour l'occasion et portait une veste de smoking bordeaux et un fez, était tout aussi drôle.

"Si je suis le seul, remarquai-je, ça doit avoir quelque chose à voir avec votre père.

— Oui, c'est ça, c'est tout à fait ça." Pour ponctuer sa réponse, Barber renversa la tête en arrière et envoya dans les airs un rond de fumée parfait. Kitty et moi le regardâmes avec admiration, suivant le O des yeux tandis qu'il flottait auprès de nous en tremblant et en perdant lentement sa forme. Après un instant de silence, Barber baissa la voix d'une octave entière pour annoncer : "Je pense à la caverne.

— Ah, la caverne, répétai-je. L'énigme de la caverne dans le désert.

— Je ne peux pas m'en empêcher. C'est comme ces vieilles chansons qui vous trottent en tête.

— Une vieille chanson. Une vieille histoire. Pas moyen de s'en débarrasser. Mais qu'est-ce qui nous dit que la caverne a jamais existé ?

— C'est ce que je voulais vous demander. C'est vous qui avez entendu l'histoire. Qu'en pensez-vous, M. S. ? Est-ce qu'il disait la vérité, oui ou non ?"

Sans me laisser le temps de rassembler mes esprits pour répondre, Kitty se pencha en avant, appuyée sur ses coudes, tourna la tête vers moi, à sa gauche, puis regarda Barber, à sa droite, puis résuma en une phrase le problème dans toute sa complexité. "Bien sûr qu'il disait la vérité, affirmat-elle. Les faits n'étaient peut-être pas toujours exacts, mais il disait la vérité.

— Une réponse profonde, commenta Barber. Nul doute que ce ne soit la seule valable.

— J'en ai peur, ajoutai-je. Même s'il n'y a pas eu de caverne en réalité, il y a eu l'expérience d'une caverne.

Tout dépend du point jusqu'où vous voulez le prendre au mot.

— Dans ce cas, poursuivit Barber, laissez-moi reformuler ma question. Etant donné qu'on ne peut pas avoir de certitude, dans quelle mesure croyez-vous que ça vaille la peine de prendre le risque ?

— Quel genre de risque ? demandai-je.

— Le risque de perdre son temps, dit Kitty.

— Je ne comprends toujours pas.

— Il veut retrouver la caverne, m'expliqua-t-elle. Ce n'est pas vrai, Sol ? Vous voulez partir là-bas et essayer de la trouver.

— Vous êtes très fine, ma chère, fit Barber. C'est exactement ce que j'ai en tête, et la tentation est très forte. S'il y a une possibilité que la caverne existe, je suis prêt à faire n'importe quoi pour la retrouver.

— Il y a une possibilité, dis-je. Ce n'est peut-être pas une forte possibilité, mais je ne vois pas pourquoi ça devrait vous freiner.

— Il ne peut pas faire ça seul, remarqua Kitty. Ce serait trop dangereux.

— Vrai, approuvai-je. Il ne faut jamais escalader seul les montagnes.

— En particulier pas les gros, ajouta Barber. Mais ce sont là des détails à examiner plus tard. L'important, c'est que vous pensiez que je dois le faire. N'est-ce pas ?

— Nous pourrions y aller tous ensemble, dit Kitty. M. S. et moi serions vos éclaireurs.

— Bien sûr", dis-je. Je me voyais soudain, vêtu d'un habit de peau de daim, en train de parcourir l'horizon du regard, sur mon cheval palomino. "Nous dénicherons cette fichue caverne, dussions-nous ne plus rien faire d'autre."

Pour être parfaitement honnête, je n'ai jamais cru à tout ceci. J'y voyais l'une de ces élucubrations nées de l'ivresse d'une soirée et que l'on oublie dès le lendemain matin, et même si nous continuions à parler de "l'expédition" à chacune de nos rencontres, je considérais qu'il ne s'agissait guère que d'une plaisanterie. Il était amusant d'étudier des cartes et des photographies, de discuter d'itinéraires et de conditions climatiques, mais il y avait quelque distance entre jouer avec ce projet et le prendre au sérieux. L'Utah était si loin, nos chances d'organiser un tel voyage paraissaient tellement minces que même si l'intention de Barber était réelle, je me représentais mal comment on pourrait la mettre en pratique. Mon scepticisme fut renforcé, un dimanche après-midi de février, par la vue de Barber en promenade dans les bois du comté de Berkshire. Il était si encombré par son excès de poids, d'une telle maladresse sur ses pieds, si gêné par sa difficulté à respirer qu'il ne pouvait avancer pendant plus de dix minutes sans être obligé de s'arrêter pour reprendre haleine. Le visage rougi par l'effort, il se laissait tomber sur la souche la plus proche et y restait assis aussi longtemps qu'il avait marché, avec son énorme torse agité de halètements désespérés et la sueur qui coulait de son béret écossais comme si son crâne avait été un bloc de glace en train de fondre. Si les douces collines du Massachusetts le mettaient dans un tel état, je me demandais comment il pourrait s'en tirer dans les canyons de l'Utah. Non, l'expédition n'était qu'une farce, un curieux petit exercice de mythomanie. Aussi longtemps qu'elle demeurait dans le domaine de la conversation, il n'y avait pas à s'en inquiéter. Mais nous comprenions tous deux, Kitty et moi, que si Barber faisait mine de s'apprêter au départ, notre devoir serait de le persuader d'y renoncer.

Si l'on considère la résistance que j'opposai dès l'origine à ce projet, il y a de l'ironie dans le fait que c'est moi, pour finir, qui suis parti à la recherche de la grotte. Huit mois seulement s'étaient écoulés depuis notre première discussion à ce sujet, mais tant de choses s'étaient passées entre-temps, tant de choses avaient été écrasées et détruites que mon sentiment initial n'avait plus d'importance. J'y suis allé parce que je n'avais pas le choix. Ce n'était pas que j'en eusse envie ; c'était simplement que les circonstances m'ôtaient toute possibilité de ne pas y aller.

A la fin de mars, Kitty s'aperçut qu'elle était enceinte, et au début de juin je l'avais perdue. Notre vie explosa en quelques semaines, et quand je compris enfin que les dégâts étaient irréparables, il me sembla qu'on m'avait arraché le cœur. Kitty et moi avions vécu jusque-là dans une harmonie surnaturelle, et plus cela durait, moins il paraissait probable que quelque chose puisse nous séparer. Si nos relations avaient été plus combatives, si nous avions passé notre temps à nous disputer et à nous envoyer des assiettes à la tête, nous aurions peut-être été mieux préparés à affronter la crise. Mais cette découverte tomba comme un boulet de canon dans notre petite mare, et avant que nous ayons pu nous préparer au choc notre bateau avait coulé et nous barbotions pour tâcher de nous en tirer.

Ce ne fut jamais faute de nous aimer. Même quand nos batailles atteignirent des sommets d'intensité et de larmes, nous ne revînmes jamais là-dessus, nous ne reniâmes jamais les faits, jamais nous ne prétendîmes que nos sentiments avaient changé. Simplement, nous ne parlions plus le même langage. L'amour, pour Kitty, c'était nous deux, et rien d'autre. Un enfant n'y avait aucune part, et par conséquent, quelque décision que nous prenions, celle-ci ne devait dépendre que de ce que nous souhaitions pour nous-mêmes. Bien que ce fût elle qui était enceinte, le bébé n'était pour elle qu'une abstraction, une hypothétique instance de vie future, plutôt qu'une vie déjà réelle. Tant qu'il n'était pas né, il n'existait pas. A mes yeux, cependant, le bébé avait commencé à vivre dès l'instant où Kitty m'avait dit qu'elle le portait en elle. Même s'il n'était pas plus gros que le pouce, c'était un individu, une réalité incontestable. Il me semblait que, si nous nous résolvions à provoquer un avortement, ce serait pareil que de commettre un meurtre.

La raison était du côté de Kitty. Je le savais, et pourtant cela n'y changeait rien. Je m'enfermais dans une irrationalité obstinée, de plus en plus choqué par ma propre véhémence, mais incapable d'y mettre un frein. Kitty affirmait qu'elle était trop jeune pour devenir mère, et tout en reconnaissant que ce propos était légitime, je n'acceptai jamais de m'incliner. Nos propres mères n'étaient pas plus âgées que toi, répliquais-je, m'entêtant à relier deux situations qui n'avaient rien à voir l'une avec l'autre, et nous

nous trouvions alors tout à coup au point crucial du problème. C'était bien pour nos mères, disait Kitty, mais elle, comment pourrait-elle continuer à danser s'il lui fallait s'occuper d'un bébé ? A quoi je répondais, affectant avec suffisance de savoir de quoi je parlais, que je m'en occuperais, moi. Impossible, disait-elle, on ne peut pas priver un nouveau-né de sa mère. Mettre au monde un enfant, c'est une responsabilité énorme, il ne faut pas la prendre à la légère. Un jour, ajoutait-elle, elle aimerait beaucoup que nous en ayons, mais il n'était pas encore temps, elle n'était pas prête. Mais le moment est venu, affirmais-je. Que tu le veuilles ou non, nous avons déjà fait un bébé, et maintenant il faut assumer la réalité. Quand nous en étions là, exaspérée par l'étroitesse d'esprit de mes arguments, Kitty ne manquait jamais de fondre en larmes.

Je détestais la voir pleurer ainsi, pourtant même cela ne me faisait pas céder. Je la regardais en me disant de laisser tomber, de l'entourer de mes bras en acceptant ce qu'elle voulait, et plus je m'efforçais d'adoucir mes sentiments, plus je devenais inflexible. J'avais envie d'être père, et, maintenant que cette perspective se trouvait à ma portée, je ne pouvais supporter l'idée d'y renoncer. Le bébé représentait pour moi la chance de compenser la solitude de mon enfance, de faire partie d'une famille, d'appartenir à quelque chose de plus grand que moi seul, et parce que je n'avais encore jamais eu conscience de ce désir, il m'envahissait, me débordait par grandes bouffées inarticulées et désespérées. Si ma mère à moi s'était conduite avec bon sens, criais-je à Kitty, je ne serais jamais né. Et puis, sans lui laisser le temps de répondre : Si tu tues notre bébé, tu me tueras en même temps que lui.

Le temps était contre nous. Nous ne disposions que de quelques semaines pour nous décider, et chaque jour la tension augmentait. Il n'existait plus pour nous d'autre sujet d'intérêt, nous en parlions sans cesse, ressassions en pleine nuit nos arguments, et regardions notre bonheur se dissoudre dans un océan de mots, d'accusations de trahison, d'épuisement. Pendant tout le temps que cela dura, nous ne bougeâmes ni l'un ni l'autre de nos positions. C'était

Kitty qui était enceinte, et il me revenait donc de la convaincre, et non le contraire. Quand j'admis enfin que c'était sans espoir, je lui dis d'y aller, de faire ce qu'elle avait à faire. Je ne désirais pas la tourmenter davantage. Presque dans le même souffle, j'ajoutai que je paierais le coût de l'opération.

Les lois étaient différentes à cette époque, et la seule possibilité pour une femme d'obtenir un avortement légal était qu'un médecin certifie que la maternité risquait de mettre sa vie en danger. Dans l'Etat de New York, les interprétations de la loi étaient assez larges pour inclure le "danger mental" (ce qui voulait dire que la femme pourrait tenter de se tuer si le bébé naissait), et l'avis d'un psychiatre était donc valable. Comme Kitty était en parfaite santé, et que je ne voulais pas pour elle d'un avortement illégal – j'en avais une peur immense – elle ne put que rechercher un psychiatre disposé à lui rendre service. Elle finit par en trouver un, mais sa complaisance n'était pas bon marché. Avec en plus la note de l'hôpital Saint-Luc pour l'opération elle-même, j'en arrivai à dépenser plusieurs milliers de dollars afin de détruire mon propre enfant. J'étais à nouveau presque sans le sou, et quand je fus assis auprès du lit de Kitty à l'hôpital, en voyant l'expression vidée et torturée de son visage, je ne pus m'empêcher de penser que j'avais tout perdu, que j'avais été amputé de ma vie entière.

Le lendemain matin, nous rentrâmes ensemble à Chinatown, mais rien ne fut plus jamais comme avant. Nous avions l'un et l'autre réussi à nous convaincre que nous pouvions oublier ce qui était arrivé, mais lorsque nous voulûmes reprendre le cours de notre ancienne vie nous découvrîmes qu'elle n'existait plus. Après ces malheureuses semaines de discussions et de querelles, nous étions tous deux tombés dans le silence, comme si nous avions maintenant peur de nous regarder. L'avortement s'était révélé plus pénible que Kitty ne l'avait prévu, et malgré sa conviction d'avoir fait ce qu'il fallait, elle ne parvenait pas à se débarrasser de l'idée que c'était mal. Déprimée, meurtrie par ce qu'elle venait de subir, elle traînait dans le *loft* sa morosité comme un deuil. Je comprenais que j'aurais dû la consoler, mais je n'arrivais pas à trouver la force de surmonter mon propre chagrin. Je me contentais de la regarder souffrir, et à un moment donné je me rendis compte que j'y prenais plaisir, que je souhaitais qu'elle paie pour ce qu'elle avait fait. Ce moment fut le pire de tous, je crois, et quand je vis enfin la laideur et la cruauté qui se trouvaient en moi, je me retournai avec horreur contre moi-même. Je ne pouvais pas continuer ainsi. Je ne pouvais plus supporter d'être ce que j'étais. Quand je regardais Kitty, je ne voyais plus que ma méprisable faiblesse, le reflet monstrueux de ce que j'étais devenu.

Je lui expliquai que j'avais besoin de m'en aller quelque temps pour tâcher d'y voir clair, mais ce n'était que faute du courage de lui avouer la vérité. Kitty comprit, néanmoins. Elle n'avait pas besoin de me l'entendre dire pour savoir ce qui se passait et, le lendemain matin, quand elle me vit faire mes bagages et m'apprêter à partir, elle me supplia de rester auprès d'elle, elle alla jusqu'à se mettre à genoux pour me prier de ne pas m'en aller. Elle avait le visage déformé et inondé de larmes, mais à ce moment je n'étais plus qu'un bloc de bois et rien n'aurait pu me retenir. Je posai sur la table mes derniers mille dollars en disant à Kitty de s'en servir en mon absence. Puis je passai la porte. En arrivant en bas, dans la rue, je sanglotais déjà.

7

Barber m'hébergea dans son appartement jusqu'à la fin de ce printemps. Il refusa de me laisser payer ma part du loyer mais, comme mes fonds étaient retombés presque à zéro, je me trouvai bientôt un emploi. Je dormais sur le canapé du salon, me levais chaque matin à six heures et demie, et passais mes journées à monter et à descendre des meubles dans des cages d'escalier, pour un ami qui dirigeait une petite entreprise de déménagement. Je détestais ce travail, mais il était suffisamment épuisant pour mettre une sourdine à mes pensées, du moins au début. Plus tard, quand mon corps commença à s'habituer à la routine, je découvris que je ne pouvais m'endormir sans m'être d'abord assommé de boisson. Barber et moi restions à bavarder jusqu'aux environs de minuit, puis je demeurais seul au salon, confronté au choix entre fixer le plafond jusqu'à l'aube ou m'enivrer. Il me fallait en général toute une bouteille de vin avant de parvenir à fermer les yeux.

Barber n'aurait pu me traiter mieux, il n'aurait pu faire preuve de plus d'attention et de sympathie, mais je me trouvais dans un état si lamentable que je remarquais à peine sa présence. Kitty était pour moi la seule personne réelle, et son absence était si tangible, d'une insistance si accablante, que je ne pouvais penser à rien d'autre. Chaque nuit débutait avec la même douleur dans mon corps, le même besoin étouffant, lancinant, de me retrouver en contact avec elle, et avant d'avoir pu discerner ce qui m'arrivait, je ressentais les mêmes assauts sous la surface de ma peau, comme si les tissus qui me tenaient ensemble avaient été sur le point d'éclater. C'était l'état de manque dans sa forme la plus soudaine, la plus absolue. Le corps de Kitty faisait partie de mon corps, et sans elle à mon côté il me semblait n'être plus moi-même. Il me semblait avoir été mutilé.

A la suite de la douleur, des images défilaient dans ma tête. Je voyais les mains de Kitty tendues à me toucher, je voyais son dos nu et ses épaules, la courbe de ses fesses, son ventre lisse qui se ramassait quand elle s'asseyait sur le bord du lit pour enfiler ses collants. Il m'était impossible de chasser ces images, et l'une ne s'était pas sitôt présentée qu'elle en engendrait une autre, faisant revivre les plus intimes, les plus petits détails de notre vie commune. Je ne pouvais sans souffrance me rappeler notre bonheur, et pourtant, en dépit du mal qu'elle me faisait, je persistais à rechercher cette souffrance. Chaque soir, je pensais téléphoner à Kitty, et chaque soir je luttais contre cette tentation en appelant à la rescousse toutes les bribes de mon dégoût de moi-même afin de m'empêcher de céder. Après deux semaines d'une telle torture, je me sentais comme dévoré par les flammes.

Barber se désolait. Il se doutait qu'une chose terrible nous était arrivée, mais ni Kitty ni moi ne voulions lui expliquer ce dont il s'agissait. Au début, prenant sur lui de s'entremettre, il parlait avec l'un de nous puis se rendait chez l'autre pour faire état de la conversation, mais toutes ses allées et venues n'aboutirent jamais à rien. Chaque fois qu'il essayait d'arracher notre secret à l'un de nous, nous lui donnions tous deux la même réponse : Je ne peux rien te dire, va demander à l'autre. Barber ne douta jamais de l'amour que nous éprouvions encore l'un pour l'autre, et notre refus de toute action le laissait ahuri et frustré. Kitty souhaite que tu reviennes, me disait-il, mais elle pense que tu ne le feras pas. Je ne peux pas retourner, répondais-je. Je n'ai pas de plus cher désir, mais c'est impossible. Dans une stratégie du dernier recours, Barber alla jusqu'à nous inviter à dîner tous les deux en même temps (sans nous avertir que l'autre y serait aussi) mais son plan échoua car Kitty m'aperçut au moment où j'entrais dans le restaurant.

Si elle avait tourné le coin deux secondes plus tard, cela aurait peut-être marché, mais elle put éviter le piège et, au lieu de nous rejoindre, elle fit demi-tour et rentra chez elle. Comme Barber lui demandait des explications, le lendemain, elle déclara qu'elle ne croyait pas aux machinations. "C'est à M. S. de faire le premier pas, dit-elle. J'ai fait une chose qui lui a brisé le cœur, et je pourrais comprendre qu'il ne veuille plus jamais me revoir. Il sait que je ne l'ai pas fait exprès, mais cela ne signifie pas qu'il doive me pardonner."

Après cela, Barber n'insista plus. Il cessa de porter des messages entre nous, et laissa la situation suivre son triste cours. Cette dernière déclaration de Kitty était caractéristique du courage et de la générosité que je lui ai toujours connus, et pendant des mois, même des années après, je n'ai jamais pu sans honte me souvenir de ces mots. Si quelqu'un avait souffert, c'était bien elle, et pourtant elle assumait la responsabilité de ce qui était arrivé. Si j'avais possédé ne fût-ce qu'une infime particule de sa bonté, je me serais aussitôt précipité chez elle, prosterné devant elle en la suppliant de me pardonner. Mais je ne fis rien. Les jours passaient, et je ne trouvais toujours pas en moi la force d'agir. Comme un animal blessé, je me pelotonnais dans ma peine en refusant de bouger. J'étais toujours là, sans doute, mais on ne pouvait plus me considérer comme présent.

S'il avait échoué dans son rôle de Cupidon, Barber continuait à faire tout ce qu'il pouvait pour me venir en aide. Il essayait de ranimer mon intérêt pour l'écriture, me parlait de livres, m'entraînait au cinéma, au restaurant, dans des bars, à des conférences ou à des concerts. Cela ne servait pas à grand-chose, mais je n'étais pas inconscient au point de ne pas apprécier ses efforts. Devant tant de dévouement, il était inévitable que je commence à me demander pourquoi il se dépensait à ce point pour moi. Penché sur sa machine à écrire pendant des six ou sept heures d'affilée, il menait tambour battant son livre sur Thomas Harriot, mais il paraissait toujours prêt à tout laisser tomber dès l'instant où je rentrais à l'appartement, comme s'il avait trouvé ma compagnie plus intéressante que son propre travail. J'en étais intrigué, car j'avais conscience d'être alors une compagnie particulièrement pénible, et je ne voyais pas quel plaisir on pouvait en retirer. A défaut d'autres idées, je me mis en tête qu'il était sans doute homosexuel, et trop excité par ma présence pour se concentrer sur autre chose. C'était une supposition logique, mais sans fondement – un coup de plus dans les ténèbres. Il ne me faisait aucune avance, et je voyais bien, à la façon dont il regardait les femmes dans la rue, que tous ses désirs convergeaient vers l'autre sexe. Quelle était la réponse, alors ? Peut-être la solitude, pensai-je, la solitude pure et simple. J'étais son unique ami à New York et, aussi longtemps qu'il ne rencontrait pas quelqu'un d'autre, il était prêt à m'accepter tel que j'étais.

Un soir de la fin juin, nous sortîmes ensemble pour prendre quelques bières à la *White Horse Tavern*. Il faisait une chaleur poisseuse, et quand nous fûmes installés à une table dans l'arrière-salle (la même que celle où Zimmer et moi étions venus souvent à l'automne soixante-neuf), Barber eut bientôt le visage dégoulinant de sueur. Tout en s'épongeant avec un immense mouchoir à carreaux, il avala son deuxième verre en une ou deux gorgées, puis frappa soudain du poing sur la table. "Il fait sacrément chaud, dans cette foutue ville, déclara-t-il. On s'en va pendant vingt-cinq ans, et on oublie ce que sont les étés.

— Attends juillet et août, dis-je. Tu n'as encore rien vu.

— J'en ai vu assez. Si je reste encore un peu, il faudra que je me balade vêtu de serviettes éponges. On dirait un bain turc.

— Tu pourrais t'offrir des vacances. Des tas de gens s'en vont pendant la saison chaude. La montagne, la plage, tu peux aller où tu veux.

— Il n'y a qu'un endroit qui m'intéresse. Je crois que tu sais lequel.

— Mais ton livre ? Je pensais que tu voulais le finir d'abord.

— C'était vrai. Mais j'ai changé d'avis.

— Ça ne peut pas être seulement à cause de la chaleur.

— Non, j'ai besoin de m'en aller un peu. Toi aussi, d'ailleurs.

— Moi, ça va, Sol, ça va tout à fait.
— Un changement de décor te ferait du bien. Plus rien ne te retient ici, et plus tu restes, plus tu vas mal. Je ne suis pas aveugle, tu sais.
— Je m'en remettrai. Ça va s'arranger, bientôt.
— Je ne parierais pas là-dessus. Tu es en panne, M. S., tu te ronges. Le seul remède, c'est de t'en aller.
— Je ne peux pas abandonner mon travail.
— Pourquoi pas ?
— D'abord, j'ai besoin de l'argent. Ensuite, Stan compte sur moi. Ce ne serait pas chic de le laisser tomber comme ça.
— Donne-lui un préavis de quelques semaines. Il trouvera quelqu'un d'autre.
— Tout simplement ?
— Oui, tout simplement. Je sais que tu es un jeune homme assez costaud, mais je ne te vois pas bien dans la peau d'un déménageur pour le restant de tes jours.
— Je n'envisage pas d'en faire une carrière. C'est ce qu'on appellerait une situation temporaire.
— Eh bien, je t'offre une autre situation temporaire. Tu peux être mon assistant, mon éclaireur, mon bras droit. Le marché inclut le logement et les repas, les frais payés, et tout l'argent de poche dont tu penserais avoir besoin. Si ces conditions ne te satisfont pas, je suis prêt à négocier. Qu'en dis-tu ?
— C'est l'été. Si tu trouves New York pénible, le désert sera pire encore. Nous allons rôtir si nous y allons maintenant.
— Ce n'est pas le Sahara. Nous achèterons une voiture climatisée et nous voyagerons dans le confort.
— Et où irons-nous ? Nous n'en avons pas la moindre idée, nous ne savons même pas où commencer.
— Bien sûr que si. Je ne prétends pas que nous trouverons ce que nous cherchons, mais nous pouvons situer le territoire. Le sud-est de l'Utah, en partant de la ville de Bluff. Nous ne risquons rien à essayer."

La discussion se poursuivit pendant plusieurs heures et, peu à peu, Barber eut raison de ma résistance. A chaque argument que je lui avançais, il répliquait par un contre-argument ; à chacune de mes propositions négatives, il en opposait deux ou trois positives. Je ne sais pas comment il s'y prit, mais à la fin il avait réussi à me rendre presque heureux d'avoir cédé. Peut-être étais-je séduit par le caractère foncièrement désespéré de l'entreprise. Si j'avais cru que nous ayons la moindre chance de repérer la grotte, je crois que je ne serais pas parti, mais à cette époque l'idée d'une quête inutile, d'un voyage dès le départ promis à l'échec cadrait bien avec ma façon d'envisager les choses. Nous chercherions, et nous ne trouverions pas. Seule compterait la tentative, il ne nous resterait à la fin que la futilité de nos ambitions. C'était là une métaphore avec laquelle je pouvais vivre, le saut dans le vide dont j'avais toujours rêvé. J'échangeai une poignée de main avec Barber, en lui disant de compter sur moi.

Pendant deux semaines, nous peaufinâmes notre projet. Au lieu de couper tout droit, nous décidâmes de commencer par un détour sentimental, en nous arrêtant d'abord à Chicago puis en nous dirigeant vers le nord et le Minnesota, avant de nous lancer sur la route de l'Utah. Cela représenterait un détour d'un millier et demi de kilomètres, mais nous ne considérions ni l'un ni l'autre que ce fût un problème. Nous n'étions pas pressés d'arriver, et quand j'expliquai à Barber que je souhaitais rendre visite au cimetière où ma mère et mon oncle étaient enterrés il ne souleva aucune objection. Du moment que nous allions à Chicago, ajouta-t-il, pourquoi ne pas nous écarter encore un peu de notre route afin de monter à Northfield pour quelques jours ? Il lui restait là-bas quelques affaires à régler, et il pourrait en profiter pour me montrer, dans le grenier de sa maison, la collection des tableaux et des dessins de son père. Je ne pris pas la peine de lui signaler que je les avais évités, jusque-là. Dans l'esprit de l'expédition où nous étions sur le point de nous embarquer, je disais oui à tout.

Trois jours plus tard, Barber acheta à un homme de Queens une voiture climatisée. C'était une Pontiac Bonneville rouge de 1965, dont le compteur n'indiquait que soixante-douze mille kilomètres. Il s'était épris de son aspect rutilant et de sa rapidité, et ne marchanda guère. "Qu'en penses-tu ? me répétait-il tandis que nous l'inspections. C'est pas de la bagnole, ça ?" Il fallait remplacer le pot d'échappement et les pneus, le carburateur avait besoin d'un réglage, et l'arrière était cabossé, mais la décision de Barber était prise et je ne voyais pas l'intérêt d'essayer de l'en dissuader. Malgré tous ses défauts, cette voiture était une belle petite mécanique, comme il disait, et je pensai qu'elle ferait l'affaire aussi bien que n'importe quelle autre. Nous la sortîmes pour un tour d'essai, et tandis que nous parcourions en tous sens les rues de Flushing, Barber me fit un cours enthousiaste sur la rébellion de Pontiac contre lord Amherst. N'oublions pas, dit-il, que cette voiture porte le nom d'un grand chef indien. Cela ajoutera une dimension à notre voyage. En roulant dedans vers l'ouest, nous rendrons hommage aux morts et à la mémoire des vaillants guerriers qui se sont dressés pour défendre le pays que nous leur avons volé.

Nous achetâmes des chaussures de randonnée, des lunettes de soleil, des sacs à dos, des cantines, des jumelles, des sacs de couchage et une tente. Après avoir consacré encore une semaine et demie à l'entreprise de déménagement de mon ami Stan, je pus me retirer avec bonne conscience après que l'un de ses cousins, arrivé en ville pour l'été, eut accepté de prendre ma place. Barber et moi sortîmes faire un dernier dîner à New York (des sandwiches au corned-beef au *Stage Deli*) et remontâmes à l'appartement vers neuf heures, avec l'intention de nous coucher à une heure raisonnable, afin de partir tôt le lendemain matin. C'était le début de juillet 1971. J'avais vingt-quatre ans, et l'impression que ma vie avait abouti à un cul-de-sac. Couché sur le canapé dans l'obscurité, j'entendis Barber traverser la cuisine sur la pointe des pieds pour téléphoner à Kitty. Je ne distinguais pas tout ce qu'il disait, mais il me sembla qu'il lui parlait de notre voyage. "Rien n'est certain, chuchota-t-il, mais ça pourrait lui faire du bien. A notre retour, il sera peut-être prêt à te revoir." Il ne m'était pas difficile de deviner de qui il s'agissait. Lorsque Barber fut rentré dans sa chambre, je rallumai la lumière et débouchai une nouvelle bouteille de vin, mais l'alcool paraissait avoir perdu sur moi tout pouvoir. Quand Barber arriva à six heures du matin pour m'éveiller, je ne devais pas avoir dormi plus de vingt ou trente minutes.

 A sept heures moins le quart nous étions sur la route. Barber conduisait, et je buvais du café noir dans un thermos, assis à la place du mort. Pendant les deux premières heures, je ne fus qu'à moitié conscient, mais une fois que nous atteignîmes les vastes paysages de Pennsylvanie j'émergeai lentement de ma torpeur. A partir de là et jusqu'à notre arrivée à Chicago, nous bavardâmes sans interruption, en prenant le volant chacun à notre tour, à travers l'ouest de la Pennsylvanie, l'Ohio et l'Indiana. Si la majeure partie de ce que nous avons dit m'échappe aujourd'hui, c'est sans doute parce que nous ne cessions de passer d'un sujet à un autre, au rythme même où le paysage disparaissait sans cesse derrière nous. Nous avons parlé un moment de voitures, je m'en souviens, et de la façon dont elles avaient transformé l'Amérique ; nous avons parlé d'Effing ; nous avons parlé de la tour de Tesla, à Long Island. J'entends encore Barber se racler la gorge, tandis que nous quittions l'Ohio pour entrer dans l'Indiana, en se préparant à m'adresser un long discours sur l'esprit de Tecumseh, mais, malgré tous mes efforts, je n'arrive pas à m'en remémorer la moindre phrase. Plus tard, tandis que le soleil commençait à baisser, nous consacrâmes plus d'une heure à l'énumération de nos préférences dans tous les domaines que nous pouvions imaginer : nos romans favoris, nos mets favoris, nos joueurs de base-ball favoris. Nous devons avoir aligné plus de cent catégories, tout un index de goûts personnels. Je citais Roberto Clemente, Barber répliquait Al Kaline. Je disais *Don Quichotte*, il répondait *Tom Jones*. Nous préférions tous deux Schubert à Schumann, mais Barber avait un faible pour Brahms, et moi pas. D'autre part, il trouvait Couperin ennuyeux, alors que je n'aurais jamais pu me lasser des *Barricades mystérieuses*. Il disait Tolstoï, je disais Dostoïevski. Il disait *Bleak House*, je disais *Our Mutual Friend*. De tous les fruits connus de l'homme, nous tombâmes d'accord que le citron avait le meilleur parfum.

Nous passâmes la nuit dans un motel aux environs de Chicago. Le lendemain, après avoir pris le petit déjeuner, nous circulâmes au hasard jusqu'à ce que nous découvrions un fleuriste, auquel j'achetai deux bouquets identiques pour ma mère et pour l'oncle Victor. Dans la voiture, Barber était étrangement en retrait, mais je pensai que c'était à cause de la grande fatigue de la veille et ne m'y attardai pas. Nous eûmes un peu de peine à trouver le cimetière de Westlawn (quelques erreurs de direction, un grand détour qui nous entraîna dans le mauvais sens), et quand nous passâmes enfin les grilles il était près de onze heures. Il nous fallut encore vingt minutes pour localiser les tombes, et lorsque nous sortîmes de la voiture dans la chaleur torride de l'été, je me souviens que nous n'échangeâmes pas un mot. Une équipe de quatre hommes finissait de creuser une tombe pour quelqu'un à plusieurs lots de distance de ceux de ma mère et de mon oncle, et nous restâmes une minute ou deux debout à côté de la voiture, en regardant les fossoyeurs charger leurs bêches à l'arrière de leur pick-up vert et s'en aller. Leur présence était une intrusion, et nous comprenions tous deux, par un accord tacite, qu'il nous fallait attendre qu'ils aient disparu, que nous ne pouvions faire ce pour quoi nous étions venus que si nous étions seuls.

Après cela, tout se passa très vite. Nous traversâmes l'allée, et en apercevant les noms de ma mère et de mon oncle sur les petites stèles de pierre je me surpris soudain à refouler des larmes. Je ne m'étais pas attendu à une réaction aussi violente, mais lorsque je réalisai qu'ils gisaient effectivement là, tous les deux, sous mes pieds, je fus pris d'un tremblement incoercible. Plusieurs minutes s'écoulèrent, je crois, mais ce n'est qu'une supposition. Je ne revois guère qu'un brouillard, quelques gestes isolés dans le flou du souvenir. Je me rappelle avoir déposé un caillou sur chaque stèle, et de temps à autre je parviens à m'entrevoir un instant, à quatre pattes, en train d'arracher avec frénésie les mauvaises herbes qui poussaient dans le gazon couvrant les tombes. Quant à Barber, j'ai beau le chercher, je n'arrive pas à le situer dans le tableau. Ceci me suggère que j'étais trop ému pour faire attention à lui, que pendant l'intervalle de ces quelques minutes j'avais oublié sa présence. L'histoire avait commencé sans moi, pour ainsi dire, et quand j'y entrai à mon tour, l'action était déjà engagée, elle échappait à tout contrôle.

Je ne sais trop comment, je me retrouvai auprès de Barber. Nous étions debout tous les deux l'un à côté de l'autre devant la tombe de ma mère, et quand je tournai la tête vers lui je m'aperçus que ses joues ruisselaient de larmes. Il sanglotait, et en entendant les sons étouffés et pathétiques qu'il émettait, je me rendis compte qu'il y avait un moment que cela durait. Je crois avoir dit quelque chose, alors. Que se passe-t-il, ou pourquoi pleures-tu, je ne me souviens pas des mots exacts. De toute façon, Barber ne m'entendait pas. Il contemplait la tombe de ma mère en pleurant, sous l'immensité bleue du ciel, comme s'il avait été le dernier survivant dans l'univers.

"Emily, finit-il par balbutier. Ma petite Emily chérie... Regarde-toi, maintenant... Si seulement tu n'étais pas partie... Si seulement tu m'avais laissé t'aimer... Ma douce petite Emily chérie... C'est un tel gâchis, un si atroce gâchis..."

Les mots lui échappaient en un spasme haletant, un débordement de chagrin qui se brisait en éclats au contact de l'air. Je l'écoutais comme si la terre s'était adressée à moi, comme j'aurais écouté les morts dans leurs tombes. Barber avait aimé ma mère. A partir de ce simple fait incontestable, tout le reste s'était mis en mouvement, vacillait, s'écroulait – le monde entier commençait à se réorganiser devant mes yeux. Il ne l'avait pas dit en clair, mais soudain je savais. Je savais qui il était, je savais soudain tout.

Au premier moment, ma seule réaction fut la colère, un sursaut infernal de nausée et de dégoût. "Qu'est-ce que tu racontes?" lui demandai-je, et comme il ne me regardait toujours pas, je le bousculai des deux mains, je secouai son énorme bras droit en le frappant avec fureur. "Qu'est-ce que tu racontes ? répétai-je. Dis quelque chose, espèce de gros plein de soupe, dis quelque chose ou je te casse la figure."

Alors Barber se tourna vers moi, mais il ne réussit qu'à secouer la tête d'avant en arrière, comme s'il tentait de

m'expliquer l'inutilité de toute parole. "Seigneur Dieu, Marco, quel besoin avais-tu de m'amener ici ? fit-il enfin. Ne pouvais-tu pas te douter que ceci arriverait ?
— Me douter ! criai-je. Comment diable aurais-je pu me douter ? Tu n'as jamais rien dit, tu n'es qu'un menteur. Tu t'es foutu de moi, et maintenant tu voudrais que je te plaigne. Et moi, là-dedans ? Et moi, gros hippopotame dégueulasse ?"

Comme un fou, je donnais libre cours à ma rage en hurlant à pleins poumons dans la chaleur de l'été. Après quelques instants, Barber se mit à reculer en titubant, hors de portée de mes assauts, comme s'il ne pouvait en supporter davantage. Il pleurait toujours, et marchait le visage enfoui dans les mains. Aveugle à tout ce qui l'entourait, il s'élança entre les rangées de tombes avec des sanglots sonores, tandis que je continuais à l'invectiver. Le soleil était tout en haut du ciel, et le cimetière entier paraissait vibrer dans une luminosité étrange, pulsée, comme si son éclat était devenu trop violent pour être réel. Je vis Barber faire quelques pas encore et puis, au moment où il arrivait près de la tombe qui avait été creusée le matin, commencer à perdre l'équilibre. Il avait sans doute trébuché sur un caillou ou une irrégularité du sol, et il perdit pied tout à coup. Ce fut très rapide. Ses bras s'écartèrent des deux côtés, comme des ailes, avec des battements désespérés, mais il n'eut pas le temps de se redresser. Un instant, il était là, et l'instant suivant il tombait en arrière dans la fosse. Avant même d'avoir pu me mettre à courir vers lui, j'entendis son corps atterrir au fond avec un bruit sourd.

Il fallut une grue pour le sortir de là. Au premier regard que je jetai dans le trou, je ne pus m'assurer s'il était mort ou vivant, et faute de prises le long des côtés, il me semblait trop hasardeux de tenter de le rejoindre. Il gisait sur le dos, les yeux fermés, dans une immobilité complète. Je craignais de tomber sur lui si je me risquais à descendre, et me précipitai donc dans la voiture pour aller demander au concierge d'appeler du secours par téléphone. Une équipe d'urgence arriva dix minutes après sur la scène, mais se trouva bientôt confrontée au problème qui m'avait paralysé. Après un peu de flottement, nous réussîmes, en nous tenant tous par les mains, à aider un des secouristes à atteindre le fond. Il annonça que Barber était vivant, mais à part cela les nouvelles n'étaient pas bonnes. Commotion, nous dit-il, peut-être même fracture du crâne. Puis, après un bref silence, il ajouta : "Il est possible que son dos soit brisé. Faudra faire gaffe en le sortant d'ici."

Il était six heures du soir quand Barber fut enfin voituré dans la salle des urgences de l'hôpital du comté de Cook. Il était toujours inconscient, et ne manifesta avant quatre jours aucun signe de retour à la vie. Les médecins lui opérèrent le dos, l'installèrent sous traction, et me dirent de serrer les pouces. Pendant les premières quarante-huit heures, je ne quittai pas l'hôpital, mais, quand il devint évident que nous étions là pour longtemps, j'utilisai la carte American Express de Barber pour prendre une chambre dans un motel voisin, l'*Eden Rock*, un endroit minable, sinistre, avec des murs verts tachés et un lit plein de bosses, où je n'allais que pour dormir. Lorsque Barber fut sorti du coma, je passai à l'hôpital dix-huit ou dix-neuf heures par jour, et ce fut là tout mon univers au cours des deux mois qui suivirent. Jusqu'au moment de sa mort, je ne fis rien que rester auprès de lui.

Durant le premier mois, les choses ne paraissaient pas du tout devoir se terminer aussi mal. Gainé dans un immense moule de plâtre suspendu par des poulies, Barber flottait dans l'espace comme s'il avait défié les lois de la physique. Il était immobilisé au point de ne pouvoir tourner la tête, ni manger sans qu'on lui enfonce des tubes dans la gorge ; néanmoins il faisait des progrès et semblait se rétablir. Le plus important pour lui, me confia-t-il, était la satisfaction que la vérité fût enfin révélée. S'il lui fallait en échange rester dans le plâtre pendant quelques mois, il trouvait que ça valait la peine. "Mes os peuvent bien être cassés, me dit-il un après-midi, mais mon cœur va mieux, lui, enfin."

C'est au long de cette période qu'il me raconta son histoire. Comme il ne pouvait rien faire d'autre que parler, il finit par dresser pour moi un compte rendu exhaustif et méticuleux de sa vie entière. J'entendis tous les détails de son idylle avec ma mère, la déprimante saga de son séjour à l'YMCA de Cleveland, la relation des voyages qui s'étaient succédé au cœur de l'Amérique. Il va sans dire, je suppose, que mon éclat de colère à son égard dans le cimetière s'était dissipé depuis longtemps mais, bien que ses révélations n'eussent guère laissé de place au doute, quelque chose en moi hésitait à le reconnaître pour mon père. Oui, il était certain que Barber avait couché avec ma mère une nuit de 1946 ; et, oui, il était certain aussi que j'étais né neuf mois après ; mais comment pouvais-je être sûr que Barber était le seul homme qu'elle ait connu ? Si peu probable que ce fût, il était possible néanmoins qu'elle ait fréquenté deux hommes en même temps. Dans ce cas, l'autre était peut-être celui qui l'avait rendue enceinte. Telle était ma seule défense contre une conviction totale, et j'éprouvais de la réticence à y renoncer. Tant qu'une once de scepticisme restait possible, je n'étais pas obligé d'admettre qu'il s'était passé quelque chose. Cette attitude paraît inattendue, mais avec du recul, maintenant, elle ne me semble pas dépourvue d'un certain sens. Après vingt-quatre années vécues dans une interrogation sans réponse, j'avais peu à peu adopté cette énigme comme le fait central de mon identité. Mes origines étaient un mystère, et je ne saurais jamais d'où je venais. C'était ce qui me définissait, et je m'étais habitué à ma propre obscurité, je m'y accrochais comme à une source de connaissance et de respect de moi-même, je m'y fiais comme à une nécessité ontologique. Si fort que j'eusse pu rêver de connaître mon père, je n'avais jamais cru que ce fût possible. Maintenant que je l'avais retrouvé, la rupture interne était si violente que ma première réaction était de refuser l'évidence. La cause de ce refus n'était pas Barber, mais la situation même. Il était mon meilleur ami, et je l'aimais. S'il existait au monde un homme que j'aurais choisi pour père, c'était lui. Et pourtant je ne pouvais pas. Mon organisme entier avait reçu un choc, et je ne savais comment l'encaisser.

Les semaines se succédaient, et il me devint impossible à la longue de refuser de voir les faits. Immobilisé par son carcan rigide de plâtre blanc, Barber ne pouvait rien absorber de solide, et il se mit bientôt à perdre du poids. Sur cet homme habitué à se gorger de milliers de calories par jour, ce changement abrupt de régime fut suivi d'effets immédiats et spectaculaires. Il faut beaucoup d'assiduité pour entretenir un si monumental excès de graisse, et dès que l'on réduit sa consommation les kilos diminuent vite. Au début, Barber s'en plaignait, et il lui arriva même plusieurs fois de pleurer de faim, mais au bout de quelque temps il se mit à considérer cette diète forcée comme un bienfait déguisé. "C'est l'occasion d'accomplir ce que je n'ai encore jamais réussi, me dit-il. Rends-toi compte, M. S. Si je continue comme ça, j'aurai perdu pas loin de cinquante kilos quand je sortirai d'ici. Peut-être même plus. Je serai un autre homme. Je n'aurai plus jamais besoin de me ressembler."

Sur les côtés de son crâne, les cheveux repoussaient (un mélange de gris et d'acajou) et le contraste entre ces couleurs et celle de ses yeux (un bleu sombre, aux reflets gris acier) donnait l'impression de mettre sa tête en valeur avec une clarté, une netteté nouvelles, comme si elle avait été en train d'émerger progressivement de l'atmosphère indifférenciée qui l'entourait. Au bout de dix ou douze jours d'hôpital, sa peau était devenue d'une blancheur mortelle, mais cette pâleur s'accompagnait d'un amincissement de ses joues, et, au fur et à mesure que la bouffissure des cellules graisseuses et de la chair enflée continuait à disparaître, un deuxième Barber apparaissait, un Barber secret, enfoui depuis des années au fond de ce corps. La transformation était stupéfiante et, une fois bien engagée, entraîna quantité d'effets secondaires. Au début je ne remarquai rien mais un matin, trois semaines environ après son arrivée à l'hôpital, j'aperçus en le regardant quelque chose de familier. Ce ne fut qu'un éclair momentané, dissipé avant même que j'aie pu identifier ce qui m'était apparu. Deux jours plus tard, quelque chose de similaire se produisit, qui dura juste assez cette fois pour que je me rende compte que la zone de reconnaissance était localisée aux environs des yeux, peut-être même dans les yeux. Je me demandai si je n'avais pas remarqué un air de famille avec Effing, si l'expression du regard que Barber venait de me lancer ne m'avait pas rappelé son père. Quoi qu'il en fût, ce bref instant était troublant et, pendant tout le reste de la journée, je me sentis incapable de le chasser de mes pensées. Il m'obsédait, tel un fragment d'un rêve oublié, un vacillement d'intelligibilité surgi des profondeurs de mon inconscient. Et puis, le lendemain matin, je compris enfin ce que j'avais vu. Lorsque j'entrai dans la chambre de Barber pour ma visite quotidienne, et qu'il ouvrit les yeux en me souriant, d'un air languissant à cause des analgésiques qu'il avait dans le sang, je me surpris à étudier les contours de ses paupières, en particulier l'espace entre les sourcils et les cils, et tout à coup je réalisai que c'était moi que j'étais en train de regarder. Barber avait les mêmes yeux que les miens. Maintenant que son visage s'était réduit, il m'était devenu possible de le constater. Nous nous ressemblions, il n'y avait pas à s'y tromper. Une fois conscient de ceci, une fois confronté, enfin, avec cette vérité, je n'avais plus le choix, il fallait l'accepter. J'étais le fils de Barber, et je le savais désormais sans l'ombre d'un doute.

Pendant deux semaines encore, tout sembla bien se passer. Les médecins étaient optimistes, et nous commencions à nous réjouir à la perspective qu'on le débarrasse bientôt de son plâtre. Dans les premiers jours d'août, néanmoins, l'état de Barber s'aggrava soudain. Il attrapa une infection quelconque, et les médicaments qu'on lui donna provoquèrent une réaction allergique, qui fit monter sa tension à un niveau critique. De nouvelles analyses révélèrent un diabète que l'on n'avait encore jamais diagnostiqué, et quand, à la recherche d'autres dégâts, les médecins poursuivirent leurs examens, maladies et problèmes vinrent s'ajouter à la liste : de l'angine, un début de goutte, des difficultés circulatoires, Dieu sait quoi encore. On aurait dit que son corps, tout simplement, n'en pouvait plus. Il en avait trop supporté, et maintenant la machine s'effondrait. Ses défenses se trouvaient affaiblies par son énorme perte de poids, et il ne lui restait rien pour lutter, ses cellules sanguines refusaient de monter une contre-attaque. Vers le 20 août, il m'annonça qu'il savait qu'il allait mourir, mais je ne voulus pas l'écouter. "Tiens bon, lui dis-je. Tu seras sorti d'ici avant qu'on lance la première balle des Championnats."

Je ne savais plus ce que j'éprouvais. Le regarder s'en aller était une épreuve paralysante, et dès la fin de la troisième semaine d'août je vécus comme en transe. La seule chose qui comptait alors pour moi était de garder une apparence impassible. Pas de larmes, pas de crises de désespoir, pas de laisser-aller. Je débordais d'espoir et de confiance, mais je devais me douter au fond de moi qu'en réalité la situation était sans issue. Je n'en pris conscience, néanmoins, que tout à la fin, et de la façon la plus détournée. J'étais entré un soir dans un petit restaurant pour un repas tardif. Une des spécialités proposées ce jour-là se trouvait être une tourte au poulet, un plat auquel je n'avais plus goûté depuis ma petite enfance, peut-être depuis l'époque où je vivais encore avec ma mère. Je passai commande à la serveuse, puis m'enfonçai, pendant plusieurs minutes, dans les souvenirs de l'appartement que ma mère et moi avions habité à Boston, revoyant pour la première fois depuis des années la petite table de cuisine où nous mangions ensemble. Puis la serveuse revint et m'informa qu'il n'y avait plus de tourte au poulet. Ce n'était rien du tout, bien sûr. Dans le grand dessein du monde, un simple grain de poussière, une miette infinitésimale d'antimatière, et pourtant j'eus soudain l'impression que le toit s'écroulait sur moi. Il n'y avait plus de tourte au poulet. Si l'on m'avait annoncé qu'un tremblement de terre venait de tuer vingt mille personnes en Californie, je n'aurais pas été plus bouleversé. Je sentis de vraies larmes me monter aux yeux, et ce n'est qu'à cet instant, assis dans ce restaurant en proie au désappointement, que je compris à quel point mon univers était devenu fragile. L'œuf était en train de me glisser entre les doigts et, tôt ou tard, il allait s'écraser.

Barber mourut le 4 septembre, trois jours exactement après cet incident. Il ne pesait plus alors que quatre-vingt-quinze kilos, comme s'il avait déjà à moitié disparu, comme si, une fois ce processus mis en marche, il avait été inévitable que ce qui restait de lui disparaisse à son tour. J'avais besoin de parler à quelqu'un, mais la seule personne à qui je pus penser était Kitty. Il était cinq heures du matin quand je l'appelai, et avant même qu'elle décroche je me rendis compte que je ne lui téléphonais pas seulement pour lui donner les nouvelles. Il fallait que je sache si elle voulait encore de moi.

"Je sais que tu dors, lui dis-je, mais ne raccroche pas avant d'entendre ce que j'ai à te dire.

— M. S. ?" La confusion rendait sa voix étouffée, incertaine. "C'est toi, M. S. ?

— Je suis à Chicago. Sol est mort il y a une heure, et je n'avais personne d'autre à qui parler."

Il me fallut un certain temps pour tout lui raconter. Elle ne voulut d'abord pas me croire, et je me rendis compte, en continuant à lui en détailler les circonstances, combien toute cette histoire paraissait improbable. Oui, disais-je, il s'est cassé le dos en tombant dans une fosse qui venait d'être creusée. Oui, c'est vrai, c'était mon père. Oui, c'est vrai, il est mort cette nuit. Oui, je t'appelle d'une cabine, à l'hôpital. Il y eut une brève interruption lorsque l'opératrice me demanda d'ajouter des pièces, et quand je retrouvai la ligne, j'entendis Kitty qui pleurait à l'autre bout.

"Pauvre Sol, balbutia-t-elle. Pauvre Sol et pauvre M. S. Pauvres tous.

— Je suis désolé, il fallait que je te le dise. Il me semblait que ce ne serait pas bien de ne pas te téléphoner.

— Non, je suis contente que tu l'aies fait. Mais c'est un tel choc. Oh Dieu, M. S., si seulement tu savais combien je t'ai attendu.

— J'ai tout fichu en l'air, hein ?

— Ce n'est pas ta faute. Ce qu'on ressent, on n'y peut rien. Personne n'y peut rien.

— Tu n'imaginais plus m'entendre, je suppose ?

— Plus maintenant. Pendant les premiers mois, je ne pensais à rien d'autre. Mais on ne peut pas vivre comme ça, ce n'est pas possible. Petit à petit, j'ai fini par perdre l'espoir.

— J'ai continué à t'aimer à chaque seconde. Tu sais cela, n'est-ce pas ?"

Il y eut un nouveau silence au bout de la ligne, puis j'entendis qu'elle recommençait à pleurer – des sanglots brisés, lamentables, qui semblaient lui arracher son dernier souffle. "Doux Jésus, M. S., qu'es-tu en train d'essayer de me faire ? Tu me laisses sans nouvelles depuis juin, et puis tu m'appelles de Chicago à cinq heures du matin pour me déchirer le cœur avec ce qui est arrivé à Sol – et tu te mets à parler d'amour ? Ce n'est pas juste. Tu n'as pas le droit de faire ça. Plus maintenant.

— Je ne peux pas supporter de vivre sans toi. J'ai essayé, je n'y arrive pas.

— Eh bien, moi j'ai essayé, et j'y arrive.

— Je ne te crois pas.

— C'était trop dur, M. S. Ma seule chance de survivre était de devenir aussi dure.

— Qu'est-ce que tu es en train de me dire ?

— Il est trop tard. Je ne peux pas me rouvrir à tout ça. Tu m'as presque tuée, tu sais, et je ne veux plus prendre de tels risques.

— Tu as trouvé quelqu'un d'autre, c'est ça ?

— Il s'est passé des mois. Tu t'attendais à ce que je fasse quoi, pendant que tu te baladais à l'autre bout du pays en essayant de te décider ?

— Tu es au lit avec lui en ce moment, n'est-ce pas ?

— Ça ne te regarde pas.

— C'est ça, hein ? Réponds-moi.

— Il se trouve que non. Mais cela ne te donne pas le droit de m'interroger.

— Ça m'est égal qui c'est. Ça ne fait aucune différence.

— Arrête, M. S. Je n'en peux plus, je ne pourrais pas supporter un mot de plus.

— Je t'en supplie, Kitty. Laisse-moi revenir.

— Adieu, Marco. Prends bien soin de toi. S'il te plaît, prends bien soin de toi."

Et elle raccrocha.

J'ensevelis Barber à côté de ma mère. Je n'obtins pas sans peine son admission dans le cimetière de Westlawn – un Gentil solitaire dans une mer de juifs russes et allemands – mais étant donné que la famille Fogg disposait encore d'un emplacement pour une personne, et que techniquement j'étais devenu le chef de la famille, donc propriétaire du lot, je finis par avoir gain de cause. En fait j'ensevelis mon père dans la tombe qui m'était destinée. Eu égard à tout ce qui venait de se passer en quelques mois, cela me semblait la moindre des choses.

Après la conversation avec Kitty, j'avais besoin de tout ce qui pouvait me changer les idées et, à défaut d'autre chose, l'organisation de l'enterrement m'aida à traverser les quatre jours suivants. Quinze jours avant sa mort, Barber, rassemblant les derniers restes de son énergie, m'avait fait don de ses biens, et je disposais donc de l'argent nécessaire. Un testament, c'est trop compliqué, m'avait-il dit, et puisqu'il voulait de toute façon me laisser la totalité, pourquoi pas une simple donation, sans attendre ? Je m'étais efforcé de l'en dissuader, sachant que cette transaction représentait l'ultime acceptation de la défaite, mais avais renoncé à trop insister. Sa vie ne tenait plus qu'à un fil, et j'aurais eu des scrupules à être pour lui un obstacle.

Je réglai la note de l'hôpital, je réglai les pompes funèbres, je réglai d'avance une pierre tombale. Pour officier à l'enterrement, je fis appel au rabbin qui avait présidé à ma bar-mitzva onze ans auparavant. Il était devenu vieux, plus de soixante-dix ans, je pense, et il ne se souvenait pas de mon nom. Je suis à la retraite, protesta-t-il, pourquoi ne vous adressez-vous pas à un autre ? Non, répliquai-je, il faut que ce soit vous, rabbin Green, je ne veux personne d'autre. J'arrivai enfin à le persuader d'accepter en lui proposant, pour stimuler sa bonne volonté, de lui payer le double du tarif normal. Ceci est tout à fait inhabituel, dit-il. Aucun cas n'est habituel, répondis-je. Toute mort est unique.

Le rabbin Green et moi assistâmes seuls aux funérailles. J'avais songé à avertir le Magnus College du décès de Barber, avec l'idée que certains de ses collègues souhaiteraient peut-être venir, mais je décidai de n'en rien faire. Je ne me sentais pas de taille à partager cette journée avec des inconnus. Je n'avais envie de parler à personne. Le rabbin accéda à ma demande de ne pas prononcer d'éloge funèbre en anglais, mais de se borner à la récitation des prières hébraïques traditionnelles. J'avais à cette époque oublié presque tout mon hébreu, et j'étais content de ne pas comprendre ce qu'il disait. Cela me laissait seul avec mes pensées, et c'était bien là ce que je voulais. Le rabbin Green me considérait comme fou, et, durant les heures que nous passâmes ensemble, il maintint entre nous autant de distance qu'il pouvait. J'étais triste pour lui, mais pas au point de modifier mon comportement. L'un dans l'autre, je ne crois pas lui avoir adressé plus de cinq ou six mots. Quand la limousine le déposa devant sa maison, il me prit la main et la serra en la tapotant doucement de la main gauche. Ce geste de consolation devait lui être aussi naturel que de signer son nom, et il en paraissait à peine conscient. "Vous êtes très perturbé, jeune homme, me dit-il. Si vous voulez mon avis, je pense que vous devriez voir un médecin."

Je me fis conduire par le chauffeur à l'*Eden Rock*. Je ne souhaitais pas y passer une nuit de plus et entrepris immédiatement de faire mes bagages. En dix minutes, j'avais expédié la besogne. Je fermai mon sac, m'assis un instant sur le lit et jetai un dernier regard autour de moi. S'il y a des chambres en enfer, me dis-je, c'est à celle-ci qu'elles ressemblent. Sans raison apparente – c'est-à-dire sans raison consciente au moment même – je fermai une main, me levai, et donnai de toutes mes forces un coup de poing dans le mur. Le mince panneau de fibre céda sans résistance et s'ouvrit avec un craquement sourd au passage de mon bras. Je me demandais si le mobilier était d'aussi piètre qualité, et pour m'en assurer je m'emparai d'une chaise. Je l'écrasai contre le bureau et la regardai, ravi, se briser en mille morceaux. Afin de compléter l'expérience, je saisis dans la main droite un des pieds cassés de la chaise et me mis à faire le tour de la chambre en attaquant un objet après l'autre à l'aide de cette matraque improvisée : les lampes, les miroirs, la télévision, tout ce que je rencontrais. Il ne me fallut pas plus de quelques minutes pour détruire la pièce de fond en comble, mais je me sentis incommensurablement mieux, comme si j'avais enfin accompli un acte logique, un acte à la hauteur de l'occasion. Je ne m'attardai guère à contempler mon œuvre. Encore essoufflé par l'effort, je ramassai mes sacs, sortis en courant et pris la route dans la Pontiac rouge.

Je roulai sans interruption pendant douze heures. La nuit tombait lorsque j'arrivai dans l'Iowa, et le monde se réduisait peu à peu à une immensité d'étoiles. Hypnotisé par ma propre solitude, j'aurais voulu ne pas m'arrêter aussi longtemps que j'arriverais à garder les yeux ouverts, et je fixais la ligne blanche sur la route comme si elle eût représenté mon dernier lien avec la terre. Je me trouvais quelque part en plein Nebraska quand enfin je descendis dans un motel où je sombrai dans le sommeil. Je me souviens d'une rumeur de cri-cri dans l'obscurité, du petit bruit sourd que faisaient les papillons de nuit en s'écrasant contre la moustiquaire, des aboiements lointains d'un chien dans un coin reculé de la nuit.

Le lendemain matin, je compris que le hasard m'avait entraîné dans la bonne direction. J'étais parti vers l'ouest, et maintenant que j'étais en chemin je me sentais plus calme, plus maître de moi. Je décidai d'accomplir ce que Barber et moi avions projeté à l'origine, et la certitude d'avoir un but, d'être moins en train de fuir quelque chose que de m'y diriger, me donna le courage d'admettre qu'en réalité je n'avais pas envie d'être mort.

Je n'imaginais pas de trouver jamais la grotte (du début à la fin, cela n'a fait aucun doute), mais le fait de la chercher me paraissait suffisant, capable d'annihiler tout le reste. Il y avait plus de treize mille dollars dans mon sac, ce qui signifiait que rien ne me retenait : je pouvais continuer ma quête jusqu'à épuisement de toutes les possibilités. Je roulai jusqu'à la limite des plaines, logeai une nuit à Denver, puis poursuivis jusqu'à Mesa Verde, où je passai trois ou quatre jours à grimper dans les ruines d'une civilisation éteinte. Je n'arrivais pas à m'y arracher. Je ne m'étais jamais figuré qu'il pût exister en Amérique quelque chose d'aussi ancien, et quand j'arrivai enfin dans l'Utah j'avais l'impression de commencer à comprendre certains des propos d'Effing. Je n'étais pas seulement impressionné par la géographie (tout le monde en est impressionné), je m'apercevais aussi que l'immensité, le vide de ce pays avaient commencé à affecter ma notion du temps. Le présent paraissait devenu sans conséquence, les minutes et les heures trop infimes pour être mesurées en ce lieu, et du moment que l'on ouvrait les yeux au spectacle environnant, on était obligé de penser en termes de siècles, de réaliser qu'un millier d'années ne compte pas plus qu'un battement d'horloge. Pour la première fois de ma vie, je sentais la Terre comme une planète en train de tourbillonner dans l'espace. Je découvrais qu'elle n'était pas grosse, mais petite – presque microscopique. De tous les objets qui peuplent l'univers, aucun n'est plus petit que la Terre.

Dans la ville de Bluff, je trouvai une chambre au *Comb Ridge Motel*, et pendant un mois je passai mes journées à explorer les alentours. J'escaladais des rochers, je rôdais dans les anfractuosités rocailleuses des canyons, je parcourais des kilomètres en voiture. Je découvris ainsi de nombreuses cavernes, mais aucune ne montrait de traces d'habitation. Je fus néanmoins heureux pendant ces quelques semaines, et trouvai dans ma solitude une sorte d'exaltation. Afin d'éviter des heurts déplaisants avec les habitants de Bluff, je veillais à garder les cheveux courts, et l'histoire que je leur avais racontée – me prétendant étudiant en géologie – semblait avoir étouffé la méfiance éventuelle qu'ils pouvaient éprouver à mon endroit. Je n'avais d'autre projet que de poursuivre mes recherches, et j'aurais pu continuer ainsi pendant plusieurs mois encore, en prenant chaque matin mon petit déjeuner à la *Cuisine de Sally* avant de vadrouiller dans le désert jusqu'à la nuit tombée. Un jour, pourtant, je roulai plus loin que d'habitude, au-delà de Monument Valley jusqu'au comptoir navajo d'Oljeto. Ce mot signifie "la lune dans l'eau", ce qui était en soi une raison suffisante pour m'attirer, et quelqu'un m'avait dit à Bluff que les gérants du comptoir, un couple nommé Smith, en savaient davantage sur l'histoire de la région que n'importe qui à des kilomètres à la ronde. Mme Smith était la petite-fille ou l'arrière-petite-fille de Kit Carson, et la maison qu'elle habitait avec son mari était pleine de couvertures et de poteries navajos, on eût dit un musée de l'artisanat indien. Je passai quelques heures avec eux à boire du thé dans la fraîcheur de leur salon obscur, et quand l'occasion se présenta enfin de leur demander s'ils avaient jamais entendu parler d'un certain Georges la Sale Gueule, tous deux répondirent non en secouant la tête. Et les frères Gresham, poursuivis-je, est-ce que ça leur disait quelque chose ? Oui, bien sûr, fit M. Smith, c'était une bande de malfaiteurs, ils ont disparu il y a une cinquantaine d'années. Bert, Frank et Harlan, les derniers des pilleurs de trains. N'avaient-ils pas une cachette quelque part ? interrogeai-je, en m'efforçant de maîtriser mon excitation. Quelqu'un m'a parlé un jour d'une caverne où ils habitaient, très loin dans les montagnes, je crois. Je pense que vous avez raison, dit M. Smith, j'ai entendu quelque chose de ce genre, moi aussi. Ça devait se trouver du côté du Rainbow Bridge. A votre avis, on pourrait la trouver ? demandai-je. On aurait pu, marmonna M. Smith, on aurait pu, mais maintenant on n'arriverait plus à rien. Pourquoi donc ? fis-je. Le lac Powell, répondit-il. Toute cette région est sous l'eau. Il y a environ deux ans que c'est inondé. A moins d'avoir un équipement de plongée sous-marine, on ne risque pas de trouver grand-chose.

Après cela j'abandonnai. Dès l'instant où M. Smith eut prononcé ces mots, je me rendis compte que continuer n'aurait aucun sens. J'avais toujours su qu'il me faudrait arrêter tôt ou tard, mais je n'avais jamais imaginé que ça se passerait de façon si abrupte, avec une irrévocabilité aussi accablante. Je venais de me mettre en train, je m'échauffais à peine à la tâche, et je me retrouvais soudain sans but. Je rentrai à Bluff, passai une dernière nuit au motel et partis le lendemain matin. Je me dirigeai vers le lac Powell, car je voulais voir de mes yeux l'eau qui avait détruit mes beaux projets, mais je ne pouvais guère éprouver de colère envers un lac. Je louai un bateau et passai la journée entière à me promener sur l'eau en essayant de réfléchir à ce que j'allais faire ensuite. Ce problème n'était pas nouveau pour moi, mais mon sentiment de défaite était si énorme que je ne pouvais penser à rien. Ce n'est qu'au moment où, après avoir ramené le bateau au hangar de location, je m'apprêtais à reprendre ma voiture que la décision cessa brutalement de m'appartenir.

La Pontiac avait disparu. Je la cherchai partout, mais, lorsque je réalisai qu'elle ne se trouvait plus à l'endroit où je l'avais garée, je compris qu'elle avait été volée. J'avais mon sac à dos avec moi, et quinze cents dollars en chèques de voyage, mais le reste de l'argent était dans le coffre – plus de dix mille dollars en espèces, mon héritage entier, tout ce que je possédais au monde.

Je montai vers la route, avec l'espoir de me faire prendre en stop, mais aucune voiture ne s'arrêta. Je les injuriais au passage, à chacun de ces bolides je criais des obscénités. Le soir tombait, et comme je continuais sur la grand-route à n'avoir pas de chance, il ne me resta plus qu'à m'enfoncer en trébuchant dans les herbes sèches en quête d'un endroit où passer la nuit. La disparition de la voiture m'avait tellement sonné que l'idée ne m'effleura même pas de la signaler à la police. Quand je me réveillai, le lendemain matin, tout grelottant de froid, il m'apparut comme une évidence que le vol n'avait pas été commis par des hommes. C'était une plaisanterie des dieux, un acte de malveillance divine dont le seul but était de m'écraser.

C'est alors que je commençai à marcher. J'éprouvais une telle colère, je me sentais si offensé par ce qui était arrivé que je cessai de faire signe aux automobilistes. Je marchai toute la journée, du lever au coucher du soleil, comme si marcher avait été un moyen de me venger du sol sous mes pieds. Le lendemain, je fis de même. Et le lendemain. Et puis le lendemain. Pendant trois mois, je continuai à marcher. Je progressais lentement vers l'ouest, avec des haltes dans de petites villes d'où je repartais après un jour ou deux, dormant en plein champ, dans des cavernes, dans des fossés au bord de la route. Les deux premières semaines, j'étais comme un homme qui a été frappé par la foudre. Au-dedans de moi, c'était la tempête, je pleurais, je hurlais comme un dément ; et puis, petit à petit ma colère parut se consumer d'elle-même, et je m'accordai au rythme de mes pas. J'usai paire de bottes après paire de bottes. Vers la fin du premier mois, je recommençai à adresser un peu la parole aux gens. Quelques jours plus tard, j'achetai une boîte de cigares, et ensuite j'en fumai un chaque soir en l'honneur de mon père. A Valentine, dans l'Arizona, une serveuse potelée, nommée Peg, me séduisit dans un restaurant vide aux confins de la ville, tant et si bien que je restai là avec elle pendant dix ou douze jours. A Needles, en Californie, je me foulai la cheville gauche et ne pus plus m'appuyer dessus pendant une semaine, mais à part cela je marchai sans interruption, je marchai vers le Pacifique, porté par un sentiment de bonheur croissant. Une fois que j'aurais atteint l'extrémité du continent, j'étais certain qu'une question importante trouverait sa solution. Je n'avais aucune idée de ce qu'était cette question, mais la réponse avait déjà commencé à prendre forme dans mes pas, et il me suffisait de continuer à marcher pour savoir que je m'étais laissé en arrière, que je n'étais plus la personne que j'avais un jour été.

J'achetai ma cinquième paire de bottes dans un endroit qui s'appelait Lake Elsinore, le 3 janvier 1972. Trois jours plus tard, complètement éreinté, je franchis les hauteurs entourant la ville de Laguna Beach avec quatre cent treize dollars en poche. Du sommet du promontoire, j'apercevais déjà l'océan, mais je continuai à marcher jusque tout au bord de l'eau. Il était quatre heures de l'après-midi quand je me déchaussai et sentis le sable sous mes plantes de pied. J'étais arrivé au bout du monde, et au-delà ne se trouvaient que de l'air et des vagues, un vide qui s'étendait sans obstacle jusqu'aux rives de la Chine. C'est ici que je commence, me dis-je, c'est ici que débute ma vie.

Je restai longtemps debout sur la plage, à attendre la disparition des derniers rayons du soleil. Derrière moi, la ville vaquait à ses affaires, avec des bruits familiers d'Amérique fin de siècle. En suivant du regard la courbe de la côte, je vis s'allumer une à une les lumières des maisons. Puis la lune apparut derrière les montagnes. C'était la pleine lune, elle était ronde et jaune comme une pierre incandescente. Je ne la quittai pas des yeux tandis qu'elle s'élevait dans le ciel nocturne, et ne m'en détournai que lorsqu'elle eut trouvé sa place dans les ténèbres.

LA MUSIQUE DU HASARD

roman traduit de l'américain
par Christine Le Bœuf

Première publication française en avril 1991

Titre original :
The Music of Chance
Viking Penguin Inc., New York
© Paul Auster, 1990

© ACTES SUD, 1991
pour la traduction française

1

Pendant une année entière, il ne fit que rouler, aller et venir à travers l'Amérique en attendant l'épuisement de ses ressources. Il n'avait pas prévu que cela durerait aussi longtemps mais, d'une chose à l'autre, quand il eut enfin compris ce qui lui arrivait, Nashe avait dépassé tout désir d'en finir. Le troisième jour du treizième mois, il rencontra le gosse qui se faisait appeler Jackpot. Ce fut l'une de ces rencontres accidentelles qui semblent surgies du néant par hasard – rameau brisé par le vent, tombé soudain à vos pieds. Si elle s'était produite à n'importe quel autre moment, il est probable que Nashe n'aurait pas ouvert la bouche. Mais parce qu'il avait déjà renoncé, parce qu'il estimait n'avoir plus rien à perdre, il considéra cet inconnu comme l'occasion d'un sursis, une dernière chance de réagir avant qu'il fût trop tard. Et c'est ainsi qu'il se lança. Sans le moindre frisson d'inquiétude, Nashe ferma les yeux et sauta.

A l'origine, une simple question d'ordre dans la succession des événements. S'il n'avait pas fallu six mois au notaire pour le trouver, il n'aurait pas été sur les routes le jour de sa rencontre avec Jack Pozzi et, par conséquent, rien de ce qui suivit cette rencontre n'aurait eu lieu. Nashe trouvait désagréable d'envisager les événements sous cet angle, mais le fait demeurait que son père était mort un bon mois avant le départ de Thérèse, et que s'il avait soupçonné l'existence de l'argent dont il était sur le point d'hériter, il aurait sans doute réussi à la persuader de ne pas le quitter. Et même si elle n'était pas restée, il n'aurait pas eu besoin de confier Juliette à sa sœur, dans le Minnesota, et à elle seule la présence de sa fille l'aurait empêché d'agir comme il l'avait fait. Mais il appartenait toujours au corps des pompiers, à cette époque, et comment aurait-on voulu qu'il assume la responsabilité d'une enfant de deux ans alors que sa profession l'obligeait à s'absenter de chez lui à toute heure du jour et de la nuit ? Avec de l'argent, il aurait pu engager une femme qui aurait vécu avec eux et se serait occupée de Juliette, mais d'abord, avec de l'argent, ils n'auraient pas habité la moitié inférieure d'une maison minable à Sommerville, et Thérèse ne serait peut-être jamais partie. Il ne gagnait pas si mal sa vie, mais sa mère avait eu une attaque, quatre ans plus tôt, et tout y était passé, et il continuait à envoyer des mensualités en Floride, à la maison de repos où elle était morte. Compte tenu des circonstances, confier Juliette à sa sœur lui était apparu comme la seule solution. L'enfant aurait au moins la chance de se trouver dans une vraie famille, entourée d'autres gosses et au grand air, et lui-même ne pouvait rien lui offrir de comparable. Et puis, soudain, ce notaire l'avait découvert, l'argent lui était tombé du ciel entre les mains. Il s'agissait d'une somme énorme – près de deux cent mille dollars, un montant presque inimaginable pour Nashe – mais il était déjà trop tard. Trop de choses s'étaient déclenchées au cours des cinq derniers mois, et même la fortune ne pouvait plus les arrêter.

Il n'avait pas vu son père depuis plus de trente ans. La dernière fois, il était âgé de deux ans, et par la suite il n'y avait eu entre eux aucun contact – pas une lettre, pas un coup de téléphone, rien. D'après le notaire chargé de la succession, le père de Nashe avait passé les vingt-six dernières années de sa vie dans une petite ville du désert, en Californie, non loin de Palm Springs. Propriétaire d'une quincaillerie, il jouait en Bourse à temps perdu et ne s'était jamais remarié. Il ne parlait jamais de son passé, avait raconté le notaire, et ce n'était que lorsque Nashe senior était entré un beau jour dans l'étude pour établir son testament qu'il avait pour la première fois mentionné ses enfants.

"Il mourait d'un cancer, avait poursuivi la voix au téléphone, et ne voyait personne d'autre à qui laisser ses biens.

Il s'était dit que le mieux serait de les partager entre ses deux gosses – une moitié pour vous et l'autre pour Donna.
— Curieuse façon de se racheter, avait remarqué Nashe.
— Oui, c'était un type bizarre, votre paternel, ça c'est certain. Je n'oublierai jamais ce qu'il m'a dit quand je l'ai questionné à propos de vous et de votre sœur. Il m'a dit : «Ils doivent me détester cordialement, mais il est trop tard maintenant pour se lamenter. J'aimerais juste pouvoir revenir quand j'aurai claqué – juste voir leur tête quand ils recevront l'argent.»
— Ce qui m'étonne, c'est qu'il ait su où nous trouver.
— Il n'en savait rien, avait répondu le notaire. Et, croyez-moi, j'ai eu un sacré mal à vous dénicher. Ça m'a pris six mois.
— Il aurait mieux valu pour moi que vous m'appeliez le jour de l'enterrement.
— On a parfois de la chance, et parfois non. Il y a six mois, je ne savais même pas si vous étiez vivant ou mort."

Eprouver du chagrin était impossible, mais Nashe avait imaginé qu'il ressentirait autre chose – peut-être une vague tristesse, une ultime bouffée de colère et de regrets. Il s'agissait de son père, après tout, et cela seul aurait pu justifier quelques sombres réflexions sur les mystères de la vie. En réalité c'était surtout la joie qui l'avait envahi. Cet héritage lui paraissait si extraordinaire, si monumental par ses conséquences que tout le reste en était submergé. Sans trop réfléchir à ce qu'il faisait, il avait remboursé les trente-deux mille dollars dus à la maison de repos de Pleasant Acres, s'était acheté une nouvelle voiture (une Saab 900 rouge à deux portières – la première voiture neuve qu'il eût jamais possédée) et avait fait valoir ses droits aux congés, accumulés au long des quatre dernières années. La veille de son départ de Boston, il avait organisé en son propre honneur une soirée grandiose et festoyé avec ses amis jusqu'à trois heures du matin, après quoi, sans se soucier d'aller au lit, il était parti pour le Minnesota au volant de sa nouvelle voiture.

C'est alors que le ciel avait commencé à s'écrouler sur lui. En quelques jours, malgré toutes les réjouissances et tous les souvenirs retrouvés, Nashe avait compris peu à peu que la situation était désespérée. Il était resté trop longtemps séparé de Juliette, et maintenant qu'il revenait la chercher, elle semblait avoir oublié qui il était. Il avait espéré que les coups de téléphone suffiraient, qu'en lui parlant deux fois par semaine il resterait vivant dans sa mémoire. Mais que peuvent représenter, pour une enfant de deux ans, des conversations à longue distance ? Pendant six mois il n'avait été pour elle qu'une voix, un nébuleux ensemble de bruits, et peu à peu il s'était transformé en fantôme. Même après qu'il eut passé deux ou trois jours dans la maison, Juliette demeurait envers lui timide et hésitante, et esquivait ses tentatives de la prendre dans ses bras comme si elle n'avait pas tout à fait cru en son existence. Elle faisait maintenant partie de sa nouvelle famille et lui n'était plus guère qu'un intrus, un personnage étrange tombé d'une autre planète. Il se maudissait de l'avoir laissée là, d'avoir tout si bien organisé. Juliette était maintenant la petite princesse adulée de la maisonnée. Elle avait ici trois grands cousins avec qui jouer, elle avait le labrador, le chat, la balançoire dans le jardin, elle avait tout ce qu'elle pouvait désirer. Il enrageait de constater qu'il avait été détrôné par son beau-frère et avait dû lutter, au fil des jours, pour ne pas manifester son ressentiment. Nashe avait toujours considéré comme un imbécile cet ex-joueur de football devenu entraîneur et prof de maths dans un lycée, mais il lui fallait bien reconnaître que Ray Schweikert savait s'y prendre avec les enfants. Il était M. Gentil, le papa américain au grand cœur, et avec Donna qui tenait les rênes la famille était solide comme un roc. Nashe avait de l'argent, à présent, mais qu'est-ce que cela changeait, en vérité ? Quand il essayait de se représenter les avantages qu'entraînerait, dans l'existence de Juliette, son retour avec lui à Boston, il ne réussissait pas à trouver le moindre argument en faveur de sa propre cause. Il aurait bien voulu se montrer égoïste, revendiquer ses droits, mais il n'en avait pas le courage et à la fin il s'était rendu à l'évidence. Arracher Juliette à tout ceci lui ferait plus de mal que de bien.

Quand il s'en était ouvert à Donna, elle s'était efforcée de le faire changer d'avis, avec des objections identiques pour la plupart à celles qu'elle lui avait opposées douze ans plus tôt, quand il lui avait annoncé son intention d'abandonner ses études. Ne fais rien de précipité, attends un peu, ne brûle pas tes vaisseaux. Elle arborait cette expression de grande sœur soucieuse qu'il lui avait connue tout au long de son enfance et en ce moment encore, deux ou trois vies plus tard, il savait qu'elle était la seule personne au monde en qui il pût avoir confiance. Ils avaient poursuivi leur discussion jusqu'à une heure avancée de la nuit, assis dans la cuisine longtemps après que Ray et les enfants furent montés se coucher, mais elle s'était terminée, malgré toute la passion de Donna et tout son bon sens, de la même façon que douze ans plus tôt : Nashe était venu à bout de la résistance de sa sœur, elle s'était mise à pleurer, et il avait obtenu ce qu'il voulait.

La seule concession qu'il lui avait accordée était l'ouverture d'un compte de dépôt à l'intention de Juliette. Donna le sentait sur le point de commettre une folie (c'est ce qu'elle lui avait déclaré cette nuit-là) et avant qu'il ne dilapide son héritage entier, elle voulait qu'il en réserve une partie pour la mettre en lieu sûr. Le lendemain matin, Nashe avait passé deux heures avec le directeur de la Northfield Bank afin de prendre les dispositions nécessaires. Il était encore resté ce jour-là et une partie du lendemain, puis avait emballé ses affaires et chargé le coffre de sa voiture. C'était un chaud après-midi de la fin juillet, et toute la famille était sortie sur la pelouse devant la maison pour assister à son départ. L'un après l'autre, il avait étreint et embrassé les enfants, et quand enfin le tour de Juliette était arrivé, il lui avait dissimulé ses yeux en la soulevant et en s'écrasant le visage dans son cou. Sois bien sage, avait-il dit. N'oublie pas que papa t'aime.

Il leur avait annoncé son intention de retourner dans le Massachusetts, mais en fait, il s'était bientôt retrouvé en train de rouler dans la direction opposée. Il avait manqué la rampe d'accès à l'autoroute – une erreur assez commune – et au lieu de continuer, de parcourir les quelque trente kilomètres qui l'auraient remis dans le bon sens, il était monté impulsivement sur la rampe suivante tout en sachant fort bien qu'il était en train de s'engager sur la mauvaise voie. Il s'était décidé d'un coup, sans préméditation, mais en ce bref instant écoulé entre une rampe et la suivante, Nashe avait compris que cela revenait au même, qu'il n'y avait pas de différence, au bout du compte, entre les deux. S'il avait dit Boston, ce n'était que parce qu'il fallait bien dire quelque chose, et Boston avait été le premier nom à lui passer par la tête. Car en réalité personne là-bas ne s'attendait à le revoir avant deux semaines et, puisqu'il avait tout son temps, pourquoi aurait-il dû rentrer ? C'était une perspective vertigineuse – imaginer toute cette liberté, comprendre à quel point ses choix importaient peu. Il pouvait aller où il voulait, faire ce qui lui plaisait, personne au monde ne s'en soucierait. Aussi longtemps qu'il ne prenait pas le chemin du retour, il pouvait aussi bien être invisible.

Il avait roulé pendant sept heures d'affilée, s'était arrêté un moment pour faire le plein d'essence, puis avait continué pendant six heures jusqu'à ce que l'épuisement le gagne enfin. Il se trouvait alors dans le nord du Wyoming, et l'aube commençait à poindre à l'horizon. Il était descendu dans un motel, avait dormi huit ou neuf heures comme une masse, puis était allé se choisir sur le menu du restaurant voisin, où le service était continu, un petit déjeuner de steak et d'œufs. Il avait repris le volant en fin d'après-midi et, cette fois encore, avait roulé durant la nuit entière pour ne s'arrêter qu'après avoir parcouru la moitié du Nouveau-Mexique. A la fin de cette deuxième nuit, Nashe s'était rendu compte qu'il n'était plus maître de lui-même, qu'il était tombé sous la coupe de quelque force étrange et irrésistible. Tel un animal affolé, il fonçait à l'aveuglette d'un nulle part à un autre, mais si souvent qu'il décidât de cesser, il ne pouvait s'y résoudre. Chaque matin, il s'endormait en se disant qu'il en avait assez, que cela ne se répéterait plus, et chaque après-midi il se réveillait avec la même impatience, le même besoin irrésistible de remonter dans sa voiture. Il voulait retrouver cette solitude, cette course nocturne à travers le vide, le vrombissement de la route contre sa peau.

Il avait continué ainsi tout au long de ces deux semaines, allant chaque jour un peu plus loin, s'efforçant chaque jour de tenir un peu plus longtemps que le jour précédent. Il avait parcouru tout l'ouest du pays, zigzaguant d'un côté à l'autre, de l'Oregon au Texas, dévalant les immenses autoroutes désertes qui sillonnent l'Arizona, le Montana et l'Utah. Il ne s'agissait même pas d'admirer les paysages, il regardait à peine autour de lui, et si l'on excepte une phrase de-ci, de-là pour acheter de l'essence ou commander à manger, il n'avait pas prononcé un seul mot. Quand enfin Nashe était revenu à Boston, il était persuadé de se trouver au bord de la dépression nerveuse, mais ce n'était que faute d'une autre explication pour ce qu'il avait fait. La vérité était beaucoup moins dramatique, il devait s'en apercevoir. Simplement, il était honteux d'avoir eu tant de plaisir.

Nashe tenait pour évident que c'était terminé, qu'il avait réussi à se débarrasser du virus bizarre dont il avait été atteint, et qu'il allait à présent reprendre le pli de son ancienne existence. Au début, tout avait paru bien se passer. Le jour de son retour, on l'avait charrié, à la caserne, parce qu'il n'était pas bronzé ("Où t'as été, Nashe, t'as passé tes vacances au fond d'une grotte ?") et en milieu de matinée il rigolait des blagues et des histoires cochonnes habituelles. Il y avait eu un grand incendie à Roxbury ce soir-là et, quand la sirène avait sonné pour réclamer des voitures de renfort, Nashe avait même été jusqu'à prétendre qu'il était content d'être rentré, que ça lui avait pesé d'être loin de l'action. Mais cette disposition ne devait pas durer, dès la fin de la semaine il s'était aperçu qu'il devenait nerveux, qu'il ne pouvait fermer les yeux le soir sans penser à la voiture. Il avait profité de son jour de congé pour faire un aller et retour dans le Maine, mais cela n'avait apparemment qu'aggravé la situation, car il restait insatisfait, dévoré d'envie de se retrouver au volant. En dépit de ses efforts pour recouvrer son équilibre, son esprit revenait sans cesse à la route, à la jubilation qu'il avait ressentie au cours de ces deux semaines, et il avait peu à peu commencé à considérer son cas comme désespéré. Il n'avait aucune envie de renoncer à son travail mais, puisqu'il ne pouvait plus espérer de vacances, quelle autre solution envisager ? Nashe avait passé sept ans chez les pompiers, et il se sentait horrifié à la seule évocation d'une telle possibilité – les abandonner sur un coup de tête, à cause d'une vague inquiétude. Cet emploi était le premier qui eût jamais signifié quelque chose à ses yeux et il avait toujours considéré qu'il avait eu de la chance de le trouver. Après avoir interrompu ses études, il avait tâté de plusieurs métiers pendant quelques années – vendeur dans une librairie, déménageur, barman, chauffeur de taxi – et ne s'était présenté à l'examen d'admission au corps des pompiers qu'un peu par hasard, à cause d'un type rencontré un soir dans son taxi, qui s'y préparait et l'avait persuadé d'essayer aussi. Ce type avait échoué, mais Nashe avait décroché le résultat le plus brillant de la session et s'était soudain vu proposer une profession à laquelle il avait dû penser pour la dernière fois quand il avait quatre ans. Donna avait ri quand il lui avait téléphoné pour lui annoncer la nouvelle, mais il avait tenu bon, et suivi l'entraînement. Une curieuse décision, sans aucun doute, mais ce travail l'intéressait et le satisfaisait, et il n'avait jamais remis en cause sa fidélité à ce choix. Quelques mois plus tôt, il lui eût été impossible d'imaginer qu'il pourrait s'en aller, mais c'était avant que sa vie ne se transformât en mauvais feuilleton, avant que la terre ne s'entrouvrît autour de lui pour l'engloutir. Le moment était peut-être arrivé de changer de cap. Il lui restait plus de soixante mille dollars en banque, peut-être fallait-il en profiter tant qu'il était encore temps.

Il avait expliqué au capitaine qu'il partait dans le Minnesota. Cela paraissait plausible, et Nashe avait fait de son mieux pour rendre son histoire convaincante, s'étendant longuement sur l'offre d'association que lui aurait faite un ami de son beau-frère (il s'agissait de l'ouverture d'une quincaillerie !) et sur les raisons pour lesquelles il pensait que cet environnement conviendrait à l'éducation de sa fille. Le capitaine avait marché, mais cela ne l'avait pas empêché de traiter Nashe d'imbécile.

"C'est la faute à ta petite putain de femme, avait-il déclaré. Depuis qu'elle s'est tirée de la ville, t'as la cervelle brouillée,

Nashe. Il y a pas plus pathétique. Voir un type bien qui se laisse couler pour des histoires de con. Reprends-toi en main, mec. Oublie ces projets à la noix et fais ton boulot.

— Désolé, capitaine, avait répondu Nashe, mais c'est tout réfléchi.

— Réfléchi ? Je vois pas comment tu pourrais réfléchir. T'as plus rien dans le crâne.

— Vous êtes jaloux, tout simplement. Vous donneriez votre bras droit pour être à ma place.

— Et m'installer dans le Minnesota ? Pas question, camarade. Je peux trouver mille idées meilleures que d'aller me coller sous une congère neuf mois par an.

— Bon, eh bien, si vous passez par là, ne manquez pas de venir dire bonjour. Je vous vendrai un tournevis ou quelque chose comme ça.

— Un marteau, Nashe. Avec un marteau, je réussirais peut-être à faire entrer un peu de bon sens dans ton crâne."

Une fois le premier pas franchi, il n'avait pas été difficile d'aller jusqu'au bout. Pendant cinq jours, il s'était occupé de tout régler : il avait téléphoné à son propriétaire pour l'avertir de se chercher un nouveau locataire, donné son mobilier à l'Armée du Salut, fait arrêter ses compteurs de gaz et d'électricité, et couper son téléphone. Il ressentait avec une satisfaction profonde la témérité et la violence de ces gestes, mais rien n'égalait le simple plaisir de jeter. Le premier soir, il avait passé plusieurs heures à rassembler les affaires de Thérèse et à en remplir des sacs-poubelles, se débarrassant enfin d'elle par une purge systématique, un enterrement collectif de tous les objets qui portaient peu ou prou la moindre trace de sa présence. Il avait dévasté son placard, raflant ses vestes, ses pulls et ses robes ; vidé les tiroirs où étaient rangés son linge, ses bas et ses bijoux ; ôté tous ses portraits de l'album de photos ; jeté ses produits de beauté et ses magazines de mode ; jeté ses livres, ses disques, son réveil, son costume de bain, ses lettres. La glace ainsi rompue, si l'on peut dire, quand il avait commencé le lendemain après-midi à considérer ses propres possessions, Nashe s'était conduit avec la même brutale intransigeance, traitant son passé comme bric-à-brac bon à mettre au rebut. Le contenu complet de la cuisine était parti vers un home pour les sans-abri dans le sud de Boston ; ses livres chez la lycéenne qui habitait l'étage au-dessus ; son gant de base-ball chez un petit garçon de l'autre côté de la rue. Sa collection de disques avait été cédée à un magasin d'occasions à Cambridge. Ces transactions avaient certes un côté douloureux, mais Nashe commençait presque à accueillir la douleur comme un bien, comme s'il s'en fût senti ennobli, comme si plus il avait pris ses distances avec l'individu qu'il avait été, mieux il devait s'en trouver par la suite. Sa situation lui paraissait comparable à celle d'un homme qui aurait enfin trouvé le courage de se tirer une balle dans la tête – sauf que dans ce cas-ci la balle ne représentait pas la mort, mais la vie, c'était la détonation qui enclenche la naissance de mondes nouveaux.

Il savait que le piano aussi devrait disparaître mais, souhaitant n'y renoncer qu'au tout dernier moment, il l'avait laissé pour la fin. C'était un piano droit que sa mère lui avait offert à l'occasion de son treizième anniversaire, et il lui en avait toujours été reconnaissant, conscient de l'effort qu'elle avait dû fournir afin de rassembler la somme nécessaire. Sans illusions sur la qualité de son jeu, il s'arrangeait en général pour consacrer à l'instrument quelques heures par semaine et repasser tant bien que mal certains des morceaux qu'il avait appris dans son enfance. Cela ne manquait jamais d'exercer sur lui un effet calmant, comme si la musique l'avait aidé à distinguer plus clairement les choses, à comprendre sa place dans l'ordre invisible de l'univers. Une fois la maison vide, et lui prêt à partir, il était demeuré un jour de plus afin de donner devant les murs dégarnis un long récital d'adieu. Il avait joué, l'un après l'autre, plusieurs douzaines de ses morceaux favoris, commençant par *les Barricades mystérieuses* de Couperin et terminant par la *Jitterbug Waltz* de Fats Waller, martelant le clavier jusqu'à ce que ses doigts endoloris l'obligent à s'arrêter. Téléphonant alors à l'accordeur auquel il avait eu recours pendant les six dernières années (un aveugle nommé Antonelli), il était convenu de lui vendre le Baldwin quatre cent cinquante dollars. Quand les déménageurs étaient arrivés, le lendemain matin, Nashe avait déjà consacré ce montant à l'achat de bandes pour le lecteur de cassettes de sa voiture. Ce geste lui avait semblé approprié – l'échange d'une sorte de musique contre une autre – et l'économie de cette transaction lui plaisait. Après cela, rien ne pouvait plus le retenir. Il était resté pour regarder les hommes d'Antonelli sortir le piano de la maison puis, sans prendre la peine de dire au revoir à quiconque, il était parti. Sorti, tout simplement, monté dans sa voiture, et parti.

Nashe n'avait aucun projet particulier. Tout au plus envisageait-il de se laisser flotter pendant un certain temps, de voyager d'un endroit à l'autre et de voir ce qui arriverait. Il pensait qu'au bout de quelques mois il en aurait assez et qu'il s'appliquerait alors à décider ce qu'il devait faire. Mais deux mois s'écoulèrent, et il n'était toujours pas disposé à s'arrêter. Il s'était épris peu à peu de cette nouvelle vie de liberté et d'irresponsabilité, et, dès lors, il n'y avait plus de raisons d'en changer.

La vitesse était à la clef, la joie de foncer en avant à travers l'espace, assis dans sa voiture. C'était devenu le bien suprême, une faim qu'il fallait assouvir à tout prix. Rien autour de lui ne durait plus d'un instant et, chaque instant succédant à un autre, lui seul semblait continuer d'exister. Il était un point fixe dans un tourbillon de variables, un corps immobile en parfait équilibre, au travers duquel le monde se précipitait et disparaissait. La voiture était devenue un sanctuaire inviolable, un refuge où rien ne pouvait plus le blesser. Aussi longtemps qu'il roulait, nul fardeau ne pesait sur lui, il ne se sentait plus encombré de la moindre particule de sa vie antérieure. Non que certains souvenirs ne surgissent en lui, mais ils ne paraissaient plus chargés de ses vieilles angoisses. Peut-être la musique y était-elle pour quelque chose, les enregistrements de Bach, de Mozart et de Verdi qu'il écoutait interminablement lorsqu'il se trouvait au volant, comme si les sons avaient en quelque sorte émané de lui pour imprégner le paysage, transformant le monde visible en un reflet de ses propres pensées. Au bout de trois ou quatre mois, il lui suffisait de s'asseoir dans sa voiture pour se sentir libéré de son corps, sachant qu'aussitôt qu'il aurait posé le pied sur l'accélérateur et commencé à rouler la musique l'emporterait dans un royaume d'apesanteur.

Il préférait toujours les voies peu fréquentées aux routes encombrées. Ralentissements et décélérations y étaient moins nécessaires et, puisque son attention n'était pas requise par les autres voitures, il pouvait rouler avec l'assurance de n'être pas interrompu dans ses réflexions. Il avait donc tendance à s'écarter des zones fortement peuplées, à ne circuler qu'en pleine campagne, dans des régions peu habitées : le nord de l'Etat de New York et de la Nouvelle-Angleterre, les plaines agricoles du Centre, les déserts de l'Ouest. Il lui fallait encore éviter le mauvais temps, aussi gênant pour la conduite que le trafic, et quand arriva l'hiver avec ses tempêtes et ses intempéries, il se dirigea vers le sud et, sauf de rares exceptions, y demeura jusqu'au printemps. Même dans les meilleures conditions, Nashe se rendait compte qu'aucune route n'était totalement sans danger. Il devait être constamment sur ses gardes, à tout moment tout pouvait arriver. Un virage imprévu, un nid-de-poule, l'éclatement d'un pneu, un conducteur ivre, le moindre relâchement de l'attention – en un instant, n'importe quoi pouvait causer la mort. Au cours des mois qu'il passa sur les routes, Nashe fut témoin de plusieurs accidents graves et lui-même se trouva une ou deux fois à un cheveu de la catastrophe. Il se félicitait de ces avertissements, car ils ajoutaient à son existence un élément de risque et c'était bien ce qu'il recherchait par-dessus tout : la sensation de tenir sa vie entre ses propres mains.

Chaque soir, il descendait dans un motel, dînait, puis s'installait dans sa chambre pour lire pendant deux ou trois heures. Avant de se coucher, penché sur son atlas routier, il élaborait sa course du lendemain, choisissait sa destination et repérait avec soin son itinéraire. Il savait que ce n'était qu'un prétexte, que les lieux par eux-mêmes ne signifiaient rien, mais il observa jusqu'à la fin cette habitude – ne fût-ce qu'afin de ponctuer ses déplacements, de se donner une raison de s'arrêter avant de repartir. En septembre, il se rendit sur la tombe de son père, en Californie, faisant route par un après-midi torride jusqu'à la ville de Riggs rien que pour voir cette tombe de ses yeux. Il voulait matérialiser ses sentiments, leur prêter une image, même si cette image ne consistait qu'en quelques mots, quelques chiffres gravés sur une dalle de pierre. Le notaire qui lui avait téléphoné à propos de l'héritage accepta son invitation à déjeuner, après quoi il montra à Nashe la maison où son père avait vécu et la quincaillerie qu'il avait gérée pendant ces vingt-six ans. Nashe y acheta quelques outils pour sa voiture (une clef, une torche électrique et un manomètre), mais il ne put jamais se résoudre à les utiliser et le paquet demeura intact au fond du coffre pendant le reste de l'année. Une autre fois, il se sentit soudain las de conduire et, plutôt que de continuer sans raison, il prit une chambre dans un petit hôtel de Miami Beach où il passa neuf jours d'affilée à lire au bord de la piscine. En novembre, à Las Vegas, il s'accorda une orgie de jeu, quatre jours de roulette et de black-jack dont il se tira miraculeusement sans gains ni pertes, et peu de temps après il passa une quinzaine de jours à se promener par petites étapes dans le Sud profond où il s'arrêta dans quelques villes du Delta, en Louisiane, rendit visite à un ami qui s'était installé à Atlanta et s'offrit une excursion en bateau dans les Everglades. Certaines de ces haltes étaient inévitables, mais Nashe essayait en général, du moment qu'il se trouvait à un endroit, d'en tirer parti pour explorer un peu les environs. La Saab avait besoin d'entretien, après tout, et avec son compteur qui enregistrait plusieurs centaines de kilomètres par jour, il y avait beaucoup à faire : vidanges, graissages, contrôle du parallélisme des roues, tous ces réglages fins, toutes ces réparations indispensables pour qu'il puisse poursuivre. Il était parfois agacé par ces contraintes, mais du moment que la voiture se trouvait pour vingt-quatre ou quarante-huit heures entre les mains d'un mécanicien, il ne pouvait que rester sur place jusqu'à ce qu'elle soit prête à repartir.

Nashe avait, dès le commencement, loué une boîte postale à Northfield, et il remontait dans cette ville au début de chaque mois afin de ramasser ses relevés de cartes de crédit et de passer quelques jours avec sa fille. Cette partie de son existence était la seule à ne pas changer, la seule obligation qu'il respectât. Il s'y rendit spécialement pour l'anniversaire de Juliette, à la mi-octobre (arrivant les bras chargés de cadeaux), et à Noël il y eut trois jours de chahut joyeux pendant lesquels Nashe, déguisé en saint Nicolas, joua du piano et chanta des chansons pour la grande joie de tous. Moins d'un mois plus tard, une deuxième porte s'ouvrit à l'improviste devant lui. C'était à Berkeley, en Californie, et de même que la plupart des événements survenus dans sa vie cette année-là, cela tint du hasard le plus pur. Etant entré dans une librairie, un après-midi, afin d'acheter des livres pour la prochaine étape de son voyage, il rencontra, tout simplement, une femme qu'il avait jadis connue à Boston. Elle s'appelait Fiona Wells et elle l'aperçut, debout devant le rayon consacré à Shakespeare, en train de se demander quelle édition en un volume il emporterait avec lui. Ils ne s'étaient pas vus depuis plusieurs années mais, plutôt que de le saluer de façon conventionnelle, elle se glissa à côté de lui, frappa du doigt l'un des Shakespeare et dit : "Prends celui-ci, Jim. Il a les meilleures notes et la typo la plus lisible."

Fiona était journaliste et avait un jour écrit pour *Globe* un article sur lui : "Une journée dans la vie d'un pompier de Boston." C'était l'habituel verbiage des suppléments du dimanche, assorti de photos et de commentaires de ses amis, mais Nashe avait trouvé la jeune femme amusante, très sympathique même, et s'était rendu compte qu'après deux ou trois jours passés à le suivre partout elle commençait à éprouver de l'attirance pour lui. Il y avait eu des regards, des frôlements de doigts involontaires de plus en plus fréquents – mais Nashe était marié à l'époque et ce qui aurait pu naître entre eux n'était pas advenu. Quelques mois après la publication de l'article, Fiona était partie à San Francisco travailler pour *Associated Press* et depuis lors il avait perdu sa trace.

Elle habitait une petite maison non loin de la librairie, et quand elle l'invita chez elle pour bavarder du bon vieux temps à Boston, Nashe comprit qu'elle était encore libre. Il était un peu moins de quatre heures quand ils arrivèrent mais, passant sans attendre aux boissons alcoolisées, ils entamèrent une bouteille de Jack Daniel's pour accompagner leur conversation dans le salon. Au bout d'une heure, Nashe était installé à côté de Fiona sur le canapé et, peu de temps après, il glissait la main sous sa jupe. Ce geste lui paraissait étrangement inévitable, comme si leur rencontre inattendue exigeait une réaction extravagante, un esprit de célébration et d'anarchie. Ils étaient moins en train de créer l'événement que de s'y conformer, et quand arriva le moment où Nashe serra dans ses bras le corps nu de Fiona, le désir d'elle qu'il éprouvait était si violent qu'il se teintait déjà d'un sentiment de perte – car il savait qu'il ne pourrait manquer de la décevoir, qu'un moment viendrait tôt ou tard où il aurait envie de se retrouver dans sa voiture.

Il passa quatre nuits avec elle, et découvrit peu à peu qu'elle était beaucoup plus courageuse et plus intelligente qu'il ne l'avait imaginé.

"Ne va pas te figurer que je ne voulais pas que ça arrive, lui dit-elle le dernier soir. Je sais que tu ne m'aimes pas, mais ça ne signifie pas que je ne te conviens pas. Ton problème est dans ta tête, Nashe, et si tu dois t'en aller, bon, tu dois t'en aller. Mais souviens-toi que je suis là. Si l'envie recommence à te démanger de te glisser dans la petite culotte de quelqu'un, pense d'abord à la mienne."

Il ne pouvait s'empêcher de la plaindre, mais à ce sentiment se mêlait de l'admiration – peut-être même davantage : le soupçon qu'elle était peut-être quelqu'un qu'il aurait pu aimer, après tout. Un bref instant, il eut la tentation de lui demander de l'épouser, la vision soudaine d'une existence faite de bonne humeur et d'amour tendre avec Fiona, de Juliette grandissant parmi des frères et sœurs, mais il ne parvint pas à prononcer les mots.

"Je ne serai pas longtemps parti, dit-il enfin. Il est temps que j'aille à Northfield. Si tu veux m'accompagner, tu es la bienvenue, Fiona.

— Bien sûr. Et pour mon travail, je fais quoi ? Trois jours de congé maladie d'un seul coup, c'est un peu exagéré, non ?

— Il faut que j'y aille, pour Juliette, tu sais bien. C'est important.
— Il y a des tas de choses importantes. Simplement, ne disparais pas pour toujours, c'est tout.
— Ne t'en fais pas, je reviendrai. Je suis un homme libre, maintenant, et je peux faire ce qui me chante.
— On est en Amérique, Nashe. Le pays de la liberté, merde, tu sais ? On peut tous faire ce qui nous chante.
— Je ne te connaissais pas ces sentiments patriotiques.
— Ça, tu peux compter dessus à fond, mon vieux. Mon pays envers et contre tout. C'est pour ça que je vais attendre que tu réapparaisses. Parce que je suis libre de me conduire comme une idiote.
— Je t'ai dit que je reviendrais. Je viens de te le promettre.
— Je sais. Mais ça ne signifie pas que tu tiendras cette promesse."

Avant elle, il y avait eu d'autres femmes, une série de courtes passades et de rencontres d'un soir, mais à aucune il n'avait promis quoi que ce fût. La divorcée en Floride, par exemple, l'institutrice avec qui Donna avait essayé de le caser à Northfield, la jeune serveuse de Reno – toutes avaient disparu. Seule Fiona représentait quelque chose pour lui, et depuis leur première rencontre, en janvier, jusqu'à la fin juillet, il resta rarement plus de trois semaines sans lui rendre visite. Il lui téléphonait parfois de la route, et quand elle n'était pas chez elle, il laissait des messages cocasses sur son répondeur – juste pour lui rappeler qu'il pensait à elle. Les mois passant, le corps dodu et un peu gauche de Fiona lui devenait de plus en plus précieux : ses seins lourds, presque encombrants ; ses incisives légèrement de travers ; la masse excessive de ses cheveux blonds, tout en frisettes et en boucles désordonnées. Une chevelure préraphaélite, avait-elle dit un jour, et bien que Nashe n'eût pas compris la référence, il lui semblait que cette expression correspondait à quelque chose en elle, désignait une qualité cachée qui transformait son manque de grâce en une sorte de beauté. Elle était aussi différente que possible de Thérèse – la sombre et langoureuse Thérèse, la jeune Thérèse au ventre plat et aux longs membres exquis – mais les imperfections de Fiona continuaient de l'émouvoir, car elles lui donnaient l'impression, quand ils faisaient l'amour, qu'il ne s'agissait pas seulement de sexe, pas seulement de l'accouplement aléatoire de deux corps. Il lui devenait difficile de mettre fin à ses visites et, pendant plusieurs heures, chaque fois qu'il reprenait le volant, il se retrouvait assailli de doutes. Où allait-il, après tout, et qu'essayait-il de démontrer ? Il lui paraissait absurde d'être en train de s'éloigner d'elle – dans le seul but de passer la nuit dans un mauvais lit de motel à la limite de nulle part.

Il persévéra, néanmoins, parcourant le continent sans répit, et au fur et à mesure que le temps passait il se sentait de plus en plus en paix avec lui-même. Le seul inconvénient, s'il y en avait un, était que cette existence ne pût durer toujours. En cinq ou six mois de voyage, il avait dépensé plus de la moitié de cette fortune qui lui avait d'abord paru inépuisable. Lentement, sûrement, l'aventure se muait en paradoxe. L'argent était responsable de sa liberté, mais chaque fois qu'il s'en servait pour acquérir une part de cette liberté, il s'en privait aussi d'une part égale. L'argent était pour lui, en même temps, le moyen d'aller de l'avant et l'instrument de sa dépossession, qui le ramenait inexorablement à son point de départ. Vers le milieu du printemps, Nashe comprit finalement que le problème ne pouvait plus être ignoré. Son avenir était précaire et s'il ne prenait pas de décision quant au terme de son errance, il ne lui resterait guère d'avenir.

Au commencement, il avait dépensé sans compter : il s'offrait des restaurants et des hôtels de grande classe, buvait de bons vins et achetait pour Juliette et ses cousins des jouets sophistiqués. Mais en vérité Nashe n'éprouvait pas pour le luxe un appétit prononcé. Il avait toujours vécu trop à la corde pour y penser beaucoup, et une fois la nouveauté de l'héritage épuisée, revenant à ses anciennes habitudes de modération, il s'était remis à manger des nourritures simples, à dormir dans des motels bon marché et à ne dépenser presque rien en fait de vêtements. Tout au plus s'accordait-il à l'occasion une razzia chez un marchand de cassettes enregistrées ou dans une librairie.

Le véritable avantage de la richesse, ce n'était pas la possibilité de satisfaire ses désirs, c'était celle de ne plus penser à l'argent. Maintenant qu'il se voyait obligé d'y penser à nouveau, il décida de conclure un marché avec lui-même. Il continuerait sur sa lancée jusqu'à ce qu'il ne reste que vingt mille dollars, et alors il retournerait à Berkeley pour demander à Fiona de l'épouser. Il n'hésiterait plus ; cette fois-ci, il le ferait réellement.

Il se débrouilla pour faire durer les choses jusqu'à la fin juillet. Mais juste quand tout se mettait en place, sa chance commença à tourner. L'ancien bon ami de Fiona, disparu de l'existence de la jeune femme peu de temps avant l'arrivée de Nashe, avait reparu, semblait-il, à la suite d'un retour de flamme. Et au lieu de saisir avec joie la proposition de Nashe, Fiona pleura sans désemparer pendant une heure en lui expliquant pourquoi il devait cesser de la voir. Je ne peux pas compter sur toi, Jim, répétait-elle. Je ne peux tout simplement pas compter sur toi.

Il savait bien, au fond de lui, qu'elle avait raison, mais cela ne rendait pas le coup plus facile à encaisser. Quand il repartit de Berkeley, il se sentait sonné par l'amertume et la colère qui l'avaient envahi. Leurs feux brûlèrent durant plusieurs jours, et même quand ils commencèrent à s'apaiser, au lieu de s'en remettre, il perdit du terrain, tomba dans une seconde période de souffrance, plus prolongée. La mélancolie avait supplanté la rage, et il n'éprouvait plus grand-chose, à part une tristesse sourde, indéfinie, comme si les couleurs de tout ce qu'il voyait s'étaient lentement évanouies. Très brièvement, il joua avec l'idée de s'installer dans le Minnesota, d'y chercher du travail. Il envisagea même de retourner à Boston et de demander qu'on lui rende son ancien emploi, mais le cœur n'y était pas et il cessa bientôt d'y penser. Jusqu'à la fin de juillet, il continua d'errer ; il passait plus de temps que jamais dans la voiture, allant certains jours jusqu'à se mettre au défi de tenir bon au-delà du point d'épuisement : en roulant pendant seize ou dix-sept heures d'affilée, en agissant comme s'il voulait se contraindre à battre de nouveaux records d'endurance. Il se rendait compte peu à peu qu'il était fichu, que si quelque chose ne se passait pas bientôt, il allait continuer à rouler jusqu'à épuisement de l'argent. Lors de son passage à Northfield, début août, il se rendit à la banque et retira ce qui restait de son héritage, tout le solde, en espèces – une belle petite liasse de billets de cent dollars qu'il rangea dans la boîte à gants de sa voiture. Il en éprouvait l'impression de mieux maîtriser la situation, comme si la diminution progressive de cette pile de billets avait constitué une réplique exacte de sa propre crise intérieure. Pendant deux semaines, il dormit dans la voiture et s'imposa les restrictions les plus rigoureuses, mais au bout du compte les économies se révélaient négligeables et il finissait par se sentir sale et déprimé. Il reconnut qu'il ne servait à rien de vivre ainsi, que telle n'était pas la bonne attitude. Résolu à se remonter le moral, Nashe fit route vers Saratoga où il prit une chambre à l'hôtel *Adelphi*. La saison était commencée, et pendant une semaine entière il passa tous ses après-midi au champ de courses à parier sur des chevaux dans l'espoir de reconstituer son capital. Il avait la certitude que la chance lui sourirait, mais à part quelques succès étourdissants dans des coups à gros risque, ses pertes l'emportèrent sur ses gains et quand il réussit enfin à s'arracher de cet endroit, un nouveau pan de sa fortune avait disparu. Il y avait un an et deux jours qu'il courait les routes, et il ne lui restait qu'un petit peu plus de quatorze mille dollars.

Il ne désespérait pas complètement mais se rendait compte qu'il n'en avait plus pour longtemps, qu'un mois ou deux suffiraient à le précipiter dans une panique totale. Il décida de se rendre à New York, et plutôt que d'emprunter les grands axes, il choisit de prendre son temps, de se promener au gré des routes de campagne. Son vrai problème était nerveux, songeait-il, et il voulait voir si voyager sans hâte ne l'aiderait pas à se détendre. Il prit le volant après un petit déjeuner matinal au *Spa City Diner* et, vers dix heures, il se trouvait quelque part au milieu du comté de Dutchess. Jusque-là, il avait été presque tout le temps égaré, mais ça lui semblait sans importance et il ne s'était pas soucié de regarder une carte. Non loin du village de Millbrook, il avait réduit sa vitesse à quarante-cinq ou cinquante. Il roulait sur une route étroite, à deux voies, flanquée de haras et de prairies, et n'avait pas aperçu une voiture depuis plus de dix minutes. En arrivant en haut d'une légère côte, avec la vue dégagée devant lui sur plusieurs centaines de mètres, il remarqua soudain une silhouette qui marchait au bord de la route. C'était une vision discordante dans ce paysage bucolique : un homme mince, dépenaillé, qui avançait avec des mouvements spasmodiques, titubant et vacillant comme s'il était sur le point de s'étaler face contre terre. Nashe le prit d'abord pour un ivrogne, puis se dit que la matinée n'était pas assez avancée pour que quelqu'un pût s'être déjà mis dans un état pareil. Bien qu'il refusât en général de s'arrêter pour des auto-stoppeurs, il ne put résister à la tentation de ralentir et de jeter un coup d'œil. Le bruit du changement de régime de son moteur attira l'attention de l'inconnu, et quand Nashe le vit se retourner, il comprit aussitôt que cet homme avait des ennuis. Il était beaucoup plus jeune qu'il ne paraissait vu de dos, pas plus de vingt-deux ou vingt-trois ans, et il ne faisait guère de doute qu'il avait été rossé. Ses vêtements étaient déchirés, son visage couvert de bleus et d'ecchymoses et, à la façon dont il se tenait là tandis que la voiture approchait, il paraissait à peine savoir où il était. L'instinct de Nashe lui intimait de poursuivre sa route, mais il ne put prendre sur lui d'ignorer la détresse du jeune homme. Avant d'avoir conscience de ce qu'il faisait, il avait déjà immobilisé la voiture et baissé la vitre côté passager, et se penchait pour demander à l'inconnu s'il avait besoin d'aide. C'est ainsi que Jack Pozzi entra dans la vie de Nashe. Pour le meilleur ou pour le pire, c'est ainsi que toute l'affaire commença, un beau matin, à la fin de l'été.

2

Pozzi accepta l'aubaine sans un mot, se contentant de hocher la tête quand Nashe lui dit qu'il allait à New York, et grimpa dans la voiture. A voir la façon dont il s'effondra aussitôt sur le siège, il paraissait évident qu'il serait allé n'importe où, que la seule chose qui lui importait était de s'éloigner de l'endroit où il se trouvait. Il paraissait mal en point, terrifié aussi : comme s'il avait craint une autre catastrophe, une nouvelle attaque de la part des gens qui lui en voulaient. Il ferma les yeux en gémissant tandis que Nashe enfonçait l'accélérateur, mais même quand leur vitesse eut atteint quatre-vingts à quatre-vingt-dix, il ne prononça pas un mot, parut à peine s'apercevoir de la présence de Nashe. Celui-ci, estimant qu'il devait être en état de choc, ne le bouscula pas, mais ce silence était étrange, c'était une entrée en matière déconcertante. Nashe avait envie de savoir qui était ce type mais il lui était impossible, sans la moindre indication, de s'en faire une idée. Les apparences étaient contradictoires, pleines d'éléments qui ne s'accordaient pas. Les vêtements, par exemple, avaient quelque chose d'absurde : costume fantaisie bleu clair, chemise hawaïenne à col ouvert, mocassins blancs et fines chaussettes blanches. Le tout dans des matières synthétiques criardes, et même quand de tels accoutrements avaient été à la mode (dix ans, vingt ans auparavant ?), seuls des hommes d'un certain âge s'étaient habillés comme ça. Leur idée était d'avoir l'air jeune et sportif, mais sur un tel gamin l'effet en était plutôt ridicule – comme s'il avait essayé de se faire passer pour un homme mûr vêtu de manière à paraître moins que son âge. Compte tenu de la vulgarité de son accoutrement, il paraissait normal que le gosse arborât aussi une bague, mais dans la mesure où Nashe pouvait en juger, le saphir avait l'air vrai, ce qui ne semblait pas normal du tout. A un moment ou à un autre, le gosse avait dû pouvoir se le payer. A moins qu'il ne l'eût pas payé – c'est-à-dire que quelqu'un le lui eût offert, ou bien qu'il l'eût volé. Pozzi ne mesurait pas plus d'un mètre soixante-cinq, soixante-dix, et Nashe doutait qu'il pesât plus d'une soixantaine de kilos. C'était un petit bonhomme nerveux aux mains délicates, au visage fin et pointu, et il aurait pu être n'importe quoi, du commis voyageur à l'escroc à la sauvette. Avec le sang qui lui coulait du nez et sa tempe gauche meurtrie et gonflée, il était difficile de se rendre compte de l'impression qu'il pouvait faire habituellement. Il semblait à Nashe qu'une certaine intelligence émanait de lui, mais il n'en était pas sûr. Pour le moment, rien n'était sûr, sinon son silence. Son silence, et le fait qu'à très peu de chose près il avait été battu à mort.

Au bout de cinq ou six kilomètres, Nashe arrêta la voiture dans une station Texaco.

"Il faut que je prenne de l'essence, annonça-t-il. Si tu as envie de profiter des toilettes pour te nettoyer un peu, c'est le moment. Ça te ferait sans doute du bien."

Il n'y eut pas de réponse. Nashe supposa que l'inconnu ne l'avait pas entendu, mais comme il s'apprêtait à renouveler sa suggestion, le jeune homme hocha la tête, presque imperceptiblement.

"Ouais, dit Pozzi. Je ne dois pas être beau à voir, hein?
— Non, répondit Nashe. Pas très beau. Tu as l'air d'émerger d'une bétonnière.
— C'est à peu près comme ça que je me sens.
— Si tu n'y arrives pas tout seul, je t'aiderai volontiers.
— Nan, ça va aller, mon pote, j'y arriverai. Y a rien que je ne puisse faire si je suis décidé."

Pozzi ouvrit la porte et entreprit de s'extraire de son siège. Le moindre geste lui arrachait un grognement, il était manifeste que l'acuité de la douleur le stupéfiait. Nashe contourna la voiture pour l'aider, mais le gosse lui fit signe de s'écarter et se traîna vers les toilettes à pas lents et prudents, comme si sa volonté seule l'empêchait de tomber. Nashe fit le plein de son réservoir, contrôla le niveau d'huile et, son passager n'ayant toujours pas reparu, entra dans le garage pour acheter deux tasses de café au distributeur. Cinq bonnes minutes s'écoulèrent et Nashe commençait à se demander si le gosse n'avait pas tourné de l'œil dans les cabinets. Il but le fond de sa tasse, sortit sur l'aire, et s'apprêtait à aller frapper à la porte quand il l'aperçut. La mine un peu plus présentable qu'avant son passage aux toilettes, Pozzi se dirigeait vers la voiture. Il s'était nettoyé le visage des traces de sang, plaqué les cheveux en arrière et débarrassé du veston déchiré, et Nashe se rendit compte qu'il se remettrait sans doute sur pied tout seul, sans qu'il fût nécessaire de l'emmener chez un médecin.

Il lui offrit la deuxième tasse de café en disant :
"Je m'appelle Jim. Jim Nashe. Au cas où ça t'intéresserait."

Pozzi avala une gorgée du breuvage tiédi et grimaça de dégoût. Puis il tendit la main droite.

"Moi c'est Jack Pozzi, dit-il. Mes amis m'appellent Jackpot.

— Tu m'as tout l'air d'avoir touché le jackpot, en effet. Mais peut-être pas celui sur lequel tu comptais.

— Y a les bons et les mauvais jours. Hier soir, c'était ce qu'on fait de pire.

— Enfin tu es encore en vie.

— Ouais. Peut-être que j'ai eu de la veine, après tout. Maintenant j'ai une chance de découvrir combien de conneries peuvent encore m'arriver."

Cette remarque le fit sourire, et Nashe lui sourit en retour, encouragé de constater que le gosse avait le sens de l'humour.

"Si tu veux mon avis, suggéra-t-il, je bazarderais aussi cette chemise. J'ai l'impression que ses bons jours sont passés."

Pozzi baissa les yeux et manipula l'étoffe sale et tachée de sang d'un air mélancolique, presque affectueux.

"Ça irait si j'en avais une autre. Mais je me suis dit que ça valait mieux que d'exposer mon corps d'éphèbe à tous les regards. Les simples convenances, tu vois ce que je veux dire ? On est supposé porter des fringues."

Sans un mot, Nashe alla ouvrir le coffre à l'arrière de la voiture et se mit à fouiller dans un de ses sacs. Un instant plus tard, il en extrayait un T-shirt à la marque des *Boston Red Sox* et l'envoyait à Pozzi, qui l'attrapa de sa main libre.

"Tu peux mettre ça, dit-il. C'est beaucoup trop grand pour toi, mais au moins c'est propre."

Pozzi posa sa tasse de café sur le toit de la voiture et examina le T-shirt à bout de bras.

"Les *Boston Red Sox*, fit-il. T'es un champion des causes perdues, ou quoi ?

— C'est ça. Je ne m'intéresse qu'aux cas désespérés. Maintenant ferme-la et mets ce truc. Je n'ai pas envie que tu foutes du sang partout dans ma voiture."

Pozzi déboutonna sa chemise hawaïenne déchirée et la laissa tomber à ses pieds. Son torse nu était blanc et maigre, pathétique, comme si son corps n'avait pas été exposé au soleil depuis des années. Il enfila le T-shirt par-dessus sa tête puis s'offrit à l'inspection, les mains ouvertes, paumes en l'air.

"Et alors ? demanda-t-il. C'est mieux ?

— Nettement mieux, répondit Nashe. Tu commences à ressembler à un être humain."

Le T-shirt était si grand que Pozzi disparaissait presque dedans. L'étoffe lui pendait à mi-cuisses, les manches courtes lui venaient aux coudes, et pendant un instant on l'eût pris pour un gamin de douze ans. Pour des raisons qui ne lui étaient pas claires, Nashe s'en sentit ému.

Ils partirent vers le sud, par le Taconic State Parkway, pensant arriver en ville au bout de deux heures, deux heures et demie. Nashe découvrit bientôt que le silence initial de Pozzi n'avait été qu'une aberration. Maintenant que le gosse se savait hors de danger, il commença à manifester sa vraie nature, et il ne fallut pas longtemps pour que son bavardage s'avère intarissable. Nashe n'avait pas posé de questions mais Pozzi lui raconta néanmoins son histoire, comme si les mots étaient une forme de paiement. Si on sort quelqu'un d'une situation difficile, on a le droit d'apprendre comment il s'y est fourré.

"Pas un sou, commença-t-il. Ils ne nous ont pas laissé un seul putain de sou." Il laissa flotter un moment cette remarque sibylline puis, comme Nashe ne réagissait pas, il poursuivit, en prenant à peine le temps de respirer, pendant dix ou quinze minutes.

"Quatre heures du mat', reprit-il, et ça faisait sept heures qu'on n'avait pas quitté la table. On était six dans cette pièce, et les cinq autres étaient les caves absolus, des amateurs au premier degré. On donnerait son bras droit pour être admis dans une partie avec des mecs pareils – des richards new-yorkais qui jouent le week-end pour s'amuser. Des juristes, des agents de change, des gros bonnets. Ils s'en fichent de perdre du moment qu'ils prennent leur pied. Bien joué, qu'ils disent quand t'as gagné, bien joué, et puis ils te serrent la main et t'offrent un verre. Qu'on me donne une solide dose de types comme ça, et je peux me retirer avant d'avoir trente ans. C'est les meilleurs. Républicains bon teint, avec leurs blagues de Wall Street et leurs saloperies de dry Martini. Des snobinards, qui fument des cigares à cinq dollars pièce. L'authentique connard américain.

Donc me voilà en train de jouer avec ces piliers de la communauté, et ça marche vraiment bien. En douceur, je rafle ma part du pot, mais sans essayer de me ramener ni rien – je me contente d'y aller en douceur, de façon qu'ils restent tous dans la partie. On ne tue pas la poule aux œufs d'or. Ils se réunissent tous les mois, ces abrutis, et j'ai envie d'être réinvité. J'ai eu assez de mal à décrocher cette invitation. Je dois y avoir travaillé pendant six mois. Donc je me tenais impeccable, poli, respectueux, je parlais comme une espèce de folle qui passe ses après-midi à jouer au *back nine* au Country Club. On doit être comédien, dans ce métier, en tout cas si on veut se trouver là où ça se passe. Il faut qu'ils soient heureux pendant qu'on vide leur coffre, et ça, ce n'est possible que si on les persuade qu'on a bon genre. Toujours dire merci et s'il vous plaît, sourire de leurs blagues imbéciles, se montrer modeste et digne, un vrai gentleman. Ciel, je dois être en veine ce soir,

Georges. Ma parole, Ralph, les cartes me sont favorables. Ce genre de conneries.

Quoi qu'il en soit, je suis arrivé là avec un peu plus de cinq mille en poche, et vers quatre heures j'en ai presque neuf. La partie va se terminer dans une heure environ, et je suis prêt. J'ai pris la mesure de ces cloches, je les domine tellement que je peux dire quelles cartes ils ont en main rien qu'en les regardant dans les yeux. Je me dis que je vais encore gagner un gros paquet, ramasser douze à quatorze mille et en rester là. J'aurai pas perdu mon temps.

Ma position est solide, un full aux valets, et le pot commence à grandir. Il fait calme dans la pièce, on est tous concentrés sur les enchères, et puis tout à coup, la porte s'enfonce et quatre énormes brutes font irruption. «Pas un geste, ils crient, pas un geste ou vous êtes morts» – ils gueulent à tue-tête, en nous pointant leurs saletés de fusils de chasse en pleine figure. Ils sont tous habillés en noir, avec des bas enfilés sur la tête pour qu'on ne voie pas de quoi ils ont l'air. J'ai jamais rien vu de plus laid – quatre créatures surgies des marais infernaux. J'avais une telle peur que j'ai cru que j'allais chier dans mon froc. «Par terre, dit l'un d'eux, couchez-vous par terre et y aura pas de blessés.»

C'est un truc dont on entend parler : les pirates des tables de jeu, une arnaque classique. Mais on ne s'attend jamais à ce que ça vous arrive. Et le pire, c'est qu'on était en train de jouer avec du fric. Tout ce pognon bien en vue sur la table. C'est idiot de faire ça, mais ces richards aiment bien, ils se sentent importants. Comme des desperados dans une connerie de western – cartes sur table au saloon du Dernier-Soupir. Il faut jouer avec des jetons, tout le monde sait ça. Le principe, c'est d'oublier l'argent pour mieux se concentrer sur le jeu. Mais ces juristes, c'est comme ça qu'ils aiment jouer, et je peux rien faire contre leurs règles à la noix.

Y a pour quarante, peut-être cinquante mille dollars de valeurs légales étalées sur cette table. Je suis aplati sur le sol, je ne vois rien, mais je les entends fourrer l'argent dans des sacs, ils tournent autour de la table en le ramassant – whoosh, whoosh, ils font du bon boulot. Je me dis qu'ils auront bientôt fini, et qu'alors ils vont peut-être tourner leurs fusils contre nous. Je ne pense plus à l'argent, j'ai juste envie de sortir d'ici avec ma peau intacte. Je me fous de l'argent, je me dis, ne me tuez pas, c'est tout. C'est bizarre ce que les choses peuvent aller vite. J'étais là, sur le point de me taper le type à ma gauche, content de moi, qu'est-ce que je suis malin, quelle classe, et l'instant d'après je me retrouve étalé sur le plancher en train d'espérer qu'on ne me fasse pas sauter la cervelle. Je m'enfonce le nez dans les poils de cette foutue carpette et je prie comme un imbécile que ces voleurs les mettent avant que je rouvre les yeux.

Crois-moi si tu veux, mes prières ont été exaucées. Les voleurs ont fait exactement comme ils avaient dit, et trois ou quatre minutes plus tard ils étaient partis. On a entendu leur voiture s'éloigner, et on s'est tous remis debout, on s'est remis à respirer. Mes genoux s'entrechoquaient, j'avais la tremblote comme un malade, mais c'était fini, tout allait bien. Du moins c'est ce que je pensais. En fait, la fête n'avait pas encore commencé.

C'est Georges Whitney qui l'a déclenchée. Le propriétaire de la maison, une vraie montgolfière, qui se balade en pantalons écossais avec des pulls en cachemire blanc. Après qu'on a eu pris un verre et qu'on s'est un peu calmés, le gros Georges s'est tourné vers Gil Swanson – le type qui m'avait décroché l'invitation. «Je te l'avais bien dit, Gil, il commence, on n'introduit pas la racaille dans ce genre de parties.» «Qu'est-ce que tu racontes, Georges ?» fait Gil, et Georges répond : «Réfléchis un peu, Gil. On joue tous les mois depuis sept ans, et il ne s'est jamais rien passé. Et puis tu me parles de ce petit voyou qui est soi-disant si bon joueur, tu m'arraches la permission de l'amener, et regarde ce qui arrive. Il y avait huit mille dollars à moi sur cette table, et je l'ai mauvaise qu'une bande de salauds les ait emportés.»

Avant que Gil ait pu répliquer, je me plante devant Georges et j'ouvre ma grande gueule. Je n'aurais sans doute pas dû, mais j'étais furieux, c'est tout juste si je me retenais de lui envoyer un coup de poing sur la gueule. «Merde alors, qu'est-ce que ça veut dire ?» je lui demande. «Ça veut dire que tu nous as encadrés, espèce de petit merdeux», il dit, et puis il se met à m'enfoncer son doigt dans les côtes, il me repousse dans un coin de la chambre. Il continue à m'enfoncer ce gros doigt dans les côtes en parlant sans arrêt. «Je ne permettrai pas que toi et tes vauriens d'amis vous vous en tiriez avec un truc pareil, il dit. Tu vas me payer ça, Pozzi. Je veillerai à ce que tu sois traité comme tu le mérites.» Et encore, et encore, et toujours avec son doigt, et il me déblatère dans la figure, et finalement je bouscule son bras et je lui dis de reculer. C'est un costaud, ce Georges, un mètre quatre-vingt-huit, quatre-vingt-dix. La cinquantaine, mais il est en forme, et je sais que si je m'y frotte j'aurai des ennuis. «Bas les pattes, porc, je lui dis, ne me touche pas, recule.» Mais le salaud est enragé, il continue. Il empoigne ma chemise, et à ce moment-là je perds mon calme et je lui envoie mon poing en plein dans le ventre. J'essaie de fiche le camp, mais je ne fais pas trois pas qu'un autre de ces juristes m'attrape et me coince les bras derrière le dos. Pendant que j'essaie de lui échapper, avant même que j'aie pu me libérer les bras, le gros Georges est de nouveau devant moi, en train de me tabasser l'estomac. C'était horrible, vieux, un vrai *Punch and Judy Show*, un bain de sang en Technicolor. Chaque fois que j'arrivais à m'enfuir, un des autres me rattrapait. Gil était le seul à ne pas s'en mêler, mais il ne pouvait pas grand-chose contre quatre. Ils n'arrêtaient pas. Un moment, j'ai pensé qu'ils allaient me tuer, mais au bout de quelque temps ils ont fini par fatiguer. Ces enfoirés étaient costauds, mais pas très résistants, et finalement, à force de me tortiller, j'ai réussi à filer et j'ai pris la porte. Quelques-uns d'entre eux m'ont couru après, mais pas question que je les laisse remettre la main sur moi. Je me suis tiré, j'ai galopé vers les bois, aussi vite que je pouvais. Si tu ne m'avais pas ramassé, je serais sans doute toujours en train de courir."

Pozzi exhala un soupir dégoûté, comme pour expulser de sa mémoire ce lamentable épisode.

"Au moins, j'ai rien de vraiment cassé, poursuivit-il. Ma vieille carcasse s'en remettra, mais je dois dire que je suis pas trop ravi d'avoir perdu cet argent. Ça pouvait pas tomber plus mal. J'avais de grands projets pour cette petite liasse et maintenant je suis nettoyé, faut que je recommence de zéro. Merde. Jouer correct et régulier, gagner, et finir perdant tout de même. Y a pas de justice. Après-demain, je devais me trouver dans l'une des plus belles parties de ma vie, et maintenant c'est foutu. Y a pas la moindre chance que j'arrive à me refaire d'ici là le genre de magot dont j'aurais besoin. Les seules parties dont j'ai entendu parler pour ce week-end sont des trucs minables. Fiasco total. Même avec de la veine, je pourrais pas ramasser plus de mille ou deux mille. Et encore, je suis sans doute optimiste."

Ce fut cette dernière remarque qui poussa finalement Nashe à parler. Une idée s'était ébauchée au fond de son esprit et quand les mots arrivèrent à ses lèvres il devait déjà lutter pour garder le contrôle de sa voix. Le processus entier ne dura guère qu'une ou deux secondes, mais qui suffirent à tout changer, à le précipiter dans le vide comme du haut d'une falaise.

"Il te faut combien, pour cette partie ? demanda-t-il.

— Au moins dix mille, répondit Pozzi. Et ça c'est vraiment le minimum. Je pourrais pas me pointer avec un centime de moins.

— Ça m'a l'air d'une grosse affaire.

— Une chance pareille, on n'en a qu'une fois dans sa vie, mon vieux. Nom de Dieu, une véritable invitation à Fort Knox.

— Si tu gagnais, peut-être. Mais en fait, tu pourrais perdre. Il y a toujours un risque, non ?

— Bien sûr, y a un risque. Il s'agit de poker, c'est comme ça que ce jeu s'appelle. Mais je pouvais pas perdre, impossible. J'ai déjà joué avec ces clowns. Ç'aurait été du gâteau.

— Combien pensais-tu ramasser ?

— Des masses. Des masses, bordel de Dieu !

— Dis-moi un chiffre. A peu près combien, tu crois ?

— Je sais pas. Trente ou quarante mille, c'est difficile à évaluer. Peut-être cinquante.

— Ça fait beaucoup d'argent. Nettement plus que ce que tes amis d'hier soir avaient mis sur la table.

— C'est ça que j'essaie de t'expliquer. Ces types sont millionnaires. Et ils connaissent rien aux cartes, je veux

dire, ces deux-là sont les rois des ignorants. S'asseoir en face d'eux, c'est comme jouer avec Laurel et Hardy.
— Laurel et Hardy ?
— C'est comme ça que je les appelle, Laurel et Hardy. Y en a un gros et un maigre, juste comme ces bons vieux Stan et Ollie. Des authentiques cervelles d'oiseau, mec, une paire de gogos-nés.
— Tu as l'air bien sûr de toi. Comment sais-tu que c'est pas des arnaqueurs ?
— Parce que je me suis renseigné. Il y a six ou sept ans, ils ont partagé un billet de la loterie de l'Etat de Pennsylvanie, et ils ont gagné vingt-sept millions de dollars. C'était un des plus gros gains de tous les temps. Des gus qui possèdent un pognon pareil vont pas s'amuser à arnaquer un joueur à la petite semaine dans mon genre.
— T'es pas en train d'inventer tout ça ?
— Pourquoi j'inventerais ? Le gros s'appelle Flower, et le petit c'est Stone. Ce qui est marrant, c'est qu'ils ont tous les deux le même prénom : William. Mais Flower se fait appeler Bill et Stone, Willie. C'est pas si compliqué que ça. Une fois qu'on est devant eux, on les reconnaît sans difficulté.
— Comme Mutt et Jeff*.
— Ouais, c'est ça. Une vraie équipe de comédie. Comme ces drôles de petits bonshommes à la télé, Ernie et Bert. Sauf que ces gars-ci s'appellent Willie et Bill. Ça sonne pas mal, hein ? Willie et Bill.
— Comment les as-tu rencontrés ?
— Je suis tombé sur eux à Atlantic City, le mois dernier. Il y a une table que je fréquente de temps en temps, par là, et ils s'y sont assis un moment. En vingt minutes, ils avaient tous les deux claqué cinq mille dollars. De ma vie je n'ai vu des enchères aussi stupides. Ils s'imaginaient qu'ils pourraient faire passer n'importe quoi à coups de bluff – comme s'ils avaient été les seuls à savoir jouer, et que tous les autres avaient été morts d'envie d'avaler leurs trucs à la noix. Quelques heures plus tard, je suis allé faire un tour

---

* Personnages de bande dessinée. (N.d.T.)

du côté d'un des casinos, et ils étaient de nouveau là, plantés devant la roulette. Le gros est venu vers moi...
— Flower.
— C'est ça, Flower... Il est venu vers moi et il m'a dit : Ton style me plaît, fiston, tu joues un méchant poker. Là-dessus il enchaîne que si j'ai un jour envie d'une petite partie amicale avec eux, je serai tout à fait le bienvenu dans leur maison. Ça s'est passé comme ça. J'ai répondu que, bien sûr, je serais ravi de jouer avec eux à l'occasion, et la semaine dernière je leur ai téléphoné et on a arrangé cette partie, lundi prochain. C'est pour ça que je râle tellement de ce qui s'est passé cette nuit. Ç'aurait été une belle expérience, une véritable promenade sur le boulevard Jackpot.
— Tu as dit «leur maison»... Ça veut dire qu'ils vivent ensemble ?
— Rien ne t'échappe, hein ? Ouais, c'est ce que j'ai dit – «leur maison». Ça fait un peu drôle, mais je crois pas qu'il s'agit d'une paire de tantes. Ils ont tous les deux la cinquantaine, et tous les deux ont été mariés. La femme de Stone est morte, et Flower a divorcé d'avec la sienne. Ils ont tous les deux des gosses, Stone est même grand-père. Avant de gagner le gros lot, il était opticien, et Flower était comptable. Classes moyennes tout ce qu'il y a d'ordinaire. Il se trouve simplement qu'ils habitent un manoir de vingt chambres et qu'ils touchent chaque année un million trois cent cinquante mille dollars nets d'impôts.
— J'ai l'impression que tu as appris ta leçon.
— Je te l'ai dit, je me suis renseigné. J'aime pas m'embarquer dans une partie sans savoir à qui j'ai affaire.
— Tu as une autre activité que le poker ?
— Non, aucune. Je joue au poker, c'est tout.
— Pas de métier ? Rien pour te rattraper si tu traverses une mauvaise passe ?
— J'ai travaillé un moment dans un grand magasin. L'été où j'ai fini le lycée. Ils m'ont mis aux chaussures pour hommes. C'était le fond du fond, je t'assure, l'horreur absolue. Fallait se mettre à quatre pattes comme une espèce de chien, respirer toutes ces odeurs de chaussettes sales. Ça

me donnait envie de dégueuler. J'ai calé au bout de trois semaines, et depuis j'ai plus eu de boulot régulier.
— Alors tu t'en sors.
— Ouais, je m'en sors pas mal. Avec des hauts et des bas, mais j'ai toujours pu faire face. Le principal, c'est que je vis comme j'ai envie. Si je perds, c'est ma pomme qui perd. Si je gagne, je peux garder l'argent. Personne n'a le droit d'y fourrer le nez.
— Tu es ton propre patron.
— C'est ça. Mon propre patron. Je décide pour moi-même.
— Tu dois jouer drôlement bien.
— Je suis bon, mais il me reste encore du chemin. Je pense aux grands – des types comme Johnny Moses, ou Amarillo Slim, ou Doyle Brunson. Je veux passer dans la même division que ces gars-là. Jamais entendu parler du *Binion's Horseshoe Club*, à Las Vegas ? C'est là qu'ont lieu les championnats mondiaux de poker. Dans quelques années, je pense que je serai prêt à les affronter. C'est à ça que je veux arriver. Amasser assez de fric pour me faire admettre là-dedans, d'homme à homme, avec ce qu'il y a de mieux.
— Tout ça c'est bien joli, mon petit gars. C'est bon de rêver, ça aide à tenir le coup. Mais ça c'est pour plus tard, c'est des projets à long terme, comme on dit. Ce que je voudrais savoir, c'est ce que tu as l'intention de faire aujourd'hui. Nous serons à New York dans une heure environ, et alors qu'est-ce que tu vas devenir ?
— Je connais un type à Brooklyn. Je lui passe un coup de fil dès qu'on est en ville, pour savoir s'il est là. S'il y est, je pourrai sans doute loger quelque temps chez lui. Complètement cinglé, mais on s'entend bien. Crappy* Manzola. Joli nom, hein ? On lui a donné quand il était gosse, parce qu'il avait des dents pourries, dégueulasses. Maintenant il a un superbe râtelier, mais tout le monde continue à l'appeler Crappy.
— Et qu'est-ce qui se passe si Crappy n'est pas là ?

---

* *Crappy* = merdique. *(N.d.T.)*

— J'en sais rien, merde. Je trouverai bien quelque chose.
— En d'autres termes, tu n'en as pas la moindre idée. Tu fais l'impasse.
— T'en fais pas pour moi, je me débrouillerai. J'ai déjà été plus mal pris que ça.
— Je ne m'en fais pas. C'est juste que je viens de penser à quelque chose, et j'ai comme l'impression que ça pourrait t'intéresser.
— Ah oui ?
— Tu m'as dit qu'il te fallait dix mille dollars pour cette partie avec Flower et Stone. Et si je connaissais quelqu'un qui serait peut-être d'accord pour te procurer cet argent ? Quel genre d'arrangement serais-tu prêt à conclure avec lui en échange ?
— Je le rembourse dès la fin de la partie. Avec intérêt.
— Il ne s'agirait pas d'un prêt. Je pense qu'il envisagerait plutôt une association.
— Dis donc, t'es qui, toi, une espèce d'aventurier de la finance, ou quoi ?
— Ne me mêle pas à ça. Moi je suis juste un type qui roule en voiture. Ce que je voudrais savoir, c'est quel genre d'offre tu es disposé à faire. Je pense aux pourcentages.
— Merde, je sais pas. Je lui rembourserais les dix mille, et puis je lui céderais une bonne part du bénéfice. Vingt pour cent, vingt-cinq pour cent, quelque chose comme ça.
— Ça me paraît un peu radin. Après tout, c'est ce type qui prend les risques. Si tu ne gagnes pas, c'est lui qui perd, pas toi. Tu vois ce que je veux dire ?
— Ouais, je vois ce que tu veux dire.
— Je pensais fifty-fifty. Moitié pour toi, moitié pour lui. Moins les dix mille, bien entendu. Qu'est-ce que tu en dis ? Ça te paraît honnête ?
— Je pourrais faire avec, je suppose. Si c'est le seul moyen d'arriver à jouer contre ces farceurs, ça vaut sans doute la peine. Mais toi, t'es où, là-dedans ? Pour autant que je sache, on est que nous deux en train de causer dans cette bagnole. Où est-ce qu'on le trouve, ton autre bonhomme ? Celui qui a les dix mille dollars ?
— Il n'est pas loin. On le trouvera sans difficulté.

— Ouais, c'est bien ce que je pensais. Et si ce type est justement assis à côté de moi en ce moment, ce que je voudrais bien savoir c'est pourquoi il a envie de s'embarquer dans un truc pareil. Je veux dire, il ne me connaît ni d'Eve ni d'Adam.

— Sans raison. L'idée lui plaît.

— Ça ne suffit pas. Il faut une raison. Si je la connais pas, je marche pas.

— Parce qu'il a besoin d'argent. Ça me paraît évident.

— Il a déjà dix mille dollars.

— Il a besoin de plus que ça. Et le temps commence à lui manquer. C'est peut-être sa dernière chance.

— Ouais, OK, va pour cette explication. Ce qu'on appellerait une situation désespérée.

— Mais il n'est pas idiot non plus, Jack. Il n'abandonnerait pas son argent à un escroc. Alors avant de parler affaires avec toi, il faut que je m'assure que tu vaux le coup. Tu es peut-être un sacré joueur, mais tu es peut-être aussi un comédien de merde. Avant de conclure quoi que ce soit, je veux voir de mes yeux de quoi tu es capable.

— Pas de problème, camarade. Je te ferai voir ça dès qu'on sera à New York. Y a pas le moindre problème. Tu seras si impressionné que tu en resteras bouche bée. Je te le garantis. Je vais te faire sortir les yeux de ta petite tête. "

3

Nashe réalisait que cette manière d'agir ne lui ressemblait pas. Il s'entendait prononcer des mots qui, à l'instant même où il les articulait, lui paraissaient exprimer la pensée de quelqu'un d'autre, comme s'il n'avait été qu'un acteur en train de se produire sur la scène d'un théâtre imaginaire en récitant un texte écrit d'avance à son intention. Il n'avait jamais rien ressenti de pareil, et ce qui l'étonnait c'était combien ça le troublait peu, l'aisance avec laquelle il se glissait dans ce rôle. L'argent seul importait, et si ce gamin mal élevé pouvait lui en obtenir, Nashe se sentait enclin à tout risquer pour contribuer à la réussite de son entreprise. Ce projet était sans doute insensé, mais le risque en lui-même constituait une motivation, ce geste de confiance aveugle prouvait qu'il était enfin disposé à accueillir tout ce qui pourrait lui arriver.

Pozzi ne représentait à ce moment-là qu'un moyen d'atteindre son but, une possibilité imprévue de se sortir de l'impasse. Sous une apparence humaine, il n'était qu'une occasion, un joueur fantôme dont la seule raison d'exister était d'aider Nashe à recouvrer sa liberté. Une fois cette tâche accomplie, ils partiraient chacun de son côté. Bien que prêt à se servir de lui, Nashe ne trouvait pas Pozzi entièrement antipathique. Malgré les grands airs qu'il se donnait, le gosse avait un côté fascinant et il était difficile de ne pas éprouver pour lui, bon gré mal gré, une sorte de respect. Il avait à tout le moins le courage de ses convictions, et on ne peut pas en dire autant de la plupart des gens. Pozzi travaillait sans filet ; il improvisait sa vie en chemin, se fiant à sa seule intelligence pour se maintenir à flot, et même après la raclée qu'il venait de subir, il n'avait l'air ni démoralisé ni vaincu. Il se montrait plutôt grossier, odieux même par instants, mais paraissait déborder d'une confiance que Nashe trouvait rassurante. Il était encore trop tôt, bien entendu, pour savoir s'il était digne de foi ; pourtant, compte tenu du peu de temps dont il avait disposé pour inventer une histoire, compte tenu de tout ce que sa situation avait d'invraisemblable, il semblait douteux que la réalité fût différente de ce qu'il prétendait. Telle était du moins l'impression de Nashe. D'une manière ou d'une autre, il ne lui faudrait pas longtemps pour s'en assurer.

Il importait de paraître calme, de brider son impatience et de convaincre Pozzi qu'il savait ce qu'il faisait. Il ne voulait pas à proprement parler l'impressionner, mais son instinct lui conseillait de garder la haute main, d'opposer à la jactance du gosse sa propre assurance, sereine et ferme. Devant ce petit arrogant, il jouerait la maturité, profitant de l'avantage que lui donnaient sa taille et son âge pour s'entourer d'une aura de sagesse durement acquise et affecter une stabilité capable de contrebalancer la nervosité et l'impulsivité du jeune homme. Quand ils atteignirent les quartiers nord du Bronx, Nashe avait établi son plan d'action. Celui-ci allait coûter un peu plus cher qu'il n'aurait voulu, mais il pensait qu'en fin de compte ce serait de l'argent bien placé.

L'astuce consistait à ne rien dire tant que Pozzi ne posait pas de questions et à se trouver prêt, lorsqu'il en poserait, avec de bonnes réponses. C'était le meilleur moyen de contrôler la situation : maintenir le gosse en léger déséquilibre, créer l'illusion qu'il le précédait toujours d'un pas. Sans un mot, Nashe engagea la voiture sur le Henry Hudson Parkway, et quand Pozzi finit par demander où ils allaient (au passage de la 96e rue), Nashe déclara :

"Tu es complètement épuisé, Jack. Tu as besoin de manger et de dormir, et je ne refuserais pas un petit repas, moi non plus. On va descendre au *Plaza* et on aura tout sur place.

— Tu veux dire l'hôtel *Plaza* ?

— C'est ça, l'hôtel *Plaza*. C'est là que je loge toujours quand je suis à New York. Tu as une objection ?
— Aucune objection. Me demandais juste. M'a l'air d'une bonne idée.
— Je me disais que ça te plairait.
— Ouais, ça me plaît. J'aime ce qui a de la classe. Ça fait du bien à l'âme."

Ils rangèrent la voiture dans un parking souterrain de la 58e rue est, sortirent de la malle les bagages de Nashe et se rendirent à l'hôtel, au coin de la rue. Nashe demanda deux chambres d'une personne avec salle de bains communicante ; comme il signait le registre au comptoir, il regarda Pozzi du coin de l'œil et aperçut sur le visage du gosse l'ombre d'un sourire béat. Cette vision lui fit plaisir car elle lui permettait de supposer que Pozzi était suffisamment impressionné par sa bonne fortune pour apprécier ce que Nashe lui offrait. Tout se réduisait à une question de mise en scène. Deux heures plus tôt, l'existence de Pozzi était en ruine, et maintenant il se trouvait dans un palace, en train d'essayer de ne pas manifester son étonnement devant le luxe qui l'entourait. Un contraste moins frappant n'aurait pas produit le même effet, mais là, un simple coup d'œil sur la bouche frémissante du gosse suffisait à Nashe pour savoir qu'il avait marqué un point.

On leur donna des chambres au septième étage ("le sept de chance", comme le fit remarquer Pozzi dans l'ascenseur) et dès qu'ils furent installés, après avoir renvoyé le groom avec un pourboire, Nashe téléphona au *room service* pour commander à déjeuner. Deux steaks, deux salades, deux pommes de terre au four et deux bouteilles de Beck's. Pendant ce temps, Pozzi entrait dans la salle de bains pour prendre une douche, fermant la porte derrière lui sans se donner la peine de la verrouiller. Nashe vit là un autre signe favorable. Il écouta quelques instants le crépitement de l'eau contre la baignoire, puis enfila une chemise blanche propre et récupéra l'argent qu'il avait transféré du compartiment à gants de la voiture dans l'une de ses valises (quatorze mille dollars emballés dans un sachet de plastique). Sans prévenir Pozzi, il se glissa hors de la chambre, prit l'ascenseur jusqu'au rez-de-chaussée et déposa treize mille dollars dans le coffre de l'hôtel. Avant de remonter, il fit un petit détour par le comptoir aux journaux afin d'acheter un jeu de cartes.

Quand il rentra dans sa chambre, Pozzi était installé dans la sienne. Les deux portes de la salle de bains étaient ouvertes, et Nashe l'apercevait, drapé dans deux ou trois serviettes blanches et étalé au creux d'un fauteuil. Il regardait à la télévision le film de kung-fu du samedi après-midi, et quand Nashe passa la tête pour lui dire bonjour, Pozzi suggéra, en désignant l'écran, qu'il devrait peut-être demander des leçons à Bruce Lee.

"Ce petit mec est pas plus gros que moi, dit-il, mais regarde un peu ce qu'il leur met, à ces affreux. Si je savais comment il fait, la nuit dernière se serait pas passée comme ça.

— Tu te sens mieux ? fit Nashe.

— J'ai mal partout, mais je crois que j'ai rien de cassé.

— Tu survivras, alors, j'imagine.

— Ouais, je pense aussi. Je ne pourrai peut-être plus jouer du violon, mais on dirait que je vais survivre.

— On va apporter le déjeuner d'une minute à l'autre. Tu peux enfiler un de mes pantalons, si tu veux. Quand on aura mangé, je t'emmènerai acheter des vêtements neufs.

— C'est sans doute une bonne idée. Je me disais justement qu'il serait peut-être pas génial d'abuser de cette tenue de sénateur romain."

Nashe lança un jean à Pozzi et, avec le T-shirt des *Red Sox*, le gosse parut de nouveau réduit à la taille d'un petit garçon. Pour ne pas trébucher, il roula sur ses chevilles le bas du pantalon.

"Dis donc, t'as une super garde-robe, fit-il en entrant dans la chambre de Nashe, les deux mains retenant le jean par la taille. T'es qui, le cow-boy de Boston, ou quoi ?

— J'allais te prêter mon smoke, mais j'ai pensé qu'il valait mieux attendre de voir comment tu te tiens à table. Je n'aimerais pas qu'il soit fichu parce que tu es incapable d'empêcher le ketchup de te dégouliner de la bouche."

Le repas arriva sur un chariot cliquetant et tous deux se mirent à table. Pozzi attaqua son steak avec appétit, mais après avoir mastiqué et avalé pendant quelques minutes, il déposa soudain sa fourchette et son couteau comme si son assiette avait perdu tout intérêt. S'appuyant au dossier de sa chaise, il regarda autour de lui.

"C'est drôle, comme la mémoire se réveille, dit-il d'une voix assourdie. Je suis déjà venu dans cet hôtel, tu sais, mais je n'y avais plus pensé depuis longtemps. Des années.

— Tu devais être bien jeune si ça s'est passé il y a si longtemps, remarqua Nashe.

— Ouais, j'étais qu'un môme. Mon père m'a amené ici un week-end, en automne. Je devais avoir onze ans, douze peut-être.

— A vous deux ? Et ta mère ?

— Ils étaient séparés. Ils ont divorcé quand j'étais bébé.

— Tu vivais avec elle ?

— Ouais, on vivait à Irvington, dans le New Jersey. C'est là que j'ai grandi. C'était moche, un petit patelin minable.

— Tu voyais souvent ton père ?

— Je savais à peine qui c'était.

— Et un beau jour il est arrivé et il t'a emmené au *Plaza* ?

— Ouais, plus ou moins. Mais je l'avais déjà vu une fois. C'était bizarre, cette première fois. Je crois que je me suis jamais senti aussi mal à l'aise. Un jour, en plein été, j'avais huit ans, j'étais assis sur les marches devant notre maison. Ma mère était partie travailler, et j'étais assis là tout seul, en train de sucer un Popsicle à l'orange en regardant de l'autre côté de la rue. Ne me demande pas comment je me souviens que c'était de l'orange, mais je m'en souviens. C'est comme si j'avais encore ce foutu truc en main. Il fait chaud, et je suis assis là avec mon Popsicle à l'orange, en train de me dire que quand je l'aurai fini je prendrai mon vélo pour aller chez mon copain Walt et le persuader d'ouvrir le robinet du tuyau d'arrosage dans son jardin. Le Popsicle commence à fondre et à couler sur ma jambe, et tout à coup cette énorme Cadillac blanche s'amène dans la rue à une allure de crabe. Une sacrée bagnole. Flambant neuve, et propre, avec des enjoliveurs ajourés et des pneus à flancs blancs. Le type au volant a l'air perdu. Devant chaque maison, il ralentit et il se tord le cou par la fenêtre pour repérer le numéro. Moi je regarde ça avec cette connerie de Popsicle en train de couler sur moi, et alors la voiture s'arrête et le type coupe son moteur. Juste devant ma maison. Le type sort et commence à monter l'allée – il a un super costard blanc, et un grand sourire amical. J'ai d'abord pensé que c'était Billy Martin, c'était tout à fait lui. Tu sais, le manager de base-ball. Et je me demande pourquoi Billy Martin vient me voir. Est-ce qu'il veut m'engager pour devenir son nouveau *batboy* ou je sais pas quoi ? Bon Dieu, les conneries qui te passent par la tête quand tu es môme. Enfin il se rapproche et je vois qu'après tout c'est pas Billy Martin. Du coup je suis vraiment intrigué et, à vrai dire, j'ai un peu peur. Je fourre le Popsicle dans les buissons, mais avant que j'aie pu décider ce que je vais faire d'autre, le type est déjà devant moi. «Salut, Jack, il dit. Ça fait un bail.» Je ne sais pas de quoi il parle, mais puisqu'il connaît mon nom, je suppose que c'est un ami de ma mère ou quelque chose comme ça. Alors je lui dis qu'elle est à son travail, histoire d'être poli, mais il répond que ouais, il sait ça, il vient de lui parler là-bas au restaurant. C'était là que ma mère travaillait, elle était serveuse à cette époque. Alors je lui demande : «Vous voulez dire que vous êtes venu ici pour me voir ?» Il répond : «C'est bien ça, gamin. La dernière fois que je t'ai vu, tu étais encore dans les langes.» Toute cette conversation me paraît de plus en plus absurde, et la seule idée qui me vient c'est que ce type doit être mon oncle Vince, celui qui a filé en Californie quand ma mère était encore petite. «Vous êtes oncle Vince, c'est ça ?» je lui demande, mais il secoue la tête en souriant. «Cramponne-toi, petit gars, il répond, ou quelque chose comme ça, crois-le si tu peux, tu es en face de ton père.» Ce qui se passe, c'est que je ne le crois pas une seconde. «Vous pouvez pas être mon père, je lui dis. Mon père a été tué au Viêt-nam.» «Ah ouais, dit le type, eh bien, c'est ce que tout le monde a cru. Mais je n'ai pas vraiment été tué, tu vois. Je me suis enfui. On m'avait fait prisonnier, là-bas, mais j'ai creusé un trou, je me suis enfui. J'ai mis longtemps à arriver ici.» Ça commence à me sembler un peu plus convaincant, pourtant j'ai encore des doutes. «Ça veut dire que vous allez vivre avec nous maintenant?» je demande. «Pas exactement, il répond, mais que ça ne nous empêche pas de faire connaissance.» Ça me paraît louche, ça, et je suis à peu près sûr maintenant qu'il essaie de me rouler. «Vous pouvez pas être mon père, je répète. Les pères ne s'en vont pas. Ils vivent chez eux avec leur famille.» «Certains pères, dit le type, mais pas tous. Regarde, si tu ne me crois pas, je vais te le prouver. Tu t'appelles Pozzi, hein ? John Anthony Pozzi. Et le nom de ton père doit être Pozzi aussi. D'accord ?» Je hoche la tête quand il dit ça, et lui plonge la main dans sa poche et en ramène son portefeuille. «Regarde, fiston», il dit, en sortant du portefeuille son permis de conduire et en me le tendant. «Lis ce qui est écrit sur ce papier.» Alors je lis à haute voix : «John Anthony Pozzi.» Et, nom de Dieu, toute l'histoire est écrite là noir sur blanc."

Pozzi se tut un instant et avala une gorgée de bière.

"Je sais pas, poursuivit-il. Quand j'y pense maintenant, c'est comme si c'était arrivé en rêve. Je me souviens de certaines parties, mais le reste est confus dans ma tête, comme si ça s'était peut-être jamais passé. Je me souviens que mon vieux m'a emmené faire un tour dans sa Cadillac, mais je ne sais plus combien de temps ça a duré, je me souviens même plus de quoi on a parlé. Mais je me rappelle l'air conditionné dans la voiture et l'odeur des sièges en cuir, je me rappelle que j'étais embêté d'avoir les mains collantes à cause du Popsicle. Surtout, je crois que j'avais encore peur. Même après avoir vu son permis de conduire, j'ai recommencé à douter. Je me disais tout le temps : Il se passe quelque chose de louche. Ce type peut affirmer qu'il est mon père, ça veut pas dire qu'il ne ment pas. Ça pourrait être un truc quelconque, une mauvaise blague. Tout ça me trotte en tête pendant qu'on se balade à travers la ville, et tout à coup on se retrouve devant ma maison. Comme si toute l'affaire n'avait duré qu'une seconde. Mon vieux ne sort même pas de la voiture. Il remet la main à la poche, en sort un billet de cent dollars et me le claque dans la main en disant : «Tiens, Jack, voilà un petit quelque chose pour que tu saches que je pense à toi.» Merde. J'avais jamais vu autant d'argent de ma vie. Je savais même pas qu'on fabriquait des trucs comme des billets de cent dollars. Alors je sors de la voiture avec ce billet de cent dans la main, et je me rappelle avoir pensé : Ouais, ça veut sans doute dire qu'il est mon père, après tout. Mais avant que j'aie trouvé quelque chose à dire, il me serre l'épaule en disant au revoir. «On se reverra, fiston», dit-il, ou quelque chose comme ça, et puis il démarre son moteur et il s'en va.

— Drôle de façon de faire connaissance avec ton père.
— A qui le dis-tu !
— Et comment êtes-vous venus ici au *Plaza* ?
— Ça, c'était trois ou quatre ans plus tard.
— Et tu ne l'avais pas revu de tout ce temps ?
— Pas une fois. Comme s'il avait de nouveau disparu. J'interrogeais tout le temps ma mère, mais elle avait la bouche cousue, elle avait pas trop envie d'en parler. Plus tard, j'ai découvert qu'il avait passé quelques années en tôle. C'est pour ça qu'ils avaient divorcé, à ce qu'elle m'a dit. Il avait déconné.
— Qu'est-ce qu'il avait fait ?
— Il était mêlé à une histoire de fausse officine d'agents de change. Tu sais, on vend des valeurs sous couvert d'une société bidon. Une de ces escroqueries de haut vol.
— Il doit avoir réussi, après sa sortie. Assez bien pour rouler en Cadillac.
— Ouais, je suppose. Je crois qu'il a fini par aller vendre de l'immobilier en Floride. S'est trouvé un filon au pays des ensembles résidentiels.
— Mais tu n'en es pas sûr.
— Je ne suis sûr de rien. Il y a longtemps que je n'ai plus eu de ses nouvelles. Pour autant que je sache, ce type pourrait aussi bien être mort.
— Mais il a réapparu trois ou quatre ans après.
— Tombé du ciel, comme la première fois. J'avais cessé d'y croire, depuis le temps. Quatre ans d'attente, c'est long pour un môme. Une foutue éternité.
— Et qu'est-ce que tu avais fait des cent dollars ?

— C'est marrant que tu demandes ça. Au début je voulais les dépenser. Tu sais, un chouette nouveau gant de baseball ou quelque chose comme ça, mais rien ne me paraissait jamais tout à fait assez bien, je n'arrivais pas à m'en séparer. J'ai donc fini par garder le billet pendant toutes ces années. Rangé dans une petite boîte, au fond de mon tiroir à linge, et tous les soirs je le sortais pour le regarder – histoire de m'assurer qu'il existait vraiment.

— Et s'il existait, ça voulait dire que tu avais vraiment vu ton père.

— J'y ai jamais pensé comme ça. Mais sans doute, ça devait être l'idée. Si je ne me séparais pas de cet argent, ça voulait peut-être dire que mon père allait revenir.

— Une logique de petit garçon.

— On est si bête quand on est gosse, c'est pathétique. Je peux pas croire que j'ai pensé ça.

— On en a tous fait autant. C'est ainsi qu'on grandit.

— Ouais, en tout cas c'était plutôt compliqué. Je n'ai jamais montré le billet à ma mère mais, de temps en temps, je le sortais de sa boîte et je permettais à mon copain Walt de le tenir en main. Ça me faisait du bien, je sais pas pourquoi. Comme si je savais, en le voyant le toucher, que je ne l'avais pas inventé. Mais le plus drôle c'est qu'après six mois je me suis mis dans la tête que l'argent était faux, que c'était une contrefaçon. Peut-être à cause d'une réflexion de Walt, je suis pas certain, je me souviens de m'être dit que si c'était un faux billet, le type qui me l'avait donné ne pouvait pas être mon père.

— Tu tournais en rond.

— Ouais. En rond, en rond et en rond. Un jour, Walt et moi on s'est mis à en discuter, et il a dit que la seule façon d'être certain était d'apporter mon billet à la banque. J'avais pas envie de le sortir de ma chambre, mais de toute façon, puisque je me figurais qu'il était faux, ça n'avait sans doute pas d'importance. Alors nous voilà partis à la banque, terrifiés à l'idée que quelqu'un nous dévalise, avançant avec précaution comme si on était en mission vachement dangereuse. Le caissier de la banque était un type sympa. Walt déclare : «Voilà, mon copain voudrait savoir si ce

billet est un vrai billet de cent dollars», et le caissier le prend et l'examine très soigneusement. Il le regarde même avec une loupe pour plus de sûreté.
— Et qu'est-ce qu'il a dit ?
— «Il est vrai, petits, qu'il a dit. Un authentique bon du Trésor des USA.»
— Donc l'homme qui te l'avait donné était vraiment ton père.
— Exact. Mais alors où j'en suis, moi ? Si ce type est vraiment mon père, pourquoi il revient pas me voir ? Il pourrait au moins m'écrire. Au lieu de râler, je commence à inventer des histoires pour expliquer pourquoi il se manifeste pas. J'imagine, merde, j'imagine que c'est une espèce de James Bond, un de ces agents secrets qui travaillent pour le gouvernement, et qu'il peut pas prendre le risque de se faire reconnaître en venant me voir. Après tout, à ce moment-là je crois à ses conneries, comme quoi il se serait échappé d'un camp de prisonniers au Viêt-nam et, s'il est capable de faire ça, il devait avoir de sacrées couilles, ce type, pas vrai ? Pas la moitié d'un mec. Bon Dieu, quel foutu imbécile je devais être pour imaginer ça.
— Fallait bien que tu inventes quelque chose. Le vide est inconcevable. L'esprit s'y refuse.
— Peut-être. En tout cas je me suis dévidé des tonnes de foutaises. J'y étais enfoncé jusqu'au cou.
— Et comment ça s'est passé, quand il a fini par revenir ?
— Cette fois-ci il a commencé par téléphoner à ma mère. Je me souviens que j'étais déjà au lit, et qu'elle est montée dans ma chambre pour m'en parler. Elle m'a dit : «Il veut passer le week-end avec toi à New York», et on voyait bien qu'elle était furieuse. «Cet enfant de salaud a un de ces culots», qu'elle répétait. Alors le vendredi après-midi il se pointe devant la maison dans une nouvelle Cadillac. Celle-ci était noire, et je me souviens qu'il portait un de ces chouettes manteaux en poil de chameau et qu'il fumait un gros cigare. Rien à voir avec James Bond. Il avait l'air de sortir d'un film d'Al Capone.
— C'était l'hiver, alors.

— Le plein hiver, et il gelait. On a traversé le Lincoln Tunnel, on est descendus au *Plaza*, et puis on est allés chez *Ghallagher*, dans la 52ᵉ rue. Je revois encore cet endroit. L'impression d'être entré dans un abattoir. Des centaines de steaks crus pendus dans la vitrine, il y avait de quoi devenir végétarien. Mais la salle de restaurant était pas mal. Les murs étaient couverts de photos d'hommes politiques, de sportifs et de stars du cinéma, et je reconnais que j'étais assez impressionné. C'était d'ailleurs l'idée de ce week-end, à mon avis. Mon père voulait m'épater, et il y est arrivé, c'est sûr. Après le dîner, on est allés au Madison Square Garden, voir les combats de boxe. Le lendemain, on y est retournés pour un double match de basket universitaire, et le dimanche on est allés en voiture jusqu'au stade pour assister au match des *Giants* contre les *Redskins*. Et ne va pas croire qu'on était au poulailler. En plein milieu, vieux, les meilleures places. Ouais, j'étais épaté, j'étais vachement sonné. Et partout où on allait, mon paternel effeuillait ce gros rouleau de billets qu'il trimbalait dans sa poche. Des dix, des vingt, des cinquante – il ne regardait même pas. Il distribuait des pourboires comme si c'était rien du tout, tu vois ce que je veux dire ? Les portiers, les maîtres d'hôtel, les grooms. Tous la main tendue, et lui qui semait les dollars comme s'il devait pas y avoir de lendemain.

— Tu étais épaté. Mais est-ce que tu t'es bien amusé ?

— Pas vraiment. Je veux dire, si c'était comme ça que les gens vivaient, alors où j'avais été, moi, pendant toutes ces années ? Tu comprends ce que je veux dire ?

— Je pense, oui.

— C'était difficile de lui parler, et la plupart du temps j'étais intimidé, complètement noué. Il a passé tout le week-end à se vanter devant moi – il me parlait de ses affaires, il essayait de me faire piger quel type formidable il était, mais la vérité c'est que je comprenais que dalle à ce qu'il me racontait. Il m'a aussi donné plein de conseils. «Promets-moi de terminer le lycée – il a répété ça deux ou trois fois –, promets-moi de terminer le lycée, pour ne pas finir clochard.» J'étais qu'un petit clampin de sixième, qu'est-ce que je pouvais savoir du lycée et de ces trucs-là ?

Pourtant il m'a fait promettre, et je lui ai donné ma parole que je le ferais. J'en avais la chair de poule. Mais le pire, c'est quand je lui ai parlé des cent dollars qu'il m'avait donnés la fois d'avant. Je pensais qu'il serait content d'entendre que je ne les avais pas dépensés, mais en réalité ça l'a plutôt choqué, j'ai vu ça à sa tête, il a réagi comme si je l'avais insulté ou quelque chose. Il m'a dit : «Garder son argent est une niaiserie. Ce n'est qu'un misérable bout de papier, petit, et il ne te sera d'aucune utilité au fond d'une boîte.»

— Langage de dur.

— Ouais, il voulait me montrer quel dur il était. Mais ça n'a peut-être pas eu l'effet qu'il avait prévu. Quand je suis rentré chez moi le dimanche soir, je me souviens que je me sentais tout secoué. Il m'avait donné un deuxième billet de cent, et le lendemain, après l'école, je suis allé dépenser mon argent – comme ça. Il avait dit dépense-le, et c'est ce que j'ai fait. Mais ce qu'il y avait de drôle, c'est que j'avais rien envie de me payer, à moi. Je suis allé dans une bijouterie, en ville, et j'ai acheté un collier de perles pour ma mère. Je me rappelle encore ce qu'il coûtait. Cent quatre-vingt-neuf dollars, taxes comprises.

— Et qu'as-tu fait des onze dollars restants ?

— Je lui ai acheté une grande boîte de chocolats. Une de ces boîtes rouges en forme de cœur.

— Elle a dû être heureuse.

— Ouais, elle a fondu en larmes quand je lui ai donné ces trucs. J'étais content d'avoir fait ça. C'était une bonne sensation.

— Et le lycée ? Tu as tenu ta promesse ?

— Pour quoi tu me prends, un demeuré, ou quoi ? Sûr que j'ai fini le lycée. Et bien, même. J'avais toujours au moins B et je faisais partie de l'équipe de basket. J'étais un vrai crack.

— Comment tu faisais, tu jouais sur des échasses ?

— J'étais le meneur de jeu, mec, et je me débrouillais pas mal, je t'assure. On m'avait surnommé la Souris. J'étais si rapide que je réussissais à faire passer le ballon entre les jambes des bonshommes. Une fois, j'ai établi un record

pour l'école : quinze passes au panier. *Hombre*, un fameux petit dur.
— Mais aucun collège ne t'a proposé de bourse.
— J'ai eu quelques touches, mais rien de bien intéressant. D'ailleurs, il me semblait que je m'en sortirais mieux en jouant au poker qu'en suivant un quelconque cours de gestion d'entreprise à l'Institut des Hautes Conneries.
— Alors tu t'es fait embaucher dans un grand magasin.
— Pendant un temps. Et puis mon paternel s'est manifesté avec un cadeau de fin d'études. Il m'a envoyé un chèque de cinq mille dollars. Qu'est-ce que tu dis de ça ? J'ai pas vu ce connard depuis six ou sept ans, et il se souvient de la fin de mes études. Tu parles de sentiments contradictoires. J'étais content à en crever. Mais j'avais aussi envie de lui balancer un coup de genou dans les couilles.
— Tu lui as écrit pour le remercier ?
— Bien sûr. Ça se fait, non ? Mais ce type ne m'a jamais répondu. J'ai pas eu le moindre signe de sa part depuis lors.
— C'est pas une grosse perte, j'imagine.
— Oh merde, je m'en fous maintenant. C'est sans doute mieux comme ça.
— Et ainsi, ta carrière a commencé.
— Tu l'as dit, mon pote. Ma glorieuse carrière a commencé, mon irrésistible ascension vers les sommets de la renommée et de la fortune. "

A la suite de cette conversation, Nashe se rendit compte que ses sentiments envers Pozzi s'étaient modifiés. Il s'attendrissait, en quelque sorte, admettait peu à peu, malgré qu'il en eût, que le gosse n'était pas fondamentalement antipathique. Il ne se sentait pas pour autant prêt à lui faire confiance, mais, tout en restant sur ses gardes, il éprouvait une nouvelle et croissante envie de veiller sur lui, d'assumer auprès de Pozzi le rôle de guide et de protecteur. C'était peut-être à cause de sa taille, de son air mal nourri, presque chétif – comme si sa petitesse eût évoqué quelque chose d'inachevé – mais c'était dû aussi, sans doute, à l'histoire qu'il avait racontée à propos de son père. En écoutant les réminiscences de Pozzi, Nashe n'avait pu éviter de penser à sa propre enfance, et la curieuse correspondance qu'il apercevait entre leurs deux vies l'avait touché : l'abandon prématuré, l'argent inopinément advenu, la colère latente. Du moment qu'un homme commence à se reconnaître dans un autre, il ne peut plus considérer cet autre comme un étranger. Qu'il le veuille ou non, un lien existe. Nashe était conscient du piège potentiel que représentait cette façon de penser, mais au point où il en était il ne pouvait plus grand-chose pour contrecarrer l'attirance que lui inspirait cette créature émaciée, perdue. La distance entre eux s'était soudain réduite.

Nashe décida de remettre à plus tard l'épreuve des cartes, et de s'occuper de la garde-robe de Pozzi. Les magasins allaient fermer quelques heures plus tard, et il n'y avait pas de raison d'obliger le gosse à passer le reste de la journée accoutré comme un clown. Nashe savait bien qu'il aurait sans doute mieux fait de ne pas céder là-dessus, mais de toute évidence Pozzi était épuisé et il n'avait pas le cœur de l'acculer à une déconfiture immédiate. C'était une erreur, bien entendu. Si le poker est un jeu d'endurance, de réflexes rapides sous tension, quel meilleur moment pour tester les capacités de quelqu'un que celui où son intelligence est embrumée par la fatigue ? Selon toute probabilité, Pozzi allait échouer, et l'argent que Nashe s'apprêtait à claquer pour le vêtir serait perdu. Pourtant, malgré la menace d'une déception, Nashe n'était pas pressé d'en venir aux faits. Il souhaitait savourer encore un peu son anticipation, se persuader qu'il pouvait y avoir encore des raisons d'espérer. Et il se réjouissait, d'autre part, de la petite expédition qu'il avait projetée. Quelques centaines de dollars de plus ou de moins ne compteraient guère, dans l'ensemble, et l'idée de voir Pozzi déambuler à travers Saks Fifth Avenue lui promettait un plaisir dont il ne souhaitait pas se priver. La situation lui paraissait haute en possibilités comiques et, à défaut d'autre chose, il en sortirait avec quelques souvenirs amusants. A tout prendre, il n'en espérait pas tant, ce matin-là, quand il s'était réveillé à Saratoga.

A peine étaient-ils entrés dans le magasin que Pozzi commençait à rouspéter. Le rayon hommes était bourré de fringues de pédés, affirmait-il, et il préférait se balader vêtu de sa serviette de bain plutôt que se montrer dans des trucs aussi dégueulasses, juste bons pour des minets. Ça pouvait peut-être aller si on s'appelait Dudley L. Dipshit, troisième du nom, et qu'on habitait Park Avenue, mais lui, il était Jack Pozzi, d'Irvington, New Jersey, et il crèverait plutôt que d'arborer une de ces chemises roses tape-à-l'œil. Là d'où il venait, on se ferait botter le cul si on se pointait avec des trucs comme ça. On se ferait mettre en pièces, et les morceaux seraient jetés aux chiottes. Tout en déblatérant, Pozzi ne cessait de regarder les femmes au passage, et si par hasard l'une d'elles était jeune et jolie, il interrompait ce flot de grossièretés pour tenter de se faire remarquer ou se tordait le cou afin d'observer le balancement de ses hanches tandis qu'elle disparaissait entre les rayons. Il adressa des clins d'œil à deux ou trois d'entre elles, et réussit même à en interpeller une qui lui avait frôlé le bras par inadvertance.

"Hé, baby, lui lança-t-il, tu es libre ce soir ?"

Nashe intervint une ou deux fois :

"Du calme, Jack. Garde ton calme. Tu vas te faire jeter dehors, si tu continues.

— Je suis calme, répliqua Pozzi. On n'a plus le droit d'apprécier les beautés locales ?"

Au fond, il semblait presque que Pozzi se donnât en spectacle parce qu'il savait que Nashe s'y attendait. C'était une exhibition consciente, un tourbillon de bouffonneries prévisibles qu'il dédiait à son nouvel ami et bienfaiteur en témoignage de reconnaissance, et s'il avait senti chez Nashe le moindre désir qu'il cessât, il aurait arrêté sans autre commentaire. C'est du moins la conclusion qui s'imposa plus tard à Nashe, car dès qu'ils commencèrent à examiner sérieusement les vêtements, le gosse fit preuve d'une surprenante absence de résistance à ses arguments. Cela paraissait impliquer que Pozzi comprenait l'occasion qui lui était offerte de s'instruire, et indiquer, par conséquent, que Nashe avait déjà gagné son respect.

"C'est comme ça, Jack, lui dit Nashe. Dans trois jours, tu vas affronter ces deux millionnaires. Et ça ne va pas se passer dans un quelconque salon de jeu, mais dans leur maison, où tu seras leur invité. Ils ont sans doute l'intention de te nourrir et de te loger pour la nuit. Tu ne veux tout de même pas faire mauvaise impression ? Il ne faut pas que tu aies l'air d'un voyou ignorant quand tu vas arriver là. J'ai vu le genre de vêtements que tu aimes porter. Ils te trahissent, Jack, ils te donnent pour un minable qui n'y connaît rien. En voyant un type avec des nippes pareilles, on se dit voilà une publicité vivante pour les Perdants Anonymes. Ça n'a ni allure, ni classe. En voiture, tu m'as dit qu'il faut être comédien dans ta profession. Eh bien, un comédien doit avoir un costume. Tu peux ne pas aimer ce style, mais c'est ce que portent les gens riches, et tu dois montrer au monde que tu as du goût, que tu es un homme bien élevé. Il est temps de grandir, Jack. Il est temps de commencer à te prendre au sérieux."

Peu à peu, les raisons de Nashe l'emportèrent, et à la fin ils sortirent du magasin avec l'équivalent de cinq cents dollars en sobriété et discrétion bourgeoises, une tenue assez conventionnelle pour permettre à celui qui la revêtirait de passer inaperçu au milieu de n'importe quelle foule : blazer bleu marine, pantalon gris clair, mocassins de cuir et chemise blanche. Comme il faisait encore chaud, Nashe avait décidé que la cravate n'était pas indispensable, et Pozzi avait manifesté son accord devant cette omission en affirmant que trop, c'était trop.

"Je me sens déjà l'air d'un cave, avait-il protesté. Pas la peine de m'étrangler, en plus."

Il était près de cinq heures quand ils revinrent au *Plaza*. Ils déposèrent leurs paquets au septième étage puis redescendirent prendre un verre à l'*Oyster Bar*. Après une bière, Pozzi parut soudain écrasé de fatigue, il lui fallait lutter pour garder les yeux ouverts. Nashe avait aussi l'impression qu'il souffrait, et plutôt que de l'obliger à tenir le coup plus longtemps, il demanda l'addition.

"Tu es en train de t'éteindre, remarqua-t-il. Il doit être temps que tu montes faire un somme.

— Je me sens vraiment moche, admit Pozzi, sans tenter de protester. Samedi soir à New York ! J'ai pas l'impression que je serai à la hauteur.

— Ce sera le pays des rêves, pour toi, camarade. Si tu te réveilles, tu pourras faire un petit souper tardif, mais ce serait peut-être une bonne idée de dormir jusqu'à demain matin. Tu te sentiras sûrement beaucoup mieux après ça.

— Faut rester en forme pour le grand combat. Pas de galipettes avec les pépées. Garder sa queue dans sa culotte et éviter les nourritures grasses. Course à pied à cinq heures, entraînement à dix heures. Penser méchant. Penser sec et méchant.

— Je suis content de voir que tu comprends si vite.

— Il s'agit de championnats ici, Jimbo, et le Kid a besoin de repos. Quand on s'entraîne, on doit être prêt à tous les sacrifices."

Ils remontèrent donc, et Pozzi se mit au lit. Avant d'éteindre, Nashe lui fit avaler trois aspirines et posa un verre d'eau et le flacon sur la table de nuit.

"Si tu t'éveilles, conseilla-t-il, prends-en encore quelques-unes. Ça calme la douleur.

— Merci, m'man, fit Pozzi. J'espère que tu te fâcheras pas si je fais pas mes prières ce soir. Tu diras au bon Dieu que j'étais trop fatigué, OK ?"

Nashe sortit par la salle de bains, ferma les deux portes et s'assit sur son lit. Il se sentait soudain désorienté, ne sachant pas ce qu'il allait faire du reste de sa soirée. Il envisagea d'aller dîner quelque part, mais y renonça finalement. Il n'avait pas envie de trop s'éloigner de Pozzi. Il n'arriverait rien (il en était à peu près certain), mais mieux valait cependant ne rien prendre pour acquis.

A sept heures, il se fit apporter un sandwich et une bière dans sa chambre et alluma la télévision. Les *Mets* jouaient à Cincinnati ce soir-là, et il suivit le match jusqu'à la neuvième manche, assis sur le lit, battant et rebattant les nouvelles cartes en faisant une patience après l'autre. A dix heures et demie, il éteignit la télévision et se coucha avec un exemplaire en édition de poche des *Confessions* de Rousseau, dont il avait commencé la lecture pendant son séjour à Saratoga. Juste avant de s'endormir, il arriva au passage où l'auteur se trouve dans une forêt, en train de jeter des pierres sur les arbres. Si j'atteins cet arbre avec cette pierre, se dit Rousseau, tout ira bien pour moi désormais. Il lance la pierre et rate. Celle-ci ne comptait pas, se dit-il ; il ramasse donc une autre pierre et se rapproche de l'arbre de plusieurs mètres. Il rate encore. Celle-ci non plus ne comptait pas, dit-il, et il se rapproche davantage et ramasse encore une pierre. Il rate de nouveau. Ce n'était que le dernier coup pour me mettre en forme, dit-il, c'est le prochain qui compte vraiment. Mais cette fois, pour plus de sûreté, il s'avance jusqu'à l'arbre et se place juste devant sa cible. Il n'en est plus qu'à un pied de distance, à portée de main. Alors il envoie carrément la pierre contre le tronc. Succès, se dit-il, j'ai réussi. A partir de maintenant, la vie me sera plus favorable que jamais.

Nashe trouvait ce passage amusant mais, en même temps, plus embarrassant que drôle. Une telle candeur avait un côté terrifiant, et il se demandait où Rousseau avait trouvé le courage de révéler une chose pareille, de se reconnaître ouvertement capable d'autant de malhonnêteté envers lui-même. Nashe éteignit la lampe, ferma les yeux, et écouta le ronron du climatiseur jusqu'à ce qu'il cessât de l'entendre. A un moment de la nuit, il rêva d'une forêt dans laquelle le vent passait entre les arbres avec le même bruit que font les cartes quand on les mêle.

Le lendemain matin, Nashe continua de remettre le test à plus tard. Il en était arrivé à y voir presque un point d'honneur, comme si le véritable objet du test eût été lui, et non l'habileté aux cartes de Pozzi. L'essentiel était de découvrir combien de temps il pouvait vivre dans l'incertitude : se conduire comme s'il l'avait oublié et, par ce biais, utiliser le poids du silence pour obliger Pozzi à parler le premier. Si Pozzi ne disait rien, cela signifierait que le gosse n'était que bavardage. Nashe appréciait la symétrie de cette énigme. Pas de mots, cela voulait dire rien que des mots, et rien que des mots, cela voulait dire rien que du vent, du bluff et du faux-semblant. Si Pozzi était sérieux, il faudrait qu'il aborde le sujet tôt ou tard et, le temps passant, Nashe se sentait de plus en plus disposé à attendre. C'était un peu comme s'il avait tenté à la fois de respirer et de retenir son souffle, songeait-il, mais maintenant qu'il s'était engagé dans cette expérience, il savait qu'il la poursuivrait jusqu'au bout.

Sa longue nuit de sommeil parut avoir fait à Pozzi un bien considérable. Nashe l'entendit ouvrir les robinets de la douche juste avant neuf heures, et vingt minutes plus tard il se trouvait dans sa chambre, arborant à nouveau son drapé de serviettes blanches.

"Comment va le sénateur ce matin ? demanda Nashe.

— Mieux, fit Pozzi. La carcasse est encore douloureuse, mais Jackus Pozzius est d'attaque.

— Ce qui signifie qu'un petit déjeuner s'impose sans doute.

— Disons un grand déjeuner. J'ai un creux qui crie famine.

— Le brunch du dimanche, alors.

— Brunch, lunch, appelle ça comme tu veux. Je suis affamé."

Nashe demanda qu'on leur apporte à déjeuner dans la chambre, et une heure encore s'écoula sans allusion au test. Nashe commençait à se demander si Pozzi ne jouait pas le même jeu que lui : refuser de parler le premier, tabler sur la guerre des nerfs. Mais à peine avait-il envisagé cette possibilité qu'il s'aperçut qu'il se trompait. Après le repas, Pozzi était allé s'habiller dans sa chambre. A son retour (vêtu de la chemise blanche, du pantalon gris et des mocassins – qui le rendaient tout à fait présentable, pensa Nashe), il vint au fait sans perdre de temps.

"Je croyais que tu voulais voir comment je joue au poker, dit-il. On devrait peut-être acheter un jeu de cartes quelque part et s'y mettre.

— J'ai les cartes, dit Nashe. J'attendais que tu sois prêt.

— Je suis prêt. Je suis prêt depuis toujours.

— Bon. Alors nous voici à l'instant de vérité. Assieds-toi, Jack, et montre-moi ce que tu sais faire."

Ils jouèrent pendant trois heures au *stud* à sept cartes, en se servant en guise de jetons de petits bouts déchirés du papier à en-tête du *Plaza*. Dans une partie à deux, il était difficile pour Nashe d'évaluer l'envergure des talents de Pozzi mais, en dépit de cette circonstance particulière (qui magnifiait le rôle de la chance et rendait toute stratégie dans les annonces pratiquement impossible), le gosse le battit avec constance, grignotant la pile de morceaux de papier de Nashe jusqu'à ce qu'elle eût disparu. Bien sûr, Nashe ne se prenait pas pour un maître, mais il était loin d'être mauvais. Il avait joué presque toutes les semaines pendant ses deux années au Bowdoin College et, après avoir été enrôlé dans le corps des pompiers de Boston, il avait participé à de nombreuses parties, assez pour savoir qu'il pouvait faire bonne figure face à la plupart des joueurs honorables. Mais ce gosse, c'était autre chose, et il ne mit pas longtemps à s'en convaincre. Il semblait se concentrer mieux, analyser les situations plus rapidement et se sentir plus sûr de lui qu'aucun des joueurs qu'il eût jamais rencontrés. Après un premier ratissage, Nashe lui avait suggéré de jouer avec deux mains au lieu d'une mais, dans l'ensemble, le résultat ne s'en trouva pas modifié. Pozzi se montrait même plutôt plus rapide que durant la première partie. Nashe eut sa part de gains, mais les sommes qu'il gagnait étaient toujours insignifiantes en comparaison de celles que valaient inévitablement à Pozzi ses coups victorieux. Le gosse avait le don de sentir infailliblement quand passer et quand suivre, et il ne s'accrochait jamais à une main perdante, se retirant même parfois quand seule la troisième ou la quatrième carte avait été distribuée. Au début, Nashe remporta quelques coups en bluffant avec audace, mais au bout d'une vingtaine de minutes cette stratégie commença à se retourner contre lui. Pozzi avait pris sa mesure, et à la fin il paraissait presque lire les pensées de Nashe, comme s'il avait été installé dans son cerveau, à le regarder réfléchir. Nashe trouvait la situation encourageante, puisqu'il souhaitait que Pozzi fût bon, mais perturbante aussi, et cette sensation désagréable persista un bon moment. Il se mit à jouer trop prudemment, à se tenir sans cesse sur ses gardes, et dès lors Pozzi domina la partie, le bluffant et le manipulant presque à volonté. Cependant, le gosse ne triomphait pas. Il jouait avec un sérieux absolu, sans la moindre trace de ses sarcasmes ni de ses plaisanteries habituelles. Ce n'est que lorsque Nashe eut déclaré forfait qu'il redevint lui-même – se laissant soudain aller en arrière dans son fauteuil avec un large sourire de satisfaction.

"Pas mal, gamin, fit Nashe. Tu me bats à plate couture.

— Je te l'avais dit, répondit Pozzi. Quand il s'agit de poker, je ne glande pas. Neuf fois sur dix, j'ai le dessus. C'est comme une loi naturelle.

— Eh bien, espérons que demain ce sera une des neuf fois.

— T'en fais pas, je vais rétamer ces caves. Je te le garantis. Ils sont pas à moitié aussi bons que toi, et tu as vu ce que j'ai fait de toi.

— Destruction totale.

— Exactement. Une vraie catastrophe nucléaire. Hiroshima, mon vieux !

— Tu es d'accord pour marcher comme on a dit dans la voiture ?

— Fifty-fifty ? Ouais, je suis d'accord.

— Moins la mise de dix mille, bien entendu.

— Moins les dix mille. Mais faudra tenir compte aussi de tout le reste.

— Quel reste ?

— L'hôtel. La bouffe. Les fringues que tu m'as achetées hier.

— Ne t'en fais pas pour ça. Ce sont des frais accessoires, ce qu'on pourrait appeler un investissement normal.

— Merde. T'es pas obligé de faire ça.

— Je n'ai aucune obligation. Mais je l'ai fait, non ? C'est un cadeau, Jack, et on en reste là. Si tu veux, tu peux le considérer comme un bonus pour m'avoir procuré cette occasion.

— Le salaire de l'intermédiaire.

— C'est ça. Une commission pour services rendus. Maintenant tu n'as plus qu'à décrocher ce téléphone afin de vérifier que Laurel et Hardy t'attendent toujours. Je ne tiens pas à y aller pour rien. Et assure-toi qu'ils t'expliquent bien le chemin. Ce serait moche d'arriver en retard.

— Je ferais bien de les prévenir que tu viens avec moi. Pour qu'ils sachent à quoi s'en tenir.
— Dis-leur que ta voiture est au garage et que tu te fais conduire par un ami.
— Je vais leur dire que tu es mon frère.
— N'exagérons pas.
— Si, je vais leur dire que tu es mon frère. Comme ça ils ne poseront pas de questions.
— Bon, dis-leur tout ce que tu veux. Mais ne complique pas trop. Pas la peine de faire des nœuds dans ta langue dès le départ.
— Pas de problème, vieux, tu peux me faire confiance. Je suis le Jackpot Kid, n'oublie pas. Ce que je dis n'a pas d'importance. Du moment que c'est moi qui le dis, tout va se passer parfaitement."

Ils partirent pour la ville d'Ockham à une heure et demie le lendemain après-midi. La partie ne devait pas commencer avant la nuit, mais Flower et Stone les attendaient à quatre heures.

"On dirait qu'ils peuvent pas en faire assez pour nous, commenta Pozzi. D'abord, ils vont nous servir le thé. Ensuite on visite la maison. Et avant de commencer à jouer aux cartes, on se met tous à table pour dîner. Qu'est-ce que tu en penses ? Le thé ! Je peux pas y croire, bordel !

— Il faut un début à tout, dit Nashe. Souviens-toi simplement de bien te tenir. Ne fais pas de bruit en avalant. Et si on te demande combien tu veux de morceaux de sucre, réponds un seul.

— Ces deux types sont peut-être des cloches, mais ils ont l'air d'avoir le cœur au bon endroit. Si je n'étais pas un salaud cupide, j'aurais presque envie de les plaindre.

— Tu es bien le dernier que je m'attendrais à voir plaindre des millionnaires.

— Eh bien, tu sais ce que je veux dire. D'abord ils nous offrent le vin et le souper, et puis on se tire avec leur argent. Des types comme ça sont à plaindre. Au moins un peu.

— Je n'irais pas jusque-là. Personne n'entreprend une partie en s'attendant à perdre, même pas des millionnaires bien élevés. On ne sait jamais, Jack. Si ça se trouve, en ce moment, en Pennsylvanie, ils sont en train de nous plaindre, nous."

Il faisait chaud et brumeux, de gros nuages s'amassaient dans le ciel et l'air était lourd d'une menace de pluie. Ils passèrent par le Lincoln Tunnel et s'embarquèrent sur une série d'autoroutes du New Jersey en direction du fleuve Delaware. Pendant trois quarts d'heure, ni l'un ni l'autre ne parla beaucoup. Nashe conduisait et Pozzi regardait par la fenêtre et étudiait la carte. A tout le moins, Nashe avait la certitude d'être arrivé à un tournant décisif ; quoi qu'il dût arriver pendant le poker de ce soir-là, c'en était fini de sa vie sur les routes. Le seul fait de se trouver en ce moment dans sa voiture avec Pozzi semblait démontrer le caractère inévitable de cette conclusion. Quelque chose était terminé, quelque chose d'autre allait commencer, et Nashe flottait entre les deux, en un lieu qui n'était ni d'un bord ni de l'autre. Il pensait que Pozzi avait de fortes chances de gagner, que l'affaire se présentait mieux que bien, mais l'idée d'une victoire lui paraissait trop facile, comme un événement trop vite advenu et trop naturel pour entraîner des conséquences durables. La possibilité d'une défaite demeurait au premier plan de ses pensées, car il se disait qu'il est toujours préférable de se préparer au pire plutôt que de se laisser prendre par surprise. Que ferait-il si ça tournait mal ? Comment réagirait-il à la perte de l'argent ? Le plus étrange n'était pas qu'il fût capable d'imaginer cette possibilité, mais qu'il pût l'envisager avec autant d'indifférence et de détachement, avec si peu de douleur au fond de lui. Comme s'il ne prenait en définitive aucune part à ce qui allait lui arriver. Et s'il n'était plus impliqué par son propre destin, où se trouvait-il, alors, qu'était-il devenu ? Peut-être avait-il vécu trop longtemps dans les limbes, songeait-il, et maintenant qu'il éprouvait le besoin de se redécouvrir, il n'avait plus de points de repère. Nashe eut soudain l'impression que quelque chose en lui était mort, comme s'il avait épuisé toutes ses capacités de sentir. Il aurait préféré avoir peur, mais même la perspective d'un désastre ne parvenait pas à l'effrayer.

Après une petite heure de route, Pozzi relança la conversation. Ils traversaient une zone orageuse (quelque part entre New Brunswick et Princeton) et, pour la première fois depuis trois jours qu'ils s'étaient rencontrés, il manifesta une certaine curiosité au sujet de l'homme qui l'avait secouru. Nashe n'était pas sur ses gardes et, pris au dépourvu par le ton direct des questions de Pozzi, il se mit à parler avec plus de franchise qu'il ne l'aurait voulu, à exprimer des préoccupations qu'il n'aurait normalement partagées avec personne. Lorsqu'il remarqua ce qu'il était en train de faire, il faillit s'interrompre tout net, puis décida que c'était sans importance. Pozzi aurait disparu de sa vie dès le lendemain, et pourquoi se donner la peine de dissimuler quelque chose à un homme qu'il ne verrait plus jamais ?

"Et alors, professeur, commença Pozzi, qu'est-ce que tu comptes faire quand on sera devenus riches ?

— Je ne sais pas encore, répondit Nashe. Avant tout, demain, j'irai sans doute voir ma fille, passer quelques jours avec elle. Ensuite je réfléchirai.

— Alors tu es papa, hein ? Je te voyais pas en père de famille.

— Je ne suis pas un père de famille. Mais j'ai une petite fille dans le Minnesota. Elle va avoir quatre ans dans quelques mois.

— Et pas d'épouse dans le tableau ?

— Il y en avait une. Elle n'y est plus.

— Elle vit là-haut dans le Michigan avec la gamine ?

— Minnesota. Non, ma fille vit chez ma sœur. Ma sœur et mon beau-frère. Il a joué arrière chez les *Vikings*.

— Sans blague. Comment il s'appelle ?

— Ray Schweikert.

— Ça ne me dit rien.

— Il n'a duré qu'une ou deux saisons. Il s'est écrasé un genou en camp d'entraînement, et ç'a été fini pour lui, pauvre cloche.

— Et ta femme ? Elle t'a claqué entre les mains ou quoi ?

— Pas exactement. Elle doit être encore en vie quelque part.
— Escamotée ?
— Je suppose qu'on pourrait dire ça.
— Tu veux dire qu'elle t'a plaqué et qu'elle a pas emmené la gamine ? Qu'est-ce que c'était pour une nana, capable de faire un truc pareil ?
— Je me le suis souvent demandé. Enfin, elle m'a laissé un mot.
— Ça c'est gentil.
— Ouais, ça m'a rempli d'une immense gratitude. Le seul ennui, c'est qu'elle l'avait laissé sur le comptoir, dans la cuisine. Et comme elle ne s'était pas donné la peine de ranger après le petit déjeuner, le comptoir était mouillé. Le soir, quand je suis rentré, le papier était imbibé d'eau. C'est difficile à lire, une lettre dont l'encre a coulé. Elle avait même mentionné le nom du gars avec lequel elle partait, mais je n'ai pas réussi à le déchiffrer. Gorman, ou Corman, je crois, je ne suis toujours pas sûr.
— Elle était belle au moins, j'espère. Elle devait avoir quelque chose, pour que tu aies eu envie de l'épouser.
— Ah, pour ce qui est d'être belle, elle l'était. La première fois que j'ai vu Thérèse, j'ai pensé que c'était la femme la plus merveilleuse que j'aie jamais rencontrée. Je n'arrivais pas à garder mes mains chez moi.
— Une bonne affaire au lit.
— C'est une façon de considérer les choses. Il m'a fallu un certain temps pour me rendre compte que toute son intelligence était concentrée là.
— Une vieille histoire, camarade. C'est ce qui arrive quand on laisse sa queue décider à sa place. Quand même, si elle avait été ma femme, je l'aurais rattrapée et je te lui aurais remis du plomb dans la cervelle.
— Ça n'aurait servi à rien. D'ailleurs, j'avais mon travail. Je ne pouvais pas m'en aller comme ça à sa recherche.
— Ton travail ? Tu veux dire que tu as un job ?
— Je ne l'ai plus. Je l'ai quitté il y a un an environ.
— Qu'est-ce que tu faisais ?
— J'éteignais des feux.

— Un conciliateur, c'est ça ? Les sociétés t'appellent quand il y a un problème, et tu te balades dans les bureaux à la recherche de pépins à rectifier. C'est du top niveau, comme bizness. Tu as dû te faire un sacré fric.

— Non, je veux parler de vrais feux. De ceux qu'on éteint avec des lances – la bonne vieille technique, avec des crochets et des échelles. Des haches, des immeubles en flammes, des gens qui sautent par les fenêtres. Comme on en voit dans les journaux.

— Tu te fous de moi.

— C'est la vérité. J'ai appartenu au corps des pompiers de Boston pendant près de sept ans.

— Tu m'as l'air assez fier de toi.

— Sans doute. Je faisais du bon boulot.

— Si tu aimais tellement ça, pourquoi es-tu parti ?

— J'ai eu de la chance. Tout à coup, mon numéro est sorti.

— T'as gagné au sweepstake irlandais, ou quoi ?

— Plutôt dans le genre du cadeau de fin d'études dont tu m'as parlé.

— Mais plus gros.

— Je pense bien.

— Et maintenant ? Tu fais quoi, maintenant ?

— Maintenant je suis assis dans cette voiture avec toi, petit homme, et je compte sur toi pour réussir, ce soir.

— Un vrai soldat de fortune.

— C'est ça. J'avance en suivant le bout de mon nez, et je verrai bien ce qui arrivera.

— Bienvenue au club.

— Au club ? Quel club ?

— La Confrérie internationale des chiens perdus. Qu'est-ce que tu crois ? Tu es accepté en tant que membre certifié, porteur de carte. Numéro de série zéro zéro zéro zéro.

— J'aurais cru que c'était ton numéro.

— C'est mon numéro. Mais c'est aussi le tien. C'est une des beautés de la Confrérie. Tous ceux qui s'enrôlent reçoivent le même numéro. "

Lorsqu'ils atteignirent Flemington, l'orage était passé. Le soleil apparaissait entre les nuages épars, et une clarté soudaine, presque surnaturelle, faisait scintiller le paysage mouillé. Les arbres se détachaient sur le ciel avec plus de netteté, et même les ombres paraissaient gravées plus profondément dans le sol, comme si leurs contours délicats avaient été dessinés avec la précision d'un scalpel. Malgré la tempête, Nashe avait bien roulé, et ils étaient un peu en avance. Ils décidèrent de s'arrêter pour prendre une tasse de café et, une fois en ville, profitèrent de l'occasion pour se vider la vessie et acheter une cartouche de cigarettes. Pozzi expliqua qu'il ne fumait pas en temps normal, mais qu'il aimait avoir des cigarettes sous la main quand il jouait aux cartes. Le tabac lui donnait une contenance, et il contribuait à empêcher ses adversaires de l'observer de trop près, comme si on pouvait littéralement cacher ses pensées derrière un nuage de fumée. L'important, c'était de demeurer impénétrable, de s'entourer d'un mur et de ne laisser personne le franchir. Le jeu ne consistait pas seulement en paris sur des cartes, il fallait aussi étudier ses adversaires, guetter leurs faiblesses, déchiffrer dans leurs gestes des tics éventuels, des réactions révélatrices. Dès qu'il réussissait à repérer un schéma, l'avantage basculait nettement en sa faveur. Un bon joueur prenait d'ailleurs toujours grand soin de ne concéder à personne un tel avantage.

Nashe paya les cigarettes et les tendit à Pozzi, qui se cala sous le bras la longue cartouche de Marlboro. Puis tous deux sortirent du magasin et se promenèrent un moment le long de la grand-rue en se faufilant entre les petits groupes d'estivants qui avaient réapparu avec le soleil. Après avoir parcouru quelques blocs, ils arrivèrent devant un vieil hôtel dont la façade portait une plaque signalant que c'était là qu'avaient logé les reporters chargés de couvrir le procès, lors de l'affaire Lindbergh, dans les années trente. Nashe expliqua à Pozzi que Bruno Hauptmann était probablement innocent, que de nouveaux indices avaient donné à penser que son exécution pour ce crime avait été une erreur. Evoquant Lindbergh, le héros américain, il raconta qu'il était devenu fasciste pendant la guerre, mais ce petit cours paraissait ennuyer Pozzi et, faisant donc demi-tour, ils regagnèrent la voiture.

A Frenchtown, ils trouvèrent le pont sans difficulté puis, lorsqu'ils eurent traversé le Delaware et pénétré en Pennsylvanie, leur route devint moins évidente. Ockham ne se trouvait pas à plus d'une vingtaine de kilomètres du fleuve, mais il fallait pour y arriver emprunter un itinéraire compliqué, et ils finirent par avancer à une allure de tortue le long des routes étroites et sinueuses pendant près de quarante minutes. Sans l'orage, ils eussent été plus rapides, mais le sol était détrempé, boueux, et il leur fallut descendre de voiture une ou deux fois pour déplacer des branches tombées qui bloquaient le passage. Pozzi se référait sans cesse aux indications qu'il avait notées pendant son coup de téléphone à Flower et signalait les points de repère au fur et à mesure qu'ils se présentaient : un pont couvert, une boîte aux lettres bleue, un cercle noir peint sur une pierre grise. Au bout d'un moment, ils commencèrent à avoir l'impression de circuler dans un labyrinthe, et quand ils approchèrent enfin du dernier tournant, ils reconnurent tous deux qu'ils auraient été bien en peine de retrouver leur chemin jusqu'au fleuve.

Pozzi n'avait jamais vu la maison, mais on la lui avait décrite comme une grande bâtisse impressionnante, un manoir d'une vingtaine de chambres au milieu d'un terrain de plus de cent vingt hectares. De la route, on ne devinait néanmoins aucun signe de la richesse abritée derrière le rempart des troncs. Une boîte aux lettres argentée sur laquelle étaient inscrits les mots Flower et Stone se trouvait plantée au bord d'un chemin de terre qui s'enfonçait dans un taillis touffu d'arbres et de buissons. Il paraissait mal entretenu, on aurait dit l'accès à une vieille ferme en ruine. Engageant la Saab sur l'allée bosselée, creusée d'ornières, Nashe parcourut avec précaution cinq ou six cents mètres – suffisants pour qu'il se demande si cela finirait jamais. Pozzi se taisait, mais Nashe sentait son appréhension, une sorte de silence boudeur qui suggérait que lui aussi commençait à douter de l'aventure. Enfin le chemin se mit à grimper et, lorsque le sol fut redevenu horizontal, ils aperçurent à une cinquantaine de mètres un grand portail de fer forgé. Ils avancèrent encore et, une fois parvenus au pied de la grille, ils découvrirent la maison à travers les barreaux : une immense construction de briques s'élevait à peu de distance, dressant vers le ciel ses quatre cheminées, et la lumière du soleil rebondissait sur les pentes de son toit d'ardoises.

La grille était close. Pozzi sortit pour aller l'ouvrir, mais après avoir manipulé la poignée deux ou trois fois, il se tourna vers Nashe en secouant la tête et fit signe qu'elle était fermée à clef. Nashe mit la voiture au point neutre, serra le frein à main et sortit à son tour afin de voir ce qu'il fallait faire. D'un coup, l'air lui parut plus frais, une bonne brise soufflait du haut de la colline, agitant les feuillages en un premier et discret avant-goût de l'automne. Il posa les pieds sur le sol, se mit debout, et fut submergé par une vague de bonheur. Cela ne dura qu'un instant, aussitôt suivi par une impression de vertige fugace, presque imperceptible, qui disparut dès qu'il se mit à marcher vers Pozzi. Après cela, il se sentit la tête curieusement vide et, pour la première fois depuis des années, il tomba dans l'une de ces transes dont il avait parfois été affligé du temps de son enfance : un déplacement abrupt et radical de ses repères intérieurs, comme si le monde qui l'entourait avait soudain perdu sa réalité. Comme s'il n'avait été qu'une ombre, ou comme quelqu'un qui s'est endormi les yeux ouverts.

Après un bref examen du portail, Nashe découvrit un petit bouton blanc logé dans l'un des piliers de pierre qui supportaient la grille. Supposant qu'il était relié à un timbre dans la maison, il appuya dessus du bout de l'index. Il n'entendit aucun bruit et appuya une seconde fois, pour faire bonne mesure, et pour s'assurer que la sonnerie n'aurait pas dû retentir à l'extérieur. Pozzi, maussade, s'impatientait de tous ces contretemps, mais Nashe attendait en silence, respirant les odeurs de la terre humide et savourant le calme des lieux. Vingt secondes plus tard, environ, il aperçut un homme qui arrivait de la maison en courant. Lorsque la silhouette s'approcha, Nashe se rendit compte qu'il ne pouvait s'agir ni de Flower ni de Stone, en tout cas tels que Pozzi les lui avait décrits. Cet homme-ci était trapu, d'âge indéterminé, il portait un pantalon bleu de travail et une chemise de flanelle rouge, et Nashe devina en voyant ces vêtements que ce devait être un employé – le jardinier, ou peut-être le gardien du portail. Encore essoufflé par son effort, l'homme leur adressa la parole à travers les barreaux.

"Qu'est-ce que je peux faire pour vous, les gars ?" demanda-t-il. Sa question était neutre, ni amicale ni hostile, comme si c'était celle qu'il posait à tous les visiteurs de la maison. En l'examinant de plus près, Nashe fut frappé par la couleur de ses yeux, un bleu extraordinaire, si pâle qu'ils paraissaient presque disparaître quand la lumière les atteignait.

"Nous venons voir M. Flower, dit Pozzi.

— Vous êtes les deux types de New York ? fit l'homme, qui regardait la Saab immobilisée derrière eux sur le chemin de terre.

— Tout juste, répondit Pozzi. En direct de l'hôtel *Plaza*.

— Et la voiture, alors ? demanda l'homme, en passant dans ses cheveux poivre et sel une main aux doigts épais et fermes.

— Quoi, la voiture ? fit Pozzi.

— Ça m'intrigue, expliqua l'autre. Vous arrivez de New York, mais la voiture est immatriculée dans le Minnesota, «le pays aux mille lacs», dit la plaque. Il me semble que ça se trouve en plein dans la direction opposée.

— Ça va pas, chef, ou quoi ? répliqua Pozzi. Quelle différence ça peut foutre, d'où elle vient, la voiture ?

— Pas la peine de t'énerver, mec. Je fais que mon boulot. Y a des tas de gens qui viennent rôder par ici, et on ne veut pas que des hôtes indésirables se faufilent à travers les grilles.

— Nous sommes invités, déclara Pozzi, en s'efforçant de garder son calme. On est là pour jouer aux cartes. Si vous ne me croyez pas, allez demander à votre patron. Flower ou Stone, ça n'a pas d'importance. Ils sont tous les deux mes amis personnels.

— Il s'appelle Pozzi, ajouta Nashe. Jack Pozzi. On a dû vous prévenir qu'il était attendu."

L'homme fourra la main dans la poche de sa chemise, en retira un petit bout de papier, le cala au creux de sa paume et y jeta un coup d'œil rapide, le bras tendu.

"Jack Pozzi, répéta-t-il. Et vous alors ? ajouta-t-il en se tournant vers Nashe.

— Moi c'est Nashe, fit Nashe. Jim Nashe."

L'homme remit le bout de papier dans sa poche et soupira.

"Laisse entrer personne sans nom, dit-il. C'est la règle. Vous auriez dû le dire tout de suite. Y aurait pas eu de problème, alors.

— Vous ne nous l'avez pas demandé, remarqua Pozzi.

— Ouais, marmonna l'homme, presque pour lui-même. Eh bien, j'ai peut-être oublié."

Sans un mot de plus, il ouvrit les deux vantaux de la grille et leur indiqua du geste la maison, derrière lui. Nashe et Pozzi remontèrent dans la voiture et franchirent le portail.

4

Le carillon de la porte d'entrée fit retentir les premières notes de la *Cinquième Symphonie* de Beethoven. Surpris, ils eurent tous deux le même sourire ahuri, mais avant qu'ils eussent pu faire le moindre commentaire, la porte leur fut ouverte par une domestique noire en uniforme gris amidonné qui les introduisit dans la maison. Elle leur fit traverser un grand vestibule au sol dallé de carreaux noirs et blancs, encombré de statues plus ou moins cassées (une nymphe nue, en bois, à laquelle manquait le bras droit, un chasseur sans tête, un cheval dépourvu de jambes qui flottait au-dessus d'un socle de pierre grâce à une tige de fer fichée dans son ventre), puis une haute salle à manger au centre de laquelle se trouvait une immense table de noyer, puis un couloir obscur aux murs garnis d'une série de petits tableaux représentant des paysages, et frappa enfin à une lourde porte de bois. Au-dedans, une voix répondit, et la femme ouvrit la porte en s'effaçant pour laisser entrer Nashe et Pozzi.

"Vos invités sont arrivés", annonça-t-elle sans un regard à l'intérieur, et elle se retira, rapide et silencieuse.

La pièce était vaste et presque ostensiblement masculine. Du seuil, en ce premier instant, Nashe remarqua les lambris de bois sombre, la table de billard, le tapis persan usé, la cheminée de pierre, les fauteuils de cuir, le ventilateur qui tournait au plafond. Le tout évoquait pour lui de façon irrésistible un décor de cinéma, la parodie d'un club masculin britannique dans quelque poste colonial fin de siècle. Il se rendit compte que Pozzi en était responsable. En parlant sans cesse de Laurel et Hardy, il lui avait planté en tête l'image d'Hollywood, et maintenant qu'il se trouvait dans la place Nashe avait de la peine à ne pas considérer la maison comme une illusion.

Flower et Stone étaient tous deux vêtus de costumes d'été blancs. L'un se tenait debout, devant la cheminée, en train de fumer un cigare, et l'autre était assis dans un fauteuil de cuir avec, à la main, ce qui pouvait être aussi bien un verre d'eau qu'un verre de gin. Les complets blancs contribuaient sans aucun doute à l'atmosphère coloniale, mais lorsque Flower parla, pour leur souhaiter la bienvenue de sa voix bien américaine, rude mais pas déplaisante, l'illusion se dissipa. Oui, songea Nashe, l'un est gros et l'autre mince, mais la ressemblance s'arrête là. Stone avait un air tendu, émacié, qui le faisait penser à Fred Astaire bien plus qu'à la longue figure désolée de Laurel, et Flower, plus costaud que rond, avec son visage aux mâchoires lourdes, lui rappelait davantage la silhouette massive de personnages comme Edward Arnold ou Eugene Pallette que la grâce corpulente de Hardy. Néanmoins, en dépit de ces restrictions, Nashe comprenait ce que Pozzi avait voulu dire.

"Soyez les bienvenus, messieurs, déclara Flower en se dirigeant vers eux, les mains tendues. Ravi que vous ayez pu venir.

— Salut, Bill, fit Pozzi. Content de vous revoir. Voilà Jim, mon grand frère.

— Jim Nashe, c'est ça ? demanda Flower d'un ton aimable.

— C'est ça, répondit Nashe. Jack est mon demi-frère. Même mère, pères différents.

— Je ne sais pas qui en est responsable, dit Flower avec un geste de la tête vers Pozzi, mais c'est un sacré petit joueur de poker.

— Je lui ai enseigné les rudiments quand il était tout gamin, fit Nashe, incapable de résister à cette ouverture. Quand quelqu'un est doué, on se sent l'obligation de l'encourager.

— C'est rien de le dire, renchérit Pozzi. Jim a été mon mentor. Il m'a appris tout ce que je sais.

— Mais il me bat à plate couture, maintenant, dit Nashe. Je n'ose même plus m'asseoir à la même table que lui."

A ce moment, Stone, qui s'était extrait de son fauteuil, les rejoignit, son verre encore à la main. Il se présenta à Nashe et serra la main de Pozzi, et quelques instants plus tard, assis tous les quatre devant l'âtre vide, ils attendaient l'arrivée des rafraîchissements. Flower faisait presque tous les frais de la conversation et Nashe en inféra qu'il occupait la position dominante dans le couple mais, malgré la chaleur et l'humour expansif du gros homme, il se sentait plus attiré par la timidité silencieuse du petit Stone. Celui-ci écoutait avec attention ce que disaient les autres, et même s'il exprimait peu de vues personnelles (en bredouillant alors de façon inarticulée, presque comme si le son de sa propre voix l'avait embarrassé), il avait dans le regard une tranquillité, une sérénité que Nashe trouvait profondément sympathiques. Flower paraissait tout agitation et bonne volonté débordante, mais avec un côté un peu grossier, pensait Nashe, une sorte d'anxiété qui lui donnait l'air mal accordé à lui-même. Stone, pour sa part, semblait plus simple et plus doux, un homme peu soucieux des apparences et à l'aise dans sa peau. Mais il ne s'agissait là que de premières impressions, Nashe s'en rendait compte. En observant Stone, qui continuait à boire à petites gorgées le liquide clair contenu dans son verre, il lui vint à l'esprit que cet homme pouvait aussi être saoul.

"Willie et moi avons toujours adoré les cartes, racontait Flower. A Philadelphie, nous jouions au poker tous les vendredis soir. C'était un rite, et je ne crois pas qu'en dix ans nous ayons manqué plus de parties que les doigts de la main. Il y a des gens qui vont à l'église le dimanche, pour nous c'était le poker du vendredi soir. Dieu, qu'est-ce qu'on aimait nos fins de semaine, en ce temps-là ! Laissez-moi vous dire, il n'y a pas de meilleur remède qu'une partie de cartes amicale pour se débarrasser des soucis de la vie professionnelle.

— Ça détend, fit Stone. Ça change les idées.

— Exactement, reprit Flower. Ça ouvre l'esprit à d'autres possibilités, ça aide à faire table rase." Il marqua une pause, retrouva le fil de son histoire. "En tout cas, poursuivit-il,

Willie et moi avions depuis des années nos bureaux dans le même immeuble de Chestnut Street. Il était opticien, vous savez, et moi comptable, et tous les vendredis à cinq heures on s'empressait de fermer boutique. La partie commençait toujours à sept heures et, d'une semaine à l'autre, on passait toujours ces deux heures de la même façon. D'abord on allait chez le marchand de journaux du coin acheter un billet de loterie, et puis on s'installait en face, au *Steinberg's Deli*. Je commandais toujours un *pastrami on rye* et Willie prenait un corned-beef. On a fait ça longtemps, hein, Willie ? Neuf ou dix ans, je dirais.

— Au moins neuf ou dix, dit Stone. Peut-être onze ou douze.

— Peut-être onze ou douze", répéta Flower avec satisfaction. Il était évident maintenant pour Nashe que Flower avait déjà raconté souvent cette histoire, mais que cela ne l'empêchait pas de savourer l'occasion de la rappeler une fois de plus. C'était sans doute compréhensible. La bonne fortune n'est pas moins étourdissante que la malchance, et si des millions de dollars vous étaient littéralement tombés dessus du haut du ciel, il vous faudrait peut-être en reprendre sans cesse le récit pour vous convaincre de la réalité de l'événement.

"En tout cas, nous avons été longtemps fidèles à cette habitude, reprit Flower. La vie suivait son cours, bien sûr, mais les vendredis soir restaient sacrés, et à la fin ils se sont révélés plus forts que tout le reste. La femme de Willie est morte ; la mienne m'a quitté ; une armée de déceptions ont failli nous briser le cœur. Mais, malgré tout, les parties de poker dans le bureau d'Andy Dugan, au cinquième étage, continuaient comme un mouvement d'horlogerie. Elles ne nous ont jamais fait défaut, nous pouvions compter dessus contre vents et marées.

— Et alors, interrompit Nashe, tout à coup vous êtes devenus riches.

— Juste comme ça, confirma Stone. Un coup de tonnerre dans un ciel bleu.

— Il y aura bientôt sept ans, reprit Flower, essayant de ne pas s'écarter de son récit. Le quatre octobre, pour être exact. Ça faisait plusieurs semaines que personne n'avait touché de numéro gagnant, et la cagnotte avait atteint un montant phénoménal. Plus de vingt millions de dollars, croyez-le si vous pouvez, une somme vraiment étonnante. Il y avait des années qu'on jouait, Willie et moi, et jusque-là on n'avait jamais gagné le moindre sou, pas le moindre centime pour toutes les centaines de dollars qu'on avait dépensés. Et on n'en espérait pas plus. La probabilité est toujours aussi faible, quel que soit le nombre de fois qu'on joue. Des millions et des millions de chances contre une, le plus douteux des hasards. A la limite, je crois qu'on achetait ces tickets juste pour pouvoir discuter de ce qu'on ferait de l'argent si jamais on gagnait. C'était un de nos passe-temps préférés : on s'installait au *Steinberg's Deli* avec nos sandwiches et on échafaudait plein d'histoires sur la vie qu'on mènerait si la chance nous souriait tout à coup. Un petit jeu inoffensif, et on aimait bien laisser vagabonder nos pensées de cette façon. On pourrait même dire que c'était thérapeutique. S'inventer une autre vie, ça fait battre le cœur.

— C'est bon pour la circulation, dit Stone.

— Exact, dit Flower, ça redonne du gaz à la vieille mécanique."

A ce moment, on frappa à la porte et la domestique entra en poussant une table roulante chargée de boissons glacées et de petites tartines. Flower interrompit sa narration jusqu'à ce que tous soient servis, pour la reprendre sans tarder, dès qu'ils furent réinstallés dans leurs fauteuils.

"On prenait toujours un seul ticket pour nous deux, Willie et moi. On préférait ça, parce que de cette manière il n'y avait pas de compétition entre nous. Imaginez que l'un de nous ait gagné ! Il aurait été impensable qu'il ne partage pas le butin avec l'autre, et donc, pour éviter ça, nous partagions le billet, moitié-moitié. L'un d'entre nous choisissait le premier numéro, l'autre le deuxième, et ainsi de suite jusqu'à ce que tous les trous soient perforés. Une ou deux fois, on est arrivés très près, on a raté le gros lot à un ou deux chiffres près. Une perte est une perte, mais je dois dire que nous avons trouvé ces presque-là très excitants.

— Ils nous stimulaient, expliqua Stone. Ils nous donnaient l'impression que tout était possible.

— Le jour en question, poursuivit Flower, ça fera sept ans le quatre octobre, on a percé les trous avec un peu plus de soin que d'habitude, Willie et moi. Je ne sais pas pourquoi, mais quelle qu'en fût la raison on a carrément discuté des chiffres qu'on allait choisir. J'ai eu affaire aux chiffres toute ma vie, bien entendu, et après un certain temps on se rend compte qu'ils ont tous leur personnalité particulière. Un douze est très différent d'un treize, par exemple. Le douze est droit, consciencieux, intelligent, tandis que le treize est un solitaire, un type ombrageux qui n'hésiterait pas une seconde à enfreindre la loi pour obtenir ce qu'il veut. Le onze est rude, homme d'extérieur, amateur de randonnées en forêt et d'escalade ; le dix est un esprit simple, sans caractère, qui obéit aux ordres ; le neuf est profond et mystique, un Bouddha contemplatif. Je ne veux pas vous ennuyer avec tout ça, mais je suis sûr que vous comprenez ce que je veux dire. C'est très personnel, mais tous les comptables avec qui j'en ai parlé étaient du même avis. Les chiffres ont une âme, et on ne peut pas y rester tout à fait indifférent.

— Donc on était là, dit Stone, ce billet de loterie en main, en train d'essayer de décider sur quels chiffres on allait miser.

— Et j'ai regardé Willie, reprit Flower, et j'ai dit : Des nombres premiers. Et Willie m'a regardé, et il a répondu : Bien sûr. Parce que c'était exactement ce qu'il s'apprêtait à me proposer. Ma bouche a prononcé les mots une fraction de seconde avant la sienne, mais il avait eu la même idée. Des nombres premiers. Ça paraissait si net, si élégant. Des nombres qui refusent de coopérer, qui ne se modifient ni ne se divisent, qui restent eux-mêmes de toute éternité. Nous avons donc choisi une série de nombres premiers, puis nous avons traversé la rue pour aller prendre nos sandwiches.

— Trois, sept, treize, dix-neuf, vingt-trois, trente et un, récita Stone.

— Je ne l'oublierai jamais, dit Flower. La combinaison magique, la clef des portes du ciel.

— Tout de même, on a été sonnés, rappela Stone. Pendant une ou deux semaines, on ne savait que penser.
— C'était le chaos, dit Flower. La télévision, les journaux, les magazines. Chacun voulait nous parler, nous photographier. Il a fallu du temps avant que ça s'apaise.
— Nous étions des célébrités, dit Stone. D'authentiques héros populaires.
— Malgré tout, reprit Flower, on n'a jamais proféré aucune de ces déclarations ridicules comme en font les autres gagnants. Ces secrétaires qui affirment vouloir garder leur emploi, ces plombiers qui jurent qu'ils vont continuer à habiter leur appartement minuscule. Non, Willie et moi, on n'a jamais été stupides à ce point. L'argent change la vie, et plus il y a d'argent, plus les changements sont considérables. D'ailleurs nous savions déjà ce que nous ferions de nos gains. On en avait si souvent parlé, ce n'était plus un mystère pour nous. Dès que le charivari s'est calmé, j'ai vendu mes parts de ma société, et Willie en a fait autant avec les siennes. Au point où nous en étions, on n'avait pas besoin d'y réfléchir. C'était une conclusion évidente.
— Mais ça ne faisait que commencer, fit Stone.
— Bien vrai, dit Flower. On ne s'est pas reposés sur nos lauriers. Avec plus d'un million de revenu annuel, on pouvait se payer le luxe de faire ce qu'on voulait. Même après avoir acheté cette maison, rien ne pouvait nous empêcher d'utiliser notre argent pour en gagner encore plus.
— Au royaume des dollars ! pouffa Stone.
— Bingo, renchérit Flower, en plein dans le mille. On n'était pas plus tôt devenus riches qu'on a commencé à devenir très riches. Et une fois qu'on a été très riches, on est devenus fabuleusement riches. Après tout, je m'y connaissais en investissements. J'avais manipulé l'argent des autres pendant tant d'années, il était tout naturel que j'aie appris quelques trucs en chemin. Mais, pour être honnête, nous n'avions jamais imaginé que ça marcherait aussi bien. D'abord l'argent-métal. Puis les eurodollars. Puis le marché des matières premières. Puis les junk bonds, les

supraconducteurs, l'immobilier. Vous pouvez citer n'importe quoi, nous avons gagné des sous avec.

— Bill a le don de Midas, dit Stone. Les plus verts de tous les pouces verts.

— Gagner à la loterie, c'était bien, renchérit Flower, et on aurait pu croire qu'après ça c'était fini. Un miracle comme on n'en voit qu'un dans sa vie. Mais la chance est demeurée avec nous. Quoi que nous fassions, ça paraissait toujours marcher. On a tellement d'argent qui rentre, maintenant, qu'on en donne la moitié à des œuvres – et malgré tout, il nous en reste à ne savoir qu'en faire. C'est comme si Dieu nous avait choisis entre les hommes. Il a fait pleuvoir sur nous la bonne fortune et nous a transportés aux cimes du bonheur. Je me doute que ceci va vous paraître présomptueux, mais j'ai parfois l'impression que nous sommes devenus immortels.

— Peut-être bien que vous êtes très forts pour vous en mettre plein les poches, remarqua Pozzi, prenant enfin part à la conversation. Mais vous n'étiez pas tellement brillants quand vous avez joué au poker contre moi.

— C'est vrai, admit Flower. Tout à fait vrai. Au cours de ces sept années, c'est la seule fois où notre chance nous a abandonnés. Nous avons fait plusieurs bêtises ce soir-là, Willie et moi, et vous nous avez rudement corrigés. C'est pour ça que je tenais tant à organiser une revanche.

— Qu'est-ce qui vous fait croire que ce sera différent cette fois-ci ? demanda Pozzi.

— Je suis heureux que vous posiez cette question, répondit Flower. Après avoir été battus par vous, le mois dernier, nous nous sommes sentis humiliés. Nous nous étions toujours considérés, Willie et moi, comme des joueurs de poker assez convenables, mais vous nous avez démontré notre erreur. Alors au lieu de nous replier sur nous-mêmes, d'abandonner, nous avons décidé de nous améliorer. Nous nous sommes entraînés jour et nuit. Nous avons même pris des leçons.

— Des leçons ? fit Pozzi.

— Avec un certain Sid Zeno, dit Flower. Vous avez entendu parler de lui ?

— Sûr que j'en ai entendu parler. Il vit à Las Vegas. Il est plus tout jeune, mais il a été un des six plus grands dans la partie.

— Sa réputation est encore excellente, dit Flower. Nous lui avons donc payé l'avion pour qu'il descende du Nevada, et il a fini par passer une semaine avec nous. Je pense que vous nous trouverez nettement meilleurs cette fois, Jack.

— Je l'espère, répondit Pozzi, qui n'était manifestement pas impressionné, mais essayait encore de rester poli. Ce serait dommage de payer des leçons si cher et de ne rien en retirer. Je parie que ce vieux Sid vous a facturé ses services un bon prix.

— Il n'était pas bon marché, reconnut Flower. Mais je pense qu'il valait ça. A un moment donné, je lui ai demandé s'il vous connaissait, mais il a avoué que votre nom ne lui disait rien.

— Ouais, Sid n'est plus vraiment dans le coup, ces temps-ci, fit Pozzi. Et en plus, ma carrière commence à peine. Ma renommée n'est pas encore très étendue.

— On pourrait sans doute dire que pour nous aussi, Willie et moi, c'est le début de notre carrière, déclara Flower, qui se leva de son fauteuil et alluma un nouveau cigare. A tout le moins, la partie de ce soir devrait être passionnante. Je m'en promets un plaisir immense.

— Moi aussi, Bill, dit Pozzi. Ça va être du tonnerre."

Ils commencèrent la visite de la maison par le rez-de-chaussée et, tandis qu'ils circulaient de pièce en pièce, Flower leur commentait le mobilier, les améliorations architecturales et les tableaux accrochés aux murs. Dès la deuxième pièce, Nashe constata que le gros homme ne manquait jamais de mentionner le coût de chaque objet, et il s'aperçut qu'au fur et à mesure de l'allongement de ce catalogue des dépenses, il éprouvait une antipathie croissante pour cet individu grossier qui paraissait si sûr de lui et manifestait avec si peu de pudeur l'exultation de son esprit tatillon de comptable. Stone continuait de ne presque rien dire, glissant à l'occasion une remarque hors de propos ou redondante, un vrai béni-oui-oui à la traîne de son énorme et bouillonnant ami. Dans l'ensemble, cette comédie devenait déprimante et au bout de quelque temps Nashe n'arrivait plus à penser à autre chose qu'à l'absurdité de sa présence en cet endroit et à l'énumération des hasards successifs dont la concomitance l'avait amené précisément dans cette maison et à ce moment précis, sans autre but apparent que d'écouter les vantardises d'un inconnu gras et bouffi. Sans Pozzi, il aurait sans doute chaviré dans l'angoisse. Mais le gosse était là, circulant avec bonne humeur d'une pièce à l'autre, feignant de suivre le discours de Flower à grand renfort de politesse sarcastique. Nashe ne pouvait s'empêcher d'admirer son moral, sa capacité de profiter à fond de la situation. Et quand Pozzi lui lança un bref clin d'œil amusé, dans la troisième ou la quatrième pièce, il lui en fut presque reconnaissant, comme un roi morose à qui les plaisanteries de son fou rendent courage.

Les choses s'améliorèrent nettement quand ils montèrent à l'étage. Au lieu de leur montrer les chambres à coucher qui se trouvaient derrière les six portes closes du couloir principal, Flower les entraîna au bout du corridor et poussa une septième porte qui menait à ce qu'il appelait "l'aile est". Cette porte était presque invisible et Nashe ne s'aperçut de son existence qu'au moment où Flower, posant la main sur la poignée, eut commencé à l'ouvrir. Tendue du même papier qui tapissait le corridor sur toute sa longueur (un vilain papier au motif démodé, avec des fleurs de lis dans des tons assourdis de bleu et de rose), elle était si habilement camouflée qu'elle paraissait se fondre dans le mur. C'était dans l'aile est, expliqua Flower, que Willie et lui passaient le plus clair de leur temps. Ils l'avaient fait ajouter à la maison peu après s'y être installés (et il cita ici le montant précis des dépenses entraînées par cette construction, montant que Nashe s'efforça aussitôt d'oublier), et le contraste entre l'atmosphère plutôt renfermée de la vieille maison et celle de la nouvelle aile était surprenant, impressionnant même. A peine le seuil franchi, ils se trouvèrent debout sous un vaste toit de verre polygonal. De là-haut, les inondant de clarté, se déversait la lumière de fin d'après-midi. Il fallut un moment à Nashe pour que ses yeux s'y habituent, et il se rendit compte alors qu'il ne s'agissait que d'un vestibule. Juste devant eux, il y avait un autre mur, un mur fraîchement peint en blanc, avec deux portes closes.

"Une moitié appartient à Willie, annonça Flower, et l'autre à moi.

— On dirait une serre, remarqua Pozzi. Qu'est-ce que vous fabriquez là-dedans, vous faites pousser des plantes, ou quoi?

— Pas exactement, dit Flower. Mais nous cultivons d'autres choses. Nos intérêts, nos passions, notre jardin mental. Ce qui compte, ce n'est pas la quantité d'argent qu'on possède. Si la vie est dépourvue de passion, elle ne vaut pas la peine d'être vécue.

— Bien dit, approuva Pozzi, hochant la tête avec un sérieux feint. Je n'aurais pas pu exprimer ça mieux, Bill.

— Peu importe quelle partie nous visitons d'abord, poursuivit Flower, mais je sais que Willie est très impatient de vous montrer sa cité. Nous pourrions peut-être commencer par la porte de gauche."

Sans attendre l'avis de Stone en la matière, Flower ouvrit la porte et fit signe à Nashe et à Pozzi d'entrer. La pièce était beaucoup plus grande que Nashe ne l'avait imaginée, ses dimensions évoquaient une grange. Avec son haut plafond transparent et son sol de bois clair, elle donnait une impression d'ouverture et de lumière, comme si elle avait été suspendue entre ciel et terre. Immédiatement à leur gauche, le long du mur, s'étendaient une série de bancs et de tables jonchés d'outils, de bouts de bois et de tout un étrange bric-à-brac de morceaux de métal. Le seul autre objet dans la pièce était une immense plate-forme installée au milieu du plancher et couverte de ce qui ressemblait à la reproduction d'une ville à échelle minuscule. Avec ses clochers aux flèches audacieuses et ses immeubles plus vrais que nature, ses rues étroites et ses personnages minuscules, c'était une merveille à contempler, et tandis que tous quatre approchaient de la plate-forme, Nashe se prit à sourire, stupéfait de tant d'invention, d'une telle ingéniosité.

"Ça s'appelle la Cité du Monde, expliqua Stone modestement, et comme si parler lui coûtait un effort. Elle n'est qu'à moitié achevée, mais je pense que vous pouvez vous faire une idée de ce dont elle devrait avoir l'air."

Il y eut un bref silence tandis que Stone cherchait que dire de plus et Flower profita de cette courte pause pour reprendre la parole, tel un de ces pères autoritaires et vaniteux qui obligent leurs fils à se mettre au piano devant les invités.

"Il y a cinq ans que Willie a commencé ça, déclara-t-il, et vous admettrez que le résultat est étonnant, prodigieux. Rien que l'hôtel de ville, là, regardez. Ce bâtiment seul lui a pris quatre mois.

— J'aime bien y travailler, fit Stone avec un sourire timide. C'est à ça que je voudrais que ressemble l'univers. Tout s'y passe en même temps.

— La cité de Willie est plus qu'un simple jouet, reprit Flower, c'est une vision artistique de l'humanité. Dans un sens, c'est une autobiographie, mais dans un autre, on pourrait la considérer comme une utopie – un lieu où le passé et l'avenir se rejoignent, où le bien finit par triompher du mal. Si vous l'examinez avec attention, vous remarquerez que plusieurs des personnages représentent en fait Willie lui-même. Ici, sur ce terrain de jeux, vous le voyez enfant. De ce côté, le voilà adulte, dans sa boutique, occupé à meuler des verres de lunettes. Là, au coin de cette rue, nous voici tous les deux en train d'acheter le billet de loterie. Sa femme et ses parents sont enterrés là-bas, dans ce cimetière, mais les revoici qui voltigent, tels des anges, au-dessus de cette maison. En vous penchant, vous apercevrez Willie et sa fille qui se tiennent par la main sur le perron. Il s'agit là, si l'on peut dire, de l'arrière-plan personnel, du matériau privé, de la composante intime. Mais tout cela figure dans un contexte plus vaste. Simples exemples, illustrations du parcours de l'homme dans la Cité du Monde. Voici le palais de justice, la bibliothèque, la banque et la prison. Willie les nomme les quatre règnes de l'Unité, et chacun d'eux joue un rôle vital pour le maintien de l'harmonie dans la cité. Si vous observez la prison, vous verrez que tous les prisonniers travaillent joyeusement à des tâches variées, ils ont tous le visage souriant. La cause en est leur satisfaction d'avoir reçu la punition de leurs crimes et d'apprendre maintenant, grâce à un dur labeur, comment recouvrer leur bonté innée. Voilà, à mon avis, ce qui rend la cité de Willie si inspirante. C'est un lieu imaginaire, mais cependant réaliste. Le mal existe toujours, mais les puissances qui régissent la cité ont découvert le moyen de transformer ce mal en bien. La sagesse règne ici. Néanmoins, le combat est constant et la plus grande vigilance est exigée de tous les citoyens – dont chacun porte en lui la cité entière. William Stone est un grand artiste, et je ressens comme un immense honneur le fait de me compter au nombre de ses amis."

Stone baissa les yeux vers le sol en rougissant. Désignant une zone nue sur la plate-forme, Nashe lui demanda quels étaient ses projets pour cette section. Stone releva la tête, fixa un instant l'espace vide, puis sourit à la perspective de l'ouvrage qui lui restait à accomplir.

"La maison dans laquelle nous nous trouvons en ce moment, répondit-il. La maison, et puis le parc, les champs et les bois. Là à droite – il pointa un doigt en direction du coin le plus éloigné –, j'envisage de construire une maquette séparée de cette pièce-ci. Il faudrait que j'y figure, bien entendu, ce qui signifie que je devrais également construire une seconde Cité du Monde. Plus petite, une seconde cité proportionnée à la chambre à l'intérieur de la chambre.

— Vous voulez dire une maquette de la maquette ? demanda Nashe.

— Oui, une maquette de la maquette. Mais il faut d'abord que je finisse tout le reste. Ce serait le dernier élément, à n'ajouter que tout à la fin.

— Personne ne pourrait fabriquer quelque chose d'aussi petit, dit Pozzi, qui regardait Stone comme s'il le pensait fou. Vous allez vous rendre aveugle, si vous essayez de faire ça.

— J'ai des loupes, dit Stone. Et pour les plus petits objets je me sers de verres grossissants.

— Mais si vous construisez une maquette de la maquette, dit Nashe, alors, théoriquement, vous devriez en concevoir une encore plus petite. Une maquette de la maquette de la maquette. Ça peut continuer à l'infini.

— Oui, sans doute, répondit Stone en souriant de cette remarque. Mais je pense qu'il serait très difficile d'aller au-delà du second degré, n'est-ce pas ? Je ne veux pas seulement parler de la construction, mais aussi du temps. J'ai mis cinq ans à réaliser ceci. Il m'en faudra vraisemblablement cinq autres pour achever la première maquette. Si la maquette de la maquette présente autant de difficultés que je le prévois, elle prendra bien dix ans, peut-être même vingt ans de plus. J'ai cinquante-six ans maintenant. Faites l'addition, je serai de toute façon vieux quand j'aurai fini. Et personne ne vit éternellement. Du moins à mon avis. Bill a une opinion différente sur ce point, mais je ne parierais pas gros là-dessus. Tôt ou tard, je m'en irai de cette terre, comme tout le monde.

— Vous voulez dire, demanda Pozzi d'une voix que l'incrédulité rendait plus aiguë, vous voulez dire que vous avez l'intention de travailler sur ce machin-là jusqu'à la fin de vos jours ?

— Oh oui, fit Stone, presque choqué que quiconque pût envisager autre chose. Bien sûr."

Il y eut un petit silence tandis que cette réponse pénétrait les consciences, puis Flower, passant un bras autour des épaules de Stone, déclara :

"Je n'ai pas la prétention de posséder le moindre des talents artistiques de Willie. Mais sans doute est-ce mieux ainsi. Deux artistes dans une maisonnée, ce serait excessif. Quelqu'un doit s'occuper du côté matériel des choses, hein, Willie ? Il faut toutes sortes de gens pour faire un monde."

Le bavardage intarissable de Flower se poursuivit tandis qu'ils sortaient de l'atelier de Stone, se retrouvaient dans le vestibule, et se dirigeaient vers l'autre porte.

"Comme vous allez le constater, messieurs, disait-il, mes intérêts se situent dans un domaine tout à fait différent. Par nature, je pense qu'on pourrait me considérer comme un antiquaire. J'aime découvrir des objets historiques qui possèdent une certaine valeur, une certaine signification, m'entourer de vestiges tangibles du passé. Willie fabrique des choses. Mon plaisir, c'est de m'en entourer."

La moitié de "l'aile est" réservée à Flower était totalement différente de celle de Stone. Au lieu d'être constituée par un seul espace ouvert, elle était divisée en un réseau de petites pièces, et sans la coupole de verre qui surplombait le tout, l'atmosphère en eût paru oppressive. Chacune des cinq chambres était bourrée de meubles, de bibliothèques surchargées, de carpettes, de plantes en pots et d'une multitude de bibelots, comme si l'idée avait été de reproduire l'ambiance lourde et le fouillis d'un salon victorien. D'après les explications de Flower, une certaine méthode régissait néanmoins ce désordre apparent. Deux des pièces étaient consacrées à ses livres (des éditions originales d'auteurs anglais et américains dans l'une, sa collection d'ouvrages historiques dans l'autre), une troisième était réservée à ses cigares (une chambre climatisée au plafond surbaissé, qui abritait son stock de chefs-d'œuvre roulés à la main : cigares de Cuba et de la Jamaïque, des îles Canaries et des Philippines, de Sumatra et de la République dominicaine) et une quatrième lui servait de bureau pour la gestion de ses opérations financières (l'aménagement y était aussi démodé que dans les précédentes, mais comprenait en outre tout un équipement moderne : téléphone, machine à écrire, ordinateur, télécopieur, télex, téléscripteur boursier, classeurs métalliques, et ainsi de suite). La dernière pièce était deux fois plus grande que les quatre autres, et semblait aussi sensiblement moins encombrée. Nashe la trouva presque agréable, par contraste. C'était là que Flower conservait ses souvenirs historiques. De longues rangées de vitrines occupaient le centre de la pièce, et les murs étaient garnis d'étagères et d'armoires d'acajou protégées par des portes en verre. Nashe avait l'impression d'avoir pénétré dans un musée. Quand il regarda Pozzi, le gosse roula des yeux en grimaçant un sourire loufoque qui exprimait avec une clarté parfaite combien tout cela l'assommait.

Nashe trouva la collection moins ennuyeuse que bizarre. Posé sur un socle et étiqueté avec soin, chacun des objets installés dans les vitrines paraissait proclamer son importance particulière, mais en fait on n'en voyait aucun de bien intéressant. La pièce était un monument à l'insignifiance, remplie d'articles d'une valeur tellement marginale que Nashe se demandait s'il ne s'agissait pas d'une sorte de plaisanterie. Mais Flower paraissait trop satisfait de lui-même pour comprendre le ridicule de tout cela. Il parlait de ses objets comme de "bijoux", de "trésors", ignorant la possibilité qu'il pût exister en ce monde des gens qui ne partageaient pas son enthousiasme, et durant la demi-heure que dura encore la visite, Nashe eut à se défendre d'un élan de pitié envers lui.

A long terme, l'impression qu'il en retira devait néanmoins se révéler très différente de ce qu'il aurait cru. Pendant des semaines, des mois, il allait fréquemment se retrouver en train de penser à ce qu'il avait vu là, et se rendre compte avec étonnement du nombre d'objets dont il se souviendrait. Ils se pareraient à ses yeux d'une sorte de lumière, d'une qualité presque transcendante, et chaque fois que l'un d'eux surgirait dans sa mémoire, son image lui apparaîtrait avec une telle clarté qu'elle semblerait briller, telle une apparition venue d'un autre monde. Le téléphone qui s'était trouvé jadis sur la table de travail de Woodrow Wilson. Une boucle d'oreille en perle portée par sir Walter Raleigh. Un crayon tombé de la poche d'Enrico Fermi en 1942. Les jumelles du général McClellan. Un cigare à demi fumé subtilisé dans un cendrier du bureau de Winston Churchill. Un sweat-shirt revêtu par Babe Ruth en 1927. La Bible de William Seward. La canne dont Nathaniel Hawthorne s'était servi après s'être cassé la jambe lorsqu'il était enfant. Une paire de lunettes utilisées par Voltaire. Tout cela paraissait si hétéroclite, si peu organisé, si totalement dépourvu de sens : le musée de Flower n'était qu'un cimetière d'ombres, un autel dément à l'esprit de néant. Nashe comprendrait que si ces objets continuaient de l'interpeller, c'était à cause de leur caractère impénétrable, de leur refus de divulguer quoi que ce fût les concernant. Cela n'avait rien à voir avec l'histoire, rien avec les hommes qui les avaient un jour possédés. Les objets le fascinaient en tant que choses matérielles, et à cause de la façon dont ils avaient été arrachés à tout contexte possible et condamnés par Flower à poursuivre leur existence sans aucune raison : défunts, inutiles, seuls en eux-mêmes pour les temps à venir. C'est cet isolement qui hanterait Nashe, cette image d'une irréductible mise à l'écart qui resterait marquée au fer dans sa mémoire, et, en dépit de tous ses efforts, il ne réussirait jamais à s'en libérer.

"J'ai commencé à m'étendre dans d'autres domaines, expliquait Flower. On pourrait considérer ce que vous voyez ici comme des babioles, de minuscules souvenirs, grains de poussière échappés par mégarde. Je me suis lancé maintenant dans un nouveau projet qui, lorsqu'il sera achevé, reléguera tout ceci au niveau d'un jeu d'enfant." Le gros homme se tut un instant, porta une allumette à son cigare éteint et en tira des bouffées jusqu'à ce que son visage soit entouré de fumée.

"L'année dernière, Willie et moi avons fait un voyage en Angleterre et en Irlande, raconta-t-il. Nous n'avions guère voyagé jusqu'alors, je l'avoue, et cet aperçu de la vie à l'étranger nous a procuré un plaisir énorme. Ce que nous avons préféré, c'est la découverte de l'abondance de vieilleries qu'on trouve dans cette partie du monde. Nous autres Américains, nous démolissons toujours ce que nous avons construit, nous détruisons le passé pour recommencer, nous nous précipitons tête la première vers l'avenir. Mais de l'autre côté de la mare, nos cousins sont plus attachés à leur histoire, ça les rassure de savoir qu'ils appartiennent à une tradition, à des habitudes et à des coutumes séculaires. Je ne vais pas vous ennuyer en discourant sur mon amour du passé. Il vous suffit de regarder autour de vous pour comprendre ce que ça signifie pour moi. Pendant que j'étais là-bas avec Willie, en train de visiter les sites et les monuments anciens, je me suis rendu compte que j'avais l'occasion de réaliser quelque chose de formidable. Nous étions alors dans l'ouest de l'Irlande, et un jour où nous parcourions la campagne en voiture, nous sommes tombés sur un château du XVe siècle. Ce n'était plus qu'un tas de pierres, en réalité, perdu au fond d'une petite vallée, une combe, et son air triste et négligé m'est allé droit au cœur. En un mot comme en cent, j'ai décidé de l'acheter et de le faire transporter en Amérique. Il a fallu un certain temps, bien entendu. Le propriétaire, un vieux bonhomme qui s'appelait Muldoon, Patrick lord Muldoon, n'avait naturellement aucune envie de vendre. Une certaine persuasion s'est révélée nécessaire de ma part, mais l'argent parle, comme on dit, et j'ai fini par obtenir ce que je voulais. Les pierres du château ont été chargées sur des camions (des lorries, comme ils disent là-bas) qui les ont apportées jusqu'au bateau, à Cork. Elles ont alors traversé l'Océan, pour être de nouveau chargées sur des camions (des trucks, comme nous les appelons par ici, ha !) et parvenir à notre petit coin dans les forêts de Pennsylvanie. Etonnant, n'est-ce pas ? Tout ça a coûté un os, je peux vous l'assurer, mais qu'est-ce que vous voulez ? Il y avait plus de dix mille pierres, et vous pouvez imaginer ce que devait peser une cargaison de ce genre. Et pourquoi s'en faire quand l'argent n'est pas un problème ? Le château est arrivé il y a moins d'un mois, et à l'instant même où nous parlons, il se trouve sur nos terres – par là, dans un pré, à la limite nord de la propriété. Un château irlandais du XVe siècle, démoli par Oliver Cromwell. Une ruine historique d'une importance capitale, et qui nous appartient, à Willie et moi.

— Vous n'avez tout de même pas l'intention de le reconstruire ? demanda Nashe. Pour une raison ou une autre, cette idée lui paraissait grotesque. Au lieu du château, il ne voyait que la silhouette brisée du vieux lord Muldoon, s'inclinant avec lassitude devant le tromblon de la fortune de Flower.

— Nous l'avons envisagé, Willie et moi, répondit Flower, mais finalement nous y avons renoncé pour des raisons pratiques. Il manque trop de pièces.

— Un vrai puzzle, confirma Stone. Pour le reconstruire, nous devrions adjoindre des matériaux neufs aux anciens. Et ça, ce serait aller à l'encontre de notre propos.

— Vous voilà donc avec dix mille pierres dans un pré, dit Nashe, et vous ne savez pas quoi en faire.

— Plus maintenant, corrigea Flower. Nous savons exactement ce que nous allons en faire. N'est-ce pas, Willie ?

— Absolument, fit Stone, soudain rayonnant de plaisir. Nous allons bâtir un mur.

— Un monument, pour être précis, dit Flower. Un monument en forme de mur.

— Tout à fait fascinant, dit Pozzi d'une voix onctueuse de mépris. Je meurs d'envie de voir ça.

— Oui, dit Flower, sans prendre garde au ton moqueur du gosse, cette solution paraît ingénieuse, quoique je le dise moi-même. Plutôt que d'essayer de reconstruire le château, nous allons le transformer en œuvre d'art. Dans mon esprit, il n'y a rien de plus mystérieux ni de plus beau qu'un mur. Je le vois déjà : dressé dans cette prairie, élevé comme une énorme barrière contre le temps. Ce mur sera un mémorial à lui-même, messieurs, une symphonie de pierres ressuscitées, et chaque soir il chantera un hymne au passé que nous portons en nous.

— Un mur des Lamentations, suggéra Nashe.

— Oui, dit Flower. Un mur des Lamentations. Le Mur aux dix mille pierres.

— Qui va vous réaliser ça, Bill ? demanda Pozzi. Si vous avez besoin d'un bon entrepreneur, je peux sans doute vous aider. Ou avez-vous l'intention de vous y mettre vous-mêmes, Willie et vous ?

— Je pense que nous sommes un peu vieux pour ça, maintenant, dit Flower. Notre gardien engagera des ouvriers et surveillera les opérations au jour le jour. Je crois que vous l'avez rencontré. Il s'appelle Calvin Murks. C'est lui qui vous a ouvert la grille.

— Et quand est-ce que ça commence ? demanda Pozzi.

— Demain, dit Flower. Nous avons d'abord une petite affaire de poker à régler. Le mur vient aussitôt après dans nos projets. A vrai dire, nous avons été trop occupés par les préparatifs de cette soirée pour lui consacrer beaucoup d'attention. Mais cette soirée, nous y voilà presque, et ensuite on passera aux choses suivantes.

— Des cartes aux châteaux, fit Stone.

— Exactement, répondit Flower. Et des paroles au repas. Croyez-le ou non, mes amis, il me semble que voici l'heure du dîner. »

Nashe ne savait plus que penser. Il avait d'abord pris Flower et Stone pour d'aimables excentriques – peut-être pas très malins, mais dans l'ensemble inoffensifs – et plus il les voyait, plus il les écoutait parler, plus incertains devenaient ses sentiments. Le gentil petit Stone, par exemple, dont les manières semblaient si humbles et si douces, passait en fait ses journées à construire la maquette d'un univers bizarre et totalitaire. Bien sûr c'était charmant, bien sûr c'était habile et brillant et admirable, mais on y sentait comme une logique perverse, une espèce de sorcellerie, l'impression de deviner, sous tant de délicatesse et de complexité, une touche de violence, une atmosphère de cruauté et de vengeance. Avec Flower aussi, tout était ambigu, mal définissable. D'un instant à l'autre, il paraissait parfaitement raisonnable, puis se mettait à tenir des propos insensés et à bavarder comme un fou. Il se montrait aimable, indiscutablement, et pourtant même sa jovialité paraissait forcée et suggérait l'idée que s'il ne les avait pas bombardés de tous ces discours pédants et excessifs, ce masque amical aurait risqué de lui glisser du visage. Pour révéler quoi ? Nashe ne s'était pas formé d'opinion précise, mais il était conscient de se sentir de plus en plus inquiet. Il se promit, à tout le moins, de rester attentif et de se tenir sur ses gardes.

Le dîner se déroula de façon ridicule, comme une farce grossière réduisant à zéro les doutes de Nashe en démontrant que Pozzi avait raison depuis le début : Flower et Stone n'étaient que de grands enfants, deux clowns benêts qui ne méritaient pas qu'on les prenne au sérieux. Lorsqu'ils redescendirent de l'aile est, la grande table en noyer de la salle à manger avait été dressée pour quatre. Flower et Stone s'installèrent à leurs places habituelles aux deux extrémités, et Nashe et Pozzi s'assirent l'un en face de l'autre à mi-distance. Nashe éprouva sa première surprise en jetant un coup d'œil à son napperon. C'était un gadget en plastique qui paraissait dater des années cinquante et dont la surface de vinyle arborait une photographie en couleurs de Hopalong Cassidy, l'ancienne star des films de cow-boy du samedi après-midi. L'interprétation initiale de Nashe fut de considérer l'objet comme délibérément kitch, un geste humoristique de la part de ses hôtes, puis on apporta le repas et il devint évident que celui-ci ne serait qu'un banquet pour gosses, un dîner conçu pour des enfants de six ans : hamburgers sur petits pains blancs non grillés, bouteilles de Coca-Cola munies de pailles en plastique, chips, épis de maïs, avec un distributeur de ketchup en forme de tomate. Sauf l'absence de chapeaux de papier et de pétards, tout cela rappelait à Nashe les fêtes d'anniversaire auxquelles il avait participé quand il était petit. Il observait Louise, la domestique noire qui les servait, avec l'espoir que quelque chose dans son expression trahirait la plaisanterie, mais elle vaquait à sa tâche sans un sourire, avec toute la solennité d'une serveuse dans un restaurant quatre étoiles. Pis encore, Flower, qui s'était calé sa serviette en papier sous le menton (sans doute pour ne pas tacher son complet blanc), remarquant que Stone n'avait mangé que la moitié de son hamburger, se pencha carrément en avant avec une lueur gloutonne dans le regard en demandant à son ami s'il pouvait le terminer à sa place. Stone n'était que trop heureux de lui faire ce plaisir mais, au lieu de lui passer son assiette, il se contenta de ramasser le hamburger entamé et de le tendre à Pozzi en lui demandant de le donner à Flower. En voyant la tête que faisait Pozzi à cet instant, Nashe imagina qu'il allait lancer le hamburger au gros homme en criant quelque chose comme Attrape ! ou Par ici ! tandis que les aliments voleraient en l'air. Pour le dessert, Louise apporta quatre assiettes de gelée à la framboise, surmontées chacune d'une petite pyramide de crème fouettée et d'une cerise confite.

Le plus étrange, à propos de ce dîner, fut que personne ne fit le moindre commentaire. Flower et Stone se conduisaient comme s'il était tout à fait normal de servir à des adultes un tel repas, et ni l'un ni l'autre ne présenta d'excuse ni d'explication. A un moment, Flower mentionna qu'ils mangeaient toujours des hamburgers le lundi soir, mais rien de plus. A part cela, la conversation suivait son cours comme auparavant (c'est-à-dire que Flower discourait longuement et que les autres l'écoutaient), et lorsqu'ils en furent à croquer les dernières chips, le poker en était devenu le sujet. Flower énuméra les raisons pour lesquelles ce jeu lui plaisait tellement – le sens du risque, le combat mental, la pureté absolue – et Pozzi parut pour la première fois lui prêter une attention réelle. Nashe ne disait rien, sachant qu'il n'avait pas grand-chose à ajouter sur la question. Puis le repas s'acheva, et tous quatre se levèrent de table. Flower demanda si l'un d'eux souhaitait boire quelque chose, et comme Nashe et Pozzi déclinaient son offre, Stone déclara en se frottant les mains : "Alors nous pourrions peut-être passer dans la pièce à côté et sortir les cartes." Et c'est ainsi que la partie commença.

5

Ils jouèrent dans la pièce où ils avaient pris le thé. Une grande table pliante avait été installée dans un espace libre entre le divan et les fenêtres, et en voyant cette surface de bois nu et les chaises vides qui l'entouraient, Nashe comprit soudain l'étendue de ce qu'il risquait. C'était la première fois qu'il considérait sérieusement ce qu'il était en train de faire, et sa prise de conscience fut très brutale – entraînant l'accélération de son pouls et un martèlement éperdu dans sa tête. Il s'apprêtait à jouer sa vie sur cette table, réalisa-t-il, et la folie de ce pari le remplit d'une sorte de terreur.

Flower et Stone s'occupaient des préparatifs avec une détermination obstinée, presque sévère, et en les regardant compter les jetons et examiner les paquets de cartes scellés, Nashe comprit que ça n'irait pas tout seul, que le triomphe de Pozzi n'avait rien de certain. Le gosse était sorti chercher ses cigarettes dans la voiture et quand il revint dans la pièce il fumait déjà, tirant sur sa Marlboro à petites bouffées nerveuses. L'atmosphère festive des instants précédents sembla disparaître dans cette fumée et le salon entier parut se tendre d'anticipation. Nashe regretta de ne pas pouvoir jouer un rôle plus actif dans les événements, mais tel était le marché qu'il avait conclu avec Pozzi : aussitôt la première carte distribuée, il serait mis sur la touche et n'aurait dès lors plus rien à faire qu'observer et attendre.

Flower se rendit à l'autre bout de la pièce, ouvrit un coffre-fort encastré dans le mur près de la table de billard, et pria Nashe et Pozzi de venir regarder à l'intérieur.

"Comme vous pouvez le constater, dit-il, il est parfaitement vide. J'ai pensé qu'il pourrait nous servir de banque. On remplace l'argent par des jetons, et on le met là-dedans. Quand on aura fini de jouer, on rouvrira le coffre et on distribuera l'argent en fonction de ce qui se sera passé. L'un de vous a-t-il une objection ?" Ils n'en avaient ni l'un ni l'autre, et Flower continua : "Dans un esprit d'équité, il me semble que nous devrions tous y aller de la même somme. De cette manière, le verdict sera plus décisif, et comme Willie et moi ne jouons pas seulement pour l'argent, nous serons heureux de nous conformer au montant que vous choisirez. Qu'en dites-vous, monsieur Nashe ? Combien aviez-vous l'intention de dépenser pour financer votre frère ?

— Dix mille dollars, fit Nashe. Si ça ne vous dérange pas, je crois que j'aimerais changer le tout en jetons avant de commencer.

— Excellent, dit Flower. Dix mille dollars, un bon chiffre rond."

Nashe hésita un instant, puis remarqua :
"Un dollar pour chaque pierre de votre mur.

— En effet, répondit Flower, d'un ton légèrement condescendant. Et si Jack se débrouille bien, vous vous en tirerez peut-être avec de quoi bâtir un château.

— Un château en Espagne, qui sait ?" intervint soudain Stone. Puis, souriant de son propre bon mot, il se baissa tout à coup jusqu'au sol, étendit un bras sous la table de billard, et en ramena une petite sacoche. Toujours accroupi sur le tapis, il ouvrit celle-ci et se mit à en retirer des liasses de billets de mille dollars chacune qu'il plaquait au fur et à mesure sur le revêtement de feutre au-dessus de lui. Lorsqu'il eut compté vingt de ces liasses, il referma la sacoche, la fourra sous la table et se redressa.

"Tiens, dit-il à Flower. Dix mille pour toi et dix mille pour moi."

Flower demanda à Nashe et à Pozzi s'ils désiraient compter l'argent, et à la surprise de Nashe le gosse acquiesça. Tandis que Pozzi effeuillait les liasses avec méticulosité, Nashe sortit de son portefeuille dix billets de mille dollars et les déposa en douceur sur le billard. Tôt le matin, à

New York, il était allé dans une banque échanger sa multitude de coupures de cent contre ces billets monstrueux. C'était moins dans un but pratique que pour s'épargner de l'embarras quand viendrait le moment d'acheter les jetons, car il s'était rendu compte qu'il n'avait pas envie de se trouver obligé de jeter sur le tapis d'un inconnu des paquets de billets froissés. Il trouvait à cette manière d'agir quelque chose de net et d'abstrait, une impression d'émerveillement mathématique à voir son monde réduit à dix petits morceaux de papier. Il lui en restait un peu, bien entendu, mais deux mille trois cents dollars ne représentaient pas grand-chose. Il avait gardé cette réserve sous forme de coupures plus modestes, dont il avait bourré deux enveloppes, placées chacune dans une poche intérieure de son blouson. Pour le moment, c'était là tout ce qu'il possédait : deux mille trois cents dollars, et une pile de jetons de poker en plastique. Si les jetons étaient perdus, il n'irait pas loin. Trois ou quatre semaines, peut-être, et puis il ne lui resterait même plus un pot pour pisser.

Après une brève discussion, Flower, Stone et Pozzi se mirent d'accord sur les règles de base de la partie. Ils joueraient au *stud* à sept cartes du début à la fin, sans baladeurs ni jokers – du sérieux, de bout en bout, comme l'exprima Pozzi. Si celui-ci prenait de l'avance, les autres seraient autorisés à reconstituer leurs mises à concurrence de trente mille dollars. Les enjeux seraient limités à cinq cents dollars, et la partie durerait jusqu'à ce que l'un des joueurs se trouve éliminé. Si tous trois réussissaient à rester en jeu, il y serait mis un terme au bout de vingt-quatre heures, sans remise en cause possible. Puis, tels des diplomates à la conclusion d'un traité de paix, ils se serrèrent la main et se dirigèrent vers la table de billard pour ramasser leurs jetons.

Nashe prit un siège et s'installa juste derrière l'épaule droite de Pozzi. Sans que ni Flower ni Stone y aient fait allusion, il sentait qu'il serait malvenu de circuler dans la pièce pendant que les autres jouaient. Il était personnellement intéressé, après tout, et devait donc éviter toute attitude qui pût sembler suspecte. S'il lui arrivait de se trouver à un endroit d'où il pouvait apercevoir les mains de leurs hôtes, ceux-ci pourraient croire que Pozzi et lui trichaient, communiquaient au moyen d'un code de signaux privés : en toussant, par exemple, ou en clignant de l'œil, en se grattant la tête. Il existe d'infinies possibilités de tromperie. Tous quatre le savaient, et ils n'éprouvèrent donc pas le besoin d'en parler.

Les débuts n'eurent rien de spectaculaire. Les trois joueurs se montraient prudents, prenaient la mesure les uns des autres, tels des boxeurs tournant en rond pendant les premiers rounds d'un combat, frappant de petits coups et s'évitant de la tête, assimilant peu à peu l'ambiance du ring. Flower avait allumé un nouveau cigare, Stone mâchouillait une plaquette de chewing-gum à la menthe et Pozzi tenait une cigarette allumée entre les doigts de sa main gauche. Chacun d'eux paraissait pensif et renfermé, et Nashe commença à éprouver une certaine surprise devant l'absence de bavardage. Le poker s'était toujours trouvé associé dans son esprit avec une sorte d'agressivité verbale bon enfant, un échange de blagues douteuses et d'insultes amicales, mais ces trois-ci avaient l'air tout à fait sérieux, et Nashe eut bientôt l'impression que l'atmosphère de la pièce se teintait d'un véritable antagonisme. Tous les autres sons semblaient effacés, il n'entendait plus que le jeu : le cliquetis des jetons, le bruit des cartes neuves battues avant chaque donne, les annonces brèves des enchères et des relances, les moments de silence total. Au bout de quelque temps, Nashe se mit à prendre des cigarettes dans le paquet que Pozzi avait posé sur la table et à les allumer sans s'en rendre compte, sans s'apercevoir qu'il était en train de fumer pour la première fois depuis plus de cinq ans.

Il avait espéré une échappée rapide, un écrasement, mais au cours des deux premières heures Pozzi ne fit que se maintenir, gagnant à peu près le tiers des mises et ne progressant guère. Les cartes ne le favorisaient pas, il fut plusieurs fois obligé de passer la main après avoir parié sur les trois ou quatre premières cartes d'une donne et, même s'il lui arriva en quelques occasions de tirer parti de sa malchance pour réussir un coup de bluff, il paraissait évident qu'il ne désirait pas abuser de cette tactique. Heureusement, les enjeux restèrent assez bas au début, personne n'osait hasarder plus de cent cinquante ou deux cents dollars au cours d'une donne, ce qui contribua à limiter les dégâts. Et Pozzi ne montrait aucun signe de panique. Nashe s'en sentait rassuré et, les heures passant, de plus en plus certain que la patience du gosse les tirerait d'affaire. Cela signifiait néanmoins qu'il fallait renoncer à son rêve d'anéantissement rapide, et il en éprouvait une vive déception. Il se rendait compte que les choses allaient se dérouler avec une âpreté intense, preuve que Flower et Stone n'étaient plus les joueurs qu'ils avaient été lorsque Pozzi les avait rencontrés à Atlantic City. Peut-être les leçons avec Sid Zeno étaient-elles responsables de cette transformation. Ou peut-être avaient-ils toujours été bons et n'avaient-ils joué cette partie-là que pour attirer Pozzi dans celle-ci. De ces deux possibilités, Nashe trouvait la seconde beaucoup plus inquiétante que la première.

Et puis la situation s'améliora. Juste avant onze heures, le gosse ramassa un pot de trois mille dollars grâce à des as et des reines, et pendant une heure, il mena un train d'enfer, gagnant trois jeux sur quatre, jouant avec une telle assurance et tant de ruse qu'il semblait à Nashe voir les deux autres s'affaisser, comme si leur volonté, manifestement émoussée, cédait devant cette offensive. A minuit, Flower échangea contre des jetons dix mille dollars de plus, et Stone encore cinq mille un quart d'heure après. La pièce s'était remplie de fumée, et quand Flower finit par entrouvrir une des fenêtres, Nashe fut surpris par le vacarme du chant des grillons au-dehors, dans l'herbe. Pozzi se trouvait alors à la tête de vingt-sept mille dollars et, pour la première fois de la soirée, Nashe laissa vagabonder son attention, avec le sentiment que sa concentration n'était peut-être plus indispensable. La situation paraissait bien maîtrisée et il ne pouvait y avoir de mal à dériver un peu, à se permettre quelques rêves d'avenir. Si incongru que ceci dût lui sembler par la suite, il se mit même à envisager de s'installer quelque part, de retourner dans le Minnesota et d'y acheter une maison avec l'argent qu'il allait gagner. Les prix étaient bas dans cette région, et il ne voyait pas pourquoi ses gains ne suffiraient pas au moins pour un premier versement. Après quoi il persuaderait Donna de le laisser reprendre Juliette, puis il tirerait peut-être quelques ficelles, à Boston, pour se faire embaucher chez les pompiers locaux. Il se rappelait que les camions de pompiers étaient vert pâle, à Northfield, et ce souvenir l'amusa ; il se demandait combien d'autres choses seraient différentes, dans le Middle West, et combien seraient pareilles.

A une heure, ils entamèrent un nouveau paquet de cartes, et Nashe profita de l'interruption pour s'excuser et se rendre aux toilettes. Il avait l'intention bien arrêtée de revenir aussitôt mais quand, après avoir tiré la chasse, il revint dans le corridor obscur, il ne put s'empêcher de constater combien il était agréable de se détendre les jambes. Fatigué d'être resté assis pendant des heures dans une position peu confortable, et puisqu'il se trouvait déjà sur ses pieds, il décida de faire un petit tour dans la maison pour se remettre en forme. Malgré son épuisement, il débordait de joie et d'impatience, et il ne se sentait pas encore prêt à retourner au salon. Pendant trois ou quatre minutes, il traversa à tâtons, en se cognant dans le noir aux montants de portes et aux meubles, les pièces que Flower leur avait fait visiter avant le dîner, puis il se retrouva au milieu du vestibule. Une lampe était allumée en haut de l'escalier et comme il levait les yeux vers elle il se souvint tout à coup de l'atelier de Stone dans l'aile est. Nashe hésita à monter là-haut sans permission, mais son envie de revoir la maquette était irrésistible. Balayant ses scrupules, il empoigna la rampe et grimpa l'escalier deux marches à la fois.

Il passa près d'une heure à regarder la Cité du Monde en l'examinant d'une façon qui n'avait pas été possible auparavant – sans la distraction d'une prétendue politesse, sans commentaires de Flower lui bourdonnant à l'oreille. Il put cette fois se plonger dans les détails, se déplacer lentement d'une zone de la maquette à une autre, étudier la minutie des ornements architecturaux, le soin de la mise en couleurs, la vivacité parfois étonnante des expressions sur le visage des petits personnages pas plus hauts que le pouce. Il vit des choses qui lui avaient complètement échappé au cours de la première visite, et nota que plusieurs de ces découvertes portaient la marque d'un humour grinçant : devant le palais de justice, un chien pissait sur une borne à incendie ; dans une rue s'avançait un groupe d'une vingtaine d'hommes et de femmes qui portaient tous des lunettes ; au fond d'une ruelle, un voleur masqué dérapait sur une peau de banane. Mais ces éléments comiques faisaient ressortir le caractère inquiétant du reste, et au bout d'un moment l'attention de Nashe se trouva concentrée presque exclusivement sur la prison. Dans un coin de la cour de promenade, il y avait des détenus en train de bavarder par petits groupes, de jouer au basket-ball ou de lire ; avec une certaine horreur il aperçut aussi, juste derrière eux, un prisonnier aux yeux bandés debout contre le mur, tenu en joue par un peloton d'exécution. Que signifiait ceci ? Quel crime avait commis cet homme, et pourquoi subissait-il cette terrible punition ? En dépit de tout le sentimentalisme chaleureux qu'illustrait la maquette, l'impression dominante qui s'en dégageait était de terreur, de rêves sinistres déambulant dans les rues en plein midi. La menace d'un châtiment semblait planer sur la cité – comme si la ville avait été en guerre avec elle-même, en lutte pour se réformer avant l'arrivée de prophètes annonciateurs d'un dieu meurtrier et vengeur.

A l'instant où il s'apprêtait à éteindre la lumière et à sortir de la pièce, Nashe se retourna et revint près de la maquette. Avec la pleine conscience de ce qu'il allait faire, et pourtant sans le moindre sentiment de culpabilité ni le moindre scrupule, il repéra l'endroit où Flower et Stone, debout devant le magasin de bonbons, le bras sur l'épaule l'un de l'autre et la tête penchée dénotant leur concentration, regardaient le billet de loterie. Plaçant le pouce et l'index à l'endroit où leurs pieds touchaient le sol, il exerça une légère traction. Les figurines étaient collées solidement, et il fit un deuxième essai, en donnant cette fois une secousse nette et rapide. Il y eut un claquement sourd, et une seconde après les deux petits hommes de bois gisaient dans la paume de sa main. Sans même un regard, il fourra ce souvenir dans sa poche. C'était la première fois que

Nashe volait quelque chose depuis sa petite enfance. Il ne se sentait pas très sûr de la raison pour laquelle il avait fait ça, mais à ce moment précis cette raison était le cadet de ses soucis. Même s'il ne pouvait pas se l'expliquer, il était persuadé d'avoir agi par nécessité absolue. Il le savait avec autant de certitude qu'il connaissait son propre nom.

Quand Nashe reprit sa place derrière Pozzi, Flower était en train de mêler les cartes et s'apprêtait à les distribuer. Il était plus de deux heures, et un seul regard vers la table apprit à Nashe que tout avait changé, que des combats formidables avaient eu lieu en son absence. La montagne de jetons du gosse s'était réduite à un tiers de ce qu'elle avait été, et si les calculs de Nashe étaient exacts, cela signifiait qu'ils étaient revenus à leur point de départ, peut-être même à mille ou deux mille de moins. Cela paraissait impossible. Pozzi volait haut, il paraissait sur le point d'emporter toute l'affaire, et maintenant les autres semblaient le maintenir sur la défensive, le harceler durement afin de lui faire perdre son assurance et de l'écraser une fois pour toutes. Nashe ne comprenait pas ce qui avait pu se passer.

"Qu'est-ce que tu foutais ? chuchota Pozzi sur un ton de fureur contenue.

— J'ai fait un somme sur le divan du salon, mentit Nashe. Je n'ai pas pu m'en empêcher. J'étais épuisé.

— Merde. Tu te rends pas compte que tu peux pas me laisser tomber comme ça ? Tu es mon porte-bonheur, connard. Tu étais à peine parti que tout s'est mis à foirer."

Flower intervint alors, trop satisfait de lui-même pour ne pas avancer sa propre version des faits.

"Nous avons eu quelques beaux affrontements, raconta-t-il en s'efforçant de ne pas rayonner. Votre frère a misé le maximum sur un full, mais à la dernière minute Willie l'a battu avec quatre six. Ensuite, quelques donnes plus tard, nous avons eu une confrontation dramatique, un duel à mort. A la fin, mes trois rois l'ont emporté sur les trois valets de votre frère. Vous avez manqué des moments passionnants, jeune homme, je peux vous l'assurer. Ça c'est du poker tel qu'on doit le jouer."

Assez curieusement, Nashe ne s'alarma pas de la rigueur de ces revers. L'effondrement de Pozzi eut plutôt pour effet de le galvaniser, et plus le gosse se montrait malheureux et désorienté, plus Nashe sentait grandir sa confiance, comme si une telle crise avait été précisément ce qu'il recherchait depuis le début.

"Le moment est peut-être venu d'injecter quelques vitamines dans le jeu de mon frère, déclara-t-il en souriant de l'image. Plongeant la main dans les poches de son blouson, il en retira les deux enveloppes. Voici deux mille trois cents dollars, dit-il. Si on achetait encore quelques jetons, Jack ? Ce n'est pas beaucoup, mais ça te donnera un peu plus de champ."

Pozzi savait que cet argent représentait tout ce que Nashe possédait au monde, et il hésita à l'accepter.

"Je peux encore tenir, répondit-il. Essayons voir encore quelques tours, d'abord.

— Ne t'en fais pas pour ça, Jack, insista Nashe. Prends cet argent maintenant. Ça te fera un changement d'humeur, de quoi t'aider à te remettre en selle. Tu es dans un creux, c'est tout, tu vas redémarrer en flèche. Ça arrive tout le temps."

Mais Pozzi ne redémarra pas en flèche. Même avec les nouveaux jetons, la situation lui resta défavorable. S'il gagnait de temps à autre, ses victoires n'étaient jamais assez importantes pour compenser l'érosion de ses fonds, et chaque fois que ses cartes offraient l'amorce d'une promesse, il misait trop et se retrouvait perdant, gaspillant ses ressources en efforts désespérés et malchanceux. Quand l'aube arriva, il ne lui restait que dix-huit cents dollars. Il était à bout de nerfs, et si Nashe conservait le moindre espoir de gagner, il lui suffisait d'observer les mains tremblantes de Pozzi pour comprendre que l'heure n'était plus aux miracles. Au-dehors, les oiseaux s'éveillaient, et les premières lueurs du jour qui pénétraient dans la pièce donnaient au visage tuméfié et pâle de Pozzi une apparence blafarde. Sous les yeux de Nashe, il se transformait en cadavre.

Pourtant, la partie n'était pas encore jouée. La donne suivante apporta à Pozzi deux rois face contre table et l'as de cœur exposé, et lorsqu'il vit que la quatrième carte était un roi – le roi de cœur – Nashe eut le sentiment que le vent pouvait encore tourner. Les enjeux étaient gros, cependant, et avant même la distribution des cinquièmes cartes, il ne restait au gosse que trois cents dollars. Flower et Stone étaient en train de l'expulser de la table : il ne possédait plus de quoi tenir jusqu'au bout de cette donne. Sans même réfléchir, Nashe se leva en disant à Flower :

"Je voudrais faire une proposition.

— Une proposition ? fit Flower. Que voulez-vous dire ?

— Nous n'avons presque plus de jetons.

— Bien. Alors allez-y, changez de l'argent.

— Ce serait volontiers, mais il ne nous en reste pas non plus.

— Dans ce cas, il me semble que voilà la fin de la partie. Si Jack ne peut pas suivre jusqu'à la fin de cette donne, il faudra que nous y mettions un terme. Ce sont les règles sur lesquelles nous sommes tombés d'accord.

— Je le sais. Mais je voudrais proposer autre chose, autre chose que de l'argent.

— Je vous en prie, monsieur Nashe, pas de reconnaissance de dette. Je ne vous connais pas assez pour vous faire crédit.

— Je ne demande pas de crédit. Je désire apporter ma voiture en garantie additionnelle.

— Votre voiture ? Et quel genre de voiture est-ce donc ? Une Chevrolet de seconde main ?

— Non, c'est une bonne voiture. Une Saab de l'année dernière, en parfait état.

— Et que voulez-vous que j'en fasse ? Willie et moi avons déjà trois voitures dans le garage. Nous ne sommes pas acquéreurs d'une quatrième.

— Alors vendez-la. Donnez-la. Qu'est-ce que ça peut faire ? Je n'ai rien d'autre à offrir. Sinon il faut arrêter la partie. Et pourquoi arrêter quand on n'y est pas obligé ?

— Et à combien estimez-vous cette automobile ?

— Je ne sais pas. Je l'ai payée seize mille dollars. Elle en vaut sans doute au moins la moitié maintenant, peut-être même dix mille.
— Dix mille dollars pour une voiture d'occasion ? Je vous en donne trois.
— C'est absurde. Pourquoi n'iriez-vous pas la voir avant de faire une offre ?
— Parce que je me trouve en plein milieu d'une partie. Je n'ai pas envie de perdre ma concentration.
— Alors donnez-m'en huit, et topons là.
— Cinq. C'est ma dernière offre. Cinq mille dollars.
— Sept.
— Non, cinq. C'est à prendre ou à laisser, monsieur Nashe.
— Bon, d'accord. Cinq mille pour la voiture. Mais ne vous faites pas de souci. Nous les déduirons de nos gains, à la fin. Je ne voudrais pas vous encombrer de quelque chose dont vous n'avez pas besoin.
— Nous verrons bien. En attendant, comptons les jetons et reprenons. Je ne supporte pas ces interruptions. Elles cassent tout le plaisir."

Pozzi avait reçu une transfusion d'urgence, mais cela ne signifiait pas qu'il allait vivre. Il se sortirait de la crise présente, sans doute, mais les perspectives à long terme restaient confuses, au mieux paraissaient-elles incertaines. Nashe avait fait tout ce qu'il pouvait, néanmoins, et il puisait dans cette idée une consolation, et même un motif de fierté. Il savait aussi que la banque du sang était épuisée. Il était allé beaucoup plus loin qu'il n'en avait eu l'intention, à la limite de ses possibilités, et cela risquait encore de n'être pas assez.

Pozzi avait donc deux rois cachés, plus le roi et l'as de cœur apparents. Les deux cartes visibles de Flower étaient un six de carreau et un sept de trèfle – l'amorce d'une suite, peut-être, mais assez faible comparée aux trois rois que le gosse détenait déjà. La main de Stone représentait une menace potentielle. Il avait deux huit devant lui, et à la façon dont il avait mené les paris sur la quatrième carte (s'engageant carrément, avec des surenchères successives de trois et quatre cents dollars) Nashe soupçonnait que ses cartes cachées recelaient de bonnes choses. Une autre paire, ou même le troisième et le quatrième huit. Nashe se concentrait sur l'espoir que Pozzi tire le quatrième roi, mais il espérait que ce serait à la fin, dos en l'air, au septième tour. En attendant, songeait-il, donnez-lui la dame et le valet de cœur. Faites qu'il semble tout risquer sur une éventuelle quinte flush – puis qu'il les étourdisse à la fin avec les quatre rois.

Stone distribua les cinquièmes cartes. Flower reçut un cinq de pique ; Pozzi eut son cœur : ni la dame ni le valet, mais presque aussi bien : le huit de cœur. Le flush était encore intact, et Stone n'avait plus aucune chance de tirer le quatrième huit. Comme Stone s'attribuait le trois de trèfle, Pozzi se tourna vers Nashe en souriant pour la première fois depuis plusieurs heures. Tout à coup, la situation paraissait moins désespérée.

Malgré son trois, Stone ouvrit avec l'enjeu maximal, cinq cents dollars. Nashe en fut un peu intrigué, puis décida qu'il devait s'agir d'un bluff. Ils essayaient de pressurer le gosse, et avec de telles réserves d'argent, ils pouvaient se permettre quelques coups téméraires. Flower suivit avec son début de suite, et Pozzi vit les cinq cents et relança avec cinq cents de plus, que Stone et Flower suivirent tous les deux.

La sixième carte de Flower fut le valet de carreau, et à l'instant où il la vit glisser sur la table un soupir de déception lui échappa. Nashe supposa qu'il était mort. Puis, comme par magie, Pozzi retourna le trois de cœur. Quand Stone tira le neuf de pique, cependant, Nashe fut pris d'inquiétude à l'idée que les cartes de Pozzi soient trop fortes. Mais Stone joua de nouveau une somme élevée, et même après l'abandon de Flower, la manche resta belle et vivante, continuant de grandir jusqu'à la dernière ligne droite.

Pour la sixième carte, Stone et Pozzi marchèrent de front, dans un échange frénétique d'enchères et de surenchères. A la fin, Pozzi ne disposait plus que de quinze cents dollars pour le dernier tour. Nashe s'était imaginé, en donnant sa voiture en gage, leur procurer au moins une heure ou deux de plus, mais les paris étaient devenus tellement furieux que tout se réduisait soudain à ce dernier coup. Le pot était énorme. Si Pozzi gagnait, il serait remis en piste et Nashe sentait que rien cette fois ne pourrait l'arrêter. Mais il fallait qu'il gagne. S'il perdait, tout était fini.

Nashe se doutait qu'il était excessif d'espérer le quatrième roi. La probabilité était vraiment trop faible. Mais quoi qu'il arrive, Stone devait penser que Pozzi tenait un flush. Les quatre cœurs exposés l'y incitaient, et puisque le gosse jouait le dos au mur, le montant de ses paris semblerait éliminer la possibilité qu'il bluffe. De toute façon, même si la septième carte ne valait rien, les trois rois feraient sans doute l'affaire. C'était une bonne main, se disait Nashe, une main solide, et à voir la façon dont les choses se présentaient sur la table, il y avait peu de chances que Stone l'emporte.

Pozzi tira le quatre de trèfle. Malgré tout, Nashe ne put se défendre d'un léger découragement. Peut-être moins à cause du roi que faute d'un autre cœur. Défaillance cardiaque, se dit-il, pas bien sûr qu'il s'agît d'une plaisanterie, et puis Stone se servit sa dernière carte et ils furent prêts à égaliser et à terminer la manche.

Tout se passa très vite. Stone, qui menait toujours avec ses deux huit, misa cinq cents dollars. Pozzi vit les cinq cents puis relança de cinq cents autres. Stone vit la relance de Pozzi, hésita une seconde ou deux, jetons en main, puis plaqua cinq cents de plus. Alors le gosse, qui ne possédait plus que cinq cents dollars, poussa ses derniers jetons au centre de la table.

"OK, Willie, fit-il, voyons ce que vous avez."

Le visage de Stone ne laissait rien deviner. Une par une, il retourna ses cartes cachées mais même lorsque trois d'entre elles furent visibles il eût été difficile de dire s'il avait gagné ou perdu.

"J'ai ces deux huit, dit-il. Et puis j'ai ce dix (en le retournant), et puis j'ai cet autre dix (en le retournant) et puis j'ai ce troisième huit (en retournant la septième et dernière carte).

— Un full ! rugit Flower en abattant son poing sur la table. Qu'est-ce que tu peux répondre à ça, Jack ?

— Rien, dit Pozzi sans prendre la peine de retourner ses cartes. Je suis foutu." Le gosse regarda fixement la table pendant un bon moment, comme pour tenter de se pénétrer de la réalité. Puis, rassemblant son courage, il se retourna vers Nashe en grimaçant un sourire. "Ben mon petit vieux, fit-il, on dirait qu'on va devoir rentrer à pied."

En prononçant ces mots, Pozzi avait l'air si embarrassé que Nashe ne put que le plaindre. Si bizarre que cela parût, il était en fait plus malheureux pour le gosse que pour lui-même. Tout était perdu, et pourtant le seul sentiment qu'il éprouvât était de la pitié.

Nashe étreignit l'épaule de Pozzi, comme pour le rassurer, puis il entendit Flower qui éclatait de rire.

"J'espère que vous avez des chaussures confortables, les gars, dit le gros homme. Ça fait bien cent trente, cent cinquante kilomètres d'ici à New York, vous savez.

— Descends de ton char, mon gros père, répliqua Pozzi, oubliant enfin ses bonnes manières. On te doit cinq mille dollars. On te fait un papier, tu nous rends la voiture, et on te rembourse dans la semaine."

Apparemment insensible à la grossièreté, Flower se mit à rire de plus belle.

"Oh non, dit-il. Ce n'est pas le marché que j'ai conclu avec M. Nashe. La voiture est à moi, maintenant. Si vous ne trouvez pas d'autre moyen de rentrer chez vous, vous n'aurez qu'à y aller à pied. C'est comme ça.

— Qu'est-ce que c'est que ces façons dégueulasses de jouer au poker, Gueule d'hippo ? fit Pozzi. Bien sûr que tu vas accepter notre papier. C'est comme ça que ça marche.

— Je l'ai déjà dit, répondit Flower avec calme, et je le répète. Pas de crédit. Je serais idiot de faire confiance à deux types comme vous. A la minute où vous partiriez d'ici, mon argent aurait disparu.

— Bon, bon, intervint Nashe, s'efforçant hâtivement d'improviser une solution. Jouons ça aux cartes. Si je gagne, vous nous rendez la voiture. Tout simplement. On coupe une fois, et c'est fini.

— Pas de problème, dit Flower. Et si vous ne gagnez pas ?
— Alors je vous dois dix mille dollars, dit Nashe.
— Vous feriez bien de réfléchir un peu, mon ami, dit Flower. Cette nuit ne vous a pas porté chance. Pourquoi aggraver votre situation ?
— Parce qu'on a besoin de la voiture pour se tirer d'ici, crétin, fit Pozzi.
— Pas de problème, répéta Flower. Souvenez-vous seulement que je vous aurai avertis.
— Bats les cartes, Jack, dit Nashe, et puis donne-les à M. Flower. Nous le laisserons jouer le premier."

Pozzi déballa un nouveau paquet, ôta les jokers et battit les cartes, comme Nashe le lui avait demandé. Puis, cérémonieusement, il se pencha en avant et les plaqua sur la table devant Flower. Le gros homme n'hésita pas. Il n'avait rien à perdre, après tout, et, tendant aussitôt la main vers les cartes, il souleva la moitié du paquet entre le pouce et le majeur. Un instant plus tard, il présentait le sept de cœur. En le voyant, Stone haussa les épaules, et Pozzi claqua des mains – une seule fois, farouche, pour célébrer la médiocrité du coup.

Ensuite le paquet se trouva entre les mains de Nashe. Il se sentait complètement vide, et fut frappé pendant un bref instant par le caractère ridicule de ce petit drame. Juste avant de couper, il eut cette pensée : Voici le moment le plus ridicule de toute ma vie. Puis il fit un clin d'œil à Pozzi, souleva les cartes, et retourna le quatre de carreau.

"Un quatre ! glapit Flower, se claquant les deux mains sur le front en signe d'incrédulité. Un quatre ! Vous n'avez même pas battu mon sept !"

Après cela, tout se tut. Un long moment s'écoula et puis, d'une voix qui semblait plus lasse que triomphante, Stone dit enfin :

"Dix mille dollars. On dirait que nous avons de nouveau misé sur le numéro magique."

Flower se laissa aller contre le dossier de son fauteuil en tirant des bouffées de son cigare, et examina longuement

Nashe et Pozzi comme s'il les apercevait pour la première fois. Son attitude évoquait pour Nashe un proviseur de lycée assis dans son bureau devant deux gamins délinquants. Son visage exprimait moins la colère que la perplexité, comme s'il venait de se trouver confronté à un problème philosophique apparemment insoluble. Il fallait trouver un châtiment approprié, c'était certain, mais il semblait pour l'instant ne pas savoir que suggérer. Il ne souhaitait pas se montrer trop dur, mais pas trop indulgent non plus. Il voulait quelque chose qui convînt à la faute, un juste châtiment, comportant une certaine valeur éducative – pas seulement en tant que châtiment, mais comme une expérience positive, dont les coupables pourraient tirer un enseignement.

"Je crois que nous voici confrontés à un dilemme, dit-il enfin.

— Oui, dit Stone. Un vrai dilemme. Ce qu'on pourrait appeler un cas.

— Ces deux jeunes gens nous doivent de l'argent, continua Flower, affectant d'ignorer la présence de Nashe et de Pozzi. Si nous les laissons partir, ils ne nous rembourseront jamais. Mais si nous ne les laissons pas partir, ils n'auront aucune chance de se procurer l'argent qu'ils nous doivent.

— Il me semble que vous êtes obligés de nous faire confiance, alors, fit Pozzi. Pas vrai, monsieur Gros Lard ?"

Flower ignora la remarque de Pozzi et se tourna vers Stone.

"Qu'est-ce que tu en penses, Willie ? C'est une sacrée impasse, non ?"

Tandis qu'il écoutait cette conversation, Nashe se souvint soudain du dépôt qu'il avait constitué pour Juliette. Il ne serait sans doute pas compliqué d'en retirer dix mille dollars, se dit-il. Un coup de téléphone à la banque, dans le Minnesota, pouvait déclencher l'affaire, et à la fin de la journée l'argent se trouverait au compte de Flower et Stone. C'était une solution pratique, mais lorsqu'il en imagina le déroulement, il la rejeta, horrifié d'avoir pu considérer ne fût-ce qu'un instant une chose pareille. L'équation était trop terrible : se dégager de sa dette de jeu en volant l'avenir de sa fille. Quoi qu'il arrive, c'était hors de question. Il s'était fourré dans cette situation, il fallait en encaisser les conséquences. Comme un homme, pensa-t-il. Il faudrait encaisser comme un homme.

"Oui, dit Stone, qui ruminait la dernière remarque de Flower, c'est très difficile, en effet. Mais ça ne veut pas dire que nous n'allons pas trouver une solution. Il s'absorba dans ses pensées pendant quelques secondes, puis son visage s'éclaira progressivement. Bien sûr, fit-il, il y a toujours le mur.

— Le mur ? demanda Flower. Que veux-tu dire ?

— Le mur, répéta Stone. Il faut quelqu'un pour le construire.

— Ah..., dit Flower, saisissant enfin. Le mur ! Quelle idée géniale, Willie. Bon Dieu, je crois que cette fois tu t'es vraiment surpassé.

— Un travail honnête pour un salaire honnête, expliqua Stone.

— Exactement, renchérit Flower. Et peu à peu la dette sera effacée."

Mais Pozzi ne l'entendait pas ainsi. A l'instant où il comprit ce qu'ils proposaient, il resta littéralement bouche bée de stupéfaction.

"Non mais vous rigolez, protesta-t-il. Si vous croyez que je vais faire ça, vous êtes dingues. Pas question. Il n'en est absolument pas question." Puis, en se levant de son siège, il se tourna vers Nashe et lui dit : "Allez, viens, Jim, on part. Ces deux mecs sont des salauds.

— Du calme, fiston, dit Nashe. Il n'y a pas de mal à écouter. Il faut qu'on trouve une solution, après tout.

— Pas de mal, cria Pozzi. Ces types devraient être à l'asile, tu vois pas ça ? Ils sont complètement cinglés."

L'agitation de Pozzi avait sur Nashe un effet curieusement calmant, comme s'il se sentait d'autant plus obligé de voir clair que le gosse manifestait plus de véhémence. Il ne faisait aucun doute que les événements avaient pris un tour étrange, mais Nashe se rendit compte que d'une certaine manière il s'y était attendu, et maintenant que cela se produisait, il n'éprouvait aucune panique. Il se sentait lucide, tout à fait maître de lui.

"Ne t'en fais pas, Jack, dit-il. Ce n'est pas parce qu'ils nous font une proposition que nous devons l'accepter. Simple question d'éducation. S'ils ont quelque chose à nous dire, ayons la courtoisie de les écouter.

— C'est du temps perdu, grommela Pozzi en se rasseyant. On ne négocie pas avec des fous. Si on commence, on s'embrouille la cervelle.

— Je suis content que tu aies amené ton frère, remarqua Flower en poussant un soupir dégoûté. Au moins nous avons un interlocuteur raisonnable.

— Merde, fit Pozzi. C'est pas mon frère. C'est juste un type que j'ai rencontré samedi. Je le connais à peine.

— Que vous soyez parents ou non, poursuivit Flower, tu as de la chance de l'avoir. Parce que le fait est, jeune homme, que tu as de sérieux ennuis en perspective. Vous nous devez dix mille dollars, Nashe et toi, et si vous tentez de partir sans payer, nous appellerons la police. C'est aussi simple que ça.

— J'ai déjà dit que nous vous écoutions, interrompit Nashe. Pas besoin de menaces.

— Ce ne sont pas des menaces, dit Flower. Je vous expose les faits. Ou bien vous coopérez et nous combinons un arrangement à l'amiable, ou bien nous prenons des mesures plus sévères. Vous n'avez pas d'autre choix. Willie a proposé une solution, une solution d'une ingéniosité parfaite, à mon avis, et à moins que vous n'ayez mieux à proposer, je crois que nous devrions étudier la question.

— Les conditions, dit Stone. Salaire horaire, logement, nourriture. Tous les détails pratiques. Il vaut sans doute mieux régler tout ça avant de commencer.

— Vous pouvez habiter sur place, dans le pré, dit Flower. Il y a déjà une caravane – un mobile home, comme on dit. Elle n'a plus été utilisée depuis quelque temps, mais elle est en parfait état. Calvin y a habité, il y a quelques années, pendant que nous lui construisions sa maison. Il n'y aura donc pas de problème pour vous loger. Vous n'aurez qu'à vous installer.

— Il y a une cuisine, ajouta Stone. Une cuisine entièrement équipée. Un frigo, une cuisinière, un évier, tout le confort moderne. Un puits pour l'eau, l'électricité est branchée, chauffage par le sol. Vous pouvez y préparer vos repas et manger ce que vous voudrez. Calvin vous approvisionnera, il apportera tout ce que vous lui demanderez. Donnez-lui une bonne liste tous les jours, il ira en ville chercher ce dont vous aurez besoin.

— Nous vous procurerons des vêtements de travail, bien entendu, dit Flower, et si vous désirez autre chose, vous n'aurez qu'à demander. Livres, journaux, revues. Une radio. Des couvertures et des serviettes supplémentaires. Des jeux. Tout ce que vous voudrez. Nous ne souhaitons pas votre inconfort, après tout. En dernière analyse, ça pourrait même être amusant. Le travail ne sera pas trop épuisant, et vous vivrez en plein air par ce temps superbe. Ce seront des vacances laborieuses, pour ainsi dire, un court répit thérapeutique par rapport à votre vie normale. Et chaque jour vous verrez s'élever une nouvelle section du mur. Je crois que ce sera une satisfaction immense : voir les fruits tangibles de votre labeur, pouvoir contempler les progrès accomplis. La dette se remboursera peu à peu, et quand le moment sera venu pour vous de partir, non seulement vous quitterez cet endroit en hommes libres, mais vous laisserez derrière vous quelque chose d'important.

— Combien de temps pensez-vous que ça prendra ? demanda Nashe.

— Ça dépend, répondit Stone. Vous recevrez tant de l'heure. Aussitôt que le total de vos gains atteindra dix mille dollars, vous serez libres de partir.

— Et si nous finissons le mur avant d'avoir gagné dix mille dollars ?

— Dans ce cas, dit Flower, nous considérerons la dette comme intégralement remboursée.

— Et si nous ne le finissons pas, qu'avez-vous l'intention de nous payer ?

— Quelque chose de proportionné à la tâche. Un salaire normal pour un travail de ce genre.

— C'est-à-dire ?
— Cinq ou six dollars l'heure.
— C'est trop peu. Nous n'envisagerons même pas d'accepter moins de douze.
— Il ne s'agit pas de chirurgie du cerveau, monsieur Nashe. C'est du travail non qualifié. Empiler des pierres les unes sur les autres. Ça ne nécessite pas de longues études.
— De toute façon, nous ne le ferons pas pour six dollars l'heure. Si vous n'avez rien de mieux à proposer, vous pouvez aussi bien appeler la police.
— Huit, alors. C'est ma dernière offre.
— Ça ne suffit pas.
— Têtu, hein ? Et si je montais à dix ? Qu'en diriez-vous ?
— Calculons ce que ça donne, on verra après.
— Bien. Ça ne prendra pas plus d'une seconde. Dix dollars chacun font vingt dollars l'heure pour vous deux. Si vous faites des journées moyennes de dix heures – juste pour faciliter les calculs – vous gagnerez donc deux cents dollars par jour. Dix mille par deux cents font cinquante. Ce qui veut dire qu'il vous faudra environ cinquante jours. Nous sommes fin août, cela vous mènera quelque part vers la mi-octobre. Pas tellement long. Vous aurez fini quand les feuilles commenceront à roussir."

Petit à petit, Nashe s'apercevait que l'idée faisait son chemin en lui, qu'il commençait à accepter le mur comme la seule issue à la situation catastrophique dans laquelle il se trouvait. L'épuisement y était peut-être pour quelque chose – le manque de sommeil, l'incapacité de réfléchir encore – mais il ne le pensait pas vraiment. Où irait-il, de toute manière ? Il n'avait plus un sou, il n'avait plus de voiture, sa vie était en miettes. A défaut d'autre chose, ces cinquante jours pourraient lui donner l'occasion de faire le point, de prendre pour la première fois depuis un an le temps de considérer son avenir. Il se sentait presque soulagé de voir la décision prise pour lui, de comprendre qu'il avait enfin arrêté de courir. Le mur serait moins un châtiment qu'une cure, un retour simple vers la Terre.

Le gosse était hors de lui, cependant, et ne cessa, tout au long de cette conversation, de manifester par des grognements et des exclamations sa consternation devant l'acquiescement de Nashe et ces marchandages insensés au sujet de l'argent. Avant que Nashe ait pu conclure avec Flower par une poignée de main, Pozzi lui empoigna le bras en déclarant qu'il voulait lui parler en privé. Puis, sans même attendre sa réponse, il tira Nashe de son fauteuil et le traîna dans le couloir en claquant la porte derrière lui avec son pied.

"Allez, viens, dit-il, toujours agrippé à son bras. Allons-nous-en. Il est temps de foutre le camp."

Mais Nashe se libéra de la main de Pozzi et tint bon.

"Nous ne pouvons pas partir, dit-il. Nous leur devons de l'argent, et je ne suis pas d'humeur à me faire jeter en prison.

— C'est du bluff. Y a pas question qu'ils ramènent la flicaille là-dedans.

— Tu te trompes, Jack. Des gens aussi riches qu'eux peuvent se permettre tout ce qu'ils veulent. A l'instant où ces deux-là les appelleraient, les flics se précipiteraient. On serait ramassés avant d'avoir fait un kilomètre.

— T'as l'air d'avoir la frousse, Jim. Mauvais signe. Ça te rend laid.

— Je n'ai pas peur. Je tâche d'être intelligent.

— Cinglé, tu veux dire. Continue comme ça, mon vieux, tu seras vite aussi cinglé qu'eux.

— Ça fait moins de deux mois, Jack, ce n'est pas si terrible. Ils nous nourrissent, ils nous fournissent un logement, et tu t'en seras à peine aperçu qu'on sera partis. Pourquoi s'en faire ? Ça pourrait même être amusant.

— Amusant ? Charrier des pierres, tu trouves ça amusant ? Le bagne, oui, voilà à quoi ça me fait penser.

— Ça ne nous tuera pas. Pas en cinquante jours. D'ailleurs l'exercice nous fera sans doute du bien. Comme de soulever des poids. Les gens paient cher et vilain pour faire ça dans des clubs. Nous avons déjà payé notre droit d'inscription, alors autant en profiter.

— Comment sais-tu que ça ne durera que cinquante jours ?

— Parce qu'on s'est mis d'accord là-dessus.

— Et s'ils ne respectent pas cet accord ?

— Ecoute, Jack, ne t'en fais pas comme ça. Si des problèmes se posent, on les résoudra.

— C'est une erreur de faire confiance à ces salauds, je t'assure.

— Tu as peut-être raison. Tu devrais peut-être t'en aller maintenant. C'est moi qui nous ai fichus dans ce pétrin, la dette est ma responsabilité.

— C'est moi qui ai perdu.

— Tu as perdu l'argent, mais c'est moi qui ai joué la voiture.

— Tu veux dire que tu resterais ici pour faire ça tout seul ?

— C'est ce que je te dis.

— T'es vraiment dingue, alors ?

— Qu'est-ce que ça peut te faire, ce que je suis ? Tu es libre, Jack. Tu peux t'en aller maintenant, je ne t'en voudrai pas. Je te le promets. Sans rancune."

Bouleversé par le choix qu'il venait de lui offrir, Pozzi regarda longuement Nashe, cherchant à lire dans ses yeux s'il était réellement sincère. Puis, très lentement, un sourire se forma sur son visage, comme s'il venait de saisir la chute d'une blague obscure.

"Merde, mon vieux, dit-il. Tu crois vraiment que je te laisserais tout seul ? Si tu fais tout ce boulot toi-même, tu risques de tomber raide d'une crise cardiaque."

Nashe ne s'y attendait pas. Il avait supposé que Pozzi s'empresserait d'accepter sa proposition et, pendant ces quelques instants de certitude, il avait déjà commencé à imaginer à quoi ressemblerait sa vie solitaire dans le pré, à tenter de se résigner à cette solitude, à en prendre si bien son parti qu'il s'en réjouissait presque. Mais à présent que le gosse restait, il était content. Lorsqu'ils rentrèrent dans le salon pour annoncer leur décision, il fut stupéfait de réaliser à quel point il était content.

Ils passèrent une heure à tout consigner par écrit et rédigèrent un document qui établissait les termes de leur accord sous la forme la plus claire possible, avec des clauses relatives au montant de la dette, aux conditions de remboursement, au salaire horaire, etc. Stone le tapa à la machine en double exemplaire, puis tous quatre signèrent au bas de chaque copie. Après quoi Flower annonça qu'il allait chercher Murks afin de prendre les mesures nécessaires en ce qui concernait la roulotte, le chantier et l'approvisionnement. Cela demanderait plusieurs heures, dit-il, et en attendant il les invitait, s'ils avaient faim, à prendre le petit déjeuner dans la cuisine. Nashe posa une question sur la forme du mur, mais Flower lui répondit de ne pas s'en préoccuper. Lui et Stone avaient déjà terminé les plans et Murks savait exactement ce qui devait être fait. Du moment qu'ils suivaient les instructions de Calvin, ils ne pouvaient pas se tromper. Sur cette note confiante, le gros homme sortit de la pièce, et Stone conduisit Nashe et Pozzi à la cuisine, où il pria Louise de leur donner quelque chose à manger. Puis il bredouilla un bref au revoir embarrassé et disparut à son tour.

De toute évidence, Louise était mécontente d'avoir à préparer leur repas, et tout en s'affairant à battre les œufs et à frire le lard, elle manifestait sa colère en refusant de leur adresser la parole – marmonnant pour elle-même des chapelets d'injures et se comportant comme si cette tâche avait constitué une insulte à sa dignité. Nashe comprit à quel point leur situation s'était modifiée. Pozzi et lui avaient été dépouillés de leur statut, ils ne seraient plus désormais traités en invités. Ils se trouvaient réduits au rang de main-d'œuvre temporaire, de vagabonds venus mendier des restes à la porte de la cuisine. Il était impossible de ne pas remarquer la différence, et comme il s'asseyait en attendant d'être servi, il se demanda comment Louise avait été si vite informée de leur déchéance. La veille, elle leur avait témoigné une politesse, un respect parfaits ; maintenant, seize heures à peine plus tard, elle ne dissimulait guère son mépris. Pourtant ni Flower ni Stone ne lui avaient dit un mot. On eût dit qu'un communiqué secret diffusé à travers la maison l'avait avertie que Pozzi et lui ne comptaient plus, qu'ils avaient été relégués dans la catégorie des moins que rien.

Mais le repas fut excellent, et ils mangèrent tous deux de bon appétit, dévorant des portions supplémentaires de pain grillé accompagnées de nombreuses tasses de café.

Lorsqu'ils eurent l'estomac plein, ils tombèrent dans un état de somnolence et pendant une demi-heure ils luttèrent pour garder les yeux ouverts en continuant à fumer les cigarettes de Pozzi. Leur nuit blanche les avait enfin rattrapés et ils ne paraissaient ni l'un ni l'autre en état de parler. Finalement, Pozzi s'endormit sur sa chaise, après quoi Nashe demeura longuement le regard fixé dans le vide, sans rien voir, tandis que son corps s'abandonnait avec volupté à un profond épuisement.

Quelques minutes après dix heures, Murks fit irruption dans la cuisine à grand fracas de bottes de travail et de trousseaux de clefs. Le bruit ranima aussitôt Nashe, qui fut debout avant même que Murks n'arrivât près de la table. Pozzi dormait, inconscient de l'agitation qui l'entourait.

"Qu'est-ce qu'il a ? demanda Murks en le désignant du pouce.

— Sa nuit a été dure, dit Nashe.

— Ouais, ben, à ce qu'on m'a dit, ça n'a pas trop bien marché pour toi non plus.

— Je n'ai pas besoin d'autant de sommeil que lui."

Murks médita cette réponse un moment, puis il dit :
"Jack et Jim, hein ? Et lequel tu es, toi ?

— Jim.

— Je suppose que ton copain est Jack, alors.

— Bien raisonné. Après ça, le reste est facile. Moi c'est Jim Nashe, et lui Jack Pozzi. Vous ne devriez pas avoir trop de peine à vous en souvenir.

— Ouais. Je me souviens. Pozzi. C'est quoi, ça, un genre d'Espagnol ou quoi ?

— Plus ou moins. Il descend en droite ligne de Christophe Colomb.

— Sans blague ?

— Est-ce que j'inventerais une chose pareille ?"

Murks se tut de nouveau, comme pour tenter d'absorber cette curieuse information. Puis, regardant Nashe de ses yeux bleu pâle, il changea brusquement de sujet.

"J'ai sorti tes affaires de la voiture et je les ai mises dans la jeep, déclara-t-il. Tes bagages et toutes ces cassettes. J'ai

pensé que tu aimerais les avoir. Ils m'ont dit que tu resterais quelque temps.
— Et la voiture ?
— Je l'ai amenée chez moi. Si tu veux, tu peux signer les papiers d'enregistrement demain. Y a pas urgence.
— Vous voulez dire qu'ils vous ont donné la voiture, à vous ?
— A qui d'autre ? Ils n'en avaient pas besoin, et Louise vient de s'en acheter une nouvelle le mois dernier. M'a l'air d'une bonne voiture. Agréable à conduire."

Les paroles de Murks firent à Nashe l'effet d'un direct à l'estomac, et pendant quelques instants il dut même lutter pour se retenir de pleurer. Le souvenir de la Saab ne lui était pas venu à l'esprit, et maintenant, tout à coup, un sentiment de perte absolue l'envahissait, comme si on venait de lui apprendre la mort de son meilleur ami.

"Bien sûr, dit-il, s'efforçant de son mieux de maîtriser sa réaction. Vous n'avez qu'à m'apporter les papiers demain.
— Bon. On sera assez occupés aujourd'hui, de toute façon. On a plein de choses à faire. Faut d'abord que je vous installe tous les deux, et puis je vous montrerai les plans et on fera le tour du terrain. Vous imaginez pas les quantités de pierres qu'il y a. Une vraie montagne, voilà ce que c'est, je vous jure, une véritable montagne. J'ai jamais vu autant de pierres de toute ma vie."

6

Il n'y avait pas de route entre la maison et le pré et Murks prit à travers bois avec la jeep. Il semblait en avoir une grosse habitude et fonçait à une allure débridée – décrivant autour des arbres des virages abrupts, en épingle à cheveux, rebondissant follement sur des pierres ou des racines apparentes, criant à Nashe et à Pozzi de se pencher pour éviter des branches basses. La jeep faisait un raffut terrible, oiseaux et écureuils s'égaillaient à leur approche en une fuite éperdue sous le couvert obscur. Après un quart d'heure environ de ce train d'enfer, le ciel s'éclaircit soudain et ils atteignirent une lisière herbue parsemée de buissons bas et de jeunes arbres. Le pré s'étendait devant eux. La première chose que vit Nashe fut la roulotte – une structure vert pâle posée sur plusieurs rangées de parpaings – et ensuite, à l'autre bout du champ, il découvrit ce qui restait du château de lord Muldoon. Contrairement à ce que leur avait dit Murks, les pierres ne formaient pas une montagne mais plutôt une série de montagnes – une douzaine de tas répartis au hasard sur le sol, pointant à des angles et des hauteurs variés, un vertigineux chaos de pierres de taille éparpillées comme les blocs d'un jeu de construction. Le pré lui-même était beaucoup plus vaste que Nashe ne l'avait imaginé. Entouré de bois de tous côtés, il semblait occuper une surface à peu près équivalente à trois ou quatre terrains de rugby : un territoire immense couvert d'une herbe drue et rase, aussi plat et aussi silencieux que le fond d'un lac. Nashe se retourna pour tenter d'apercevoir la maison, mais elle n'était plus visible. Il avait pensé que Flower et Stone se tiendraient à une fenêtre et les observeraient à l'aide d'un télescope ou d'une paire de jumelles, mais heureusement la forêt faisait écran. La simple certitude de leur demeurer caché lui parut appréciable et, pendant ces premières minutes après être descendu de la jeep, il sentit naître en lui l'impression d'avoir déjà regagné un peu de sa liberté. Oui, le pré semblait un lieu abandonné ; mais il n'était pas dépourvu d'une certaine beauté désolée, d'un air lointain et calme qui pouvait presque être considéré comme apaisant. A défaut d'autre chose, Nashe tâcha de trouver là de quoi se donner du cœur.

La roulotte se révéla convenable. Il faisait chaud et poussiéreux à l'intérieur, mais ses dimensions étaient suffisantes pour que deux personnes pussent y habiter dans un confort raisonnable ; elle comprenait une cuisine, une salle de bains, un salon et deux petites chambres. L'électricité fonctionnait, la chasse du cabinet aussi, et l'eau coula dans l'évier quand Murks tourna le robinet. Elle était peu meublée, et ce qui s'y trouvait avait un aspect terne et impersonnel, mais rien de pis que ce qu'on trouve dans n'importe quel motel bon marché. Il y avait des serviettes dans la salle de bains, la cuisine était garnie d'ustensiles et de vaisselle, il y avait des draps sur les lits. Nashe se sentait soulagé, mais Pozzi ne disait pas grand-chose et déambulait comme s'il avait l'esprit ailleurs. Il n'a pas encore digéré ce poker, se dit Nashe. Il résolut de laisser le gosse en paix, bien qu'il trouvât difficile de ne pas se demander combien de temps il lui faudrait pour se remettre.

Après avoir ouvert les fenêtres et mis en marche le ventilateur pour aérer la roulotte, ils s'installèrent dans la cuisine afin d'examiner les dessins.

"Faut pas s'imaginer quelque chose de très recherché, dit Murks, mais c'est sans doute pas plus mal. Ce truc sera un monstre, c'est pas la peine d'essayer de faire joli."

Il retira soigneusement le plan d'un rouleau de carton et l'étala sur la table, les quatre coins maintenus par des tasses à café.

"Ce que vous avez là, poursuivit-il, c'est le mur élémentaire. Six cents mètres de long sur six mètres de haut – dix rangées de mille pierres chacune. Pas de courbes ni de tournants, ni arches ni colonnes, aucune espèce de fantaisie. Juste un simple mur, sans fioritures.

— Six cents mètres de long, dit Nashe. Ça fait plus d'un demi-kilomètre.

— C'est ce que j'essaie de vous expliquer. Ce bébé est un géant.

— On le finira jamais, dit Pozzi. Impensable qu'on puisse construire c'te connerie à deux en cinquante jours.

— Si j'ai bien compris, répliqua Murks, vous n'êtes pas obligés de finir. Vous faites votre temps, terminez ce que vous pouvez, c'est tout.

— Tu l'as dit, pépère, fit Pozzi. C'est tout.

— On verra bien où vous arriverez, conclut Murks. On dit que la foi soulève des montagnes. Eh bien, les muscles aussi, peut-être."

Le mur figurait sur le plan en diagonale entre les coins nord-est et sud-ouest de la prairie. Comme Nashe s'en convainquit en étudiant les schémas, c'était la seule façon possible d'inscrire un mur de six cents mètres à l'intérieur des limites du champ rectangulaire (qui mesurait approximativement trois cent cinquante mètres de large sur cinq cent cinquante de long). Mais le simple fait que la diagonale répondît à une nécessité mathématique n'en faisait pas un mauvais choix. Dans la mesure où il s'en souciait, Nashe admettait qu'une oblique valait mieux qu'une droite. Le mur aurait un plus grand impact visuel de cette manière – qui partageait le pré en triangles plutôt qu'en carrés – et, dans la mesure où il s'en souciait, il était content qu'il n'y eût pas d'autre solution.

"Six mètres de haut, dit-il. Nous aurons besoin d'un échafaudage, n'est-ce pas ?

— Quand le moment sera venu, répondit Murks.

— Et qui va devoir le construire ? Pas nous, j'espère.

— Te fais pas de bile pour des trucs qui n'arriveront peut-être jamais, fit Murks. On n'a pas besoin de penser à l'échafaudage avant que vous commenciez le troisième rang. Ça fait deux mille pierres. Si vous y arrivez en cinquante jours, je pourrai très vite vous fabriquer quelque chose. Devrait pas me prendre plus de quelques heures.

— Et puis il y a le ciment, poursuivit Nashe. Vous allez nous fournir une machine, ou on doit le mélanger nous-mêmes ?

— Je vous achèterai des sacs à la quincaillerie, en ville. Y a des tas de brouettes dans la cabane à outils, vous n'aurez qu'à en prendre une pour le mélanger dedans. Il vous en faudra pas beaucoup – juste une petite pointe par-ci, par-là, aux bons endroits. C'est solide, des pierres comme ça. Une fois en place, y a rien qui pourra les faire bouger."

Murks enroula le plan et le glissa dans le tube. Nashe et Pozzi le suivirent alors à l'extérieur et tous trois grimpèrent dans la jeep. En roulant vers l'autre extrémité du pré, Murks expliqua que l'herbe était courte parce qu'il l'avait tondue quelques jours avant, et de fait elle sentait bon, mêlant à l'air un soupçon de douceur qui rappelait à Nashe de lointains souvenirs. Ça le mit de bonne humeur, et lorsque la jeep s'arrêta il ne se préoccupait plus des détails de l'entreprise. Il faisait une trop belle journée pour cela, la chaleur du soleil lui baignait le visage, et il paraissait ridicule de s'inquiéter de quoi que ce fût. Prends les choses comme elles viennent, se disait-il. Réjouis-toi simplement d'être en vie.

Certes, ils avaient vu les pierres de loin, mais maintenant qu'ils se trouvaient sur place, c'était une autre affaire, et Nashe ne pouvait s'empêcher d'avoir envie de les toucher, de promener la main sur leurs surfaces afin de découvrir quel était leur contact. Pozzi semblait réagir de la même façon, et ils passèrent tous deux quelques minutes à errer entre les amoncellements de granit en caressant timidement les blocs gris et lisses. Ils avaient un aspect impressionnant, une immobilité presque effrayante. Les pierres étaient si massives, si froides contre la peau qu'on avait peine à croire qu'elles avaient un jour fait partie d'un château. Elles avaient l'air trop vieilles pour ça – comme si on les avait extraites des profondeurs de la terre, comme si elles étaient les reliques d'un temps où l'homme n'existait pas même en rêve.

Nashe en repéra une, à l'écart d'une des piles, et se pencha pour la ramasser, curieux de savoir combien elle pesait. Une première traction provoqua un nœud de tension dans le bas de son dos, et il ne parvint à soulever la pierre du sol qu'au prix d'un effort qui lui arracha un grognement ; il avait l'impression que les muscles de ses jambes allaient se tétaniser. Il fit trois ou quatre pas puis la reposa.

"Seigneur ! fit-il. Pas très encourageant, hein ?

— Elles doivent peser entre vingt-cinq et trente-cinq kilos, dit Murks. Juste de quoi vous faire sentir chacune d'elles.

— J'ai senti celle-ci, dit Nashe. Ça ne fait aucun doute.

— Alors quel est le topo, grand-père ? demanda Pozzi à Murks. On déménage ces cailloux avec la jeep, ou tu nous procures autre chose ? J'ai beau regarder de tous les côtés, je ne vois pas de camion dans les parages."

Murks sourit en hochant lentement la tête.

"Vous pensez tout de même pas qu'ils sont stupides.

— Qu'est-ce que ça veut dire, ça ? fit Nashe.

— Si on vous donne un camion, vous vous en servirez pour filer. Ça tombe sous le sens, non ? Serait idiot de vous fournir l'occasion de vous tirer.

— Je ne savais pas que nous étions en prison, dit Nashe. Je croyais qu'on avait été embauchés pour accomplir un travail.

— C'est vrai, dit Murks. Mais ils veulent pas que vous décampiez avant d'avoir rempli votre part du contrat.

— Alors on les transporte comment ? demanda Pozzi. C'est pas des morceaux de sucre, tu sais, on peut pas en bourrer nos poches.

— Pas la peine de t'énerver, dit Murks. Il y a un chariot dans la cabane qui conviendra tout à fait.

— Ça prendra un temps fou comme ça, remarqua Nashe.

— Et alors ? Dès que vous aurez fait vos heures, vous serez libres de rentrer chez vous. Qu'est-ce que ça peut vous faire, le temps que ça prend ?

— Ben merde alors, s'écria Pozzi en faisant claquer ses doigts et sur le ton d'un rustaud demeuré. Merci pour l'explication, Calvin. Je veux dire, enfin, de quoi on se plaindrait ? On a not' chariot maintenant, et si on considère combien ça va nous aider dans notre travail – et c'est le travail du bon Dieu, ça, frère Calvin – je trouve qu'on peut être bien contents. Je voyais pas les choses du bon côté. Ben voyons, moi et Jim, on doit être les deux plus grands veinards que la terre ait jamais portés."

Après cela, ils retournèrent à la roulotte et déchargèrent de la jeep les affaires de Nashe, ses valises, ses sacs de livres et de cassettes, qu'ils déposèrent par terre dans le salon. Puis ils se rassirent à la table de la cuisine afin de dresser une liste de courses. C'était Murks qui écrivait, et il formait ses lettres avec tant de lenteur et de difficulté qu'il leur fallut près d'une heure pour tout énumérer : les divers aliments, boissons et condiments, les vêtements de travail, les bottes et les gants, des vêtements de rechange pour Pozzi, des lunettes de soleil, du savon, des sacs-poubelles, des tapettes à mouches. L'essentiel étant assuré, Nashe ajouta à la liste une radiocassette portative, et Pozzi demanda un certain nombre de petites choses : un jeu de cartes, un journal, un exemplaire du magazine *Penthouse*. Murks leur annonça qu'il serait de retour en milieu d'après-midi puis, en réprimant un bâillement, il se leva et s'apprêta à partir. Juste avant qu'il ne sorte, Nashe se souvint néanmoins qu'il voulait lui poser une question.

"Est-ce que je pourrais téléphoner ? demanda-t-il.

— Y a pas de téléphone ici, tu vois bien, répondit Murks.

— Vous pourriez peut-être me ramener à la maison, alors.

— Pourquoi tu veux téléphoner ?

— Je n'ai pas l'impression que ça vous regarde.

— Non, sans doute pas. Mais je ne peux pas te ramener à la maison, comme ça, sans savoir pourquoi.

— Il faut que j'appelle ma sœur. Elle s'attend à me voir arriver dans quelques jours, et je n'ai pas envie qu'elle s'inquiète."

Murks réfléchit un moment puis secoua la tête.

"Désolé. J'ai pas la permission de te ramener là-bas. Ils m'ont donné des instructions spéciales.

— Et un télégramme ? Si j'écris le message, vous pourriez le téléphoner vous-même.

— Non, je peux pas faire ça. Les patrons n'aimeraient pas. Mais tu peux envoyer une carte postale, si tu veux. Je te la mettrai volontiers à la poste.

— Une lettre, alors. Achetez-moi du papier et des enveloppes en ville. Si je l'envoie demain, je pense qu'elle la recevra encore à temps.

— D'accord. Du papier et des enveloppes. Tu les as."

Quand Murks fut parti dans la jeep, Pozzi se tourna vers Nashe.

"Tu crois qu'il la postera ? demanda-t-il.

— Je n'en ai aucune idée. Si je devais parier, je dirais qu'il y a de bonnes chances. Mais c'est loin d'être sûr.

— Dans un sens comme dans l'autre, tu ne le sauras jamais. Il prétendra qu'il l'a envoyée, mais ça ne veut pas dire que tu pourras le croire.

— Je demanderai à ma sœur de me répondre. Si elle ne le fait pas, nous saurons que l'ami Murks mentait."

Pozzi alluma une cigarette puis poussa le paquet de Marlboro à travers la table en direction de Nashe, qui hésita un instant avant d'accepter. En fumant cette cigarette, il prit conscience de la profondeur de sa fatigue, il se sentait vidé de toute énergie. Après trois ou quatre bouffées, il l'éteignit et annonça :

"Je crois que je vais dormir un peu. On n'a de toute façon rien à faire pour le moment, je pourrais aussi bien essayer mon nouveau lit. Quelle chambre préfères-tu, Jack ? Je prendrai l'autre.

— Ça m'est égal, répondit Pozzi. Tu peux choisir."

Nashe se leva, et le mouvement qu'il fit dérangea les deux figurines de bois au fond de sa poche. Elles exercèrent contre sa cuisse une pression inconfortable, et pour la première fois depuis qu'il les avait volées, il se souvint de leur existence.

"Regarde, dit-il en exhibant Flower et Stone et en les posant sur la table. Nos deux petits amis."

Pozzi fronça les sourcils, puis un sourire éclaira lentement son visage tandis qu'il examinait les deux minuscules bonshommes, aussi vrais que nature.

"Mince alors, d'où ça vient ?
— D'où crois-tu ?"

Pozzi leva les yeux vers Nashe avec une expression étrange, incrédule.

"Tu les as pas volés, quand même ?
— Bien sûr que si. Comment crois-tu qu'ils seraient arrivés au fond de ma poche ?
— T'es cinglé, tu te rends pas compte ? T'es encore plus cinglé que je ne pensais.
— Ça ne me paraissait pas bien de partir sans emporter un souvenir", expliqua Nashe, en souriant comme s'il venait de recevoir un compliment.

Manifestement impressionné par l'audace de Nashe, Pozzi sourit à son tour.

"Ils seront pas trop contents quand ils vont s'en apercevoir, dit-il.
— Tant pis pour eux.
— Ouais, fit Pozzi en ramassant sur la table les deux petits bonshommes et en les examinant de plus près. Tant pis pour eux."

Nashe baissa les stores dans sa chambre, s'étendit sur le lit et s'endormit sous le ressac des bruits de la prairie. Des oiseaux chantaient au loin, le vent soufflait entre les arbres, une cigale stridula dans l'herbe sous sa fenêtre. Sa dernière pensée avant de perdre conscience fut pour Juliette et son anniversaire. Le douze octobre, c'est dans quarante-six jours, songea-t-il. S'il devait passer dans ce lit les cinquante prochaines nuits, il n'arriverait pas à temps. En dépit des promesses qu'il lui avait faites, il serait encore en Pennsylvanie le jour de sa fête.

Le lendemain matin, Nashe et Pozzi découvrirent que construire un mur n'était pas aussi simple qu'ils se l'étaient figuré. Avant de pouvoir entreprendre la construction proprement dite, il fallait passer par toutes sortes de préparatifs.

Il fallait tracer des lignes, creuser une tranchée, créer une surface plane.

"On ne peut pas se contenter de laisser tomber les pierres en espérant que ça marche, avait déclaré Murks. Il faut faire les choses dans les règles."

La première opération consista à dérouler deux longueurs de ficelle parallèles et à les tendre entre les coins de la prairie de manière à délimiter l'espace que devait occuper le mur. Une fois ces contours établis, Nashe et Pozzi attachèrent la ficelle à de petits piquets de bois puis plantèrent ceux-ci dans le sol à des intervalles d'un mètre cinquante. C'était un processus laborieux, qui les obligeait à prendre et à reprendre sans cesse des mesures, mais Nashe et Pozzi ne se sentaient pas particulièrement pressés, puisqu'ils savaient qu'à chaque heure consacrée à la ficelle correspondrait une heure de moins passée à porter des pierres. Si l'on considère qu'il y avait huit cents piquets à planter, les trois jours que leur prit l'achèvement de cette tâche ne paraissent pas excessifs. Dans des circonstances différentes, ils l'auraient peut-être un peu traînée en longueur, mais Murks n'était jamais loin, et aucune astuce n'échappait à ses yeux bleu pâle.

Le lendemain il leur donna des pelles et leur fit creuser une tranchée peu profonde entre les deux lignes de ficelle. L'avenir du mur dépendait de la régularité du fond de cette tranchée et ils procédèrent donc avec soin, ne progressant que par toutes petites sections. Le pré n'étant pas parfaitement plat, il leur fallait éliminer les diverses bosses et les monticules qu'ils rencontraient en chemin, déraciner à la pelle l'herbe et les autres plantes et puis, à l'aide de pioches et de barres à mine, extraire les pierres qui se trouvaient cachées sous la surface. Certaines de celles-ci leur opposaient une résistance farouche. Elles refusaient de se dégager de la terre, et Nashe et Pozzi passèrent le plus clair de six journées à se battre avec elles, à lutter pour arracher au sol obstiné chacun de ces obstacles. Les plus gros rochers laissaient bien entendu derrière eux des trous qu'il fallait ensuite combler.

Le travail avançait lentement mais ils ne le trouvaient ni l'un ni l'autre particulièrement difficile. En fait, lorsqu'ils en arrivèrent aux finitions, ils commençaient presque à s'amuser. Ils consacrèrent un après-midi entier à égaliser le fond de la tranchée puis à le tasser avec des houes. Durant ces quelques heures, le labeur ne leur parut pas plus ardu que du jardinage.

Il ne leur avait pas fallu longtemps pour s'habituer à leur nouvelle existence. Après trois ou quatre jours dans le pré, la routine leur semblait déjà familière, et dès la fin de la première semaine ils n'avaient plus besoin d'y penser. Chaque matin, le réveil de Nashe sonnait à six heures. Ensuite, après s'être succédé dans la salle de bains, ils allaient dans la cuisine préparer leur petit déjeuner (Pozzi s'occupant du jus d'orange, du pain grillé et du café, et Nashe des œufs brouillés et des saucisses). A sept heures précises, Murks venait frapper un petit coup sur la porte de la roulotte, et ils entamaient alors leur journée. Après avoir travaillé cinq heures, ils revenaient déjeuner dans la roulotte (une heure de congé sans solde) puis s'y remettaient pour cinq heures encore dans l'après-midi. Ils terminaient à six heures, et tous deux appréciaient toujours cet instant, prélude aux réconforts d'une douche chaude et d'une bière dans le salon paisible. Nashe se retirait alors à la cuisine afin de préparer le dîner (des plats simples en général, les bons vieux classiques américains : des steaks et des côtelettes, du poulet en cocotte, des montagnes de pommes de terre et de légumes, des puddings et des glaces pour le dessert) et lorsqu'ils s'étaient rempli l'estomac, Pozzi prenait sa part du ménage en se chargeant de tout ranger. Après quoi Nashe, étendu sur le canapé du salon, écoutait de la musique ou lisait tandis que Pozzi s'installait à la table de la cuisine et faisait des patiences. Parfois ils bavardaient, parfois ils ne disaient rien. Parfois ils sortaient, et jouaient à une sorte de basket-ball que Pozzi avait inventée : il fallait lancer des cailloux dans une poubelle placée à une distance de quelques mètres. Et une ou deux fois, quand la soirée était particulièrement belle, ils s'assirent sur les marches de la roulotte et regardèrent le soleil se coucher derrière les arbres.

Nashe se sentait beaucoup plus calme qu'il ne l'avait escompté. A partir du moment où il avait accepté la disparition de sa voiture, il n'avait plus guère éprouvé l'envie de se retrouver sur les routes et il constatait, non sans un certain ahurissement, la facilité avec laquelle il s'était ajusté à sa nouvelle existence. Il comprenait mal comment il avait pu tout abandonner, si vite. Mais il s'apercevait que travailler en plein air lui plaisait, et au bout de quelque temps il eut l'impression que le silence de la prairie exerçait sur lui un effet apaisant, comme si l'herbe et les arbres avaient modifié son métabolisme. Cela ne signifiait pas, néanmoins, qu'il se sentît bien. L'atmosphère restait chargée de suspicion et de méfiance, et Nashe trouvait irritante l'affirmation implicite que le gosse et lui ne respecteraient pas leurs obligations. Ils avaient donné leur parole, avaient même apposé leurs signatures au bas d'un contrat, et pourtant tout semblait organisé en fonction de l'idée qu'ils tenteraient de s'échapper. Non seulement on ne leur permettait pas de travailler à l'aide de machines, mais encore Murks arrivait maintenant chaque matin à pied, ce qui prouvait que même la jeep passait pour une tentation trop dangereuse, comme si sa présence eût risqué de rendre irrésistible l'envie de la voler. Ces précautions étaient certes déplaisantes, mais le plus sinistre était encore la clôture grillagée qu'ils avaient découverte dans la soirée de leur première pleine journée de travail. Après dîner, ils avaient décidé d'explorer une partie de la zone boisée qui entourait le pré. Partant par le côté le plus éloigné, ils avaient pénétré sous le couvert en suivant un chemin de terre qui paraissait frayé depuis peu. Des arbres abattus gisaient de part et d'autre, et ils devinèrent en voyant les traces de pneus inscrites dans l'humus tendre que c'était par là qu'étaient passés les camions venus livrer leur cargaison de pierres. Nashe et Pozzi continuèrent à marcher mais, avant d'avoir atteint la grand-route qui marquait la limite nord de la propriété, ils furent arrêtés par la clôture. Haute de deux mètres cinquante à trois mètres, elle était surmontée par un menaçant entrelacs de fils barbelés. Une section paraissait plus neuve que le reste, ce qui pouvait indiquer qu'on en avait enlevé une partie pour permettre aux camions d'entrer, mais à part cela toute trace de circulation avait été éliminée. Ils poursuivirent leur marche le long de la clôture, en se demandant s'ils découvriraient une ouverture, et quand la nuit tomba, une heure et demie plus tard, ils étaient revenus à leur point de départ. A un moment donné, ils avaient reconnu le portail de pierre qu'ils avaient franchi le jour de leur arrivée, et il n'y avait eu aucune autre interruption. La clôture était partout, elle entourait l'étendue entière du domaine de Flower et Stone.

Ils firent de leur mieux pour en rire, se dirent que les gens riches vivaient toujours derrière des clôtures, mais ne purent gommer le souvenir de ce qu'ils avaient vu. La clôture avait été érigée pour empêcher l'accès de ce qui venait du dehors, mais une fois en place ne pouvait-elle aussi bien empêcher de sortir ce qui se trouvait à l'intérieur ? Toutes sortes de possibilités menaçantes gisaient enfouies sous cette question. Nashe s'efforçait de ne pas laisser filer son imagination, mais il ne réussit pas à calmer sa peur avant le huitième jour, quand il reçut une lettre de Donna. Pozzi se sentit rassuré à l'idée que quelqu'un sût où ils étaient, mais le plus important aux yeux de Nashe était que Murks eût tenu parole. La lettre était une démonstration de bonne foi, une preuve tangible que personne n'avait l'intention de les tromper.

Tout au long de ces premières journées dans le pré, Pozzi se conduisit de façon exemplaire. Il semblait avoir décidé de se montrer solidaire de Nashe, et quoi qu'on lui demandât, il ne rechignait pas. Il s'acquittait de son travail avec une bonne volonté flegmatique, contribuait aux corvées ménagères et faisait même semblant d'apprécier la musique classique que Nashe écoutait chaque soir après le dîner. Nashe ne s'était pas attendu de sa part à tant de complaisance et lui était reconnaissant des efforts qu'il faisait. Mais la vérité, c'était qu'il récoltait simplement ce qu'il avait mérité. Il était allé jusqu'au bout pour Pozzi, la nuit du match de poker, au-delà de toute limite raisonnable, et s'il y avait laissé tout ce qu'il possédait, il y avait aussi gagné un ami. Cet ami paraissait prêt maintenant à faire pour lui n'importe quoi, même si cela signifiait passer cinquante jours dans un pré au bout du monde, à se casser les reins comme un prisonnier condamné aux travaux forcés.

Néanmoins, loyauté ne signifiait pas conviction. Du point de vue de Pozzi, toute cette situation était absurde, et le fait qu'il eût choisi de soutenir son ami n'impliquait pas qu'il lui donnât raison. Le gosse n'avait cédé que pour complaire à Nashe, et dès lors que celui-ci s'en fut rendu compte, il s'efforça de garder pour lui ses réflexions. Les jours passèrent, et bien qu'il n'y eût guère d'instants où ils ne se trouvaient pas ensemble, il continua à ne pas parler de ce qui le préoccupait vraiment – ni de ses efforts pour redonner un sens à sa vie, ni de sa vision du mur en tant que chance de se racheter à ses propres yeux, ni du fait qu'il accueillait les épreuves de leur existence dans le pré comme un moyen de compenser son insouciance et son apitoiement sur lui-même – car une fois lancé, il savait qu'il ne pourrait plus s'empêcher de prononcer des mots qu'il regretterait, et il ne souhaitait pas rendre Pozzi encore plus nerveux qu'il ne l'était déjà. L'essentiel était de le maintenir de bonne humeur, de l'aider à parvenir au bout des cinquante jours de la manière la moins pénible. Il valait mieux n'aborder les choses que de façon très superficielle – la dette, le contrat, les heures accomplies – et sauver les apparences grâce à des réflexions comiques et des haussements d'épaules ironiques. Cette attitude rendait parfois Nashe bien solitaire, mais il ne voyait pas comment s'en tirer autrement. Si jamais il ouvrait son cœur au gosse, cela provoquerait comme une tornade. Comme l'ouverture d'une boîte pleine de vers, comme la recherche des pires ennuis.

Si les manières de Pozzi envers Nashe restaient excellentes, avec Murks c'était une autre histoire, et il ne se passait pas un jour sans qu'il le taquinât, l'insultât et l'agressât en paroles. Au début, Nashe y voyait un bon signe, il se disait que si le gosse parvenait à retrouver l'insolence chahuteuse qui lui était naturelle, cela signifiait peut-être qu'il ne réagissait pas trop mal à la situation. Il proférait ses injures sur un ton si sarcastique, avec un tel assortiment de sourires et de hochements de tête sympathisants que

Murks paraissait à peine se rendre compte qu'il se moquait de lui. Nashe, qui n'éprouvait pour Murks aucune affection particulière, ne désapprouvait pas Pozzi de décompresser un peu aux dépens du contremaître. Avec le temps, il se mit néanmoins à penser que le gosse en faisait trop – qu'il ne paraissait pas mû seulement par une indiscipline foncière, mais par une réaction de panique, de peurs refoulées et d'inquiétude. Son attitude évoquait celle d'un animal acculé, prêt à attaquer tout ce qui l'approche. Et bien entendu, il s'agissait toujours de Murks. Pourtant, si insupportable que devînt Pozzi, si provocant qu'il se montrât, le vieux Calvin ne bronchait pas. Le bonhomme avait quelque chose de si profondément imperturbable, une si fondamentale absence de spontanéité ou d'humour que Nashe ne parvenait pas à déceler s'il se moquait d'eux sous cape ou s'il n'était que stupide. Il se contentait d'accomplir son boulot, d'aller son chemin du même pas consciencieux et lent, sans jamais un mot sur lui-même, jamais une question à Nashe ou à Pozzi, jamais le moindre indice de colère, de curiosité ou de plaisir. Il arrivait avec ponctualité à sept heures tous les matins, chargé des achats et des provisions qui lui avaient été demandés la veille, et puis, pendant onze heures, il n'en avait plus que pour le chantier. Il était difficile de deviner ce qu'il pensait du mur, mais il supervisait les opérations avec une attention méticuleuse aux détails, guidant Nashe et Pozzi d'une étape de la construction à la suivante comme s'il savait de quoi il parlait. Il gardait néanmoins ses distances, et jamais il ne leur donnait un coup de main ni ne participait physiquement au travail. Il était chargé de surveiller l'édification du mur et se conformait à ce rôle en affichant de manière stricte et absolue sa supériorité sur les hommes placés sous ses ordres. Murks avait l'air suffisant d'un personnage satisfait de sa position hiérarchique et, comme c'est le cas pour la plupart des sous-officiers et des petits chefs en ce monde, sa loyauté était fermement acquise aux gens qui lui donnaient ses instructions. Il ne déjeunait jamais avec Nashe et Pozzi, par exemple, et quand la journée s'achevait, il ne s'attardait jamais à bavarder. Ils cessaient le travail à six heures précises, et c'était toujours terminé. "A demain, les gars", disait-il, puis il s'en allait de son pas traînant et disparaissait dans les bois en l'affaire de quelques secondes.

Il leur fallut neuf jours pour venir à bout des préliminaires. Puis ils commencèrent le mur lui-même, et soudain leur univers bascula de nouveau. Comme Nashe et Pozzi s'en aperçurent, soulever un bloc de trente kilos était une chose, mais une fois qu'on avait soulevé ce bloc, c'en était une tout autre de soulever un deuxième bloc de trente kilos, et une tout autre encore de s'attaquer à un troisième après avoir soulevé le deuxième. Quelle que fût leur énergie au moment où ils empoignaient le premier, la plus grande partie en était épuisée quand ils abordaient le deuxième, et une fois qu'ils avaient porté le deuxième il leur en restait moins encore à consacrer au troisième. C'était ainsi. Chaque fois qu'ils travaillaient au mur, Nashe et Pozzi butaient contre le même infernal casse-tête : les pierres étaient toutes identiques, et pourtant chacune pesait plus lourd que la précédente.

Ils passaient les matinées à traîner les pierres une par une d'un bout à l'autre du pré dans un petit chariot rouge, à les déposer au bord de la tranchée et à retourner en chercher d'autres. L'après-midi, ils travaillaient, à la truelle et au ciment, à positionner soigneusement chaque bloc. De ces deux activités, il est difficile de dire quelle était la pire : soulever et déposer sans cesse le matin, pousser et tirer à partir du déjeuner. La première exigeait peut-être de plus grands efforts, mais l'obligation de déménager les pierres sur de telles distances comportait une compensation cachée. Murks leur ayant recommandé de commencer par le bout le plus éloigné de la tranchée, ils devaient repartir les mains vides, chaque fois qu'ils avaient transporté un bloc, pour chercher le suivant – et ce bref entracte leur permettait de reprendre haleine. La seconde partie du travail, moins épuisante, offrait aussi moins de répit. Les courtes interruptions nécessaires pour appliquer le ciment ne pouvaient se comparer aux marches à travers le pré, et à tout prendre il était probablement plus pénible de déplacer une pierre sur quelques centimètres que de la hisser du sol pour la mettre sur le chariot. Si l'on prenait en considération toutes les autres variables – le fait qu'ils se sentaient en général plus en forme le matin, le fait que la chaleur devenait d'habitude plus forte l'après-midi, le fait que leur écœurement grandissait inévitablement au fil des heures – cela revenait sans doute au même. Six d'un côté, une demi-douzaine de l'autre.

Ils trimbalaient les pierres dans un *Fast Flyer*, un chariot pour enfants du genre de celui que Nashe avait offert à Juliette à l'occasion de son troisième anniversaire. Au premier abord, Pozzi et lui avaient cru qu'il s'agissait d'une plaisanterie, et tous deux avaient ri quand Murks l'avait exhibé. "Vous n'êtes pas sérieux ?" s'était exclamé Nashe. Mais Murks semblait très sérieux, et à l'usage il s'avéra que ce jouet était plus qu'adéquat : son corps métallique pouvait supporter les charges, et ses pneus de caoutchouc étaient assez robustes pour résister à tous les creux et bosses du terrain. Il y avait néanmoins un certain ridicule à se trouver réduit à utiliser une chose pareille, et Nashe était irrité de l'effet bizarre, infantilisant, que cela exerçait sur lui. Le chariot n'était pas à sa place entre les mains d'un adulte. C'était un objet fait pour la chambre d'enfant, pour l'univers futile et imaginaire des tout-petits, et chaque fois qu'il le traînait au travers du pré il se sentait honteux, accablé par le sentiment de sa propre impuissance.

Le travail progressait lentement, par degrés à peine perceptibles. En une bonne matinée, ils arrivaient à transporter vingt-cinq ou trente pierres jusqu'à la tranchée, mais jamais davantage. Si Pozzi avait été un peu plus costaud, ils auraient pu avancer deux fois plus vite, mais le gosse n'était pas de taille à soulever les pierres tout seul. Il était trop petit, trop fragile, trop peu habitué à l'effort physique. S'il parvenait à arracher une pierre au sol, il était ensuite incapable de la porter sur la moindre distance. Dès qu'il tentait de marcher, le poids le déséquilibrait et il avait à peine fait deux ou trois pas que le bloc lui échappait des mains. Nashe, avec ses vingt centimètres et ses trente kilos de plus que lui, n'éprouvait pas ces difficultés. Il eût été injuste, pourtant, qu'il fît tout le travail, et ils en vinrent à porter les pierres en tandem. Même ainsi, il eût encore été possible de charger deux blocs sur le chariot (ce qui aurait amélioré leur cadence d'un tiers environ), mais Pozzi n'avait pas la force de tirer plus de cinquante kilos. Il se débrouillait sans trop de peine avec trente ou trente-cinq, et puisqu'ils s'étaient mis d'accord de partager la besogne en deux – ce qui signifiait qu'ils se relayaient pour traîner le chariot – ils s'en tinrent aux chargements d'une seule pierre. En fait, ce n'était peut-être pas plus mal. De toute façon, c'était un labeur éreintant, ils n'avaient aucun intérêt à se laisser écraser.

Peu à peu, Nashe s'adapta. Les premières journées furent les plus pénibles, rares étaient les instants où il ne se sentait pas anéanti par un épuisement presque intolérable. Il avait les muscles douloureux, le cerveau brumeux, le corps sans cesse assoiffé de sommeil. Il s'était ramolli durant tous ces mois passés assis dans sa voiture, et le travail relativement facile des neuf premiers jours n'avait pas contribué à le préparer au choc d'une réelle épreuve. Mais Nashe était encore jeune, encore assez vigoureux pour se remettre de sa longue période d'inactivité, et avec le temps il s'aperçut qu'il commençait à sentir la fatigue un peu plus tard chaque jour, que si une matinée de labeur avait suffi, au début, à l'entraîner aux limites de son endurance, il était à présent capable de tenir pendant une grande partie de l'après-midi avant que cela n'arrivât. Finalement, il découvrit qu'il ne lui était plus nécessaire de s'écrouler dans son lit aussitôt après dîner. Il se remit à lire, et vers le milieu de la deuxième semaine il se rendit compte que le pire était passé.

Pozzi, pour sa part, ne s'en sortait pas aussi bien. Si le gosse avait paru assez content les premiers jours, pendant qu'ils creusaient la tranchée, il devint de plus en plus malheureux lorsqu'ils abordèrent la phase suivante. Sans doute, les pierres lui coûtaient plus d'efforts qu'à Nashe, mais son irritabilité et sa morosité semblaient moins liées à la souffrance physique qu'à un sentiment d'outrage moral.

Ce travail lui était odieux, et plus cela durait, plus il lui paraissait évident qu'il était la victime d'une terrible injustice, que ses droits avaient été bafoués d'une façon monstrueuse, indescriptible. Incapable d'accepter l'idée qu'il avait perdu, il revenait sans cesse sur la partie de poker avec Flower et Stone. Après dix jours passés à construire le mur, il était convaincu d'avoir été l'objet d'une tricherie, que Flower et Stone avaient volé leur argent en se servant de cartes truquées ou d'une autre astuce illégale. Nashe faisait de son mieux pour éviter le sujet, mais en vérité il n'était pas tout à fait persuadé que Pozzi se trompait. Lui aussi s'était posé la question, mais faute de la moindre preuve à l'appui de cette accusation, il trouvait inutile d'encourager le gosse. Même s'il avait raison, ils n'y pouvaient strictement rien.

Pozzi continuait à espérer une occasion de tirer ça au clair avec Flower et Stone, mais les milliardaires ne se montraient pas. Leur absence paraissait inexplicable, et plus le temps passait, plus elle intriguait Nashe. Il avait supposé qu'ils viendraient tous les jours voir ce qui se passait dans le pré. C'était leur idée, après tout, et il eût semblé tout naturel qu'ils souhaitent savoir comment se déroulaient les travaux. Les semaines se succédaient pourtant sans qu'ils donnent signe de vie. Si Nashe lui demandait où ils étaient, Murks haussait les épaules, baissait le nez, et répondait qu'ils étaient occupés. Ça n'avait aucun sens. Nashe tenta d'en discuter avec Pozzi mais celui-ci, lancé désormais sur une autre orbite, tenait en réserve une réponse toute prête :

"Ça prouve qu'ils sont coupables, affirmait-il. Ces salauds savent que je les ai devinés, et ils ont trop peur pour ramener leurs pommes."

Un soir, Pozzi but cinq ou six bières après le dîner et se saoula complètement. Il était d'une humeur massacrante et se mit au bout d'un moment à arpenter la roulotte en titubant et en proférant toutes sortes d'insanités à propos du sort inique qui était le sien.

"Je vais leur faire leur affaire, à ces deux connards, déclara-t-il. Ce gros plein de soupe sera bien obligé d'avouer."

Sans prendre le temps d'expliquer ses intentions, il empoigna une torche électrique sur le comptoir de la cuisine, ouvrit la porte extérieure et plongea dans l'obscurité. Nashe se releva précipitamment pour courir après lui en lui criant de revenir.

"Mêle-toi de tes oignons, pompier, lança Pozzi en gesticulant avec la torche, éclairant l'herbe par saccades désordonnées. Puisque ces salopards ne viennent pas nous parler, y a plus qu'à aller les chercher."

A moins de lui envoyer un coup de poing en pleine figure, Nashe comprit qu'il lui serait impossible de l'arrêter. Le gosse était bourré, hors d'atteinte des mots, et tenter de le raisonner ne servirait à rien. Nashe n'avait aucune envie de frapper Pozzi. L'idée de malmener ce gamin ivre et désespéré ne représentait pas à ses yeux une solution, et il résolut donc de ne rien faire – d'entrer dans le jeu de Pozzi tout en veillant à ce qu'il ne s'attirât pas d'ennuis.

Ils avancèrent ensemble à travers bois en se guidant grâce au faisceau de la lampe. Il était près de onze heures et le ciel couvert ne laissait deviner ni la lune ni d'éventuelles étoiles. Nashe s'attendait à apercevoir une des lumières de la maison, mais tout restait sombre de ce côté, et après quelque temps il commença à se demander s'ils allaient la retrouver. Cela paraissait long, Pozzi ne cessait de trébucher sur des cailloux ou de s'enfoncer dans des buissons épineux, et toute l'expédition semblait de plus en plus absurde. Et puis ils arrivèrent : ils marchaient sur la pelouse, ils approchaient de la maison. Il devait être trop tôt pour que Flower et Stone fussent déjà couchés, et cependant aucune fenêtre n'était éclairée. Pozzi fit le tour jusqu'à la porte d'entrée et sonna, déclenchant à nouveau les premières mesures de la *Cinquième Symphonie* de Beethoven. Pas du tout aussi amusé que la première fois, le gosse murmura quelque chose d'inintelligible et attendit que quelqu'un ouvrît la porte. Mais rien ne se passa, et après quinze ou vingt secondes il sonna une deuxième fois.

"On dirait qu'ils sont sortis, ce soir, dit Nashe.

— Non, ils sont là, répliqua Pozzi. Ils sont juste trop froussards pour répondre."

Pourtant aucune lumière ne s'était allumée après la deuxième sonnerie, et la porte restait fermée.

"A mon avis, il est temps de renoncer, dit Nashe. Si tu veux, on reviendra demain.

— Et la bonne ? fit Pozzi. Tu penses bien qu'elle doit être là. On pourrait lui laisser un message.

— Elle a peut-être le sommeil lourd. Ou alors ils lui ont donné sa soirée. Ça m'a l'air complètement mort, là-dedans."

Pozzi envoya dans la porte un coup de pied rageur, puis se mit soudain à proférer des invectives d'une voix stridente. Au lieu de sonner une troisième fois, il recula dans l'allée tout en criant à tue-tête, en direction des fenêtres de l'étage, sa colère devant la maison vide.

"Hé, Flower, tempêtait-il. Oui, toi, le gros, c'est à toi que je parle ! T'es une ordure, bonhomme, tu t'en rends compte ? Toi et ton petit copain, vous êtes deux ordures, et vous allez payer pour ce que vous m'avez fait !"

Cela dura pendant au moins trois ou quatre minutes, un débordement belliqueux de menaces furieuses et vaines, et tout en croissant en intensité, cela devenait de plus en plus pathétique, plus désolant par sa stridence désespérée. Nashe se sentait le cœur plein de pitié pour le gosse, mais il ne pouvait pas grand-chose tant que la colère de Pozzi ne s'était pas consumée. Debout dans les ténèbres, il regardait danser les insectes attirés par le rayon de la torche. Dans le lointain, un hibou hulula une fois, deux fois, puis se tut.

"Viens, Jack, dit Nashe. Rentrons à la roulotte, allons dormir."

Mais Pozzi n'en avait pas terminé. Avant de partir, il se pencha, ramassa une poignée de gravier dans l'allée et la lança vers la maison. C'était un geste stupide, la colère mesquine d'un enfant de douze ans. Le gravier rebondit comme de la chevrotine sur la surface dure et puis, presque en écho, Nashe entendit le léger soprano d'un bruit de verre brisé.

"On s'en va, maintenant, dit-il. Je crois que ça suffit comme ça."

Pozzi se retourna et se mit à marcher vers le bois.

"Crapules, grommela-t-il pour lui-même. Le monde entier est aux mains de crapules."

A la suite de cette soirée, Nashe comprit qu'il devrait veiller de plus près sur le gosse. Les ressources profondes de Pozzi s'épuisaient, et ils n'avaient pas encore accompli la moitié de leur temps. Sans en faire une affaire, il se mit à assumer plus que sa part du travail, à soulever et à transporter des pierres pendant que Pozzi se reposait, pensant qu'un peu de sueur supplémentaire de sa part pourrait contribuer à maintenir la situation sous contrôle. Il ne voulait plus d'éclats ni de soûlographie, il ne voulait pas devoir sans cesse se demander si le gosse n'allait pas craquer. Il pouvait supporter ce surcroît de travail, et l'un dans l'autre cela paraissait plus simple que d'essayer de faire la morale à Pozzi sur les vertus de la patience. Il n'y en avait plus que pour trente jours, se disait-il, et s'il ne pouvait se débrouiller pour tenir le coup jusque-là, quelle sorte d'homme était-il ?

Il renonça à lire après le dîner afin de passer ces heures avec Pozzi. La soirée était l'heure dangereuse, et cela n'arrangeait rien de laisser le gosse broyer du noir tout seul dans la cuisine, où il se montait la tête à ressasser jusqu'au délire des pensées meurtrières. Tout en s'efforçant de s'y prendre avec subtilité, Nashe se mit désormais à la disposition de Pozzi. Si le gosse avait envie de jouer aux cartes, il jouait aux cartes avec lui ; si le gosse avait envie de boire, il ouvrait une bouteille et lui tenait tête, verre pour verre. Du moment qu'ils parlaient ensemble, la façon dont ils passaient le temps importait peu. De temps à autre, Nashe racontait des histoires de son année sur les routes, ou bien il évoquait certains des grands incendies qu'il avait combattus à Boston, s'attardant pour le bénéfice de Pozzi sur les détails les plus affreux, avec l'idée que le fait d'entendre ce que d'autres avaient subi pourrait peut-être distraire le jeune homme de ses propres soucis. Pendant un petit moment, la stratégie de Nashe parut efficace. Le gosse devint nettement plus calme, et ses propos haineux concernant

Flower et Stone cessèrent soudain, mais il ne fallut pas longtemps pour que de nouvelles obsessions remplacent les anciennes. Nashe arrivait à en contenir la plupart sans trop de difficulté – les filles, par exemple, et la préoccupation croissante de tirer un coup – mais il en était de moins aisées à écarter. Il ne s'agissait plus pour Pozzi de menacer quiconque, mais une fois de temps en temps, en plein milieu de la conversation, il faisait des sorties tellement schizo, tellement démentes que Nashe s'effrayait de les entendre.

"Ça marchait juste comme j'avais prévu, lui déclara Pozzi un soir. Tu t'en souviens, Jim, n'est-ce pas ? Sur le velours, ça marchait, aussi bien qu'on peut le rêver. Je venais de tripler notre mise, et j'étais là, prêt à porter le coup fatal. Ces connards étaient finis. Ce n'était plus qu'une question de temps avant qu'ils flottent le ventre en l'air, je le sentais dans mes os. Ça c'est la sensation que j'attends toujours. C'est comme si on tournait un interrupteur au fond de moi, tout mon corps se met à bourdonner. Chaque fois que je ressens ça, je sais que c'est gagné, j'ai plus qu'à me laisser aller sur ma lancée jusqu'à la fin. Tu me suis, Jim ? Jusqu'à cette nuit-là, je ne m'y suis jamais trompé, pas une seule fois.

— Il y a une première à tout, remarqua Nashe, qui ne voyait pas très bien où le gosse voulait en venir.

— Peut-être. Mais j'ai du mal à croire ce qui nous est arrivé. Du moment que tu es en veine, putain, y a rien qui peut t'arrêter. On dirait que d'un coup le monde entier tombe en place. T'es comme à côté de ton corps, et pendant toute la nuit tu restes là à te regarder accomplir des miracles. Ça n'a plus grand-chose à voir avec toi, en réalité. Ça échappe à ton contrôle, et tant que tu n'y réfléchis pas trop, tu peux pas faire d'erreur.

— Ça a eu l'air bien parti pendant un moment, Jack, je l'admets. Et puis la chance a tourné. C'est le risque, on n'y peut rien. Un peu comme un batteur qui a fait un sans-faute. Et puis, tout à la fin de la neuvième manche, il rate son dernier coup, alors que toutes les bases sont occupées. Son équipe perd, et on peut sans doute considérer qu'il en est responsable. Mais ça ne veut pas dire qu'il a été mauvais ce soir-là.

— Non, tu ne m'écoutes pas. Moi je te dis qu'il est pas question que je rate mon coup à ce moment-là. Merde, la balle me paraît grosse comme une pastèque. Tout ce que je fais, je m'installe sur le plateau du batteur et, quand elle arrive, je te la cale droit dans le vide entre deux joueurs, et ce coup-là remporte la partie.

— D'accord, tu envoies un vrai boulet dans un vide. Mais un de ces deux joueurs fonce comme l'éclair et juste au moment où la balle va lui échapper il saute et l'attrape dans la paume de son gant. C'est un coup impossible, un des grands coups de tous les temps. Mais le batteur est *out*, pas vrai ? Et il est hors de question de lui reprocher de ne pas avoir fait de son mieux. C'est ça que j'essaie de t'expliquer, Jack. Tu as fait de ton mieux, et nous avons perdu. On a vu pire dans l'histoire du monde. On ne va plus se désoler pour ça.

— Ouais, mais t'as toujours pas compris de quoi je parle. T'entends pas ce que je te dis.

— Ça me paraît assez simple. Pendant presque toute la nuit, on aurait dit qu'on allait gagner. Et puis quelque chose s'est détraqué, et on a perdu.

— Exactement. Quelque chose s'est détraqué. Et qu'est-ce que tu crois que c'était ?

— Je n'en sais rien, fiston. Dis-le-moi.

— C'était toi. Tu as rompu le rythme, et après ça tout était foutu.

— Si je me souviens bien, c'est toi qui jouais aux cartes. Je ne faisais rien d'autre que rester assis à te regarder.

— Mais tu participais. Heure après heure, tu es resté là, juste derrière moi, avec ton haleine dans mon cou. Au début j'étais un peu distrait de te sentir si près, et puis je me suis habitué, et après un moment j'ai compris qu'il y avait une raison à ta présence. Tu m'insufflais la vie, mon pote, chaque fois que je sentais ton souffle, la chance se déversait dans mes os. C'était tellement parfait. Tout était bien équilibré, les rouages fonctionnaient, c'était beau, vieux, vraiment beau. Et puis il a fallu que tu t'en ailles.

— Un besoin naturel. Tu ne voulais tout de même pas que je pisse dans mon froc ?

— Bien sûr, c'est très bien, va à la salle de bains, ça ne me dérange pas du tout. Mais combien de temps ça prend ? Trois minutes ? Cinq minutes ? Ouais, sûr, vas-y, va pisser. Mais bordel de Dieu, Jim, tu es resté parti pendant une heure entière !

— J'étais crevé. J'ai dû m'allonger pour faire un somme.

— Ouais, mais t'as pas fait de somme, hein ? T'es monté, tu t'es mis à rôder autour de cette connerie de Cité du Monde. Nom de Dieu, pourquoi est-ce que t'avais besoin de faire un truc aussi dingue ? Et moi, je suis là en bas, en train d'attendre que tu redescendes, et petit à petit je commence à perdre ma concentration. Où est-ce qu'il reste, je me dis tout le temps, qu'est-ce qui a pu lui arriver, bordel ? Alors ça marche moins bien, je gagne plus autant de manches qu'avant. Et alors, juste au moment où ça tourne vraiment mal, tu as cette idée saugrenue de voler un morceau de la maquette. Cette faute-là, je peux pas y croire. Aucune classe, Jim, un coup d'amateur. C'est pareil que commettre un péché, un truc comme ça, pareil que violer une loi fondamentale. On avait tout en harmonie. On était arrivés au point où tout devenait musique pour nous, et puis il faut que tu montes là-haut et que tu bousilles les instruments. T'as trafiqué l'univers, mon ami, et quand on a fait ça, on doit en payer le prix. Je regrette seulement d'avoir à le payer avec toi.

— Tu commences à parler comme Flower, Jack. Ce type gagne le gros lot et il s'imagine tout à coup que c'est Dieu qui l'a choisi.

— Je ne parle pas de Dieu. Dieu n'a rien à voir là-dedans.

— Ce n'est qu'un autre mot pour la même chose. Tu veux croire à un dessein caché. Tu essaies de te persuader qu'il existe une raison à ce qui se passe dans le monde. Je m'en fous comment tu appelles ça – Dieu ou la chance ou l'harmonie –, ça revient à la même connerie. C'est une façon d'éluder les faits, de refuser de voir la réalité.

— Tu te crois malin, Nashe, mais tu connais rien à rien.

— C'est vrai, je ne connais rien. Et toi non plus, Jack. Nous ne sommes que deux ignorants, toi et moi, une paire de caves qui se sont fait avoir. Maintenant on essaie d'équilibrer les comptes. Si on ne déconne pas, on sera hors d'ici dans vingt-sept jours. Je ne prétends pas que c'est drôle, mais on aura peut-être appris quelque chose d'ici la fin.

— T'aurais pas dû faire ça, Jim. C'est ça que j'essaie de te dire. Quand t'as volé ces petits bonshommes, tout s'est déglingué."

Avec un soupir exaspéré, Nashe se leva de sa chaise et tira de sa poche la miniature de Flower et Stone. Puis il passa du côté où Pozzi était assis et il lui tint les figurines devant les yeux.

"Regarde bien, dit-il, et dis-moi ce que tu vois.

— Bon Dieu, s'exclama Pozzi, à quoi tu joues ?

— Regarde, répéta Nashe sèchement. Allez, Jack, dis-moi ce que j'ai en main."

Pozzi leva vers Nashe un regard blessé, puis lui obéit à contrecœur.

"Flower et Stone, dit-il.

— Flower et Stone ? J'aurais pensé que Flower et Stone étaient plus grands que ça. Enfin, regarde-les, Jack, ces deux types ne mesurent pas plus de quelques centimètres.

— D'accord, c'est pas vraiment Flower et Stone. C'est ce qu'on appelle une réplique.

— Un petit morceau de bois, non ? Un bête petit morceau de bois. C'est pas vrai, Jack ?

— Si tu le dis.

— Et pourtant tu t'imagines que ce petit bout de bois est plus fort que nous, n'est-ce pas ? Tu crois qu'il est tellement fort, en fait, qu'il nous a fait perdre tout notre argent.

— C'est pas ça que j'ai dit. Je pense simplement que tu n'aurais pas dû le piquer. A un autre moment, peut-être, mais pas pendant qu'on jouait au poker.

— Le voici pourtant. Et chaque fois que tu le regardes, tu as un peu peur, non ? Comme s'ils te jetaient un mauvais sort.

— Un peu.

— Que veux-tu que j'en fasse ? Tu veux que je les rapporte ? Ça te rassurerait ?

— Il est trop tard. Le mal est fait.

— Il y a un remède à tout, fiston. Un bon petit catholique comme toi devrait le savoir. Avec le remède approprié, on peut guérir n'importe quelle maladie.

— Là je suis paumé. Je ne comprends rien à ce que tu racontes.

— Tu vas voir. Dans quelques minutes, tes ennuis seront envolés."

Sans un mot de plus, Nashe alla chercher dans la cuisine un moule à gâteau, une boîte d'allumettes et un journal. De retour dans le salon, il posa le moule à gâteau sur le sol, juste devant les pieds de Pozzi, à quelques centimètres. Puis il s'accroupit et plaça les figurines de Flower et Stone au centre du moule. Il déchira une page du journal, déchira cette page en plusieurs bandes, et froissa chaque bande de manière à en faire une petite boule. Ensuite, très délicatement, il entoura de ces boules la statuette de bois au milieu du moule. Il s'arrêta alors pour regarder Pozzi dans les yeux, et comme le gosse ne disait rien, il frotta une allumette. Il approcha la flamme des boulettes de papier, l'une après l'autre, et quand elles furent toutes enflammées, le feu avait gagné les petits personnages de bois, avec une grande bouffée de chaleur crépitante à l'instant où la peinture brûla et fondit. Le bois en dessous était tendre et poreux, il ne résista pas à cet assaut. Flower et Stone noircirent, diminuèrent tandis que le feu rongeait leurs corps, et une minute plus tard les deux petits hommes avaient disparu.

Nashe désigna les cendres au fond du moule en disant :

"Tu vois. Ce n'est rien du tout. Du moment que tu connais la formule magique, il n'y a pas d'obstacle infranchissable."

Le gosse releva enfin les yeux et se tourna vers Nashe.

"Tu as perdu la tête, dit-il. J'espère que tu t'en rends compte.

— Si c'est vrai, nous sommes deux, mon ami. Au moins tu n'auras plus à souffrir seul. C'est déjà quelque chose, non ? Je suis avec toi jusqu'au bout, Jack. A chaque pas, jusqu'au bout du chemin."

Vers le milieu de la quatrième semaine, le temps se mit à changer. La chaleur humide céda la place à la fraîcheur des premiers jours d'automne, et ils portaient désormais des pull-overs presque tous les matins pour se rendre au travail. Les insectes avaient disparu, ces bataillons de moucherons et de moustiques qui les avaient tellement tourmentés, et avec les feuilles qui commençaient à changer de couleur dans les bois, dans un flamboiement de jaunes, d'orangés et de rouges, il eût été difficile de ne pas se sentir un peu mieux. La pluie pouvait être parfois désagréable, il est vrai, mais même la pluie semblait préférable aux rigueurs de la canicule, et ils ne la considéraient pas comme un obstacle à leur activité. Ils s'étaient équipés de ponchos imperméables et de casquettes de base-ball, qui constituaient une protection raisonnablement efficace en cas d'averse. L'essentiel était de persévérer, de faire leurs dix heures chaque jour et d'accomplir leur tâche comme prévu. Depuis le début, ils ne s'étaient accordé aucun congé, et ils n'étaient pas disposés à se laisser intimider par un peu de pluie. Là-dessus, assez curieusement, Pozzi se montrait le plus déterminé des deux. Sans doute parce qu'il était plus impatient que Nashe d'en finir, et il s'en allait au travail sans protester, même sous les pires orages et les cieux les plus tristes. Dans un sens, plus il faisait mauvais, plus il était content – car Murks devait se trouver dehors avec eux, et rien ne faisait plus plaisir à Pozzi que la vue du contremaître, maussade dans son ciré jaune, debout des heures durant sous un parapluie noir tandis que les bottes chaussant ses jambes torses s'enfonçaient de plus en plus profondément dans la boue. Il adorait voir ainsi souffrir le vieux bonhomme. Il y trouvait une sorte de consolation, une petite compensation pour toutes les peines que lui-même avait subies.

Mais la pluie leur causa des problèmes. Un jour de la dernière semaine de septembre, elle tomba avec une telle violence que presque un tiers de la tranchée fut endommagé. Ils avaient alors mis en place environ sept cents pierres et comptaient terminer la première rangée dans les dix ou douze jours. Pendant la nuit, un orage terrible se leva et le pré fut martelé par une pluie féroce, balayée par le vent. Quand ils sortirent le lendemain matin pour se mettre à l'ouvrage, ils découvrirent que toute la partie exposée de la tranchée s'était remplie de plusieurs centimètres d'eau. Non seulement il serait impossible de poser d'autres pierres avant que le sol ne fût sec, mais le résultat de tous leurs efforts méticuleux pour niveler le fond de la tranchée se trouvait anéanti. Les fondations du mur s'étaient transformées en un fouillis suintant de ruisselets et de boue. Pendant trois jours, ils transportèrent des pierres le matin aussi bien que l'après-midi, afin de perdre le moins de temps possible, puis, quand l'eau se fut enfin évaporée, ils abandonnèrent les pierres pour quelques jours et se mirent à retaper le fond de la tranchée. C'est alors que la situation finit par exploser entre Pozzi et Murks. Calvin s'intéressait de nouveau à leur travail, et au lieu de se tenir à l'écart et de les surveiller à distance prudente (comme il en avait pris l'habitude), il passait maintenant ses journées à leur tourner autour, s'agitant et intervenant sans cesse, avec de petits commentaires et des suggestions pour s'assurer que les réparations étaient faites correctement. Pozzi le supporta pendant une matinée mais l'après-midi, comme ce harcèlement continuait, Nashe se rendit compte qu'il en était de plus en plus exaspéré. Trois ou quatre heures encore s'écoulèrent, et enfin le gosse perdit patience.

"Très bien, grande gueule, dit-il, écœuré, en jetant sa pelle et en lançant à Murks un regard furibond, puisque t'es un tel expert, pourquoi tu fais pas ça toi-même?"

Apparemment pris à l'improviste, Murks garda le silence un moment.

"Parce que c'est pas mon boulot, finit-il par répondre à voix très basse. C'est vous deux qui devez faire ça, les gars. Moi je suis juste ici pour vérifier que vous ne cochonnez pas le travail.

— Ouais? rétorqua le gosse. Et qu'est-ce qui te permet de prendre des grands airs comme ça, patate? Comment ça se fait que tu restes planté là avec tes mains dans tes poches pendant que nous on se casse les couilles sur ce tas de merde ? Hein ? Allez, accouche, donne-moi une seule bonne raison.

— C'est simple, fit Murks, incapable de contrôler le sourire qui se formait sur ses lèvres. Parce que vous jouez aux cartes et pas moi."

Ce fut à cause du sourire, Nashe le sentit. Une expression fugitive de mépris profond et authentique avait passé sur le visage de Murks, et un instant plus tard Pozzi se jetait sur lui les poings serrés. Un coup au moins porta franchement, car lorsque Nashe réussit à faire reculer le gosse, quelques gouttes de sang se formaient au coin de la bouche de Calvin. Encore bouillonnant d'un surplus de rage, Pozzi se débattit sauvagement dans les bras de Nashe pendant près d'une minute, mais Nashe tint bon de toutes ses forces et le gosse finit par se calmer. Cependant Murks s'était retiré de quelques pas et tamponnait la plaie avec son mouchoir.

"Ça fait rien, dit-il enfin. Ce petit freluquet ne tient pas le coup, c'est tout. Y a des gars qui en ont, et d'autres pas. Seulement il vaut mieux que ça n'arrive plus. Une autre fois je serai moins gentil."

Il regarda la montre à son poignet et ajouta :

"Je crois qu'on va cesser tôt, aujourd'hui. Il est presque cinq heures, et ça sert à rien de s'y remettre tant que les esprits sont surchauffés."

Après quoi, avec son petit signe de la main habituel, il s'en fut à travers le pré et disparut dans les bois. Nashe ne put s'empêcher d'admirer son sang-froid. La plupart des gens auraient riposté à une telle attaque, mais Murks n'avait même pas levé les mains pour se défendre. Cela n'allait peut-être pas sans une certaine arrogance – comme s'il avait voulu signifier à Pozzi qu'il ne pouvait l'atteindre, quoi qu'il fît – mais il n'en restait pas moins que l'incident avait été désamorcé avec une rapidité étonnante. Si l'on pensait à ce qui aurait pu se passer, il paraissait miraculeux que ça se fût terminé sans plus de mal. Même Pozzi en semblait conscient, et tandis qu'il évitait scrupuleusement d'évoquer le sujet ce soir-là, Nashe le devinait embarrassé, content d'avoir été arrêté avant qu'il fût trop tard.

Il n'y avait pas de raison d'envisager des répercussions. Pourtant, le lendemain matin à sept heures, Murks arriva à la roulotte armé d'un revolver. C'était un calibre 38 de la police, maintenu dans un étui de cuir accroché à un ceinturon qu'il portait autour de la taille. Nashe remarqua que six balles manquaient dans les alvéoles du ceinturon – preuve à peu près certaine que l'arme était chargée. Comme s'il ne suffisait pas que les choses en fussent arrivées là, il se sentit encore plus désagréablement impressionné par l'attitude de Calvin, qui se comportait comme si de rien n'était. Il ne fit aucune allusion au revolver, et ce silence parut à Nashe plus troublant que l'arme elle-même. Cela supposait que Murks se sentait le droit de la porter – qu'il s'en était senti le droit depuis le début. Il n'avait donc jamais été question de liberté. Les contrats, les poignées de main, la bonne volonté – rien de tout cela n'avait eu le moindre sens. Depuis le début, Nashe et Pozzi avaient travaillé sous la menace, et ce n'était que parce qu'ils avaient choisi de coopérer avec Murks que celui-ci les avait laissés en paix. Grogner et rouspéter leur semblait permis, mais dès que leur mécontentement s'était manifesté en dehors du domaine des mots, Murks s'était trouvé prêt à prendre contre eux des mesures d'intimidation sévères. Etant donné la façon dont tout paraissait prévu, il ne faisait aucun doute qu'il se conformait aux ordres de Flower et Stone.

Il paraissait néanmoins peu vraisemblable que Murks eût l'intention de se servir de son arme. Elle jouait un rôle symbolique, et sa seule présence en face d'eux semblait suffisamment claire. Aussi longtemps qu'ils ne le provoqueraient pas, Calvin se bornerait à se pavaner avec son revolver sur la hanche, comme l'incarnation niaise d'un shérif de province. Tout bien réfléchi, Nashe se disait que Pozzi représentait le seul vrai danger. Le comportement du gosse était devenu tellement lunatique qu'on ne pouvait jamais savoir s'il allait ou non faire une bêtise. En réalité, il n'en fit jamais, et Nashe fut forcé de reconnaître au bout de quelque temps qu'il l'avait sous-estimé. Depuis le début, Pozzi s'était attendu au pire, et en apercevant le revolver, ce matin-là, il s'était senti moins étonné que confirmé dans ses soupçons les plus graves. C'était Nashe qui avait été surpris, Nashe qui s'était leurré, qui avait mal lu les faits, alors que Pozzi, lui, avait toujours su à quoi ils étaient confrontés. Il l'avait su depuis la première journée dans le pré, et les implications de cette certitude l'avaient rendu à moitié mort de peur. A présent que tout se découvrait enfin, il avait l'air presque soulagé. Après tout, le revolver ne changeait rien à la situation, à ses yeux. Il prouvait simplement qu'il avait eu raison.

"Eh bien, pépère, dit-il à Murks tandis qu'ils marchaient tous trois dans le pré, on dirait que t'as fini par abattre tes cartes.

— Mes cartes ? fit Murks, qui ne saisissait pas. Je t'ai dit hier que je ne joue pas aux cartes.

— Ce n'est qu'une figure de style, répondit Pozzi avec un sourire aimable. Je veux parler de ce drôle de sucre d'orge que t'as là. Ce machin qui se balance à ta taille.

— Oh, ça, dit Murks en tapotant le revolver dans sa gaine. Ouais, ben, je me suis dit qu'il valait mieux ne plus prendre de risques. T'es un sacré dingue, petit gars. On sait jamais ce que tu pourrais faire.

— Ça réduit les possibilités, en quelque sorte, hein ? poursuivit Pozzi. Je veux dire, un truc comme ça peut sérieusement inhiber la capacité d'un mec à s'exprimer. Amputer ses droits au Premier Amendement, si tu sais de quoi il s'agit.

— Pas besoin de jouer au petit malin, fils, dit Murks. Je sais ce que c'est que le Premier Amendement.

— Bien sûr que tu le sais. C'est pour ça que je t'aime tant, Calvin. T'es un futé, un vrai petit prodige. On ne te la fait pas, à toi.

— Je l'ai dit hier, je suis toujours disposé à donner leur chance aux gens. Mais pas plus d'une fois. Après ça, il faut prendre les mesures appropriées.

— Mettre cartes sur table, hein ?

— Si tu veux le dire comme ça.

— Il vaut mieux que les choses soient claires, c'est tout. En fait, je suis plutôt content que tu aies mis ta ceinture de cérémonie aujourd'hui. Ça permet à mon ami Jim de mieux apprécier la situation.
— C'est l'idée, dit Murks en tapotant de nouveau son arme. A sa façon, ça précise la mire, hein ?"

Ce matin-là, ils achevèrent la réparation de la tranchée, après quoi le travail reprit son cours normal. A part le revolver (que Murks continuait d'arborer tous les jours) les circonstances extérieures de leur vie ne semblaient guère se modifier. A la rigueur, Nashe aurait même eu l'impression qu'elles commençaient à s'améliorer. La pluie s'était arrêtée, par exemple, et après l'atmosphère humide et moite qui les avait oppressés pendant plus d'une semaine, ils entrèrent dans une superbe période de temps d'automne : un air vif et lumineux, le sol ferme sous le pied, le crissement des feuilles tourbillonnant autour d'eux dans le vent. Pozzi aussi semblait aller mieux, et sa compagnie n'impliquait plus pour Nashe la même tension. D'une certaine manière, le revolver avait marqué un tournant, et le gosse avait réussi depuis lors à recouvrer une grande partie de son ressort et de sa bonne humeur. Il ne tenait plus de propos désordonnés ; il restait maître de sa colère ; le monde recommençait à l'amuser. C'étaient là de réels progrès, mais il y avait aussi celui du calendrier, qui comptait sans doute plus que tout. Octobre était là, maintenant, et on pouvait soudain apercevoir la fin. Le seul fait de savoir cela suffisait à réveiller en eux un peu d'espoir, une lueur d'optimisme qu'ils ne possédaient pas auparavant. Il ne restait plus que seize jours, et même le revolver ne pouvait pas leur ôter ça. Du moment qu'ils continuaient à travailler, le travail leur rendrait la liberté.

Ils posèrent la millième pierre le huit octobre, achevant donc la première rangée avec plus d'une semaine d'avance. Malgré tout, Nashe ne pouvait se défendre du sentiment d'un accomplissement. Ils laissaient une trace, en quelque sorte, ils avaient créé une chose qui subsisterait après leur départ et, où qu'ils se trouvent, une partie de ce mur leur appartiendrait toujours. Même Pozzi avait l'air heureux, et

quand le dernier bloc fut enfin cimenté à sa place, il recula d'un pas ou deux et dit à Nashe :
"Eh bien, mon camarade, vise un peu ce que nous avons fait !"
Puis, à la surprise de Nashe, il sauta sur les pierres et se mit à caracoler d'un bout à l'autre du mur, les bras écartés, à la manière d'un funambule. Nashe était content de le voir réagir ainsi, et tandis qu'il regardait la petite silhouette s'éloigner sur la pointe des pieds en dansant sa pantomime (comme s'il était en danger, comme s'il risquait de tomber d'une grande hauteur), quelque chose lui serra soudain la gorge et il se sentit au bord des larmes. Un instant plus tard, Murks s'approcha et remarqua :
"Ce petit bougre m'a l'air plutôt fier de lui, non ?
— Il en a bien le droit, répliqua Nashe. Il a travaillé dur.
— Ah, ça n'a pas été facile, il faut reconnaître. Mais on dirait qu'on y arrive. On dirait que ce mur finira par exister.
— Petit à petit, une pierre à la fois.
— C'est comme ça qu'il faut faire. Une pierre à la fois.
— Je pense que vous allez devoir vous mettre à chercher de nouveaux ouvriers. Si je calcule bien, on devrait partir le seize, Jack et moi.
— Je sais. C'est dommage, pourtant. Juste quand vous commencez à attraper le coup, et tout ça.
— C'était convenu, Calvin.
— Ouais, je suppose. Mais si rien de mieux ne se présente, vous pourriez envisager de revenir. J'imagine que ça te paraît cinglé en ce moment, mais penses-y tout de même un peu.
— Revenir ? fit Nashe, sans savoir s'il allait rire ou pleurer.
— C'est pas tellement moche, comme boulot, poursuivait Murks. Au moins vous avez tout là, devant vous. Vous posez une pierre, et il se passe quelque chose. Vous en posez une autre, et il se passe encore quelque chose. Y a pas grand mystère. On voit monter le mur, et après un bout de temps on commence à se sentir bien. C'est pas comme tondre l'herbe ou couper du bois. Ça aussi c'est du travail, mais ça ne mène jamais bien loin. Quand on bâtit un mur comme celui-ci, on a toujours de quoi être fier.

— Il y a sans doute du vrai, fit Nashe, un peu ahuri par cette échappée de Murks dans la philosophie. Mais j'ai d'autres idées sur ce que j'ai envie de faire.

— Comme tu voudras. Rappelle-toi simplement qu'il reste neuf rangs. Vous pourriez gagner pas mal d'argent si vous vous y mettiez.

— Je m'en souviendrai. Mais à votre place, Calvin, je compterais pas là-dessus."

Il y avait un problème, cependant. Il existait depuis le début, tel un petit point noir au fond de leurs consciences, et quand il ne resta plus qu'une semaine avant le seize octobre ce problème prit soudain une telle importance qu'en comparaison tout le reste semblait insignifiant. La dette serait remboursée le seize, mais ils se retrouveraient alors à zéro. Ils seraient libres sans doute, mais ils seraient aussi sans le sou, et jusqu'où irait leur liberté s'ils n'avaient pas d'argent ? Ils n'auraient même pas de quoi se payer un billet d'autocar. A peine sortis de là, ils deviendraient des clochards, deux vagabonds fauchés tâtonnant dans l'obscurité.

Pendant quelques minutes, ils crurent pouvoir s'en tirer grâce à la carte de crédit de Nashe, mais quand il la sortit de son portefeuille pour la montrer à Pozzi, celui-ci s'aperçut qu'elle avait expiré fin septembre. Ils parlèrent d'écrire à quelqu'un pour demander un prêt, mais les seules personnes à qui ils pensaient étaient la mère de Pozzi et la sœur de Nashe, et ils ne purent s'y résoudre ni l'un ni l'autre. Ça ne valait pas la peine, disaient-ils, c'était trop embarrassant et sans doute trop tard, de toute façon. Le temps qu'ils envoient leurs lettres et qu'ils reçoivent une réponse, le seize serait déjà passé.

Alors Nashe raconta à Pozzi la conversation qu'il avait eue avec Murks l'après-midi. C'était une perspective affreuse (à un moment donné, il eut même l'impression que le gosse allait fondre en larmes), mais ils se firent progressivement à l'idée qu'il leur faudrait rester encore un peu. Ils n'avaient pas le choix. S'ils ne se constituaient pas un petit pécule, leurs ennuis reprendraient de plus belle après leur départ, et aucun des deux ne se sentait le courage de les affronter. Ils se sentaient trop épuisés, trop secoués pour accepter encore ce risque. Un ou deux jours de plus devraient suffire, se disaient-ils, cent ou deux cents dollars chacun comme point de départ. Tout bien considéré, ce ne serait peut-être pas si terrible. Au moins travailleraient-ils pour eux-mêmes, ça ferait toute la différence. C'est ce qu'ils se disaient – mais que pouvaient-ils alors se dire d'autre ? Ils avaient bu près d'un litre de bourbon, à ce moment-là, et s'appesantir sur la réalité n'aurait fait que les déprimer davantage.

Ils en parlèrent à Calvin dès le lendemain matin, afin de s'assurer que sa proposition était sérieuse. Il n'avait rien contre, leur dit-il. En fait, il en avait déjà touché un mot à Flower et Stone, la veille au soir, et ils n'avaient pas soulevé d'objection. Si Nashe et Pozzi désiraient continuer le travail après s'être acquittés de leur dette, ils étaient libres de le faire. Ils pouvaient compter sur les mêmes dix dollars l'heure qu'ils avaient gagnés depuis le début, et cette offre resterait valable jusqu'à l'achèvement du mur.

"Nous ne pensons qu'à deux ou trois jours supplémentaires, fit Nashe.

— Sûr, je comprends, dit Murks. Vous avez envie d'économiser un petit magot avant de partir. J'étais certain que vous finiriez tôt ou tard par être de mon avis.

— Ça n'a rien à voir, dit Nashe. Nous restons parce que nous ne pouvons pas faire autrement, pas parce que nous en avons envie.

— Toute façon, conclut Murks, ça revient au même, pas vrai ? Vous avez besoin d'argent, et ce boulot-ci est le moyen d'en gagner."

Avant que Nashe ait pu répondre, Pozzi intervint en déclarant :

"Nous ne resterons que si tout est mis par écrit. En termes clairs et précis.

— Ce qu'on appelle un avenant au contrat, dit Murks. C'est ça que tu veux ?

— Ouais, c'est ça, fit Pozzi. Un avenant. Sans ça, on se tire d'ici le seize.

— Ça me paraît juste, déclara Murks d'un air de plus en plus satisfait de lui-même. Mais faut pas vous inquiéter. On s'en est déjà occupé." Faisant alors sauter les pressions de son duvet bleu, le contremaître enfonça la main droite dans la poche intérieure, et exhiba deux feuilles de papier pliées. "Lisez ça et dites-moi ce que vous en pensez", fit-il.

C'était l'original et un double d'une nouvelle clause : un court paragraphe simplement formulé, établissant les conditions d'un "engagement subséquent à l'acquittement de la dette". Chaque exemplaire portait déjà les signatures de Flower et Stone et, dans la mesure où Nashe et Pozzi pouvaient s'en assurer, tout était en ordre. C'est ce qu'il y avait de tellement étrange. Ils ne s'étaient décidés que la veille au soir, et pourtant les résultats de leur décision les attendaient déjà, réduits aux formules précises d'un contrat. Comment était-ce possible ? On aurait dit que Flower et Stone avaient pu lire dans leurs pensées, qu'ils avaient su ce qu'ils allaient faire avant même qu'ils en fussent convenus. Pendant un bref instant de paranoïa, Nashe se demanda si la roulotte n'était pas truffée de micros. Cette idée lui donna la chair de poule, mais il ne semblait pas y avoir d'autre explication. Et si des appareils d'écoute étaient cachés dans les murs ? Flower et Stone auraient pu facilement entendre leurs conversations – ils pouvaient avoir suivi chaque mot que le gosse et lui avaient échangé depuis six semaines. C'était peut-être ainsi qu'ils occupaient leurs soirées, se dit Nashe. Allumons la radio et écoutons *la Farce de Jim et Jack*. Du plaisir pour toute la famille, une heure d'éclats de rire garantis.

"Vous paraissez terriblement sûr de vous, dites donc, Calvin, observa-t-il.

— Simple bon sens, répliqua Murks. Je veux dire que c'était qu'une question de temps avant que vous m'en parliez. Y avait pas d'autre solution. Alors je me suis dit que j'allais vous préparer ça, demander aux patrons de rédiger les papiers. Ça n'a pas pris plus d'une minute."

Ils apposèrent donc leurs signatures sur les deux exemplaires de l'avenant, et l'affaire fut réglée. Une autre journée s'écoula. Quand ils se mirent à table, ce soir-là, Pozzi déclara qu'à son avis ils devaient organiser une fête le soir du seize. Même s'ils ne partaient pas ce jour-là, il trouvait que ce ne serait pas bien de le laisser passer sans célébration spéciale. Il fallait faire les quatre cents coups, disait-il, accueillir l'ère nouvelle avec une sacrée bombe. Nashe pensait qu'il voulait parler d'un gâteau et d'une bouteille de champagne, mais le gosse voyait plus grand que cela.

"Non, dit-il, mon idée c'est de faire vraiment bien les choses. Des huîtres, du caviar, tout le tremblement. Et on fait venir des filles, aussi. On peut pas faire la fête sans filles."

Nashe ne put s'empêcher de sourire devant l'enthousiasme du gosse.

"Et quelles filles, Jack ? demanda-t-il. La seule que j'ai vue par ici, c'est Louise, et je ne sais pas mais je n'ai pas vraiment l'impression que c'est ton type. Même si on l'invitait, je ne pense pas qu'elle accepterait.

— Non, non, je parle de vraies filles. Des poules. Tu sais, des mignonnes. Des filles qu'on peut baiser.

— Et où trouverons-nous ces mignonnes ? Au milieu des bois ?

— On les fait venir. Atlantic City n'est pas loin, tu sais. Ce patelin est bourré de chair fraîche. Y a de la chatte à vendre à tous les coins de rue.

— Epatant. Et qu'est-ce qui te fait croire que Flower et Stone seront d'accord ?

— Ils ont dit qu'on pouvait avoir tout ce qu'on voulait, non ?

— La nourriture, c'est une chose, Jack. Un bouquin, un magazine, même une ou deux bouteilles de bourbon. Mais là, tu ne penses pas que tu vas un peu fort ?

— Tout, ça veut dire tout. De toute façon, y a pas de mal à demander.

— Bien sûr, demande tout ce que tu veux. Seulement ne t'étonne pas si Calvin te rit au nez.

— Je lui en parle demain dès qu'il arrive.

— C'est ça. Mais ne lui demande qu'une fille, veux-tu ? Tu as devant toi un vieux grand-père qui n'est pas certain de se sentir à la hauteur de ce genre de célébration.

— Eh bien, t'as devant toi un petit garçon qui est fin prêt, je t'assure. Ça fait si longtemps que ma queue est sur le point d'exploser."

Contrairement aux prédictions de Nashe, Murks ne rit pas au nez de Pozzi le lendemain. Mais l'expression confuse et embarrassée qui envahit son visage valait bien un rire, peut-être mieux encore. La veille, il avait prévu leur demande, mais cette fois il était pris de court et comprenait à peine ce dont le gosse voulait parler. Après deux ou trois reprises, il finit par saisir, mais sa gêne n'en parut que plus forte.

"Tu veux dire une prostituée ? interrogea-t-il. C'est ça que tu essaies de me dire ? Tu veux qu'on t'amène une prostituée ?"

Murks n'avait pas autorité pour réagir à une demande aussi peu orthodoxe, mais il promit d'en parler aux patrons le soir même. Contre toute attente, lorsqu'il revint le lendemain avec la réponse, il annonça à Pozzi que ça allait s'arranger, qu'il y aurait une fille pour lui le seize.

"C'étaient les termes du contrat, expliqua-t-il. Tout ce que vous voulez, vous pouvez l'avoir. Je peux pas dire qu'ils avaient l'air trop contents, mais un accord est un accord, qu'ils ont dit, et tu l'auras. Si tu veux mon avis, c'était plutôt chouette de leur part. C'est des chic types, ces deux-là, et une fois qu'ils ont donné leur parole, ils se mettraient en quatre pour la respecter."

Nashe n'aimait pas ça du tout. Flower et Stone n'étaient pas hommes à gaspiller leur argent en fêtes pour autrui, et le fait qu'ils aient accédé à la demande de Pozzi le mit immédiatement sur ses gardes. Dans leur propre intérêt, le gosse et lui auraient sans doute été plus sages de continuer à travailler pendant le temps convenu et puis de filer de là le plus vite et le plus discrètement possible. Le second rang s'était révélé moins difficile que le premier, et le travail avançait régulièrement, plus régulièrement que jamais sans doute. Le mur était moins bas, ils n'étaient plus obligés de se tordre le dos, de se pencher et de s'accroupir sans cesse pour pousser les pierres en place. Un geste simple et économe suffisait maintenant, et dès qu'ils eurent maîtrisé les finesses de ce nouveau rythme, ils réussirent à augmenter leur rendement jusqu'à quarante blocs par jour. Comme il eût été aisé de continuer ainsi jusqu'au bout ! Mais le gosse s'était mis en tête de faire la fête, et à présent qu'une fille allait venir, Nashe comprenait qu'il lui était impossible de s'y opposer. Quoi qu'il dît, il aurait l'air de vouloir gâcher le plaisir de Pozzi, et c'était la dernière chose dont il avait envie. Le gosse méritait sa petite fiesta, et même si celle-ci devait leur valoir plus d'ennuis qu'autre chose, Nashe se sentait dans l'obligation morale de jouer le jeu.

Pendant deux soirées, il assuma le rôle de l'organisateur. Assis dans le salon, un crayon à la main, il prenait des notes en aidant Pozzi à élaborer les détails de la célébration. Il y avait d'innombrables décisions à prendre et Nashe était bien décidé à donner satisfaction au gosse sur tous les points. Fallait-il commencer le repas avec des cocktails de crevettes ou de la soupe à l'oignon ? En plat principal, fallait-il du steak ou du homard, ou les deux ? Combien de bouteilles de champagne fallait-il commander ? La fille devait-elle dîner avec eux, ou devaient-ils manger seuls et la faire venir au dessert ? Etait-il nécessaire de prévoir des décorations et, dans ce cas, de quelles couleurs devaient être les ballons ? La liste terminée, ils la confièrent à Murks le matin du quinze, et le soir même le contremaître fit spécialement le trajet jusqu'au pré pour leur livrer les paquets. Pour une fois, il était venu en jeep, et Nashe se demanda si ce n'était pas un signe encourageant, témoignant de leur liberté prochaine. Et cependant, cela ne voulait peut-être rien dire. Il y avait beaucoup de paquets, après tout, Murks pouvait n'avoir pris la jeep que parce que la charge était trop volumineuse pour qu'il la porte dans ses bras. Car s'ils étaient sur le point de redevenir des hommes libres, quel besoin avait Murks d'arborer encore son arme ?

Ils posèrent quarante-sept blocs le dernier jour, dépassant de cinq leur record précédent. Cet exploit leur demanda un effort énorme, mais tous deux désiraient terminer en beauté, et ils travaillèrent comme s'ils avaient voulu prouver quelque chose, sans jamais ralentir leur allure, manipulant les pierres avec une assurance qui touchait au mépris, comme si la seule chose qui importait à présent eût été de démontrer qu'ils n'étaient pas vaincus, qu'ils sortaient triomphants de toute cette sale histoire. Murks leur cria d'arrêter à six heures précises et ils déposèrent leurs outils, l'air froid de l'automne brûlant encore dans leurs poumons. La nuit tombait plus tôt, maintenant et, en regardant le ciel, Nashe vit que le crépuscule était déjà sur eux.

Pendant quelques minutes, il se sentit trop sonné pour savoir que penser. Pozzi s'approcha, lui envoya des bourrades dans le dos en bavardant avec excitation, mais le cerveau de Nashe demeurait curieusement vide, comme s'il était incapable d'appréhender l'ampleur de ce qu'il avait accompli. Me revoilà à zéro, se dit-il enfin. Et soudain il sut qu'une période entière de sa vie venait de se terminer. Il ne s'agissait pas seulement du mur et du pré, mais de tout ce qui l'avait amené là, de toute la folle saga des deux dernières années. Thérèse, l'argent, la voiture, et le reste. Il se retrouvait à zéro, et tout cela avait maintenant disparu. Car même le plus minuscule zéro était un grand trou de néant, un cercle assez vaste pour contenir le monde.

La fille devait être amenée d'Atlantic City en limousine. Murks leur avait dit de l'attendre vers huit heures, mais il était plus près de neuf heures quand elle franchit enfin la porte de la roulotte. Nashe et Pozzi avaient déjà fait un sort à une bouteille de champagne, et Nashe s'agitait dans la cuisine, où il surveillait l'eau destinée aux homards tandis qu'elle arrivait à ébullition pour la troisième ou quatrième fois de la soirée. Les trois homards, dans la baignoire, ne vivaient plus qu'à peine, mais Pozzi avait choisi d'inviter la fille au repas ("Ça fera meilleure impression") et il n'y avait donc rien d'autre à faire qu'attendre son arrivée. Ils n'avaient ni l'un ni l'autre l'habitude de boire du champagne et les bulles leur étaient tout de suite montées à la tête, les rendant tous deux un peu pompettes au moment où la fête commençait.

La fille disait s'appeler Tiffany, et elle ne pouvait avoir plus de dix-huit ou dix-neuf ans. C'était une blonde pâle et maigrichonne, aux épaules tombantes et à la poitrine creuse, et elle se tordait les chevilles sur ses talons aiguilles comme si elle avait essayé de marcher avec des patins à glace. Nashe remarqua un petit hématome en train de jaunir sur sa cuisse gauche, son maquillage excessif, la triste mini-jupe qui exposait ses jambes minces et informes. Son visage était presque joli, mais, en dépit de sa moue enfantine, elle avait un air usé, une expression boudeuse qui transparaissait sous ses sourires et l'apparente gaieté de ses manières. Sa jeunesse n'y faisait rien. Elle avait le regard dur, cynique, les yeux de quelqu'un qui en a déjà trop vu.

Le gosse fit sauter le bouchon d'une deuxième bouteille, et ils s'assirent tous trois pour prendre l'apéritif – Pozzi et la fille sur le divan, Nashe sur une chaise, à quelque distance.

"Alors, comment ça se passe, les mecs ? demanda-t-elle tout en buvant à petits coups délicats. Ça sera une partie à trois, ou je vous prends l'un après l'autre ?

— Je ne suis que le cuistot, répondit Nashe, un peu désarçonné par cette franchise. A la fin du dîner, ma soirée est finie.

— Ce bon vieux Jeeves est un magicien aux fourneaux, dit Pozzi, mais il a peur des dames. C'est comme ça. Elles le rendent nerveux.

— Ouais, sûr, dit la fille en examinant Nashe d'un œil froid et expert. Qu'est-ce qui t'arrive, mon grand, t'es pas d'humeur, ce soir ?

— Ce n'est pas ça, dit Nashe. C'est juste que j'ai pas mal de lecture en retard. J'essaie d'apprendre une nouvelle recette, et certains des ingrédients sont assez compliqués.

— Eh bien, tu peux toujours changer d'avis, déclara-t-elle. Le gros type a casqué un paquet pour cette soirée, et je suis venue avec l'idée de vous baiser tous les deux. Moi je m'en fous. Pour une somme pareille, je coucherais avec un chien, s'il le fallait.

— Je comprends, dit Nashe. Mais je suis sûr que tu auras fort à faire avec Jack, de toute façon. Une fois qu'il est lancé, c'est un vrai sauvage.

— C'est vrai, ça, mignonne, dit Pozzi, qui empoigna la cuisse de la fille et l'attira contre lui pour l'embrasser. Mon appétit est insatiable."

Le repas s'annonçait lugubre et triste, mais la bonne humeur de Pozzi le métamorphosa – le rendit léger et mémorable, une joyeuse mêlée de carapaces de homard, d'ivresse et de rires. Le gosse était une tornade, ni Nashe ni la fille n'auraient pu résister à sa gaieté, à la folle énergie qui émanait de lui et inondait la pièce. Il semblait savoir exactement que dire à la fille à chaque instant, comment la flatter, la taquiner, la faire rire, et Nashe surpris la vit céder lentement devant ces assauts de charme, vit son expression s'adoucir et ses yeux briller de plus en plus. Nashe n'avait jamais eu ce talent avec les femmes, et il assistait à la performance de Pozzi avec un sentiment croissant d'étonnement et d'envie. Tout était dans la manière, comprit-il, le don de traiter n'importe qui de la même façon, de se montrer aussi gentil et aussi attentif avec une prostituée triste et moche qu'avec la femme de ses rêves. Nashe avait toujours été trop exigeant pour cela, trop réservé et sérieux, et il admirait le gosse de faire ainsi rire la fille aux éclats, d'aimer tellement la vie qu'il était capable en ce moment de révéler tout ce qui en elle était encore vivant.

Le plus beau numéro d'improvisation eut lieu à la moitié du repas, quand Pozzi se mit tout à coup à parler de leur travail. Nashe et lui étaient architectes, expliqua-t-il, et ils étaient arrivés en Pennsylvanie quelques semaines auparavant pour superviser la construction d'un château dont ils avaient dessiné les plans. Ils étaient spécialisés dans l'art de la "réverbération historique", et comme très peu de gens pouvaient s'offrir leurs services, ils finissaient toujours par travailler pour des millionnaires excentriques. "Je ne sais pas ce que le gros bonhomme de la maison vous a raconté à notre sujet, dit-il, mais vous pouvez l'oublier aussi sec. Ce type-là est un grand farceur, et il préférerait pisser dans son froc en public plutôt que de donner une réponse honnête à quoi que ce soit." Une équipe de trente-six maçons et charpentiers venaient tous les jours sur le pré, mais Jim et lui vivaient sur le chantier parce que c'était leur habitude. L'atmosphère était capitale, et le résultat était toujours meilleur s'ils menaient l'existence qu'on les avait chargés de recréer. Ce boulot-ci était une "réverbération médiévale", ils devaient donc momentanément vivre comme des moines. Le prochain les emmènerait au Texas, où un baron du pétrole leur avait demandé de construire dans son jardin une réplique du palais de Buckingham. Cela pouvait paraître facile, mais si on réalisait que chaque pierre devait être numérotée à l'avance, on commençait à comprendre combien c'était compliqué. Si les pierres n'étaient pas assemblées dans l'ordre correct, tout risquait de s'écrouler. Qu'on se représente la construction du pont de Brooklyn à San Jose, en Californie. Eh bien, c'est ce qu'ils avaient fait pour un client, l'année précédente. Qu'on imagine la création d'une tour Eiffel grandeur nature destinée à surmonter un ranch dans les faubourgs du New Jersey. Cela figurait aussi dans leurs états de service. Certes, ils avaient par moments envie de plier bagage et de s'installer dans une résidence à West Palm Beach, mais en définitive ce travail était trop intéressant pour qu'ils arrêtent, et vu le nombre de millionnaires américains qui rêvaient de vivre dans des châteaux européens, ils n'avaient pas le cœur de les décevoir tous.

Toutes ces élucubrations étaient accompagnées par le craquement des carapaces et le tintement des verres à champagne. Quand Nashe se leva pour débarrasser la table, il trébucha contre un pied de sa chaise et laissa tomber deux ou trois plats sur le sol. Ils se brisèrent à grand bruit, et comme l'un d'eux se trouvait contenir ce qui restait de beurre fondu, ce fut une pagaille monstre sur le linoléum. Tiffany fit mine de venir en aide à Nashe, mais la marche n'avait jamais été son point fort et maintenant que les bulles de champagne circulaient dans son sang, elle n'arriva à faire que deux ou trois pas avant de s'écrouler sur les genoux de Pozzi, vaincue par une crise de fou rire. Ou peut-être était-ce Pozzi qui l'avait saisie avant qu'elle pût s'éloigner de lui (à ce stade, Nashe n'était plus capable de reconnaître de telles nuances), mais de toute façon, au moment où il se releva avec les éclats de vaisselle brisée entre les mains, les deux jeunes gens se trouvaient ensemble sur la chaise, embrassés en une étreinte passionnée. Pozzi se mit à caresser un des seins de la fille, et un instant après Tiffany tendit la main vers le renflement de son pantalon, mais avant que les choses n'aillent plus loin, Nashe (qui ne savait que faire d'autre) se racla la gorge et annonça que le dessert était servi.

   Ils avaient commandé un de ces gâteaux au chocolat que l'on trouve au rayon des surgelés dans les supermarchés, mais Nashe l'apporta avec autant de pompe et de cérémonie qu'un grand chambellan s'apprêtant à poser la couronne sur la tête d'une reine. Mû par la solennité de l'occasion, il se mit tout à coup à chanter un hymne dont le souvenir remontait à son enfance. C'était *Jerusalem*, sur des paroles de William Blake, et bien qu'il y eût plus de vingt ans qu'il ne l'avait chanté, les couplets lui revenaient tous aux lèvres, se déroulant comme s'il venait de passer deux mois à répéter en vue de cet instant. Il entendait les mots à mesure qu'il les chantait, *the burning gold, the mental fight, the dark satanic mills**, et comprit combien ils étaient beaux et douloureux, et il chanta comme pour exprimer sa propre peine, toute la tristesse et la joie qui s'étaient accumulées en lui depuis le premier jour dans le pré. La mélodie était difficile, mais, à part quelques fausses notes dans les premières mesures, sa voix ne le trahit pas. Il chantait comme il avait toujours rêvé de chanter, et il savait qu'il ne s'agissait pas d'une illusion à la façon dont Pozzi et la fille le regardaient, d'après l'expression ahurie de leurs visages quand ils eurent réalisé que ces sons venaient de sa bouche. Ils écoutèrent en silence jusqu'à la fin et puis, quand Nashe s'assit avec un sourire embarrassé à leur intention, ils se mirent tous deux à applaudir et n'arrêtèrent pas avant qu'il eût accepté de se relever pour saluer.

   Ils burent la dernière bouteille de champagne en mangeant le gâteau et en se racontant des souvenirs d'enfance,

---

* L'or brûlant – le combat mental – les sombres moulins sataniques. *(N.d.T.)*

puis Nashe se rendit compte qu'il était temps pour lui de se retirer. Il ne voulait plus se trouver dans le chemin du gosse, et maintenant qu'il n'y avait plus rien à manger, sa présence n'avait plus d'excuse. Cette fois, la fille ne lui demanda plus de changer d'avis, mais elle l'embrassa chaleureusement en disant qu'elle espérait qu'ils se reverraient. Il pensa que c'était gentil de sa part et répondit que lui aussi, puis il adressa un clin d'œil au gosse et se traîna au lit.

Ce n'était pas très facile, néanmoins, de rester là couché dans le noir à les écouter rire et remuer. Il essaya de ne pas imaginer ce qui était en train de se passer, mais la seule façon d'y arriver était de penser à Fiona, et ça c'était pis encore. Heureusement, il était trop ivre pour garder longtemps les yeux ouverts. Avant d'avoir vraiment commencé à s'apitoyer sur lui-même, il était déjà mort au monde.

Ils avaient décidé de se donner congé le lendemain. Cela paraissait la moindre des choses après sept semaines de labeur continu et avec les gueules de bois qui ne pouvaient manquer de résulter de leur soirée de bamboche, et ils étaient convenus de ce répit avec Murks depuis plusieurs jours. Nashe se réveilla peu après dix heures, la tête prête à éclater, les tempes douloureuses, et se dirigea vers la douche. En chemin, il jeta un coup d'œil dans la chambre de Pozzi et vit que le gosse dormait encore, seul dans son lit, les bras étalés de part et d'autre. Nashe resta debout sous l'eau pendant six ou sept bonnes minutes, puis pénétra dans le salon avec une serviette autour de la taille. Un soutien-gorge de dentelle noire gisait en boule sur un coussin du canapé, mais la fille elle-même était partie. La pièce avait l'air d'avoir servi de campement pour la nuit à une armée en maraude, un chaos de bouteilles vides, de cendriers renversés, de serpentins et de ballons dégonflés encombrait le plancher. Passant avec précaution entre les débris, Nashe alla dans la cuisine se préparer un pot de café.

Il en but trois tasses, assis devant la table en fumant les cigarettes d'un paquet oublié par la fille. Quand il se sentit suffisamment réveillé pour se remettre en mouvement, il se leva et commença à nettoyer la roulotte, en s'efforçant de faire le moins de bruit possible, afin de ne pas réveiller le gosse. Il s'occupa d'abord du salon, où il s'attaqua de façon systématique aux différentes catégories de déchets (cendres, ballons, verres brisés), puis passa dans la cuisine, où il racla les assiettes, jeta les carapaces de homard et lava vaisselle et couverts. Il lui fallut deux heures pour ranger la petite maison, et Pozzi dormit tout au long sans bouger une seule fois de sa chambre. Lorsque tout fut en ordre, Nashe se confectionna un sandwich au jambon et au fromage ainsi qu'un nouveau pot de café, puis il retourna dans sa chambre sur la pointe des pieds pour récupérer un des livres qu'il n'avait pas encore lus – *Notre ami commun*, de Charles Dickens. Il mangea le sandwich, but encore une tasse de café, puis il emporta au-dehors une chaise de la cuisine qu'il plaça devant la porte de la roulotte, de façon à pouvoir poser les pieds sur les marches. Il faisait particulièrement chaud et ensoleillé pour une journée de la mi-octobre et Nashe, installé avec son livre sur les genoux et entamant un des cigares commandés pour la fête, se sentit soudain si tranquille, si profondément en paix avec lui-même qu'il décida de ne pas ouvrir le livre avant d'avoir fumé le cigare jusqu'au bout.

Il était là depuis près de vingt minutes quand il entendit craquer les feuilles mortes, dans le bois. Quittant sa chaise, il se tourna en direction du bruit et aperçut Murks qui marchait vers lui, émergeant du couvert avec son revolver à la ceinture de son anorak bleu. Nashe s'était si bien habitué à l'arme qu'il ne la remarqua même pas, mais il fut surpris de voir Murks et, puisqu'il n'était pas question de travailler ce jour-là, il se demanda ce que pouvait signifier cette visite inattendue. Pendant deux ou trois minutes, ils bavardèrent de tout et de rien, évoquant vaguement la soirée et la douceur du temps. Murks lui raconta que le chauffeur était reparti avec la fille à cinq heures et demie, et à voir la façon dont le gosse dormait là-dedans, commenta-t-il, sa nuit semblait avoir été bien remplie. Nashe répondit que oui, qu'il n'avait pas été déçu, que tout s'était très bien passé.

Il y eut un long silence, après cela, et pendant quinze à vingt secondes Murks fixa le sol, fouillant la terre du bout de sa chaussure.

"Je crois que j'ai des mauvaises nouvelles pour vous, dit-il enfin, toujours sans oser regarder Nashe dans les yeux.

— Je m'en doute, fit Nashe. Sinon, vous ne seriez pas venu jusqu'ici aujourd'hui.

— Ecoute, je suis désolé, poursuivit Murks en sortant de sa poche une enveloppe fermée et en la tendant à Nashe. J'ai pas très bien compris quand ils m'ont dit ça, mais je suppose qu'ils sont dans leur droit. Tout dépend du point de vue où on se place, hein ?"

En voyant l'enveloppe, Nashe imagina automatiquement que c'était une lettre de Donna. Personne d'autre n'aurait l'idée de lui écrire, songeait-il, et à l'instant où cette pensée naissait dans sa conscience, il fut envahi par une vague soudaine de nausée et de honte. Il avait oublié l'anniversaire de Juliette. Le douze octobre était venu et reparti depuis cinq jours, et il ne l'avait même pas remarqué.

Puis il regarda l'enveloppe et vit qu'elle ne portait aucun timbre. Elle ne pouvait pas provenir de Donna s'il n'y avait pas de timbre, comprit-il, et quand enfin il la déchira, il trouva dedans une seule feuille de papier tapée à la machine – des mots et des chiffres rangés en colonnes parfaites, avec un intitulé en capitales : NASHE ET POZZI, DÉPENSES.

"Qu'est-ce que c'est que ce truc-là ? demanda-t-il.

— Les comptes des patrons, expliqua Murks. Le crédit et le débit, le bilan entre l'argent dépensé et l'argent gagné."

En examinant la feuille de plus près, Nashe constata que c'était exactement ça. C'était un état comptable, le travail méticuleux d'un professionnel, et cela prouvait à tout le moins que Flower n'avait rien oublié de son métier depuis sept ans qu'il était devenu riche. Les plus étaient inscrits dans la colonne de gauche, bien au complet, conformes aux calculs de Nashe et de Pozzi, sans écarts ni tricheries. Mais il y avait aussi, à droite, une colonne de moins, une liste de sommes qui correspondaient à un inventaire de tout ce qui leur était arrivé depuis cinquante jours :

Nourriture	$ 1628,41
Bière, alcools	217,36
Livres, journaux, revues	72,15
Tabac	87,48
Radio	59,86
Vitre brisée	66,50
Distractions (16/10)	900,00
– hôtesse $ 400	
– voiture $ 500	
Divers	41,14
	$ 3072,90

"Qu'est-ce que ça veut dire, demanda Nashe, c'est une blague ?
— Je ne crois pas, répondit Murks.
— Mais il était convenu que tout ça serait inclus.
— Je croyais aussi. Mais on devait se tromper.
— Comment, se tromper ? On a topé là-dessus. Vous le savez aussi bien que moi.
— Peut-être. Mais si tu regardes le contrat, tu verras qu'il n'y est pas question de nourriture. Le logement, oui. Les vêtements de travail, oui. Mais il n'y a pas un mot là-dedans sur la nourriture.
— C'est un procédé sordide, répugnant, Calvin. J'espère que vous vous en rendez compte.
— C'est pas à moi de dire. Les patrons ont toujours été corrects avec moi, j'ai jamais eu de raison de me plaindre. A leur idée, quand tu as un boulot, tu gagnes de l'argent pour le travail que tu fais, mais comment tu dépenses cet argent, ça c'est ton affaire. C'est comme ça avec moi. Ils me donnent mon salaire et la maison où j'habite, mais c'est moi qui paie ma nourriture. C'est un bon arrangement, en ce qui me concerne. Les neuf dixièmes des gens qui travaillent n'ont pas la moitié de cette chance. Ils doivent tout se payer. Pas seulement la nourriture, le logement aussi. Ça se passe comme ça dans le monde entier.

— Mais ceci est un cas spécial.

— Peut-être pas si spécial que ça, après tout. Si tu y réfléchis, tu peux être content qu'ils ne vous aient pas compté le loyer et les charges."

Nashe s'aperçut que le cigare qu'il fumait s'était éteint. Il l'étudia un instant sans vraiment le voir puis le jeta par terre et l'écrasa du pied.

"Je pense qu'il est temps que j'aille voir vos patrons dans leur maison et parler avec eux.

— Pas possible en ce moment, dit Murks. Ils sont partis.

— Partis ? Qu'est-ce que vous racontez ?

— C'est ça, ils sont partis. Ils se sont embarqués pour Paris, en France, il y a environ trois heures, et ils ne reviendront pas avant Noël.

— J'ai peine à croire qu'ils puissent être partis comme ça – sans même se soucier de venir voir le mur. C'est incompréhensible.

— Oh, pour ça, ils l'ont vu. Je les ai amenés ici ce matin, quand vous dormiez encore, le gosse et toi. Ils ont trouvé que ça se présentait très bien. Du bon boulot, qu'ils ont dit, continuez. Ils auraient pas pu être plus contents.

— Merde, fit Nashe. Merde pour eux et leur saleté de mur.

— Pas la peine de te fâcher, camarade. Ça ne fait que deux ou trois semaines de plus. Si vous renoncez aux fêtes et à ce genre de choses, vous serez hors d'ici avant de vous en apercevoir.

— Dans trois semaines, on sera en novembre.

— C'est ça. T'es un dur, Nashe, tu y arriveras.

— Bien sûr que j'y arriverai. Mais Jack ? Quand il verra ce papier, ça va le tuer."

Dix minutes après que Nashe fut remonté dans la roulotte, Pozzi s'éveilla. En voyant ses cheveux ébouriffés et ses yeux bouffis, Nashe n'eut pas le cœur de lui assener tout de suite la nouvelle, et il laissa la conversation se traîner pendant une demi-heure en réflexions inconséquentes et sans but, écoutant Pozzi lui décrire au coup par coup tout ce que la fille et lui s'étaient fait l'un à l'autre après que Nashe fut parti se coucher. Il avait l'impression qu'il ne fallait pas interrompre ce récit ni gâcher le plaisir que le gosse prenait à raconter sa nuit, mais après avoir attendu un temps raisonnable, Nashe changea de sujet et tira de sa poche l'enveloppe que Murks lui avait remise.

"Voilà la situation, Jack, dit-il, laissant à peine à celui-ci le temps de regarder le papier. Ils nous ont doublés, et on est dans le pétrin. Nous pensions qu'on était quittes, mais selon eux, on leur doit encore trois mille dollars. Nourriture, magazines, même cette foutue vitre brisée – ils nous ont tout compté. Sans parler de miss Feu au cul et de son chauffeur, ce qui va de soi, j'imagine. Nous avions cru évident que le contrat comprenait tout ça, mais en fait il n'en dit rien. Bon. Donc on s'est trompés. La question, c'est : qu'est-ce qu'on va faire ? En ce qui me concerne, tu es hors jeu maintenant. Tu en as fait assez, et à partir de ce moment tout ça c'est mon problème. Je vais te sortir d'ici. On va creuser un trou sous la clôture et dès qu'il fera noir tu te glisseras dessous et tu fileras.

— Et toi ? demanda Pozzi.

— Moi, je reste, et je finis le boulot.

— Pas question. Tu te faufiles dans ce trou avec moi.

— Pas cette fois-ci, Jack. Je ne peux pas.

— Merde alors, et pourquoi pas ? T'as peur des trous ou quoi ? Ça va faire deux mois que tu vis dans un trou – t'as peut-être pas remarqué ?

— Je me suis promis de tenir jusqu'à la fin. Je ne te demande pas de me comprendre, mais je n'ai tout simplement pas l'intention de fuir. C'est une chose que j'ai déjà trop faite, et je ne veux plus vivre comme ça. Si je file en douce avant d'avoir remboursé la dette, je ne vaudrai pas tripette à mes yeux.

— Custer et son dernier combat.

— Voilà. Le bon vieux «Tais-toi et marche».

— C'est pas la bonne cause, Jim. Tu vas juste perdre ton temps, te faire chier pour rien. Si tu trouves ces trois mille dollars si importants, pourquoi tu leur envoies pas un chèque ? Ils s'en fichent d'où viennent leurs sous, et ils les auront bien plus vite si tu pars avec moi ce soir. Merde, je partagerai même avec toi, fifty-fifty. Je connais un mec à Philadelphie qui peut nous mettre sur un coup demain soir. Tout ce qu'on a à faire, c'est un peu d'auto-stop, et dans moins de quarante-huit heures on aura le fric. C'est simple. On le leur envoie en recommandé, et le tour est joué.

— Flower et Stone ne sont pas là. Ils sont partis pour Paris ce matin.

— Seigneur, quelle tête de mule ! On s'en balance, où ils sont !

— Désolé, fiston. Rien à faire. Tu peux parler à t'en étouffer, je ne pars pas.

— Ça va te prendre deux fois plus longtemps tout seul, imbécile. Tu y as pensé ? Dix dollars l'heure, pas vingt. Tu vas glander autour de ces pierres jusqu'à Noël.

— Je sais. N'oublie pas de m'envoyer une carte postale, Jack, c'est tout ce que je te demande. J'ai tendance à devenir un peu sentimental à cette époque de l'année."

Ils continuèrent pendant trois quarts d'heure encore à se renvoyer des arguments, jusqu'au moment où Pozzi frappa du poing la table de la cuisine et sortit. Il était si furieux contre Nashe qu'il refusa de lui parler pendant trois heures et resta caché derrière la porte fermée de sa chambre sans consentir à se montrer. A quatre heures, Nashe s'approcha de la porte et annonça qu'il allait dehors, pour commencer à creuser le trou. Pozzi ne répondit pas, mais peu après avoir mis sa veste et être sorti de la roulotte, Nashe entendit la porte claquer à nouveau, et un instant plus tard le gosse traversait la prairie en courant pour le rattraper. Nashe l'attendit, et ils marchèrent ensemble vers la cabane à outils, en silence, ni l'un ni l'autre n'osant relancer la discussion.

"Je réfléchissais, dit Pozzi lorsqu'ils s'arrêtèrent devant la porte verrouillée de la cabane. A quoi ça sert, toute cette histoire ? Au lieu de m'enfuir, ce serait pas plus simple d'aller trouver Calvin pour lui dire que je pars ? Du moment que tu es encore là pour honorer le contrat, qu'est-ce que ça peut lui faire ?

— Je vais te le dire, répondit Nashe en ramassant une petite pierre sur le sol et en la calant contre la porte pour briser la serrure. Je n'ai pas confiance en lui. Calvin n'est pas aussi stupide qu'il en a l'air, et il sait que ton nom figure sur ce contrat. En l'absence de Flower et Stone, il dira qu'il n'est pas autorisé à y changer quoi que ce soit, que nous ne pouvons rien faire avant qu'ils reviennent. Tu l'entends d'ici, non ? Je ne suis qu'un employé, les gars, j'exécute les ordres des patrons. Mais il est au courant de ce qui se passe, il l'a été depuis le début. Sinon, Flower et Stone ne seraient pas partis en le laissant seul responsable. Il fait semblant de prendre notre parti, mais il leur appartient, il se fout de nous comme d'une guigne. Dès l'instant où on lui dirait que tu veux partir, il comprendrait que tu vas essayer de t'échapper. Il n'y a qu'un pas à franchir, hein ? Et je ne veux pas éveiller ses soupçons. Qui sait quel tour il pourrait encore nous jouer ?"

Ils forcèrent donc la porte de la cabane, prirent deux pelles et les emportèrent par le chemin de terre qui s'enfonçait à travers bois. Il y avait plus loin à marcher jusqu'à la clôture que dans leur souvenir, et lorsqu'ils se mirent à creuser, la lumière avait déjà commencé à baisser. Le sol était dur et le bas du grillage enfoncé profondément, et tous deux poussaient des grognements chaque fois qu'ils frappaient la terre de leur pelle. Ils voyaient la route juste devant eux, mais il ne passa qu'une seule voiture pendant la demi-heure qu'ils restèrent là, un vieux break dans lequel se trouvaient un homme, une femme et un petit garçon. L'enfant leur fit signe de la main d'un air étonné au moment où la voiture arrivait à leur niveau, mais ni Nashe ni Pozzi ne répondirent. Ils continuèrent à creuser en silence, et quand ils eurent enfin dégagé un trou assez grand pour permettre au corps de Pozzi de s'y glisser, ils avaient les bras douloureux de fatigue. Abandonnant alors leurs pelles, ils retournèrent à la roulotte, traversant le pré tandis que le ciel s'empourprait autour d'eux, dans la lueur diffuse d'un crépuscule d'automne.

Ils prirent leur dernier repas ensemble comme des étrangers. Ils ne savaient plus que se dire, et leurs tentatives de conversation étaient maladroites, parfois même embarrassantes. Le départ de Pozzi était trop proche pour qu'il leur fût possible de penser à autre chose, et pourtant ni l'un ni l'autre ne désirait en parler, et ils restaient donc de longues minutes enfermés dans le silence, chacun imaginant de son côté ce qu'il allait devenir sans l'autre. Ils ne pouvaient même pas se remémorer le passé, se rappeler les bons moments vécus ensemble, car il n'y avait pas eu de bons moments, et le futur semblait trop incertain pour laisser deviner autre chose qu'une ombre, une présence inarticulée et sans forme qu'aucun des deux ne souhaitait examiner de trop près. Ce ne fut que lorsqu'ils se levèrent de table et commencèrent à ranger la vaisselle que leur tension se manifesta de nouveau en paroles. La nuit était tombée, et le moment arrivait soudain des préparatifs de dernière minute et des adieux. Ils échangèrent adresses et numéros de téléphone en se promettant de rester en contact, mais Nashe savait qu'il n'en serait rien, qu'ils ne se reverraient plus jamais. Ils emballèrent quelques provisions – nourriture, cigarettes, cartes routières de Pennsylvanie et du New Jersey – et puis Nashe donna à Pozzi un billet de vingt dollars qu'il avait retrouvé au fond de sa valise un peu plus tôt dans l'après-midi.

"Ce n'est pas grand-chose, dit-il, mais c'est sans doute mieux que rien."

La nuit était fraîche, et ils s'emmitouflèrent dans des sweat-shirts et des anoraks avant de sortir de la roulotte. Ils traversèrent le pré avec des lampes de poche, en marchant le long du mur inachevé afin de s'y retrouver dans l'obscurité. En arrivant au bout, quand ils passèrent à côté des immenses tas de pierres dressés à la lisière du bois, ils firent jouer un moment sur la surface des blocs le faisceau de leurs lampes. Avec ces formes étranges et ces ombres fuyantes, cela produisait un effet fantomatique, et Nashe pensa malgré lui que les pierres étaient vivantes, que la nuit les avait métamorphosées en une colonie d'animaux endormis. Il voulut en plaisanter, mais ne trouva rien à dire assez vite, et un instant plus tard ils pénétraient dans le sous-bois par le chemin de terre. Quand ils arrivèrent à la clôture, il vit les deux pelles qu'ils avaient abandonnées sur le sol et réalisa qu'il ne fallait pas que Murks les trouve toutes les deux. Une pelle voulait dire que Pozzi s'était débrouillé seul, mais deux pelles indiqueraient que Nashe avait pris part à sa fuite. Dès que Pozzi serait parti, il fallait qu'il ramasse l'une des pelles pour la rapporter dans la cabane.

Pozzi frotta une allumette et approcha la flamme de sa cigarette. Nashe remarqua que sa main tremblait.

"Eh bien, monsieur le pompier, dit-il, on dirait que nos chemins se séparent.

— Tout ira bien, Jack, dit Nashe. Rappelle-toi de te brosser les dents après chaque repas, et il ne pourra rien t'arriver."

Ils se saisirent par les coudes, serrèrent fort pendant quelques secondes, puis Pozzi demanda à Nashe de tenir sa cigarette pendant qu'il rampait dans le trou. Un instant plus tard, il était debout de l'autre côté de la clôture et Nashe lui rendit la cigarette.

"Viens avec moi, dit Pozzi. Fais pas l'imbécile, Jim. Viens avec moi maintenant."

Il parlait avec tant de conviction que Nashe faillit céder, mais il attendit trop longtemps avant de répondre et dans cet intervalle la tentation s'évanouit.

"Je te rattraperai dans quelques mois, dit-il. Tu ferais mieux d'y aller."

Pozzi s'éloigna de la clôture, tira une bouffée de sa cigarette puis la jeta loin de lui, une brève averse d'étincelles illuminant la route.

"Demain j'appelle ta sœur pour lui dire que tu vas bien, dit-il.

— Tire-toi, dit Nashe en frappant le grillage d'un geste abrupt et impatient. File le plus vite que tu peux.

— Je suis déjà loin, fit Pozzi. Le temps de compter jusqu'à cent, tu ne sauras même plus qui je suis."

Puis, sans dire au revoir, il tourna sur ses talons et se mit à courir sur la route.

Dans son lit, cette nuit-là, Nashe mit au point l'histoire qu'il avait l'intention de raconter à Murks le matin, la répétant à plusieurs reprises jusqu'à ce qu'elle commence à avoir l'air vraie. Comment Pozzi et lui étaient allés se coucher vers dix heures, comment il n'avait pas entendu le moindre bruit pendant huit heures ("je dors toujours comme une souche"), et comment il était sorti de sa chambre à six heures pour préparer le petit déjeuner, avait frappé à la porte du gosse pour le réveiller, et s'était aperçu de sa disparition. Non, Jack n'avait pas parlé de s'enfuir, et il n'avait pas laissé de message ni le moindre indice quant à l'endroit où il pouvait se trouver. Qui pouvait savoir ce qui lui était arrivé ? Peut-être s'était-il levé tôt, avait-il décidé de faire un tour. Bien sûr, je vais vous aider à le chercher. Il est probablement en train de se balader quelque part dans les bois, il espère sans doute apercevoir des oies sauvages.

Mais Nashe n'eut jamais l'occasion de raconter aucun de ces mensonges. Quand son réveil sonna six heures le lendemain matin, il alla dans la cuisine mettre de l'eau à bouillir pour le café puis, curieux de savoir quelle température il faisait dehors, ouvrit la porte de la roulotte et sortit la tête afin de prendre l'air. C'est alors qu'il vit Pozzi – bien qu'il lui fallût plusieurs secondes avant de réaliser ce qu'il voyait. Il ne distingua d'abord qu'un tas informe, un paquet de hardes sanglantes étalé sur le sol, et même lorsqu'il s'aperçut qu'il y avait un homme dedans, il y vit moins Pozzi qu'une hallucination, quelque chose qui ne pouvait pas se trouver là. Il remarqua que les vêtements étaient étonnamment similaires à ceux que Pozzi avait portés la veille, que l'homme était habillé du même anorak et du même sweat-shirt à capuche, du même blue-jean et des mêmes bottes couleur moutarde, mais même alors il ne réussissait pas à tirer la conclusion de ces constatations, à se dire : C'est Pozzi que je vois là. Car les membres de l'homme étaient bizarrement emmêlés et inertes, et à la façon dont sa tête était tournée sur le côté (tordue à un angle presque impossible, comme si la tête allait se séparer du corps), Nashe eut la conviction qu'il était mort.

Il descendit les marches au bout d'un instant, et alors il comprit enfin ce qu'il avait sous les yeux. En marchant dans l'herbe vers le corps du gosse, Nashe sentit se former dans sa gorge une série de petits haut-le-cœur. Tombant à genoux, il saisit entre ses mains le visage tuméfié de Pozzi et s'aperçut qu'une faible pulsation restait encore perceptible dans les veines de son cou.

"Mon Dieu, dit-il, se rendant à peine compte qu'il parlait à voix haute, qu'est-ce qu'ils t'ont fait, Jack ?" Les deux yeux du gosse étaient fermés, boursouflés, d'affreuses coupures lui entaillaient le front, les tempes et la bouche, et plusieurs de ses dents manquaient : c'était un visage pulvérisé, un visage définitivement méconnaissable. Nashe s'entendit donner voix à ses haut-le-cœur et puis, gémissant presque, il ramassa Pozzi dans ses bras et le transporta dans la roulotte.

Il était impossible de se rendre compte de la gravité des blessures. Le gosse était inconscient, peut-être même dans le coma, et d'être resté là-dehors, dans le froid de l'automne, pendant Dieu seul savait combien de temps, n'avait pu qu'empirer les choses. A la fin, ça lui avait sans doute fait autant de mal que les coups qu'il avait reçus. Nashe le déposa sur le sofa puis se précipita dans les deux chambres et arracha les couvertures des lits. Il avait vu plusieurs personnes mourir du choc après avoir été sauvées d'un incendie, et Pozzi montrait tous les symptômes d'un cas grave : la terrible pâleur, les lèvres bleues, les mains glaciales et cadavériques. Nashe fit tout ce qu'il pouvait pour le réchauffer : il lui frictionna le corps sous les couvertures, fit remuer ses jambes afin d'activer la circulation, mais même lorsque sa température se mit à remonter, le gosse ne manifesta aucun signe permettant d'espérer qu'il était sur le point de se réveiller.

Ensuite tout se passa très vite. Murks arriva à sept heures et gravit les marches de la roulotte pour frapper à la porte, selon son habitude, et quand Nashe lui cria d'entrer, sa première réaction en voyant le gosse fut de rire.

"Qu'est-ce qu'il a encore ? demanda-t-il avec un geste du pouce en direction du canapé. Il s'en est de nouveau jeté un, hier soir ?" Mais lorsqu'il fut dans la chambre, et suffisamment près pour voir le visage de Pozzi, son amusement se changea en consternation.

"Dieu tout-puissant, fit-il, ce gamin est mal en point.

— Tu parles qu'il est mal en point, dit Nashe. Si on ne l'emmène pas dans un hôpital d'ici une heure, il ne s'en sortira pas."

Murks repartit en courant chercher la jeep, et en l'attendant Nashe traîna dehors le matelas du lit de Pozzi et l'appuya contre le mur de la roulotte, prêt à être utilisé dans leur ambulance de fortune. Le trajet serait pénible de toute façon, mais le matelas empêcherait peut-être le gosse d'être trop ballotté. Quand Murks revint enfin, il y avait un homme à côté de lui sur le siège avant de la jeep.

"C'est Floyd, annonça Murks. Il va aider à porter le gosse." Floyd était le gendre de Murks, il paraissait avoir entre vingt-cinq et trente ans – un gaillard bien charpenté, qui devait mesurer au moins un mètre quatre-vingt-treize ou quinze, avec des joues lisses et rouges, coiffé d'un bonnet de chasse en laine. Il ne semblait pas particulièrement intelligent, et quand Murks le présenta à Nashe il tendit une main maladroite d'un air pénétré et joyeux qui ne convenait vraiment pas à la situation. Nashe en fut si écœuré qu'il refusa de serrer cette main, se contentant de fixer Floyd jusqu'à ce que celui-ci laissât retomber le bras.

Nashe plaça le matelas à l'arrière de la jeep, puis ils entrèrent tous trois dans la roulotte, soulevèrent Pozzi du canapé et le transportèrent à l'extérieur, toujours enveloppé des couvertures. Nashe le borda, essayant de l'installer le plus confortablement possible, mais chaque fois qu'il regardait le visage du gosse, il se rendait compte que c'était sans espoir. Pozzi n'avait plus la moindre chance. Lorsqu'ils arriveraient à l'hôpital, il serait déjà mort.

Mais le pire devait encore venir. Murks assena une claque sur l'épaule de Nashe en disant :

"On reviendra aussi vite qu'on pourra", et quand Nashe réalisa tout à coup qu'ils n'avaient pas l'intention de l'emmener, quelque chose en lui craqua et il se tourna vers Murks en proie à une rage soudaine.

"Désolé, fit Murks, je peux pas te permettre ça. Y a eu assez de désordre par ici pour aujourd'hui, et je ne veux pas laisser aller les choses. Tu n'as pas besoin de t'en faire, Nashe. On se débrouillera très bien, Floyd et moi."

Au lieu de reculer, Nashe, hors de lui, plongea sur Murks et l'empoigna par sa veste en le traitant de menteur et de foutu salaud. Mais avant qu'il ait pu envoyer son poing dans la figure de Calvin, Floyd était sur lui, le ceinturait par-derrière entre ses bras et le soulevait du sol. Murks recula de deux ou trois pas, sortit son revolver de sa gaine et le pointa sur Nashe. Ce ne fut pas encore suffisant pour arrêter celui-ci, qui continuait à hurler et à se débattre dans les bras de Floyd.

"Tue-moi, espèce de salaud ! cria-t-il à Murks. Allez, vas-y, tue-moi !

— Il sait plus ce qu'il dit, fit Murks avec calme, en regardant son gendre. Le pauvre gars a perdu la tête."

Sans avertissement, Floyd jeta violemment Nashe sur le sol, et avant que Nashe ait pu se relever pour retourner à l'attaque un pied lui écrasa l'estomac. Il en eut la respiration coupée, et tandis qu'il gisait là en train de suffoquer, les deux hommes coururent vers la jeep et grimpèrent dedans. Nashe entendit le moteur démarrer, et lorsqu'il réussit enfin à se mettre debout, ils s'éloignaient déjà, pour disparaître avec Pozzi dans les bois.

Alors il n'hésita plus. Il rentra dans la roulotte, mit sa veste, en bourra les poches de toute la nourriture qu'elles pouvaient contenir, et ressortit aussitôt. Sa seule pensée était de se tirer de là. Il n'aurait jamais une meilleure occasion de s'échapper, et il n'allait pas la négliger. Il se glisserait dans le trou creusé la veille avec Pozzi, et tout serait fini.

Il traversa le pré d'un pas rapide, sans même un regard pour le mur, et quand il arriva au bois, de l'autre côté, il se mit soudain à courir, dévalant le chemin de terre comme si sa vie en dépendait. Il atteignit la clôture au bout de quelques minutes et s'appuya des deux bras au grillage, hors d'haleine, en contemplant la route devant lui. Pendant quelques instants, il ne se rendit même pas compte que le trou avait disparu. Mais dès qu'il eut repris son souffle, il regarda par terre et s'aperçut que le sol sous ses pieds était plat. Le trou avait été rebouché, et avec les feuilles et les branches éparpillées alentour, il était impossible de se douter qu'il y avait eu un trou à cet endroit.

Nashe s'agrippa de ses dix doigts à la clôture et serra de toutes ses forces. Il resta cramponné ainsi pendant près d'une minute puis, rouvrant les mains, il les porta à son visage et se mit à sangloter.

8

Après cela, plusieurs nuits de suite, il fit un rêve récurrent. Il s'éveillait dans l'obscurité de sa chambre et, lorsqu'il se rendait compte qu'il ne dormait plus, il s'habillait, sortait de la roulotte et commençait à marcher dans le pré. Quand il arrivait à l'autre bout, devant la cabane à outils, il en forçait la porte, empoignait une pelle et s'enfonçait dans les bois en courant par le chemin de terre menant à la clôture. Le rêve semblait toujours si vivant, si exact, moins distorsion du réel que simulacre, illusion si riche en détails de la vie éveillée que Nashe ne soupçonnait jamais qu'il était en train de rêver. Il entendait le léger craquement de la terre sous ses pas, il sentait la fraîcheur de l'air nocturne contre sa peau et l'âcre parfum de putréfaction automnale qui flottait sous les arbres. Mais chaque fois que, la pelle à la main, il atteignait la clôture, le rêve s'arrêtait brusquement et il s'éveillait, pour s'apercevoir qu'il se trouvait encore dans son lit.

La question, c'était : pourquoi, à ce moment-là, ne se levait-il pas, pourquoi n'agissait-il pas comme il venait de le faire en rêve ? Rien ne l'empêchait d'essayer de s'échapper, et pourtant il continuait à hésiter, il allait même jusqu'à refuser d'admettre la possibilité de fuir. Il attribua d'abord cette répugnance à la peur. Il était convaincu de la responsabilité de Murks dans ce qui était arrivé à Pozzi (avec un coup de main de Floyd, sans aucun doute), et il trouvait tout à fait vraisemblable l'idée qu'un sort analogue l'attendait s'il tentait de filer avant la fin du contrat. Il était vrai que Murks avait paru bouleversé par l'aspect de Pozzi, ce matin-là dans la roulotte, mais qui pouvait affirmer qu'il ne jouait pas la comédie ? Nashe avait vu Pozzi courir sur la route, comment aurait-il pu se retrouver dans le pré si Murks ne l'y avait amené ? Si le gosse avait été battu par quelqu'un d'autre, son assaillant se serait enfui en l'abandonnant sur la route. Et alors Pozzi, même s'il n'avait pas encore perdu connaissance, n'aurait pas eu la force de repasser par le trou, et moins encore de retraverser seul tout le pré. Non, Murks l'avait amené là dans le but d'avertir Nashe, de lui montrer ce qui arrivait à qui prétendait partir. Il affirmait avoir conduit Pozzi à l'hôpital des Sœurs de la Charité, à Doylestown, mais pourquoi n'aurait-il pas menti en cela aussi ? Ils auraient pu avec autant de facilité se débarrasser du gosse quelque part dans les bois et l'y enterrer. Quelle différence cela aurait-il fait qu'il fût encore vivant ? Couvrez de terre le visage d'un homme, il mourra étouffé avant que vous ayez compté jusqu'à cent. Murks était très fort pour boucher des trous, après tout. Quand il en avait terminé avec un trou, on ne voyait même plus s'il avait ou non existé.

Petit à petit, Nashe comprit néanmoins que la peur n'y était pour rien. Chaque fois qu'il s'imaginait en train de fuir la clairière, il voyait Murks le viser dans le dos avec son revolver et presser lentement la détente – mais l'évocation de la balle en train de lui déchirer la chair et de lui fracasser le cœur suscitait en lui moins de crainte que de colère. Même s'il méritait la mort, il ne voulait pas donner à Murks la satisfaction de le tuer. Ce serait trop facile, une fin trop prévisible. Il avait déjà provoqué la mort de Pozzi en l'obligeant à s'échapper, mais en acceptant de mourir, lui aussi (et par instants cette perspective lui paraissait presque irrésistible), il ne réparerait pas le mal qu'il avait fait. C'est pourquoi il continuait à travailler au mur – non parce qu'il avait peur, ni parce qu'il se sentait encore obligé de rembourser la dette, mais parce qu'il voulait se venger. Il terminerait son temps ici, et une fois libre de s'en aller, il s'adresserait aux flics et ferait arrêter Murks. C'était bien le moins qu'il pût faire pour le gosse, pensait-il. Il lui fallait se maintenir en vie le temps de s'assurer que ce salaud subirait le sort qu'il méritait.

Il écrivit à Donna une lettre où il lui expliquait qu'il resterait sur ce chantier plus longtemps que prévu. Il avait cru qu'ils en auraient terminé ces jours-ci, mais le travail semblait devoir se prolonger encore six à huit semaines. Persuadé que Murks ouvrirait sa lettre pour la lire avant de l'envoyer, il se garda de la moindre allusion à ce qui était arrivé à Pozzi. Il s'efforça de conserver un ton léger et joyeux, et ajouta une page à l'intention de Juliette, avec le dessin d'un château et quelques devinettes dont il se disait qu'elle s'amuserait, et quand Donna lui répondit une semaine après, elle écrivait qu'elle était contente qu'il parût en si bonne forme. Peu importait de quel genre de travail il s'agissait, ajoutait-elle. Du moment qu'il l'accomplissait avec plaisir, il y trouvait une récompense suffisante. Mais elle espérait qu'il songerait à se fixer quand ce serait terminé. Il leur manquait à tous terriblement, et Juliette était impatiente de le revoir.

A la lecture de cette lettre, il fut accablé de tristesse, et pendant plusieurs jours il ressentit une douleur aiguë chaque fois qu'il songeait à la façon dont il avait trompé sa sœur. Plus coupé du monde que jamais, il avait parfois l'impression que quelque chose s'écroulait en lui, comme si le sol sous ses pieds avait cédé peu à peu, s'effondrant sous la pression de sa solitude. Il continuait à travailler, mais c'était une activité solitaire, et il évitait Murks autant que possible, n'acceptant de lui parler que si c'était absolument nécessaire. Bien que Murks affichât toujours la même placidité, Nashe ne se laissait pas endormir et opposait à l'apparente bonne volonté du contremaître un mépris à peine dissimulé. Au moins une fois par jour, il se représentait en détail une scène au cours de laquelle, se tournant soudain vers Murks dans un sursaut de violence, il lui sautait dessus, le maîtrisait, le clouait au sol, puis dégageait le revolver de sa gaine et le lui pointait droit entre les deux yeux. L'unique échappatoire à de tels tumultes était le travail, l'effort machinal de soulever et de transporter les pierres, et il s'y jeta avec une passion sévère et obstinée, accomplissant chaque jour à lui seul plus que Pozzi et lui n'avaient jamais réussi à en faire ensemble. Il acheva la deuxième rangée en moins d'une semaine, avec des chargements de trois ou quatre blocs à la fois sur le chariot, et, à chacun de ses trajets à travers la clairière, il se retrouvait inexplicablement en train de penser à l'univers miniature de Stone dans la grande maison, comme si le fait de toucher une pierre réelle avait ravivé le souvenir de l'homme qui en portait le nom*. Tôt ou tard, se disait Nashe, la maquette comporterait une nouvelle section représentant l'endroit où il se trouvait, à l'échelle du mur, de la clairière et de la roulotte, et lorsque ceci serait terminé, deux figurines minuscules seraient posées au milieu du pré : une pour Pozzi et une pour lui. L'idée d'une petitesse aussi extravagante commençait à exercer sur Nashe une fascination quasi insupportable. Parfois, sans pouvoir s'en empêcher, il allait jusqu'à imaginer qu'il vivait déjà à l'intérieur de la maquette. Flower et Stone le regardaient d'en haut, et il en arrivait à se voir à travers leurs yeux – pas plus gros que le pouce, petite souris grise en train de s'agiter d'un bout à l'autre de sa cage.

Mais le pire, c'était le soir, quand il avait fini de travailler et rentrait seul dans la roulotte. C'est alors que Pozzi lui manquait le plus, et au début il y eut des moments où son chagrin et sa nostalgie prenaient une telle acuité qu'il trouvait à peine la force de préparer son repas. Une ou deux fois, il ne mangea rien du tout et resta assis dans le salon devant une bouteille de bourbon jusqu'à l'heure d'aller se coucher, écoutant le *Requiem* de Mozart et celui de Verdi avec le son au maximum, pleurant de vraies larmes au cœur de cette tempête de musique, se remémorant le gosse à travers le souffle impétueux des voix humaines comme s'il n'avait été qu'un peu de terre, une fragile motte de terre en train de s'éparpiller, de redevenir la poussière dont elle était née. Il trouvait un certain apaisement dans le fait de s'abandonner à ces débordements de tristesse, de s'enfoncer dans les profondeurs d'une douleur blafarde et impondérable, mais même lorsqu'il eut recouvré la maîtrise de soi et commencé à s'adapter à sa solitude, il ne se remit jamais tout à fait de l'absence de Pozzi et continua à

---

* *Stone* veut dire pierre. *(N.d.T.)*

porter le deuil du gosse comme d'une part de lui-même à jamais disparue. Les tâches domestiques lui paraissaient arides et dépourvues de sens, corvées mécaniques consistant à préparer des repas pour se les enfourner dans la bouche, à salir des objets puis à les nettoyer – l'horlogerie des fonctions animales. Se rappelant le plaisir que les livres lui avaient donné sur les routes, il essayait de remplir le vide en lisant, mais il éprouvait maintenant de la difficulté à se concentrer et à peine commençait-il à déchiffrer les mots sur une page que sa tête se mettait à bourdonner d'images du passé : un après-midi de bulles de savon avec Juliette, cinq mois plus tôt, dans le jardin du Minnesota ; la chute de son ami Bobby Turnbull à travers un plancher en flammes, sous ses yeux, à Boston ; les mots exacts qu'il avait prononcés lorsqu'il avait demandé à Thérèse de l'épouser ; le visage de sa mère la première fois qu'il était entré dans sa chambre d'hôpital en Floride après son attaque ; Donna en *cheerleader*, au lycée, en train de sauter sur place. Il ne souhaitait pas se rappeler tout cela, mais les histoires dans les livres ne parvenant plus à l'arracher à lui-même, ses souvenirs l'envahissaient, qu'il le voulût ou non. Il supporta ces assauts chaque soir pendant près d'une semaine puis un matin, ne sachant plus que faire, il craqua, demanda à Murks s'il pouvait avoir un piano. Non, ça n'avait pas besoin d'être un vrai piano, dit-il, il lui fallait simplement quelque chose pour s'occuper, une distraction pour se calmer les nerfs.

"Je comprends ça, remarqua Murks cherchant à se montrer compatissant. Ça doit être dur, ici, tout seul. Je veux dire, le gosse était parfois un peu bizarre, mais au moins c'était une compagnie. Mais ça va te coûter des sous. Enfin ça tu t'en doutes.

— Ça m'est égal, dit Nashe. Je ne demande pas un vrai piano. Ça ne devrait pas être tellement cher.

— Première fois que j'entends parler d'un piano qu'est pas un piano. Quel genre d'instrument tu veux dire ?

— Un clavier électronique. Vous savez, un de ces trucs portables qu'on branche dans une prise de courant. Avec des haut-parleurs et de drôles de petites touches en plastique. Vous en avez sans doute déjà vu dans les supermarchés.

— Ça ne me dit rien. Mais pas d'importance, Nashe, tu me dis ce que tu veux et moi je m'arrange pour te le procurer."

Heureusement, il avait gardé ses partitions et ne manquerait donc pas de choses à jouer. Après la vente de son piano, il n'y avait certes plus de raison de les conserver, mais il n'avait pu se résoudre à les jeter et elles avaient donc passé toute cette année à voyager avec lui dans le coffre de sa voiture. Il y en avait une douzaine environ : des morceaux choisis de différents compositeurs (Bach, Couperin, Mozart, Beethoven, Schubert, Bartók, Satie), deux cahiers d'exercices de Czerny et un gros volume de blues et d'airs de jazz transcrits pour le piano. Murks arriva le lendemain soir avec l'instrument, et bien qu'il s'agît d'un produit bizarre et ridicule de la technologie – guère mieux qu'un jouet, en fait – c'est avec joie que Nashe le retira de son emballage et l'installa sur la table de la cuisine. Il passa quelques soirées, entre son dîner et l'heure de son coucher, à réapprendre à jouer, exécutant d'innombrables exercices afin d'assouplir ses articulations rouillées tout en découvrant les possibilités et les limites de ce curieux appareil : l'étrangeté de la touche, les sons amplifiés, le manque de force de la percussion. De ce point de vue, le fonctionnement du clavier rappelait davantage un clavecin qu'un piano, et quand il se mit enfin, le troisième soir, à jouer de vrais morceaux, il s'aperçut que des œuvres anciennes – composées avant l'invention du piano – avaient tendance à sonner mieux que les plus récentes. Ceci l'amena à se concentrer sur des musiques de compositeurs d'avant le XIXe siècle : le *Petit Livre d'Anna Magdalena Bach*, le *Clavecin bien tempéré*, les *Barricades mystérieuses*. Il lui était impossible de jouer ce dernier morceau sans penser au mur et il se rendit compte qu'il le reprenait plus souvent qu'aucun des autres. Son exécution durait exactement deux minutes et ne nécessitait à aucun instant de sa progression lente et majestueuse, avec toutes ses pauses, suspensions et répétitions, qu'il frappât plus d'une note à la fois. La musique commençait et s'arrêtait, recommençait et s'arrêtait encore, et pourtant tout du long l'œuvre continuait à avancer, à marcher vers une conclusion qui ne se produisait pas. Etaient-ce là les barricades mystérieuses ? Nashe se rappelait avoir lu quelque part que personne ne savait avec certitude ce que ce titre avait signifié dans l'esprit de Couperin. Certains spécialistes l'interprétaient comme une référence comique aux sous-vêtements des femmes – l'impénétrabilité des corsets – tandis que d'autres y voyaient une allusion aux harmonies non résolues que comporte l'œuvre. Nashe n'avait aucun moyen de trancher. En ce qui le concernait, les barricades évoquaient le mur qu'il construisait dans la clairière, mais quant à savoir ce qu'elles désignaient, c'était une autre affaire.

Il ne considérait plus les heures après le travail comme un temps morne et pesant. La musique apportait l'oubli, la douceur de ne plus devoir penser à lui-même, et lorsqu'il avait fini de jouer pour un soir, Nashe se sentait en général si langoureux et si vide d'émotions qu'il arrivait à s'endormir sans trop de difficulté. Cependant, il se méprisait de laisser s'amollir ses sentiments envers Murks, de se souvenir avec tant de gratitude de la bonne volonté que lui avait manifestée le contremaître. Murks ne s'était pas seulement dérangé pour lui acheter le clavier, il avait carrément sauté sur l'occasion, comme si son unique désir dans la vie avait été de recouvrer la bonne opinion de Nashe. Nashe voulait haïr Murks sans mélange, le transformer par la seule force de sa haine en quelque chose de moins qu'humain, mais comment était-ce possible si l'homme refusait de se comporter comme un monstre ? Depuis peu, Murks se pointait à la roulotte avec de petits cadeaux (des pâtisseries préparées par sa femme, des écharpes de laine, des couvertures supplémentaires) et au travail il ne se montrait jamais qu'indulgent, répétant sans cesse à Nashe de ralentir, de ne pas se donner tant de mal. Plus troublant encore, il paraissait même se faire du souci à propos de Pozzi, et ramenait à Nashe plusieurs fois par semaine un rapport sur l'état de santé du jeune homme, en parlant comme s'il s'était trouvé en contact constant avec l'hôpital. Comment Nashe devait-il interpréter cette sollicitude ?

Il flairait une ruse, écran de fumée destiné à dissimuler le vrai danger que Murks représentait pour lui – et pourtant, comment en être certain ? Peu à peu, il se sentait faiblir, céder progressivement à l'insistance tranquille du contremaître. Chaque fois qu'il acceptait un nouveau cadeau, chaque fois qu'il s'arrêtait pour bavarder de la pluie ou du beau temps, chaque fois qu'il souriait d'une remarque de Calvin, il avait l'impression de se renier. Et il continuait néanmoins. Après quelque temps, la seule chose qui l'empêchât de capituler était la présence du revolver. C'était le dernier indice de la nature de leurs relations, et il n'avait qu'à regarder l'arme à la ceinture de Murks pour se souvenir de leur inégalité fondamentale. Et puis un jour, juste pour voir ce qui se passerait, il se tourna vers Murks en disant :

"Pourquoi ce revolver, Calvin ? Vous vous attendez toujours à des histoires ?" Et Murks, baissant les yeux vers l'étui d'un air perplexe, répondit :

"Je sais pas. C'est juste que j'ai pris l'habitude de le porter, je suppose." Et quand il arriva dans la clairière le lendemain matin pour commencer le travail, le revolver avait disparu.

Nashe ne savait plus que penser. Murks était-il en train de lui signaler qu'il était libre maintenant, ou ne s'agissait-il que d'un nouveau détour dans une duperie savamment élaborée ? Avant que Nashe eût pu commencer à se faire une opinion, un élément de plus se trouva projeté dans le maelström de son incertitude. Il se présenta sous la forme d'un petit garçon, et pendant plusieurs jours, Nashe eut l'impression d'être debout au bord d'un précipice, de contempler les entrailles d'un enfer privé dont il avait toujours ignoré l'existence : un monde sous-jacent féroce, animé de bêtes vociférantes et de pulsions d'une inimaginable noirceur. Le trente et un octobre, deux jours exactement après que Murks eut cessé de porter son arme, il arriva à la clairière en tenant par la main un gamin de quatre ans qu'il présenta comme son petit-fils, Floyd junior.

"Floyd senior a perdu son boulot au Texas cet été, expliqua-t-il, et maintenant lui et ma fille Sally sont revenus ici pour essayer de redémarrer. Ils sont tous les deux partis à la recherche de travail et d'un endroit où habiter, et comme Addie ne se sent pas très en forme ce matin, elle s'est dit que ce serait une bonne idée que je prenne le petit Floyd en remorque. J'espère que ça ne t'ennuie pas. Je le tiendrai à l'œil, il se mettra pas dans ton chemin."

C'était un enfant maigrichon, morveux, avec un visage long et étroit, et il se tenait à côté de son grand-père, emmitouflé dans une parka rouge, les yeux fixés sur Nashe avec un mélange de curiosité et de détachement, comme si on l'avait planté devant un oiseau ou un buisson d'aspect bizarre. Non, ça n'ennuyait pas Nashe, mais de toute façon, comment aurait-il osé protester ? Pendant la plus grande partie de la matinée, le gamin grimpa parmi les pierres empilées dans le coin de la clairière, gambadant comme un petit singe étrange et silencieux, mais chaque fois que Nashe retournait de ce côté afin de recharger le chariot, l'enfant s'interrompait, s'accroupissait sur son perchoir et posait sur Nashe le même regard absorbé et inexpressif. Nashe en était mal à l'aise, et lorsque ce fut arrivé cinq ou six fois il se sentait si décontenancé qu'il se força à relever la tête vers l'enfant et à lui sourire – ne fût-ce que pour rompre le charme. A sa surprise, le gamin lui rendit son sourire en agitant la main, et à cet instant précis, comme s'il retrouvait un souvenir datant d'un autre siècle, Nashe comprit que c'était le même petit garçon qui leur avait fait signe de la main ce soir-là, à Pozzi et à lui, de l'arrière du break. Etait-ce ainsi qu'ils avaient été découverts ? se demanda-t-il. L'enfant avait-il dit à ses parents qu'il avait vu deux hommes en train de creuser un trou sous la clôture ? Le père avait-il alors rapporté à Murks les propos de son fils ? Nashe ne comprit jamais tout à fait comment cela s'était produit, mais dans l'instant qui suivit cette découverte il regarda de nouveau le petit-fils de Murks et se rendit compte qu'il le haïssait plus qu'il n'avait jamais haï personne dans sa vie. Il le haïssait tellement qu'il ressentait l'envie de le tuer.

C'est alors que commença l'horreur. Une petite semence avait été plantée dans la tête de Nashe, et avant même qu'il ne s'en doutât, elle germait déjà en lui, proliférant comme une fleur sauvage d'une espèce mutante, en un bourgeonnement extatique qui menaçait d'envahir le champ entier de sa conscience. Il n'avait qu'à s'emparer de l'enfant, songeait-il, et tout changerait pour lui : il saurait soudain ce qu'il voulait savoir. L'enfant contre la vérité, dirait-il à Murks, et à ce moment-là Murks serait obligé de parler, il serait obligé de lui dire ce qu'il avait fait de Pozzi. Il n'aurait pas le choix. S'il ne parlait pas, son petit-fils mourrait. Nashe s'en assurerait. Il étranglerait le gamin sous ses yeux.

Une fois que Nashe eut permis à cette idée de naître dans sa tête, d'autres la suivirent, chacune plus violente et plus répugnante que la précédente. Il tranchait la gorge de l'enfant avec un rasoir. Il le frappait à mort à coups de botte. Il lui saisissait la tête et l'écrasait contre une pierre, défonçant le petit crâne jusqu'à ce que le cerveau fût réduit en bouillie. A la fin de la matinée, Nashe était en plein délire, en pleine frénésie de convoitise homicide. Si désespérément qu'il s'efforçât d'effacer ces images, il se mettait à les désirer avec avidité dès l'instant où elles disparaissaient. La vraie horreur, c'était cela : non qu'il pût s'imaginer tuant l'enfant, mais qu'après avoir imaginé une telle chose il désirât l'imaginer encore.

Le pire fut que l'enfant revint à la clairière – non seulement le lendemain, mais aussi le jour suivant. Comme si les premières heures n'avaient pas été assez pénibles, il s'était mis en tête de s'éprendre de Nashe, réagissant à leur échange de sourires comme à un serment réciproque d'amitié éternelle. Avant midi, Floyd junior, descendu de sa montagne de pierres, trottinait derrière Nashe tandis que son nouveau héros allait et venait dans le pré en traînant le chariot. Murks fit mine de l'en empêcher, mais Nashe, qui rêvait déjà à la manière dont il allait tuer l'enfant, lui fit signe de s'écarter en disant que ça allait.

"Il ne me dérange pas, dit-il. J'aime les gosses." A ce moment, Nashe commençait à soupçonner qu'il y avait chez cet enfant quelque chose d'anormal – une pesanteur, une niaiserie qui lui donnaient l'air un peu demeuré. Il parlait à peine, et le seul mot qu'il prononçait tout en courant derrière lui dans l'herbe était Jim ! Jim ! Jim !, qu'il répétait et répétait encore à la manière d'une incantation imbécile. L'âge mis à part, il semblait n'avoir rien de commun avec

Juliette, et quand Nashe comparait la triste pâleur de ce garçonnet avec l'éclat et la vivacité de sa fille, sa chérie aux cheveux bouclés, son bien-aimé petit derviche au rire de cristal et aux genoux potelés, il ne ressentait pour lui que du mépris. D'heure en heure, son désir de l'agresser devenait plus violent et plus incontrôlable, et quand six heures arrivèrent enfin, il parut à Nashe presque miraculeux que l'enfant fût encore en vie. Il rangea ses outils dans la cabane, et à l'instant où il s'apprêtait à fermer la porte, Murks le rejoignit et lui mit la main sur l'épaule.

"Faut reconnaître, Nashe, dit-il, t'as le don. Ce petit bonhomme ne s'est jamais entiché de personne comme de toi aujourd'hui. Si je n'avais pas vu ça de mes propres yeux, je n'y croirais pas."

Le lendemain matin, le gamin arriva dans le pré vêtu de son déguisement d'Hallowe'en : une tenue noire et blanche de squelette avec un masque imitant un crâne. C'était un de ces articles grossiers, de mauvaise qualité, qu'on peut acheter dans leur boîte chez Woolworth, et comme il faisait froid ce jour-là, il le portait par-dessus sa parka, ce qui lui donnait un aspect bizarrement gonflé, l'air d'avoir doublé de poids depuis la veille. D'après Murks, son petit-fils avait insisté pour arborer ce costume afin de se montrer à Nashe ainsi vêtu, et dans l'état de démence qui était alors le sien, celui-ci se demanda aussitôt si l'enfant n'essayait pas de lui dire quelque chose. Le costume représentait la mort, après tout, la mort sous sa forme la plus pure, la plus symbolique, et peut-être l'enfant savait-il ce que Nashe projetait, peut-être était-il venu dans la clairière habillé en mort parce qu'il savait qu'il allait mourir. Nashe ne pouvait s'empêcher de voir là un message écrit en code. Le gamin lui disait que tout allait bien, que du moment que c'était lui, Nashe, qui le tuait, tout allait se passer très bien.

Il batailla contre lui-même tout au long de cette journée, inventant toutes sortes de ruses afin de tenir l'enfant-squelette à distance prudente de ses mains meurtrières. Le matin, il lui enjoignit de surveiller un bloc bien particulier, à l'arrière d'un des tas, en lui expliquant qu'il fallait l'avoir à l'œil pour éviter qu'il ne disparût, et dans l'après-midi il l'autorisa à jouer avec le chariot tandis que lui-même s'en allait à l'autre bout du pré s'occuper des travaux de maçonnerie. Mais, inévitablement, il y avait des interruptions, des moments où l'enfant perdait sa concentration et courait vers Nashe ou bien, même à distance, ceux où Nashe devait subir la litanie de son nom, l'incessant Jim, Jim, Jim, retentissant comme une alarme au plus profond de sa peur. A plusieurs reprises, il voulut demander à Murks de ne plus amener le petit garçon, mais la lutte pour conserver la maîtrise de ses sentiments l'épuisait tellement, l'entraînait si près du point d'écroulement mental qu'il n'osait plus se fier aux paroles qu'il pourrait prononcer. Ce soir-là, il but à en perdre conscience, et le lendemain matin, comme s'il ne s'était éveillé que pour retomber en plein cauchemar, il vit en ouvrant la porte de la roulotte que l'enfant était de nouveau là – serrant contre sa poitrine un sac de bonbons d'Hallowe'en qu'il tendit solennellement à Nashe, tel un jeune brave offrant au chef de sa tribu les dépouilles de sa première chasse.

"Qu'est-ce que c'est que ça ? demanda Nashe à Murks.

— Jim, fit l'enfant, répondant lui-même à la question. Bonbons pour Jim.

— C'est ça, dit Murks. Il voulait partager ses bonbons avec toi."

Nashe entrouvrit le sac et jeta un coup d'œil à son contenu, un fouillis de sucreries, de pommes et de raisins secs.

"Ça va un peu loin, Calvin, vous ne croyez pas ? Qu'est-ce qu'il veut, ce gosse, m'empoisonner ?

— Il veut rien du tout, dit Murks. Il était juste triste pour toi – manquer les festivités et tout ça. T'es pas obligé de les manger.

— Bien sûr, fit Nashe, qui regardait l'enfant en se demandant comment il pourrait endurer une autre journée avec lui. C'est l'intention qui compte, hein ?"

Mais il ne le supportait plus. Dès l'instant où il sortit dans le pré, il sut qu'il avait atteint sa limite, que le gamin serait mort avant une heure s'il ne trouvait pas un moyen de se contrôler. Il posa une pierre sur le chariot, entreprit d'en soulever une autre puis la laissa glisser de ses mains et l'écouta s'écraser sur le sol avec un bruit sourd.

"J'ai quelque chose qui ne va pas aujourd'hui, dit-il à Murks. Je ne me sens pas dans mon assiette.
— C'est peut-être ce microbe de grippe qui traîne par ici, fit Murks.
— Ouais, ça doit être ça. Je dois être en train d'attraper la grippe.
— Tu bosses trop dur, Nashe, c'est ça ton problème. T'es complètement épuisé.
— Si je me recouche pendant une heure ou deux, je me sentirai sans doute mieux cet après-midi.
— Laisse tomber cet après-midi. Prends toute la journée. C'est pas malin d'en faire trop, pas malin du tout. T'as besoin de récupérer tes forces.
— Bon, d'accord. Je vais prendre deux aspirines et me mettre au lit. Ça m'ennuie de perdre un jour, pourtant. Mais je suppose qu'il n'y a rien d'autre à faire.
— T'en fais pas pour l'argent. Je te fais crédit pour ces dix heures, de toute façon. Disons que c'est un bonus pour baby-sitting.
— Ce n'est pas nécessaire.
— Non, sans doute, mais ça ne signifie pas que je ne peux pas le faire. C'est probablement pas plus mal, de toute façon. Il fait trop froid ici dehors pour le petit Floyd. Il attraperait la mort en traînaillant toute la journée dans ce pré.
— Ouais, je pense que vous avez raison.
— Bien sûr que j'ai raison. Le petit attraperait la mort un jour comme celui-ci."

Avec ces mots étrangement omniscients qui lui résonnaient dans la tête, Nashe revint à la roulotte en compagnie de Murks et du gamin, et lorsqu'il ouvrit la porte il se rendit compte qu'il se sentait réellement malade. Son corps était douloureux, ses muscles épuisés étaient devenus d'une faiblesse indescriptible, comme s'il avait soudain brûlé d'une forte fièvre. C'était curieux, la rapidité avec laquelle ça s'était passé : Murks n'avait pas sitôt prononcé le mot grippe qu'il s'en était senti atteint. Peut-être avait-il abusé de lui-même, songea-t-il, peut-être ne restait-il plus rien au fond de lui. Peut-être était-il maintenant tellement vide qu'un simple mot suffisait à le rendre malade.

"Oh mon Dieu, s'exclama Murks en se donnant une claque sur le front, au moment de s'en aller. J'ai failli oublier de te dire.
— Me dire ? fit Nashe. Me dire quoi ?
— Pozzi. J'ai appelé l'hôpital hier soir pour demander de ses nouvelles, et l'infirmière m'a dit qu'il était parti.
— Parti ? Comment, parti ?
— Parti comme dans parti au revoir. Il s'est levé de son lit, s'est habillé et est sorti de l'hôpital.
— Pas besoin de me raconter des histoires, Calvin. Jack est mort. Il y a quinze jours qu'il est mort.
— Non m'sieu, il est pas mort. Il a eu l'air mal en point pendant quelque temps, je te l'accorde, mais après il s'en est tiré. Ce gringalet était plus solide que nous ne pensions. Et maintenant il s'est remis tout à fait. En tout cas assez pour se lever et sortir de l'hôpital. Je pensais que tu serais content de le savoir.
— Je serais content de savoir la vérité. Rien d'autre ne m'intéresse.
— Eh bien, c'est la vérité. Jack Pozzi est parti, t'as plus besoin de te faire du souci pour lui.
— Alors laissez-moi appeler l'hôpital.
— Je peux pas faire ça, fiston, tu le sais bien. Pas de téléphone tant que tu n'as pas fini de rembourser. Au train où tu vas, ça ne sera plus long. Alors tu pourras téléphoner tant que tu voudras. En ce qui me concerne, tu pourras téléphoner jusqu'à la fin des temps."

Trois jours s'écoulèrent avant que Nashe pût se remettre au travail. Il passa les deux premiers à dormir, ne faisant surface que lorsque Murks entrait dans la roulotte pour lui apporter de l'aspirine, du thé et de la soupe en boîte, et quand il eut suffisamment repris conscience pour réaliser que ces deux jours étaient perdus pour lui, il comprit que le sommeil n'avait pas répondu seulement à une nécessité physique mais aussi à un impératif moral. Son drame avec le petit garçon l'avait transformé, et sans l'hibernation qui avait suivi, ces quarante-huit heures de disparition temporaire à lui-même, il aurait pu ne jamais se réveiller dans la peau de l'homme qu'il était devenu. Le sommeil avait été un passage d'une vie à une autre, une petite mort au cours de laquelle ses démons intérieurs avaient flambé avant de retourner se fondre dans la fournaise dont ils étaient issus. Non qu'ils eussent disparu, mais ils n'avaient plus de forme, et dans leur ubiquité indéfinie ils s'étaient répandus à travers son corps entier – invisibles mais présents, faisant partie de lui désormais au même titre que son sang et ses chromosomes, feu mêlé aux fluides qui le maintenaient en vie. Il ne se sentait ni meilleur ni pire qu'auparavant, mais il n'avait plus peur. C'était la différence essentielle. Il s'était précipité dans l'incendie pour s'arracher aux flammes, et, maintenant qu'il avait fait cela, l'idée d'avoir à recommencer ne l'effrayait plus.

Quand il s'éveilla le troisième jour, il avait faim, et il sortit instinctivement de son lit pour se rendre à la cuisine. Bien qu'il se sentît encore très peu solide sur ses pieds, il savait que sa faim était un bon signe, un signe de guérison. En fourrageant dans l'un des tiroirs à la recherche d'une cuiller propre, il découvrit un bout de papier sur lequel était inscrit un numéro de téléphone, et en examinant cette écriture enfantine, inconnue, il se souvint tout à coup de la fille. Elle lui avait donné son numéro de téléphone à un moment de la soirée du seize, il s'en souvenait, mais il lui fallut plusieurs minutes pour se rappeler son nom. Il énuméra un inventaire d'approximations (Tammy, Kitty, Tippi, Kimberly), resta quelques secondes sans idée puis, juste quand il allait renoncer, le trouva : Tiffany. Elle était la seule personne qui pouvait l'aider, songeait-il. Obtenir cette aide lui coûterait une fortune, mais quelle importance si ses questions recevaient enfin une réponse. Cette fille aimait bien Pozzi, elle avait même paru folle de lui, en fait, et si Nashe lui racontait ce qui était arrivé au gosse après la soirée, il y avait toutes les chances qu'elle acceptât de téléphoner à l'hôpital. Il ne fallait rien de plus – un coup de téléphone. Elle demanderait si Jack Pozzi avait été hospitalisé là, et puis elle écrirait à Nashe – quelques mots pour l'informer de ce qu'elle aurait découvert. Bien sûr, il pourrait y avoir un problème avec la lettre, mais c'était un risque à courir. Il n'avait pas l'impression que les lettres de Donna eussent été ouvertes. Du moins ne semblait-on pas avoir trafiqué les enveloppes, et pourquoi une lettre de Tiffany ne lui parviendrait-elle pas aussi bien ? De toute façon, cela valait la peine d'essayer. Plus Nashe réfléchissait à ce projet, plus il le trouvait prometteur. Qu'avait-il à perdre, sinon de l'argent ? Il s'assit à la table de la cuisine et commença à boire son thé en essayant de se représenter ce qui se passerait quand la fille viendrait lui rendre visite dans la roulotte. Avant d'avoir pu imaginer le premier des mots qu'il lui dirait, il s'aperçut qu'il était en érection.

Convaincre Murks n'alla pas sans peine, néanmoins. Quand Nashe lui expliqua qu'il souhaitait revoir la fille, Calvin manifesta d'abord de la surprise puis, presque aussitôt, un profond désappointement. On eût dit que Nashe le laissait tomber, qu'il reniait un accord tacite entre eux, et Murks n'allait pas permettre cela sans réagir.

"Ça n'a aucun sens, dit-il. Neuf cents dollars pour te rouler dans le foin. Ça fait neuf journées de travail, Nashe, quatre-vingt-dix heures de peine et de sueur pour rien. Ça colle pas. Tout ça pour un petit goût de chair fraîche. N'importe qui verrait que ça colle pas. T'es un type intelligent, Nashe, c'est pas comme si tu comprenais pas ce que je veux dire.

— Je ne vous demande pas comment vous dépensez votre argent, répliqua Nashe. Et ce que je fais du mien ne vous regarde pas.

— Ça me fait râler de voir un type se conduire comme un imbécile, c'est tout. Spécialement quand il en a pas besoin.

— Vos besoins ne sont pas les miens, Calvin. Du moment que le travail est fait, j'ai droit à tout ce que je peux sacrément bien vouloir. C'est stipulé dans le contrat, et vous n'êtes pas en position de le discuter."

Nashe l'emporta donc et, non sans continuer de rouspéter, Murks s'occupa d'organiser la visite de la fille. Elle devait venir le dix, moins d'une semaine après la découverte par Nashe de son numéro de téléphone dans le tiroir, et il valait mieux pour lui ne pas devoir attendre plus longtemps car, à partir du moment où il eut persuadé Murks de l'appeler, il lui fut impossible de penser à autre chose. Longtemps avant l'arrivée de la fille, il savait donc que ses raisons de l'inviter n'étaient qu'en partie liées à Pozzi. L'érection en était la preuve (de même que les suivantes) et il passa ces quelques jours ballotté entre des crises d'angoisse et d'excitation, traînant sa mauvaise humeur sur le pré comme un adolescent en proie à ses hormones. Il n'avait plus été avec une femme depuis le milieu de l'été – depuis ce jour, à Berkeley, où Fiona avait sangloté entre ses bras – et il était sans doute inévitable que la visite prochaine de la fille lui remplît la tête de pensées sexuelles. C'était son métier, après tout. Elle baisait pour de l'argent, et du moment qu'il avait payé, quel mal y aurait-il à réclamer sa part de l'échange ? Il ne lui en demanderait pas moins son aide, mais cela ne prendrait que vingt minutes, une demi-heure, et dans le but d'obtenir qu'elle vienne passer ce temps avec lui, il était obligé de payer ses services pour la soirée entière. Gaspiller ces heures n'aurait aucun sens. Elles lui appartenaient, et le fait qu'il eût besoin de la fille pour une chose ne signifiait pas qu'il fût mal de la désirer aussi pour une autre.

Le soir du dix, il faisait froid, un temps d'hiver plutôt que d'automne, avec un vent violent soufflant en rafales à travers le pré et un ciel plein d'étoiles. La fille arriva en manteau de fourrure, les joues rougies et les yeux brillants, et Nashe la trouva plus jolie que dans son souvenir, même si ce n'était dû qu'à la coloration de son visage. Elle était vêtue de façon moins provocante que la première fois – un pull blanc à col roulé, des jeans avec des jambières de laine, les éternels talons aiguilles – et le tout représentait une nette amélioration par rapport à la tenue criarde qu'elle avait arborée en octobre. Elle paraissait à peu près son âge maintenant et, quelque importance que cela pût avoir, Nashe décida qu'il la préférait ainsi, qu'il se sentait moins gêné de la regarder.

Le sourire qu'elle lui adressa en entrant dans la roulotte lui parut encourageant, bien qu'un peu excessif et théâtral, et assez chaleureux pour le persuader qu'elle n'était pas mécontente de le revoir. Il se rendit compte qu'elle s'était attendue à ce que Pozzi fût là aussi, et quand elle parcourut la pièce des yeux sans le voir, il n'était que naturel qu'elle demandât à Nashe où il était. Mais Nashe ne se sentit pas le courage de lui révéler la vérité – du moins pas tout de suite.

"Jack a été appelé sur un autre chantier, raconta-t-il. Tu te souviens de ce projet au Texas dont il t'avait parlé l'autre fois ? Eh bien, notre pétrolier se posait des questions à propos des dessins, et il a envoyé son jet privé hier soir pour emmener Jack à Houston. Il a décidé ça à l'improviste. Jack était tout à fait désolé, mais c'est comme ça dans notre boulot. Nous nous devons à nos clients.

— Mince, dit la fille, sans chercher à dissimuler sa déception. J'aimais vraiment beaucoup ce petit gars. Je me réjouissais de le revoir.

— Il est unique, fit Nashe. On n'en fait plus des comme lui.

— Ouais, c'est un mec terrible. Quand on a affaire à un jules comme ça, on n'a plus l'impression de travailler."

Nashe sourit à la fille puis, avançant une main timide, il lui toucha l'épaule.

"Tu devras te contenter de moi, ce soir, j'en ai peur, dit-il.

— Eh bien, j'ai vu pire", répondit-elle, se reprenant aussitôt, en le regardant par-dessous d'un air badin. Afin d'être bien claire, elle se passa la langue sur les lèvres avec un petit gémissement. "Si je ne m'abuse, poursuivit-elle, nous n'en avions de toute façon pas terminé, nous deux."

Nashe eut envie de la prier de se déshabiller sur-le-champ, mais il se sentit soudain embarrassé, rendu muet par la montée de son désir, et au lieu de la prendre dans ses bras il resta planté là à se demander ce qu'il allait faire. Il pensait avec nostalgie aux blagues de Pozzi et regrettait que celui-ci ne lui eût pas laissé quelques bons mots afin de détendre l'atmosphère.

"Que dirais-tu d'un peu de musique ?" suggéra-t-il, sautant sur la première idée qui lui passait par la tête. Avant que la fille ait pu répondre, il était déjà par terre, en train de chercher parmi les piles de cassettes qu'il rangeait sous la table basse. Après avoir farfouillé pendant près d'une minute dans les opéras et les morceaux classiques, il finit par dénicher son enregistrement des chansons de Billie Holiday, *Billie's Greatest Hits*.

La fille fit la grimace à ce qu'elle appelait une musique "démodée", mais quand Nashe lui proposa de danser, elle parut touchée par le pittoresque suranné de cette suggestion, comme s'il l'avait invitée à prendre part à quelque rituel préhistorique – se disputer un ruban de réglisse, par exemple, ou ce jeu qui consiste à attraper avec les dents des pommes flottant sur l'eau dans un baquet de bois. En fait, Nashe aimait danser, et il pensait que le mouvement lui apaiserait les nerfs. Entourant la fille d'un bras ferme, il se mit à décrire de petits cercles à travers le salon, et au bout de quelques minutes elle paraissait entrée dans le jeu et le suivait avec une grâce à laquelle il ne s'était pas attendu.

"Je n'ai encore jamais rencontré quelqu'un qui s'appelait Tiffany, dit-il. Je trouve ça très joli. Ça me fait penser à des choses belles et précieuses.

— C'est l'idée, répondit-elle. C'est supposé évoquer des diamants.

— Tes parents devaient savoir que tu serais belle.

— Mes parents n'y sont pour rien. Je me suis choisi ce nom moi-même.

— Ah ? Eh bien, c'est encore mieux. Il n'y a pas de raison de s'encombrer d'un nom qu'on n'aime pas, n'est-ce pas ?

— Je pouvais pas sentir le mien. Dès que je suis partie de chez moi, je l'ai changé.

— C'était si terrible ?

— Tu aimerais t'appeler Dolorès ? C'est à peu près ce que je peux imaginer de pire, comme nom.

— Ça c'est drôle. Ma mère s'appelait Dolorès, et ça ne lui plaisait pas non plus.

— Sans blague ? Ta vieille était une Dolorès ?

— Véridique. Dolorès du jour de sa naissance au jour de sa mort.

— Si ça ne lui plaisait pas, pourquoi elle a pas changé ?

— C'est ce qu'elle a fait. Pas aussi carrément que toi, mais elle avait adopté un surnom. En fait, jusque vers dix ans je ne savais même pas que son vrai nom était Dolorès.
— Comment on l'appelait ?
— Dolly.
— Ouais, j'ai essayé ça aussi pendant quelque temps, mais c'était pas beaucoup mieux. Ça ne va que si on est grosse. Dolly. C'est un nom pour une grosse femme.
— C'est vrai, ma mère était plutôt grosse, maintenant que tu m'y fais penser. Pas toute sa vie, mais dans les dernières années elle avait pris beaucoup de poids. Trop d'alcool. Ça fait cet effet à certaines personnes. Quelque chose à voir avec le métabolisme de l'alcool dans le sang.
— Mon paternel a bu comme un trou pendant des années, mais ce salaud restait tout maigre. La seule chose qu'on remarquait c'étaient les veines autour de son nez."

Cette conversation dura encore un moment et puis, quand la musique s'arrêta, ils s'assirent sur le canapé et ouvrirent une bouteille de scotch. De façon quasi prévisible, Nashe se mit à imaginer qu'il devenait amoureux d'elle et à lui poser toutes sortes de questions la concernant, tentant de créer entre eux une intimité capable de masquer en quelque sorte la nature de leur relation et de transformer Tiffany en une vraie personne. Mais la conversation aussi faisait partie de la transaction, et bien qu'elle lui parlât longuement d'elle-même, il comprenait au fond qu'elle ne faisait que son boulot, qu'elle ne parlait que parce qu'il était de ces clients qui aiment ça. Tout ce qu'elle racontait semblait plausible, et cependant il avait l'impression qu'elle répétait son texte, et que celui-ci était moins faux qu'inexact, une illusion qu'elle-même avait peu à peu confondue avec la réalité, comme Pozzi lui aussi s'était bercé de ses rêves à propos des championnats mondiaux de poker. Elle en arriva à lui expliquer que faire la pute n'était pour elle qu'une solution provisoire.

"Dès que j'aurai ramassé assez de fric, fit-elle, je change de vie, je vais dans le showbiz." Il eût été impossible de ne pas la plaindre, de ne pas s'attrister de sa banalité enfantine, mais Nashe était déjà trop loin pour se laisser arrêter par de telles considérations.

"Je suis sûr que tu feras une actrice merveilleuse, lui dit-il. Dès l'instant où nous avons commencé à danser, j'ai su que tu avais la classe. Tu as la grâce d'un ange.

— Baiser, ça garde la forme, répondit-elle avec sérieux, comme si elle citait une vérité médicale. C'est bon pour le bassin. Et s'il y a une chose que j'ai beaucoup pratiquée ces dernières années, c'est bien ça. Je dois être devenue aussi souple qu'une sacrée contorsionniste.

— Il se trouve que je connais quelques agents à New York, déclara Nashe, qui avait perdu tout contrôle de ses paroles. Il y en a un qui bosse sur une grande échelle, et je suis persuadé que ça l'intéresserait de te rencontrer. Un certain Sid Zeno. Si tu veux, je peux l'appeler demain pour te prendre un rendez-vous.

— C'est pas pour se mettre à poil, j'espère ?

— Non, non, pas du tout. Zeno est parfaitement régulier. Il s'occupe de quelques-uns des jeunes talents les plus prometteurs dans le cinéma d'aujourd'hui.

— C'est pas que je refuserais, vois-tu. Mais une fois qu'on commence, c'est difficile d'en sortir. On est catalogué, et après on n'a plus aucune chance de jouer habillé. Je veux dire, mon corps est pas mal, mais y a pas à en faire un plat. Je préférerais un truc où je pourrais vraiment jouer. Tu sais, décrocher un rôle dans un des feuilletons de l'après-midi, ou même peut-être essayer dans une de ces séries comiques. Tu ne t'en es sans doute pas aperçu, mais quand je m'y mets je peux être très drôle.

— Pas de problème. Sid a aussi de bons contacts avec la télévision. En fait, c'est comme ça qu'il a démarré. Dans les années cinquante, il était l'un des seuls agents qui travaillaient exclusivement pour la télévision."

Nashe ne savait plus ce qu'il disait. Rempli de désir, et pourtant mi-effrayé de ce que ce désir allait entraîner, il continuait à parler à tort et à travers comme si la fille avait pu réellement croire les inepties qu'il lui racontait. Mais lorsqu'ils passèrent dans la chambre à coucher, elle ne le déçut pas. Elle commença par lui permettre de l'embrasser sur la bouche et Nashe, qui n'avait pas osé espérer une chose pareille, se crut aussitôt amoureux d'elle. Effectivement, elle n'avait pas un très beau corps, mais lorsqu'il eut compris qu'elle n'allait ni l'obliger à la prendre à la hâte ni l'humilier en manifestant de l'ennui, il ne se soucia plus guère de son apparence. Il y avait si longtemps, après tout, et une fois qu'ils furent sur le lit elle démontra les talents de son bassin surmené avec tant de fierté et d'abandon qu'il ne songea pas un instant à mettre en doute l'authenticité du plaisir qu'il semblait lui donner. Au bout d'un moment, l'esprit totalement confus, il perdit la tête et finit par proférer une quantité d'idioties, de telles stupidités à vrai dire, si incongrues, que s'il n'avait pas été celui qui les prononçait il se serait pris pour un fou.

Ce qu'il lui proposait, c'était de rester là, de vivre avec lui pendant qu'il travaillait à son mur. Il prendrait soin d'elle, promettait-il, et dès qu'il en aurait terminé sur ce chantier ils iraient ensemble à New York et il s'occuperait de sa carrière. Oublié, Sid Zeno. Lui serait plus efficace parce qu'il croyait en elle, parce qu'il était fou d'elle. Ils n'auraient pas plus d'un mois ou deux à passer dans la roulotte, et elle n'aurait rien d'autre à faire que se reposer et se la couler douce. Il se chargerait de la cuisine, de toutes les corvées ménagères, et pour elle ça représenterait des vacances, une façon de se remettre des deux dernières années. La vie dans la clairière n'était pas désagréable. Elle était calme, simple, bonne pour l'âme. Il avait juste besoin de la partager avec quelqu'un. Il était resté seul trop longtemps, et il ne pensait plus pouvoir continuer ainsi. C'était trop demander à un homme, disait-il, et la solitude était en train de le rendre cinglé. La semaine précédente, il avait failli tuer quelqu'un, un innocent petit garçon, et il craignait que des choses pires encore ne lui arrivent s'il n'apportait très vite quelques changements dans son existence. Si elle acceptait de rester, il ferait n'importe quoi pour elle. Il lui donnerait tout ce qu'elle voulait. Il l'aimerait au point de la faire exploser de bonheur.

Heureusement, il prononça ce discours avec tant de passion et de sincérité qu'il ne laissait d'autre possibilité à la fille que de penser qu'il plaisantait. Nul n'aurait pu sans rire avancer des choses pareilles en s'attendant à être cru, et la sottise même de sa déclaration fut ce qui sauva Nashe de la confusion totale. La fille le prit pour un farceur, un farfelu doué d'une folle imagination, et au lieu de l'envoyer se faire voir (ce qui eût sans doute été sa réaction si elle l'avait pris au sérieux), elle sourit du tremblement suppliant de sa voix et joua le jeu comme s'il n'avait rien dit de plus drôle depuis le début de la soirée.

"J'aimerais beaucoup vivre ici avec toi, mon chou, dit-elle. T'as juste qu'à t'occuper de Régis, et je m'installe chez toi dès demain matin.

— Régis ? fit-il.

— Tu sais bien, le type qui s'occupe de mes honoraires. Mon mac."

En entendant cette réponse, Nashe comprit à quel point il avait dû sembler ridicule. Mais ce sarcasme lui offrait une issue, une chance d'échapper au désastre qui le menaçait, et, au lieu de laisser paraître ses sentiments (la douleur, la désolation, la tristesse que ces paroles avaient provoquées), il se leva d'un bond, tout nu, et frappa des mains en feignant l'exubérance.

"Formidable ! s'écria-t-il. Ce soir je tue ce salaud, et puis tu m'appartiens pour toujours."

Elle se mit à rire, comme si une part d'elle-même avait réellement éprouvé du plaisir à entendre cela, et dès l'instant où il comprit ce que signifiait ce rire, il sentit monter en lui une amertume étrange et violente. Il se mit à rire à son tour, à rire avec elle afin de conserver en bouche le goût de cette amertume, de se repaître de la comédie de sa propre abjection. Puis, tout à coup, il se souvint de Pozzi. Ce fut comme un choc électrique, et la secousse faillit le projeter à terre. Depuis deux heures, il n'avait pas eu une seule pensée pour Jack, et il était horrifié de l'égoïsme dont témoignait un tel oubli. Il cessa de rire avec une brusquerie presque terrifiante et entreprit de se rhabiller, enfilant son pantalon comme si une cloche venait de sonner dans sa tête.

"Y a qu'un problème, disait la fille qui se calmait mais désirait prolonger le jeu. Qu'est-ce qui se passe quand

Jack revient de voyage ? Ce que je veux dire, c'est que ça pourrait devenir un peu encombré ici dedans, tu crois pas ? Et puis il est mignon, ce petit gars, et y aurait peut-être des nuits où j'aurais envie de coucher avec lui. Qu'est-ce que tu en dirais ? Tu serais jaloux ?

— Justement, fit Nashe d'une voix soudain sombre et dure. Jack ne reviendra pas. Ça fait presque un mois qu'il a disparu.

— Qu'est-ce que tu racontes ? Je croyais qu'il était au Texas.

— C'était une invention. Il n'y a pas de boulot au Texas, il n'y a pas de pétrolier, il n'y a rien. Le lendemain du jour où tu es venue à notre fête, Jack a essayé de s'enfuir. Je l'ai retrouvé par terre devant la roulotte le lendemain matin. Il avait le crâne défoncé, et il était sans connaissance – couché là dans une mare de son propre sang. Il doit être mort maintenant, mais je n'en suis pas certain. C'est ce dont je voudrais que tu t'assures pour moi."

Alors il lui raconta tout, toute l'histoire de Pozzi, de la partie de cartes et du mur, mais il lui avait déjà tellement menti ce soir-là qu'il avait de la peine à lui faire croire le moindre mot de ce qu'il disait. Elle le regardait comme elle aurait regardé un fou, un fou furieux déblatérant la bave aux lèvres à propos de petits hommes verts dans des soucoupes volantes. Cependant Nashe ne cessait d'insister et après quelque temps elle s'effraya de sa véhémence. Si elle ne s'était trouvée nue sur le lit, elle serait sans doute partie en courant, mais là elle était prise au piège et Nashe réussit à la longue à vaincre sa résistance en lui décrivant les résultats de la brutalité dont Pozzi avait été victime avec un tel luxe de détails si affreux qu'elle finit par admettre toute l'horreur de la réalité, et quand elle en arriva là, elle sanglotait sur le lit, le visage enfoui entre les mains et son dos maigre secoué de spasmes incontrôlables.

Oui, dit-elle. Elle allait téléphoner à l'hôpital. Elle le promettait. Pauvre Jack. Bien sûr qu'elle allait téléphoner à l'hôpital. Doux Jésus pauvre Jack. Doux Jésus pauvre Jack sainte mère de Dieu. Elle allait téléphoner à l'hôpital, et puis elle lui écrirait une lettre. Les salauds. Bien sûr qu'elle allait le faire. Pauvre Jack. Les ignobles salauds. Pauvre petit Jack ô Jésus pauvre Jésus pauvre mère de Dieu. Oui, elle le ferait. Elle le promettait. A la minute où elle arriverait chez elle, elle décrocherait le téléphone pour le faire. Oui, il pouvait compter sur elle. Dieu Dieu Dieu Dieu Dieu. Elle le promettait. Elle promettait de le faire.

9

Fou de solitude. Chaque fois que Nashe pensait à la fille, c'étaient les premiers mots qui lui venaient à l'esprit : fou de solitude. Il finit par se répéter si souvent cette phrase qu'elle en perdait son sens.

La lettre n'arriva jamais, mais il n'en voulut pas à Tiffany. Il était certain qu'elle avait tenu parole et cette conviction obstinée l'empêchait de désespérer. Au contraire, il se mit à reprendre courage. Il aurait été incapable d'expliquer ce changement, mais le fait était qu'il devenait optimiste, plus optimiste peut-être qu'à aucun moment depuis le premier jour dans la clairière.

Il n'eût servi à rien de demander à Murks ce qu'était devenue la lettre de la jeune femme. Il ne pouvait que mentir, et Nashe n'avait pas envie de faire état de ses soupçons tant qu'il n'avait rien à y gagner. Il finirait bien par découvrir la vérité. Il en était certain maintenant, et cette certitude lui donnait confiance, l'aidait à tenir bon d'un jour à l'autre. "Chaque chose en son temps", se disait-il. Avant d'apprendre la vérité, il fallait apprendre la patience.

En attendant, la construction du mur avançait. Après l'achèvement de la troisième rangée, Murks avait fabriqué une plate-forme en bois, et Nashe devait à présent gravir les marches de ce petit échafaudage chaque fois qu'il posait un bloc. Sa besogne en était ralentie, mais peu importait en comparaison du plaisir qu'il prenait à ne plus travailler au ras du sol. A partir du moment où il avait commencé la quatrième rangée, le mur lui avait paru différent. Il était devenu plus haut qu'un homme, plus haut même qu'un homme aussi grand que Nashe, et le fait de ne plus voir l'autre côté, le fait que ce qui se trouvait au-delà fût dissimulé donnait à celui-ci l'impression qu'une chose importante était en train de se produire. Tout à coup, les pierres se transformaient en mur et malgré la peine que celui-ci lui avait coûtée il ne pouvait s'empêcher de l'admirer. Chaque fois qu'il s'arrêtait pour le contempler, il s'émerveillait de ce qu'il avait fait.

Pendant plusieurs semaines, il ne lut presque pas. Puis un soir de fin novembre il prit un livre de William Faulkner *(Le Bruit et la Fureur)*, l'ouvrit au hasard et tomba sur ces mots, en plein milieu d'une phrase : "... Jusqu'à ce qu'un jour, écœuré, il risque tout sur une seule carte retournée les yeux fermés..."

Moineaux, cardinaux, mésanges, geais. Ces oiseaux étaient les seuls à peupler encore les bois. Et les corbeaux. Les préférés de Nashe. Régulièrement, ils arrivaient en plongeant à travers le pré avec leurs curieux cris étranglés, et lui s'interrompait dans sa tâche pour les regarder passer. Il aimait la brusquerie de leurs allées et venues, leur façon de surgir et de s'envoler sans raison apparente.

Debout près de la roulotte au petit matin, il pouvait apercevoir entre les arbres nus la silhouette de la maison de Flower et Stone. Certains matins, cependant, il y avait trop de brouillard pour que le regard porte aussi loin. Même le mur pouvait alors disparaître, et il lui fallait longuement scruter le pré avant de distinguer les pierres grises de la grisaille environnante.

Il ne s'était jamais considéré comme un homme destiné à de grandes choses. Toute sa vie, il s'était estimé pareil à tout le monde. Maintenant, peu à peu, il commençait à soupçonner qu'il s'était trompé.

Ce fut durant cette période qu'il pensa le plus à la collection d'objets de Flower : les mouchoirs, les lunettes, les bagues, ces montagnes de souvenirs absurdes. Toutes les deux ou trois heures, l'un ou l'autre de ces objets lui apparaissait. Il n'en éprouvait aucune gêne, rien que de l'étonnement.

Chaque soir avant de se coucher, il notait le nombre de pierres qu'il avait ajoutées au mur ce jour-là. Les chiffres eux-mêmes ne lui importaient guère, mais à partir du moment où sa liste en compta une dizaine, il se mit à trouver du plaisir dans la simple accumulation, et il en étudiait les résultats de la même façon qu'il avait jadis lu les résultats sportifs dans le journal du matin. Il crut d'abord que ce plaisir était d'ordre purement statistique, mais ensuite il se rendit compte que cette liste répondait à une nécessité profonde, à un besoin de conserver trace de lui-même, de ne pas se perdre de vue. Au début de décembre, il avait commencé à l'envisager comme un journal, un livre de bord dans lequel les chiffres représentaient ses pensées les plus intimes.

Le soir, dans la roulotte, en écoutant *les Noces de Figaro*, il imaginait par moments, quand survenait un air particulièrement beau, que Juliette chantait pour lui, que c'était sa voix qu'il entendait.

Il souffrait moins du froid qu'il ne l'aurait cru. Même par le temps le plus glacial, il n'était pas au travail depuis une heure qu'il tombait déjà la veste, et au milieu de l'après-midi il se retrouvait souvent en manches de chemise. Sous son gros manteau, Murks grelottait dans le vent, et Nashe ne sentait pratiquement rien. Il trouvait cela si incompréhensible qu'il se demandait si son corps n'avait pas pris feu.

Un jour, Murks suggéra qu'ils commencent à utiliser la jeep pour transporter les pierres. Ils augmenteraient ainsi les chargements, dit-il, et le mur s'édifierait plus vite. Mais Nashe refusa. Le bruit du moteur le distrairait, affirma-t-il. Et d'ailleurs, il était habitué à sa façon de procéder. Il aimait la lenteur du chariot, les longues marches à travers le pré, le curieux petit bruit des roues.

"Ça gaze comme ça, dit-il, pourquoi on se casserait la tête ?"

Au cours de la troisième semaine de novembre, Nashe se rendit compte qu'il lui serait possible de se ramener à zéro le jour de son anniversaire, qui tombait le treize décembre. Même si cela nécessitait quelques légères mises au point de ses habitudes (réduire un peu ses dépenses en nourriture, par exemple, ou supprimer journaux et cigares), l'équilibre de cette perspective lui plaisait, et il décida que ça valait la peine. Si tout se passait bien, il regagnerait sa liberté le jour de ses trente-quatre ans. C'était une ambition arbitraire mais, dès qu'il y fut résolu, il s'aperçut qu'elle l'aidait à organiser ses pensées, à se concentrer sur ce qu'il y avait à faire.

Il révisait chaque matin ses comptes avec Murks, additionnant les plus et les moins pour s'assurer que tout concordait, vérifiant et revérifiant jusqu'à ce que leurs chiffres correspondent. La nuit du douze, par conséquent, il savait avec certitude que la dette serait remboursée le lendemain à trois heures. Il n'avait pourtant pas l'intention de s'en tenir là. Il avait déjà prévenu Murks de son intention de faire usage de l'avenant au contrat dans le but de gagner le prix de son voyage, et comme il connaissait exactement le montant dont il aurait besoin (de quoi payer des taxis, un billet d'avion vers le Minnesota et des cadeaux de Noël pour Juliette et ses cousins), il s'était résigné à l'idée de rester une semaine de plus. Ça le mènerait donc au vingt. La première chose qu'il ferait alors serait de se rendre en taxi à l'hôpital de Doylestown, et dès qu'il aurait vérifié que Pozzi n'y avait jamais été admis, il prendrait un second taxi et se ferait conduire à la police. Il faudrait sans doute qu'il s'attarde un certain temps dans les parages afin d'aider les enquêteurs, mais pas plus de quelques jours, pensait-il, peut-être pas plus d'un jour ou deux. Avec un peu de chance, il serait revenu dans le Minnesota à temps pour la veillée de Noël.

Il ne dit pas à Murks que c'était son anniversaire. Il se sentait tout drôle, ce matin-là et, cependant que la journée s'écoulait et que trois heures approchaient, il restait déprimé, accablé de tristesse. Jusque-là, il avait supposé qu'il aurait envie de marquer le coup – d'allumer un cigare imaginaire, peut-être, ou simplement de serrer la main de Murks – mais le souvenir de Pozzi pesait trop lourd, il n'arrivait pas à se réjouir de la circonstance. Chaque fois qu'il soulevait une pierre, il avait l'impression de porter à nouveau Pozzi dans ses bras, de le ramasser sur le sol et de voir son pauvre visage anéanti, et quand il fut deux heures et que le temps se réduisit à une affaire de minutes, il se rappela soudain ce jour d'octobre où le gosse et lui étaient arrivés ensemble au même point, en travaillant comme des forcenés dans un délire de bonheur. Il lui manquait tellement, songea-t-il. Il lui manquait tellement que ça faisait mal rien que de penser à lui.

La meilleure attitude serait de ne rien faire, décida-t-il, de continuer à travailler comme si de rien n'était, mais à trois heures un étrange bruit perçant le fit sursauter – cri ou hurlement, ou appel de détresse – et quand il releva la tête pour voir ce qui se passait, il aperçut Murks, à l'autre bout du pré, qui lui faisait signe en agitant son chapeau. Ça y est, entendit Nashe, tu es un homme libre maintenant ! Il se redressa et répondit à Murks d'un geste distrait de la main puis se remit aussitôt à la tâche en concentrant son attention sur la brouette dans laquelle il était en train de mélanger du ciment. Pendant un instant très bref, il lutta contre une envie de pleurer, mais ça ne dura que quelques secondes et lorsque Murks arriva pour le féliciter il se dominait à nouveau tout à fait.

"J'ai pensé que tu aimerais venir prendre un verre avec Floyd et moi, ce soir, dit Calvin.

— Pour quoi faire ? demanda Nashe en le regardant à peine.

— Je sais pas. Juste pour sortir, pour revoir à quoi ressemble le monde. T'es resté enterré ici longtemps, fils. Ce serait peut-être pas une mauvaise idée de célébrer un peu ça.

— Je croyais que vous étiez contre les célébrations.

— Tout dépend du genre de célébration. Ce que je veux dire, c'est rien d'extraordinaire. Juste quelques verres chez *Ollie*, en ville. La soirée du travailleur.

— Vous oubliez que je n'ai pas d'argent.

— Ça fait rien. C'est moi qui régale.

— Merci, mais je crois que je m'abstiendrai. J'avais l'intention d'écrire quelques lettres ce soir.

— Tu peux toujours les écrire demain.

— C'est vrai. Mais je pourrais aussi être mort demain. On ne sait jamais ce qui va se passer.

— Raison de plus pour pas s'en faire.

— Une autre fois, peut-être. C'est gentil de le proposer, mais je ne suis pas d'humeur, ce soir.
— J'essaie simplement d'être sympa, Nashe.
— Je m'en rends bien compte, et j'apprécie. Mais ne vous en faites pas pour moi. Je me débrouille."
Mais ce soir-là, en préparant son repas seul dans la roulotte, Nashe regretta son obstination. Nul doute qu'il s'était conduit comme il fallait, mais en vérité il souhaitait désespérément une occasion de sortir de la clairière et la rectitude morale dont il avait fait preuve en refusant l'invitation de Murks ne lui paraissait plus qu'un bien pauvre triomphe. Il passait après tout dix heures par jour en sa compagnie, et ce n'était pas le fait d'avoir pris un verre ensemble qui allait l'empêcher de livrer ce salaud à la police. Les circonstances firent néanmoins que Nashe eut exactement ce qu'il voulait. A peine avait-il fini de dîner que Murks et son gendre arrivèrent à la roulotte pour lui demander s'il n'avait pas changé d'avis. Ils s'apprêtaient à sortir, disaient-ils, et il ne leur paraissait pas juste que Nashe n'y allât pas avec eux.

"C'est pas comme si tu étais le seul à avoir été libéré aujourd'hui, déclara Murks en se mouchant dans un grand mouchoir blanc. Je suis resté dehors dans ce pré juste comme toi, à me geler les couilles sept jours par semaine. C'est à peu près le pire boulot que j'ai eu de ma vie. Je n'ai rien contre toi personnellement, Nashe, mais c'était pas une partie de plaisir. Non, m'sieu, vraiment pas. Il est peut-être temps d'enterrer la hache de guerre.

— Tu sais, dit Floyd en souriant à Nashe comme pour l'encourager, on oublie ce qui s'est passé.

— Vous renoncez pas facilement, vous autres, hein ? fit Nashe en essayant de paraître encore hésitant.

— On veut pas t'obliger, reprit Murks. C'est simplement l'esprit de Noël, et tout ça.

— On est les assistants du père Noël, ajouta Floyd. On répand la bonne humeur partout où on va.

— D'accord, céda Nashe devant leurs mines implorantes. Je viens prendre un verre avec vous. Pourquoi pas, bon Dieu ?"

Avant de partir en ville, ils devaient s'arrêter à la grande maison pour y prendre la voiture de Murks. La voiture de Murks, ça voulait dire la sienne, bien entendu, mais dans l'émotion du moment Nashe l'avait oublié. Il s'était assis à l'arrière de la jeep qui cahotait à travers les bois sombres et glacés, et ce n'est qu'à la fin de ce premier trajet qu'il se rendit compte de son erreur. Il aperçut la Saab rouge garée dans l'allée, et dès l'instant où il réalisa ce qu'il voyait, il se sentit paralysé de chagrin. L'idée de remonter dedans le rendait malade, mais il ne lui était plus possible de faire marche arrière. Ils partaient, et il avait déjà fait assez d'histoires pour un soir.

Il n'ouvrit pas la bouche. Installé sur le siège arrière, il ferma les yeux et tenta de faire le vide dans son esprit en écoutant le bruit familier du moteur tandis que la voiture roulait sur la route. Il entendait Murks et Floyd parler, à l'avant, mais ne prêtait aucune attention à ce qu'ils disaient et au bout d'un moment leurs voix se confondirent avec le bruit du moteur en un bourdonnement sourd et continu qui lui vibrait dans les oreilles, une musique qui le berçait, jouait à la surface de sa peau et s'enfonçait dans les profondeurs de son corps. Il ne rouvrit pas les yeux avant l'arrêt de la voiture, et se retrouva alors debout dans un parking à la périphérie d'une petite ville déserte, en train d'écouter les grincements d'un panneau de signalisation agité par le vent. Des décorations de Noël scintillaient au loin dans la rue, et l'air froid était rougi par le reflet des pulsations de lumière qui jaillissaient des vitrines et brillaient sur les trottoirs gelés. Nashe n'avait aucune idée de l'endroit où il était. Ils pouvaient être restés en Pennsylvanie, pensa-t-il, mais ils pouvaient tout aussi bien avoir traversé le fleuve et gagné le New Jersey. Il envisagea très brièvement de demander à Murks dans quel Etat ils se trouvaient, puis décida que ça lui était égal.

Ollie's était un endroit sombre et bruyant pour lequel il éprouva une antipathie immédiate. Dans un coin, un juke-box diffusait une musique *country and western* tonitruante, et le bar était encombré d'une foule de buveurs de bière – des hommes en chemise de flanelle, pour la plupart, coiffés de casquettes de base-ball fantaisistes et arborant des ceintures ornées de grandes boucles compliquées. Des fermiers, des mécaniciens, des routiers, supposait Nashe, et les quelques femmes disséminées parmi eux avaient l'air d'habituées – des alcooliques à la face bouffie qui riaient aussi fort que les hommes, perchées sur les tabourets du bar. Nashe avait connu des centaines d'endroits de ce genre, et il ne lui fallut pas trente secondes pour se rendre compte que ce soir ça lui paraissait insupportable, qu'il était resté trop longtemps loin des foules. Tout le monde parlait en même temps, semblait-il, et le chahut assourdissant des voix et de la musique lui donnait déjà mal à la tête.

Ils burent plusieurs tournées à une table située dans un coin éloigné de la pièce, et après un ou deux bourbons Nashe commença à se sentir revivre un peu. Floyd était presque seul à parler, et au bout d'un moment il devint difficile de ne pas remarquer combien Murks prenait peu de part à la conversation. Il avait l'air moins en forme que d'habitude, et se retournait fréquemment pour masquer de son mouchoir une toux violente et expectorer de vilains paquets de mucosités. Ces crises paraissaient l'épuiser et il restait ensuite assis en silence, pâle et secoué par l'effort de calmer ses poumons.

"Grand-papa ne va pas trop bien, ces derniers jours, dit Floyd à Nashe (il appelait toujours Murks grand-papa). J'ai essayé de le persuader de prendre quelques semaines de congé.

— C'est rien, dit Murks. Juste un peu d'influenza, c'est tout.

— D'influenza ? s'exclama Nashe. Où diable avez-vous appris à parler, Calvin ?

— Qu'est-ce qu'elle a, ma façon de parler ? demanda Murks.

— Plus personne n'utilise des mots pareils, dit Nashe. Ils sont caducs depuis au moins cent ans.

— J'ai appris ça de ma mère, répliqua Murks. Et il n'y a que six ans qu'elle est morte. Elle aurait quatre-vingt-huit ans si elle vivait encore – ce qui te prouve que ce mot n'est pas si vieux que tu le crois."

Nashe trouva étrange d'entendre Murks parler de sa mère. Il avait de la peine à se figurer que Murks avait un jour été enfant, et surtout que vingt ou vingt-cinq ans plus tôt il avait eu son âge – qu'il avait été un jeune homme avec la vie devant lui, avec l'espoir d'un avenir. Pour la première fois depuis qu'ils s'étaient trouvés réunis, Nashe se rendit compte qu'il ignorait pratiquement tout de Murks. Il ne savait pas où il était né ; il ne savait pas comment il avait rencontré sa femme ni combien d'enfants il avait ; il ne savait même pas depuis combien de temps il travaillait pour Flower et Stone. Murks était un personnage qui n'existait à ses yeux que dans le présent, et au-delà de ce présent il n'était plus rien, un être aussi privé de substance qu'une ombre ou une pensée. Et, tout bien considéré, cela convenait parfaitement à Nashe. Même si Murks s'était adressé à lui à ce moment-là en lui offrant de lui raconter sa vie, il aurait refusé de l'écouter.

Cependant, Floyd lui parlait de son nouvel emploi. Ayant apparemment contribué à le lui faire découvrir, Nashe dut subir la relation complète et détaillée de la façon dont Floyd avait engagé la conversation avec le chauffeur qui avait amené la fille d'Atlantic City le mois précédent. L'agence de location des limousines cherchait d'autres chauffeurs et Floyd s'y était rendu dès le lendemain pour proposer ses services. Il n'avait été engagé qu'à temps partiel, pas plus de deux ou trois jours par semaine, mais il espérait qu'ils auraient plus de travail pour lui après le premier janvier. Histoire de dire quelque chose, Nashe lui demanda quel effet ça lui faisait de porter l'uniforme. Floyd répondit que ça ne le dérangeait pas. C'était bien d'être habillé d'une façon spéciale, déclara-t-il, ça lui donnait l'impression d'être quelqu'un d'important.

"Le principal, c'est que j'adore conduire, poursuivit-il. Ça m'est égal quelle voiture. Du moment que je suis assis au volant et que je roule sur la route, je suis un homme heureux. Je ne peux pas imaginer une meilleure façon de gagner ma vie. Pense donc, être payé pour faire ce qu'on aime. Ça n'a presque pas l'air juste.

— Oui, dit Nashe, c'est agréable de conduire. Là-dessus je suis d'accord avec toi.

— T'es bien placé pour le savoir, fit Floyd. Je veux dire, regarde la voiture de grand-papa. C'est une chouette bagnole. Pas vrai, grand-papa ? lança-t-il à Murks. Elle est formidable, hein ?

— Une belle machine, dit Calvin. Elle réagit vraiment bien. Elle prend les virages et elle grimpe les côtes comme si de rien n'était.

— Tu dois avoir eu du plaisir à circuler là-dedans, dit Floyd à Nashe.

— Oui, dit Nashe. C'est la meilleure voiture que j'aie jamais eue.

— Y a une chose qui m'intrigue, pourtant, remarqua Floyd. Comment tu t'es débrouillé pour faire autant de kilomètres ? Ce que je veux dire, c'est que c'est un modèle très récent, et le compteur indique près de cent trente mille kilomètres. Ça fait une sacrée distance à parcourir en un an.

— Oui, sans doute, fit Nashe.

— T'étais un genre de représentant ou quoi ?

— Oui, c'est ça, j'étais représentant. On m'avait confié un grand territoire et je devais faire beaucoup de route. Tu sais, le coffre bourré d'échantillons, toutes mes affaires dans une valise, une ville différente chaque soir. Je circulais tellement qu'à la fin j'oubliais parfois où j'habitais.

— Je crois que ça me plairait, dit Floyd. Ça m'a l'air d'un bon boulot.

— C'est pas mal. Il faut aimer être seul, mais du moment que ça c'est réglé, le reste est facile."

Floyd commençait à l'agacer. Cet homme était un innocent, songeait Nashe, un complet imbécile, et plus il parlait, plus il lui rappelait son fils. Le même désir désespéré de plaire les animait tous deux, avec la même timidité servile, le même regard perdu. En le voyant, on ne l'aurait jamais cru capable de faire mal à qui que ce fût – mais il avait brutalisé Jack ce soir-là, Nashe en était certain, et c'était précisément ce vide intérieur qui avait rendu cela possible, cette vertigineuse absence d'intention. Ce n'était pas que Floyd fût cruel ou violent, mais il était grand et fort et débordant de bonne volonté, et il aimait grand-papa plus que tout au monde. Ça se lisait sur sa figure, et chaque fois qu'il tournait les yeux vers Murks, on aurait dit qu'il contemplait un dieu. Grand-papa lui avait dit ce qu'il devait faire, et il s'était exécuté.

Après trois ou quatre tournées, Floyd demanda à Nashe si ça lui plairait de jouer au billard. Il y avait plusieurs tables dans l'arrière-salle, dit-il, et l'une d'elles devait bien être libre. Bien qu'il se sentît un peu vaseux, Nashe accepta néanmoins, heureux de cette occasion de se lever et d'arrêter là cette conversation. Il était près de onze heures, et la foule des clients était devenue moins compacte et moins bruyante. Floyd proposa à Murks de les accompagner, mais Calvin répondit qu'il préférait rester assis et finir son verre.

C'était une grande salle mal éclairée, avec quatre tables de billard au milieu et une quantité de machines à sous et de jeux électroniques le long des murs latéraux. Ils s'arrêtèrent devant le râtelier pour se choisir une queue, et en se dirigeant vers l'une des tables libres, Floyd demanda à Nashe s'il ne trouvait pas qu'un petit pari amical donnerait plus d'intérêt à la partie. Nashe n'avait jamais été très fort au billard, mais il n'hésita pas une seconde à répondre oui. Il se rendait compte qu'il avait une envie farouche de battre Floyd, et il ne faisait aucun doute que jouer pour de l'argent l'aiderait à se concentrer.

"Je n'ai pas un sou, dit-il. Mais tu peux compter sur moi dès que j'aurai été payé, la semaine prochaine.

— Je sais bien, dit Floyd. Si je ne savais pas que je peux compter sur toi, je ne l'aurais pas proposé.

— Combien veux-tu y mettre ?

— Je sais pas. Ça dépend, qu'est-ce que tu en penses ?

— Que dirais-tu de dix dollars la partie ?

— Dix dollars ? D'accord, pour moi c'est bon."

Ils jouèrent au billard à huit boules sur l'une de ces tables bosselées à vingt-cinq cents la partie, et Nashe n'ouvrit presque pas la bouche de tout le temps qu'ils y passèrent. Floyd n'était pas mauvais, mais en dépit de son ivresse Nashe était meilleur, et il y allait de tout son cœur, pointant ses coups avec une adresse et une précision qui dépassaient tout ce qu'il avait fait auparavant. Il se sentait complètement heureux et détendu, et dès qu'il eut saisi le rythme des billes et du cliquetis de leurs bousculades, la queue se mit à glisser entre ses doigts comme si elle était animée d'une vie propre. Il gagna les quatre premières parties avec des marges de plus en plus grandes (à une bille près, puis deux billes, puis quatre billes, puis six), et ensuite il remporta la cinquième avant même que Floyd eût pu prendre son tour, commençant par se débarrasser de deux billes rayées en donnant de l'effet et puis continuant dès lors à vider la table pour terminer avec panache en envoyant la huitième bille dans la poche du coin grâce à un coup à triple rebond.

"Ça me suffit, déclara Floyd après la cinquième partie. Je me disais que tu serais peut-être bon, mais là c'est ridicule.

— Pure chance, dit Nashe en s'efforçant de maîtriser son envie de sourire. D'habitude je suis plutôt faible. Ce soir ça allait tout seul.

— Faible ou pas, il me semble que je te dois cinquante dollars.

— Laisse tomber, Floyd. Pour moi ça ne fait aucune différence.

— Qu'est-ce que tu racontes, laisse tomber ? Tu viens de gagner cinquante dollars. Ils sont à toi.

— Non, non. Je te dis de les garder. Je ne veux pas de ton argent."

Floyd s'obstinait à glisser de force les cinquante dollars dans la main de Nashe, mais celui-ci était tout aussi obstiné dans son refus et au bout d'un moment Floyd réalisa que Nashe était sincère, qu'il ne s'agissait pas d'une comédie.

"Offre un cadeau à ton petit garçon, dit Nashe. Si tu veux me faire plaisir, dépense ça pour lui.

— T'es vachement généreux, dit Floyd. La plupart des gens ne laisseraient pas cinquante dollars leur glisser comme ça entre les doigts.

— Je ne suis pas la plupart des gens.

— Je te revaudrai ça, j'espère, dit Floyd en tapotant le dos de Nashe avec gaucherie pour lui montrer sa gratitude. Si jamais tu as besoin de quelque chose, tu n'as qu'à demander."

C'était une de ces déclarations polies et creuses que font souvent les gens en pareilles circonstances, et en toute autre occasion Nashe n'en aurait sans doute pas tenu compte.

Mais il se sentit soudain envahi par la chaleur d'une inspiration et, plutôt que de laisser passer cette chance, il regarda Floyd en face en disant :

"Eh bien, puisque tu le proposes, tu peux me rendre un service. C'est peu de chose, à vrai dire, mais j'apprécierais beaucoup ton aide.

— Bien sûr, Jim. Qu'est-ce que c'est ?

— Je voudrais conduire la voiture pour rentrer, ce soir.

— Tu veux dire la voiture de grand-papa ?

— C'est ça, la voiture de grand-papa.

— Je ne crois pas que c'est à moi de décider si tu peux ou non, Jim. C'est la voiture de grand-papa, et c'est à lui que tu dois le demander. Mais je lui dirai sûrement un mot pour toi."

En fait, Murks n'y vit pas d'inconvénient. Il se sentait vraiment moche, dit-il, et avait de toute façon l'intention de demander à Floyd de prendre le volant. Si Floyd voulait le laisser à Nashe, il était d'accord. Du moment qu'ils arrivaient à destination, qu'est-ce que ça changeait ?

Lorsqu'ils sortirent du bar, ils s'aperçurent qu'il neigeait. C'était la première neige de l'année, et elle tombait à gros flocons humides, dont la plupart fondaient dès qu'ils touchaient le sol. Dans la rue, les décorations de Noël étaient maintenant éteintes. Le vent était tombé, il faisait calme, si calme que l'air paraissait presque chaud. Nashe respira profondément, leva les yeux vers le ciel, et demeura un instant immobile sous les flocons qui lui effleuraient le visage. Il se sentait heureux, plus heureux qu'il ne l'avait été depuis longtemps.

En arrivant au parking, Murks lui passa les clefs de la voiture. Nashe déverrouilla la portière avant, mais au moment de l'ouvrir et de s'asseoir à l'intérieur, il retira la main et se mit à rire.

"Hé, Calvin, dit-il, où diable sommes-nous ?

— Comment, où sommes-nous ? demanda Murks.

— Dans quel patelin ?

— Billings.

— Je croyais que Billings était dans le Montana.

— Billings, New Jersey.

— Alors on n'est plus en Pennsylvanie ?
— Non, il faut passer le pont pour y retourner. Tu ne te souviens pas ?
— Je ne me souviens de rien.
— Prends la route 16. Elle t'y mènera tout droit. "

Il ne s'attendait pas à l'importance que cela aurait pour lui, mais lorsqu'il fut installé au volant, il remarqua que ses mains tremblaient. Il mit le moteur en marche, alluma les phares et les essuie-glaces, puis sortit lentement en marche arrière de l'emplacement où la voiture était garée. Ça ne faisait pas si longtemps, songeait-il. A peine trois mois et demi, et pourtant il se passa un moment avant qu'il n'éprouvât à nouveau l'ancien plaisir. Il était distrait par la toux de Murks, assis à côté de lui, et par Floyd, à l'arrière, qui n'en finissait pas de raconter comment il avait perdu au billard, et ce n'est que lorsqu'il eut allumé la radio qu'il réussit à oublier leur présence, à oublier qu'il n'était plus seul comme il l'avait été pendant ces longs mois d'errance d'un bout à l'autre des Etats-Unis. Il se rendit compte qu'il ne souhaitait pas recommencer à vivre ainsi, mais, dès que la ville eut disparu derrière lui et qu'il put accélérer sur la route déserte, il trouva difficile de ne pas faire semblant pendant quelque temps, de ne pas s'imaginer encore à cette époque qui avait précédé le début de la vraie histoire de sa vie. Il n'en aurait plus d'autre occasion, et il désirait savourer ce qui lui avait été donné, remonter aussi loin que possible dans le souvenir de celui qu'il avait un jour été. Devant lui, la neige descendait en tourbillons sur le pare-brise, et il voyait en pensée les corbeaux s'abattre sur la clairière en clamant leurs cris mystérieux tandis qu'il les regardait passer au-dessus de sa tête. Le pré serait beau sous la neige, se dit-il, et il espérait qu'elle tomberait toute la nuit et qu'à son réveil, le lendemain, il le verrait ainsi. Il imagina cette immense étendue immaculée, et la neige continuant à tomber jusqu'à ce que même les montagnes de pierres en fussent recouvertes, jusqu'à ce que tout disparût sous une avalanche de blancheur.

Il avait mis la radio sur un poste classique, et il reconnaissait la musique comme une chose familière, un morceau qu'il avait écouté souvent dans le passé. C'était l'andante d'un quatuor à cordes du XVIIIᵉ, mais bien que Nashe en connût chaque passage par cœur, le nom du compositeur s'obstinait à lui échapper. Il s'était rapidement focalisé sur Mozart ou Haydn, mais là il était en panne. Pendant quelques instants, il croyait reconnaître l'œuvre de l'un et puis, presque aussitôt, cela commençait à ressembler à celle de l'autre. Il aurait pu s'agir de l'un des quatuors dédiés à Haydn par Mozart, pensait Nashe, et l'inverse également semblait possible. A un certain point, la musique de ces deux hommes paraissait coïncider et il n'était plus possible de les distinguer. Et pourtant Haydn avait atteint la maturité du grand âge, honoré de commandes, d'une position à la cour et de tous les avantages que le monde de l'époque pouvait offrir. Et Mozart était mort jeune et pauvre, et son corps avait été jeté à la fosse commune.

Nashe roulait alors à près de cent à l'heure, parfaitement maître de la voiture qui filait à travers la campagne sur la route étroite et sinueuse. La musique avait repoussé Murks et Floyd à l'arrière-plan, et il n'avait plus conscience de rien que des quatre instruments à cordes déversant leurs sonorités dans cet espace clos et obscur. Il dépassa le cent dix et, tout de suite après, il entendit Murks crier entre deux quintes de toux.

"Espèce d'imbécile, protestait-il, tu roules beaucoup trop vite !" En guise de réponse, Nashe enfonça l'accélérateur et monta à cent trente en négociant les virages d'une main à la fois légère et sûre. Que connaissait Murks à la conduite ? songeait-il. Que connaissait Murks à quoi que ce fût ?

Au moment précis où la voiture atteignait cent trente-six kilomètres à l'heure, Murks se pencha en avant et coupa la radio. Le silence soudain fit à Nashe l'effet d'une secousse, et par un réflexe automatique, il se tourna vers Murks pour lui dire de se mêler de ses affaires. Lorsqu'il regarda la route à nouveau, un instant plus tard, il vit devant lui le phare qui le menaçait. Il paraissait surgir du néant, étoile cyclopéenne précipitée droit vers ses yeux, et dans la panique brutale qui l'envahit, sa seule pensée fut que celle-ci était la dernière pensée qu'il aurait jamais. Il n'avait pas le temps de s'arrêter, pas le temps d'empêcher ce qui allait se produire, et au lieu d'écraser son pied sur le frein, il l'appuya davantage encore sur l'accélérateur. Il entendait au loin Murks et son gendre qui hurlaient, mais leurs voix étaient assourdies, noyées par le rugissement du sang dans sa tête. Et puis la lumière fut sur lui et Nashe, incapable de la soutenir plus longtemps, ferma les yeux.

LÉVIATHAN

roman traduit de l'américain
par Christine Le Bœuf

Première publication française en janvier 1993

L'auteur remercie tout spécialement Sophie Calle
de l'avoir autorisé à mêler la réalité à la fiction.

Titre original :
Leviathan

Editeur original :
Viking Penguin Inc., New York
© Paul Auster, 1992

© ACTES SUD, 1993
pour la traduction française

pour Don DeLillo

Tout Etat actuel est corrompu.

RALPH WALDO EMERSON

1

Il y a six jours, un homme a été tué par une explosion, au bord d'une route, dans le nord du Wisconsin. Il n'y a pas eu de témoin, mais on pense qu'il était assis à côté de sa voiture garée sur l'herbe quand la bombe qu'il était en train d'assembler a sauté par accident. Selon le rapport d'expertise qui vient d'être rendu public, sa mort a été instantanée. Son corps a volé en douzaines de petits éclats, et des fragments de son cadavre ont été retrouvés jusqu'à une quinzaine de mètres du lieu de l'explosion. A ce jour (le 4 juillet 1990), personne ne paraît avoir la moindre idée de son identité. Le FBI, qui travaille en collaboration avec la police locale et avec des agents du Bureau des alcools, tabacs et armes à feu, a commencé son enquête par l'examen de la voiture, une Dodge bleue vieille de sept ans, immatriculée en Illinois, mais on a appris presque aussitôt qu'elle avait été volée – piquée en plein jour, le 12 juin, sur un parking de Joliet. La même chose s'est passée lorsqu'on a étudié le contenu du portefeuille qui, par une sorte de miracle, était sorti presque indemne de l'explosion. On croyait avoir découvert une profusion d'indices – permis de conduire, numéro de Sécurité sociale, cartes de crédit – mais une fois soumis à l'ordinateur, chacun de ces documents s'est révélé faux ou volé. Des empreintes digitales auraient pu représenter l'étape suivante, mais dans cette affaire il n'y en avait pas, puisque les mains de l'homme avaient disparu avec la bombe. Et on ne pouvait rien espérer de la voiture. La Dodge n'était plus qu'une masse d'acier noirci et de plastique fondu où, en dépit des recherches, on n'a pas trouvé une seule empreinte. Peut-être arrivera-t-on à plus de résultat grâce aux dents, à supposer qu'il en reste assez pour qu'on puisse travailler dessus, mais cela ne peut que prendre du temps, peut-être plusieurs mois. On finira certainement par penser à quelque chose, mais tant qu'on n'aura pas réussi à établir l'identité de ce corps disloqué, l'enquête a peu de chances de décoller. En ce qui me concerne, plus elle dure, mieux c'est. L'histoire que j'ai à raconter est assez compliquée, et si je ne la termine pas avant que ces gens-là n'arrivent avec leur réponse, les mots que je m'apprête à écrire n'auront aucun sens. Aussitôt que le secret sera découvert, toutes sortes de mensonges auront cours, des versions déformées et malveillantes des faits circuleront dans les journaux et les magazines, et en quelques jours la réputation d'un homme sera ruinée. Ce n'est pas que je veuille excuser ses actes, mais puisqu'il n'est plus là pour se défendre lui-même, le moins que je puisse faire est d'expliquer qui il était et de présenter dans leur vérité les événements qui l'ont amené sur cette route au nord du Wisconsin. C'est pourquoi je dois travailler vite : afin d'être prêt quand le moment viendra. Si par hasard le mystère demeure inexpliqué, je n'aurai qu'à garder pour moi ce que j'aurai écrit, et nul n'en aura rien à connaître. Ce serait le meilleur dénouement possible : le calme plat, pas un mot prononcé de part ou d'autre. Mais je ne peux pas compter là-dessus. Si je veux accomplir ce que je dois accomplir, il me faut considérer que déjà ils touchent au but, que tôt ou tard ils vont découvrir qui il était. Et pas juste quand j'aurai eu le temps de finir ceci – mais n'importe quand, n'importe quand à partir de maintenant.

Le lendemain de l'explosion, les dépêches ont transmis une information succincte sur l'affaire. C'était un de ces articles sibyllins, en deux paragraphes, qu'on enterre au beau milieu des quotidiens, mais je suis tombé dessus par hasard dans le *New York Times* en déjeunant, ce jour-là. De façon presque inévitable, je me suis mis à penser à Benjamin Sachs. Il n'y avait rien dans l'article qui le désignât de façon précise, et cependant tout paraissait correspondre.

Nous ne nous étions plus parlé depuis près d'un an, mais il en avait dit assez lors de notre dernière conversation pour me convaincre qu'il se trouvait dans une situation grave, lancé à corps perdu vers quelque sombre et innommable désastre. Si ceci paraît trop vague, je pourrais ajouter qu'il avait aussi été question de bombes, qu'il avait été intarissable là-dessus tout au long de sa visite, et que pendant les onze mois qui ont suivi je me suis trimbalé avec cette peur précise au creux de moi – il allait se tuer –, un jour, en dépliant le journal, je lirais que mon ami s'était fait sauter. Ce n'était rien de plus, à ce moment-là, qu'une intuition irraisonnée, un de ces sauts fous dans le vide, et pourtant une fois que cette idée s'est introduite dans ma tête je n'ai plus réussi à m'en débarrasser. Et puis, deux jours après que j'ai lu cet article, deux agents du FBI sont venus frapper à ma porte. Dès l'instant où ils ont annoncé qui ils étaient, j'ai compris que j'avais raison. Sachs était l'homme qui s'était fait sauter. Aucun doute n'était permis. Sachs était mort, et la seule aide que je pouvais lui offrir désormais était de garder sa mort pour moi.

Il était heureux, sans doute, que j'aie lu l'article quand je l'ai lu, bien que je me rappelle avoir regretté, au moment même, qu'il me soit tombé sous les yeux. A tout le moins, ça m'a donné quelques jours pour absorber le choc. Quand les hommes du FBI sont arrivés ici avec leurs questions, j'y étais préparé, et ça m'a aidé à rester maître de moi. Ça n'a pas fait de mal non plus que quarante-huit heures supplémentaires se soient écoulées avant qu'ils réussissent à remonter jusqu'à moi. Parmi les objets récupérés dans le portefeuille de Sachs se trouvait, semble-t-il, un bout de papier portant mes initiales et mon numéro de téléphone. C'est ce qui les a amenés à me rechercher mais, par un coup de chance, le numéro était celui de notre appartement de New York et je suis depuis dix jours dans le Vermont, installé avec ma famille dans une maison louée où nous projetons de passer le reste de l'été. Dieu sait combien de personnes ils ont dû interroger avant de découvrir que je me trouvais ici. Si je signale au passage que cette maison appartient à l'ex-épouse de Sachs, ce n'est qu'à titre d'exemple des implications et de la complexité de toute cette histoire.

J'ai fait de mon mieux, face à eux, pour jouer l'ignorance, pour en dire le moins possible. Non, ai-je répondu, je n'ai pas lu l'article dans le journal. Je n'ai jamais entendu parler de bombes, de voitures volées ni de routes de campagne au fin fond du Wisconsin. Je leur ai dit que j'étais écrivain, que je gagnais ma vie en écrivant des romans, et que s'ils voulaient des renseignements sur moi, ils pouvaient y aller – mais que ça ne leur serait d'aucune utilité en cette affaire, ils ne feraient que perdre leur temps. Ça se peut, ont-ils répliqué, mais ce bout de papier dans le portefeuille du mort ? Ils n'essayaient pas de m'accuser de quoi que ce soit, mais le fait que le mort ait eu mon numéro de téléphone sur lui semblait prouver l'existence d'un rapport entre nous. Il me fallait bien l'admettre, n'est-ce pas ? Oui, ai-je reconnu, bien sûr, mais même si ça paraît logique ça n'implique pas que ce soit vrai. Il existe mille façons dont cet homme aurait pu se procurer mon numéro. J'ai des amis dispersés dans le monde entier, et n'importe lequel aurait pu communiquer ce numéro à un inconnu. Cet inconnu peut l'avoir passé à un autre, qui à son tour l'a passé à un autre inconnu. Peut-être, ont-ils répondu, mais pourquoi se promènerait-on avec le numéro de téléphone de quelqu'un qu'on ne connaît pas ? Parce que je suis écrivain, ai-je dit. Ah ? Et quelle différence est-ce que ça fait ? Parce que mes livres sont publiés, ai-je expliqué. Des gens les lisent, et je ne sais pas du tout qui ils sont. Sans même m'en douter, j'entre dans la vie d'inconnus, et aussi longtemps qu'ils ont mon livre entre les mains, mes mots sont la seule réalité qui existe pour eux. C'est normal, ont-ils remarqué, c'est comme ça que ça se passe, avec les livres. Oui, ai-je dit, c'est comme ça que ça se passe, mais il arrive parfois que ces gens soient cinglés. Ils lisent votre livre, et quelque chose dans ce livre touche une corde sensible dans leur âme. Tout à coup, ils s'imaginent que vous leur appartenez, que vous êtes leur seul ami au monde. Afin d'illustrer mon propos, je leur ai donné plusieurs exemples – tous réels, tous issus directement de ma propre expérience. Les lettres de déséquilibrés, les coups de téléphone à trois heures du matin, les menaces anonymes. Rien que l'année dernière, ai-je poursuivi, je me suis aperçu que quelqu'un se faisait passer pour moi – il répondait à des lettres en mon nom, allait dans des librairies signer mes livres, traînait aux frontières de ma vie telle une ombre maléfique. Un livre est un objet mystérieux, ai-je dit, et une fois qu'il a pris son vol, n'importe quoi peut arriver. Toutes sortes de méfaits peuvent être commis, et il n'y a fichtre rien que vous puissiez y faire. Pour le meilleur ou pour le pire, il échappe complètement à votre contrôle.

Je ne sais pas s'ils ont trouvé mes dénégations convaincantes ou non. J'ai tendance à penser que non, mais même s'ils n'ont pas cru un mot de ce que je disais, il est possible que ma stratégie m'ait fait gagner du temps. Compte tenu que je n'avais encore jamais parlé à un agent du FBI, j'ai l'impression de ne m'être pas trop mal comporté pendant cet entretien. J'ai été calme et poli, j'ai réussi à manifester la combinaison voulue de bonne volonté et d'ignorance. Rien que ça, pour moi, c'était une sorte de triomphe. En règle générale, je n'ai guère de talent pour le mensonge, et en dépit de mes efforts au cours des ans, j'ai rarement trompé quiconque à propos de quoi que ce fût. Si j'ai réussi à jouer, avant-hier, une comédie crédible, les hommes du FBI en ont été en partie responsables. Ce n'était pas tant ce qu'ils disaient que leur apparence, la perfection avec laquelle ils étaient habillés pour leur rôle et confirmaient jusqu'au moindre détail l'apparence d'hommes du FBI telle que je l'avais toujours imaginée : les costumes d'été en tissu léger, les brodequins robustes, les chemises infroissables, les lunettes d'aviateur. Les lunettes obligatoires, pour ainsi dire, qui donnaient à la scène un côté artificiel, comme si les hommes qui les portaient n'étaient que des acteurs, des figurants engagés pour jouer les utilités dans un film à petit budget. Tout ceci me paraissait bizarrement rassurant, et quand j'y repense aujourd'hui, je me rends compte que cette impression d'irréalité a représenté pour moi un avantage. Elle m'a permis de me considérer moi aussi comme un acteur, et parce que j'étais devenu un autre, j'avais soudain le droit de tromper ces gens, de leur mentir sans le moindre frémissement de ma conscience.

Ils n'étaient pas stupides, cependant. L'un devait avoir un peu plus de quarante ans et l'autre paraissait nettement plus jeune, vingt-cinq ou vingt-six ans, peut-être, mais tous deux avaient dans le regard une lueur qui m'a maintenu sur mes gardes pendant tout le temps qu'ils étaient là. Il est difficile de définir avec précision ce que leurs regards avaient de si menaçant, mais je pense que c'était lié à une sorte d'absence, à un refus de s'impliquer, comme s'ils observaient à la fois tout et rien. Des regards qui divulguaient si peu de choses que je n'étais jamais sûr de ce qu'ils pensaient, l'un et l'autre. Des regards trop patients, en quelque sorte, trop habiles à suggérer l'indifférence, mais vifs, en dépit de tout cela, impitoyablement vifs, comme s'ils avaient été entraînés à vous mettre mal à l'aise, à vous rendre conscient de vos défauts et de vos transgressions, à vous donner la chair de poule. Ils s'appelaient Worthy et Harris, mais j'ai oublié qui était qui. En tant que spécimens physiques, ils présentaient une ressemblance troublante, presque comme des versions plus jeune et plus âgée d'une même personne : grands, mais pas trop grands ; bien bâtis, mais pas trop bien ; les cheveux roux clair, les yeux bleus, les mains épaisses aux ongles impeccables. Il est vrai que leurs styles différaient dans la conversation, mais je ne veux pas faire trop de cas d'une première impression. Pour autant que je sache, chacun joue chaque rôle à son tour, ils échangent leurs personnages au gré de leur inspiration. Chez moi, avant-hier, le plus jeune faisait le dur. Ses questions étaient brutales et il paraissait prendre son boulot trop à cœur, souriant à peine, par exemple, et s'adressant à moi avec un formalisme qui frisait parfois le sarcasme ou l'irritation. Le plus âgé paraissait détendu et aimable, disposé à laisser la conversation suivre son cours naturel. Nul doute qu'il ne soit plus dangereux à cause de ça, mais je dois admettre que bavarder avec lui n'était pas tout à fait déplaisant. Quand j'ai commencé à lui raconter certaines des réactions dingues à mes livres, je me suis rendu compte que le sujet l'intéressait, et il m'a permis de poursuivre mes digressions plus longtemps que je ne m'y étais attendu. Je suppose qu'il cherchait à se former une opinion sur mon compte, qu'il m'encourageait à me répandre en paroles afin de préciser l'idée qu'il se faisait de moi et du fonctionnement de mon cerveau, mais quand j'en suis arrivé à l'histoire de l'imposteur, il m'a bel et bien proposé de lancer une enquête pour moi là-dessus. Ce pouvait être une ruse, bien sûr, mais j'en doute. Je n'ai pas besoin d'ajouter que j'ai refusé son offre, mais si les circonstances avaient été différentes, j'aurais réfléchi à deux fois avant de refuser son aide. C'est une chose qui me tracasse depuis longtemps déjà, et j'aimerais beaucoup aller au fond de cette affaire.

"Je ne lis pas beaucoup de romans, a déclaré l'agent. Il me semble que je n'ai jamais le temps.

— Non, il n'y a pas beaucoup de gens qui ont le temps, ai-je dit.

— Mais les vôtres doivent être rudement bons. Sinon, je ne peux pas croire qu'on vous embêterait autant.

— Peut-être qu'on m'embête parce qu'ils sont mauvais. Tout le monde est critique littéraire, de nos jours. Si on n'aime pas un livre, on menace l'auteur. Il y a une certaine logique dans cette façon de voir. Faites payer ce salaud pour ce qu'il vous a infligé.

— Je suppose que je devrais prendre le temps d'en lire un moi-même, a-t-il dit. Pour comprendre à propos de quoi on fait tout ce foin. Vous n'y verriez pas d'inconvénient ?

— Bien sûr que non. C'est pour ça qu'ils sont dans les librairies. Pour que des gens puissent les lire."

Curieuse façon de terminer l'entretien – en écrivant la liste de mes livres à l'intention d'un agent du FBI. Maintenant encore, je suis bien en peine de savoir ce qu'il voulait. Peut-être se figure-t-il qu'il va y trouver des indices, ou peut-être n'était-ce qu'une façon subtile de me signaler qu'il va revenir, qu'il n'en a pas terminé avec moi. Je représente toujours leur seule piste, après tout, et s'ils envisagent la possibilité que je leur aie menti, ils ne vont pas m'oublier de sitôt. A part ça, je n'ai pas la moindre idée de ce qu'ils peuvent penser. Il me paraît peu vraisemblable qu'ils me prennent pour un terroriste, mais je ne dis ça que parce que je sais que je n'en suis pas un. Eux ne savent rien, et par conséquent ils pourraient être en train de travailler à partir d'une telle prémisse et de chercher furieusement un lien entre moi et la bombe qui a explosé la semaine dernière dans le Wisconsin. Et même si ce n'est pas le cas, je dois accepter le fait qu'ils vont s'occuper de moi pendant longtemps encore. Ils vont poser des questions, creuser dans ma vie, ils découvriront qui sont mes amis et, tôt ou tard, le nom de Sachs viendra à la surface. En d'autres termes, tout le temps que je passerai ici dans le Vermont à rédiger ce récit, ils le consacreront à écrire leur histoire. Ce sera mon histoire, et dès qu'ils l'auront terminée, ils en sauront autant sur moi que moi-même.

Ma femme et ma fille sont rentrées à la maison deux heures environ après le départ des hommes du FBI. Elles étaient parties tôt le matin passer la journée chez des amis et j'étais content qu'elles n'aient pas été ici au moment de la visite de Harris et Worthy. Ma femme et moi mettons presque tout en commun, mais dans ce cas-ci je crois que je ne dois pas lui dire ce qui est arrivé. Iris a toujours eu beaucoup d'affection pour Sachs, mais je passe en premier pour elle, et si elle découvrait que je vais m'attirer des ennuis avec le FBI à cause de lui, elle s'efforcerait de m'en empêcher. Je ne peux courir ce risque en ce moment. Même si je réussissais à la persuader que j'ai raison d'agir comme je le fais, vaincre sa résistance prendrait du temps et le temps est un luxe qui m'est refusé, je dois consacrer chaque minute à la tâche que je me suis assignée. D'ailleurs, si elle cédait, elle s'en rendrait malade d'inquiétude et je ne vois pas quel bien pourrait en sortir. Un jour ou l'autre, elle apprendra de toute façon la vérité ; quand le moment sera venu, les dessous de cette histoire seront révélés. Ce n'est pas que je veuille la tromper, je souhaite simplement l'épargner le plus longtemps possible. Les choses étant ce qu'elles sont, je ne pense pas que ce sera très difficile. Je suis venu ici dans le but d'écrire, après tout, et si Iris croit que je suis en train de m'adonner à mon occupation habituelle, jour après jour, dans mon petit cabanon, quel mal y aurait-il à cela ? Elle supposera que je suis en train de noircir les pages de mon prochain roman, et quand elle verra combien j'y passe de temps, combien mes longues heures de travail font avancer l'ouvrage, ça lui fera plaisir. Iris est un élément de l'équation, elle aussi, et si je ne la savais pas heureuse je ne crois pas que j'aurais le courage de commencer.

Cet été est le deuxième que nous passons ici. Jadis, quand Sachs et sa femme avaient l'habitude d'y séjourner tous les ans en juillet et août, ils m'invitaient parfois à leur rendre visite, mais il ne s'agissait jamais que de brèves excursions et je suis rarement resté plus de trois ou quatre nuits. Depuis notre mariage, il y a neuf ans, Iris et moi avons fait plusieurs fois le voyage ensemble, et en une occasion nous avons même aidé Fanny et Ben à repeindre l'extérieur de la maison. Les parents de Fanny ont acheté la propriété pendant la grande crise, à une époque où on pouvait avoir des fermes comme celle-ci pour presque rien. Elle comptait plus de quarante hectares et un étang privé, et bien que la maison fût délabrée, elle était spacieuse et bien aérée, et des aménagements mineurs ont suffi à la rendre habitable. Les Goodman étaient instituteurs à New York et, après avoir acheté la maison, ils n'ont jamais eu les moyens d'y faire beaucoup de travaux, de sorte qu'elle a conservé au long des années la simplicité de son caractère primitif : les lits de fer, le fourneau pansu dans la cuisine, les craquelures aux plafonds et aux murs, les planchers peints en gris. Pourtant, il y a quelque chose de solide dans ce délabrement et on pourrait difficilement ne pas se sentir bien ici. Pour moi, le grand atout de la maison est son isolement. Elle est installée au sommet d'une petite montagne, à quatre miles du village le plus proche, par une petite route de terre battue. Les hivers doivent être féroces sur cette montagne, mais en été tout est vert, on est entouré d'oiseaux chanteurs, et les prés sont pleins de fleurs innombrables : épervières orange, trèfle rouge, œillets sauvages roses, boutons-d'or. A une trentaine de mètres de la maison se trouve une petite annexe qui servait à Sachs de lieu de travail pendant ses séjours ici. Ce n'est guère qu'une cabane, avec trois petites pièces, un coin cuisine et un cabinet de toilette, et depuis qu'un hiver, il y a douze ou treize ans, elle a été victime de vandalisme, elle est en très mauvais état. Les tuyauteries ont claqué, l'électricité a été coupée, le linoléum se décolle du plancher. J'en parle parce que c'est là que je me trouve en ce moment – assis à une table verte au milieu de la plus grande pièce, un stylo à la main. Tout le temps que je l'ai connu, Sachs a passé ses étés à écrire à cette même table, et c'est dans cette pièce que je l'ai vu pour la dernière fois, quand il m'a ouvert son cœur et fait partager son terrible secret. Si je me concentre avec assez d'intensité sur le souvenir de cette nuit, j'arrive presque à me donner l'illusion qu'il est encore ici. C'est comme si ses paroles étaient restées en suspens dans l'air qui m'entoure, comme si je pouvais encore tendre la main et le toucher. Cette conversation a été longue et douloureuse, et quand nous en avons enfin atteint le terme (à cinq ou six heures du matin), il m'a fait promettre de ne pas laisser son secret sortir des murs de cette pièce. Tels ont été ses mots exacts : que rien de ce qu'il avait dit ne s'échappe de cette pièce. Dans un premier temps, je pourrai tenir ma promesse. Jusqu'à ce que vienne pour moi le moment de montrer ce que j'ai écrit ici, je pourrai me consoler en pensant que je ne mange pas ma parole.

La première fois que nous nous sommes rencontrés, il neigeait. Plus de quinze ans ont passé depuis ce jour-là, et pourtant je me le remémore quand je veux. Bien que tant d'autres choses m'aient échappé, je me souviens de cette rencontre avec Sachs aussi nettement que de n'importe quel événement de ma vie.

C'était un samedi après-midi de février ou de mars, et nous avions tous deux été invités à donner une lecture de nos œuvres dans un bar du West Village. Je n'avais jamais entendu parler de Sachs, et la personne qui m'avait appelé était trop débordée pour répondre à mes questions au téléphone. C'est un romancier, m'avait-elle dit. Son premier livre a été publié il y a quelques années. Nous étions un mercredi soir, trois jours à peine avant la date prévue pour la lecture, et elle avait dans la voix quelque chose comme de la panique. Michael Palmer, le poète sur lequel elle comptait pour ce samedi, venait d'annuler son voyage à New York et elle se demandait si j'accepterais de le remplacer. Malgré le caractère un peu intempestif de sa proposition, je lui avais répondu que je viendrais. Je n'avais pas publié grand-chose à cette époque de ma vie – six ou sept récits dans de petits magazines, une poignée d'articles et de recensions de livres – et ce n'était pas comme si les gens avaient réclamé à grands cris le privilège de m'entendre leur faire la lecture. J'avais donc accepté l'offre de cette femme à bout de nerfs et, pendant deux jours, en proie à la panique à mon tour, j'avais cherché fiévreusement dans l'univers minuscule de mes œuvres complètes un récit dont je ne rougirais pas, une page d'écriture assez bonne pour être présentée devant une salle pleine d'inconnus. Le vendredi après-midi, j'étais allé dans plusieurs librairies demander le roman de Sachs. Ça paraissait la moindre des choses de connaître un peu son œuvre avant de le rencontrer, mais le livre datait de deux ans déjà et personne ne l'avait en stock.

Le hasard voulut que cette lecture n'eut jamais lieu. Une formidable tempête arriva du Midwest le vendredi soir et le samedi matin cinquante centimètres de neige étaient tombés sur la ville. La réaction raisonnable eût été de téléphoner à la personne qui m'avait invité, mais j'avais sottement oublié de lui demander son numéro et, à une heure, sans nouvelles d'elle, je me dis que je devais descendre en ville le plus vite possible. Je m'emmitouflai dans mon manteau, enfilai des galoches, fourrai le manuscrit de mon dernier récit dans une des poches de mon manteau, puis me lançai dans Riverside Drive, en direction de la station de métro située au carrefour de la 116e rue et de Broadway. Si le ciel commençait à s'éclaircir, les rues et les trottoirs étaient encore encombrés de neige et il n'y avait presque pas de circulation. Quelques voitures et camions avaient été abandonnés dans des congères au bord de la chaussée, et de temps à autre un véhicule solitaire descendait lentement la rue en dérapant si le conducteur tentait de s'arrêter devant un feu rouge. D'ordinaire, je me serais amusé de cette pagaille, mais il faisait un froid si féroce que je ne sortais pas le nez de mon écharpe. La température n'avait cessé de baisser depuis le lever du soleil, et l'air était piquant, avec de folles bouffées de vent soufflant de l'Hudson, des rafales énormes qui projetaient littéralement mon corps vers le haut de la rue. Le temps d'arriver à la station, j'étais à moitié raide ; en dépit des circonstances, les trains semblaient rouler encore. Cela m'étonna, et je descendis l'escalier et achetai mon jeton en me disant que la lecture aurait lieu, après tout.

J'arrivai à ce bar dénommé *Nashe's Tavern* à deux heures dix. C'était ouvert, mais lorsque mes yeux se furent habitués à l'obscurité, je vis qu'il n'y avait personne là-dedans. Un barman en tablier blanc était debout derrière le comptoir, en train d'essuyer méthodiquement de petits verres avec un torchon rouge. C'était un solide gaillard dans la quarantaine, et il m'examina avec attention tandis que je m'approchais, presque comme s'il avait regretté cette interruption de sa solitude.

"Il ne doit pas y avoir une lecture ici dans une vingtaine de minutes ?" demandai-je. A l'instant où ces mots me sortaient de la bouche, je me sentis idiot de les avoir prononcés.

"Elle a été annulée, répondit le barman. Avec toute cette gadoue, là-dehors, ça n'aurait pas eu beaucoup de sens. La poésie, c'est bien beau, mais ça ne vaut pas la peine qu'on se gèle les couilles."

Je m'installai sur un tabouret et commandai un bourbon. Je frissonnais encore d'avoir marché dans la neige, et je voulais me réchauffer les tripes avant de me relancer à l'extérieur. Je vidai mon verre en deux lampées, puis me le fis remplir car le premier m'avait paru si bon. Alors que j'en étais à la moitié de ce verre, un autre client entra dans le bar. C'était un grand jeune homme d'une maigreur extrême, avec un visage mince et une généreuse barbe brune. Je le regardai taper le sol de ses bottes deux ou trois fois, frapper l'une contre l'autre ses mains gantées et reprendre son souffle en arrivant du froid. Il avait sans conteste une drôle d'allure – énorme, dans son manteau mité, avec une casquette de base-ball des New York Knicks perchée sur la tête et une écharpe bleu marine enroulée autour de la casquette pour protéger ses oreilles. Il avait l'air d'un type souffrant d'une rage de dents, pensai-je, ou d'un de ces soldats russes à moitié morts de faim échoués aux abords de Stalingrad. Ces deux images s'imposèrent à moi en succession rapide, la première comique, la deuxième désolée. Malgré son accoutrement ridicule, il avait dans le regard une violence, une intensité qui étouffaient tout désir de rire de lui. Il ressemblait à Ichabod Crane, peut-être, mais il était aussi John Brown* et, dès qu'on allait au-delà de son habillement et de son corps dégingandé d'avant de basket, on voyait quelqu'un de tout à fait différent : un homme à qui rien n'échappait, un homme dans la tête duquel tournaient mille rouages.

Il s'arrêta quelques instants sur le seuil pour parcourir du regard la pièce vide, puis s'approcha du barman et lui posa plus ou moins la même question que j'avais posée quelques minutes plus tôt. Le barman lui donna plus ou moins la même réponse qu'à moi, avec cette fois un geste du pouce dans ma direction, désignant l'endroit où j'étais assis au bout du bar.

"Lui aussi, il est venu pour la lecture, dit-il. Et il ajouta : Vous êtes sans doute les deux seuls types à New York assez cinglés pour sortir de chez eux aujourd'hui.

— Pas tout à fait, répliqua l'homme à la tête enroulée d'une écharpe. Vous avez oublié de vous compter.

— J'ai pas oublié, fit le barman. C'est juste que je ne compte pas. Moi, je dois être ici, voyez-vous, pas vous. C'est ça que je veux dire. Si je ne me pointe pas, je perds mon boulot.

— Moi aussi, je suis venu à cause d'un boulot, dit l'autre. On m'a dit que je gagnerais cinquante dollars. Maintenant ils ont annulé la lecture, et je peux me taper le prix du métro.

---

* Ichabod Crane est le narrateur d'un conte de Washington Irving très populaire aux Etats-Unis, *The Headless Horseman of Sleepy Hollow* ; John Brown est un des premiers héros de la cause des Noirs. *(N.d.T.)*

— Ah, c'est différent, alors, dit le barman. Si vous étiez censé lire, alors je suppose que vous ne comptez pas non plus.

— Ça fait donc un seul homme dans toute la ville qui est sorti sans obligation.

— Si c'est de moi que vous parlez, dis-je, intervenant enfin dans la conversation, alors votre liste retombe à zéro."

L'homme à la tête enroulée d'une écharpe se tourna vers moi et sourit.

"Ah, ça signifie que vous êtes Peter Aaron, n'est-ce pas ?

— Sans doute, répondis-je. Mais si je suis Peter Aaron, vous devez être Benjamin Sachs.

— Le seul et unique, répliqua-t-il avec un petit rire, comme pour se moquer de lui-même. Il vint près de l'endroit où j'étais assis et me tendit la main droite. Je suis très content que vous soyez là, dit-il. J'ai lu plusieurs choses de vous ces derniers temps, et je me réjouissais de vous rencontrer."

C'est ainsi que notre amitié a commencé : sur les tabourets de ce bar désert, où nous nous sommes mutuellement offert à boire jusqu'à ce que nos fonds à tous deux soient épuisés. Ça doit avoir duré trois ou quatre heures, car je me souviens avec netteté que lorsque, en trébuchant, nous sommes enfin ressortis dans le froid, la nuit était tombée. Maintenant que Sachs est mort, il me paraît insoutenable de penser à ce qu'il était alors, de me rappeler toute la générosité, tout l'humour, toute l'intelligence qui émanaient de lui lors de cette première rencontre. En dépit des faits, il m'est difficile d'imaginer que l'homme qui était assis avec moi dans le bar ce jour-là est le même homme qui a fini par se détruire la semaine dernière. Le chemin doit avoir été si long pour lui, si horrible, si chargé de souffrance, que je peux à peine l'évoquer sans avoir envie de pleurer. En quinze ans, Sachs a voyagé d'un bout à l'autre de lui-même, et quand il a enfin atteint ce lieu ultime, je me demande s'il savait encore qui il était. Une telle distance avait alors été parcourue, il n'est pas possible qu'il se soit rappelé où il avait commencé.

" J'essaie en général de me tenir au courant de ce qui se passe", déclara-t-il en dénouant l'écharpe sous son menton et en l'ôtant en même temps que la casquette de base-ball et son long pardessus brun. Il lança toute la pile sur le tabouret voisin et s'assit. "Il y a quinze jours, je n'avais encore jamais entendu parler de vous. Maintenant, tout à coup, on dirait que vous surgissez de partout. Je suis d'abord tombé sur votre article consacré aux *Journaux* d'Hugo Ball. Je l'ai trouvé excellent, habile et bien argumenté, une admirable réflexion sur les problèmes posés. Je n'étais pas d'accord avec toutes vos idées, mais vous les défendez bien et le sérieux de votre position m'a inspiré le respect. Je me suis dit : Ce type croit trop à l'art, mais au moins il sait d'où il parle et il a l'intelligence de reconnaître que d'autres points de vue sont possibles. Et puis, trois ou quatre jours plus tard, un magazine est arrivé par la poste, et à la première page où je l'ai ouvert se trouvait une nouvelle sous votre nom. *L'Alphabet secret*, l'histoire de cet étudiant qui découvre sans cesse des messages écrits sur les murs des immeubles. J'ai adoré cette nouvelle. Je l'aimais tellement que je l'ai lue trois fois. Je me demandais : Qui est ce Peter Aaron, et où se cache-t-il ? Quand Kathy Machin m'a téléphoné pour m'annoncer que Palmer s'était défilé de la lecture, je lui ai suggéré de prendre contact avec vous.

— Alors c'est vous qui êtes responsable de m'avoir attiré jusqu'ici", dis-je, trop étourdi par les compliments qu'il m'avait prodigués pour penser à autre chose qu'à cette faible repartie.

"Eh bien, il faut admettre que ça ne s'est pas passé comme prévu.

— Ce n'est peut-être pas plus mal, dis-je. Au moins, je ne vais pas devoir me lever dans l'obscurité en écoutant mes genoux s'entrechoquer. Ça peut se défendre.

— Mère Nature à la rescousse.

— Exactement. Dame Fortune me sauve la vie.

— Je suis content que ce tourment vous soit épargné. Je n'aimerais pas me balader avec un tel poids sur la conscience.

— Merci tout de même de m'avoir fait inviter. C'est très important pour moi, et en vérité je vous en suis très reconnaissant.

— Je n'ai pas fait ça parce que je souhaitais votre gratitude. J'étais curieux, et tôt ou tard j'aurais pris contact avec vous moi-même. Mais quand cette occasion s'est présentée, il m'a semblé que le procédé serait plus élégant.

— Et me voilà installé au pôle Nord avec l'amiral Peary en personne. Le moins que je puisse faire est de vous offrir un verre.

— J'accepte votre offre, mais à une condition. Vous devez d'abord répondre à ma question.

— Volontiers, du moment que vous me dites de quelle question il s'agit. Je ne crois pas me rappeler que vous m'en ayez posé une.

— Bien sûr que si. Je vous ai demandé où vous étiez caché. Je peux me tromper, mais j'ai l'impression qu'il n'y a pas longtemps que vous habitez New York.

— J'y ai habité, et puis je suis parti. Je suis rentré depuis cinq ou six mois.

— Et où étiez-vous ?

— En France. J'y ai vécu pendant près de cinq ans.

— Voilà l'explication, alors. Mais pourquoi diable vouloir vivre en France ?

— Sans raison particulière. J'avais juste envie d'être ailleurs qu'ici.

— Vous n'y êtes pas allé dans le but de faire des études ? Ni de travailler pour l'Unesco ou une de ces grosses firmes juridiques internationales ?

— Non, rien de ce genre. Je vivais au jour le jour.

— La vieille aventure de l'expatrié, c'est ça ? Le jeune écrivain américain s'en va à Paris afin de découvrir la culture, les jolies femmes et l'expérience de s'asseoir dans des cafés et de fumer des cigarettes fortes.

— Je ne crois pas non plus que c'était ça. Il me semblait que j'avais besoin d'espace pour respirer, c'est tout. J'ai choisi la France parce que je parlais français. Si je parlais le serbo-croate, je serais sans doute allé en Yougoslavie.

— Donc vous êtes parti. Sans raison particulière, comme vous dites. Y a-t-il eu une raison particulière à votre retour ?

— Je me suis éveillé un matin, l'été dernier, en me disant qu'il était temps de rentrer. Comme ça. Tout à coup, j'ai senti que j'étais resté assez longtemps. Trop d'années sans base-ball, je suppose. Si on est privé de sa ration de *double plays* et de *homeruns*, ça peut devenir mauvais pour le moral.

— Et vous n'avez pas l'intention de repartir ?

— Non, je ne crois pas. Quoi que j'aie essayé de démontrer en partant là-bas, ça ne me paraît plus important.

— Peut-être l'avez-vous déjà démontré.

— C'est possible. Ou bien la question doit être formulée en d'autres termes. Peut-être que mes termes étaient faux depuis le début.

— Bon, fit Sachs en frappant soudain le comptoir du plat de la main. Je veux bien ce verre, maintenant. Je commence à me sentir satisfait, et ça me donne toujours soif.

— Qu'est-ce que vous prenez ?

— La même chose que vous, dit-il, sans prendre la peine de me demander ce que je buvais. Et puisque le barman doit de toute façon venir par ici, dites-lui de vous en verser un autre. Un toast s'impose. C'est votre rentrée au bercail, après tout, et nous devons célébrer dans les formes votre retour en Amérique."

Je ne crois pas que personne m'ait jamais désarmé aussi complètement que le fit Sachs cet après-midi-là. Dès le premier instant, il déferla, tel un ouragan, jusqu'au plus secret de mes donjons et de mes caches, ouvrant l'une après l'autre les portes les mieux verrouillées. Comme je l'ai appris plus tard, c'était de sa part une performance caractéristique, un exemple presque classique de la façon dont il se frayait un chemin dans le monde. Sans détour, sans cérémonie – on remonte ses manches et on se met à parler. Ce n'était rien pour lui que d'engager la conversation avec de parfaits inconnus, de s'y plonger, de poser des questions que nul autre n'aurait osé poser, et la plupart du temps ça lui réussissait. On avait l'impression qu'il n'avait jamais appris les règles et que, parce qu'il était si dépourvu de la moindre timidité, il s'attendait à ce que tout le monde soit aussi ouvert que lui. Et pourtant ses interrogations avaient toujours un côté impersonnel, comme s'il cherchait moins à établir avec vous un contact humain qu'à résoudre pour son compte un problème intellectuel. Cela donnait à ses réflexions une coloration un peu abstraite, et celle-ci inspirait confiance, disposait à lui dire des choses qu'en certains cas on ne s'était pas même dites à soi-même. Il ne jugeait jamais son interlocuteur, ne traitait personne en inférieur, ne faisait jamais de distinction entre les gens à cause de leur rang social. Il s'intéressait tout autant à un barman qu'à un écrivain, et si je ne m'étais pas montré ce jour-là, il aurait sans doute passé deux heures à bavarder avec ce même homme avec lequel je n'avais pas pris la peine d'échanger dix mots. Sachs prêtait automatiquement une grande intelligence à la personne à qui il parlait, donnant ainsi à cette personne le sentiment de sa dignité et de son importance. Je crois que c'était cette qualité que j'admirais le plus en lui, cette capacité innée de mettre en évidence ce que les autres avaient de meilleur. Il était souvent perçu comme un original, un grand escogriffe à la tête dans les nuages, distrait en permanence par des réflexions et des préoccupations obscures, et pourtant il ne cessait de vous surprendre par cent petits signes témoignant de son attention. Comme tout le monde, mais peut-être plus encore, il réussissait à combiner une multitude de contradictions en une présence d'un seul tenant. Où qu'il se trouvât, il paraissait toujours chez lui, dans son environnement, et pourtant j'ai rarement rencontré quelqu'un d'aussi gauche, d'aussi maladroit physiquement, d'aussi peu habile à négocier la moindre opération. Tout au long de notre conversation, cet après-midi-là, il ne cessa de faire tomber son manteau du tabouret. Il le fit tomber à six ou sept reprises et une fois, en se penchant pour le ramasser, il réussit à se cogner la tête au comptoir. Ainsi que je l'ai découvert par la suite, Sachs était néanmoins un excellent athlète. Il avait été le meilleur marqueur dans son équipe de basket-ball, à l'école secondaire, et dans toutes les parties à deux que nous avons jouées l'un contre l'autre au cours des années, je ne crois pas l'avoir battu plus d'une ou deux fois. Sa diction était volubile et parfois négligée, et pourtant son écriture était marquée par une grande précision, une grande économie, un don authentique pour l'expression juste. Le seul fait qu'il écrivît m'apparaissait d'ailleurs souvent comme une énigme. Il était trop extraverti, trop fasciné par autrui, trop heureux de se mêler aux foules pour une occupation aussi solitaire, me semblait-il. Mais la solitude ne le dérangeait guère, et il travaillait toujours avec une ferveur et une discipline formidables, se terrant parfois pendant des semaines d'affilée afin de mener à bien une entreprise. Compte tenu de sa personnalité et de la façon singulière dont il maintenait en mouvement ces divers aspects de lui-même, Sachs n'était pas quelqu'un qu'on se serait attendu à voir marié. Il paraissait trop dépourvu d'attaches pour la vie domestique, trop démocratique dans ses affections pour être capable de relations intimes durables avec une seule personne. Pourtant Sachs s'était marié jeune, beaucoup plus jeune que tous les gens que je connais, et il a maintenu ce mariage en vie pendant près de vingt ans. Fanny n'était pas non plus le genre de femme qui paraissait spécialement lui convenir. A la rigueur, j'aurais pu l'imaginer avec une femme docile, maternelle, une de ces épouses contentes de se tenir dans l'ombre de leur mari, de se dévouer pour protéger leur homme-enfant des dures réalités de la vie quotidienne. Mais ce n'était pas du tout le cas de Fanny. La partenaire de Sachs était son égale en tout point, une femme complexe et d'une haute intelligence, qui menait sa vie avec indépendance, et s'il a réussi à la garder pendant tant d'années, ce fut grâce à ses efforts et à l'immense talent qu'il avait de la comprendre et de l'aider à se maintenir en équilibre. S'il est certain que son bon caractère a certainement contribué à leur entente, je ne voudrais pas trop insister sur cet aspect de sa personnalité. Malgré sa gentillesse, Sachs pouvait faire preuve d'un dogmatisme intransigeant dans sa pensée, et il lui arrivait de se laisser aller à de violents coups de colère, des crises de rage vraiment terrifiantes. Celles-ci n'étaient pas dirigées contre ceux qu'il aimait mais plutôt contre le monde entier. La stupidité des gens le consternait, et sous sa désinvolture et sa bonne humeur, on devinait parfois un réservoir profond d'intolérance et de sarcasme. Dans presque tout ce qu'il écrivait, il y avait un côté grinçant, polémique, et au cours des ans il avait acquis une réputation de contestataire. Il la méritait, je suppose, mais enfin cela ne représentait qu'une petite partie de ce qu'il était. La difficulté, c'est d'essayer de le définir de façon concluante. Sachs était trop imprévisible pour ça, trop large d'esprit et trop subtil, trop plein d'idées nouvelles pour rester en place très longtemps. Je trouvais parfois épuisant d'être avec lui, mais je ne peux pas dire que ce fut jamais ennuyeux. Sachs m'a maintenu en éveil pendant quinze ans, en me mettant au défi et en me provoquant sans cesse, et maintenant que je suis assis ici, en train d'essayer de comprendre qui il était, j'ai peine à imaginer ma vie sans lui.

"Vous avez de l'avance sur moi, lui dis-je en avalant une gorgée du bourbon dont mon verre avait été rempli. Vous avez lu presque tout ce que j'ai écrit, et je n'ai pas lu un mot de vous. La vie en France avait ses avantages, mais se tenir au courant des nouveaux livres américains n'en faisait pas partie.

— Vous n'avez pas raté grand-chose, fit Sachs. Je vous le promets.

— Tout de même, je trouve ça un peu gênant. A part le titre, je ne sais rien de votre livre.

— Je vous le donne. Comme ça vous n'aurez plus d'excuse pour ne pas le lire.

— Je l'ai cherché dans quelques librairies, hier...

— Pas la peine, ne gaspillez pas votre argent. J'en ai une centaine d'exemplaires, et je suis content de m'en débarrasser.

— Si je ne suis pas trop soûl, je commence à le lire ce soir.

— Rien ne presse. Ce n'est qu'un roman, après tout, il ne faut pas le prendre trop au sérieux.

— Je prends toujours les romans au sérieux. Surtout si l'auteur m'en fait cadeau.

— Eh bien, cet auteur-ci était très jeune quand il a écrit ce livre. Peut-être trop jeune, en fait. Il regrette parfois qu'on l'ait publié.

— Mais vous vous apprêtiez à en lire des extraits cet après-midi. Vous ne pouvez pas le trouver si mauvais, alors.

— Je n'ai pas dit qu'il est mauvais. Il est jeune, c'est tout. Trop littéraire, trop imbu de sa propre subtilité. Je ne rêverais même plus d'écrire un truc comme ça aujourd'hui. Si je m'y intéresse encore un peu, c'est seulement à cause de l'endroit où il a été écrit. En lui-même, le livre ne signifie pas grand-chose, mais je suppose que je suis encore attaché à l'endroit où il est né.

— Et où était-ce ?

— En prison. J'ai commencé ce livre en prison.

— Vous voulez dire une vraie prison ? Avec des cellules verrouillées et des barreaux ? Avec des numéros imprimés sur le devant de votre chemise ?

— Oui, une vraie prison. Le pénitencier fédéral de Danbury, Connecticut. J'ai résidé dans cet hôtel pendant dix-sept mois.

— Bon Dieu ! Et comment en êtes-vous arrivé là ?

— Très simplement, en fait. J'ai refusé d'aller à l'armée quand j'ai été appelé.

— Vous étiez objecteur de conscience ?

— J'aurais bien voulu, mais ils ont refusé ma demande. Je suis sûr que vous connaissez la chanson. Si vous appartenez à une religion qui prêche le pacifisme et s'oppose à toutes les guerres, vous avez une chance qu'on examine votre cas. Mais je ne suis ni quaker ni adventiste du septième jour, et la vérité c'est que je ne suis pas opposé à toutes les guerres. Seulement à celle-là. Pas de chance, c'est dans celle-là qu'on voulait que je me batte.

— Mais pourquoi la prison ? Il y avait d'autres possibilités. Le Canada, la Suède, même la France. Il y a des milliers de gens qui y sont partis.

— Parce que je suis une foutue tête de mule, voilà pourquoi. Je n'avais pas envie de m'enfuir. Je me sentais responsable, il fallait prendre position, leur dire ce que je pensais. Et je ne pouvais pas faire ça si je refusais de me présenter.

— Alors ils ont écouté votre noble déclaration, et puis ils vous ont quand même enfermé.
— Bien sûr. Mais ça valait la peine.
— Sans doute. Mais ces dix-sept mois ont dû être terribles.
— Pas si terribles que ça. Vous n'avez aucun souci à vous faire, là-dedans. On vous sert trois repas par jour, vous n'avez pas besoin de vous occuper de votre lessive, toute votre vie est planifiée d'office. Vous seriez étonné de la liberté que ça procure.
— Je suis content que vous puissiez en plaisanter.
— Je ne plaisante pas. Enfin, peut-être un tout petit peu. Mais je n'ai souffert en aucune des façons que vous imaginez probablement. Danbury n'est pas une prison de cauchemar comme Attica ou San Quentin. La plupart des pensionnaires sont là pour des délits en col blanc – détournements de fonds, fraude fiscale, chèques en bois, ce genre de choses. J'ai eu de la chance d'être envoyé là, mais mon plus grand atout, c'est que j'y étais préparé. Mon procès a traîné pendant des mois et, comme je savais depuis le début que j'allais perdre, j'ai eu le temps de m'ajuster à l'idée de la prison. Je n'étais pas de ces pauvres cloches qui broient du noir en comptant les jours, je ne barrais pas une case du calendrier chaque soir en me couchant. En entrant là-dedans, je me suis dit : C'est ici que tu vis dorénavant, mon vieux. Les limites de mon univers avaient rétréci, mais j'étais encore en vie et, tant que je pouvais continuer à respirer, à péter et à penser à ce que je voulais, quelle différence pouvait faire l'endroit où je me trouvais ?
— Etrange.
— Non, pas étrange. C'est comme cette vieille blague de Henny Youngman. Le mari rentre chez lui et, dans le salon, il voit un cigare en train de se consumer dans le cendrier. Il demande à sa femme ce qui se passe, mais elle prétend ne pas savoir. Soupçonneux, le mari commence à chercher dans toute la maison. Quand il arrive dans la chambre, il ouvre la porte du placard et y découvre un inconnu. «Qu'est-ce que vous faites dans mon placard ?» demande-t-il. «Je ne sais pas, bégaie l'homme, tremblant et transpirant. Tout le monde doit se trouver quelque part.»

— D'accord, je vois ce que vous voulez dire. Mais tout de même, il devait y avoir quelques grossiers personnages avec vous dans ce placard. Ça n'a pas dû être agréable tous les jours.
— Il y a eu quelques moments plutôt scabreux, je l'admets. Mais j'ai appris à me comporter. C'est la première fois de ma vie que ma drôle d'allure m'a rendu service. Personne ne savait que penser de moi, et au bout d'un moment j'ai réussi à convaincre la plupart des autres détenus que j'étais cinglé. Vous seriez étonné de la paix royale que vous fichent les gens dès lors qu'ils vous croient dingue. Une fois que vous avez cette expression dans le regard, elle vous protège des ennuis.
— Et tout ça par fidélité à vos principes ?
— Ça n'a pas été si dur. Au moins j'ai toujours su pourquoi j'étais là. Je n'avais pas de regrets pour me torturer.
— J'ai eu de la chance comparé à vous. J'ai été recalé à l'examen médical parce que j'avais de l'asthme, et je n'ai plus jamais eu besoin d'y penser.
— Et alors vous êtes allé en France, et je suis allé en prison. On est tous les deux allés quelque part, et on est tous les deux revenus. Si je ne me trompe, on est tous les deux assis au même endroit, maintenant.
— C'est une façon de voir les choses, je suppose.
— C'est la seule façon de les voir. Nos méthodes ont été différentes, mais le résultat est exactement le même."
Nous commandâmes une deuxième tournée. Celle-ci fut suivie d'une autre, puis d'une autre, et puis d'encore une autre. Entre-temps, le barman nous avait offert un ou deux verres aux frais de la maison, acte de générosité auquel notre réaction immédiate avait été de l'encourager à s'en servir à son tour. Ensuite la taverne commença à se remplir de clients et nous allâmes nous asseoir à une table dans un coin éloigné de la salle. Je ne me souviens pas de tout ce dont nous avons parlé, et le début de cette conversation est beaucoup plus net dans ma mémoire que la fin. Quand nous en fûmes aux deux ou trois derniers quarts d'heure, j'étais si imbibé de bourbon que je voyais réellement double. Ça ne m'était encore jamais arrivé et je n'avais

aucune idée de la manière de remettre ma vision au point. Chaque fois que je regardais Sachs, il y en avait deux. Cligner des yeux ne m'était d'aucun secours, et secouer la tête ne faisait que me donner le vertige. Sachs était devenu un homme à deux têtes et à deux bouches, et quand enfin je me levai pour partir, je me souviens qu'il m'a rattrapé dans ses quatre bras juste au moment où j'allais m'écrouler. C'était sans doute une bonne chose qu'il fût si nombreux ce soir-là. J'étais presque un poids mort à ce moment, et je ne pense pas qu'un seul homme aurait pu me porter.

Je ne peux parler que de ce que je sais, de ce que j'ai vu de mes yeux et entendu de mes oreilles. Fanny exceptée, il est possible que j'aie été plus proche de Sachs que quiconque, mais cela ne fait pas de moi un expert quant aux détails de sa vie. Il allait déjà sur la trentaine quand je l'ai rencontré, et nous n'avons ni l'un ni l'autre passé beaucoup de temps à évoquer notre passé. Son enfance est pour moi un mystère, dans une large mesure, et à part quelques réflexions lâchées à l'occasion à propos de ses parents et de ses sœurs au cours des années, je ne sais pratiquement rien de sa famille. Si les circonstances étaient différentes, j'essaierais de parler à certains d'entre eux maintenant, je m'efforcerais de remplir tous les blancs que je pourrais. Mais la situation ne me permet pas de me lancer à la recherche des maîtres de Sachs à l'école primaire ou de ses amis du secondaire, de me mettre à interroger ses cousins, ses camarades d'études ou les gens avec lesquels il a été emprisonné. Je n'ai pas le temps de faire ça, et parce que je suis obligé de travailler vite, je ne peux me fier qu'à mes propres souvenirs. Je ne veux pas dire que ces souvenirs doivent être mis en doute, qu'il y ait quoi que ce soit de faux ou de déformé dans les choses que je sais de Sachs, mais je ne veux pas faire passer ce livre pour ce qu'il n'est pas. Ce n'est ni une biographie ni un portrait psychologique exhaustif, et bien que Sachs se soit souvent confié à moi au cours des années qu'a duré notre amitié, je ne prétends pas avoir plus qu'une compréhension partielle de ce qu'il était. Je veux raconter la vérité à son sujet, rapporter mes souvenirs avec toute l'honnêteté dont je serai capable, mais je ne peux exclure la possibilité que je me trompe, que la vérité soit tout autre que ce que j'imagine.

Il est né le 6 août 1945. Je suis certain de la date parce qu'il la rappelait toujours avec insistance, se désignant au hasard des conversations comme "le premier bébé Hiroshima d'Amérique", "l'authentique enfant de la bombe", "le premier Blanc venu au monde à l'âge nucléaire". Il prétendait que le médecin l'avait saisi à l'instant précis où on lâchait *Fat Man* hors des entrailles de l'*Enola Gay**, mais ça m'avait toujours paru exagéré. La seule fois que j'ai rencontré la mère de Sachs, elle ne se souvenait pas de l'endroit où il était né (elle avait eu quatre enfants et disait que leurs naissances se confondaient dans sa mémoire), mais elle confirmait du moins la date, en ajoutant qu'elle se rappelait distinctement qu'on lui avait parlé d'Hiroshima *après* la naissance de son fils. Si Sachs inventait le reste, ce n'était guère de sa part qu'une innocente fabulation. Il excellait à transformer les faits en métaphores, et comme il se trouvait toujours abondance de faits à sa disposition, il pouvait vous bombarder d'une réserve infinie de coïncidences historiques étranges, accouplant les gens et les événements les plus distants les uns des autres. Par exemple, il m'a raconté un jour que lors de la première visite de Piotr Kropotkine aux Etats-Unis dans les années 1890, Mrs Jefferson Davis, veuve du président confédéré, avait demandé à rencontrer le fameux prince anarchiste. C'était déjà assez bizarre, disait Sachs, mais ensuite, quelques minutes après l'arrivée de Kropotkine à la maison de Mrs Davis, qui a-t-on vu arriver sinon Booker T. Washington ? Washington a annoncé qu'il était à la recherche de l'homme qui servait de chaperon à Kropotkine (un ami commun), et quand Mrs Davis a appris qu'il attendait dans le vestibule, elle a demandé qu'il monte les rejoindre. Et pendant une heure ce trio inattendu a donc

---

**Fat Man*, c'est la bombe, *Enola Gay* est le nom de l'avion qui la portait. *(N.d.T.)*

fait poliment la conversation autour d'une tasse de thé : l'aristocrate russe qui cherchait à abattre tout gouvernement organisé, l'ancien esclave devenu écrivain et éducateur, et l'épouse de l'homme qui avait entraîné l'Amérique dans sa guerre la plus sanglante afin de défendre l'institution de l'esclavage. Seul Sachs pouvait savoir une chose pareille. Seul Sachs pouvait vous apprendre que quand Louise Brooks était enfant dans une petite ville du Kansas, au début de ce siècle, sa voisine et compagne de jeu était Vivian Vance, celle qui fut plus tard la vedette du show *I love Lucy*. Il était ravi de cette découverte : que les deux aspects de la femme américaine, la vamp et la souillon, le démon libidineux et la ménagère mal attifée, venaient du même endroit, de la même rue poussiéreuse en plein milieu de l'Amérique. Sachs aimait ces ironies, les vastes folies et les contradictions de l'histoire, la façon dont les faits ne cessaient de se retourner sur eux-mêmes. A force de se gorger de tels faits, il arrivait à lire le monde comme une œuvre d'imagination, à transformer des événements connus en symboles littéraires, tropes qui suggéraient quelque sombre et complexe dessein enfoui dans le réel. Je n'ai jamais très bien su dans quelle mesure il prenait ce jeu au sérieux, mais il y jouait souvent, et il semblait parfois presque incapable de s'en empêcher. L'affaire de sa naissance n'était qu'une manifestation de cette tendance. Cela ressemblait, d'un côté, à une sorte d'humour macabre, mais aussi à une tentative de définir qui il était, à une façon de s'impliquer dans les horreurs de son époque. Sachs parlait souvent de *la bombe*. Elle représentait pour lui un fait central de l'univers, une ultime démarcation de l'esprit, et à ses yeux elle nous séparait de toutes les autres générations de l'histoire. Dès lors que nous avions acquis la capacité de nous détruire nous-mêmes, la notion même de vie humaine était modifiée ; jusqu'à l'air que nous respirions était contaminé par la puanteur de la mort. Certes, Sachs n'était pas le premier à avoir cette idée, mais quand je pense à ce qui lui est arrivé il y a neuf jours, son obsession me paraît d'une étrangeté un peu surnaturelle, comme s'il s'agissait d'une sorte de calembour mortel, comme si un mot prenant en lui la place d'un autre s'était enraciné, avait proliféré jusqu'à échapper à son contrôle.

    Son père était un juif d'Europe orientale, sa mère une catholique irlandaise. De même que la plupart des familles américaines, c'est le malheur qui avait conduit ici les ancêtres de Sachs (la disette de pommes de terre des années 1840, les pogromes des années 1880), mais à part ces éléments rudimentaires, je ne possède sur eux aucune information. Il racontait volontiers qu'un poète était responsable de la venue de la famille de sa mère à Boston, mais ce n'était qu'une allusion à sir Walter Raleigh, l'homme qui avait introduit la pomme de terre et, par conséquent, le fléau qui devait s'abattre trois cents ans plus tard. Quant à la famille de son père, il m'a dit un jour qu'ils étaient venus à New York à cause de la mort de Dieu. Encore une de ces énigmes chères à Sachs, qui paraissaient dépourvues de sens tant qu'on n'en avait pas saisi la logique de ritournelle. Ce qu'il voulait dire, c'était que les pogromes avaient commencé après l'assassinat du tsar Alexandre II ; qu'Alexandre II avait été tué par des nihilistes russes ; que les nihilistes étaient nihilistes parce qu'ils croyaient que Dieu n'existe pas. Une équation simple, tout compte fait, mais incompréhensible tant que l'élément central n'y avait pas été remis à sa place. La phrase de Sachs faisait penser à quelqu'un qui vous dirait que le royaume a été perdu faute d'un clou. Si vous connaissez le poème, vous comprenez. Sinon, non*.

    Quand et comment ses parents se sont rencontrés, qui ils avaient été dans leur jeunesse, comment leurs familles respectives ont réagi à la perspective d'un mariage mixte, à quel moment ils sont partis dans le Connecticut, tout cela se situe en dehors du domaine dont je peux discuter. Pour autant que je sache, Sachs a reçu une éducation laïque. Il était à la fois juif et catholique, ce qui signifie qu'il

---

* Allusion à un poème bien connu de la littérature enfantine ; il y a une bataille où le roi est sur son cheval, le cheval perd un fer, il tombe, le roi tombe, la bataille est perdue : enchaînement de petites causes – grand effet. *(N.d.T.)*

n'était ni l'un ni l'autre. Je ne me souviens pas de l'avoir jamais entendu évoquer une école religieuse, et à ma connaissance on ne lui avait imposé ni confirmation ni barmitsva. S'il était circoncis, cela ne représentait qu'un détail médical. En plusieurs occasions, il a néanmoins évoqué une crise religieuse pendant son adolescence, crise qui, manifestement, avait fait long feu. J'ai toujours été impressionné par sa connaissance de la Bible (l'Ancien et le Nouveau Testament), et peut-être en avait-il commencé la lecture à cette époque, pendant cette première période de lutte intérieure. Sachs portait plus d'intérêt à la politique et à l'histoire qu'aux questions spirituelles, cependant ses opinions politiques étaient teintées de quelque chose que je qualifierais de religieux, comme si l'engagement politique était davantage qu'une façon d'affronter les problèmes ici et maintenant, comme s'il s'agissait en même temps d'un moyen de salut personnel. Je crois que ceci est important. Les idées politiques de Sachs n'entraient jamais dans aucune des catégories conventionnelles. Il se méfiait des systèmes et des idéologies, et bien qu'il pût en parler avec une intelligence et une subtilité considérables, l'action politique se réduisait pour lui à une question de conscience. C'est ce qui explique sa décision d'affronter la prison, en 1968. Non parce qu'il pensait pouvoir y accomplir quelque chose, mais parce qu'il savait qu'il ne supporterait plus de vivre avec lui-même s'il s'y dérobait. S'il me fallait résumer son attitude à l'égard de ses propres convictions, je commencerais par citer les transcendantalistes du XIXe siècle. Thoreau était son modèle, et sans l'exemple de *la Désobéissance civile*, je ne suis pas certain qu'il aurait évolué comme il l'a fait. Je ne veux plus seulement parler de la prison, mais de son attitude générale envers la vie, une attitude d'impitoyable vigilance intérieure. Au hasard d'une conversation où il était question de *Walden*, Sachs m'a confié un jour qu'il portait une barbe "parce que Henry David en avait une" – ce qui m'a donné une intuition soudaine de la profondeur de son admiration. A l'instant où j'écris ces mots, il me vient à l'esprit qu'ils ont vécu tous deux le même nombre d'années. Thoreau est mort à quarante-quatre ans, et Sachs ne l'aurait dépassé que le mois prochain. Je ne pense pas qu'il y ait rien à tirer de cette coïncidence, mais c'est le genre de choses que Sachs aimait, un petit détail à noter pour mémoire.

Son père dirigeait un hôpital à Norwalk et d'après ce que j'ai pu en savoir, sa famille n'était ni riche ni particulièrement dans la gêne. Il y avait d'abord eu deux filles, puis Sachs était arrivé, et puis une troisième fille, tous quatre en l'espace de six ou sept ans. Sachs semble avoir été plus proche de sa mère que de son père (elle est encore en vie, lui non), mais je n'ai jamais eu l'impression qu'il y avait eu de gros conflits entre père et fils. En exemple de sa stupidité de petit garçon, Sachs m'a un jour raconté combien il avait été bouleversé en apprenant que son père ne s'était pas battu pendant la Deuxième Guerre mondiale. A la lumière des positions adoptées ensuite par Sachs, cette réaction paraît presque comique, mais qui sait à quel point sa déception avait été sévère à l'époque ? Tous ses amis se vantaient des exploits guerriers de leurs pères, et il leur enviait les trophées militaires qu'ils allaient chercher pour jouer aux soldats dans leurs jardins des faubourgs : les casques et les cartouchières, les étuis à revolver et les cantines, les plaques d'identité, les chapeaux, les médailles. La raison pour laquelle son père n'avait pas été à l'armée ne m'a jamais été expliquée. D'autre part, Sachs parlait toujours avec fierté de la politique socialiste de son père dans les années trente, laquelle comportait apparemment l'organisation d'un syndicat ou quelque autre tâche liée au mouvement travailliste. Si Sachs était plus attiré par sa mère que par son père, je pense que c'était à cause de leurs personnalités si semblables : tous deux volubiles et fonceurs, tous deux doués d'un talent peu ordinaire pour amener les gens à se livrer. D'après Fanny (qui m'en a autant dit sur tout cela que le fit jamais Ben), le père de Sachs était plus silencieux et plus évasif que sa mère, plus renfermé, moins disposé à vous laisser voir à quoi il pensait. Un lien solide devait néanmoins exister entre eux. La preuve la plus sûre que je puisse en évoquer vient d'une histoire que Fanny m'a un jour racontée. Peu de temps après l'arrestation de Ben, un journaliste local est venu chez eux interviewer son beau-père à propos du procès. Le journaliste avait manifestement en vue une histoire de conflit de générations (un grand sujet à l'époque), mais dès que Mr Sachs a subodoré cette intention, cet homme d'habitude réservé et taciturne a abattu son poing sur l'accoudoir de son fauteuil, regardé le journaliste droit dans les yeux et déclaré : "Ben est un gosse épatant. Nous lui avons toujours appris à défendre ses convictions, et je serais fou de ne pas me sentir fier de ce qu'il fait en ce moment. S'il y avait plus de jeunes gens comme mon fils dans ce pays, ce serait un sacrément beau pays."

Si je n'ai jamais rencontré son père, je me souviens très bien d'un *Thanksgiving** que j'ai passé chez sa mère. C'était quelques semaines après l'élection de Ronald Reagan à la présidence, donc en novembre 1980 – bientôt dix ans, maintenant. C'était une mauvaise époque de ma vie. Mon premier mariage avait capoté deux ans auparavant, et je ne devais pas rencontrer Iris avant la fin de février : encore trois bons mois à courir. Mon fils David venait d'avoir trois ans, et sa mère et moi étions convenus qu'il passerait ce jour de fête avec moi, mais les projets que j'avais faits pour nous s'étaient révélés irréalisables à la dernière minute. Les perspectives étaient plutôt maussades : ou bien nous irions quelque part au restaurant, ou bien nous partagerions un plat de dinde surgelée dans mon petit appartement de Brooklyn. Alors que je commençais à m'apitoyer sur mon sort (ce pouvait être déjà le lundi ou le mardi), Fanny avait sauvé la situation en nous invitant chez la mère de Ben dans le Connecticut. Tous les neveux et nièces seraient là, m'avait-elle dit, et ce serait sûrement très amusant pour David.

Mrs Sachs s'est installée depuis lors dans une maison de retraite, mais à cette époque elle habitait encore la maison de New Canaan où Ben et ses sœurs avaient passé leur

---

* *Thanksgiving Day* : fête d'action de grâces célébrée aux Etats-Unis le quatrième jeudi de novembre, au Canada le deuxième lundi d'octobre. *(N.d.T.)*

enfance. C'était une grande maison, juste en dehors de la ville, qui paraissait avoir été construite dans la deuxième moitié du XIXe siècle, un de ces labyrinthes victoriens avec des offices, des escaliers de service et de drôles de petits couloirs à l'étage. Elle était sombre à l'intérieur, et le salon était encombré de livres, de journaux et de magazines. Mrs Sachs pouvait avoir alors entre soixante-cinq et soixante-dix ans, mais elle n'avait rien d'une vieille dame ni d'une grand-mère. Elle avait été assistante sociale pendant de nombreuses années dans les quartiers pauvres de Bridgeport, et on devinait sans peine que cette femme extravertie, aux opinions nettes, au sens de l'humour hardi et saugrenu, devait avoir fait merveille dans ce métier. Beaucoup de choses semblaient l'amuser, elle ne paraissait pas sujette à la sentimentalité ni à la mauvaise humeur, mais si on se mettait à parler politique (comme on l'a fait souvent ce jour-là), on s'apercevait qu'elle avait la langue acérée et cinglante. Certaines de ses répliques étaient carrément salaces et quand, à un moment donné, elle a appelé les associés de Nixon qui venaient d'être reconnus coupables "le genre d'hommes qui plient leur caleçon avant de se mettre au lit", une de ses filles m'a lancé un regard embarrassé, comme pour s'excuser du manque de tenue de sa mère. Elle n'aurait pas dû s'en faire. Je me suis pris ce jour-là d'une immense affection pour Mrs Sachs. C'était une matriarche subversive, qui prenait encore plaisir à envoyer des vannes au monde entier et paraissait aussi disposée à rire d'elle-même que de tous les autres – ses enfants et petits-enfants inclus. Peu de temps après mon arrivée, elle m'avait avoué qu'elle était une cuisinière épouvantable et qu'elle avait donc délégué à ses filles la responsabilité de préparer le dîner. Mais, avait-elle ajouté (en s'approchant pour me chuchoter à l'oreille), ses trois filles n'étaient pas très efficaces en cuisine, elles non plus. Après tout, c'était elle qui leur avait appris tout ce qu'elles savaient, et si le professeur était une lourdaude distraite, que pouvait-on espérer de ses élèves !

Il est vrai que le repas était affreux, mais nous n'avons guère eu le temps de nous en apercevoir. Avec tout le monde qu'il y avait dans la maison ce jour-là et le chahut incessant de cinq enfants de moins de dix ans, nos bouches se trouvaient plus occupées de paroles que de nourriture. La famille de Sachs était plutôt bruyante. Ses sœurs et leurs maris venaient d'arriver en avion de différents coins du pays, et comme la plupart d'entre eux ne s'étaient pas vus depuis longtemps, la conversation, autour de la table, était bientôt devenue une mêlée générale où tout le monde parlait en même temps. A tout moment, quatre ou cinq dialogues distincts coexistaient, mais comme les gens ne parlaient pas nécessairement à ceux qui étaient assis à leurs côtés, ces dialogues s'entrecroisaient, provoquant des échanges abrupts de partenaires, de sorte que tous paraissaient participer à toutes les conversations à la fois, chacun bavardant avec abondance à propos de soi-même tout en écoutant ce que racontaient tous les autres. Si l'on ajoute à cela de fréquentes interventions des enfants, les allées et venues des plats successifs, le service du vin, les assiettes cassées, les verres renversés et les condiments répandus, ce dîner commence à ressembler à une scène de vaudeville compliquée, improvisée à la hâte.

Une famille solide, me disais-je, un groupe d'individus taquins et querelleurs, pleins d'affection les uns pour les autres, mais pas accrochés à l'existence qu'ils ont partagée dans le passé. Je trouvais rafraîchissant de constater combien il y avait peu d'animosité entre eux, peu de vieilles rivalités, de vieilles rancunes faisant surface et pourtant, en même temps, il n'y avait guère d'intimité, ils ne me semblaient pas aussi unis que les membres de la plupart des familles réussies. Je sais que Sachs aimait bien ses sœurs, mais seulement de manière conventionnelle et un peu distante, et je ne crois pas qu'il ait été particulièrement proche d'aucune d'elles au cours de sa vie d'adulte. Il y a peut-être un rapport avec le fait qu'il était le seul garçon, en tout cas, chaque fois que mes yeux se sont posés sur lui pendant cet après-midi et cette longue soirée, il était en train de parler soit avec sa mère, soit avec Fanny, et il a sans doute manifesté plus d'intérêt à mon fils David qu'à aucun de ses propres neveux ou nièces. Je ne pense pas que j'attache à ce souvenir une signification particulière. Des observations aussi partielles sont sujettes à toutes sortes d'erreurs d'interprétation, mais le fait est que Sachs se comportait en solitaire parmi les siens, en homme qui se tient légèrement à l'écart des autres. Je ne veux pas dire qu'il les fuyait, mais par moments je le sentais mal à l'aise, presque ennuyé d'être obligé de se trouver là.

D'après le peu que j'en sais, son enfance n'a rien eu de remarquable. A l'école, il n'était pas particulièrement bon élève, et s'il s'y est gagné quelques titres de gloire, ce n'est que dans la mesure où il excellait à faire des blagues. Il semble avoir affronté l'autorité avec intrépidité et, à en croire ses récits, avoir vécu de six à douze ans environ dans une continuelle effervescence de sabotage créatif. C'était lui qui inventait les attrape-nigauds, qui accrochait sur le dos du professeur les mots *Frappez-moi*, qui faisait éclater des pétards dans les poubelles de la cantine. Durant ces années, il a passé des centaines d'heures assis dans le bureau du principal, mais les punitions n'étaient qu'un petit prix à payer pour la satisfaction qu'il retirait de ces triomphes. Les autres garçons le respectaient pour son courage et son inventivité, ce qui constituait sans doute pour lui la première des incitations à prendre de tels risques. J'ai vu quelques photos de Sachs enfant, et il est incontestable que c'était un vilain canard, une vraie verrue, un assemblage de perches avec de grandes oreilles, les dents en avant et un sourire loufoque, de travers. Le ridicule potentiel devait être énorme ; Sachs devait représenter une cible ambulante pour toutes sortes de plaisanteries et de piques cruelles. S'il a réussi à éviter ce destin, c'est parce qu'il s'est contraint à se montrer un peu plus indiscipliné que tous les autres. Ce rôle ne devait pas être des plus plaisants à jouer, mais il s'était efforcé d'en acquérir la maîtrise et, au bout de quelque temps, il régnait incontesté sur son territoire.

Un appareil arrangea ses dents désordonnées ; son corps s'épanouit ; ses membres apprirent peu à peu à lui obéir. Lorsqu'il entra dans l'adolescence, Sachs commençait à ressembler à celui qu'il allait devenir par la suite. En sport, sa taille jouait à son avantage, et quand il se mit au base-ball, vers treize ou quatorze ans, il ne tarda pas à se révéler un joueur prometteur. Les mauvaises farces et les bouffonneries rebelles cessèrent alors, et si ses performances académiques dans le secondaire furent tout sauf remarquables (il s'est toujours décrit comme un élève paresseux n'éprouvant qu'un intérêt minime pour l'obtention de bonnes notes), il lisait sans arrêt et commençait déjà à se considérer comme un futur écrivain. De son propre aveu, ses premières œuvres étaient terribles – "des sondages d'âme romantico-absurdes", m'en a-t-il dit un jour, de misérables petits récits et poèmes qu'il ne révélait absolument à personne. Mais il s'y acharnait et, à l'âge de dix-sept ans, pour attester ses progrès en gravité, il alla s'acheter une pipe. C'était là le signe distinctif de tout écrivain véritable, pensait-il, et pendant sa dernière année d'école secondaire il passa toutes ses soirées assis à sa table de travail, le stylo dans une main, la pipe dans l'autre, à remplir sa chambre de fumée.

Ces histoires m'ont été racontées par Sachs lui-même. Elles m'ont aidé à préciser ma perception de ce qu'il avait été avant notre rencontre, mais aujourd'hui que je répète ses commentaires, je me rends compte qu'elles étaient peut-être tout à fait fausses. Le dénigrement de soi constituait un élément important de sa personnalité, et il se prenait souvent pour cible de ses propres plaisanteries. Surtout quand il parlait du passé, il aimait à se décrire dans les termes les moins flatteurs. Il était toujours le gosse ignorant, le sot vaniteux, le faiseur d'embrouilles, le gaffeur. Peut-être souhaitait-il me donner de lui cette image, peut-être aussi éprouvait-il un plaisir pervers à me mener en bateau. Car le fait est qu'il faut une très grande confiance en soi pour se tourner ainsi en ridicule, et que ce genre de confiance en soi est rarement l'apanage d'un sot ou d'un gaffeur.

De cette première période, il n'y a qu'une histoire qui m'inspire un peu de confiance. Je l'ai entendue vers la fin de ma visite dans le Connecticut, en 1980, et parce qu'elle venait autant de sa mère que de lui, elle s'inscrit dans une catégorie différente des autres. En elle-même, cette anecdote est moins spectaculaire que certaines de celles que

Sachs m'a racontées, mais aujourd'hui, vue dans la perspective de sa vie entière, elle se détache avec un relief particulier – comme l'annonce d'un thème, l'exposition initiale d'une phrase musicale qui allait le hanter jusqu'à ses derniers instants sur terre.

Après qu'on eut débarrassé la table, ceux des convives qui n'avaient pas participé à la préparation du repas s'étaient vu confier la corvée rangement de la cuisine. Nous étions quatre : Sachs, sa mère, Fanny et moi. C'était un gros travail, déchets et vaisselle s'empilaient sur toutes les surfaces, et tout en raclant, savonnant, rinçant et essuyant chacun à notre tour, nous bavardions de choses et d'autres, dérivant sans dessein de sujet en sujet. Au bout d'un moment, nous nous sommes mis à discuter de *Thanksgiving*, ce qui nous a entraînés à un commentaire des autres fêtes américaines qui, à son tour, a amené quelques réflexions superficielles sur les symboles nationaux. La statue de la Liberté a été évoquée et alors, presque comme si la mémoire leur était revenue à tous deux en même temps, Sachs et sa mère ont commencé à se rappeler une excursion qu'ils avaient faite à Bedloe's Island au début des années cinquante. Fanny n'avait jamais entendu cette histoire, et nous avons donc joué le rôle du public, debout, nos torchons à la main, tandis qu'ils nous interprétaient ensemble leur petite comédie.

"Tu te souviens de ce jour-là, Benjy ? a commencé Mrs Sachs.

— Bien sûr, je m'en souviens, a fait Sachs. Ç'a été un des moments décisifs de mon enfance.

— Tu n'étais qu'un tout petit bonhomme à cette époque. Pas plus de six ou sept ans.

— C'était l'été de mes six ans. 1951.

— Moi j'avais quelques années de plus, mais je n'étais jamais allée à la statue de la Liberté. Je me suis dit qu'il était grand temps et un beau jour je t'ai fourré dans la voiture et on est partis pour New York. Je ne sais pas où étaient les filles ce matin-là, mais je suis à peu près sûre qu'il n'y avait que nous deux.

— Il n'y avait que nous deux. Et Mme Truc-muche-stein et ses deux fils. On les a retrouvés là-bas en arrivant.

— Doris Saperstein, ma vieille amie du Bronx. Elle avait deux garçons à peu près de ton âge. De vrais petits galopins, une paire d'Indiens sauvages.
— Des gosses normaux, simplement. Ce sont eux qui ont provoqué toute la bagarre.
— Quelle bagarre ?
— Ça, tu l'as oublié, hein ?
— Oui, je ne me souviens que de ce qui s'est passé après. Ça a effacé tout le reste.
— Tu m'avais obligé à porter ces affreuses culottes courtes avec des chaussettes blanches. Tu me faisais toujours beau quand on sortait, et j'avais horreur de ça. Je me trouvais l'air d'une mauviette dans cet accoutrement, un Fauntleroy en grande tenue. C'était déjà pénible lors de sorties en famille, mais l'idée de me présenter ainsi devant les fils de Mrs Saperstein me paraissait intolérable. Je savais qu'ils seraient en T-shirts, en salopettes et en chaussures de sport, et je ne savais pas comment les affronter.
— Tu avais l'air d'un ange, habillé comme ça, a dit sa mère.
— C'est possible, mais je n'avais pas envie d'avoir l'air d'un ange. J'avais envie d'avoir l'air d'un garçon américain normal. Je t'ai suppliée de me laisser mettre autre chose, mais tu as été inébranlable. Visiter la statue de la Liberté, ce n'est pas comme jouer dans le jardin, m'as-tu dit. Elle est le symbole de notre pays, et nous devons lui témoigner le respect approprié. Même alors, l'ironie de la situation ne m'a pas échappé. Nous nous préparions à rendre hommage au concept de liberté, et moi j'étais dans les chaînes. Je vivais sous une dictature absolue, et aussi loin que remontent mes souvenirs, mes droits avaient été piétinés. J'ai essayé de te parler des autres garçons, mais tu refusais de m'écouter. Ne dis pas de bêtises, répondais-tu, ils auront leurs beaux habits, eux aussi. Tu étais si fichtrement sûre de toi que j'ai fini par prendre mon courage à deux mains et te proposer un marché. D'accord, j'ai dit, je resterai comme ça aujourd'hui. Mais si les autres ont des salopettes et des baskets, c'est la dernière fois que j'y serai obligé. A partir de ce moment, tu me permettras de m'habiller comme je veux.

— Et je t'ai donné mon accord ? Je me suis laissée aller à marchander avec un gamin de six ans ?

— C'était juste pour me calmer. Tu n'envisageais même pas l'éventualité de perdre ce pari. Mais voilà, lorsque Mrs Saperstein est arrivée à la statue de la Liberté avec ses deux fils, ils étaient habillés exactement comme je l'avais prédit. Et c'est ainsi que je suis devenu maître de ma garde-robe. Ça a été la première grande victoire de ma vie. J'avais l'impression d'avoir frappé un coup en faveur de la démocratie, de m'être dressé au nom des peuples opprimés du monde entier.

— Maintenant je comprends pourquoi tu aimes tant les blue-jeans, a remarqué Fanny. Tu avais découvert le principe d'autodétermination, et du coup tu as décidé de t'habiller mal pendant le restant de tes jours.

— Précisément, a répondu Sachs. J'avais acquis le droit d'être négligé, et je n'ai cessé d'en porter la bannière avec fierté.

— Et alors, a repris Mrs Sachs, impatiente de poursuivre son histoire, nous avons commencé à grimper.

— L'escalier en colimaçon, a ajouté son fils. On a trouvé les marches et on s'est mis à monter.

— Ce n'était pas si mal au début, a dit Mrs Sachs. Doris et moi avons laissé les garçons prendre de l'avance, et nous avons abordé les marches bien tranquillement, en nous tenant à la rampe. Nous sommes arrivées à la couronne, nous avons regardé le port pendant quelques minutes, et tout allait plus ou moins. Je me disais que ça y était, que nous allions redescendre et prendre une glace quelque part. Mais on pouvait encore monter dans la torche à cette époque, ce qui supposait un autre escalier – en plein dans le bras de la commère. Les garçons étaient fous à cette idée. Ils n'arrêtaient pas de crier et de gémir qu'ils voulaient tout voir, et nous leur avons donc cédé, Doris et moi. Il se trouve que, contrairement à l'autre, cet escalier-ci n'avait pas de rampe. C'était le petit assemblage de barreaux de fer le plus étroit et le plus tordu que vous ayez jamais vu, une barre de pompiers avec des bosses, et quand on regardait en bas on avait l'impression de se trouver à trois mille lieues dans les airs. On était entouré d'un pur néant, le grand vide des cieux. Les garçons se sont carapatés tout seuls en haut de la torche mais moi, aux deux tiers de la montée, je me suis rendu compte que je n'y arriverais pas. Je m'étais toujours considérée comme plutôt costaude. Je n'étais pas de ces hystériques qui poussent des cris dès qu'elles voient une souris. J'étais une bonne femme solide, réaliste, pas née de la dernière pluie, mais ce jour-là, debout sur ces marches, je me suis sentie toute faible, j'ai eu des sueurs froides, j'ai cru que j'allais vomir. A ce moment-là, Doris non plus n'était pas bien dans son assiette, et nous nous sommes donc assises sur une des marches avec l'espoir que ça nous calmerait les nerfs. Ça a été un peu mieux, mais pas beaucoup, et même le derrière planté sur quelque chose de solide je gardais cette impression d'être sur le point de tomber, l'impression que d'une seconde à l'autre j'allais me retrouver précipitée jusqu'en bas la tête la première. De ma vie je n'ai éprouvé une panique pareille. Je me sentais complètement dérangée, retournée. Mon cœur était dans ma gorge, ma tête dans mes mains, mon estomac dans mes pieds. J'ai attrapé une telle peur en pensant à Benjamin que je me suis mise à lui hurler de redescendre. C'était horrible. Ma voix résonnait dans toute la statue de la Liberté, semblable au brame de quelque âme en peine. Les garçons ont fini par quitter la torche et nous sommes tous redescendus sur les fesses, une marche à la fois. Doris et moi tentions d'en faire un jeu pour les garçons en prétendant que c'était la façon la plus amusante de se déplacer. Rien ne m'aurait persuadée de me remettre debout sur ces marches. J'aurais sauté dans le vide plutôt que de me le permettre. Ça a dû nous prendre une demi-heure de parvenir en bas, et alors je n'étais plus qu'une ruine, un petit tas de chair et d'os. Ce soir-là, Benjy et moi avons logé chez les Saperstein, sur le Grand Concourse, et depuis lors j'ai une peur mortelle des endroits élevés. Je préférerais mourir plutôt que de mettre le pied dans un avion, et dès que je me trouve plus haut que le deuxième ou le troisième étage d'un immeuble, je me sens toute molle à l'intérieur. Qu'est-ce que vous dites de ça ? Et tout ça a commencé ce jour-là, quand Benjamin était petit, en grimpant dans la statue de la Liberté.

— Ç'a été ma première leçon de théorie politique, a dit Sachs en détournant les yeux de sa mère pour nous regarder, Fanny et moi. J'ai appris que la liberté peut être dangereuse. Si vous ne faites pas attention, elle peut vous tuer."

Je ne veux pas accorder trop d'importance à cette histoire, mais en même temps je ne pense pas qu'on puisse la négliger totalement. En soi, ce n'était qu'un épisode mineur, un peu de folklore familial, et Mrs Sachs la racontait avec humour, en se moquant d'elle-même, et en balayait ainsi les implications plutôt terrifiantes. Nous avons tous ri quand elle a eu fini, et puis la conversation est passée à autre chose. Sans le roman de Sachs (celui-là même qu'il avait apporté malgré la neige à notre lecture avortée, en 1975), je l'aurais peut-être complètement oubliée. Mais dans la mesure où ce livre est plein d'allusions à la statue de la Liberté, il est difficile d'ignorer la possibilité qu'il existe un rapport – comme si cette expérience enfantine : avoir été témoin de la panique de sa mère, se trouvait en quelque manière au cœur de ce qu'il avait écrit en tant qu'adulte, vingt ans après. Je lui ai posé la question dans la voiture, tandis que nous rentrions en ville, ce soir-là, mais il n'a fait qu'en rire. Il ne s'était même pas souvenu de cette partie de l'histoire, m'a-t-il dit. Puis, écartant ce sujet une fois pour toutes, il s'est lancé dans une diatribe comique contre les pièges de la psychanalyse. Finalement, rien de tout cela n'a d'importance. Ce n'est pas parce que Sachs le nie que ce rapport n'existe pas. Nul ne peut dire d'où vient un livre, surtout pas celui qui l'écrit. Les livres naissent de l'ignorance, et s'ils continuent à vivre après avoir été écrits, ce n'est que dans la mesure où on ne peut les comprendre.

Le Nouveau Colosse est l'unique roman que Sachs ait jamais publié. C'est aussi le premier texte de lui que j'ai lu, et il est hors de doute qu'il a joué un rôle considérable dans l'essor de notre amitié. Avoir aimé Sachs en personne était une chose, mais lorsque je me suis aperçu que je pouvais aussi admirer son œuvre, je n'en ai été que plus impatient de le connaître, plus désireux de le revoir et de lui parler encore. Dès l'abord, il se distinguait de tous les gens que j'avais rencontrés depuis mon retour en Amérique. Il était davantage qu'un compagnon de beuverie en puissance, découvrais-je, davantage qu'une simple connaissance de plus. Une heure après avoir ouvert le livre de Sachs, il y a quinze ans, j'ai compris qu'il nous serait possible de devenir amis.

Je viens de passer la matinée à le reparcourir (il y en a plusieurs exemplaires ici dans la cabane), et je suis étonné de voir à quel point mes sentiments à son égard ont peu changé. Je ne crois pas devoir en dire beaucoup plus que ça. Le livre existe encore, on le trouve dans les librairies et les bibliothèques et qui le souhaite peut le lire sans difficulté. Il est sorti en édition de poche quelques mois après ma première rencontre avec Sachs, et depuis lors il est resté disponible la plupart du temps, vivant dans les marges de la littérature récente une vie calme mais saine ; ce livre fou, ce pot-pourri a conservé sa petite place sur les étagères. La première fois que je l'ai lu, cependant, j'ai été pris au dépourvu. Après avoir entendu Sachs, dans le bar, j'avais cru comprendre qu'il avait écrit un premier roman conventionnel, une de ces tentatives à peine voilées de romancer l'histoire de sa propre vie. Je n'avais pas l'intention de lui en tenir rigueur, mais il avait parlé du livre en termes si peu favorables que je pensais devoir me préparer à une quelconque déception. Il m'en avait dédicacé un exemplaire ce jour-là, dans le bar, mais sur le moment la seule chose que j'avais remarquée était son épaisseur, il faisait plus de quatre cents pages. J'en ai commencé la lecture l'après-midi suivant, vautré sur mon lit après avoir bu six tasses de café dans l'espoir de me débarrasser de la gueule de bois due aux excès du samedi. Ainsi que Sachs m'en avait averti, c'était le livre d'un jeune homme – mais en aucune des façons auxquelles je m'attendais. *Le Nouveau Colosse* n'avait rien à voir avec les années soixante, rien à voir avec le Viêt-nam ni avec le mouvement contre la guerre, rien à voir avec les dix-sept mois que Ben avait passés en prison. Que j'aie cru y trouver tout cela provenait d'une insuffisance de mon imagination. L'idée de la prison me paraissait si terrible que je trouvais inconcevable que quelqu'un qui y avait été pût ne pas écrire là-dessus.

Comme tous les lecteurs le savent, *le Nouveau Colosse* est un roman historique, un livre issu de recherches méticuleuses, situé en Amérique entre 1876 et 1890 et fondé sur des faits authentiques et vérifiables. La plupart des personnages sont des gens qui ont réellement vécu à cette époque, et même lorsqu'ils sont imaginaires, ce sont moins des inventions que des emprunts, des silhouettes volées aux pages d'autres romans. A part cela, tous les événements sont véridiques – véridiques au sens de conformes à l'histoire – et aux endroits où celle-ci fait défaut, aucune liberté n'est prise avec les lois de la probabilité. Tout est rendu plausible, évident, banal même dans la justesse des descriptions. Et néanmoins Sachs désarçonne sans cesse le lecteur en mêlant dans la conduite de son récit tant de genres et de styles que le livre finit par ressembler à un jeu électronique, une de ces fabuleuses machines avec des lumières clignotantes et quatre-vingt-dix-huit effets sonores différents. D'un chapitre à l'autre, il saute de la narration traditionnelle, rédigée à la troisième personne, aux pages de journal intime et aux lettres, des tableaux chronologiques aux petites anecdotes, des articles de journaux aux essais ou aux dialogues dramatiques. C'est un tourbillon, un marathon de la première ligne à la dernière, et quoi qu'on puisse penser du livre dans son ensemble, il est impossible de ne pas respecter l'énergie de l'auteur, l'incontestable audace de son ambition.

Parmi les personnages qui apparaissent dans le roman, on trouve Emma Lazarus, Sitting Bull, Ralph Waldo Emerson, Joseph Pulitzer, Buffalo Bill Cody, Auguste Bartholdi, Catherine Weldon, Rose Hawthorne (la fille de Nathaniel), Ellery Channing, Walt Whitman et William Tecumseh Sherman. Mais il y a aussi Raskolnikov (venu tout droit de l'épilogue de *Crime et Châtiment* – sorti de prison et récemment arrivé comme immigrant aux Etats-Unis, où son nom a été anglicisé en Ruskin), de même que Huckleberry

Finn (un marginal entre deux âges qui se lie d'amitié avec Ruskin) et l'Ismaël de *Moby Dick* (dans un petit rôle de figuration comme barman à New York). *Le Nouveau Colosse* commence l'année du centenaire de l'Amérique et se poursuit au long des principaux événements des quinze années suivantes : la défaite de Custer à Little Big Horn, l'édification de la statue de la Liberté, la grève générale de 1877, l'exode des juifs de Russie en Amérique en 1881, l'invention du téléphone, les émeutes de Haymarket à Chicago, la propagation de la religion de la *Ghost Dance* chez les Sioux, le massacre de Wounded Knee. Mais de moindres événements sont aussi rapportés et ce sont eux, en fin de compte, qui donnent au livre sa texture, faisant de lui quelque chose de plus qu'une mosaïque de faits historiques. Le chapitre d'ouverture illustre bien ceci. Invitée à séjourner chez Emerson, Emma Lazarus se rend à Concord, dans le Massachusetts. Là, elle fait la connaissance d'Ellery Channing, qui l'accompagne lors d'une visite à Walden Pond et lui parle de son amitié avec Thoreau (alors décédé depuis quatorze années). Attirés l'un par l'autre, ils deviennent amis, encore une de ces juxtapositions inattendues que Sachs aimait tant : le vieil homme aux cheveux blancs de Nouvelle-Angleterre et la jeune poétesse juive du *Millionaire's Row*, à New York. Lors de leur dernière rencontre, Channing offre un cadeau à Emma Lazarus, en lui demandant de ne l'ouvrir que lorsqu'elle sera dans le train qui la ramènera chez elle. Quand elle déballe le paquet, elle découvre un exemplaire du livre de Channing sur Thoreau, et aussi une relique que le vieil homme avait conservée précieusement depuis la mort de son ami : la boussole de poche de Thoreau. C'est un moment superbe, traité par Sachs avec une grande sensibilité, et qui plante dans l'esprit du lecteur une image importante, récurrente sous des dehors multiples tout au long du livre. Bien que non explicite, le message ne saurait être plus clair. L'Amérique a perdu le nord. Thoreau était le seul homme capable de lire la boussole pour nous, et à présent qu'il a disparu, nous n'avons aucun espoir de jamais nous y retrouver.

Il y a l'étrange histoire de Catherine Weldon, cette petite-bourgeoise qui est partie dans l'Ouest et devenue l'une des épouses de Sitting Bull. Il y a une description burlesque du tour des Etats-Unis effectué par le grand-duc Alexis de Russie – une chasse aux buffles avec Bill Cody, une descente du Mississippi avec le général et Mrs George Armstrong Custer. Il y a le général Sherman, dont le deuxième prénom rend hommage à un guerrier indien, qui se voit chargé en 1876 (un mois après le dernier combat de Custer) "d'assurer le contrôle militaire de toutes les réserves du pays sioux, en y traitant les Indiens comme des prisonniers de guerre" et puis, un an plus tard, prié par le Comité américain pour la statue de la Liberté "de décider si la statue doit être placée sur Governor's ou sur Bedloe's Island". Il y a la mort d'Emma Lazarus, à trente-sept ans, des suites d'un cancer, veillée par son amie Rose Hawthorne – qui, transformée par cette expérience, se convertit au catholicisme, entre dans l'ordre de saint Dominique sous le nom de sœur Alphonsa et consacre les trente dernières années de sa vie à s'occuper des malades en phase terminale. Il y a des douzaines de tels épisodes dans le livre. Tous sont véridiques, chacun est fondé sur la réalité, et pourtant Sachs les agence de telle manière qu'ils prennent un caractère de plus en plus fantastique, presque comme s'il esquissait un cauchemar ou une hallucination. Au fur et à mesure qu'on s'avance dans le livre, son allure devient de plus en plus instable – il est plein d'associations et de départs imprévisibles, marqué de changements de ton de plus en plus rapides – jusqu'à un moment où l'on a l'impression que tout cela est pris de lévitation, commence à s'élever lourdement au-dessus du sol à la façon d'un gigantesque ballon-sonde. Au dernier chapitre, on a voyagé si haut dans les airs qu'on se rend compte qu'on ne pourra plus redescendre sans tomber, sans s'écraser.

Il y a néanmoins des faiblesses, c'est certain. Bien que Sachs se soit donné du mal pour les dissimuler, il y a des endroits où le roman paraît trop construit, trop mécanique dans l'orchestration des événements, et les personnages n'atteignent que rarement à une vie véritable. A mi-chemin de ma première lecture, je me souviens de m'être fait la réflexion que Sachs était un penseur plus qu'un artiste, et la lourdeur de sa main me gênait souvent – sa façon d'assener ses arguments, de manipuler ses personnages de manière à souligner ses idées au lieu de les laisser créer eux-mêmes l'action. Pourtant, en dépit du fait qu'il n'écrivait pas sur lui-même, je comprenais à quel point ce livre devait lui avoir été profondément personnel. L'émotion dominante y était la colère, une colère épanouie, déchirante, qui surgissait presque à chaque page : colère contre l'Amérique, colère contre l'hypocrisie politique, colère en tant qu'arme de destruction des mythes nationaux. Compte tenu que la guerre du Viêt-nam durait encore à cette époque, et que Sachs avait fait de la prison à cause de cette guerre, il n'était pas difficile de comprendre d'où venait cette colère. Elle donnait au livre un ton véhément et polémique, mais je crois qu'elle était aussi le secret de sa force, le moteur qui faisait avancer le livre et vous donnait envie d'en poursuivre la lecture. Sachs n'avait que vingt-trois ans quand il a commencé *le Nouveau Colosse*, et il y a consacré cinq années au cours desquelles il en a rédigé sept ou huit versions. La version publiée compte quatre cent trente-six pages, et je les avais toutes lues avant de m'endormir le mardi soir. Les quelques réserves que j'avais pu faire étaient écrasées par mon admiration pour ce qu'il avait accompli. En rentrant du travail le mercredi après-midi, je me suis mis aussitôt à lui écrire une lettre. Je lui disais qu'il avait écrit un grand roman. S'il lui venait l'envie de partager avec moi une autre bouteille de bourbon, je me sentirais honoré de lui tenir tête, verre pour verre.

Après ça, nous avons commencé à nous voir régulièrement. Sachs n'avait pas d'emploi, et ça le rendait plus disponible que la plupart des gens que je connaissais, moins contraint par ses habitudes. La vie sociale à New York tend à une grande rigidité. L'organisation d'un simple dîner doit se faire plusieurs semaines à l'avance, et les meilleurs amis peuvent parfois passer des mois sans le moindre contact. Mais avec Sachs, les rencontres impromptues étaient la règle. Il travaillait quand l'inspiration le poussait (très souvent tard dans la nuit), et le reste du temps il errait librement, parcourant les rues de la ville comme un *flâneur** du XIXe siècle, suivant le bout de son nez là où il l'entraînait. Il marchait, visitait musées et galeries d'art, allait au cinéma en plein après-midi, lisait sur les bancs dans les parcs. Il n'était pas, comme la plupart des gens, assujetti à la pendule et par conséquent n'avait jamais l'impression de perdre son temps. Cela ne signifie pas qu'il était improductif, mais la cloison entre travail et loisir s'était effritée pour lui au point qu'il la remarquait à peine. Je pense qu'en tant qu'écrivain tout cela lui était utile, car ses meilleures idées semblaient lui venir quand il était loin de sa table. En un sens, tout entrait donc pour lui dans la catégorie du travail. Manger, c'était travailler, regarder des matchs de base-ball était travailler, se trouver à minuit dans un bar en compagnie d'un ami était travailler. En dépit des apparences, rares étaient les instants qu'il ne passait pas à la tâche.

Mes journées étaient loin d'avoir la même ouverture que les siennes. J'étais revenu de Paris, l'été précédent, avec neuf dollars en poche, et plutôt que de demander à mon père un prêt (qu'il m'aurait sans doute refusé de toute façon), j'avais sauté sur le premier emploi venu. A l'époque où j'ai rencontré Sachs, je travaillais chez un marchand de livres rares dans l'Upper East Side où la plupart du temps, assis dans l'arrière-boutique, je dressais des catalogues et répondais à des lettres. Je m'y rendais chaque matin à neuf heures et en sortais à une heure. L'après-midi, chez moi, je traduisais une histoire de la Chine moderne publiée par un journaliste français qui avait vécu quelque temps en poste à Pékin – un livre bâclé, mal écrit, qui exigeait plus d'efforts qu'il n'en méritait. Je caressais l'espoir de quitter mon emploi chez ce libraire et de gagner ma vie comme traducteur, mais il n'était pas encore évident que ce projet serait réalisable. En attendant, j'écrivais aussi des nouvelles, je faisais à l'occasion des critiques de livres et, l'un dans l'autre, je ne dormais guère. Je voyais pourtant Sachs plus souvent qu'il ne paraît possible

---

* En français dans le texte. *(N.d.T.)*

aujourd'hui, compte tenu des circonstances. Par bonheur, il se trouvait que nous habitions le même quartier et pouvions sans peine nous rendre à pied l'un chez l'autre. Il en est résulté bon nombre de retrouvailles dans des bars de Broadway tard dans la soirée et puis, après que nous nous fûmes découvert une passion commune pour le sport, les samedis et dimanches après-midi aussi, car les matchs étaient toujours diffusés dans ces endroits et nous ne possédions ni l'un ni l'autre un poste de télévision. Presque du jour au lendemain, je me suis mis à voir Sachs en moyenne deux fois par semaine, bien plus que je ne voyais personne d'autre.

Peu de temps après le début de ces rencontres, il m'a présenté sa femme. Fanny préparait alors un doctorat d'histoire de l'art à Columbia, elle enseignait en *General Studies** et terminait une thèse sur les peintres paysagistes américains du XIXe siècle. Elle et Sachs s'étaient connus dix ans auparavant à l'université du Wisconsin, où ils étaient littéralement entrés en collision lors d'un meeting pacifiste organisé sur le campus. Au moment de l'arrestation de Sachs, au printemps 1967, il y avait déjà près d'un an qu'ils étaient mariés. Ils avaient vécu chez les parents de Ben à New Canaan pendant la durée du procès, et une fois le jugement rendu et Ben parti en prison (au début de 1968), Fanny était retournée habiter à Brooklyn chez ses parents. Au cours de cette période, elle s'était inscrite à Columbia, et l'université lui avait accordé une bourse qui comprenait la gratuité des cours, une allocation de plusieurs milliers de dollars et la charge de quelques heures d'enseignement. Elle avait passé la fin de l'été à travailler comme employée de bureau temporaire à Manhattan, s'était trouvé un petit appartement dans la 112e rue ouest à la fin d'août, et avait commencé ses cours en septembre, le tout en faisant la navette en train chaque dimanche pour aller voir Ben à Danbury. Je raconte tout cela parce qu'il se trouve que je l'ai vue plusieurs fois dans le courant de cette année-là – sans

---

* Ensemble de cours de culture générale existant dans la plupart des universités. *(N.d.T.)*

me douter le moins du monde de qui elle était. J'étais encore en licence à cette époque, et mon appartement ne se trouvait qu'à cinq rues de chez elle, dans la 107e rue ouest. Par hasard, deux de mes meilleurs amis habitaient dans son immeuble et plusieurs fois, en leur rendant visite, je suis tombé sur elle dans l'ascenseur ou dans le hall d'entrée. A part cela, il y avait les jours où je la voyais marcher dans Broadway, les jours où je la trouvais devant moi à la cantine où j'achetais mes cigarettes, les jours où je l'apercevais à l'instant où elle entrait dans un des bâtiments du campus. Au printemps, nous avons même suivi un cours ensemble, un cours magistral sur l'histoire de l'esthétique que faisait un professeur du département de philosophie. Je la remarquais en toutes ces occasions parce que je me sentais attiré par elle, mais je n'ai jamais trouvé le courage de lui adresser la parole. Son élégance avait quelque chose d'intimidant, quelque chose d'un rempart qui dissuadait les inconnus de l'approcher. L'alliance à sa main gauche y était pour quelque chose, sans doute, mais même si elle n'avait pas été mariée, je ne suis pas sûr qu'il en eût été autrement. Je faisais néanmoins des efforts délibérés pour m'asseoir derrière elle dans cette classe de philosophie, à seule fin de pouvoir passer une heure par semaine à la regarder du coin de l'œil. Une ou deux fois, nous avons échangé un sourire en quittant la salle de conférences, mais j'étais trop timide pour en tirer parti. Quand Sachs me l'a présentée en 1975, nous nous sommes immédiatement reconnus. Je m'en suis senti bouleversé, il m'a fallu plusieurs minutes pour récupérer mon sang-froid. Un mystère du passé se trouvait soudain résolu. Sachs était le mari absent de cette femme que j'avais contemplée avec tant d'attention six ou sept ans auparavant. Si j'étais demeuré dans le voisinage, il est presque certain que j'aurais rencontré Ben après sa sortie de prison. Mais j'avais obtenu ma licence en juin, et lui n'était arrivé à New York qu'en août. A ce moment-là, j'avais déjà abandonné mon appartement et je faisais route vers l'Europe.

Il est incontestable que ces deux-là formaient un couple étrange. Sur presque tous les plans auxquels je peux penser,

Ben et Fanny semblaient exister dans des univers incompatibles. Ben était tout en bras et en jambes, angles aigus et protubérances osseuses, tel un assemblage de Meccano, tandis que Fanny était petite et ronde, avec un visage lisse et une peau olivâtre. Ben paraissait rougeaud en comparaison, avec sa tignasse frisée et sa peau sujette aux coups de soleil. Il prenait beaucoup de place, n'arrêtait pas de remuer, son visage changeait d'expression toutes les cinq ou six secondes, tandis que Fanny était équilibrée, sédentaire, avec quelque chose d'un chat dans sa façon d'habiter son corps. A mes yeux, elle était moins belle qu'exotique, bien que ce mot soit peut-être trop fort pour ce que je tente d'exprimer. Une capacité de fasciner serait sans doute plus proche de ce que je cherche, un air de se suffire à elle-même qui donnait envie de la regarder même lorsqu'elle était assise à ne rien faire. Elle n'était pas drôle comme Ben pouvait l'être, elle n'était pas vive, elle ne s'emballait jamais. Et pourtant j'ai toujours eu l'impression qu'elle était la plus mûre des deux, la plus intelligente, celle qui possédait la meilleure faculté d'analyse. L'intelligence de Ben était toute d'intuition. C'était un esprit audacieux, pas particulièrement subtil, épris des risques, des sauts dans l'obscurité, des rapprochements improbables. Fanny, d'autre part, aimait aller au fond des choses, sans passion, elle avait une patience inépuisable, aucune tendance aux jugements hâtifs ni aux réflexions à la légère. Elle était une érudite, et lui un petit malin ; elle était un sphinx, et lui une plaie béante ; elle était une aristocrate, et lui le peuple. Se trouver en leur compagnie revenait à assister au mariage d'une panthère et d'un kangourou. Fanny, toujours superbement vêtue, élégante, marchant à côté d'un homme qui la dépassait d'une bonne tête, un gosse démesuré en baskets noires, blue-jeans et sweat-shirt gris à capuche. En surface, ça paraissait absurde. Quand on les voyait ensemble, la première réaction était de les prendre pour des étrangers.

Mais ça, ce n'était qu'en surface. Sous son apparente maladresse, Sachs comprenait remarquablement les femmes. Non seulement Fanny, mais toutes les femmes qu'il rencontrait, et j'étais constamment surpris de voir combien elles se sentaient naturellement attirées par lui. Le fait d'avoir grandi avec trois sœurs y était peut-être pour quelque chose, comme si l'intimité apprise dans l'enfance l'avait imprégné d'une connaissance occulte, lui donnant accès aux secrets féminins que les autres hommes passent leur vie entière à tenter de découvrir. Fanny avait ses moments difficiles, et je n'imagine pas qu'elle ait jamais été simple à vivre. Son calme extérieur était souvent le masque d'une turbulence intérieure, et j'ai eu plusieurs occasions de constater à quelle vitesse elle pouvait sombrer dans des humeurs noires, dépressives, soudain envahie par quelque indéfinissable angoisse qui la mettait au bord des larmes. Sachs alors la protégeait, usait envers elle d'une tendresse et d'une discrétion qui pouvaient être très émouvantes, et je pense que Fanny avait appris à compter sur lui à cause de cela, à savoir que personne n'était capable de la comprendre aussi profondément que lui. Le plus souvent, cette compassion était exprimée de manière indirecte, dans un langage impénétrable pour les tiers. La première fois que je suis allé chez eux, par exemple, nous avons abordé pendant le dîner le sujet des enfants – faut-il ou non en avoir et, si oui, quel est le meilleur moment, combien de changements ils entraînent, et ainsi de suite. Je me souviens que j'ai défendu avec vigueur l'idée d'en avoir. Sachs, par contre, s'est lancé dans un long numéro manifestant son désaccord. Ses arguments étaient assez conventionnels (le monde est un endroit trop affreux, il y a trop de surpopulation, on y perdrait trop de liberté) mais il les exposait avec tant de véhémence et de conviction que j'en ai inféré qu'il parlait pour Fanny aussi et qu'ils étaient tous deux catégoriquement opposés à l'idée de devenir parents. Des années plus tard, je me suis rendu compte que la vérité était tout le contraire. Ils avaient voulu désespérément avoir des enfants, mais Fanny ne pouvait pas concevoir. Après d'innombrables tentatives de la mettre enceinte, ils avaient consulté des médecins, essayé des remèdes de fertilité, tâté de toute une série de plantes médicinales, mais rien n'y avait fait. Ç'avait été un coup terrible pour Fanny. Ainsi qu'elle me l'a confié plus tard, c'était son plus grand chagrin, une perte qu'elle pleurerait jusqu'à la fin de sa vie. Plutôt que de la faire parler de cela devant moi ce premier soir, Sachs avait concocté une mixture de mensonges spontanés, un nuage de vapeur et d'air chaud afin d'oblitérer la question. Je n'ai entendu qu'un fragment de ce qu'il disait en réalité, parce que je pensais qu'il s'adressait à moi. Comme je l'ai compris plus tard, c'était à Fanny qu'il parlait du début à la fin. Il lui disait qu'elle n'avait pas besoin de lui donner un enfant pour qu'il continue à l'aimer.

Je voyais Ben plus souvent que Fanny et, quand je la voyais, Ben était toujours là, mais nous sommes peu à peu devenus amis, elle et moi. En un sens, mon ancien béguin rendait cette intimité inévitable, mais il dressait aussi une barrière entre nous et plusieurs mois s'écoulèrent avant que je puisse la regarder sans ressentir de l'embarras. Fanny, c'était un rêve, le fantôme d'un désir secret enfoui dans mon passé, et maintenant qu'elle s'était matérialisée inopinément dans un rôle nouveau – une femme de chair et de sang, la femme de mon ami – j'avoue que je me sentais déstabilisé. Cela m'a amené à énoncer quelques stupidités les premières fois que je me suis trouvé en sa présence, et ces gaffes ne faisaient que renforcer mon impression de culpabilité et ma confusion. Pendant l'une des premières soirées que j'ai passées chez eux, je lui ai même déclaré que je n'avais pas écouté un seul mot du cours que nous avions suivi ensemble. Chaque semaine, je passais l'heure entière à te contempler, lui ai-je dit. La pratique est plus importante que la théorie, après tout, et je pensais : Pourquoi perdre mon temps à écouter des causeries sur l'esthétique quand la beauté est assise là, juste devant moi ?

Je crois que c'était censé représenter une manière d'excuse pour mon comportement passé, mais en m'entendant dire ça j'ai été horrifié. Il y a des choses qu'on ne devrait jamais dire, en aucune circonstance, et surtout pas d'un ton désinvolte. Elles imposent à la personne à qui on s'adresse un fardeau terrible, et aucun bien ne peut en advenir. A l'instant où je prononçais ces mots, je me suis rendu compte que Fanny était choquée par ma rudesse.

"Oui, a-t-elle dit avec un petit sourire forcé, je me souviens de ce cours. C'était plutôt austère.

— Les hommes sont des monstres, ai-je poursuivi, incapable de m'arrêter. Ils ont des fourmis où je pense, et la tête bourrée de cochonneries. Surtout quand ils sont jeunes.

— Pas des cochonneries, a fait Fanny. Simplement des hormones.

— Ça aussi. Mais parfois, c'est difficile de voir la différence.

— Tu avais toujours un air si pénétré. Je me souviens d'avoir pensé que tu devais être quelqu'un de très sérieux. Un de ces jeunes gens qui allaient soit se tuer, soit changer le monde.

— Jusqu'ici, je n'ai fait ni l'un ni l'autre. Je suppose que ça signifie que j'ai abandonné mes vieilles ambitions.

— Et c'est heureux ! Il ne faut pas demeurer accroché au passé. La vie est trop intéressante pour ça."

A sa façon énigmatique, Fanny me donnait l'absolution – en même temps qu'un avertissement. Tant que je me conduirais convenablement, elle ne me tiendrait pas rigueur de mes péchés anciens. Ça me donnait l'impression d'être en sursis, mais le fait est qu'elle avait toutes les raisons de se méfier du nouvel ami de son mari, et je ne peux pas lui reprocher de m'avoir maintenu à distance. Quand nous avons commencé à mieux nous connaître, la gêne s'est estompée. Entre autres choses, nous nous sommes aperçus que nous avions la même date de naissance, et bien que nous n'ayons que faire, ni l'un ni l'autre, de l'astrologie, cette coïncidence a contribué à créer un lien entre nous. Qu'elle fût d'un an mon aînée m'autorisait à lui témoigner une déférence complice chaque fois qu'il en était question, blague obligée qui ne manquait jamais de la faire rire. Comme ce n'était pas quelqu'un qui avait le rire facile, je voyais là un signe de mes progrès. Plus important, il y avait son travail, et mes discussions avec elle à propos de la peinture américaine du passé ont suscité en moi une passion durable pour des artistes tels que Ryder, Church, Blakelock et Cole – que je connaissais à peine avant de rencontrer Fanny. Elle a soutenu sa thèse à Columbia en automne 1975 (une des premières monographies qui aient été publiées sur Albert Pinkham Ryder) et a été aussitôt engagée comme conservateur adjoint au département d'art américain du musée de Brooklyn, où elle a toujours travaillé depuis. Au moment où j'écris ces mots (le 11 juillet), elle n'a encore aucune idée de ce qui est arrivé à Ben. Elle est partie en Europe le mois dernier et son retour n'est pas prévu avant le *Labor Day**. Je suppose qu'il me serait possible de la joindre, mais je n'en vois pas l'utilité. Il n'y a hélas plus rien qu'elle puisse faire pour lui au point où nous en sommes, et à moins que le FBI ne découvre la clef du mystère avant son retour, il vaut sans doute mieux que je garde ça pour moi. Au début, j'ai pensé qu'il était de mon devoir de la prévenir, mais maintenant que j'ai eu le temps de ruminer cette idée, j'ai décidé de ne pas lui gâcher ses vacances. Elle a assez souffert comme ça, et le téléphone n'est vraiment pas le meilleur moyen de communiquer ce genre de nouvelles. Je vais me tenir coi jusqu'à son retour, et alors je la ferai asseoir et je lui raconterai moi-même ce que je sais.

Quand je me rappelle aujourd'hui ces premiers temps de notre amitié, je suis surtout frappé par l'admiration qu'ils m'inspiraient tous deux, à la fois séparément et en tant que couple. J'avais été très impressionné par le livre de Sachs et, si j'aimais Ben pour ce qu'il était, j'étais aussi flatté par l'intérêt qu'il portait à mon travail. Il n'avait que deux ans de plus que moi et pourtant, en comparaison de ce qu'il avait déjà accompli, je me sentais tout à fait débutant. J'avais manqué les revues de presse du *Nouveau Colosse*, mais de toute évidence le livre avait suscité un très vif intérêt. Certains critiques l'avaient démoli – en grande partie pour des raisons politiques, condamnant Sachs pour ce qu'ils percevaient comme son "anti-américanisme" flagrant – mais d'autres l'avaient porté aux nues, le désignant comme l'un des plus prometteurs des jeunes romanciers apparus depuis des années. S'il ne s'était pas passé grand-chose au

---

* *Labor Day* : la fête du Travail, célébrée le premier lundi de septembre aux Etats-Unis et au Canada. *(N.d.T.)*

plan commercial (les ventes avaient été modestes, et il avait fallu deux ans avant qu'on ne l'édite en poche), le nom de Sachs avait pris place sur la carte littéraire. On pourrait penser que tout ça lui faisait plaisir et pourtant, ainsi que je l'ai bientôt découvert, Sachs pouvait être d'une indifférence exaspérante dans de tels domaines. Il parlait peu de lui-même à la manière des autres écrivains, et j'avais l'impression qu'il n'était que peu ou pas intéressé par la poursuite de ce que les gens appellent une "carrière littéraire". Il n'avait pas l'instinct de compétition, ne se souciait pas de sa réputation, n'était pas imbu de son talent. C'était un des côtés de sa personnalité qui m'attiraient le plus : la pureté de ses ambitions, la simplicité absolue de son attitude envers son œuvre. Ça le rendait parfois entêté et bourru, mais ça lui donnait aussi le courage de faire exactement ce qu'il voulait. Après le succès de son premier roman, par exemple, il avait aussitôt commencé à en écrire un autre et puis, arrivé à une centaine de pages, il avait déchiré le manuscrit et l'avait brûlé. Inventer des histoires est une imposture, avait-il déclaré et, juste comme ça, il avait décidé de renoncer à la fiction. C'était vers la fin de 1973 ou le début de 1974, un an environ avant notre rencontre. Après cela, il s'était mis à écrire des essais, toutes sortes d'essais et d'articles sur des sujets multiples et variés : politique, littérature, sports, histoire, culture populaire, gastronomie, quoi qu'il eût en tête cette semaine ou ce jour-là. Ses textes étaient très demandés, il n'avait donc aucune peine à trouver des magazines où les publier, mais sa façon de procéder avait quelque chose de désordonné. Il écrivait avec une ferveur égale pour des magazines nationaux et pour d'obscures revues littéraires, remarquant à peine que certaines publications payaient ses articles un bon prix et que d'autres ne payaient rien du tout. Il refusait de travailler avec un agent car il avait l'impression que cela corrompait le processus et par conséquent il gagnait beaucoup moins qu'il n'aurait dû. J'ai longtemps débattu avec lui de cette question, mais ce n'est qu'au début des années quatre-vingt qu'il a finalement cédé et engagé quelqu'un pour mener en son nom ses négociations.

J'étais toujours étonné par la rapidité avec laquelle il travaillait, par sa capacité de pondre des articles sous la pression des dates limites, de produire tant sans paraître s'épuiser. Ce n'était rien pour Sachs que de rédiger dix ou douze pages d'un trait, de commencer et de terminer un texte entier sans relever la tête une seule fois de sa machine. Le travail ressemblait chez lui à une compétition d'athlétisme, une course d'endurance entre le corps et l'esprit, et il était capable d'une telle concentration dans l'approfondissement de sa pensée, d'une telle unité de propos dans la réflexion que les mots semblaient se trouver toujours à sa disposition, comme s'il avait découvert un passage secret menant droit de sa tête au bout de ses doigts. "Je tape pour des dollars", disait-il parfois, mais seulement parce qu'il ne pouvait résister à l'envie de se moquer de lui-même. Sa production n'était jamais moins que bonne, à mon avis, et le plus souvent elle était brillante. Mieux je connaissais Sachs, plus sa productivité m'impressionnait. J'ai toujours été un bûcheur, un type qui s'angoisse et se débat à chaque phrase, et même les meilleurs jours je ne fais que me traîner, ramper à plat ventre tel un homme perdu dans le désert. Le moindre mot est pour moi entouré d'arpents de silence et lorsque j'ai enfin réussi à le tracer sur la page, il a l'air de se trouver là comme un mirage, une particule de doute scintillant dans le sable. Le langage ne m'a jamais été accessible de la façon dont il l'était pour Sachs. Un mur me sépare de mes propres pensées, je me sens coincé dans un no man's land entre sentiment et articulation, et en dépit de tous mes efforts pour tenter de m'exprimer, j'arrive rarement à mieux qu'un bégaiement confus. De telles difficultés n'existaient pas pour Sachs. Pour lui, les choses et les mots correspondaient, tandis que pour moi ils ne cessent de se séparer, de voler en éclats dans toutes les directions. Je passe presque tout mon temps à ramasser les fragments et à les recoller ensemble, mais Sachs n'a jamais eu à trébucher ainsi, à fouiller les tas d'ordures ou les poubelles en se demandant s'il ne s'est pas trompé dans la juxtaposition des pièces. Ses incertitudes étaient d'un autre ordre, mais si pénible que la vie ait pu lui devenir sur d'autres plans, les mots n'ont jamais été son problème. L'acte d'écrire lui était remarquablement indolore, et quand il travaillait bien, il pouvait tracer les mots sur la page aussi vite qu'il les aurait prononcés. C'était un curieux talent, et parce que Sachs lui-même en avait à peine conscience, il semblait vivre dans un état de parfaite innocence. Presque comme un enfant, me disais-je parfois, un prodigieux enfant jouant avec ses jouets.

2

La phase initiale de notre amitié a duré un an et demi environ. Alors, à quelques mois d'intervalle, nous avons tous deux quitté l'Upper West Side, et un nouveau chapitre a commencé. Fanny et Ben sont partis les premiers, pour s'installer dans un appartement du quartier de Park Slope, à Brooklyn. Il était plus spacieux et plus confortable que l'ancien logement d'étudiante de Fanny près de Columbia, et elle pouvait désormais se rendre à pied à son travail, au musée. C'était à l'automne de 1976. Entre le moment où ils ont trouvé leur appartement et celui de leur installation, ma femme Délia s'est aperçue qu'elle était enceinte. Presque aussitôt, nous avons commencé à faire, nous aussi, des projets de déménagement. Notre studio de Riverside Drive était trop exigu pour accueillir un enfant, et entre nous les choses commençaient déjà à se gâter un peu ; nous nous sommes figuré que ça irait mieux si nous quittions carrément la ville. Je consacrais tout mon temps à traduire des livres à cette époque et, du point de vue de mon travail, l'endroit où nous vivions ne faisait aucune différence.

Je ne peux pas dire que j'aie la moindre envie de parler de mon premier mariage maintenant. Pourtant, dans la mesure où il touche à l'histoire de Sachs, je ne vois pas comment je pourrais éviter le sujet. Une chose en entraîne une autre et, que ça me plaise ou non, j'ai pris part à ce qui s'est passé autant que quiconque. Sans l'échec de mon mariage avec Délia Bond, je n'aurais jamais rencontré Maria Turner, et si je n'avais pas rencontré Maria Turner, je n'aurais jamais entendu parler de Lillian Stern, et si je n'avais pas entendu parler de Lillian Stern, je ne serais pas assis ici, en train d'écrire ce livre. Chacun de nous est, d'une certaine manière, associé à la mort de Sachs, et il ne me sera pas possible de raconter son histoire sans raconter en même temps toutes les nôtres. Tout se tient, chaque histoire déborde sur les autres. Si pénible qu'il me soit de le dire, je comprends maintenant que c'est moi qui nous ai tous rassemblés. Autant que Sachs lui-même, je suis le lieu où tout commence.

Les événements s'enchaînent comme ceci : pendant sept ans, j'ai fait à Délia une cour intermittente (1967-1974), je l'ai persuadée de m'épouser (1975), nous nous sommes installés à la campagne (mars 1977), notre fils David est né (juin 1977), nous nous sommes séparés (novembre 1978). Pendant les dix-huit mois que j'ai passés loin de New York, j'ai gardé le contact avec Sachs mais nous nous voyions moins souvent qu'auparavant. Des cartes postales et des lettres remplaçaient nos discussions nocturnes dans les bars, et nos rapports étaient forcément plus limités et plus formels. Fanny et Ben venaient parfois passer le week-end avec nous à la campagne, et Délia et moi avons fait un bref séjour chez eux un été dans le Vermont, mais ces réunions ne possédaient pas la qualité anarchique et improvisée de nos rencontres passées. Néanmoins, l'amitié n'en a pas souffert. Il me fallait régulièrement venir à New York pour affaires : remise de manuscrits, signature de contrats, travail à emporter, projets à discuter avec les éditeurs. Cela se produisait deux ou trois fois par mois, et chaque fois je passais la nuit chez Fanny et Ben à Brooklyn. La stabilité de leur couple exerçait sur moi un effet calmant et pendant cette période j'ai réussi à conserver un semblant d'équilibre. Repartir vers Délia le lendemain n'était pas facile, cependant. Le spectacle du bonheur domestique dont je venais d'être témoin me faisait comprendre à quel point j'avais bousillé ma propre vie. J'avais de plus en plus peur de replonger dans notre tumulte, dans les épais fourrés de confusion qui avaient poussé autour de nous.

Je ne me lancerai pas dans des spéculations sur les raisons de notre faillite. L'argent s'était fait rare pendant nos deux dernières années de vie commune, mais je ne voudrais pas citer cela comme une cause directe. Un mariage heureux peut supporter n'importe quelle pression extérieure, un mariage malheureux se brise. Dans notre cas, le cauchemar a commencé dès les premières heures après notre départ de la ville et, quel qu'il fût, le lien fragile qui avait existé entre nous s'est rompu définitivement.

Vu nos petits moyens, notre projet original avait été très prudent : louer une maison quelque part et voir si la vie à la campagne nous convenait ou non. Si oui, nous pourrions rester ; sinon, nous reviendrions à New York dès la fin du bail. Mais alors le père de Délia est intervenu en proposant de nous avancer dix mille dollars comme acompte pour l'achat d'une maison à nous. On trouvait des maisons à la campagne pour pas plus de trente ou quarante mille dollars à cette époque, et cette somme représentait beaucoup plus qu'elle ne le ferait aujourd'hui. C'était un geste généreux de la part de Mr Bond, mais à la fin il a joué contre nous, en nous enfermant dans une situation que nous n'étions ni l'un ni l'autre prêts à affronter. Après avoir cherché durant quelques mois, nous avons trouvé quelque chose de pas cher dans le comté de Dutchess, une vieille maison un peu branlante, très spacieuse, avec un splendide massif de lilas dans le jardin. Le lendemain de notre emménagement, un orage féroce a éclaté sur la ville. La foudre a frappé la branche d'un arbre à côté de la maison, la branche a pris feu, le feu s'est communiqué à une ligne électrique qui passait dans l'arbre, et nous avons été privés de courant. A l'instant même, la pompe d'évacuation s'est coupée et en moins d'une heure la cave était inondée. J'ai passé une bonne partie de la nuit, dans l'eau froide jusqu'aux genoux, à écoper avec des seaux. Quand l'électricien est arrivé, le lendemain après-midi, pour évaluer les dégâts, nous avons appris que toute l'installation électrique devait être remplacée. Ça nous a coûté plusieurs centaines de dollars, et quand la fosse septique a lâché le mois suivant, il nous a fallu débourser plus de mille dollars pour débarrasser notre jardin de l'odeur de merde. Nous n'avions pas les moyens de telles réparations, et ces assauts sur notre budget nous laissaient étourdis d'appréhension. J'ai accéléré l'allure de mes travaux de traduction, acceptant tout ce qui se présentait, et à la moitié du printemps j'avais pratiquement abandonné un roman en chantier depuis trois ans. Délia était alors enceinte jusqu'aux dents, mais elle continuait à s'acharner sur son propre travail (de la correction d'épreuves en indépendante), et pendant la dernière semaine avant l'accouchement, elle est restée du matin au soir assise à son bureau, à revoir un manuscrit de plus de neuf cents pages.

Après la naissance de David, la situation n'a fait qu'empirer. L'argent est devenu mon obsession unique, exclusive, et j'ai vécu cette année-là dans un état de panique continuelle. Délia ne pouvant plus guère y contribuer, nos revenus avaient diminué au moment précis où nos dépenses commençaient à croître. Je prenais au sérieux les responsabilités de la paternité, et l'idée d'être incapable de subvenir aux besoins de ma femme et de mon fils me remplissait de honte. Un jour, comme un éditeur tardait à me payer un travail que je lui avais remis, j'ai pris la voiture, je suis descendu à New York, et j'ai fait irruption dans son bureau en le menaçant de violence physique s'il ne me signait pas un chèque sur-le-champ. Je suis même allé jusqu'à l'empoigner par le col de sa chemise et à le pousser contre le mur. Un tel comportement était complètement inconcevable de ma part, un reniement de toutes mes convictions. Je ne m'étais plus battu avec personne depuis mon enfance, et si je me suis laissé emporter par mes sentiments dans le bureau de cet homme, ça prouve à quel point j'étais désemparé. J'écrivais tous les articles que je pouvais, j'acceptais tous les travaux de traduction qu'on me proposait, mais ça ne suffisait pas. Me disant que mon roman était mort, que c'en était fini de mes rêves de devenir écrivain, je me suis mis en quête d'un emploi permanent. Mais les temps étaient durs alors, et les possibilités réduites à la campagne. Le collège local, qui avait publié une annonce demandant quelqu'un pour enseigner l'écriture à tout un lot d'étudiants de première année contre un salaire minable de huit mille dollars par an, avait reçu pour ce poste plus de trois cents demandes. Faute de la moindre expérience dans ce domaine, j'ai été rejeté sans même une entrevue. Ensuite j'ai essayé d'obtenir un poste à la rédaction de l'un des magazines pour lesquels j'avais écrit, pensant que je pourrais faire la navette avec la ville si nécessaire, mais les responsables s'étaient contentés de se moquer de moi en traitant mes lettres de plaisanteries. Ce n'est pas un boulot pour un écrivain, me répondaient-ils, vous ne pourriez que perdre votre temps. Mais je n'étais plus un écrivain, j'étais un homme en train de se noyer. J'étais un homme au bout du rouleau.

Délia et moi étions tous deux épuisés et avec le temps nos disputes étaient devenues automatiques, un réflexe que nous n'arrivions ni l'un ni l'autre à contrôler. Elle me harcelait et je boudais ; elle discourait et je ruminais ; nous passions des jours entiers sans trouver le courage de nous parler. David était la seule chose qui parût encore nous donner du plaisir, et nous parlions de lui comme s'il n'existait plus d'autre sujet, attentifs à ne pas franchir les limites de cette zone neutre. Dès que nous en sortions, les tireurs d'élite reprenaient place dans leurs tranchées, des rafales s'échangeaient, et la guerre d'usure reprenait. Elle semblait s'éterniser, conflit subtil sans objectif défini, armé de silences, de malentendus et de regards blessés, abasourdis. Malgré tout, je crois que nous n'étions ni l'un ni l'autre prêts à nous rendre. Nous avions pris position en vue d'un long effort, et l'idée d'abandonner ne nous avait jamais effleurés.

Tout a basculé d'un coup à l'automne 1978. Un soir où nous étions assis au salon avec David, Délia m'a demandé d'aller lui chercher ses lunettes sur une étagère de son bureau, à l'étage, et en entrant dans la pièce j'ai vu son journal, ouvert, sur sa table de travail. Délia tenait un journal depuis l'âge de treize ou quatorze ans, et il comportait alors des douzaines de cahiers, remplis les uns après les autres par la saga continue de sa vie intérieure. Elle m'en avait souvent lu des passages mais, jusqu'à ce soir-là, je n'avais même jamais osé le regarder sans sa permission. A ce moment-là, pourtant, je me suis senti poussé par un besoin terrible de lire ces pages. Rétrospectivement, je comprends que cela signifiait déjà la fin de notre vie commune, que le fait d'être disposé à enfreindre cette confiance prouvait que j'avais abandonné tout espoir pour notre couple, mais au moment même je ne m'en rendais pas compte. Tout ce que je ressentais, c'était de la curiosité. Les pages s'étalaient sur la table, et Délia venait de me demander d'entrer dans cette pièce. Elle devait savoir que je les remarquerais. A supposer que ce fût le cas, cela revenait presque à m'inviter à lire ce qu'elle avait écrit. De toute façon, telle est l'excuse que je me suis donnée ce soir-là et, même aujourd'hui, je ne suis pas certain que je me trompais. Ç'aurait bien été dans son caractère d'agir de manière indirecte, de provoquer une crise dont elle n'aurait jamais à revendiquer la responsabilité. C'était son talent particulier : prendre les choses en main, et cependant se persuader qu'elle avait les mains propres.

J'ai donc baissé les yeux vers le journal, et sitôt franchi ce seuil, je n'ai plus été capable de les détourner. J'ai vu que j'étais le sujet du jour, et ce que je découvrais là était un catalogue exhaustif de doléances et de reproches, un petit document sévère formulé dans le langage d'un compte rendu de laboratoire. Délia avait tout énuméré, de ma façon de m'habiller aux aliments que je mangeais et à mon incorrigible manque de compréhension humaine. J'étais morbide et égocentrique, frivole et dominateur, rancunier, paresseux et distrait. Même si tout cela avait été vrai, le portrait qu'elle traçait de moi manquait à tel point de générosité, son ton sonnait si hargneux que je n'arrivai même pas à éprouver de la colère. Je me sentais triste, vidé, étourdi. Lorsque j'ai atteint le dernier paragraphe, sa conclusion paraissait déjà évidente, elle n'avait plus besoin d'être exprimée. "Je n'ai jamais aimé Peter, écrivait-elle. Je me suis trompée en croyant que je pourrais l'aimer. Notre vie commune est une imposture, et plus nous continuons ainsi, plus nous nous rapprochons de notre destruction mutuelle. Nous n'aurions pas dû nous marier. Je me suis laissé persuader par Peter, et depuis je n'ai cessé de le payer. Je ne l'aimais pas alors, et je ne l'aime pas aujourd'hui. Si longtemps que je reste avec lui, je ne l'aimerai jamais."

Tout cela était si abrupt, si définitif que je m'en suis senti presque soulagé. Comprendre qu'on est l'objet d'un tel mépris élimine toute excuse à s'apitoyer sur soi-même. Le doute ne m'était plus permis quant à la situation, et quel que fût mon désarroi en ces premiers instants, j'étais conscient de m'être attiré ce désastre. J'avais gaspillé onze ans de ma vie à la recherche d'une fiction. Ma jeunesse entière avait été sacrifiée à une illusion et pourtant, au lieu de m'effondrer en pleurant ce que je venais de perdre, je me sentais étrangement revigoré, libéré par la franchise et la brutalité des mots de Délia. Tout ça, aujourd'hui, me paraît inexplicable. Mais le fait est que je n'ai pas hésité. Je suis redescendu avec les lunettes de Délia, je lui ai dit que j'avais lu son journal, et le lendemain matin je quittais la maison. Elle a été stupéfaite de ma fermeté, je crois, mais si l'on considère à quel point nous nous étions toujours mal interprétés, c'était sans doute prévisible. En ce qui me concernait, il n'y avait plus rien à discuter. L'acte avait été commis, et il n'y avait plus de place pour des repentirs.

Fanny m'aida à trouver une sous-location dans le bas Manhattan et à Noël j'habitais de nouveau New York. Un peintre de ses amis allait partir en Italie pour un an, et elle l'avait convaincu de me louer une chambre pour cinquante dollars seulement par mois – ce qui représentait la limite absolue de mes possibilités. Cette chambre était située juste en face de son loft (qu'occupaient d'autres locataires), sur le même palier, et jusqu'à ce que je m'y installe elle avait servi de débarras. Toutes sortes de bric-à-brac et d'épaves s'y trouvaient empilés : bicyclettes cassées, toiles inachevées, une vieille machine à laver, des bidons de térébenthine vides, des journaux, des magazines, et d'innombrables morceaux de fil de cuivre. Je poussai tout ça d'un côté de la pièce, récupérant ainsi la moitié de l'espace habitable, ce qui, après une brève période d'adaptation, se révéla bien suffisant. Mes seules possessions domestiques cette année-là étaient un matelas, une petite table, deux chaises, une plaque électrique, un minimum d'ustensiles de cuisine et un unique carton de livres. Il s'agissait de survie rigoureuse, élémentaire, mais la vérité est que j'étais heureux dans cette chambre. Comme le dit Sachs la première fois qu'il vint m'y rendre visite, c'était un sanctuaire d'intériorité, une chambre où la seule activité possible était la pensée. Il y avait un évier et des toilettes, mais pas de baignoire, et le plancher était en si mauvais état que j'attrapais des échardes chaque fois que je marchais pieds nus. Mais dans cette chambre je recommençai à travailler à mon roman, et peu à peu ma chance tourna. Un mois après mon installation, je reçus une bourse de dix mille dollars. Il y avait si longtemps que j'en avais fait la demande que je l'avais complètement oubliée. Et puis, deux semaines à peine après ça, je gagnai une seconde bourse de sept mille dollars, pour laquelle j'avais postulé dans le même élan désespéré que pour la première. Tout à coup, les miracles devenaient dans ma vie une occurrence banale. J'envoyai la moitié de l'argent à Délia, et il m'en restait encore assez pour me maintenir dans un état de splendeur relative. Chaque semaine, je faisais un aller-retour à la campagne pour voir David, en passant la nuit chez un voisin. Cet arrangement dura neuf mois environ et ensuite, après la vente de notre maison en septembre, Délia s'installa dans un appartement à Brooklyn sud et il me fut possible de consacrer plus de temps à David. Nous avions alors chacun un avocat, et notre divorce suivait son cours.

Fanny et Ben manifestaient un intérêt actif à ma carrière de célibataire. Dans la mesure où je parlais de mes intentions, ils étaient mes confidents, ceux que j'informais de mes allées et venues. Ils avaient tous deux été bouleversés de ma rupture avec Délia, Fanny moins que Ben, je crois, bien qu'elle fût celle qui s'inquiétait le plus pour David, se focalisant sur ce problème dès qu'elle avait compris que Délia et moi n'avions aucune chance de reprendre la vie commune. Sachs, de son côté, avait fait tout ce qu'il pouvait pour me persuader de tenter un autre essai. Il s'était obstiné pendant plusieurs semaines et puis, après que je fus revenu en ville et installé dans ma nouvelle existence, il avait cessé d'insister. Délia et moi n'avions jamais laissé nos différends apparaître en public et notre séparation avait causé un choc à la plupart des gens que nous connaissions, surtout à des amis proches, tel Sachs. Fanny paraissait cependant avoir eu des soupçons depuis le début. Quand j'annonçai la nouvelle, la première nuit que je passai chez eux après avoir quitté Délia, elle resta un moment silencieuse à la fin de mon récit, puis elle dit : C'est dur à avaler, Peter, mais en un sens c'est peut-être mieux ainsi. Avec le temps, je pense que tu seras beaucoup plus heureux.

Ils organisèrent un grand nombre de dîners cette année-là, auxquels j'étais presque toujours convié. Fanny et Ben connaissaient une quantité stupéfiante de gens, et il semble que tout New York soit venu, à un moment ou à un autre, s'asseoir autour de la grande table ovale de leur salle à manger. Artistes, écrivains, professeurs, critiques, éditeurs, propriétaires de galeries, tous cheminaient jusqu'à Brooklyn pour s'y gorger de la cuisine de Fanny, boire et parler bien avant dans la nuit. Sachs se conduisait toujours en maître des cérémonies, en fou exubérant qui entretenait le bourdonnement des conversations par l'à-propos de ses plaisanteries et ses boutades provocatrices, et je me mis à dépendre de ces dîners comme de ma principale source de distraction. Mes amis veillaient sur moi, ils faisaient tout ce qui était en leur pouvoir pour montrer au monde que je me trouvais de nouveau en circulation. Ils ne parlaient jamais explicitement de me trouver l'âme sœur, mais on voyait assez de femmes non mariées chez eux ces soirs-là pour que je comprenne que mes intérêts leur tenaient à cœur.

Au début de 1979, trois ou quatre mois environ après mon retour à New York, je rencontrai là quelqu'un qui a joué un rôle central dans la mort de Sachs. Maria Turner avait alors vingt-sept ou vingt-huit ans ; c'était une grande jeune femme très posée, avec des cheveux blonds coupés court et un visage osseux, anguleux. Elle était loin d'être belle, mais il y avait dans ses yeux gris une intensité qui m'attirait, et j'aimais sa façon de porter ses vêtements, avec une grâce discrète, sensuelle, une réserve qui se démasquait en brefs éclairs d'oubli érotique – lorsqu'elle laissait sa jupe glisser contre ses cuisses tandis qu'elle croisait et décroisait les jambes, par exemple, ou qu'elle m'effleurait la main pendant que je lui allumais sa cigarette. Il ne s'agissait pas de coquetterie ni de provocation explicite. Elle me faisait l'effet d'une fille de la bonne bourgeoisie qui, tout en maîtrisant parfaitement les règles du comportement social, aurait cessé d'y croire, aurait été porteuse d'un secret qu'elle pourrait, ou non, désirer partager avec vous, selon son humeur du moment.

Elle habitait un loft dans Duane Street, pas très loin de ma chambre de Varick Street, et à la fin de la soirée nous partageâmes la course en taxi de Brooklyn à Manhattan. Ce fut le commencement de ce qui devait devenir une alliance sexuelle de plus de deux ans. J'utilise cette expression comme une description précise, clinique, mais cela ne veut pas dire que nos relations n'étaient que physiques, que nous n'éprouvions pas d'intérêt l'un pour l'autre au-delà des plaisirs que nous trouvions au lit. Tout de même, ce qui existait entre nous ne comportait ni pièges romantiques ni illusions sentimentales, et la nature de notre accord ne se modifia guère après cette première nuit. Maria n'avait pas faim de ces sortes d'attachements que semblent désirer la plupart des gens, et l'amour au sens traditionnel lui était étranger, passion située en dehors de la sphère de ses capacités. Compte tenu de mon propre état intérieur à l'époque, j'étais tout à fait disposé à accepter les conditions qu'elle m'imposait. Nous n'exigions rien l'un de l'autre, ne nous retrouvions que de façon intermittente, menions des existences strictement indépendantes. Néanmoins, une solide affection existait entre nous, une intimité que je n'ai réussi à égaler avec personne d'autre. Il m'avait pourtant fallu un petit temps pour entrer dans le jeu. Au début, elle me faisait un peu peur, je la soupçonnais d'un rien de perversité (qui rendait nos premiers contacts assez excitants), mais avec le temps je compris qu'elle était seulement une excentrique, un être peu orthodoxe, vivant sa vie en fonction d'un ensemble de rites bizarres et personnels. Pour elle, chaque expérience était systématisée, représentait une aventure en soi, créatrice de ses propres risques et de ses propres limites, et chacune de ses entreprises entrait dans une catégorie différente, distincte de toutes les autres. Quant à moi, j'appartenais à la catégorie du sexe. Elle m'avait institué son partenaire au lit, ce premier soir, et telle est la fonction que je continuai à remplir jusqu'à la fin. Dans l'univers des compulsions de Maria, je ne représentais qu'un rituel parmi beaucoup d'autres, mais le rôle qu'elle m'avait attribué me plaisait et je n'ai jamais trouvé aucune raison de m'en plaindre.

Maria était une artiste, et pourtant son activité n'avait rien à voir avec la création de ce qu'on appelle en général des œuvres d'art. Certains la disaient photographe, d'autres la qualifiaient de conceptualiste, d'autres encore voyaient en elle un écrivain, mais aucune de ces descriptions ne convenait et tout bien considéré je pense qu'il était impossible de la ranger dans une case. Son travail était trop fou pour cela, trop singulier, trop personnel pour être perçu comme appartenant à une technique ou à une discipline particulières. Des idées s'imposaient à elle, elle menait à bien des projets, des réalisations concrètes pouvaient être exposées dans des galeries, mais cette activité naissait moins d'un désir de création artistique que du besoin de céder à ses obsessions, de vivre sa vie exactement comme elle l'entendait. Vivre lui paraissait toujours primordial, et un grand nombre des entreprises auxquelles elle consacrait le plus de son temps n'étaient destinées qu'à elle-même et n'étaient jamais montrées à personne.

Depuis l'âge de quatorze ans, elle avait conservé tous les cadeaux d'anniversaire qui lui avaient été offerts – encore emballés, rangés bien en ordre sur des étagères en fonction des années. Adulte, elle organisait chaque année en son propre honneur un dîner d'anniversaire, où le nombre des convives correspondait à son âge. Certaines semaines, elle s'imposait ce qu'elle appelait "le régime chromatique", se limitant à des aliments d'une seule couleur par jour. Orange le lundi : carottes, melon, crevettes bouillies. Rouge le mardi : tomates, grenades, steak tartare. Blanc le mercredi : turbot, pommes de terre, fromage frais. Vert le jeudi : concombres, brocolis, épinards – et ainsi de suite, jusqu'au dernier repas du dimanche inclus. D'autres fois, elle observait des divisions analogues fondées sur les lettres de l'alphabet. Des journées entières s'écoulaient sous le signe du *b*, du *c* ou du *w* et puis, aussi brusquement qu'elle l'avait commencé, elle abandonnait le jeu et passait à autre chose. Ce n'étaient que des caprices, je suppose, des mini-expériences sur le thème de la classification et de l'habitude, mais des jeux similaires pouvaient aussi bien se prolonger pendant des années. Il y avait, par exemple, le projet à long terme d'habiller Mr L., un inconnu rencontré dans une soirée. Maria le considérait comme l'un des hommes les plus beaux qu'elle eût jamais vus, mais vraiment trop mal fagoté, pensait-elle, et elle avait donc pris sur elle, sans annoncer ses intentions à personne, d'améliorer sa garde-robe. Chaque année à Noël elle lui envoyait un cadeau anonyme – une cravate, un chandail, une chemise élégante – et parce que Mr L. fréquentait plus ou moins les mêmes cercles qu'elle, elle le rencontrait de temps à autre, remarquant avec plaisir les modifications spectaculaires de son apparence vestimentaire. Car le fait était que Mr L. arborait toujours ce que Maria lui avait envoyé. Elle allait même vers lui, dans ces réunions, et le complimentait sur ce qu'il portait, mais ça n'allait pas plus loin et il ne soupçonna jamais qu'elle était responsable de ces cadeaux de Noël.

Elle avait passé son enfance à Holyoke, dans le Massachusetts, fille unique de parents divorcés quand elle avait six ans. Après avoir terminé ses études secondaires en 1970, elle était venue à New York avec l'idée de s'inscrire aux Beaux-Arts et de devenir peintre, mais ça avait cessé de l'intéresser au bout d'un trimestre et elle avait laissé tomber. Elle avait acheté d'occasion une fourgonnette Dodge et était partie faire le tour du continent américain, à raison de quinze jours exactement dans chaque Etat, en se dénichant en chemin des emplois temporaires chaque fois que possible – comme serveuse, comme saisonnière dans des fermes, comme ouvrière dans des usines –, gagnant juste de quoi continuer sa route d'un lieu à un autre. C'était le premier de ses plans fous, issus d'une impulsion irrésistible, et en un sens c'est la chose la plus extraordinaire qu'elle ait jamais accomplie : un acte sans aucune signification, tout à fait arbitraire, auquel elle a consacré deux années de sa vie. Sa seule ambition consistait à passer quinze jours dans chaque Etat, et à part cela elle était libre de faire ce qu'elle voulait. Opiniâtre, sans passion, sans jamais s'interroger sur l'absurdité de sa tâche, Maria l'avait menée à son terme. Elle venait d'avoir dix-neuf ans quand elle était partie – une jeune fille, toute seule – et pourtant elle avait réussi à se débrouiller et à éviter les catastrophes, à vivre le genre d'aventure dont les garçons du même âge se contentent de rêver. A un moment de ce voyage, un compagnon de travail lui avait donné un vieil appareil 24 x 36 et, sans le moindre apprentissage, sans expérience, elle s'était mise à la photographie. Quand elle avait retrouvé son père à Chicago, quelques mois plus tard, elle lui avait dit qu'elle avait enfin découvert une chose qu'elle aimait faire. Elle lui avait montré certaines de ses photos et, au vu de ces premières tentatives, il lui avait proposé un marché. Si elle continuait dans cette voie, il s'engageait à couvrir ses frais jusqu'à ce qu'elle soit en mesure d'y subvenir elle-même. Peu importait le temps que cela prendrait, mais elle n'était pas autorisée à abandonner. Telle est en tout cas l'histoire qu'elle me raconta, et je n'ai jamais eu aucune raison de la mettre en doute. Tout au long des années de notre liaison, un virement de mille dollars apparaissait sur le compte de Maria le premier de chaque mois, transmis directement d'une banque de Chicago.

Elle était revenue à New York, avait vendu sa fourgonnette et s'était installée dans le loft de Duane Street, une grande pièce vide située à l'étage au-dessus d'un grossiste en œufs et beurre. Pendant les premiers mois, elle s'était sentie solitaire et désorientée. Elle n'avait pas d'amis, pas de vie digne de ce nom, et la ville lui paraissait menaçante et étrangère, comme si elle n'y avait encore jamais vécu. Sans motivation consciente, elle s'était mise à suivre des inconnus dans les rues, choisissant quelqu'un au hasard quand elle sortait de chez elle le matin et laissant ce choix déterminer où elle irait pendant le reste de la journée. C'était devenu une méthode pour trouver de nouvelles idées, pour remplir le vide qui paraissait l'avoir engloutie. Au bout de quelque temps, elle s'était mise à emporter son appareil et à prendre des photos des gens qu'elle suivait. Le soir, rentrée chez elle, elle s'asseyait à sa table et écrivait à propos des endroits où elle avait été et de ce qu'elle avait fait, se servant des itinéraires de ces inconnus pour tenter de se représenter leur existence et, dans certains cas, leur composer de brèves biographies imaginaires. C'est ainsi, plus ou moins, que Maria avait déboulé dans sa carrière artistique. D'autres travaux avaient suivi, tous engendrés par le même esprit d'investigation, le même goût passionné du risque. Son sujet était l'œil, la dramaturgie de l'œil qui regarde en étant regardé, et ses œuvres manifestaient les mêmes qualités qu'on trouvait chez Maria : une attention méticuleuse au détail, la confiance accordée aux structures arbitraires, une patience frisant l'insoutenable. Afin de réaliser l'un de ses projets, elle avait chargé un détective privé de la suivre à travers la ville. Pendant plusieurs jours, cet homme avait pris des photos d'elle tandis qu'elle faisait ses rondes, il avait noté dans un petit carnet ses moindres mouvements sans rien omettre dans son rapport, pas même les événements les plus banals, les plus éphémères : traversée d'une rue, achat d'un journal, arrêt café. C'était un exercice tout à fait artificiel, et pourtant Maria avait trouvé grisant que quelqu'un s'intéresse à elle aussi activement. Des actions microscopiques y trouvaient des significations nouvelles, les gestes les plus routiniers se chargeaient d'une rare émotion. Au bout de quelques heures, elle s'était prise d'affection pour le détective au point d'avoir presque oublié qu'elle le payait. Quand il lui avait remis son rapport à la fin de la semaine elle avait eu l'impression, en examinant les photographies d'elle-même et en lisant les chronologies exhaustives de ses faits et gestes, qu'elle était devenue quelqu'un d'inconnu, qu'elle s'était transformée en une créature imaginaire.

Pour son projet suivant, Maria avait trouvé un emploi temporaire de femme de chambre dans un grand hôtel du centre de la ville. Son but consistait à rassembler, sans toutefois se montrer importune ni se compromettre, des informations sur les clients. En fait, elle évitait délibérément ceux-ci, se limitant à ce que pouvaient lui apprendre les objets éparpillés dans leurs chambres. A nouveau, elle prenait des photos ; à nouveau, elle inventait des vies à ces gens sur la base des indices dont elle disposait. C'était une archéologie du présent, pour ainsi dire, une tentative de reconstituer l'essence de quelque chose à partir des fragments les plus nus : le talon d'un ticket, un bas déchiré, une tache de sang sur le col d'une chemise. Quelque temps plus tard, un homme avait fait des avances à Maria dans la rue. Le trouvant très antipathique, elle l'avait repoussé. Le soir même, par pure coïncidence, elle le rencontrait à un vernissage dans une galerie de Soho. Ils s'étaient parlé à nouveau et il lui avait appris cette fois qu'il partait le lendemain en voyage à La Nouvelle-Orléans avec sa petite amie. Maria avait alors décidé d'y aller aussi et de le suivre partout avec son appareil photographique pendant la durée entière de son séjour. Il ne lui inspirait aucun intérêt, et la dernière chose qu'elle cherchait était une aventure amoureuse. Elle avait l'intention de rester cachée, d'éviter tout contact avec lui, d'explorer son comportement visible sans prétendre interpréter ce qu'elle verrait. Le lendemain, elle avait pris l'avion à La Guardia pour La Nouvelle-Orléans, s'était installée dans un hôtel et avait fait l'acquisition d'une perruque noire. Pendant trois jours, elle s'était adressée à des douzaines d'hôtels afin de découvrir où il logeait. Elle avait fini par le dénicher et, pendant le reste de la semaine, elle avait marché derrière lui comme une ombre en prenant des centaines de photographies, en détaillant chaque lieu où il se rendait. Elle rédigeait également un journal, et une fois arrivé le moment où l'homme devait rentrer à New York, elle était revenue par le vol précédent – de manière à l'attendre à l'aéroport et à réaliser une dernière série de photos lorsqu'il descendrait de l'avion. Ç'avait été pour elle une expérience complexe et troublante, dont elle était sortie avec l'impression d'avoir abandonné sa vie pour une sorte de néant, comme si elle avait photographié quelque chose qui n'existait pas. Au lieu d'un instrument enregistrant des présences, son appareil était devenu un moyen de faire disparaître l'univers, une technique permettant de rencontrer l'invisible. Voulant à tout prix annuler le processus qu'elle avait déclenché, Maria s'était embarquée dans une nouvelle entreprise quelques jours après son retour à New York. Un après-midi où elle se promenait à Times Square, son appareil à la main, elle avait engagé la conversation avec le portier d'un bar-discothèque topless. Il faisait chaud, et Maria était vêtue d'un short et d'un T-shirt, une tenue plus légère qu'à son habitude. Mais elle était sortie ce jour-là avec l'envie qu'on la remarque. Elle souhaitait affirmer la réalité de son corps, faire tourner les têtes, se prouver qu'elle existait encore aux yeux des autres. Maria était bien bâtie, avec de longues jambes et de jolis seins, et les sifflements et réflexions obscènes qu'on lui avait adressés ce jour-là lui avaient remonté le moral. Le portier lui avait dit qu'elle était une belle fille, aussi belle que celles qu'on voyait à l'intérieur, et au fil de la conversation elle s'était soudain entendu proposer un emploi. L'une des danseuses s'était fait porter malade, disait le portier, et si elle voulait prendre sa place, il la présenterait au patron et on verrait bien si ça pouvait s'arranger. Presque sans réfléchir, Maria avait accepté. C'est ainsi que naquit son œuvre suivante, qui fut connue finalement sous le titre : *la Dame nue*. Maria avait demandé à une amie de venir ce soir-là prendre des photos d'elle pendant son exhibition – sans intention de les montrer à qui que ce fût, juste pour elle-même, afin de satisfaire sa propre curiosité quant à son apparence. Elle se muait délibérément en objet, en image anonyme du désir, et il lui paraissait capital de comprendre avec précision en quoi consistait cet objet. Elle n'avait fait cela que cette seule fois, travaillant par périodes de vingt minutes de huit heures du soir à deux heures du matin, mais elle n'y avait mis aucune retenue et, tout le temps qu'elle avait passé sur scène, perchée derrière le bar avec des lumières stroboscopiques colorées rejaillissant sur sa peau nue, elle avait dansé de tout son cœur. Vêtue d'un string orné de strass et chaussée de talons aiguilles, elle agitait son corps au rythme d'un rock and roll assourdissant en regardant les hommes la fixer. Elle tortillait du cul vers eux, se passait la langue sur les lèvres, leur faisait des clins d'œil aguichants tandis qu'ils l'encourageaient à continuer en lui glissant des billets de banque. Comme dans toutes ses entreprises, Maria était bonne à ce jeu. Du moment qu'elle était lancée, on n'aurait guère pu l'arrêter.

Pour autant que je sache, il ne lui est arrivé qu'une seule fois d'aller trop loin. C'était au printemps 1976, et les effets ultimes de son erreur de calcul devaient se révéler catastrophiques. Deux vies au moins ont été perdues, et même s'il a fallu des années pour en arriver là, on ne peut nier le rapport existant entre le passé et le présent. Maria a été le lien entre Sachs et Lillian Stern, et sans l'habitude qu'avait Maria de chercher les ennuis en toute circonstance, Lillian Stern ne serait jamais entrée dans le tableau. Après l'apparition de Maria chez Sachs en 1979, une rencontre entre Sachs et Lillian Stern est devenue possible. Il a fallu plusieurs autres coups de pouce improbables avant que cette possibilité se réalise, mais on peut attribuer à Maria l'origine de chacun d'entre eux. Longtemps avant qu'aucun d'entre nous ne la connaisse, elle est sortie un matin afin d'acheter des films pour son appareil, a aperçu un petit carnet d'adresses noir gisant sur le sol et l'a ramassé. Tel est l'événement qui a déclenché toute cette lamentable histoire. Maria a ouvert le carnet, et le diable en a surgi, fléau de violence, de folie et de mort.

C'était l'un de ces petits carnets standard fabriqués par la *Schaeffer Eaton Company*, environ dix centimètres de haut et six de large, avec une couverture souple en imitation cuir, une reliure en spirale et des onglets pour chaque lettre de l'alphabet. Un objet fatigué, rempli de deux bonnes centaines de noms, adresses et numéros de téléphone. Le fait que certains avaient été barrés et récrits et que toutes sortes d'instruments différents avaient été utilisés sur presque toutes les pages (stylo à bille bleu, feutre noir, crayon vert) suggérait que son propriétaire le possédait depuis longtemps. Maria pensa d'abord le lui retourner, mais comme cela arrive souvent pour des objets personnels, il avait négligé de marquer son nom sur le carnet. Elle regarda à tous les endroits logiques – l'intérieur de la couverture, la première page, la dernière – mais ne découvrit aucun nom. Alors, ne sachant qu'en faire, elle fourra le carnet dans son sac et le rapporta chez elle.

La plupart des gens en auraient oublié l'existence, je suppose, mais Maria n'était pas fille à se dérober devant une occasion inattendue, à ignorer les suggestions du hasard. En se mettant au lit ce soir-là, elle avait déjà concocté sa prochaine entreprise. Ce serait une opération complexe, beaucoup plus difficile et plus raffinée que tout ce qu'elle avait tenté auparavant, et dont la seule envergure la mettait dans un état d'extrême excitation. Elle était quasi certaine que le propriétaire du carnet d'adresses était un homme. L'écriture avait une allure masculine ; les listes comptaient plus d'hommes que de femmes ; le carnet était en piteux état, comme s'il avait été traité sans douceur. En l'un de ces éclairs soudains et ridicules auxquels tout le monde est sujet (mais Maria plus que quiconque), elle imagina qu'elle était destinée à aimer le propriétaire du carnet. Cela ne dura qu'une seconde ou deux, durant lesquelles elle se le figura comme l'homme de ses rêves : beau, intelligent, chaleureux ; un homme meilleur que tous ceux qu'elle avait aimés. La vision s'effaça, mais à ce moment il était déjà trop tard. Le carnet s'était mué pour elle en un objet magique, réserve de passions obscures et de désirs informulés. Le hasard l'avait amenée à le découvrir, et maintenant qu'il était à elle, elle y voyait un instrument du destin.

Elle en étudia le contenu ce premier soir et n'y trouva aucun nom qui lui fût familier. Elle avait le sentiment que cela constituait le point de départ idéal. Elle allait démarrer dans l'obscurité, sans savoir quoi que ce fût, et elle parlerait, l'un après l'autre, à tous les gens répertoriés dans le carnet. En découvrant qui ils étaient, elle commencerait à apprendre quelque chose sur l'homme qui l'avait perdu. Ce serait un portrait en creux, une silhouette esquissée autour d'un espace vide, et peu à peu un personnage émergerait de l'arrière-plan, composé de tout ce qu'il n'était pas. Elle espérait retrouver sa trace de cette manière, mais même si elle ne le retrouvait pas, l'effort serait sa propre récompense. Elle comptait encourager les gens à s'ouvrir à elle quand elle les rencontrerait, à lui raconter des histoires d'enchantements, de désirs et d'émois amoureux, à lui confier leurs secrets les plus intimes. Elle s'attendait tout à fait à travailler à ces interviews pendant des mois, peut-être même des années. Il y aurait des milliers de photographies à prendre, des centaines de déclarations à transcrire, un univers entier à explorer. C'est ce qu'elle pensait. En réalité, son projet dérailla dès le lendemain.

A une seule exception près, tous les noms figurant dans le carnet étaient des noms de famille. Au milieu des L, pourtant, se trouvait quelqu'un du nom de Lilli. Maria supposa qu'il s'agissait d'un prénom de femme. Si tel était le cas, alors cette unique dérogation au style du répertoire pouvait signifier quelque chose, indiquer une intimité particulière. Et si Lilli était la petite amie de l'homme qui avait perdu le carnet d'adresses ? Ou sa sœur, ou même sa mère ? Au lieu de suivre les noms en ordre alphabétique comme elle l'avait d'abord projeté, Maria décida de sauter d'un coup aux L et de rendre visite en premier à la mystérieuse Lilli. Si son intuition était correcte, elle se trouverait peut-être en situation d'apprendre qui était l'homme.

Elle ne pouvait s'adresser à Lilli directement. Trop de choses dépendaient de cette rencontre, et elle craignait de détruire ses chances en s'y hasardant sans préparation. Il lui fallait se faire une idée de la personnalité de cette femme avant de lui parler, voir de quoi elle avait l'air, la suivre quelque temps et découvrir quelles étaient ses habitudes. Le premier matin, elle gagna les East Eighties afin de repérer l'appartement de Lilli. Elle entra dans le vestibule du petit immeuble pour examiner les sonnettes et les boîtes aux lettres, et juste à ce moment, alors qu'elle commençait à étudier la liste des noms sur le mur, une femme sortit de l'ascenseur et ouvrit la porte intérieure. Maria se retourna pour la regarder et, avant même d'avoir vu son visage, elle entendit la femme dire son nom. "Maria ?" Le mot était prononcé comme une question, et un instant plus tard Maria comprenait qu'elle se trouvait devant Lillian

Stern, sa vieille amie du Massachusetts. "Je ne peux pas y croire, disait Lillian. C'est vraiment toi, n'est-ce pas ?"

Il y avait plus de cinq ans qu'elles s'étaient perdues de vue. Après le départ de Maria pour son étrange voyage à travers l'Amérique, elles avaient cessé de correspondre, mais jusqu'alors elles avaient été très intimes, leur amitié remontait à l'enfance. A l'école secondaire, elles étaient presque inséparables, deux originales qui se débattaient ensemble dans l'adolescence en projetant leur évasion de cette vie provinciale. Maria était la plus sérieuse, l'intellectuelle tranquille, celle qui avait du mal à se faire des amis, tandis que Lillian était la fille de mauvaise réputation, l'indisciplinée qui couchait, se droguait et séchait les cours. Avec tout cela, des alliées irréductibles, qu'en dépit de leurs différences beaucoup plus de choses rapprochaient que le contraire. Maria m'a un jour confié que Lillian avait représenté un grand exemple pour elle, et que ce n'était qu'à son contact qu'elle avait appris à être elle-même. Mais cette influence semblait s'être exercée dans les deux sens. C'était Maria qui avait persuadé Lillian de s'installer à New York après l'école secondaire, et pendant plusieurs mois elles avaient partagé un minuscule appartement infesté de cafards dans le Lower East Side. Pendant que Maria apprenait la peinture, Lillian suivait des cours d'art dramatique et travaillait comme serveuse. Elle s'était aussi liée avec un batteur de rock nommé Tom qui, à l'époque où Maria était partie de New York avec sa fourgonnette, s'était installé à demeure dans l'appartement. Pendant ses deux années sur les routes, Maria avait envoyé des quantités de cartes postales à Lillian qui, faute d'adresse, n'avait jamais pu lui répondre. Une fois revenue en ville, Maria avait fait tout ce qu'elle pouvait pour retrouver son amie, mais quelqu'un d'autre habitait leur ancien appartement, et son nom ne figurait pas à l'annuaire des Téléphones. Les parents de Lillian, qu'elle avait essayé d'appeler à Holyoke, semblaient avoir quitté la ville et elle s'était soudain aperçue qu'il n'y avait pas de solution. Quand elle se retrouva face à Lillian dans ce vestibule, ce jour-là, elle avait abandonné tout espoir de jamais la revoir.

Cette rencontre leur parut à toutes deux extraordinaire. Maria me l'a raconté : elles poussèrent des cris, tombèrent dans les bras l'une de l'autre et puis fondirent en larmes. Dès qu'elles furent à nouveau capables de parler, elles prirent l'ascenseur et passèrent le restant de la journée dans l'appartement de Lillian. Elles avaient tant à rattraper, m'expliquait Maria, elles débordaient de choses à se dire. Elles partagèrent le repas de midi, puis le dîner, et quand enfin Maria rentra chez elle et s'écroula dans son lit, il était près de trois heures du matin.

Il était arrivé des choses étranges à Lillian au cours de ces années, des choses que Maria n'aurait jamais crues possibles. Je ne les connais qu'indirectement, mais depuis ma conversation avec Sachs, l'été dernier, je pense que le récit que m'en a fait Maria était vrai pour l'essentiel. Elle peut s'être trompée sur des points de détail (de même que Sachs), mais dans l'ensemble c'est sans importance. Même si on ne peut pas toujours faire confiance à Lillian, si son penchant pour l'exagération est aussi prononcé qu'on me l'a dit, les faits fondamentaux ne sont pas discutables. A l'époque de sa rencontre fortuite avec Maria en 1976, Lillian gagnait sa vie depuis trois ans en exerçant le métier de prostituée. Elle recevait ses clients dans son appartement de la 87e rue est et travaillait entièrement à son compte – professionnelle à temps partiel, indépendante, aux affaires florissantes. Tout cela est certain. Ce qui demeure douteux, c'est la façon exacte dont ça avait commencé. Il semble que son ami Tom y ait été pour quelque chose, mais la portée de sa responsabilité n'est pas claire. Dans les deux versions de l'histoire, Lillian le décrivait comme sérieusement drogué, accro à l'héroïne au point d'avoir été chassé du groupe où il jouait. D'après ce qu'elle avait dit à Maria, Lillian était restée éperdument amoureuse de lui. C'était elle qui avait concocté cette idée, offert de coucher avec d'autres hommes afin de procurer de l'argent à Tom. Elle s'était aperçue que c'était rapide et sans douleur, et aussi longtemps qu'elle assurerait satisfaction à Tom, elle savait qu'il ne la quitterait pas. A ce moment de sa vie, disait-elle, elle était prête à n'importe quoi pour le garder, même si cela signifiait sa propre dégringolade. Onze ans plus tard, elle devait raconter à Sachs une tout autre histoire. C'était Tom qui l'avait persuadée de faire ça, prétendrait-elle alors, et parce qu'elle avait peur de lui, parce qu'il avait menacé de la tuer si elle n'obtempérait pas, elle n'avait pas eu le choix. Selon cette seconde version, c'était Tom qui organisait ses rendez-vous, se servant de sa petite amie en véritable maquereau afin de financer son vice. Finalement, je pense qu'il importe peu de savoir quelle histoire était la vraie. Elles étaient aussi sordides l'une que l'autre, et elles aboutissaient au même résultat. Après six ou sept mois, Tom avait disparu. Dans l'histoire de Maria, il était parti avec quelqu'un d'autre ; dans celle de Sachs, il était mort d'une overdose. De toute façon, Lillian s'était retrouvée seule. De toute façon, elle avait continué à coucher avec des hommes pour payer ses factures. Ce qui étonnait Maria, c'était la simplicité avec laquelle Lillian lui en parlait – sans honte ni embarras. Ce n'était qu'un boulot comme un autre, disait-elle, et, si on en venait au pire, ça valait sacrément mieux que de verser à boire ou de servir à table. Où que vous alliez, les hommes vous faisaient du gringue, il n'y avait pas moyen de les en empêcher. Il était beaucoup plus raisonnable de se faire payer que de se battre contre eux – et d'ailleurs, un petit supplément de baise n'a jamais fait de mal à personne. A la limite, Lillian paraissait fière de s'être si bien débrouillée. Elle ne recevait ses clients que trois fois par semaine, elle avait de l'argent à la banque, elle habitait un appartement confortable dans un quartier agréable. Deux ans auparavant, elle s'était réinscrite au cours d'art dramatique. Elle sentait qu'elle faisait désormais des progrès et avait commencé, depuis quelques semaines, à passer des auditions pour des rôles, surtout dans de petits théâtres du centre de la ville. Quelque chose ne manquerait pas de se présenter d'ici peu, disait-elle. Dès qu'elle aurait réussi à amasser encore dix ou quinze mille dollars, elle avait l'intention de fermer boutique et de se lancer à plein temps dans le théâtre. Elle avait à peine vingt-quatre ans, après tout, et la vie entière devant elle.

Maria avait emporté son appareil, ce jour-là, et elle prit un certain nombre de photos de Lillian pendant le temps qu'elles passèrent ensemble. Trois ans plus tard, tandis qu'elle me racontait cette histoire, elle étala ces images devant moi tout en parlant. Il devait y en avoir une trentaine ou une quarantaine, des photos noir et blanc, en grand format, montrant Lillian sous des angles variés et à diverses distances – certaines posées, d'autres pas. Ces portraits furent ma seule et unique rencontre avec Lillian Stern. Plus de dix années ont passé depuis ce jour-là, mais je n'ai jamais oublié l'effet que m'a fait la vision de ces photos. L'impression qu'elles m'ont laissée était à ce point forte, à ce point durable.

"Elle est belle, hein ? fit Maria.

— Oui, extrêmement belle, dis-je.

— Elle s'en allait faire son marché quand nous nous sommes rentré dedans. Tu vois comment elle est habillée. Un sweat, des jeans, de vieilles savates. Ce qu'on enfile pour un aller-retour de cinq minutes au magasin du coin. Pas de maquillage, pas de bijou, pas le moindre artifice. Et pourtant elle est belle. Belle à te couper le souffle.

— C'est parce qu'elle est brune, dis-je, cherchant une explication. Les brunes n'ont pas besoin de beaucoup se maquiller. Regarde comme ses yeux sont grands. Les longs cils les mettent en valeur. Et son ossature est belle, aussi, il ne faut pas l'oublier. L'ossature, ça fait toute la différence.

— C'est plus que ça, Peter. Il y a une sorte de force intérieure qui apparaît toujours à la surface chez Lillian. Je ne sais pas comment appeler ça. Le bonheur, la grâce, une gaieté animale. Ça lui donne l'air plus vivante que les autres. Une fois qu'elle a attiré ton attention, il est difficile de cesser de la regarder.

— On a l'impression qu'elle est à l'aise devant l'objectif.

— Lillian est toujours à l'aise. Elle est complètement bien dans sa peau."

Je regardai encore d'autres photos, et j'arrivai à une série qui montrait Lillian debout devant un placard ouvert, à des degrés successifs de déshabillage. Sur l'une, elle ôtait son jean ; sur une autre, son sweat-shirt ; sur la suivante, il ne lui restait qu'un slip blanc minuscule et une chemisette blanche sans manches ; sur la suivante, le slip avait disparu ; ensuite, la chemisette en avait fait autant. Plusieurs photos de nu suivaient. Sur la première, elle se tenait face à l'objectif, la tête rejetée en arrière, et elle riait, ses seins menus presque aplatis contre son torse, tétons dressés saillant à l'horizon ; le bassin basculé vers l'avant, elle avait empoigné des deux mains l'intérieur de ses cuisses, encadrant de la blancheur de ses doigts repliés sa touffe de poils sombres. Sur la suivante, elle s'était retournée et, le cul au premier plan, déhanchée d'un côté, regardait l'objectif par-dessus l'autre épaule, riant toujours, affectant la posture classique d'une pin-up. Il était manifeste qu'elle s'amusait, manifeste que cette occasion de se faire valoir l'enchantait.

"Plutôt osé, tout ça, commentai-je. Je ne savais pas que tu donnais dans la photo coquine.

— On s'apprêtait à sortir pour le dîner, et Lillian a voulu se changer. Je l'ai suivie dans sa chambre pour qu'on puisse continuer à bavarder. J'avais toujours mon appareil, et quand elle a commencé à se déshabiller, j'ai pris encore quelques photos. Juste comme ça. Je n'en avais pas l'intention jusqu'au moment où je l'ai vue s'effeuiller.

— Et ça ne la dérangeait pas ?

— Tu trouves que ça a l'air de la déranger ?

— Ça t'excitait ?

— Bien sûr que ça m'excitait. Je suis pas en bois, tu sais.

— Et puis qu'est-ce qui s'est passé ? Vous n'avez pas couché ensemble, si ?

— Oh non, je suis bien trop prude pour ça.

— Je ne suis pas en train d'essayer de t'extorquer une confession. Ton amie me paraît assez irrésistible. Pour une femme autant que pour un homme, j'imagine.

— Je dois reconnaître que j'étais émue. Si Lillian avait pris les devants, à ce moment-là, il se serait peut-être passé quelque chose. Je n'ai jamais couché avec une femme, mais ce jour-là, avec elle, je l'aurais peut-être fait. L'idée m'a effleurée, en tout cas, et c'est la seule fois que j'ai jamais ressenti ça. Mais Lillian se contentait de s'amuser devant l'objectif et on n'est jamais allées au-delà du strip-tease. Tout ça, c'était pour rire, et on n'arrêtait pas de rire, toutes les deux.

— Est-ce que tu as fini par lui montrer le carnet d'adresses ?

— A la fin, oui. Je crois que c'était après qu'on fut rentrées du restaurant. Lillian a passé un bon moment à le parcourir, mais elle ne pouvait vraiment pas dire à qui il pouvait appartenir. Ce devait être un client, évidemment : Lilli était son nom de travail, mais en dehors de ça elle n'était pas sûre.

— Ça réduisait la liste des possibilités, quand même.

— Vrai, mais ça pouvait être un homme qu'elle n'avait jamais rencontré. Un client potentiel, par exemple. Un des clients satisfaits de Lillian avait peut-être passé son nom à quelqu'un. Un ami, un associé, une relation d'affaires, qui sait ? C'est comme ça que Lillian se faisait de nouveaux clients, par le bouche à oreille. Ce type avait écrit son nom dans son carnet, mais ça ne voulait pas dire qu'il lui avait déjà téléphoné. Celui qui lui avait donné son nom n'avait peut-être pas encore appelé, lui non plus. C'est comme ça, les croqueuses – leurs noms circulent en vagues concentriques, en d'étranges réseaux d'information. Certains hommes, il leur suffit de trimbaler un ou deux de ces noms dans leur petit carnet noir. Pour mémoire, on pourrait dire. Au cas où leur femme les quitterait, ou en prévision de crises subites d'envie de baiser ou de frustration.

— Ou s'il leur arrive de passer en ville.

— Exactement.

— N'empêche, tu avais tes premiers indices. Jusqu'à l'apparition de Lillian, le propriétaire du carnet pouvait être n'importe qui. Là, tu avais au moins une ouverture.

— Je suppose. Mais ça ne s'est pas passé comme ça. Dès que j'ai commencé à en parler à Lillian, tout le projet s'est modifié.

— Tu veux dire qu'elle t'a refusé la liste de ses clients ?

— Non, pas du tout. Elle me l'aurait donnée si je la lui avais demandée.

— Alors, quoi ?

— Je ne suis plus très sûre de la façon dont c'est arrivé, mais plus nous parlions, plus notre plan se précisait. Ça ne venait ni de l'une ni de l'autre. Ça flottait là, dans l'air, comme une chose qui paraissait déjà exister. Notre rencontre y était pour beaucoup, je crois. C'était si merveilleux, si inattendu, nous étions un peu folles. Tu dois comprendre à quel point nous avions été proches. Des amies de cœur, des sœurs, copines pour la vie. On s'aimait vraiment, et je pensais connaître Lillian aussi bien que je me connaissais. Et puis qu'est-ce qui arrive ? Après cinq ans, je découvre que ma meilleure amie s'est faite pute. J'étais renversée. Je prenais ça vraiment mal, je me sentais presque trahie. Mais en même temps – et c'est ici que ça devient trouble – je me rendais compte que je l'enviais aussi. Lillian n'avait pas changé. C'était toujours la même fille formidable que j'avais toujours connue. Dingue, bourrée d'impertinence, passionnante. Elle ne se considérait ni comme une putain ni comme une fille perdue, elle avait la conscience nette. C'est ça qui m'impressionnait tellement : sa liberté intérieure totale, sa façon de vivre en accord avec ses propres règles en se foutant pas mal de ce que tout le monde pense. J'avais déjà fait certaines choses plutôt excessives, à ce moment-là. Le truc à La Nouvelle-Orléans, *la Dame nue*, je poussais chaque fois un peu plus loin, j'expérimentais les limites de ce dont j'étais capable. Mais à côté de Lillian je me faisais l'effet d'une vieille fille de bibliothécaire, d'une vierge pathétique qui n'avait jamais tâté de grand-chose. Je me suis dit : Si elle peut le faire, pourquoi pas moi ?

— Tu te fiches de moi.

— Attends, laisse-moi finir. C'était plus compliqué que ça. Quand j'ai parlé à Lillian du carnet d'adresses et des gens que j'allais interviewer, elle a trouvé ça fantastique, le truc le plus formidable qu'elle ait jamais entendu. Elle a voulu m'aider. Elle voulait aller trouver les gens du carnet, juste comme j'en avais eu l'intention. Elle était actrice, rappelle-toi, et l'idée de se faire passer pour moi la mettait dans tous ses états. Ça l'inspirait, carrément.

— Alors vous avez changé de place. C'est ça que tu essaies de m'expliquer ? Lillian t'a persuadée de troquer ton rôle contre le sien ?

— Personne n'a persuadé personne. Nous avons décidé ensemble.

— Pourtant...

— Pourtant rien. Nous étions des partenaires égales du début à la fin. Et le fait est que l'existence de Lillian en a été transformée. Elle est tombée amoureuse d'un des types du carnet, tant et si bien qu'elle l'a épousé.

— De plus en plus étrange.

— Etrange, en effet. Lillian est partie avec un de mes appareils et le carnet d'adresses, et la cinquième ou sixième personne qu'elle a rencontrée était l'homme qui est devenu son mari. Je savais qu'il y avait une histoire cachée dans ce carnet – mais c'était l'histoire de Lillian, pas la mienne.

— Et tu as réellement connu ce type ? Ce n'était pas une invention ?

— J'étais témoin à leur mariage au *City Hall*. Pour autant que je sache, Lillian ne lui a jamais raconté comment elle avait gagné sa vie, mais pourquoi devrait-il le savoir ? Ils habitent à Berkeley, maintenant, en Californie. Il est prof à l'université, et terriblement sympathique.

— Et pour toi, comment ça s'est passé ?

— Pas si bien. Pas bien du tout, même. Le jour où Lillian est partie avec mon deuxième appareil, elle avait rendez-vous dans l'après-midi avec un de ses clients réguliers. Quand il a appelé le matin pour confirmer, elle lui a expliqué que sa mère était malade et qu'elle devait quitter la ville. Elle avait demandé à une amie de la remplacer, et s'il ne voyait pas d'inconvénient à avoir affaire à quelqu'un d'autre pour une fois, elle garantissait qu'il ne le regretterait pas. Je ne me souviens pas de ses termes exacts, mais c'était l'idée générale. Elle a fait un battage monstre et s'est montrée si doucement persuasive que le gars s'est laissé convaincre. Donc me voilà, cet après-midi-là, assise dans l'appartement de Lillian, en train d'attendre qu'on sonne à la porte en me préparant à baiser un mec que j'avais jamais vu. Il s'appelait Jérôme, c'était un petit trapu dans la quarantaine, avec des poils sur les phalanges et des dents jaunes. Un représentant quelconque. Alcools en gros, je crois, mais ç'aurait aussi bien pu être des crayons ou des ordinateurs. Ça fait aucune différence. Il a sonné à trois heures pile, et dès l'instant où il est entré dans la pièce je me suis rendu compte que j'y arriverais jamais. S'il avait eu le moindre charme, j'aurais pu rassembler mon courage, mais avec un séducteur comme Jérôme, ce n'était tout simplement pas possible. Il était pressé et regardait sans cesse sa montre, impatient de s'y mettre, d'en finir et de filer. Je jouais le jeu, ne sachant que faire d'autre ; on est allés dans la chambre et pendant qu'on se déshabillait, je cherchais une idée. J'avais bien dansé nue dans un bar topless, mais me retrouver là avec ce gros représentant velu, c'était d'une telle intimité que je ne parvenais même pas à le regarder dans les yeux. J'avais caché mon appareil dans la salle de bains, et je me suis dit que si je voulais au moins retirer de ce fiasco quelques photos, il fallait agir tout de suite. Je me suis donc excusée et je me suis tirée au petit coin, en laissant la porte un peu entrouverte. J'ai fait couler les deux robinets du lavabo, empoigné mon appareil chargé, et commencé à prendre des photos de la chambre. L'angle était parfait. Je voyais Jérôme étalé sur le lit. Il regardait le plafond en tortillant son pénis dans sa main pour essayer de se faire bander. C'était dégoûtant mais comique aussi, en un sens, et j'étais contente de mettre ça en boîte. Je pensais avoir le temps de prendre dix ou douze photos, mais après six ou sept, Jérôme a tout à coup bondi du lit, marché vers la salle de bains et ouvert la porte à la volée avant que j'aie une chance de la refermer. En me voyant là, debout avec mon appareil dans les mains, il est devenu dingue. Vraiment dingue, je veux dire, hors de lui. Il s'est mis à crier, à m'accuser de prendre des photos dans le but de le faire chanter et de détruire son mariage, et avant que j'aie compris ce qui se passait il m'avait arraché l'appareil des mains et l'écrasait contre la baignoire. J'ai voulu m'enfuir, mais il m'a rattrapée par le bras avant que je réussisse à sortir, et alors il a commencé à me frapper à coups de poing. Un cauchemar. Bagarre entre deux inconnus à poil, dans une salle de bains carrelée de rose. Tout en cognant, il grondait, criait, hurlait à tue-tête, et puis il m'en a mis un qui m'a envoyée dans les pommes. Il m'a fracturé la mâchoire, crois-le si tu peux. Mais ce n'était qu'une partie des dégâts. J'avais aussi un poignet cassé, quelques côtes brisées et des bleus sur tout le corps. J'ai passé dix jours à l'hôpital, et puis je suis restée pendant six semaines la mâchoire bloquée, muselée par du fil de fer. Le petit Jérôme m'avait réduite en compote. Il m'avait pilée à mort."

Quand j'ai rencontré Maria chez Sachs en 1979, elle n'avait plus couché avec un homme depuis près de trois ans. C'est le temps qu'il lui avait fallu pour se remettre du choc de ce tabassage, et son abstinence résultait moins d'un choix que d'une nécessité, c'était le seul remède possible. Autant que l'humiliation physique qu'elle avait subie, l'incident avec Jérôme constituait une défaite spirituelle. Pour la première fois de sa vie, Maria avait été échaudée. Elle avait outrepassé ses propres limites et la brutalité de cette expérience avait altéré sa perception d'elle-même. Jusqu'alors, elle s'était crue capable de tout : de n'importe quelle aventure, de n'importe quelle transgression, de n'importe quel défi. Elle s'était sentie plus forte que les autres, immunisée contre les ravages et les échecs qui affligent le reste de l'humanité. A la suite de cet échange de rôles avec Lillian, elle avait compris à quel point elle s'était trompée. Elle était faible, elle s'en apercevait, cernée par ses peurs et ses contraintes personnelles, aussi vulnérable et incertaine que quiconque.

Il avait fallu trois ans pour réparer les dégâts (dans la mesure où ils furent jamais réparés), et lorsque nos chemins se croisèrent ce soir-là chez Sachs, elle était plus ou moins prête à émerger de sa coquille. Si elle m'offrit son corps, à moi, c'est seulement parce que le hasard me faisait survenir au bon moment. Maria s'est toujours moquée de cette interprétation, en affirmant que j'étais le seul homme dont elle aurait pu vouloir, mais je serais fou d'imaginer que je possédais un charme surnaturel. Je n'étais qu'un homme parmi de nombreux hommes possibles, en piteux état, moi aussi, et si je correspondais à ce qu'elle cherchait à ce moment précis, tant mieux pour moi. Ce fut elle qui fixa les règles de notre amitié, et je m'y conformai de mon mieux, en complice empressé de ses caprices et de ses exigences. A la demande de Maria, je tombai d'accord que nous ne coucherions jamais ensemble deux soirs de suite, que je ne lui parlerais jamais d'aucune autre femme, que je ne la prierais jamais de me présenter à aucun de ses amis. Je tombai d'accord d'agir comme si notre relation était un secret, un drame clandestin qu'il fallait dissimuler au reste du monde. Aucune de ces contraintes ne me gênait. Je portais les vêtements que Maria souhaitait me voir porter, je me rangeais à son goût des lieux de rendez-vous étranges (guichets du métro, comptoirs de pari mutuel, toilettes de restaurants), je mangeais les mêmes repas monochromes qu'elle. Tout était jeu pour elle, appel à invention constante, et aucune idée ne paraissait trop extravagante pour être tentée au moins une fois. Nous nous aimions habillés et déshabillés, lumières allumées et lumières éteintes, à l'intérieur et à l'extérieur, sur son lit et sous son lit. Nous nous vêtions de toges, nous déguisions en hommes des cavernes, louions des smokings. Nous prétendions ne pas nous connaître, nous nous prétendions mariés. Nous interprétions des numéros de docteur-et-infirmière, de serveuse-et-client, de maître-et-élève. Tout cela était assez puéril, je suppose, mais Maria prenait ces fantaisies au sérieux – non comme des divagations mais comme des expériences, des observations sur la nature changeante de la personnalité. Si elle n'avait été si convaincue, je ne crois pas que j'aurais pu entrer dans son jeu comme j'y suis entré. Je voyais d'autres femmes pendant cette période, mais Maria était la seule qui comptait pour moi, la seule qui fait encore partie de ma vie aujourd'hui.

En septembre de cette année (1979), quelqu'un acheta enfin la maison du comté de Dutchess, et Délia et David revinrent à New York et emménagèrent dans un immeuble en pierre brune du quartier de Cobble Hill, à Brooklyn. A mon point de vue, la situation s'en trouvait à la fois simplifiée et compliquée. Je pouvais voir mon fils plus souvent, et cela signifiait aussi des contacts plus fréquents avec ma future ex-femme. Notre divorce approchait alors de son terme, mais Délia commençait à ressentir des appréhensions et pendant ces derniers mois, avant que l'acte fût rendu, elle fit une tentative obscure et pas très convaincue de me récupérer. S'il n'y avait eu David dans le tableau, j'aurais été capable de résister à cette campagne sans difficulté. Mais il était manifeste que le petit garçon souffrait de mon absence et je me sentais responsable de ses cauchemars, de ses crises d'asthme et de ses larmes. Le sentiment de culpabilité est un aiguillon puissant, et Délia appuyait sur les boutons avec un instinct sûr chaque fois que j'étais là. Un jour, par exemple, après qu'un homme qu'elle connaissait fut venu dîner chez elle, elle me raconta que David s'était pelotonné sur ses genoux en lui demandant s'il allait devenir son nouveau père. Délia ne me jetait pas cet incident à la figure, elle voulait simplement partager avec moi ses préoccupations, mais chaque fois que j'entendais l'une de ces histoires, je m'enfonçais un peu plus profondément dans les sables mouvants de mes remords. La question n'était pas que j'eusse envie de vivre à nouveau avec Délia, mais de savoir s'il ne fallait pas m'y résigner, si mon destin n'était pas, après tout, d'être marié avec elle. J'attachais plus de prix au bien-être de David qu'au mien, et pourtant ça faisait près d'un an que je batifolais comme un imbécile avec Maria Turner et les autres en évitant toute réflexion concernant l'avenir. Je trouvais difficile de m'en justifier à mes propres yeux. Il n'y a pas que le bonheur qui compte, me disais-je. Dès lors qu'on est parent, il y a des devoirs qu'on ne peut esquiver, des obligations qu'il faut remplir, quel qu'en soit le prix.

C'est Fanny qui m'a sauvé de ce qui aurait pu être une décision terrible. Je peux l'affirmer aujourd'hui, à la lumière de ce qui s'est passé par la suite, mais à l'époque je ne voyais pas clair. Au terme de ma sous-location de Varick Street, je trouvai un appartement à Brooklyn, à six ou sept rues de chez Délia. Je n'avais pas eu l'intention de m'installer si près de chez elle, mais à Manhattan les prix étaient trop raides pour moi et lorsque j'avais entrepris de chercher de l'autre côté du fleuve, tous les appartements qu'on me montrait paraissaient se trouver dans son voisinage. Je finis par me décider pour un trois-pièces en enfilade un peu miteux à Carroll Gardens, dont le loyer était abordable et la chambre à coucher assez vaste pour deux lits – un pour moi et un pour David. Il vint dès lors passer deux ou trois nuits par semaine chez moi, ce qui en soi constituait une amélioration, mais me mettait aussi dans une position précaire vis-à-vis de Délia. Je m'étais laissé retomber dans son orbite, et je sentais que ma résolution commençait à faiblir. Par une coïncidence malencontreuse, Maria avait quitté la ville pour quelques mois à l'époque de mon déménagement, et Sachs aussi était parti – en Californie, pour travailler à un scénario d'après *le Nouveau Colosse*. Un producteur indépendant avait acheté les droits cinématographiques de son roman, et Sachs avait été engagé pour écrire le scénario en collaboration avec un scénariste professionnel qui vivait à Hollywood. Je reviendrai plus tard sur cette histoire, mais pour l'instant l'important c'est que je me retrouvais seul, en panne à New York sans mes compagnons habituels. Mon avenir entier semblait remis en question, et j'avais besoin de quelqu'un à qui parler, besoin de m'entendre réfléchir à haute voix.

Un soir, Fanny m'appela à ma nouvelle adresse pour m'inviter à dîner. Je supposai que ce serait l'une de ses soirées habituelles, avec cinq ou six autres convives, mais en arrivant chez elle le lendemain je m'aperçus qu'elle n'avait invité que moi. Ce fut une surprise. Depuis des années que nous nous connaissions, Fanny et moi n'avions jamais passé un moment en tête à tête. Ben était toujours là et, sauf aux moments où il quittait la pièce ou allait répondre au téléphone, nous ne nous étions pratiquement jamais parlé sans que quelqu'un écoute ce que nous disions. Je m'étais si bien habitué à cette situation que je ne songeais pas à la remettre en question. Fanny avait toujours été pour moi un personnage lointain et idéalisé, et il me semblait juste que nos relations demeurent indirectes, toujours sous la médiation d'autrui. En dépit de l'affection qui s'était développée entre nous, je me sentais toujours un peu nerveux en sa présence. Cette nervosité m'inspirait un comportement fantasque, et souvent je me mettais en quatre pour la faire rire en déballant des blagues idiotes ou d'atroces contrepèteries qui traduisaient mon embarras par un enjouement espiègle et puéril. Tout cela me troublait, car je ne m'étais jamais conduit ainsi envers personne. Je ne suis pas un blagueur, et je savais que je lui donnais de moi une impression fausse, mais ce ne fut que ce soir-là que je compris pourquoi je m'étais toujours caché d'elle. Certaines pensées sont trop dangereuses, on ne peut se permettre de s'en approcher.

 Je me souviens du chemisier de soie blanche qu'elle portait ce soir-là, et des perles blanches autour de son cou brun. Je crois qu'elle devinait combien son invitation m'intriguait, mais elle n'en laissa rien paraître et se comporta comme s'il était parfaitement normal pour des amis de dîner ainsi ensemble. Ce l'était, sans doute, mais pas de mon point de vue, pas avec le passé de dérobades qui existait entre nous. Je lui demandai s'il y avait une chose particulière dont elle souhaitait me parler. Elle me répondit que non, qu'elle avait simplement envie de me voir. Elle avait travaillé dur depuis que Ben était parti et la veille, en s'éveillant le matin, elle avait tout à coup réalisé que je lui manquais. C'était tout. Je lui manquais, et elle avait envie de savoir comment j'allais.

 On commença par prendre un verre dans le salon et, pendant les premières minutes, la conversation tourna surtout autour de Ben. Je parlai d'une lettre qu'il m'avait adressée la semaine précédente, et puis Fanny décrivit un coup de téléphone qu'ils avaient eu plus tôt dans la journée. Elle pensait que le film ne serait jamais réalisé, disait-elle, mais Ben était bien payé pour ce scénario et ça ne pouvait être que profitable. Leur maison du Vermont avait besoin d'un toit neuf, et ils pourraient peut-être entreprendre de lui en donner un avant que le vieux s'écroule. Nous avons dû parler du Vermont, après cela, ou de son travail au musée, je ne m'en souviens pas. D'une manière ou d'une autre, au moment de nous mettre à table nous en étions à mon livre. J'expliquai à Fanny que j'avançais encore, mais moins que précédemment dans la mesure où plusieurs jours par semaine étaient entièrement consacrés à David. Nous vivons comme deux vieux célibataires, racontai-je, qui traînaillent en pantoufles dans l'appartement et, le soir, fument leurs pipes en discutant philosophie devant un verre de cognac tout en observant les braises dans l'âtre.

"Un peu comme Holmes et Watson, dit Fanny.

— Ça viendra. La défécation est encore un sujet capital ces temps-ci, mais sitôt mon collègue sorti des langes, je suis certain que nous aborderons d'autres sujets.

— Ça pourrait être pire.

— Bien sûr. Tu ne m'entends pas me plaindre, si ?

— Lui as-tu fait faire la connaissance de certaines de tes amies ?

— Maria, par exemple ?

— Par exemple.

— J'y ai pensé, mais le moment ne me paraissait jamais convenir. Sans doute n'en ai-je pas envie. J'ai peur que ça ne le perturbe.

— Et Délia ? Est-ce qu'elle voit d'autres hommes ?

— Je crois que oui, mais elle n'est guère expansive quant à sa vie privée.

— Pas plus mal, à mon avis.

— Je ne sais pas vraiment. Si je me fie aux apparences, elle a l'air assez contente que je me sois installé dans les parages.

— Grand Dieu ! Tu ne l'encourages pas en ce sens ?

— Je ne suis pas sûr. C'est pas comme si j'envisageais de me marier avec quelqu'un d'autre.

— David n'est pas une raison suffisante, Peter. Si tu retournais auprès de Délia maintenant, tu te mettrais à te détester de l'avoir fait. Tu deviendrais un vieux type amer.

— C'est peut-être ce que je suis déjà.

— Ne dis pas de bêtises.

— J'essaie de m'en empêcher, mais j'ai de plus en plus de peine à regarder le gâchis que j'ai provoqué sans me sentir un parfait idiot.

— Tu te sens responsable, c'est tout. Ça te tiraille en des sens opposés.

— Chaque fois que je m'en vais, je me dis que j'aurais dû rester. Quand je reste, je me dis que j'aurais dû partir.

— C'est ce qu'on appelle l'ambivalence.

— Entre autres. Si c'est le terme que tu as envie d'utiliser, je veux bien.

— Ou, comme ma grand-mère l'a un jour dit à ma mère : Ton père serait un homme merveilleux, si seulement il était différent.

— Ah !

— Oui, ah ! Une épopée de chagrin et de souffrance réduite à une seule phrase.

— Le mariage : un marais, un exercice d'auto-mystification qui dure la vie entière.

— Tu n'as simplement pas encore rencontré la bonne personne, Peter. Donne-toi un peu plus de temps.

— Tu veux dire que je ne sais pas ce qu'est l'amour. Et qu'une fois que je le saurai, je changerai d'avis. C'est gentil de ta part de penser ça, mais... si ça n'arrive jamais ? Si ça ne se trouve pas dans les cartes, pour moi ?

— Ça s'y trouve, je te le garantis.

— Et qu'est-ce qui te rend si sûre ?"

Fanny se tut un instant, déposa son couteau et sa fourchette et puis, tendant le bras à travers la table, me saisit la main.

"Tu m'aimes, n'est-ce pas ?

— Bien sûr, je t'aime, fis-je.

— Tu m'as toujours aimée, n'est-ce pas ? Depuis le premier instant où tu m'as aperçue. C'est vrai, non ? Tu m'as aimée pendant toutes ces années, et tu m'aimes encore maintenant."

Je retirai ma main et contemplai la table, étourdi et embarrassé.

"C'est quoi, dis-je, une confession forcée ?

— Non, j'essaie seulement de démontrer que tu as épousé une femme qui n'était pas la bonne.

— Tu étais mariée à quelqu'un d'autre, tu te rappelles ? J'ai toujours pensé que ça t'éliminait de la liste des candidates.

— Je ne dis pas que tu aurais dû m'épouser. Mais tu n'aurais pas dû te marier avec elle.

— Tu tournes en rond, Fanny.

— Ce que je dis est l'évidence même. Simplement, tu n'as pas envie de comprendre.

— Non, ton raisonnement ne tient pas. Je t'accorde qu'épouser Délia était une erreur. Mais le fait de t'aimer ne prouve en rien que je peux aimer quelqu'un d'autre. Suppose que tu sois la seule femme que je puisse aimer. Je pose cette question comme une hypothèse, bien entendu, mais elle est d'une importance cruciale. Si c'est le cas, ton raisonnement n'a aucun sens.

— Ce n'est pas comme ça que ça se passe, Peter.

— C'est comme ça que ça se passe pour toi et Ben. Pourquoi faire une exception en ce qui vous concerne ?

— Je n'en fais pas.

— Et ça veut dire quoi, ça ?

— Tu as vraiment besoin que je t'épelle tout ?

— Je te demande pardon, je commence à me sentir un peu perdu. Si je ne savais pas que c'est à toi que je parle, je jurerais que tu me fais des avances.

— Tu veux dire que tu ne serais pas d'accord ?

— Bon Dieu, Fanny, tu es la femme de mon meilleur ami.

— Ben n'a rien à voir là-dedans. Ceci est strictement entre nous.

— Non, ce n'est pas vrai. Ça a tout à voir avec lui.

— Et qu'est-ce que tu crois que Ben est en train de faire en Californie ?

— Il écrit un scénario.

— Oui, il écrit un scénario. Et en même temps il baise une certaine Cynthia.

— Je ne te crois pas.

— Pourquoi ne lui téléphones-tu pas pour en avoir le cœur net ? Demande-le-lui. Il te dira la vérité. Dis-lui simplement : Fanny prétend que tu baises une certaine Cynthia ; qu'est-ce que ça veut dire, mon vieux ? Il te répondra sans détour, j'en suis sûre.

— Je crois que cette conversation est une erreur.

— Et puis demande-lui de te parler des autres, avant Cynthia. Grace, par exemple. Et Nora, et Martine, et Val. Ce sont les premiers noms qui me viennent à l'esprit, mais si tu m'accordes une minute, j'en retrouverai d'autres. Ton ami est un sacré cavaleur, Peter. Tu ne le connaissais pas sous cet angle, hein ?

— Ne parle pas comme ça. C'est dégoûtant.
— Je te dis ce qui est. C'est pas comme si Ben me le cachait. Il a ma permission, vois-tu. Il peut faire ce qu'il veut. Et je peux faire ce que je veux.
— A quoi bon rester mariés, alors ? Si tout ça est vrai, vous n'avez aucune raison de vivre ensemble.
— Parce que nous nous aimons, tiens !
— Ça n'en a vraiment pas l'air.
— Et pourtant si. C'est l'arrangement que nous avons conclu. Si je ne lui donnais pas sa liberté, je ne pourrais jamais retenir Ben.
— Alors il court où il veut pendant que tu restes ici à attendre sans bouger le retour de ton mari prodigue. Je ne trouve pas votre arrangement très équitable.
— Il l'est. Il est équitable parce que je l'accepte, parce que j'en suis contente. Même si je ne fais guère usage de ma liberté, elle existe, elle m'appartient. C'est un droit que je peux exercer quand ça me plaît.
— Comme en ce moment.
— C'est ça, Peter. Tu vas finalement avoir ce dont tu as toujours eu envie. Et tu n'as pas à te sentir traître envers Ben. Ce qui se passe ce soir est strictement entre toi et moi.
— Tu l'as déjà dit.
— Peut-être que tu le comprends un petit peu mieux maintenant. Tu n'as pas besoin de te nouer comme ça. Si tu me veux, tu peux m'avoir.
— Tout simplement.
— Oui, tout simplement."
Son assurance me démontait, me semblait incompréhensible. Si je n'avais été si dérouté, je me serais sans doute levé de table, je serais parti, mais là, je restai assis sur ma chaise sans un mot. Bien sûr, j'avais envie de coucher avec elle. Elle l'avait toujours su, et en cet instant où je me voyais dévoilé, où elle avait transformé mon secret en une proposition brutale et vulgaire, je ne savais quasi plus qui elle était. Fanny était devenue quelqu'un d'autre. Ben était devenu quelqu'un d'autre. En l'espace d'une brève conversation, toutes mes certitudes concernant l'univers s'étaient écroulées.

Fanny me reprit la main, et au lieu d'essayer de la contredire, je réagis par un faible sourire embarrassé. Elle dut interpréter ça comme une capitulation, car un moment plus tard elle se levait et contournait la table pour venir vers moi. Je lui ouvris les bras, et sans un mot elle se nicha sur mes genoux, planta solidement ses hanches sur mes cuisses, et me saisit le visage entre ses mains. Nous nous mîmes à nous embrasser. Bouches ouvertes, langues frénétiques, mentons mouillés, nous nous mîmes à nous embrasser comme deux adolescents sur le siège arrière d'une voiture.

Ça dura trois semaines. Presque tout de suite, Fanny me redevint reconnaissable, tel un point d'immobilité familier et énigmatique. Elle n'était plus la même, bien sûr, mais en aucune des façons qui m'avaient étourdi ce premier soir, et l'agressivité qu'elle avait alors manifestée ne réapparut jamais. Je commençai à oublier tout ça, à m'habituer à nos relations modifiées, à la ruée continue du désir. Ben n'était pas revenu en ville et, sauf quand David logeait chez moi, je passais toutes mes nuits chez lui à coucher dans son lit et à faire l'amour à sa femme. Il me paraissait aller de soi que j'allais épouser Fanny. Même si cela signifiait la fin de mon amitié avec Sachs, j'étais tout à fait prêt à aller de l'avant. Dans l'immédiat, je gardais pourtant cette conviction pour moi-même. Je me sentais encore trop impressionné par la force de mes sentiments, et je ne voulais pas en accabler Fanny en lui parlant trop tôt. Telle était, en tout cas, la justification que je me donnais de mon silence, mais en vérité Fanny se montrait peu disposée à parler d'autre chose que du quotidien, de la logistique de la prochaine rencontre. Nous faisions l'amour en silence, intensément, vertigineusement pâmés au cœur de l'immobilité. Fanny était toute langueur et tout acquiescement, et je tombai amoureux de la douceur de sa peau, de sa façon de fermer les yeux quand je me glissais derrière elle pour embrasser sa nuque. Pendant les deux premières semaines, je ne désirai rien de plus. La toucher me suffisait, et je vivais pour les ronronnements à peine audibles qui venaient de sa gorge, pour sentir son dos se cambrer lentement contre mes paumes.

J'imaginais Fanny en belle-mère de David. Je nous imaginais tous deux nous installant dans un autre quartier et y habitant pour le restant de nos jours. J'imaginais des tempêtes, des scènes dramatiques, d'immenses échanges de cris avec Sachs avant que rien de tout ça ne devienne possible. Peut-être en arriverions-nous aux coups, pensais-je. Je me sentais prêt à tout, même pas choqué à l'idée de me battre avec mon ami. Je pressais Fanny de me parler de lui, avide d'écouter ses doléances afin de me justifier à mes propres yeux. Si je pouvais établir qu'il avait été un mauvais mari, cela donnerait à mon projet de lui voler sa femme le poids et la sainteté d'une raison morale. Il ne s'agirait plus d'un vol mais d'un sauvetage, et je garderais la conscience nette. Ce que ma naïveté m'empêchait de comprendre, c'est que l'hostilité peut être aussi une dimension de l'amour. Fanny souffrait du comportement sexuel de Ben ; ses errements et peccadilles étaient pour elle la source d'un chagrin constant, mais lorsqu'elle se mit à me raconter tout cela, l'amertume à laquelle je me serais attendu de sa part ne dépassa jamais un ton de douce réprimande. Se confier à moi semblait l'avoir libérée d'une certaine tension interne, et du moment qu'elle avait péché, elle aussi, elle se sentait peut-être capable de lui pardonner les péchés qu'il avait commis envers elle. Telle était l'économie de la justice, si l'on peut dire, le *quid pro quo* qui transforme la victime en coupable, l'acte qui équilibre les plateaux de la balance. A la fin, Fanny m'apprit beaucoup de choses sur Ben, mais sans jamais me fournir les munitions que j'espérais. A la limite, ses révélations eurent l'effet opposé. Une nuit, par exemple, où nous nous étions mis à parler de la période qu'il avait passée en prison, je découvris que ces dix-sept mois avaient été bien plus terribles pour lui qu'il ne m'avait jamais permis de le soupçonner. Je ne pense pas que Fanny essayait spécialement de le défendre, mais en entendant ce qu'il avait subi (tabassages sans motif, harcèlement et menaces perpétuels, peut-être un incident de viol homosexuel), il me paraissait difficile d'éprouver envers lui le moindre ressentiment. Sachs vu par les yeux de Fanny semblait un personnage plus compliqué, moins sûr de lui que celui que je croyais connaître. Il n'y avait pas seulement cet extraverti bouillant et doué qui était devenu mon ami, il y avait aussi un homme qui se cachait des autres, un homme chargé de secrets jamais partagés avec personne. J'espérais un prétexte pour me retourner contre lui, mais au long de ces semaines passées avec Fanny, je me sentis aussi proche de lui qu'auparavant. Chose étrange, rien de tout cela n'intervenait dans mon amour pour elle. Cet amour était simple, même si tout ce qui l'entourait paraissait chargé d'ambiguïté. C'était elle qui s'était jetée à ma tête, après tout, et pourtant plus je la tenais serrée, moins je me sentais sûr de ce que je tenais.

L'aventure coïncida exactement avec l'absence de Ben. Quelques jours avant la date prévue pour son retour, je soulevai enfin la question de ce que nous allions faire lorsqu'il serait de nouveau à New York. Fanny proposa que nous continuions de la même façon, en nous voyant quand nous en aurions envie. Je répondis que ce n'était pas possible, qu'il lui faudrait rompre avec Ben et s'installer avec moi si nous voulions continuer. Il n'y avait pas de place pour la duplicité, affirmai-je. Nous devions raconter à Ben ce qui s'était passé, résoudre les problèmes le plus vite possible, et puis organiser notre mariage. Il ne m'était jamais venu à l'esprit que ce n'était pas ce que Fanny souhaitait, mais ça prouve simplement combien j'étais ignorant, à quel point, dès le départ, j'avais mal interprété ses intentions. Elle ne quitterait pas Ben, me dit-elle. Elle n'avait jamais envisagé de le quitter. Malgré tout son amour pour moi, c'était une chose qu'elle n'était pas prête à faire.

Cela devint une discussion affreusement douloureuse qui dura plusieurs heures, un tourbillon d'arguments circulaires qui ne menaient nulle part. Nous pleurâmes beaucoup, tous les deux, chacun suppliant l'autre d'être raisonnable, de céder, de considérer la situation sous un autre angle, et pourtant rien n'y fit. Peut-être n'y avait-il rien à faire, mais au moment même j'avais l'impression que c'était la pire conversation de ma vie, un moment de ruine absolue. Fanny ne voulait pas quitter Ben, et je ne voulais rester avec elle que si elle le quittait. Il fallait que ce soit tout ou rien, répétais-je. Je l'aimais trop pour me contenter d'une partie d'elle. En ce qui me concernait, toute solution partielle équivaudrait à rien, à une douleur avec laquelle je ne parviendrais jamais à vivre. J'obtins donc ma douleur et mon rien, et l'aventure s'acheva ce soir-là, avec cette conversation. Au cours des mois qui suivirent, il n'y eut guère d'instant où je ne le regrettai pas, où je ne me lamentai pas de mon entêtement, mais il n'y eut jamais aucune chance de revenir sur ce que mes paroles avaient eu de définitif.

Aujourd'hui encore, je suis bien en peine de comprendre le comportement de Fanny. On pourrait disposer de toute l'affaire, j'imagine, en disant qu'elle s'était simplement offert un amusement passager pendant que son mari était parti. Mais si c'était le sexe qui l'intéressait, il eût été absurde de me choisir moi comme partenaire. Compte tenu de mon amitié avec Ben, j'étais la dernière personne vers qui elle aurait dû se tourner. Elle aurait pu agir dans un esprit de vengeance, bien entendu, en se servant de moi pour équilibrer ses comptes avec Ben, mais au bout du compte je ne crois pas que cette explication aille bien loin. Elle présuppose une sorte de cynisme que Fanny n'a jamais vraiment possédé, et laisse trop de questions sans réponse. Il est possible aussi qu'elle ait cru savoir ce qu'elle faisait, et puis qu'elle ait pris peur. Un cas classique de trac, en quelque sorte, mais alors comment expliquer qu'elle n'ait jamais hésité, jamais laissé filtrer le moindre signe de regret ou d'indécision ? Jusqu'au tout dernier instant, il ne m'était jamais venu à l'idée qu'elle pût avoir des doutes à mon sujet. Si notre histoire s'est terminée avec une telle brusquerie, ce devait être parce qu'elle s'y attendait, parce qu'elle savait depuis le début que ça se passerait ainsi. Cette hypothèse est parfaitement plausible. Le seul problème, c'est qu'elle contredit tout ce que Fanny avait fait et dit pendant les trois semaines que nous avions passées ensemble. Elle paraît éclairante, et n'est finalement qu'un écueil de plus. Dès l'instant qu'on l'accepte, on se retrouve en pleine énigme.

Tout cela ne fut pas que négatif pour moi, cependant. Quelle que fût sa fin, l'épisode eut un certain nombre de résultats positifs, et je le considère aujourd'hui comme une articulation critique de mon histoire personnelle. Pour n'en citer qu'un, j'abandonnai toute idée de reprendre mon mariage. Mon amour pour Fanny m'avait démontré à quel point c'eût été vain, et je mis ces pensées au rancart une fois pour toutes. Il me paraît incontestable que Fanny était directement responsable de ce changement d'avis. Sans elle, je ne me serais jamais trouvé en situation de rencontrer Iris, et dès lors mon existence se serait déroulée de façon tout à fait différente. Pis, j'en suis convaincu, d'une façon qui m'aurait entraîné vers l'amertume contre laquelle Fanny m'avait mis en garde la première nuit que nous avions passée ensemble. En m'éprenant d'Iris, j'ai accompli sa prophétie de cette nuit-là – mais avant de pouvoir croire à cette prophétie, il fallait que j'aime Fanny. Etait-ce là ce qu'elle avait tenté de me démontrer ? Etait-ce le motif caché sous toute notre folle histoire ? Cette seule suggestion paraît extravagante, et pourtant elle correspond à la réalité mieux que toute autre explication. Ce que je dis, c'est que Fanny s'est offerte à moi pour me sauver de moi-même, qu'elle a fait ce qu'elle a fait pour m'empêcher de retourner à Délia. Une telle chose est-elle possible ? Quelqu'un peut-il aller aussi loin pour le bien de quelqu'un d'autre ? Dans ce cas, l'attitude de Fanny ne devient rien de moins qu'extraordinaire, un geste pur et lumineux de sacrifice de soi. De toutes les interprétations auxquelles j'ai réfléchi au cours des années, celle-ci est ma préférée. Ça ne signifie pas qu'elle est vraie, mais dans la mesure où elle le pourrait, j'aime à penser qu'elle l'est. Onze ans après, c'est la seule réponse qui garde encore un sens.

Une fois Sachs rentré à New York, j'avais l'intention d'éviter de le voir. Je ne savais pas du tout si Fanny allait lui dire ce qui s'était passé, mais même si elle gardait le secret, la perspective de devoir moi aussi dissimuler envers lui me paraissait intolérable. Nos rapports avaient toujours été trop honnêtes, trop directs pour cela, et je ne me sentais pas d'humeur à commencer de raconter des histoires. Je pensais qu'il me percerait à jour, de toute façon, et que si jamais Fanny lui parlait de ce que nous avions fait, je m'exposerais à toutes sortes de désastres. D'une manière ou d'une autre, je n'étais pas prêt à le revoir. S'il savait, agir comme s'il ne savait pas constituerait une insulte. Et s'il ne savait pas, alors chaque minute en sa compagnie serait une torture.

 Je travaillais à mon roman, je m'occupais de David, j'attendais le retour en ville de Maria. En temps normal, Sachs m'aurait appelé au bout de deux ou trois jours. Nous passions rarement plus de temps que ça sans nous voir, et maintenant qu'il était revenu de son aventure hollywoodienne, je m'attendais à un signe de lui. Mais trois jours s'écoulèrent, et puis encore trois jours, et peu à peu je compris que Fanny l'avait mis au courant. Aucune autre explication ne paraissait possible. J'en déduisis que c'était la fin de notre amitié et que je ne le verrais plus jamais. Juste quand je commençais à affronter cette idée (vers le septième ou le huitième jour), le téléphone sonna, et au bout de la ligne se trouvait Sachs, apparemment en grande forme, plaisantant avec plus d'enthousiasme que jamais. Je m'efforçai de faire écho à sa bonne humeur, mais je me sentais trop pris au dépourvu pour m'en tirer très bien. Ma voix tremblait, et je ne disais que des bêtises. Quand il m'invita à dîner le soir même, j'inventai une excuse et dis que je rappellerais le lendemain pour convenir d'un autre arrangement. Je ne rappelai pas. Un jour ou deux passèrent encore et puis Sachs retéléphona, d'une voix toujours aussi gaie, comme s'il n'y avait rien de changé entre nous. Je fis de mon mieux pour me débarrasser de lui, mais cette fois il ne voulait pas entendre parler d'un refus et, avant d'avoir pu imaginer une manière de m'en tirer, je m'entendis accepter son invitation. Moins de deux heures plus tard, nous devions nous retrouver chez *Costello*, un petit restaurant de Court Street, à quelques rues de chez moi. Si je ne me montrais pas, il viendrait chez moi frapper à ma porte. Je n'avais pas été assez rapide, et maintenant il me fallait faire face.

 Il était déjà là quand j'arrivai, assis dans une stalle au fond du restaurant. Il paraissait absorbé dans la lecture du

New York Times, étalé devant lui sur la table en formica, et fumait une cigarette dont il secouait distraitement les cendres par terre après chaque bouffée. C'était en 1980, l'époque du drame des otages en Iran, des atrocités commises par les Khmers rouges au Cambodge, de la guerre en Afghanistan. Les cheveux de Sachs avaient blondi au soleil de Californie, et son visage bronzé était constellé de taches de rousseur. Il avait bonne mine, pensai-je, l'air plus reposé que la dernière fois que je l'avais vu. En me dirigeant vers sa table, je me demandai jusqu'où il me faudrait approcher avant qu'il remarque ma présence. Plus tôt ce serait, plus pénible serait notre conversation, me disais-je. S'il levait la tête, cela dénoterait qu'il était anxieux – preuve que Fanny lui avait déjà parlé. D'autre part, s'il restait le nez enfoui dans son journal, cela démontrerait qu'il était calme, ce qui pouvait signifier que Fanny ne lui avait rien dit. Chaque pas que je faisais dans cette salle encombrée représentait un signe en ma faveur, me semblait-il, un faible indice suggérant qu'il ne savait encore rien, qu'il ignorait encore ma trahison. Et, en vérité, je parvins auprès de lui sans avoir reçu un regard.

"Un joli bronzage que vous avez là, Mr Hollywood", fis-je.

Comme je me glissais sur la banquette en face de lui, Sachs releva soudain la tête, me fixa quelques instants d'un air absent, puis sourit. On eût dit qu'il ne s'était pas attendu à me voir, que j'étais apparu tout à coup par hasard. C'était aller un peu fort, pensai-je, et dans le court silence qui précéda sa réponse, l'idée me vint qu'il avait seulement feint d'être distrait. Dans ce cas, le journal n'était qu'un accessoire. Pendant tout le temps qu'il était resté là à attendre mon arrivée, il n'avait fait que tourner les pages, parcourir les mots sans les voir, sans se donner la peine de les lire.

"Tu n'as pas trop mauvaise mine, toi non plus, dit-il. Le froid doit te convenir.

— Il ne me dérange pas. Après l'hiver dernier à la campagne, le climat d'ici me paraît tropical.

— Et qu'est-ce que tu as fait de bon depuis que je suis allé là-bas massacrer mon livre ?

— J'ai massacré mon propre livre, répondis-je. Chaque jour, j'ajoute quelques paragraphes à la catastrophe.
— Tu dois en avoir un bon paquet, maintenant.
— Onze chapitres sur treize. Je suppose que ça veut dire que la fin est en vue.
— Tu as une idée du temps que ça te prendra ?
— Pas vraiment. Trois ou quatre mois, sans doute. Mais peut-être douze. Ou bien peut-être deux. Ça devient de plus en plus difficile de faire des prédictions.
— J'espère que tu me laisseras le lire quand il sera terminé.
— Bien sûr que tu pourras le lire. Tu es le premier à qui je le donnerai."

Là-dessus, la serveuse arriva pour prendre la commande. C'est ainsi que je m'en souviens, en tout cas : dès le début, une interruption, une brève pause dans le courant de notre conversation. Depuis que j'habitais ce quartier, je venais déjeuner chez *Costello* à peu près deux fois par semaine, et la serveuse me connaissait. C'était une femme immensément grosse et amicale qui se dandinait entre les tables en uniforme vert pâle avec, en tout temps, un crayon jaune fiché dans ses cheveux gris. Elle ne se servait jamais de ce crayon pour écrire, elle en utilisait un autre qu'elle conservait dans la poche de son tablier, mais elle aimait le savoir à portée de main en cas d'urgence. J'ai oublié le nom de cette femme, à présent ; elle avait l'habitude de m'appeler "mon chou" et de rester près de moi à bavarder chaque fois que j'arrivais – jamais à propos d'un sujet particulier, mais toujours d'une façon qui me donnait l'impression d'être le bienvenu. Même devant Sachs, cet après-midi-là, nous nous livrâmes à un de nos échanges typiquement prolixes. Peu importe de quoi nous parlions, je ne raconte ça que pour montrer de quelle nature semblait être l'humeur de Sachs ce jour-là. Non seulement il ne bavarda pas avec la serveuse (ce qui était tout à fait contraire à ses habitudes), mais à l'instant même où elle s'éloignait avec nos commandes, il reprit la conversation exactement où nous l'avions laissée, comme si nous n'avions jamais été interrompus. C'est alors seulement que j'ai commencé à comprendre à quel point il devait être agité. Plus tard, quand le repas nous fut servi, je crois qu'il n'en mangea pas plus de deux ou trois bouchées. Il fumait et buvait du café, en noyant ses cigarettes dans les soucoupes inondées.

"Ce qui compte, c'est le travail, déclara-t-il en repliant le journal et en le jetant sur la banquette à côté de lui. Je voudrais juste que tu saches ça.

— Je crois que je ne te suis pas, fis-je, conscient de ne le suivre que trop bien.

— Je veux dire que tu ne dois pas t'en faire, c'est tout.

— M'en faire ? Pourquoi je m'en ferais ?

— Tu ne dois pas", dit Sachs avec un sourire chaleureux, étonnamment rayonnant. Pendant quelques instants, il eut l'air presque béat. "Mais je te connais depuis assez longtemps pour être à peu près certain que tu t'en fais.

— Il y a quelque chose qui m'échappe, ou on a décidé de parler par énigmes aujourd'hui ?

— Tout va bien, Peter. C'est la seule chose que j'essaie de te dire. Fanny m'a raconté, et tu n'as pas besoin de te trimbaler avec mauvaise conscience.

— Raconté quoi ?" C'était une question ridicule, mais j'étais trop ahuri devant son calme pour dire autre chose.

"Ce qui s'est passé pendant que j'étais parti. Le coup de foudre. Le foutre et la baise. Tout le sacré bordel.

— Je vois. Pas beaucoup de place pour l'imagination.

— Non, vraiment pas beaucoup.

— Alors quoi, maintenant ? C'est le moment où tu me tends ta carte en me demandant de me trouver des témoins ? On se retrouvera à l'aube, bien entendu. Un bon endroit, un endroit qui ait une valeur scénique appropriée. La passerelle du pont de Brooklyn, par exemple, ou bien le monument de la guerre de Sécession à Grand Army Plaza. Quelque chose de majestueux. Un endroit où on peut se sentir tout petits sous le ciel, où le soleil peut faire étinceler nos pistolets dressés. Qu'est-ce que tu en dis, Ben ? C'est comme ça que tu veux que ça se passe ? Ou tu préfères en finir tout de suite ? A l'américaine. Tu te penches par-dessus la table, tu me flanques un coup de poing sur le nez, et puis tu t'en vas. L'un ou l'autre me convient. Je te laisse le choix.

— Il y a aussi une troisième possibilité.

— Ah, la troisième voie ! fis-je, tout en ironie rageuse. Je ne me rendais pas compte qu'autant d'options s'offraient à nous.

— Bien sûr que si. Plus que nous ne pouvons en compter. Celle que j'envisage est très simple. On attend que le repas arrive, on le mange, et puis je paie la note et on s'en va.

— Ça ne suffit pas. Il n'y a pas de drame là-dedans, pas de confrontation. Il faut qu'on tire les choses au clair. Si on recule maintenant, je ne m'en contenterai jamais.

— On n'a pas de raison de se disputer, Peter.

— Si, on en a. On a toutes les raisons de se disputer. J'ai demandé à ta femme de m'épouser. Si ce n'est pas une raison valable de se disputer, alors nous ne méritons ni l'un ni l'autre de vivre avec elle.

— Si tu as envie de vider ton sac, vas-y. Je suis tout à fait prêt à t'écouter. Mais tu n'as pas besoin d'en parler si tu n'as pas envie.

— Personne ne peut se fiche à ce point de sa propre vie. C'est presque criminel, une telle indifférence.

— Ce n'est pas de l'indifférence. C'est juste que ça devait arriver de toute façon, un jour ou l'autre. Je ne suis pas idiot, à la fin ! Je sais ce que tu éprouves envers Fanny. C'est comme ça depuis le début. C'est écrit sur ta figure chaque fois que tu t'approches d'elle.

— C'est Fanny qui a pris les devants. Si elle ne l'avait pas voulu, rien ne serait arrivé.

— Je ne te reproche rien. A ta place, j'aurais fait la même chose.

— Ça ne veut pas dire que c'est bien.

— Il n'est pas question de bien ni de mal. C'est ainsi que va le monde. Tout homme est prisonnier de sa queue, on n'y peut rien, merde. On essaie de lutter, parfois, mais c'est toujours une bataille perdue.

— C'est un aveu de culpabilité, ou tu essaies de me dire que tu es innocent ?

— Innocent de quoi ?

— De ce que Fanny m'a raconté. Tes aventures. Tes activités extraconjugales.
— Elle t'a dit ça ?
— En long et en large. Elle m'en a mis plein les oreilles. Noms, dates, description des victimes, le grand jeu. Ça a fait son effet. Depuis lors, j'ai complètement changé d'idée sur ce que tu es.
— Je ne suis pas certain qu'il faille croire tout ce qu'on entend.
— Tu traites Fanny de menteuse ?
— Bien sûr que non. Simplement, elle n'a pas toujours une perception très nette de la vérité.
— Il me semble que ça veut dire la même chose. Tu le formules autrement, c'est tout.
— Non, je veux dire que Fanny n'y peut rien si elle pense ça. Elle s'est persuadée que je suis infidèle, et tout ce que je pourrais lui dire ne la ferait pas changer d'avis.
— Et tu prétends que ce n'est pas vrai ?
— J'ai eu des faiblesses, mais jamais dans les proportions qu'elle s'imagine. Rien de bien grave, si on considère depuis combien de temps nous vivons ensemble. Nous avons connu des hauts et des bas, Fanny et moi, pourtant il n'y a jamais eu un instant où je n'avais pas envie d'être marié avec elle.
— Alors d'où sort-elle les noms de toutes ces autres femmes ?
— Je lui raconte des histoires. Ça fait partie d'un jeu que nous jouons. J'invente des histoires sur mes conquêtes imaginaires, et Fanny écoute. Ça l'excite. Les mots ont un pouvoir, après tout. Pour certaines femmes, il n'existe pas de meilleur aphrodisiaque. Tu dois t'être aperçu de ça, à propos de Fanny, maintenant. Elle adore qu'on lui raconte des cochonneries. Et plus c'est imagé, plus ça lui fait de l'effet.
— Ce n'était pas mon impression. Chaque fois que Fanny m'a parlé de toi, elle était tout à fait sérieuse. Pas question de «conquêtes imaginaires». Tout ça était très réel à ses yeux.
— Parce qu'elle est jalouse, et qu'une partie d'elle s'obstine à croire au pire. C'est arrivé plusieurs fois, maintenant. A n'importe quel moment, elle m'embarque dans une liaison passionnée avec l'une ou l'autre. Il y a des années

que ça dure, et la liste des femmes avec qui j'ai couché ne cesse de s'allonger. Au bout d'un certain temps, j'ai appris qu'il était vain de nier. Ça ne faisait que renforcer ses soupçons et donc, au lieu de lui dire la vérité, je lui raconte ce qu'elle a envie d'entendre. Je mens pour lui faire plaisir.

— Plaisir n'est pas le terme que j'utiliserais.

— Pour nous maintenir ensemble, alors. Pour nous maintenir plus ou moins en équilibre. Ces histoires y contribuent. Ne me demande pas pourquoi, mais dès que je commence à les lui raconter, les choses s'éclaircissent entre nous. Tu croyais que je m'étais détourné de la fiction, eh bien, j'y suis toujours. Mon public est réduit à une personne, maintenant, mais c'est la seule qui compte vraiment.

— Et tu supposes que je vais te croire ?

— Ne va pas t'imaginer que je m'amuse. Ce n'est pas facile de parler de ça. Mais il me semble que tu as le droit de savoir, et je fais de mon mieux.

— Et Valérie Maas ? Tu prétends qu'il n'y a jamais rien eu entre vous ?

— C'est un nom qui est revenu souvent. Elle est rédactrice dans un des magazines pour lesquels j'ai écrit. Il y a un an ou deux, nous avons déjeuné ensemble plusieurs fois. Strictement business. On discutait de mes textes, on parlait de mes projets, ce genre de choses. A la longue, Fanny s'est fourré dans la tête que Val et moi avions une liaison. Je ne peux pas dire qu'elle ne me plaisait pas. Si les circonstances avaient été différentes, j'aurais pu faire une bêtise. Fanny le sentait, je suppose. J'ai sans doute prononcé le nom de Val une fois de trop à la maison, ou fait trop de réflexions flatteuses sur ses qualités d'éditrice. Mais la vérité, c'est que les hommes n'intéressent pas Val. Il y a cinq ou six ans qu'elle vit avec une autre femme, et si j'avais essayé je ne serais arrivé à rien.

— Tu n'as pas dit ça à Fanny ?

— Ça n'aurait servi à rien. Du moment qu'elle a une idée en tête, on ne peut pas la persuader du contraire.

— Tu la fais paraître si instable. Fanny n'est pas comme ça. C'est quelqu'un de solide, l'être le moins sujet aux illusions de tous ceux que je connais.

— C'est vrai. En bien des sens, elle est aussi forte qu'on peut l'être. Mais elle a aussi beaucoup souffert, et ces dernières années ont été dures pour elle. Elle n'a pas toujours été comme ça, tu comprends. Jusqu'il y a quatre ou cinq ans, elle n'avait pas une once de jalousie en elle.

— Il y a cinq ans, c'est quand je l'ai rencontrée. Officiellement, je veux dire.

— C'est aussi quand le médecin lui a annoncé qu'elle n'aurait jamais d'enfant. Tout a changé pour elle, après ça. Elle suit une thérapie depuis quelques années, mais je n'ai pas l'impression que ça lui fasse beaucoup de bien. Elle se sent indésirable. Elle se figure qu'il est impossible qu'un homme puisse l'aimer. C'est pour ça qu'elle s'imagine que j'ai des aventures avec d'autres femmes. Parce qu'elle se croit coupable envers moi. Parce qu'elle croit que je dois la punir de m'avoir déçu. Du moment qu'on s'en veut à soi-même, il est difficile de ne pas croire que tout le monde vous en veut aussi.

— Rien de tout ça ne se devine.

— Ça fait partie du problème. Fanny ne parle pas assez. Elle renferme tout au fond d'elle-même, et quand certaines choses s'expriment, c'est toujours de manière indirecte. Ça ne fait qu'aggraver la situation. La moitié du temps, elle souffre sans s'en rendre compte.

— Jusqu'au mois dernier, je vous ai toujours considérés comme un couple parfait.

— On ne sait jamais rien de personne. Je pensais la même chose de votre couple, et regarde comment ça a tourné, pour Délia et toi. C'est assez difficile de rester lucide pour soi-même. Une fois qu'il s'agit des autres, on n'a plus la moindre idée.

— Mais Fanny sait que je l'aime. Je dois le lui avoir dit un millier de fois, et je suis sûr qu'elle me croit. Je ne peux pas imaginer le contraire.

— Elle te croit. Et c'est pour ça que je considère ce qui est arrivé comme une bonne chose. Tu lui as fait du bien, Peter. Tu as fait plus pour elle que quiconque.

— Alors tu me remercies d'avoir couché avec ta femme ?

— Pourquoi pas ? Grâce à toi, il y a une chance que Fanny reprenne confiance en elle.

— Suffit d'appeler le docteur Miracle, hein ? Il répare les mariages brisés, guérit les âmes blessées, sauve les couples en détresse. Aucun rendez-vous nécessaire, visites à domicile vingt-quatre heures sur vingt-quatre. Formez notre numéro vert dès à présent. C'est le docteur Miracle. Il vous donne son cœur et ne demande rien en échange.

— Je ne peux pas te reprocher de te sentir amer. Ça doit être très dur pour toi en ce moment mais, quoi que tu puisses en penser, Fanny trouve que tu es le type le plus formidable qui ait jamais existé. Elle t'aime. Elle ne cessera jamais de t'aimer.

— Ce qui ne change rien au fait qu'elle veut rester mariée avec toi.

— Ça remonte trop loin, Peter. Nous avons vécu trop de choses ensemble. Nos vies entières y sont mêlées.

— Et moi, qu'est-ce que je deviens ?

— Ce que tu as toujours été. Mon ami. L'ami de Fanny. L'être que nous aimons le plus au monde.

— Alors tout recommence comme avant.

— Si tu le souhaites, oui. Du moment que tu peux le supporter, c'est comme si rien n'avait changé."

J'étais soudain au bord des larmes.

"Ne fous pas tout en l'air, lui dis-je. Je n'ai rien d'autre à te demander. Ne fous pas tout en l'air. Prends bien soin d'elle. Il faut que tu me le promettes. Si tu ne tiens pas parole, je crois que je te tuerai. Je te pourchasserai et je t'étranglerai de mes deux mains."

Je fixais mon assiette et luttais pour recouvrer le contrôle de moi-même. Quand enfin je relevai les yeux, je vis que Sachs me dévisageait. Son regard était sombre, son expression figée dans une attitude douloureuse. Avant que j'aie pu me lever pour quitter la table, il me tendit la main droite et la maintint en l'air, refusant de la baisser jusqu'à ce que je la saisisse.

"Je te le promets, dit-il, en serrant fort, en accentuant progressivement sa poigne. Je te donne ma parole."

Après ce déjeuner, je ne savais plus que croire. Fanny m'avait dit une chose, Sachs m'en avait dit une autre, et du moment que j'acceptais une version il me fallait rejeter l'autre. Telle était l'alternative. Ils m'avaient proposé deux interprétations de la vérité, deux réalités séparées et distinctes, et j'aurais beau me débattre, rien ne les réunirait. Je comprenais cela, et en même temps je me rendais compte que l'un et l'autre m'avaient convaincu. Dans la fondrière de chagrin et de confusion où je m'enfonçai plusieurs mois durant, j'hésitais à choisir entre eux. Je ne pense pas qu'il s'agissait de loyauté partagée (bien que cela pût y jouer un rôle), mais plutôt de la certitude que Fanny et Ben m'avaient tous deux dit la vérité. La vérité telle qu'ils la voyaient, sans doute, mais néanmoins la vérité. Ni l'un ni l'autre n'avait eu l'intention de me tromper ; ni l'un ni l'autre n'avait volontairement menti. En d'autres termes, il n'existait pas de vérité universelle. Ni pour eux ni pour quiconque. Il n'y avait personne à blâmer ni à défendre, et la seule réaction valable était la compassion. Je les admirais depuis trop d'années pour ne pas me sentir déçu de ce que j'avais appris, mais je n'étais pas seulement déçu par eux. J'étais déçu par moi-même, j'étais déçu par la vie. Même les plus forts sont faibles, me disais-je ; même les plus braves manquent de courage ; même les plus sages sont ignorants.

Il m'était impossible d'encore repousser Sachs. Il s'était montré si franc pendant notre conversation lors de ce déjeuner, il avait manifesté si clairement son désir que notre amitié se poursuive que je ne serais pas arrivé à lui tourner le dos. Mais il s'était trompé en estimant que rien ne changerait entre nous. Tout avait changé et, que nous le voulions ou non, notre amitié avait perdu son innocence. A cause de Fanny, nous avions pénétré dans la vie l'un de l'autre, chacun de nous avait laissé sa marque dans l'histoire interne de l'autre, et ce qui avait un jour été pur et simple nous paraissait désormais infiniment ténébreux et complexe. Peu à peu, nous commençâmes à nous ajuster à ces conditions nouvelles, mais avec Fanny ce fut une autre histoire. Je restais à distance, ne voyais Sachs que seul, le priais toujours de m'excuser quand il m'invitait chez eux. J'acceptais le fait que la place de Fanny fût aux côtés de Ben, mais je n'étais pas pour autant prêt à la voir. Elle comprenait mes réticences, je crois, et bien qu'elle continuât à m'envoyer ses amitiés par l'intermédiaire de Sachs, elle ne me pressa jamais de faire ce que je n'avais pas envie de faire. Ce n'est qu'en novembre qu'elle finit par m'appeler, au moins six ou sept mois plus tard. C'était pour m'inviter au dîner de *Thanksgiving* chez la mère de Ben, dans le Connecticut. Entre-temps, je m'étais appliqué à me persuader qu'il n'y avait jamais eu pour nous aucun espoir, que même si elle avait quitté Ben pour vivre avec moi, ça n'aurait pas marché. C'était pure invention, bien sûr, et je n'ai aucune possibilité de savoir ce qui serait arrivé, aucune possibilité de savoir quoi que ce soit. Mais cela m'avait aidé à passer cette demi-année sans perdre la tête, et quand je réentendis soudain la voix de Fanny au téléphone, je pensai que le moment était venu de me mettre à l'épreuve en situation réelle. David et moi fîmes donc l'aller et retour dans le Connecticut, et je passai la journée entière en compagnie de Fanny. Ce ne fut pas la journée la plus heureuse de ma vie, mais je réussis à y survivre. De vieilles blessures se rouvrirent, je saignai un peu, mais en rentrant chez moi ce soir-là avec David endormi dans mes bras, je m'aperçus que j'étais encore plus ou moins en une seule pièce.

Je ne veux pas suggérer que j'ai réussi cette guérison à moi seul. Dès son retour à New York, Maria contribua pour une grande part à me maintenir sur pied, et je me replongeai dans nos escapades privées avec la même passion qu'auparavant. Et il n'y avait pas qu'elle. Quand Maria n'était pas disponible, j'en trouvais d'autres pour me faire oublier mon cœur brisé. Une nommée Dawn, danseuse, une nommée Laura, écrivain, une nommée Dorothy, étudiante en médecine. A un moment ou à un autre, chacune d'elles a occupé une place particulière dans mes affections. Chaque fois que je prenais le temps d'observer mon propre comportement, j'arrivais à la conclusion que je n'étais pas fait pour le mariage, que mes rêves de bonheur domestique avec Fanny avaient reposé dès le début sur une erreur de jugement. Je n'étais pas un être monogame, me disais-je. Je me sentais trop attiré par le mystère des premières rencontres, trop épris de la comédie de la séduction, trop avide de l'émotion de découvrir un corps, pour qu'on pût compter sur moi dans la durée. Telle était en tout cas la logique dont je me bardais, et qui fonctionnait avec efficacité, à la manière d'un écran de fumée entre ma tête et mon cœur, entre mon sexe et mon intelligence. Car en vérité je n'avais aucune idée de ce que j'étais en train de faire. J'avais perdu tout contrôle de moi-même, et je forniquais pour les mêmes raisons qui en poussent d'autres à boire : afin de noyer mon chagrin, d'étourdir mes sens, de m'oublier. J'étais l'*homo erectus*, un phallus païen en folie. En peu de temps, je me trouvai embarqué dans plusieurs liaisons simultanées, jonglant avec mes petites amies tel un acrobate dément, sautant d'un lit à un autre aussi souvent que la lune change de silhouette. Dans la mesure où elle m'occupait, je suppose que cette frénésie constituait un remède efficace. Mais c'était une vie de fou, et elle m'aurait sans doute tué si elle avait duré beaucoup plus longtemps.

Cependant, il n'y avait pas que le sexe. Je travaillais bien, et mon livre se terminait enfin. Quels que fussent les déboires que je m'attirais, je réussissais à écrire malgré tout, à poursuivre sans ralentir l'allure. Ma table de travail était devenue un sanctuaire et tant que je continuais de m'y asseoir et de lutter pour trouver le mot suivant, rien ne pouvait plus m'atteindre : ni Fanny, ni Sachs, ni moi-même. Pour la première fois depuis des années que j'écrivais, j'avais l'impression d'avoir pris feu. Je n'aurais pu dire si le livre était bon ou mauvais, mais cela ne me paraissait plus important. J'avais cessé de me poser des questions. Je faisais ce que j'avais à faire, et je le faisais de la seule façon qui m'était possible. Tout le reste en découlait. Il s'agissait moins d'avoir commencé à croire en moi que de me sentir habité par une indifférence sublime. J'étais devenu interchangeable avec mon travail, et j'acceptais ce travail selon ses propres termes, comprenant que rien ne pourrait me soulager du désir de l'accomplir. Telle fut l'épiphanie fondamentale, l'illumination dans laquelle le doute disparut peu à peu. Même si ma vie s'effondrait, j'aurais encore une raison de vivre.

J'achevai *Luna* à la mi-avril, deux mois après ma conversation avec Sachs dans ce restaurant. Je respectai ma promesse de lui donner le manuscrit, et quatre jours plus tard il m'appelait pour me dire qu'il l'avait terminé. Pour être exact, il se mit à crier dans le téléphone en me submergeant de louanges si extravagantes que je me sentis rougir à l'autre bout du fil. Je n'avais pas osé rêver d'une réaction pareille. Ce fut pour moi un tel encouragement que je fus capable de résister à la déception qui suivit, et même quand le livre se mit à faire le tour des maisons d'édition new-yorkaises en collectionnant refus sur refus, je ne me laissai pas distraire de mon travail. Le soutien de Sachs faisait toute la différence. Il continuait à m'affirmer que je n'avais aucun souci à me faire, que tout finirait par s'arranger et, en dépit des apparences, je continuais à le croire. Je commençai à écrire un second roman. Quand *Luna* fut enfin accepté (au bout de sept mois et de seize refus), j'étais déjà bien engagé dans ce nouveau projet. Cela se passa à la fin de novembre, deux jours exactement avant que Fanny ne m'invite au dîner de *Thanksgiving* dans le Connecticut. Nul doute que cela contribua à ma décision d'y aller. J'acceptai parce que je venais d'apprendre la nouvelle pour mon livre. Le succès me donnait l'impression d'être invulnérable, et je savais qu'il n'y aurait jamais un meilleur moment pour me retrouver face à elle.

Ensuite vint ma rencontre avec Iris, et la folie de ces deux années s'arrêta net. C'était le 23 février 1981 : trois mois après *Thanksgiving*, un an après la rupture avec Fanny, six ans après le début de mon amitié avec Sachs. Il me paraît à la fois étrange et juste que Maria Turner ait été la personne grâce à qui cette rencontre fut possible. Une fois de plus, cela n'eut rien d'intentionnel, rien à voir avec un désir conscient de provoquer l'événement. Mais l'événement se produisit, et n'eût été le vernissage de la seconde exposition de Maria, le soir du 23 février, dans une petite galerie de Wooster Street, je suis persuadé qu'Iris et moi ne nous serions jamais connus. Des dizaines d'années se seraient écoulées avant que nous nous retrouvions dans la même pièce, et alors l'occasion aurait été manquée. Non que Maria nous ait à proprement parler mis en présence, mais nous nous sommes rencontrés sous son influence, pour ainsi dire, et je lui en suis reconnaissant. Moins envers Maria, femme de chair et de sang, sans doute, qu'envers Maria en tant qu'esprit souverain du hasard, déesse de l'imprévisible.

Parce que notre liaison demeurait un secret, il n'était pas question que je l'accompagne ce soir-là. J'arrivai à la galerie comme n'importe quel invité, embrassai rapidement Maria pour la féliciter et puis me plantai dans la foule, un gobelet de plastique à la main, sirotant un vin blanc à bon marché tout en parcourant la pièce des yeux, en quête de visages familiers. Je ne repérai personne de connu. A un moment donné, Maria se tourna vers moi et me fit un clin d'œil, mais à part le bref sourire que je lui adressai en retour, je respectai nos conventions et évitai tout contact avec elle. Moins de cinq minutes après ce clin d'œil, quelqu'un vint me frapper l'épaule par-derrière. C'était un certain John Johnston, un type que je connaissais vaguement et que je n'avais plus vu depuis des années. Iris se trouvait auprès de lui, et après que nous nous fûmes salués, il me présenta à elle. En me fiant à son apparence, je supposai qu'elle était mannequin – une erreur que la plupart des gens font encore en la voyant pour la première fois. Iris avait alors à peine vingt-quatre ans, une présence blonde éblouissante, un mètre quatre-vingts, un ravissant visage scandinave et les yeux bleus les plus profonds, les plus joyeux qu'on puisse trouver entre le ciel et l'enfer. Comment aurais-je pu deviner qu'elle était licenciée de littérature anglaise à l'université de Columbia ? Comment aurais-je su qu'elle avait lu plus de livres que moi et s'apprêtait à entreprendre une thèse de six cents pages sur l'œuvre de Charles Dickens ?

Présumant que Johnston et elle étaient des amis intimes, je lui serrai la main avec politesse et fis de mon mieux pour ne pas la dévisager. Johnston était marié avec une autre femme la dernière fois que je l'avais rencontré, mais je pensai qu'il avait dû divorcer, et je ne lui posai pas de questions. En fait, Iris et lui se connaissaient à peine. Nous bavardâmes à trois pendant quelques minutes, puis Johnston se détourna soudain pour se mettre à parler avec quelqu'un d'autre, me laissant seul avec Iris. C'est alors seulement que je commençai à soupçonner que leurs relations n'étaient qu'éphémères. En un geste que je ne peux expliquer, je sortis mon portefeuille et montrai à Iris des photos de David en chantant les louanges de mon petit garçon comme s'il s'était agi d'un personnage célèbre. A entendre Iris évoquer maintenant cette soirée, c'est à ce moment qu'elle a décidé qu'elle était amoureuse de moi, qu'elle a compris que j'étais l'homme qu'elle allait épouser. Il me fallut un peu plus longtemps pour reconnaître les sentiments qu'elle m'inspirait, mais pas plus de quelques heures. Nous continuâmes à parler tout en dînant dans un restaurant des environs, puis en prenant quelques verres dans un autre endroit. Il devait être plus de onze heures quand nous eûmes fini. Je fis signe à un taxi pour elle dans la rue, mais avant d'ouvrir la portière pour la faire monter, je tendis les bras, la saisis, l'attirai contre moi et l'embrassai éperdument. C'est une des choses les plus impétueuses que j'aie jamais faites, un instant de passion folle, débridée. Le taxi s'en alla, nous laissant, Iris et moi, debout au milieu de la chaussée, enveloppés dans les bras l'un de l'autre. C'était comme si nous étions les tout premiers à nous embrasser, comme si nous avions inventé ensemble ce soir-là l'art du baiser. Le lendemain matin, Iris était devenue mon dénouement heureux, le miracle advenu alors que je m'y attendais le moins. Nous nous sommes conquis dans un élan irrésistible, et plus rien n'a jamais été pareil pour moi.

Sachs fut mon témoin au mariage, en juin. Il y eut un dîner après la cérémonie, et à peu près à la moitié du repas il se leva pour porter un toast. Celui-ci fut très court et, à cause de la brièveté de son message, je peux le rapporter mot pour mot. "J'emprunte ces paroles à William Tecumseh

Sherman, déclara-t-il. J'espère que le général ne m'en voudra pas, mais il est arrivé avant moi, et je ne peux imaginer une meilleure façon de dire ça." Se tournant alors vers moi, Sachs leva son verre en disant : "Grant s'est tenu à mes côtés quand j'étais fou. Je me suis tenu à ses côtés quand il était ivre, et désormais nous serons toujours ensemble."

3

L'époque Reagan commençait. Sachs continuait de faire ce qu'il avait toujours fait, mais dans le nouvel ordre américain des années quatre-vingt, sa position tendait à se marginaliser. S'il ne manquait pas de lecteurs, leur nombre se réduisait néanmoins et les revues qui le publiaient devenaient de plus en plus obscures. De façon presque imperceptible, il en vint à être considéré comme dépassé, comme décalé par rapport à l'esprit du temps. Le monde autour de lui avait changé, et dans le climat ambiant d'égoïsme et d'intolérance, d'américanisme débile et triomphant, ses opinions rendaient un son étrange de raideur et de moralisme. Il était déjà assez inquiétant que la droite fût partout en pleine progression ; l'écroulement de toute réelle opposition à cette droite paraissait à Sachs plus inquiétant encore. Le parti démocrate s'était effondré ; la gauche avait pratiquement disparu ; la presse était muette. L'autre bord s'était soudain approprié tous les arguments, et élever la voix contre lui passait pour de mauvaises manières. Sachs continuait à exprimer ses idées, à affirmer haut et fort ce qu'il avait toujours cru vrai, mais de moins en moins de gens prenaient la peine de l'écouter. Il prétendait que cela lui était égal, mais je voyais bien que le combat l'épuisait et qu'alors même qu'il tentait de trouver un réconfort dans la conviction d'avoir raison, il perdait peu à peu confiance en lui.

Si le film avait été réalisé, cela aurait peut-être retourné la situation. Mais la prédiction de Fanny se vérifia, et après six ou huit mois de révisions, de renégociations et de valses-hésitations, le producteur finit par laisser tomber le projet. Il est difficile de mesurer l'ampleur de la déception de Sachs. En surface, il affecta vis-à-vis de toute l'affaire une attitude enjouée : il blaguait, racontait des anecdotes hollywoodiennes et riait en évoquant les grosses sommes d'argent qu'il avait gagnées. Ce pouvait être ou n'être pas du bluff, mais je suis persuadé qu'une part de lui avait attaché un grand prix à la possibilité de voir son livre porté à l'écran. A la différence de certains écrivains, Sachs ne méprisait nullement la culture populaire et le projet n'avait jamais suscité en lui aucun conflit. Il ne s'agissait pas pour lui de se compromettre, il voyait là l'occasion de toucher de nombreux publics, et il n'avait pas hésité quand on le lui avait proposé. Bien qu'il ne l'eût jamais dit en clair, je sentais que l'offre de Hollywood avait flatté sa vanité, l'étourdissant d'une bouffée de puissance éphémère et enivrante. C'était une réaction tout à fait normale, mais Sachs n'a jamais manifesté de complaisance envers lui-même, et il y a des chances qu'il ait regretté par la suite ces rêves évanescents de gloire et de succès. Il dut être d'autant plus difficile pour lui d'évoquer ses sentiments réels après l'abandon du projet. Il avait vu dans Hollywood une possibilité d'échapper à la crise intérieure dont il se sentait menacé, et lorsqu'il devint évident qu'il n'y aurait pas de salut, il en souffrit à mon avis beaucoup plus qu'il ne le montra jamais.

Tout cela n'est que conjectures. Pour autant que je sache, il n'y eut aucune modification abrupte ou radicale dans le comportement de Sachs. Son emploi du temps restait dominé par la même bousculade d'obligations excessives et de délais rigoureux et, sitôt dépassé l'épisode hollywoodien, il s'était remis à produire plus que jamais, sinon davantage. Articles, essais et commentaires critiques coulaient de sa plume à une cadence vertigineuse, et on pourrait soutenir, je suppose, que bien loin de se sentir désorienté, il fonçait de l'avant à toute pompe. Si je conteste ce portrait optimiste du Sachs de ces années-là, c'est seulement parce que je sais ce qui est arrivé ensuite. D'énormes transformations se sont produites en lui et, s'il est assez facile de mettre le doigt sur l'instant où elles ont commencé à se manifester – de se focaliser sur la nuit de son accident, de rendre cet événement bizarre responsable de tout –, je ne crois pas à la justesse d'une telle explication. Peut-on se métamorphoser en une nuit ? Un homme peut-il s'endormir avec une personnalité et se réveiller avec une autre ? Peut-être, et pourtant je ne le parierais pas. Non que l'accident ait été sans gravité, mais il peut exister des milliers de façons différentes de réagir au fait d'avoir frôlé la mort. Que la réaction de Sachs ait été ce qu'elle a été ne signifie pas, à mon avis, qu'il ait eu le choix en la matière. Au contraire, je la considère comme un reflet de son état d'esprit avant l'accident. En d'autres termes, même si la situation de Sachs paraissait alors assez bonne, même si, pendant les mois et les années qui ont précédé cette nuit-là, il ne semblait que vaguement conscient de sa propre détresse, je suis persuadé qu'il allait très mal. Je n'ai aucune preuve à avancer à l'appui de cette affirmation – sinon la preuve *a posteriori*. La plupart des gens auraient estimé avoir bien de la chance de survivre à ce qui était arrivé à Sachs, et puis n'y auraient plus pensé. Sachs, lui, n'oublia pas, et ce fait – ou, plus précisément, le fait qu'il ne pût oublier – suggère que l'accident l'avait moins changé, lui, qu'il n'avait mis en évidence ce qui était dissimulé. Si je me trompe en ceci, alors tout ce que j'ai écrit jusqu'ici est sans valeur, simple accumulation de conjectures gratuites. Peut-être la vie de Ben s'est-elle cette nuit-là cassée en deux, divisée en un avant et un après distincts – et dans ce cas on peut rayer de l'histoire tout ce qui précède. Mais si c'était vrai, cela signifierait que la vie humaine est dépourvue de sens. Cela signifierait qu'on ne peut jamais rien comprendre à rien.

Je n'ai pas été témoin de l'accident, mais j'étais là le soir où c'est arrivé. Nous devions être une quarantaine, une cinquantaine peut-être à cette soirée, une foule de gens entassés dans les limites d'un appartement exigu de Brooklyn Heights, suant, buvant et chahutant dans la chaleur de l'été. L'accident se produisit vers dix heures, à un moment où nous étions pour la plupart montés sur le toit pour regarder le feu d'artifice. Deux personnes seulement ont effectivement vu Sachs tomber : Maria Turner, qui se tenait avec lui sur l'échelle de secours, et une certaine Agnès Darwin qui lui fit par inadvertance perdre l'équilibre en trébuchant dans le dos de Maria. Il est incontestable que Sachs aurait pu se tuer. Compte tenu qu'il se trouvait à une hauteur de quatre étages, le contraire paraît tenir du miracle. Sans la corde à linge qui freina sa chute à un mètre cinquante du sol environ, il n'aurait jamais pu s'en tirer sans une incapacité permanente : dos brisé, fracture du crâne, l'un ou l'autre d'innombrables malheurs. En fait, la corde cassa sous le poids de son corps et, au lieu de s'écraser tête la première sur le ciment nu, il atterrit sur un fouillis moelleux de draps de bain, de couvertures et de serviettes. Le choc fut terrible néanmoins, mais rien de comparable avec ce qu'il aurait pu être. Non seulement Sachs survécut, il ressortit de l'accident relativement indemne : deux ou trois côtes enfoncées, une légère commotion, une épaule brisée et quelques méchantes plaies et bosses. On peut s'en réjouir, je suppose, mais en fin de compte le véritable dommage n'eut pas grand-chose à voir avec son corps. C'est cette idée-là que je m'efforce encore d'assimiler, ce mystère que j'essaie de résoudre. Son corps a guéri, mais lui n'a plus jamais été le même. Comme si, en ces quelques secondes avant de toucher le sol, Sachs avait tout perdu. Sa vie entière s'est éparpillée à mi-hauteur et, de ce moment à sa mort, quatre ans plus tard, il n'a jamais réussi à la reprendre en main.

C'était le 4 juillet 1986, le centième anniversaire de la statue de la Liberté. Iris était partie pour un voyage de six semaines en Chine avec ses trois sœurs (dont l'une habitait Taipei), David passait quinze jours en camp de vacances dans le comté de Bucks, et je m'étais terré dans l'appartement où je travaillais à un nouveau livre sans voir personne. En temps normal, Sachs se serait trouvé dans le Vermont à cette date, mais il avait été chargé par *The Village Voice* d'écrire un article sur les festivités et n'avait pas l'intention de quitter la ville avant d'avoir remis son texte. Trois ans auparavant, cédant enfin à mes conseils, il avait passé accord avec un agent littéraire (Patricia Clegg, qui se trouvait être aussi mon agent), et c'était Patricia qui recevait ce soir-là. Comme Brooklyn jouissait de la situation idéale pour assister au feu d'artifice, Ben et Fanny avaient accepté l'invitation de Patricia. Bien qu'invité, moi aussi, je ne comptais pas y aller. Je me sentais trop immergé dans mon travail pour avoir envie de sortir de chez moi, mais quand Fanny m'appela pour me dire qu'elle et Ben y seraient, je changeai d'avis. Je ne les avais pas vus depuis près d'un mois et, au moment où tout le monde allait se disperser pour l'été, je pensai que ce serait ma dernière occasion de bavarder avec eux avant l'automne.

En réalité, je ne parlai guère à Ben. La soirée battait son plein quand j'arrivai, et nous nous étions à peine dit bonjour pendant trois minutes quand nous fûmes repoussés à des bouts opposés de la pièce. Par pur hasard, je me retrouvai bousculé contre Fanny, et nous fûmes bientôt si absorbés par notre conversation que nous perdîmes trace de Ben. Maria Turner était là aussi, mais je ne la vis pas dans la foule. Ce n'est qu'après l'accident que j'appris qu'elle était venue à cette réception – qu'elle s'était en fait trouvée avec Sachs sur l'échelle de secours avant qu'il ne tombe – mais il régnait alors une telle confusion (invités hurlants, sirènes, ambulances, ambulanciers courant en tous sens) que je n'enregistrai pas tout ce qu'impliquait sa présence. Pendant les heures précédant ce moment, je m'étais beaucoup mieux amusé que je ne m'y étais attendu. C'était moins la soirée que la présence de Fanny, le plaisir de lui parler de nouveau, de savoir que nous étions encore amis malgré toutes les années et tous les déboires passés. A vrai dire, je me sentais en veine d'attendrissement ce soir-là, plein de pensées étrangement sentimentales, et je me souviens d'avoir contemplé le visage de Fanny en comprenant – tout d'un coup, comme si c'était la première fois – que nous n'étions plus jeunes, que nos vies nous échappaient. Sans doute à cause de l'alcool que j'avais bu, cette idée me frappa avec la force d'une révélation. Nous devenions tous vieux, et nous représentions les uns pour les autres la seule chose sur laquelle nous pouvions compter.

Fanny et Ben, Iris et David : telle était ma famille. C'étaient eux les gens que j'aimais, et c'étaient leurs âmes que je portais en moi.

Nous montâmes sur le toit avec les autres et, en dépit de ma réticence initiale, je fus content de n'avoir pas manqué le feu d'artifice. Les explosions avaient métamorphosé New York en une ville spectrale, une métropole assiégée, et je savourais le délire fou du spectacle : le bruit incessant, les corolles de lumière éclatée, les couleurs flottant à travers d'immenses dirigeables de fumée. La statue de la Liberté se dressait dans le port à notre gauche, incandescente sous la gloire de ses illuminations, et il me semblait à tout moment que les immeubles de Manhattan allaient se déraciner, s'élever du sol pour ne plus revenir. Fanny et moi étions assis un peu en retrait des autres, les talons calés pour résister à la pente du toit, épaule contre épaule, et nous bavardions à bâtons rompus. De souvenirs, des lettres qu'Iris m'envoyait de Chine, de David, de l'article de Ben, du musée. Je ne veux pas en faire trop grand cas, mais quelques instants avant la chute de Ben, nous avions dérivé vers le récit que sa mère et lui nous avaient fait de leur visite à la statue de la Liberté en 1951. Compte tenu des circonstances, il était naturel que cette histoire nous revînt en mémoire, mais ce fut horrible tout de même, car à peine avions-nous ri tous deux à l'idée de tomber dans la statue de la Liberté que Ben tombait de l'échelle de secours. Une fraction de seconde plus tard, Maria et Agnès commençaient à hurler au-dessous de nous. C'était comme si le fait d'avoir prononcé le mot *chute* avait précipité une chute réelle, et bien qu'il n'y eût aucun rapport entre les deux événements, j'ai encore la nausée quand j'y pense. J'entends encore les hurlements des deux femmes, et je revois l'expression de Fanny quand quelqu'un cria le nom de Ben, la peur qui envahit ses yeux tandis que les lumières colorées des explosions continuaient à ricocher contre sa peau.

On emporta Ben à l'hôpital universitaire de Long Island, toujours inconscient. Bien qu'il se fût réveillé au bout d'une heure, on devait l'y garder près de deux semaines en le soumettant à une série d'examens du cerveau destinés à mesurer l'étendue exacte des dommages. On l'aurait laissé sortir plus tôt, à mon avis, s'il n'était resté muet pendant les dix premiers jours, sans un mot pour personne – ni pour Fanny, ni pour moi, ni pour Maria Turner (qui venait le voir chaque après-midi), ni pour les médecins, ni pour les infirmières. Sachs le volubile, l'irrépressible, était devenu silencieux, et il semblait logique de supposer qu'il avait perdu la capacité de parler, que le choc à la tête avait provoqué de graves dégâts internes.

Pour Fanny, cette période fut un enfer. Elle avait pris congé de son travail et passait toutes ses journées assise dans la chambre de Ben, mais il ne réagissait pas à sa présence, fermait souvent les yeux en faisant semblant de dormir quand elle entrait, répondait à ses sourires par des regards vides, et ne semblait retirer aucun réconfort de sa proximité. Une situation déjà difficile en devenait pour elle intolérable, et je ne crois pas l'avoir jamais vue si soucieuse, si angoissée, si proche du désespoir total. Et les visites régulières de Maria n'arrangeaient rien. Fanny leur prêtait toutes sortes de motifs dont, en fait, aucun n'était fondé. Maria connaissait à peine Ben, de nombreuses années s'étaient écoulées depuis leur dernière rencontre. Sept ans, pour être précis – cette dernière fois étant le dîner à Brooklyn où Maria et moi avions fait connaissance. L'invitation de Maria à la soirée pour la statue de la Liberté n'avait aucun rapport avec le fait qu'elle connût Ben ou Fanny, ou même moi. Agnès Darwin, une éditrice qui préparait un livre sur l'œuvre de Maria, était une amie de Patricia Clegg, et c'était elle qui avait pris l'initiative d'amener Maria ce soir-là. Voir tomber Ben avait constitué pour Maria une expérience terrifiante et elle venait à l'hôpital parce qu'elle était inquiète, parce qu'elle se faisait du souci, parce qu'il lui aurait semblé que ce n'était pas bien de ne pas venir. J'en étais conscient, mais pas Fanny, et ayant remarqué sa détresse chaque fois que Maria et elle se croisaient (je comprenais qu'elle soupçonnait le pire, qu'elle s'était persuadée que Maria et Ben entretenaient une liaison secrète), je les invitai toutes les deux à déjeuner un jour à midi à la cafétéria de l'hôpital afin de clarifier l'atmosphère.

D'après Maria, Ben et elle avaient bavardé quelque temps dans la cuisine. Il s'était montré animé et charmant, et l'avait régalée d'histoires mystérieuses sur la statue de la Liberté. Quand le feu d'artifice avait commencé, il lui avait suggéré de passer par la fenêtre et de s'installer sur l'échelle de secours pour le regarder au lieu de monter sur le toit. Elle n'avait pas eu l'impression qu'il avait trop bu, mais à un moment donné, sans crier gare, il avait bondi et, balançant les jambes par-dessus le garde-fou, s'était assis sur le rebord de la balustrade de fer, les pieds pendant sous lui dans l'obscurité. Elle avait eu peur, nous raconta-t-elle, et s'était précipitée pour l'entourer de ses bras par-derrière, enserrant son torse afin de l'empêcher de tomber. Elle avait essayé de le convaincre de redescendre, mais il s'était contenté de rire en lui disant de ne pas s'en faire. Au même instant, Agnès Darwin était entrée dans la cuisine et avait aperçu Maria et Ben par la fenêtre ouverte. Ils lui tournaient le dos et, avec tout le bruit et l'agitation qui régnaient au-dehors, ne pouvaient se douter de sa présence. Boulotte et enthousiaste, et déjà prise de boisson un peu plus qu'elle n'aurait dû, Agnès s'était mis en tête de les rejoindre sur l'échelle de secours. Un verre de vin à la main, elle manœuvra pour faire passer la fenêtre à son ample personne, atterrit sur la plate-forme en coinçant le talon de sa chaussure gauche entre deux barreaux de fer, s'efforça de retrouver son équilibre et s'effondra soudain en avant. Il n'y avait guère de place là-dessus, et un demi-pas plus loin elle trébuchait dans le dos de Maria et s'affalait en plein sur son amie avec toute la force de son poids. Sous la violence du choc, Maria ouvrit les bras à la volée, et sitôt qu'elle eut cessé de le tenir, Sachs bascula par-dessus la balustrade. Juste comme ça, nous dit-elle, sans aucun avertissement. Agnès l'avait bousculée, elle avait bousculé Sachs, et un instant après il tombait tête la première dans la nuit.

Fanny se sentit soulagée d'apprendre que ses soupçons n'étaient pas fondés, mais en même temps rien ne se trouvait réellement expliqué. Et d'abord, pourquoi Ben s'était-il perché sur cette balustrade ? Il avait toujours eu le vertige, et ça paraissait bien la dernière chose à faire en de telles circonstances. Et si tout avait été pour le mieux entre Fanny et lui avant l'accident, pourquoi avait-il désormais changé d'attitude envers elle, pourquoi avait-il un mouvement de recul chaque fois qu'elle entrait dans sa chambre ? Il était arrivé quelque chose, quelque chose de plus que les dommages physiques provoqués par l'accident, et aussi longtemps que Sachs resterait incapable de parler, ou ne déciderait pas qu'il voulait parler, Fanny ne saurait jamais ce que c'était.

Il fallut presque un mois avant que Sachs me raconte l'histoire de son point de vue. Il était alors rentré chez lui, encore convalescent mais plus obligé de garder le lit, et j'étais allé le voir un après-midi pendant que Fanny était au travail. C'était une journée torride du début d'août. Nous buvions de la bière dans le salon, je m'en souviens, en regardant sans le son un match de base-ball à la télévision, et chaque fois que je pense à cette conversation, je revois les joueurs silencieux sur le petit écran tremblotant, dansant en une procession de mouvements observés distraitement, contrepoint absurde aux douloureuses confidences de mon ami.

Au début, me raconta-t-il, il ne savait pas très bien qui était Maria Turner. Il l'avait reconnue en la voyant à cette soirée, mais n'avait pu se rappeler le contexte de leur rencontre précédente. Je n'oublie jamais un visage, lui avait-il déclaré, mais j'ai du mal à mettre un nom sur le vôtre. Toujours évasive, Maria s'était bornée à sourire en répondant que ça lui reviendrait sans doute après quelque temps. Je suis venue chez vous un soir, avait-elle ajouté en guise de repère, mais elle avait refusé d'en révéler davantage. Comprenant qu'elle se jouait de lui, Sachs avait plutôt apprécié sa façon de s'y prendre. Son sourire légèrement ironique l'intriguait, et il ne voyait pas d'objection à se laisser entraîner dans un petit jeu du chat et de la souris. Elle manifestait assez d'esprit pour cela, et en soi c'était déjà intéressant, cela valait la peine de poursuivre.

Si elle lui avait révélé son nom, me dit Sachs, il ne se serait sans doute pas conduit comme il l'avait fait. Il savait que Maria Turner et moi avions eu des relations avant que je rencontre Iris, et il savait que Fanny la voyait encore, puisque de temps à autre elle lui parlait des créations de Maria. Mais à la suite d'une confusion lors du dîner organisé sept ans plus tôt, Sachs n'avait jamais vraiment compris qui était Maria Turner. Trois ou quatre jeunes artistes s'étaient assises à sa table, ce soir-là, et Sachs, qui les rencontrait toutes pour la première fois, avait commis l'erreur assez courante d'embrouiller leurs noms et leurs visages, d'associer à chaque visage le nom d'une autre. Dans son esprit, Maria Turner était une petite femme aux longs cheveux bruns, et toutes les fois que je lui en avais parlé, c'était ainsi qu'il se l'était représentée.

Ils avaient emporté leurs verres à la cuisine, un peu moins encombrée que le salon, et s'étaient assis sur un radiateur devant la fenêtre ouverte, heureux de la légère brise qui leur soufflait dans le dos. Contrairement à ce qu'avait déclaré Maria au sujet de sa sobriété, Sachs me confia qu'il avait déjà beaucoup bu. Il avait la tête qui tournait et, en dépit des injonctions qu'il s'adressait de s'arrêter, il s'était encore envoyé au moins trois bourbons en l'espace d'une heure. Leur conversation était devenue l'un de ces échanges fous et elliptiques qui s'épanouissent entre deux personnes en train de flirter dans une soirée, une série d'énigmes, de coq-à-l'âne et d'assauts de mots d'esprit. Le truc consiste à ne rien livrer de soi, de façon aussi élégante et aussi détournée que possible, à faire rire son interlocuteur, à se montrer subtil. Sachs et Maria excellaient tous deux dans ce genre de choses et ils firent durer le jeu tout le temps des trois bourbons et de quelques verres de vin.

A cause de la chaleur et parce qu'elle avait hésité à se rendre à cette invitation (craignant que la soirée ne fût ennuyeuse), Maria avait revêtu la tenue la plus minuscule de sa garde-robe : en haut, un justaucorps écarlate, sans manches, au décolleté plongeant, en bas une courte mini-jupe noire, des talons aiguilles au bout de ses jambes nues, une bague à chaque doigt et un bracelet à chaque poignet. Une tenue outrageusement provocante, mais qui correspondait à l'humeur de Maria et lui garantissait, à tout le moins, qu'elle ne serait pas perdue dans la foule. Ainsi qu'il me le raconta cet après-midi-là devant la télévision silencieuse, Sachs s'imposait depuis cinq ans une conduite irréprochable. Il n'avait pas eu de tout ce temps un regard pour une autre femme, et Fanny avait réappris à lui faire confiance. Le sauvetage de leur mariage avait constitué une tâche ardue, qui avait exigé de chacun d'eux un effort immense pendant une période longue et difficile, et il s'était promis de ne plus jamais mettre en danger sa vie avec Fanny. Et voilà qu'il se retrouvait à cette soirée, assis sur un radiateur à côté de Maria, serré contre une femme à demi nue aux jambes splendides et tentatrices – un peu parti déjà, avec trop d'alcool dans le sang. Petit à petit, Sachs s'était senti envahi par un désir presque incontrôlable de toucher ces jambes, de parcourir de la main, de haut en bas, la douceur de cette peau. Un désir d'autant plus violent que Maria portait un parfum coûteux et dangereux (Sachs avait toujours eu un faible pour les parfums), et tout en poursuivant leur dialogue taquin et railleur, il s'en était trouvé réduit à se débattre contre l'envie de commettre une bêtise grave et humiliante. Heureusement, ses inhibitions l'avaient emporté sur ses convoitises, mais cela ne l'empêchait pas d'imaginer ce qui serait arrivé si elles avaient eu le dessous. Il voyait le bout de ses doigts se poser en douceur sur un point situé un peu plus haut que le genou gauche de la jeune femme ; il voyait sa main se déplacer vers les régions soyeuses à l'intérieur de sa cuisse (ces minuscules étendues de peau que dissimulait encore la jupe) et puis, après avoir laissé ses doigts errer là pendant plusieurs secondes, les sentait se glisser, sous la lisière des dessous, dans un éden de fesses et de toison dense et excitante. Une performance mentale plutôt corsée, mais dès lors que le projecteur s'était mis à tourner dans sa tête, Sachs s'était senti incapable de l'arrêter. Ce qui n'arrangeait rien, c'est que Maria semblait tout à fait consciente de ce qu'il pensait. Si elle avait paru offensée, le charme aurait pu se rompre, mais Maria appréciait manifestement de se sentir l'objet de telles pensées lascives et, à sa façon de le regarder chaque fois qu'il la regardait, Sachs se mit à soupçonner qu'elle l'encourageait en silence, qu'elle le mettait au défi de passer à l'acte, de faire ce dont il avait envie. J'intervins alors : connaissant Maria, je pouvais imaginer toutes sortes de motifs obscurs à son comportement. Ce pouvait être en rapport avec un projet auquel elle était en train de travailler, par exemple, ou bien elle s'amusait parce qu'elle savait une chose que Sachs ignorait ou encore, un peu plus perverse, elle avait décidé de le punir pour ne s'être pas souvenu de son nom. (Plus tard, quand j'ai eu l'occasion d'en parler avec elle en tête à tête, elle m'a avoué que cette dernière explication était la bonne.) Mais au moment même, Sachs ne se rendait compte de rien de tout cela. Il n'avait d'autre certitude que ce qu'il éprouvait, et ce qu'il éprouvait était très simple : il désirait cette femme étrange et attirante, et il se méprisait de la désirer.

"Je ne vois vraiment pas de quoi tu devrais avoir honte, lui dis-je. Tu es humain, après tout, et Maria peut être joliment provocante quand elle s'y met. Du moment qu'il ne s'est rien passé, il n'y a pas de raison de te faire des reproches.

— Ce n'est pas d'avoir été tenté, fit Sachs lentement, en choisissant ses mots avec soin. C'est de l'avoir tentée, moi. Tu vois, je n'allais plus jamais faire ce genre de choses. Je m'étais promis que c'était fini, et je me retrouvais en train de le faire.

— Tu confonds les pensées avec les actes, répliquai-je. Il y a un monde de différence entre faire une chose et y penser. Sans cette distinction, la vie serait impossible.

— Ce n'est pas de ça que je parle. Ce que je veux dire, c'est que j'avais envie de faire une chose dont un instant avant je n'étais pas conscient d'avoir envie. Ce n'était pas une question d'infidélité envers Fanny, c'était une question de connaissance de moi-même. J'étais consterné de m'apercevoir que j'étais encore capable de me leurrer comme ça. Si j'y avais mis fin sur-le-champ, ce n'aurait pas été si grave, mais même après avoir compris ce que j'éprouvais, j'ai continué à flirter avec elle.

— Mais tu ne l'as pas touchée. En définitive, c'est la seule chose qui compte.

— Non, je ne l'ai pas touchée. Mais je me suis débrouillé pour qu'elle soit obligée de me toucher. En ce qui me

concerne, c'est encore pis. J'ai été malhonnête avec moi-même. Je me suis tenu à la lettre de la loi comme un bon petit scout, mais j'en ai complètement trahi l'esprit. C'est pour ça que je suis tombé de l'échelle. Ce n'était pas vraiment un accident, Peter. C'est moi qui l'ai provoqué. Je me suis comporté comme un lâche, et puis il a fallu payer.
— Tu veux dire que tu as sauté ?
— Non, rien de si simple. J'ai pris un risque stupide, c'est tout. J'ai fait une chose impardonnable parce que j'avais trop honte pour m'avouer mon envie de toucher la jambe de Maria Turner. A mon avis, un type qui se donne autant de mal pour se mentir à lui-même mérite tout ce qui peut lui arriver. "

C'était pour cela qu'il l'avait entraînée sur l'échelle de secours. Cela mettait un terme à la scène embarrassante qui se déroulait dans la cuisine, et c'était aussi le premier pas d'un plan complexe, d'une ruse qui allait lui permettre de se frotter au corps de Maria Turner tout en gardant son honneur intact. C'est de cela qu'il était si furieux, rétrospectivement : non de la réalité de son désir, mais de la négation de ce désir dans le but hypocrite de le satisfaire. Tout était chaos, là-dehors, me dit-il. Cris d'enthousiasme des foules, explosions du feu d'artifice, un tintamarre frénétique lui battait dans les oreilles. Ils étaient restés un moment debout sur la plate-forme à regarder le ciel illuminé par une gerbe de fusées, puis il était passé à l'exécution de la première partie de son plan. S'avançant au bord de la plate-forme, il avait passé la jambe droite au-dessus de la balustrade, s'était stabilisé brièvement en empoignant la barre à deux mains, puis avait passé aussi la jambe gauche. Il s'était un peu balancé d'avant en arrière tandis qu'il trouvait son équilibre, et avait entendu derrière lui Maria qui réprimait un cri. Devinant qu'elle le pensait prêt à sauter, il s'était empressé de la rassurer en lui disant qu'il cherchait seulement un meilleur point de vue. Heureusement, cette réponse n'avait pas satisfait Maria. Elle l'avait supplié de redescendre et, comme il s'y refusait, elle avait fait exactement ce qu'il avait espéré qu'elle ferait, le geste même dans l'espoir duquel son stratagème téméraire avait été calculé. Se précipitant derrière lui, elle lui avait entouré le torse de ses bras. C'était tout : un petit geste d'inquiétude qui prenait l'apparence d'une étreinte pleine de passion. Si cela n'avait pas tout à fait provoqué la réaction extatique à laquelle il s'était attendu (il avait trop peur pour y faire pleinement attention), il n'en avait pas non plus été vraiment déçu. Il sentait contre sa nuque la tiédeur de l'haleine de Maria, il sentait ses seins pressés contre sa colonne vertébrale, il sentait son parfum. Ç'avait été le plus court des instants, le plus minuscule des plaisirs minuscules et éphémères, mais avec ces bras sveltes serrés autour de lui, il avait éprouvé quelque chose qui ressemblait au bonheur, un frisson microscopique, une bouffée de béatitude transitoire. Son pari paraissait gagné. Il n'avait plus qu'à redescendre de son perchoir et toute cette comédie aurait bien valu le coup. Il avait l'intention de se pencher en arrière contre Maria et de prendre appui sur elle afin de réintégrer la plate-forme (ce qui aurait prolongé jusqu'à la toute dernière minute le contact entre eux), mais au moment précis où Sachs commençait à déplacer son poids dans le but d'exécuter ce mouvement, Agnès Darwin se coinçait le talon et dégringolait dans le dos de Maria. Sachs avait déjà relâché sa prise sur le haut de la balustrade, et quand Maria lui était rentrée dedans d'un élan violent vers l'avant, ses doigts s'étaient ouverts et ses mains avaient lâché la barre. Son centre de gravité s'était élevé, il s'était senti projeté loin de l'immeuble, et un instant plus tard il n'était plus environné que d'air.

"Je n'ai pas pu mettre bien longtemps à atteindre le sol, me dit-il. Sans doute une seconde ou deux, trois tout au plus. Mais je me souviens clairement que j'ai eu plus d'une pensée dans ce laps de temps. Il y a d'abord eu l'horreur, l'instant de conscience, celui où je me suis rendu compte que je tombais. On croirait que c'est tout, que je n'ai pas eu le temps de penser à autre chose. Pourtant l'horreur n'a pas duré. Non, ce n'est pas ça, l'horreur a persisté, mais une autre pensée est née dedans, quelque chose de plus fort que l'horreur seule. Difficile de lui donner un nom. Un sentiment de certitude absolue, peut-être. Une formidable, irrésistible conviction, un goût d'ultime vérité. De ma vie, je ne m'étais senti aussi certain de quoi que ce soit. J'ai d'abord compris que je tombais, et puis j'ai compris que j'étais mort. Je ne veux pas dire que je savais que j'allais mourir, je veux dire que j'étais déjà mort. J'étais un mort en train de tomber et même si techniquement je vivais encore, j'étais mort, aussi mort qu'un homme enterré dans sa tombe. Je ne sais pas comment exprimer ça autrement. Pendant que je tombais, je me trouvais déjà au-delà de l'instant où je toucherais le sol, au-delà de l'impact, au-delà de l'éclatement en mille morceaux. Je n'étais plus qu'un cadavre, et au moment où j'ai heurté la corde à linge et atterri sur ces serviettes et ces couvertures, je n'étais plus là. J'avais quitté mon corps, et pendant une fraction de seconde je me suis vu disparaître."

Il y avait des questions que j'aurais alors aimé lui poser, mais je ne l'interrompis pas. Sachs avait de la peine à formuler son récit, il parlait comme en transe, avec des hésitations et des silences pénibles, et je craignais en intervenant de lui faire perdre le fil. Pour être honnête, je ne comprenais pas très bien ce qu'il tentait d'exprimer. S'il me semblait incontestable que sa chute avait été une expérience atroce, j'étais troublé par le mal qu'il se donnait pour décrire les petits événements qui l'avaient précédée. Son histoire avec Maria me paraissait banale, sans importance véritable, une comédie de mœurs dont il ne valait pas la peine de parler. Dans l'esprit de Sachs, il existait néanmoins un rapport direct. Une chose avait été la cause de l'autre, ce qui signifiait qu'il voyait moins dans sa chute un accident ou une malchance qu'une forme grotesque de châtiment. J'aurais voulu lui dire qu'il se trompait, qu'il était trop dur envers lui-même – mais je ne dis rien. Je restai là à l'écouter tandis qu'il analysait son comportement. Il s'efforçait de m'en rendre compte avec une précision absolue et, dans sa tentative d'articuler chacune des nuances de son inoffensif badinage avec Maria sur l'échelle de secours, coupait les cheveux en quatre avec la patience d'un théologien médiéval. C'était infiniment subtil, infiniment élaboré et complexe, et au bout d'un moment je commençai à comprendre que ce drame lilliputien avait pris pour lui autant d'importance que sa chute elle-même. Il n'y avait plus de différence. Une étreinte brève, risible, était devenue l'équivalent moral de la mort. Si Sachs n'y avait mis tant de sérieux, j'aurais trouvé ça drôle. Malheureusement, je n'eus pas le réflexe de rire. J'essayai de lui manifester ma sympathie, de l'écouter jusqu'au bout en acceptant ce qu'il avait à dire selon ses propres termes. Rétrospectivement, je pense aujourd'hui que je lui aurais rendu meilleur service en lui disant ce que je pensais. J'aurais dû lui éclater de rire à la figure. J'aurais dû lui dire qu'il était cinglé et le persuader de s'arrêter. S'il y a un instant où j'ai manqué à l'amitié envers Sachs, c'est cet après-midi-là, il y a quatre ans. J'avais une chance de l'aider, et j'ai laissé l'occasion me glisser entre les doigts.

Il n'avait jamais pris la décision consciente de ne pas parler, me confia-t-il. Simplement, ça s'était passé comme ça, et alors même que son silence persistait, il se sentait honteux de causer du souci à tant de gens. Il n'avait jamais eu le moindre problème de dommage au cerveau ou de choc, jamais aucun signe d'incapacité physique. Il comprenait tout ce qu'on lui disait et savait, au fond de lui, qu'il était capable de s'exprimer sur n'importe quel sujet. Le moment décisif était advenu au début, quand il avait ouvert les yeux et découvert une femme inconnue en train de le dévisager en face – une infirmière, devait-il apprendre plus tard. Il l'avait entendue annoncer à quelqu'un que Rip Van Winckle avait fini par s'éveiller – ou bien ces mots lui étaient adressés, à lui, il n'était pas certain. Il avait voulu répondre, mais son cerveau en plein tumulte se tournait dans toutes les directions à la fois et, la douleur dans ses os se faisant soudain sentir, il avait décidé qu'il se sentait encore trop faible et laissé passer l'occasion. Sachs n'avait jamais fait une chose pareille, et tandis que l'infirmière continuait à lui parler, bientôt rejointe par un médecin et une deuxième infirmière, tous trois empressés autour de son lit, l'encourageant à leur dire comment il se sentait,

Sachs poursuivait ses propres pensées comme s'ils n'avaient pas été là, content de s'être libéré du fardeau d'avoir à leur répondre. Il supposait que ça n'arriverait plus, mais la même chose s'était passée la fois suivante, et puis la fois suivante, et puis encore la fois suivante. Chaque fois que quelqu'un lui adressait la parole, Sachs se sentait repris par la même envie étrange et compulsive de tenir sa langue. Les jours passant, il s'était confirmé dans son silence, se comportant comme s'il s'était agi d'un point d'honneur, d'un défi secret de fidélité à lui-même. Il écoutait les mots que les gens prononçaient à son intention, pesait soigneusement chaque phrase qui lui venait aux oreilles et alors, au lieu de répliquer, se détournait, ou fermait les yeux, ou fixait son interlocuteur comme s'il avait pu voir à travers lui. Sachs était conscient de ce que son attitude avait d'infantile et de capricieux, mais il n'en avait pas moins de difficulté à s'arrêter. Les médecins et les infirmières ne comptaient pas à ses yeux, et il ne se sentait guère de responsabilité envers Maria ou moi, ou n'importe lequel de ses autres amis. Fanny, pourtant, c'était autre chose, et en plusieurs occasions il se trouva tout près de renoncer à cause d'elle. Au minimum, un frisson de regret le traversait à chacune de ses visites. Il se rendait compte de la cruauté dont il témoignait envers elle, et se sentait envahi par la conviction qu'il ne valait rien, par un détestable arrière-goût de culpabilité. Parfois, allongé là sur son lit, en guerre avec sa conscience, il tentait faiblement de lui sourire, et il était même allé une ou deux fois jusqu'à remuer les lèvres en produisant au fond de sa gorge quelques vagues gargouillis afin de la persuader qu'il faisait de son mieux, que tôt ou tard de vraies paroles finiraient par lui échapper. Il se haïssait de simuler ainsi, mais il se passait désormais trop de choses à l'intérieur de son silence, et il n'arrivait pas à faire l'effort de volonté nécessaire pour le briser.

 Contrairement à ce que supposaient les médecins, Sachs se souvenait de l'accident dans ses moindres détails. Il lui suffisait de penser à n'importe quel instant de cette soirée pour qu'elle lui revienne tout entière en mémoire, si présente que ça le rendait malade : la réception, Maria Turner, l'échelle de secours, les premières secondes de la chute, la mort certaine, la corde à linge, le ciment. Rien de tout cela n'était flou, aucun élément n'apparaissait avec moins de netteté qu'un autre. L'événement se détachait avec une clarté excessive, en une irrésistible avalanche de souvenirs. Une chose extraordinaire s'était produite, et avant qu'elle s'estompe en lui, il lui fallait y consacrer une attention sans réserve. D'où son silence. Il s'agissait moins d'un refus que d'une méthode, une façon de retenir l'horreur de cette nuit assez longtemps pour en saisir le sens. Se taire, c'était s'enfermer dans la contemplation, revivre inlassablement les instants de sa chute, comme s'il pouvait se suspendre entre ciel et terre pour le restant de ses jours – pour l'éternité à trois centimètres du sol, pour l'éternité dans l'attente de l'apocalypse du dernier instant.

Il n'avait aucune intention de se pardonner, me déclara-t-il. Sa culpabilité ne faisait pas de doute, et moins il perdrait de temps là-dessus, mieux cela vaudrait.

"A n'importe quel autre moment de ma vie, me dit-il, je me serais probablement cherché des excuses. Des accidents, après tout, ça arrive. A chaque heure de chaque jour, des gens meurent quand ils s'y attendent le moins. Ils brûlent dans des incendies, ils se noient dans des lacs, ils emboutissent leur voiture dans d'autres voitures, ils tombent par la fenêtre. On lit ça dans les journaux tous les matins, et il faudrait être idiot pour ne pas savoir que nos vies pourraient s'éteindre aussi brusquement et sans plus de raison que celles de ces pauvres gens. Mais le fait est que mon accident n'est pas dû à la malchance. Je n'ai pas seulement été victime, j'ai été complice, j'ai contribué activement à tout ce qui m'est arrivé, et je ne peux pas l'ignorer, je dois assumer la responsabilité du rôle que j'ai joué. Tu comprends ce que je veux dire, ou c'est du charabia ? Je ne prétends pas que c'était un crime de flirter avec Maria Turner. C'était un truc pas net, un petit tour méprisable, guère plus. J'aurais pu me sentir moche de l'avoir désirée, mais si l'histoire se réduisait à un caprice de mes gonades, il y a longtemps que je l'aurais oubliée. Ce que je veux dire, c'est que je ne crois pas que le sexe avait grand-chose à voir avec ce qui est arrivé ce soir-là. C'est une des conclusions auxquelles je suis arrivé à l'hôpital, pendant toutes ces journées dans ce lit sans parler. Si j'avais été vraiment sérieux dans mon envie de Maria Turner, pourquoi serais-je passé par des subterfuges aussi ridicules pour l'amener à me toucher ? Dieu sait qu'il existe des façons moins dangereuses de s'y prendre, une centaine de stratégies plus efficaces pour arriver au même résultat. Mais je me suis transformé en casse-cou sur cette échelle de secours, j'ai carrément risqué ma vie. Pour quoi ? Pour une petite étreinte dans l'obscurité, pour rien du tout. En revoyant la scène de mon lit d'hôpital, j'ai fini par comprendre que rien n'était tel que je me l'étais imaginé. J'avais tout compris de travers, tout regardé à l'envers. L'intérêt de mes folles pitreries n'était pas d'amener Maria Turner à m'entourer de ses bras, il était de risquer ma vie. Elle n'était qu'un prétexte, un instrument pour me propulser sur la balustrade, une main pour me guider à la limite de la catastrophe. La question était : pourquoi ai-je fait ça ? Pourquoi étais-je si impatient de courtiser le danger ? Je dois m'être posé cette question six cents fois par jour, et chaque fois que je me la posais, une faille terrifiante s'ouvrait en moi et je me retrouvais aussitôt en train de tomber, de plonger tête la première dans l'obscurité. Je ne voudrais pas paraître exagérément dramatique, mais ces jours d'hôpital ont été les pires de mon existence. Je me rendais compte que je m'étais mis en situation de tomber, et que je l'avais fait exprès. Voilà ce que j'ai découvert, la conclusion irréfutable qui s'est imposée dans mon silence. J'ai appris que je n'avais pas envie de vivre. Pour des raisons qui me sont encore impénétrables, j'ai grimpé sur cette balustrade ce soir-là dans le but de me tuer.

— Tu étais soûl, dis-je. Tu ne savais pas ce que tu faisais.

— J'étais soûl, et je savais exactement ce que je faisais. Simplement, je ne savais pas que je le savais.

— Ça, c'est de la mauvaise foi. Pur sophisme.

— Je ne savais pas que je savais, et l'ivresse m'a donné le courage d'agir. Elle m'a aidé à faire ce que je ne savais pas que j'avais envie de faire.

— Tu m'as raconté que tu étais tombé parce que tu n'avais pas osé toucher la jambe de Maria. Maintenant tu changes ton histoire, tu dis que tu es tombé exprès. Ça ne marche pas. Ça doit être l'un ou l'autre.

— C'est l'un et l'autre. L'un a entraîné l'autre, et on ne peut pas les séparer. Je ne prétends pas comprendre, je t'explique simplement ce qu'il en était, ce dont je suis certain que c'est vrai. J'étais prêt à me supprimer ce soir-là. Je sens encore ça dans mes tripes, et ça me fait une peur de tous les diables de trimbaler cette sensation.

— Nous avons tous en nous, quelque part, une envie de mourir, dis-je, un petit chaudron d'autodestruction perpétuellement en train de bouillonner sous la surface. Pour une raison ou une autre, le feu brûlait trop fort pour toi, ce soir-là, et il est arrivé quelque chose de fou. Mais ce n'est pas parce que c'est arrivé une fois que ça risque de recommencer.

— Possible. N'empêche que c'est arrivé, et qu'il y avait une raison pour que ça arrive. Si j'ai pu me laisser prendre comme ça par surprise, ça doit signifier qu'il y a quelque chose de fondamentalement pourri en moi. Ça doit signifier que je ne crois plus en ma propre vie.

— Si tu n'y croyais plus, tu n'aurais pas recommencé à parler. Tu devais être parvenu à une quelconque décision. Tu devais avoir résolu certaines questions, à ce moment-là.

— Pas vraiment. Tu es entré dans la chambre avec David, il est arrivé près de mon lit et il m'a souri. Et je me suis soudain entendu lui dire bonjour. C'était aussi simple que ça. Il était tellement gentil. Une mine superbe, tout bronzé après ses semaines de camp, le parfait gamin de neuf ans. Quand il est arrivé près de mon lit tout souriant, il ne m'est jamais venu à l'esprit de ne pas lui parler.

— Tu avais les larmes aux yeux. J'ai pensé que ça voulait dire que tu avais trouvé certaines solutions, que tu étais en voie de revenir.

— Ça voulait dire que je savais que j'avais touché le fond. Ça voulait dire que j'avais compris que je devais changer de vie.

— Changer de vie, ce n'est pas la même chose que vouloir en finir.

— Je veux en finir avec la vie que j'ai menée jusqu'à maintenant. Je veux que tout change. Si je n'y réussis pas, ça ira très mal pour moi. Ma vie entière est un gâchis, une petite blague idiote, un triste chapelet d'échecs minables. J'aurai quarante et un ans la semaine prochaine, et si je ne prends pas les choses en main dès maintenant, je vais me noyer. Je vais sombrer comme une pierre jusqu'au fin fond du monde.

— Tu as juste besoin de te remettre au travail. A la minute où tu recommenceras à écrire, tu redécouvriras qui tu es.

— L'idée d'écrire me dégoûte. Ça n'a plus le moindre foutu sens pour moi.

— Ce n'est pas la première fois que tu parles comme ça.

— Peut-être. Mais cette fois-ci je le pense. Je ne veux pas passer le restant de mes jours à introduire des feuilles de papier blanc dans le rouleau d'une machine à écrire. Je veux me lever de mon bureau et faire quelque chose. Le temps d'être une ombre est passé. Il faut maintenant que j'aille dans le monde réel et que je fasse quelque chose.

— Quoi ?

— Le diable sait quoi !" répliqua Sachs. Ses paroles restèrent un moment en suspens entre nous et puis, sans transition, son visage s'éclaira d'un sourire. C'était la première fois que je le voyais sourire depuis des semaines, et pendant cet instant unique et passager, il recommença presque à ressembler à lui-même.

"Quand j'aurai trouvé, dit-il, je t'écrirai."

Je repartis de chez Sachs convaincu qu'il se sortirait de cette crise. Pas tout de suite, peut-être, mais à long terme j'avais de la peine à imaginer que les choses ne reprendraient pas pour lui leur cours normal. Il avait trop de ressort, me disais-je, trop d'intelligence et de vitalité pour se laisser écraser par l'accident. Il est possible que j'aie sous-estimé le degré auquel sa confiance en lui avait été ébranlée, mais j'ai tendance à penser que non. Je voyais à quel point il était tourmenté, je voyais l'angoisse de ses doutes et des reproches qu'il s'adressait, mais en dépit des horreurs qu'il avait proférées sur lui-même cet après-midi-là, il m'avait aussi souri, et j'interprétais ce fugitif éclat d'ironie comme un signal d'espoir, une preuve que Sachs avait en lui ce qu'il fallait pour achever de guérir. Les semaines passèrent pourtant, et puis les mois, et la situation demeurait exactement pareille à elle-même. Il est vrai qu'il avait recouvré une bonne partie de son aisance en société, et qu'avec le temps sa souffrance était devenue moins manifeste (il ne sombrait plus dans la mélancolie en public, il ne paraissait plus tout à fait aussi absent), mais ce n'était que parce qu'il parlait moins de lui. Ce n'était plus le silence de l'hôpital, mais les effets en étaient similaires. Il parlait désormais, il ouvrait la bouche et prononçait des mots aux moments appropriés, mais il n'exprimait jamais rien de ce qui le préoccupait vraiment, rien de l'accident ni de ses suites, et peu à peu je devinai qu'il avait repoussé sa souffrance dans ses tréfonds, enterrée en un lieu où nul ne pouvait l'apercevoir. Si tout le reste m'avait paru normal, j'aurais pu m'en sentir moins troublé. J'aurais pu apprendre à vivre avec un Sachs plus silencieux et moins extraverti, mais les signes extérieurs me semblaient trop décourageants et je ne pouvais me débarrasser de l'impression qu'ils étaient les symptômes d'une détresse plus générale. Il refusait des propositions d'articles dans des revues, ne faisait aucun effort pour renouveler ses contacts professionnels, et s'asseoir derrière sa machine à écrire paraissait avoir perdu tout intérêt à ses yeux. C'était ce qu'il m'avait dit à son retour chez lui après l'hôpital, mais je ne l'avais pas cru. A présent qu'il tenait parole, je commençais à avoir peur. Depuis que je le connaissais, la vie de Sachs avait toujours tourné autour de son travail, et à le voir soudain sans ce travail, on aurait dit un homme privé de sa vie. Il allait à la dérive, flottant sur une mer de jours indifférenciés et, pour autant que je sache, ça lui était bien égal de toucher terre ou non.

Entre Noël et le Nouvel An, Sachs rasa sa barbe et se coupa les cheveux à une longueur normale. C'était une transformation radicale, qui lui donnait une tout autre personnalité. Il semblait en quelque sorte avoir rétréci, avoir à la fois rajeuni et vieilli, et un bon mois s'écoula avant que je commence à m'y habituer, avant que je cesse de sursauter chaque fois qu'il entrait dans une pièce. Ce n'était pas que je l'eusse préféré sous l'un ou l'autre aspect, simplement, je regrettais le changement, le changement en soi et pour soi. Quand je lui demandai pourquoi il avait fait cela, sa première réaction fut de hausser les épaules d'un air vague. Puis, après un bref silence, comprenant que je ne me contenterais pas d'une telle réponse, il marmonna qu'il ne voulait plus se compliquer la vie. Il avait opté pour un régime de maintenance minimale, me dit-il, pour une manière simplifiée d'hygiène personnelle. D'ailleurs il voulait apporter son écot au capitalisme. En se rasant trois ou quatre fois par semaine, il soutiendrait les fabricants de lames de rasoir, c'est-à-dire qu'il contribuerait au bien-être de toute l'économie américaine, à la santé et à la prospérité de tous.

Ça ne tenait pas debout, mais après en avoir parlé cette seule fois, nous ne revînmes jamais sur le sujet. Sachs n'avait manifestement aucune envie de s'y attarder, et je ne le pressai pas de me donner une autre explication. Cela n'implique pas que c'était sans importance à ses yeux. Un homme est libre de choisir son apparence, mais dans le cas de Sachs j'avais l'impression qu'il s'agissait d'un acte d'une violence et d'une agressivité particulières, presque d'une sorte d'automutilation. Sa chute lui avait valu des blessures importantes au côté gauche du visage et du cuir chevelu, et les médecins l'avaient recousu en plusieurs endroits près de la tempe et de la mâchoire inférieure. Avec une barbe et des cheveux longs, les cicatrices de ces blessures demeuraient cachées aux regards. Une fois les cheveux disparus, les cicatrices devenaient visibles, bourrelets et entailles offerts aux regards de tous. Si je ne me suis pas gravement trompé sur son compte, c'est pour cette raison que Sachs avait modifié son apparence. Il voulait afficher ses blessures, annoncer au monde que ces cicatrices étaient désormais ce qui le définissait et pouvoir, en se regardant chaque matin dans la glace, se souvenir de ce qui lui était arrivé.

Les cicatrices représentaient une amulette contre l'oubli, un signe que rien de tout cela ne disparaîtrait jamais.

Un jour de la mi-février, j'allai déjeuner à Manhattan avec mon éditeur. Le restaurant se trouvait quelque part du côté de la 20ᵉ rue ouest, et après le repas je me mis à remonter la 8ᵉ avenue vers la 34ᵉ rue, où j'avais l'intention de prendre le métro pour rentrer à Brooklyn. A cinq ou six carrefours de ma destination, j'aperçus Sachs de l'autre côté de la rue. Je ne peux pas dire que je me sente fier de ce que j'ai fait ensuite, mais au moment même ça me paraissait aller de soi. J'étais curieux de savoir à quoi il passait ses errances, j'avais une envie désespérée d'une indication quelconque sur la façon dont il occupait ses journées, et au lieu de le héler je ralentis donc et me dissimulai. L'après-midi était froid, avec un ciel gris sombre et une menace de neige dans l'atmosphère. Pendant les heures qui suivirent, je marchai derrière Sachs dans les rues, filant mon ami à travers les cañons de New York. Maintenant que je l'écris, cela me paraît bien pis que ce ne l'était au moment même, du moins dans l'idée que je m'en faisais. Je n'avais aucune intention de l'épier, aucun désir de pénétrer ses secrets. Je cherchais une raison d'espérer, une lueur d'optimisme qui apaiserait mon inquiétude. Je me disais : Il va me surprendre ; il va faire quelque chose, aller quelque part, et cela prouvera qu'il va bien. Mais deux heures s'écoulèrent sans qu'il arrive rien. Sachs se promenait dans les rues comme une âme en peine, errant au hasard entre Times Square et Greenwich Village à la même allure lente et contemplative, sans jamais se presser, sans jamais paraître se soucier du lieu où il se trouvait. Il donnait la pièce à des mendiants. Il s'arrêtait tous les dix ou douze carrefours pour allumer une nouvelle cigarette. Il passa plusieurs minutes à bouquiner dans une librairie et, à un moment donné, y sortit l'un de mes livres d'un rayon pour l'examiner avec attention. Il pénétra dans une boutique porno et y feuilleta des magazines de nus. Il s'arrêta devant la vitrine d'un magasin d'électronique. Finalement, il acheta un journal, entra dans un café au coin de Bleecher et MacDougal, et s'installa à une table. C'est là que je le quittai, au moment où la serveuse venait prendre sa commande. Tout cela me paraissait si sinistre, si déprimant, si tragique, que je ne pus même pas me résoudre à en parler à Iris quand je fus rentré chez nous.

Sachant ce que je sais à présent, je me rends compte à quel point j'y voyais peu clair, en réalité. A partir d'un ensemble aléatoire de faits observables qui ne racontaient qu'une petite partie de l'histoire, je tirais des conclusions de ce qui n'était, tout compte fait, que des indices partiels. Si j'avais été mieux renseigné, j'aurais pu me former une autre image de ce qui se passait, et je me serais sans doute désespéré moins vite. Entre autres, j'ignorais tout du rôle particulier que Maria Turner assumait pour Ben. Depuis octobre, ils se voyaient régulièrement, passaient ensemble chaque jeudi de dix heures du matin à cinq heures du soir. Je ne l'ai su que deux ans plus tard. Ainsi qu'ils me l'ont tous deux raconté (au cours de conversations différentes, distantes d'au moins deux mois), le sexe n'y eut jamais aucune part. D'après ce que je sais des habitudes de Maria, et puisque le récit de Ben confirmait le sien, je ne vois aucune raison de douter de ce qu'ils m'ont dit.

Aujourd'hui, quand je considère la situation, il me paraît tout à fait logique que Sachs se soit tourné vers elle. Maria était l'incarnation de son drame, la figure centrale de la catastrophe qui avait précipité sa chute, et personne par conséquent n'aurait pu lui paraître aussi important. J'ai déjà évoqué sa détermination à garder en mémoire les événements de cette soirée. Quelle meilleure méthode pour réussir cela que de fréquenter Maria ? En se faisant d'elle une amie, il pourrait conserver sans cesse devant les yeux le symbole de sa transformation. Ses plaies resteraient béantes, et chaque fois qu'il la verrait il pourrait revivre la même succession de tourments et d'émotions qui avait été si près de le tuer. Il pourrait répéter l'expérience inlassablement, et avec assez de pratique et d'efforts, il apprendrait peut-être à la maîtriser. C'est ainsi que cela devait avoir commencé. La gageure ne consistait pas à séduire Maria ni à coucher avec elle, mais à s'exposer lui-même à la tentation pour voir s'il avait la force d'y résister. Sachs était en quête d'un traitement, d'un moyen de guérir son amour-propre, et seules les mesures les plus draconiennes suffiraient. Afin de découvrir ce qu'il valait, il lui fallait à nouveau tout risquer.

Il n'y avait pas que cela, cependant. Il ne s'agissait pas seulement pour lui d'un exercice symbolique, c'était aussi un pas en avant dans une amitié véritable. Sachs avait été ému par les visites de Maria à l'hôpital et dès ce moment, dès les premières semaines de sa guérison, je crois qu'il avait compris à quelle profondeur elle avait été affectée par son accident. Tel fut le lien initial entre eux. Ils avaient tous deux vécu un moment terrible, et ne se sentaient ni l'un ni l'autre disposés à faire une croix dessus comme sur un simple coup du sort. Surtout, Maria était consciente du rôle qu'elle avait joué dans ce qui était arrivé. Elle savait qu'elle avait encouragé Sachs au cours de cette soirée, et était assez honnête envers elle-même pour reconnaître ce qu'elle avait fait, pour comprendre qu'il eût été mal, moralement, de se chercher des excuses. A sa façon, elle était aussi bouleversée que Sachs par l'événement, et quand il finit par l'appeler en octobre pour la remercier d'être venue si souvent à l'hôpital, elle vit là une chance de se racheter, de réparer en partie les dégâts dont elle avait été cause. Je ne dis pas ça à la légère. Maria ne m'a rien dissimulé quand nous en avons parlé l'an dernier, et toute l'histoire vient droit de sa bouche.

"La première fois que Ben est venu chez moi, m'a-t-elle dit, il m'a posé plein de questions sur mon travail. Simple politesse, sans doute. Tu sais comme ça va : on est embarrassé, on ne sait pas de quoi parler, alors on se met à poser des questions. Tout de même, après un moment, j'ai vu que ça commençait à l'intéresser. J'ai sorti quelques vieux travaux pour les lui montrer, et j'ai été frappée par l'intelligence de ses commentaires, beaucoup plus perspicaces que la majorité des trucs que j'entends. Ce qui semblait lui plaire particulièrement, c'était la combinaison du documentaire et du jeu, l'objectivation d'états intérieurs. Il comprenait que toutes mes réalisations sont des histoires, et que même si ce sont des histoires vraies, elles sont aussi inventées. Ou que, même si elles sont inventées, elles sont vraies. On a donc discuté de ça pendant quelque temps, et puis on est passé à toutes sortes d'autres choses, et quand il est parti j'étais déjà en train de concocter une de mes inventions bizarres. Ce type paraissait si perdu, si malheureux, j'ai pensé que ce serait peut-être un bon plan de travailler ensemble sur un projet. A ce stade, je n'avais pas encore d'idée spécifique – simplement que ce serait à propos de lui. Il est revenu quelques jours plus tard, et quand je lui ai dit ce que j'avais en tête, il a tout de suite paru accrocher. J'étais un peu étonnée. Je n'ai pas eu besoin d'argumenter ni de discourir pour le convaincre. Il s'est contenté de dire oui, ça m'a l'air d'une idée prometteuse, et ça y était, on était lancés. A partir de ce moment-là, on a passé tous les jeudis ensemble. Pendant quatre ou cinq mois, on a passé tous les jeudis à travailler à ce projet."

Dans la mesure où je suis capable d'en juger, celui-ci n'aboutit jamais à grand-chose. A la différence des autres travaux de Maria, il n'avait ni principe organisateur ni but clairement défini, et au lieu de démarrer avec une idée fixe, à la manière de toutes ses entreprises antérieures (suivre un inconnu, par exemple, ou rechercher les gens dont le nom figurait dans un carnet d'adresses), la série des *Jeudis avec Ben* était essentiellement dépourvue de forme : une suite d'improvisations, un album d'images sur les journées qu'ils passaient en compagnie l'un de l'autre. Ils étaient convenus dès l'abord de ne s'imposer aucune règle. La seule condition était que Sachs arrive chez Maria ponctuellement à dix heures, et à partir de là ils improvisaient. Dans la plupart des cas, Maria prenait des photos de lui, environ deux ou trois rouleaux, et puis ils bavardaient pendant le reste de la journée. Quelquefois, elle lui demandait de revêtir un déguisement. D'autres fois, elle enregistrait leurs conversations et ne prenait pas du tout de photos. Quand Sachs s'était coupé la barbe et raccourci les cheveux, je l'appris, il avait agi sur les conseils de Maria et l'opération s'était déroulée dans son loft. Elle avait tout fixé sur pellicule : l'avant, l'après, et les étapes successives entre les deux. Ça commence avec Sachs devant un miroir, serrant dans la main droite une paire de ciseaux. A chaque photo, un petit peu plus de ses cheveux et de sa barbe a disparu. On le voit alors passer de la mousse sur le chaume de ses joues et puis se raser. A ce stade, Maria avait posé son appareil (pour apporter la touche finale à cette coupe), et puis il y a une dernière image de Sachs : les cheveux courts et sans barbe, souriant à l'objectif à la façon de ces jeunes gens gominés qu'on voit aux murs chez les coiffeurs. Cette image me plut. Non seulement elle était drôle en elle-même, elle prouvait aussi que Ben était capable d'apprécier le comique de la situation. Après avoir vu cette photographie, je compris qu'il n'existait pas de solution simple. J'avais sous-estimé Sachs, et l'histoire de cette période était finalement beaucoup plus complexe que je ne m'étais permis de le croire. Ensuite vinrent les photos de Sachs à l'extérieur. En janvier et en février, Maria l'avait suivi dans les rues avec son appareil. Sachs lui avait dit qu'il souhaitait savoir quelle impression ça fait d'être surveillé, et dans ce but Maria avait ressuscité un de ses vieux scénarios : sauf que, cette fois, il était interprété à l'envers. Sachs jouait le rôle qu'elle s'était attribué, et elle faisait le détective privé. C'était sur cette scène que j'étais tombé par hasard à Manhattan quand j'avais vu Sachs déambuler de l'autre côté de la rue. Maria aussi s'était trouvée là, et ce que j'avais pris pour un indice concluant de l'affliction de mon ami n'était en fait qu'une comédie, un petit jeu de rôles, une reprise un peu sotte d'*Espion contre espion**. Dieu sait comment je m'étais débrouillé pour ne pas apercevoir Maria, ce jour-là. Je devais être si concentré sur Sachs que j'étais aveugle à tout le reste. Mais elle m'avait vu, et quand elle a fini par me le raconter au cours de notre conversation, l'automne dernier, je me suis senti écrasé de honte. Heureusement, elle n'avait réussi à prendre aucune photo de Sachs et de moi ensemble. Tout aurait alors été révélé, mais je l'avais suivi de trop loin pour qu'elle puisse nous saisir tous les deux à la fois.

---

* *Spy versus Spy*, bande dessinée paraissant régulièrement dans *Mad*, qui raconte les aventures muettes de deux espions, l'un vêtu de noir, l'autre de blanc, éternels rivaux. *(N.d.T.)*

Elle avait pris plusieurs milliers de photos de lui, dont la plupart étaient encore en planches-contact quand je les ai vues en septembre dernier. Même si ces séances du jeudi n'aboutirent jamais à une réalisation cohérente et continue, elles exercèrent sur Sachs un effet thérapeutique – et c'était là tout ce que Maria en avait attendu dès l'abord. Quand Sachs était venu la voir en octobre quatre-vingt-six, elle s'était rendu compte qu'il était au bout du rouleau. Il s'était alors enfoncé si profondément dans son mal qu'il n'était plus capable de se voir. J'entends ceci au sens phénoménologique, de même qu'on parle de conscience de soi et de la façon dont on se forme une image de soi. Sachs avait perdu le pouvoir de sortir de ses pensées et de faire le point de l'endroit où il se trouvait, de mesurer avec précision les dimensions de l'espace autour de lui. Ce que Maria accomplit au cours de ces quelques mois fut de l'attirer hors de lui-même. La tension sexuelle y fut pour quelque chose, mais il y avait aussi l'appareil photographique, les assauts constants de ce cyclope mécanique. Chaque fois que Sachs posait pour une photo, il était obligé de se mettre en scène, de jouer ce jeu qui consistait à faire semblant d'être ce qu'il était. Après quelque temps, cela dut exercer un effet sur lui. A force de répéter ce processus, il dut arriver un moment où il commença de se voir à travers le regard de Maria, où toute l'entreprise se retourna pour lui et où il redevint capable de se retrouver face à face avec lui-même. On dit que la photographie peut voler à quelqu'un son âme. Dans ce cas-ci, je crois que ce fut exactement le contraire. Grâce à ces photographies, je crois que, peu à peu, l'âme de Sachs lui a été rendue.

Il allait mieux, mais ça ne veut pas dire qu'il allait bien, qu'il redeviendrait un jour l'homme qu'il avait été. Il avait la conviction profonde qu'il ne pourrait jamais reprendre son existence d'avant l'accident. Il avait tenté de me l'expliquer lors de la conversation que nous avions eue en août, et je n'avais pas compris. J'avais cru qu'il parlait travail – écrire ou ne pas écrire, abandonner ou non sa carrière –

mais en fait il s'agissait de tout : non seulement de lui, mais aussi de sa vie avec Fanny. Moins d'un mois après sa sortie de l'hôpital, je crois qu'il cherchait déjà un moyen de se libérer de son mariage. C'était une décision unilatérale, provenant de son besoin d'effacer l'ardoise et de recommencer de zéro, et Fanny n'y figurait qu'en tant que victime innocente de la purge. Les mois passèrent, néanmoins, sans qu'il pût se résoudre à lui en parler. C'est ce qui explique sans doute une bonne partie des contradictions incompréhensibles dans son comportement pendant cette période. Il ne voulait pas faire souffrir Fanny, et pourtant il savait qu'il allait la faire souffrir, et cette certitude ne pouvait qu'augmenter son désespoir, que l'amener à se haïr davantage. D'où cette longue période de tergiversations et d'inaction, de progrès et de déclin simultanés. Toute autre considération mise à part, j'y vois un signe de sa vraie générosité de cœur. Il s'était convaincu que sa survie dépendait d'un acte de cruauté, et pendant plusieurs mois il préféra ne pas commettre cet acte, s'enliser dans les profondeurs de son tourment privé afin d'épargner à sa femme la brutalité de sa décision. Il fut bien près de se détruire par compassion. Ses valises étaient bouclées, et pourtant il restait, parce que les sentiments de Fanny comptaient autant pour lui que les siens.

Quand la vérité se manifesta enfin, ce fut sous une forme à peine reconnaissable. Sachs ne put jamais se résoudre à dire à Fanny qu'il voulait la quitter. Il était trop démoralisé, il éprouvait une honte trop profonde pour parvenir à exprimer une telle pensée. Au lieu de cela, d'une façon beaucoup plus indirecte et contournée, il entreprit de suggérer à Fanny qu'il n'était plus digne d'elle, qu'il ne méritait plus d'être marié avec elle. Il lui gâchait la vie, disait-il, et avant qu'il ne l'entraîne avec lui dans un malheur sans fond, elle devait arrêter les frais et prendre la fuite. A mon avis, il n'y a aucun doute qu'il en était persuadé. Délibérément ou non, il avait fabriqué une situation dans laquelle il pouvait tenir de tels propos en toute bonne foi. Après des mois de conflits et d'indécision, il avait trouvé ce moyen d'éviter de faire de la peine à Fanny. Il n'aurait pas à la blesser en lui annonçant son intention de la quitter. En inversant les termes du dilemme, il la convaincrait plutôt de le quitter. Elle prendrait l'initiative de son propre salut ; il l'aiderait à se défendre, à sauver sa propre vie.

Même si Sachs n'était pas conscient de ses motivations, il était enfin arrivé à manœuvrer de façon à se placer en position d'obtenir ce qu'il voulait. Je ne voudrais pas paraître cynique, mais il me semble qu'il a infligé à Fanny un tas de fausses justifications et d'inversions subtiles analogues à celles dont il avait usé avec Maria sur l'échelle de secours l'été précédent. Une conscience raffinée à l'excès, une prédisposition à se sentir coupable face à ses désirs entraînaient cet homme de bien à des comportements curieusement sournois, qui déniaient ses propres qualités. Tel est, à mon avis, le nœud de la catastrophe. Il acceptait les faiblesses de tout le monde, mais pour lui-même il exigeait la perfection, une rigueur quasi surhumaine jusque dans les actions les plus insignifiantes. Il en résultait une déception, une conscience accablante de son humaine imperfection, qui l'amenaient à plus de rigueur encore dans ce qu'il exigeait de sa conduite, ce qui à son tour donnait lieu à des déceptions encore plus écrasantes. S'il avait appris à s'aimer un peu mieux, il n'aurait pas eu un tel pouvoir de provoquer le malheur autour de lui. Mais Sachs se sentait assoiffé de pénitence, avide d'assumer sa culpabilité comme celle du monde entier et d'en porter les marques dans sa chair. Je ne lui reproche pas ce qu'il a fait. Je ne lui reproche pas d'avoir dit à Fanny de le quitter ni d'avoir souhaité changer de vie. Je le plains seulement, je le plains plus que je ne puis l'exprimer, à cause du destin terrible qu'il s'est attiré.

Pendant un certain temps, sa stratégie resta sans effet. Mais qu'est-ce qu'une femme est censée croire quand son mari lui conseille de tomber amoureuse d'un autre, de se débarrasser de lui, de le fuir et de ne jamais revenir ? Dans le cas de Fanny, elle refusait de considérer ces propos qu'elle tenait pour paroles en l'air, preuve supplémentaire de l'instabilité croissante de Ben. Elle n'avait nulle intention de rien faire de tout cela, et à moins qu'il ne lui dise carrément qu'il en avait assez, qu'il ne voulait plus rester avec elle, elle était décidée à tenir bon. Cette situation s'éternisa pendant quatre ou cinq mois. Un temps qui me paraît intolérablement long, mais Fanny refusait de s'incliner. Il la mettait à l'épreuve, pensait-elle, s'efforçait de l'expulser de sa vie afin de voir avec quelle ténacité elle résisterait, et si elle cédait maintenant, les pires craintes qu'il éprouvait sur son propre compte se réaliseraient. Telle était la logique circulaire de sa lutte pour sauver leur couple. Tout ce que Ben lui disait, elle l'interprétait comme s'il avait voulu dire le contraire. Pars signifiait ne pars pas ; aimes-en un autre signifiait aime-moi ; renonce signifiait ne renonce pas. A la lumière de ce qui est arrivé par la suite, je ne suis pas certain qu'elle se trompait. Sachs croyait savoir ce qu'il voulait, mais lorsqu'il l'a obtenu, il l'a trouvé sans valeur. Mais alors il était trop tard. Ce qu'il avait perdu, il l'avait perdu pour toujours.

D'après ce que m'a raconté Fanny, il n'y eut jamais entre eux de rupture décisive. Au lieu de cela, Sachs usa Fanny, l'épuisa par son opiniâtreté, l'affaiblit lentement jusqu'à ce qu'elle n'ait plus la force de se défendre. Quelques scènes hystériques s'étaient produites au début, m'a-t-elle dit, quelques crises de larmes et de cris, mais avec le temps tout cela avait cessé. Peu à peu, elle s'était trouvée à court de contre-arguments, et lorsque Sachs prononça enfin les mots magiques, lorsqu'il lui déclara un jour au début de mars qu'une séparation à l'essai pourrait être une bonne idée, elle se contenta d'opiner et de lui emboîter le pas. A l'époque, je ne savais rien de tout cela. Ni l'un ni l'autre ne s'était ouvert à moi de leurs difficultés, et comme ma propre vie était alors particulièrement frénétique, il ne m'était pas possible de les voir aussi souvent que j'aurais voulu. Iris était enceinte ; nous cherchions un nouveau logement ; je faisais des allers et retours à Princeton deux fois par semaine pour y enseigner, et je travaillais dur à mon prochain livre. Néanmoins, il semble que j'aie joué sans le savoir un rôle dans leurs négociations conjugales. Mon intervention consista à procurer à Sachs un prétexte, une possibilité de quitter Fanny sans paraître avoir claqué la porte. Cela remontait à cette journée de février où j'avais suivi Ben dans les rues. Je venais de passer deux heures et demie en compagnie de mon éditrice, Nan Howard, et dans le courant de la conversation le nom de Sachs avait été prononcé plus d'une fois. Nan savait combien nous étions proches. Elle avait assisté à la soirée du 4 juillet, et puisqu'elle était au courant de l'accident de Ben et de la mauvaise passe qu'il traversait depuis, elle m'avait tout naturellement demandé de ses nouvelles. Je lui confiai que j'étais encore préoccupé – moins par son humeur que parce qu'il n'avait plus écrit un mot. Ça fait sept mois maintenant, lui dis-je, des vacances trop prolongées, surtout pour un type comme Ben. Nous parlâmes donc travail pendant quelques minutes en nous demandant ce qu'il faudrait pour le remettre en selle, et au moment de commencer le dessert, Nan eut une idée qui me parut excellente.

"Il devrait rassembler tous ses vieux textes et les publier en un volume, suggéra-t-elle. Ça ne devrait pas être très difficile. Il n'aurait qu'à choisir les meilleurs, retoucher peut-être une phrase ici ou là. Mais une fois qu'il se sera replongé dans ce qu'il a écrit autrefois, qui sait ce qui peut se passer ? Cela pourrait lui donner envie de recommencer.

— Tu veux dire que la publication de ce livre t'intéresserait ?

— Je ne sais pas, répondit-elle. J'ai dit ça ?"

Nan se tut un instant et rit.

"Je suppose que oui, n'est-ce pas ? "

Puis elle se tut de nouveau, comme pour se ressaisir avant d'aller trop loin.

"Et alors, pourquoi pas ? Ce n'est pas comme si je ne connaissais pas les trucs de Ben. Bon Dieu, je le lis depuis le lycée. Il est peut-être temps que quelqu'un lui force un peu la main pour l'obliger à s'y mettre."

Une demi-heure plus tard, lorsque j'aperçus Sachs sur la 8e avenue, je pensais encore à cette conversation avec Nan. L'idée de ce livre s'était alors bien installée en moi et j'avais repris courage, je me sentais plus optimiste que je ne l'avais été depuis longtemps. Cela explique sans doute que je me sois ensuite senti si déprimé. Je découvrais un homme qui semblait vivre dans un état de déchéance totale, et je ne pouvais me résoudre à accepter ce que je voyais : mon ami si brillant jadis, errant pendant des heures à moitié en transe, à peine différent de ces épaves d'hommes et de femmes qui l'abordaient dans les rues en mendiant. Je rentrai chez moi ce soir-là dans un état affreux. La situation échappe à tout contrôle, me disais-je, et si je ne me dépêche pas d'agir, on n'aura plus le moindre espoir de sauver Sachs.

La semaine suivante, je l'invitai à déjeuner. A peine fut-il assis sur sa chaise que je me lançai et commençai à parler du livre. C'était une idée avec laquelle nous avions joué plus d'une fois dans le passé, mais Sachs avait toujours éprouvé de la réticence à s'y engager. Il estimait que les textes qu'il donnait aux revues étaient liés à l'actualité, écrits pour des raisons spécifiques à des moments spécifiques, et qu'un livre serait pour eux un lieu trop permanent. Il faut les laisser mourir de mort naturelle, m'avait-il dit un jour. Que les gens les lisent une fois et puis les oublient – nul besoin de leur ériger un tombeau. Habitué à ce plaidoyer, je ne présentai pas la suggestion en termes littéraires. J'en parlai strictement comme d'une proposition financière, une affaire de gros sous. Il vivait depuis sept mois aux crochets de Fanny, rappelai-je, et il était peut-être temps pour lui de se reprendre en charge. S'il n'était pas disposé à partir à la recherche d'un travail, il pouvait au moins publier ce livre. Cesse de penser à toi pour une fois, lui dis-je. Fais ça pour elle.

Je ne crois pas lui avoir jamais parlé avec une telle emphase. J'étais si tendu, si débordant d'un bon sens passionné que Sachs se mit à sourire avant que je sois arrivé à la moitié de ma harangue. Si mon comportement avait ce jour-là, je le suppose, un côté comique, c'était seulement parce que je ne m'étais pas attendu à une victoire aussi facile. En réalité, Sachs ne fut pas difficile à convaincre. Il accepta l'idée de ce livre sitôt que je lui eus rapporté ma conversation avec Nan, et tout ce que je pus ajouter ensuite était superflu. Il essaya de m'interrompre mais, croyant que cela signifiait qu'il n'avait pas envie d'en parler, je continuai à discourir, un peu comme si j'avais voulu convaincre quelqu'un de manger un repas déjà descendu dans son estomac. Je suis sûr qu'il me trouva risible, mais cela n'a plus d'importance désormais. Ce qui compte, c'est que Sachs décida de faire le livre, et au moment même je pris cela pour une victoire majeure, un pas gigantesque dans la bonne direction. Je ne savais rien de Fanny, bien entendu, et ne soupçonnais pas que ce projet ne représentait aux yeux de Ben qu'une astuce, un élément d'une stratégie élaborée dans le but de faciliter leur rupture. Cela ne veut pas dire que Sachs n'avait pas l'intention de publier l'ouvrage, mais ses motifs étaient très différents de ceux que j'imaginais. Je voyais dans ce livre un moyen pour lui de revenir au monde, tandis qu'il le considérait comme une chance de s'échapper, comme un dernier geste de bonne volonté avant de s'éclipser dans l'obscurité et de disparaître.

C'est ça qui lui donna le courage de suggérer à Fanny une séparation à l'essai. Il irait travailler à son livre dans le Vermont, elle resterait en ville, et pendant ce temps ils auraient tous deux l'occasion de réfléchir à ce qu'ils souhaitaient. Le livre offrait à Sachs la possibilité de quitter Fanny avec sa bénédiction, leur permettait à tous deux d'ignorer la vraie raison de ce départ. Au cours de la quinzaine qui suivit, Fanny organisa le voyage de Ben dans le Vermont comme s'il s'était encore agi d'un de ses devoirs d'épouse, s'activant à démanteler leur mariage comme si elle avait cru qu'ils resteraient mariés éternellement. L'habitude de s'occuper de lui était alors si automatique, si profondément enracinée dans sa personnalité qu'il ne lui vint sans doute jamais à l'esprit de prendre le temps de considérer ce qu'elle était en train de faire. C'était le paradoxe de la fin. J'avais vécu quelque chose de similaire avec Délia : cet étrange post-scriptum, quand un couple n'est plus uni ni désuni, quand la seule chose qui vous lie encore est le fait que vous soyez séparés. Fanny et Ben ne se comportaient pas autrement. Elle l'aidait à s'en aller de sa vie, et il acceptait cette aide comme la chose la plus naturelle au monde. Elle descendit à la cave et en remonta pour lui des liasses de vieux articles ; elle fit des photocopies d'originaux jaunis qui tombaient en miettes ; elle se rendit à la bibliothèque pour rechercher dans des rouleaux de microfilms des textes égarés ; elle rangea par ordre chronologique toute cette masse de coupures, de feuilles perforées et de pages arrachées. Le dernier jour, elle alla même acheter des cartons de classement afin d'y ranger les papiers et, le lendemain matin, quand fut venu pour Sachs le moment de partir, elle l'aida à descendre ces boîtes et à les enfourner dans la malle de la voiture. Curieuse netteté pour une cassure. Curieux signaux prétendus sans ambiguïté. A ce stade, je pense que ni l'un ni l'autre n'aurait été capable d'autre chose.

Cela se passait vers la fin de mars. Acceptant en toute innocence ce que Sachs m'avait dit, je pensais qu'il partait dans le Vermont dans le but de travailler. Il y était déjà allé seul, et je ne voyais rien d'anormal à ce que Fanny demeure à New York. Elle avait son boulot, après tout, et puisque personne n'avait parlé du temps que durerait l'absence de Sachs, je supposai qu'il s'agissait d'un voyage relativement court. Un mois sans doute, six semaines tout au plus. La réalisation de ce livre ne constituerait pas une tâche difficile, et je ne voyais pas comment elle pourrait lui prendre plus longtemps que cela. Et même si elle lui prenait plus longtemps, rien n'empêcherait Fanny d'aller lui rendre visite dans l'intervalle. Je ne m'interrogeai donc pas sur leurs arrangements. Ils me paraissaient logiques, et lorsque Sachs vint nous dire au revoir le dernier soir, je lui déclarai combien j'étais content qu'il parte. Bonne chance, fis-je, et à bientôt. Et ce fut tout. Quelles qu'aient pu alors avoir été ses intentions, il ne prononça pas un mot suggérant qu'il ne reviendrait pas.

Après le départ de Sachs pour le Vermont, mes pensées se tournèrent ailleurs. Elles furent occupées par mon travail, la grossesse d'Iris, les difficultés de David à l'école, la mort de membres de nos deux familles, et le printemps passa très vite. Peut-être me sentais-je soulagé par la décision qu'il avait prise, je ne sais pas, en tout cas il ne fait aucun doute que la vie à la campagne lui avait remonté le moral. Nous nous téléphonions à peu près une fois par semaine, et je retirais de ces conversations l'impression que les choses se passaient bien pour lui. Il m'annonça qu'il avait commencé à travailler à quelque chose de nouveau, et je vis là un événement si capital, un tel revirement par rapport à son état antérieur que je m'autorisai soudain à ne plus me faire de souci pour lui. Même quand il se mit à retarder sans cesse son retour à New York, prolongeant son absence d'avril à mai, et puis de mai à juin, je n'éprouvai aucune inquiétude. Sachs écrivait de nouveau, me disais-je, Sachs avait recouvré la santé, et en ce qui me concernait, cela signifiait qu'il se sentait de nouveau bien dans la vie.

Ce printemps-là, nous vîmes Fanny en plusieurs occasions, Iris et moi. Je me souviens au moins d'un dîner, d'un *brunch* dominical et de quelques sorties au cinéma. En toute honnêteté, je ne détectai chez elle aucun signe de détresse ni de gêne. Il est vrai qu'elle parlait très peu de Sachs (ce qui aurait dû me mettre la puce à l'oreille), mais lorsqu'elle le faisait, elle paraissait contente, et même excitée par ce qui se passait dans le Vermont. Non seulement il s'est remis à écrire, nous disait-elle, mais il écrit un roman. C'était bien mieux que tout ce qu'elle aurait pu imaginer, et peu importait que le livre d'essais eût été mis de côté. Il était en pleine inspiration, disait-elle, et s'accordait à peine le temps de manger ou de dormir, et que ces rapports fussent ou non exagérés (soit par Sachs, soit par elle), ils mettaient fin à toutes nos questions. Iris et moi ne lui demandions jamais pourquoi elle n'allait pas voir Ben. Nous ne le lui demandions pas, car la réponse était évidente. Il était bien lancé dans son travail, et après avoir attendu si longtemps que cela arrive, elle n'allait pas intervenir.

Elle ne nous disait pas tout, bien sûr, mais le plus significatif, c'est que Sachs non plus n'était pas dans le coup. Je ne l'ai su que plus tard, mais pendant tout le temps qu'il a passé dans le Vermont, il semble qu'il ait été aussi ignorant que moi de ce que Fanny pensait vraiment. On n'aurait guère pu s'attendre à ce qu'elle réagît ainsi. Théoriquement, il leur restait encore de l'espoir, mais après que Ben eut chargé ses affaires dans la voiture et pris la route de la campagne, elle s'est rendu compte que c'en était fini d'eux. Il n'a pas fallu plus d'une semaine ou deux pour que cela se produise. Elle l'aimait toujours et lui souhaitait tout le bien possible, mais elle n'éprouvait plus aucun désir de le voir, aucun désir de lui parler, aucun désir de lutter encore. Ils étaient convenus de laisser la porte ouverte, mais il semblait désormais que cette porte eût disparu. Non qu'elle fût refermée, mais, tout simplement, elle n'existait plus. S'apercevant qu'elle fixait un mur aveugle, Fanny s'est détournée. Ils n'étaient plus mariés, et ce qu'elle faisait de sa vie à partir de ce moment ne concernait qu'elle.

En juin, elle a rencontré un certain Charles Spector. Je n'ai pas le sentiment d'avoir le droit d'en parler, mais dans la mesure où Sachs en a été affecté, il me paraît impossible de l'éviter. L'essentiel ici n'est pas que Fanny ait fini par épouser Charles (ils se sont mariés voici quatre mois) mais que, lorsqu'elle a commencé à tomber amoureuse de lui cet été, elle n'ait pas cru bon d'en avertir Ben. Une fois encore, il n'est pas question de porter un blâme. Elle avait des raisons de se taire, et compte tenu des circonstances je pense qu'elle a agi correctement, sans le moindre égoïsme, sans dissimulation. Sa rencontre avec Charles l'avait prise à l'improviste, et dans ces premiers temps elle était encore trop désorientée pour reconnaître ses sentiments. Plutôt que de se hâter de parler à Ben d'une chose qui pouvait ne pas durer, elle a décidé d'attendre quelque temps, de lui épargner de nouveaux drames jusqu'à ce qu'elle soit certaine de ce qu'elle voulait. Sans qu'il y eût de sa faute, cette période d'attente a duré trop longtemps. C'est par hasard que Ben s'est aperçu de l'existence de Charles – en rentrant chez lui à Brooklyn une nuit, il l'a trouvé au lit avec Fanny – et cela n'aurait pu se passer à un plus mauvais moment. Si l'on considère que c'était Sachs qui avait, le premier, cherché à provoquer la séparation, cette découverte n'aurait pas dû avoir d'importance. Mais elle en a eu. D'autres facteurs sont également intervenus, mais celui-ci a compté autant que n'importe quel autre. Il a entretenu la musique, si on peut dire, et ce qui aurait pu en rester là

s'est poursuivi. La valse des catastrophes a continué, et ensuite il n'y a plus eu moyen de l'arrêter.
Mais ça, ce fut plus tard, et je ne veux pas anticiper. En surface, les choses allaient leur train, ainsi qu'elles le faisaient depuis plusieurs mois. Sachs écrivait son roman dans le Vermont. Fanny se rendait à son travail au musée, et Iris et moi attendions la naissance de notre bébé. Après l'arrivée de Sonia (le 27 juin), j'ai perdu contact avec tout le monde pendant six à huit semaines. Iris et moi vivions au Babyland, un pays où le sommeil est interdit et le jour impossible à distinguer de la nuit, un royaume clos de murs, gouverné par les caprices d'un monarque minuscule et absolu. Nous avions demandé à Fanny et à Ben d'être parrain et marraine, et ils avaient tous deux accepté avec force déclarations de fierté et de gratitude. Après quoi les cadeaux s'étaient mis à pleuvoir, Fanny venant en personne apporter les siens (vêtements, couvertures, hochets) et la poste livrant ceux de Ben (livres, ours en peluche, canards en caoutchouc). Je me sentais particulièrement ému de la réaction de Fanny, de sa façon de passer après son travail pour le seul plaisir de cajoler Sonia pendant un quart d'heure, vingt minutes, en roucoulant toutes sortes de petits mots affectueux. Avec le bébé dans les bras, elle semblait s'illuminer, et cela m'attristait toujours de penser que rien de tout cela n'avait été possible pour elle. "Ma petite beauté", disait-elle à Sonia, "mon ange", "ma sombre fleur de la passion", "mon cœur". A sa façon, Sachs ne se montrait pas moins enthousiaste qu'elle, et je considérais les petits paquets qui ne cessaient d'arriver par la poste comme autant de signes d'un progrès réel, preuve décisive qu'il allait de nouveau bien. Au début du mois d'août, il commença à nous presser de venir le voir dans le Vermont. Il se disait prêt à me montrer la première partie de son livre, et il voulait que nous lui présentions sa filleule. "Vous me l'avez cachée assez longtemps, déclarait-il, comment voulez-vous que je m'occupe d'elle si je ne sais pas de quoi elle a l'air ?"
Nous louâmes donc une voiture et un siège de bébé, Iris et moi, et prîmes la route vers le nord pour passer quelques

jours avec lui. Je me souviens que j'ai demandé à Fanny si elle voulait se joindre à nous, mais apparemment le moment était mal choisi. Elle venait de commencer la rédaction de son catalogue pour l'exposition Blakelock qu'elle organisait au musée l'hiver suivant (sa plus importante à ce jour) et se sentait angoissée par les délais. Elle avait l'intention d'aller voir Ben sitôt qu'elle en aurait terminé, nous expliqua-t-elle, et parce que l'excuse paraissait légitime je n'insistai pas pour qu'elle vienne. Une fois de plus, je me trouvais confronté à un indice évident, et une fois de plus je l'ignorai. Fanny et Ben ne s'étaient plus vus depuis cinq mois, et l'idée ne se fit pas jour dans ma tête qu'ils étaient en difficulté. Si je m'étais donné la peine d'ouvrir les yeux pendant cinq minutes, j'aurais peut-être remarqué quelque chose. Mais j'étais trop occupé de mon bonheur, trop absorbé dans mon petit univers, et je n'y fis pas attention.

Tout de même, ce voyage fut un succès. Après avoir passé quatre jours et trois nuits en sa compagnie, j'arrivai à la conclusion que Sachs avait recouvré son équilibre, et en repartant je me sentais aussi proche de lui que je l'avais jamais été dans le passé. Je suis tenté de dire que c'était juste comme avant, mais cela ne serait pas tout à fait exact. Il lui était arrivé trop de choses depuis sa chute, il y avait eu trop de changements en chacun de nous pour que notre amitié fût exactement ce qu'elle avait été. Pour autant, cela ne veut pas dire que la situation actuelle valait moins que l'ancienne. Sous bien des rapports, elle valait mieux. Bien mieux, même, dans la mesure où je retrouvais quelque chose que je croyais avoir perdu, que j'avais désespéré de jamais retrouver.

Sachs n'avait jamais été quelqu'un de très organisé, et je fus surpris de voir avec quel soin il avait préparé notre visite. Il y avait des fleurs dans la chambre où Iris et moi couchions, des serviettes d'invités étaient pliées sur la commode, et il avait fait le lit avec toute la précision d'un aubergiste chevronné. En bas, la cuisine était bien approvisionnée, il y avait du vin et de la bière en abondance et, nous nous en aperçûmes chaque soir, les menus des repas avaient été composés d'avance. Ces petites attentions me parurent significatives, et elles contribuèrent à donner le ton de notre séjour. La vie quotidienne était plus facile ici pour Sachs qu'à New York, et il avait réussi peu à peu à se reprendre en main. Ainsi qu'il me l'expliqua au cours d'une de nos conversations vespérales, c'était un peu comme de se retrouver en prison. Il ne se sentait plus entravé par des préoccupations étrangères. La vie se trouvait réduite à l'essentiel, et il n'avait plus à s'interroger sur la façon dont il passait son temps. Chaque journée répétait plus ou moins la journée précédente. Aujourd'hui ressemblait à hier, demain ressemblerait à aujourd'hui, et ce qui se passerait la semaine prochaine se confondrait avec ce qui s'était passé cette semaine. Il trouvait là un certain confort. L'élément surprise éliminé, il se sentait l'esprit plus aigu, capable de mieux se concentrer sur son travail.

"C'est bizarre, remarqua-t-il, mais les deux fois que je me suis attelé à l'écriture d'un roman, j'étais coupé du reste du monde. La première fois en prison, quand je n'étais qu'un gosse, et maintenant ici, dans le Vermont, où je vis comme un ermite dans les bois. Je me demande ce que ça peut bien vouloir dire.

— Ça veut dire que tu ne peux pas vivre sans les autres. Quand ils sont à ta portée en chair et en os, le monde réel te suffit. Quand tu es seul, tu es obligé d'inventer des personnages imaginaires. Tu en as besoin pour leur compagnie."

Pendant tout notre séjour, nous fûmes tous trois très occupés à ne rien faire. Nous mangions et buvions, nous nagions dans le lac, nous bavardions. Sachs avait aménagé derrière la maison un terrain de basket utilisable en toute saison et pendant une heure environ, chaque matin, nous tirions des paniers et jouions l'un contre l'autre (il me battait chaque fois à plate couture). L'après-midi, pendant la sieste d'Iris, lui et moi portions Sonia à tour de rôle dans le jardin et, tout en parlant, la bercions pour l'endormir. Le premier soir, je veillai tard afin de lire le manuscrit de son livre en train de naître. Les deux autres soirs, nous veillâmes ensemble, à discuter de ce qu'il avait écrit jusque-là et de ce qui restait à venir. Le soleil brilla trois des quatre jours, les températures étaient chaudes pour la saison. L'un dans l'autre, tout cela était bien proche de la perfection.

Sachs n'avait encore rédigé qu'un tiers de son livre, et ce qu'il me donna à lire était loin d'être fini. Sachs en était conscient, et quand il me confia le manuscrit le premier soir, il n'était pas en quête de critiques détaillées ni de suggestions sur la façon d'améliorer tel ou tel passage. Il voulait seulement savoir si je pensais qu'il devait continuer. "Je suis arrivé à un point où je ne sais plus ce que je fais, me dit-il. Je ne peux pas dire si c'est bon ou mauvais. Je ne peux pas dire si c'est ce que j'ai jamais fait de meilleur ou un tas de merde."

Ce n'était pas de la merde. Cette évidence s'imposa à moi dès la première page et ensuite, en poursuivant ma lecture, je me rendis compte aussi que Sachs avait entrepris quelque chose de remarquable. Ce livre était celui que j'avais toujours imaginé qu'il pouvait écrire, et s'il avait fallu un désastre pour le faire démarrer, peut-être ce désastre n'en était-il pas un. C'est du moins ce dont je me persuadai au moment même. Même si quelques défauts m'étaient apparus dans le manuscrit, même s'il fallait y pratiquer, en fin de compte, quelques coupures et modifications, l'essentiel était que Sachs eût commencé, et je n'allais pas le laisser s'arrêter. "Continue à écrire sans retours en arrière, lui conseillai-je le lendemain matin au petit déjeuner. Si tu arrives à le mener à bien, ce sera un grand livre. Tu peux me croire : un livre grand et mémorable."

Il m'est impossible de savoir s'il aurait pu aboutir. A l'époque, j'étais certain qu'il réussirait, et quand nous lui avons dit au revoir, Iris et moi, le dernier jour, il ne me serait pas venu à l'esprit d'en douter. Les pages que j'avais lues étaient une chose, mais Sachs et moi avions aussi parlé, et en me fondant sur ce qu'il m'avait dit du livre les deux derniers soirs, j'étais convaincu qu'il avait la situation bien en main, qu'il savait ce qu'il avait devant lui. Si c'est vrai, alors je ne peux rien imaginer de plus vertigineux ni de plus terrible. De toutes les tragédies que mon pauvre ami a attirées sur lui-même, l'abandon de ce livre inachevé devient la plus insupportable. Je ne veux pas prétendre que les livres sont plus importants que la vie, mais le fait est que tout le monde meurt, tout le monde finit par disparaître, et si Sachs avait réussi à finir son roman, celui-ci aurait eu une chance de lui survivre. C'est en tout cas ce que j'ai choisi de croire. Tel qu'il est aujourd'hui, ce livre n'est qu'une promesse de livre, un livre en puissance enterré au fond d'une caisse remplie de pages de manuscrit désordonnées et d'un ramassis de notes. C'est tout ce qu'il en reste, avec nos deux conversations nocturnes en plein air, assis sous un ciel sans lune bourré d'étoiles. Je pensais que sa vie prenait un nouveau départ, qu'il était parvenu à l'aube d'un avenir merveilleux, alors qu'en fait il touchait presque à la fin. Moins d'un mois après notre séjour dans le Vermont, Sachs a arrêté de travailler à son livre. Il est parti se promener par un après-midi de la mi-septembre, et soudain la terre l'a avalé. En un mot comme en cent, c'est tout ce qu'on peut en dire, et à partir de ce jour-là il n'a plus écrit un mot.

En hommage à ce qui n'existera jamais, j'ai donné à mon livre le titre même que Sachs avait l'intention d'utiliser pour le sien : *Léviathan*.

4

Je ne l'ai pas revu pendant près de deux ans. Maria était seule à savoir où il était, et Sachs lui avait fait promettre de n'en rien dire. La plupart des gens auraient passé outre à cette promesse, à mon avis, mais Maria avait donné sa parole et, si dangereux qu'il fût pour elle de la respecter, elle a tenu sa langue. Je dois l'avoir rencontrée une demi-douzaine de fois au cours de ces deux années, mais même lorsque nous parlions de Sachs, elle n'a jamais laissé paraître qu'elle en savait plus que moi sur sa disparition. L'été dernier, quand j'ai enfin appris tout ce qu'elle m'avait caché, j'ai été pris d'une telle colère que j'ai eu envie de la tuer. Mais ça, c'était mon problème, pas celui de Maria, et je n'avais aucun droit de passer ma fureur sur elle. Une promesse est une promesse, après tout, et bien que son silence ait fini par causer beaucoup de mal, je ne crois pas qu'elle ait eu tort d'agir comme elle l'a fait. S'il fallait que quelqu'un parle, ce devait être Sachs. C'était lui le responsable de ce qui se passait, et c'était son secret que Maria protégeait. Mais Sachs n'a rien dit. Pendant deux années entières, il est resté caché sans jamais dire un mot.

Nous savions qu'il était vivant et pourtant, au fur et à mesure que les mois passaient, nous perdions même cette certitude. Ne demeuraient que bribes et morceaux, quelques faits fantomatiques. Nous savions qu'il avait quitté le Vermont, que ce n'était pas au volant de sa voiture, et que pendant une minute affreuse Fanny l'avait vu à Brooklyn. A part cela, tout était conjectures. Comme il n'avait pas téléphoné pour lui annoncer sa venue, nous supposons qu'il avait eu quelque chose d'urgent à lui dire mais, quoi que ce fût, ils n'avaient pas pu en parler. Il était juste tombé du ciel en pleine nuit ("tout angoissé et les yeux fous", selon le récit de Fanny) et avait fait irruption dans la chambre à coucher de leur appartement. D'où la scène horrible à laquelle j'ai déjà fait allusion. S'il avait fait sombre dans la pièce, la situation aurait pu être moins embarrassante pour eux tous, mais plusieurs lampes se trouvaient allumées, Fanny et Charles étaient nus, au-dessus des couvertures, et Ben avait tout vu. C'était manifestement la dernière chose qu'il s'attendait à découvrir. Avant que Fanny ait pu lui dire un mot, il était sorti de la chambre à reculons en bégayant qu'il était désolé, qu'il ne savait pas, qu'il n'avait pas voulu la déranger. Elle avait sauté du lit, mais le temps qu'elle atteigne le vestibule, la porte d'entrée claquait et Ben descendait l'escalier quatre à quatre. Ne pouvant sortir sans rien sur elle, elle s'était précipitée au salon, avait ouvert la fenêtre et l'avait appelé dans la rue. Sachs s'était arrêté un instant et lui avait fait signe de la main. "Ma bénédiction à vous deux !" avait-il crié. Il lui avait envoyé un baiser, puis avait tourné les talons et disparu en courant dans la nuit.

Fanny nous avait immédiatement téléphoné. Elle pensait qu'il était peut-être en route vers chez nous, mais cette intuition ne s'était pas vérifiée. Nous avions veillé la moitié de la nuit à l'attendre, Iris et moi, mais Sachs ne s'était pas montré. A partir de ce moment, il n'y eut plus aucune indication de l'endroit où il se trouvait. Fanny appelait obstinément la maison dans le Vermont, mais jamais personne ne répondait. C'était notre dernier espoir et, les jours passant, il paraissait de moins en moins probable que Sachs retourne là-bas. La panique s'installait ; une contagion de pensées morbides nous gagnait. Ne sachant que faire d'autre, Fanny avait loué une voiture dès le week-end suivant pour se rendre à la maison. Ainsi qu'elle me l'avait raconté au téléphone après son arrivée, elle s'était trouvée devant une énigme. La porte d'entrée n'avait pas été fermée à clef, la voiture était garée à sa place habituelle dans le jardin, et le travail de Ben s'étalait sur le bureau dans la cabane : les pages terminées du manuscrit empilées d'un côté, les stylos éparpillés, une feuille engagée dans la machine à écrire. En d'autres termes, tout donnait l'impression qu'il allait revenir d'une minute à l'autre. S'il avait eu l'intention de s'en aller pour quelque temps, disait-elle, la maison aurait été fermée. Les tuyauteries auraient été vidées, l'électricité aurait été coupée, le frigo vidé. "Et il aurait emporté son manuscrit, ajoutai-je. Même s'il avait oublié tout le reste, il est impensable qu'il soit parti sans son manuscrit."

La situation récusait toute explication. Si consciencieusement que nous l'analysions, nous nous retrouvions toujours devant le même casse-tête. D'un côté, le départ de Sachs n'avait pas été prémédité. De l'autre, il s'en était allé de son plein gré. Sans cette rencontre fugitive avec Fanny à New York, nous aurions peut-être soupçonné un malheur, mais Sachs était arrivé indemne en ville. Un peu hagard, peut-être, mais indemne, pour l'essentiel. Et pourtant, s'il ne lui était rien arrivé, pourquoi n'était-il pas retourné dans le Vermont ? Pourquoi avait-il laissé en plan sa voiture, ses vêtements, son livre ? Iris et moi ne cessions d'en discuter avec Fanny, d'examiner l'une après l'autre toutes les possibilités, mais sans arriver jamais à une conclusion satisfaisante. Il y avait trop de blancs, trop de variables, trop de choses que nous ignorions. Après un mois de piétinement, je suggérai à Fanny d'aller déclarer à la police la disparition de Ben. L'idée lui répugnait, cependant. Elle n'avait plus aucun droit sur lui, disait-elle, ce qui signifiait qu'elle n'avait plus le droit de s'en mêler. Après ce qui s'était passé à l'appartement, il était libre de faire ce qu'il voulait, et ce n'était pas à elle de vouloir le ramener de force. Charles (avec qui nous avions alors fait connaissance, et qui se trouvait avoir de la fortune) proposa d'engager à ses frais un détective privé. "Juste pour nous assurer que Ben va bien, expliquait-il. Il n'est pas question de le forcer à revenir, il est question de s'assurer qu'il a disparu parce qu'il avait envie de disparaître." Iris et moi trouvions tous deux l'idée de Charles raisonnable, mais Fanny refusa qu'il la mette en pratique. "Il nous a donné sa bénédiction, dit-elle. C'est comme s'il nous avait fait ses adieux. J'ai passé vingt ans avec lui et je connais sa façon de penser. Il n'a pas envie que nous le cherchions. Je l'ai déjà trahi une fois, je n'ai pas l'intention de recommencer. Nous devons lui fiche la paix. Il reviendra quand il sera prêt à revenir, et jusque-là nous devons attendre. Croyez-moi, c'est la seule chose à faire. Il faut attendre, et apprendre à vivre comme ça."

Des mois passèrent. Puis cela fit un an, puis deux ans, et l'énigme demeurait entière. Quand Sachs réapparut enfin dans le Vermont en août dernier, j'avais depuis longtemps cessé de penser que nous trouverions une réponse. Iris et Charles le croyaient mort, tous les deux, mais ma désespérance ne reposait sur rien d'aussi spécifique. Si je n'ai jamais éprouvé le sentiment profond que Sachs était vivant ou mort – ni intuition soudaine, ni brutale conviction extrasensorielle, ni expérience mystique – j'étais plus ou moins persuadé que je ne le reverrais jamais. Je dis "plus ou moins" car je n'étais certain de rien. Dans les premiers mois après sa disparition, je passai par toutes sortes de réactions violentes et contradictoires, mais ces émotions s'apaisèrent peu à peu, et à la fin des termes tels que *tristesse*, *colère* ou *chagrin* me paraissaient hors de propos. J'avais perdu le contact avec lui, et je ressentais de moins en moins son absence comme une affaire personnelle. Chaque fois que j'essayais de penser à lui, l'imagination me manquait. C'était comme si Sachs était devenu un trou dans l'univers. Il n'était plus seulement mon ami disparu, il était un symptôme de mon ignorance en toutes choses, un emblème de l'inconnaissable. Ceci paraît vague, sans doute, mais je ne puis faire mieux. Iris me disait que j'étais en train de me transformer en bouddhiste, et je suppose que cela décrit ma position aussi justement que n'importe quoi d'autre. Fanny était chrétienne, disait Iris, puisqu'elle n'avait jamais cessé de croire que Sachs finirait par revenir ; elle et Charles étaient des athées ; et moi j'étais un acolyte zen, croyant au pouvoir du néant. Depuis des années qu'elle me connaissait, c'était la première fois que je n'avais pas exprimé d'opinion.

La vie changeait, la vie continuait. Nous avions appris, ainsi que Fanny nous l'avait demandé, à vivre comme ça. Elle et Charles étaient ensemble désormais, et malgré nous

Iris et moi avions dû reconnaître que c'était un type bien. Proche de la cinquantaine, architecte, marié une première fois et père de deux garçons, éperdument amoureux de Fanny, irréprochable. Peu à peu, nous avions réussi à nous lier d'amitié avec lui, et une nouvelle réalité s'était installée pour nous tous. Au printemps dernier, quand Fanny nous annonça qu'elle n'avait pas l'intention d'aller dans le Vermont pendant l'été (elle ne pourrait tout simplement pas, disait-elle, et ne le pourrait sans doute plus jamais), l'idée lui vint soudain qu'Iris et moi aimerions peut-être profiter de la maison. Elle voulait nous la laisser pour rien, mais nous insistâmes pour payer un loyer quelconque, et nous trouvâmes donc un arrangement qui couvrirait au moins ses frais – une participation proportionnelle aux taxes, aux frais d'entretien et ainsi de suite. C'est ainsi que j'étais présent lorsque Sachs a surgi l'été dernier. Il est arrivé sans avertissement, dans une vieille Chevy bleue déglinguée cahotant à travers le jardin, a passé ici les deux jours suivants et puis a redisparu. Dans l'intervalle, il a parlé intarissablement, il a tant parlé que ça me faisait presque peur. Mais c'est alors que j'ai entendu son histoire, et compte tenu de sa détermination à me la raconter, je ne crois pas qu'il m'en ait tu quoi que ce soit.

Il avait continué à travailler, m'a-t-il raconté. Une fois Iris et moi repartis avec Sonia, il avait continué à travailler pendant trois ou quatre semaines encore. Nos conversations sur *Léviathan* lui avaient apparemment été profitables, et il s'était remis au manuscrit le matin même, résolu à ne pas quitter le Vermont avant d'avoir achevé une première mouture du livre entier. Il progressait de jour en jour, heureux de sa vie de moine, plus heureux qu'il ne l'avait été depuis des années. Et puis, par un début de soirée de la mi-septembre, il décida d'aller se promener. Le temps avait changé ces jours-là, l'air était vif, imprégné des senteurs de l'automne. Il revêtit sa veste de chasse en laine et partit à grands pas vers le sommet de la colline derrière la maison, en direction du nord. Il avait calculé qu'il lui restait une heure de jour et qu'il pouvait donc marcher une demi-heure avant d'avoir à revenir sur ses pas. En temps normal, il aurait passé cette heure à jouer au basket, mais on était alors en plein changement de saison et il voulait aller regarder ce que ça donnait dans les bois : voir les feuilles rouges et jaunes, admirer les rayons obliques du soleil couchant entre les hêtres et les érables, se promener dans l'embrasement des couleurs en suspens. Il était donc parti faire sa petite balade sans autre souci en tête que ce qu'il allait se préparer à manger dès son retour.

Une fois dans la forêt, cependant, il devint distrait. Au lieu de regarder les feuilles et les oiseaux migrateurs, il se mit à réfléchir à son livre. Des passages écrits dans le courant de la journée lui revenaient en force, et avant de s'en être rendu compte, il était déjà en train de composer mentalement de nouvelles phrases, de prévoir le travail qu'il voulait exécuter le lendemain matin. Il allait de l'avant, marchant dans les feuilles mortes et à travers des broussailles épineuses, parlant tout seul, se récitant les mots de son livre, sans prêter attention à l'endroit où il se trouvait. Il aurait pu continuer comme ça pendant des heures, me dit-il, s'il ne s'était aperçu à un moment donné qu'il y voyait mal. Le soleil était couché et, à cause de l'épaisseur des bois, la nuit tombait rapidement. Il regarda autour de lui avec l'espoir de s'y reconnaître, mais rien ne lui parut familier, et il se rendit compte qu'il n'était encore jamais venu à cet endroit. Il se sentait idiot ; faisant demi-tour, il se mit à courir dans la direction d'où il était venu. Il ne lui restait que quelques minutes avant que tout disparût, et il savait qu'il n'y arriverait jamais. Il n'avait ni lampe de poche, ni allumettes, ni rien à manger dans ses poches. Passer la nuit dehors promettait d'être une expérience désagréable, mais il ne pouvait penser à aucune autre possibilité. Il s'assit sur une souche et se mit à rire. Il se trouvait ridicule, un personnage du plus haut comique. Et puis la nuit tomba vraiment, il ne voyait plus rien. Il attendit l'apparition de la lune, mais au lieu d'elle ce furent des nuages qui envahirent le ciel. Il rit de nouveau. Il n'allait pas se désoler pour si peu, décida-t-il. Là où il se trouvait, il ne risquait rien, et s'il se gelait le cul pendant une nuit, il n'en mourrait pas. Il s'efforça donc de s'installer aussi confortablement que possible. Il se coucha par terre, se couvrit tant bien que mal de feuilles et de branchages, et essaya de penser à son livre. Peu après, il réussit même à s'endormir.

Il se réveilla au point du jour, glacé jusqu'aux os et grelottant, les vêtements trempés de rosée. La situation ne paraissait plus aussi drôle. Son humeur était exécrable, ses muscles douloureux. Il se sentait affamé, hirsute, et la seule chose dont il eût envie était de se tirer de là et de retrouver le chemin de sa maison. Il s'engagea dans un sentier qu'il prenait pour celui par où il était arrivé la veille mais, après une heure de marche, il commença à soupçonner qu'il s'était trompé. Il envisagea de revenir sur ses pas jusqu'à l'endroit d'où il était parti, mais il n'était pas certain de le retrouver – et même s'il le retrouvait, il y avait peu de chances qu'il le reconnût. Le ciel était maussade ce matin-là, d'épaisses masses de nuages cachaient le soleil. Sachs n'avait jamais eu grand-chose de l'homme des bois, et sans boussole pour s'orienter, il n'aurait pu dire s'il marchait vers l'est, l'ouest, le nord ou le sud. D'autre part, ce n'était pas comme s'il s'était trouvé piégé au fond d'une forêt vierge. Les bois devaient bien se terminer tôt ou tard, et peu importait la direction qu'il suivrait du moment qu'il allait en ligne droite. Dès qu'il arriverait sur une route à découvert, il frapperait à la porte de la première maison qu'il verrait. Avec un peu de chance, ses occupants pourraient lui indiquer où il était.

Il fallut longtemps avant que cela ne se vérifie. N'ayant pas de montre, il ne sut jamais exactement combien de temps, entre trois et quatre heures environ, d'après son estimation. Il en avait alors complètement assez et, pendant les derniers miles, maudit sa stupidité avec une fureur croissante. Une fois parvenu à la lisière de la forêt, sa mauvaise humeur s'apaisa néanmoins et il cessa de s'apitoyer sur son sort. Il se trouvait sur une route étroite de terre battue, et même s'il ne savait pas où il était, même s'il n'y avait pas la moindre maison en vue, il pouvait se consoler à l'idée que le pire était passé. Il marcha encore pendant dix minutes, un quart d'heure en pariant avec lui-même sur la distance à laquelle il s'était égaré. Si ça faisait moins de cinq miles, il achèterait à Sonia un cadeau de cinquante dollars. Si ça faisait plus de cinq miles mais moins de dix, il monterait à cent dollars. Pour plus de dix, ce serait deux cents. Au-delà de quinze, ce serait trois cents, au-delà de vingt, quatre cents, et ainsi de suite. Tandis qu'il faisait pleuvoir sur sa filleule ces cadeaux imaginaires (pandas en peluche, maisons de poupée, poneys), il entendit au loin derrière lui le ronflement d'une voiture. Il s'arrêta et attendit qu'elle s'approche. C'était en fait un pick-up rouge, roulant bon train. Se disant qu'il n'avait rien à perdre, Sachs leva la main pour attirer l'attention du conducteur. Le camion passa en trombe à côté de lui, mais stoppa pile avant qu'il ait eu le temps de se retourner. Dans le vacarme du gravier volant et la poussière qui s'élevait de tous côtés, il entendit une voix qui l'appelait, lui demandait s'il voulait monter.

Le chauffeur était un jeune homme d'une vingtaine d'années. Un gars du pays, se dit Sachs, cantonnier ou apprenti plombier, sans doute, et bien qu'il ne se sentît d'abord guère enclin à bavarder, le jeune homme se montra si amical et si plein de bonne volonté qu'ils engagèrent bientôt la conversation. Une batte de soft-ball en métal gisait sur le sol devant le siège de Sachs, et quand le garçon posa le pied sur l'accélérateur pour faire repartir le camion, la batte tressauta et frappa Sachs à la cheville. Cela servit d'ouverture, si l'on peut dire, et après s'être excusé de ce désagrément, le chauffeur se présenta : Dwight (Dwight McMartin, ainsi que Sachs l'apprendrait plus tard), et ils se lancèrent dans une discussion à propos de soft-ball. Dwight lui raconta qu'il jouait dans une équipe patronnée par les pompiers volontaires de Newfane. La saison officielle s'était achevée la semaine précédente, et le premier match "off" était prévu pour le soir même – "si le temps se maintient, ajouta-t-il à plusieurs reprises, si le temps se maintient et qu'il ne se mette pas à pleuvoir". Dwight jouait en première base, il était le meilleur batteur de son équipe et numéro deux de la ligue en nombre de *homeruns* ; il avait une allure massive à la Moose Skowron. Sachs déclara qu'il essaierait de venir assister à la rencontre, et Dwight répondit avec conviction que ça en vaudrait certainement la peine, que ce serait à coup sûr un match formidable. Sachs ne pouvait s'empêcher de sourire. Il se sentait fripé et pas rasé, avec ses vêtements semés de brindilles et de bouts de feuilles, et son nez qui coulait comme un robinet. Il avait sans doute l'air d'un vagabond, songea-t-il, et pourtant Dwight ne lui posait aucune question personnelle. Il ne lui demandait pas pourquoi il marchait sur une route déserte, il ne lui demandait pas où il habitait, il ne se souciait même pas de lui demander son nom. Sachs se fit la réflexion qu'il pouvait être un peu simplet, à moins qu'il ne fît que se montrer discret, mais quoi qu'il en fût, il était difficile de ne pas apprécier une telle discrétion. Tout à coup, Sachs regretta de s'être depuis des mois confiné dans sa solitude. Il aurait dû sortir et se mêler davantage à ses voisins ; il aurait dû faire l'effort d'apprendre quelque chose sur les gens qui vivaient autour de lui. Presque comme un point d'éthique, il se dit qu'il ne pouvait pas oublier le match de soft-ball, ce soir-là. Ça lui ferait du bien, pensa-t-il, ça lui donnerait un autre sujet de réflexion que son livre. S'il avait des gens à qui parler, il risquerait sans doute moins de se perdre la prochaine fois qu'il irait marcher dans les bois.

Quand Dwight lui expliqua où ils se trouvaient, Sachs fut horrifié de voir à quel point il s'était égaré. De toute évidence, il était monté jusqu'en haut de la colline et redescendu de l'autre côté, pour aboutir deux bourgades plus à l'est que l'endroit où il habitait. Il n'avait parcouru à pied que dix miles, mais le retour en voiture en compterait bien trente. Sans raison précise, il décida de dévider toute l'histoire à Dwight. Par reconnaissance, peut-être, ou simplement parce qu'elle lui paraissait alors amusante. Le jeune homme la raconterait sans doute à ses copains de l'équipe de soft-ball, et ils riraient tous un bon coup à ses dépens. Ça lui était égal. L'histoire lui paraissait exemplaire, une blague idiote classique, et ça ne le gênait pas de faire les frais de sa propre sottise. Ce petit malin de citadin joue les Daniel Boone* dans la forêt du Vermont, et regardez ce qui lui arrive, les gars ! Mais lorsqu'il se mit à évoquer sa mésaventure, Dwight réagit avec une sympathie inattendue. La même chose lui était un jour arrivée, raconta-t-il à Sachs, et ça n'avait pas été drôle du tout. Il n'avait que onze ou douze ans à l'époque, et il avait eu une frousse abominable, tapi la nuit entière derrière un arbre en s'attendant à être attaqué par un ours. Sachs ne pouvait en être certain, mais il soupçonnait Dwight d'inventer cette histoire afin qu'il se sente un peu moins misérable. En tout cas, le jeune homme ne se moqua pas de lui. En fait, lorsqu'il eut entendu ce que Sachs avait à dire, il proposa même de le ramener chez lui. Il était déjà un peu en retard, dit-il, mais quelques minutes de plus n'y changeraient pas grand-chose et, bon Dieu, s'il se trouvait à la place de Sachs, il aimerait bien que quelqu'un fasse ça pour lui.

A ce moment-là, ils roulaient sur une route pavée, mais Dwight déclara qu'il connaissait un raccourci vers la maison de Sachs. Ça impliquait de faire demi-tour et de revenir sur leurs pas pendant quelques miles, mais après avoir calculé mentalement, il décida que ça valait la peine de changer de direction. Il enfonça donc les freins, vira de bord au milieu de la route et repartit en sens opposé. Son raccourci n'était en réalité qu'une piste étroite et cahoteuse à une seule voie, ruban de terre tracé entre des bois sombres aux taillis denses. Peu de gens connaissaient ce chemin, expliqua Dwight, mais sauf erreur il les mènerait à une route de terre un peu plus large, et celle-ci les déverserait sur la grand-route à quelques miles de chez Sachs. Dwight savait sans doute de quoi il parlait, mais il n'eut jamais l'occasion de démontrer la justesse de sa théorie. Moins d'un mile après s'être engagés sur la première piste, ils tombèrent sur quelque chose d'inattendu. Et avant qu'ils aient pu en faire le tour, leur voyage avait pris fin.

---

* Célèbre pionnier américain – de la fin du XVIIIe et du début du XIXe siècle –, fondateur du Kentucky, dont le nom est synonyme de connaisseur des bois et de la nature. *(N.d.T.)*

Tout se passa très vite. Sachs vécut ça comme une nausée dans les tripes, un vertige dans la tête, un torrent de peur dans les veines. Ainsi qu'il me l'a confié, il se sentait si épuisé, et si peu de temps s'écoula du début à la fin, qu'il ne put jamais pleinement en admettre la réalité – pas même rétrospectivement, pas même alors qu'il était en train de me le raconter deux ans après. Ils roulaient à travers bois et puis, d'une seconde à l'autre, ils avaient stoppé. Un homme se dressait devant eux sur le chemin, appuyé au coffre d'une Toyota blanche, en train de fumer une cigarette. Il semblait proche de la quarantaine : plutôt grand, mince, vêtu d'une chemise de travail en flanelle et d'un pantalon kaki flottant. Le seul autre détail que Sachs remarqua fut qu'il avait une barbe – guère différente de celle que lui-même avait portée jadis, mais plus sombre. Pensant que l'homme devait avoir un problème avec sa voiture, Dwight descendit du camion et se dirigea vers lui en lui demandant s'il avait besoin d'aide. Sachs ne comprit pas la réponse de l'homme, mais le ton lui en parut désagréable, inutilement hostile en quelque sorte, et comme il continuait à les observer à travers le pare-brise, il fut surpris d'entendre l'homme répondre à la question suivante de Dwight avec encore plus de violence : Fous le camp, ou fous-moi le camp d'ici, des mots de ce genre. Ainsi que Sachs me l'a raconté, c'est alors que l'adrénaline commença à l'envahir, et qu'il ramassa instinctivement la batte métallique sur le sol. Dwight avait trop bon caractère pour se méfier, néanmoins. Il continua à marcher vers l'homme, haussant les épaules sous l'insulte comme si elle ne comptait pas, répétant qu'il voulait seulement aider. L'homme recula avec agitation, puis il courut à l'avant de la voiture, ouvrit la portière côté passager et saisit quelque chose dans la boîte à gants. Quand il se redressa et refit face à Dwight, il tenait un revolver à la main. Il tira une fois. Le grand gosse hurla en s'empoignant l'estomac, et l'homme tira de nouveau. Le garçon hurla une deuxième fois et partit sur le chemin en trébuchant, avec des gémissements et des sanglots de douleur. L'homme se tourna pour le suivre des yeux, et Sachs sauta en bas du camion, serrant la batte dans sa main droite. Il ne réfléchissait même pas, m'a-t-il dit. Il se précipita derrière l'homme au moment précis où le troisième coup partait, empoigna solidement la batte et frappa de toutes ses forces. Il visait la tête de l'homme – avec l'espoir de lui fendre le crâne en deux, avec l'espoir de le tuer, avec l'espoir de répandre sa cervelle sur le sol. S'écrasant avec une force horrible, la batte défonça un point situé juste derrière l'oreille droite de l'homme. Sachs entendit le bruit de l'impact, un craquement de cartilages et d'os, et puis l'homme tomba. Il tomba raide mort au milieu du chemin, et tout se tut.

Sachs courut vers Dwight, mais quand il se pencha pour examiner le corps du jeune homme, il vit que la troisième balle l'avait tué. Elle était arrivée droit à l'arrière de sa tête, et son crâne avait éclaté. Sachs avait raté sa chance. C'était à l'instant près, et il avait été trop lent. S'il avait réussi à atteindre l'homme une fraction de seconde plus tôt, cette dernière balle aurait manqué son but, et au lieu de contempler un cadavre, il serait en train de bander les plaies de Dwight, de faire l'impossible pour lui sauver la vie. Un instant après avoir eu cette pensée, Sachs sentit son propre corps se mettre à trembler. Il s'assit sur le chemin, la tête entre les genoux, et s'efforça de ne pas vomir. Le temps passa. Il sentit la brise souffler à travers ses vêtements ; il entendit le cri d'un geai dans les bois ; il ferma les yeux. Quand il les rouvrit, il ramassa sur le chemin un peu de terre meuble et l'écrasa contre son visage. Il se mit de la terre dans la bouche et la mâcha, attentif au frottement du grain contre ses dents, aux cailloux sur sa langue. Il mâcha jusqu'à ce qu'il ne pût plus le supporter, et alors il se pencha pour cracher en gémissant comme un animal malade et fou.

Si Dwight avait vécu, m'a-t-il dit, toute l'histoire aurait été différente. L'idée de s'enfuir ne lui serait jamais venue à l'esprit, et une fois ce premier pas éliminé, rien de ce qui avait suivi ne se serait passé. Mais en se retrouvant là, tout seul dans les bois, Sachs était tombé soudain dans une panique profonde, incontrôlable. Deux hommes étaient morts, et la possibilité d'aller trouver la police locale lui paraissait inimaginable. Il avait fait de la prison. Il avait déjà été condamné, et sans témoin pour confimer son dire, personne ne croirait un mot de son histoire. Tout cela était trop bizarre, trop invraisemblable. Il n'avait pas les idées très claires, bien entendu, et celles qu'il avait étaient entièrement centrées sur lui-même. Il ne pouvait plus rien pour Dwight, mais du moins pouvait-il sauver sa propre peau, et dans sa panique la seule solution qui lui vint à l'esprit fut de foutre le camp de là.

Il savait que la police devinerait qu'un troisième homme avait été présent. Il paraîtrait évident que Dwight et l'inconnu ne s'étaient pas tués l'un l'autre, puisqu'un homme qui avait trois balles dans le corps n'aurait guère eu la force d'en matraquer un autre mortellement, et même s'il l'avait eue, n'aurait pas pu après cela parcourir près de sept mètres sur le chemin, surtout avec l'une de ces balles logée en plein crâne. Sachs savait aussi qu'il laisserait sûrement des traces. Quel que soit le soin qu'il apporterait à nettoyer derrière lui, une équipe d'experts compétents n'aurait aucune difficulté à découvrir quelque chose qui leur permettrait de travailler : une trace de pas, un cheveu, un fragment microscopique. Mais tout cela serait sans importance. Du moment qu'il réussissait à effacer du camion ses empreintes digitales, du moment qu'il pensait à emporter la batte, rien ne permettrait de l'identifier au troisième homme. C'était le point capital. Il devait s'assurer que ce troisième homme pût être n'importe qui. Une fois cela fait, il serait sauvé.

Il passa plusieurs minutes à essuyer les surfaces du camion : le tableau de bord, le siège, les poignées intérieure et extérieure de la portière, tout ce qu'il put imaginer. Dès qu'il eut terminé, il recommença, et puis recommença encore pour faire bonne mesure. Après avoir ramassé la batte sur le sol, il ouvrit la portière de la voiture de l'inconnu, vit que la clef se trouvait au contact et se mit au volant. Le moteur démarra du premier coup. Il y aurait des traces de pneus, bien sûr, et ces traces rendraient impossible le moindre doute quant à la présence d'un troisième homme, mais Sachs était trop affolé pour partir à pied. C'était pourtant ce qui aurait été le plus raisonnable : partir à pied, rentrer chez lui, oublier toute cette horrible histoire. Mais son cœur battait trop vite, ses pensées se bousculaient sans ordre, et il ne lui était plus possible d'agir de manière aussi délibérée. Il avait soif de vitesse. Il avait soif de la vitesse et du bruit d'une voiture, et maintenant qu'il était prêt, il ne souhaitait plus que d'être parti, d'être assis au volant de la voiture et de rouler aussi vite que possible. Rien d'autre ne pourrait correspondre à son tumulte intérieur. Rien d'autre ne lui permettrait de réduire au silence le rugissement de la terreur dans sa tête.

Il roula vers le nord sur l'*interstate* pendant deux heures et demie, en suivant le cours du Connecticut jusqu'à la latitude de Barre. C'est là que la faim eut finalement raison de lui. Il craignait de ne pouvoir garder la nourriture, mais il n'avait plus mangé depuis plus de vingt-quatre heures et il savait qu'il devait essayer. Il quitta l'autoroute à la sortie suivante, roula pendant quinze à vingt minutes sur une route à deux voies et s'arrêta pour déjeuner dans une petite ville dont il oublia ensuite le nom. Ne voulant prendre aucun risque, il commanda des œufs à la coque avec du pain grillé. Lorsqu'il eut mangé, il alla faire un brin de toilette chez les messieurs : il se plongea la tête dans un lavabo rempli d'eau chaude et débarrassa ses vêtements des débris végétaux et des traces de terre. Après quoi, il se sentit beaucoup mieux. Quand il eut payé sa note et fut sorti du restaurant, il comprit que l'étape suivante devait consister à faire demi-tour pour rentrer à New York. Il ne lui serait pas possible de garder cette histoire pour lui seul. Il en avait désormais la conviction, et dès lors qu'il se rendait compte de la nécessité d'en parler à quelqu'un, il savait que ce ne pouvait être qu'à Fanny. Malgré tout ce qui était arrivé depuis un an, il éprouvait soudain une envie déchirante de la revoir.

En revenant à la voiture du mort, Sachs s'aperçut qu'elle était immatriculée en Californie. Il ne savait trop que conclure de cette découverte, mais il en fut tout de même surpris. Combien d'autres détails avait-il laissés échapper ? se demanda-t-il. Avant de reprendre l'autoroute en direction du sud, il s'écarta de la grand-route et alla se garer à la lisière de ce qui ressemblait à une vaste réserve forestière. L'endroit était isolé, sans personne en vue à des miles à la ronde. Sachs ouvrit les quatre portières de la voiture, s'agenouilla et se livra à une fouille systématique de l'intérieur. Bien qu'il y mît la plus grande minutie, le résultat en fut décevant. Il trouva quelques pièces de monnaie coincées sous le siège avant, quelques boulettes de papier chiffonné jetées par terre (emballages de fast-food, tickets déchirés, paquets de cigarettes froissés), mais rien qui ne fût anonyme, rien qui lui révélât le moindre fait concernant l'homme qu'il avait tué. La boîte à gants était également muette, elle ne contenait que le manuel d'entretien de la Toyota, une boîte de balles calibre 38, et un carton intact de Camel filtres. Restait la malle, et quand enfin Sachs réussit à l'ouvrir, il vit que la malle, c'était tout autre chose.

Il y avait trois bagages à l'intérieur. Le plus grand était rempli de vêtements, avec un nécessaire de rasage et des cartes. Tout au fond, rangé dans une petite enveloppe blanche, se trouvait un passeport. D'un regard à la photographie sur la première page, Sachs reconnut l'homme du matin – le même homme moins la barbe. Le nom qui y figurait était Reed Dimaggio, initiale intermédiaire : N. Date de naissance : le 12 novembre 1950. Lieu de naissance : Newark, New Jersey. Le passeport avait été délivré à San Francisco en juillet de l'année précédente, et les dernières pages étaient vierges, sans timbres, sans visas, sans tampons des douanes. Sachs se demanda s'il n'était pas faux. Compte tenu de ce qui s'était passé dans les bois ce matin-là, il paraissait presque certain que Dwight n'était pas la première victime de Dimaggio. Et si l'homme était un tueur professionnel, il y avait une chance qu'il voyage avec de faux papiers. Pourtant, le nom semblait en quelque sorte trop spécial, trop inattendu pour n'être pas vrai. Il devait avoir appartenu à quelqu'un et, faute d'autres indications concernant son identité, Sachs décida de considérer que ce quelqu'un était l'homme qu'il avait tué. Reed Dimaggio. Jusqu'à ce qu'une solution meilleure se présente, tel était le nom qu'il lui donnerait.

L'objet suivant était une valise en métal, une de ces caisses brillantes et argentées dans lesquelles les photographes transportent parfois leur équipement. La première valise s'était ouverte sans clef, mais celle-ci était verrouillée et Sachs s'acharna pendant une demi-heure à faire sauter les charnières de leurs gonds. Il les martela avec la manivelle du cric, et à chaque mouvement de la caisse il entendait brinquebaler à l'intérieur des objets métalliques. Il supposait que c'étaient des armes : couteaux, revolvers et balles, les outils de la profession de Dimaggio. Quand la valise finit par céder, cependant, elle dégorgea une ahurissante collection de bric-à-brac, pas du tout ce que Sachs s'attendait à trouver. Il y avait des rouleaux de fil électrique, des réveille-matin, des tournevis, des puces électroniques, de la ficelle, du mastic, et plusieurs rouleaux de toile isolante noire. Sachs ramassa l'un après l'autre chacun de ces objets et les examina en cherchant à tâtons quelle pouvait en être l'utilité, mais même après avoir passé au crible le contenu entier de la valise, il ne devinait toujours pas le sens de tout cela. La réponse ne lui apparut que plus tard – longtemps après qu'il eut repris la route. Cette nuit-là, en roulant vers New York, il comprit soudain qu'il s'agissait de matériel servant à construire des bombes.

Le troisième bagage était un sac de sport. Son aspect n'avait rien de remarquable (une petite sacoche de cuir à panneaux rouge, blanc et bleu, avec une fermeture à glissière et des poignées de plastique), mais Sachs en avait plus peur que des deux autres et, instinctivement, il l'avait gardé pour la fin. N'importe quoi pouvait se trouver caché là-dedans, pensait-il. Et s'il se disait que cela appartenait à un dément, à un fou meurtrier, alors ce *n'importe quoi* lui paraissait de plus en plus monstrueux à envisager. Quand il en eut terminé avec les deux valises, Sachs avait presque perdu le courage d'ouvrir ce sac. Plutôt que de faire face à ce que son imagination avait placé là-dedans, il s'était à peu près persuadé de le jeter au loin. Mais il ne le fit pas. Au moment précis où il s'apprêtait à le soulever de la malle pour le lancer dans les bois, il ferma les yeux, hésita, et puis, d'un seul trait angoissé, tira la fermeture Eclair.

Il n'y avait pas de tête dans le sac. Il n'y avait pas d'oreilles coupées, pas de tronçons de doigts, pas de parties intimes. Il y avait de l'argent. Et pas juste un peu d'argent, mais des quantités, plus d'argent que Sachs n'en avait jamais vu en un seul endroit. Le sac en était bourré : des liasses épaisses de billets de cent dollars liées par des élastiques, chaque liasse représentant trois, quatre ou cinq mille dollars. Quand il eut fini de les compter, Sachs était raisonnablement certain que le total atteignait entre cent soixante et cent soixante-cinq mille dollars environ. Sa première réaction à cette découverte fut le soulagement, la gratitude parce que ses craintes étaient dissipées. Ensuite, tandis qu'il comptait les billets pour la première fois, une impression de choc et de vertige. En recomptant les billets, il s'aperçut néanmoins qu'il s'habituait à eux. C'était ça le plus étrange, à ce qu'il m'a dit : la vitesse à laquelle il digérait toute cette invraisemblable affaire. Quand il compta l'argent une troisième fois, il avait déjà commencé à le considérer comme sien.

Il garda les cigarettes, la batte de soft-ball, le passeport et l'argent. Tout le reste, il s'en débarrassa. Il éparpilla au fond du bois le contenu de la valise et du coffre métallique. Quelques minutes plus tard, il jetait les valises vides dans un dépôt d'ordures à l'entrée de la ville. Il était alors plus de quatre heures, et il avait une longue route à faire. Il s'arrêta pour manger à Springfield, dans le Massachusetts, et fuma les cigarettes de Dimaggio en s'enfilant un deuxième café, et puis il finit par arriver à Brooklyn un peu après une heure du matin. C'est alors qu'il abandonna la voiture, le long d'une des rues pavées proches du Gowanus Canal, un no man's land d'entrepôts vides peuplé de meutes de chiens errants décharnés. Il prit soin d'effacer ses empreintes de toutes les surfaces, mais ce n'était qu'une précaution supplémentaire. Les portières n'étaient pas verrouillées, la clef se trouvait au contact, et la voiture ne manquerait pas d'être volée avant la fin de la nuit.

Il parcourut à pied le reste du chemin, le sac de sport dans une main, la batte de soft-ball et les cigarettes dans l'autre. Au coin de la 5ᵉ avenue et de President Street, il glissa la batte dans une poubelle débordante en l'enfonçant entre des journaux entassés et des peaux de melon déchirées. C'était la dernière chose à laquelle il devait penser. Il lui restait un mile à faire, mais en dépit de son épuisement, il poursuivit son chemin vers chez lui en se sentant envahi par un calme croissant. Fanny serait là pour lui, se disait-il, et sitôt qu'il la verrait, le pire serait passé.

C'est ce qui explique la confusion qui s'ensuivit. Non seulement Sachs fut pris au dépourvu quand il arriva dans l'appartement, mais il n'était pas non plus en état d'absorber le moindre fait nouveau à propos de quoi que ce fût. Il se sentait le cerveau surchargé, et s'il était rentré chez Fanny c'était précisément parce qu'il pensait que là, il n'y aurait pas de surprise, parce que c'était l'unique endroit où il pouvait compter qu'on s'occuperait de lui. D'où son ahurissement, sa réaction de stupeur quand il la vit se rouler nue sur le lit avec Charles. Sa certitude se fondait en humiliation, et il réussit à peine à balbutier quelques mots d'excuse avant de se précipiter au-dehors. Tout était arrivé en même temps, et même s'il parvint à se reprendre assez pour crier de la rue qu'il les bénissait, il ne s'agissait là que d'un bluff, un faible effort de dernière minute pour sauver la face. En réalité, il avait l'impression que le ciel lui était tombé sur la tête. Il avait l'impression que son cœur lui avait été arraché.

Il courut le long du trottoir, courut juste pour s'éloigner, sans penser à ce qu'il allait faire. Au coin de la 3e rue et de la 7e avenue, il aperçut un téléphone public, et ça lui donna l'idée de m'appeler pour me demander un endroit où passer la nuit. Mais quand il composa mon numéro, la ligne était occupée. Je devais être en train de parler avec Fanny à ce moment-là (elle nous avait téléphoné aussitôt après la disparition de Sachs), mais il interpréta ce fait comme un signe qu'Iris et moi avions décroché notre appareil. Cette conclusion était raisonnable, puisqu'il était peu probable que nous fussions l'un ou l'autre en train de bavarder avec quelqu'un à deux heures du matin. C'est pourquoi il ne se donna même pas la peine d'essayer une deuxième fois. Quand la machine lui retourna ses vingt-cinq cents, il s'en servit pour appeler Maria. La sonnerie arracha celle-ci à un profond sommeil, mais lorsqu'elle entendit le ton désespéré de la voix de Sachs, elle lui dit de venir tout de suite. Il n'y avait guère de métros à cette heure, et le temps qu'il en attrape un à Grand Army Plaza et arrive au loft de Maria à Manhattan, elle était déjà habillée et bien éveillée, assise à la table de la cuisine, en train de boire sa troisième tasse de café.

Il était logique qu'il aille là. Même après s'être retiré à la campagne, Sachs avait gardé le contact avec Maria, et quand j'ai enfin parlé de tout cela avec elle l'automne dernier, elle m'a montré plus d'une douzaine de lettres et de cartes postales qu'il lui avait envoyées du Vermont. A ce qu'elle m'a dit, il y avait aussi eu pas mal de conversations téléphoniques et, dans les six mois qu'il avait passés loin de la ville, elle ne pensait pas être restée plus de dix jours sans nouvelles de lui sous une forme ou une autre. La vérité, c'est que Sachs avait confiance en elle et que dès lors que Fanny disparaissait soudain de sa vie (et que mon téléphone semblait décroché), il était tout naturel qu'il se tourne vers Maria. Depuis son accident, en juillet de l'année précédente, elle était la seule personne à qui il s'était confié, la seule qui avait eu accès dans le sanctuaire de ses pensées les plus intimes. Tout bien considéré, elle était sans doute plus proche de lui en ce moment que quiconque.

Et pourtant, il allait s'avérer que c'était une erreur terrible. Non que Maria ne fût désireuse de l'aider, non qu'elle ne fût prête à laisser tout tomber jusqu'à ce qu'il sorte de sa crise, mais parce qu'elle se trouvait en possession du seul fait capable de transformer une affreuse aventure en tragédie absolue. Si Sachs n'était pas allé chez elle, je suis certain que les choses se seraient arrangées assez rapidement. Il se serait calmé après une nuit de repos, et après cela il serait allé à la police raconter la vérité. Avec l'aide d'un bon avocat, il serait ressorti de là en homme libre. Mais un nouvel élément fut ajouté à la mixture déjà détonante des dernières vingt-quatre heures, et le résultat en fut un composé mortel, un plein ballon d'acide sifflant ses menaces dans une profusion bouillonnante de fumée.

Aujourd'hui encore, il m'est difficile d'en accepter la moindre part. Et je parle comme quelqu'un qui devrait savoir, qui a réfléchi longuement et assidûment aux questions qui se posent ici. Toute ma vie d'adulte s'est passée à écrire des histoires, à placer des personnages imaginaires dans des situations inattendues et souvent invraisemblables, mais aucun de mes personnages n'a jamais vécu quoi que ce fût d'aussi improbable que Sachs, cette nuit-là, chez Maria Turner. Si faire le récit de ce qui est arrivé me bouleverse encore, c'est parce que le réel dépasse toujours ce que nous pouvons imaginer. Si débridées que nous jugions nos inventions, elles ne parviennent jamais au niveau des incessantes et imprévisibles vomissures du monde réel. Cette leçon me paraît désormais incontestable. *Il peut arriver n'importe quoi.* Et, d'une manière ou d'une autre, c'est toujours ça qui arrive.

Les premières heures qu'ils passèrent ensemble furent assez pénibles, et devaient leur laisser à tous deux le souvenir d'une sorte de tempête, d'un passage à tabac intérieur, d'un maelström de larmes, de silences et de mots à demi étouffés. Petit à petit, Sachs réussit à sortir son histoire. Maria le tint dans ses bras la plupart du temps, en l'écoutant avec une fascination incrédule lui raconter tout ce qu'il était capable de raconter. C'est alors qu'elle lui fit cette promesse, qu'elle lui donna sa parole et lui jura de garder les meurtres pour elle seule. Elle comptait le persuader, plus tard, de s'adresser à la police, mais dans l'immédiat son seul souci était de le protéger, de lui prouver sa loyauté. Sachs était en pleine débâcle, et une fois que les mots commencèrent à s'échapper de sa bouche, une fois qu'il s'entendit décrire ce qu'il avait vécu, il fut saisi d'horreur. Maria tenta de lui faire comprendre qu'il avait agi pour se défendre – qu'il n'était pas responsable de la mort de l'inconnu – mais Sachs refusait d'admettre ses arguments. Qu'on le veuille ou non, il avait tué un homme, et aucun discours ne suffirait jamais à effacer cet acte. Mais s'il n'avait pas tué l'inconnu, insistait Maria, c'est lui qui aurait été tué. C'est possible, répondait Sachs, mais à tout prendre ça aurait mieux valu que la situation où il se trouvait désormais. J'aurais préféré mourir, disait-il, j'aurais préféré être abattu ce matin-là plutôt que de vivre le restant de mes jours avec ce souvenir.

Ils continuèrent à discuter, à tourner en tous sens ces arguments torturés, à peser l'acte et ses conséquences, à revivre les heures que Sachs avait passées dans la voiture, la scène avec Fanny à Brooklyn, sa nuit dans les bois, reprenant les mêmes choses trois ou quatre fois, l'un et l'autre incapables de dormir et puis, en plein milieu de cette conversation, tout s'arrêta. Sachs ouvrit le sac de sport pour montrer à Maria ce qu'il avait trouvé dans la malle de la voiture, et le passeport se trouvait posé là, au-dessus de l'argent. Il le prit et le lui passa, en insistant pour qu'elle y jette un coup d'œil, voulant absolument prouver que l'inconnu avait été une vraie personne – un homme avec un nom, un âge, une date de naissance. Cela rendait tout tellement concret, disait-il. Si l'homme était resté anonyme, il eût été possible de penser à lui comme à un monstre, d'imaginer qu'il avait mérité la mort, mais le passeport le démythifiait, montrait qu'il s'agissait d'un homme comme les autres. Là se trouvaient les chiffres attestant son existence, l'esquisse d'une vie réelle. Et il y avait son portrait. Cela paraissait incroyable : l'homme *souriait* sur la photographie. Ainsi que le dit Sachs en mettant le document dans la main de Maria, il était persuadé que ce sourire allait le détruire. Il aurait beau s'éloigner autant qu'il le pourrait des événements du matin, jamais il ne parviendrait à lui échapper.

Maria ouvrit donc le passeport en pensant déjà à ce qu'elle dirait à Sachs, en cherchant des mots qui le rassureraient, et elle baissa les yeux vers la photographie. Puis elle regarda à nouveau, passant et repassant du nom au portrait, et tout à coup (c'est ce qu'elle m'a raconté l'an dernier), elle eut l'impression que sa tête allait exploser. Tels sont exactement les mots qu'elle a utilisés pour décrire ce qui s'était passé : "J'ai eu l'impression que ma tête allait exploser."

Sachs lui demanda ce qui n'allait pas. Il avait vu changer son expression, et ne comprenait pas.

"Doux Jésus, dit-elle.
— Tu vas bien ?
— C'est une blague, oui ? C'est je ne sais quelle blague idiote, c'est ça ?
— Je ne comprends pas.
— Reed Dimaggio. C'est la photo de Reed Dimaggio.
— C'est ce qui est inscrit dessous. Je ne sais pas du tout si c'est son vrai nom.
— Je le connais.
— Quoi ?
— Je le connais. Il a épousé ma meilleure amie. J'ai assisté à leur mariage. Ils ont donné mon prénom à leur petite fille.
— Reed Dimaggio.
— Il n'y a qu'un Reed Dimaggio. Et c'est sa photo. Je l'ai sous les yeux en ce moment.
— Ce n'est pas possible.
— Tu crois que j'inventerais ça ?
— Ce type était un tueur. Il a abattu un gamin de sang-froid.
— Je m'en fous. Je le connaissais. C'était le mari de mon amie Lillian Stern. Sans moi, ils ne se seraient jamais rencontrés."

L'aube approchait, mais ils continuèrent à parler pendant plusieurs heures encore, et veillèrent jusqu'à neuf ou dix heures du matin tandis que Maria racontait l'histoire de son amitié avec Lillian Stern. Sachs, dont le corps s'était décomposé de fatigue, retrouva un second souffle et refusa d'aller se coucher avant qu'elle eût fini. Il entendit le récit de la jeunesse de Maria et de Lillian dans le Massachusetts, de leur installation à New York après l'école secondaire, de la longue période où elles s'étaient perdues de vue, de leurs retrouvailles inattendues dans l'entrée de l'immeuble de Lillian. Maria conta la saga du carnet d'adresses, elle alla chercher les photos qu'elle avait prises de Lillian et les étala devant lui sur le sol, elle parla de leurs expériences d'échanges d'identité. La rencontre de Lillian et de Dimaggio en avait directement découlé, expliqua-t-elle, ainsi que la romance échevelée qui avait suivi. Maria elle-même n'avait jamais eu l'occasion de bien le connaître, et à part le fait qu'elle l'aimait bien, elle ne pouvait pas dire grand-chose de sa personnalité. Seuls quelques détails disparates lui étaient restés en mémoire. Elle se souvenait qu'il s'était battu au Viêt-nam, par exemple, mais qu'il eût été conscrit ou engagé volontaire, cela n'était plus clair. Il devait avoir été démobilisé vers le début des années soixante-dix, néanmoins, puisqu'elle savait concrètement qu'il était entré à l'université grâce au *GI bill**, et quand Lillian avait fait sa connaissance en 1976, il avait déjà terminé sa licence et se trouvait sur le point de partir à Berkeley faire un doctorat en histoire américaine. L'un dans l'autre, Maria ne l'avait rencontré que cinq ou six fois, et plusieurs de ces rencontres avaient eu lieu tout au début, alors que Lillian et lui s'éprenaient l'un de l'autre. Un mois après, Lillian était partie avec lui en Californie, et ensuite Maria ne l'avait revu que deux fois : au mariage, en 1977, et après la naissance de leur fille, en 1981. Le mariage avait duré jusqu'en 1984. Lillian avait téléphoné plusieurs fois à Maria pendant la période de la rupture, mais depuis leurs relations étaient devenues irrégulières, avec des intervalles de plus en plus longs entre chaque coup de téléphone.

Maria disait n'avoir jamais perçu aucune cruauté en Dimaggio, rien qui suggérât qu'il fût capable de faire du mal à quelqu'un – et moins encore d'abattre un inconnu de sang-froid. Cet homme n'était pas un criminel. C'était un étudiant, un intellectuel, un enseignant, et Lillian et lui avaient mené une existence plutôt terne à Berkeley. Il faisait cours à l'université en qualité d'assistant tout en poursuivant son doctorat ; elle étudiait l'art dramatique, travaillait à mi-temps de-ci, de-là et jouait dans des spectacles de théâtre locaux et des films d'étudiants. Ses économies leur avaient permis de vivre pendant les deux premières années environ, mais ensuite l'argent était devenu rare et le plus

---

* Loi permettant aux ex-soldats de faire des études universitaires aux frais du gouvernement. *(N.d.T.)*

souvent il leur fallait se débattre pour nouer les deux bouts. Pas vraiment la vie d'un criminel, commenta Maria. Et ce n'était pas non plus la vie qu'elle avait imaginé que son amie se choisirait. Après ces années folles à New York, il paraissait étrange que Lillian se fût rangée avec un type comme Dimaggio. Mais elle avait déjà envisagé de quitter New York, et les circonstances de leur rencontre avaient été si extraordinaires (si "extatiques", disait Maria) que l'idée de partir avec lui devait lui avoir semblé irrésistible – moins un choix qu'une affaire de destin. Il est vrai que Berkeley n'était pas Hollywood, mais Dimaggio n'avait rien non plus d'un petit rat de bibliothèque aux lunettes de fer et à la poitrine creuse. C'était un fort et beau jeune homme, et il n'y avait sans doute eu aucun problème côté attirance physique. Ce qui comptait également, c'est qu'il était plus intelligent que tous les gens qu'elle avait connus : il parlait mieux et en savait plus que les autres, et il possédait sur toutes choses toutes sortes d'opinions impressionnantes. Lillian, qui n'avait pas lu plus de deux ou trois livres dans sa vie, devait avoir été subjuguée par lui. Dans l'idée de Maria, elle s'était sans doute figurée que Dimaggio allait la transformer, que le seul fait de le connaître allait la sortir de sa médiocrité et l'aider à devenir quelqu'un. Sa carrière de star n'était de toute façon qu'un rêve enfantin. Elle avait sans doute l'allure d'une star, elle en avait même peut-être le talent – mais, ainsi que Maria l'expliqua à Sachs, Lillian était beaucoup trop paresseuse pour y arriver, trop impulsive pour s'appliquer et se concentrer, trop dépourvue d'ambition. Quand elle avait demandé conseil à Maria, celle-ci lui avait répondu sans ambages d'oublier le cinéma et de s'en tenir à Dimaggio. S'il avait envie de l'épouser, il fallait saisir la chance. Et c'est exactement ce que Lillian avait fait.

Dans la mesure de ce qu'elle en savait, Maria avait eu l'impression que c'était un mariage heureux. En tout cas Lillian ne s'en était jamais plainte, et même si Maria avait commencé à éprouver quelques doutes après un séjour en Californie en 1981 (elle avait trouvé Dimaggio morose et autoritaire, sans le moindre sens de l'humour), elle avait attribué cela aux premiers émois de la paternité et gardé ses pensées pour elle-même. Deux ans et demi plus tard, quand Lillian lui avait téléphoné pour lui annoncer leur prochaine séparation, Maria en avait été tout à fait surprise. Lillian déclarait que Dimaggio voyait une autre femme et puis, dans le même souffle, elle avait fait allusion à quelque chose, dans son passé, "qui la rattrapait". Maria avait toujours supposé que Lillian avait raconté à Dimaggio comment elle avait vécu à New York, mais apparemment elle ne s'y était jamais résolue, et lorsqu'ils étaient partis en Californie, elle avait décidé qu'il valait mieux pour tous les deux qu'il n'en sût rien. Or le hasard avait fait qu'un soir où elle et Dimaggio dînaient dans un restaurant de San Francisco, un ancien client à elle était venu s'asseoir à la table voisine. Il était ivre, et après que Lillian eut refusé de réagir à ses regards fixes, à ses sourires et à ses clins d'œil odieux, il s'était levé en proférant à voix haute quelques réflexions insultantes qui étalaient son secret en plein devant son mari. D'après ce qu'elle avait raconté à Maria, Dimaggio s'était mis en rage dès leur retour chez eux. Il l'avait jetée à terre, lui avait envoyé des coups de pied, avait lancé des casseroles contre les murs, en criant "putain" d'une voix suraiguë. Si le bébé ne s'était réveillé, Lillian disait qu'il l'aurait peut-être tuée. Cependant, le lendemain, quand elle retéléphona à Maria, Lillian ne fit plus même allusion à cet incident. Cette fois, son histoire était "qu'elle ne pigeait plus rien à Dimaggio", qu'il passait son temps avec "une bande de radicaux imbéciles" et qu'il était devenu un "sale con". Alors finalement elle en avait eu marre et elle l'avait chassé de chez elle. Cela faisait trois histoires différentes, remarqua Maria, un exemple caractéristique de la façon dont Lillian affrontait la réalité. Il se pouvait qu'une de ces histoires fût vraie. Il était même possible qu'elles le fussent toutes – et puis encore, il était également possible qu'elles fussent toutes fausses. On ne pouvait jamais dire, avec Lillian, expliqua-t-elle à Sachs. Pour autant qu'elle le sût, peut-être que Lillian avait été infidèle à Dimaggio, et qu'il l'avait quittée. Ce pouvait être aussi simple que ça. Et, de nouveau, peut-être pas.

Ils n'avaient jamais officiellement divorcé. Dimaggio, qui avait obtenu son doctorat en 1982, enseignait depuis deux ans dans un petit collège privé à Oakland. Après la rupture définitive avec Lillian, il avait emménagé dans un studio d'une pièce au centre de Berkeley. Pendant neuf mois, il était venu tous les samedis à la maison chercher la petite Maria pour passer la journée avec elle. Il arrivait toujours ponctuellement à dix heures du matin, et il la ramenait toujours à huit heures du soir. Et puis un jour, après un peu moins d'un an de cette routine, il n'était pas venu. Il n'y avait jamais eu aucune excuse, aucun mot d'explication. Lillian avait téléphoné chez lui à plusieurs reprises au cours des deux jours suivants, mais personne n'avait répondu. Le lundi, elle avait tenté de le joindre à son travail, et comme personne ne décrochait dans son bureau, elle avait recomposé le numéro et demandé à parler à la secrétaire du département d'histoire. C'est alors seulement qu'elle avait appris que Dimaggio avait démissionné de son poste au collège. La semaine précédente, avait dit la secrétaire, le jour où il avait remis ses notes finales pour le semestre. Il avait expliqué au président qu'on lui avait offert un poste d'assistant à Cornell, mais lorsque Lillian avait appelé le département d'histoire de Cornell, personne n'avait entendu parler de lui. Après cela, elle n'avait plus jamais revu Dimaggio. Pendant deux ans, tout s'était passé comme s'il avait disparu de la face de la terre. Il n'avait pas écrit, n'avait pas téléphoné, n'avait pas une seule fois tenté de voir sa fille. Jusqu'à sa réapparition dans les bois du Vermont le jour de sa mort, l'histoire de ces deux années était une inconnue.

Entre-temps, Lillian et Maria avaient continué de se parler au téléphone. Un mois après la disparition de Dimaggio, Maria avait suggéré à Lillian de faire sa valise et de venir à New York avec la petite Maria. Elle proposait même de payer leur billet, mais compte tenu que Lillian était alors sans un sou, elles étaient convenues que ce montant serait dépensé plus utilement à régler des factures. Maria avait donc fait virer à Lillian un prêt de trois mille dollars (tout ce qu'elle pouvait se permettre, au centime près), et le voyage avait été remis à plus tard. Deux ans après, il n'avait pas encore eu lieu. Maria ne cessait d'imaginer qu'elle irait en Californie passer quelques semaines chez Lillian, mais le moment ne paraissait jamais bienvenu, et elle n'arrivait qu'à peine à faire face à son travail. Au bout d'un an, elles avaient commencé à se téléphoner moins souvent. Un jour, Maria avait envoyé encore quinze cents dollars, mais quatre mois s'étaient écoulés depuis leur dernière conversation et elle soupçonnait Lillian d'être en assez piteuse situation. Quelle façon affreuse de traiter une amie, fit-elle en piquant soudain une nouvelle crise de larmes. Elle ne savait même plus ce que Lillian faisait, et maintenant que cette chose terrible était arrivée, elle voyait combien elle avait été égoïste, elle se rendait compte à quel point elle l'avait laissée tomber.

Un quart d'heure plus tard, étalé sur le canapé dans le studio de Maria, Sachs cédait au sommeil. Il pouvait s'abandonner à son épuisement parce qu'il s'était déjà fixé un plan, parce qu'il ne s'interrogeait plus sur ce qu'il allait faire. Lorsque Maria lui avait raconté l'histoire de Dimaggio et de Lillian Stern, il avait compris que cette coïncidence cauchemardesque représentait en réalité une solution, une ouverture en forme de miracle. L'essentiel était d'accepter l'angoissante étrangeté de l'événement – de ne pas la contester, mais de l'épouser, de l'accueillir en lui comme une force portante. Là où tout n'avait été pour lui qu'obscurité, il apercevait désormais une belle et terrible clarté. Il allait se rendre en Californie et donner à Lillian Stern l'argent qu'il avait trouvé dans la voiture de Dimaggio. Pas seulement l'argent – l'argent en tant que gage de tout ce qu'il avait à donner, de son âme entière. L'alchimie de l'expiation l'exigeait, et une fois qu'il aurait accompli ce geste, peut-être y aurait-il pour lui un peu de paix, peut-être serait-il excusable de continuer à vivre. Dimaggio avait privé un homme de sa vie ; il avait privé Dimaggio de la sienne. Son tour était venu, sa vie devait désormais lui être ôtée. Telle était la loi interne, et s'il ne trouvait pas le courage de se faire disparaître, jamais le cycle infernal ne s'interromprait. Même s'il vivait très vieux, sa vie ne lui appartiendrait plus jamais. En remettant l'argent à Lillian Stern, il se livrerait lui-même entre ses mains. Ce serait là sa pénitence : consacrer sa vie à donner la vie à autrui ; avouer ; tout risquer sur un rêve fou de pitié et de pardon.

Il ne dit rien de tout cela à Maria. Il craignait qu'elle ne le comprît pas, et détestait l'idée de la perturber, de l'effrayer davantage. Cependant, il recula autant qu'il put le moment de s'en aller. Son corps avait besoin de repos, et puisque Maria ne paraissait pas pressée d'être débarrassée de lui, il finit par passer encore trois jours chez elle. De tout ce temps, il ne mit jamais le pied hors du loft. Maria lui acheta de nouveaux vêtements ; elle allait au marché et lui préparait ses repas ; matin et soir, elle lui apportait les journaux. A part lire ces journaux et regarder la télévision, il ne faisait pratiquement rien. Il dormait. Il regardait fixement par la fenêtre. Il pensait à l'immensité de la peur.

Le second jour, il y eut dans le *New York Times* un petit article rapportant la découverte des deux corps dans le Vermont. C'est ainsi que Sachs apprit que le nom de famille de Dwight était McMartin, mais l'article était trop sommaire pour apporter des détails sur l'enquête qui semblait avoir commencé. Dans le *New York Post* de l'après-midi, il y avait un récit qui mettait l'accent sur la perplexité des autorités devant cette affaire. Rien à propos d'un troisième homme, rien sur une Toyota blanche abandonnée à Brooklyn, rien sur un indice quelconque permettant d'établir une relation entre Dimaggio et McMartin. Le titre annonçait : MYSTÈRE DANS LES FORÊTS DU NORD. Le même soir, aux informations nationales, une des chaînes présentait l'histoire, mais à part une courte interview d'assez mauvais goût avec les parents de McMartin (la mère en larmes devant la caméra, le père raide et pétrifié) et une vue de la maison de Lillian Stern ("Mrs Dimaggio a refusé de parler aux journalistes"), il n'y avait rien de bien nouveau. Un porte-parole de la police vint déclarer que des tests à la paraffine prouvaient que Dimaggio avait tiré avec l'arme dont les balles avaient tué McMartin, mais que la mort de Dimaggio demeurait inexpliquée. Il est clair qu'un troisième homme a été mêlé à l'affaire, ajouta-t-il, mais on n'a encore aucune idée de son identité ni de l'endroit où il se trouve. En tout état de cause, l'affaire était une énigme.

Pendant tout le temps que Sachs passa chez Maria, celle-ci ne cessa d'appeler Lillian à Berkeley. La première fois, il n'y eut pas de réponse. Ensuite, quand elle réessaya une heure plus tard, elle tomba sur le signal occupé. Après plusieurs tentatives, elle appela l'opératrice et lui demanda s'il y avait des problèmes sur la ligne. Non, lui répondit-on, le téléphone a été décroché. Après le passage du reportage à la télévision, le lendemain soir, le signal occupé devint compréhensible. Lillian se protégeait des journalistes, et de tout le séjour de Sachs à New York, Maria ne réussit pas à la joindre. Finalement, ce n'était peut-être pas plus mal. Si grand que fût son désir de parler à son amie, Maria aurait été bien en peine de lui dire ce qu'elle savait : que le meurtrier de Dimaggio était un de ses amis, qu'il se tenait auprès d'elle à l'instant même où elle parlait. La situation était assez horrible sans qu'il fallût trouver les mots pour expliquer tout cela. D'autre part, il eût sans doute été utile pour Sachs que Maria réussît à parler à Lillian avant son départ. La voie lui aurait été aplanie, si on peut dire, et ses premières heures en Californie auraient été considérablement moins pénibles. Mais comment Maria aurait-elle pu savoir cela ? Sachs ne lui avait rien dit de ses intentions, et à part le petit mot de remerciement qu'il déposa sur la table de la cuisine pendant qu'elle faisait les courses pour le dîner du troisième jour, il ne lui dit même pas au revoir. Ça le gênait d'agir ainsi, mais il savait qu'elle ne le laisserait pas partir sans explication, et lui mentir était la dernière chose qu'il voulait. Dès qu'elle fut sortie pour faire ses courses, il rassembla donc ses affaires et descendit dans la rue. Son bagage comprenait le sac de sport et un sac en plastique (dans lequel il avait entassé son nécessaire de rasage, sa brosse à dents, et les quelques vêtements que Maria lui avait trouvés). De là, il marcha jusqu'à West Broadway, héla un taxi et demanda au chauffeur de le conduire à Kennedy Airport. Deux heures plus tard, il montait à bord de l'avion de San Francisco.

Elle habitait une petite maison en stuc rose dans les Berkeley Flats, un quartier pauvre aux pelouses encombrées de bric-à-brac, aux façades pelées et aux trottoirs envahis de mauvaises herbes. Sachs s'y arrêta dans sa Plymouth de location un peu après dix heures du matin, mais personne n'ouvrit la porte quand il sonna. C'était la première fois qu'il venait à Berkeley, mais plutôt que de s'en aller explorer la ville et de revenir plus tard, il s'installa sur le seuil pour attendre l'arrivée de Lillian Stern. Une douceur singulière imprégnait l'atmosphère. Tout en feuilletant son numéro du *San Francisco Chronicle*, il respirait le parfum des jacarandas, du chèvrefeuille et des eucalyptus : le choc de la Californie dans son éternelle floraison. Peu lui importait combien de temps il devrait rester assis là. Parler à cette femme constituait désormais la seule obligation dans sa vie, et jusqu'à ce que cela se produise, c'était comme si le temps s'était arrêté pour lui, comme si rien ne pouvait exister que le suspense de l'attente. Dix minutes ou dix heures, se disait-il, du moment qu'elle finit par arriver, cela ne fera aucune différence.

Il y avait, dans le *Chronicle* du matin, un article sur Dimaggio qui se révéla plus long et plus complet que tout ce que Sachs avait lu à New York. D'après des sources locales, Dimaggio avait été mêlé à un groupe d'écologistes de gauche, une poignée d'hommes et de femmes qui luttaient pour l'abandon des projets de centrales nucléaires et contre les entreprises d'abattage des forêts et autres "destructeurs de la Terre". L'article avançait que Dimaggio était peut-être en train d'accomplir une mission pour ce groupe au moment de sa mort, accusation fermement rejetée par le président de la cellule de Berkeley des Enfants de la planète, qui affirmait que l'idéologie de son organisation s'opposait à toute forme de protestation violente. Le journaliste poursuivait en suggérant que Dimaggio, en désaccord avec le groupe pour des questions de tactique, pouvait avoir renié son appartenance aux Enfants et agi de sa propre initiative. Tout cela ne reposait sur rien de concret, mais Sachs fut très frappé de découvrir que Dimaggio n'avait pas été un criminel ordinaire. Ce qu'il avait été paraissait radicalement différent : un fol idéaliste, un homme croyant à une cause, quelqu'un qui avait rêvé de changer le monde. Ça n'éliminait pas le fait qu'il eût tué un jeune gars innocent ; en un sens, ça le rendait plus grave encore. Lui et Sachs avaient cru aux mêmes choses. Dans un autre temps, un autre lieu, ils auraient pu être amis.

Sachs passa une heure à lire le journal, puis il le rejeta et se mit à contempler la rue. Des douzaines de voitures circulaient devant la maison, mais les seuls piétons étaient les très âgés ou les très jeunes : des petits enfants avec leurs mères, un vieillard noir marchant avec peine à l'aide d'une canne, une femme aux cheveux blancs, d'origine asiatique, dans un déambulateur d'aluminium. A une heure, Sachs abandonna momentanément son poste afin d'aller se chercher quelque chose à manger, mais il revint moins de vingt minutes après et avala son repas de fast-food sur les marches du seuil. Il comptait qu'elle rentrerait vers cinq heures et demie, six heures, espérant qu'elle était allée travailler quelque part, qu'elle se trouvait à son boulot comme toujours, qu'elle continuait à accomplir les gestes de son existence normale. Mais ce n'était qu'une supposition. Il ne savait pas si elle avait un emploi, et même si elle en avait un, il ne lui paraissait pas du tout certain qu'elle n'eût pas quitté la ville. Si cette femme avait disparu, son plan ne valait plus rien, et pourtant le seul moyen de s'en assurer était de demeurer assis là où il était. Il endura les premières heures de la soirée dans un tumulte d'anticipation, en regardant les nuages s'assombrir au-dessus de lui tandis que le crépuscule virait à la nuit. Cinq heures devinrent six heures, six heures devinrent sept, et à partir de là il ne lui resta qu'à se défendre d'une déception cuisante. Il repartit se chercher à manger à sept heures et demie, puis revint à la maison et se remit à attendre. Elle était peut-être au restaurant, se disait-il, ou chez des amis, ou occupée à n'importe quoi qui expliquerait son absence. Et si elle revenait, ou quand elle reviendrait, il était capital qu'il se trouve là. S'il ne lui parlait pas avant qu'elle rentre chez elle, il risquait de perdre sa chance pour toujours.

Et pourtant, quand elle finit par arriver, Sachs fut pris au dépourvu. Il était un peu plus de minuit, et parce qu'il ne l'attendait plus, il avait relâché sa vigilance. L'épaule appuyée contre la rampe de fer forgé, les yeux fermés, il était sur le point de céder au sommeil quand le bruit d'un moteur au ralenti le ranima. En ouvrant les yeux, il vit la voiture arrêtée sur un emplacement de parking juste en face de la maison. Un instant plus tard, le moteur se tut et les phares s'éteignirent. N'étant pas encore certain qu'il s'agissait de Lillian Stern, Sachs se remit sur ses pieds et attendit à son poste sur les marches – le cœur battant, le sang bourdonnant dans la tête.

Elle se dirigea vers lui en portant dans ses bras un enfant endormi, avec à peine un regard pour sa maison en traversant la rue. Sachs l'entendit chuchoter quelque chose à l'oreille de sa fille, mais il ne distingua pas ce que c'était. Il se rendit compte qu'il n'était qu'une ombre, une silhouette invisible dans l'obscurité, et qu'à l'instant où il ouvrirait la bouche pour parler, il ferait à la jeune femme une peur affreuse. Il hésita pendant quelques secondes. Puis, ne pouvant encore discerner son visage, il se lança enfin, brisant le silence alors qu'elle était à mi-chemin du chemin d'accès.

"Lillian Stern ?" fit-il. Il n'eut qu'à entendre ses propres paroles pour savoir que sa voix l'avait trahi. Il avait voulu poser cette question d'un ton chaleureux, amical, mais elle sonnait maladroitement, tendue et agressive comme s'il avait eu de mauvaises intentions.

Il entendit qu'elle sursautait, qu'elle reprenait brièvement son souffle. Elle s'arrêta net, réajusta l'enfant dans ses bras, puis répondit d'une voix sourde qui frémissait de colère et de frustration :

"Foutez le camp de ma maison, mec. Je ne parle à personne.

— Rien qu'un mot", dit Sachs en commençant à descendre les marches. Il agitait les mains, paumes ouvertes, en un geste de dénégation, comme pour démontrer qu'il était venu en paix. "J'attends ici depuis dix heures du matin. Il faut que je vous parle. C'est très important.

— Pas de journalistes. Je ne parle à aucun journaliste.
— Je ne suis pas journaliste. Je suis un ami. Vous n'aurez pas besoin de dire un seul mot si vous n'en avez pas envie. Tout ce que je vous demande c'est de m'écouter.
— Je ne vous crois pas. Vous êtes encore un de ces salauds dégueulasses.
— Non, vous vous trompez. Je suis un ami. Je suis un ami de Maria Turner. C'est elle qui m'a donné votre adresse.
— Maria ? fit-elle. Sa voix s'était soudain nettement radoucie. Vous connaissez Maria ?
— Je la connais très bien. Si vous ne me croyez pas, entrez, vous pouvez lui téléphoner. J'attendrai ici que vous ayez fini."

Il était arrivé en bas de l'escalier, et la jeune femme s'était remise à avancer vers lui, comme si elle avait retrouvé sa liberté de mouvement lorsque le nom de Maria avait été prononcé. Ils étaient debout à moins d'un mètre l'un de l'autre sur le sentier dallé, et pour la première fois depuis son arrivée, Sachs pouvait apercevoir ses traits. Il découvrait le même visage extraordinaire qu'il avait vu en photographie chez Maria, les mêmes yeux noirs, le même cou, les mêmes cheveux courts, les mêmes lèvres pleines. Il la dépassait d'une bonne tête et en la regardant, avec la tête de sa petite fille qui reposait contre son épaule, il se rendit compte qu'en dépit des photos, il ne s'était pas attendu à la trouver si belle.

"Qui diable êtes-vous ?
— Je m'appelle Benjamin Sachs.
— Et qu'est-ce que vous me voulez, Benjamin Sachs ? Qu'est-ce que vous foutez devant ma maison au beau milieu de la nuit ?
— Maria a essayé de vous joindre. Elle vous a appelée pendant des jours, et puis comme elle n'y arrivait pas, j'ai décidé de venir.
— De New York ?
— Je n'avais pas le choix.
— Et pourquoi vous vouliez venir ?
— Parce que j'ai quelque chose d'important à vous dire.
— J'aime pas ça du tout. La dernière chose dont j'ai besoin c'est encore de mauvaises nouvelles.

— Il ne s'agit pas de mauvaises nouvelles. Etranges, sans doute, et même incroyables, mais en tout cas pas mauvaises. En ce qui vous concerne, ce sont de très bonnes nouvelles. Etonnantes, en fait. Votre existence entière est sur le point de changer en mieux.

— Vachement sûr de vous, hein ?

— Simplement parce que je sais de quoi je parle.

— Et ça ne peut pas attendre demain matin ?

— Non. Il faut que je vous parle maintenant. Donnez-moi une demi-heure, et puis je vous ficherai la paix. Je vous le promets."

Sans un mot de plus, Lillian Stern sortit un trousseau de clefs de la poche de son manteau, monta l'escalier et ouvrit la porte de la maison. Sachs franchit le seuil à sa suite et pénétra dans le vestibule obscur. Rien ne se passait comme il l'avait imaginé, et après qu'elle eut allumé la lumière, après qu'il l'eut regardée porter sa fille à l'étage pour la mettre au lit, il se demanda comment il allait trouver le courage de lui parler, de lui dire ce qu'il voulait lui dire au point d'avoir parcouru pour cela trois milliers de miles.

Il l'entendit fermer la porte de la chambre de sa fille, mais au lieu de redescendre, elle entra dans une autre chambre et se mit à téléphoner. Il l'entendit distinctement former un numéro et puis, à l'instant où elle prononçait le nom de Maria, la porte claqua et le reste de la conversation fut perdu pour lui. De la voix de Lillian ne lui parvenait à travers le plafond qu'un bourdonnement entrecoupé de soupirs, de silences et d'éclats amortis. Si anxieux fût-il de savoir ce qu'elle disait, il n'avait pas l'oreille assez fine, et il renonça à l'effort au bout d'une ou deux minutes. Plus la conversation se prolongeait, plus son anxiété croissait. Ne sachant que faire d'autre, il abandonna sa station immobile au bas de l'escalier et se mit à errer de l'une à l'autre des pièces du rez-de-chaussée. Il n'y en avait que trois, et chacune était dans un désordre affreux. De hautes piles de vaisselle sale encombraient l'évier de la cuisine ; le salon était un chaos de coussins épars, de sièges renversés et de cendriers débordants ; la table de la salle à manger s'était effondrée. Une par une, Sachs alluma les lumières et puis les éteignit. Il découvrait une maison sinistre, un lieu de malheur et de pensées inquiètes, et cette constatation le pétrifiait.

Au téléphone, la conversation dura encore quinze à vingt minutes. Lorsqu'il entendit Lillian raccrocher, Sachs se trouvait de nouveau dans le vestibule et l'attendait en bas de l'escalier. Elle descendit avec une expression sombre et maussade, et il devina au léger tremblement de sa lèvre inférieure qu'elle avait dû pleurer. Le manteau qu'elle portait en arrivant avait disparu, et elle avait remplacé sa robe par un jean noir et un T-shirt blanc. Il remarqua qu'elle était pieds nus, et qu'elle avait les orteils peints d'un rouge vif. Bien qu'il la regardât en face pendant tout le temps qu'elle descendait l'escalier, elle refusa de lui rendre son regard. Quand elle fut en bas, il fit un pas de côté pour la laisser passer et c'est alors seulement, à mi-chemin de la cuisine, qu'elle s'arrêta et s'adressa à lui en lui parlant par-dessus son épaule gauche.

"Maria vous dit bonjour, fit-elle. Elle dit aussi qu'elle ne comprend pas ce que vous foutez ici."

Sans attendre de réponse, elle continua vers la cuisine. Sachs ne savait pas si elle voulait qu'il la suive ou qu'il reste où il était, mais il décida d'y aller tout de même. Elle alluma le plafonnier, gémit doucement en voyant l'état de la pièce et puis, tournant le dos à Sachs, ouvrit une armoire. Elle en sortit une bouteille de Johnnie Walker, trouva un verre vide dans une autre armoire et se servit à boire. Il eût été impossible de ne pas remarquer l'hostilité qui sous-tendait ce geste. Elle ne lui offrait pas à boire, ne lui proposait pas de s'asseoir, et Sachs comprit tout à coup qu'il risquait de perdre le contrôle de la situation. C'était lui qui avait provoqué cette scène, après tout, et maintenant qu'il se trouvait là avec elle, inexplicablement, la tête lui tournait, sa langue était muette et il ne savait par où commencer.

Elle but une gorgée et le dévisagea à travers la cuisine.

"Maria dit qu'elle ne comprend pas ce que vous foutez ici", répéta-t-elle. Sa voix rauque était atone, et pourtant, par sa froideur même, elle exprimait la dérision, une dérision frôlant le mépris.

« Non, fit Sachs, je n'imagine pas qu'elle le comprenne.
— Si vous avez quelque chose à me dire, vous feriez bien de me le dire tout de suite. Et puis je veux que vous repartiez. Vous comprenez ? Repartez, tirez-vous d'ici.
— Je ne vous causerai aucun ennui.
— Rien ne m'empêche d'appeler la police, vous savez. Tout ce que j'ai à faire c'est décrocher le téléphone, et votre vie fout le camp aux chiottes. Je veux dire, de quelle planète de merde est-ce que vous tombez, vous ? Vous tirez sur mon mari, et puis vous vous amenez ici et vous voudriez que je sois gentille ?
— Je n'ai pas tiré sur lui. Je n'ai jamais tenu une arme à feu de ma vie.
— Je me fous de ce que vous avez fait. Ça ne me concerne pas.
— Bien sûr que si. Ça vous concerne tout à fait. Ça nous concerne tout à fait, tous les deux.
— Vous voulez que je vous pardonne, c'est ça ? C'est pour ça que vous êtes venu. Pour vous traîner à genoux en me demandant pardon. Eh bien, ça ne m'intéresse pas. C'est pas mon truc de pardonner aux gens. C'est pas mon boulot.
— Le père de votre petite fille est mort et vous prétendez que vous vous en foutez ?
— Je vous dis que ça ne vous regarde pas.
— Maria ne vous a pas parlé de l'argent ?
— L'argent ?
— Elle ne vous a rien dit ?
— Je ne sais pas de quoi vous parlez.
— J'ai de l'argent pour vous. C'est pour ça que je suis ici. Pour vous donner cet argent.
— J'en veux pas de votre argent. Je ne veux rien de vous. Tout ce que je veux c'est que vous foutiez le camp d'ici.
— Vous me remballez avant d'avoir entendu ce que j'ai à dire.
— Parce que j'ai pas confiance en vous. Vous voulez quelque chose, et je ne sais pas ce que c'est. Personne ne donne de l'argent pour rien.

— Vous ne me connaissez pas, Lillian. Vous n'avez pas la moindre idée de ce que j'ai en tête.
— J'en ai appris assez. J'en ai appris assez pour savoir que je ne vous aime pas.
— Je ne suis pas venu ici pour être aimé. Je suis venu pour vous aider, c'est tout, et ce que vous pensez de moi n'a aucune importance.
— Vous êtes dingue, vous savez ? Vous parlez exactement comme un dingue.
— Ce qui serait dingue, c'est que vous refusiez d'admettre ce qui s'est passé. Je vous ai pris quelque chose, et maintenant je suis ici pour vous rendre quelque chose. C'est aussi simple que ça. Je ne vous ai pas choisie. Les circonstances vous ont mise sur mon chemin, et maintenant il faut que j'honore ma part du contrat.
— Voilà qu'il commence à parler comme Reed. Un beau parleur d'enfant de salaud, tout gonflé d'arguments et de théories stupides. Mais ça ne prendra pas, professeur. Y a pas de contrat. Tout ça c'est dans votre tête et je ne vous dois rien.
— Justement. Vous ne me devez rien. C'est moi qui ai une dette envers vous.
— Conneries.
— Si mes raisons ne vous intéressent pas, ne pensez pas à mes raisons. Mais prenez l'argent. Si ce n'est pas pour vous, prenez-le au moins pour votre petite fille. Je ne vous demande rien. Tout ce que je veux c'est qu'il soit à vous.
— Et puis alors ?
— Alors rien.
— Alors je serai votre débitrice, hein ? C'est ça que vous voudriez que je pense. Une fois que j'aurai pris votre fric, vous vous imaginez que je vais vous appartenir.
— M'appartenir ? s'écria Sachs, cédant soudain à son exaspération. Vous, m'appartenir ? Mais je ne vous trouve même pas sympathique. Après la façon dont vous m'avez traité ce soir, moins je vous verrai, mieux ce sera."

A ce moment-là, sans que le moindre signe eût permis de le prévoir, Lillian sourit. Ce fut une interruption spontanée, une réaction tout à fait involontaire à la guerre des nerfs qu'ils étaient en train de se livrer. Même s'il ne dura pas plus d'une ou deux secondes, Sachs trouva ce sourire encourageant. Quelque chose avait passé, lui semblait-il, une brève communication s'était établie, et bien qu'il n'eût aucune idée de ce que c'était, il sentait que l'atmosphère s'était modifiée.

Alors il ne perdit plus de temps. Profitant de l'occasion qui venait de se présenter, il lui dit de rester où elle était, sortit de la pièce et puis de la maison pour aller chercher l'argent dans sa voiture. Il ne servait à rien d'essayer de s'expliquer avec elle. Le moment était venu de lui apporter une preuve, d'éliminer les abstractions et de laisser l'argent parler pour lui-même. C'était la seule façon de la convaincre : qu'elle le touche, qu'elle le voie de ses propres yeux.

Mais plus rien n'était simple désormais. Après avoir ouvert le coffre de la voiture, en revoyant le sac, il s'aperçut qu'il hésitait à céder à son impulsion. Depuis le début, il s'était vu lui donner l'argent d'un seul geste : il entrait dans la maison, lui remettait le sac et ressortait. Un geste qu'il imaginait rapide, comme en rêve, une action qui ne devait prendre aucun temps. Il fondrait, tel un ange de miséricorde, en faisant pleuvoir sur elle la fortune, et avant qu'elle se fût rendu compte de sa présence il disparaîtrait. Mais d'avoir parlé avec elle, d'avoir eu ce face à face avec elle dans la cuisine, il voyait l'absurdité de ce conte de fées. Il se sentait effrayé et démoralisé par l'animosité de Lillian, et n'avait aucun moyen de prévoir ce qui pouvait arriver. S'il lui donnait tout l'argent d'un coup, il perdrait ce qu'il pouvait avoir d'avantage sur elle. Tout deviendrait possible, les retournements de situation les plus grotesques pourraient découler de cette erreur. Elle pourrait l'humilier en refusant de l'accepter, par exemple. Ou, pis encore, elle pourrait prendre l'argent et puis, lui tournant le dos, appeler la police. Elle l'en avait déjà menacé, et compte tenu de la profondeur de sa colère et de ses soupçons, il ne la croyait pas incapable de le trahir.

Au lieu d'emporter le sac dans la maison, il compta cinquante billets de cent dollars, les fourra dans les poches de sa veste, puis referma le sac et claqua le couvercle du coffre. Il n'avait plus aucune idée de ce qu'il était en train de faire. C'était un acte d'improvisation pure, un saut aveugle dans l'inconnu. En revenant vers la maison, il vit Lillian debout sur le seuil, petite silhouette illuminée, les mains aux hanches, qui l'observait intensément tandis qu'il vaquait à ses affaires dans la rue silencieuse. Il traversa la pelouse conscient de ce regard sur lui, empli d'une ivresse soudaine par sa propre incertitude, par la folie de ce qui pouvait désormais se passer de terrible.

Quand il fut en haut de l'escalier, elle se poussa de côté pour le laisser entrer et puis ferma la porte derrière lui. Il n'attendit pas son invitation, cette fois. Pénétrant avant elle dans la cuisine, il alla vers la table, tira une des chaises branlantes et s'assit. Un instant plus tard, Lillian s'asseyait en face de lui. Il n'y avait plus de sourire dans ses yeux, ni d'éclairs de curiosité. Elle avait fait de son visage un masque et quand il la regarda, en quête d'un signal, d'une indication quelconque qui l'aiderait à se lancer, il eut l'impression d'interroger un mur. Il n'y avait pas moyen d'établir un contact avec elle, pas moyen de pénétrer ses pensées. Ni l'un ni l'autre ne parlait. Chacun attendait que l'autre commence, et plus elle gardait le silence, plus elle semblait obstinée à lui résister. A un moment donné, sentant qu'il allait étouffer, qu'un hurlement était en train de s'amasser dans ses poumons, Sachs leva le bras droit et, d'un geste calme, balaya tout ce qui se trouvait devant lui. Assiettes sales, tasses à café, cendriers et couverts atterrirent dans un fracas féroce, se brisant et glissant sur le linoléum vert. Il la regardait droit dans les yeux mais elle refusait de réagir, demeurait assise là comme si rien ne s'était passé. C'est un instant sublime, pensa-t-il, un instant pour l'éternité, et tandis qu'ils continuaient tous deux à se fixer, il se mit à trembler de bonheur, d'un bonheur surgi de sa peur. Alors, dans le mouvement, il tira les deux liasses de ses poches, les plaqua sur la table et les poussa vers elle.

"Voilà pour vous, dit-il. C'est à vous si vous en voulez."

Elle baissa les yeux vers l'argent pendant une fraction de seconde, mais ne fit pas un geste pour y toucher.

"Des billets de cent dollars, dit-elle. Ou bien ce sont seulement ceux du dessus ?

— Ce sont tous des cent. Il y en a pour cinq mille dollars.

— Cinq mille dollars, ce n'est pas rien. Même des gens riches ne cracheraient pas sur cinq mille dollars. Mais ce n'est pas exactement le genre de fortune qui peut changer la vie de quelqu'un.

— Ceci n'est qu'un début. Ce que vous pourriez appeler un acompte.

— Je vois. Et quel genre de solde proposez-vous ?

— Mille dollars par jour. Mille dollars par jour tant que ça durera.

— C'est-à-dire ?

— Longtemps. Assez longtemps pour payer vos dettes et quitter votre boulot. Assez longtemps pour déménager d'ici. Assez longtemps pour vous offrir une voiture neuve et une nouvelle garde-robe. Et après tout ça, il vous en restera encore à ne savoir qu'en faire.

— Et vous, vous êtes censé être quoi, ma fée marraine ?

— Rien qu'un type qui paie une dette, c'est tout.

— Et si je vous disais que cet arrangement ne me plaît pas ? Si je vous disais que je préférerais avoir tout le fric d'un coup ?

— Ça, c'était le plan initial, mais il s'est modifié depuis que je suis arrivé ici. On passe au plan B, maintenant.

— Je croyais que vous vouliez être sympa avec moi.

— C'est vrai. Mais je veux l'être avec moi aussi. Si on procède comme ça, on a plus de chances de préserver un certain équilibre.

— Vous voulez dire que vous n'avez pas confiance en moi, c'est ça ?

— Votre attitude me rend un peu nerveux. Je suis sûr que vous pouvez le comprendre.

— Et ça se passe comment, pendant que vous me faites ces versements quotidiens ? Vous vous amenez chaque matin à heure fixe, vous me donnez le fric et vous vous tirez, ou vous envisagez aussi de rester pour le breakfast ?

— Je vous l'ai déjà dit : je n'attends rien de vous. L'argent est à vous sans contrepartie, vous ne me devez rien.

— Ouais, bon, y a une chose qu'on doit mettre au point, petit malin. Je ne sais pas ce que Maria vous a raconté sur mon compte, mais ma chatte n'est pas à vendre. Quel que soit le prix. Vous comprenez ? Personne ne me force à baiser. Je couche avec qui je veux, et la fée marraine garde sa baguette chez elle. C'est clair ?

— Vous voulez dire que je ne fais pas partie de vos projets. Et je viens de vous dire que vous ne faites pas partie des miens. Je ne vois pas comment on pourrait être plus clair.

— Bon. Maintenant laissez-moi le temps de réfléchir un peu à tout ça. Je suis morte de fatigue, il faut que j'aille dormir.

— Vous n'avez pas besoin de réfléchir. Vous connaissez déjà la réponse.

— Peut-être que oui, peut-être que non. Je n'en parlerai plus ce soir. La journée a été rude et je m'écroule. Mais juste pour vous montrer combien je peux être gentille, je vais vous autoriser à dormir sur le canapé du salon. A cause de Maria – et rien qu'une fois. C'est le milieu de la nuit et vous ne trouverez jamais de motel si vous commencez à chercher maintenant.

— Rien ne vous oblige à faire ça.

— Rien ne m'oblige à rien, mais ça ne veut pas dire que je ne peux pas le faire. Si vous avez envie de rester, restez. Sinon, partez. Mais vous feriez bien de vous décider, parce que moi je monte me coucher.

— Merci. J'apprécie.

— Ne me remerciez pas, remerciez Maria. Le salon est un foutoir. S'il y a des trucs qui vous gênent, flanquez-les par terre. Vous m'avez déjà montré que vous saviez faire ça.

— Je n'ai pas l'habitude de recourir à des formes de communication aussi primitives.

— Du moment que vous n'essayez plus de communiquer avec moi cette nuit, je me fous de ce qui se passe ici en bas. Mais l'étage est *off-limits*. Vu ? J'ai un flingue dans le tiroir de ma table de nuit, et si un rôdeur s'amène, je sais m'en servir.

— Ce serait tuer la poule aux œufs d'or.

— Non. Même si vous êtes la poule, les œufs sont ailleurs. Bien au chaud dans le coffre de votre voiture, vous vous souvenez ? Même si la poule se faisait tuer, j'aurais tous les œufs dont j'ai besoin.
— Alors on recommence les menaces, c'est ça ?
— Je ne crois pas aux menaces. Je vous demande simplement d'être sympa avec moi, c'est tout. Très sympa. Et de ne pas vous fourrer d'idées bizarres dans le crâne à propos de moi. Comme ça, on pourra peut-être faire affaire ensemble. Je ne promets rien, mais si vous ne faites pas de conneries, il se pourrait même que j'apprenne à ne plus vous détester."

Il fut réveillé le lendemain matin par la caresse d'une haleine chaude contre sa joue. Quand il ouvrit les yeux, il se trouva nez à nez avec un enfant, une petite fille figée par la concentration, qui respirait par la bouche un souffle tremblotant. Elle était agenouillée à côté du canapé, la tête si près de lui que leurs lèvres se touchaient presque. De la faiblesse de la lumière filtrant à travers sa chevelure, Sachs inféra qu'il ne pouvait être plus de six ou sept heures. Il avait dormi moins de quatre heures, et en ces premiers instants après avoir ouvert les yeux, il se sentit trop sonné pour bouger, trop engourdi pour remuer un muscle. Il aurait aimé refermer les yeux, mais la petite fille posait sur lui un regard trop intense et il continua donc à la fixer, en se rendant compte peu à peu qu'il s'agissait de la fille de Lillian Stern.

"Bonjour, fit-elle enfin, interprétant son sourire comme une invite à parler. Je pensais que tu te réveillerais jamais.
— Il y a longtemps que tu es là ?
— A peu près cent ans, je crois. Je suis descendue chercher ma poupée, et je t'ai vu dormir sur le divan. Tu es très, très long, tu sais ?
— Oui, je sais. Je suis ce qu'on appelle un échalas.
— M. Echalas, répéta-t-elle, pensive. C'est bien, comme nom.
— Et toi, je parie que tu t'appelles Maria, c'est ça ?

— Pour certaines personnes, c'est ça, mais moi je préfère m'appeler Rapunzel. C'est beaucoup plus joli, tu ne trouves pas ?
— Beaucoup. Et quel âge avez-vous, miss Rapunzel ?
— Cinq ans trois quarts.
— Ah, cinq ans trois quarts. Un excellent âge.
— J'aurai six ans en décembre. Mon anniversaire est le lendemain de Noël.
— Ça veut dire que tu reçois des cadeaux deux jours de suite. Tu dois être très maligne pour avoir combiné un système pareil.
— Y a des gens qui ont toutes les chances. C'est ce que dit maman.
— Si tu as cinq ans trois quarts, tu as sans doute commencé l'école, non ?
— La maternelle. Je suis dans la classe de Mrs Weir. Salle 104. Les enfants l'appellent Mrs Weird*.
— Elle ressemble à une sorcière ?
— Pas vraiment. Je crois pas qu'elle est assez vieille pour une sorcière. Mais elle a un très long nez.
— Et tu ne devrais pas être en train de te préparer à aller à la maternelle, maintenant ? Faudrait pas que tu sois en retard.
— Pas aujourd'hui, bêta. Y a pas école le dimanche.
— Bien sûr. Je suis tellement sot, parfois, je ne sais même pas quel jour on est."

Il se sentait bien éveillé, assez éveillé pour éprouver le besoin de se mettre debout. Il demanda à la fillette si elle avait envie de déjeuner, et comme elle lui répondait qu'elle mourait de faim, il se leva rapidement du canapé et enfila ses chaussures, content d'avoir cette petite tâche en perspective. Ils firent usage à tour de rôle des toilettes du rez-de-chaussée, et lorsqu'il se fut vidé la vessie et aspergé le visage à l'eau froide, il entra dans la cuisine afin de s'y mettre. La première chose qu'il aperçut fut l'argent – les cinq mille dollars, sur la table, à l'endroit même où il les avait posés pendant la nuit. Le fait que Lillian ne les ait

---

* *Weird* signifie étrange, mystérieux, surnaturel. *(N.d.T.)*

pas emportés en haut l'intrigua. Cela cachait-il une menace, se demanda-t-il, ou n'était-ce que le résultat d'une négligence de la jeune femme ? Heureusement, Maria se trouvait encore dans le cabinet de toilette, et avant qu'elle le rejoigne à la cuisine, il avait ôté les billets de la table et les avait rangés sur une étagère dans une des armoires.

Le petit déjeuner démarra en cahotant. Le lait avait suri dans le réfrigérateur (ce qui éliminait la possibilité de servir des céréales) et, le stock d'œufs paraissant épuisé, il ne put préparer non plus ni pains perdus ni omelette (les deuxième et troisième choix de l'enfant). Il réussit pourtant à mettre la main sur un paquet de pain complet en tranches, et après qu'il en eut jeté les quatre premières (couvertes de moisissures duveteuses et bleuâtres), ils s'attablèrent devant un repas de toasts à la confiture de fraises. Pendant que le pain grillait dans le grille-pain, Sachs découvrit au fond du congélateur une boîte givrée de jus d'orange qu'il mélangea dans une carafe en plastique (qu'il fallut d'abord laver) et servit pour compléter le menu. Il n'y avait pas de vrai café sous la main, mais une fouille systématique des armoires lui permit de dénicher un pot de café instantané décaféiné. En avalant ce breuvage amer, il se mit à grimacer en se tenant la gorge. Cette comédie fit rire Maria, ce qui lui donna l'idée de trébucher autour de la pièce, avec une série d'affreux bruits de haut-le-cœur. "Poison, chuchota-t-il en se laissant lentement glisser à terre, les salauds m'ont empoisonné." Elle rit de plus belle, mais lorsque, son numéro terminé, il revint s'asseoir sur sa chaise, son amusement fut vite dissipé et il remarqua dans ses yeux une expression de désarroi.

"Je faisais juste semblant, dit-il.
— Je sais, répondit-elle. Mais j'aime pas que les gens meurent."

Il comprit alors son erreur, mais il était trop tard pour annuler les dégâts.

"Je ne vais pas mourir, dit-il.
— Si, tu vas mourir. Tout le monde meurt.
— Je veux dire pas aujourd'hui. Ni demain. Je suis encore là pour un bon bout de temps.

— C'est pour ça que tu as dormi sur le canapé ? Parce que tu vas habiter chez nous ?
— Je ne crois pas. Mais je suis ici pour être ton ami. Et aussi celui de ta maman.
— Tu es le nouvel ami de maman ?
— Non. Juste *un* ami. Si elle veut bien, je vais l'aider un peu.
— Ça c'est bien. Elle a besoin de quelqu'un qui l'aide. On met papa dans la terre aujourd'hui, et elle est très triste.
— C'est ce qu'elle t'a dit ?
— Non, mais j'ai vu qu'elle pleurait. C'est comme ça que je sais qu'elle est triste.
— C'est là que vous allez aujourd'hui ? Voir enterrer ton papa ?
— Non, on nous a pas permis. Grand-mère et grand-père ont dit qu'on pouvait pas.
— Et où habitent ta grand-mère et ton grand-père ? Ici en Californie ?
— Je crois pas. Quelque part, très loin. Il faut prendre un avion pour y aller.
— Dans l'Est, peut-être ?
— Ça s'appelle Maplewood. Je sais pas où c'est.
— Maplewood, dans le New Jersey ?
— Je sais pas. C'est très loin. Quand papa en parlait, il disait toujours que c'était le bout du monde.
— Ça te fait de la peine de penser à ton papa, hein ?
— J'y peux rien. Maman dit qu'il nous aimait plus, mais ça m'est égal, j'aimerais bien qu'il revienne.
— Je suis sûr qu'il en avait envie.
— C'est ce que je crois. Mais il a pas pu, c'est tout. Il a eu un accident, et au lieu de revenir chez nous, il a dû aller au paradis."

Elle était si menue, pensa Sachs, et pourtant elle faisait preuve d'un sang-froid presque effrayant, avec ses petits yeux farouches braqués sur lui tout le temps de la conversation – sans une défaillance, sans le moindre frémissement de confusion. Il trouvait ahurissant qu'elle pût si bien imiter les manières des adultes, paraître si maîtresse d'elle-même alors qu'en réalité elle ne savait rien, elle ne savait absolument rien du tout. Il avait pitié d'elle pour son courage, pour ce simulacre d'héroïsme qu'exprimait son visage vif et sérieux, et il regrettait de ne pas pouvoir retirer tout ce qu'il avait dit, afin qu'elle redevînt une enfant, autre chose que cette pathétique miniature de grande personne avec sa dent manquante et la barrette ornée d'un ruban jaune qui pendillait dans ses cheveux bouclés.

Comme ils terminaient leurs dernières miettes de pain grillé, Sachs vit à la pendule de la cuisine qu'il était à peine plus de sept heures et demie. Il demanda à Maria combien de temps elle pensait que sa mère allait encore dormir, et quand elle lui répondit que cela pouvait faire deux ou trois heures, il eut soudain une idée. On va lui faire une surprise, suggéra-t-il. Si on s'y met tout de suite, on pourrait ranger tout le rez-de-chaussée avant qu'elle se lève. Ce ne serait pas bien, ça ? Quand elle descendra, elle trouvera tout net et impeccable. Ça devrait lui faire plaisir, tu ne crois pas ? La petite fille fut de cet avis. Mieux encore, elle parut ravie à cette perspective, comme soulagée que quelqu'un se fût enfin présenté pour se charger de la situation. Mais il ne faut pas faire de bruit, dit Sachs en posant un doigt sur ses lèvres. Pas plus de bruit que des lutins.

Ils se mirent donc tous deux à l'ouvrage, s'activant dans la cuisine avec une harmonie énergique et silencieuse tandis que la table était déblayée, la vaisselle brisée ramassée et l'évier rempli d'eau chaude mousseuse. Afin de réduire le vacarme autant que possible, ils grattaient les assiettes et les plats avec leurs doigts et se barbouillaient les mains de détritus en jetant restes d'aliments et mégots écrasés dans un sac en papier. C'était un travail dégoûtant et, en signe d'écœurement, ils tiraient la langue et faisaient semblant de vomir. Maria tenait largement sa part, et lorsque la cuisine fut dans un état passable, elle partit à l'assaut du salon avec un enthousiasme intact, impatiente d'aborder la tâche suivante. Il était près de neuf heures à ce moment, et le soleil entrait à flots par les fenêtres de la façade en illuminant de minces rais de poussière dans l'atmosphère. Tandis qu'ils examinaient le désordre en discutant de la meilleure façon de s'y attaquer, une expression de crainte apparut sur le visage de Maria. Sans un mot, elle leva un bras et désigna une des fenêtres. Sachs se retourna, et un instant plus tard il l'avait vu, lui aussi : un homme, debout sur la pelouse, qui regardait la maison. Il portait une cravate à carreaux et une veste brune en velours à côtes ; c'était un homme plutôt jeune dont les cheveux se raréfiaient prématurément, et il semblait se demander s'il allait monter les marches et sonner. Sachs caressa la tête de Maria et lui dit de retourner à la cuisine et de se verser un autre verre de jus. Elle parut sur le point de se rebiffer, et puis, ne voulant pas le décevoir, elle fit oui de la tête et suivit son conseil à contrecœur. Sachs se fraya alors un chemin à travers le salon jusqu'à la porte d'entrée, l'ouvrit aussi silencieusement qu'il put et sortit.

"Je peux faire quelque chose pour vous ? demanda-t-il.

— Tom Mueller, fit l'homme. *San Francisco Chronicle*. Je me demandais si je pourrais dire un mot à Mrs Dimaggio.

— Je regrette. Elle n'accorde aucune interview.

— Je ne veux pas une interview, je veux simplement lui parler. Mon journal trouverait intéressant de connaître son point de vue. Nous sommes prêts à payer pour un article exclusif.

— Désolé, pas question. Mrs Dimaggio ne parle à personne.

— Vous ne croyez pas que la dame devrait avoir une chance de me dire ça elle-même ?

— Non, je ne crois pas.

— Et vous êtes qui, vous, l'attaché de presse de Mrs Dimaggio ?

— Un ami de la famille.

— Je vois. Et c'est vous qui parlez à sa place.

— C'est ça. Je suis ici pour la protéger des types comme vous. Maintenant que nous avons réglé la question, je pense qu'il est temps que vous partiez.

— Et comment me conseilleriez-vous de prendre contact avec elle ?

— Vous pourriez lui écrire une lettre. C'est comme ça qu'on fait, en général.

— Bonne idée. Je vais lui écrire, comme ça vous pourrez jeter ma lettre avant qu'elle la lise.
— La vie est pleine de désappointements, Mr Mueller. Et maintenant, excusez-moi, je pense qu'il est temps pour vous de vous en aller. Je suis certain que vous n'avez pas envie que j'appelle la police. Vous vous trouvez dans la propriété de Mrs Dimaggio, vous savez.
— Ouais, je sais. Merci mille fois, camarade. Je vous suis très obligé.
— Ne prenez pas ça trop à cœur. Ça aussi, ça va passer. Une semaine encore, et plus personne à San Francisco ne se souviendra de toute cette histoire. Si quelqu'un fait allusion à Dimaggio, le seul type que ça évoquera sera Joe."

Ce fut la fin de la conversation, mais même après que Mueller fut sorti du jardin, Sachs resta debout sur le seuil, déterminé à ne pas bouger tant qu'il ne l'aurait pas vu partir. Le journaliste traversa la rue, monta dans sa voiture et mit le moteur en marche. En guise d'adieu, il dressa le majeur de sa main droite en passant devant la maison, mais Sachs haussa les épaules, comprenant que cette obscénité importait peu, qu'elle prouvait seulement qu'il avait bien mené la confrontation. En se détournant pour rentrer, il ne put s'empêcher de sourire de la colère de son interlocuteur. Il avait moins l'impression d'avoir joué à l'attaché de presse qu'au shérif, et tout bien considéré, cette impression n'était pas vraiment désagréable.

A l'instant où il pénétrait à nouveau dans la maison, il leva les yeux et aperçut Lillian debout en haut de l'escalier. Vêtue d'un peignoir éponge blanc, les yeux bouffis et la chevelure en désordre, elle semblait lutter pour se débarrasser du sommeil.

"Je suppose que je devrais vous remercier, dit-elle en passant la main dans ses cheveux courts.
— Me remercier de quoi ? fit Sachs, feignant l'ignorance.
— D'avoir remballé ce type. Et sur du velours. Vous m'avez impressionnée.
— Ah, ça ? Bof ! C'est rien, ça, ma bonne dame. Je faisais que mon boulot, c'est tout. Rien que mon boulot."

Son nasillement rustique arracha à Lillian un bref sourire.
"Si c'est ça le boulot que vous voulez, vous pouvez l'avoir. Vous faites ça beaucoup mieux que moi.
— Je vous ai dit que je ne suis pas entièrement mauvais, répliqua-t-il, en reprenant sa voix normale. Si vous me donnez une chance, je pourrais même me rendre utile."
Avant qu'elle ait pu répondre à cette dernière affirmation, Maria arriva en courant dans le vestibule. Lillian détourna les yeux de Sachs et dit :
"Bonjour, ma chérie. Tu t'es levée tôt, dis donc ?
— Tu devineras jamais ce qu'on a fait, déclara la petite fille. Tu croiras pas tes yeux, maman.
— Je descends dans cinq minutes. Il faut d'abord que je prenne une douche et que je m'habille. Tu te souviens qu'on va chez Billie et Dot aujourd'hui, il ne faut pas qu'on soit en retard."
Elle redisparut à l'étage, et pendant les trente à quarante minutes qu'elle mit à se préparer, Sachs et Maria se réattaquèrent au salon. Ils récupérèrent les coussins épars sur le sol, jetèrent les journaux et les magazines imbibés de café, passèrent l'aspirateur dans les interstices du tapis de laine pour en ôter les cendres de cigarette. Au fur et à mesure qu'ils parvenaient à ranger de plus grandes surfaces (se donnant ainsi plus d'espace pour se mouvoir), ils arrivaient à travailler plus rapidement, jusqu'à ce qu'à la fin, ils se mettent à ressembler à deux personnages dans un vieux film passé en accéléré.
Lillian aurait difficilement pu ne pas remarquer la différence, mais lorsqu'elle descendit, elle réagit avec moins d'enthousiasme que Sachs ne l'avait escompté – ne fût-ce qu'à l'intention de Maria. "Bien, dit-elle en s'arrêtant un instant sur le seuil et en hochant la tête. Très bien. Faudra que je pense à faire plus souvent la grasse matinée." Elle sourit, en une brève manifestation de gratitude, et puis, sans presque prendre la peine de regarder autour d'elle, alla dans la cuisine se chercher quelque chose à manger.
Sachs retira un infime réconfort du baiser qu'elle posa sur le front de sa fille, mais une fois Maria expédiée à l'étage pour changer de vêtements, il ne sut plus que faire

de lui-même. Lillian ne lui accordait qu'un minimum d'attention et circulait à travers la cuisine dans son propre monde privé, et il resta donc debout à sa place sur le seuil tandis qu'elle extrayait du congélateur un paquet de vrai café (qu'il s'était débrouillé pour ne pas voir) et mettait une bouilloire d'eau à chauffer. Elle était habillée de façon décontractée – pantalon noir, pull blanc à col roulé, chaussures plates – mais s'était maquillé les lèvres et les yeux, et il y avait dans l'air une indiscutable fragrance de parfum. Une fois encore, Sachs n'avait aucune idée de l'interprétation à donner à ce qui se passait. Le comportement de Lillian lui demeurait insondable – d'un instant à l'autre amical, puis distant, attentif, puis absent – et plus il s'efforçait d'en découvrir le sens, moins il y comprenait.

Elle finit par l'inviter à venir prendre une tasse de café, mais presque sans un mot, même alors, en continuant à se conduire comme si elle ne savait pas si elle avait envie qu'il se trouve là ou qu'il disparaisse. Faute d'autre chose à dire, il commença à parler des cinq mille dollars qu'il avait trouvés sur la table le matin, et, ouvrant l'armoire, il désigna l'endroit où il avait rangé les billets. Cela ne parut guère impressionner Lillian. "Oh !" fit-elle en hochant la tête à la vue de l'argent, puis elle se retourna et observa le jardin par la fenêtre tout en buvant son café en silence. Nullement intimidé, Sachs posa sa tasse et annonça qu'il allait effectuer le versement du jour. Il sortit sans attendre de réponse et alla retirer l'argent du sac de sport dans le coffre de sa voiture. Quand il rentra dans la cuisine trois ou quatre minutes plus tard, elle était encore debout dans la même position, le regard perdu par la fenêtre, une main sur la hanche, plongée dans de secrètes réflexions. Il vint droit sur elle, agita les mille dollars sous son nez et lui demanda où il devait les mettre. "Où vous voudrez", répondit-elle. Sa passivité commençait à énerver Sachs et, plutôt que de poser les billets sur le buffet, il alla au frigo, ouvrit la porte supérieure et les lança dans le congélateur. Ce geste eut l'effet désiré. Elle se tourna vers lui en lui demandant d'un air intrigué pourquoi il avait fait cela. Au lieu de lui répondre, il revint à l'armoire, retira de l'étagère

les premiers cinq mille dollars et mit ce paquet aussi dans le congélateur. Alors, en flattant de la main la porte du compartiment, il fit face à Lillian et lui dit :
"Avoirs gelés. Puisque vous refusez de me dire si oui ou non vous voulez cet argent, on va mettre votre avenir au frais. Pas mal, hein ? On enfouit votre bas de laine dans la neige, et quand le printemps arrivera et que la fonte commencera, vous regarderez là-dedans et vous vous apercevrez que vous êtes riche."

Un vague sourire apparut à la commissure des lèvres de la jeune femme, signe qu'elle faiblissait, qu'il avait réussi à l'attirer dans le jeu. Elle avala encore une gorgée de café, afin de se donner un peu de temps pour préparer son entrée.

"Ça ne me paraît pas un tellement bon investissement, dit-elle enfin. Si l'argent reste là sans rien faire, il ne produira aucun intérêt, n'est-ce pas ?

— Je crains bien que non. Aucun intérêt, tant que vous ne commencerez pas à vous y intéresser. Après ça, il n'y a plus de limites.

— Je n'ai pas dit que je ne m'y intéressais pas.

— Vrai. Mais vous n'avez pas non plus dit le contraire.

— Du moment que je ne dis pas non, il se pourrait que je dise oui.

— Ou il se pourrait que vous ne disiez rien du tout. C'est pour ça qu'on ne doit plus en discuter. Tant que vous ne savez pas ce que vous voulez, on n'en parle plus, d'accord ? On fait semblant de rien.

— Ça me convient.

— Bon. En d'autres termes, moins on en dira, mieux ça vaudra.

— On ne dira rien. Et un jour j'ouvrirai les yeux, et vous ne serez plus là.

— Exactement. Le génie se carapatera dans sa bouteille, et vous n'aurez plus jamais besoin de penser à lui."

Il avait l'impression que sa stratégie avait été efficace, mais sauf la modification de l'humeur générale, il trouvait difficile de se rendre compte du résultat de cette conversation. Quand Maria arriva en bondissant dans la cuisine, quelques instants plus tard, pimpante avec un chandail blanc et rose et des chaussures de cuir, il s'aperçut que ce résultat était considérable. Essoufflée et excitée, la fillette demanda à sa mère si Sachs allait les accompagner chez Billie et Dot. Non, répondit Lillian, et Sachs s'apprêtait à saisir la suggestion de prendre sa voiture et de se mettre en quête d'un motel, quand Lillian ajouta qu'il était néanmoins le bienvenu s'il désirait rester et que, puisque Maria et elle ne rentreraient que tard dans la soirée, rien ne le pressait de s'en aller. Il pouvait prendre une douche et se raser s'il le désirait, lui dit-elle, et du moment qu'il fermait bien la porte derrière lui et s'assurait qu'elle était verrouillée, peu importait quand il partirait. Sachs ne savait comment réagir à cette offre. Avant qu'il eût trouvé quelque chose à dire, Lillian avait attiré Maria par des cajoleries dans le cabinet de toilette du rez-de-chaussée pour lui brosser les cheveux, et lorsqu'elles en ressortirent la conclusion paraissait évidente qu'elles s'en iraient avant lui. Sachs trouva tout cela étonnant, un revirement qui défiait toute compréhension. Mais c'était ainsi, et la dernière chose qu'il souhaitait était d'émettre une objection. Moins de cinq minutes après, Lillian et Maria passaient la porte d'entrée et, moins d'une minute après cela, elles s'engageaient sur la chaussée avec leur Honda bleue poussiéreuse et disparaissaient dans le soleil éblouissant de la fin de matinée.

Il passa près d'une heure dans la salle de bains de l'étage – d'abord plongé dans la baignoire, puis devant le miroir tandis qu'il se rasait. Il lui parut très étrange de se trouver là, couché nu dans l'eau à contempler les affaires de Lillian : les innombrables pots de crèmes et de lotions, les tubes de rouge à lèvres, les flacons d'eye-liner, les savons, les vernis à ongles et les parfums. Il y avait là une intimité forcée à la fois excitante et repoussante. Il avait été admis dans son domaine privé, le lieu où elle pratiquait ses rites les plus secrets et cependant, même ici, au cœur de son royaume, il ne se sentait pas plus proche d'elle qu'auparavant. Il pouvait flairer, fouiller et toucher à loisir. Il pouvait se laver les cheveux avec son shampoing, se raser la barbe avec son rasoir, se brosser les dents avec sa brosse à dents – et pourtant le seul fait qu'elle l'ait autorisé à faire tout cela prouvait combien cela comptait peu pour elle.

Tout de même, le bain le détendit, lui donnant presque envie de se rendormir, et pendant quelques minutes il erra de l'une à l'autre des chambres de l'étage en se séchant distraitement les cheveux avec une serviette. Il y avait trois petites chambres : l'une était celle de Maria, une autre celle de Lillian, et la troisième, à peine plus vaste qu'un cagibi, avait manifestement servi un jour de bureau à Dimaggio. Elle était meublée d'une table de travail et d'une bibliothèque, mais on avait entassé tant de bric-à-brac dans ce maigre espace (caisses de carton, piles de vieux vêtements et de jouets usagés, un appareil de télévision noir et blanc) que Sachs ne fit guère qu'y passer la tête avant d'en refermer la porte. Il alla ensuite dans la chambre de Maria, où il passa en revue les poupées et les livres, les photos de l'école maternelle sur le mur, les jeux de société et les animaux en peluche. Si mal rangée qu'elle fût, il s'avéra que cette chambre était en moins triste état que celle de Lillian. Là se trouvait la capitale du désordre, le quartier général de la catastrophe. Sachs remarqua le lit non fait, les tas de vêtements et de linge abandonnés, la télévision portable où trônaient deux tasses à café tachées de rouge à lèvres, les revues et livres épars sur le sol. Il parcourut certains des titres à ses pieds (un guide illustré du massage oriental, une étude de la réincarnation, deux romans policiers en édition de poche, une biographie de Louise Brooks) en se demandant si on pouvait tirer la moindre conclusion de cet assortiment. Puis, presque en transe, il se mit à ouvrir les tiroirs de la commode et à inspecter les vêtements de Lillian, à examiner ses petites culottes et ses soutiens-gorge, ses bas et ses combinaisons, gardant chaque objet en main pendant un instant avant de passer au suivant. Après avoir fait la même chose avec ce qui se trouvait dans le placard, il dirigea son attention vers les tables de nuit, se rappelant soudain la menace qu'elle avait proférée la veille. Mais après avoir cherché des deux côtés du lit, il conclut qu'elle avait menti. Il n'y avait nulle part de revolver.

Lillian avait déconnecté le téléphone, et à l'instant où il rebrancha la prise, l'appareil se mit à sonner. Le bruit le fit sursauter, mais plutôt que de décrocher, il s'assit sur le lit et attendit que la personne qui appelait renonçât. La sonnerie persista pendant dix-huit à vingt minutes. A l'instant où elle s'arrêtait, Sachs empoigna le combiné et composa le numéro de Maria Turner à New York. Dès lors qu'elle avait parlé avec Lillian, il ne pouvait remettre cet appel à plus tard. Il ne s'agissait pas seulement d'éclaircir l'atmosphère entre eux, il s'agissait d'apaiser sa propre conscience. A tout le moins, il lui devait une explication, des excuses pour avoir filé de chez elle ainsi qu'il l'avait fait.

Il savait qu'elle serait en colère, mais il ne s'attendait pas au barrage d'insultes qui suivit. Dès qu'elle entendit sa voix, elle se mit à le traiter de tous les noms : idiot, salaud, traître. Il ne l'avait jamais entendue parler de cette façon – à personne, en aucune circonstance – et sa fureur prenait de telles proportions, devenait si monumentale que plusieurs minutes passèrent avant qu'elle le laissât parler. Sachs était anéanti. Tandis qu'il l'écoutait là, sans rien dire, il comprenait enfin ce dont il avait été trop stupide pour s'apercevoir à New York. Maria était amoureuse de lui, et au-delà de tous les motifs évidents qu'elle avait de lui en vouloir (son départ inopiné, l'affront que constituait son ingratitude), elle lui tenait le langage d'une maîtresse délaissée, d'une femme qui a été repoussée pour une autre. Pis encore, elle imaginait que cette autre avait un jour été sa meilleure amie. Sachs s'efforça de la détromper. Il était parti en Californie pour des raisons personnelles, lui expliqua-t-il, Lillian ne comptait pas pour lui, ce n'était pas du tout ce qu'elle pensait, et ainsi de suite – il se débattait avec maladresse et Maria l'accusa de mentir. La conversation risquait de mal tourner, mais Sachs réussit Dieu sait comment à résister à la tentation de répliquer, et à la fin l'orgueil de Maria eut raison de sa colère, c'est-à-dire qu'elle renonça à l'injurier. Elle se mit à rire de lui, ou peut-être à rire d'elle-même, et puis, sans transition perceptible, son rire se changea en larmes, en une crise de sanglots affreux qui le fit se sentir en tout point aussi malheureux qu'elle.

Il fallut un certain temps pour que l'orage s'apaise, après quoi ils purent parler. Même si parler ne les menait à rien, la rancœur du moins disparut. Maria aurait voulu qu'il appelle Fanny – juste pour qu'elle sache qu'il était en vie – mais Sachs refusa de le faire. Prendre contact avec Fanny serait trop risqué, prétendit-il. S'ils commençaient à bavarder, il ne pourrait éviter le sujet de Dimaggio, et il ne voulait pas qu'elle soit impliquée dans ses problèmes. Moins elle en saurait, plus elle serait en sécurité, et pourquoi la plonger là-dedans sans nécessité ? Parce que c'est ce qu'il faut faire, répliqua Maria. Sachs reprit tous ses arguments, et pendant une demi-heure ils continuèrent à discuter en rond, sans qu'aucun des deux parvienne à convaincre l'autre. Il n'y avait plus ni bien ni mal, rien que des théories et des interprétations, un marécage de mots en conflit. Pour ce que ça les avançait, ils auraient aussi bien pu garder ces mots pour eux-mêmes.

"Ça ne sert à rien, finit par déclarer Maria. Ce que je te dis ne passe pas, c'est pas vrai ?

— Je t'entends, répondit Sachs. Simplement, je ne suis pas d'accord avec ce que tu dis.

— Tu ne réussiras qu'à te rendre les choses plus pénibles, Ben. Plus tu les gardes pour toi, plus ce sera difficile quand tu devras parler.

— Je ne devrai jamais parler.

— Tu n'en sais rien. On peut te retrouver, et alors tu n'auras pas le choix.

— On ne me retrouvera jamais. La seule façon dont ça pourrait arriver serait que quelqu'un me donne, et tu ne me ferais pas ça. Du moins je ne le pense pas. Je peux avoir confiance en toi, n'est-ce pas ?

— Tu peux avoir confiance. Mais je ne suis pas seule à savoir. Lillian est dans le coup aussi, maintenant, et je ne suis pas certaine qu'elle soit aussi sûre que moi en matière de promesses.

— Elle ne dira rien. Ça n'aurait aucun sens qu'elle parle. Elle a trop à y perdre.

— Ne compte pas trop sur le bon sens quand tu as affaire à Lillian. Elle ne raisonne pas comme toi. Elle ne respecte pas tes règles. Si tu ne t'es pas encore aperçu de ça, tu vas t'attirer des ennuis.

— Des ennuis, je n'ai que ça, de toute façon. Un peu plus ne me tuera pas.

— Tire-toi maintenant, Ben. Je m'en fous où tu vas ou ce que tu fais, mais monte dans ta voiture et tire-toi de cette maison. Tout de suite, avant que Lillian revienne.

— Je ne peux pas faire ça. J'ai démarré ce truc, et il faut que j'aille jusqu'au bout. C'est le seul moyen. C'est ma seule chance, et je ne peux pas la fiche en l'air parce que j'ai peur.

— Tu vas te fourrer dans le pétrin.

— J'y suis déjà. Ce qui compte, c'est de m'en sortir.

— Il y a des moyens plus simples.

— Non, pas pour moi."

Il y eut un long silence à l'autre bout, un soupir, un nouveau silence. Quand Maria se remit à parler, sa voix tremblait.

"J'essaie de décider si je dois avoir pitié de toi ou juste hurler, bouche ouverte.

— Tu n'as besoin de faire ni l'un ni l'autre.

— Non, sans doute. Je peux oublier tout ce qui te concerne, c'est ça ? Il y a toujours cette option.

— Tu peux faire ce que tu veux, Maria.

— C'est ça. Et toi, si tu veux te laisser sombrer, ça te regarde. Mais souviens-toi de ce que je t'ai dit. D'accord ? Souviens-toi simplement que j'ai essayé de te parler en amie."

Il se sentit méchamment secoué lorsqu'ils eurent raccroché. Les dernières paroles de Maria avaient sonné comme un adieu, une déclaration signifiant qu'elle n'était plus avec lui. Peu importait l'origine du désaccord : qu'il eût été provoqué par la jalousie, par un souci sincère ou par une combinaison des deux. Il en résultait que Sachs ne pourrait plus avoir recours à elle. Même si ce n'était pas ce qu'elle avait souhaité qu'il pense, même si elle eût été heureuse d'avoir encore de ses nouvelles, leur conversation avait laissé traîner trop de nuages, trop d'incertitudes. Comment pourrait-il chercher un appui auprès d'elle alors que le seul fait de parler avec lui serait douloureux pour elle ? Il n'avait pas eu l'intention d'aller si loin, mais dès lors que ces paroles avaient été prononcées, il comprenait qu'il avait perdu sa meilleure alliée, la seule personne sur qui il pouvait compter pour l'aider. Il se trouvait en Californie depuis un jour à peine, et déjà les ponts brûlaient derrière lui.

Il aurait pu réparer les dégâts en la rappelant, mais il ne le fit pas. Au lieu de cela, il retourna à la salle de bains, s'habilla, se brossa les cheveux avec la brosse de Lillian, puis il passa huit heures et demie à faire le ménage. De temps à autre, il s'arrêtait pour manger un peu, pillant le frigo et les armoires de la cuisine à la recherche de quelque chose de comestible (potage instantané, saucisses en boîte, fruits secs pour apéritif), mais à part cela il tint bon et travailla sans interruption jusqu'au-delà de neuf heures. Son objectif consistait à rendre la maison impeccable, à en faire un modèle d'ordre et de quiétude domestiques. S'il ne pouvait rien, bien sûr, pour le mobilier déglingué, pas plus que pour les plafonds craquelés des chambres ou l'émail rouillé des éviers, il pouvait du moins nettoyer. En s'attaquant aux pièces l'une après l'autre, il frotta, époussseta, récura et réagença, progressant méthodiquement du fond vers le devant, du rez-de-chaussée à l'étage, des grands chaos aux plus petits. Il lava les sanitaires, reclassa l'argenterie, plia et rangea des vêtements, récupéra des pièces de Lego, les ustensiles d'un service à thé miniature, des membres amputés de poupées en plastique. Tout à la fin, il répara les pieds de la table de la salle à manger, et les fixa en place à l'aide d'un assortiment de clous et de vis découverts au fond d'un tiroir de la cuisine. La seule pièce qu'il laissa intacte fut le bureau de Dimaggio. Il éprouvait de la réticence à l'idée d'en rouvrir la porte, et même s'il avait voulu y entrer, il n'aurait su que faire de tout ce bric-à-brac. Le temps commençait à lui manquer, il n'aurait pas le temps de mener à bien cette tâche.

Il savait qu'il devait s'en aller. Lillian avait été claire : elle voulait qu'il soit parti de la maison avant qu'elle revienne ; pourtant, au lieu de monter dans sa voiture et d'aller se chercher un motel, il revint au salon, ôta ses chaussures et s'allongea sur le canapé. Il ne voulait que se reposer quelques minutes. Le travail accompli l'avait fatigué, et s'attarder un peu lui paraissait sans gravité. Cependant, à dix heures il n'avait toujours pas fait un geste vers la porte d'entrée. Il savait que contrarier Lillian pouvait devenir dangereux, mais l'idée de sortir dans la nuit le remplissait d'appréhension. Dans la maison, il se sentait en sécurité, plus en sécurité que partout ailleurs, et même s'il n'avait pas le droit de prendre cette liberté, il soupçonnait que ce ne serait peut-être pas plus mal qu'elle le découvre là en rentrant. Elle serait choquée, sans doute, mais en même temps un point important serait établi, celui-là même qui devait l'être avant tous les autres. Elle constaterait qu'il n'avait pas l'intention de se laisser mettre à l'écart, qu'il constituait déjà dans sa vie une réalité inévitable. D'après la façon dont elle réagirait, il pourrait juger si elle le comprenait ou non.

Il avait projeté de faire semblant de dormir quand elle arriverait. Lillian rentra tard, néanmoins, bien plus tard que l'heure qu'elle avait annoncée le matin, et à ce moment-là les yeux de Sachs s'étaient fermés et il dormait pour de bon. Une défaillance impardonnable – il gisait, étalé sur le canapé, avec toutes les lumières allumées autour de lui – mais qui, en fin de compte, parut sans importance. Un bruit de porte claquée le réveilla en sursaut à une heure et demie, et la première chose qu'il vit fut Lillian, debout dans le vestibule avec Maria dans les bras. Leurs yeux se croisèrent, et pendant un très bref instant un sourire joua sur ses lèvres. Puis, sans un mot pour lui, elle monta l'escalier avec sa fille. Il supposa qu'elle redescendrait après avoir mis Maria au lit, mais comme tant de suppositions qu'il avait faites dans cette maison, celle-ci était fausse. Il entendit Lillian entrer dans la salle de bains de l'étage et se brosser les dents et puis, au bout d'un moment, il suivit le bruit de ses pas tandis qu'elle allait dans sa chambre et allumait la télévision. Le son était faible, et il ne discernait qu'un murmure de voix confuses, les pulsations de la musique vibrant dans le mur. Il s'assit sur le canapé, tout à fait conscient, s'attendant à ce qu'elle descende d'une minute à l'autre pour lui parler. Il attendit dix minutes, puis vingt minutes, puis une demi-heure, et enfin la télévision s'éteignit. Après cela, il attendit encore vingt minutes et alors, comme elle n'était toujours pas descendue, il comprit qu'elle n'avait aucune intention de lui parler, qu'elle s'était déjà endormie pour la nuit. Un triomphe, en quelque sorte, se disait-il, mais à présent que c'était arrivé, il ne savait trop que faire de sa victoire. Il éteignit les lampes du salon, s'allongea derechef sur le canapé et puis resta couché dans l'obscurité, les yeux ouverts, attentif au silence de la maison.

Après cela, il ne fut plus question qu'il aille habiter dans un motel. Le canapé du salon devint le lit de Sachs, et il y dormit toutes les nuits. Ils considéraient tous que cela allait de soi, et le fait qu'il appartînt désormais à la maisonnée ne fut même jamais mentionné. Il entrait dans la logique des événements, en phénomène ne méritant pas plus d'être discuté qu'un arbre, une pierre ou une particule de poussière dans l'atmosphère. C'était là exactement ce que Sachs avait espéré, et pourtant son rôle parmi eux ne fut jamais clairement défini. Tout se mettait en place en fonction d'un accord secret, tacite, et il savait d'instinct que ce serait une erreur d'aborder Lillian avec des questions sur ce qu'elle attendait de lui. Il lui fallait trouver seul les réponses, découvrir la place qui lui revenait à partir d'allusions ou de gestes infimes, de suggestions ou de dérobades indéchiffrables. Ce n'était pas qu'il eût peur de ce qui arriverait s'il se trompait (bien qu'il ne fît jamais aucun doute à ses yeux que la situation pouvait se retourner contre lui, que Lillian pouvait mettre sa menace à exécution et appeler la police), mais plutôt le désir que sa conduite soit exemplaire. Telle était la raison première de sa venue en Californie : réinventer sa vie, incarner un idéal de bonté qui transformerait radicalement ses relations avec lui-même. Lillian était l'instrument qu'il avait choisi, c'était par elle seulement que la métamorphose pouvait s'accomplir. Il avait envisagé cela comme un voyage, une longue expédition dans l'obscurité de son âme, mais maintenant qu'il était en chemin, il ne pouvait avoir la certitude que sa direction était la bonne.

C'eût sans doute été moins pénible pour lui si Lillian avait été quelqu'un d'autre, mais la tension qu'il éprouvait à dormir toutes les nuits sous le même toit qu'elle le maintenait en déséquilibre constant. Au bout de deux jours à peine, il avait été consterné de découvrir l'envie désespérée qu'il avait de la toucher. Il se rendait compte que le problème était moins sa beauté que le fait que sa beauté fût le seul aspect de sa personnalité qu'elle lui permît de connaître. Si elle s'était montrée moins intransigeante, moins réticente à toute relation directe et personnelle avec lui, il aurait pu penser à autre chose, l'envoûtement du désir aurait pu être levé. Mais elle refusait de se révéler à lui, ce qui veut dire qu'elle ne devint jamais plus qu'un objet, jamais plus que la somme de sa présence physique. Et cette présence physique possédait un pouvoir terrible : elle étourdissait et assaillait, elle accélérait le pouls, elle démolissait les plus nobles résolutions. Ce n'était pas le genre de combat auquel Sachs s'était préparé. Cela ne cadrait pas avec le projet qu'il avait conçu avec tant de soin dans sa tête. Son corps se trouvait désormais ajouté à l'équation, et ce qui avait un jour paru simple s'était transformé en bourbier de stratégies fiévreuses et de motifs inavoués.

Il lui dissimulait tout cela. Etant donné les circonstances, son seul recours consistait à opposer à l'indifférence de Lillian un calme imperturbable, à faire semblant d'être parfaitement heureux de l'état des choses entre eux. Il prenait un air enjoué quand il se trouvait avec elle ; il se montrait nonchalant, amical, accommodant ; il souriait souvent ; il ne se plaignait jamais. Sachant qu'elle était sur ses gardes, qu'elle le soupçonnait déjà des sentiments dont il était effectivement coupable, il attachait une importance particulière à ce qu'elle ne le vît jamais la regarder comme il avait envie de la regarder. Un simple coup d'œil pouvait entraîner sa perte, surtout avec une femme aussi expérimentée que Lillian. Elle qui avait connu toute sa vie le regard des hommes serait on ne peut plus sensible à ses expressions, au moindre soupçon d'arrière-pensée dans ses yeux. Cela provoquait en lui une tension presque intolérable dès qu'elle était présente, mais il s'accrochait bravement et ne perdait jamais l'espoir. Il ne lui demandait rien, n'attendait rien d'elle, et priait que sa patience finisse par la fléchir. C'était la seule arme dont il disposât, et il s'en servait en toute occasion, s'humiliant devant elle avec une telle détermination, un tel déni de soi que sa faiblesse même devenait une espèce de force.

Pendant les douze ou quinze premiers jours, elle lui adressa à peine la parole. Il n'avait aucune idée de ce qu'elle faisait durant ses longues et fréquentes absences de la maison, et bien qu'il eût donné n'importe quoi pour le savoir, il n'osa jamais le lui demander. La discrétion importait davantage que la connaissance, se disait-il, et plutôt que de courir le risque d'offenser Lillian, il gardait pour lui sa curiosité et attendait de voir ce qui allait se passer. Presque tous les matins, elle quittait la maison vers neuf ou dix heures. Parfois elle revenait en début de soirée, d'autres fois elle ne rentrait que très tard, bien après minuit. Parfois, elle sortait le matin, revenait à la maison le soir pour se changer, et puis disparaissait le reste de la nuit. En deux ou trois occasions, elle ne revint pas avant le lendemain matin, et ces matins-là elle entra dans la maison, changea de vêtements et repartit aussitôt. Sachs supposait qu'elle passait ces soirées prolongées en compagnie d'hommes – un homme peut-être, ou peut-être plusieurs –, mais il était impossible de savoir où elle allait pendant la journée. Il paraissait probable qu'elle avait un travail quelconque, mais ce n'était qu'une hypothèse. Pour autant qu'il le sût, elle aurait pu passer son temps à se balader en voiture, à aller au cinéma ou, debout au bord de l'eau, à regarder les vagues.

En dépit de ces allées et venues mystérieuses, elle ne manquait jamais de lui dire quand il pouvait s'attendre à la voir revenir. C'était à l'intention de Maria plus que pour lui, et même si les heures qu'elle donnait n'étaient qu'approximatives ("Je rentrerai tard", "On se verra demain matin"), cela lui permettait de structurer son propre temps et d'éviter que la maisonnée ne retombe dans la confusion.

Vu la fréquence des absences de Lillian, la charge de s'occuper de Maria incombait presque entièrement à Sachs. C'était là le plus étrange des rebondissements, pensait-il, car Lillian avait beau se montrer sèche et distante quand ils étaient ensemble, le fait de ne manifester aucune hésitation à lui laisser la garde de sa fille prouvait qu'elle avait déjà confiance en lui, plus peut-être qu'elle ne s'en rendait compte. Cette anomalie aidait Sachs à se remonter le moral. Il ne fit jamais de doute pour lui que, sur un plan, elle abusait de lui – en se déchargeant de ses responsabilités sur une dupe consentante – mais sur un autre plan le message paraissait très clair : elle se sentait en sécurité avec lui, elle savait qu'il n'était pas là pour lui nuire.

Maria devint sa compagne, son prix de consolation, sa récompense indélébile. Il lui préparait chaque matin son déjeuner, la conduisait à l'école, allait la rechercher l'après-midi, lui brossait les cheveux, lui donnait son bain, la bordait dans son lit le soir. C'étaient des plaisirs qu'il n'aurait pu prévoir, et au fur et à mesure que s'affirmait la place qu'il occupait dans l'emploi du temps de la fillette, l'affection entre eux ne cessait de croître. Auparavant, Lillian avait compté sur une voisine pour s'occuper de Maria, mais si aimable que fût Mrs Santiago, elle avait de son côté une famille nombreuse et faisait rarement très attention à Maria sauf quand l'un de ses enfants l'ennuyait. Deux jours après l'installation de Sachs, Maria annonça solennellement qu'elle ne retournerait jamais chez Mrs Santiago. Elle préférait la façon dont il s'occupait d'elle, et si ça ne l'ennuyait pas trop, elle aimerait autant passer son temps avec lui. Sachs lui répondit qu'il en serait très content. Ils étaient alors dans la rue, sur le chemin de l'école à la maison, et un instant après avoir fait cette réponse, il sentit une petite main qui saisissait son pouce. Ils marchèrent en silence pendant une demi-minute, puis Maria s'arrêta et dit : "D'ailleurs, Mrs Santiago a des enfants à elle, et toi tu n'as pas de petite fille ni de petit garçon, n'est-ce pas ?" Sachs lui avait déjà dit qu'il n'avait pas d'enfants, mais il hocha la tête pour lui montrer que son raisonnement était correct. "C'est pas juste si une personne en a trop et une autre est toute seule, n'est-ce pas ?" poursuivit-elle. Sachs hocha de nouveau la tête sans l'interrompre. "Je crois que c'est bien, conclut-elle. Tu m'auras, moi, maintenant, et Mrs Santiago aura ses enfants, et tout le monde sera content."

Le premier lundi, il loua une boîte postale au bureau de poste de Berkeley afin de se donner une adresse, rapporta la Plymouth au bureau local de l'agence de location et acheta pour moins de mille dollars une Buick Skylark vieille de neuf ans. Le mardi et le mercredi, il ouvrit onze comptes d'épargne dans les différentes banques de la ville. Il aurait trouvé imprudent de déposer tout l'argent au même endroit, et il lui semblait plus sage d'ouvrir des comptes multiples que d'entrer quelque part avec un paquet de plus de cent cinquante mille dollars en espèces. D'ailleurs, il se ferait moins remarquer lors de ses retraits quotidiens pour Lillian. Son affaire demeurerait en rotation constante, et cela empêcherait qu'un des caissiers ou des directeurs de banque n'en vienne à le connaître trop bien. Au début, il avait pensé se rendre à chaque banque tous les onze jours, mais quand il s'aperçut que les retraits de mille dollars nécessitaient une signature spéciale du directeur, il se mit à aller chaque jour dans deux banques différentes et à utiliser les distributeurs automatiques, où l'on pouvait retirer un maximum de cinq cents dollars par transaction. Cela correspondait à un retrait hebdomadaire de cinq cents dollars par banque, une somme insignifiante selon les normes. C'était un arrangement efficace, et en définitive il préférait de beaucoup glisser sa carte de plastique dans la fente et presser des boutons plutôt que d'avoir à parler à une personne vivante.

Les premiers jours furent difficiles pour lui, néanmoins. Il soupçonnait que l'argent découvert dans la voiture de Dimaggio était de l'argent volé – ce qui signifiait que les numéros de série des billets avaient peut-être été communiqués par informatique à toutes les banques du pays. Se trouvant obligé de choisir entre courir ce risque et garder l'argent dans la maison, il avait choisi le risque. Il était trop tôt pour savoir si on pouvait faire confiance à Lillian, et abandonner l'argent sous son nez ne semblait guère une façon intelligente de s'en assurer. Dans chacune des banques où il entra, il s'attendit sans cesse à ce que le directeur jette un coup d'œil à l'argent, le prie de l'excuser un instant, et revienne dans le bureau avec un policier à la remorque. Mais rien de pareil ne se passa. Les hommes et les femmes qui lui ouvrirent ses comptes furent d'une extrême courtoisie. Ils comptèrent ses billets avec une prestesse, une habileté de robots ; ils lui sourirent, lui serrèrent la main et lui dirent combien ils étaient contents de l'accueillir au nombre de leurs clients. En guise de bonus pour des dépôts initiaux de plus de dix mille dollars, il reçut cinq minifours, quatre radios-réveils, une télévision portative et un drapeau américain.

Quand la seconde semaine commença, ses journées avaient pris un rythme régulier. Après avoir conduit Maria à l'école, il revenait à pied à la maison, lavait la vaisselle du déjeuner, puis partait en voiture vers les deux banques figurant sur sa liste. Dès qu'il avait effectué ses retraits (avec une éventuelle visite à une troisième banque afin de prendre de l'argent pour lui-même), il entrait dans un des bars à *espresso* de Telegraph Avenue, s'installait dans un coin tranquille et passait une heure à parcourir le *San Francisco Chronicle* et le *New York Times* en buvant des cappuccinos. En fait, il était étonnamment peu question de l'affaire dans l'un comme dans l'autre journal. Le *Times* avait cessé de parler de la mort de Dimaggio avant même le départ de Sachs de New York, et à part une brève interview d'un capitaine de la police d'Etat du Vermont, ne publia plus rien. Quant au *Chronicle*, on semblait également s'y lasser de cette histoire. Après une série d'articles sur le mouvement écologique et les Enfants de la planète (tous signés Tom Mueller), le nom de Dimaggio ne fut plus mentionné. Sachs en fut rassuré, mais même si la pression diminuait, il n'alla jamais jusqu'à imaginer qu'elle ne pourrait se renforcer à nouveau. Tout au long de son séjour en Californie, il ne cessa d'étudier les journaux chaque matin. C'était devenu sa religion personnelle, sa forme de prière quotidienne. Epluche les journaux et retiens ton souffle. Assure-toi qu'on n'est pas sur tes traces. Assure-toi que tu peux continuer à vivre vingt-quatre heures encore.

Le reste de la matinée et le début de l'après-midi étaient consacrés à des tâches pratiques. Comme n'importe quelle ménagère américaine, il achetait à manger, nettoyait, portait le linge sale à la laverie, se préoccupait d'acheter la meilleure marque de beurre de cacahuètes pour les casse-croûte scolaires. Les jours où il avait du temps de reste, il passait par le magasin de jouets du quartier avant d'aller chercher Maria. Il s'amenait à l'école avec des poupées et des rubans pour les cheveux, des livres d'images et des crayons de couleur, des yo-yo, du bubble-gum et des boucles d'oreilles autocollantes. Il ne faisait pas ça dans le dessein de la séduire. Ce n'était que l'expression de son affection, et mieux il apprenait à la connaître, plus il prenait au sérieux le souci de la rendre heureuse. Sachs n'avait guère fréquenté d'enfants, et il découvrait avec étonnement à quel point veiller sur eux demande des efforts. Cela exigeait d'énormes ajustements intérieurs, mais une fois qu'il eut saisi le rythme des besoins de Maria, il se mit à les accueillir avec plaisir, à se réjouir de l'effort en soi. Même lorsqu'elle n'était pas là, il continuait à s'occuper d'elle. Il s'apercevait que c'était un remède contre la solitude, une façon d'esquiver le fardeau d'avoir toujours à penser à soi.

Chaque jour, il mettait mille dollars de plus dans le congélateur. Les billets étaient rangés dans un sac en plastique qui les protégeait de l'humidité, et chaque fois que Sachs en ajoutait un nouveau lot, il les contrôlait, afin de savoir si quelques-uns avaient été enlevés. La vérité, c'est que l'argent demeurait intact. Deux semaines s'écoulèrent, et la somme continuait à croître à raison de mille dollars par jour. Sachs n'avait aucune idée de ce que pouvait signifier un tel détachement, une si curieuse indifférence envers ce qu'il avait apporté. Fallait-il comprendre que Lillian n'en voulait aucune part, qu'elle refusait d'accepter les termes de son offre ? Ou lui faisait-elle entendre que l'argent importait peu, qu'il n'avait rien à voir avec sa décision de le laisser habiter chez elle ? Les deux interprétations paraissaient valables, et par conséquent elles s'annulaient, le privaient de tout moyen de comprendre ce qui se passait dans l'esprit de la jeune femme, de déchiffrer les faits auxquels il se trouvait confronté.

Même son intimité grandissante avec Maria ne paraissait pas affecter Lillian. Elle ne provoquait ni crises de jalousie ni sourires d'encouragement, aucune réaction perceptible. Si elle rentrait à la maison alors que la fillette et lui lisaient un livre, pelotonnés sur le canapé, ou dessinaient, accroupis par terre, ou organisaient un goûter pour une pleine chambrée de poupées, elle se bornait à dire bonjour et à poser pour la forme un baiser sur la joue de sa fille avant de filer dans sa chambre, où elle changeait de vêtements et s'apprêtait à ressortir. Elle n'était rien de plus qu'un spectre, une belle apparition qui flottait dans la maison, arrivant et repartant à intervalles réguliers sans laisser de trace derrière elle. Il semblait à Sachs qu'elle devait savoir ce qu'elle faisait, qu'il devait y avoir une raison à ce comportement énigmatique, mais aucune des raisons qu'il parvenait à imaginer ne le satisfaisait. Au mieux, il arrivait à la conclusion qu'elle le mettait à l'épreuve, qu'elle le titillait avec ce jeu de cache-cache afin de voir combien de temps il le supporterait. Elle voulait savoir s'il allait craquer, elle voulait savoir s'il avait une volonté aussi forte que la sienne.

Et puis, sans cause apparente, tout changea soudain. Une fin d'après-midi, à la moitié de la troisième semaine, Lillian rentra à la maison chargée d'un sac de provisions et annonça qu'elle prenait le dîner en charge ce soir-là. Elle était très gaie, racontait des blagues et bavardait avec volubilité et drôlerie, et la transformation était si grande, si ahurissante que la seule explication que Sachs put concevoir fut qu'elle était droguée. Jusque-là, ils ne s'étaient jamais attablés tous les trois ensemble devant un repas, mais Lillian ne semblait pas remarquer l'extraordinaire révolution que représentait ce dîner. Elle poussa Sachs hors de la cuisine et travailla sans relâche pendant deux heures à mitonner ce qui se révéla un délicieux fricot d'agneau et de légumes. Sachs en fut impressionné, mais étant donné tout ce qui avait précédé cette performance, il ne se sentait pas prêt à se fier aux apparences. C'était peut-être un piège, se disait-il, une ruse destinée à lui faire baisser sa garde, et alors qu'il ne désirait rien tant que d'entrer dans le jeu, de se couler dans le flot de la gaieté de Lillian, il ne pouvait s'y résoudre. Il était raide et gauche, ne trouvait rien à dire, et la bonne humeur qu'il s'était si bien forcé d'affecter devant elle l'avait soudain abandonné. Lillian et Maria étaient presque seules à parler, et après un moment il ne fut plus qu'un observateur, une présence butée hésitant aux frontières de la fête. Il se haïssait pour cette attitude, et quand il refusa le second verre de vin que Lillian s'apprêtait à lui verser, il se mit à se considérer avec dégoût, comme un crétin intégral. "Ne vous en faites pas, lui dit-elle en versant néanmoins le vin dans son verre, je ne vais pas vous mordre." "Je sais bien, répondit Sachs, je pensais seulement..." Avant qu'il pût achever sa phrase, Lillian l'interrompit. "Ne pensez pas tant, dit-elle. Buvez ce vin et savourez-le. Ça vous fera du bien."

Le jour suivant, néanmoins, on eût dit que rien de tout cela ne s'était passé. Lillian sortit tôt, ne rentra pas avant le lendemain matin, et continua pendant le reste de la semaine à se montrer aussi rarement que possible. Sachs se sentait étourdi, perdu. Jusqu'à ses doutes lui paraissaient désormais sujets au doute, et il avait l'impression de plier peu à peu sous le poids de toute cette terrible aventure. Peut-être aurait-il dû écouter Maria Turner, se disait-il. Peut-être n'avait-il pas à se trouver là, peut-être aurait-il dû faire ses valises et s'en aller. Une nuit, il joua même pendant plusieurs heures avec l'idée de se livrer à la police. Du moins mettrait-il ainsi un terme à son angoisse. Au lieu de jeter l'argent à la tête de quelqu'un qui n'en voulait pas, il devrait sans doute engager un avocat, commencer à réfléchir aux moyens de s'éviter la prison.

Et puis, moins d'une heure après qu'il eut pensé cela, toute la situation se retourna de nouveau. C'était à peu près entre minuit et une heure du matin, et Sachs était en train de s'assoupir sur le canapé du salon. Des pas résonnèrent à l'étage. Il supposa que Lillian se rendait à la salle de bains, mais juste comme il se rendormait, il entendit que quelqu'un descendait l'escalier. Avant qu'il ait eu le temps de rejeter la couverture et de se lever, la lampe du salon était allumée et son lit improvisé inondé de lumière. Par réflexe, il se protégea les yeux, et quand il s'obligea à les rouvrir une seconde plus tard, il vit Lillian assise dans un fauteuil juste en face du canapé, vêtue de son peignoir éponge. "Il faut qu'on parle", annonça-t-elle. Il observa son visage en silence tandis qu'elle sortait une cigarette de la poche de son peignoir et y portait une allumette. La belle assurance et l'affectation d'indifférence des dernières semaines avaient disparu, et même la voix de la jeune femme lui paraissait maintenant hésitante, plus vulnérable que jamais auparavant. Elle déposa les allumettes sur la table basse, entre eux. Sachs suivit le mouvement de sa main puis, distrait un instant par les lettres d'un vert criard tracées sur fond pastel, jeta un coup d'œil au couvercle de la boîte. Il s'agissait d'une publicité pour un téléphone rose et à ce moment précis, en un de ces brefs éclairs de clairvoyance qui se produisent parfois spontanément, il lui apparut que rien n'est dépourvu de sens, que tout en ce monde est relié à tout le reste.

"J'ai décidé que je n'avais plus envie que vous me considériez comme un monstre", déclara Lillian. C'est dans ces termes qu'elle commença, et pendant deux heures elle lui en dit plus sur elle-même qu'elle ne l'avait fait au cours de toutes les semaines précédentes, lui parlant d'une façon qui éroda progressivement le ressentiment qu'il avait nourri à son égard. Elle ne lui présenta aucune excuse, et lui ne se hâta pas de croire tout ce qu'elle racontait, mais petit à petit, en dépit de sa méfiance et de son scepticisme, il comprit que les choses n'allaient pas mieux pour elle que pour lui, qu'il l'avait rendue tout aussi malheureuse que lui-même.

Il fallut un certain temps, néanmoins. Au début, il se disait que c'était de la comédie, un nouveau tour destiné à le maintenir sur les nerfs. Dans le tourbillon d'inepties qui faisait rage en lui, il réussit même à se convaincre qu'elle savait qu'il projetait de s'en aller – comme si elle pouvait lire ses pensées, comme si elle avait pénétré dans son cerveau et l'avait entendu réfléchir en ce sens. Elle n'était pas descendue pour faire la paix avec lui. Elle était venue pour l'attendrir, pour s'assurer qu'il ne décamperait pas avant de lui avoir donné tout l'argent. Il se trouvait alors au bord du délire, et si Lillian n'avait abordé d'elle-même la question de l'argent, il n'aurait jamais su à quel point il l'avait méjugée. Ce fut le tournant de la conversation. Elle commença à parler de l'argent, et ce qu'elle en dit ressemblait si peu à ce qu'il avait imaginé qu'elle dirait qu'il eut soudain honte de lui, une telle honte qu'il se mit à l'écouter pour de bon.

"Vous m'avez donné près de trente mille dollars, dit-elle. Et ça n'arrête pas, ça augmente tous les jours, et plus il y a d'argent, plus ça me fait peur. Je ne sais pas pendant combien de temps vous avez l'intention de continuer, mais trente mille dollars ça suffit. Ça suffit largement, et je crois qu'on devrait cesser avant que ça tourne mal.

— On ne peut pas cesser, s'entendit répondre Sachs. On vient à peine de commencer.

— Je ne suis pas sûre de pouvoir encore encaisser.

— Vous pouvez très bien. Je n'ai jamais rencontré personne d'aussi coriace que vous, Lillian. Du moment que vous ne vous en faites pas, vous pouvez très bien encaisser.

— Je ne suis pas coriace. Je ne suis pas coriace, et je ne suis pas bonne, et quand vous commencerez à me connaître, vous regretterez d'avoir mis le pied dans cette maison.

— Cet argent, ce n'est pas une question de bonté. C'est une question de justice, et si la justice a le moindre sens, elle doit être la même pour tout le monde, bon ou pas."

Elle se mit alors à pleurer, les yeux fixés droit sur lui et les larmes ruisselant le long des joues – sans les toucher, comme si elle ne voulait pas reconnaître leur présence. Une façon fière de pleurer, pensa Sachs, à la fois mise à nu de sa détresse et refus de s'y soumettre, et il se sentit plein de respect pour la maîtrise qu'elle conservait sur elle-même. Tant qu'elle les ignorait, tant qu'elle ne les essuyait pas, ces larmes ne l'humilieraient jamais.

Lillian fut presque seule à parler après cela, fumant cigarette sur cigarette d'un bout à l'autre d'un long monologue de regrets et de récriminations contre elle-même. La plus grande partie en était difficile à suivre pour Sachs, mais il n'osait pas l'interrompre, de peur qu'un mot malheureux ou une question mal à propos ne la fassent taire. Elle s'attarda un bon moment sur un certain Frank, puis évoqua un autre homme nommé Terry et puis, un moment plus tard, elle revint sur les dernières années de son mariage avec Dimaggio. De là, elle passa à la police (qui l'avait apparemment interrogée après la découverte du corps de Dimaggio), mais avant d'en avoir fini avec cela, elle se mit à raconter à Sachs qu'elle avait fait le projet de partir, de quitter la Californie et de recommencer ailleurs. Elle s'y était à peu près décidée, lui dit-elle, quand il était apparu sur le pas de sa porte et alors tout s'était écroulé. Elle n'arrivait plus à réfléchir, elle ne savait plus ce qu'elle voulait. Il s'attendait à ce qu'elle poursuive un peu dans cette voie, mais elle se lança dans une digression au sujet du travail, se vantant presque de la façon dont elle avait réussi à se débrouiller sans Dimaggio. Elle avait un diplôme de masseuse, elle posait pour des photos dans des catalogues de grands magasins, l'un dans l'autre elle avait réussi à se maintenir à flot. Et puis, tout d'un coup, elle avait écarté le sujet comme s'il ne comptait pas et s'était remise à pleurer.

"Tout va s'arranger, fit Sachs. Vous verrez. Tout le mauvais est derrière vous. Simplement, vous ne vous en êtes pas encore rendu compte."

C'était ce qu'il fallait dire, la conversation s'achevait ainsi sur une note positive. Rien n'était résolu, mais Lillian paraissait réconfortée par cette affirmation, touchée par cet encouragement. Quand elle l'embrassa rapidement pour le remercier avant de monter se recoucher, il résista à la tentation de l'étreindre plus qu'il ne fallait. Ce fut néanmoins pour lui un instant merveilleux, un instant de contact véritable, incontestable. Il sentit son corps nu sous le peignoir, lui donna un petit baiser tendre sur la joue et comprit qu'ils étaient désormais revenus au point de départ, que tout ce qui avait précédé cet instant était effacé.

Le lendemain matin, Lillian partit de la maison à l'heure où elle partait toujours, disparaissant pendant que Sachs et Maria étaient sur le chemin de l'école. Mais cette fois il trouva un billet dans la cuisine à son retour, un bref message qui paraissait confirmer ses espoirs les plus fous, les plus improbables. "Merci pour hier soir, lut-il. xxx." Il apprécia qu'elle eût marqué des baisers au lieu de signer son nom. Même s'il avait été tracé là avec les intentions les plus innocentes – par réflexe, comme une variante aux salutations habituelles – le triple X suggérait aussi d'autres choses. C'était le code pour *sexe* sur le couvercle de la boîte d'allumettes qu'il avait vue pendant la nuit, et ça l'excitait d'imaginer que c'était délibéré, qu'elle avait substitué ce signe à son nom afin de susciter cette association dans son esprit.

Fort de ce billet, il s'autorisa à faire une chose qu'il savait qu'il n'aurait pas dû faire. Alors même qu'il cédait à cette impulsion, il se rendit compte qu'il avait tort, qu'il était en train de perdre la tête, mais il n'était plus capable de s'en empêcher. Après avoir terminé ses tâches de la matinée, il rechercha l'adresse de l'institut de massage où Lillian lui avait dit qu'elle travaillait. Ça se trouvait quelque part sur Shattuck Avenue, dans le nord de Berkeley, et sans même se donner la peine de téléphoner pour prendre rendez-vous, il monta dans sa voiture et y alla. Il voulait la surprendre, arriver sans être annoncé et dire bonjour – mine de rien, comme s'ils étaient de vieux amis. Si par hasard elle était libre à ce moment, il demanderait un massage. Ce serait pour lui une excuse légitime à la sentir de nouveau le toucher, et tout en savourant le contact de ses doigts sur sa peau, il pourrait apaiser sa conscience en se prétendant qu'il l'aidait à gagner sa vie. Je n'ai jamais été massé professionnellement, lui dirait-il, et j'avais envie de savoir quelle impression ça fait. Il trouva l'endroit sans difficulté, mais quand il entra et demanda Lillian Stern à la femme qui se trouvait à l'accueil, la réponse fut brève et glaciale. "Lillian Stern m'a laissée tomber au printemps, dit la femme, et depuis, elle ne s'est plus montrée ici."

C'était la dernière chose à laquelle il s'attendît, et il ressortit de là avec le sentiment d'avoir été trahi, écorché par le mensonge qu'elle lui avait raconté. Lillian ne rentra pas chez elle ce soir-là, et il fut presque content de se retrouver seul, d'éviter l'embarras d'avoir à lui faire face. Il ne pouvait rien dire, après tout. S'il parlait de l'endroit où il était allé dans l'après-midi, son secret serait découvert, et ce serait la ruine des quelques chances qu'il avait encore avec elle. A long terme, il avait peut-être de la veine d'être passé par là à ce moment et non plus tard. Il devait être prudent quant à ses sentiments, se dit-il. Plus de gestes impulsifs. Plus d'élans d'enthousiasme. Il avait eu besoin de cette leçon, et il espérait s'en souvenir.

Mais il l'oublia. Et pas simplement avec le temps, mais dès le lendemain. De nouveau, ce fut à la nuit tombée. De nouveau, il avait déjà mis Maria au lit et il s'était de nouveau installé sur le canapé du salon – encore éveillé, cette fois, plongé dans l'un des livres de Lillian sur la réincarnation. Il trouvait consternant qu'elle pût s'intéresser à de telles fadaises, et il poursuivait sa lecture d'un œil sarcastique et vengeur, en étudiant chaque page comme un témoignage de la stupidité de Lillian, de l'incroyable manque de profondeur de son esprit. Ce n'était qu'une ignorante sans cervelle, se disait-il, un fouillis de marottes et de notions mal digérées, et comment pouvait-il espérer qu'une femme comme elle le comprenne, qu'elle puisse saisir le dixième de ce qu'il faisait ? Et puis, au moment où il allait poser le livre et éteindre la lumière, Lillian franchit la porte d'entrée, le visage coloré par l'alcool, vêtue de la plus collante, de la plus minuscule robe noire qu'il eût jamais vue, et il ne put s'empêcher de sourire en la voyant. Elle était tellement ravissante. Elle était tellement belle à regarder, et maintenant qu'elle était debout devant lui dans la pièce, il ne pouvait en détourner les yeux.

"Salut, camarade, fit-elle. Je t'ai manqué ?

— Sans arrêt, répondit-il. Depuis l'instant où on s'est quittés jusqu'à maintenant."

Il prononça cette réplique avec assez de panache pour qu'elle sonne comme une blague, un badinage facétieux, mais en vérité il était sincère.

"Bon. Parce qu'à moi aussi, tu m'as manqué."

Elle s'immobilisa devant la table basse, laissa échapper un petit rire, et puis décrivit un cercle complet sur elle-même, les bras étendus, comme un mannequin de mode, pivotant avec adresse sur la pointe des pieds.

"Qu'est-ce que tu dis de ma robe ? demanda-t-elle. Six cents dollars en solde. Fameuse affaire, tu ne trouves pas ?
— Elle les vaut largement. Et juste la bonne taille ! Si elle était plus petite, l'imagination serait sans travail. Y aurait quasi rien d'habillé quand on la met.
— C'est ça le look. Simple et séduisant.
— Simple, je ne suis pas si sûr. L'autre chose, oui, mais simple, en tout cas, non.
— Pas vulgaire ?
— Non, pas du tout. Elle est trop bien taillée pour ça.
— Bon. Quelqu'un m'a dit qu'elle était vulgaire, et je voulais ton opinion avant de l'enlever.
— Ce qui veut dire que le défilé de mode est terminé ?
— Tout à fait terminé. Il est tard, et tu peux pas t'attendre à ce qu'une vieille nana comme moi reste sur ses pieds toute la nuit.
— Dommage. Juste quand je commençais à apprécier.
— T'es un peu lourd parfois, non ?
— Sans doute. Je suis souvent bon pour des trucs compliqués. Mais les choses simples ont tendance à m'embrouiller.
— Comme ôter une robe, par exemple. Si tu traînes encore un peu, je vais devoir l'enlever moi-même. Et ça ne serait pas aussi bien, qu'est-ce que t'en penses ?
— Non, pas aussi bien. Surtout que ça n'a pas l'air très difficile. Ni boutons ni pressions à manipuler, pas de fermeture Eclair à coincer. Tirer à partir du bas et faire glisser.
— Ou partir d'en haut et faire glisser vers le bas. Le choix vous appartient, Mr Sachs."

Un instant après, elle était assise à côté de lui sur le canapé, et encore un instant après, la robe gisait sur le sol. Lillian vint à lui dans un mélange de furie et d'enjouement, s'attaquant à son corps en vagues brèves et essoufflées, et à aucun moment il ne fit un geste pour l'arrêter. Il savait qu'elle était ivre, mais même si tout cela n'était qu'un accident, même si seuls l'alcool et l'ennui l'avaient poussée dans ses bras, il était prêt à s'en contenter. Il n'y aurait peut-être jamais d'autre occasion, se disait-il, et après quatre semaines passées à attendre précisément que ceci se produise, il aurait été inimaginable de la repousser.

Ils firent l'amour sur le canapé, et puis ils firent l'amour dans le lit de Lillian à l'étage, et même après que les effets de l'alcool se furent dissipés, elle resta aussi ardente qu'elle l'avait été dans les premiers instants, s'offrant à lui avec un abandon et une concentration qui annulaient tout doute tardif qu'il aurait pu encore avoir. Elle l'emporta, elle le vida, elle le démantela. Et le plus étonnant fut qu'à l'aube, le lendemain, quand ils s'éveillèrent et se retrouvèrent dans le lit, ils recommencèrent et cette fois, dans la lumière pâle qui se répandait vers les coins de la petite chambre, elle lui dit qu'elle l'aimait et Sachs, qui la regardait droit dans les yeux à cet instant, ne vit rien dans ces yeux qui le rendît incrédule.

Il était impossible de savoir ce qui s'était passé, et il ne trouva jamais le courage de le demander. Il se contenta de suivre, de se laisser porter par la vague d'un bonheur inexplicable, sans rien souhaiter d'autre que de se trouver exactement où il était. En une nuit, Lillian et lui étaient devenus un couple. Elle restait désormais avec lui à la maison pendant la journée, partageait les corvées ménagères, assumait de nouveau ses responsabilités de mère envers Maria, et chaque fois qu'elle le regardait, c'était comme si elle répétait ce qu'elle lui avait dit ce premier matin dans le lit. Une semaine s'écoula, et à mesure qu'un retour en arrière paraissait moins imaginable, Sachs commença à accepter ce qui arrivait. Plusieurs jours de suite, il emmena Lillian faire des achats – la couvrit de robes et de chaussures, avec des dessous de soie, avec des boucles d'oreilles d'émeraude et un collier de perles. Ils festoyaient dans de bons restaurants, buvaient des vins de prix, ils parlaient, ils faisaient des projets, ils baisaient jusqu'au chant du coq. C'était trop beau pour être vrai, sans doute, mais à ce moment il n'était plus capable de réfléchir au bon ni au vrai. En réalité, il n'était plus capable de réfléchir à quoi que ce fût.

On ne peut pas savoir combien de temps ça aurait pu durer. S'il n'y avait eu qu'eux deux, ils auraient pu bâtir quelque chose à partir de cette explosion sexuelle, de cette aventure bizarre et complètement invraisemblable. En dépit de ses implications démoniaques, Sachs et Lillian auraient peut-être réussi à s'installer quelque part et à vivre ensemble une vie véritable. Mais d'autres réalités les contraignaient, et moins de deux semaines après le début de cette nouvelle existence, elle était déjà remise en question. Ils étaient amoureux l'un de l'autre, sans doute, mais ils avaient aussi bouleversé l'équilibre de la maisonnée, et la petite Maria n'était pas du tout heureuse de cette transformation. Si sa mère lui était rendue, elle avait en même temps perdu quelque chose, et de son point de vue cette perte devait ressembler à l'écroulement d'un monde. Pendant près d'un mois, Sachs et elle avaient vécu ensemble dans une sorte de paradis. Elle avait été le seul objet de son affection, et il l'avait dorlotée et cajolée comme personne ne l'avait jamais fait auparavant. A présent, sans un mot d'avertissement, il l'avait abandonnée. Il s'était installé dans le lit de sa mère, et au lieu de rester à la maison à lui tenir compagnie, il la confiait à des baby-sitters et sortait tous les soirs. Elle était malheureuse de tout cela. Elle en voulait à sa mère de s'être mise entre eux, elle en voulait à Sachs de l'avoir laissée tomber, et après avoir supporté cela pendant trois ou quatre jours, elle qui était normalement si gentille et si affectueuse s'était muée en une affreuse petite mécanique de bouderies, de crises de larmes et de colères.

Le second dimanche, Sachs proposa une sortie en famille au Rose Garden dans les hauteurs de Berkeley. Pour une fois, Maria paraissait de bonne humeur, et après que Lillian fut allée chercher une vieille couverture dans le placard de l'étage, ils montèrent tous trois dans la Buick et s'en furent à l'autre bout de la ville. Tout se passa bien pendant la première heure. Sachs et Lillian étaient étendus sur la couverture, Maria jouait sur les balançoires, et le soleil dissipait les dernières brumes matinales. Même lorsque Maria se cogna la tête au cadre, il ne parut pas y avoir de raison de s'alarmer. Elle courut vers eux en larmes, ainsi que l'aurait fait n'importe quel enfant, et Lillian la prit dans ses bras et la consola, et embrassa la marque rouge sur sa tempe avec une tendresse toute spéciale. C'était un bon remède, pensait Sachs, le traitement confirmé par le temps, mais dans ce cas-ci, il n'eut que peu ou pas d'effet. Maria continuait de pleurer, refusait de se laisser consoler par sa mère et, bien qu'elle ne se fût fait qu'une égratignure, s'en plaignait avec véhémence, avec des sanglots si violents qu'elle faillit presque s'étouffer. Sans se laisser impressionner, Lillian la reprit dans ses bras, mais cette fois Maria s'écarta en accusant sa mère de la serrer trop fort. Sachs put voir du chagrin dans les yeux de Lillian quand cela arriva et puis, quand Maria la repoussa loin d'elle, un éclair de colère aussi. De but en blanc, ils paraissaient se trouver au bord d'une crise d'envergure. Un marchand de crème glacée s'était installé à une vingtaine de mètres de leur couverture et Sachs, pensant que la diversion pourrait être salutaire, proposa à Maria de lui en acheter un cornet. Ça te fera du bien, lui dit-il en souriant avec le plus de sympathie qu'il pouvait, puis il courut vers le parasol multicolore planté au bord du sentier juste au-dessous d'eux. Il découvrit qu'il avait le choix entre seize parfums différents. Ne sachant lequel prendre, il se décida pour une combinaison de pistache et de tutti frutti. A défaut d'autre chose, pensait-il, la sonorité des noms amusera Maria. Mais ce ne fut pas le cas. Bien que ses pleurs se fussent un peu calmés quand il revint, la fillette considéra d'un air méfiant les boules de glace verte et lorsqu'il lui donna le cornet et qu'elle commença à le lécher d'un air hésitant, l'orage reprit de plus belle. Elle fit une horrible grimace, cracha la crème glacée comme si elle croyait que c'était du poison, et déclara que c'était "dégueulasse". Ceci provoqua une nouvelle crise de sanglots et puis, de plus en plus furieuse, Maria prit le cornet dans sa main droite et le lança vers Sachs. Le cornet l'atteignit de front, à l'estomac, en éclaboussant toute sa chemise. Comme il baissait les yeux pour reconnaître les dégâts, Lillian se précipita vers Maria et la gifla au visage.

"Sale gamine ! cria-t-elle à la petite fille. Vilaine méchante petite ingrate ! Je te tuerai, tu comprends ? Je te tuerai, ici, en plein devant tous ces gens !"

Et avant que Maria ait eu le temps de lever les mains pour se protéger, Lillian la gifla de nouveau.

"Arrête", fit Sachs. La consternation et la colère avaient durci sa voix, et la tentation l'effleura de pousser Lillian à terre. "Je t'interdis de toucher à cette enfant, tu m'entends ?
— Bas les pattes, mec, répliqua-t-elle, en tout point aussi furieuse que lui. C'est ma gamine, et je fais ce qui me plaît avec, merde !
— Ne la frappe pas. Je ne le permettrai pas.
— Si elle mérite que je la frappe, je le ferai, et personne ne s'en mêle, même pas toi, monsieur Je-sais-tout."
La situation s'aggrava plus vite qu'elle ne s'apaisa. Entre Sachs et Lillian, la dispute s'enfla pendant au moins dix minutes et s'ils ne s'étaient trouvés dans un lieu public, en train de se quereller devant plusieurs douzaines de spectateurs, Dieu sait jusqu'où elle aurait pu aller. Les choses étant ce qu'elles étaient, ils finirent par retrouver le contrôle d'eux-mêmes et maîtriser leur colère. Chacun fit ses excuses à l'autre, ils s'embrassèrent et se réconcilièrent, et n'en parlèrent plus de l'après-midi. Ils allèrent tous trois au cinéma puis dîner dans un restaurant chinois, et une fois rentrés chez eux, ils mirent Maria au lit, et l'incident fut pratiquement oublié. C'est du moins ce qu'ils croyaient. En fait, cet incident constituait un premier signe annonciateur de la fin, et entre l'instant où Lillian avait giflé Maria et celui où Sachs quitta Berkeley, cinq semaines plus tard, rien ne fut jamais plus pareil entre eux.

5

Le 16 janvier 1988, une bombe explosa devant le tribunal de Turnbull, dans l'Ohio, détruisant une réplique en modèle réduit de la statue de la Liberté. La plupart des gens pensèrent qu'il s'agissait d'une incartade d'adolescents, d'un acte de vandalisme gratuit, sans motivations politiques, mais parce qu'un symbole national avait été atteint, les dépêches du lendemain rendirent un compte succinct de l'incident. Six jours plus tard, une autre statue de la Liberté sauta à Danburg, en Pennsylvanie. Les circonstances paraissaient identiques : une petite explosion au milieu de la nuit, pas de blessés, aucun dommage sauf à la statue. Il était néanmoins impossible de savoir si un même individu était impliqué dans les deux explosions ou si la seconde était une imitation de la première – ce qu'on appelle un *copycat crime**. Personne ne semblait encore très préoccupé, mais un éminent sénateur conservateur fit une déclaration condamnant "ces actes déplorables" et somma les coupables de cesser immédiatement leurs canulars. "Ce n'est pas drôle, proclamait-il. Non contents de détruire des biens, vous avez profané une image nationale. Les Américains aiment leur statue, ils n'éprouvent aucune complaisance envers ce genre de plaisanteries de mauvais goût."

    L'un dans l'autre, il existe quelque cent trente modèles réduits de la statue de la Liberté, érigés dans des lieux publics d'un bout à l'autre de l'Amérique. On en trouve dans les

---

* Un crime "copié", imité d'un autre. *(N.d.T.)*

parcs municipaux, devant les hôtels de ville, au sommet de certains immeubles. A la différence du drapeau, qui a tendance à diviser les gens autant qu'à les unir, la statue est un symbole qui ne suscite aucune controverse. Si de nombreux Américains sont fiers de leur drapeau, de nombreux autres en sont honteux, et pour chaque personne qui le considère comme un objet sacré il y en a une qui aimerait cracher dessus, ou le brûler, ou le traîner dans la boue. La statue de la Liberté n'est pas atteinte par de tels conflits. Depuis cent ans, transcendant la politique et les idéologies, elle se dresse au seuil de notre pays comme un emblème de tout ce qu'il y a de bon en nous. Elle exprime l'espoir plus que la réalité, la foi plus que les faits, et on serait bien en peine de découvrir une seule personne qui veuille dénoncer les valeurs qu'elle représente : démocratie, liberté, égalité devant la loi. C'est là ce que l'Amérique a de meilleur à offrir au monde, et si peiné soit-on de l'échec de l'Amérique à se montrer digne de ces idéaux, les idéaux eux-mêmes ne sont pas en question. Ils ont été la consolation de multitudes. Ils ont instillé en nous tous l'espérance de pouvoir un jour vivre dans un monde meilleur.

Onze jours après l'incident de Pennsylvanie, une autre statue fut détruite sur la place d'un village au cœur du Massachusetts. Cette fois, il y avait un message, une déclaration avait été préparée et fut téléphonée aux bureaux du *Springfield Republican* le lendemain matin. "Réveille-toi, Amérique, disait-elle. Il est temps de mettre en pratique les idées que tu prêches. Si tu ne veux plus que tes statues sautent, prouve-moi que tu n'es pas hypocrite. Fais quelque chose pour ton peuple en plus de lui construire des bombes. Sinon, mes bombes continueront à exploser. Signé : le Fantôme de la Liberté."

Au cours des dix-huit mois suivants, neuf statues encore furent anéanties dans différentes parties du pays. Tout le monde s'en souviendra, et il n'est pas nécessaire que je rende ici un compte détaillé des activités du Fantôme. Dans certaines villes, on monta la garde vingt-quatre heures sur vingt-quatre autour des statues, avec la participation de l'*American Legion*, de l'*Elk Club*, des équipes scolaires de football et d'autres organisations locales. Mais toutes les communautés ne se montraient pas aussi vigilantes, et le Fantôme continuait à échapper aux recherches. Chaque fois qu'il frappait, il observait une pause avant l'explosion suivante, une période assez longue pour que les gens se demandent si c'en était fini. Et puis, tout à coup, il tombait du ciel quelque part, à mille miles de distance, et une nouvelle bombe éclatait. Beaucoup de gens étaient scandalisés, bien entendu, mais il y en avait qui se découvraient de la sympathie pour les objectifs du Fantôme. Ils représentaient une minorité, mais l'Amérique est vaste, et leur nombre n'avait rien de négligeable. Pour eux, le Fantôme finit par devenir une sorte de héros populaire clandestin. Les messages y étaient pour beaucoup, à mon avis, ces déclarations qu'il téléphonait aux journaux et aux stations de radio le matin suivant chaque explosion. Brefs par nécessité, ils paraissaient s'améliorer avec le temps : de plus en plus concis, plus poétiques, plus originaux dans leur façon d'exprimer sa déception à l'égard du pays. "Chacun est seul, commençait l'un d'eux, et nous n'avons donc nul recours qu'en notre prochain." Ou : "La Démocratie ne va pas de soi. Il faut se battre pour elle chaque jour, sinon nous risquons de la perdre. La seule arme dont nous disposions est la Loi." Ou : "Négliger les enfants, c'est nous détruire nous-mêmes. Nous n'existons dans le présent que dans la mesure où nous mettons notre foi dans le futur." Contrairement aux proclamations caractéristiques du terrorisme, avec leur rhétorique pompeuse et leurs exigences belliqueuses, les déclarations du Fantôme ne demandaient pas l'impossible. Il voulait simplement que l'Amérique fît un examen de conscience et se corrigeât. En ce sens, ses exhortations avaient presque quelque chose de biblique, et après un certain temps on commença à le percevoir moins comme un révolutionnaire politique que comme un doux prophète angoissé. Au fond, il ne faisait qu'articuler ce que beaucoup ressentaient déjà et, du moins dans certains cercles, il se trouvait des gens pour exprimer ouvertement leur soutien à son action. Ses bombes n'avaient fait de mal à personne, soutenaient-ils, et si ces explosions de rien du tout obligeaient les Américains à repenser leurs vies, eh bien, ce n'était sans doute pas une si mauvaise idée.

Pour être tout à fait honnête, je n'ai pas suivi cette histoire de très près. Des choses plus graves se passaient dans le monde à la même époque, et si d'aventure le Fantôme de la Liberté attirait mon attention, je l'écartais d'un haussement d'épaules comme un excentrique, un personnage éphémère de plus dans les annales de la folie américaine. Même si je m'y étais intéressé davantage, je ne crois pas néanmoins que j'aurais pu deviner que lui et Sachs ne faisaient qu'un. C'était beaucoup trop loin de ce que je pouvais imaginer, trop étranger à tout ce qui me paraissait possible, et je ne vois pas comment j'aurais jamais pu songer à établir un rapport entre eux. D'un autre côté (et je sais que ceci va paraître bizarre), si le Fantôme me faisait penser à quelqu'un, c'était à Sachs. Ben avait disparu depuis quatre mois quand on avait commencé à parler des premières bombes, et l'évocation de la statue de la Liberté me l'avait aussitôt ramené à l'esprit. C'était bien naturel, me semble-t-il – étant donné le roman qu'il avait écrit, étant donné les circonstances de sa chute, deux ans plus tôt – et dès lors l'association s'était maintenue. Chaque fois que je lisais quelque chose à propos du Fantôme, je pensais à Ben. Des souvenirs de notre amitié me revenaient en masse, et tout à coup je me mettais à avoir mal, à trembler de sentir combien il me manquait.

Mais ça n'allait pas plus loin. Le Fantôme me rappelait l'absence de mon ami, il catalysait ma douleur privée, mais plus d'un an s'écoula avant que je devienne attentif au personnage lui-même. C'était en 1989, et cela s'est produit quand, en ouvrant la télévision, j'ai vu les étudiants du mouvement démocratique chinois dévoiler leur imitation maladroite de la statue de la Liberté sur la place T'ien an Men. J'ai compris alors que j'avais sous-estimé la force du symbole. Il représentait une idée qui appartient à tout le monde, à tout le monde dans le monde entier, et le Fantôme avait contribué de façon capitale à en raviver le sens. J'avais eu tort de le négliger. Il avait provoqué, quelque part dans les profondeurs de la terre, une perturbation dont les ondes commençaient à arriver à la surface, atteignant à la fois tous les points du sol. Il s'était passé quelque chose, il y avait dans l'atmosphère quelque chose de nouveau, et certains jours, ce printemps-là, quand je marchais dans la ville, il me semblait presque sentir les trottoirs vibrer sous mes pieds.

J'avais entrepris un nouveau roman au début de l'année, et lorsque Iris et moi avons quitté New York cet été-là pour venir dans le Vermont, j'étais enfoui dans mon récit, quasi incapable de penser à autre chose. Je me suis installé dans l'ancien studio de Sachs le 25 juin, et même cette situation virtuellement fantastique n'a pas pu perturber mon rythme. Au-delà d'un certain point, un livre prend possession de votre vie, le monde que vous avez imaginé devient plus important pour vous que le monde réel, et l'idée m'effleurait à peine que j'étais assis sur le siège même où Sachs avait eu l'habitude de s'asseoir, que j'écrivais sur la table où il avait eu l'habitude d'écrire, que je respirais le même air qu'il avait un jour respiré. Dans la mesure où j'y pensais, c'était pour moi une source de plaisir. Je me sentais heureux d'avoir à nouveau mon ami près de moi, et j'étais certain que s'il avait su que j'occupais son ancien territoire, il en aurait été content. L'ombre de Sachs était bienveillante, il n'avait laissé derrière lui dans sa cabane ni menace ni esprits mauvais. Il avait envie de ma présence, j'en étais sûr, et même si je m'étais rallié peu à peu à l'opinion d'Iris (qu'il était mort, qu'il ne reviendrait jamais), c'était comme si nous nous comprenions encore, comme si rien n'était changé entre nous.

Au début d'août, Iris est partie dans le Minnesota pour assister au mariage d'une amie d'enfance. Sonia est partie avec elle, et comme David était encore en camp de vacances jusqu'à la fin du mois, je me suis retrouvé tout seul, absorbé dans mon livre. Après quelques jours, je me suis aperçu que je me laissais aller aux mêmes schémas qui s'installent chaque fois qu'Iris et moi nous séparons : trop de travail ; pas assez à manger ; des nuits peu reposantes, insomniaques. Avec Iris près de moi dans le lit, je dors toujours, mais dès l'instant où elle s'en va j'ai peur de fermer les yeux. Chaque nuit devient un peu plus pénible que la précédente, et en un rien de temps je veille avec la lampe allumée jusqu'à une, deux ou trois heures du matin. Rien de tout cela n'a d'importance, mais c'est précisément parce que j'éprouvais de telles difficultés en l'absence d'Iris cet été que je ne dormais pas quand Sachs fit son apparition soudaine et inattendue dans le Vermont. Il était près de deux heures, et j'étais au lit, à l'étage, plongé dans un polar, une sombre histoire de meurtre qu'un hôte de la maison devait avoir laissée là des années auparavant, quand j'entendis le bruit d'un moteur essoufflé sur le chemin de terre. Je relevai les yeux de mon livre en attendant que la voiture dépasse la maison, mais alors, sans doute possible, le moteur ralentit, les phares balayèrent ma fenêtre de leurs rayons et la voiture tourna et vint s'arrêter dans la cour en raclant les buissons d'aubépine. J'enfilai un pantalon, descendis en hâte et entrai dans la cuisine quelques secondes après que le moteur se fut tu. Je n'avais pas le temps de réfléchir. J'allai droit vers les ustensiles sur le buffet, empoignai le couteau le plus long que je pus trouver puis restai debout dans le noir à attendre l'arrivée de qui que ce fût. Je supposais qu'il s'agissait d'un cambrioleur ou d'un fou, et pendant dix ou vingt secondes j'éprouvai la plus grande frousse de toute mon existence.

Il alluma la lumière avant que j'aie pu l'attaquer. C'était un geste automatique – pénétrer dans la cuisine et tourner le commutateur – et un instant après que mon embuscade eut été déjouée, je me rendis compte que c'était à Sachs que j'avais affaire. Il y eut un intervalle minuscule entre ces deux perceptions, néanmoins, et dans cet intervalle je me considérai comme mort. Il fit un ou deux pas dans la pièce puis se figea. C'est alors qu'il me vit, debout dans mon coin, le couteau encore brandi, le corps prêt à bondir.

"Bonté divine, s'exclama-t-il. C'est toi !"

J'essayai de dire quelque chose, mais aucun mot ne me sortait de la bouche.

"J'ai vu la lumière, dit Sachs en me dévisageant d'un air incrédule. J'ai pensé que c'était sans doute Fanny.

— Non, dis-je. Ce n'est pas Fanny.

— Non, ça n'en a pas l'air.
— Mais ce n'est pas toi non plus. Ça ne peut pas être toi, n'est-ce pas ? Tu es mort. Tout le monde sait ça maintenant. Tu es couché dans un fossé quelque part au bord d'une route, en train de pourrir sous une montagne de feuilles."

Je mis un certain temps à récupérer du choc, mais pas beaucoup, moins que je n'aurais cru. Ben avait bonne mine, trouvai-je, l'œil vif et l'air toujours aussi en forme, et à part le gris qui envahissait à présent sa chevelure, il était pour l'essentiel tel que je l'avais toujours connu. Je dus m'en sentir rassuré. Ce n'était pas un spectre qui était revenu – c'était l'ancien Sachs, aussi vibrant et aussi volubile qu'autrefois. Un quart d'heure après son entrée dans la maison, je m'étais réhabitué à lui, j'étais prêt à admettre qu'il était vivant.

Il ne s'attendait pas à tomber sur moi, me dit-il, et avant que nous nous installions et commencions à bavarder, il s'excusa à plusieurs reprises d'avoir eu l'air si étonné. Etant donné les circonstances, je pensais que ces excuses étaient superflues.

"C'est le couteau, lui dis-je. Si en entrant ici j'avais trouvé un type prêt à me poignarder, je crois que j'aurais eu l'air étonné, moi aussi.

— C'est pas que je ne sois pas content de te voir. Je ne m'y attendais pas, c'est tout.

— Rien ne t'oblige à être content. Après tout ce temps, il n'y a pas de raison que tu le sois.

— Je ne peux pas te reprocher de m'en vouloir.

— Je ne t'en veux pas. En tout cas pas jusqu'à maintenant. Je reconnais que j'étais plutôt furieux au début, mais ça a passé au bout de quelques mois.

— Et alors ?

— Alors j'ai commencé à avoir peur pour toi. Je crois que je n'ai pas cessé d'avoir peur.

— Et Fanny ? Elle a eu peur, elle aussi ?

— Fanny est plus courageuse que moi. Elle n'a jamais renoncé à te croire vivant."

Sachs sourit, manifestement heureux de ce que j'avais dit. Jusqu'à ce moment, je ne savais pas s'il avait l'intention de rester ou de s'en aller, mais il tira soudain une chaise de sous la table et s'assit, agissant comme s'il venait de prendre une décision importante.

"Qu'est-ce que tu fumes, ces temps-ci ? me demanda-t-il en me regardant avec encore ce même sourire.

— Des Schimmelpenninck. C'est ce que j'ai toujours fumé.

— Bon. On va fumer quelques-uns de tes petits cigares, et puis peut-être boire une bouteille de quelque chose.

— Tu dois être fatigué.

— Bien sûr que je suis fatigué. Je viens de faire quatre cents miles et il est deux heures du matin. Mais tu as envie que je te parle, non ?

— Ça peut attendre demain.

— Il y a un risque que je n'aie plus le courage, demain.

— Et tu es prêt à parler maintenant ?

— Oui, je suis prêt à parler. Jusqu'au moment où je suis entré ici et où je t'ai vu brandir ce couteau, je n'avais pas l'intention de dire un mot. Ça a toujours été mon idée : ne rien dire, tout garder pour moi. Pourtant, je crois que maintenant j'ai changé d'avis. C'est pas que je ne peux plus vivre avec, mais il me semble tout à coup qu'il faut que quelqu'un sache. Au cas où il m'arriverait quelque chose.

— Pourquoi t'arriverait-il quelque chose ?

— Parce que je suis en situation périlleuse, voilà pourquoi, et que la chance pourrait m'abandonner.

— Et pourquoi me parler à moi ?

— Parce que tu es mon meilleur ami, et que je sais que tu peux garder un secret." Il se tut un moment et me regarda droit dans les yeux. "Tu peux garder un secret, n'est-ce pas ?

— Je crois que oui. A vrai dire, je ne suis pas sûr d'en avoir jamais connu un. Je ne suis pas sûr d'en avoir jamais eu un à garder."

C'est ainsi que cela commença : avec ces remarques énigmatiques et ces allusions à un désastre imminent. Je dénichai une bouteille de bourbon dans la réserve, pris deux verres propres sur l'évier et emmenai Sachs à travers le jardin jusqu'au studio. C'est là que je rangeais mes cigares, et pendant cinq heures il fuma et but, luttant contre l'épuisement tandis qu'il me dévidait son histoire. Nous étions tous deux assis dans des fauteuils, nous faisant face de part et d'autre de ma table de travail encombrée, et de tout ce temps aucun de nous deux ne bougea. Des bougies brûlaient autour de nous, tremblotantes et crachotantes, tandis que sa voix emplissait la pièce. Il parlait et je l'écoutais, et peu à peu j'apprenais tout ce que j'ai raconté jusqu'ici.

Avant même qu'il commence, je savais que quelque chose d'extraordinaire devait lui être arrivé. Sinon, il ne serait pas resté caché si longtemps ; il ne se serait pas donné tant de mal pour nous faire croire qu'il était mort. Cela me paraissait évident, et maintenant qu'il était revenu, je me sentais prêt à accepter les révélations les plus extravagantes et les plus scandaleuses, à écouter un récit dont je n'aurais jamais pu rêver. Non que je me sois attendu à ce qu'il me raconte *cette histoire-ci*, mais je savais que ce serait quelque chose dans ce genre, et quand Sachs commença enfin (en se laissant aller contre le dossier de son siège et en disant : "Tu as entendu parler du Fantôme de la Liberté, je suppose ?"), je tressaillis à peine. "Alors c'est ça que tu fabriquais, dis-je, l'interrompant avant qu'il pût aller plus loin. C'est toi le drôle de petit bonhomme qui a fait sauter toutes ces statues. Belle occupation pour qui peut se l'offrir, mais qui diable t'a désigné comme la conscience universelle ? La dernière fois que je t'ai vu, tu écrivais un roman."

Il lui fallut le reste de la nuit pour répondre à cette question. Il y eut néanmoins des trous, des interruptions dans le récit, que je n'ai pas été capable de combler. D'une façon approximative, il semble que l'idée lui soit venue par étapes, à partir de la gifle dont il avait été témoin ce dimanche après-midi à Berkeley et jusqu'à la désintégration de sa liaison avec Lillian. Entre les deux, de plus en plus obsédé par la vie de l'homme qu'il avait tué, il s'était progressivement rendu à Dimaggio.

"J'ai fini par trouver le courage d'entrer dans sa chambre, me raconta Sachs. C'est comme ça que ça a commencé, je crois, c'était le premier pas vers une quelconque action légitime. Jusque-là, je n'avais même pas ouvert la porte. J'avais trop peur, j'imagine, j'avais peur de ce que je trouverais si je commençais à chercher. Mais Lillian était de nouveau partie, Maria était à l'école, et je me retrouvais tout seul dans cette maison, en train de devenir dingue. Comme il était prévisible, la chambre avait été débarrassée de la plupart des affaires de Dimaggio. Il ne restait rien de personnel – pas de lettres, aucun papier, ni agenda ni numéros de téléphone, aucune indication sur sa vie avec Lillian. Mais je suis tombé sur quelques livres. Trois ou quatre volumes de Marx, une biographie de Bakounine, un pamphlet de Trotski sur les questions raciales en Amérique, des trucs comme ça. Et puis, abandonné dans sa reliure noire au fond du tiroir inférieur du bureau, j'ai découvert un exemplaire de sa thèse. C'est ça qui a été la clef. Si je n'avais pas trouvé ça, je crois qu'aucune des autres choses ne serait arrivée.

"C'était une thèse consacrée à Alexandre Berkman – une réhabilitation de sa vie et de son œuvre en quatre cent cinquante et quelques pages. Je suis certain que ce nom te dit quelque chose. Berkman était cet anarchiste qui a tiré sur Henry Clay Frick – celui dont la maison est aujourd'hui un musée dans la 5ᵉ avenue. C'était pendant la grève de 1892, la *Homestead Steel Strike*, quand Frick a embauché une armée de *Pinkertons* et les a fait tirer sur les travailleurs. Berkman avait vingt ans à l'époque, c'était un jeune radical juif émigré de Russie depuis quelques années à peine, et il a fait le voyage jusqu'en Pennsylvanie pour tirer sur Frick à coups de revolver, dans l'espoir d'éliminer ce symbole de l'oppression capitaliste. Frick a survécu à l'attentat, et Berkman a passé quatorze ans au pénitencier de l'Etat. Après en être sorti, il a écrit ses *Souvenirs de prison d'un anarchiste* et s'est relancé dans des activités politiques, en particulier avec Emma Goldman. Il a dirigé la rédaction de *Mother Earth*, a participé à la fondation d'une école libertaire, a prononcé des conférences, a fait de l'agitation pour des causes telles que la grève du textile à Lawrence, et cetera. Quand l'Amérique est entrée dans la Première Guerre mondiale, il a de nouveau été mis en prison, cette fois pour s'être élevé contre la conscription. Deux ans plus tard, peu de temps après sa libération, lui et Emma Goldman ont été déportés vers la Russie. Au cours du dîner d'adieu organisé avant leur départ, la nouvelle est tombée que Frick venait de mourir le soir même. Le seul commentaire de Berkman a été : Déporté par Dieu. Merveilleux, non ? En Russie, il n'a pas tardé à se sentir déçu. Il pensait que les bolcheviks avaient trahi la révolution ; une forme de despotisme en avait remplacé une autre, et après l'écrasement de la rébellion de Kronstadt en 1921, il s'est décidé à émigrer de Russie pour la seconde fois. Il a fini par s'installer dans le sud de la France, où il a passé les dix dernières années de sa vie. Il a écrit l'*ABC de l'anarchisme communiste*, et pour assurer sa subsistance il faisait des traductions, du boulot éditorial et de la rédaction de textes en tant que «nègre», mais il avait tout de même besoin de l'aide de ses amis. En 1936, il se sentait trop malade pour persévérer et plutôt que de continuer à vivre de charité, il a pris une arme et s'est tiré une balle dans la tête.

"C'était une bonne thèse. Un peu maladroite et didactique par moments, mais bien documentée et passionnée, un travail lucide et complet. Difficile après ça de ne pas respecter Dimaggio, de ne pas constater la réelle intelligence de cet homme. Compte tenu de ce que je savais de ses dernières activités, la thèse représentait manifestement quelque chose de plus qu'un exercice académique. C'était une étape de son développement intérieur, une façon de préciser ses propres idées sur le changement politique. Il n'allait pas jusqu'à le dire carrément, mais je sentais qu'il était d'accord avec Berkman, qu'il croyait à l'existence d'une justification morale pour certaines formes de violence politique. Le terrorisme avait sa place dans le combat, pour ainsi dire. Si on en faisait un usage correct, ce pouvait être un outil efficace pour attirer l'attention sur la cause que l'on défendait, pour éclairer le public sur la nature du pouvoir institutionnel.

"A partir de ce moment, j'ai été pris. Je me suis mis à penser sans cesse à Dimaggio, à me comparer à lui, à m'interroger à propos de notre rencontre sur cette route du

Vermont. Il me semblait ressentir une sorte d'attraction cosmique, l'appel d'un destin inexorable. Lillian ne me parlait guère de lui, mais je savais qu'il avait été soldat au Viêt-nam et que la guerre l'avait complètement retourné, qu'il était revenu de l'armée avec une conception nouvelle de l'Amérique, de la politique et de sa propre vie. Ça me fascinait de penser que j'avais fait de la prison à cause de cette guerre – et que lui, d'y avoir participé, avait été amené à peu près à la même position que moi. Nous étions tous deux devenus écrivains, nous savions tous deux que des modifications fondamentales étaient indispensables – mais tandis que je commençais à m'égarer, à m'agiter sottement avec mes articles à la noix et mes prétentions littéraires, Dimaggio continuait à progresser, à aller de l'avant, et à la fin il a eu le courage de mettre ses idées à l'épreuve. Ce n'est pas que faire sauter des chantiers de déboisement me parût une bonne idée, mais je l'enviais d'avoir eu assez de couilles pour agir. Je n'avais jamais levé le petit doigt en faveur de quoi que ce soit. Depuis quinze ans, je m'étais contenté de grogner et de rouspéter, et malgré toutes mes opinions vertueuses et mes prises de position engagées, je n'étais jamais monté en première ligne. J'étais un hypocrite et lui non, et quand je me comparais à lui, je commençais à avoir honte.

"J'ai d'abord pensé écrire quelque chose à son sujet. Quelque chose d'analogue à ce qu'il avait écrit sur Berkman – en mieux, en plus profond, une véritable analyse de son âme. J'envisageais une élégie, un mémorial en forme de livre. Si je pouvais faire ça pour lui, me disais-je, j'arriverais peut-être à me racheter, et de sa mort naîtrait peut-être du bon. Il faudrait que j'interroge des tas de gens, évidemment, que je parcoure le pays en quête de renseignements, que je me ménage des entrevues avec tous ceux que je pourrais trouver : parents, famille, copains de l'armée, camarades de classe, relations professionnelles, anciennes petites amies, membres des Enfants de la planète, des centaines de gens divers. Ce serait une entreprise énorme, un livre dont l'achèvement me demanderait des années. Mais, en un sens, c'était bien ça l'idée. Aussi longtemps que je me consacrerais à Dimaggio, je le garderais en vie, pour ainsi dire, et en échange il me rendrait ma vie. Je ne te demande pas de comprendre ceci. Moi-même, je le comprenais à peine. Je tâtonnais, vois-tu, je cherchais aveuglément à quoi me raccrocher, et pendant un petit moment ceci m'a paru solide, une meilleure solution que toute autre.

"Je ne suis jamais arrivé à rien. J'ai commencé plusieurs fois à prendre des notes, mais je ne réussissais pas à me concentrer, je ne réussissais pas à organiser ma pensée. Je ne sais pas où était le problème. Je conservais sans doute trop d'espoir encore que les choses s'arrangent avec Lillian. Je ne croyais sans doute plus à la possibilité de me remettre à écrire. Dieu sait ce qui m'arrêtait, mais chaque fois que je prenais un stylo pour tenter de commencer, j'étais pris de sueurs froides, la tête me tournait, et j'avais l'impression que j'allais tomber. Exactement comme quand je suis tombé de l'échelle de secours. La même panique, le même sentiment d'impuissance, la même ruée vers l'oubli.

"Alors il m'est arrivé une chose étrange. Je marchais le long de Telegraph Avenue un matin pour reprendre ma voiture quand j'ai aperçu un type que j'avais fréquenté à New York, Cal Stewart, un rédacteur de revue pour qui j'avais écrit un ou deux articles au début des années quatre-vingt. C'était la première fois depuis mon arrivée en Californie que je voyais quelqu'un que je connaissais, et l'idée qu'il pourrait m'identifier m'a stoppé net. Si une seule personne savait où je me trouvais, j'étais fini, j'étais complètement fichu. J'ai plongé dans la première porte qui s'ouvrait à moi, rien que pour me tirer de la rue. Il se trouve que c'était un magasin de livres d'occasion, un grand machin avec des plafonds immenses et cinq ou six salles. Je suis allé me cacher tout au fond, derrière une rangée de hautes étagères, le cœur battant, en essayant de retrouver mon calme. Il y avait une montagne de livres en face de moi, des millions de mots empilés les uns sur les autres, un univers entier de littérature au rebut – les livres dont les gens ne voulaient plus, qui avaient été vendus, qui avaient perdu leur utilité. Je ne m'en suis pas rendu compte tout de suite, mais je me trouvais dans la section des romans américains, et juste là, à hauteur de mes yeux, la première chose que j'ai vue quand j'ai commencé à regarder les titres était un exemplaire du *Nouveau Colosse*, ma contribution personnelle à ce cimetière. C'était une coïncidence stupéfiante, ça m'a fait un tel choc que je l'ai ressenti comme un présage.

"Ne me demande pas pourquoi je l'ai acheté. Je n'avais aucune intention de le lire, mais lorsque je l'ai vu sur l'étagère, j'ai su qu'il me fallait ce livre. L'objet matériel, la chose en soi. Il ne coûtait que cinq dollars pour l'édition originale cartonnée, y compris la jaquette en papier glacé et les pages de garde violettes. Et avec ma trombine sur le rabat de la couverture : portrait de l'artiste en jeune con. C'est Fanny qui avait pris cette photo, je m'en souviens. Je dois avoir vingt-six ou vingt-sept ans là-dessus, et je fixe l'objectif avec une expression d'un sérieux incroyable, des yeux pleins d'âme. Tu as vu cette photo, tu sais ce que je veux dire. Quand j'ai ouvert le livre et que je l'ai vue ce jour-là dans ce magasin, j'ai failli éclater de rire.

"Dès que la voie m'a paru libre, je suis sorti de là, j'ai pris ma voiture et je suis rentré chez Lillian. Je savais que je ne pouvais plus demeurer à Berkeley. J'avais eu une frousse abominable quand j'avais aperçu Cal Stewart, et j'ai compris d'un coup combien ma position était précaire, combien je m'étais rendu vulnérable. Quand je suis arrivé à la maison avec le livre, je l'ai posé sur la table basse du salon et je me suis assis sur le canapé. Je n'avais plus d'idées. Il fallait que je parte, mais en même temps je ne pouvais pas partir, je ne pouvais pas me décider à plaquer Lillian. Je l'avais pratiquement perdue, mais je n'avais pas envie de renoncer à elle, je ne supportais pas l'idée de ne plus jamais la voir. Je suis donc resté là sur ce canapé, en contemplation devant la couverture de mon roman, je me sentais comme un type qui vient de rencontrer un mur de briques. Je n'avais rien écrit du livre sur Dimaggio ; j'avais balancé plus du tiers de l'argent ; j'avais bousillé toutes mes chances. Par pure déprime, je gardais les yeux fixés sur le livre. Je crois que je ne le voyais même pas, et puis, après un bon moment, peu à peu, il s'est passé quelque chose. Ça doit avoir duré près d'une heure, mais une fois que l'idée s'est emparée de moi, je n'ai plus pu cesser d'y penser. La statue de la Liberté, tu te souviens ? Cet étrange dessin déformé de la statue de la Liberté. C'est comme ça que ça a commencé, et une fois que j'ai eu compris où j'allais, le reste a suivi, tout ce plan biscornu s'est mis en place.

"J'ai fermé quelques-uns de mes comptes en banque cet après-midi-là et me suis occupé des autres le lendemain matin. Il me fallait de l'argent pour ce que j'allais entreprendre, ce qui supposait que j'inverse toutes les dispositions que j'avais prises – que je prenne pour moi ce qu'il y avait encore au lieu de le donner à Lillian. Je lui avais déjà remis soixante-cinq mille dollars, et même si ce n'était pas tout, c'était beaucoup d'argent, beaucoup plus qu'elle n'avait compté en recevoir. Les quatre-vingt-onze mille qui me restaient me permettraient d'aller loin, mais ce n'était pas comme si j'allais les flamber pour moi-même. L'utilisation que je leur avais assignée était aussi riche de sens que mon projet original. Plus riche de sens, en fait. Non seulement j'allais m'en servir afin de poursuivre l'œuvre de Dimaggio, je m'en servirais aussi pour exprimer mes propres convictions, pour prendre position en faveur de ce que je croyais, pour intervenir comme je n'avais encore jamais été capable de le faire. Tout à coup, ma vie me paraissait avoir un sens. Pas uniquement les derniers mois, mais toute ma vie, toute mon existence depuis le début. C'était une confluence miraculeuse, une étourdissante conjonction de motifs et d'ambitions. J'avais découvert le principe unificateur, et cette idée rassemblerait tous les morceaux épars de moi-même. Pour la première fois de ma vie, je serais moi, tout à fait moi.

"Je ne pourrais même pas te donner une idée de l'intensité de mon bonheur. Je me sentais de nouveau libre, dégagé de tout par ma décision. Ce n'était pas que j'eusse envie de quitter Lillian et Maria, mais j'avais désormais à m'occuper de choses plus importantes, et une fois que j'ai compris ça, l'amertume et la souffrance qui m'accablaient depuis un mois ont fondu, disparu de mon cœur. Je n'étais plus ensorcelé. Je me sentais inspiré, revigoré, purifié.

Presque comme quelqu'un qui a eu la révélation d'une religion. Qui se sent appelé. Le caractère inachevé de mon existence avait soudain cessé de me paraître important. J'étais prêt à partir à l'assaut des étendues sauvages pour y porter la parole, prêt à tout recommencer.

"Avec le recul, je vois aujourd'hui combien j'avais été absurde de placer mes espoirs en Lillian. C'était une folie de m'en aller là-bas, un geste de désespoir. Ça aurait pu marcher si je n'étais pas tombé amoureux d'elle, mais du moment que c'était arrivé l'aventure ne pouvait plus que mal tourner. Je l'avais mise dans une situation impossible, et elle ne savait comment y faire face. Elle avait envie de l'argent, et elle n'en voulait pas. Ça la rendait avide, et son avidité l'humiliait. Elle avait envie que je l'aime et se haïssait de m'aimer en retour. Je ne lui reproche plus de m'avoir fait vivre un enfer. Elle est sauvage, Lillian. Pas seulement belle, tu comprends, mais incandescente. Intrépide, incontrôlée, prête à tout – et avec moi elle n'a jamais eu une chance d'être ce qu'elle était.

"A la fin, le plus remarquable n'est pas que je sois parti, mais que j'aie réussi à rester aussi longtemps. Les circonstances étaient si bizarres, si dangereuses et si déroutantes que je crois que ça l'avait excitée. C'est par ça qu'elle s'est laissé avoir : pas par moi, mais par l'excitation due à ma présence, par l'obscurité que j'incarnais. La situation était chargée de possibilités romanesques de toutes sortes, et après quelque temps elle n'a plus pu y résister, elle s'est abandonnée bien plus qu'elle n'en avait jamais eu l'intention. Ce n'était pas très différent de la façon étrange et invraisemblable dont elle avait rencontré Dimaggio. Là, ça l'avait menée au mariage. Dans mon cas, il y avait eu cette lune de miel, ces deux semaines étourdissantes durant lesquelles rien de mal ne pouvait nous arriver. Peu importe ce qui s'est passé ensuite. Ça ne pouvait pas durer, et tôt ou tard elle aurait recommencé à sortir, elle serait retombée dans son ancienne vie. Mais pendant ces deux semaines, je crois, je suis sûr qu'elle était amoureuse de moi. Dès qu'un doute me vient, je n'ai qu'à me rappeler la preuve. Elle aurait pu me livrer à la police, et elle ne l'a pas fait. Même après que je lui ai dit qu'il n'y avait plus d'argent. Même après mon départ. A défaut d'autre chose, ça prouve bien que je comptais pour elle. Ça prouve que tout ce qui m'est arrivé à Berkeley est réellement arrivé.

"Mais pas de regrets. Plus maintenant, en tout cas. Tout ça c'est derrière moi – c'est fini, c'est de l'histoire ancienne. Le plus dur a été de devoir quitter la petite fille. Je ne croyais pas en être autant affecté, elle m'a manqué longtemps, elle m'a manqué bien plus que Lillian. Chaque fois que je roulais vers l'ouest, l'idée me revenait de pousser jusqu'en Californie – rien que pour passer la voir, pour lui rendre visite. Mais je ne l'ai jamais fait. J'avais peur de ce qui se passerait si je revoyais Lillian, et j'ai gardé mes distances avec la Californie, je n'ai plus mis le pied dans l'Etat depuis le matin de mon départ. Il y a de ça dix-huit, dix-neuf mois. Depuis le temps, Maria a dû m'oublier. A un moment donné, avant que les choses se dégradent avec Lillian, je pensais que je finirais par l'adopter, qu'elle deviendrait vraiment ma fille. Ç'aurait été bien pour elle, je crois, bien pour nous deux, mais il est trop tard maintenant pour y rêver. Je suppose que je n'étais pas destiné à être père. Ça n'avait pas marché avec Fanny, et ça n'a pas marché avec Lillian. Petites semences. De petits œufs et de petites semences. On a un certain nombre de chances, et puis la vie s'empare de nous, et on poursuit seul, à jamais. Je suis devenu ce que je suis aujourd'hui, et aucun retour en arrière n'est possible. Voilà où j'en suis, Peter. Tant que je peux faire durer les choses, voilà où j'en suis."

Il commençait à radoter. Le soleil était déjà haut et un millier d'oiseaux chantaient dans les arbres : alouettes, pinsons, fauvettes, le chœur matinal dans toute sa gloire. Sachs avait parlé durant de si longues heures qu'il ne savait presque plus ce qu'il disait. Dans la lumière qui entrait à flots par les fenêtres, je voyais ses yeux se fermer. On pourra continuer plus tard, lui dis-je. Si tu ne vas pas te coucher et dormir un peu, tu vas probablement tourner de l'œil et je ne suis pas certain d'avoir la force de te porter jusqu'à la maison.

Je l'installai dans une des chambres inoccupées de l'étage, baissai les stores et repartis sur la pointe des pieds vers ma chambre. Je ne pensais guère pouvoir dormir. Il y avait trop de choses à digérer, trop d'images se bousculaient dans ma tête, mais à l'instant où ma tête touchait l'oreiller je sombrai dans l'inconscience. J'avais l'impression d'avoir été matraqué, d'avoir eu le crâne écrasé par une pierre. Il y a des histoires trop terribles, sans doute, et la seule façon de se laisser pénétrer par elles consiste à les fuir, à leur tourner le dos pour s'enfoncer dans l'obscurité.

Je me réveillai à trois heures de l'après-midi. Sachs dormit encore pendant deux heures, deux heures et demie, et dans l'intervalle, pour ne pas le réveiller, je restai hors de la maison à traînasser dans le jardin. Le sommeil ne m'avait fait aucun bien. Je me sentais encore trop engourdi pour penser, et si je réussis à m'occuper durant tout ce temps, ce ne fut qu'à réfléchir au menu pour le repas du soir. Chaque décision me coûtait un effort, j'en pesais le pour et le contre comme si le sort du monde en dépendait : fallait-il cuire le poulet au four ou sur le gril, l'accompagner de riz ou de pommes de terre, restait-il assez de vin dans l'armoire ? C'est curieux comme tout cela me revient aujourd'hui avec netteté. Sachs venait de me raconter qu'il avait tué un homme, que depuis deux ans il errait à travers le pays comme un fugitif, et tout ce que j'avais en tête était : que préparer pour le dîner ? Comme si j'avais éprouvé le besoin de prétendre que la vie était faite de tels détails familiers. Mais c'était seulement parce que j'étais conscient du contraire.

Nous veillâmes tard de nouveau cette nuit-là, continuant à parler pendant tout le repas et jusqu'aux petites heures du matin. Nous nous étions installés dehors, cette fois, assis dans ces mêmes fauteuils Adirondack où nous avions passé tant d'autres soirées au cours des années : deux voix désincarnées dans l'obscurité, invisibles l'un pour l'autre, ne nous apercevant que lorsque l'un de nous frottait une allumette et que nos visages s'illuminaient brièvement dans l'ombre. Je me souviens du bout rougeoyant des cigares, de lucioles dansant sur les buissons, d'un immense ciel étoilé au-dessus de nos têtes – les mêmes souvenirs que je garde de tant d'autres nuits dans le passé. Tout cela m'aidait à rester calme, je suppose, mais plus encore que le décor, il y avait Sachs lui-même. Son long sommeil l'avait remis en forme, et dès le début il avait pleinement maîtrisé la conversation. Il n'y avait aucune incertitude dans sa voix, rien qui eût pu me donner l'impression de ne pas pouvoir lui faire confiance. C'est cette nuit-là qu'il m'a parlé du Fantôme de la Liberté, et à aucun moment il n'a eu l'air d'un homme qui se confesse d'un crime. Il était fier de ce qu'il avait fait, inébranlablement en paix avec lui-même, et il s'exprimait avec l'assurance d'un artiste qui sait qu'il vient de créer son œuvre la plus importante.

Ce fut un long récit, une invraisemblable saga pleine de voyages et de déguisements, d'accalmies, de moments de frénésie et d'échappées belles. Avant d'avoir entendu Sachs, je n'aurais jamais deviné combien il entrait de travail dans chacune de ces explosions : les semaines de conception et de préparation, les méthodes complexes permettant de récolter à la ronde les matériaux servant à fabriquer les bombes, les alibis et faux-semblants méticuleux, les distances à parcourir. Dès qu'il avait choisi une ville, il lui fallait trouver le moyen d'y passer quelque temps sans éveiller les soupçons. La première démarche consistait à se concocter une identité et une histoire, et puisqu'il n'était jamais deux fois le même individu, ses capacités d'invention se trouvaient constamment mises à l'épreuve. Il se donnait chaque fois un nom différent, aussi quelconque et aussi neutre que possible (Ed Smith, Al Goodwin, Jack White, Bill Foster) et d'une opération à l'autre, il s'efforçait d'apporter à son aspect physique de légères modifications (imberbe une fois, barbu la suivante, les cheveux noirs à un endroit et blonds ailleurs, avec ou sans lunettes, en complet-veston ou en vêtements de travail, un nombre fixe de variables qu'il associait selon diverses combinaisons pour les différentes villes). Mais le défi fondamental, c'était de s'amener avec une raison d'être là, un prétexte plausible à demeurer plusieurs jours durant dans une communauté où personne ne le connaissait. Une fois il se fit passer pour un professeur d'université, un sociologue qui faisait des recherches en vue d'un livre sur la vie et les valeurs dans une petite ville américaine. Une autre fois, il se prétendit en voyage sentimental, enfant adopté en quête de renseignements sur ses parents biologiques. Une autre fois encore, il fut un homme d'affaires qui espérait investir dans l'immobilier commercial. Une autre, un veuf, un homme qui avait perdu sa femme et ses enfants dans un accident d'auto et envisageait de s'installer dans un nouvel environnement. Et puis, non sans une certaine perversité, lorsque le Fantôme se fut fait un nom, il se présenta dans une petite bourgade du Nebraska comme un journaliste chargé d'un article de fond sur les attitudes et les opinions des habitants d'endroits possédant leur propre réplique de la statue de la Liberté. Que pensaient-ils de cette affaire de bombes ? leur demandait-il. Et que signifiait pour eux la statue ? L'expérience lui avait mis les nerfs à dure épreuve, me confia-t-il, mais chaque minute en valait la peine.

Dès le début, il avait décidé que l'ouverture était la plus efficace des stratégies, le meilleur moyen d'éviter de faire mauvaise impression. Au lieu de demeurer solitaire et caché, il bavardait avec les gens, les charmait, les amenait à penser qu'il était un type sympa. Ce comportement amical lui venait tout naturellement, et ça lui donnait l'espace dont il avait besoin pour respirer. Une fois que les gens savaient pourquoi il était là, ils ne s'inquiétaient pas de le voir se balader à travers leur ville, et s'il arrivait qu'il passe plusieurs fois près de la statue au cours de ses promenades, personne n'y faisait attention. Et pas davantage lors de ses tournées nocturnes en voiture, lorsqu'il parcourait la ville calfeutrée à deux heures du matin pour se familiariser avec les habitudes de la circulation, afin de calculer les probabilités que quelqu'un se trouvât dans les parages quand il poserait sa bombe. Il pensait s'installer là, après tout, et qui lui aurait reproché d'essayer de se faire une impression de l'atmosphère après le coucher du soleil ? Il se rendait compte que l'excuse était fragile, mais ces sorties nocturnes étaient indispensables, une précaution inévitable, car il n'avait pas que sa propre peau à sauver, il devait s'assurer que personne ne serait atteint. Un clochard endormi au pied du socle, deux adolescents se cajolant sur l'herbe, un homme sorti au milieu de la nuit pour promener son chien – il ne faudrait pas plus d'un fragment minuscule de pierre ou de métal pour tuer quelqu'un, et alors son entreprise entière perdrait tout son sens. C'était la plus grande crainte de Sachs, et il se donnait un mal énorme pour se garder de tels accidents. Les bombes qu'il fabriquait étaient petites, beaucoup plus petites qu'il n'aurait aimé, et bien que le risque en fût augmenté, il ne réglait jamais la minuterie sur plus de vingt minutes après avoir fixé les explosifs à la couronne de la statue. Rien ne garantissait qu'il ne passerait personne pendant ces vingt minutes, mais compte tenu de l'heure, le risque était mince.

En plus de tout le reste, Sachs me donna cette nuit-là une grande quantité de renseignements techniques, un cours accéléré sur les procédés de fabrication des bombes. Je dois avouer que la plus grande partie me passa au travers. Je ne suis pas doué pour la mécanique, et mon ignorance me donnait de la difficulté à suivre ce qu'il disait. Je saisissais un mot de-ci, de-là, des termes comme réveil, poudre à fusil, détonateur, mais le reste m'était incompréhensible, une langue étrangère à laquelle je n'avais pas accès. Pourtant, à sa façon d'en parler, je jugeai que tout cela supposait une grande ingéniosité. Il ne se fiait pas aux formules préétablies et, soucieux en outre de couvrir sa trace, il prenait grand soin d'utiliser des matériaux familiers, de combiner ses explosifs à partir du bric-à-brac qu'on peut trouver dans n'importe quelle quincaillerie. Le processus devait être ardu : il se rendait à un endroit juste pour acheter un réveil, faisait cinquante miles de route afin de se procurer un rouleau de fil électrique, et puis allait ailleurs encore chercher du ruban adhésif. Aucun achat ne dépassait jamais vingt dollars, et il était attentif à ne jamais payer qu'en espèces – dans chaque magasin, à chaque restaurant, à chaque motel minable. Il entrait et sortait ; bonjour et au revoir. Ensuite il disparaissait, comme si son corps s'était évanoui dans l'atmosphère. Ce n'était pas simple, mais en un an et demi, il n'avait pas laissé derrière lui la moindre trace.

Il avait, dans le South Side de Chicago, un modeste appartement qu'il louait sous le nom d'Alexandre Berkman et qui lui servait de refuge plus que de foyer ; il s'y arrêtait entre ses voyages et n'y passait jamais plus d'un tiers de son temps. La seule évocation de la vie qu'il menait me mettait mal à l'aise. Le mouvement constant, l'obligation de faire toujours semblant d'être un autre, la solitude – mais Sachs haussa les épaules comme si mes angoisses étaient sans fondement. Il était trop préoccupé, me dit-il, trop absorbé par ce qu'il faisait pour penser à de telles choses. S'il s'était créé un problème, c'était de savoir comment s'arranger de ses succès. A mesure que la réputation du Fantôme grandissait, il devenait de plus en plus difficile de trouver des statues à attaquer. La plupart étaient surveillées, et alors qu'au début l'accomplissement de ses missions ne lui demandait que d'une à trois semaines, le temps moyen atteignait désormais près de deux mois et demi. Au début de l'été, il avait été obligé de renoncer à un projet à la dernière minute, et plusieurs autres avaient dû être remis à plus tard – abandonnés jusqu'à l'hiver, quand les basses températures ne manqueraient pas de réduire le zèle des gardes nocturnes. Néanmoins, pour chaque obstacle qui s'élevait, il y avait en compensation un bénéfice, une preuve de plus de l'étendue de son influence. Depuis quelques mois le Fantôme de la Liberté avait été le sujet d'éditoriaux et de sermons. Il avait été discuté dans des émissions de radio avec appels téléphoniques, caricaturé par des humoristes politiques, voué aux gémonies en tant que menace pour la société, porté aux nues en tant que héros populaire. Des T-shirts et des boutons Fantôme de la Liberté étaient en vente dans les boutiques de nouveautés, des blagues avaient commencé à circuler, et il y avait un mois à peine, dans un numéro de strip-tease, à Chicago, on avait pu voir la statue lentement déshabillée puis séduite par le Fantôme. Il était célèbre, me dit-il, bien plus célèbre qu'il ne l'avait jamais cru possible. Tant qu'il pourrait continuer, il était prêt à affronter tous les inconvénients, à foncer à travers toutes les difficultés. C'était le genre de choses que dirait un fanatique, je m'en suis rendu compte plus tard, cette façon d'admettre qu'il n'avait plus besoin d'une vie personnelle, mais il le disait avec tant de bonheur, tant d'enthousiasme et d'absence de doute qu'au moment même je compris à peine ce qu'impliquaient ses paroles.

Il restait des choses à dire. Toutes sortes de questions s'étaient accumulées dans ma tête, mais l'aube arrivait et j'étais trop épuisé pour continuer. J'aurais voulu l'interroger à propos de l'argent (combien en restait-il, qu'allait-il faire quand il n'y en aurait plus ?) ; j'aurais aimé en savoir plus sur sa rupture avec Lillian Stern ; j'aurais aimé l'interroger sur Maria Turner, sur Fanny, sur le manuscrit de *Léviathan* (auquel il n'avait même pas jeté un coup d'œil). Il y avait une centaine de fils à renouer, et il me semblait que j'avais le droit de tout savoir, qu'il avait l'obligation de répondre à toutes mes questions. Mais je n'insistai pas pour prolonger la conversation. Nous parlerions de tout ça au petit déjeuner, me disais-je, il était temps d'aller nous coucher.

Quand je m'éveillai, plus tard dans la matinée, la voiture de Sachs avait disparu. Je supposai qu'il était allé faire une course et qu'il reviendrait d'une minute à l'autre, mais après avoir attendu son retour pendant plus d'une heure, je commençai à perdre espoir. Je n'avais pas envie de croire qu'il était parti sans me dire au revoir, et pourtant je savais que tout était possible. Il avait fait le coup à d'autres avant moi, et pourquoi me serais-je imaginé qu'il se comporterait autrement avec moi ? D'abord Fanny, puis Maria Turner, puis Lillian Stern. Sans doute ne représentais-je que le dernier d'une longue série de départs silencieux, une personne de plus rayée de sa liste.

A midi et demi, je me rendis au studio pour me remettre à mon livre. Je ne savais pas quoi faire d'autre, et plutôt que de continuer à attendre dehors en me sentant de plus en plus ridicule, planté là à guetter le bruit de la voiture de Sachs, je me dis que le travail m'aiderait à penser à autre chose. C'est alors que je trouvai sa lettre. Il l'avait déposée sur mon manuscrit, et je la vis à l'instant où je m'assis à ma table.

"Je suis désolé de filer comme ça, commençait-elle, mais je crois que nous nous sommes à peu près tout dit. Si je restais plus longtemps, ça ne ferait que compliquer les choses. Tu essaierais de me dissuader de poursuivre mon action (parce que tu es mon ami, parce que tu considérerais que tel est ton devoir en tant qu'ami), et je n'ai pas envie de me disputer avec toi, je n'ai pas assez d'estomac pour me quereller maintenant. Quoi que tu puisses penser de moi, je te suis reconnaissant de m'avoir écouté. Il fallait que cette histoire soit racontée, et plutôt à toi qu'à quiconque. Le moment venu – s'il vient –, tu sauras la raconter aux autres, tu leur feras comprendre le sens de tout cela. Tes livres en sont la preuve, et tout bien réfléchi, tu es l'unique personne sur qui je peux compter. Tu es allé tellement plus loin que je n'ai jamais été, Peter. Je t'admire pour ton innocence, pour la façon dont tu t'en es tenu toute ta vie à une seule chose. Mon problème, c'est que je n'ai jamais réussi à y croire. J'ai toujours souhaité autre chose, sans jamais savoir ce que c'était. Maintenant je sais. Après tout ce qui est arrivé d'horrible, j'ai finalement trouvé une raison de croire. C'est ça qui compte pour moi désormais. M'en tenir à cette seule chose. Je t'en prie, ne me juge pas mal – et surtout, ne me plains pas. Je vais bien. Je ne me suis jamais senti mieux. Je vais continuer à leur en faire voir aussi longtemps que je pourrai. La prochaine fois que tu liras les exploits du Fantôme de la Liberté, j'espère que tu riras un bon coup. Haut les cœurs, mon petit vieux. A bientôt. Ben."

Je dois avoir parcouru cette lettre vingt ou trente fois. Il n'y avait rien d'autre à faire, et il me fallut au moins ce temps pour absorber le choc de son départ. Les premières lectures me laissèrent blessé, fâché contre lui d'avoir déguerpi quand j'avais le dos tourné. Et puis, très lentement, en relisant la lettre, je commençai à reconnaître à contrecœur que Sachs avait eu raison. La conversation suivante aurait été plus pénible que les autres. C'était vrai que j'avais eu l'intention de lui faire face, que j'étais décidé à lui dire tout ce que je pourrais pour le dissuader de continuer. Il l'avait pressenti, je suppose, et plutôt que de laisser de l'amertume s'installer entre nous, il était parti. Je ne pouvais pas vraiment le lui reprocher. Il avait souhaité que notre amitié survive, et puisqu'il savait que cette visite pouvait être notre dernière rencontre, il n'avait pas voulu qu'elle se termine mal. Tel était le but de sa lettre. Elle avait mené les choses à leur terme sans les achever. Elle avait été sa façon de me dire qu'il ne pouvait pas me dire au revoir.

Il vécut encore dix mois, mais ne me donna plus jamais de ses nouvelles. Le Fantôme de la Liberté frappa à deux reprises durant cette période – une fois en Virginie et une fois dans l'Utah – mais je ne ris pas. A présent que je connaissais l'histoire, je ne ressentais plus que de la tristesse, une peine incommensurable. Des transformations extraordinaires se produisirent dans le monde au cours de ces dix mois. Le mur de Berlin fut abattu, Havel devint président de la Tchécoslovaquie, la guerre froide se termina soudain. Mais Sachs continuait, quelque part, particule solitaire dans la nuit américaine, à se précipiter vers son anéantissement dans une voiture volée. Où qu'il fût, j'étais désormais avec lui. Je lui avais donné ma parole de ne rien dire, et plus je gardais son secret, moins je m'appartenais. Dieu sait d'où venait mon obstination, mais je n'en ai jamais soufflé mot à personne. Ni à Iris, ni à Fanny et à Charles, ni à âme qui vive. Je m'étais imposé pour lui le fardeau de ce silence, et à la fin j'en fus presque écrasé.

Je revis Maria Turner au début de septembre, quelques jours après qu'Iris et moi fûmes rentrés à New York. Ce fut un soulagement de pouvoir parler de Sachs avec quelqu'un, mais même à elle je ne me livrai que le moins possible. Je ne lui dis même pas que j'avais vu Ben – seulement qu'il m'avait appelé et que nous avions bavardé au téléphone pendant une heure. C'est une triste petite danse que je dansai avec Maria ce jour-là. Je l'accusai de loyauté mal comprise, de trahison envers Sachs parce qu'elle avait tenu la promesse qu'elle lui avait faite, alors que c'était exactement ce que j'étais en train de faire de mon côté. Nous avions tous deux été mis dans la confidence, mais j'en savais plus qu'elle, et je n'allais pas partager mon savoir avec elle. Il suffisait qu'elle sache que j'étais au courant de ce qu'elle savait. Après cela, elle me parla très volontiers, consciente qu'il serait vain de tenter de tricher avec moi. Cette partie de l'histoire était donc au grand jour, désormais, et je finis par en apprendre davantage sur ses relations avec Sachs que Sachs lui-même ne m'en avait jamais dit. Entre autres, c'est ce jour-là que je vis pour la première fois les photographies qu'elle avait prises de lui, ce qu'elle appelait les *Jeudis avec Ben*. Plus important encore, je découvris aussi que Maria avait vu Lillian Stern à Berkeley l'année précédente – six mois environ après le départ de Sachs. D'après ce que Lillian lui avait raconté, Ben était revenu deux fois lui rendre visite. Ceci contredisait le récit qu'il m'avait fait, mais quand je signalai à Maria cette incohérence, elle haussa les épaules.

"Lillian n'est pas seule à mentir, a-t-elle dit. Tu sais ça aussi bien que moi. Après ce que ces deux-là s'en sont fait voir, les paris sont ouverts.

— Je ne dis pas que Ben ne pourrait pas mentir, ai-je répondu. Simplement, je ne vois pas pourquoi il le ferait.

— Il semble qu'il l'ait menacée. Peut-être que ça l'embarrassait de t'en parler.

— Menacée ?

— Lillian m'a dit qu'il l'avait menacée d'enlever sa fille.

— Et pourquoi diable aurait-il fait ça ?

— Apparemment, il n'approuvait pas sa façon d'élever Maria. Il disait qu'elle exerçait une mauvaise influence sur la gamine, que la petite méritait d'avoir une chance de grandir dans un milieu sain. Il prenait de grands airs moralisateurs, et ils ont eu une scène pénible.

— Ça ne ressemble pas à Ben.

— Possible, mais Lillian en a eu assez peur pour prendre des mesures. Après la deuxième visite de Ben, elle a mis Maria dans un avion et l'a expédiée dans l'Est chez sa mère.

— Lillian avait sans doute des raisons à elle de vouloir s'en débarrasser.

— Tout est possible. Je ne fais que te répéter ce qu'elle m'a dit.

— Et l'argent qu'il lui a donné ? Elle l'a dépensé ?

— Non. En tout cas pas pour elle-même. Elle m'a dit qu'elle l'avait placé dans un compte d'épargne pour Maria.

— Je me demande si Ben lui a jamais révélé d'où venait l'argent. Ce point-là ne me paraît pas très clair, et ça pourrait avoir joué.

— Je ne suis pas sûre. Mais il y a une question plus intéressante, c'est de se demander, d'abord, d'où Dimaggio tenait cet argent. C'était une somme phénoménale à trimbaler avec lui.

— Ben pensait que c'était le produit d'un vol. Du moins au début. Ensuite il s'est dit que Dimaggio pouvait l'avoir reçu d'une organisation politique. Sinon les Enfants de la planète, alors n'importe qui. Des terroristes, par exemple. L'OLP, l'IRA, ou une douzaine d'autres groupes. Il imaginait que Dimaggio pouvait avoir été en rapport avec des gens comme ça.

— Lillian a son opinion sur les activités de Dimaggio.

— Je n'en doute pas.

— Ouais, eh bien, c'est plutôt intéressant si tu y réfléchis. A son avis, Dimaggio travaillait comme agent secret pour le gouvernement. La CIA, le FBI, une de ces bandes de barbouzes. Elle croit que ça a commencé quand il était soldat au Viêt-nam. Qu'ils l'ont embauché là-bas, et puis qu'ils lui ont payé ses études – sa licence et sa maîtrise. Pour qu'il ait les titres voulus.

— Tu veux dire que c'était un mouchard ? Un agent provocateur ?

— C'est ce que pense Lillian.

— Ça me paraît parfaitement tiré par les cheveux.

— Ça, c'est évident. Mais ça ne veut pas dire que ce n'est pas vrai.

— Elle a des preuves, ou c'est de la pure invention ?

— Je ne sais pas, je ne le lui ai pas demandé. On n'en a pas vraiment discuté.

— Pourquoi tu ne le lui demandes pas maintenant ?

— On ne se parle plus tellement.

— Ah ?
— Ma visite a été orageuse, et je n'ai plus eu de contact avec elle depuis l'an dernier.
— Vous êtes brouillées ?
— Ouais, quelque chose comme ça.
— A cause de Ben, je suppose. Tu tiens encore à lui, hein ? Ça a dû être moche d'écouter ton amie te raconter combien il était amoureux d'elle."

Maria détourna brusquement la tête, et je compris que j'avais vu juste. Mais elle avait trop de fierté pour l'admettre, et un instant plus tard elle avait recouvré assez de contrôle sur elle-même pour me regarder de nouveau. Elle m'adressa un sourire dur et ironique.

"Tu es le seul homme que j'aie jamais aimé, Chiquita, me dit-elle. Mais tu m'as fait le coup du mariage, non ? Une fille qu'a le cœur brisé, faut qu'elle fasse ce qu'il faut."

Je réussis à la persuader de me donner l'adresse et le numéro de téléphone de Lillian. J'avais un nouveau livre qui paraissait en octobre, et mon éditeur avait organisé pour moi plusieurs lectures dans diverses villes un peu partout dans le pays. San Francisco était la dernière étape de la tournée, et j'aurais trouvé absurde d'y aller sans essayer de joindre Lillian. J'ignorais tout à fait si elle savait où était Sachs (et même si elle le savait, il n'était pas évident qu'elle me le dirait), mais j'imaginais que nous aurions beaucoup de choses à nous dire de toute façon. A tout le moins, je voulais la voir par moi-même, me faire ma propre opinion sur sa personnalité. Tout ce que je savais d'elle venait soit de Sachs, soit de Maria, et elle me paraissait un personnage trop important pour que je me fie à leurs témoignages. Je l'appelai le lendemain du jour où Maria m'avait donné son numéro. Elle n'était pas chez elle, mais je laissai un message sur son répondeur et, à ma grande surprise, elle me rappela au studio dans l'après-midi. La conversation fut brève mais amicale. Elle savait qui j'étais, me dit-elle. Ben lui avait parlé de moi, et il lui avait donné un de mes romans, qu'elle avoua n'avoir pas eu le temps de lire. Je n'osai pas lui poser de questions au téléphone. Il me suffisait d'être entré en contact avec elle et, allant donc droit au but, je lui demandai si elle accepterait de me rencontrer à l'occasion de mon passage dans la région de la Baie à la fin d'octobre. Elle hésita un peu, mais quand j'insistai sur l'importance que cela avait pour moi, elle céda. Téléphonez-moi dès que vous serez arrivé à l'hôtel, proposa-t-elle, et nous prendrons un verre ensemble quelque part. Aussi simple que ça. Elle avait une voix intéressante, pensai-je, un peu rauque, profonde, j'aimais le son de cette voix. Si elle avait réussi à devenir actrice, c'était le genre de voix dont les gens se seraient souvenus.

    Pendant six semaines, je vécus avec la promesse de cette entrevue. Quand le tremblement de terre frappa San Francisco au début d'octobre, ma première pensée consista à me demander si ma visite devrait être annulée. J'ai honte aujourd'hui d'un tel manque de cœur, mais au moment même je m'en rendis à peine compte. Viaducs effondrés, immeubles en flammes, corps écrasés et mutilés – ces désastres ne signifiaient rien pour moi sauf dans la mesure où ils pouvaient m'empêcher de rencontrer Lillian. Heureusement, le théâtre où il était prévu que je fasse ma lecture avait été épargné, et le voyage se déroula comme prévu. Dès mon arrivée à l'hôtel, je montai dans ma chambre et demandai son numéro à Berkeley. Une femme à la voix inconnue répondit au téléphone. Quand je demandai à parler à Lillian Stern, elle me dit que Lillian n'était plus là, qu'elle était partie pour Chicago trois jours après le tremblement de terre. Quand revient-elle ? demandai-je. La femme ne savait pas. Vous voulez dire qu'elle a eu tellement peur du tremblement de terre ? fis-je. Oh non, répondit la femme, Lillian avait déjà l'intention de partir avant cela. Elle a fait passer l'annonce pour sous-louer sa maison au début de septembre. A-t-elle laissé une adresse où faire suivre son courrier ? demandai-je. La femme dit que non, qu'elle payait son loyer directement au propriétaire. Eh bien, fis-je, en luttant pour surmonter ma déception, si jamais elle vous fait signe, je vous serais obligé de m'en informer. Avant de raccrocher, je lui donnai mes deux numéros à New York. Appelez-moi à mes frais, dis-je, quelle que soit l'heure, jour et nuit.

Je compris alors à quel point Lillian m'avait berné. Elle avait su qu'elle serait partie bien avant que j'arrive – ce qui signifie qu'elle n'avait jamais eu la moindre intention de venir à notre rendez-vous. Je me maudissais pour ma crédulité, pour le temps et l'espoir que j'avais gaspillés. Par acquit de conscience, je m'adressai aux renseignements de Chicago, mais le nom de Lillian Stern ne figurait sur aucune liste. Quand j'appelai Maria Turner à New York pour lui demander l'adresse de la mère de Lillian, elle me répondit qu'elle n'avait plus été en rapport avec Mrs Stern depuis des années et n'avait aucune idée de l'endroit où elle habitait. La piste s'était refroidie d'un coup. Lillian était désormais aussi perdue pour moi que Sachs, et je ne parvenais même pas à imaginer par où commencer à la chercher. Si sa disparition m'offrait la moindre consolation, celle-ci provenait du mot *Chicago*. Lillian devait avoir eu une raison de ne pas vouloir me parler, et je priais que ce fût le désir de protéger Sachs. Si tel était le cas, alors ils étaient peut-être restés en meilleurs termes que je n'avais été amené à le croire. Ou peut-être la situation s'était-elle arrangée depuis le passage de Ben dans le Vermont. Et s'il était allé en Californie, et l'avait persuadée de partir avec lui ? Il m'avait dit qu'il avait un appartement à Chicago, et Lillian avait dit à sa locataire qu'elle partait pour Chicago. Etait-ce une coïncidence, ou avaient-ils menti, l'un ou l'autre – ou les deux ? Je ne pouvais même pas le deviner, mais j'espérais pour Sachs qu'ils vivaient désormais ensemble, embarqués dans une folle existence de hors-la-loi tandis qu'il parcourait le pays en tous sens en combinant furtivement sa prochaine opération. Le Fantôme de la Liberté et sa môme. Du moins n'aurait-il pas été seul, ainsi, et je préférais l'imaginer avec elle plutôt que solitaire, je préférais imaginer pour lui n'importe quelle vie plutôt que celle qu'il m'avait décrite. Si Lillian était aussi intrépide qu'il me l'avait affirmé, alors elle était peut-être auprès de lui, elle était peut-être assez aventureuse pour avoir fait cela.

Ensuite, je n'ai rien appris de plus. Huit mois ont passé, et quand Iris et moi sommes revenus dans le Vermont à la fin de juin, j'avais pratiquement renoncé à toute idée de retrouver Ben. Des centaines de dénouements possibles que j'imaginais, celui qui me semblait le plus plausible était qu'il ne réapparaîtrait jamais. Je n'avais pas la moindre idée du temps pendant lequel les attentats allaient se répéter, aucune prémonition du moment où viendrait la fin. Et même s'il y avait une fin, il paraissait peu probable que j'en sache jamais rien – ce qui signifiait que l'histoire se poursuivrait, continuerait éternellement à sécréter en moi son poison. Je me débattais pour accepter cela, pour coexister avec les forces de ma propre incertitude. Malgré mon envie désespérée d'une solution, il me fallait admettre le risque qu'il n'y en eût jamais. On ne peut retenir son souffle que pendant un certain temps, après tout. Tôt ou tard, il vient un moment où on doit se remettre à respirer, même si l'air est pollué, même si on sait qu'il finira par vous tuer.

L'article du *Times* m'a pris au dépourvu. Je m'étais si bien habitué à mon ignorance, à ce moment-là, que je ne m'attendais plus au moindre changement. Quelqu'un était mort au bord de cette route du Wisconsin, mais si je savais bien qu'il pouvait s'agir de Sachs, je n'étais pas disposé à le croire. Il a fallu pour m'en convaincre l'arrivée des agents du FBI, et à ce moment encore je me suis accroché à mes doutes jusqu'au dernier instant – quand ils ont fait état du numéro de téléphone trouvé dans la poche du mort. Après cela, une seule image s'est imposée à ma conscience, où elle demeure aussi brûlante qu'au premier jour : mon pauvre ami éclatant en mille morceaux quand la bombe a explosé, mon pauvre ami éparpillé à tous les vents.

Il y a de cela deux mois. Je me suis attelé à la rédaction de ce livre dès le lendemain, et j'ai travaillé depuis dans un état de panique continuelle – en luttant pour terminer avant que le temps ne me manque, en ne sachant jamais si je réussirais à atteindre la fin. Ainsi que je l'avais prédit, les agents du FBI se sont occupés de moi. Ils ont parlé à ma mère en Floride, à ma sœur dans le Connecticut, à mes amis à New York, et au long de l'été des gens m'ont téléphoné pour me raconter ces visites, soucieux à l'idée que j'avais des ennuis. Je n'ai pas encore d'ennuis, mais je m'attends tout à fait à en avoir bientôt. Lorsque mes amis Worthy et Harris s'apercevront de tout ce que je leur ai tu, ils seront forcément irrités. Je n'y peux plus rien, maintenant. Je suis conscient que le fait de dissimuler des renseignements au FBI est passible de sanctions, mais étant donné les circonstances je ne vois pas comment j'aurais pu agir autrement. Je devais à Sachs de garder le silence, et je lui devais d'écrire ce livre. Il avait eu le courage de me confier son histoire, et je ne crois pas que j'aurais pu vivre avec moi-même si j'avais trahi sa confiance.

Au cours du premier mois, j'ai écrit une brève ébauche préliminaire en me limitant strictement à l'essentiel. A ce moment-là, comme l'enquête n'avait pas encore abouti, je suis reparti du début et je me suis mis à remplir les vides, en donnant à chaque chapitre plus de deux fois sa longueur initiale. J'avais l'intention de reprendre le manuscrit aussi souvent qu'il serait nécessaire, de compléter les informations à chaque version successive, et de poursuivre ainsi jusqu'à ce que je pense n'avoir plus rien à dire. Théoriquement, ce processus pouvait durer des mois, des années même, peut-être – mais seulement si j'avais de la chance. En réalité, ces huit semaines sont tout ce que j'aurai jamais. Aux trois quarts de la deuxième version (au milieu du quatrième chapitre), j'ai été obligé de m'interrompre. Ça s'est passé hier, et je n'ai pas encore digéré la soudaineté avec laquelle ça s'est passé. Le livre est achevé maintenant parce que l'enquête est achevée. Si j'ajoute ces dernières pages, c'est seulement pour raconter comment ils ont trouvé la réponse, pour signaler la petite surprise finale, l'ultime détour qui conclut l'histoire.

C'est Harris qui a résolu l'énigme. C'était le plus âgé des deux agents, le plus bavard, celui qui m'avait posé des questions sur mes livres. Ce qui est arrivé, c'est qu'il a fini par aller dans une librairie en acheter quelques-uns, ainsi qu'il avait promis de le faire lors de sa visite en compagnie de son partenaire, en juillet. Je ne sais pas s'il avait l'intention de les lire ou s'il suivait simplement une intuition, mais il se trouve que les exemplaires qu'il a achetés étaient signés de mon nom. Il doit s'être rappelé ce que je lui avais raconté de ces étranges autographes qui avaient surgi dans mes livres, et il m'a donc téléphoné ici, il y a une dizaine de jours, pour me demander si j'avais jamais été dans une certaine librairie, située dans une petite ville tout près d'Albany. Je lui ai répondu que non, que je n'avais jamais mis les pieds dans cette ville, alors il m'a remercié pour mon aide et il a raccroché. Je ne lui avais dit la vérité que parce que je ne voyais pas de raison de mentir. Sa question n'avait rien à voir avec Sachs, et s'il avait envie de rechercher celui qui avait contrefait ma signature, quel mal pouvait-il en advenir ? Je pensais qu'il me rendait service, mais en fait je venais de lui fournir la clef de l'affaire. Il a confié les livres au labo du FBI le lendemain matin, et après un examen méticuleux des empreintes digitales, on a découvert un certain nombre de séries assez nettes. L'une d'entre elles appartenait à Sachs. Le nom de Ben devait déjà être connu et Harris, étant un type astucieux, ne pouvait manquer d'établir le rapport. Une chose menant à une autre, lorsqu'il s'est présenté ici, hier, il avait déjà assemblé les pièces du puzzle. Sachs était l'homme qui s'était fait exploser au fond du Wisconsin. Sachs était l'homme qui avait tué Reed Dimaggio. Sachs était le Fantôme de la Liberté.

Il est arrivé sans Worthy le taiseux, le maussade. Iris et les enfants étaient partis nager dans l'étang, et j'étais de nouveau seul, debout devant la maison, à le regarder descendre de sa voiture. Harris était de bonne humeur, plus jovial que la première fois, et il m'a salué comme si nous étions de vieilles connaissances, collègues dans la quête de réponses aux mystères de la vie. Il avait des nouvelles, m'a-t-il annoncé, et pensait qu'elles pourraient m'intéresser. On avait identifié l'individu qui avait signé mes livres, et il se trouvait que c'était un de mes amis. Un certain Benjamin Sachs. Qu'est-ce qui pourrait bien donner à un ami l'envie de faire un truc comme ça ?

J'ai baissé les yeux vers le sol en luttant pour retenir mes larmes ; Harris attendait une réponse.

"C'est parce que je lui manquais, ai-je fini par répondre. Il s'en était allé faire un long voyage et il avait oublié d'acheter des cartes postales. C'était sa façon de garder le contact.

— Ah, fit Harris, un vrai petit farceur. Vous pouvez sans doute m'en dire un peu plus sur lui ?

— Oui, il y a beaucoup de choses que je peux vous dire. Maintenant qu'il est mort, ça n'a plus d'importance, n'est-ce pas ?"

Je lui ai montré le studio du doigt, et sans un mot de plus j'ai fait traverser le jardin à Harris dans la chaleur du soleil de midi. Nous avons gravi ensemble les marches, et lorsque nous nous sommes retrouvés à l'intérieur, je lui ai remis les pages de ce livre.

SMOKE

Préface de Wayne Wang
Traduit de l'américain par Christine Le Bœuf
et Marie-Catherine Vacher

Première publication française en mai 1995

Titres originaux :
Smoke, The Making of Smoke
© Paul Auster, 1995
© ACTES SUD, 1995
pour la traduction française

PRÉFACE

NOËL 1990, SAN FRANCISCO

On ne m'avait pas livré mon *New York Times*, et j'ai dû aller m'en acheter un à l'épicerie du coin. Le numéro que j'ai acheté était le dernier du présentoir.
Le journal était très mince ce jour-là. J'eus vite fait de le parcourir. A part quelques articles sur la guerre qui menaçait dans le Golfe, il n'y avait guère de nouvelles. Et puis quelque chose a attiré mon attention : une page entière dans la tribune libre. Ça s'intitulait : *Le Conte de Noël d'Auggie Wren*, par Paul Auster.
J'avais à peine commencé à le lire que ce récit m'entraînait dans un univers complexe de réalité et de fiction, de vérité et de mensonges, de générosité et de vol. Je me suis senti tour à tour ému aux larmes et pris de fou rire. Beaucoup de choses intéressantes que j'avais vécues un jour de Noël me sont repassées par l'esprit. Vers la fin, j'avais l'impression d'avoir reçu de quelqu'un de très proche un merveilleux cadeau de Noël. Sitôt ma lecture terminée, j'ai demandé à ma femme : "Qui est Paul Auster ?"

MAI 1991, BROOKLYN

Ma première rencontre avec Paul Auster a eu lieu dans son studio de Park Slope. J'avais alors lu la plupart de ses livres. J'étais très ému de faire sa connaissance et de lui parler des idées que j'avais pour un film à réaliser à partir du *Conte de Noël d'Auggie Wren*.

Paul s'est montré très amical, et généreux de son temps. Nous avons bavardé un moment dans son studio. Nous avons déjeuné au *Jack's Deli* (où Auggie raconte à Paul son histoire de Noël). Nous avons acheté des Schimmelpenninck dans la boutique dont le conte s'inspire. Nous nous sommes promenés dans tout Brooklyn, et Paul m'a raconté toute une série d'histoires formidables sur la ville.

A la fin de cette journée, en lui disant au revoir, j'étais conscient d'avoir rencontré un véritable artiste, passionné par les gens, la vie et l'histoire. Et qui, avec constance, consacrait toutes ses journées à écrire là-dessus dans son studio.

Ce jour-là, je me suis senti plus fermement décidé que jamais à faire un film avec *le Conte de Noël d'Auggie Wren*.

DÉCEMBRE 1994, NEW YORK

Il y a maintenant quatre ans que j'ai découvert *le Conte de Noël d'Auggie Wren*. Le film que je voulais réaliser est enfin achevé. Il s'appelle *Smoke*. Nous avons dû passer par un grand nombre de détours, de hauts et de bas économiques, émotionnels et créatifs avant d'en arriver là.

Je suis très fier de *Smoke* et de son compère *Brooklyn Boogie*. Ces deux films sont les cadeaux de Noël de Paul Auster et de Wayne Wang au public cinéphile.

Merci à Paul pour l'inspiration, et pour avoir été mon ami, mon frère, et mon partenaire au long de ces quatre années.

WAYNE WANG

Entretien de Paul Auster
avec Annette Insdorf*

L'INVENTION DE *SMOKE*

ANNETTE INSDORF. – *A l'origine de* Smoke *il y a, je crois, un conte de Noël que vous avez écrit pour le* New York Times.

PAUL AUSTER. – Oui, tout a commencé avec cette petite histoire. Mike Levitas, le rédacteur de la tribune libre, m'a appelé un beau matin, en novembre 1990. Je ne le connaissais pas, mais lui, il avait apparemment lu certains de mes livres. A sa façon sympathique et directe, il m'a expliqué qu'il caressait l'idée de commander un texte de fiction pour la tribune libre du numéro de Noël. Qu'en pensais-je ? Serais-je d'accord pour l'écrire ? La proposition m'a paru intéressante – l'idée de faire paraître une affabulation dans un journal d'information, le journal de référence, qui plus est. Une idée plutôt subversive, tout bien pesé. Mais le fait était que je n'avais jamais écrit de nouvelle, et je n'étais pas certain de pouvoir trouver un sujet. "Donnez-moi quelques jours, lui ai-je dit. Si je pense à quelque chose, je vous le ferai savoir." Quelques jours ont donc passé et, alors que j'étais sur le point de renoncer, j'ai ouvert une boîte de mes chers Schimmelpenninck – les petits cigares que j'aime fumer – et je me suis mis à évoquer le type qui me les vend à Brooklyn. De là, je suis passé au genre de relations qu'on peut avoir à New York avec des gens qu'on voit tous les jours mais qu'on ne connaît pas vraiment. Et, peu à peu, l'histoire a commencé

---

* Titulaire de la chaire de cinéma de l'école des beaux-arts de Columbia University et auteur d'un livre consacré à François Truffaut.

à prendre forme en moi. Elle est, littéralement, sortie de cette boîte de cigares.

A. I. – *Ce n'est pas ce que j'appellerais le conte de Noël type.*

P. A. – J'espère que non. Tout est sens dessus dessous dans *Auggie Wren*. Qu'est-ce que voler ? Qu'est-ce que donner ? Qu'est-ce que mentir ? Qu'est-ce que dire la vérité ? Toutes ces questions sont brassées de façon assez bizarre et peu orthodoxe.

A. I. – *Et quand Wayne Wang est-il entré en scène ?*

P. A. – Wayne m'a appelé de San Francisco quelques semaines après la parution du conte.

A. I. – *Vous le connaissiez ?*

P. A. – Non. J'avais entendu parler de lui et j'avais vu un de ses films, *Dim Sum*, que j'avais beaucoup admiré. Il se trouve qu'il avait lu le conte dans le *Times* et qu'il pensait que ce serait un bon point de départ pour un film. Je me suis senti flatté de son intérêt, mais à ce moment-là je n'avais pas envie d'écrire le scénario moi-même. Je travaillais à un roman *(Léviathan)* et je ne pouvais penser à rien d'autre. Si Wayne souhaitait se servir de mon histoire pour faire un film, j'étais tout à fait d'accord. C'est un bon réalisateur, et je savais qu'il en sortirait quelque chose de bon.

A. I. – *Et comment se fait-il, alors, que vous ayez fini par écrire le scénario ?*

P. A. – Wayne est venu à New York ce printemps-là. C'était en mai, je crois, et notre premier après-midi ensemble, nous l'avons passé à nous balader dans Brooklyn. Il faisait un temps splendide, je m'en souviens, et je lui ai montré les différents coins de la ville où j'avais imaginé que l'histoire se déroulait. On s'est très bien entendus. Wayne est un type merveilleux, un homme d'une grande sensibilité, plein de générosité et d'humour et, à la différence de nombreux artistes, il ne fait pas de l'art dans le but de gratifier son ego. Il a une authentique vocation, c'est-à-dire qu'il ne se sent jamais obligé de plaider sa cause ni de se faire mousser. Dès ce premier jour à Brooklyn, il était évident pour chacun de nous que nous allions devenir amis.

A. I. – *Avez-vous discuté ce jour-là d'idées pour le film ?*

P. A. – Rachid, le personnage central, est né pendant ces conversations préliminaires. Et aussi la conviction que le sujet du film devait être Brooklyn... Wayne est reparti à San Francisco et a commencé à y travailler avec un de ses amis, auteur de scénarios. Au mois d'août, il m'a envoyé une ébauche de dix à douze pages. Je me trouvais alors avec ma famille dans le Vermont, et je me rappelle avoir pensé que cette ébauche était bien mais pas assez bien. Je l'ai fait lire à ma femme, Siri, et une fois au lit, nous avons passé une partie de la nuit à parler de l'histoire, à la réinventer sous un angle tout à fait différent. J'ai téléphoné à Wayne le lendemain, et il a reconnu que notre histoire était meilleure que celle qu'il m'avait envoyée. Il m'a demandé si ça ne m'ennuyait pas de lui rendre le petit service de rédiger le canevas de cette nouvelle histoire. Je pensais que je lui devais bien ça, et je l'ai fait.

A. I. – *Et, du coup, vous aviez, pour ainsi dire, le pied dans la porte.*

P. A. – C'est drôle, la façon dont ça marche, ces choses-là, non ? Quelques semaines plus tard, Wayne est parti au Japon pour affaires. Il a rencontré Satori Iseki, de Nippon Film Development, à propos de son projet, et en passant, mine de rien, il a évoqué le canevas que j'avais rédigé. M. Iseki s'est montré intéressé. Il a dit qu'il aimerait produire le film, à condition "qu'Auster écrive le scénario". Mes livres sont publiés au Japon et, apparemment, il savait qui je suis. Mais il a ajouté qu'il lui faudrait un partenaire américain, quelqu'un qui prendrait sa part des dépenses et superviserait la production. Quand Wayne m'a téléphoné de Tôkyô pour me raconter ce qui s'était passé, j'ai ri. Les chances de M. Iseki de se trouver un partenaire américain me paraissaient si minces, si totalement en dehors du domaine du possible que j'ai dit oui, j'écrirai le scénario s'il y a de l'argent pour faire le film. Et je me suis aussitôt remis à mon roman.

A. I. – *Mais ils ont bel et bien trouvé un partenaire ?*

P. A. – Plus ou moins. Tom Luddy, un bon ami de Wayne à San Francisco, a voulu le faire avec Zoetrope. Quand Wayne me l'a annoncé, j'ai été stupéfait, complètement pris au dépourvu. Mais je ne pouvais pas reculer. Moralement, je me sentais obligé d'écrire ce scénario. J'avais donné ma parole et, par conséquent, dès que j'ai eu fini *Léviathan* (fin 1991), j'ai commencé à écrire *Smoke*. Quelques mois plus tard, l'accord conclu entre NDF et Zoetrope a été rompu. Mais je m'étais trop engagé pour avoir envie d'arrêter. J'avais déjà écrit un premier jet, et une fois qu'on a entrepris une chose, il n'est que naturel de vouloir la mener à bien.

A. I. – *Aviez-vous déjà écrit un scénario ?*

P. A. – Pas vraiment. Quand j'étais très jeune, vers dix-neuf ou vingt ans, j'ai écrit un ou deux scénarios pour des films muets. Ils étaient longs et très détaillés, soixante-dix ou quatre-vingts pages de mouvements élaborés et méticuleux, où chaque geste était décrit. Un comique étrange, pince-sans-rire. Buster Keaton revisité. Ces manuscrits ont disparu. Je donnerais gros pour savoir où ils sont. J'aimerais bien voir de quoi ils avaient l'air.

A. I. – *Vous êtes-vous préparé de façon particulière ? Avez-vous lu des scénarios ? Avez-vous commencé à regarder des films d'un autre œil ?*

P. A. – J'ai regardé quelques scénarios, pour voir leur présentation. Comment numéroter les scènes, comment passer des intérieurs aux extérieurs, ce genre de choses. Mais pas de véritable préparation – sinon une vie entière d'amateur de cinéma. J'ai toujours été attiré par le cinéma, depuis l'enfance. Rares sont ceux qui ne le sont pas, en ce monde, j'imagine. En même temps, le cinéma me pose aussi certains problèmes. Pas seulement l'un ou l'autre film en particulier, mais en général, en tant que moyen d'expression.

A. I. – *En quel sens ?*

P. A. – Le fait qu'il soit en deux dimensions, avant tout. Les gens considèrent les films comme "réels", mais ils ne le sont pas. Ce sont des images plates projetées sur un mur, un simulacre de la réalité, pas la réalité elle-même. Et puis il y a la question des images. On a tendance à les regarder passivement, et à la fin elles nous passent à travers. On est captivé, intrigué et ravi pendant deux heures, et puis on sort de la salle et on se rappelle à peine ce qu'on a vu. Les romans, c'est tout à fait différent. Pour lire un livre, il faut s'impliquer activement dans ce que disent les mots. Il faut travailler, employer son imagination. Et dès lors que l'imagination est bien éveillée, on entre dans l'univers du livre comme dans celui de sa propre vie. On sent les choses, on les touche, on a des pensées et des intuitions complexes, on se trouve dans un monde à trois dimensions.

A. I. – *C'est le romancier qui parle.*

P. A. – Eh bien, ça va sans dire, je pencherai toujours du côté des livres. Mais ça ne signifie pas que le cinéma ne peut pas être merveilleux. C'est une autre façon de raconter des histoires, c'est tout, et je suppose qu'il est important de se rappeler ce que chacun des médias peut et ne peut pas faire… Je suis particulièrement attiré par les réalisateurs qui privilégient le récit par rapport à la technique, qui prennent le temps de laisser leurs personnages se révéler sous vos yeux, d'exister comme des êtres humains à part entière.

A. I. – *Qui mettriez-vous dans cette catégorie ?*

P. A. – Renoir, d'abord. Et puis Ozu. Bresson... Satyajit Ray... toute une série, en fin de compte. Ces réalisateurs ne vous bombardent pas d'images, ils ne sont pas épris de l'image pour l'image. Ils racontent leurs histoires avec autant de soin et de patience que les plus grands romanciers. Wayne est un réalisateur de ce genre. Quelqu'un qui éprouve de la sympathie pour la vie intérieure de ses personnages, qui ne précipite pas les choses. C'est pourquoi j'ai été heureux de travailler avec lui – de travailler *pour* lui. Un scénario, ce n'est qu'un schéma, après tout. Ce n'est pas le produit fini. Je n'ai pas écrit celui-ci dans le vide. Je l'ai écrit pour Wayne, pour un film qu'il allait réaliser, et j'ai très consciemment essayé d'écrire quelque chose qui soit compatible avec ses talents de réalisateur.

A. I. – *Combien de temps vous a-t-il fallu pour l'écrire ?*

P. A. – Le premier jet a pris environ trois semaines, peut-être un mois. C'est alors que les négociations entre NDF et Zoetrope ont été rompues, et tout le projet s'est soudain retrouvé en panne. C'était sans doute idiot de ma part de me lancer sans contrat signé, mais je n'avais pas encore compris à quel point le monde du cinéma est aléatoire et instable. A ce moment-là, cependant, les gens de NDF ont décidé de foncer et de "développer" le scénario de toute façon, pendant qu'ils cherchaient un autre partenaire américain. En conséquence, j'ai reçu un peu d'argent pour continuer à écrire, et j'ai donc continué. Wayne et moi, nous avons discuté de ce premier jet, je l'ai bricolé encore un peu, et puis nous sommes l'un et l'autre passés à autre chose. Wayne a entrepris la préproduction de *The Joy Luck Club*, et j'ai commencé un nouveau roman *(Mr Vertigo)*. Mais nous avons gardé le contact et, régulièrement, pendant un an et demi, nous nous sommes téléphoné ou rencontrés ici ou là afin d'évoquer de nouvelles idées pour le scénario.

J'ai fait trois nouvelles versions, ce qui supposait chaque fois une ou deux semaines de travail – pour ajouter des éléments, en supprimer, repenser la structure. Il y a une grande différence entre le premier jet et le dernier, mais les modifications se sont faites lentement, insensiblement, et je n'ai jamais eu l'impression de transformer l'essence de l'histoire. Je dirais plutôt que je l'ai découverte petit à petit. A un moment donné, Peter Newman est entré en scène comme notre producteur américain, mais il fallait encore trouver l'argent pour faire le film. Pendant ce temps, je continuais à travailler à *Mr Vertigo*, et quand je l'ai eu terminé, le film de Wayne était sur le point de sortir. Nous étions donc prêts à nous attaquer de nouveau à *Smoke*.

Par un coup de chance, Wayne a décidé de montrer le scénario à Robert Altman. Celui-ci a fait des commentaires très aimables, mais il trouvait que ça traînait un peu vers le milieu et que ça manquait sans doute encore d'un petit quelque chose avant de trouver sa forme définitive. Robert Altman n'est pas un homme dont on néglige l'opinion, et j'ai repris le scénario, je l'ai relu avec ses commentaires en tête, et j'ai vu qu'il avait raison ! Je me suis remis au travail, et cette fois tout paraissait s'agencer. L'histoire était plus ronde, plus dense, mieux intégrée. Ce n'était plus un ensemble de fragments. Elle avait enfin de la cohérence.

A. I. – *Un processus très différent de l'écriture d'un roman, alors. Ça vous a plu ?*

P. A. – Oui, tout à fait différent. Ecrire un roman, c'est un processus organique, et pour une grande part ça se passe de manière inconsciente. C'est long, très lent et très éreintant. Un scénario, c'est plutôt comme un puzzle. La rédaction proprement dite ne demande sans doute pas beaucoup de temps, mais l'assemblage des pièces peut vous rendre fou. Et pourtant, oui, ça m'a plu. J'ai ressenti comme un défi l'obligation d'écrire des dialogues, de penser en termes dramatiques plutôt que narratifs, de faire quelque chose que je n'avais encore jamais fait.

A. I. – *Et puis Miramax est intervenu en décidant de soutenir le film.*

P. A. – The Joy Luck Club s'est révélé un grand succès, le scénario était terminé, et il se trouve que Peter Newman est un homme très plaisant et persuasif. Je suis parti à l'étranger pendant quelques semaines, l'automne dernier, et quand je suis revenu, l'affaire paraissait lancée. Tous les arrangements étaient en place.

A. I. – *Et c'est là que l'auteur du scénario est censé disparaître.*

P. A. – A ce qu'on dit. Mais Wayne et moi, nous avons oublié de nous plier aux règles. L'idée de nous séparer ne nous est jamais venue, ni à l'un, ni à l'autre. J'étais l'auteur, Wayne était le réalisateur, mais c'était *notre* film, et nous nous sommes toujours considérés comme partenaires égaux dans cette entreprise. Je comprends maintenant ce que cet accord avait d'inhabituel. Auteurs et réalisateurs ne sont pas supposés s'entendre, et personne n'avait jamais entendu parler d'un réalisateur traitant un auteur comme Wayne me traitait. Mais j'étais naïf et sot, et je croyais qu'il allait de soi que j'étais toujours dans le coup.

A. I. – *Pas si naïf que ça, tout de même. Vous aviez participé à un autre film auparavant,* La Musique du hasard.

P. A. – Oui, mais c'était tout à fait différent. Philip Haas a adapté un de mes romans et fait un film de son adaptation. C'est une autre histoire. Lui et sa femme ont écrit le scénario, et il l'a réalisé. Il avait pleine liberté d'interpréter le livre à son gré, de présenter sa lecture personnelle du livre que j'avais écrit. Mais mon travail était terminé avant que le sien ne commence.

A. I. – *Oui, mais vous avez fini par jouer un rôle dans ce film, non ? En tant qu'acteur, je veux dire.*

P. A. – C'est vrai, c'est vrai. Trente secondes, de profil, dans la scène finale. Jamais plus ! A tout le moins, je suis ressorti de cette expérience avec un respect nouveau pour ce que peuvent faire les acteurs. Je veux dire les acteurs confirmés, professionnels. Rien de tel qu'une petite friction avec la réalité pour vous enseigner l'humilité.

A. I. – *Revenons à* Smoke, *alors. Etes-vous intervenu dans le choix des acteurs, par exemple ?*

P. A. – Dans une certaine mesure, oui. Et nous avons discuté à fond chaque décision, Wayne et moi. Nous avons eu quelques déceptions en chemin, et aussi quelques décisions difficiles à prendre. Il y a un acteur auquel je tenais beaucoup, c'est Giancarlo Esposito. Il n'a qu'un tout petit rôle. Il joue Tommy, un des parieurs, et ne fait que deux apparitions secondaires. Mais c'est son personnage qui prononce les premières répliques du film et je savais que, s'il acceptait, ça démarrerait sur les chapeaux de roue. Ç'a été un grand moment pour moi quand il a dit oui. Même chose pour Forest Whitaker. Je ne pouvais imaginer aucun autre acteur dans le rôle de Cyrus, et je ne peux pas vous dire à quel point je jubilais quand il nous a donné son accord... A part ça, j'ai assisté à beaucoup d'auditions. Quel spectacle navrant, parfois. Tant de gens de talent qui se présentent, pleins d'espoir et la peau dure. Il faut du courage pour affronter les refus jour après jour, et j'avoue que j'en étais très ému...

Quand j'y repense maintenant, il me semble que l'expérience de loin la plus mémorable liée à la distribution a été un appel public lancé par Heidi Levitt et Billy Hopkins. Un samedi de la fin janvier, par un froid de canard, avec de la neige sur le sol et des vents hurlants, trois mille personnes se sont présentées dans un lycée de Manhattan afin de tourner des bouts d'essai pour de petits rôles dans *Smoke*. Trois mille personnes ! La queue occupait tout le trottoir. Quel rassemblement bigarré : des grands et des petits, des gros et des maigres, des jeunes et des vieux, des Blancs, des Noirs, des bronzés, des Jaunes... l'humanité entière, d'une ancienne miss Nigeria à un ex-champion de boxe poids moyen, et tous, jusqu'au dernier, voulaient jouer dans le film. J'étais ahuri.

A. I. – *En tout cas, vous vous êtes retrouvés avec une distribution extraordinaire. Harvey Keitel, William Hurt, Stockard Channing, Forest Whitaker, Ashley Judd... et Harold Perrineau dans son premier rôle. Une belle affiche !*

P. A. – C'étaient aussi des gens avec qui on travaillait bien. Aucun des acteurs n'a gagné beaucoup d'argent, mais tous paraissaient enthousiastes à l'idée de participer au film. Ça a créé une bonne atmosphère de travail du début à la fin. Deux mois environ avant le début du tournage, nous avons commencé, Wayne et moi, à rencontrer les acteurs afin de discuter de leurs rôles et d'examiner les nuances du scénario. J'ai fini par écrire pour plusieurs d'entre eux des "indications de caractère", des listes exhaustives accompagnées de commentaires suggérant le passé de chaque personnage. Pas simplement leurs biographies et l'histoire de leur famille, mais aussi la musique qu'ils écoutaient, ce qu'ils mangeaient, ce qu'ils lisaient – tout et n'importe quoi susceptible d'aider l'acteur à entrer dans la peau de son personnage.

A. I. – *C'est exactement la méthode que Marguerite Duras a utilisée quand elle a écrit le scénario d*'Hiroshima mon amour, *un de mes films préférés de tout temps. On sent la texture des personnages, même si on n'a guère d'indications sur leur passé.*

P. A. – Plus on en sait, mieux ça va. Ce n'est pas facile de faire semblant qu'on est un autre, après tout. Plus il y a de points d'appui, plus riche sera l'interprétation.

A. I. – *Je suppose qu'il y a eu des répétitions pour* Smoke *– chose pour laquelle le temps manque souvent dans le cinéma.*

P. A. – Ça paraissait essentiel dans ce cas-ci, vu qu'on y parle beaucoup et qu'il y a peu d'action. Les répétitions se sont poursuivies pendant plusieurs semaines dans une église près de Washington Square. Harvey, Bill, Harold, Stockard, Ashley... tous ont travaillé dur.

A. I. – *Y a-t-il d'autres aspects de la préproduction dont vous vous êtes mêlé ?*

P. A. – Mêlé est sans doute un mot un peu fort, mais j'ai eu de nombreuses conversations avec Kalina Ivanov, la décoratrice. En particulier, à propos de l'appartement où habite le personnage de Bill Hurt. C'est le seul décor qui a été construit pour le film – dans un studio d'enregistrement à Long Island City. Tout le reste a été tourné sur des lieux réels. Compte tenu qu'il s'agit de l'appartement d'un romancier, il est normal que Kalina ait voulu mon avis. Nous avons parlé de tout : des livres sur les étagères, des tableaux aux murs, du moindre des objets qui encombrent le bureau. Je trouve qu'elle a fait un boulot remarquable. Pour une fois, voici dans un film un appartement new-yorkais qui a l'air authentique. Avez-vous jamais remarqué combien de gens censément ordinaires se débrouillent, dans les films hollywoodiens, pour habiter des lofts de trois millions de dollars à TriBeCa ? L'appartement conçu par Kalina fait vrai, et ce qu'elle a réalisé – des choses qui ne sont même pas toujours visibles à l'écran – est le fruit de beaucoup de travail et de réflexion. Les ronds laissés sur la table par les tasses de café, la carte postale d'Herman Melville au-dessus du bureau, la machine à traitement de texte inutilisée dans son coin, mille et un détails minuscules... Philosophiquement parlant, la décoration de plateau est une discipline fascinante. Elle comporte une véritable composante spirituelle. Parce qu'elle suppose une observation attentive de la réalité, une vision des choses telles qu'elles sont et non telles qu'on les souhaite, et puis leur recréation à des fins totalement imaginaires et fictives. Tout travail qui vous oblige à regarder le monde avec une telle attention est nécessairement un bon travail, bon pour l'âme.

A. I. – *On croirait entendre Auggie Wren !*

P. A. *(il rit)*. – Eh bien, Auggie n'est pas sorti de rien. Il fait partie de moi... juste comme je fais partie de lui.

A. I. – *Lorsque le tournage a commencé, y avez-vous assisté ?*

P. A. – De temps en temps. Régulièrement, j'allais voir comment ça se passait, surtout quand on tournait les scènes dans le débit de tabac, puisque je pouvais m'y rendre à pied de chez moi. Et je suis allé à Peekskill pendant les trois ou quatre derniers jours de tournage. Mais en général je me suis tenu à distance. Le plateau, c'était le territoire de Wayne, et je n'avais pas envie d'être encombrant. Il ne s'était pas installé près de moi dans ma chambre pendant que j'écrivais le scénario, il me semblait juste de lui rendre la pareille. Ce que j'ai fait, par contre, c'est assister aux projections quotidiennes dans le DuArt Building, 55e rue ouest. Ça s'est révélé indispensable. J'ai vu chaque pouce de pellicule, et quand nous sommes passés à la salle de montage à la mi-juillet, j'avais une assez bonne idée des options possibles... Voir les rushes était instructif aussi dans la mesure où ça m'apprenait à affronter les déceptions. Chaque fois qu'un acteur sautait une réplique ou s'écartait du texte, c'était comme un coup de couteau dans mon cœur. Mais c'est ce qui arrive quand on collabore avec d'autres personnes, c'est une chose avec laquelle il faut apprendre à vivre. Je veux parler des plus petits écarts par rapport à ce que j'avais écrit, des détails que, sans doute, je serais seul à remarquer. Mais tout de même, quand on a pris la peine de donner aux mots un certain rythme, c'est douloureux de les voir sortir autrement... Et pourtant, il y a un revers à ça aussi. Parfois, les acteurs improvisaient ou ajoutaient des répliques, et un certain nombre de ces ajouts ont incontestablement amélioré le film. Par exemple, quand Harvey a crié au client énervé dans le débit de tabac : *"Take it on the arches, you fat fuck* !"* Je n'avais encore jamais entendu cette expression, et je l'ai trouvée hilarante. Juste le genre de choses que dirait Auggie.

---

* Qu'on pourrait rendre à peu près par : "Prenez-le sur le présentoir, espèce de grosse bite." *(N.d.T.)*

A. I. – *Alors, même si vous n'êtes pas allé tous les jours sur le plateau, vous étiez prêt à collaborer après la fin du tournage.*

P. A. – Je n'avais pas vraiment prévu de me mêler du montage, mais comme tant d'autres choses liées à *Smoke*, ça a semblé aller de soi. Maysie Hoy avait travaillé avec Wayne à son film précédent, Wayne et moi nous connaissions déjà bien, et il se trouve que Maysie et moi avons sympathisé du premier coup – comme si nous avions été amis dans une vie antérieure. C'était une excellente relation à trois. Nous nous sentions tous libres d'exprimer nos opinions, de discuter du plus petit problème qui se posait, et chacun d'entre nous écoutait avec attention ce que les deux autres avaient à dire. L'atmosphère était au respect et à l'égalité. Aucune hiérarchie, aucun terrorisme intellectuel. Nous avons travaillé ensemble pendant des semaines, des mois, et les tensions ont été rarissimes. Un sacré travail, c'est sûr, mais aussi beaucoup de blagues et de rires.

A. I. – *Au fond, c'est là qu'un film est vraiment réalisé : dans la salle de montage.*

P. A. – C'est comme si on reprenait tout du début. On commence par le scénario, qui dessine une certaine idée de ce que le film devrait être, et puis on tourne, et tout commence à changer. Le jeu des acteurs fait ressortir des sens différents, des nuances différentes, certaines choses sont perdues, d'autres trouvées. Et puis on passe dans la salle de montage et on essaie de marier le scénario et les interprétations. A certains moments, les deux se mêlent harmonieusement. A d'autres, non, et ça peut être exaspérant. On ne dispose que d'une longueur donnée de pellicule, et ça limite les possibilités. On est comme un romancier qui essaierait de revoir son livre alors que cinquante pour cent des mots du dictionnaire ne lui sont plus accessibles. Il n'est plus autorisé à s'en servir. Alors on chipote, on bricole, on jongle, on cherche un rythme, un flux musical qui porte d'une scène à l'autre, et on doit être prêt à supprimer certains passages, à penser en termes d'ensemble, de ce qui paraît essentiel à l'intérêt du film en général... Et puis, en plus de ces considérations, vient la question de la durée. Un roman peut comporter quatre-vingt-dix ou neuf cents pages, personne n'y voit rien à redire. Mais un film doit durer un certain temps, deux heures ou moins. C'est une forme fixe, tel un sonnet, et il faut tout faire entrer dans cet espace limité. Il se trouve que le scénario que j'avais écrit était trop long. J'avais supprimé certaines choses avant que nous commencions le tournage, mais il était tout de même trop long. Le premier montage réalisé par Maysie durait deux heures cinquante, ce qui signifie que nous avons dû couper presque un tiers de l'histoire. Franchement, je ne voyais pas comment y arriver. A ce que j'ai compris, presque tous les gens qui font des films sont confrontés à ce problème. C'est pourquoi il faut toujours plus de temps pour monter un film que pour le tourner.

A. I. – *Quelle a été la plus grosse surprise en cours de montage ?*

P. A. – Il y a eu bien des surprises, mais la plus grosse concerne sans doute la dernière scène, celle où Auggie raconte à Paul son histoire de Noël. Dans la version originale, le récit devait être entrecoupé de passages en noir et blanc illustrant ce qu'Auggie était en train de dire. L'idée était d'aller et venir entre le restaurant et l'appartement de mamie Ethel, de sorte que quand on ne voyait pas Auggie en train de raconter son histoire, on entendait sa voix sur les images en noir et blanc. Mais au montage, ça ne fonctionnait pas. Le texte et les images se contrariaient. On se mettait à écouter Auggie, et puis, quand les images en noir et blanc arrivaient, on était tellement captivé par les informations visuelles qu'on cessait d'écouter. Quand on revenait au visage d'Auggie, on avait laissé échapper plusieurs phrases et perdu le fil de l'histoire.

Nous avons dû tout reprendre de zéro, et ce que nous avons finalement décidé, c'est de garder les deux éléments distincts. Auggie raconte son histoire dans le restaurant et ensuite, comme dans une sorte de coda, on voit un gros plan de la machine à écrire de Paul en train de taper les derniers mots de la page titre de l'histoire dont Auggie vient de lui faire cadeau, qui se fond alors dans les images en noir et blanc accompagnées par la chanson de Tom Waits. C'était la seule solution possible, et je crois que ça fonctionne. C'est rare, au cinéma, de voir quelqu'un raconter une histoire pendant dix minutes. La caméra reste presque tout le temps sur le visage d'Harvey, et Harvey est un acteur tellement fort et convaincant qu'il réussit à faire passer la chose. Tout bien considéré, c'est sans doute la meilleure scène du film.

A. I. – *La caméra se rapproche énormément dans cette scène, elle vient tout près de la bouche d'Harvey. Je ne m'attendais pas du tout à ça.*

P. A. – Wayne a conçu le langage visuel du film de façon très audacieuse et intéressante. Toutes les premières scènes sont prises en plan général. Ensuite, progressivement, au fur et à mesure que les personnages disparates entrent en rapport les uns avec les autres, il y a de plus en plus de plans rapprochés et de gros plans. Quatre-vingt-dix-neuf pour cent des gens qui verront le film ne le remarqueront sans doute pas. Ça fonctionne de manière tout à fait subliminale, mais étant donné le contenu du film, le genre d'histoire que nous voulions raconter, c'était la bonne méthode. Quand on arrive à la dernière scène, dans le restaurant, la caméra semble serrer les acteurs d'aussi près qu'elle le fera jamais. Une limite paraît tracée, des règles définies – et puis, tout à coup, la caméra se rapproche encore, autant qu'elle le peut. Le spectateur n'est pas du tout prêt à cela. La caméra fonce comme un bulldozer à travers un mur de briques, elle abat la dernière barrière protégeant l'authentique intimité humaine. En un sens, la clef émotionnelle de tout le film se trouve dans ce plan.

A. I. – *J'aime bien le titre du film,* Smoke (Fumée). *Il est accrocheur et suggestif. Voudriez-vous nous en dire plus ?*

P. A. – Du mot *smoke* ? Je dirais que c'est plusieurs choses à la fois. C'est une allusion au débit de tabac, bien sûr, mais aussi à la propriété qu'a la fumée d'obscurcir les choses et de les rendre illisibles. La fumée n'est jamais fixe, elle change sans cesse de forme. De même que les personnages du film changent quand leurs vies se croisent. Signaux de fumée... écrans de fumée... fumée flottant au vent. De façon minime ou importante, chaque personnage est sans cesse modifié par les personnages qui l'entourent.

A. I. – *Il est difficile de définir le ton du film. Diriez-vous qu'il s'agit d'une comédie ? D'un drame ? Peut-être la catégorie française dite "comédie dramatique" serait-elle la plus appropriée ?*

P. A. – C'est un peu ça, je crois. Je l'ai toujours considéré comme une comédie – mais au sens classique du terme, c'est-à-dire que la situation de chacun des personnages est un peu meilleure à la fin qu'elle n'était au début. Sans vouloir me pousser du col, si vous réfléchissez à la différence entre les comédies de Shakespeare et ses tragédies, elle se trouve moins dans le contenu des pièces que dans la façon dont les conflits sont résolus. Le même genre de problèmes humains existe dans les unes et les autres. A la fin d'une tragédie, tout le monde est mort sur la scène. Avec une comédie, tout le monde est encore debout et la vie continue. C'est ainsi que je vois *Smoke*. Il se passe des événements heureux, d'autres moins, mais la vie continue. C'est pourquoi c'est une comédie. Ou, si vous préférez, une comédie dramatique.

A. I. – *Avec quelques points sombres.*

P. A. – Absolument. Cela va sans dire. Ce n'est ni de la farce ni du burlesque, mais à la base le film suppose une conception plutôt optimiste de la condition humaine. A bien des titres, je pense que ce scénario est ce que j'ai écrit de plus optimiste.

A. I. – *C'est aussi l'un des très rares films américains de ces dernières années dans lesquels les personnages prennent du plaisir à fumer. Et personne n'entre dans le champ pour leur dire de ne pas le faire.*

P. A. – Eh bien, c'est un fait que des gens fument. Si je ne me trompe, ils sont plus d'un milliard à jouer du briquet tous les jours dans le monde entier. Je sais que le lobby antifumeurs est devenu très puissant depuis quelques années dans ce pays, mais le puritanisme a toujours existé chez nous. D'une manière ou d'une autre, les buveurs d'eau et autres exaltés ont toujours représenté une composante de la vie américaine. Je ne prétends pas que fumer est bon pour la santé, mais, comparé aux transgressions quotidiennes dans les domaines politique, social et écologique, le tabac est un problème mineur. Des gens fument. C'est un fait. Des gens fument, et ils aiment ça, même si ce n'est pas bon pour eux.

A. I. – *Ce n'est pas moi qui vous contredirai.*

P. A. – Ce n'est qu'une hypothèse de ma part, mais il y a peut-être un lien entre tout ça et la conduite des personnages dans le film, ce qu'on pourrait appeler une vision non dogmatique du comportement humain. Ça vous paraît tiré par les cheveux ? Ce que je veux dire, c'est qu'aucun d'eux n'est simplement ceci ou cela. Tous sont pleins de contradictions, et ils ne vivent pas dans un monde bien divisé entre bons et méchants. Chacun des personnages de l'histoire a ses forces et ses faiblesses. Sous son meilleur jour, Auggie, par exemple, est à peu de chose près un maître zen. Mais c'est aussi un magouilleur, un je-sais-tout et un affreux grincheux. Rachid est, pour l'essentiel, un brave gosse très intelligent, mais c'est aussi un menteur, un voleur et un foutu petit merdeux. Vous voyez où je veux en venir ?

A. I. – *Tout à fait. Comme je l'ai déjà dit, ce n'est pas moi qui vous contredirai.*

P. A. – Eh bien, parfait !

A. I. – *Encore une question – à propos de Brooklyn. J'aimerais que vous m'expliquiez pourquoi le film se passe là. Je sais que vous y habitez, mais y avait-il une raison particulière – à part la familiarité ?*

P. A. – Ça fait vingt-cinq ans, maintenant, que j'y habite, et c'est vrai que j'aime mon quartier, Park Slope. Ce doit être un des lieux les plus démocratiques et les plus tolérants de la planète. Tout le monde habite là, des gens de toutes les races, de toutes les religions et de toutes les classes sociales, et tout le monde s'entend plutôt bien. Etant donné le climat actuel dans le pays, je dirais que ça tient du miracle. Je sais aussi qu'il se passe des choses terribles à Brooklyn, sans parler du reste de New York. Des choses qui crèvent le cœur, des choses insupportables – mais dans l'ensemble, la ville fonctionne. En dépit de tout, en dépit de la haine et de la violence latentes, la plupart des gens font l'effort de s'entendre entre eux la plupart du temps. Le reste du pays perçoit New York comme un enfer, mais ce n'est qu'un aspect de la question. Je voulais explorer l'autre aspect des choses, contredire certains des stéréotypes que les gens trimballent au sujet de cet endroit.

A. I. – *Je suis intriguée par le fait que le romancier, dans* Smoke, *s'appelle Paul. Y a-t-il un élément autobiographique dans le film ?*

P. A. – Non, pas vraiment. Le nom de Paul vient du conte de Noël publié dans le *Times*. Parce que ce récit allait paraître dans un journal, je voulais que la réalité et la fiction y soient aussi proches que possible, afin de laisser un doute dans l'esprit du lecteur quant à la véracité de l'histoire. J'ai donc utilisé mon propre nom, de manière à augmenter la confusion – mais seulement mon prénom. L'écrivain que Bill Hurt interprète dans *Smoke* n'a rien à voir avec moi. C'est un personnage fictif.

A. I. – *Parlez-moi un peu de* Brooklyn Boogie. *Non seulement vous avez fait cet autre film après* Smoke, Wayne *et vous, mais vous vous êtes retrouvé coréalisateur ?*

P. A. – Incroyable mais vrai. C'est un projet fou qui a été tourné en six jours. Nous sommes encore en train de le monter, je n'ai pas envie d'en dire trop, mais je peux vous esquisser l'idée générale.

A. I. – *Allez-y.*

P. A. – Tout a commencé pendant les répétitions de *Smoke*. Harvey est arrivé pour travailler des scènes dans le débit de tabac avec les parieurs – Giancarlo Esposito, José Zuniga et Steve Gevedon. Afin de se mettre en forme et d'apprendre à se connaître, ils se sont lancés dans quelques brèves improvisations. Il se trouve que c'était très drôle. Nous étions morts de rire, Wayne et moi, et dans un élan d'enthousiasme il a annoncé : Je crois que nous devrions faire un autre film avec vous quand *Smoke* sera fini, les gars. Retournons dans le débit de tabac pendant quelques jours et on verra ce qui arrivera.

A. I. – *Ça a peut-être commencé avec ces quatre-là, mais ce qui est sûr, c'est que la distribution s'est augmentée. Vous avez eu quelques-uns des autres acteurs de* Smoke *– Jared Harris, Mel Gorham, Victor Argo et Malik Yoba – mais aussi Lily Tomlin, Michael J. Fox, Roseanne, Lou Reed, Jim Jarmusch, Mira Sorvino, Keith David et Madonna. Pas mal, hein ?*

P. A. – Pas mal, non. Ils ont tous travaillé au tarif de base – avec le meilleur esprit du monde. Ils ont tous été de braves petits soldats, tous jusqu'au dernier.

A. I. – *Et vous avez tourné sans scénario ?*

P. A. – Sans scénario – et sans répétitions. J'ai rédigé des notes pour toutes les scènes et situations, de sorte que chaque acteur savait plus ou moins ce qu'il avait à faire, mais il n'y avait pas de scénario à proprement parler, aucun dialogue écrit... On l'a tourné en deux fois : trois jours à la mi-juillet et trois jours à la fin octobre. C'était dément, je vous assure, un pur chaos du début à la fin.

A. I. – *Et amusant.*

P. A. – Oh, oui, très. Je me suis amusé comme un fou. Le film terminé sera sûrement l'un des plus bizarres qu'on ait jamais faits : une loufoquerie intégrale, légère comme un soufflé, une heure et demie de chants, de danses et de canulars débridés. C'est un hymne à la grande république populaire de Brooklyn, et on imaginerait difficilement plus cru ou plus vulgaire. Si étonnant que ça paraisse, ça va bien avec *Smoke*. Ce sont les deux faces d'une même pièce, je suppose, et les deux films paraissent mystérieusement complémentaires.

A. I. – *Et maintenant que vous avez attrapé le virus, souhaiteriez-vous réaliser un autre film ?*

P. A. – Non, je ne peux pas dire ça. Travailler à ces films a représenté une expérience formidable, et je suis heureux de l'avoir vécue, je suis heureux d'y avoir été plongé aussi profondément que je l'ai été. Mais ça suffit comme ça. Il est temps pour moi de rentrer dans mon trou et de me remettre à écrire. Il y a un nouveau roman qui demande à naître, et j'ai hâte de m'enfermer chez moi et de le commencer.

22 novembre 1994

Smoke

scénario

SMOKE

Réalisateur : Wayne Wang
Scénario : Paul Auster
Directeur de la photographie : Adam Holender
Montage : Maysie Hoy
Décors : Kalina Ivanov
Costumes : Claudia Brown
Musique : Rachel Portman

Distribution
(par ordre d'apparition à l'écran)

Tommy : Giancarlo Esposito
Jerry : José Zuniga
Dennis : Steve Gevedon
Auggie Wren : Harvey Keitel
Jimmy Rose : Jared Harris
Paul Benjamin : William Hurt
Voleur de livres : Daniel Auster
Rachid Cole : Harold Perrineau Jr.
Serveuse : Deirdre O'Connell
Vinnie : Victor Argo
Tante Em : Michelle Hurst
Cyrus Cole : Forest Whitaker
Ruby McNutt : Stockard Channing
Client énervé : Vincenzo Amelia
Doreen Cole : Erica Gimpel
Cyrus Jr. : Gilson Reglas
Commentateur base-ball : Howie Rose
Félicité : Ashley Judd
April Lee : Mary Ward
Violette : Mel Gorham
Premier avocat : Baxter Harris
Second avocat : Paul Geier
Le Putois : Malik Yoba
Roger Goodwin : Walter T. Mead
Garçon : Murray Moston
Mamie Ethel : Clarice Taylor

1. EXT. JOUR. MÉTRO AÉRIEN

A l'arrière-plan, les silhouettes de Manhattan. On voit passer en direction de Brooklyn une rame du métro aérien. Après quelques instants, on commence à entendre des voix. Une discussion animée est en cours dans la boutique de la Brooklyn Cigar Company.

2. INT. JOUR. *THE BROOKLYN CIGAR CO.*

L'intérieur de la boutique. Etalages de boîtes de cigares, un présentoir de magazines, des piles de journaux, des cigarettes, toute la panoplie du fumeur. Sur les murs, des photographies encadrées, en noir et blanc, de gens en train de fumer le cigare : Groucho Marx, George Burns, Clint Eastwood, Edward G. Robinson, Orson Welles, Charles Laughton, le monstre de Frankenstein, Leslie Caron, Ernie Kovacs.

Sur l'écran apparaissent les mots : ÉTÉ 1990.

Auggie Wren est derrière le comptoir. C'est un bonhomme négligé, entre quarante et cinquante ans, avec des cheveux en désordre et une barbe de deux jours, vêtu d'un jean bleu et d'un T-shirt noir. On aperçoit sur un de ses bras un tatouage compliqué.

C'est une heure creuse. Auggie feuillette une revue de photos. Près du comptoir se tiennent les trois parieurs, des gens du quartier qui aiment bien traînailler dans la boutique, à tailler une bavette avec Auggie. L'un d'eux est noir (Tommy) et les deux autres blancs (Jerry et Dennis). Dennis porte un T-shirt sur le devant duquel sont imprimés les mots suivants : If life is a dream, what happens when I wake up ? *(Si la vie est un rêve, qu'est-ce qui se passe quand je me réveille ?)*

TOMMY. – Je vais vous dire pourquoi ils se plantent.

JERRY. – Ah ouais ? Et pourquoi donc ?

TOMMY. – Les managers. Ces mecs sont cons comme des balais.

JERRY. – Ils se sont pas si mal démerdés, Tommy : Hernandez, Carter. Sans ces deux-là, on serait jamais allés en finale.

TOMMY. – Ça c'était y a quatre ans. Je te parle de maintenant. *(Il s'échauffe.)* Regarde qui ils ont viré. Mitchell. Backman. McDowell. Dykstra. Aguillera. Mookie. Mookie Wilson, bordel !

Il hoche la tête.

JERRY *(sarcastique).* – Et Nolan Ryan. L'oublie pas, lui.

DENNIS *(faisant chorus).* – Ouais ! Et Amos Otis.

TOMMY *(haussant les épaules).* – Rigolez, rigolez. Je m'en fous.

JERRY. – Putain, Tommy, c'est pas une science, tu sais. Y a des bons et des mauvais jours. C'est la vie.

TOMMY. – Ils avaient qu'à rien faire, voilà tout ce que je dis. L'équipe était bonne, merde, c'était la meilleure du baseball. Mais fallait qu'ils la foutent en l'air. *(Un temps.)* Z'ont bradé leur droit d'aînesse pour une platée de bouillie. *(Il hoche la tête.)* Une platée de bouillie.

Le carillon de la porte annonce l'entrée de quelqu'un. C'est le protégé d'Auggie, Jimmy Rose, un handicapé mental proche de la trentaine. Il vient de balayer le trottoir devant le magasin et tient un balai dans la main droite.

AUGGIE. – Ça marche, là-dehors, Jimmy ?

JIMMY. – Ça marche, Auggie. Impeccable. *(Il brandit fièrement son balai.)* J'ai tout fini.

AUGGIE *(philosophe)*. – Ça ne sera jamais fini.

JIMMY *(ahuri)*. – Hein ?

AUGGIE. – C'est comme ça, les trottoirs. Les gens vont et viennent, et ils balancent tous leur merde. Dès que t'as nettoyé un coin et que tu passes au suivant, le premier est de nouveau sale.

JIMMY *(s'efforçant de digérer la remarque d'Auggie)*. – Je fais que ce que tu me dis, Auggie. Tu me dis de balayer, je balaie.

Le carillon de la porte tinte de nouveau, et un client entre dans le magasin : genre classe moyenne, la petite trentaine. Il s'approche du comptoir pendant que Jerry taquine Jimmy. A l'arrière-plan, on le voit parler à Auggie. Auggie sort quelques boîtes de cigares du présentoir et les pose sur le comptoir pour que le jeune homme les examine. Au premier plan, on voit :

JERRY *(interrompant, rigolard)*. – Eh, Jimmy, t'as l'heure ?

JIMMY *(se tournant vers lui)*. – Hein ?

JERRY. – T'as encore cette montre qu'Auggie t'a donnée ?

JIMMY *(levant le poignet gauche, il expose une montre digitale à bon marché. Il sourit)*. – Tic-tac, tic-tac.

JERRY. – Alors, il est quelle heure ?

JIMMY *(il observe sa montre)*. – Midi onze. *(Il se tait, émerveillé, pendant que les chiffres changent.)* Midi douze. *(Il relève la tête, souriant.)* Midi douze.

Une voix s'élève soudain dans la zone proche du comptoir.

JEUNE HOMME *(atterré)*. – Quatre-vingt-douze dollars ?

La scène se centre sur Auggie et le jeune homme.

AUGGIE. – On n'a rien pour rien, fils. Ces petites merveilles sont des œuvres d'art. Roulés à la main sous un climat tropical, vraisemblablement par une fille de dix-huit ans en robe de fin coton sur sa peau nue. Avec des petites perles de sueur entre les seins. Des doigts de fée, lisses et délicats, qui tournent un chef-d'œuvre après l'autre...

JEUNE HOMME *(le doigt pointé)*. – Et ceux-là, combien ?

AUGGIE. – Soixante-dix-huit dollars. La fille qui les a roulés devait avoir une culotte.

JEUNE HOMME *(le doigt pointé)*. – Et ceux-là ?

AUGGIE. – Cinquante-six. Celle-là portait un corset.

JEUNE HOMME *(le doigt pointé)*. – Et ceux-là ?

AUGGIE. – Quarante-quatre. Promotion spéciale cette semaine, ça vient des îles Canaries. Une bonne affaire.

JEUNE HOMME. – Je crois que je vais prendre ça.

Il sort son portefeuille de sa poche et compte cinquante dollars, qu'il tend à Auggie.

AUGGIE. – Un bon choix. Vous ne voudriez pas fêter la naissance de votre premier-né avec n'importe quoi, hein ? Pensez à les garder au frigo jusqu'au moment de les offrir.

JEUNE HOMME. – Au frigo ?

AUGGIE. – Ça les tiendra au frais. S'ils deviennent trop secs, ils se cassent. Vaut mieux que ça n'arrive pas, hein ? *(Il met la boîte de cigares dans un sac et tape le montant sur la caisse enregistreuse.)* Le tabac est une plante, il a autant besoin qu'une orchidée de soins attentifs.

JEUNE HOMME. – Merci du conseil.

AUGGIE. – A votre service. Et mes félicitations à vous et à votre femme. Mais souvenez-vous tout de même des mots immortels de Rudyard Kipling : "Une femme n'est qu'une femme, mais un cigare ça se fume."

JEUNE HOMME *(déconcerté)*. – Qu'est-ce que ça veut dire ?

AUGGIE. – J'en sais foutre rien. Mais ça sonne bien, vous ne trouvez pas ?

A ce moment, on entend de nouveau tinter le carillon. La caméra se tourne vers la porte. Un autre client entre dans le magasin : Paul Benjamin, un homme d'une quarantaine d'années, en tenue décontractée, un peu négligée. Tandis qu'il s'approche du comptoir, le jeune homme le croise en le frôlant et sort. Les parieurs et Jimmy assistent au dialogue de Paul et Auggie :

PAUL. – Salut, Auggie. Comment va ?

AUGGIE. – Salut. Content de vous voir. Qu'est-ce que ce sera aujourd'hui ?

PAUL. – Deux boîtes de Schimmelpenninck. Et mettez-moi un briquet, tant que vous y êtes.

AUGGIE *(prenant les cigares et le briquet)*. – Les potes et moi, on discutait justement philosophie à propos des femmes et des cigares. Y a des rapports intéressants, là, vous croyez pas ?

PAUL *(il rit)*. – Certainement. *(Un temps.)* Je pense que tout ça remonte à la reine Elisabeth.

AUGGIE. – La reine d'Angleterre ?

PAUL. – Pas Elisabeth II, la première Elisabeth. Jamais entendu parler de sir Walter Raleigh ?

TOMMY. – Si ! C'est ce mec qui a jeté son manteau par-dessus la flaque.

JERRY. – Dans le temps je fumais des cigarettes Raleigh. Y avait un coupon-cadeau dans chaque paquet.

PAUL. – C'est bien lui. Eh bien, c'est Raleigh qui a introduit le tabac en Angleterre, et comme il était un des favoris de la reine – Queen Bess, comme il l'appelait –, fumer est devenu la mode à la cour. Je suis sûr que cette vieille Bess doit avoir partagé un ou deux barreaux de chaise avec sir Walter. Un jour, il a parié avec elle qu'il pouvait mesurer le poids de la fumée.

DENNIS. – Vous voulez dire peser la fumée ?

PAUL. – Exactement. Peser la fumée.

TOMMY. – C'est pas possible, ça. Autant dire peser de l'air.

PAUL. – Je reconnais que c'est étrange. Presque comme de peser l'âme de quelqu'un. Mais sir Walter était un malin. D'abord, il a pris un cigare intact et l'a mis sur une balance pour le peser. Ensuite il l'a allumé et fumé, en secouant soigneusement les cendres dans le plateau de la balance. Quand il a eu fini, il a mis le bout sur le plateau avec les cendres et pesé ce qui se trouvait là. Et puis il a soustrait ce chiffre du poids original du cigare intact. La différence, c'était le poids de la fumée.

TOMMY. – Pas mal. C'est d'un type comme ça qu'on aurait besoin pour reprendre les *Mets*.

PAUL. – Ah, il était fort, ça oui. Pourtant, ça ne l'a pas empêché de finir avec la tête tranchée vingt ans plus tard. *(Un temps.)* Mais ça c'est une autre histoire.

AUGGIE *(rendant la monnaie à Paul et mettant les boîtes de cigares et le briquet dans un sac en papier).* – Et sept quatre-vingt-cinq qui font vingt. *(Paul va pour sortir.)* Allez, bonne continuation, et ne faites rien que je ne ferais pas.

PAUL *(il sourit).* – Je n'y songerais pas. *(Saluant les parieurs d'un geste désinvolte :)* A un de ces jours, les gars.

Auggie et les parieurs regardent Paul sortir du magasin.

TOMMY *(se tournant vers Auggie).* – C'est quoi, ça, un petit malin ?

AUGGIE. – Noon. C'est un brave gosse.

TOMMY. – Je l'ai déjà rencontré. Il vient souvent ici, non ?

AUGGIE. – Une ou deux fois par semaine, je dirais. C'est un écrivain. Il habite le quartier.

TOMMY. – Un écrivain ? Quel genre d'écrivain ? Un nègre ?

AUGGIE *(agacé).* – Très drôle. T'as de ces finesses, Tommy, je pense parfois que tu devrais voir un toubib. Tu sais, te faire faire une thérapie de la cervelle. Un bon nettoyage des valves.

TOMMY *(un peu embarrassé. Il hausse les épaules).* – C'était qu'une blague.

AUGGIE. – Ce type est romancier. Paul Benjamin, il s'appelle. T'en as jamais entendu parler ? *(Un temps.)* Question stupide. Les seules choses que vous lisiez, vous autres, c'est les bulletins des courses et les pages sportives du *Post. (Un temps.)* Il a publié trois ou quatre livres. Mais plus rien depuis quelques années.

DENNIS. – Qu'est-ce qui cloche ? Manque d'idées ?

AUGGIE. – Manque de pot. Vous vous souvenez du hold-up, là, dans la 7e avenue, il y a quelques années ?

JERRY. – Tu veux parler de la banque ? Quand ces deux types se sont mis à canarder toute la rue ?

AUGGIE. – C'est ça. Quatre personnes ont été tuées. L'une d'elles était la femme de Paul. *(Un temps.)* Pauvre gars, il n'a plus jamais été comme avant. *(Un temps.)* Ce qu'y a de drôle, c'est qu'elle était venue ici juste avant. Pour lui renouveler sa provision de cigares. C'était quelqu'un de bien, Ellen. Enceinte de trois ou quatre mois quand c'est arrivé. Ce qui veut dire qu'en la tuant, ils ont aussi tué le bébé.

TOMMY. – Jour funeste à Black Rock, hein, Auggie ?

Gros plan sur le visage d'Auggie, plongé dans ses souvenirs.

AUGGIE. – Funeste, ça oui. Je me dis parfois que si elle m'avait pas donné le compte exact, ce jour-là, ou si y avait eu un peu plus de monde dans la boutique, il lui aurait fallu quelques secondes de plus pour ressortir et elle ne se serait peut-être pas trouvée juste dans la trajectoire de cette balle. Elle serait encore en vie, le bébé serait né, et Paul serait chez lui en train d'écrire un nouveau livre au lieu de traîner sa gueule de bois dans les rues. *(Auggie demeure pensif. Soudain, son visage exprime une anxiété intense : dans un coin du magasin, un jeune Blanc est en train de fourrer des livres de poche dans son vieux blouson militaire.)* Eh ! Qu'est-ce tu fous, gamin ? Eh, suffit !

Auggie sort précipitamment de derrière son comptoir, bousculant au passage les parieurs tandis que le gosse s'enfuit en courant.

3. EXT. JOUR. LA 7e AVENUE

Auggie poursuit le voleur de livres dans la rue. Finalement, essoufflé, il renonce. Il reste un moment sur place pour reprendre sa respiration, puis fait demi-tour et repart vers la boutique.

4. INT. JOUR. L'APPARTEMENT DE PAUL, AU DEUXIÈME ÉTAGE D'UN *BROWNSTONE* DE PARK SLOPE

Gros plan sur un petit cigare brun en train de se consumer dans un cendrier.

La caméra recule, découvrant Paul à sa table de travail. Il écrit à la main, sur un grand bloc de papier jaune. Une vieille machine à écrire Smith-Corona trône sur la table, prête à fonctionner, avec une page à moitié remplie dans le rouleau. A l'écart, dans un coin, on aperçoit une machine à traitement de texte oubliée.

Le bureau est une pièce nue et simple. La table de travail, une chaise, et une petite étagère en bois sur les rayons de laquelle sont empilés papiers et manuscrits. La fenêtre donne sur un mur en briques.

Tandis que Paul continue d'écrire, la caméra se déplace du bureau à la plus grande des deux pièces qui composent l'appartement.

Cette pièce est un espace à tout faire, qui comprend un coin pour dormir, une kitchenette, une table et un vaste

fauteuil. Des étagères surchargées de livres tapissent un mur du sol au plafond. Les fenêtres, en saillie sur la façade, donnent sur la rue. A côté du lit, on voit la photographie encadrée d'une jeune femme. (C'est Ellen, la femme que Paul a perdue.)

La caméra revient dans le bureau. On voit Paul au travail. Fondu...

... enchaîné : on voit Paul à sa table, il mange un repas-télé tout en continuant à écrire sur son bloc. Au bout d'un moment, par inadvertance, il fait tomber son repas de la table d'un coup de coude. Il s'apprête à le ramasser mais une nouvelle idée lui vient soudain. Au lieu de réparer les dégâts, il se penche à nouveau sur son bloc et se remet à écrire.

5. EXT. JOUR. DEVANT *THE BROOKLYN CIGAR CO.*

Paul sort du magasin. Jimmy Rose se trouve au coin de la rue et l'observe durant toute la scène. Paul fait trois ou quatre pas, puis s'aperçoit qu'il a oublié quelque chose. Il rentre dans le magasin. Pendant sa brève absence, Jimmy, resté au coin de la rue, imite les gestes de Paul : il tâte ses poches, prend un air intrigué, se rend compte qu'il a oublié les cigares qu'il vient d'acheter.

Paul ressort un instant plus tard, une boîte de Schimmelpenninck à la main. Il s'arrête, prend un cigare dans la boîte et l'allume. Il se remet à marcher, manifestement distrait. Il marque un léger arrêt au bord d'un trottoir et s'engage sur la chaussée sans faire attention à la circulation. Une dépanneuse arrive au carrefour à grande allure. A la dernière minute, une main noire apparaît, attrape Paul par le bras et le ramène sur le trottoir. Sans ce geste opportun, Paul aurait certainement été renversé.

On voit le sauveur de Paul : Rachid Cole, un adolescent noir de seize ou dix-sept ans. Il est grand et bien bâti pour son âge. Il porte sur l'épaule gauche un sac à dos en nylon.

RACHID. – Fais gaffe, bonhomme. C'est comme ça qu'on se fait tuer.

PAUL *(très secoué, encore accroché au bras de Rachid)*. – Je peux pas croire que j'ai fait ça... Seigneur, je me balade dans le brouillard...

RACHID. – Y a pas eu de mal. Tout va bien maintenant. *(Baissant les yeux, il remarque que Paul et lui s'agrippent toujours le bras l'un de l'autre. Il tente de se dégager.)* Faut que j'y aille.

PAUL *(encore sous le choc. Il commence à lâcher prise, puis empoigne à nouveau le bras de Rachid)*. – Non, attends. Tu ne peux pas filer comme ça. *(Un temps.)* Tu viens de me sauver la vie.

RACHID *(haussant les épaules)*. – J'étais là, c'est tout. Au bon endroit au bon moment.

PAUL *(sa main se détend sur le bras de Rachid)*. – Je te dois quelque chose.

RACHID. – Ça va comme ça, chef. C'est pas une affaire.

PAUL. – Si, justement. C'est une loi de l'univers. Si je te laisse partir, la lune va s'échapper de son orbite... La pestilence envahira la ville pour cent ans.

RACHID *(intrigué, amusé. Avec un léger sourire)*. – Eh bien, si tu le dis...

PAUL. – Il faut que tu me laisses faire quelque chose pour toi, pour équilibrer la balance.

RACHID *(réfléchit. Fait non de la tête)*. – Ça va comme ça. Si j'ai une idée, je t'en ferai informer par mon majordome.

PAUL. – Allez... Laisse-moi au moins t'offrir un café.

RACHID. – Je ne bois pas de café. *(Sourire.)* Par contre, puisque tu insistes, si tu m'offrais une limonade fraîche, je ne dirais pas non.

PAUL. – Bon. Limonade, alors. *(Un temps. Il tend la main droite.)* Je m'appelle Paul.

RACHID. – Rachid. Rachid Cole.

Il serre la main de Paul.
Couper.

6. INT. JOUR. RESTAURANT GREC A PARK SLOPE

Paul et Rachid sont assis dans un box. La salle est presque vide. Rachid est en train de finir sa deuxième limonade.

PAUL *(en regardant Rachid boire).* – Tu es sûr que tu ne veux pas manger un peu, aussi ? Ça t'aiderait à absorber tout ce liquide. Faudrait pas que ça clapote trop quand tu te lèveras.

RACHID. – Non, ça va. J'ai déjà déjeuné.

PAUL *(après un coup d'œil à la pendule, sur le mur).* – Tu déjeunes tôt, dis donc. Il est à peine onze heures.

RACHID. – Je parle du petit déjeuner.

PAUL *(il examine Rachid avec attention).* – Ouais, bien sûr, et je parie qu'hier soir tu as mangé du homard. Avec deux bouteilles de champagne.

RACHID. – Une seule. Je suis pas pour les excès.

PAUL. – Ecoute, gamin, tu peux y aller, avec moi. Pas besoin de faire des manières. Si tu veux un hamburger ou autre chose, vas-y, commande-le.

RACHID *(hésitant).* – Eh bien, peut-être, juste un. Pour être poli.

PAUL *(se tourne vers la serveuse. Elle arrive).* – L'heure de l'apéro est passée. Ce jeune homme voudrait commander un hamburger.

SERVEUSE *(à Rachid).* – Tu le veux comment ?

RACHID. – A point, s'il vous plaît.

SERVEUSE. – Frites ?

RACHID *(coup d'œil à Paul. Paul fait oui de la tête).* – Oui, merci.

SERVEUSE. – Laitue et tomates ?

RACHID *(coup d'œil à Paul. Paul fait oui de la tête).* – Oui, merci.

SERVEUSE *(montrant du doigt le verre de limonade vide).* – Tu en veux encore un, comme ça ?

PAUL. – Oui, donnez-lui-en un autre. Et je prendrais bien un café tant que vous y êtes.

SERVEUSE. – Chaud ou glacé, le café ?

PAUL. – Vous avez du vrai café glacé ou vous versez simplement du café chaud sur des glaçons ?

SERVEUSE. – Tout est authentique ici, trésor. *(Un temps.)* Comme la couleur de mes cheveux.

Paul et Rachid regardent ses cheveux. Ils sont teints en roux éclatant.

PAUL *(pince-sans-rire).* – Je prendrai le café glacé. *(Un temps.)* On ne vit qu'une fois, pas vrai ?

SERVEUSE *(également pince-sans-rire).* – Si on a de la chance. *(Un temps.)* Et encore, ça dépend de ce que vous appelez vivre.

Elle s'éloigne.

PAUL. – Je voudrais pas être indiscret, mais je vois un gamin qui se balade avec un gros sac à dos sur l'épaule, et je commence à me demander si tout ce qu'il possède en ce monde ne se trouve pas là-dedans. Tu as des ennuis, ou quoi ?

RACHID *(continuant à jouer son jeu).* – Plutôt *quoi*.

PAUL *(examinant Rachid).* – T'es pas obligé de me répondre si t'en as pas envie, mais je pourrais peut-être t'aider.

RACHID *(hésitant).* – Tu me connais ni d'Eve ni d'Adam.

PAUL. – C'est vrai. Mais j'ai aussi une dette envers toi, et je ne suis pas sûr que te payer un hamburger va la solder. *(Un temps.)* Qu'est-ce qui t'arrive ? Problèmes de famille ? D'argent ?

RACHID *(imitant l'accent des Blancs de la haute).* – Oh, non, ma môman et mon pôpa ont de quoi.

PAUL. – Et où est-ce qu'ils habitent, môman et pôpa ?

RACHID. – 74e rue est.

PAUL. – A Manhattan ?

RACHID. – Bien sûr. Où tu veux que ce soit ?

PAUL. – Alors qu'est-ce que tu fiches à Park Slope ? C'est un peu loin de chez toi, non ?

RACHID *(il commence à mollir).* – C'est là que le *quoi* intervient.

PAUL. – Le quoi ?

RACHID. – Le *quoi. (Un temps.)* Je me suis comme qui dirait tiré de la maison, tu piges ? *(Un temps.)* C'est pas une histoire de parents ou de fric. J'ai vu un truc que j'étais pas censé voir, et pour le moment j'ai intérêt à disparaître.

PAUL. – Tu ne peux pas être plus précis que ça ?

Rachid regarde Paul, hésite, puis baisse les yeux. Un temps ; Paul décide de ne pas insister.

Bon, et où habites-tu en attendant ?

RACHID. – Ici et là. N'importe.

PAUL. – Mmh. Un petit *bed and breakfast* sympa, j'imagine.

RACHID. – Ouais, c'est ça.

PAUL. – Sauf qu'il n'y a pas de lit, hein ? Et pas de *breakfast* non plus.

RACHID. – Le monde matériel n'est qu'une illusion. Ça ne fait rien s'ils existent ou non. Le monde est dans ma tête.

PAUL. – Mais ton corps est dans ce monde, non ? *(Un temps.)* Si quelqu'un t'offrait un endroit où loger, tu ne refuserais pas nécessairement, si ?

RACHID *(un temps. Il réfléchit).* – Les gens ne font pas ce genre de choses. Pas à New York.

PAUL. – Je ne suis pas "les gens". Je suis moi. Et je fais exactement ce qui me plaît. Vu ?

RACHID. – Merci, je me débrouillerai.

PAUL. – Au cas où tu te poserais des questions, j'aime les femmes, pas les garçons. Et ce n'est pas un bail à long terme que je te propose – juste une piaule pour une nuit ou deux.

RACHID. – Je suis capable de me débrouiller. T'en fais pas.

PAUL. – Comme tu veux. Mais si tu changes d'avis, voilà l'adresse.

Il sort un carnet de sa poche, écrit l'adresse, déchire la page et la tend à Rachid.

La serveuse arrive avec la commande.

SERVEUSE. – Un burger à point avec laitue et tomates. *(Elle pose l'assiette devant Rachid.)* Une portion de frites. *(Elle pose l'assiette.)* Une limonade. *(Elle pose le verre.)* Et une dose de réalité.

Elle pose le café glacé devant Paul.

Paul regarde Rachid qui saisit son hamburger et mord dedans.

7. INT. JOUR. *THE BROOKLYN CIGAR CO.*

Une heure creuse. Auggie est assis derrière le comptoir, en train de feuilleter un magazine tout en déjeunant d'un morceau de pizza. Vinnie entre dans le cadre. C'est le propriétaire du magasin : un fort gaillard d'une bonne cinquantaine d'années.

VINNIE. – Bon, je crois que tout est réglé. *(Il allume un cigare.)* Tu as mon numéro à Cape Cod, hein ? Au cas où tu aurais un problème.

AUGGIE *(qui mange sa pizza sans lever les yeux de son magazine).* – Pas de problème, Vinnie. Tout est en ordre. *(Il finit par relever la tête.)* Je pourrais tenir cette boutique les yeux fermés.

VINNIE *(il observe Auggie).* – Ça fait combien de temps que tu travailles pour moi, Auggie ?

AUGGIE *(il hausse les épaules et se replonge dans son magazine).* – Je sais pas. Treize, quatorze ans. Quelque chose comme ça.

VINNIE. – C'est quand même dingue, non ? Je veux dire qu'un type intelligent comme toi… Qu'est-ce que tu as besoin de t'accrocher à un boulot sans avenir comme celui-là ?

AUGGIE *(hausse de nouveau les épaules).* – J'en sais rien. *(Il tourne les pages du magazine.)* Ça doit être que je t'aime tellement, patron.

VINNIE. – Foutaises. Tu devrais être marié à l'heure qu'il est. Tu sais, casé quelque part avec un ou deux gosses, un bon job régulier.

AUGGIE. – J'ai failli me marier, un jour.

VINNIE. – Ouais, je sais. Avec cette fille qui est partie à Pittsburgh.

AUGGIE. – Ruby McNutt. L'amour de ma vie.

VINNIE. – Encore une de tes histoires, je suis sûr.

AUGGIE *(hoche la tête).* – Elle est allée en épouser un autre quand je suis entré dans la marine. Mais quand on m'a démobilisé, elle avait divorcé. Son mari lui avait poché un œil au cours d'une querelle domestique.

VINNIE *(qui tire des bouffées de son cigare).* – Charmant.

AUGGIE *(tout à ses souvenirs)*. – Elle m'a fait tout un plat après mon retour, mais son œil de verre, ça me déconcentrait. Chaque fois qu'on se faisait un câlin, je ne mettais à penser à ce trou dans sa tête, à cette orbite vide où se nichait l'œil de verre. Un œil qui ne pouvait ni voir, ni pleurer la moindre larme. Dès que je commençais à penser à ça, frère Jacques devenait tout mou, tout petit. Et je ne vois pas l'intérêt de se marier si frère Jacques n'est pas au sommet de sa forme.

VINNIE *(hochant la tête)*. – Tu ne prends rien au sérieux, hein ?

AUGGIE. – J'essaie, en tout cas. C'est meilleur pour la santé. Je veux dire, regarde-toi, Vinnie. Le type avec une femme, trois enfants et la chouette villa à Long Island. Le mec aux chaussures blanches, avec la Cadillac blanche et les tapis blancs moelleux. Mais t'as eu deux crises cardiaques et moi j'attends toujours ma première.

VINNIE *(qui ôte son cigare de sa bouche et le contemple d'un air dégoûté)*. – Je devrais cesser de fumer ces foutus trucs, ça oui. Ces cochonneries auront ma peau un jour.

AUGGIE. – Profites-en tant que tu peux, Vin'. Bientôt les législateurs nous feront fermer boutique, de toute façon.

VINNIE. – Et si tu es pris en train de fumer, ce sera le peloton d'exécution.

AUGGIE *(approuvant de la tête)*. – Le tabac aujourd'hui, le sexe demain. Dans trois ou quatre ans, ce sera sans doute illégal de sourire à un inconnu.

VINNIE *(se souvenant de quelque chose)*. – A propos, tu es toujours sur ce coup avec les Montecristo ?

AUGGIE. – Ça roule. Mon type à Miami m'a dit qu'il les aurait d'une semaine à l'autre. Tu es sûr que tu ne veux pas marcher avec moi ? Cinq mille dollars de mise, une vente assurée de dix mille dollars. Un consortium de Court Street, des avocats et des juges. Tous l'eau à la bouche à l'idée d'avoir entre les lèvres d'authentiques cigares cubains.

VINNIE. – Non merci. Fais ce que tu veux, je m'en fous, mais ne te fais pas prendre, OK ? Aux dernières nouvelles, c'est toujours illégal de vendre des cigares cubains dans ce pays.

AUGGIE. – C'est la loi qui achète. C'est ça qu'y a de sublime. Je veux dire, t'as jamais entendu parler d'un juge qui s'envoyait lui-même en prison ?

VINNIE. – Comme tu veux. Mais ne garde pas les boîtes ici trop longtemps.

AUGGIE. – Elles arrivent, elles repartent. J'ai tout prévu dans le moindre détail.

VINNIE *(coup d'œil à sa montre)*. – Faut que je m'arrache. Terry va me tomber dessus si je suis en retard. Je te revois en septembre, Auggie.

AUGGIE. – D'accord, mon vieux. Amitiés à ta femme et aux gosses, et tout, et tout. Envoie-moi une carte postale si tu te souviens encore de l'adresse.

Vinnie sort. Auggie revient à sa pizza et à son magazine.

8. EXT. SOIR. LA FAÇADE DU DÉBIT DE TABAC

Vue du ciel crépusculaire. Vue du magasin de cigares. Les lumières s'éteignent. Auggie sort, verrouille la porte et commence à baisser le volet de fer devant les vitrines.

On voit Paul qui arrive en courant dans la rue.

PAUL *(essoufflé)*. – Vous êtes fermé ?

AUGGIE. – Z'êtes en panne de Schimmelpenninck ?

PAUL *(fait oui de la tête)*. – Je pourrais pas en acheter avant que vous partiez ?

AUGGIE. – Pas de problème. C'est pas comme si je courais à l'Opéra ou un truc comme ça.

Auggie relève le rideau et tous deux entrent dans la boutique.

9. INT. SOIR. *THE BROOKLYN CIGAR CO.*

Paul et Auggie entrent dans la boutique obscure. Auggie allume la lumière et passe derrière le comptoir pour chercher les cigares de Paul. Resté de l'autre côté, Paul remarque un appareil photographique près de la caisse enregistreuse.

PAUL. – Quelqu'un a oublié son appareil, dirait-on.

AUGGIE *(se retournant)*. – Ouais. C'est moi.

PAUL. – Il est à vous ?

AUGGIE. – L'est à moi, oui. Ça fait longtemps que j'ai cette petite merveille.

PAUL. – Je ne savais pas que vous faisiez de la photo.

AUGGIE *(il tend à Paul ses cigares)*. – C'est comme qui dirait un hobby. Ça ne me prend pas plus de cinq minutes par jour environ, mais je le fais tous les jours. Pluie ou soleil, neige ou vent. Un peu comme le facteur. *(Un temps.)* Parfois j'ai l'impression que mon hobby est mon vrai boulot, et que mon boulot n'est qu'un moyen de me payer mon hobby.

PAUL. – Ainsi vous n'êtes pas seulement un mec qui pousse de la monnaie sur un comptoir.

AUGGIE. – C'est ça que les gens voient, ce n'est pas nécessairement ce que je suis.

PAUL *(qui voit Auggie sous un jour nouveau)*. – Comment avez-vous commencé ?

AUGGIE. – A prendre des photos ? *(Sourire.)* C'est une longue histoire. Il me faudrait deux ou trois verres pour raconter ça.

PAUL *(hochant la tête)*. – Photographe...

AUGGIE. – N'exagérons rien. Je fais des photos. On cadre ce qu'on veut dans l'objectif et puis on pousse sur le bouton. Pas de quoi se la jouer artiste.

PAUL. – J'aimerais bien les voir un jour, vos photos.

AUGGIE. – Ça peut s'arranger. Puisque j'ai lu vos livres, je vois pas pourquoi je vous laisserais pas regarder mes photos. *(Un temps. Soudain embarrassé.)* Ce serait un honneur.

10. INT. NUIT. L'APPARTEMENT D'AUGGIE

Auggie et Paul sont assis à la table de la cuisine ; des emballages ouverts de plats chinois à emporter ont été repoussés dans un coin de la table, dont presque toute la surface est couverte par de grands albums noirs de photographies. Il y en a quatorze en tout, et chacun porte au dos une étiquette avec le chiffre d'une année, de 1977 à 1990. Un de ces albums – 1987 – est ouvert sur les genoux de Paul.

Plan rapproché d'une des pages de l'album. Il y a sur la page six photos en noir et blanc représentant toutes la même scène : le coin de la 3ᵉ rue et de la 7ᵉ avenue à huit heures du matin. Dans l'angle supérieur droit de chaque photo se trouve une petite étiquette blanche avec une date : 9. 8. 1987, 10. 8. 1987, 11. 8. 1987, etc. La main de Paul tourne la page ; on voit encore six photos semblables. Il tourne de nouveau la page : même chose. Et encore une fois : même chose.

PAUL *(étonné)*. – C'est toutes les mêmes.

AUGGIE *(souriant avec fierté)*. – C'est vrai. Plus de quatre mille photos du même endroit. Le coin de la 3ᵉ rue et de la 7ᵉ avenue à huit heures du matin. Quatre mille jours de suite par tous les temps. *(Un temps.)* C'est pour ça que je peux jamais prendre de vacances. Faut que je sois à mon poste chaque matin. Chaque matin au même endroit à la même heure.

PAUL *(embarrassé. Il tourne une page, puis une autre)*. – Je n'ai jamais rien vu de pareil.

AUGGIE. – C'est mon grand projet. Comme qui dirait l'œuvre de ma vie.

PAUL *(il pose l'album et en prend un autre, le feuillette, et découvre encore la même chose. Il hoche la tête, déconcerté)*. – Etonnant. *(S'efforçant d'être poli.)* Je ne suis pas sûr de bien comprendre. Je veux dire, comment avez-vous jamais eu l'idée d'entreprendre ce... ce projet ?

AUGGIE. – Je ne sais pas, ça m'est venu comme ça. C'est mon coin, après tout. Ce n'est qu'un tout petit bout de l'univers, mais il s'y passe des choses, autant que partout ailleurs. C'est la chronique de mon petit coin.

PAUL *(qui feuillette l'album sans cesser de hocher la tête)*. – C'est un peu écrasant.

AUGGIE *(qui sourit toujours)*. – Vous ne pigerez jamais à ce train-là, mon bon ami.

PAUL. – Que voulez-vous dire ?

AUGGIE. – Je veux dire que vous allez trop vite. C'est à peine si vous regardez les photos.

PAUL. – Mais elles sont toutes pareilles.

AUGGIE. – Elles sont toutes pareilles, mais chacune est différente de toutes les autres. Il y a des matins ensoleillés et des matins sombres. Il y a la lumière de l'été et celle de l'automne. Il y a des jours de semaine et des week-ends. Il y a des gens avec des manteaux et des galoches, et des gens en short et en T-shirt. Parfois les mêmes personnes, parfois d'autres. Et quelquefois les autres deviennent les mêmes, et les mêmes disparaissent. La Terre tourne autour du Soleil, et chaque jour la lumière du Soleil arrive sur Terre à un angle différent.

PAUL *(relevant la tête et regardant Auggie)*. – Ralentir, hein ?

AUGGIE. – Ouais, c'est le conseil que je vous donne. Vous savez ce que c'est. Demain et demain et demain, le temps s'avance à pas menus.

Plan rapproché de l'album. L'une après l'autre, les photos occupent seules la totalité de l'écran. L'œuvre d'Auggie se déploie devant nous. Les images se succèdent : le même endroit à la même heure à différents moments de l'année. Plans rapprochés de visages dans les plans rapprochés. Les mêmes personnes apparaissent dans plusieurs photos, regardant parfois l'objectif, parfois non. Séries de ces visages. Finalement, on arrive à celui d'Ellen, la femme de Paul.

Gros plan du visage de Paul.

PAUL. – Bon Dieu, regardez. C'est Ellen.

La caméra prend du champ. Auggie est appuyé sur l'épaule de Paul. On voit le doigt de Paul pointé sur le visage d'Ellen.

AUGGIE. – Ouais. Elle est là. Elle est dans toute une série de cette année-là. Ça devait être le chemin de son boulot.

PAUL *(ému, au bord des larmes).* – C'est Ellen. Regardez-la. Regardez ma douce chérie.

Fermeture au noir.

11. INT. NUIT. L'APPARTEMENT DE PAUL

Paul est en train d'écrire fiévreusement sur son bloc, absorbé dans son travail. Derrière lui, on voit dix ou douze fiches punaisées au mur. Ces fiches sont couvertes de notes manuscrites. Sur l'une d'elles, on peut lire : La femme aux cheveux bruns et aux yeux bleus. *Sur une autre :* L'esprit est amené, pas à pas, à déjouer sa propre logique. *Sur une troisième :* Souviens-toi de l'Alamo.

Paul se lève, s'approche du mur, prend une des fiches et l'étudie tout en retournant à sa table de travail. Au bout d'un instant, il se remet à écrire.

Le timbre de l'interphone retentit dans l'autre pièce. Paul continue à travailler, indifférent au bruit. La sonnette retentit une deuxième fois. Paul dépose son stylo.

PAUL *(pour lui-même).* – Merde. *(Il se lève, passe dans l'autre pièce et pousse sur le bouton de l'interphone.)* Qui est là ?

VOIX DANS L'INTERPHONE. – Rachid.

PAUL. – Qui ?

VOIX DANS L'INTERPHONE. – Rachid Cole. Limonade Kid, tu te souviens ?

PAUL. – Ah, ouais. *(Sans beaucoup d'enthousiasme.)* Monte.

Il pousse sur l'ouvre-porte.

Paul va ouvrir la porte et jette un coup d'œil dans le couloir en attendant l'arrivée de Rachid. Un instant plus tard, Rachid apparaît – vêtu comme précédemment, avec son sac à dos sur l'épaule. Il semble embarrassé, mal à l'aise.

Je ne m'attendais pas à te revoir.

RACHID *(il s'efforce d'en prendre son parti)*. – Moi non plus. Mais j'ai eu une longue discussion avec mon comptable cet après-midi. Tu sais, pour voir l'incidence qu'aurait une telle démarche sur mes impôts, et il a dit pas de problème.

Paul l'observe avec un mélange d'ahurissement et de curiosité, mais ne répond pas. Rachid pose son sac et se met à inspecter l'appartement. Au bout d'un moment :

PAUL. – C'est tout. Y a que ces deux pièces.

RACHID *(tout en continuant son inspection)*. – C'est la première piaule que je vois où y a pas la télé.

PAUL. – J'en avais une dans le temps, mais elle s'est détraquée il y a quelques années et je ne me suis jamais décidé à la remplacer. *(Un temps.)* De toute façon, j'aime autant ça. Je déteste ces foutus trucs.

RACHID. – Mais alors tu ne peux pas regarder les matchs. Tu m'as dit que t'étais un fan des *Mets*.

PAUL. – Je les écoute à la radio. Je vois très bien les matchs, comme ça. *(Un temps.)* Le monde est dans la tête, tu te souviens ?

RACHID *(il sourit. Continue son inspection. Remarque un petit dessin à la plume accroché au mur au-dessus du bloc stéréo : la tête d'un petit enfant. Il s'arrête pour l'examiner)*. – Joli dessin. C'est toi qui as fait ça ?

PAUL. – C'est mon père. Crois-le ou non, ce petit bébé c'est moi.

RACHID *(il étudie le dessin avec plus d'attention. Se retourne pour regarder Paul, puis se retourne vers le dessin).* – Ouais, je peux le croire.

PAUL. – C'est étrange, tout de même, non ? Se voir soi-même quand on ne savait pas qui on était.

RACHID. – Ton père est un artiste ?

PAUL. – Non, il était instituteur. Mais il aimait griffonner.

RACHID. – Il est mort ?

PAUL. – Ça fait douze ou treize ans. *(Un temps.)* En fait, il est mort avec son carnet de croquis ouvert sur les genoux. Dans les collines du Berkshire, un week-end, en train de dessiner le mont Greylock.

RACHID *(il examine le portrait en hochant la tête. Comme pour lui-même).* – C'est chouette, le dessin.

PAUL. – C'est ça que tu fais ? Tu dessines ?

RACHID *(il sourit).* – Ouais, parfois. *(Hausse les épaules, comme s'il était soudain embarrassé.)* J'aime griffonner, moi aussi.

12. INT. JOUR. L'APPARTEMENT DE PAUL

Deux heures plus tard. On voit Paul en train d'écrire à sa table de travail. Après un moment, il se lève et entrouvre la porte à deux battants. Du point de vue de Paul, on découvre Rachid assis devant la table de l'autre pièce, la tête sur les bras, endormi. Le sac à dos se trouve toujours là où il l'a déposé à la scène précédente.

13. INT. JOUR. L'APPARTEMENT DE PAUL

Huit heures du matin. Paul est attablé dans le coin à manger, en train de boire du café. Il regarde sa montre, pose sa tasse, va à la porte de l'autre pièce, l'ouvre, passe la tête. Vue de Rachid endormi par terre ; vue de la machine à écrire et du bloc de papier sur la table de travail. Paul ferme la porte, soupire, revient dans la pièce principale et se verse une autre tasse de café ; regarde sa montre. Gros plan de la montre : fondu de 8.05 à 8.35. Paul pose la tasse, se lève, va vers la porte, frappe.

PAUL. – C'est l'heure. *(Il attend, écoute, frappe de nouveau.)* Hé, gamin, c'est l'heure. *(Il attend, écoute, frappe de nouveau.)* Rachid ! *(Il ouvre la porte. Rachid essaie péniblement d'ouvrir les yeux.)* Allez, debout, faut que je travaille là-dedans. Fini de roupiller.

RACHID *(il s'assied et se frotte les yeux)*. – Il est quelle heure ?

PAUL. – Huit heures et demie.

RACHID *(il gémit, horrifié par l'heure matinale)*. – Huit heures et demie ?

PAUL. – Tu trouveras du jus, des œufs et du lait dans le réfrigérateur. Des céréales dans le placard. Le café est au chaud. Prends ce que tu veux. Mais il est temps pour moi de me mettre au boulot.

Rachid se lève, embarrassé. Il n'est vêtu que de son caleçon. Il roule son sac de couchage et le pousse dans un coin. Ensuite il rassemble ses affaires et sort de la chambre.

14. INT. JOUR. L'APPARTEMENT DE PAUL

Vingt minutes plus tard. Assis à sa table de travail, Paul regarde fixement sa machine à écrire. On entend dans l'autre pièce un vacarme soudain : le bruit d'assiettes posées dans l'évier. Paul se lève, va à la porte, l'ouvre. Il voit Rachid, entièrement habillé, qui décroche le téléphone à côté du lit. Il voit le sac de Rachid ouvert ; un sac en papier brun est posé à côté. Il regarde Rachid qui compose un numéro.

RACHID *(à voix basse).* – Pourrais-je parler à Emily Vail, s'il vous plaît ? Oui, merci, j'attends. *(Silence, un temps. Rachid tripote un oreiller sur le lit.)* Tante Em ? Salut, c'est moi. Je voulais juste que tu saches que ça va. *(Il se tait pour écouter. La réaction à l'autre bout est coléreuse.)* Je sais, je suis désolé. *(Un temps. Il écoute.)* Je voulais juste que tu te fasses pas de souci. *(Un temps. Il écoute. Commence à se montrer irrité par l'hostilité de la tante Em.)* OK, on se calme, d'accord ? T'énerve pas.

Déclic à l'autre bout. Rachid fixe le combiné pendant un moment, puis raccroche.

Paul ferme la porte sans bruit. Rachid n'est pas conscient d'avoir été observé. Retour à Paul, dans l'autre pièce. Il s'assied à sa table, réfléchit un moment, puis se met à taper à la machine.

15. INT. JOUR. L'APPARTEMENT DE PAUL

Plusieurs heures plus tard. On entend la machine à écrire de Paul, toujours en train de taper dans la pièce à côté. Dans la pièce principale, on voit Rachid qui grimpe sur une chaise devant la bibliothèque et glisse le sac en papier brun derrière les livres sur l'un des rayons supérieurs.

16. INT. NUIT. L'APPARTEMENT DE PAUL

Vue de Rachid endormi dans le lit de Paul. Près de lui, sur le lit, un livre est resté ouvert, à moitié lu : Les Barricades mystérieuses, *par Paul Benjamin.*

Vue de Paul qui dort par terre dans sa pièce de travail.

17. INT. JOUR. L'APPARTEMENT DE PAUL

Paul est dans sa pièce de travail, assis à sa table, en train de taper. On voit de nouvelles fiches punaisées au mur. Paul entend un formidable vacarme dans l'autre pièce. Il se lève d'un bond, exaspéré, va à la porte et l'ouvre. Vue de l'autre pièce ; Rachid, debout, contemple de la vaisselle cassée.

PAUL *(irrité).* – Bon Dieu, tu en fais du chahut. Tu ne vois pas que j'essaie de travailler ?

RACHID *(mortifié).* – J'suis désolé. C'est juste… C'est juste qu'elles m'ont glissé des mains.

PAUL. – Un peu moins de maladresse ici, ce serait pas mal, tu ne crois pas ?

RACHID *(sur la défensive).* – J'suis un ado. Tous les ados sont maladroits. C'est parce qu'on grandit encore. On sait pas où finit notre corps et où commence le monde.

PAUL. – C'est le monde qui sera bientôt fini si tu ne te dépêches pas d'apprendre. *(Un temps. Paul plonge la main dans sa poche et en sort son portefeuille, où il prend un billet de vingt dollars.)* Bon, si tu te rendais utile ? Je n'ai presque plus de cigares. Va au coin, chez le marchand de tabac, achète-moi deux boîtes de Schimmelpenninck moyens.

Il tend le billet à Rachid.

RACHID *(prenant le billet).* – Vingt dollars, c'est un paquet de fric. Tu es sûr que tu peux me confier ça ? Je veux dire, t'as pas peur que je te les pique ?

PAUL. – Si tu veux les piquer, c'est ton problème. Au moins je ne t'aurai plus ici à faire du bruit. *(Un temps.)* C'est peut-être une affaire.

Rachid, manifestement blessé par la remarque de Paul, met l'argent dans sa poche. Pour une fois, il ne trouve pas de repartie.

Rachid sort de l'appartement. Paul regarde la porte qui claque. Une brève pause, et puis il se penche et se met à ramasser la vaisselle cassée.

18. INT. JOUR. L'APPARTEMENT DE PAUL

La pièce de travail, quelques minutes plus tard. Paul se réinstalle à sa table et commence à taper à la machine. Presque tout de suite, le ruban se bloque. Paul pousse un grognement, puis ouvre la machine pour voir ce qui coince.

19. EXT. JOUR. THE BROOKLYN CIGAR CO., DU TROTTOIR D'EN FACE

Huit heures du matin. On voit Auggie au coin de la rue, prêt à prendre sa photo quotidienne. Vue du coin tel qu'il apparaît dans l'objectif de l'appareil : La foule qui se bouscule, les gens qui se rendent au travail, la circulation : voitures, bus, camions de livraison. On entend le déclic de l'obturateur. L'image se fige.

20. INT. JOUR. L'APPARTEMENT DE PAUL

La pièce de travail. Assis à sa table, Paul écrit. Un grand fracas dans l'autre pièce rompt le silence. Paul sursaute.

PAUL *(dans un gémissement).* – Et merde !

Il se lève, va à la porte, l'ouvre. Vue de Rachid perché en équilibre instable sur le bras d'un fauteuil et tâtonnant de la main droite derrière les livres rangés sur le rayon supérieur de la bibliothèque. Plusieurs volumes sont déjà tombés à terre.

Bon sang. Tu remets ça ?

Rachid se retourne en entendant la voix de Paul et perd l'équilibre. Comme il tente de se raccrocher à la bibliothèque, d'autres livres dégringolent des rayons. Un instant plus tard, Rachid aussi se retrouve sur le sol.

Qu'est-ce qui ne va pas, dis donc ? Tu es un vrai fléau, ma parole.

RACHID *(qui se relève, penaud).* – J'suis désolé. J'suis vraiment désolé... J'essayais d'attraper un des bouquins, là-haut. *(Il montre du doigt.)* Et puis, j'sais pas, le ciel m'est tombé sur la tête.

PAUL *(avec une irritation croissante).* – C'est pas possible, tu sais. Pendant deux ans et demi j'ai été incapable d'écrire un mot et puis, quand finalement je parviens à commencer quelque chose, quand j'ai enfin l'impression que je vais renaître à la vie, tu débarques et tu te mets à tout démolir chez moi. C'est pas possible, compris ?

RACHID *(blessé, l'air contraint).* – J'ai pas demandé à venir. Tu m'as invité, tu te rappelles ? *(Un temps.)* Si tu veux que je me tire, t'as qu'à le dire.

PAUL. – Ça fait combien de temps que tu es ici ?

RACHID. – Trois jours.

PAUL. – Et combien de temps je t'avais dit que tu pouvais rester ?

RACHID. – Deux ou trois jours.

PAUL. – On dirait qu'ils sont écoulés, non ?

RACHID *(regardant par terre).* – Je suis désolé d'avoir déconné. T'as été très chouette avec moi... *(Il va près du lit, ramasse son sac et commence à y fourrer ses affaires.)* Mais toutes les bonnes choses ont une fin, pas vrai ?

PAUL. – Sans rancune, OK ? C'est petit, ici, et je n'arrive pas à travailler quand tu es là.

RACHID. – T'as pas besoin de t'excuser. *(Un temps.)* La voie est sans doute libre, de toute façon.

PAUL *(radouci).* – Tu crois que ça va aller ?

RACHID. – Absolument. La vie est à moi. *(Un temps.)* Quoi que ça veuille dire.

Il regarde la bibliothèque, examine l'endroit où est caché le sac. Rapidement, résolument, il décide de le laisser là où il est.

PAUL. – Tu n'as pas besoin d'argent ? Ou de quelques vêtements ?

RACHID. – Pas un sou, pas un fil. J'suis cool, vieux.

Il se balance le sac à dos sur l'épaule et se dirige vers la porte.

PAUL *(un peu sonné devant l'air résolu de Rachid).* – Prends bien garde à toi, OK ?

RACHID. – Toi aussi. Assure-toi que le feu est vert avant de traverser la rue. *(Il saisit la poignée, ouvre la porte, hésite, se retourne.)* Oh, à propos, j'ai aimé ton bouquin. A mon avis t'es un sacrément bon écrivain.

Sans attendre la réaction de Paul, il rouvre la porte et sort.

Vue de Paul resté seul, debout au milieu de la pièce. Il va à la fenêtre et regarde dehors. Vue de la rue, en dessous. Après quelques secondes, Rachid émerge de l'immeuble. Sans un regard en arrière, il s'éloigne en marchant dans la rue.

Vue de Paul debout à la fenêtre. Il allume un cigare. On revoit la rue. Rachid a disparu. Un instant plus tard, un aveugle tourne le coin et arrive en frappant le trottoir de sa canne blanche.

21. INT. NUIT. L'APPARTEMENT D'AUGGIE

Les fenêtres sont ouvertes et on entend les bruits de la circulation dans la rue, en bas.

Auggie est seul. Son lecteur de cassettes joue du jazz. Il sort du four un repas-télé, puis s'assied à la table de la cuisine et commence à manger. Fondu.

Auggie a terminé son repas. Il se sert un petit verre de bourbon. Il l'avale d'un trait et fait claquer ses lèvres en poussant un profond soupir. Il fixe le vide devant lui pendant un moment. Puis il s'empare d'un exemplaire de Crime et Châtiment *en édition de poche qui était ouvert sur la table. Tout en cherchant sa page, il allume une cigarette.*

Après une ou deux bouffées, il commence à tousser : une toux profonde de fumeur, rauque, prolongée. Il se frappe la poitrine. Ça ne sert à rien. Il se lève et martèle la table de ses poings pendant que sa crise de toux continue. Il marche en titubant dans la cuisine en jurant. Dans sa fureur, il balaie tout ce qui se trouve sur la table : verre, bouteille, livre, restants du repas-télé. La toux se calme, puis recommence. Il agrippe l'évier de la cuisine et crache dans le bac.

22. INT. JOUR. L'APPARTEMENT DE PAUL

La pièce principale. On entend le cliquetis de la machine à écrire. Quelqu'un frappe à la porte : coups violents et insistants. On voit Paul qui ouvre la porte. La tante Em de Rachid est debout sur le palier. C'est une Noire d'une quarantaine d'années, vêtue comme une employée de bureau.

TANTE EM *(en colère)*. – Vous vous appelez Paul Benjamin ?

PAUL *(interloqué)*. – Que puis-je pour vous ?

TANTE EM *(entrant en trombe dans l'appartement)*. – Je veux juste savoir à quoi vous jouez, m'sieu, c'est tout.

PAUL *(horrifié, il la regarde prendre la pièce d'assaut)*. – Comment avez-vous fait pour entrer dans l'immeuble ?

TANTE EM. – Que voulez-vous dire, comment j'ai fait ? J'ai poussé la porte et je suis entrée. C'est tout. Qu'est-ce que vous croyez ?

PAUL *(marmonnant, pour lui-même)*. – Cette foutue serrure est de nouveau cassée. *(Un silence, il renvoie à tante Em son regard furibond. Plus fort :)* Et alors vous faites irruption chez des gens que vous ne connaissez pas ? C'est à ça que *vous* jouez ?

TANTE EM. – Je cherche mon neveu, Thomas.

PAUL. – Thomas ? Quel Thomas ?

TANTE EM. – Pas de ça avec moi. Je sais qu'il est venu ici. On ne me la fait pas, à moi, m'sieu.

PAUL. – Je vous assure que je ne connais personne qui s'appelle Thomas.

TANTE EM. – Thomas Cole. Thomas Jefferson Cole. Mon neveu.

PAUL. – Vous voulez dire Rachid ?

TANTE EM. – Rachid ? *Rachid !* C'est comme ça qu'il vous a dit qu'il s'appelait ?

PAUL. – Eh bien, quel que soit son nom, il n'est plus ici. Il est parti il y a deux jours, et je n'ai plus eu de ses nouvelles.

TANTE EM. – Et qu'est-ce qu'il fabriquait ici, d'abord ? Voilà ce que je voudrais bien savoir. Qu'est-ce qu'un type comme vous a à faire d'un gamin comme Thomas ? Seriez pas un pervers, des fois ?

PAUL *(perdant patience)*. – Ecoutez, madame, ça suffit. Si vous ne vous calmez pas, je vous fiche à la porte. Vous m'entendez ? Tout de suite !

TANTE EM *(reprenant le contrôle d'elle-même)*. – Tout ce que je veux, c'est savoir où il est.

PAUL. – Pour autant que je sache, il est retourné chez ses parents.

TANTE EM *(incrédule)*. – Ses parents ? C'est ça qu'il vous a dit ? Ses *parents* ?

PAUL. – C'est ce qu'il a dit. Il m'a dit qu'il habitait avec sa mère et son père dans la 74e rue.

TANTE EM *(confondue, hochant la tête)*. – J'ai toujours su que ce gosse avait de l'imagination, mais maintenant voilà qu'il s'est inventé toute une vie ! *(Un temps.)* Permettez que je m'assoie ? *(Paul fait un geste vers un fauteuil ; elle s'assied.)* Il vit avec moi et son oncle Henry depuis qu'il est tout petit. Et nous n'habitons pas Manhattan. Nous habitons Boerum Hill. Les grands ensembles.

PAUL. – Alors il ne va pas à Trinity School ?

TANTE EM. – Il va à la John Jay High School, à Brooklyn.

PAUL *(qui commence à manifester de l'inquiétude).* – Et ses parents ?

TANTE EM. – Sa mère est morte, et il y a douze ans qu'il n'a pas vu son père.

PAUL *(doucement, comme pour lui-même).* – Je n'aurais pas dû le laisser partir.

TANTE EM *(qui observe Paul).* – Ce qui me ramène à ma première question. Qu'est-ce qu'il faisait ici, tout d'abord ?

PAUL. – J'allais me faire renverser par une voiture, et votre neveu m'a rattrapé. Il m'a sauvé la vie. *(Un temps.)* J'ai senti qu'il avait des ennuis, alors je lui ai proposé de loger ici pendant quelques jours. J'aurais sans doute dû le questionner un peu plus, je ne sais pas. Je me sens très bête, quand j'y pense.

TANTE EM. – Il a des ennuis, c'est sûr. Mais je n'ai aucune idée de ce que c'est.

PAUL *(il s'assied dans un fauteuil, soupire, réfléchit un instant. Se tourne vers la tante Em).* – Voulez-vous boire quelque chose ? Une bière ? Un verre d'eau ?

TANTE EM *(très "comme il faut").* – Non, merci.

PAUL *(replonge dans ses pensées. Au bout d'un moment).* – Est-il arrivé quelque chose récemment ? Quelque chose d'inhabituel ou d'inattendu ?

TANTE EM *(réfléchit).* – Eh bien, oui, je suppose, mais je crois que ça n'a rien à voir avec ceci. *(Un temps.)* Une de mes amies m'a appelée il y a deux semaines environ, elle m'a raconté qu'elle avait repéré le père de Thomas en train de travailler dans une station-service juste avant Peekskill.

PAUL. – Et vous l'avez dit à votre neveu ?

TANTE EM *(haussant les épaules).* – Il me semblait qu'il avait le droit de savoir.

PAUL. – Et ?

TANTE EM. – Et rien. Thomas m'a regardée droit dans les yeux en disant : "Je n'ai pas de père. En ce qui me concerne, ce fils de pute est mort."

PAUL. – Plutôt hostile comme réponse.

La caméra se rapproche lentement du visage de tante Em pendant qu'elle parle.

TANTE EM. – Son père a plaqué sa mère quelques mois après sa naissance. Louisa était la sœur cadette d'Henry, elle et le bébé sont venus vivre chez nous. Quatre ou cinq ans ont passé, et un beau jour Cyrus tombe du ciel, la queue entre les jambes, avec l'idée de se remettre avec Louisa. J'ai cru qu'Henry allait démolir Cyrus quand il l'a vu passer la porte. C'est des costauds, ces deux-là, et s'ils devaient se bagarrer, on verrait sauter des dents sur le plancher, je vous le garantis... Alors Cyrus a persuadé Louisa de sortir avec lui pour discuter en paix. Et la pauvre fille n'est jamais revenue.

PAUL *(off)*. – Vous voulez dire qu'elle s'est tirée avec lui en abandonnant le gamin ?

TANTE EM. – Ne me faites pas dire ce que j'ai pas dit. Ce que je dis, c'est qu'elle est partie dans la voiture de Cyrus et qu'ils sont allés prendre un verre au *Five-Spot Lounge*. Ce que je dis, c'est qu'il s'est imbibé un peu trop et que quand ils ont eu fini leur petite discussion trois heures après et sont remontés en voiture, il n'était pas en état de conduire. Mais il a conduit tout de même, et avant d'avoir pu la ramener là où elle habitait, ce sombre imbécile a brûlé un feu rouge et foncé dans un camion. Louisa a été projetée à travers le pare-brise et tuée net. Cyrus n'est pas mort, mais il en est sorti infirme. Il avait le bras gauche en compote, les médecins ont dû le couper. Faible châtiment pour ce qu'il a fait, à mon avis.

PAUL *(off, atterré)*. – Bon Dieu !

TANTE EM. – Le bon Dieu n'a rien à y voir. S'Il s'en était mêlé, Il se serait arrangé pour que ce soit le contraire qui se passe.

PAUL *(off)*. – Ça n'a pas dû être facile pour lui. Se trimballer avec ça sur la conscience toutes ces années.

TANTE EM. – Non, sans doute pas. Il s'est effondré comme c'est pas possible à l'hôpital, quand on lui a appris que Louisa était morte.

PAUL *(off)*. – Et il n'a jamais essayé d'entrer en contact avec son fils ?

TANTE EM. – Henry a dit à Cyrus qu'il le tuerait s'il se montrait jamais autour de chez nous. Quand Henry fait ce genre de menace, les gens ont tendance à le prendre au sérieux.

Paul et tante Em se regardent. Vue de l'évier de la cuisine. Le robinet coule goutte à goutte. Plan fixe pendant quelques instants.

23. EXT. JOUR. UNE ROUTE DE CAMPAGNE AUX ABORDS DE PEEKSKILL

Le petit matin. Arbres, buissons, gazouillis d'oiseaux. On voit Rachid qui marche lourdement sur la route.

Fondu enchaîné. La même route, un mile plus loin. Rachid lève la tête pour regarder. Coupé.

24. EXT. JOUR. LE GARAGE COLE

Le garage est un bâtiment délabré à un étage. Au-dessus de la porte principale, une enseigne peinte d'une main maladroite : COLE'S GARAGE (GARAGE COLE). *Devant, isolées, deux pompes à essence Chevron ; des mauvaises herbes pointent dans le macadam. Sur le côté de la station, une pelouse avec une table de pique-nique fatiguée par les intempéries.*

La porte du garage est ouverte à deux battants. On voit un homme à l'intérieur, en train de travailler au moteur d'une vieille Chevrolet. Le capot est relevé et dissimule le visage de l'homme, mais on distingue qu'il est vêtu d'une salopette de mécanicien et que la couleur de sa peau est noire.

C'est un grand type robuste d'une quarantaine d'années. Lorsqu'il apparaît près du capot, on remarque qu'il n'a pas de main gauche. Un crochet de métal dépasse de sa manche.

C'est le père de Rachid, Cyrus Cole.

25. EXT. JOUR. LE BORD DE LA ROUTE, EN FACE DU GARAGE COLE

On voit Rachid, assis sur le capot d'une voiture rouillée. Il est immobile, les genoux serrés entre les bras, et le regard fixé intensément vers la caméra. Plan fixe pendant quelques instants.

26. INT. JOUR. LE GARAGE COLE

Un peu plus tard. Cyrus, toujours au travail sur la Chevrolet, lève la tête et aperçoit Rachid de l'autre côté de la route. Il l'observe un moment puis se remet à l'ouvrage.

27. EXT. JOUR. LE BORD DE LA ROUTE, EN FACE DU GARAGE COLE

Une heure plus tard. Rachid est assis sur le capot de la vieille voiture, comme auparavant. Cette fois, il a son carnet de croquis sur les genoux et dessine au crayon le garage de l'autre côté de la route.

28. EXT. JOUR. DEVANT LE GARAGE COLE

Une heure plus tard. On voit Cyrus émerger du garage, chargé d'un sac en papier brun. Il va s'asseoir à la table de pique-nique et sort son déjeuner du sac : un sandwich au jambon, une pomme et un pot de thé froid. Tout en mangeant et en buvant, il observe Rachid de l'autre côté de la route. De temps en temps passent une voiture ou un camion. La caméra va et vient entre Rachid et Cyrus. Rachid, qui dessine avec ardeur, fait semblant de ne pas remarquer qu'on l'observe.

Enfin, Cyrus termine son repas. Il froisse le sac en papier, se lève, et jette le sac dans une poubelle métallique à côté de la table. Au lieu de retourner travailler, il traverse la route.

29. EXT. JOUR. LE BORD DE LA ROUTE, EN FACE DU GARAGE COLE

Plan général. Tandis que Cyrus s'approche de lui, Rachid lève les yeux et croise son regard pour la première fois. Avant que Cyrus se trouve assez près pour pouvoir voir le dessin, Rachid ferme son carnet de croquis et le tient serré contre lui. Il ne fait pas mine de se lever.

CYRUS. – Tu comptes rester là toute la journée ?

RACHID. – J'sais pas. J'ai pas encore décidé.

CYRUS. – Pourquoi tu choisis pas un autre endroit ? Ça me fout les boules de me sentir dévisagé pendant des heures.

RACHID. – On est libre, dans ce pays, non ? Du moment que je suis pas chez vous, j'ai le droit de rester ici jusqu'à la fin des temps.

CYRUS *(il s'approche de la voiture. Rachid saute en bas du capot).* – Ecoute-moi bien, fiston. Il y a deux dollars cinquante-sept cents dans la caisse enregistreuse, là en face *(Geste de la main vers le garage.)* et si on considère tout le temps que tu as passé jusqu'ici en repérages, ça ne te fera qu'environ cinquante cents de l'heure pour ta peine. Tu tournes ça comme tu veux, tu pars perdant.

RACHID. – Je vais pas vous voler, patron. *(Amusé.)* J'ai l'air d'un voleur ?

CYRUS. – Je ne sais pas de quoi t'as l'air, gamin. Pour autant que je sache, tu as poussé là comme un champignon pendant la nuit. *(Un temps. Il examine Rachid avec plus d'attention.)* T'habites en ville, ou t'es en route entre ici et là ?

RACHID. – J'fais que passer.

CYRUS. – Il ne fait que passer. Un voyageur solitaire avec son sac sur le dos se plante en face de mon garage pour admirer la vue. Y a d'autres endroits à voir, gamin, je t'assure. Pas besoin d'emmerder le monde.

RACHID. – Je suis occupé à un dessin. Votre vieux garage, là, tout déglingué, c'est un sujet intéressant.

CYRUS. – Ça, pour être déglingué, il est déglingué. Mais c'est pas en le dessinant qu'on va améliorer son allure. *(Il porte son attention sur le carnet de croquis que Rachid serre contre son cœur.)* Voyons ce que t'as fait, Rembrandt.

RACHID *(qui réfléchit à toute vitesse)*. – Ça vous coûtera cinq dollars.

CYRUS. – Cinq dollars ! Tu veux dire que tu vas me faire payer cinq dollars juste pour un coup d'œil ?

RACHID. – Dès que vous l'aurez vu, vous allez vouloir me l'acheter. Ça je vous le garantis. Et c'est le prix : cinq dollars. Alors si vous êtes pas prêt à casquer, c'est pas la peine que vous regardiez. Ça fera que vous briser le cœur et vous rendre malheureux.

CYRUS *(hochant la tête)*. – Petit salopard ! Tu t'emmerdes pas, toi, hein ?

RACHID *(haussant les épaules)*. – Je vous le dis comme c'est, patron. *(Un temps.)* Mais si je vous agace, vous pourriez peut-être envisager de m'engager.

CYRUS *(qui commence à se fâcher)*. – T'as des yeux en face des trous, ou ces trucs bruns qui dépassent de tes orbites sont que des billes ? T'es resté assis là toute la journée, et combien de voitures t'as vu s'arrêter pour prendre de l'essence ?

RACHID. – Pas une seule.

CYRUS. – Pas une seule. Pas un seul client de toute la journée. J'ai acheté cette saloperie de ruine de merde il y a trois semaines, et si les affaires ne démarrent pas bientôt, je suis bon pour la décharge. Pourquoi est-ce que j'irais engager quelqu'un ? Je peux même pas me payer moi-même.

RACHID. – Ce que j'en disais...

CYRUS. – Ouais, eh bien, va le dire ailleurs, Michel-Ange. J'ai du boulot, moi.

Cyrus commence à s'éloigner. On le voit traverser la route en hochant la tête. A mi-chemin, il s'arrête soudain, se retourne, et crie à Rachid :

Pour qui tu me prends, l'Agence nationale pour l'emploi, merde ?

30. EXT. JOUR. LE BORD DE LA ROUTE, EN FACE DU GARAGE COLE

Une demi-heure plus tard. On voit Rachid assis comme précédemment sur le capot de la voiture. Cette fois il mange un sandwich et mastique lentement, en regardant devant lui.

31. INT. JOUR. LE GARAGE COLE

On voit Cyrus qui travaille sur la Chevrolet. Régulièrement, il relève la tête pour lancer un coup d'œil à Rachid.

Cyrus termine le boulot commencé. Il rabat le capot de la Chevrolet. Sans transition :

32. EXT. JOUR. LE BORD DE LA ROUTE, EN FACE DU GARAGE COLE

Cyrus entre dans le champ et se hisse sur le capot de la vieille voiture – juste à côté de Rachid. Un long silence.

CYRUS *(qui essaie d'être amical)*. – Ecoute-moi bien. Tu veux travailler, je vais te donner du boulot. Rien de permanent, remarque, mais la pièce à l'étage, là *(Il se retourne, montre le garage du doigt.)* – celle qui est au-dessus du bureau – c'est un sacré bordel. On dirait qu'elle a servi de dépotoir pendant vingt ans, et il serait grand temps de la nettoyer.

RACHID *(faussement désinvolte)*. – Combien vous offrez ?

CYRUS. – Cinq dollars l'heure. C'est le tarif, non ? *(Il regarde sa montre.)* Il est deux heures et quart. Ma femme vient me chercher à cinq heures et demie, ça te laisse à peu près trois heures. Si tu ne finis pas aujourd'hui, tu pourras faire le reste demain.

RACHID *(en se mettant debout)*. – Y a les avantages en plus ou vous m'engagez comme free-lance ?

CYRUS. – Avantages ?

RACHID. – Vous savez, assurance maladie, retraite, congés payés. C'est pas marrant d'être exploité. Un travailleur doit défendre ses droits.

CYRUS. – J'ai bien peur qu'on s'en tienne au statut de free-lance.

RACHID *(un long silence : il fait semblant de réfléchir)*. – Cinq dollars l'heure ? *(Nouveau silence.)* Je prends.

CYRUS *(avec un léger sourire. Il tend la main droite)*. – On m'appelle Cyrus Cole.

RACHID. – Moi c'est Paul. Paul Benjamin.

Ils se serrent la main.

33. INT. JOUR. *THE BROOKLYN CIGAR CO.*

Une heure creuse en milieu d'après-midi. Auggie est assis sur un tabouret derrière le comptoir, plongé dans la lecture de son édition de poche de Crime et Châtiment. *De l'autre côté du comptoir, Jimmy Rose s'active en silence près du mur du fond, à redresser avec un zèle maladroit les piles de journaux et de revues.*

Le tintement de la sonnette de la porte d'entrée signale l'arrivée d'un client. Vue de Jimmy qui s'arrête de travailler pour regarder vers la porte. Du point de vue de Jimmy : une femme entre dans le magasin. C'est Ruby McNutt (l'ancienne flamme d'Auggie). Dans les quarante-cinq ans, vêtue d'une robe d'été sans manches. Son visage exprime des émotions tumultueuses : anxiété, détermination, embarras. Elle porte un cache noir sur l'œil gauche.

Vue de Jimmy fixant le cache avec étonnement. Vue de Ruby qui regarde vers le comptoir. Vue d'Auggie assis derrière le comptoir, toujours plongé dans son livre ; il ne se donne pas la peine de lever les yeux. Gros plan du visage de Ruby : elle regarde Auggie. Ses lèvres tremblent. Elle est manifestement émue, mais a peur de parler. La caméra reste fixée sur elle tandis qu'on entend :

JIMMY *(off, d'une voix hésitante).* – Auggie. *(Pas de réponse. Un temps.)* Auggie, je crois que t'as une cliente.

Gros plan d'Auggie relevant les yeux de son livre. On voit son expression passer de l'indifférence à la reconnaissance et à la stupéfaction.

Gros plan de Ruby qui le regarde. Elle a un sourire timide. Pendant leur conversation, Jimmy les observe avec une attention ravie.

RUBY. – Auggie ?

Vue du visage d'Auggie. Il est encore trop surpris pour parler.

C'est bien toi, Auggie, n'est-ce pas ?

AUGGIE *(finalement).* – Seigneur, Ruby, il y a si longtemps. Je pensais que tu étais morte.

RUBY. – Dix-huit ans et demi.

AUGGIE. – Seulement ? J'aurais dit dans les trois siècles.

RUBY *(timide, hésitante).* – Tu as l'air en forme, Auggie.

AUGGIE. – Oh que non. J'ai l'air merdique. Et toi aussi, Ruby. T'as une mine affreuse. *(Il se tait un instant, reprend avec une amertume croissante.)* Qu'est-ce que c'est que ce cache, d'ailleurs ? Qu'est-ce t'as fait de ta vieille bille bleue ? Au clou pour une bouteille de gin ?

RUBY *(blessée, gênée).* – J'ai pas envie d'en parler. *(Un temps.)* Si tu veux vraiment savoir, je l'ai perdue. Et je le regrette pas. Cet œil était maudit, Auggie, il ne m'a jamais valu que du chagrin.

AUGGIE. – Et tu crois que c'est mieux de te promener déguisée en capitaine Crochet ?

RUBY *(d'une voix sourde, s'efforçant de préserver son sang-froid et sa dignité).* – T'as toujours été un beau salaud, hein, Auggie ? Toujours méchant comme une teigne.

AUGGIE. – Au moins je reste fidèle à moi-même. Tout le monde peut pas en dire autant.

RUBY *(de nouveau, elle s'efforce d'encaisser. Inspire profondément).* – Il faut que je te parle de quelque chose et tu peux au moins m'écouter. Tu me dois bien ça. J'ai fait toute la route depuis Pittsburgh pour te voir, et je repartirai pas sans que tu m'aies entendue.

AUGGIE. – Parfait. Parlez, dame de mes rêves. Je suis tout oreilles.

RUBY *(jette un coup d'œil autour d'elle. Remarque Jimmy qui l'observe).* – Ceci est privé, Auggie. Rien qu'entre toi et moi.

AUGGIE *(qui s'adresse à Jimmy avec une irritation inhabituelle).* – Tu l'as entendue, minus ? Cette dame et moi avons des affaires privées à discuter. Tu sors et tu restes devant la porte. Si quelqu'un veut entrer, tu dis qu'on est fermé. T'as compris ?

JIMMY. – Sûr, Auggie, j'ai compris. *(Un temps.)* Le magasin est fermé. *(Un temps, il réfléchit.)* Et je dis que c'est ouvert quand ?

AUGGIE *(cinglant)*. – Quand je te dirai que c'est ouvert. C'est ouvert quand je te dis que c'est ouvert.

JIMMY *(blessé)*. – OK, Auggie, j'ai compris. T'as pas besoin de crier.

Jimmy sort et se met en faction devant la porte.

AUGGIE *(il examine Ruby tout en allumant une cigarette)*. – D'accord, mon chou, qu'est-ce que t'as en tête ?

RUBY *(un temps. Elle est embarrassée)*. – Me regarde pas comme ça, Auggie. Ça me met mal à l'aise.

AUGGIE. – Comme quoi ?

RUBY. – Comme tu me regardes. Je vais pas te manger. *(Un temps.)* J'ai besoin de ton aide, et si tu continues à me fixer comme ça, je vais me mettre à hurler.

AUGGIE *(un rien sarcastique)*. – Mon aide, hein ? Et j'imagine que cette aide n'a rien à voir avec du fric, bien sûr ?

RUBY. – Me bouscule pas, tu veux ? Tu sautes aux conclusions avant que j'aie dit quoi que ce soit. *(Un temps.)* Et d'ailleurs, c'est pas pour moi. *(Un temps. Elle se rend compte qu'elle s'est trahie. En désespoir de cause, elle se lance :)* C'est pour notre fille.

AUGGIE *(sous le choc, il devient agressif)*. – Notre fille ? C'est ça que tu as dit ? *Notre fille ?* Je veux dire, tu as peut-être une fille, mais moi pas, nom de Dieu. Et même si j'en avais une – ce qui n'est pas le cas –, elle ne serait pas *notre* fille.

RUBY. – Elle s'appelle Félicité, elle vient d'avoir dix-huit ans. *(Un temps.)* Elle s'est enfuie de Pittsburgh l'an dernier, et maintenant elle vit dans un trou merdique ici à Brooklyn avec un certain Chico. Accro au crack, enceinte de quatre mois. *(Un temps.)* Je supporte pas de penser à ce bébé. Notre petit enfant, Auggie. Tu te rends compte ! Notre petit enfant.

AUGGIE *(avec un geste d'impatience).* – Lâche-moi, tu veux, et tout de suite. Arrête ces conneries maintenant. *(Un temps. Pour changer de sujet, avec mépris :)* C'est de toi cette idée de l'appeler Félicité ?

RUBY. – Ça veut dire "bonheur".

AUGGIE. – Je sais ce que ça veut dire. C'est pas pour ça que c'est un bon prénom.

RUBY. – Je ne sais pas vers qui me tourner, Auggie.

AUGGIE. – Tu t'es déjà foutue de moi, ma belle, tu te souviens ? Pourquoi je te croirais maintenant ?

RUBY. – Pourquoi je te mentirais, Auggie ? Tu crois que c'était facile de venir ici et d'entrer dans ta boutique ? Pourquoi j'aurais fait ça si j'étais pas obligée ?

AUGGIE. – C'est ce que tu m'as dit quand j'ai piqué ce collier pour toi. Tu t'en souviens, mon cœur, hein ? Le juge m'a donné le choix : la taule ou bien l'armée. Alors, au lieu d'aller au collège, je me retrouve dans la marine pour quatre ans, je vois des mecs perdre des bras et des jambes, je manque me faire emporter la tête, et toi, ma douce Ruby McNutt, tu t'en vas épouser ce connard de Bill.

RUBY. – Tu ne m'avais pas écrit depuis plus d'un an. Qu'est-ce que j'étais censée croire ?

AUGGIE. – Ouais, bon, j'avais perdu mon stylo. Quand j'en ai trouvé un nouveau, c'est du papier que je n'avais plus.

RUBY. – C'était fini avec Bill avant même que tu reviennes. T'as peut-être oublié maintenant, mais tu avais l'air plutôt chaud de me voir, à l'époque.

AUGGIE. – Toi non plus t'étais pas vraiment tiède. Au début, en tout cas.

RUBY. – Ça a fait long feu, mon chou. Ainsi va la vie. Mais on a eu de bons moments, non ? Tout n'était pas si mal ?

AUGGIE. – Un ou deux bons moments, je te l'accorde. Une ou deux secondes arrachées aux griffes de l'éternité.

RUBY. – Et c'est comme ça que Félicité est entrée dans le tableau. Pendant une de ces deux secondes.

AUGGIE. – Tu essaies de me couillonner, mon cœur. Je suis responsable d'aucun bébé.

RUBY. – Alors pourquoi tu crois que j'ai épousé Frank ? J'étais déjà enceinte, et j'avais pas beaucoup de temps. Dis ce que tu veux, au moins il a donné un nom à ma gosse.

AUGGIE. – Ce cher vieux Frank. Et comment il va, ces jours-ci, le roi de l'huile de vidange ?

RUBY. – Comment veux-tu que je sache ? *(Elle hausse les épaules.)* Ça fait quinze ans qu'il a disparu.

AUGGIE. – Quinze ans ? *(Il hoche la tête.)* Ça ne prend pas, patate. Y a pas une mère qui attendrait quinze ans pour dire à un gars qu'il est père. J'suis pas né d'hier, tu sais.

RUBY *(ses lèvres commencent à trembler. Des larmes coulent de son œil valide).* – Je croyais que j'y arriverais. J'avais pas envie de t'embêter. Je croyais que j'y arriverais toute seule, mais j'ai pas réussi. Elle va très mal, Auggie.

AUGGIE. – Bel essai, ma vieille. Je t'aiderais volontiers. Tu sais, au nom du bon vieux temps. Mais j'ai engagé tout mon fric dans une aventure commerciale, et j'ai pas encore touché les bénéfices. Dommage. Tu me prends au mauvais moment.

RUBY *(toujours en larmes).* – T'es qu'un salaud sans cœur, pas vrai ? Comment es-tu devenu si méchant, Auggie ?

AUGGIE. – Je sais que tu crois que je te mens, mais c'est vrai. Tout ce que je t'ai dit est la pure vérité.

Un temps. Ensuite, vue de l'entrée du magasin. Un client énervé ouvre brusquement la porte, bousculant Jimmy qui tente vainement de le retenir.

Criant sur le client. Hors de lui.

On est fermé ! Z'avez pas entendu ce que vous a dit ce gosse ? On est fermé, bordel !

34. INT. JOUR. LA CHAMBRE A L'ÉTAGE DU GARAGE COLE

On voit Rachid qui travaille avec ardeur. La pièce est une vraie porcherie, encombrée de débris de toutes sortes : vélos rouillés, chiffons, pièces d'automobiles, un mannequin féminin, des radios cassées, des rideaux de douche, etc. L'un après l'autre, Rachid porte ou traîne ces objets vers la porte. A un moment donné, il découvre une petite télé portative cachée sous un tapis. L'antenne est cassée, le boîtier est couvert de poussière, mais à part cela elle paraît en relativement bon état.

35. EXT. JOUR. DEVANT LE GARAGE COLE

Rachid et Cyrus descendent le bric-à-brac de la pièce du haut et le jettent à l'arrière d'un vieux pick-up rouge. Dès qu'ils se sont débarrassés d'un chargement, ils remontent en chercher un autre. Comme Rachid est plus rapide, ils ne sont pas en phase : quand l'un est dehors, l'autre est à l'intérieur.

Ils travaillent en silence. Cyrus commence à manquer de souffle à force de monter et descendre les escaliers. Enfin, après un certain nombre d'aller et retour, il laisse tomber un chargement dans le camion et s'arrête. Il s'appuie contre le camion, sort de la poche de sa chemise un gros cigare à bon marché à moitié fumé et l'allume. Gros plan du crochet pendant qu'il frotte l'allumette. Après qu'il a tiré une ou deux bouffées de son cigare, Rachid apparaît avec un nouveau chargement et le jette dans le camion.

CYRUS. – C'est l'heure de la pause.

Sans se faire prier, Rachid s'assied aussitôt sur le pare-chocs arrière du pick-up. Il le fait si rapidement que l'effet est comique. Il regarde Cyrus fumer. Quelques instants se passent.

RACHID. – Je voudrais pas être indiscret, mais je me demandais ce qui est arrivé à votre bras.

CYRUS *(il lève son crochet et l'examine pendant un moment).* – Saleté de quincaillerie, hein ? *(Un temps.)* Je vais te raconter ce qui est arrivé à mon bras. *(Un temps. Il se souvient.)* Je vais te le raconter, ce qui est arrivé. *(Un temps.)* Il y a douze ans, Dieu m'a regardé de là-haut et Il a dit : "Cyrus, tu es mauvais, stupide et égoïste. Pour commencer, je vais te remplir le corps d'alcool, et puis je vais te mettre au volant d'une voiture, et puis je vais te faire provoquer un accident et tuer la femme qui t'aime. Mais toi, Cyrus, toi je vais te laisser vivre, parce que vivre c'est bien pire qu'être mort. Et pour que tu n'oublies jamais ce que tu auras fait à cette pauvre fille, je vais t'arracher un bras et le remplacer par un crochet. Si je voulais, je pourrais t'arracher les deux bras et les deux jambes, mais je serai miséricordieux, je ne t'ôterai que le bras gauche. Chaque fois que tu regarderas ton crochet, je veux que tu te rappelles combien tu es méchant, stupide et égoïste. Que ça te serve de leçon, Cyrus, tu as intérêt à te corriger."

RACHID *(impressionné par la sincérité du discours de Cyrus).* – Et vous vous êtes corrigé ?

CYRUS. – Je sais pas. J'essaie. Tous les jours, j'essaie, mais c'est pas facile pour un homme de changer sa nature. *(Un temps.)* Je bois plus, en tout cas. Pas une seule goutte en six ans. Et maintenant je me suis pris une femme. Doreen. La meilleure femme que je connaisse. *(Un temps.)* Et un petit garçon, aussi. Cyrus Junior. *(Un temps.)* Alors les choses vont mieux, c'est sûr, depuis qu'on m'a mis ce crochet. Si j'arrive à redresser ce foutu garage, ça ira pas mal pour moi.

RACHID. – Vous avez appelé le minot comme vous, hein ?

CYRUS *(il sourit en pensant à son fils)*. – Ce gosse, il est unique. Un vrai tigre.

Gros plan du visage de Rachid. Il paraît de plus en plus bouleversé.

Parlons un peu de toi, gamin. Quelle est ton histoire ?

RACHID *(se détournant)*. – Qui, moi ? J'ai pas d'histoire. J'suis qu'un gamin.

Fermeture au noir.

36. EXT. JOUR. DEVANT LE GARAGE COLE

Fin d'après-midi. Rachid et Cyrus continuent à charger le bric-à-brac à l'arrière du pick-up. On aperçoit la télé portable, posée sur le sol devant le bureau.

Après quelque temps, une Ford bleue vieille de dix ans se range à côté du pick-up et s'arrête. Elle est conduite par la femme de Cyrus, Doreen. C'est une jolie femme très maîtresse d'elle-même, proche de la trentaine. Cyrus Junior est assis à l'arrière sur un siège de sécurité pour bébé. Il a deux ans.

Le visage de Cyrus s'illumine quand il voit la voiture. Doreen coupe le moteur et descend en souriant à son mari. Rachid, que Cyrus a soudain oublié, les regarde avec un vif intérêt.

CYRUS. – Oh, ma belle. Bonne journée ?

DOREEN *(à la blague)*. – Si j'avais dû laver les cheveux d'une vieille dame de plus, je crois que les doigts m'en tomberaient.

Elle l'embrasse sur la joue.

CYRUS. – Du boulot, alors ? Tant mieux, parce que ici les choses sont restées plutôt calmes aujourd'hui.

DOREEN *(elle ouvre la portière arrière, détache Junior de son siège et le prend dans ses bras)*. – T'en fais pas, Cy. Ce n'est qu'un début. *(Elle s'adresse à Junior, mais en même temps elle aperçoit Rachid.)* Dis bonjour à papa.

JUNIOR *(qui s'agite dans les bras de sa mère, tout excité de voir son père).* – Papa ! Papa !

CYRUS *(prenant l'enfant dans ses bras et lui donnant un gros baiser).* – Et alors, mon petit tigre. Qu'est-ce qu'on a fait aujourd'hui ?

DOREEN *(à Rachid, tout en passant le bébé à Cyrus).* – Salut.

RACHID *(intimidé).* – Salut.

CYRUS *(en remarquant l'échange entre Doreen et Rachid).* – Bon Dieu, j'ai presque oublié que tu étais là. Doreen, voici Paul. Mon nouvel assistant.

RACHID *(Doreen et lui se serrent la main).* – Ce n'est que temporaire. Un boulot en free-lance.

CYRUS *(il tourne Junior vers Rachid).* – Et lui, au cas où t'aurais pas deviné, c'est Junior.

RACHID *(il regarde Junior avec attention. Marmonne d'une voix à peine audible).* – Salut, petit frère.

CYRUS *(à Junior).* – Dis bonjour à Paul.

JUNIOR. – Salut, petit frère.

CYRUS. – Il m'aide à débarrasser la pièce du haut. On a intérêt à ce que cet endroit ait bon aspect. *(A Rachid.)* Je crois que c'est tout pour aujourd'hui, camarade. Reviens demain matin à huit heures, et tu pourras reprendre où tu t'es arrêté.

Il se dirige vers le bureau avec Junior dans les bras.

On le voit par la fenêtre, qui ouvre la caisse enregistreuse, empoche l'argent, éteint les lumières, puis sort et ferme les portes du garage. A l'avant-plan, on voit Rachid debout près de Doreen. Il regarde par terre, trop timide pour parler avec elle. Elle l'observe avec un mélange de curiosité et d'amusement. Quand Cyrus a fini de fermer boutique, il vient vers eux et dit à Rachid :

CYRUS. – Tu veux que je te paie maintenant, ou tu peux attendre demain ?

RACHID. – Demain c'est bon. Y a pas le feu.

37. EXT. DÉBUT DE SOIRÉE. DEVANT LE GARAGE COLE

Un peu plus tard. On voit Rachid, assis devant la porte du bureau à côté de la télé. Il est complètement immobile. Plan fixe pendant quelques instants.

38. INT. DÉBUT DE SOIRÉE. DANS LE BUREAU DU GARAGE

On voit apparaître, glissant sous la porte, un dessin au crayon. C'est un très beau dessin qui représente le garage vu de l'autre côté de la route.

La caméra cadre sur le dessin jusqu'à ce qu'il occupe la totalité de l'écran. Plan fixe pendant quelques instants.

Fermeture au noir.

39. INT. JOUR. L'APPARTEMENT DE PAUL

Paul ouvre la porte. Rachid est debout dans le couloir, il tient dans ses bras la télé portable. Il a son sac sur le dos. Ses vêtements sont un peu plus fatigués que la dernière fois qu'on l'a vu.

PAUL *(surpris)*. – Eh, c'est toi !

RACHID *(sérieux)*. – Je voulais te donner ceci en signe de reconnaissance.

PAUL. – Reconnaissance de quoi ?

RACHID. – Je sais pas. De m'avoir aidé.

PAUL *(considérant la télé d'un air soupçonneux).* – Où as-tu déniché ça ?

RACHID. – Je l'ai achetée. Vingt-neuf quatre-vingt-quinze en solde chez Goldman, télé et radio. *(Il tend la télé à Paul, qui la prend dans ses bras. Rachid sourit.)* Eh bien, voilà une affaire réglée, j'imagine. Tu pourras regarder les matchs, maintenant. Tu sais, en guise de petite récréation.

Il s'apprête à repartir.

PAUL. – Où diable est-ce que tu crois que tu vas ?

RACHID. – Rendez-vous d'affaires. Je vois mon agent de change à trois heures.

PAUL. – Laisse tomber, tu veux ? Laisse tomber tes conneries et reviens ici.

RACHID *(il regarde sa montre, hausse les épaules).* – J'ai pas beaucoup de temps.

Il revient vers la porte, entre dans l'appartement.

PAUL *(il pose la télé sur le meuble stéréo).* – Ferme la porte. *(Rachid ferme la porte.)* Assieds-toi dans ce fauteuil. *(Il montre du doigt. Rachid s'assied dans le fauteuil.)* Maintenant écoute-moi bien. Ta tante Em est venue ici il y a quelques jours. Elle était malade d'inquiétude, hors d'elle. Nous avons eu une conversation intéressante à ton sujet, *Thomas.* Tu comprends ce que je te dis ? Ta tante pense que tu as des ennuis et moi aussi. Raconte-moi ça, fiston. Je veux tout entendre, tout de suite.

Rachid comprend qu'il est coincé. Hausse les épaules. Sourit faiblement. Fixe le plancher pour éviter le regard de Paul. Quand il ose relever les yeux, Paul le contemple toujours d'un air furibond.

RACHID. – T'as pas vraiment besoin de savoir.

PAUL *(avec impatience).* – Ah non ? Et qu'est-ce qui t'autorise à décider de ce dont j'ai besoin ou pas ?

RACHID *(il soupire, vaincu).* – D'accord, d'accord. *(Un temps.)* C'est tellement stupide. *(Un temps.)* C'est ce type, tu vois. Charlie Clemm. Le Putois, c'est comme ça qu'on l'appelle. Le genre de mec dont vaut mieux pas croiser la route.

PAUL. – Et alors ?

RACHID *(il hésite)*. – J'ai croisé sa route. C'est pour ça que je préfère pas retourner dans mon quartier. Pour être sûr de pas retomber sur lui.

PAUL. – Alors c'est ça, le truc que tu n'aurais pas dû voir, hein ?

Gros plan de Rachid, qui s'anime en parlant :

RACHID. – Je passais là par hasard... Tout à coup, le Putois et un autre mec sortent en courant d'un bureau de change avec des masques sur la tronche et des flingues à la main... Ils sont tombés pile sur moi. Le Putois m'a reconnu, et je savais qu'il savait que je l'avais reconnu... Si le type du bureau de change s'était pas amené à ce moment-là en hurlant au meurtre, il m'aurait descendu. Je t'assure, le Putois m'aurait descendu comme ça sur le trottoir. Mais ce gars l'a distrait, et quand il s'est retourné pour voir ce qui se passait, je me suis tiré... Une seconde de plus, et j'étais mort, mec.

PAUL. – Pourquoi ne vas-tu pas à la police ?

RACHID. – Tu rigoles, ou quoi ? Tu te crois marrant, sans doute ?

PAUL. – Si on mettait ce Putois en prison, tu serais tranquille.

RACHID. – Ce mec a des amis. Et y a peu de chances qu'ils me pardonnent si je dépose contre lui.

PAUL *(il réfléchit)*. – Qu'est-ce qui te fait croire que tu seras plus en sécurité par ici ? On est à peine à un mile de là où tu habites.

RACHID. – C'est peut-être pas loin, mais c'est une autre galaxie. Noir c'est noir et blanc c'est blanc, et jamais les deux ne se rencontrent.

PAUL. – Il me semble qu'ils l'ont fait dans cet appartement.

RACHID. – Ça c'est parce qu'on n'est intégrés nulle part, toi et moi. Tu détonnes dans ton monde, et je détonne dans le mien. On est les marginaux de l'univers.

PAUL *(observant Rachid).* – Peut-être. Ou peut-être que ce sont les autres, les marginaux.

RACHID. – Soyons pas trop idéalistes.

PAUL *(un temps. Il sourit).* – T'as raison. Faudrait pas qu'on se laisse emporter, pas vrai ? *(Un temps.)* Maintenant, appelle ta tante Em pour qu'elle sache que tu es en vie.

40. INT. SOIR. L'APPARTEMENT DE PAUL

Paul et Rachid regardent les Mets *à la télévision. Tous deux fument de petits cigares. Paul savoure le sien calmement. Rachid tousse après chaque bouffée. Manifestement, il n'a pas l'habitude de fumer. La télévision a un tube défectueux : l'image est mauvaise, et de temps à autre l'un des deux se lève et tape sur le dessus de l'appareil pour la ramener en place. Ils suivent le match en silence. Plan rapproché de l'écran : le batteur est en action. On entend la voix du commentateur sportif.*

41. EXT. FIN D'APRÈS-MIDI. LE COIN DE RUE DEVANT *THE BROOKLYN CIGAR CO.*

Auggie est seul, en train de fermer sa boutique ; il a l'air particulièrement négligé et mal rasé. Au moment où il finit de baisser le dernier rideau de fer, une voiture immatriculée en Pennsylvanie arrive à toute allure dans la 7ᵉ avenue et freine brusquement devant le magasin. C'est une vieille Pontiac en assez piteux état : elle crache de la fumée, le pot d'échappement est crevé et la carrosserie bosselée. Auggie se retourne et regarde la voiture.

Du point de vue d'Auggie : on découvre que le conducteur est Ruby McNutt. Ruby se penche à la fenêtre ouverte et interpelle Auggie d'une voix pressante.

RUBY. – Monte, Auggie, faut que je te fasse voir quelque chose.

AUGGIE *(sans enthousiasme)*. – Tu renonces jamais, toi, hein ?

RUBY. – Monte et tais-toi. Je te demande pas de faire quoi que ce soit. J'ai juste besoin que tu viennes avec moi.

AUGGIE. – Où ça ?

RUBY *(impatiente)*. – Putain, Auggie, pose pas tant de questions. Monte dans la voiture.

Auggie hausse les épaules. Ruby ouvre la portière avant et il embarque. Ils s'éloignent.

42. EXT. SOIR. LES RUES DE BROOKLYN

La voiture de Ruby circule dans Brooklyn crépusculaire, parcourant la 7e avenue jusqu'à Flatbush Avenue, puis s'engageant dans Eastern Parkway et passant devant la bibliothèque publique et le musée de Brooklyn avant de pénétrer dans les quartiers pauvres de Crown Heights et de East New York.

RUBY. – J'y ai dit qu'elle allait rencontrer son père.

AUGGIE. – T'as quoi ?

RUBY. – C'était la seule façon, Auggie. Sinon, elle m'aurait pas laissée la voir.

AUGGIE. – Je crois que tu ferais mieux d'arrêter là, que je descende.

RUBY. – Relax, OK ? T'as rien à faire de spécial. T'as qu'à entrer et faire semblant. Ça ne te tuera pas de me rendre ce petit service. D'ailleurs, ça t'apprendra peut-être quelque chose.

AUGGIE. – Ah ouais ? Et quoi ?

RUBY. – Que je me foutais pas de toi, mon cœur. Au moins tu sauras que je te disais la vérité.

AUGGIE. – Ecoute, je prétends pas que t'as pas de fille. Mais c'est pas la mienne, c'est tout.

RUBY. – Attends de l'avoir vue, Auggie.

AUGGIE. – Et qu'est-ce que ça veut dire, ça ?

RUBY. – C'est ton portrait craché.

AUGGIE *(irrité)*. – Pas de ça. Je ne veux pas de ça, t'entends ? Tu commences à m'agacer.

RUBY. – Quand je lui ai dit que j'allais lui amener son père, elle a comme fondu. C'est la première fois que Félicité m'a parlé gentiment depuis qu'elle est partie de chez nous. Elle meurt d'envie de te connaître, Auggie.

Ils roulent en silence pendant quelques secondes encore. Ils se trouvent maintenant dans l'un des quartiers les pires et les plus dangereux de la ville. On voit des immeubles à l'abandon, aux ouvertures obstruées par des planches, des terrains vagues semés de décombres, des ordures répandues sur les trottoirs. Ruby s'engage dans l'une de ces rues et arrête la voiture devant un immeuble minable dont la porte d'entrée arbore un graffiti à la bombe : KILL THE COPS *(TUEZ LES FLICS). Auggie et Ruby sortent de la voiture et se dirigent vers l'immeuble. Plus loin dans la rue, on voit un Noir qui soulève une poubelle métallique et la jette par terre avec violence. Elle atterrit à grand fracas.*

AUGGIE. – Joli quartier, où tu m'as amené. Plein de gens prospères et heureux.

43. INT. SOIR. CHEZ FÉLICITÉ

Gros plan d'une porte verte abîmée. On entend frapper de l'autre côté. Un temps. On entend frapper de nouveau. Après une autre pause, on entend des pas qui se rapprochent. Un instant plus tard, une épaule entre dans le champ. C'est Félicité, vue de dos. Elle porte une robe à fleurs bon marché.

FÉLICITÉ. – Ouais ? Qui est là ?

RUBY. – C'est moi, mon chou. Maman.

On voit la main de Félicité qui tire le verrou. La porte s'ouvre, révélant Auggie et Ruby debout sur le palier. Tous deux semblent nerveux : Ruby, dans l'expectative, arbore un sourire forcé ; Auggie est sur ses gardes, fermé.

Gros plan du visage de Félicité. C'est une très jolie blonde de dix-huit ans. Elle a l'air hostile, cependant, et ses yeux ont une expression ravagée. On remarque le fard appliqué maladroitement sur ses joues, sa bouche barbouillée de rouge à lèvres. Elle passe la main dans ses cheveux raides et sales.

Gros plan du visage d'Auggie. Impossible de savoir ce qu'il pense.

Tandis qu'Auggie et Ruby entrent dans la pièce, la caméra recule pour la montrer. C'est une chambre misérable, à peine meublée : un matelas double à même le sol (le lit n'est pas fait), une table de bois branlante avec deux chaises le long du mur du fond (sur la table, une boîte de Sugar Pops), un petit réchaud et, près du matelas, un énorme appareil de télévision en couleurs. L'appareil est allumé, sans le son. Des images de publicité clignotent à l'arrière-plan pendant tout le reste de la scène. La seule décoration est un grand poster noir et blanc de Jim Morrison collé sur un des murs avec du Scotch. Des vêtements traînent dans tous les coins : par terre, sur la table, sur le poste de télévision.

Lorsque Ruby ferme la porte derrière elle, Félicité s'est déjà réfugiée à l'autre bout de la pièce et allume une cigarette tirée d'un paquet de Newport qui se trouve sur la table. Personne ne parle. Dans un silence embarrassé, Félicité lance à sa mère et à Auggie des regards noirs.

RUBY *(se décidant)*. – Eh bien ?

FÉLICITÉ. – Eh bien quoi ?

RUBY. – T'as rien à nous dire ?

FÉLICITÉ. – Qu'est-ce que tu veux que je vous dise ?

RUBY. – Je sais pas, moi. 'Jour m'man, 'jour p'pa. Quelque chose comme ça.

FÉLICITÉ *(elle tire une bouffée de sa cigarette en dévisageant Auggie de la tête aux pieds. Puis se tourne vers Ruby).* – J'en ai pas, de *papa*, tu piges ? Je suis née la semaine dernière quand tu t'es fait enculer par un clebs.

AUGGIE *(grommelant).* – Bon Dieu de bois, il me manquait plus que ça !

RUBY *(qui s'efforce d'ignorer la méchanceté de sa fille).* – Tu m'as dit que t'avais envie de le connaître. Eh bien, le voici.

FÉLICITÉ. – Ouais, j'ai peut-être dit ça. Chico m'a dit de voir de quoi il a l'air, des fois qu'y aurait du blé pour nous là-dedans. Eh ben maintenant que je l'ai vu, je peux pas dire que je suis épatée. *(Un temps. Elle s'adresse à Auggie.)* Eh, m'sieu. T'es riche ou quoi ?

AUGGIE *(écœuré).* – Ouais, je suis millionnaire. J'me balade incognito parce que j'ai honte de tout ce fric.

RUBY *(à Félicité, d'un ton implorant).* – Sois gentille, ma minette. On est juste ici pour t'aider.

FÉLICITÉ *(cinglante).* – M'aider ? Qu'est-ce que j'en ai à cirer de votre aide ? J'ai mon mec, non ? Tu peux pas en dire autant, Œil-de-Faucon !

AUGGIE. – Holà, holà, parle pas comme ça à ta mère !

FÉLICITÉ *(ignorant Auggie, elle écrase sa cigarette sur la table. A sa mère).* – Tu veux me faire croire que t'as réellement couché avec cette tache ? Tu veux me faire croire que t'as laissé ce type-là te baiser ?

RUBY *(mortifiée, s'efforçant de ne pas perdre son sang-froid).* – Tu peux faire ce que tu veux de ta propre vie. Nous on pense au bébé, c'est tout. On veut que tu te fasses désintoxiquer pour le bébé. Avant qu'il soit trop tard.

FÉLICITÉ. – Le bébé ? De quel bébé tu parles ?

RUBY. – Ton bébé. Le bébé que tu portes en toi.

FÉLICITÉ. – Ouais, eh ben, y a plus de bébé là-dedans. Tu piges ? Y a plus rien là-dedans maintenant.

RUBY. – Qu'est-ce que tu racontes ?

FÉLICITÉ. – J'ai avorté, idiote. *(Eclat de rire amer.)* Je me suis fait avorter avant-hier. Alors t'as plus besoin de m'emmerder avec ces conneries. *(Elle rit de nouveau. Puis, d'un ton de défi, presque pour elle-même :)* Bye-bye, baby !

AUGGIE *(il prend Ruby par le bras. Elle est sur le point de fondre en larmes).* – Viens, allons-nous-en d'ici. J'ai ma dose.

Ruby se dégage de la main d'Auggie et continue à regarder sa fille. Pendant que Félicité parle, la caméra se rapproche de son visage.

FÉLICITÉ. – Ouais, t'as raison, foutez le camp. Chico sera là d'une minute à l'autre, et je crois pas que ton bon ami voudra se frotter à lui. Chico est un homme, un vrai. Pas une espèce de connard minable ramassé dans un vieux tas d'ordures. Tu entends ce que je te dis ? Ton m'sieu papa, ici, il en fera de la chair à saucisse. Ça c'est garanti. Il te le bousillera à mort.

44. INT. JOUR. L'APPARTEMENT DE PAUL

C'est le matin. Dans le coin cuisine, Rachid est en train de faire du café. Paul sort de la salle de bains d'une démarche mal assurée en se frottant le visage avec une serviette. Il vient de se lever et est encore mal éveillé. Il s'approche de la table.

PAUL. – Ah, du café. Sent bon.

RACHID *(en lui tendant une tasse).* – Bois un peu de dynamite, ça va t'ouvrir les yeux.

PAUL *(il prend la tasse et s'assied).* – Merci.

Il boit.

RACHID. – A quelle heure tu t'es couché cette nuit ?

PAUL. – Je ne sais pas. Deux ou trois heures. Assez tard.

RACHID. – Tu travailles trop, tu sais ?

PAUL. – Une fois que l'histoire vous tient, c'est difficile de lâcher. D'ailleurs, je rattrape le temps perdu.

RACHID. – Tout de même n'exagère pas. Faudrait pas que tu meures de manque de sommeil juste avant d'avoir fini.

PAUL *(presque pour lui-même. Il regarde la photo d'Ellen sur le mur).* – Si on ne dort pas, on ne rêve pas. Et si on ne rêve pas, on ne fait pas de cauchemars.

RACHID. – Logique. Et si on ne dort pas, on n'a pas besoin d'un lit. Ça fait des économies. *(Un temps.)* Et c'est quoi cette histoire à laquelle tu travailles ?

PAUL. – Si je te la raconte, je ne pourrai peut-être pas la finir.

RACHID. – Allez, juste un petit bout.

PAUL *(il sourit de l'impatience de Rachid. Un temps).* – D'accord, juste un petit bout. Je ne te raconte pas l'histoire, mais je vais te dire ce qui m'en a donné l'idée.

RACHID. – L'inspiration.

PAUL. – Ouais, c'est ça. L'inspiration. C'est une histoire vraie, de toute façon, alors je pense que ça ne peut pas faire de mal, hein ?

RACHID. – Absolument.

PAUL. – D'accord. Ecoute bien. *(La caméra se déplace lentement pour venir prendre en gros plan le visage de Paul.)* Il y a vingt-cinq ans environ, un jeune homme est allé skier seul dans les Alpes. Il y a eu une avalanche, la neige l'a englouti, et on n'a jamais retrouvé son corps.

RACHID *(off, moqueur).* – Et c'est la fin.

PAUL. – Non, pas la fin. Le commencement. *(Un temps.)* Son fils n'était qu'un petit garçon à l'époque, mais les années ont passé, et en grandissant il s'est mis au ski, lui aussi. Un beau jour, l'hiver dernier, il s'en va faire une course en solitaire dans la montagne. A mi-chemin de la descente, il s'arrête pour déjeuner à côté d'un gros rocher. Pendant qu'il déballe son sandwich au fromage, il baisse les yeux et aperçoit un corps pris dans la glace – juste là, à ses pieds. Il se penche pour le voir de plus près et tout à coup il a l'impression de regarder dans un miroir, de s'y regarder lui-même. C'est bien lui – mort – et le corps est parfaitement intact, scellé dans un bloc de glace – comme un homme immobilisé en plein milieu d'un geste. Il se met à quatre pattes, regarde de près le visage du mort, et comprend qu'il se trouve devant son père.

Gros plan du visage de Rachid. On le voit qui écoute intensément.

(Off.) Et le plus étrange c'est que le père est plus jeune que le fils à présent. L'enfant est devenu un homme, et il se trouve qu'il est plus vieux que son propre père.

La caméra reste fixée sur le visage de Rachid. Au bout d'un moment :

(Off.) Alors, qu'est-ce que tu comptes faire aujourd'hui ?

RACHID *(il hausse les épaules).* – Lire, réfléchir, dessiner un peu si je le sens.

Il désigne la table basse : on y voit son carnet de croquis et un livre de poche : l'Othello *de Shakespeare.*

Mais ce soir je fais la fête. Ça c'est sûr.

PAUL. – La fête ? En quel honneur ?

RACHID. – C'est mon anniversaire. J'ai dix-sept ans *(Il regarde sa montre.)* depuis quarante-sept minutes, et je crois que je peux me réjouir d'être arrivé jusque-là.

PAUL *(il lève sa tasse).* – Eh bien ! Bon anniversaire. Pourquoi tu me l'as pas dit ?

RACHID *(impassible).* – Je viens de te le dire.

PAUL. – Plus tôt, je veux dire. On aurait pu prévoir quelque chose.

Gros plan du visage de Rachid.

RACHID. – J'aime pas prévoir. Je préfère prendre la vie comme elle vient.

45. INT. FIN D'APRÈS-MIDI. LA LIBRAIRIE

Une librairie indépendante, petite et encombrée.

La scène débute par un plan rapproché du visage de l'employée : April Lee, une Eurasienne, un peu moins de la trentaine. Elle est assise derrière le comptoir principal avec un livre ouvert devant elle. Elle a l'air troublé, intrigué, comme si elle venait de se rappeler ou de reconnaître quelque chose mais ne savait pas au juste quoi. On la voit regarder le fond du magasin, tendre l'oreille vers la conversation de Paul et Rachid.

RACHID *(off)*. – Et voilà. *(Un temps.)* Les dessins de Rembrandt. Edward Hopper. Les lettres de Van Gogh.

PAUL *(off)*. – Prends-en deux ou trois. Puisque j'ai ouvert mon coffre, tu peux aussi bien en profiter.

Paul et Rachid reviennent vers le comptoir. April baisse les yeux et feint d'être plongée dans sa lecture. On voit Paul et Rachid entrer dans le champ par le fond. Paul pose sur le comptoir une petite pile de livres d'art.

PAUL. – Nous prendrons ceux-ci, s'il vous plaît.

April relève les yeux ; son regard croise celui de Paul. Pendant un bref instant, ils se dévisagent mutuellement – échange significatif qui n'échappe pas à l'attention de Rachid.

APRIL. – Vous payez en espèces ou par carte ?

PAUL *(il sort son portefeuille et regarde dedans)*. – Plutôt par carte.

Il prend sa carte de crédit et la tend à April.

APRIL *(elle regarde la carte et sourit)*. – Je pensais bien que je vous reconnaissais. Vous êtes Paul Benjamin l'écrivain, n'est-ce pas ?

PAUL *(content et surpris).* – J'avoue.

APRIL. – J'attends toujours la sortie de votre prochain roman. Vous travaillez à quelque chose ?

PAUL. – Je, euh...

RACHID *(avec enthousiasme).* – Ça vient, ça vient. A l'allure où il va, il aura fini une histoire avant la fin de l'été.

APRIL. – Formidable ! Quand votre prochain livre paraîtra, vous pourriez peut-être venir à la librairie pour une signature ? Je suis sûre qu'on aurait beaucoup de monde pour l'occasion.

PAUL *(qui dévisage toujours April).* – Euh, en réalité, j'ai tendance à éviter ce genre de choses.

RACHID *(à April).* – Excusez ma question, vous n'êtes pas mariée, n'est-ce pas ?

APRIL *(éberluée).* – Quoi ?

RACHID. – Faut peut-être que je reformule ma question. Ce que je voudrais savoir, c'est si vous êtes mariée ou si vous avez une relation sérieuse avec quelqu'un ?

APRIL *(encore étonnée. Elle éclate de rire).* – Non ! Du moins je ne crois pas !

RACHID *(avec un sourire de satisfaction).* – Bon. Alors puis-je avoir l'honneur de vous lancer une invitation ?

APRIL. – Une invitation ?

Gros plan de Paul en train d'écouter cet échange entre Rachid et April.

RACHID. – Oui, une invitation. Je vous demande pardon de ne la formuler qu'à la dernière minute, mais M. Benjamin et moi nous célébrons quelque chose, ce soir, et nous serions très heureux si vous acceptiez de nous accompagner. *(Regard vers Paul.)* N'est-ce pas, monsieur Benjamin ?

PAUL *(avec un large sourire).* – Absolument. Nous serions très honorés.

APRIL *(souriante).* – Et c'est à quelle occasion, cette célébration ?

RACHID. – C'est mon anniversaire.

APRIL. – Et combien de personnes assisteront à cette soirée d'anniversaire ?

RACHID. – J'appellerais pas vraiment ça une soirée. Ce serait plutôt dans le style d'un dîner en l'honneur de mon anniversaire. *(Un temps.)* La liste des invités est plutôt réduite. Jusqu'ici, il y a M. Benjamin et moi-même. Si vous acceptez, on sera à nous trois.

APRIL *(ironique. Petit sourire subtil).* – Aha... Je vois. Un dîner intime. Mais est-ce que trois c'est pas un peu gênant ? Vous connaissez le dicton...

RACHID. – Trois c'est trop. Oui, j'en suis conscient. Mais je dois garder un œil sur M. Benjamin en toute circonstance. Pour m'assurer qu'il ne s'attire pas d'ennuis.

APRIL. – Et vous êtes quoi, vous ? Son chaperon ?

RACHID *(imperturbable).* – En réalité, je suis son père.

April éclate de rire, amusée par la folie montante de la conversation.

PAUL. – C'est vrai. La plupart des gens croient que je suis son père. Il est logique de le supposer – puisque je suis plus âgé que lui et tout ça. Mais en réalité, c'est le contraire. Il est mon père et je suis son fils.

Gros plan du visage d'April. Elle rit de bon cœur.

46. INT. SOIR. UN RESTAURANT THAÏ A BROOKLYN

A l'arrière-plan, on voit un certain nombre d'autres clients. A l'une des tables, une famille chinoise fête un anniversaire. Vers la fin de la scène, ils se lèveront tous pour poser en groupe devant un photographe. Paul, Rachid et April sont installés à une table ronde. Ils sont à la moitié de leur repas.

PAUL. – Alors votre mère a grandi à Shanghai ?

APRIL. – Jusqu'à douze ans. Elle est arrivée ici en quarante-neuf.

PAUL. – Et votre père ? Il est de New York ?

APRIL *(elle sourit)*. – Muncie, Indiana. Lui et ma mère se sont rencontrés au collège. Mais moi je suis de Brooklyn. Mes sœurs et moi, on est nées et on a grandi ici.

PAUL. – C'est comme moi.

RACHID. – Et moi aussi.

APRIL. – J'ai un jour lu quelque part qu'un quart de tous les habitants des Etats-Unis ont au moins un parent qui a vécu à Brooklyn à un moment ou à un autre.

RACHID. – Pas étonnant que ce soit le bordel, ici.

PAUL *(à April)*. – Et la librairie. Il y a longtemps que vous y travaillez ?

APRIL. – Ce n'est qu'un emploi pour l'été. De quoi m'aider à payer mes factures pendant que je finis ma thèse.

PAUL. – Votre thèse ? Qu'est-ce que vous étudiez ?

APRIL. – La littérature américaine. Quoi d'autre ?

PAUL. – Quoi d'autre. En effet, quoi d'autre ? Et quel est le sujet de votre thèse ?

APRIL *(affectant un air pompeux)*. – Visions d'Utopie dans le roman américain du XIXe siècle.

PAUL. – Holà ! Vous ne doutez de rien, vous, alors !

APRIL *(elle sourit)*. – Bien sûr que je doute. Mais pas tellement quand il s'agit de mon travail, c'est vrai. *(Un temps.)* Avez-vous lu *Pierre ou les Ambiguïtés* ?

PAUL. – Melville, hein ? *(Il sourit.)* Ça fait un bail.

APRIL. – C'est le sujet de mon dernier chapitre.

PAUL. – C'est pas un livre facile.

APRIL. – C'est pourquoi cet été n'a pas été le plus facile de ma vie.

RACHID. – Raison de plus pour se laisser aller ce soir, ma jolie. *(Il lève son verre.)* Vous savez, plein vent dans les voiles.

April heurte son verre à celui de Rachid en riant joyeusement ; Paul les regarde en souriant.

47. INT. NUIT. UN BAR A BROOKLYN

Un repaire de cols-bleus, bruyant et encombré. April, Paul et Rachid sont debout ensemble, l'air un peu pompette. Ils sont engagés dans une conversation animée à trois voix, qu'on ne distingue pas du brouhaha général.

*Un disque tourne sur le juke-box (*Downtown Train, *par Tom Waits). April propose à Paul de danser. Il accepte. Pendant qu'ils dansent, Rachid les regarde. Bien que le rythme de la chanson soit rapide, Paul et April dansent lentement, intimidés, pas très sûrs de leur attitude l'un envers l'autre.*

Au bout d'un moment, Auggie arrive de l'arrière-salle avec Violette, sa spectaculaire petite amie, pendue à son bras. Tous deux sont bien imbibés.

AUGGIE *(ivre, souriant)*. – Eh, salut, quelle bonne surprise !

PAUL. – Je vous présente April Lee, Auggie. April, dites bonsoir à Auggie Wren.

APRIL *(souriante)*. – Bonsoir, Auggie Wren.

AUGGIE *(affecte la manière de parler d'un cow-boy et, soulevant un chapeau imaginaire)*. – Enchanté, miss April, j'suis bien content de vous connaître. *(Il se tourne vers Violette.)* Et cette jolie petite dame, ici, c'est miss Vi-o-lette Sanchez de Jalapeno, le petit piment le plus torride de ce côté-ci du rio Grande. Pas vrai, mon petit cœur ?

VIOLETTE *(accent latino)*. – Vrai, Auggie. Et toi non plus, t'es pas froid. Hein, mon petit cœur ?

Paul, April et Rachid saluent Violette.

AUGGIE. – Alors, qu'est-ce qui vous amène dans un bouge pareil ?

PAUL *(à Auggie, en désignant Rachid d'un geste du pouce).* – C'est son anniversaire, alors on a décidé de faire un peu la fête.

AUGGIE *(à Rachid).* – Quel âge, fils ?

RACHID. – Dix-sept ans.

AUGGIE. – Dix-sept ans ? Je me rappelle quand j'avais dix-sept ans. Bon Dieu, quel petit paumé de corniaud j'étais à dix-sept ans ! C'est ça que tu es, fiston ? Un petit corniaud bien naze ?

RACHID *(qui hoche la tête avec un sérieux feint).* – Tout à fait. On peut dire que vous avez mis dans le mille.

AUGGIE. – Bon. Continue comme ça, et tu deviendras peut-être un jour un grand homme comme moi.

Il éclate de rire.

Paul entoure de son bras les épaules d'Auggie et s'adresse à lui sur un ton plus calme. Pendant qu'ils parlent, April et Violette se dévisagent mutuellement en souriant avec embarras. Rachid s'efforce d'entendre ce que se disent Paul et Auggie.

PAUL. – Eh, Auggie, je viens d'avoir une idée. Vous n'auriez pas besoin d'un petit coup de main dans le magasin ? Un peu d'aide pour l'été, tant que Vinnie n'est pas là.

AUGGIE *(il réfléchit).* – De l'aide ? Mmh. C'est possible. C'est quoi, votre idée ?

PAUL. – Je pense à ce gamin. Je suis sûr qu'il vous rendrait service.

AUGGIE *(il se redresse et observe Rachid).* – Oh, fiston. Ça t'intéresserait de bosser ? Je viens d'être averti par ton bureau de placement que tu cherches une situation dans le commerce de détail.

RACHID. – Bosser ? *(Un temps. Il regarde Paul.)* Sûr que je refuserais pas de bosser.

AUGGIE. – Passe au magasin demain matin à dix heures et on en parlera, d'accord ? On verra ce qu'on peut combiner.

RACHID. – Dix heures demain matin. J'y serai.

PAUL *(avec une petite tape dans le dos d'Auggie).* – Je vous revaudrai ça. N'oubliez pas.

48. INT. JOUR. L'APPARTEMENT DE PAUL

C'est le matin. Paul et Rachid sont assis à table, en train de prendre le petit déjeuner. Rachid porte un T-shirt rouge au dos orné du mot FIRE *en lettres blanches. On les surprend en pleine conversation.*

PAUL. – C'est en 1942, d'accord ? Et il est bloqué à Leningrad pendant le siège. Je te parle d'un des pires moments de l'histoire de l'humanité. Cinq cent mille personnes sont mortes en ce seul endroit, et voilà Bakhtine, terré dans un appartement et s'attendant à être tué n'importe quand. Il a du tabac en quantité, mais pas de papier à cigarettes. Alors il prend les pages d'un manuscrit auquel il travaille depuis dix ans et les déchire pour se rouler des cigarettes.

RACHID *(incrédule).* – Son seul exemplaire ?

PAUL. – Son seul exemplaire. *(Un temps.)* Je veux dire, si tu crois que tu vas mourir, qu'est-ce qui est plus important, un bon livre ou une bonne clope ? Et donc, bouffée après bouffée, petit à petit il a fumé son livre.

RACHID *(il réfléchit, puis sourit).* – Pas mal. T'as failli m'avoir pendant une seconde, mais non... aucun auteur ne ferait une chose pareille. *(Pause brève. Il regarde Paul.)* Pas vrai ?

PAUL *(amusé).* – Tu ne me crois pas, hein ? *(Il se lève de table et se dirige vers la bibliothèque.)* Attends, je vais te montrer. Ça se trouve dans ce livre.

Paul monte sur une chaise et tend le bras pour attraper un livre sur le rayon du dessus. Ce faisant, il aperçoit le sac en papier que Rachid a caché là à la séquence 15. Il le regarde, surpris, puis s'en saisit et le brandit en se tournant vers Rachid.

Qu'est-ce que c'est que ça ?

RACHID *(au supplice)*. – J'sais pas.

PAUL. – C'est à toi ?

RACHID. – Ouais, ça se pourrait.

PAUL *(il hausse les épaules, peu désireux d'en faire un foin)*. – Tiens, attrape.

Paul lance le sac vers Rachid. Le sac se déchire au vol, et une pluie de billets de vingt, cinquante et cent dollars retombe du plafond. Paul est abasourdi. Rachid voit le monde s'écrouler sous ses yeux.

Fermeture au noir.

49. INT. JOUR. L'APPARTEMENT DE PAUL

Ouverture : quelques minutes plus tard. Paul et Rachid se sont rassis devant la table, et l'argent est rangé entre eux en piles bien ordonnées. A nouveau, on les surprend en pleine conversation.

PAUL. – Donc tu dis que ça ne s'est pas du tout passé comme ça.

RACHID. – Pas exactement. Je veux dire qu'y a eu autre chose que ce que je t'ai raconté.

PAUL. – Bon Dieu ! C'est pas seulement que tu les as vus. Ils ont laissé tomber le sac par terre et tu l'as ramassé.

RACHID. – Ouais, je l'ai ramassé.

PAUL. – Et t'as pris tes jambes à ton cou.

RACHID. – J'ai pris mes jambes à mon cou.

PAUL *(sarcastique).* – Riche idée.

RACHID. – Mais justement ! J'ai même pas eu l'idée. Je l'ai fait, c'est tout.

PAUL. – Tu as un sacré talent pour t'attirer des ennuis, dis donc ! *(Un temps, il désigne l'argent.)* Et alors, ça fait combien, tout ça ?

RACHID. – Six mille dollars. Cinq mille huit cent quatorze dollars, pour être précis.

PAUL *(il hoche la tête, tentant d'assimiler ce nouvel aspect de la situation).* – Donc tu as volé les voleurs, et maintenant les voleurs sont après toi.

RACHID. – C'est ça. Tout à fait.

PAUL. – Ouais, eh bien, tu dois être débile pour avoir fait ça. Si tu veux mon avis, tu dois rapporter cet argent au Putois. Tu le lui rapportes et tu lui dis que tu regrettes.

RACHID *(il fait non de la tête).* – Pas question. Il est pas question que je rende ce fric. C'est mon fric, maintenant.

PAUL. – Ça te fera une belle jambe, si le Putois te retrouve.

RACHID *(entêté).* – Ce fric, c'est tout mon avenir.

PAUL. – Continue comme ça et t'en auras pas, d'avenir. *(Un temps.)* Ce serait moche de mourir à dix-sept ans. C'est ça que tu veux ?

Gros plan du visage de Rachid. Fermeture au noir.

50. INT. JOUR. *THE BROOKLYN CIGAR CO.*

Rachid passe la serpillière. Il termine, emporte son matériel dans le cagibi situé derrière la caisse et met la serpillière dans le seau posé sur l'évier. Il fait couler de l'eau pour la rincer. Sur le sol, juste à côté de l'évier, se trouvent deux cartons ouverts. On entrevoit leur contenu : des boîtes de Montecristo (des cigares cubains). L'envoi qu'Auggie attendait de Miami est arrivé.

Rachid referme le robinet, mais un mince filet d'eau continue de couler dans le seau. Rachid ne s'en aperçoit pas.

Rachid revient près du comptoir. Auggie est debout devant la porte, il s'apprête à sortir. Pour la première fois, il est rasé de près, bien peigné et vêtu avec recherche : veste de sport en tissu écossais rouge vif, pantalon blanc, etc. L'effet est étrange, comique.

AUGGIE. – Je reviens dans une heure environ. Tiens la caisse en attendant, d'accord ?

RACHID. – Bien sûr. A plus tard.

Auggie salue de la main et s'en va.

Le cagibi. Gros plan du seau dans l'évier. L'eau déborde et s'écoule sur les caisses de cigares cubains.

Le magasin. Assis derrière le comptoir, Rachid contemple une photo de femme nue dans la revue Penthouse.

Le cagibi. Gros plan de l'eau en train d'inonder les cigares cubains.

Le magasin. Gros plan de Rachid, bouche bée devant la photo. On l'entend gémir doucement.

RACHID *(en sourdine).* – Petit Jésus, au secours !

Fondu.

La porte s'ouvre à grand bruit. Rachid ferme précipitamment le magazine et le fourre sous le comptoir. Auggie entre, suivi de deux hommes d'âge moyen vêtus de complets sombres à fines rayures : ses clients avocats, amateurs de cigares cubains.

AUGGIE *(aux avocats en train d'entrer. Il est manifestement tendu. Il se montre jovial, engageant).* – C'est peut-être illégal, mais on voit pas bien où est le crime si y a pas de victime. Y a pas de mal, hein ?

PREMIER AVOCAT. – Ça devait faire le même effet d'entrer dans un speakeasy du temps de la prohibition.

SECOND AVOCAT. – Les plaisirs interdits, hein ?

AUGGIE *(à Rachid)*. – Du monde en mon absence ?

RACHID. – Un peu. Pas beaucoup.

AUGGIE *(aux avocats)*. – Par ici, messieurs. Retirons-nous dans mon bureau, voulez-vous ?

Il désigne le cagibi derrière le comptoir.

La caméra demeure fixée sur Rachid tandis qu'Auggie et les avocats disparaissent. Un instant plus tard, on entend Auggie exploser de rage.

AUGGIE *(off)*. – Qu'est-ce qui se passe ici, bordel ! Regardez-moi ça. C'est une inondation ! Nom de Dieu de bordel de merde ! Regardez-moi ça ! Regardez-moi cette saloperie !

51. INT. JOUR. L'APPARTEMENT DE PAUL

Gros plan du visage de Rachid, en larmes.

PAUL *(off)*. – Alors tu as perdu ton boulot. C'est ça que tu racontes ? Il t'a mis à la porte ?

RACHID *(qui peut à peine parler)*. – C'est plus compliqué que ça. Il y avait une raison.

PAUL *(off)*. – Eh bien ?

RACHID. – C'était pas ma faute.

PAUL *(off, irrité)*. – Si tu ne me dis pas ce qui s'est passé, comment veux-tu que je le sache ? Il me faut des faits, pas des opinions.

RACHID *(il s'efforce de parler et de ravaler ses larmes)*. – Le robinet coulait, tu vois... Je l'avais fermé, mais il coulait tout de même, et puis Auggie a dû sortir, et je suis allé dans le magasin... et ensuite... Eh bien, ensuite... quand Auggie est revenu... tout était inondé. Ses cigares cubains étaient foutus... Complètement trempés... juste quand il allait les vendre... à ces richards en complet...

Vue de Paul debout au milieu de la chambre, en train de regarder Rachid qui est assis sur le lit.

PAUL. – Des cigares cubains. Tu veux dire qu'il avait une combine en cours avec ces types-là ?

RACHID. – Sans doute. J'étais pas au courant.

PAUL. – Pas étonnant qu'il soit furieux.

RACHID. – Il y était de cinq mille dollars, qu'il disait... Il n'arrêtait pas de répéter ça... Cinq mille dollars aux chiottes... Il n'arrêtait pas... Cinq mille dollars, cinq mille dollars... Il avait l'air d'avoir pété les plombs à cause de ces cinq mille dollars.

Silence. Paul marche de long en large en réfléchissant. Il s'assied sur une chaise près de la table. Réfléchit encore.

PAUL. – Voilà ce que tu vas faire : tu vas ouvrir ton sac à dos, en sortir ton paquet de fric et compter cinq mille dollars, et tu les donneras à Auggie.

RACHID *(horrifié).* – Qu'est-ce que tu racontes ? *(Un temps.)* T'es pas sérieux !

PAUL. – Je suis tout ce qu'il y a de plus sérieux. Tu as une dette à régler envers Auggie. Puisque tu ne veux pas rendre l'argent au Putois, tu peux t'en servir pour arranger les choses avec Auggie. C'est sans doute mieux de toute façon. Mieux vaut garder ses amis que s'inquiéter de ses ennemis.

RACHID *(avec obstination. Ses larmes ont recommencé à couler).* – Je le ferai pas.

PAUL. – Oh, si, tu vas le faire. Tu as déconné, tu dois réparer les dégâts. C'est comme ça, gamin. Si tu ne le fais pas, je te fous à la porte. Tu entends ce que je te dis ? Si tu ne paies pas à Auggie ce que tu lui dois, je ne veux plus de toi ici.

RACHID. – Si je paie Auggie j'aurai plus rien. Huit cents dollars et un ticket pour Chiotteville.

PAUL. – T'en fais pas pour ça. Tu as des amis maintenant, tu sais ? Conduis-toi correctement, et tout le reste s'arrangera.

52. INT. NUIT. UN BAR A BROOKLYN

Auggie est assis au bar, seul, en train de fumer une cigarette en buvant une bière. Il a l'air écœuré : il marmonne tout seul, jure dans sa barbe. Les affaires sont calmes, le bar est presque vide.

Paul et Rachid entrent et s'approchent d'Auggie au bar. Rachid porte un sac en papier brun. Auggie leur fait signe de la tête de le suivre dans l'arrière-salle.

Dans l'arrière-salle, tous trois s'installent à une table. Long silence embarrassé.

PAUL. – Il est désolé, Auggie.

AUGGIE *(les sourcils froncés, il joue avec les serviettes sur la table).* – Ouais, eh ben, moi aussi je suis désolé. *(Un temps.)* Il m'a fallu trois ans pour économiser ces cinq mille dollars, et maintenant je suis rétamé. Je peux à peine me payer cette bière. Sans parler de ma crédibilité qui est foutue. Vous comprenez ce que je vous dis ? Ma crédibilité. Alors, oui, je suis désolé, moi aussi. Jamais été plus désolé de toute ma putain de vie.

PAUL. – Il a quelque chose à te dire, Auggie.

AUGGIE. – S'il a quelque chose à me dire, pourquoi il me le dit pas lui-même ?

Sans un mot, Rachid prend le sac sur ses genoux et le pose sur la table devant Auggie. Celui-ci examine le sac d'un œil soupçonneux.

RACHID. – C'est pour vous.

AUGGIE. – Pour moi ? Et je suis censé faire quoi avec un sac en papier ?

RACHID. – Ouvrez-le.

AUGGIE *(il jette un coup d'œil au contenu du sac).* – C'est quoi ce truc, une blague ?

RACHID. – Non, c'est cinq mille dollars.

AUGGIE *(écœuré).* – Chierie, j'en veux pas de ton pognon, petit branleur. *(Il regarde à nouveau dans le sac.)* Il est sans doute volé, de toute façon.

RACHID. – Qu'est-ce que ça peut vous faire, d'où il vient. Il est à vous.

AUGGIE. – Et pourquoi t'irais me donner de l'argent ?

RACHID. – Comme ça je peux ravoir mon boulot.

AUGGIE. – Ton boulot. Tu as là cinq mille dollars. Qu'est-ce que t'en as à foutre de ce petit boulot de merde ?

RACHID. – C'est pour les magazines X. Je peux mater toutes les femmes nues que je veux pour pas un rond.

AUGGIE. – T'es qu'une pauvre tache de petit connard, tu sais ça ?

Auggie pousse le sac vers Rachid. Sans une seconde d'hésitation, Rachid le repousse vers Auggie.

PAUL. – Faites pas l'imbécile, Auggie. Il essaie de réparer ses torts, vous voyez pas ?

AUGGIE *(il soupire, hoche la tête, jette encore un coup d'œil au contenu du sac).* – Il est naze.

PAUL. – Non, pas lui. Vous.

AUGGIE *(il hausse les épaules, commence à sourire).* – Vous avez raison. J'étais pas sûr que vous le saviez.

PAUL. – Ça se lit sur votre figure comme une enseigne au néon. Maintenant dites quelque chose à Rachid pour qu'il se sente mieux.

AUGGIE *(il regarde de nouveau dans le sac et sourit).* – Va te faire foutre, petit.

RACHID *(il commence à sourire).* – Allez vous faire foutre aussi, espèce de sale Blanc.

PAUL *(un temps. Il rit. Puis, frappant des mains sur la table).* – Bon. Je suis content que ce soit réglé.

53. INT. JOUR. L'APPARTEMENT DE PAUL

Paul est seul, à sa table, en train de taper à la machine. Tout à coup, les touches s'embrouillent, se bloquent.

PAUL *(il tend les mains devant lui, doigts écartés, et s'adresse à eux).* – Attention, petits. Faites gaffe.

54. INT. JOUR. L'APPARTEMENT DE PAUL

Plusieurs heures plus tard. Comme précédemment : Paul seul devant sa table, en train de taper à la machine. On entend frapper violemment sur la porte. Paul continue d'écrire. Nouveau coup violent sur la porte. Paul soupire, se lève et sort de la pièce.

On voit Paul traverser l'autre pièce et ouvrir la porte. Deux Noirs sont debout sur le seuil. L'un des deux est grand et fort, il doit avoir dans les trente-cinq ans ; l'autre est petit, guère plus de vingt ans. Ce sont Charles Clemm (le Putois) et son acolyte, Roger Goodwin.

LE PUTOIS. – Monsieur Benjamin, je suppose ?

Sans laisser à Paul le temps de répondre, le Putois et Goodwin entrent en le bousculant. Goodwin claque la porte derrière eux. Paul recule avec nervosité. Il se place près des fenêtres qui donnent sur la rue.

GOODWIN. – Z'avez un problème de sécurité, dans c't immeuble, vous savez ? La porte, là, en bas, elle ferme pas.

LE PUTOIS. – C'est pas recommandé, ça, en ces temps troublés. On sait jamais quel genre de crapule pourrait monter de la rue.

PAUL *(nerveux).* – J'en parlerai au propriétaire dès demain.

GOODWIN. – C'est ça. Voudriez pas de mauvaises surprises, n'est-ce pas ?

PAUL *(en les dévisageant)*. – Et à qui ai-je le plaisir de parler ?

LE PUTOIS. – Le plaisir ? *(Il rit.)* C'est pas vraiment le mot, petit malin. Je parlerais plutôt de bizness.

PAUL. – Peu importe. Je sais qui vous êtes, de toute façon. *(Un temps.)* Vous êtes le Putois, n'est-ce pas ?

LE PUTOIS *(indigné)*. – Le quoi ?

GOODWIN *(brandissant un automatique calibre 45 et le pointant sur Paul)*. – Personne appelle Charles comme ça en face. *(Il empoigne le bras de Paul et lui fait une clef.)* Compris ?

PAUL *(avec un grognement de douleur)*. – Sûr, j'ai compris.

Avant que Goodwin ait pu faire preuve d'une réelle violence, le Putois l'écarte d'un geste. A ce moment, Paul regarde par la fenêtre.

En bas, dans la rue, on voit Rachid qui approche de l'immeuble.

Du point de vue de Rachid, on voit Paul, en haut, dos à la fenêtre, faisant des gestes de la main comme pour l'écarter, pour l'avertir du danger.

Vue du visage de Rachid, intrigué.

Du point de vue de Rachid, on aperçoit dans le cadre la tête du Putois.

Vue de Rachid, qui s'éloigne en courant dans la rue. Pendant que tout cela se passe, on entend ce qui suit :

LE PUTOIS *(off)*. – J'vais t'espliquer quel est le bizness qui nous amène. On a besoin de ta coopération afin de localiser un certain individu. Nous savons qu'il a logé ici, nous n'accepterons pas de démenti, compris ?

PAUL. – Quel individu cherchez-vous ?

GOODWIN *(off)*. – Le petit Tommy Cole. Un petit gars de chez nous avec une cervelle comme un pois chiche.

PAUL *(off, essayant de gagner du temps)*. – Tommy Cole ? Jamais entendu ce nom.

Rachid a maintenant disparu. Vue du visage de Paul. Il jette un coup d'œil à la rue par-dessus son épaule.

La rue : on ne voit plus trace de Rachid.

La caméra revient à Paul, le Putois et Goodwin debout dans la chambre.

LE PUTOIS. – Je suis pas sûr que tu m'as bien entendu la première fois. Nous *savons* que ce gamin est venu ici.

PAUL. – Vous croyez sans doute savoir, mais vous êtes mal informés. Je n'ai jamais entendu parler d'un nommé Tommy Cole.

GOODWIN *(il se balade dans la pièce et remarque le carnet de croquis de Rachid sur la table basse)*. – Vise-moi ça, Charles. Notre cousin Tommy, il aime pas gribouiller ?

Il ramasse le carnet, le feuillette, puis se met à déchirer les dessins et à les jeter par terre.

PAUL. – Eh, qu'est-ce que vous foutez ?

Avant que Goodwin ne réponde, le Putois s'approche de Paul et, sans le moindre avertissement, lui décoche un violent direct à l'estomac. Paul se plie en deux de douleur et tombe sur le sol.

LE PUTOIS. – Alors comment ça va se passer, petit malin ? Tu coopères, ou on t'expédie à l'hôpital ?

GOODWIN *(tout en se dirigeant vers la bibliothèque, s'adresse à Paul par-dessus son épaule)*. – J'espère que t'as une bonne assurance, mec.

Goodwin se met soudain à empoigner des livres sur les rayonnages et à les lancer par terre.

55. EXT. JOUR. DEVANT *THE BROOKLYN CIGAR CO.*

On voit Auggie, un bras posé sur les épaules de Jimmy Rose. Ils sont en pleine conversation. Auggie parle, Jimmy fait de son mieux pour le suivre : il regarde par terre en hochant la tête, se cure le nez discrètement. Pendant qu'ils bavardent, on voit Paul arriver dans la rue. Il boite ; il a la moitié de la figure bandée et un bras en écharpe.

AUGGIE. – Si c'est oui, c'est oui. Si c'est non, c'est non. Tu comprends ce que je te dis ? On ne sait jamais ce qui va pouvoir se passer, et du moment qu'on croit le savoir, c'est justement qu'on n'en sait foutre rien. Ça c'est ce qu'on appelle un paradoxe. Tu me suis ?

JIMMY. – Sûr, Auggie, je te suis. Quand on ne sait rien, c'est comme au paradis. Et ça je sais ce que c'est. C'est quand on est mort et qu'on va au ciel s'asseoir avec les anges.

AUGGIE *(comme il s'apprête à reprendre Jimmy, il aperçoit Paul qui arrive au coin de la rue)*. – Dieu du ciel, dans quel état vous êtes !

PAUL *(haussant les épaules)*. – Ça aurait pu être pire. Si les flics n'étaient pas arrivés, je ne serais sans doute plus sur pied.

AUGGIE. – Les flics ? Voulez dire qu'ils ont pincé ces ordures ?

PAUL. – Non. Les… euh… les frères Bobbsey se sont tirés dès qu'ils ont entendu les sirènes. Mais au moins ils ont cessé de jouer leur duo de marimbas sur mon crâne. *(Un temps. Il sourit.)* Assaltus interruptus.

AUGGIE *(tout en examinant les blessures de Paul)*. – Sacré *bordelus* ! Ils vous en ont fait, un numéro !

PAUL. – Pour la première fois de ma vie j'ai réussi à la fermer. C'est quelque chose dont je pourrais me vanter, je suppose.

Jimmy, qui dévore Paul des yeux depuis son arrivée, lève doucement une main hésitante et touche le visage meurtri de Paul. Celui-ci grimace un peu.

JIMMY. – Ça fait mal ?

AUGGIE. – Bien sûr que ça fait mal. Ça ne se voit pas ?

JIMMY *(calmement)*. – Je pensais qu'il faisait peut-être semblant.

PAUL *(à Auggie)*. – Vous n'avez pas de nouvelles de Rachid ?

AUGGIE. – Pas la moindre.

PAUL. – J'ai parlé à sa tante il y a quelques jours, mais elle aussi est sans nouvelles. Ça devient un peu inquiétant.

AUGGIE. – Ça pourrait être bon signe, remarquez. Ça veut peut-être dire qu'il s'en est tiré.

PAUL. – Ou le contraire. *(Un temps.)* Aucun moyen de le savoir, n'est-ce pas ?

56. EXT. JOUR. UNE RUE DE BROOKLYN

Paul marche dans la rue, il rentre chez lui. Il remarque un jeune Noir, de dos, qui porte le même T-shirt rouge marqué FIRE *que celui de Rachid à la séquence 48. Paul s'excite et se hâte en boitant pour le rattraper. Lorsqu'il est à sa portée, il frappe sur l'épaule du jeune homme.*

JEUNE HOMME *(il se retourne brusquement comme s'il avait été attaqué. Avec colère)*. – Qu'est-ce que tu me veux, connard ?

PAUL *(embarrassé)*. – Excusez-moi. Je vous avais pris pour un autre.

JEUNE HOMME. – Je suis pas un autre, compris ? Tu peux aller te faire foutre par ton autre.

57. INT. FIN D'APRÈS-MIDI. L'APPARTEMENT DE PAUL

Paul, assis dans son fauteuil, continue à travailler à son livre à la main. L'appartement a été plus ou moins remis en état, mais il reste des traces de la visite du Putois : des bouts de meubles cassés, une pile de livres saccagés dans un coin, etc.

Au bout d'un moment, Paul se lève et va allumer la télévision. On entend les bruits de foule d'un match de base-ball et la voix du commentateur qui décrit l'action, mais il n'y a pas d'image : seulement une ligne blanche en travers de l'écran sombre. Paul marmonne dans sa barbe et frappe un grand coup sur le dessus de l'appareil. Une image apparaît : un match de base-ball en cours. Paul recule pour regarder. Aussitôt, l'image disparaît. On voit de nouveau la ligne blanche à travers l'écran sombre. Paul fait un pas en avant et frappe de nouveau sur l'appareil. Rien ne se passe. Il frappe encore, mais la ligne blanche demeure. La caméra se rapproche lentement ; gros plan de l'écran de télé. La caméra le traverse, passe dans l'obscurité. Au bout d'un moment, on entend cliqueter les touches du clavier. Le bruit de la machine à écrire résonne dans le vide.

58. EXT. FIN DE MATINÉE. LA PROMENADE DE BROOKLYN

Dimanche, fin de matinée, soleil éclatant. Avec à l'arrière-plan la silhouette du bas Manhattan, on voit sur la promenade la foule des week-ends d'été : des vieux lisant le journal sur les bancs, de jeunes couples avec leurs bébés, des filles en patins à roulettes, des garçons en skate-board, des clochardes, des vagabonds. La caméra se balade. A travers ce fouillis de gens et de couleurs, on aperçoit, vers la droite, le pont de Brooklyn qui dresse devant les immeubles du haut Manhattan la toile d'araignée de ses câbles ; à gauche, on voit le port de New York, le ferry de Staten Island, la statue de la Liberté. Auggie et Ruby longent la promenade, absorbés par leur conversation. Auggie est rasé de près, il a les cheveux plaqués en arrière et est vêtu de son pantalon blanc et d'une chemise hawaïenne rouge vif. Ruby porte des lunettes de soleil, un pantalon noir moulant et des talons aiguilles.

AUGGIE. – Alors tu laisses tomber et tu rentres chez toi ?

RUBY. – J'ai pas vraiment le choix, si ? C'est assez clair qu'elle veut pas de moi.

AUGGIE *(il réfléchit)*. – Tout de même, tu ne peux pas juste faire une croix dessus.

RUBY. – Ah non ? Et qu'est-ce que je suis censée faire. Il n'y a plus de bébé maintenant, et si elle veut fiche sa vie en l'air, c'est elle que ça regarde.

AUGGIE. – C'est qu'une gamine. Elle aura tout le temps d'avoir des bébés. Quand elle sera adulte.

RUBY. – Rêve toujours, Auggie. Elle a de la chance si elle atteint son dix-neuvième anniversaire.

AUGGIE. – Pas si tu lui fais suivre une cure de désintox.

RUBY. – J'arriverais jamais à la convaincre. Et même si j'y arrivais, ces trucs-là coûtent de l'argent. Et ça justement j'en ai pas. Je suis complètement raide.

AUGGIE. – Non, pas vrai.

RUBY *(elle s'immobilise)*. – Tu me traites de menteuse ? Je te dis que je suis raide. J'ai même pas d'assurance pour ma putain de voiture.

AUGGIE *(ignorant ce qu'elle vient de dire)*. – Tu te souviens de cette opération commerciale dont je t'avais parlé ? Eh bien, ça a marché. Je suis plein aux as.

RUBY *(elle fait la moue)*. – Tant mieux pour toi.

AUGGIE. – Non, tant mieux pour toi.

Il plonge la main dans sa poche, en tire une longue enveloppe blanche qu'il donne à Ruby.

RUBY. – Qu'est-ce que c'est ?

AUGGIE. – Ouvre-la, tu verras bien.

RUBY *(elle ouvre l'enveloppe, qui est pleine de billets de banque)*. – Doux Jésus, Auggie, y en a de l'argent là-dedans !

AUGGIE. – Cinq mille dollars.

RUBY *(incrédule)*. – Et tu me donnes ça, à moi ?

AUGGIE. – C'est à toi, ma jolie.

RUBY *(émue, au bord des larmes)*. – Cadeau ?

AUGGIE. – Cadeau.

RUBY *(elle pleure vraiment, maintenant)*. – Je peux pas y croire. Bon Dieu, je peux pas y croire. *(Un temps, elle reprend son souffle.)* Tu es un ange, Auggie. Un ange du ciel.

Elle tente de le prendre dans ses bras, mais Auggie s'esquive.

AUGGIE. – Lâche-moi avec tes conneries. Prends ce fric, Ruby. Mais chiale pas, tu veux ? Je supporte pas les gens qui pleurnichent.

RUBY. – Désolée, mon chou. J'y peux rien.

Ruby sort un mouchoir de son sac et se mouche à grand bruit. Auggie allume une cigarette. Après quelques instants, ils reprennent leur marche.

AUGGIE. – Y a juste un truc que je voudrais savoir.

RUBY *(qui s'est reprise)*. – Tout ce que tu veux, Auggie. T'as qu'à demander.

Auggie s'arrête de marcher.

AUGGIE. – Félicité. *(Un temps.)* C'est pas ma fille, hein ?

Longue pause. Gros plan du visage de Ruby.

RUBY. – Je ne sais pas, Auggie. Peut-être que oui. Et d'un autre côté, peut-être que non. Mathématiquement, c'est du cinquante-cinquante. A toi de dire.

Gros plan du visage d'Auggie. Au bout d'un moment, il commence à sourire. Fermeture au noir.

59. EXT. JOUR. LA 7e AVENUE

Paul marche dans la foule, une enveloppe jaune sous le bras.

60. INT. JOUR. LA LIBRAIRIE

April est derrière le comptoir. Elle enregistre l'achat d'une cliente, une Indienne en sari.

Paul entre et s'approche du comptoir. Quand April relève la tête et le reconnaît, son visage s'éclaire – et exprime aussitôt de l'inquiétude à la vue des blessures et pansements de Paul. Elle oublie complètement sa cliente.

APRIL. – Dieu du ciel, qu'est-ce qui vous est arrivé ?

PAUL *(il hausse les épaules)*. – Ça paraît pire que ce n'est. Je vais bien.

APRIL. – Qu'est-ce qui s'est passé ?

PAUL. – Je vous raconterai ça... *(Il regarde autour de lui.)* ... mais pas ici.

APRIL *(un temps. Timidement)*. – Ça fait un moment. Je pensais que, peut-être, vous feriez signe.

PAUL. – Oui, euh, j'ai été un peu hors circuit. *(Un temps.)* Comment va Melville ?

APRIL. – Ça y est presque. Une semaine, dix jours et j'aurai fini.

LA CLIENTE *(qui s'impatiente)*. – Mademoiselle, vous me rendez la monnaie, s'il vous plaît ?

APRIL. – Oh, excusez-moi.

Elle lui tend sa monnaie.

LA CLIENTE. – *Et* mon livre.

APRIL. – Désolée.

Elle glisse le livre – Portrait d'une femme *– dans un sac et le donne à la cliente.*

La cliente sort, non sans jeter par-dessus l'épaule un regard désapprobateur à April et Paul.

PAUL *(il tend à April l'enveloppe jaune).* – Mon histoire est finie. J'ai pensé que vous pourriez avoir envie d'y jeter un œil.

APRIL *(elle prend l'enveloppe – et, au même instant, elle comprend la signification du geste de Paul. Elle sourit).* – J'aimerais beaucoup.

PAUL. – Bien. J'espère que ça vous plaira. Ça a été long à venir.

APRIL *(elle regarde sa montre).* – Je vais déjeuner dans dix minutes. Je peux vous offrir un hamburger ?

PAUL *(embarrassé).* – Euh… franchement, il vaudrait peut-être mieux que vous lisiez ça avant. Appelez-moi quand vous aurez fini, d'accord ?

APRIL *(déroutée, déçue, mais faisant bonne figure).* – D'accord. Je le lirai ce soir et je vous appelle demain. *(Elle soupèse l'enveloppe.)* Ça n'a pas l'air très long.

PAUL. – Quarante et une pages.

Un nouveau client – un jeune Blanc d'une vingtaine d'années – apparaît au comptoir avec un exemplaire de Sur la route. *Paul commence à s'en aller vers la porte.*

Vous n'oublierez pas d'appeler ?

APRIL. – Je n'oublierai pas. C'est promis.

61. INT. NUIT. L'APPARTEMENT DE PAUL

Le téléphone sonne – deux, trois, quatre fois – mais personne n'est là pour répondre.

62. INT. NUIT. *THE BROOKLYN CIGAR CO.*

Vue du magasin désert. On entend un téléphone qui sonne dans le lointain.

63. INT. NUIT. L'APPARTEMENT D'AUGGIE

Auggie est seul, assis à sa table de cuisine, en train de sortir d'une enveloppe Kodak des photos récemment développées. L'album 1990 est ouvert devant lui sur la table. L'une après l'autre, Auggie fixe de petites étiquettes blanches au coin inférieur droit de chaque photo et inscrit soigneusement la date sur chaque étiquette avec un stylo : 30. 7. 1990 ; 31. 7. 1990 ; 1ᵉʳ. 8. 1990, etc. Ensuite, l'une après l'autre, il glisse chaque photo à sa place dans l'album. Il fume une cigarette, chantonne en sourdine, sirote un verre de bourbon. Il a une dégaine d'écumeur de plages : mal rasé, ébouriffé, torse nu, vêtu d'un short déformé.

Le téléphone sonne. Auggie n'est pas d'humeur à se laisser bousculer ; il glisse encore une photo à sa place, avale une gorgée de bourbon et puis, enfin, répond :

AUGGIE. – Bureau des disparitions. Sergent Fosdick. *(Un temps, il écoute.)* Eh bien, que je sois... Jeannot Lapin est vivant ! *(Un temps.)* Ouais, au poil. Pas de problème. *(Un temps.)* Danzinger Road. A Peekskill. *(Un temps.)* Comment veux-tu que je sache ? J'y peux rien, s'il ne répond pas au téléphone. *(Un temps.)* Alors c'est toi qui as appelé les flics, hein ? Bien joué. *(Un temps.)* Bien sûr, je le pense. Bien joué. Ça lui a sans doute sauvé la vie. *(Un temps.)* Tu peux le dire. Moche. Tu lui dois beaucoup, petit frère. *(Un temps.)* J'ai du travail, tête de piaf – tu te rappelles ? *(Un temps.)* Non, non, samedi non plus. Dimanche. *(Un temps.)* Oui. Bien. D'accord. *(Il sourit.)* Ouais, et puis mon cul, aussi. *(Il écoute, sourit de nouveau.)* Toi aussi.

Il raccroche.

64. EXT. JOUR. LA RUE DE PAUL

Paul et Auggie marchent ensemble sur le trottoir. Paul porte le sac à dos de Rachid.

PAUL. – Alors, qu'est-ce qu'il a dit quand il a appelé ?

AUGGIE. – Pas grand-chose. Que ses chaussettes et ses calcifs étaient sales, et est-ce qu'on viendrait lui apporter ses affaires. *(Un temps.)* Ces chers petits, hein ? Ils croient toujours que tout leur est dû.

Auggie s'arrête devant une voiture garée au bord du trottoir : un coupé DeVille rouge, vieux de quinze ans.

PAUL *(impressionné).* – Sacrée bagnole, Auggie. D'où sort-elle ?

AUGGIE. – Elle est à Tommy. Ce con-là me devait un service.

Auggie déverrouille la portière côté passager, puis fait le tour de la voiture pour l'ouvrir de l'autre côté.

PAUL *(en ouvrant sa portière).* – Ce n'est pas très loin. Une heure, une heure et demie. On sera rentrés pour le dîner.

AUGGIE. – Y a intérêt. J'ai pas passé une nuit loin de Brooklyn en quatorze ans, et je vais pas changer mes habitudes. D'ailleurs, faut que je sois à mon coin à huit heures pile demain matin.

Tous deux montent dans la voiture. Auggie met le moteur en marche.

65. INT./EXT. JOUR. PEEKSKILL. LE GARAGE COLE

Rachid est occupé à peindre les murs de la pièce du haut. Celle-ci est métamorphosée depuis la dernière fois qu'on l'a vue. Elle est maintenant tout à fait vide, et propre comme un sou neuf. A chaque coup de brosse, la peinture blanche que Rachid applique sur les murs améliore encore son aspect. Rachid travaille avec soin, fier de ce qu'il a déjà accompli.

On entend soudain une voiture en bas. Rachid va à la fenêtre ouverte pour regarder dehors.

Du point de vue de Rachid : Cyrus, Doreen et Junior sont arrivés dans la Ford bleue. Ils en descendent. Doreen porte une glacière de camping. Cyrus ouvre la portière arrière et détache Junior de son siège.

RACHID *(off, dans un marmonnement effrayé)*. – Oh, zut ! Qu'est-ce qu'ils foutent ici un dimanche ?

DOREEN *(elle salue Rachid d'un geste du bras)*. – Salut, Paul. On a décidé de faire un pique-nique. Tu nous rejoins ?

On voit Rachid à la fenêtre.

RACHID. – Euh, oui, bien sûr. *(Un temps.)* Deux minutes. Je descends dans deux minutes.

On voit Rachid dans la pièce du haut. Il s'accroupit, dépose la brosse dont il se servait sur la boîte de peinture ouverte et commence à se frotter les mains avec un chiffon quand, tout à coup, on entend une autre voiture en bas. Rachid se redresse pour regarder.

Du point de vue de Rachid : le coupé DeVille rouge arrive péniblement à la station avec un pneu plat. La voiture s'arrête. Paul et Auggie en descendent.

Gros plan de Rachid qui regarde par la fenêtre. Son visage exprime la panique.

RACHID. – Catastrophe !

Il se rue vers la porte dans l'espoir d'arriver en bas près de Paul et Auggie avant que Cyrus ne leur parle. Dans sa hâte, il renverse le pot de peinture.

La scène s'achève avec un gros plan de la peinture blanche en train de s'étaler sur le plancher de bois nu.

66. EXT. JOUR. DEVANT LE GARAGE COLE

Vue de Cyrus, Doreen et Junior près de la table de pique-nique, sur laquelle ils sont en train de déballer leurs provisions. La caméra passe de Cyrus – qui commence à marcher vers Paul et Auggie – à ces derniers, debout à côté des pompes à essence. Paul et Auggie regardent en direction du bureau et se mettent à sourire. A l'instant précis où Cyrus arrive près d'eux, Rachid entre dans le cadre, essoufflé par sa descente précipitée.

PAUL. – Salut, toi.

RACHID *(choqué à la vue des blessures et des pansements de Paul).* – Hou là ! Qu'est-ce qu'ils t'ont mis, les cons !

PAUL. – Documentation. La scène figurera dans mon récit. *(Un temps.)* Grâce à quoi les frais médicaux sont cent pour cent déductibles de mes impôts.

AUGGIE *(sous cape).* – Fais avaler celle-là au contrôleur !

CYRUS *(qui a assisté à cet échange d'un air ahuri. A Rachid).* – Tu connais ces gens ? Je pensais qu'on avait des clients.

AUGGIE. – Ouais, il nous connaît. Mais vous avez aussi des clients. *(Pivotant sur lui-même, il donne un coup de pied à la voiture.)* Cet idiot de Tommy. Comptez sur lui pour se balader avec des pneus lisses.

PAUL. – On est venus livrer un peu de linge propre.

RACHID *(à Cyrus).* – C'est tout bon. Je les connais vraiment.

CYRUS *(encore interdit, mais voulant se montrer amical).* – Je suis le propriétaire. Cyrus Cole.

Il tend la main droite à Auggie.

AUGGIE *(serre la main à Cyrus).* – Auguste Wren.

Cyrus tend la main droite à Paul.

PAUL *(serrant la main à Cyrus).* – Paul Benjamin.

Gros plan du visage de Rachid. Le ciel vient de lui tomber sur la tête.

CYRUS *(plus abasourdi que jamais. Il se tourne vers Rachid)*.
– Ça c'est drôle. Il a le même nom que toi.

RACHID *(paniqué)*. – Ben, toi et Junior aussi vous avez aussi le même nom !

CYRUS. – Oui, mais c'est mon fils. Rien d'étonnant à ça. C'est ma chair et mon sang. Mais toi tu as le même nom que ce type-là, et vous n'êtes pas de la même *couleur* !

RACHID *(improvisant)*. – C'est comme ça qu'on se connaît. On est membres du Club international des homonymes. Crois-le ou non, y a huit cent quarante-six Paul Benjamin en Amérique. Mais deux seulement dans la zone métropolitaine de New York. C'est comme ça que Paul et moi on est devenus si bons amis. On est les seuls à se rendre aux réunions.

AUGGIE *(écœuré)*. – Tu débloques, petit. Pourquoi tu dis pas la vérité ? Dis à ce type qui tu es.

Mue par la curiosité, Doreen est venue rejoindre les quatre hommes. Elle porte Junior dans ses bras.

CYRUS *(se tournant vers Paul)*. – Qu'est-ce que c'est que ce cirque ?

PAUL *(hausse les épaules, désigne Rachid)*. – Feriez mieux de lui demander.

AUGGIE. – Allez, Rachid, mon gars, dis-lui.

DOREEN *(d'une voix forte)*. – Rachid ?

PAUL *(à Doreen)*. – Parfois. C'est ce qu'on appelle un *nom de guerre*.

CYRUS *(qui comprend de moins en moins)*. – Mais de quoi est-ce qu'on parle ?

AUGGIE *(à Rachid)*. – Courage. Dis-lui ton vrai nom. Celui qui est sur ton extrait de naissance.

Gros plan du visage de Rachid. Sa lèvre inférieure tremble, des larmes se forment dans ses yeux.

RACHID *(presque inaudible).* – Thomas.

CYRUS. – Paul. Rachid. Thomas. C'est quoi, à la fin ?

RACHID. – Thomas.

AUGGIE *(impatient).* – Allez, allez, espèce de foie blanc. Ton nom entier. Prénom *et* nom de famille.

RACHID *(qui essaie de gagner du temps. Des larmes commencent à lui couler sur les joues).* – Quelle différence ça peut faire ?

PAUL. – Si ça ne fait aucune différence, pourquoi tu le dis pas ?

RACHID *(à Paul, d'une voix brisée).* – J'allais lui dire... mais le moment venu. Le moment venu...

AUGGIE. – Rien de tel que le moment présent, bonhomme.

CYRUS *(à Rachid).* – Eh bien ?

RACHID *(clignant des yeux sur ses larmes. Il regarde Cyrus).* – Thomas Cole. Je m'appelle Thomas Jefferson Cole.

CYRUS *(foudroyé).* – Tu te fous de moi ? On se fout pas de moi ! Tu m'entends ? Je laisserai aucun petit voyou venir ici se foutre de moi !

DOREEN *(inquiète).* – Cyrus !

JUNIOR *(tendant les bras à Cyrus).* – Papa.

RACHID *(plus ferme).* – Que ça te plaise ou non, Cyrus, c'est mon nom. Cole. Juste comme toi.

PAUL *(à Cyrus).* – Maintenant demandez-lui qui était sa mère.

CYRUS *(hors de lui).* – J'aime pas ça. J'aime pas ça du tout.

RACHID. – Louisa Vail. Tu t'en souviens, Cyrus ?

CYRUS. – Tu vas te taire ? Tu vas te taire maintenant ?

Incapable de maîtriser sa fureur, Cyrus frappe violemment Rachid au visage. Rachid tombe.

AUGGIE *(inquiet).* – Eh, arrêtez !

Auggie prend un bon élan et frappe Cyrus sur la bouche. Doreen, en voyant son mari attaqué, envoie à Auggie un coup de pied rapide dans les tibias. Auggie pousse un hurlement et se met à sauter sur place.

DOREEN *(à Auggie).* – Pas de ça. Ça se passera pas comme ça chez moi, espèce de sale merdeux.

Doreen pose Junior par terre. Aussitôt, le petit garçon se précipite vers Paul et frappe avec énergie son bras blessé. Avec un cri de douleur, Paul s'effondre. La scène dégénère rapidement, devient chaotique.

Pendant ce temps, Rachid s'est remis sur ses pieds. Il repère Cyrus, se rue sur lui et le fait tomber. Ils roulent ensemble sur le macadam en luttant de toutes leurs forces. Au bout d'un moment, il semble que Cyrus prenne le dessus. Auggie tente de les séparer, mais sans résultat.

DOREEN *(tambourinant à coups de poing sur le dos de Cyrus).* – Arrête ! Arrête ! Tu vas le tuer, Cyrus !

Les cris perçants de Doreen font momentanément cesser le combat. Cyrus lâche Rachid et se lève. Rachid se lève à son tour. Mais entre eux la haine ne s'est pas apaisée. Cyrus brandit son crochet.

Doreen hurle.

C'est ton fils, nom de Dieu ! C'est ton fils ! Tu veux tuer ton fils ?

Brusquement, Cyrus cède. Il abaisse le bras et se cache le visage de la main droite. Après un instant, il fond en larmes. Ses sanglots sont terribles à entendre : une détresse pure, animale. Il titube, puis tombe à genoux, incapable de contenir ses larmes.

Vue de Rachid : il reste planté, immobile, à regarder Cyrus. Il laisse aller ses bras à ses côtés, desserre les poings. Les larmes ruissellent sur ses joues ; il respire fort. Gros plan de son visage.

Fermeture au noir.

67. EXT. JOUR. LA TABLE DE PIQUE-NIQUE A CÔTÉ DU GARAGE

Un peu plus tard. Plan général. Tous les participants à la séquence précédente sont installés à la table de pique-nique, en train de déjeuner : poulet rôti, limonade, chips, etc. L'image fait l'effet d'un tableau vivant.

Doreen est assise à côté de Cyrus. Rachid tient Junior dans ses bras et le berce doucement tandis que l'enfant, les yeux fermés, boit du lait au biberon. Auggie et Paul sont assis l'un à côté de l'autre, ils mangent du poulet en écoutant Doreen (qui est la seule à avoir l'énergie de parler). Cyrus a l'air sombre, vaincu. De temps à autre, il lance un coup d'œil à Rachid. Celui-ci fait semblant de l'ignorer et garde les yeux fixés sur Junior endormi.

Au début on n'entend rien. Ensuite la caméra se rapproche et on commence à distinguer ce que raconte Doreen. Pendant qu'elle parle, on voit Paul plonger la main dans sa poche et en sortir une boîte de petits cigares. Il se penche en avant pour en offrir un à Cyrus, mais Cyrus va dans sa poche à lui et offre à Paul un gros cigare. Paul accepte et l'allume. Cyrus en allume alors un pour lui-même.

DOREEN. – ... n'était peut-être pas le meilleur des investissements, mais ça ne coûtait pas cher, et si Cyrus y met un coup, on pourra en vivre. Cet homme-là s'y connaît en voitures, ça je peux vous le dire, mais le problème c'est que cette route est trop loin des voies de grande circulation. Depuis qu'on a créé ce centre commercial, il n'y a plus beaucoup de passage par ici. Mais on prend le meilleur avec le pire, pas vrai ? On fait de son mieux, et on espère que ça va marcher...

Musique.

68. ÉCRAN NOIR

La musique continue. Après quelques instants, on voit apparaître sur l'écran les mots : TROIS MOIS PLUS TARD.

69. EXT. JOUR. LE MÉTRO AÉRIEN, A BROOKLYN

La musique continue. On voit le métro aérien avancer sur ses rails comme un serpent dans la lumière pâle de novembre.

70. INT. JOUR. *THE BROOKLYN CIGAR CO.*

Auggie est derrière le comptoir, en chemise de flanelle. Les trois parieurs sont là aussi, comme à la scène 2. Jimmy entre dans le magasin et dépose un sac en papier sur le comptoir devant Auggie, après quoi il contourne le comptoir et va s'asseoir à côté de lui. Il observe sa montre avec attention. Auggie sort du sac un gobelet de café. Il ôte le couvercle, et un nuage de vapeur en sort. Pendant ce temps, les trois hommes discutent.

TOMMY. – Bien sûr qu'on va avoir la guerre. Tu crois qu'ils enverraient cinq cent mille types là-bas juste pour glander au soleil ? Je veux dire que le sable, y en a plein, mais y a pas tellement d'eau. Un demi-million de soldats. C'est pas des vacances à la plage, je peux te l'assurer.

JERRY. – Je sais pas, Tommy. Qui c'est qui va se prendre la tête au sujet du Koweit ? J'ai lu quelque chose à propos de leur grand cheik, là-bas. Il se marie avec une pucelle chaque vendredi et puis il divorce le lundi. Tu crois qu'on envoie nos petits gars se faire tuer pour un type comme ça ? Belle manière de défendre les valeurs américaines, hein, Tommy ?

TOMMY. – Pouvez rigoler. Je vous dis qu'on va avoir la guerre. Avec la Russie qui tombe en morceaux, ces connards du Pentagone seront au chômage s'ils ne se trouvent pas un autre ennemi. Ils ont ce Saddam maintenant, et ils vont mettre le paquet contre lui. C'est moi qui vous le dis.

Paul entre dans le magasin, en blouson de cuir, avec une écharpe. Les trois hommes arrêtent de parler et le regardent s'approcher du comptoir.

AUGGIE. – Salut, Paul, comment ça va ?

PAUL. – Salut, Auggie.

Sans attendre que Paul le lui demande, Auggie se retourne, sort de l'armoire à cigares deux boîtes de Schimmelpenninck et les pose sur le comptoir.

AUGGIE. – Deux, c'est ça ?

PAUL. – Euh, vaut mieux ne m'en mettre qu'une.

AUGGIE. – D'habitude, t'en prends deux.

PAUL. – Ouais, je sais, mais j'essaie de diminuer. *(Un temps.)* On se préoccupe de ma santé.

AUGGIE *(levant les sourcils, malicieux).* – Ah ! ah !

Paul hausse les épaules, embarrassé, puis se met à sourire chaleureusement.

Et comment marche le boulot ces jours-ci, maestro ?

PAUL *(souriant encore. Distrait).* – Bien. *(Un temps. Il se reprend en main.)* Du moins jusqu'il y a quelques jours. Un gars du *New York Times* m'a appelé pour me demander d'écrire un conte de Noël. Ils veulent le publier le jour de Noël.

AUGGIE. – Une plume à ton chapeau, camarade. Le journal de référence !

PAUL. – Ouais, super. Le problème, c'est que j'ai quatre jours pour trouver quelque chose, et que je n'ai pas la moindre idée. *(Un temps.)* Tu t'y connais, toi, en contes de Noël ?

AUGGIE *(fanfaron).* – En contes de Noël ? Bien sûr, j'en connais des masses.

PAUL. – Quelque chose de bien ?

AUGGIE. – De bien ? Evidemment. Tu rigoles ? *(Un temps.)* Tu sais quoi ? Invite-moi à déjeuner, camarade, et je te raconterai la plus belle histoire de Noël que t'as jamais entendue. D'accord ? Et je te garantis qu'elle est vraie mot pour mot.

PAUL *(souriant).* – Pas besoin qu'elle soit vraie. Du moment qu'elle est belle.

AUGGIE *(il se tourne vers Jimmy).* – Occupe-toi de la caisse pendant que je suis parti, Jimmy.

Il commence à se dégager de derrière le comptoir.

JIMMY. – Tu veux que je m'en occupe, Auggie ? T'es sûr que tu veux que je m'en occupe ?

AUGGIE. – Sûr que je suis sûr. Rappelle-toi bien ce que je t'ai appris. Et ne te laisse emmerder par aucun de ces bavards. *(Geste en direction des parieurs.)* Si tu as un problème, viens me trouver. Je serai un peu plus loin, chez Jack. *(A Paul :)* Ça te va, Jack ?

PAUL. – Ça me va.

71. INT. JOUR. LE RESTAURANT DE JACK

Un bar à sandwichs casher, achalandé et bruyant, avec des photos de sportifs sur les murs : d'anciennes équipes des Dodgers *de Brooklyn, les* Mets *en 1969, un portrait de Jackie Robinson. Attablés dans le fond, Paul et Auggie étudient le menu.*

PAUL *(refermant le menu).* – Faut que j'aille pisser. Si le garçon vient, commande-moi un corned-beef au pain de seigle et un ginger ale, OK ?

AUGGIE. – C'est comme si c'était fait.

Paul se lève pour aller aux toilettes. Resté seul, Auggie jette un coup d'œil à la chaise vide à côté de lui et remarque un exemplaire du New York Post. *Le journal est ouvert à une page où un gros titre annonce :* FUSILLADE A BROOKLYN. *Auggie se penche pour voir ça de plus près. Gros plan de l'article : photographies de Charles Clemm (le Putois) et de Robert Goodwin, avec leurs noms. En sous-titre :* MORT DES CAMBRIOLEURS D'UNE BIJOUTERIE. *Pendant qu'Auggie est plongé dans la lecture de l'article, le garçon arrive pour prendre sa commande. C'est un type entre deux âges, rond, chauve, l'air las.*

LE GARÇON *(off)*. – Qu'est-ce que ce sera, Auggie ?

AUGGIE *(il relève la tête)*. – Euh… *(Il désigne la place vide de Paul.)* Mon copain, là, il voudrait un corned-beef pain de seigle et un ginger ale.

On voit le garçon, carnet et crayon à la main.

LE GARÇON. – Et pour toi, ce sera quoi ?

AUGGIE *(qui s'est replongé dans sa lecture, se souvenant soudain de la présence du garçon)*. – Hein ?

LE GARÇON. – Pour toi, ce sera quoi ?

AUGGIE. – Pour moi ? *(Un temps.)* Je prendrai la même chose.

Il se remet à lire.

LE GARÇON. – Fais-moi plaisir, tu veux ?

AUGGIE *(relevant la tête)*. – Quoi donc, Sol ?

LE GARÇON. – La prochaine fois que tu veux deux sandwichs corned-beef, tu dis "deux sandwichs corned-beef". Si tu veux deux ginger ales, tu dis "deux ginger ales".

AUGGIE. – Qu'est-ce que ça change ?

LE GARÇON. – C'est plus simple, voilà tout. Ça fait gagner du temps.

AUGGIE *(décontenancé ; pour faire plaisir au garçon)*. – Oh ! Bien sûr, Sol. Puisque tu le demandes. Au lieu de dire "un sandwich corned-beef" et puis "un autre sandwich corned-beef", je dirai "deux sandwichs corned-beef".

LE GARÇON *(impassible)*. – Merci. Je savais que tu comprendrais.

Le garçon s'éloigne. Auggie se replonge dans l'article. Paul arrive et se rassied en face d'Auggie.

PAUL *(il s'installe)*. – Bon. On est prêts ?

AUGGIE. – Prêts. Quand tu voudras.

PAUL. – Je suis tout oreilles.

AUGGIE *(un temps. Il réfléchit).* – Tu te souviens que tu m'as un jour demandé comment je m'étais mis à faire des photos ? Eh bien, je vais te raconter comment j'ai eu mon premier appareil. En fait, c'est le seul appareil que j'aie jamais eu. Tu me suis, jusqu'ici ?

PAUL. – Mot pour mot.

AUGGIE *(gros plan de son visage).* – Bon. *(Un temps.)* Je vais donc te raconter comment ça s'est passé. *(Un temps.)* Bon. *(Un temps.)* C'était pendant l'été soixante-seize, l'époque où je commençais à travailler pour Vinnie. L'été du Bicentenaire. *(Un temps.)* Un jeune s'est amené un matin, et il s'est mis à voler des trucs dans la boutique. Il s'était planté devant le rayon des livres de poche, près de la vitrine, et il se fourrait des revues X sous sa chemise. Y avait foule près du comptoir, à ce moment-là, et je ne l'ai pas vu tout de suite…

Fondu du visage d'Auggie à celui de Paul. Les séquences suivantes se déroulent en noir et blanc : on y voit Auggie en train de vivre les événements qu'il décrit à Paul. La scène reproduit exactement les incidents montrés aux séquences 2 et 3, avec une différence : le voleur est à présent Roger Goodwin, l'homme qui a rossé Paul à la séquence 54, celui-là même dont Auggie vient de voir la photo dans le journal. L'action se déroule en silence, accompagnée par le récit d'Auggie :

(Off.) Mais quand j'ai remarqué son manège, je me suis mis à crier. Il a détalé comme un lapin, et le temps que je réussisse à m'extraire de derrière le comptoir, il cavalait déjà dans la 7e avenue. Je lui ai filé le train pendant un petit moment, et puis j'ai renoncé. Il avait laissé tomber quelque chose, et comme je n'avais plus envie de courir, je me suis penché pour voir ce que c'était.

On voit Auggie poursuivre le garçon, renoncer, se pencher et ramasser un portefeuille. Il retourne au magasin.

(Off.) Il se trouve que c'était son portefeuille. Y avait pas d'argent dedans, mais son permis de conduire y était, ainsi que trois ou quatre photos. Je suppose que j'aurais pu appeler les flics et le faire arrêter. J'avais son nom et son adresse sur le permis, mais il me faisait un peu pitié. C'était qu'un petit voyou minable, et après que j'avais regardé les photos qu'étaient là-dedans, j'avais plus trop le cœur de lui en vouloir...

On voit Auggie qui regarde les photos. Gros plan des photos.

(Off.) Roger Goodwin. Comme ça qu'il s'appelait. Sur une des photos, je me souviens, il était debout à côté de sa mère. Sur une autre, il brandissait je ne sais quel trophée scolaire avec un sourire comme s'il venait de gagner au loto. J'avais tout simplement pas le cœur. Un pauvre gosse de Brooklyn qu'avait jamais eu grand-chose, et qui aurait fait un foin pour trois revues cochonnes de toute façon ?

Retour au restaurant (image couleurs). Le garçon arrive à leur table avec la commande.

LE GARÇON. – Et voilà, messieurs. Deux sandwichs corned-beef. Deux ginger ales. Soyons brefs. Soyons simples.

Il s'en va.

PAUL *(tout en mettant de la moutarde sur son sandwich).* – Et alors ?

AUGGIE *(il boit une gorgée).* – Alors j'ai gardé le portefeuille. Régulièrement, une petite envie me prenait de le lui renvoyer, mais je remettais ça à plus tard et j'en ai jamais rien fait. *(Il met de la moutarde sur son sandwich.)* Et puis voilà Noël qui arrive et je suis là en plan, sans rien à faire. Vinnie devait m'inviter chez lui, mais sa mère est tombée malade et sa femme et lui ont dû partir en Floride à la dernière minute. *(Il mord dans son sandwich, mastique.)* Alors je me retrouve chez moi, ce matin-là, en train de m'apitoyer sur mon sort, et je vois le portefeuille de Roger Goodwin sur une étagère de la cuisine. Je me dis, après tout, pourquoi pas faire un truc sympa pour une fois, alors je mets mon manteau et je m'en vais rapporter le portefeuille.

Retour au noir et blanc : un grand ensemble, à Boerum Hill. Auggie erre seul entre les immeubles, tout ramassé contre le froid. En même temps, on entend :

(Off.) L'adresse était quelque part à Boerum Hill, dans un des grands ensembles. Il gelait dur ce jour-là, et je me souviens que je me suis perdu plusieurs fois avant de trouver le bon immeuble. Ils sont tous pareils dans ces ensembles, et on repasse tout le temps au même endroit en croyant qu'on se trouve ailleurs. Quoi qu'il en soit, j'ai fini par arriver à l'appartement que je cherchais et j'ai sonné...

On voit Auggie qui marche dans un corridor aux murs de parpaings couverts de graffitis. Il s'arrête devant une porte et appuie sur la sonnette.

(Off.) Pas de réponse. J'en conclus qu'y a personne, mais j'essaie encore un coup pour plus de sûreté. J'attends encore un peu, et juste au moment où je vais renoncer, j'entends des pas traînants derrière la porte. Une voix de vieille femme demande "Qui est là ?" et je réponds que je cherche Roger Goodwin. "C'est toi, Roger ?" demande la vieille, et puis elle tourne une quinzaine de verrous et elle ouvre la porte.

Vue d'une très vieille femme noire, mamie Ethel, en train d'ouvrir la porte. Un sourire ravi illumine son visage. La scène se déroule en silence, mais on voit Auggie et mamie Ethel prononcer les mots du dialogue qu'Auggie rapporte à Paul :

(Off.) Elle doit avoir au moins quatre-vingts ans, peut-être quatre-vingt-dix, et la première chose que je remarque, c'est qu'elle est aveugle. "Je savais que tu viendrais, Roger, qu'elle dit. Je savais que tu n'oublierais pas ta mamie Ethel le jour de Noël." Et elle ouvre grands les bras comme pour m'embrasser.

Auggie hésite un instant. Tandis qu'il raconte le fragment suivant de l'histoire, on le voit céder, ouvrir les bras et étreindre mamie Ethel. L'étreinte est ensuite répétée légèrement au ralenti ; et puis plus lentement ; et puis encore plus lentement ; enfin si lentement qu'on dirait une suite d'images fixes.

(Off.) J'avais pas le temps de réfléchir, tu comprends. Il fallait que je dise quelque chose et vite, et avant de savoir ce que je faisais, j'ai entendu ces mots qui me sortaient de la bouche : "Eh oui, mamie Ethel, je disais, je suis revenu te voir pour Noël." Ne me demande pas pourquoi j'ai fait ça. Je n'en ai pas la moindre idée. Ça s'est fait comme ça, c'est tout, d'un coup cette vieille femme qui me serrait dans ses bras sur le pas de sa porte et moi qui la serrais dans les miens. C'était comme un jeu qu'on serait tous les deux convenus de jouer – sans avoir à en discuter les règles. Je veux dire que cette vieille savait que j'étais pas son petit-fils. Elle était âgée et un peu gaga, mais pas au point de pas savoir la différence entre un étranger et un membre de sa famille. Elle était heureuse de faire semblant, et puisque je n'avais de toute façon rien de mieux à faire, j'étais heureux de lui emboîter le pas.

Auggie et mamie Ethel entrent dans l'appartement et s'installent au salon dans des fauteuils. On les voit parler et rire, cependant qu'on entend :

(Off.) On est donc entrés chez elle et on a passé la journée ensemble. Chaque fois qu'elle me demandait comment ça marchait pour moi, je lui mentais. Je lui ai raconté que j'avais un bon boulot chez un marchand de cigares, je lui ai raconté que j'allais me marier, je lui ai raconté cent belles histoires, et elle faisait comme si elle en croyait chaque mot. "C'est bien, ça, Roger, qu'elle disait en hochant la tête et en souriant. J'ai toujours su que les choses s'arrangeraient pour toi."

La caméra parcourt lentement l'appartement de mamie Ethel, s'attardant par instants sur différents objets. Entre autres, on voit des portraits de Martin Luther King Jr, de John F. Kennedy, des photos de famille, des boules de laine, des aiguilles à tricoter. Quand ce tour d'horizon est terminé, on voit Auggie rentrer dans l'appartement, vêtu de son manteau et chargé d'un grand sac de provisions. Comme décrit dans la narration simultanée :

(*Off.*) Au bout d'un moment, j'ai commencé à avoir faim. Il ne semblait pas y avoir grand-chose à manger dans la maison, alors je suis allé dans un magasin du quartier et j'ai ramené des tas de trucs. Un poulet rôti, du potage aux légumes, un pot de salade de pommes de terre, toutes sortes de choses. Ethel avait quelques bouteilles de vin cachées dans sa chambre, et on s'est donc débrouillés à nous deux pour nous offrir un repas de Noël très convenable...

Auggie et mamie Ethel, attablés dans la salle à manger, mangent, boivent, bavardent.

(*Off.*) On était tous les deux un peu pompettes, je me souviens, et après le repas on est allés s'asseoir dans le salon où les sièges étaient plus confortables...

Auggie soutient mamie Ethel en la tenant par le bras et l'aide à s'installer dans un fauteuil. Ensuite il sort du salon et se dirige vers la salle de bains.

(*Off.*) J'avais besoin de pisser, alors je me suis excusé et je suis allé à la salle de bains. C'est là que l'affaire s'est corsée. C'était assez dingue, déjà, mon petit numéro de petit-fils d'Ethel, mais ce que j'ai fait ensuite était de la folie pure, et je ne me le suis jamais pardonné...

Auggie est dans la salle de bains, en train de pisser ; on voit les boîtes contenant les appareils, telles qu'il les décrit :

(*Off.*) En entrant dans la salle de bains, j'aperçois contre le mur, près de la douche, une pile de six ou sept appareils photo. Flambant neufs, des trente-cinq millimètres, encore dans leurs boîtes. Je me dis ça c'est le travail du vrai Roger, une planque pour le butin d'un de ses derniers coups. J'ai jamais pris une photo de ma vie, et sûr que j'ai jamais rien volé, mais à l'instant où je vois ces appareils entassés dans la salle de bains, je décide que j'en veux un pour moi. Juste comme ça. Et sans un instant d'hésitation, je me fourre une des boîtes sous le bras avant de retourner au salon...

Auggie revient au salon avec l'appareil photo. Dans son fauteuil, mamie Ethel est profondément endormie. Auggie pose l'appareil, débarrasse la table et va à la cuisine faire la vaisselle.

(Off.) Je peux pas avoir été parti plus de trois minutes, mais pendant ce temps mamie Ethel s'était endormie. Trop de chianti, je suppose. Je suis allé à la cuisine faire la vaisselle, et elle a dormi malgré tout ce raffut en ronflant comme un bébé. Je ne voyais pas l'intérêt de la déranger et j'ai décidé de partir. Je pouvais même pas lui écrire un mot d'adieu, puisqu'elle était aveugle, alors je suis simplement parti. J'ai déposé le portefeuille de son petit-fils sur la table, j'ai ramassé l'appareil photo, et je suis sorti de l'appartement.

On voit Auggie, penché sur mamie Ethel endormie ; il décide de ne pas la réveiller. On le voit poser le portefeuille sur la table et prendre l'appareil photo, sortir de l'appartement. On voit la porte qui se ferme.

(Off.) Et voilà, l'histoire est finie.

La caméra revient sur le visage de Paul. Paul et Auggie sont attablés, ils terminent leurs sandwichs.

PAUL. – T'es jamais retourné la voir ?

AUGGIE. – Une fois, trois ou quatre mois plus tard environ. Je me sentais si dégueulasse d'avoir volé cet appareil que je m'en étais même pas servi. J'ai fini par me résoudre à le rapporter, mais mamie Ethel n'habitait plus là. Quelqu'un d'autre occupait l'appartement, et il a pas pu me dire où elle était.

PAUL. – Elle est morte, sans doute.

AUGGIE. – Ouais, sans doute.

PAUL. – Ce qui signifie qu'elle a passé son dernier Noël avec toi.

AUGGIE. – Sans doute. J'avais jamais vu ça comme ça.

PAUL. – C'était une bonne action, Auggie. C'était bien, ce que tu as fait pour elle.

AUGGIE. – Je lui ai menti, et puis je l'ai volée. Je vois pas comment tu peux appeler ça une bonne action.

PAUL. – Tu l'as rendue heureuse. Et de toute façon, c'était un appareil volé. Ce n'est pas comme si tu l'avais pris à son vrai propriétaire.

AUGGIE. – Tout pour l'art, hein, Paul ?

PAUL. – Je ne dirais pas ça. Mais au moins tu as fait bon usage de cet appareil.

AUGGIE. – Et maintenant tu l'as, ton conte de Noël, non ?

PAUL *(un temps. Il réfléchit).* – Oui, je pense bien que oui.

Paul regarde Auggie. Un sourire malicieux envahit le visage d'Auggie. L'expression de ses yeux est si mystérieuse, comme teintée par le reflet d'une jubilation secrète, que Paul est soudain frappé par l'idée qu'il a tout inventé. A l'instant où il va demander à Auggie s'il l'a mené en bateau, il y renonce, se rendant compte qu'Auggie ne le lui dira jamais. Paul sourit.

Débloquer demande un grand talent, Auggie. Pour inventer une bonne histoire, il faut savoir pousser sur tous les bons boutons. *(Un temps.)* Je dirais que tu es au rang des maîtres.

AUGGIE. – Que veux-tu dire ?

PAUL. – Je veux dire que c'est une bonne histoire.

AUGGIE. – Bah ! Si on ne peut pas partager ses secrets avec ses amis, quel genre d'ami est-on ?

PAUL. – Exactement. La vie ne vaudrait pas la peine d'être vécue, pas vrai ?

Auggie sourit toujours. Paul lui rend son sourire. Auggie allume une cigarette ; Paul allume un petit cigare. Ils soufflent la fumée en l'air, sans cesser de se sourire.

La caméra suit la fumée qui monte vers le plafond. Gros plan de la fumée. Plan fixe pendant quelques instants.

Fondu au noir. Musique. Postgénérique.

LE CONTE DE NOËL
D'AUGGIE WREN

Traduit de l'américain par Christine Le Bœuf

Première publication française en novembre 1991

Titre original :
Auggie Wren's Christmas Story
Première publication : *New York Times* (25. 12. 1990)
© Paul Auster, 1990

© ACTES SUD, 1991
pour la traduction française

Je tiens ce récit d'Auggie Wren. Comme il n'y fait pas très bonne figure, en tout cas pas aussi bonne qu'il le souhaiterait, il m'a demandé de ne pas citer son vrai nom. A part cela, toute l'histoire du portefeuille perdu, de la vieille aveugle et du repas de Noël est décrite ici telle qu'il me l'a racontée.

Il y a maintenant près de onze ans que nous nous connaissons, Auggie et moi. Il travaille derrière le comptoir d'un marchand de cigares dans Court Street, au cœur de Brooklyn, et comme cette boutique est la seule où l'on peut trouver les petits cigares hollandais que j'aime fumer, j'y vais assez souvent. Pendant longtemps, je n'ai guère prêté attention à Auggie Wren. Il était ce petit homme étrange, vêtu d'un sweat-shirt à capuchon, qui me vendait des cigares et des revues, ce personnage malicieux et blagueur qui avait toujours quelque chose de comique à dire sur le temps, les *Mets* ou les politiciens de Washington, et ça n'allait pas plus loin.

Et puis un jour, voici plusieurs années, en feuilletant une revue dans sa boutique, il est tombé sur un article consacré à l'un de mes livres. Il a su qu'il s'agissait de moi à cause de la photographie qui accompagnait l'article, et après cela nos relations se sont modifiées. J'avais cessé d'être pour Auggie n'importe quel client, j'étais devenu quelqu'un de spécial. La plupart des gens se contrefichent des livres et des écrivains, mais il se trouve qu'Auggie se tenait pour un artiste. Maintenant qu'il avait percé le secret de mon identité, il m'adoptait comme un allié, un confident, un frère d'armes.

A dire vrai, je m'en sentais plutôt embarrassé. Enfin – c'était presque inévitable – est arrivé le moment où il m'a demandé si je désirais voir ses photographies. Compte tenu de son enthousiasme et de ma bonne volonté, il m'a paru impossible de refuser. Dieu sait à quoi je m'attendais. A tout le moins, pas à ce qu'Auggie me montra le lendemain. Dans une petite pièce dépourvue de fenêtres, à l'arrière du magasin, il ouvrit un carton et en sortit douze albums photographiques, noirs, identiques. Ils contenaient l'œuvre de sa vie, m'expliqua-t-il, et il ne lui fallait pas plus de cinq minutes par jour pour l'accomplir. Chaque matin depuis douze ans, il se plantait au coin d'Atlantic Avenue et de Clinton Street à sept heures précises et prenait un seul instantané en couleurs de la même vue, précisément. L'entreprise comportait maintenant plus de quatre mille photographies. Chaque album représentait une année différente, et toutes les photographies étaient rangées par ordre chronologique, du 1er janvier au 31 décembre, leur date notée avec soin au bas de chacune d'elles.

Je me mis à feuilleter les albums et à examiner le travail d'Auggie, sans trop savoir que penser. Ma première impression fut qu'il s'agissait de la chose la plus bizarre, la plus ahurissante que j'avais jamais vue. Toutes les photos étaient pareilles. L'entreprise entière consistait en une rafale étourdissante de répétitions, la même rue et les mêmes immeubles encore et toujours, un délire obstiné d'images redondantes. Ne trouvant rien à en dire à Auggie, je continuai à tourner les pages avec des hochements de tête de feinte appréciation. Auggie, lui, ne manifestait aucune émotion et m'observait avec un large sourire mais, après m'avoir laissé faire pendant quelques minutes, il m'interrompit soudain en disant :

"Tu vas trop vite. Si tu ne ralentis pas, tu ne comprendras jamais."

Il avait raison, bien entendu. Si on ne prend pas le temps de regarder, on n'arrive jamais à rien voir. Je pris un autre album et m'obligeai à le parcourir de façon plus systématique. Je portai plus d'attention aux détails, notai les variations du temps, guettai les angles changeants de la lumière au fil des saisons. Finalement, je devins capable de discerner de subtiles différences dans le flot de la circulation, d'anticiper le rythme des différents jours (l'agitation des matins de travail, le calme relatif des fins de semaine, le contraste entre les samedis et les dimanches). Alors, peu à peu, je commençai à reconnaître les visages des gens qui figuraient à l'arrière-plan, les passants sur le chemin du travail, les mêmes aux mêmes endroits chaque matin, en train de vivre un instant de leur vie dans le champ de l'objectif d'Auggie.

Dès lors qu'ils me devenaient familiers, je me mis à étudier leurs attitudes, leur façon de se tenir d'un matin à l'autre ; j'essayais de découvrir leur humeur d'après ces indications superficielles, comme si j'avais pu leur imaginer des histoires, comme si j'avais pu pénétrer les drames invisibles dissimulés dans leurs corps. Je passai à un autre album. Je ne ressentais plus d'ennui, ni la perplexité du début. Auggie photographiait le temps, je m'en rendis compte, le temps naturel et le temps humain à la fois, et il accomplissait cela en se postant dans un coin minuscule de l'univers que sa volonté avait fait sien, en montant la garde devant l'espace qu'il s'était choisi. Me voyant absorbé dans son œuvre, Auggie continuait de sourire avec satisfaction. Puis, presque comme s'il avait pu lire mes pensées, il se mit à réciter un vers de Shakespeare. "Demain et demain et demain, murmura-t-il à voix basse, le temps s'avance à pas menus." Je compris alors qu'il savait exactement ce qu'il faisait.

Cela se passait il y a plus de deux mille images. Depuis ce jour-là, Auggie et moi avons fréquemment discuté de son travail, mais c'est seulement la semaine dernière que j'ai appris comment il est d'abord entré en possession de son appareil, comment il s'est mis à prendre des photographies.

Au début de cette semaine-là, on m'appela du *New York Times* pour me demander si j'accepterais d'écrire une nouvelle, à paraître dans le journal du matin de Noël. Mon premier réflexe fut de refuser mais mon interlocuteur déploya un tel charme et tant d'insistance qu'à la fin de la conversation je lui répondis que j'essaierais. A peine avais-je raccroché le téléphone que je sombrai néanmoins dans une panique profonde. Qu'est-ce que je connais à Noël ? me demandai-je. Que connaissais-je à la rédaction de nouvelles sur commande ?

Je passai plusieurs jours dans le désespoir, bataillant avec les fantômes de Dickens, O. Henry et autres maîtres de l'esprit de saison. Les seuls mots "conte de Noël" évoquaient pour moi des associations désagréables, des débordements hypocrites de bouillie et de mélasse. Dans les meilleurs des cas, les contes de Noël n'étaient que rêves de désirs comblés, contes de fées pour adultes, et pour rien au monde je ne m'autoriserais à écrire des choses pareilles. Et pourtant comment pourrait-on envisager de raconter une histoire de Noël non sentimentale ? Il y avait là une contradiction dans les termes, une impossibilité, une énigme totale. Autant essayer d'imaginer un cheval de course sans jambes, ou un moineau sans ailes !

Je n'arrivais à rien. Le jeudi, je sortis faire une longue promenade, avec l'espoir que le grand air m'éclaircirait les idées. Juste après midi, je m'arrêtai chez le marchand de cigares pour me réapprovisionner, et j'y trouvai Auggie, comme toujours, debout derrière le comptoir. Il me demanda comment j'allais. Sans en avoir vraiment eu l'intention, je me mis à lui confier tous mes ennuis.

"Un conte de Noël ? fit-il lorsque j'eus terminé. C'est tout ? Si tu m'offres à déjeuner, mon ami, je te raconterai le plus beau conte de Noël que tu aies jamais entendu. Et je te garantis que c'est une histoire vraie, mot pour mot."

Nous nous rendîmes au coin de la rue, chez Jack, une charcuterie bondée et bruyante où l'on sert de bons sandwichs au corned-beef et dont les murs sont garnis de photographies d'anciennes équipes des *Dodgers*. Lorsque nous eûmes trouvé une table au fond de la salle et commandé notre repas, Auggie se lança dans son histoire.

C'était pendant l'été 1972, commença-t-il. Un matin, un gosse est entré dans le magasin et s'est mis à faucher des choses. Il devait avoir dix-neuf ou vingt ans et je crois que de ma vie je n'ai vu un voleur plus pathétique.

Planté devant le rayon des livres de poche, le long du mur du fond, il bourrait de livres son imperméable. Il y avait beaucoup de monde autour du comptoir à ce moment-là, et je ne l'ai pas remarqué tout de suite. Mais lorsque je me suis aperçu de ce qu'il était en train de faire, j'ai commencé à crier. Il a décampé comme un lapin et quand j'ai enfin réussi à contourner le comptoir et à sortir, il filait déjà le long d'Atlantic Avenue. Je l'ai poursuivi sur la distance d'un demi-bloc et puis j'ai abandonné. Il avait laissé tomber quelque chose au passage, et comme je n'avais plus envie de courir, je me suis penché pour voir de quoi il s'agissait.

C'était son portefeuille. Il ne contenait pas d'argent, mais son permis de conduire ainsi que trois ou quatre photos. Je suppose que j'aurais pu appeler les flics et le faire arrêter. J'avais son nom et son adresse sur le permis, mais il m'inspirait une vague pitié. Ce n'était qu'un petit vaurien minable, et après un coup d'œil aux photographies trouvées dans son portefeuille, je n'arrivais plus à éprouver beaucoup de colère à son égard.

Robert Goodwin. C'est ainsi qu'il s'appelait. Sur l'une des images, je me souviens qu'on le voyait debout avec un bras autour de sa mère ou de sa grand-mère. Sur une autre, il était assis, âgé de neuf ou dix ans, vêtu d'un uniforme de base-ball, le visage éclairé d'un large sourire. Je n'ai pas eu le cœur. Il doit être drogué, maintenant, me suis-je dit. Un pauvre gamin de Brooklyn à qui la vie n'offrait pas grand-chose et, de toute façon, qui se souciait de quelques livres de poche merdiques ?

J'ai donc gardé le portefeuille. De temps à autre, l'idée me venait de le lui renvoyer, mais je tergiversais sans cesse et ne m'exécutais jamais. Et puis Noël est arrivé, et je restais en panne, sans rien à faire. D'habitude, le patron m'invite à passer la journée chez lui, mais cette année-là il était parti avec sa famille voir des parents en Floride.

Me voilà donc seul chez moi, ce matin-là, en train de m'attendrir un peu sur mon sort, et j'aperçois le porte-feuille de Robert Goodwin sur une étagère de la cuisine. Je me dis merde, pourquoi ne pas faire quelque chose de chouette pour une fois, et j'enfile mon manteau et m'en vais restituer ce portefeuille en main propre.

C'était une adresse du côté de Boerum Hill, quelque part dans les grands ensembles. Il faisait glacial ce jour-là, et je me rappelle m'être perdu plusieurs fois en essayant de trouver le bon immeuble. Tout est pareil, dans ces ensembles, et on repasse tout le temps au même endroit en croyant qu'on est ailleurs. En tout cas, je finis par arriver à l'appartement que je cherchais, et je sonne. Rien ne se passe. Je me dis qu'il n'y a personne mais j'essaie encore un coup, pour plus de sûreté. J'attends un peu et, juste quand je vais renoncer, j'entends que quelqu'un s'approche de la porte en traînant les pieds. Une voix de vieille femme demande qui est là et je réponds que je cherche Robert Goodwin.

"C'est toi, Robert ?" fait la vieille femme et, après avoir déverrouillé au moins quinze verrous, elle m'ouvre la porte.

Elle devait avoir dans les quatre-vingts, ou même quatre-vingt-dix ans, et la première chose qui m'a frappé, c'est qu'elle était aveugle.
"Je savais que tu viendrais, Robert, dit-elle. Je savais que tu n'oublierais pas ta mamie Ethel le jour de Noël."
Et alors elle ouvrit les bras comme pour m'embrasser. Je n'avais pas beaucoup le temps de réfléchir, tu comprends. Il fallait que je dise quelque chose tout de suite et, avant de savoir ce qui m'arrivait, j'entends ces mots me sortir de la bouche :
"Eh oui, mamie Ethel, je dis, je suis revenu te voir pour Noël."
Ne me demande pas pourquoi j'ai fait ça. Je n'en ai pas la moindre idée.
Je n'avais sans doute pas envie de la décevoir, quelque chose comme ça. Je n'en sais rien. C'est juste sorti, comme ça, et puis cette vieille femme s'est tout à coup mise à me serrer dans ses bras, là, devant la porte, et moi je la serrais dans les miens.
Je ne lui ai pas exactement dit que j'étais son petit-fils. Mais si je ne le lui ai pas dit, du moins c'est resté implicite. Pourtant, je n'essayais pas de la tromper. C'était comme un jeu que nous aurions tous deux décidé de jouer – sans avoir à en discuter les règles.
Je veux dire que cette femme savait que je n'étais pas son petit-fils Robert. Elle était âgée et un peu gaga, mais pas au point de ne pas remarquer la différence entre un étranger et sa propre famille. Elle était heureuse de faire semblant, et puisque je n'avais de toute façon rien de mieux à faire, j'ai été heureux de lui emboîter le pas.
Nous sommes donc entrés chez elle, et nous avons passé la journée ensemble.
Cet appartement était une vraie poubelle, soit dit en passant, mais qu'attendre d'autre d'une vieille aveugle qui s'occupe elle-même de son ménage ? Chaque fois qu'elle m'interrogeait, qu'elle me demandait comment j'allais, je lui mentais. Je lui ai raconté que j'avais trouvé un bon boulot chez un marchand de cigares, je lui ai raconté que j'étais sur le point de me marier, je lui ai raconté cent

belles histoires, et elle faisait comme si elle en croyait chaque mot.

« C'est bien, ça, Robert, disait-elle en hochant la tête et en souriant. J'ai toujours su que les choses s'arrangeraient pour toi. »

Après quelque temps, j'ai commencé à avoir faim. Il ne semblait pas y avoir grand-chose à manger dans la maison et je suis donc allé acheter des masses de trucs dans un magasin des environs. Un poulet rôti, un potage aux légumes, un pot de salade de pommes de terre, un gâteau au chocolat, toutes sortes de choses.

Ethel avait quelques bouteilles de vin cachées dans sa chambre et nous nous sommes donc débrouillés à nous deux pour nous offrir un repas de Noël très convenable. Le vin nous a rendus tous deux un peu pompettes, je m'en souviens, et après le repas nous sommes allés nous installer dans le salon, où les fauteuils étaient plus confortables.

J'ai eu besoin de pisser et me suis donc excusé, puis rendu dans la salle de bains au bout du couloir. C'est là que l'affaire se corse. Mon numéro en tant que petit-fils d'Ethel était déjà assez dingue, mais ce que j'ai fait après relève de la folie complète, et je ne me le suis jamais pardonné.

En entrant dans la salle de bains, j'aperçois contre le mur, près de la douche, une pile de six ou sept appareils photographiques flambant neufs, encore dans leurs boîtes, de la marchandise de première qualité. Je me dis : Ça c'est l'œuvre du vrai Robert, une planque pour le butin d'un de ses derniers coups. Je n'ai jamais pris une photo de ma vie, et je n'ai certainement jamais rien volé, mais dès l'instant où je vois ces appareils entassés dans la salle de bains, je décide que j'en veux un pour moi. Juste comme ça. Et sans un instant d'hésitation, je me fourre une des boîtes sous le bras avant de retourner au salon.

Je ne peux pas avoir été parti plus de trois minutes, mais pendant ce temps-là mamie Ethel s'était endormie dans son fauteuil. Trop de chianti, je suppose. Je suis allé faire la vaisselle dans la cuisine, et elle a dormi malgré tout ce chahut, en ronflant comme un bébé. Je ne voyais pas l'intérêt de la déranger et j'ai pris le parti de m'en aller. Je ne pouvais même pas lui écrire un mot d'adieu, puisqu'elle était aveugle, et je suis simplement parti. J'ai déposé le portefeuille de son petit-fils sur la table, ramassé l'appareil photo et quitté l'appartement. Et voilà, l'histoire est finie.

« Es-tu jamais retourné la voir ? demandai-je.
— Une fois, répondit-il. Trois ou quatre mois plus tard, environ. Je me sentais si moche d'avoir volé cet appareil que je ne m'en étais même pas encore servi. Je me suis enfin résolu à aller le rapporter, mais Ethel n'était plus là. Je ne sais pas ce qui lui est arrivé ; quelqu'un d'autre s'était installé dans l'appartement, et il n'a pas pu me dire ce qu'elle était devenue.
— Elle est sans doute morte.
— Oui, sans doute.
— Ce qui veut dire qu'elle a passé avec toi son dernier Noël.
— Je crois que je n'y avais jamais pensé de cette façon.
— C'était une bonne action, Auggie. C'était bien, ce que tu as fait pour elle.
— Je lui ai menti, et puis je l'ai volée. Je ne vois pas comment tu peux appeler ça une bonne action.
— Tu l'as rendue heureuse. Et de toute façon, c'était un appareil volé. Ce n'est pas comme si tu l'avais pris à son vrai propriétaire.
— Tout pour l'art, hein, Paul ?
— Je ne dirais pas ça. Mais du moins, tu en as fait bon usage.
— Et maintenant, tu as ton conte de Noël, non ?
— Oui, répondis-je, je pense bien. »

Je me tus un instant en observant le visage d'Auggie qu'envahissait un sourire malicieux. Je n'ai aucune certitude, mais l'expression de ses yeux à ce moment me parut si mystérieuse, comme teintée par le reflet d'une joie secrète, que l'idée me frappa soudain qu'il avait tout inventé.

A l'instant où j'allais lui demander s'il m'avait mené en bateau, je me rendis compte qu'il ne me le dirait jamais. Il avait réussi à me faire croire à son histoire, et rien d'autre ne comptait. Du moment qu'une personne y croit, il n'existe pas d'histoire qui ne puisse être vraie.

"Tu es un as, Auggie, lui dis-je. Merci de ton aide.

— Quand tu veux, répondit-il, avec encore cette lueur de folie dans le regard. Après tout, si on ne peut pas partager ses secrets avec ses amis, quel genre d'ami est-on ?

— Je suis ton obligé.

— Tu ne me dois rien. Contente-toi de l'écrire telle que je te l'ai racontée, et tu ne me dois rien du tout.

— Sauf le déjeuner.

— C'est ça. Sauf le déjeuner."

Je répondis au sourire d'Auggie par un sourire à ma façon, puis j'appelai le garçon pour lui demander l'addition.

BROOKLYN BOOGIE

Traduit de l'américain par Christine Le Bœuf
et Marie-Catherine Vacher

Première publication française en mai 1995

Titres originaux :
Blue in the Face
© Paul Auster, 1995
© ACTES SUD, 1995
pour la traduction française

"C'EST BROOKLYN, ICI. ON N'EST PAS DES NUMÉROS !"

Brooklyn Boogie n'est pas la suite de *Smoke*. Bien qu'on y retrouve des lieux et des personnages du premier film, le second s'envole dans une tout autre direction. Son esprit, c'est le comique ; son moteur, les mots ; son principe directeur, la spontanéité. Ainsi que l'a dit très justement Peter Newman, le producteur, la première fois qu'on lui en a parlé : c'est une aventure où les internés s'emparent de l'asile.

Le projet original de *Brooklyn Boogie** était beaucoup plus simple que l'empoignade tourbillonnante qui a fini par en sortir. L'idée de départ consistait à revenir dans le débit de tabac qui figure au début et à la fin de *Smoke* afin d'esquisser un portrait de l'univers d'Auggie Wren. Des personnages secondaires du premier film deviendraient les personnages principaux du second. A part Auggie, un seul des personnages principaux de *Smoke* interviendrait – dans un petit rôle.

Notre démarche était primitive à l'extrême. Nous inventerions pour ces personnages des situations ayant chacune la durée d'un rouleau de pellicule, dix minutes environ. Deux prises par scène suffiraient, pensions-nous. Une pour la mise en train et l'autre pour de bon. Nous présenterions chaque séquence comme un chapitre, en continu, sans coupure, en ajoutant, par souci de variété, des intermèdes musicaux entre ces chapitres. Etant donné que nous ne

---

* Le titre anglais est *Blue in the Face*, une expression suggérant un état-limite de tension nerveuse. *(N.d.T.)*

disposions que de trois jours pour le tournage, nous ne voyions pas comment faire beaucoup plus.

Les notes que je préparais pour les acteurs étaient rédigées dans la plus grande hâte, juste le temps de tracer les mots sur le papier. Leur seul objet était d'ébaucher le contenu général de chaque scène, et nous ne les avons jamais considérées que comme des poteaux indicateurs rudimentaires, une sténo rapide chargée de nous rappeler ce que nous pensions devoir faire. Au moment où je les tapais, je savais déjà que tout pouvait être modifié.

Non seulement nous demandions aux acteurs d'improviser leurs textes, mais nous comptions aussi sur eux pour créer des scènes entières sans la moindre répétition. La réussite ou le ratage du film dépendaient d'eux, et nous devions leur laisser une totale liberté d'aller où ils voulaient.

La plupart des situations ont été concoctées sur le siège arrière d'une voiture roulant dans les embouteillages du centre-ville après avoir vu les rushes de *Smoke*. Wayne et moi, on se lançait des idées au petit bonheur : Et si... ? Et encore... ? Que penserais-tu de... ? On prévoyait onze ou douze scènes, minimum et maximum. Minimum, parce qu'on savait d'avance qu'une partie de ce qu'on allait tourner ne serait pas utilisable, et qu'on ne voulait pas se trouver coincés avec trop peu de matériau. Maximum, parce qu'on ne croyait pas possible de tourner plus de quatre scènes par jour.

Miramax a donné le feu vert début juin. On était alors en pleine production de *Smoke*, et tandis que Wayne se rendait chaque jour sur le plateau pour le tournage de ce premier film, je rencontrais les acteurs en ville, dans des restaurants et des bureaux, afin de préparer le second. Peu à peu, de nouveaux acteurs se sont joints à nous et il a fallu leur inventer des rôles (Dot, Pete, Bob, etc.), mais notre démarche restait la même : donner des repères aux comédiens, braquer la caméra et voir ce que ça donnait.

Ce que ça a donné s'est révélé tout à fait extraordinaire. Il y a eu quelques scènes ratées, certains acteurs étaient plus doués que d'autres pour l'improvisation, mais dans l'ensemble tous ont réussi des performances d'un niveau étonnant. Nous avons accumulé neuf ou dix heures de film pendant ces trois jours (les 11, 12 et 13 juillet) et, en voyant le résultat, nous avons su aussitôt qu'il nous faudrait jeter aux orties notre idée de départ. Il faudrait morceler certaines scènes, organiser leur succession selon un ordre nouveau et complexe et, là où un simple montage ne suffirait pas, recourir aux coupures, au fondu enchaîné et autres petits trucs qui empêchent l'action de flancher.

C'est alors que le monteur Chris Tellefsen est entré à part entière dans l'aventure. Travaillant en collaboration serrée avec Wayne et moi, il a donné au matériau que nous lui fournissions l'exubérance et la légèreté qui désormais caractérisent le film. Il n'y avait ni scénario à respecter, ni intrigue à suivre, aucune structure préétablie ne contribuait à simplifier les décisions. Tout était question d'instinct, il fallait sentir les qualités et les défauts du film original et exploiter les temps forts pour mettre au point la version définitive. Wayne et moi, nous avons passé des heures avec Chris dans la salle de montage à essayer des quantités d'idées différentes, en une incessante discussion triangulaire, et son énergie et sa patience étaient sans faille. A tous les sens du terme, il est coauteur du film.

Reste qu'il est difficile de le caractériser, ce film. Oui, il est comique. Oui, il est vulgaire, tapageur et saugrenu – et ce serait une grosse erreur d'y voir autre chose qu'une joyeuse célébration de la vie quotidienne à Brooklyn. Et pourtant, malgré toute son absurdité, je crois que quelque chose, dans *Brooklyn Boogie*, en fait plus qu'un divertissement frivole. Une certaine verdeur, peut-être. Une certaine façon "d'encaisser" qui ne pourrait être mieux résumée que dans la réplique lancée par Giancarlo Esposito à Lily Tomlin : "C'est Brooklyn ici, on n'est pas des numéros !" Les gens fument comme des cheminées, se disputent, se bouffent le nez. Ils remontent leurs manches et gueulent, ils s'insultent, ils disent des trucs abominables. Dans presque chaque scène de *Brooklyn Boogie*, il y a un conflit. Les personnages sont agressifs, imbus de leurs opinions, acharnés dans la colère. Néanmoins, tout bien considéré, le film est vraiment amusant et on en retire une impression de profonde chaleur humaine. Je trouve ça intéressant. Ça signifie peut-être que, dans une certaine mesure, les conflits ont du bon. Que nous avons peut-être, à l'occasion, besoin d'un peu de répit vis-à-vis de tous les beaux principes qui nous disent comment on est censé parler à son prochain. Je n'affirme rien, mais la question me paraît valoir qu'on s'y arrête.

Quelque description qu'on en donne, le film réalisé à partir de ces trois jours de tournage s'est révélé beaucoup plus riche et plus drôle que nous ne l'avions imaginé. Il y avait d'évidents points faibles, mais l'un dans l'autre l'expérience était positive. Quand nous l'avons projeté en octobre pour nos commanditaires, Harvey et Bob Weinstein, ils ont réagi avec enthousiasme. Cependant, s'ils trouvaient le film excellent, ils avaient la conviction qu'on pouvait l'améliorer encore. Il était difficile de les contredire. Ils ont proposé de financer trois jours de tournage supplémentaires, et dès l'instant où nous sommes sortis de leur bureau, la course folle a recommencé. Il a fallu rassembler les acteurs et l'équipe, engager de nouveaux comédiens, trouver des remplaçants pour certains emplois, et tout ça sans le moindre délai. Notre acteur principal, Harvey Keitel, partait à l'étranger neuf jours plus tard pour commencer le travail sur un autre film et ne devait pas revenir à New York avant plusieurs mois. C'était tout de suite ou jamais.

Dieu sait comment, nous avons réussi à nous organiser et, le 27 octobre, on s'est tous retrouvés au débit de tabac pour une nouvelle série de prises de vue. On a bouclé le lundi suivant, c'était Hallowe'en. Lorsque nous avons enfin été prêts à quitter le lieu du tournage, la nuit était tombée et les rues de Brooklyn étaient pleines d'enfants déguisés. Certains d'entre eux, prenant la *Brooklyn Cigar Company* pour un vrai magasin, sont entrés pour demander des bonbons. Le magasin pouvait bien n'être qu'un décor, il y avait tout de même de vrais bonbons sur les étagères et nous avons donc rempli les sacs des gosses de chewing-gums et de tablettes de chocolat. Une bonne façon, nous semblait-il, de faire nos adieux à notre monde imaginaire, une fin parfaite pour *Brooklyn Boogie*.

PAUL AUSTER
29 décembre 1994

NOTES POUR LES ACTEURS

JUILLET

1. PHILOSOPHES

La dame aux Macanudo, Auggie, Jimmy Rose, Tommy, Jerry, Dennis.

Dennis entre dans la boutique et raconte l'histoire suivante : "Hier après-midi, comme je me baladais dans la 7ᵉ avenue, j'ai vu un gamin d'une douzaine d'années faucher le sac d'une passante. Il le lui a arraché de l'épaule, zou, et il a détalé... Il y avait beaucoup de monde, mais personne ne réagissait, et voilà ma bonne femme (pas mal, la nana, d'ailleurs !) qui hurle à tue-tête sur le trottoir : «Au voleur, au voleur, il a volé mon sac !» Alors, en bon citoyen que je suis, je me lance à la poursuite du gosse. Je finis par rattraper ce petit connard deux ou trois rues plus loin... et je le ramène à la bonne femme. Je me disais, au strict minimum, elle va me filer un rancard pour saluer mon héroïsme. Ou, au moins, un petit câlin, un baiser sur la joue, quoi. A ce moment-là, y avait toute une foule massée autour d'elle pour voir ce qui se passait. «Le v'là, que j'lui dis, en lui rendant son sac, v'là votre voleur, maintenant on appelle les flics.» Mais la salope y jette un coup d'œil et déclare : «Je peux pas faire ça. Il est trop jeune. Je veux pas être responsable qu'on l'envoie en prison. C'est qu'un bébé.»

Alors là, elle me fait chier. Après tout ce que j'ai fait pour elle ! Non seulement je me suis foutu en nage, mais en plus j'ai déchiré ma chemise en attrapant le gosse... *(Il pointe un doigt vers son aisselle.)* ... Ici. Toute neuve qu'elle était, cette chemise, pure soie ! M'avait coûté quatre-vingt-huit dollars, merde ! «Ecoute, la petite dame, que j'y dis, c'est ton devoir de citoyenne d'appeler les flics. C'est ça le genre de ville où t'as envie de vivre ? Où des mômes fauchent les sacs des gens – tranquillos ? C'est des gens comme toi qui transforment New York en merdier. Vous prenez pas vos responsabilités.» Mais elle mollissait pas. «Je le ferai pas, qu'elle répétait. Je le ferai pas, c'est qu'un enfant.»

Je commençais à avoir les boules. Non seulement j'allais pas me faire la nana, mais en plus j'avais coursé le môme pour rien. Alors vous savez ce que j'ai fait ? J'y ai arraché son sac des mains et je l'ai rendu au voleur. Vous parlez d'un air ahuri. Le gosse flippait tellement que j'ai cru qu'il allait chier dans son froc. «Allez, file, que j'lui dis, il est à toi. Fous le camp. Prends ça et fous le camp.» Et, croyez-moi si vous voulez, c'est ce qu'il a fait. Il a détalé dans la rue, comme la première fois, et plus personne ne l'a poursuivi."

Les autres réagissent et donnent leur avis. Auggie pense que Dennis a bien fait. Tommy trouve que Dennis aurait dû aller lui-même chez les flics. Jerry, plein de sympathie pour le voleur, dit que, d'abord, Dennis n'aurait jamais dû le prendre en chasse.

Des arguments sont échangés. La situation s'échauffe. Au moment où elle va dégénérer en engueulade généralisée, une femme élégante d'une trentaine ou d'une quarantaine d'années entre dans la boutique...

LA DAME *(à Auggie).* – Une boîte de Macanudo, s'il vous plaît.

AUGGIE. – Votre mari doit les aimer, ceux-là ! Ça fait bien la dixième fois que vous venez en acheter depuis le début de l'été.

LA DAME. – Mon mari ?

AUGGIE. – Je voulais pas être indiscret.

LA DAME. – Ce n'est pas grave. Mais mon mari ne fume pas. Et d'ailleurs, on n'est plus mariés. Histoire que tout soit bien clair.

AUGGIE. – Ah !

LA DAME. – Histoire que tout soit bien clair, ces bébés sont pour moi.

Jimmy Rose observe cet échange avec fascination. Il est foudroyé, éperdument amoureux de la dame aux Macanudo. Au moment où elle va sortir :

JIMMY. – M'dame... Je peux vous demander quelque chose ?

LA DAME. – Bien sûr...

JIMMY. – Vous me laisseriez vous embrasser... sur la bouche ?

LA DAME. – Quoi !

JIMMY. – Vous en faites pas. On se mariera après. Mais d'abord je veux savoir si vous embrassez bien.

Auggie commence à enguirlander Jimmy pour sa grossièreté, mais au même moment la dame aux Macanudo retrouve son assurance et donne un baiser à Jimmy. Après quoi elle sort de la boutique.

Suit une longue discussion sur le sexe et l'amour. Tout le monde y va de son grain de sel, y compris Jimmy, qui ne cesse de répéter : "C'est ça que vous dites toujours, vous autres." C'est Tommy qui s'amuse le plus. Il félicite Jimmy pour sa capacité de dire ce qu'il a à dire. "J'ai eu envie de demander ça à des centaines de femmes, dans la rue. J'ai jamais eu le culot."

*

L'incident décrit dans cette scène repose sur un événement réel. Ma femme me l'a raconté il y a plus de dix ans, et je ne l'ai jamais oublié : c'est l'histoire new-yorkaise par excellence, une histoire qui incarne les dilemmes sociaux et moraux de la vie urbaine contemporaine... avec un tour étrangement comique.

Depuis le début, nous savions que ce serait la première scène du film. Elle avait non seulement le ton voulu, mais elle présentait aussi les principaux personnages en donnant un avant-goût de la vie quotidienne dans le débit de tabac. Malheureusement, cette scène a été tournée tout au début du premier jour, avant que nous ayons abandonné notre règle arbitraire des deux prises par scène. Les acteurs étaient encore en train de s'échauffer, et malgré l'excellence des interprétations, l'histoire du sac volé ne ressortait pas assez clairement. Nous avons monté Philosophes *de cinquante-sept façons différentes, et personne n'était jamais satisfait du résultat. Le ratage de cet épisode a été la raison principale de la reprise du tournage en octobre.*

Quant à la dame aux Macanudo, nous avons tourné cette scène comme une scène distincte – avec un résultat également décevant. La dame aux Macanudo avait été un personnage secondaire de Smoke, *mais j'avais dû la supprimer du scénario dans sa version définitive. L'idée de la ressusciter dans* Brooklyn Boogie *nous avait paru bonne, mais ce que nous en attendions ne s'est jamais vraiment matérialisé sur l'écran.*

2. GAUFRES BELGES

L'amateur de gaufres belges, Jerry, Tommy, Dennis, Auggie, Violette, John Lurie et ses deux batteurs.

Un mendiant dépenaillé est planté devant la porte de la *Brooklyn Cigar Company*. L'un après l'autre, Auggie et les trois parieurs sortent et à l'un après l'autre il pose la même question : "Pardon, monsieur, vous auriez pas quatre dollars, quatre-vingt-dix-neuf cents ? Comme ça, je pourrais m'acheter une gaufre belge avec une boule de glace à la pistache. En ce moment, c'est la seule chose au monde dont j'aie envie. J'en ai une telle envie que ça me rend malade. Une gaufre belge... avec de la glace à la pistache."

Première rencontre : Jerry. Il se montre plein de sympathie, mais il n'a pas un sou. A preuve, il retourne ses poches.

Deuxième rencontre : Tommy. Il dit au type d'aller se faire voir.

Troisième rencontre : Dennis. Il fait au clochard un sermon sur les méfaits du sucre. "Je te filerais bien deux dollars pour un Big Mac, dit-il, mais je sais que tu en profiteras pour acheter cette gaufre, et je ne veux pas être responsable d'un diabète ni d'une maladie de cœur."

Quatrième rencontre : Auggie. Il commence par résister, mais la demande du clochard est si étrange et ses manières si bizarres qu'il finit par céder et lui donner un dollar. L'amateur de gaufres est très touché et reconnaissant. "Merci, mon bon monsieur, dit-il. Encore quelques-uns de vos semblables, et mon rêve sera réalisable. *(Une pause.)* Eh, ça rime, ça, non ? *(Il récite.)* Encore quelques-uns de vos semblables, et mon rêve sera réalisable !"

Il s'éloigne en se récitant son poème.

Un instant plus tard arrive Violette. Elle embrasse Auggie sur la joue.

AUGGIE. – Salut, Violette. T'aimes ça, les gaufres belges ?

VIOLETTE. – Les gaufres belges ? Tu crois que j'ai envie de manger c'te saloperie et foutre en l'air un corps comme le mien ? Pas question de gaufres belges, Auggie. Je te file un baiser français, à la place.

AUGGIE. – Là, maintenant ?

Ils s'embrassent.

VIOLETTE. – Tu te souviens des pas que je t'ai appris la semaine dernière, Auggie ?

AUGGIE. – Ouais, sûr. Un-deux-trois, un-deux-trois.

VIOLETTE. – Voyons ça.

Il s'exécute ; elle le corrige.

John Lurie et ses deux batteurs sont assis sur des chaises sur le trottoir avec leurs instruments. Lurie sourit jusqu'aux oreilles.

AUGGIE. – Qu'est-ce qui te fait sourire ?

LURIE. – Tu dois être le pire danseur que j'aie jamais vu.

AUGGIE. – Ouais, et alors, c'est dur de danser sans musique ! Faut sentir la mesure.

VIOLETTE. – Vrai. Pourriez jouer une rumba, vous autres ?

Ils commencent à jouer. Violette et Auggie dansent. Après quelques instants, les musiciens s'arrêtent. Lurie dit à Auggie : "Avec ou sans musique, t'es toujours le pire danseur que j'aie jamais vu."

*

L'amateur de gaufres belges est un autre personnage secondaire supprimé du scénario de Smoke *– et, ici aussi, la scène s'inspire d'un événement réel. J'ai rencontré l'amateur de gaufres au coin d'une rue de Brooklyn il y a cinq ans environ. Le speech qu'il m'a adressé était textuellement celui qui figure dans ces notes.*

Ce qui m'avait le plus impressionné en lui, c'était sa détermination, l'absolue spécificité de son désir. Voilà un homme qui savait ce qu'il voulait, et quel que soit le nombre de gens qu'il devrait solliciter ou le nombre d'heures que ça lui prendrait, il aurait sa gaufre belge. Depuis lors, les mots "gaufre belge" sont restés pour moi lourds de sens. Ils sont une métaphore de la patience et de la constance, des chimères et de la poursuite du plaisir, de l'irréductible capacité de manigances du désir humain.

Le rôle de l'amateur de gaufres avait beau être simple, nous avons eu beaucoup de difficultés à trouver un acteur pour le jouer. Un comédien a accepté et puis renoncé, et deux ou trois autres ont refusé. Le temps filait et nous commencions à croire qu'il faudrait faire sauter la scène. Et puis, quelques jours à peine avant la date prévue pour le tournage, Lily Tomlin a dit oui. Pendant un seul week-end, nous avons dû avoir ensemble quatre ou cinq conversations téléphoniques. Nous pensions d'abord qu'elle le jouerait en femme, mais lorsque je lui ai dit que ce n'était pas indispensable, elle a décidé de le faire en homme. Elle a préparé elle-même tout ce qui concernait son personnage : le costume, la voix, les cheveux, tout. Elle est arrivée en avion de Los Angeles la veille du jour où elle était programmée, s'est pointée tôt le matin sur le lieu du tournage et est aussitôt allée s'habiller dans la caravane qui servait de loge. Et sitôt en costume, elle a été le personnage. Elle n'était plus Lily Tomlin, elle était l'amateur de gaufres – même entre les prises. Quand j'y repense aujourd'hui, je suis stupéfait de ce qu'elle a pu faire d'indications aussi sommaires – de simples allusions, en vérité. Ce que je lui avais fourni n'était guère qu'une chanson enfantine, et elle l'a transformée en grand air d'opéra...

Quant à la dernière partie de la scène, quand Violette arrive et danse avec Auggie, ça a été un succès complet. Mel Gorham n'a jamais fait le moindre faux pas, dans aucune de ses scènes, et quand le film n'était constitué que des trois journées de juillet, cet élément en faisait partie. On l'a coupé ensuite pour des raisons de structure d'ensemble, mais la performance n'était pas en cause.

3. BLESSURES DE GUERRE

Tommy, Auggie.

Tommy entre dans la boutique au moment où Auggie s'apprête à fermer. Il dit qu'il apporte de mauvaises nouvelles et ne voulait pas le faire au téléphone. Auggie l'invite à entrer.

Tommy annonce que son frère Chuck est mort la veille au soir. "Je l'ai appris ce matin. Crise cardiaque. Il était en train de boire un verre de bière, et il a basculé."

Auggie est interdit. "Mais il n'a que quarante-six, quarante-sept ans. C'est pas un âge pour mourir."

Au fil de la conversation, on apprend qu'Auggie et Chuck étaient bons amis dans la marine – ce qui explique comment Tommy et Auggie se connaissent.

Auggie se souvient du bon vieux temps : du jour où Chuck a cassé la gueule à un type qui l'avait traité de nègre, de la chance qu'il avait au poker, de son rire, de son goût pour les filles nommées Wanda. Et puis Auggie se met à raconter comment Chuck l'a sauvé, un soir, dans un bar de Manille.

Tommy rappelle que Chuck ne s'est jamais vraiment remis de la guerre ; combien il était devenu gros ; la difficulté qu'il avait à garder un boulot ; son mariage raté. "Mon grand frère, répète-t-il. Mon grand frère…"

Tommy demande à Auggie s'il viendrait dire quelques mots aux funérailles. Auggie accepte.

*

Une seule prise. Elle a eu lieu à la fin de la dernière journée, tout le monde avait chaud et était épuisé, prêt à s'écrouler. Etant donné tout ce que nous avions déjà filmé, il paraissait évident que cette scène-ci ne survivrait pas au montage définitif – mais nous avions décidé de la tourner tout de même. Il se trouve que ces douze ou quelques minutes ont été déchirantes. Harvey et Giancarlo pleuraient tous les deux, et tous les assistants ont été sensibles à l'intense émotion de leur jeu. Mais (comme prévu) le ton ne correspondait pas à celui du reste du film, et tout cet effort a échoué sur le sol de la salle de montage.

4. GRONDE, RUMBA !

Auggie, Dot, Violette.

Auggie est seul dans la boutique, occupé à l'inventaire. Entre Dot (la femme de Vinnie). Elle se plaint de Vinnie…

DOT. – Y me parle même plus.

AUGGIE. – Ça fait quinze ans que vous êtes mariés et tu voudrais qu'il te parle encore ?

DOT. – Je lui ai donné quinze ans de ma vie, et tout ce que je reçois c'est des regards vides et froids.

AUGGIE. – Et une villa à Massapequa. Et une Cad blanche. Et ces bidules autour de ton cou.

DOT. – Ça les vaut pas. Je regrette que tu me l'aies jamais présenté, Auggie. Ç'a été la plus grosse bourde de ma vie.

AUGGIE *(taquin)*. – Ben, t'avais eu ta chance avec moi, mais t'es partie avec les dollars... pas avec l'étalon !

DOT. – Ça va, Auggie, je rigole pas. Faut que je te parle.

AUGGIE. – 'Coute, Dot, Vinnie est mon copain. J'ai pas envie d'être mêlé à ça. Je peux pas me mettre à prendre parti.

Avant qu'ils aient pu en dire plus, Violette entre... et Dot sort du magasin.
   Violette rappelle à Auggie qu'ils sont convenus d'aller danser le samedi soir. Auggie a oublié et a fait d'autres projets.

AUGGIE. – Je croyais que c'était le samedi *d'après*.

VIOLETTE. – Mon cul, Auggie. On avait dit le seize. Qu'est-ce que tu essaies de me faire gober ?

AUGGIE. – J'ai promis à Tommy de l'aider à vider l'appartement de son frère. Chuck. On était ensemble dans la marine. Il est mort il y a quelques jours.

VIOLETTE. – J'sais pas de quoi tu parles. Chuck, Chuck. C'est qui, ça, Chuck ?

AUGGIE. – Allez, on ira la semaine prochaine.

VIOLETTE. – Tu me doubles, hein, mon chou ? C'est qui ? Dot ? Sally ? Ou peut-être cette petite serveuse avec un gros cul ?

Auggie est de plus en plus irrité, sur la défensive... et puis, d'un coup, Violette se met à faire du charme. Elle danse une rumba pour Auggie et au bout d'un moment celui-ci s'y met aussi. De fil en aiguille, ils se retrouvent sur le plancher derrière le comptoir...

Roseanne est la première actrice "extérieure" à qui nous ayons demandé de jouer dans Brooklyn Boogie. *Jusqu'alors, nous avions prévu de limiter la distribution aux comédiens qui avaient participé à* Smoke, *mais quand nous avons appris que ça pouvait l'intéresser de jouer un rôle pour nous, nous n'avons pas hésité à l'inviter. C'est ainsi qu'est née Dot – littéralement, du jour au lendemain.*

Roseanne était à l'étranger à ce moment-là, mais je lui ai téléphoné deux ou trois fois pour discuter de son personnage. Dès le début, elle a paru saisir intuitivement quel genre de film nous nous proposions de réaliser. Nous avons dîné avec elle à New York, Wayne et moi, le soir avant le début du tournage (deux jours exactement après avoir terminé Smoke*) et, bien qu'elle ne dût pas travailler avant le deuxième jour, Roseanne est venue sur le plateau dès le lendemain matin et a fini par rester déjeuner – pour reconnaître le terrain, si on peut dire, et s'imprégner de l'atmosphère. Le soir même, elle a rencontré Harvey Keitel et Victor Argo, et à eux trois ils ont combiné une bonne partie des éléments les plus importants auxquels ils allaient être confrontés dans* Black-jack. *Le lendemain, elle était fin prête, et sa première scène s'est déroulée magnifiquement à chaque prise.*

5. C'EST DONNÉ !

Charles Clemm, Auggie, Tommy, Vinnie.

Charles Clemm entre dans la boutique. Il affecte ce jour-là la dégaine d'un fourgue. Il porte une serviette remplie de montres volées, qu'il essaie de vendre à bas prix à Auggie et à Tommy.

Mais ça se passe mal. Tommy met en doute l'authenticité des montres et charrie Clemm. Celui-ci fait bonne figure un moment, puis commence à s'énerver. Il se lance dans une diatribe contre le tabac. "Vous tuez les gens dans ce magasin, vous le savez ? Vous me traitez de voleur, mais vous, vous êtes des assassins."

La tension monte. La question des races vient sur le tapis. Dans sa colère, Clemm s'en prend à Tommy : "Qu'est-ce tu fous ici, toi, mec ? Tu te prends pour un Blanc ou quoi ?"

Au moment où la dispute semble sur le point de dégénérer en bagarre, Vinnie entre dans la boutique et demande ce qui se passe. "Rien, répond Auggie. On attendait que tu t'amènes pour nous chanter une chanson."

Après s'être fait un peu prier, Vinnie prend sa guitare et chante une ballade mélancolique du genre country.

*

Rien ne s'est passé comme prévu, mais tout a marché mieux qu'on ne s'y attendait. Malik Yoba est un tourbillon et, au début, j'ai eu un peu peur de ses rodomontades et de son humeur querelleuse. Je craignais que ça ne rende pas bien à l'écran, mais je me trompais. Rodomontades et querelles font le cœur même du film.

Si incroyable que ça paraisse, la petite chanson que Malik chante en s'accompagnant à la guitare a été inventée sur le tas.

6. LA FONDATION BOSCO

Tommy, Pete.

Tommy est seul, assis sur une chaise devant le débit de tabac, en train de parcourir paresseusement un journal. Arrive un homme portant un attaché-case. C'est Peter Malone, un ex-condisciple de Tommy. Ils ne se sont plus vus depuis quinze ou vingt ans.

PETE. – Tommy Fratello, c'est ça ?

TOMMY. – C'est ça. Et toi, c'est... c'est... *(Claque des doigts.)* ... Peter Malone. Le petit crack de Midwood High.

Ils commencent à bavarder. Tommy demande à Pete ce qu'il est devenu depuis tout ce temps, et Pete lui raconte son histoire. Petit à petit, il devient manifeste que Pete est un peu fêlé.

PETE. – J'ai passé ma licence à Harvard, et puis je suis allé à Yale faire un doctorat. Des études pluridisciplinaires : philosophie et biologie.

TOMMY *(impressionné)*. – Dis donc ! Et puis ?

PETE. – Euh, je suis parti.

TOMMY. – Parti ?

PETE. – Ouais. Mission de recherche pour le gouvernement. Top secret. Euh, j'suis pas vraiment censé en parler.

Tommy commence à soupçonner que c'est dans un hôpital psychiatrique que Pete devait être parti. Il demande à Pete ce qu'il fait maintenant, et Pete lui explique qu'il travaille comme consultant pour la Fondation Bosco.

TOMMY. – Bosco ? C'est pas le lait chocolaté qu'on buvait quand on était mômes ?

PETE. – Ça, c'est un autre Bosco. T'as jamais entendu parler de Giuseppe Bosco, l'industriel milanais ? T'es à moitié italien, non ?

TOMMY. – Ouais, tu sais, j'ai un peu perdu le contact avec le pays de mes ancêtres.

PETE. – Bosco a inventé la Bible électronique. Il a gagné des millions avec ça et, après sa mort, ses enfants ont créé une fondation internationale pour la recherche sociale. Le principe, c'est qu'on étudie les attitudes des gens face à eux-mêmes et au monde, pour voir si on ne peut pas les aider à être plus heureux.

TOMMY. – Et vous faites ça comment ?

PETE. – Eh bien, d'abord, on demande aux gens de répondre à des questions.

TOMMY. – Intéressant. Quel genre de questions ?

Pete ouvre son attaché-case et se met à en sortir des chemises bourrées de papiers en désordre.

PETE. – Ecoute, si t'as le temps, tu voudrais pas compléter un de ces questionnaires avec moi ?

TOMMY. – Là, maintenant ?

PETE. – Ouais, maintenant. Ça sera pas long.

TOMMY. – D'accord, pourquoi pas ? Vas-y, Pete.

Pendant la durée du questionnaire, Pete devient de plus en plus surexcité. Les dix questions sont :

1. Croyez-vous qu'il y a une vie sur d'autres planètes – ou que nous sommes seuls dans l'univers ?
2. Existe-t-il une personne que vous haïssiez au point de souhaiter sa mort ? Si quelqu'un vous disait qu'il peut tuer cette personne pour vous sans que le crime soit jamais découvert, lui permettriez-vous de le faire ?
3. Pensez-vous que les athlètes professionnels sont surpayés ?
4. Etes-vous satisfait de la taille et de la forme de votre pénis ?
5. Croyez-vous en Dieu ?
6. Regardez-vous le produit de vos intestins avant de tirer la chasse ?
7. Si un génie venait vous proposer d'exaucer un de vos souhaits, quel serait-il ?
8. Quel est l'endroit le plus inattendu où vous ayez fait l'amour ?
9. Si vous étiez président des Etats-Unis, citez trois choses que vous changeriez.
10. Quelle somme d'argent serait nécessaire pour vous convaincre de manger un bol de merde ?

Pendant que Tommy répond, Pete transcrit frénétiquement ses paroles dans un carnet. Tommy comprend que Pete est fêlé et que la Fondation Bosco n'existe pas, mais il n'en répond pas moins aux questions avec sérieux. Il a pitié de Pete et fait de son mieux pour jouer le jeu. A la dernière question, il hoche la tête en souriant.

TOMMY. – Tout homme a son prix, hein ? Eh ben, avec moi ça ne marchera pas, Pete. Ma religion m'interdit de manger de la merde.

PETE. – Ah ? Et c'est quoi, ta religion ?

TOMMY. – La religion du bon sens. Tu devrais penser à te convertir. Ça te rendrait la vie sacrément plus facile.

PETE. – Oh, j'en ai été. Mais on m'a excommunié. *(Il rit, puis redevient sérieux. Commence à remettre les papiers dans son attaché-case.)* Merci pour ta collaboration, Tommy. *(Il se lève et serre la main à Tommy.)* Tu m'as été d'une grande aide pour la cause de la vérité et du bonheur. Et ne te fais aucun souci. Tes réponses resteront strictement confidentielles.

Pete s'en va, la démarche bondissante. Toujours assis sur sa chaise, Tommy regarde son ancien condisciple s'éloigner dans la rue.

*

Cette scène est un ajout de dernière minute, imaginé sur le tard. Tout était décidé, les notes destinées aux acteurs étaient rédigées, on avait discuté avec eux (sauf l'amateur de gaufre, qui restait à trouver) quand, tout à coup, on m'annonce que Michael J. Fox s'est joint à nous. Me serait-il possible d'écrire un rôle pour lui ? A vrai dire, je ne le pensais pas. J'étais mort de fatigue, et quelle qu'elle fût, l'ardeur saugrenue qui m'avait poussé à concocter les autres situations s'était éteinte depuis longtemps. J'étais un romancier, pas un auteur de gags, et je ne me sentais pas d'humeur à inventer un sketch stupide de plus. La seule chose dont j'avais envie, c'était de passer le week-end du 4 juillet au calme, chez moi, avec ma famille, et de rattraper mon retard de sommeil.

Mais il fallait le faire, mon samedi et mon dimanche étaient fichus. Je me sentais épuisé, écœuré, incapable de trouver la moindre idée. Toutes les scènes étaient programmées, l'équilibre des personnages avait été réglé, et l'ajout d'un élément à ce mélange risquait de tout perturber. Le lundi, Siri, ma femme, a écouté mes plaintes avec patience. Nous avons discuté de plusieurs possibilités dont aucune n'était très prometteuse et puis, tout à coup, elle m'a lancé l'idée du questionnaire. Ça m'a remis en marche, et quelques heures plus tard la scène de la Fondation Bosco était terminée.

Quelques jours plus tard, Michael J. Fox est arrivé sur le plateau de Smoke, *à Garrison, New York, où se déroulait la dernière semaine de tournage. J'ai été impressionné par son enthousiasme envers le projet, son intelligence, sa bonne volonté. Quand il est reparti, les réticences que j'avais éprouvées quant à l'ajout de cette scène avaient complètement disparu. Le soir même, j'en ai parlé au téléphone à Giancarlo Esposito, et la Fondation Bosco a été insérée comme la première scène à tourner le deuxième jour.*

Par un caprice du hasard, ce deuxième jour a été mon premier en tant que réalisateur. Wayne avait attrapé une bronchite à Garrison pendant les derniers jours de Smoke. *Il avait passé le week-end au lit (sauf une brève sortie le dimanche soir pour dîner avec Roseanne) et se trouvait sur le plateau le lundi matin. Toutes les scènes tournées ce jour-là étaient des intérieurs. Il avait fallu couper la climatisation pour l'enregistrement de la bande son et, avec des températures extérieures frisant les quarante degrés, on étouffait dans la boutique. Dans l'après-midi, il était devenu difficile de respirer. Wayne a tenu le coup, mais manifestement il n'en pouvait plus, et en début de soirée il avait perdu la voix et était malade comme un chien. Le soir, il a téléphoné de chez lui à Peter Newman pour le prévenir qu'il lui serait impossible de venir le mardi. "Paul se débrouillera, assura-t-il à Peter, il n'y aura pas de problème."*

Il ne pouvait rien en savoir, bien entendu, mais c'était sympathique de sa part de l'affirmer. J'ai donc pris sa place pendant deux jours, et j'ai fait de mon mieux. La première scène prévue était la Fondation Bosco, et les trois prises ont marché du feu de Dieu. J'avais de la chance. Fox,

Esposito et Harris formaient une combinaison formidable et tous les membres de l'équipe ont été très gentils avec moi, surtout Adam Holender (le directeur de la photographie) et Todd Pfeiffer (l'assistant-réalisateur). Le seul problème était mon incapacité à prononcer le mot "coupez". Pendant les premières prises, quand je voulais qu'Adam arrête de tourner, je baissais le bras comme pour faire le geste de trancher. Adam ne le voyait pas, bien entendu, et le film continuait à se dérouler. Il m'a fallu un ou deux coups de coude de Todd pour me décider à ouvrir la bouche. Ainsi que je l'ai expliqué à Peter Newman quand la scène a été terminée, je trouvais difficile de faire un nouvel usage d'un vieux mot. Jusqu'à ce matin-là, la seule fois que j'avais jamais dit "coupé", c'était quand j'avais vu du sang couler de mon doigt.

7. BLACK-JACK

Auggie, Dot, Vinnie.

Canevas : Auggie est seul dans la boutique quand Dot entre. Elle épanche son cœur et annonce à Auggie son projet de quitter Vinnie et de partir à Las Vegas pour y tenir une table de black-jack. Au bout d'un moment, Vinnie arrive. Il se trouve que l'acte de propriété de la boutique est au nom de Dot, ce qui fait d'elle la propriétaire légale de la *Brooklyn Cigar Company*. Entre Vinnie et Dot, c'est à qui criera le plus fort. Auggie les flanque à la porte.

Suggestions :

DOT. – Ecoute, Auggie, faut vraiment que tu m'écoutes. Pas de blagues, cette fois-ci.

AUGGIE. – Fous-moi la paix, Dot. Je veux pas être mêlé à ça.

DOT. – Eh ben, que tu le veuilles ou non, tu y *es* mêlé, et je sors pas de cette boutique avant que tu m'écoutes.

AUGGIE. – Bon, bon, d'accord. Mais vite, alors. J'ai du boulot. Une grosse livraison qui s'amène dans moins d'une heure.

DOT. – Je quitte Vinnie.

AUGGIE. – Celle-là je l'ai déjà entendue.

DOT. – Cette fois-ci c'est sérieux. Je quitte Vinnie.

AUGGIE. – Et les gosses ? Tu vas les laisser en plan ?

DOT. – Ils ont plus besoin de moi. Sont assez grands pour se débrouiller. Et d'ailleurs, ils m'aiment même pas. Petits merdeux, ils peuvent vivre avec leur père. Qu'il s'en occupe, pour changer.

AUGGIE. – Et tu comptes aller où ?

DOT. – C'est de ça que je veux te parler.

AUGGIE. – A moi ? Qu'est-ce j'en ai à fiche ?

DOT. – Je voudrais que tu viennes avec moi, Auggie. On s'en va dans l'Ouest et on commence une nouvelle vie ensemble.

AUGGIE. – Quoi !

DOT. – J'ai tout prévu. On part à Las Vegas ouvrir une table de black-jack. Y en a marre de Brooklyn, marre de Long Island. Il est temps de s'éclater un peu.

AUGGIE *(il la regarde comme si elle était folle)*. – Et t'en as parlé à Vinnie, de ton projet ?

DOT. – Pas encore. Je voulais d'abord savoir ce que tu dirais.

AUGGIE. – Eh ben, ce que je dis, c'est que t'es cinglée.

DOT. – Allez, Auggie, prends le temps d'y penser un peu. *(Elle fait la coquette, la séductrice.)* C'est pas parce que j'ai fait le mauvais choix quand j'étais jeune que je peux pas faire le bon maintenant que je suis... que je suis... mûre.

AUGGIE. – J'ai déjà quelqu'un. Tu le sais très bien. Si Violette entend parler de cette conversation, elle t'arrachera les yeux. Et à moi aussi.

DOT. – Sois pas nouille, Auggie. Laisse tomber ta chiquita de pacotille. Je sais que t'en pinces encore pour moi.

AUGGIE. – Allez, Dot. Arrête ça. Toi et Vinnie, vous êtes dans une mauvaise passe, c'est tout. Ça va s'arranger.

DOT. – Me fais pas rire. Ça fait quinze ans qu'on est dans une mauvaise passe.

AUGGIE. – Il est fou de toi. Il me répète ça tout le temps. "J'aime cette petite dodue autant que le jour où je l'ai épousée." Il me répète ça tout le temps.

DOT. – Foutaises, Auggie. N'importe quel crétin le pigerait.

Entre Vinnie.

VINNIE *(à Dot)*. – C'est là que tu es. Je t'ai cherchée partout.

DOT. – J'ai une conversation privée avec Auggie, Vin'. Casse-toi.

VINNIE. – C'est ma boutique ici, non ? J'y viens quand je veux.

DOT. – Rappelle-toi, ô mon cher époux. Les papiers concernant cet endroit sont à mon nom. T'as oublié cette petite astuce fiscale que t'avais mise au point avec ton comptable, y a deux ans ? C'est ma boutique maintenant, et je t'y veux pas.

Dot et Vinnie se disputent. Auggie s'efforce de les calmer, sans succès. A la fin, il leur hurle à tous deux de partir. Il a du travail, et s'ils ont envie d'une querelle conjugale, ils n'ont qu'à faire ça chez eux. Dot et Vinnie se dirigent vers la porte, mais Dot revient précipitamment et plante à Auggie un baiser passionné sur la bouche.

DOT *(à Auggie)*. – Dommage, camarade. Tu viens de dire adieu à la chance de ta vie. J'espère que t'auras le temps de le regretter.

*

Cette scène nous a donné du fil à retordre. Nous avons dû faire sept prises, en tentant chaque fois de l'aborder autrement, alors que nous étions tous écrasés par la chaleur de la mi-journée. La tension due à la nécessité de réaliser quelque chose d'utilisable était énorme, et il y a eu des moments, au début, où j'ai frôlé le désespoir. Rien ne semblait se passer comme je l'avais espéré. Néanmoins, vers la troisième ou la quatrième prise, de bons éléments ont commencé à émerger : les cris de Roseanne, le baiser, la dispute sur le thème de l'écoute et de la communication, la colère et l'incompréhension de Vic, le magnifique sourire d'Harvey, à la fin. Quelque chose de réel était en train de se produire dans cette pièce, et une grande partie de ce qu'il y a de bon dans la scène s'est cristallisée pendant que la caméra tournait. L'idée de départ était que Dot partait seule à Las Vegas, mais la performance de Roseanne a été si persuasive, son envie d'y aller si puissante, qu'elle a bel et bien convaincu Vic de l'y accompagner. C'est arrivé comme ça, de la même façon que les choses arrivent, "comme ça", dans la vie.

Les trois acteurs se sont donné beaucoup de mal, mais de toutes les scènes que j'ai dirigées, c'est celle que j'ai eu le moins l'impression de maîtriser. Dans mon souvenir, cette expérience figure comme une sorte de tabassage mental. Et néanmoins, dans sa forme définitive, c'est une des séquences les plus fortes du film.

8. TOUCHANTS ADIEUX

Bob, Auggie, Jimmy Rose.

Bob entre dans la boutique. Auggie lui demande où il est parti : on ne l'a plus vu depuis quelque deux mois. Au Japon, répond Bob : il y avait une exposition de ses photographies à Tôkyô. Auggie demande à Bob s'il veut un paquet de Lucky (la marque habituelle de Bob). Non, répond Bob. Qu'est-ce qui se passe, demande Auggie, vous changez de marque après tant d'années ? Bob répond que non, qu'il essaie d'arrêter. En fait, il en est à sa dernière cigarette – et c'est pour ça qu'il est venu : pour fumer sa dernière cigarette en compagnie d'Auggie.

Bob s'assied, sort la cigarette du paquet et la garde en main. Pendant le restant de la scène, il s'adresse alternativement à Auggie, à Jimmy et à la cigarette.

Suit un monologue : souvenirs d'un fumeur. De la première cigarette du gosse à la dernière bouffée de l'adulte. Le tabac et le sexe. Le tabac et la table. Le tabac et le travail. Comme l'a un jour dit Schoenberg, à qui on demandait pourquoi il gardait une cigarette en train de se consumer sur son bureau pendant qu'il travaillait : "La composition est une affaire solitaire, j'aime que cette cigarette soit là pour me tenir compagnie." Le tabac et le stress. Le tabac et la relaxation. Toutes les occasions de fumer sont bonnes : célébrations ou deuils. Fumer comme penser, comme méditer, comme agir. Fumer comme danger : en cachette dans les toilettes de l'école, fumer comme un rappel constant de notre nature mortelle. Fumer comme dans camaraderie, ou dans amour : partager une cigarette avec une femme, au lit. Fumer comme l'acte ultime : la dernière bouffée avant le bandeau sur les yeux de l'homme qui va passer devant le peloton d'exécution. Chaque bouffée est un souffle humain. Chaque bouffée est une pensée. Chaque bouffée est un rappel de plus que vivre est aussi mourir.

Bob gratte une allumette et allume la cigarette.

*

Le rôle de l'homme qui entre dans la boutique pour y fumer sa dernière cigarette était conçu à l'origine pour William Hurt. Malheureusement, il n'était pas disponible le jour où nous avions besoin de lui, et Paul le romancier est donc sorti de scène, cédant la place à Bob le photographe (Jim Jarmusch).

Jim et moi, nous sommes allés dîner un soir dans un restaurant proche du bureau de la production de Smoke, *rue Lafayette, et en quelques heures nous avons pondu des quantités d'idées supplémentaires pour ce rôle. Le fait que Jim est un fumeur de cigarettes invétéré donnait à sa performance une authenticité et une conviction spontanées. Non seulement c'est un bon réalisateur, mais il est d'un naturel parfait devant la caméra.*

J'avais toujours imaginé cette scène comme un pur monologue, mais Jim et Harvey l'ont plutôt jouée comme une conversation. Il en est résulté un bon nombre de digressions intéressantes, en particulier le rappel par Harvey du Commando de la mort, *qui à leur tour nous ont incités à rechercher, pour l'introduire dans cette séquence, un extrait du vieux film de Richard Conte.*

9. COW-BOYS ET INDIENS

Sue, Auggie, Tommy, Jerry, Dennis, Jimmy Rose.

Repères : Sue est serveuse dans un café-restaurant de la rue. Dennis sort avec sa jeune sœur, Mary. Sue est divorcée de Phil. Phil et Dennis travaillent parfois ensemble (trafic de tickets).

Sue entre dans la boutique et demande à Auggie un paquet de Kool. Elle aperçoit Dennis.

SUE. – T'as rien de mieux à faire que de traîner ici toute la journée ?

DENNIS *(sarcastique)*. – Salut, Sue.

SUE. – Mary m'a dit que tu lui as posé un lapin, hier soir. Bien joué, p'tite tête. Je comprends toujours pas ce que ma sœur peut trouver à un nullard comme toi.

Echange d'insultes d'intensité croissante. A un moment donné, Dennis lance que Phil s'est plaint de la frigidité de Sue.

SUE. – Ouais, ben, t'essaieras de coucher avec quelqu'un qui n'a plus pris de bain depuis la première administration Nixon.

DENNIS. – C'est pas la version que j'ai entendue.

Bouleversée, Sue marche sur Dennis et le gifle. Auggie et Tommy traitent Dennis de salaud.

Jimmy Rose, tout triste pour Sue, va la serrer dans ses bras. "T'en fais pas, lui dit-il. Moi aussi, je suis rigide. Juste comme lui." Il montre du doigt l'Indien en bois qui sert d'enseigne à la porte du débit de tabac. Ce commentaire de Jimmy est si louftingue, si à côté de la plaque que Sue se met à rire à travers ses larmes.

Dennis sort, écœuré. La scène s'achève sur Jimmy en train de faire des imitations de l'Indien.

*

Une de nos tactiques préliminaires pour Brooklyn Boogie *consistait à confier à chaque comédien des informations secrètes, privées, qui n'étaient pas communiquées aux autres acteurs de la scène. Notre espoir était d'insuffler de la spontanéité dans leur jeu, de donner à l'action un air aussi "réel" que possible. Il y a eu des moments où cette méthode s'est retournée contre nous et où les acteurs travaillaient involontairement à contresens, mais il y en a eu d'autres où elle a été capitale pour le succès de la scène.* Cow-boys et Indiens *est sans doute le meilleur exemple de ce qui se produit quand le secret est un bon secret. Dennis (Steve Gevedon) ne soupçonnait pas que Sue (Peggy Gormley) allait le gifler. Comme Dennis est le personnage le plus odieux du film, Steve avait pour instructions d'insulter Peggy sans merci, de s'en prendre à elle de tout le poids de son machisme brooklynien – et on ne lui avait rien dit de plus. Quand la gifle est arrivée, sa surprise a été totale. Son expression de stupeur était authentique, et pourtant il a réussi, Dieu sait comment, à rester son personnage même pendant qu'il encaissait le coup.*

10. BOUTS DE FICELLES

Tommy, Jerry.

Tommy et Jerry sont assis sur des chaises devant le magasin. Tommy est fâché contre Jerry : "Tu deviens une vraie cloche, lui dit-il, un terrain vague plein de mauvaises herbes." Jerry réplique qu'il fait de son mieux : "J'suis pas un type futé comme toi."
 Tommy regarde le gilet de Jerry. C'est un truc compliqué, un gilet de pêcheur, avec des quantités de petites poches. Des bouts de ficelles de différentes couleurs sortent des poches et sont fixés aux épaules par des épingles de sûreté. "Qu'est-ce que c'est que ce gilet ?" demande-t-il.
 Jerry explique. Il oublie toujours tout. Alors il a un compartiment spécial pour chaque objet qu'il porte sur lui : une poche pour les lunettes de soleil, une poche pour les cigarettes, une poche pour son briquet, une pour son canif, une pour son chewing-gum, etc. – avec une ficelle différente attachée à chaque objet. Les couleurs sont codées. Du moment qu'on sait que bleu veut dire cigarettes et rouge, briquet, on ne peut pas se tromper de poche. Jerry se lance dans une intarissable exégèse infiniment détaillée du système qu'il a mis au point.
 Il ennuie et agace Tommy, qui l'interrompt pour le sermonner sur la façon de bien s'habiller et la valeur de l'apparence.

*

Cette scène est un vestige de notre première idée du film, avant que nous ne décidions d'ouvrir la distribution à des acteurs qui n'avaient pas joué dans Smoke. *Dans le rôle de l'homme qui disserte sur l'importance d'être bien vêtu, Giancarlo était magnifique. Il avait une allure folle avec sa veste jaune vif, tout rayonnant, du début à la fin, de force, de joie de vivre et de confiance en soi. Hélas, cette scène n'a pas trouvé sa place dans la structure générale du film, mais on peut apercevoir Giancarlo et sa veste dans le postgénérique.*

11. AÏE, VEGAS !

Auggie, Tommy, Jerry, Dennis, Jimmy Rose, Vinnie.

Silence absolu. Auggie est derrière le comptoir, plongé dans un livre. Tommy lit un journal. Jerry joue avec les ficelles de son gilet. Dennis somnole. Jimmy Rose époussette l'Indien. Au bout d'un long moment arrive Vinnie, d'une humeur massacrante. Il réprimande Auggie parce qu'il laisse les parieurs traînailler dans la boutique sans rien acheter. Il les met à la porte. Jimmy continue son époussetage.

Lorsqu'ils sont seuls, Auggie demande à Vinnie ce qui ne va pas. Dot a disparu, voilà ce qui ne va pas. Elle a laissé un mot ? Ouais, un mot : au revoir.

AUGGIE. – Qu'est-ce que tu lui as fait, Vin' ?

VINNIE. – J'y ai rien fait. L'est dingue, cette femme. Complètement malade.

AUGGIE. – Alors t'as peut-être de la chance d'en être débarrassé.

VINNIE. – C'est ma femme. Et d'ailleurs j'peux pas m'occuper seul des gosses. Ils me rendent cinglé.

AUGGIE. – Téléphone. Elle est peut-être chez sa mère.

VINNIE. – J'ai téléphoné. J'ai appelé sa mère, sa sœur, son frère, ses putains de tantes et d'oncles, ses partenaires au mah-jong… personne sait rien.

AUGGIE. – Essaie Vegas.

VINNIE. – Tu veux dire Las Vegas ?

AUGGIE. – Aïe, Vegas !

VINNIE. – Merde, Auggie, c'est pas drôle.

AUGGIE. – Non, sans blague. C'est là qu'elle m'a dit qu'elle voulait aller. Pour tenir une table de blackjack.

La conversation se poursuit. Finalement :

VINNIE. – Eh ben, j'ai plus qu'à aller à Vegas, alors.

AUGGIE. – Oublie pas de prendre ta guitare, Vinnie. T'auras peut-être des occasions de jouer pendant que t'es là-bas.

VINNIE *(il réfléchit)*. – Tu sais quoi ? C'est pas une mauvaise idée. Me tirer quelque temps du panier de crabes. Je pourrai peut-être m'incruster dans un de ces petits clubs…

Un peu plus tard :

VINNIE. – Pourquoi tu viens pas avec moi, Auggie ? On va s'éclater.

AUGGIE. – Je peux pas. Et d'ailleurs j'ai pas envie.

VINNIE. – J'aime pas l'idée de te voir vieillir derrière ce comptoir.

AUGGIE. – T'en fais pas pour moi. Tout le monde vieillit. Qu'est-ce que ça peut faire, où ça se passe ?

*

Cette scène n'a pas été filmée. Elle était devenue superflue, puisque Dot avait persuadé Vinnie de partir à Vegas avec elle.

12. ENCORE UNE FOIS, AVEC ÂME

Charles Clemm, Tommy, Jerry, Dennis, Auggie, Jimmy Rose.

Charles Clemm entre dans la boutique. Cette fois il est vêtu d'un élégant costume trois-pièces et parle avec l'accent de la haute jamaïcaine. Il demande du tabac à pipe.

Tommy le dévisage et le reconnaît. "T'es pas jamaïcain, dit-il. T'es ce fourgue qu'est venu la semaine dernière essayer de nous refiler des montres." Clemm sourit : "Je me suis lassé de ce numéro. Il m'a semblé qu'il était temps d'en essayer un nouveau." Dennis est impressionné. "Dis donc, t'es vachement fort. Tu m'as complètement eu, avec cette voix." Clemm : "C'est rien, ça. J'en ai encore une centaine en réserve."

Pendant le restant de la scène, Dennis, Tommy, Clemm et Auggie essaient divers accents et s'éblouissent mutuellement par leurs mimiques extravagantes. Tout se termine dans les rires.

*

Ici encore, on a frôlé la catastrophe. C'était le premier jour de tournage. L'idée de cette scène m'était venue sur le plateau de Smoke. *Chacun de son côté, et en plus d'une occasion, Steve Gevedon et Malik Yoba m'avaient l'un et l'autre mis en joie par leur capacité d'imiter des accents – n'importe lesquels, du japonais au jamaïcain. Ça paraissait une bonne façon de terminer le film, d'avoir tout le monde dans la boutique en train d'imiter tout le monde, mais ça n'a pas marché. On a fait deux prises sans succès, après quoi on s'est retrouvés dans un coin, Wayne et moi, à tenter désespérément de trouver comment s'en sortir. Ensuite on s'est séparés, et on a parlé à chaque comédien individuellement, en lui donnant de nouvelles indications. Je me revois avec Giancarlo, en train de lui suggérer quelques histoires qu'il pourrait raconter à Malik. En fait, celle qu'il a racontée était entièrement de son cru – vraie ou inventée, je l'ignore. Elle a non seulement posé la scène et donné une forme à l'action, mais aussi, par son contenu, rappelé plusieurs des sujets abordés dans* Philosophes. *Outre sa contribution à la réussite de cette scène en particulier, cette petite histoire de crime et de rédemption a apporté au film en général un enrichissement certain.*

13. INTERVIEW DE JIMMY ROSE

Parce que nous étions obligés de travailler en grande hâte, toutes les scènes ont été tournées en plan général. Nous n'avions pas le temps de tourner de ces plans de sécurité qui sont l'usage normal quand on fait un film – et dont on apprécie l'intérêt au moment du montage. Un de nos projets prévoyait de consacrer la dernière heure du dernier jour à tourner quelques gros plans de Jimmy Rose (Jared Harris) ainsi que d'un certain nombre d'objets inanimés dans le débit de tabac : l'Indien, la caisse enregistreuse, la vitrine, etc. Malheureusement, quand le moment est arrivé de filmer ces plans, le générateur est tombé en panne (à cause de la chaleur, je suppose) et nous avons été privés de lumière. Nous avons aussitôt décidé d'installer Jared sur une chaise à l'extérieur du magasin et de lui poser une série de questions : Jimmy Rose parlant de l'amour, de la vie, des différents personnages qui entrent et sortent de la boutique. Jared s'en est tiré magnifiquement, mais quand nous avons examiné le film le lendemain, nous sommes tous tombés d'accord qu'il y avait trop peu de lumière. Quand nous sommes revenus au débit de tabac en octobre, nous avons recommencé cette interview.

14. INTERVIEW DE LOU REED

J'avais rencontré Lou Reed l'année précédente et, depuis, une amitié était née entre nous. Quand nous avons commencé, Wayne et moi, à préparer Brooklyn Boogie, *j'ai eu l'idée de demander à Lou d'y participer. Je ne sais pas très bien pourquoi. Quelque chose à voir avec sa sensibilité caustique, peut-être, avec sa façon d'apprécier les ironies de la vie, ou peut-être simplement à cause de son merveilleux accent new-yorkais. Quelle que fût la raison, Wayne a trouvé l'idée bonne.*

Nous avons décidé d'utiliser Lou pour ce qu'il est, pas en tant qu'acteur : de l'installer derrière le comptoir du débit de tabac et de le faire parler de sujets divers. Il serait le philosophe en résidence de la Brooklyn Cigar Company, *un homme qui se trouve là, comme ça, sans raison particulière, à disserter de choses et d'autres. Nous considérions sa présence comme une possibilité de séparer les scènes dramatiques et de donner au film un peu de variété, mais nous n'avions pas une idée très claire de la façon dont ça se passerait.*

L'interview a été filmée à la fin de la deuxième journée, tout de suite après l'expérience tumultueuse et éprouvante du tournage de Black-jack *avec Roseanne, Harvey et Vic. J'étais alors si fatigué que c'est tout juste si je pouvais ouvrir la bouche pour poser les questions à Lou. Nous avons tourné pendant vingt ou vingt-cinq minutes et, durant tout ce temps, je me souviens d'avoir pensé que Lou était plat, pas du tout en forme, et que rien de tout ça ne figurerait au montage final. Lou était exactement du même avis. Nous sommes rentrés chez moi à pied pour prendre un verre après la fin de la journée de travail, déçus, tous les deux, hochant la tête et tâchant de nous faire une raison. "Voilà, c'est comme ça, le showbiz", nous disions-nous. Et nous avons parlé d'autre chose.*

Ainsi que le savent tous ceux qui ont vu le film, le showbiz nous a donné tort, à tous les deux. Lors de toutes les projections de Brooklyn Boogie *auxquelles j'ai assisté, c'est la performance de Lou qui a provoqué le plus de rires et de commentaires. Il crève l'écran.*

OCTOBRE

1. EXT. JOUR. DEVANT *THE BROOKLYN CIGAR CO.*

Auggie et Violette sont debout devant le magasin. Auggie a l'air distrait. Pendant que Violette lui parle, il parcourt la rue des yeux, comme à la recherche d'une pensée égarée.

VIOLETTE. – Bon, Auggie, t'as compris ?

AUGGIE. – Ouais, j'ai compris.

VIOLETTE. – Samedi seize.

AUGGIE. – D'accord.

VIOLETTE. – Faut que ce soit ce soir-là, parce que c'est le seul où Ramón et son groupe jouent à Brooklyn. C'est mon frère, Auggie, et je t'assure, c'est lui le meilleur.

AUGGIE. – T'en fais pas, mon cœur. C'est convenu.

VIOLETTE. – Tu vas cartonner, Agosto. Rappelle-toi bien ces pas que je t'ai appris, c'est tout, on te prendra pour ce Fred Astaire de mes deux.

AUGGIE. – D'accord, Ginger. Puisque tu le dis.

A ce moment on voit arriver par la droite du cadre un gamin noir de onze ans environ et une femme blanche proche de la trentaine. Le gamin arrache son sac à la femme et détale, tourne le coin devant Auggie et Violette et sort à gauche.

LA FEMME. – Au voleur, au voleur ! Il a volé mon sac !

AUGGIE *(sous cape)*. – Merde !

Il se lance à la poursuite du gosse et sort du cadre par la gauche.

Entre-temps, la porte de la boutique s'ouvre et quelques clients, attirés par l'incident, sortent et se groupent devant le seuil avec la femme et Violette. Parmi eux se trouvent les trois parieurs (Tommy, Dennis et Jerry).

LA FEMME. – Incroyable ! Il me l'a arraché des mains ! Trois cents dollars en espèces et toutes mes cartes de crédit.

DENNIS *(dévisageant la femme de haut en bas)*. – Ouais, c'est dégueulasse, pas vrai ? Une jolie petite dame comme vous, et vous pouvez plus vous balader seule dans les rues de cette ville ! Ce qu'il vous faut...

VIOLETTE *(observant la rue avec excitation)*. – Regardez, regardez, Auggie, il l'a eu !

DENNIS. – ... c'est un homme pour vous protéger.

Tommy et Jerry regardent Dennis d'un air dégoûté, ils paraissent tous deux écœurés par ces avances grossières.

DENNIS *(d'un air innocent, à Tommy et Jerry)*. – Quoi ? Qu'est-ce que j'ai fait ?

TOMMY. – Mets les pouces, Dennis. Tu vois pas qu'elle est chamboulée ?

Auggie et le gamin rentrent dans le cadre. D'une main, Auggie tient le gamin par le col et de l'autre, le sac de la femme. Le gamin a l'air terrifié.

AUGGIE *(il rend son sac à la femme)*. – Voilà votre sac.

LA FEMME. – Merci. Vous avez été... extraordinaire. Je ne sais pas comment vous remercier.

AUGGIE. – Entrez maintenant, et appelez les flics, qu'on arrête ce petit voyou.

La femme examine le gamin, qui reste planté là, immobile et silencieux. Les autres observent, fascinés, l'échange entre Auggie et la femme.

LA FEMME. – Qu'on l'arrête ?

AUGGIE. – Bien sûr. C'est un voleur, oui ou non ?

La femme continue à examiner le gamin. Peu à peu, on voit sa détermination s'effriter.

LA FEMME. – Mais c'est qu'un bébé.

AUGGIE *(qui commence à s'énerver)*. – Qu'est-ce que ça peut faire ? Il a volé votre sac.

LA FEMME. – Je l'ai, maintenant, mon sac. On devrait peut-être laisser tomber.

AUGGIE. – Laisser tomber ? Qu'est-ce que vous racontez ?

LA FEMME. – C'est qu'un bébé. Je peux pas envoyer un bébé en prison.

AUGGIE *(vraiment en colère, maintenant)*. – C'est votre devoir. C'est ça le genre de ville où vous avez envie d'habiter ? Où des petits morveux fauchent leur sac aux passants – et s'en tirent ?

LA FEMME. – Je peux pas faire ça. Je peux pas, c'est tout.

Auggie regarde la femme ; ensuite il regarde le gamin ; ensuite, de nouveau la femme. Dans un éclair, il prend une décision impulsive, radicale : il arrache le sac des mains de la femme et le rend au gamin.

LA FEMME *(interdite)*. – Eh ! Qu'est-ce que vous faites ?

AUGGIE *(au gamin, en le chassant du geste)*. – Allez, gamin, file. Il est à toi.

Complètement ahuri, le gamin reste là sans un mot, le sac entre les mains. Il est figé sur place.

LA FEMME *(à Auggie, d'un ton outragé)*. – Vous êtes malade ?

Elle ôte d'un coup son sac des mains du gosse. Sans hésiter, Auggie le lui reprend et le rend au gamin.

AUGGIE *(au gamin)*. – T'es sourd ? Le sac est à toi. Fous-moi le camp, maintenant.

Il envoie une bourrade au gosse, qui détale avec le sac et sort du cadre.

LA FEMME *(hors d'elle).* – Espèce de salaud ! Y a tout mon argent là-dedans ! Vous avez perdu la tête ?

AUGGIE *(fou furieux).* – Non, c'est vous, ma p'tite dame ! C'est à cause de gens comme vous que New York devient un tel merdier. Vous refusez vos responsabilités ! Si on n'apprend pas à ces gosses la différence entre le bien et le mal, qui va le faire ?

*

Cette fois, les notes étaient rédigées sous la forme traditionnelle d'un scénario. Nous avions une idée bien plus claire de ce que nous cherchions, et les scènes d'octobre avaient été conçues dans un esprit tout à fait différent de celles que nous avions tournées en été : dans le but de remplir des trous, de resserrer le fil des récits et de rassembler ce qui avait déjà été fait. L'expérimentation était terminée, pour l'essentiel, et nos efforts étaient concentrés sur la réalisation d'un film viable.

D'autre part, ce n'est pas parce que nous avions un scénario que les acteurs étaient moins libres d'improviser. Tous ceux qui ont participé à cette nouvelle version de Philosophes *ont fait un boulot excellent à partir et autour des indications écrites et les ont, à mon avis, énormément améliorées à chacune des répliques qu'ils prononçaient. Mira Sorvino était notre principale nouvelle venue, et elle s'est intégrée comme si elle avait joué avec nous depuis le début. Il se passe sans cesse plusieurs choses en même temps dans cette scène, et la dispute annexe entre Auggie et Violette, ainsi que les hennissements de rire de Dennis, sur le seuil, lui donnent toute la confusion à plusieurs niveaux d'une véritable scène de rue.*

2. INT. NUIT. LA CHAMBRE DE VIOLETTE

Violette est seule ; assise devant son miroir, elle se passe du fond de teint sur le visage.

VIOLETTE. – Auggie, tu me mets dans un de ces états ! Mes *tripas*... elles tremblent... Oh, Auggie, tu serais si merveilleux... si seulement t'étais différent. *(Une pause. Elle commence à ouvrir des pots, sur la table devant elle.)* Cet Auggie, il va me rendre marteau. D'abord il dit oui, et puis il dit non. C'est oui, c'est non, c'est une autre fois. Mais Ramón, une autre fois, il connaît pas. Il joue chez Freddy le seize, et maintenant Agosto il m'annonce qu'il est pas libre le seize. Pourtant j'y avais dit : samedi seize. Qu'est-ce qu'y se passe ici, hein ? Y a quelqu'un qui est sourd ou quoi ? Je me tue à y espliquer et ça sert jamais à rien. *(Pause. Elle s'applique nerveusement du mascara. Ote le capuchon de son rouge à lèvres et s'en met. Se fait la bouche en cœur devant le miroir. De plus en plus en colère, comme si elle s'adressait à Auggie :)* Auggie, c'est décidé. Ecoute bien ce que j'ai décidé. J'ai décidé que si tu fais pas ce que t'as promis de faire, je te dis plus jamais rien. T'as compris ? Plus jamais. Rien. Jamais. *(Pause. Elle examine ses lèvres dans le miroir. Encore plus en colère, mais d'une voix basse, sourde, brûlante.)* Tu me mens, Auggie. Et les gens qui mentent méritent pas qu'on les aime. Si tu déconnes avec Violetta, Violetta, elle se défend. *(Presque chuchoté :)* Je t'arrache les tripes, Auggie. Comme un tigre. Comme un putain de tigre – avec des dents aussi coupantes que des lames de rasoir.

*

Le monologue de Violette est la seule scène d'intérieur filmée ailleurs que dans le débit de tabac, mais nous n'avions pas loin à aller : juste derrière le coin, dans un appartement vide de la 16ᵉ rue.

Un autre écart avec la première série de tournages : le gros plan. Pour la première fois, nous avons réussi à filmer une scène sous deux angles différents.

3. INT. JOUR. *THE BROOKLYN CIGAR CO.*

Auggie et Vinnie sont seuls dans la boutique, en pleine discussion :

VINNIE. – J'sais pas, Auggie. C'est une fortune. Je serais idiot de refuser.

AUGGIE. – Après dix-neuf ans, tu t'en irais comme ça ? Je peux pas le croire.

VINNIE. – Question de fric. Ça fait des années que ce magasin perd de l'argent, tu le sais aussi bien que moi. C'est un bon mois quand on solde à zéro.

AUGGIE. – Mais t'es plein aux as, Vin. Toutes ces affaires immobilières là-bas sur l'île. Ces pertes, t'as qu'à les déduire de tes revenus.

VINNIE. – C'est trop tard. Le contrat est en cours.

AUGGIE. – Alors la *Brooklyn Cigar Company* va se transformer en boutique bio ?

VINNIE. – Les temps changent. Exit le tabac, place aux germes de blé. *(Une pause.)* Ce serait peut-être pas plus mal pour toi non plus, Auggie. Je veux dire, pour toi aussi, il est peut-être temps de bouger. J'aime pas l'idée de te voir vieillir assis derrière ce comptoir.

AUGGIE. – Tout le monde vieillit. Qu'est-ce que ça peut faire, où ça se passe ?

VINNIE *(allumant un cigare ; souriant)*. – Plus de cigares à l'œil, hein, Auggie ?

AUGGIE *(pensif)*. – Tu devrais vraiment y réfléchir à fond avant qu'il soit trop tard, Vincent. Je veux dire, d'accord, c'est qu'une petite boutique de rien du tout, mais tout le monde s'y retrouve. Pas seulement les fumeurs... les écoliers viennent pour leurs bonbons... la vieille Mrs McKenna pour ses magazines à l'eau de rose... Louis le Louf pour ses pastilles contre la toux... Frank Sanchez pour son *El Diario*... le gros Mr Chen pour ses recueils de mots croisés. Tout le quartier vit dans cette boutique. C'est un foyer. Va voir à vingt rues d'ici : des mômes de douze ans s'entretuent pour une paire de tennis. Si tu fermes cette boutique, t'enfonceras un clou de plus dans le cercueil. Tu aideras à achever ce quartier.

VINNIE. – T'essaies de me flanquer des remords, c'est ça ?

AUGGIE. – Non. Je te rappelle les faits, c'est tout. T'en fais ce que tu veux.

*

Victor Argo jouait dans une pièce à Los Angeles et ne pouvait travailler avec nous que le lundi, son jour de relâche, qui était le dernier de nos trois jours de tournage. Harvey Keitel, de son côté, n'était disponible que les deux premiers jours, le jeudi et le vendredi. Que faire ? Comment filmer une conversation entre deux hommes qui ne pouvaient se trouver ensemble dans la même pièce ? La seule solution, c'était de tricher. Nous avons filmé les deux moitiés de la scène deux jours différents. Les deux fois, Peggy Gormley (Sue dans Cow-boys et Indiens*) a lu les répliques de l'acteur absent.*

4. INT. JOUR. *THE BROOKLYN CIGAR CO.*

Vinnie est seul, assis, agité, mal remis de sa récente conversation avec Auggie.

VINNIE. – Cet Auggie. Il va me rendre dingue. J'ai à peine arrangé c't' affaire, et crac, le v'là qui vient me jouer ses putains de violons. Brooklyn, Brooklyn. Je devrais me soucier de Brooklyn, moi ? J'y habite même plus, dans ce trou à rats.

Vinnie se penche en avant, les coudes sur les genoux, et se prend la tête entre les mains. Il fixe le sol. Quelques instants se passent.

Une silhouette entre dans le cadre : un grand Noir vêtu de l'uniforme des *Brooklyn Dodgers*, avec un numéro 42 dans le dos. C'est Jackie Robinson. Il s'immobilise devant le banc et regarde Vinnie. Le reste de la scène se joue sur le visage de ce dernier.

JACKIE ROBINSON. – Salut, Vinnie. Tu te souviens de moi ?

VINNIE *(stupéfait, un peu effrayé)*. – Jackie ?

JACKIE ROBINSON. – En personne, vieux.

VINNIE *(bégayant)*. – Jackie... Le plus grand de tous les joueurs. Je priais pour toi tous les soirs, quand j'étais gosse.

JACKIE ROBINSON. – Je suis le type qui a transformé l'Amérique, Vinnie. Et j'ai fait ça ici même, à Brooklyn. On m'a craché dessus, on m'a maudit, on a fait de ma vie un enfer sans fin... et j'ai pas eu le droit de me défendre. C'est pas donné, d'être un martyr. Je suis mort à cinquante-trois ans, Vinnie, plus jeune que toi maintenant. Mais j'étais un sacré joueur, pas vrai ?

VINNIE. – Le meilleur. T'étais le meilleur qu'y ait jamais eu, Jackie.

JACKIE ROBINSON. – Et après moi, les choses ont commencé à changer. Je ne veux pas dire seulement pour les Noirs, je veux dire aussi pour les Blancs. Après moi, les Blancs et les Noirs n'ont plus jamais pu se regarder de la même façon. Et tout ça s'est passé ici, vieux. A Brooklyn.

VINNIE. – Ouais. Et là-dessus il a fallu qu'ils déplacent l'équipe. Ça m'a presque brisé le cœur. *(Une pause.)* Qu'est-ce qu'ils avaient besoin de faire une connerie pareille ?

JACKIE ROBINSON. – Question de fric, Vinnie. Ebbets Field a peut-être disparu, mais ce qui s'y est passé vit encore dans les mémoires. C'est ça qui compte, Vinnie. L'esprit passe avant la matière. *(On voit Vinnie qui écoute intensément et fait le lien entre le destin des* Dodgers *et celui du débit de tabac.)* Et d'ailleurs, il y a des choses plus importantes dans la vie que le base-ball. *(Une pause. Il regarde par la fenêtre.)* Mais Brooklyn se porte bien, dirait-on. Plus ou moins pareil que la dernière fois que je l'ai vu. Et Prospect Park, là-bas, au fond... toujours aussi beau. *(Une pause.)* Dis donc, Vinnie. Est-ce qu'on vend encore de ces gaufres belges, tu sais ? Bon Dieu, qu'est-ce que je donnerais pas pour enfoncer mes dents dans une gaufre belge ! Avec deux boules de glace à la pistache – et peut-être un paquet de fraises et de bananes par-dessus le marché. Seigneur, ce que ces trucs-là peuvent me manquer !

VINNIE *(avec empressement)*. – Des gaufres belges ? Sûr qu'on en fait encore. *(Montrant du doigt.)* A deux, trois rues d'ici, tu verras le *Cosmic Diner*. T'as qu'à y entrer, on te donnera toutes les gaufres belges que tu voudras.

JACKIE ROBINSON. – Merci, camarade. Ça me déplairait pas. *(Il commence à sortir du cadre. S'arrête.)* Une journée à Brooklyn ne serait pas complète si on ne s'offrait pas une gaufre belge, pas vrai ?

Il sort. Toujours assis sur sa chaise, Vinnie suit Jackie Robinson des yeux. Au bout d'un moment, il se retourne et regarde droit vers la caméra. Son visage est totalement dénué d'expression. Plan fixe pendant quelques instants.

*

Cette scène a été écrite deux ou trois jours après les autres séquences d'octobre, et l'idée provenait directement d'Harvey Weinstein, le président de Miramax.
 Il était dix heures du soir quand le téléphone a sonné chez moi. Au bout du fil se trouvait Harvey, qui m'appelait de sa chambre d'hôtel à Londres, où il était trois heures du

matin. *Il venait de rêver de* Brooklyn Boogie, *me dit-il, et il se demandait si son rêve ne pourrait pas figurer dans le film : après sa conversation avec Auggie à propos de la vente du débit de tabac, Vinnie se sent malheureux et confus ; il s'assied pour peser les pour et les contre de son dilemme, quand tout à coup, surgis du néant, quelques-uns des anciens* Dodgers *lui apparaissent et se mettent à évoquer leurs souvenirs de Brooklyn. Qu'en pensais-je ? Je pensais que c'était un trait de génie. Dès le lendemain matin, je me mettrais à l'ouvrage pour voir ce que je pourrais en faire.*

Un des Dodgers *en question était Jackie Robinson. Harvey ne pouvait pas le savoir, bien sûr, mais j'avais pensé toute ma vie à Jackie Robinson. Déjà, quand j'étais en neuvième, tous les élèves de mon école avaient été invités à participer à un concours public d'éloquence. Le sujet, cette année-là, était "le personnage que j'admire le plus". J'ai consacré mon speech à Jackie Robinson et me suis retrouvé gagnant du premier prix. C'était en 1961, je n'avais que quatorze ans, mais la rédaction de ce speech a été un des événements clés de ma vie. A partir de ce jour, j'ai su que je voulais devenir écrivain.*

Quand j'ai entrepris d'écrire cette scène, je me suis rendu compte que Jackie Robinson devait être le seul des Dodgers *à apparaître, que sa présence dirait tout ce qu'il y avait à dire...*

5. EXT. JOUR. DEVANT *THE BROOKLYN CIGAR CO.*

Debout devant la porte, Auggie fume une cigarette tout en observant la rue.

Arrive une jeune femme dans la tenue minimale des girls de Las Vegas et coiffée d'une petite casquette de groom. Elle tient à la main une enveloppe jaune. Auggie la dévisage avec un mélange d'amusement et de curiosité.

JEUNE FEMME. – La *Brooklyn Cigar Company*, c'est ici ?

AUGGIE. – Soi-même. Que puis-je pour vous ?

JEUNE FEMME *(examinant l'enveloppe)*. – Je cherche M. Augustus Wren.

AUGGIE. – Vous l'avez trouvé, beauté.

JEUNE FEMME *(soulagée)*. – Super. J'étais encore jamais venue à Brooklyn. J'étais pas sûre de vous dénicher.

AUGGIE. – Vous savez, Brooklyn est sur la carte. On a même des rues, par ici. Et aussi l'électricité.

JEUNE FEMME *(sarcastique)*. – Pas possible ! *(Une pause.)* Alors ?

AUGGIE. – Alors, quoi ?

JEUNE FEMME. – J'ai un télégramme pour vous.

AUGGIE. – Personne n'est mort, j'espère. *(Il tend la main.)* Voyons ça.

JEUNE FEMME. – Un télégramme chantant.

AUGGIE *(avec un large sourire)*. – De mieux en mieux.

JEUNE FEMME *(s'apprêtant à faire son numéro)*. – Prêt ?

AUGGIE. – Quand vous voudrez.

JEUNE FEMME *(elle danse et chante, d'une voix rauque de chanteuse de boîte de nuit)*.
Marché annulé... stop.
Ba-ba-ba-ba-ba-boum.
Vends pas la boutique... stop.
Ba-ba-ba-ba-ba-boum.
A la semaine prochaine... stop.
Ba-ba-ba-ba-ba-boum.
Te fais plein d'bises... bises... bises
De Las Vegas !
Ba-ba-ba-ba-ba-boum.

AUGGIE *(il applaudit)*. – De la dynamite !

Le jeune femme fait une petite révérence polie (en contraste absolu avec son numéro canaille) et sourit.

AUGGIE. – A mon avis, ça vaut au moins une prime de cinq dollars, non ?

Il sort son portefeuille de sa poche.

JEUNE FEMME *(calmement ulcérée).* – Cinq dollars ?

Auggie lui tend un billet de cinq dollars ; elle lui remet l'enveloppe jaune.

AUGGIE. – Si des fois vous avez d'autres bonnes nouvelles à apporter, vous savez où me trouver.

JEUNE FEMME *(elle regarde le billet).* – Merci, m'sieu. Je vais enfin pouvoir acheter cet appareil auditif dont ma mère a besoin depuis si longtemps.

Elle s'éloigne. Auggie ouvre l'enveloppe et commence à lire le télégramme en chantonnant doucement : ba-ba-ba-ba-ba-boum.

*

Je n'avais encore jamais écrit de texte destiné à être chanté. Certes, les quelques lignes de ce télégramme n'ont rien de sensationnel, mais je les ai écrites avec, en tête, une mélodie précise. A ma grande surprise, Madonna les a chantées exactement telles que je les avais imaginées. Mesure pour mesure, phrase pour phrase, elle a chanté le petit air que j'avais à l'esprit. Seule différence : il y avait cinq "ba" avant chacun de mes "boum", et elle en a mis sept.

6. EXT. JOUR. DEVANT *THE BROOKLYN CIGAR CO.*

Assis devant le magasin sur son pliant en plastique, Auggie est plongé dans la lecture des *Investigations philosophiques* de Ludwig Wittgenstein ; il fume deux cigarettes en même temps. A ses pieds, une radiocassette.

Violette arrive, en robe moulante, et se plante devant la chaise longue d'Auggie.

VIOLETTE. – Je voulais juste te montrer comment je m'habille ce soir. *(Elle tourne sur elle-même en jouant les mannequins.)* Pour que tu saches ce que tu manques si tu fais pas ce que t'as promis de faire.

AUGGIE *(admiratif)*. – Très joli !

VIOLETTE *(remarquant qu'Auggie a deux cigarettes à la bouche)*. – Auggie, t'as deux cigarettes dans ta bouche. Qu'est-ce t'as besoin de faire des trucs comme ça ?

AUGGIE *(haussant les épaules)*. – J'sais pas. Ça m'avait l'air d'une bonne idée. *(Une pause.)* T'en veux une ?

Violette hausse les épaules à son tour. Auggie prend une des cigarettes qu'il a entre les lèvres et la lui tend.

VIOLETTE *(elle fume)*. – Alors, et toi, qu'est-ce tu mets ce soir, Auggie ?

AUGGIE *(haussement d'épaules)*. – J'sais pas. J'y ai pas encore pensé.

VIOLETTE. – J'espère que tu seras prêt, c'est tout ce que je peux te dire. *(Avec un geste désignant son corps.)* Ce serait dommage de dire adieu à tout ça, non, Auggie ?

AUGGIE. – Qu'est-ce que tu racontes ? Je suis prêt, là.

VIOLETTE. – T'es même pas habillé. Comment tu pourrais être prêt ?

AUGGIE. – J'suis peut-être pas habillé. Mais je suis prêt.

VIOLETTE. – Qu'est-ce que tu racontes ?

AUGGIE. – Regarde.

Il appuie sur un bouton de la radiocassette. Une salsa sonore s'échappe de l'appareil. Auggie se lève et invite Violette à danser.

La caméra commence à prendre du champ. Violette penche la tête en arrière en riant et puis se met à danser devant

Auggie. Après quelques instants, d'autres personnes entrent dans le cadre et dansent au son de la musique.

Coupé. La rue, vue d'en haut. Des quantités de gens ont surgi de partout. Une fête de quartier débridée bat son plein. Auggie et Violette continuent à danser en riant au milieu de cette pagaille.

*

Pour des raisons encore difficiles à comprendre, la première partie de cette scène ne donnait pas bien à l'écran. Le jeu des acteurs était bon, mais la lumière peut-être, ou l'angle de prise de vue, ou la qualité du son n'allaient pas, et nous l'avons à regret supprimée du film.

Les images de la fête de quartier, par contre, nous ont fourni notre conclusion. La grande blonde qui danse au milieu de la foule est RuPaul.

7. STATISTIQUES

Les uns après les autres, debout devant le débit de tabac, toutes sortes de gens récitent les données suivantes concernant Brooklyn :

— Il y a deux millions trois cent mille personnes qui habitent Brooklyn.

— Il y a mille six cents miles de rues, quatre mille cinq cent treize bornes d'incendie et cinquante miles de rivages à Brooklyn.

— Il y a six cent soixante-douze mille cinq cent soixante-neuf personnes vivant à Brooklyn qui sont nées dans des pays étrangers.

— Il y a trois millions deux cent soixante-huit mille cent vingt et un nids-de-poule à Brooklyn.

— Il y a six cent cinq mille cinq cent cinquante-quatre personnes de moins de dix-huit ans qui habitent Brooklyn.

— Mille soixante-six viols ont été commis l'an dernier à Brooklyn.

— Il y a huit cent soixante-douze mille trois cent cinq Afro-Américains qui habitent Brooklyn.
— Il y a quatre cent douze mille neuf cent six Juifs qui habitent Brooklyn.
— Il y a quatre cent soixante-deux mille quatre cent onze Latino-Américains qui habitent Brooklyn.
— Il y a cinq cent quatorze mille cent soixante-trois personnes vivant en dessous du seuil de pauvreté à Brooklyn.
— Il y a eu trente-deux mille neuf cent soixante-dix-neuf voitures volées l'an dernier à Brooklyn.
— Il y a quatre-vingt-dix groupes ethniques différents, trente-deux mille entreprises et mille cinq cents églises, synagogues et mosquées à Brooklyn.
— Trente mille neuf cent soixante-treize vols, quatorze mille cinq cent quatre-vingt-seize agressions criminelles et sept cent vingt meurtres ont été commis l'an dernier à Brooklyn.
— Chaque jour, sept mille neuf cent quatre-vingt-dix-neuf gaufres belges sont consommées dans les restaurants de Brooklyn.
— Autrefois, il y avait à Brooklyn une équipe de base-ball de *major league*. Mais il y a très longtemps de cela.

*

Lors du montage des éléments tournés en juillet (avant de savoir que nous aurions l'occasion de tourner à nouveau en octobre), j'avais suggéré un certain nombre de petits sujets qu'on pourrait ajouter au film à moindres frais. Le plan de Brooklyn que l'on voit au début (assorti des mots VOUS ÊTES ICI) était l'une de ces suggestions. Une autre consistait à faire passer rapidement sur l'écran, à certains moments clés, une série de données statistiques concernant Brooklyn. Lorsque les trois jours supplémentaires nous ont été accordés, nous sommes convenus qu'il serait plus intéressant de faire réciter ces chiffres par un assortiment des clients d'Auggie sur le trottoir devant le tabac. On a organisé à la hâte une audition, et plus de cent personnes s'y sont présentées pour ces rôles on ne peut plus brefs. (Parmi eux se trouvait Michelle Hurst, qui avait joué la tante Em de Rachid dans Smoke.*) J'ai reçu une cassette vidéo et en moins de deux heures j'avais choisi une douzaine de personnes pour jouer nos "statisticiens" de Brooklyn. C'est un parfait exemple des défis auxquels nous avons eu à faire face lors du second tournage.*

8. VIOLETTE CHANTE *FEVER*

A la fin des trois premières journées de tournage, en juillet, Miramax a organisé une fête pour l'équipe chez Sammy, un restaurant roumain du Lower East Side. Le point culminant de la soirée a été atteint quand Mel Gorham est montée sur la petite estrade et a chanté une inoubliable interprétation de Fever. *Wayne, qui luttait toujours contre ses microbes, était déjà parti et a manqué ça. Un ou deux jours à peine avant que nous recommencions à tourner, il m'a dit : "Tout le monde est encore à répéter combien Mel était formidable quand elle a chanté* Fever. *Pourquoi ne lui demanderions-nous pas de le faire pour nous à la fin de son monologue ?" "Pourquoi pas ?" ai-je répondu. Nous avons donc engagé deux musiciens pour accompagner Mel, et Wayne l'a enfin entendue faire son numéro – dans une version radicalement différente.*

Plus tard, quand nous terminions le montage du film, nous avons fait revenir Mel pour postsynchroniser la prise.

9. L'AFFICHE DES GAUFRES BELGES

L'amateur de gaufres trimbale partout un menu de gaufres belges qui arbore une appétissante photo couleur de l'objet de son désir. Quand nous avons filmé la scène avec Lily Tomlin en juillet, nous n'avons pas eu le temps d'y insérer une vue de la photo, qui aurait donné au public une idée précise de ce dont son personnage avait si désespérément envie. En octobre, pour remédier à ce manque, nous avons préparé une prise de vue de l'affiche des gaufres belges – il s'est trouvé que ça devait être la dernière image du film...

On avait collé l'affiche au mur à l'intérieur du magasin. Nous avions prévu de tourner pendant un certain nombre de secondes (je ne sais plus combien). La caméra a commencé à tourner. Alors qu'il ne restait que deux ou trois secondes, le papier collant a soudain lâché et l'affiche est tombée du mur. L'instant était caractéristique de Brooklyn Boogie. *On pensait avoir terminé, et puis le dieu des adhésifs avait décidé de nous jouer une dernière blague. Il a donc fallu replacer l'affiche et recommencer la prise.*

Cette fois, ça a marché. Cette fois le film était vraiment fini.

10. MATÉRIEL VIDÉO

Ceci constitue la pièce finale du puzzle. En discutant des moyens d'élargir le film, nous avons été séduits, Wayne et moi, par l'idée d'aller dans Brooklyn parler avec des gens réels, de faire passer certaines parties de notre film dans le domaine du documentaire pur. Oui, le débit de tabac était un lieu imaginaire peuplé de personnages imaginaires, mais le jeu des comédiens avait dégagé une telle énergie vitale qu'il ne nous semblait pas contradictoire de tenter d'y inclure l'univers réel de Brooklyn autour du magasin... on verrait bien ce qui se passerait lorsqu'on mêlerait les deux éléments.

Dans un but d'économie de temps et d'argent, Wayne a proposé qu'on tourne ces séquences documentaires en vidéo super-huit et qu'ensuite, dans la salle de montage, on transfère sur film les éléments qu'on souhaiterait conserver. Comme nous serions trop occupés sur le plateau pour nous en occuper nous-mêmes, il a fallu engager quelqu'un pour nous aider. Ce quelqu'un fut Harvey Wang, auteur du New York d'Harvey Wang.

Etant donné que notre acteur principal et notre producteur s'appellent tous deux Harvey et que le nom de famille de Wayne est Wang, le fait que le type le plus qualifié pour ce travail s'appelait Harvey Wang relevait d'une sorte d'étrange plaisanterie cosmique. Ce qui rend la coïncidence encore plus belle, c'est qu'Harvey Wang n'est pas chinois (comme Wayne) mais juif (comme le codirecteur de Wayne). Donc, une équipe sino-juive en train de faire un film sur Brooklyn faisait appel à un Juif au nom chinois qui, comme par hasard, habitait Brooklyn. Que rêver de plus approprié ? Nous en avons beaucoup ri, tous les trois, et Wayne ne s'est jamais lassé de présenter Harvey aux gens comme son frère. Mais, sous la farce, il y avait là quelque chose qui s'accordait merveilleusement à l'esprit de notre entreprise. C'était Brooklyn Boogie *même : étrange et imprévisible, sur fond de diversité, de tolérance et d'affection.*

Harvey s'est mis à l'ouvrage avec enthousiasme. En huit jours de travail, il a amassé plus de seize heures de film. On n'en a pas utilisé plus de quelques minutes dans Brooklyn Boogie, *mais moi qui ai vu chacune des nombreuses interviews qu'il a enregistrées, je pense qu'elles constitueraient un film excellent en soi : un portrait documentaire de Brooklyn dans toute sa gloire désordonnée. Ainsi que l'a écrit Harvey :* "Il n'y a pas une voix unique pour tout Brooklyn. Comme dans un orchestre, chaque voix contribue par un accent, une attitude «tire-toi de là, vieux, c'est la place de ma caisse», une acclamation, une jérémiade. La cacophonie qui en résulte est la bande son de ce lieu unique en son genre."

Tout ça se trouve dans son film.

Brooklyn Boogie

BROOKLYN BOOGIE

Réalisé par Wayne Wang et Paul Auster
Situations imaginées par Paul Auster et Wayne Wang

Directeur de la photographie : Adam Holender
Montage : Christopher Tellefsen
Décors : Kalina Ivanov
Costumes : Claudia Brown

Distribution
(par ordre d'apparition à l'écran)

L'homme
aux lunettes bizarres : Lou Reed
Auggie Wren : Harvey Keitel
Violette : Mel Gorham
Un gamin : Sharif Rashed
La jeune femme : Mira Sorvino
Jerry : José Zuniga
Dennis : Steve Gevedon
Vinnie : Victor Argo
Sue : Peggy Gormley
Jimmy : Jared Harris
Tommy : Giancarlo Esposito
Dot : Roseanne
Bob : Jim Jarmusch
L'amateur de gaufres : Lily Tomlin
Le rappeur : Malik Yoba
Pete : Michael J. Fox
Jackie Robinson : Keith David
La messagère : Madonna
Les musiciens : John Lurie, Billy Martin, Calvin Weston
Une danseuse : RuPaul
Résidents de Brooklyn : Rusty Kanokogi
Sasalina Gambino
Chief Bey
Ian Frazier
Luc Sante
Robert Jackson

1. INT. JOUR. *THE BROOKLYN CIGAR CO.*

Un homme portant des lunettes bizarres est assis derrière le comptoir.

L'HOMME. – Je crois qu'une des raisons pour lesquelles je vis à New York c'est que… je m'y retrouve dans New York. Je ne m'y retrouve pas dans Paris. Je ne m'y retrouve pas dans Denver. Je ne m'y retrouve pas dans Maui. Je ne m'y retrouve pas dans Toronto, et cetera, et cetera. C'est presque par défaut. Je ne connais pas beaucoup de gens qui vivent à New York et qui ne disent pas, eux aussi : "Mais je m'en vais." Moi, je pense à m'en aller depuis… trente-cinq ans maintenant. Je suis quasi prêt.

2. CARTES ET PLANS

On voit une carte de la section nord-est des Etats-Unis. La caméra se rapproche de New York. Un plan de la ville de New York apparaît. La caméra se rapproche des rues de Brooklyn. Au moment où elle atteint le coin de la 16e rue et de Prospect Park West, un cercle entoure cette zone. Les mots VOUS ÊTES ICI s'inscrivent sur l'écran.

3. EXT. JOUR. *THE BROOKLYN CIGAR CO.*

Plan d'ensemble du débit de tabac vu de l'autre côté de la rue.

Plan plus rapproché : on voit plusieurs clients entrer et sortir du magasin.

4. EXT. JOUR. DEVANT *THE BROOKLYN CIGAR CO.*

Auggie et Violette sont debout ensemble au coin de la rue.

VIOLETTE. – Samedi seize.

AUGGIE *(imitant l'accent de Violette)*. – Samedi seize.

VIOLETTE. – Oui.

AUGGIE *(corrigeant sa prononciation)*. – Samedi seize.

VIOLETTE. – Samedi seize. Il faut que ce soit ce soir-là. Il le faut parce que c'est le seul soir où Ramón et son groupe jouent à Brooklyn. D'accord ? Auggie, c'est mon frère. Fais-moi confiance, d'accord ?

AUGGIE. – T'en fais pas, mon cœur. C'est promis.

VIOLETTE. – Merci. Ecoute, tu vas être extra. T'auras qu'à te rappeler les pas que je t'ai appris, et tu seras aussi bien que ce Fred Astaire de mes deux.

AUGGIE. – D'accord, Ginger. Tout ce que tu veux.

A l'arrière-plan, on voit un gamin qui fauche son sac à une jeune femme. Il passe en courant près d'Auggie et Violette, tourne le coin et sort du cadre.

JEUNE FEMME. – Au voleur ! Au voleur ! Il a pris mon sac !

Auggie se lance à la poursuite du gamin. Quelques instants plus tard, il revient en le traînant par le col. Il rend son sac à la jeune femme.

A Auggie.

Merci. Merci beaucoup, monsieur.

AUGGIE. — Ça va ?

JEUNE FEMME. — Je vous suis très reconnaissante. Merci. C'était formidable.

AUGGIE. — Bon, d'accord. C'est bien. *(Il regarde le gamin.)* Bon, allons appeler les flics. Qu'on arrête ce petit gars.

JEUNE FEMME. — Eh, attendez, minute !

AUGGIE. — On va téléphoner de ma boutique.

JEUNE FEMME. — Vous allez le faire arrêter ?

AUGGIE. — Ouais.

La jeune femme se penche vers le gosse et l'observe avec attention.

Non, non, faites pas ça !

JEUNE FEMME *(au gamin)*. — Tu as quel âge ?

AUGGIE. — Je lis ça dans vos yeux. *(Prenant une voix de petit garçon :)* "Moi ? J'ai que douze ans." C'est cet air-là que vous allez me chanter maintenant, ma petite dame ?

JEUNE FEMME. — Il est mort de trouille. Allez...

AUGGIE. — C'est *lui* qui me fout la trouille ! *(Reprenant sa voix de petit garçon :)* "J'ai que douze ans..."

JEUNE FEMME. — Vous l'avez rattrapé en cinq secondes à peine...

AUGGIE. — "... mais je m'attaque qu'aux gens qui ne peuvent pas m'attraper, les trop vieux..."

JEUNE FEMME. — Eh, m'sieu ! Ecoutez, je vous remercie de me l'avoir récupéré, mais laissez-le partir, il est trop petit.

VIOLETTE *(elle essaie de mettre un terme à la dispute)*. — Eh, oh ! Ça va.

AUGGIE. — Vous n'allez pas porter plainte contre lui ? Vous n'allez pas porter plainte ?

JEUNE FEMME. — Non. Regardez-le. C'est qu'un bébé.

AUGGIE. – Je le regarde. Et alors ?

JEUNE FEMME. – Il me fait penser à mon petit frère.

AUGGIE. – Ma jolie, y a des bébés qui trouent la peau des gens dans New York aujourd'hui.

JEUNE FEMME. – Vous voyez une arme sur lui ? Allez...

AUGGIE. – Vous lisez les journaux ? *(Au gamin :)* T'as une arme ?

Il commence à le fouiller.

JEUNE FEMME. – Allez, vous me faites marcher. Laissez-le partir, d'accord ? Allez... la plaisanterie a assez duré.

VIOLETTE *(à Auggie)*. – Ça suffit, arrête !

JEUNE FEMME. – Laissez-le, je vous en prie.

JERRY. – Y a qu'à appeler les flics.

JEUNE FEMME. – Laissez-le filer, d'accord ? Ça m'est égal. Je n'ai pas envie de porter plainte. Merci. Je vous suis très reconnaissante de m'avoir rapporté mon sac, mais je vous en prie, laissez-le filer. Il se conduira bien. Regardez-le... *(Au gamin :)* Tu ne feras plus de bêtises, n'est-ce pas ?

Auggie prend son sac à la jeune femme et le tend au gamin.

AUGGIE *(au gamin)*. – Tiens, il est à toi.

JEUNE FEMME. – Quoi ? Oh, doucement !

Elle reprend le sac au gamin.

VIOLETTE *(à Auggie)*. – Je te préviens, tu cherches les ennuis de nouveau. Tu cherches les ennuis.

Une deuxième fois, Auggie saisit le sac de la jeune femme et le donne au gamin. Cette fois, il le pousse d'une bourrade.

AUGGIE *(au gamin)*. – File ! File !

Le gamin détale. Aussitôt, la jeune femme sort en le poursuivant.

VIOLETTE *(à Auggie)*. – Pourquoi tu fais ça ? Espèce de salaud ! Regarde cette pauvre fille. Pourquoi tu fais ça ? Connard. *(Elle se tourne vers les badauds.)* Pourquoi vous restez plantés là ? Faites quelque chose ! Vous trouvez ça drôle ?

La jeune femme revient, les mains vides.

JEUNE FEMME *(à Auggie)*. – Comment avez-vous osé ? Comment osez-vous me prendre mes affaires et les donner comme ça ! Vous savez ce qu'y avait là-dedans ?

Dennis se met à rigoler.

JEUNE FEMME *(à Dennis)*. – La ferme !

Toujours riant, Dennis entre dans le magasin.

AUGGIE. – Ma p'tite dame...

JEUNE FEMME. – Quoi, qu'est-ce que vous foutez ?

AUGGIE. – Si ce sac était si important pour vous, fallait vous y accrocher.

JEUNE FEMME. – Vous êtes quoi, vous, un vigile, ou quoi ?

AUGGIE. – J'ai risqué ma vie pour rattraper ce gosse.

JEUNE FEMME. – Oui, merci beaucoup. Mais j'ai le droit de pardonner sans être punie pour ça.

VIOLETTE. – D'accord...

AUGGIE. – Vous avez la responsab... *(A Violette :)* Excuse-moi, mon cœur. Lâche-moi une minute. Lâche-moi une minute !

VIOLETTE. – Me parle pas comme ça, Auggie !

Auggie se retourne vers la jeune femme et lui agite un doigt sous le nez.

AUGGIE. – Vous avez la responsabilité d'apprendre à ce gosse...

JEUNE FEMME. – Otez votre doigt de là. Vous n'avez aucun droit... !

AUGGIE. − Non, ma p'tite dame. Ma p'tite dame...

JEUNE FEMME. − Oh, ma p'tite dame, ma p'tite dame ! Quoi ?

AUGGIE. − Vous avez la responsabilité d'apprendre à ce gosse ce qui est bien ou mal.

JEUNE FEMME. − J'ai... Oh ? Et vous, vous venez de lui apprendre ce qui est bien ou mal ? C'était le bien ou le mal, ça ? Vous l'avez récompensé, c'est tout !

AUGGIE. − Vous savez ce que vous lui avez appris, vous ? *(Une pause. Air surpris.)* Je l'ai récompensé ? *(Il se retourne, prend le ciel à témoin, gesticule.)* Mama ! Oh, Dieu ! Par pitié !

JEUNE FEMME. − Vous le lui avez rendu ! Arrêtez votre cirque !

AUGGIE *(incrédule)*. − Moi, je l'ai récompensé ?

JEUNE FEMME. − Vous le lui avez rendu. C'était quoi, ça ? C'était un encouragement ! Moi, je lui enseignais la clémence !

AUGGIE. − La clémence ?

JEUNE FEMME. − Je lui montrais un peu de bonté.

AUGGIE. − Ma petite dame ! *(Il crie :)* C'est New York, ici !

5. INT. JOUR. *THE BROOKLYN CIGAR CO.*

L'homme aux lunettes bizarres, comme précédemment.

L'HOMME. − J'ai peur dans mon propre appartement. J'ai peur vingt-quatre heures sur vingt-quatre. Mais pas nécessairement à New York. En réalité, je me sens assez à l'aise, à New York. J'ai peur... par exemple en Suède. Vous savez, cette sorte de vide. Ils sont tous soûls. Tout fonctionne. Si vous vous arrêtez à un feu de circulation sans couper votre moteur, des gens viennent vous en parler. Si vous ouvrez l'armoire à pharmacie, vous découvrez une petite affichette qui dit : "En cas de suicide, appelez..." Vous allumez la télé, vous tombez sur une opération de l'oreille. Ces trucs-là me font peur. New York ? Non.

6. EXT. JOUR. DEVANT *THE BROOKLYN CIGAR CO.*

L'une après l'autre, trois personnes récitent les statistiques suivantes :

PREMIÈRE FEMME. – Il y a deux millions trois cent mille personnes qui habitent Brooklyn.

VIEILLARD. – Il y a quatre-vingt-dix groupes ethniques différents, trente-deux mille entreprises et mille cinq cents églises, synagogues et mosquées à Brooklyn.

SECONDE FEMME. – Trente mille neuf cent soixante-treize vols, quatorze mille cinq cent quatre-vingt-seize agressions criminelles et sept cent vingt meurtres ont été commis l'an dernier à Brooklyn.

7. INT. JOUR. *THE BROOKLYN CIGAR CO.*

Auggie et Vinnie sont seuls dans le magasin. On les surprend en pleine conversation.

AUGGIE. – Pas de problème, Vin. Tout baigne. Je pourrais tenir cette boutique les yeux fermés.

VINNIE. – Je sais. Ça fait combien de temps que tu bosses pour moi, Auggie ?

AUGGIE. – J'sais pas. Treize, quatorze ans. Quelque chose comme ça.

VINNIE. – C'est un peu idiot, tu crois pas ? Je veux dire, un type intelligent comme toi. Qu'est-ce que tu as besoin de t'accrocher à un boulot sans avenir comme celui-là ?

AUGGIE. – J'sais pas. Sans doute parce que je t'aime, patron.

Vinnie se rapproche d'Auggie et lui passe un bras autour des épaules.

VINNIE. – Moi aussi, je t'aime bien.

Auggie se dégage en faisant un "signe de croix" pour maintenir Vinnie à distance.

8. EXT. JOUR. LE PONT DE BROOKLYN

Une voiture roule sur le pont en direction de Brooklyn. Tourné en vidéo.

9. CARTON

Les mots suivants apparaissent sur l'écran : BROOKLYN ATTITUDE.

10. INTERVIEW D'HABITANTS DE BROOKLYN

Tourné en vidéo. Intérieur d'un appartement.

RUSTY KANOKOGI *(avec son mari à ses côtés).* – L'attitude brooklynienne, à mon avis, c'est d'abord : savoir ce qu'on fait, avoir raison et aller jusqu'au bout. Et ne jamais cesser d'aller jusqu'au bout de ce qu'on croit juste. Et si on doit le défendre – physiquement, verbalement, spirituellement, de toutes les façons, on doit le défendre. Les gens de Brooklyn sont toujours prêts à payer le prix pour ce qu'ils croient juste. C'est être aux premières lignes et aller jusqu'au bout. Et ne s'en laisser conter par personne.

11. INT. JOUR. THE BROOKLYN CIGAR CO.

Auggie se tient derrière le comptoir. Sue, une serveuse, dépose des pièces de monnaie devant lui. Jimmy est en train d'épousseter l'Indien de bois. Tommy, Jerry et Dennis sont assis sur des chaises le long de la vitrine latérale.

SUE. – Un paquet de Kool, s'il vous plaît.

DENNIS *(bougonnant).* – Qu'est-ce qu'elle fout ici, celle-là ?

SUE. – Je t'ai entendu, Dennis.

DENNIS. – Hein ?

SUE. – Je t'ai entendu. C'est un lieu public, ici.

DENNIS. – Ouais, c't un lieu public, c'est ça. *(Sarcastique :)* Comment ça va, Sue ?

SUE *(va se planter face à Dennis ; également sarcastique).* – Comment ça va, Dennis ?

DENNIS. – Oh, bien. Je vais toujours bien.

SUE. – Bon, je suis contente de voir que t'as pas les doigts cassés.

DENNIS. – Qu'est-ce que... Ça veut dire quoi, ça ?

SUE. – Eh ben, si t'avais les doigts cassés, au moins t'aurais une excuse pour ne pas avoir appelé Mary hier soir. Elle a passé la soirée à côté du téléphone. Elle pensait qu'il était arrivé quelque chose. Oh, peut-être que Dennis... peut-être qu'il lui est arrivé quelque chose. La conne ! Si tu lui dis que tu vas venir, tu viens. Ou au moins tu téléphones.

DENNIS. – Quoi ?

SUE. – Oh, Dennis, fais pas semblant. Fais pas comme si tu ne savais pas de quoi je parle.

DENNIS. – Oh, minute ! Minute, minute... Qu'est-ce que tu fous à venir ici me dire...

SUE. – J'espérais bien tomber sur toi.

DENNIS. – Minute... Qu'est-ce tu fous à venir ici me dire... non, laisse-moi finir. Qu'est-ce tu fous à venir me dire ce que j'ai à faire avec ma petite amie ?

SUE. – Ta petite amie ?

DENNIS. – Je crois...

SUE. – Si t'avais la moindre affection pour Mary, tu ne la laisserais pas passer toute une nuit à t'attendre.

DENNIS. – Mary et moi, on s'est mis d'accord. Moi je gagne ma croûte. *(Haussant le ton pour l'empêcher de parler :)* Toi, j'sais pas ce que tu fais. Si, j'sais ce que tu fais. Tu passes dix heures par jour sur tes jambes dans un restau minable pour te faire vingt-cinq dollars... Moi, je gagne ma croûte. J'ai un emploi du temps. J'ai des gens...

SUE. – Un emploi du temps ?

DENNIS. – Un très...

SUE. – Le match des *Knicks* à huit heures. C'est-à-dire qu'à sept heures t'es là avec les tickets. Ça, un emploi du temps ?

DENNIS. – C'est un emploi du temps. C'est un boulot. C'est là que je dois être. C'est quelque chose qu'elle comprend, elle. Vu ? *(Il hausse le ton, de nouveau.)* Et toi, qu'est-ce tu fous là ? Je sais pas, moi, qu'est-ce tu fous là à décider ce qu'elle doit penser que je dois faire ? Qu'est-ce t'as à me casser les couilles ?

SUE. – Je me fous pas mal de ce que tu fais de ta vie. Tu fais ce que tu veux.

DENNIS. – Eh ben alors, tu la fermes.

SUE. – Mais tu fous la paix à ma sœur.

DENNIS. – Tu la fermes, à la fin ? Tu la fermes ? Pourquoi tu viens ici ? Cet endroit...

Dennis se tourne vers les autres en gesticulant. Sue lui effleure le dos.

SUE. – Je n'aime pas voir ma sœur...

DENNIS *(pivotant sur lui-même)*. – Tu me touches pas ! Tu m'approches même pas, t'entends ? Tu poses pas sur moi tes sales petits doigts graisseux de serveuse de merde. Compris ?

SUE. – Quoi ?

DENNIS. – Tu sais, tu sais, je…

Il se tourne vers les autres.

SUE. – Où est-ce que tu décroches ?

DENNIS. – Pendant un an j'ai écouté Phil. Vous savez, Phil, mon cher pote… J'ai passé toute une putain d'année à l'écouter se plaindre de toi. Une année ! Et maintenant c'est toi qui vas me dire comment m'occuper de mes affaires ? C'est toi qui vas me dire comment je dois être avec ma copine… ou comment je dois pas être ?

SUE. – Tout ce que je te demande…

DENNIS. – Je crois savoir que Phil t'a plaquée. C'est bien ça, hein ? Je crois qu'il t'a plaquée, je ne me trompe pas.

SUE. – Je ne pense pas que les événements se sont…

DENNIS *(lui coupant la parole)*. – Il t'a plaquée parce que… Eh bien, je crois… Eh bien, non. C'était quoi, déjà ? Quoi ? C'est toi qui l'as quitté ? Non, je ne crois pas. Je ne crois pas. Non, c'est lui qui t'a plaquée. *(Se tournant vers les autres :)* Vous savez pourquoi ? Vous savez pourquoi il l'a plaquée ? Frigide !

SUE. – Ravie que tu sois un expert…

DENNIS. – Frigide. Voilà pourquoi. Frigide. Rien. Rien, rien, rien. Un putain de glaçon.

SUE. – Va te faire foutre !

DENNIS. – Putain de glaçon !

Sue gifle Dennis.

SUE. – Va te faire foutre ! Espèce de salaud !

12. INTERVIEW D'HABITANTS DE BROOKLYN

Tourné en vidéo. Suite de la scène 10.

RUSTY KANOKOGI. – Je lui ai appris le hand-ball. Et il est mon meilleur adversaire. Parce que le score est toujours serré. On se bat pas à la maison parce qu'on se bat sur le terrain. Et c'est de combats à mort que je parle. Je céderai pas, je crèverais, je tomberais raide sur ce terrain plutôt que de lui donner un point. Et alors il essaie de me harceler, vous savez ? "Oh, qu'il dit, maintenant je vais devenir sérieux." Et chaque fois qu'il fait ça, je lui fous la raclée.

13. INT. JOUR. *THE BROOKLYN CIGAR CO.*

Suite de la scène 11.

DENNIS *(fou de rage)*. – Qu'est-ce tu viens foutre ici avec tes conneries ? Ces mecs sont mes amis !

TOMMY *(s'efforçant de le calmer)*. – Dennis.

DENNIS *(à Sue, en désignant Auggie)*. – Tu lui dis, à lui, comment s'occuper de ses affaires ? C'est mes amis, ici ! Qu'est-ce t'as à foutre à venir ici dire à mes amis...

TOMMY. – Dennis, écrase.

DENNIS. – Non ! Je t'emmerde, je t'emmerde, je t'emmerde.

TOMMY. – D'accord, d'accord, mais dehors. Tu sors, vu ? Laisse tomber tout ça, laisse tomber.

Dennis sort en trombe. Fondu. Jimmy Rose est debout à côté de Sue devant le comptoir.

JIMMY. – Pourquoi vous gueuliez si fort ?

SUE *(à Auggie)*. – Alors c'est ça qui se passe, ici ? Vous passez vos journées à raconter ce genre de conneries ?

AUGGIE. – Non, Sue, non.

SUE. – Je suis désolée d'avoir déclenché ça. Pouvez me croire, je sais que je l'ai déclenché.

AUGGIE. – Personne ne parle de vous, Sue.

JIMMY. – Pourquoi... pourquoi vous gueuliez si fort ?

SUE. – Des choses qu'on aurait mieux fait de pas dire.

JIMMY. – Vous voulez un câlin ?

SUE. – Ouais.

JIMMY. – Ouais ?

Jimmy entoure timidement Sue de ses bras et lui tapote l'épaule. Puis il l'étreint plus fort et appuie la tête contre sa poitrine. Elle rit.

SUE. – Fais comme chez toi, Jimmy.

JIMMY. – Ça va mieux ?

SUE. – Ouais, beaucoup mieux.

JIMMY. – Vous êtes plus rigide ?

SUE. – Non, non, plus rigide.

JIMMY. – Ouais, moi aussi, parfois, je deviens rigide. Ouais. *(Il se retourne et pointe un doigt vers l'Indien de bois.)* Comme l'Indien, là-bas.

SUE. – C'est vrai ?

JIMMY. – C'est vrai. Je... Je me tiens debout, là, et je deviens rigide.

14. INT. JOUR. *THE BROOKLYN CIGAR CO.*

Jimmy Rose est assis sur un tabouret devant le comptoir.

JIMMY. – Auggie dit que... il dit que... avant tout, on, il dit qu'avant tout on aime quelqu'un... et... et puis... et puis alors on l'embrasse. Et puis alors après qu'on l'a embrassée, euh... on fait les saletés. Ouais. Ouais. On fait les saletés.

Ouais. Il dit... et après ça... euh... alors on sait si... si on peut tomber amoureux d'elle. Et si on tombe amoureux d'elle, alors on se marie avec quelqu'un d'autre.

15. INT. JOUR. *THE BROOKLYN CIGAR CO.*

Jimmy Rose époussette l'Indien. Auggie fait son inventaire. Entre Dot.

DOT *(à Jimmy).* – Salut !

JIMMY. – Salut !

DOT *(à Auggie).* – Bonjour.

AUGGIE. – 'Jour, Dot. Ça va, ma grande ?

DOT. – Ouais, très bien. Très bien. Je peux prendre un chewing-gum ? *(Elle prend un paquet sur le présentoir.)* Je suis dans une forme d'enfer.

AUGGIE. – Qu'est-ce qui t'amène sous le soleil de Brooklyn ?

DOT. – Oh, je passais. J'avais envie de te parler. Si je peux te parler. Je peux te parler ? T'as une minute ?

AUGGIE. – Tu tombes plutôt mal. Je fais mon inventaire.

DOT. – Oh, une minute. Une minute !

AUGGIE. – D'accord.

DOT. – Je tiens une de ces rognes ! Nom de Dieu, je tiens une de ces rognes contre Vinnie ! *(Elle s'assied.)* J'avais envie de t'en parler, c'est tout. Je sais pas pourquoi j'avais envie de t'en parler, mais tu le connais. Je sais pas. Moi, je le connais pas.

AUGGIE. – Qu'est-ce qui s'est passé ?

DOT. – Ce salaud me rend cinglée. Tu vois ce que je veux dire ? Il m'a promis de m'emmener à Las Vegas. T'es au courant de ça et de tout le reste. Et puis, à la dernière minute, évidemment, "une autre fois". Il fait marche arrière, il dit qu'on va remettre ça à plus tard, ou annuler, ou n'importe quoi. Bref, je sais pas, mais j'y vais pas. Il y va pas avec moi, en tout cas.

AUGGIE. – Ah ?

DOT. – Ça me prend la tête, parce que vraiment je m'en réjouissais, et j'avais vraiment envie d'y aller, toute ma vie j'ai eu envie d'y aller. Mais au lieu de pouvoir y aller, qu'est-ce que j'ai fait ? Je suis restée là à laver la vaisselle et à mitonner le thon en cocotte *pendant quinze ans* ! Et je vais toujours pas à Las Vegas. Et je suis en rogne, et j'arrive pas à m'asseoir sur cette chaise.

AUGGIE. – Mais enfin, Dot, il doit avoir une bonne raison d'annuler...

DOT. – Il a pas de bonne raison. Y en a pas, de bonne raison ! Je veux dire, y a un million de raisons, mais aucune n'est bonne. Si, au bout de quinze ans de mariage, tu promets à ta femme de l'emmener quelque part, y a aucune bonne raison d'annuler ni de changer d'avis ni de remettre à plus tard ni rien. *(Coupe dans l'image.)* J'avais envie d'un peu de bon temps. J'avais envie d'aller quelque part où il se passe des choses le soir. Après six heures.

AUGGIE. – Et ton lit, alors ?

DOT *(elle rit)*. – Justement, c'est pour ça que j'ai envie d'aller à Las Vegas...

AUGGIE. – Allez !

DOT. – Allez ? Tu sais pas ce que c'est. Tu sais pas.

AUGGIE. – Ecoute, Vinnie est un type merveilleux. Il t'aime, il est dingue des gosses. Alors si ce type-là, pour une fois, ne tient pas sa promesse...

DOT. – C'est pas une fois, c'est chaque fois. Ça fait quinze ans que ça dure. C'est pas une fois ! Si c'était une fois, tu t'imagines que je serais dans cet état ? Si c'était une fois, j'y dirais : "D'accord, d'accord, Vinnie." Mais c'est... C'est tout le temps ! C'est tout le temps, sauf si ç'a à voir avec toi... ou cette foutue boutique.

AUGGIE. – Bon Dieu, Dot.

DOT. – Je fais jamais rien de marrant. Je suis une fille qui a besoin de se marrer !

Pendant un instant, on voit des musiciens en train de jouer sur le trottoir devant le magasin. Et puis retour à l'intérieur :

Je peux vraiment te parler ?

AUGGIE. – Bien sûr, Dot, bien sûr.

La porte s'ouvre. Entre Violette.

DOT. – Auggie, il... Je sais pas...

AUGGIE. – Oh, Violette, comment va ?

VIOLETTE. – Salut, Dot.

DOT. – Salut.

AUGGIE. – Tu connais Dot. Dot, Violette.

DOT. – Ouais, salut, Violette.

VIOLETTE. – Salut, Dot.

AUGGIE. – Qu'est-ce qui se passe, mon cœur ?

VIOLETTE. – Eh bien, je viens... pour être sûre que c'est bien entendu... Je viens te rappeler que ce samedi soir, toi et moi, chickie-chickie, dansa-dansa, tu te souviens, oui ?

DOT. – Vous allez danser, hein ? Eh bien, ne changez pas d'avis. *(Elle se lève.)* A plus tard.

AUGGIE. – Bon, écoute...

DOT. – D'accord. Mais ne change pas d'avis. *(A Violette :)* Ne le laissez pas changer d'avis.

AUGGIE. – On ne changera pas d'avis.

VIOLETTE. – Avec moi, on ne change pas d'avis.

AUGGIE. – Vinnie non plus ne change pas d'avis. Vinnie ne change pas...

DOT. – Te fatigue pas. A plus tard.

AUGGIE. – D'accord. Pas de conneries, hein ? *(Il lui donne une petite claque sur le derrière au moment où elle s'en va. Puis il se tourne vers Violette :)* Comment va, beauté ?

VIOLETTE. – Et toi, comment va ? Ravie de te voir, mon cœur. *(Elle embrasse Auggie sur la joue.)* Alors toi et moi, on va dansa-dansa, hein ? Samedi soir.

AUGGIE. – Samedi soir ?

VIOLETTE. – Oui.

AUGGIE. – Pas *ce* samedi soir. Tu veux dire le samedi suivant ?

VIOLETTE. – Déconne pas, Auggie, déconne pas.

Elle écrase sa cigarette par terre.

AUGGIE. – Oh. Qu'est-ce que tu fais ?

VIOLETTE. – Et toi, qu'est-ce que tu me fais, à moi ?

AUGGIE *(en désignant Jimmy)*. – Fais pas ça. C'est lui qui doit balayer.

VIOLETTE. – Auggie, t'as dit samedi soir. Te fous pas de moi, d'accord ? Qu'est-ce que t'essaies de me faire gober ? Tu dis le seize, je dis le seize, j'ai tout organisé.

AUGGIE. – Seigneur, y a quelque chose dans l'air ? Qu'est-ce qui vous prend ? Dot est à cran, tu es à cran. A cause de quoi ? *(Une pause.)* Qu'est-ce que t'as dans l'oreille ?

VIOLETTE *(montrant du geste un petit écouteur)*. – C'est ma musique.

AUGGIE. – Ecoute, mon cœur, samedi soir... Samedi soir j'ai promis à Tommy que je l'aiderais à vider l'appartement de son frère. Tu sais, son frère... son frère Chuck. On était ensemble dans la marine, et il est mort. Tu sais de quoi je parle ?

VIOLETTE. – Je sais pas de quoi tu parles, compris ? Chuck, Chuck, qui c'est ça, Chuck ?

AUGGIE. – Non, qui c'*était*, Chuck. Chuck est mort. Chuck est un type avec qui j'étais dans la marine, et il est mort.

VIOLETTE. – T'es en train de me doubler, c'est ça, mon chou ? Viens ici.

Elle se colle contre Auggie et l'entoure dans ses bras.

AUGGIE. – Te doubler, toi ? T'es bien trop belle pour qu'on te double.

VIOLETTE. – C'est qui ? Dot ? Sally ? Oh, je sais... C'est cette petite serveuse avec le gros *culo*, pas vrai ?

AUGGIE. – Tu me flattes, ma jolie. Non, non, jamais je te doublerais. Qu'est-ce qui te prend ? Je t'aime. Allez, cesse.

Il la serre dans ses bras.

16. EXT. JOUR. DEVANT *THE BROOKLYN CIGAR CO.*

Auggie sort, allume une cigarette et parcourt la rue du regard.

17. INT. NUIT. LA CHAMBRE DE VIOLETTE

Violette est assise devant sa table de toilette, en train de se maquiller en se regardant dans la glace.

VIOLETTE *(en larmes)*. – Tu me mens, Agosto. Et les gens qui mentent méritent pas qu'on les aime. Si tu déconnes avec Violetta, Violetta se défend. Je t'arrache les tripes, Auggie. Comme un tigre. Comme un putain de tigre... avec des dents aussi coupantes que des lames de rasoir. *(Elle aspire une bouffée de sa cigarette.)* Te fous pas de moi.

18. INTERVIEW D'UNE HABITANTE DE BROOKLYN

Tourné en vidéo. La promenade à Coney Island.

SASALINA GAMBINO. – Si les filles de Brooklyn savent se battre ? Bien sûr. Parce qu'on ne griffe pas, on ne tire pas les cheveux. On se bat comme des mecs. Aux poings, vous voyez ce que je veux dire ? Si on n'y arrive pas, on se servira d'une poubelle... ou d'une bouteille... ou de n'importe quoi. *(Coupe.)* Si j'ai un mec ? Ouais. C'est qu'un voyou, remarquez. Il est pas comme moi. Il n'aime pas considérer les choses et se calmer. Tout ce qu'il aime, c'est fumer de l'herbe et s'enfiler des canettes toute la journée. Et c'est tout ce qu'il fait. Je veux dire, je crois qu'il fume une livre d'herbe par jour. *(Coupe.)* C'est mon mec, mais je crois que je vais en changer. Parce qu'y a trop de Brooklyn en lui.

19. EXT. JOUR. DEVANT *THE BROOKLYN CIGAR CO.*

Des clients entrent et sortent, comme dans la scène 3.

20. INT. JOUR. *THE BROOKLYN CIGAR CO.*

Bob, un habitué, vient d'entrer et se tient devant le comptoir avec Auggie. Jimmy travaille dans un coin.

AUGGIE. – Un paquet de Lucky ?

BOB. – Vous savez quoi ? Non, je vais vous le dire... Il ne me reste qu'une cigarette... et j'ai décidé, voilà, de venir ici, je vais arrêter. Mais je voulais fumer celle-ci avec vous. Alors je me suis dit : "La dernière cigarette, on va la fumer chez Auggie."

AUGGIE. – Sans blague. Je suis très touché.

BOB. – Eh, Jimmy, tu veux prendre une photo de moi avec Auggie et ma dernière cigarette ? *(Il tend à Jimmy un appareil photo.)* Y a qu'à appuyer là. *(A Auggie :)* Et voilà, mon vieux.

AUGGIE. – D'accord, vous voulez que je me mette où ?

BOB. – Je ne sais pas. Si vous veniez par ici ?

AUGGIE. – Bob, vous savez...

BOB. – La dernière cigarette. Chez Auggie.

AUGGIE. – Je suis très touché que vous vouliez fumer votre dernière cigarette chez moi.

BOB. – Dites donc, ça fait douze ans que je viens ici... pour mes Lucky !

Fondu. Bob et Auggie prennent la pose.

BOB. – Attends, Jimmy, ton doigt est devant l'objectif. Ça va. Merci.

Jimmy prend la photo.

AUGGIE. – Ça y est, Jimmy.

Bob et Auggie s'assoient.

BOB. – Eh bien, voilà. Plus qu'une cigarette. *(Fondu.)* Je me souviens de ma première, mon vieux. J'avais des copains, ils volaient des cigarettes dans ce bazar, chez Bueler. Je m'en souviens encore. C'était dans cette espèce de faubourg d'Akron, Ohio, où je suis né. Alors on rentrait à la maison en longeant la voie du chemin de fer... on ouvrait le paquet... je m'en souviens encore... un paquet de Newport, je crois. On commençait par les renifler... ce menthol, vous savez... comme une odeur de bonbons. Et puis on les allumait... on se mettait à fumer... on toussait. Au bout de quelques minutes, on était malades, nauséeux... tout tournait. Mais on se sentait vachement cool. Les vrais sales mômes, des gamins de dix ans... en train de fumer. *(Fondu.)* Mais l'amour et les cigarettes, faut bien l'admettre... Ça, c'est le truc qui va vraiment me manquer...

AUGGIE. – L'amour ?

BOB. – Eh bien...

AUGGIE. – Vous renoncez aussi à l'amour ?

BOB. – Non.

AUGGIE. – C'est parce que vous ne pouvez plus fumer après ?

BOB. – Peut-être. Vous savez, je n'ai jamais eu une maîtresse qui ne fumait pas. Ça veut peut-être dire que si j'arrête je ne baiserai plus jamais. *(Fondu.)* Mais en griller une après l'amour... c'est comme... aucune cigarette n'a jamais cette saveur. Vous savez, celle qu'on fume ensemble, avec sa partenaire.

AUGGIE. – Le pied.

BOB. – C'est ça qui va me manquer... Et aussi avec le café. Café et cigarette, vous savez ? "Le breakfast des champions."

21. EXT. JOUR. DEVANT *THE BROOKLYN CIGAR CO.*

L'amateur de gaufres est debout devant le magasin. Tommy arrive.

L'AMATEUR DE GAUFRES. – Eh, mon brave.

TOMMY. – Eh, qu'est-ce qu'y a ? *(Il frappe à la vitre du magasin.)* Voulez un café ?

L'AMATEUR DE GAUFRES. – Faites gaffe aux peluches sur vot' costard.

TOMMY. – Les peluches ? Je déteste ça. Les peluches, ça me rend malade.

L'AMATEUR DE GAUFRES. – Permettez que je vous pose une question ?

TOMMY. – C'est quoi, votre question ?

L'AMATEUR DE GAUFRES. – J'ai rendez-vous ici pour un boulot, au 209 1/2... Dites, y aurait pas des infirmières qui habitent ce quartier ?

TOMMY. – Non. Il y a un hôpital après le cinquième carrefour, sur la gauche.

L'AMATEUR DE GAUFRES. – Ouais, je sais. L'hôpital, j'en sors, mon gars.

TOMMY. – Feriez bien d'y retourner, à ce qu'on dirait. *(Il désigne le genou blessé de l'amateur de gaufres.)* Qu'on vous refasse ce pansement.

L'AMATEUR DE GAUFRES. – Non, non, on vient de me le faire. *(Il regarde son genou.)* Oh, eh...

TOMMY. – Eh ben, on ne dirait pas.

L'AMATEUR DE GAUFRES. – Quel jour sommes-nous ?

TOMMY. – Aujourd'hui ? Mercredi. Vous cherchez quoi ?

L'AMATEUR DE GAUFRES *(pour lui-même, en réfléchissant).* – Mercredi... *(A Tommy.)* Je cherche le 209 1/2...

TOMMY. – Ici c'est le 211. Le 209 est de l'autre côté de la rue. Le demi est juste entre... Juste dans ce renfoncement.

L'AMATEUR DE GAUFRES. – Non, vous vous trompez. Le 209 est ici. Pas de l'autre côté de la rue. C'est le 208 qui est de l'autre côté de la rue.

TOMMY. – 211. D'accord, le 209 est là. 211... donc le 209 1/2 est juste entre ces deux immeubles.

L'AMATEUR DE GAUFRES. – J'en ai rien à cirer, de vos renseignements.

TOMMY. – Vous foutez quoi, là ?

L'AMATEUR DE GAUFRES. – Vous connaissez rien à rien.

TOMMY. – Ecoutez, c'est Brooklyn, ici. On n'est pas des numéros. Vous cherchez quoi ? C'est quoi, ce boulot que vous cherchez ?

L'AMATEUR DE GAUFRES. – Je cherche quatre dollars et quatre-vingt-quinze cents. Pour m'acheter une gaufre belge, mon vieux.

TOMMY. – Ah, ah ! Vous cherchez quatre dollars et quatre-vingt-quinze cents.

L'AMATEUR DE GAUFRES *(montrant à Tommy un menu de gaufres belges).* – C'est pas une œuvre d'art, ça ?

TOMMY *(regardant le menu).* – C'est magnifique. On n'en fait plus, des comme ça. Ça date. On n'en fait plus. Vous en trouverez pas. Faut rentrer à la maison en demander à maman. *(Une pause.)* Ça a l'air super-bon, sans blague...

Fondu. Une affiche pour les gaufres belges apparaît sur l'écran. Fondu. L'amateur de gaufres est seul dans la rue, en train de lécher le menu.

22. CARTON

Les mots suivants apparaissent sur l'écran :
MESSAGE DE LA PAPILLOTE : *VOTRE APPARENCE DÉPEND DE VOTRE DESTINATION.*

23. INTERVIEW D'UN HABITANT DE BROOKLYN

Tourné en vidéo. Intérieur d'un appartement.

CHIEF BEY. – Brooklyn a tout. Il y a des petites rivières qui la traversent. Les gens ne le savent pas. Il y a des chutes d'eau... et ils ne savent pas où. C'est tout simplement fantastique. C'est un grand et beau quartier. Il y a tout. Des plaines, des collines, des vallées, des bois. Et même des marais. *(Coupe.)* Quand on regarde les autres quartiers et qu'on les compare tous, Brooklyn est le plus grand... et le plus chicos de tous les quartiers.

24. INT. JOUR. *THE BROOKLYN CIGAR CO.*

Auggie et Tommy sont seuls dans le magasin, en train de bavarder. Le rappeur entre avec une mallette pleine de montres.

LE RAPPEUR. – Matez-moi ça, matez-moi ça, j'ai des montres, j'ai des toquantes, c'est pas d'la brocante. Seiko, Casio, Timex, Rolex... Et pour le sexe y a du latex... *(Il flanque sa mallette sur le comptoir et l'ouvre.)* Qu'est-ce t'en dis, mec ? J'ai de tout ici, mon pote.

AUGGIE *(amusé)*. – Je prendrai le lot.

LE RAPPEUR. – Sans blague, il te plaît, mon baratin ? J'ai une affaire du feu de Dieu. J'ai une affaire pour toi, ici. Pour toi, mister Brooklyn Cigar Company...

TOMMY. – Qu'est-ce que t'as ?

LE RAPPEUR. – J'en ai pour vingt et pour vingt-cinq dollars.

TOMMY. – Vingt et vingt-cinq dollars ?

LE RAPPEUR. – J'ai l'tarif africain, j'ai l'tarif européen. L'quel tu préfères ?

TOMMY. – Tarif africain ? Tarif européen ? Fais-moi voir quelque chose de bien.

LE RAPPEUR. – Eh bien, jette un œil, mon joli. Je t'explique ça dans un instant. Je m'occupe d'abord de l'Africain. Les Noirs d'abord, toujours.

TOMMY. – Rolex ?

LE RAPPEUR. – Rolex, mon joli. Une vraie affaire, lézard véritable.

TOMMY. – Où t'as eu ça ?

LE RAPPEUR. – Te bile pas pour ça, mon joli. J'ai la camelote. Aucun souci à te faire.

TOMMY *(il examine la montre)*. – Tu vas me vendre cette Rolex vingt, vingt-cinq, trente, quarante, cinquante... combien ?

LE RAPPEUR. – Prix africain ? Vingt-cinq dollars.

TOMMY. – Qu'est-ce ça veut dire ? Je viens pas d'Afrique.

25. EXT. JOUR. DEVANT *THE BROOKLYN CIGAR CO.*

L'une après l'autre, trois personnes récitent les statistiques suivantes :

HOMME. – Il y a huit cent soixante-douze mille sept cent deux Afro-Américains...

ADOLESCENT. – ... quatre cent douze mille neuf cent six Juifs...

JEUNE FEMME. – ... et quatre cent soixante-deux mille quatre cent onze Latino-Américains qui habitent Brooklyn.

26. INT. JOUR. *THE BROOKLYN CIGAR CO.*

Suite de la scène 24.

LE RAPPEUR. – Cite-moi un seul Black qui traînaille dans ce quartier. Qu'est-ce tu fous ici, mec ?

TOMMY. – Je m'appelle Tommy Fanelli. C'est mon nom.

LE RAPPEUR *(imitant l'accent italien de Brooklyn)*. – Tommy Fanelli ? Salut, Tommy Fanelli, t'es de Brooklyn, ou quoi ? Ce type... pitié ! *(Coupe.)* Pourquoi tu traînes dans ce quartier, mec ? Crown Heights, Howard Beach. Brooklyn, c'est nous, mon pote. Brooklyn, Bedford-Stuyvesant, marche ou crève. C'est de là que je viens.

TOMMY. – C'est mon quartier, ici.

LE RAPPEUR. – Ton quartier ? Fanelli. D'où t'as eu ce nom, Fanelli ?

TOMMY. – D'Italie.

LE RAPPEUR. – D'Italie ?

TOMMY. – Mon père est italien, ma mère est noire.

LE RAPPEUR. – Quoi... un mulâtre ? T'es pas un mulâtre. T'es aussi noir que moi, mec.

AUGGIE. – Eh, oh... ça va...

TOMMY. – Attends. Comment tu sais ce que je suis ?

LE RAPPEUR. – Je vais te dire une chose, homme noir…

TOMMY. – Si tu le sais mieux…

LE RAPPEUR. – Je vais te dire, homme noir. Je vais te dire, mon frère, mon frère Fanelli… je vais te dire…

TOMMY. – On se calme. Tu reviens sur terre. Sur terre, avec moi. C'est à moi que tu parles.

LE RAPPEUR. – Attends que je me pose, là. *(Juste à l'instant où il va s'asseoir, Vinnie entre dans le magasin.)* Minute, minute, minute…

Il se précipite sur ses montres.

AUGGIE. – Il a pas besoin de montre. C'est mon propriétaire.

LE RAPPEUR. – Excusez-moi, monsieur. Timex, Rolex, Casio, Seiko, tout ce qu'il vous faut, je l'ai dans le lot. Allez, mec, j'essaie de vous vendre… *(A Tommy :)* Le problème c'est que même quand j'essaie de vendre ces montres, je suis toujours un rappeur. C'est ça mon truc. Je rappe. Vous aimez le rap, tous ? *(A Auggie :)* Toi tu dois pas aimer ça.

VINNIE *(qui disparaît derrière le comptoir pour prendre sa guitare).* – Vous êtes un rappeur ?

LE RAPPEUR *(à Tommy).* – Toi non plus, t'es sans doute pas des masses rap. *(A Vinnie :)* J'essaie de me procurer du matos, mec. Tu m'achètes une montre ?

VINNIE *(émergeant de derrière le comptoir).* – J'ai le cœur lourd de chansons.

Il se met à jouer et à chanter un air country.

LE RAPPEUR *(l'interrompant).* – Minute. Qu'est-ce que vous avez, vous autres ? Vous êtes quoi, portoricains ? *(A Tommy :)* T'es noir ? *(A Vinnie :)* Billy Ray Cyrus ! C'est quoi le problème, dans ce quartier, mec ?

VINNIE. – Billy Ray quoi ?

LE RAPPEUR. – Vous voulez tous être blancs. C'est ça le problème, mec. Jouer cette... n'importe quoi... guitare sèche... country...

TOMMY. – Ce type est super.

VINNIE. – Tu viens d'où, toi ?

TOMMY. – Il sait pas d'où il vient.

LE RAPPEUR. – Bedford-Stuyvesant. Je *venais* d'Afrique. Mais, des fois que vous auriez oublié, ils nous ont volés à l'Afrique. *(Il marmonne :)* Un Noir... Fanelli...

VINNIE. – Moi je t'ai volé à l'Afrique ? Je peux pas t'y renvoyer ?

27. INT. JOUR. *THE BROOKLYN CIGAR CO.*

L'homme aux lunettes bizarres, comme précédemment.

L'HOMME. – Plus malheureux que moi pendant mes huit années d'enfance à Brooklyn, c'est impossible. Mais je disais ça avant de savoir comment ce serait à Long Island, qui fut encore bien pis. Et s'il est sans doute un traumatisme que j'ai eu dans l'enfance... à part le départ des *Dodgers* de Brooklyn qui, quand on y pense, est une des raisons pour lesquelles certains d'entre nous sont imbus d'un cynisme dont nous ne nous sommes jamais remis. Manifestement, vous n'êtes pas un fan des *Mets*. Et vous ne pouvez certainement pas être un fan des *Yankees*. Donc, le base-ball est éliminé de votre vie. Du fait d'être né à Brooklyn.

VOIX OFF. – Vous aimiez les *Dodgers* quand vous étiez gosse ?

L'HOMME. – Beaucoup. Je ne sais pas pourquoi. Je n'aime pas le base-ball. Mais bien sûr, il se peut que je n'aime pas le base-ball parce que les *Dodgers* ne sont plus là. De nos jours, si vous parlez des *Dodgers*, personne ne sait de quoi il s'agit. On croit que vous parlez de Los Angeles – et je ne pense pas aux *Dodgers* de Los Angeles. Mais Long Island... c'était terrible, absolument terrible. Je veux dire, au moins à Brooklyn on pouvait se balader.

28. INT. JOUR. *THE BROOKLYN CIGAR CO.*

Suite de la scène 26.

LE RAPPEUR. – Je suis de Brooklyn, mon vieux.

VINNIE. – Tu veux entendre un air de Brooklyn ?

LE RAPPEUR. – Tu connais des airs de Brooklyn ?

VINNIE. – Ouais.

Vinnie commence à jouer un air espagnol. Tommy et le rappeur se lèvent et dansent.

Montage vidéo des rues de Brooklyn et de leurs habitants, au son de la chanson de Vinnie.

Ensuite, retour dans le magasin :

LE RAPPEUR. – Eh, vieux, mon vieux, file-moi ça une minute.

VINNIE. – Ah, tu sais jouer ?

LE RAPPEUR. – Ouais, vieux, j'me débrouille.

VINNIE *(à Auggie)*. – Vend des montres, joue de la guitare...

LE RAPPEUR *(qui s'empare de la guitare)*. – Je te l'ai dit. *(Il commence à jouer et à chanter :)* Ouais, ah, mate ça, mate ça, mate ça. Achète-moi mes montres, j'ai là des coucous, j'ai l'heure, j'ai tout. Homme noir, homme noir, t'as perdu la boule. Assis comme t'es là sur ton cul tout noir. Assis sur une chaise, homme blanc bien à l'aise, me mate, s'en tape. J'sais bien que tu t'en tapes... Oh... *(Il agite les mains.)*... n'importe quoi...

29. INTERVIEW D'UN HABITANT DE BROOKLYN

Suite de la scène 23.

CHIEF BEY. – Ce que je préfère, à Brooklyn, c'est que toutes les nationalités du monde s'y retrouvent. *(Coupe.)* Ce que j'aime le moins ? C'est que toutes ces nationalités ne sont jamais arrivées à s'entendre.

30. EXT. JOUR. DEVANT *THE BROOKLYN CIGAR CO.*

L'une après l'autre, deux personnes récitent les statistiques suivantes :

HOMME. – Il y a trois millions deux cent soixante-huit mille cent vingt et un nids-de-poule à Brooklyn.

JEUNE FEMME. – Il y a eu trente-deux mille neuf cent soixante-dix-neuf voitures volées à Brooklyn l'an dernier. Et aucune n'était la mienne.

31. INT. JOUR. *THE BROOKLYN CIGAR CO.*

Suite de la scène 20.

BOB. – Vous savez, je crois que des tas de gens se sont mis à fumer parce que ça fait rêver... style Hollywood. Au cinéma. Vous savez, on voit Marlon Brando, on voit James Dean en train de fumer. Marlène Dietrich...

AUGGIE. – C'est comme ça que j'ai commencé.

BOB. – Ah oui ?

AUGGIE. – J'ai commencé à fumer parce que quand j'étais gamin, adolescent, j'ai vu ce film superbe, *Le Commando de la mort*. Vous l'avez vu ?

BOB. – Non.

AUGGIE. – Richard Conte et... euh... qui c'était l'autre ? Je me rappelle pas son nom. En tout cas, c'est pendant la campagne d'Europe. C'est la Deuxième Guerre mondiale, et ils sont dans l'armée. Richard Conte est mitrailleur, et il a un assistant, qui porte les munitions et tout ça... ou bien il porte la mitrailleuse. Et pendant qu'ils marchent sur la route vers la prochaine bataille, Richard Conte spécule sur la philosophie de la vie, et il répète tout le temps... "des clopes". Il a jamais de cigarettes. Et son partenaire soupire chaque fois... "Ahhh." Et, je sais pas pourquoi, de voir Richard Conte marcher au soleil en portant sa mitrailleuse... et en répétant "des clopes", ça me donnait envie de fumer. Je le faisais à mes copains au billard.

BOB. – Ah ouais ?

AUGGIE. – Je disais "des clopes", et ils disaient : "Tire-toi d'ici, bordel !"

Fondu.

BOB. – A propos de cinéma... ça me fait penser – ça n'a aucun rapport, mais ça me fait penser – je regardais la télé, l'autre soir, au Japon. On passait un film, et pourquoi est-ce que dans tous ces films où y a une fusillade, quand ils n'ont plus de balles – clic, clic – ils balancent leur arme. Comme si c'était un briquet jetable, ou je ne sais quoi. Qu'est-ce que ça signifie ? Ces armes coûtent très cher. Ils ne pourraient pas les recharger ? Vous voyez ce que je veux dire ? Chaque fois – clic – ils balancent leur arme.

AUGGIE. – C'est vrai.

BOB. – Et il y a autre chose, au cinéma, que je trouve vraiment incroyable... dans les films de guerre, par exemple... les nazis au cinéma... Pourquoi est-ce qu'ils fument toujours de cette façon incroyable... comme ça ? *(Il cale sa cigarette entre le médius et l'annulaire et fait semblant de brûler Auggie. Puis il la prend entre le pouce et l'index et le regarde d'un air mauvais.)* Ja, nous afons les moyens te fous vaire barler, Auggie. C'est comme une menace de brûlure... de torture ? Ou bien comme ça : Oui, nous safons qui fous êdes, nous afons fu ce gue fous afez vait. *(Fondu.)*

Mais le plus merdique, maintenant, c'est que quand on va à Hollywood – c'est eux qui nous ont rendus accro à la cigarette, avec leurs images de rêve – quand on y va, on ne peut plus fumer nulle part. C'est comme... Vous fumez, vous en grillez une à la fin d'un repas au restaurant, ils se ramènent *(Imitant une voix chichiteuse :)* "Je regrette, monsieur, la loi interdit de fumer dans les restaurants." Qu'est-ce que ça veut dire ? C'est eux qui nous ont foutus dedans, non ?

32. EXTRAIT DU *COMMANDO DE LA MORT*

PREMIER SOLDAT (RICHARD CONTE) *(en faisant claquer ses doigts)*. – Une clope.

DEUXIÈME SOLDAT (GEORGE TYNE). – Où est passée celle que je viens de te filer ?

PREMIER SOLDAT. – Je l'ai envoyée chez moi. Ils se rationnent en cigarettes, à la maison. *(Il fait claquer ses doigts.)* Une clope. *(Le deuxième soldat lui en passe une.)* Allumette. *(Il allume sa cigarette.)* Merci. C'est payant d'avoir des copains.

33. INT. JOUR. *THE BROOKLYN CIGAR CO.*

L'homme aux lunettes bizarres, comme précédemment.

L'HOMME. – Oui, je fume... et plusieurs de mes amis en sont morts. D'un autre côté, pendant que je fume une cigarette, je ne suis pas en train de descendre une bouteille de scotch... en un quart d'heure. Donc, vu comme ça, c'est bon pour ma santé. *(Coupe.)* Je ne me souviens pas de ma première cigarette. Je me souviens de la première fois que j'ai eu un... eh bien, vous devez connaître, puisque vous êtes de Brooklyn... un truc qu'on appelait un *punk*. Vous vous rappelez ? Un *punk*, c'était un long bâton vert. Une mince baguette *(Il écarte les mains.)* ... longue comme ça. Teinte en vert, avec Dieu sait quel enduit depuis à peu près trois pouces, jusqu'au bout. On l'allumait... et on faisait semblant de fumer. Bien entendu, on ne pouvait pas aspirer la fumée, c'était du bois... on pouvait se balader avec. On appelait ça un *punk*. C'est juste ? Ça je m'en souviens. Mais quand ça s'est transformé en une vraie Marlboro... honnêtement, je ne sais plus. Ça, comme la plupart de mes souvenirs d'enfance, je n'y ai pas accès. Mon enfance a été si détestable que je ne me rappelle absolument rien avant... je crois... l'âge de trente et un ans.

34. CARTON

Les mots suivants apparaissent sur l'écran :
PATENT PENDING (DÉPÔT DE MARQUE EN COURS).

35. EXT. JOUR. DEVANT *THE BROOKLYN CIGAR CO.*

Assis sur le présentoir à journaux, Tommy lit le journal du matin. Jimmy balaie à l'écart. Pete surgit du coin de la rue, une serviette sous le bras. Il passe devant Tommy puis s'arrête, se retourne et s'écrie, en pointant le doigt sur lui :

PETE. – Tommy !

TOMMY *(haussant les épaules)*. – Ouais.

PETE. – Pete.

TOMMY *(s'excite)*. – Pete ? Peter ? Peter Maloney !

PETE. – Peter Maloney.

TOMMY. – Oh mon Dieu ! Oh putain !

PETE. – Tommy. Tommy...

Il fait claquer ses doigts, en tentant de se rappeler le nom de famille de Tommy.

TOMMY *(encourageant)*. – Allez...

PETE. – Feccinimini... Fellini...

TOMMY. – Fanelli.

PETE. – Fanelli ! Tommy Fanelli !

TOMMY. – Peter Maloney, Midwood High...

PETE. – C'est ça.

TOMMY. – L'as des as... en algèbre. Le type qui pulvérisait les records. Qu'est-ce tu deviens, vieux ?

PETE. – Et toi, qu'est-ce que tu deviens ?

TOMMY. – Ça va, ça va.

PETE. – Je suis allé à Harvard. Passé ma licence de lettres à Harvard. Puis à Yale. Doctorat. Etudes interdisciplinaires... philosophie et biologie. *(Une pause.)* Et alors, qu'est-ce que tu... *(Il regarde autour de lui.)* C'est chez toi, ici ?

TOMMY *(haussant les épaules).* – Ouais... ouais... c'est chez moi. Plus ou moins...

PETE. – Toujours dans le quartier.

TOMMY. – Ouais, j'aime ce quartier.

PETE. – Dis, Tommy. Je peux m'asseoir ?

TOMMY *(assenant une claque sur le siège à côté du sien).* – Assieds-toi.

PETE. – Merci, super.

Il ne s'assied pas.

TOMMY. – On bavarde un moment ?

PETE. – Ouais, d'accord. Donc, euh... Je suis allé à Harvard. J'ai eu ma licence. Et puis je suis allé à Yale. J'ai eu mon doctorat. Etudes interdisciplinaires. Philosophie et biologie.

TOMMY. – Ouah ! J'ai toujours su...

PETE *(examinant Tommy).* – Tu as toujours porté ce chapeau. *(Il désigne Jimmy.)* Qui est-ce ?

TOMMY. – C'est Jimmy.

PETE. – Salut, Jimmy.

JIMMY. – Salut.

PETE. – Comment va ?

JIMMY. – Salut. Bien. Merci, bien.

PETE *(à Jimmy, en montrant Tommy).* – Il a toujours porté ce chapeau ?

JIMMY *(après un long silence).* – Je ne porte pas de chapeaux.

PETE *(à Tommy).* – Je peux m'asseoir ?

TOMMY *(avec chaleur).* – Ouais, assieds-toi.

Il frappe le siège à côté du sien. Pete ne s'assied pas.

PETE. – Alors, tu veux savoir ce que j'ai fait ?

TOMMY. – Ouais, qu'est-ce t'as fait pendant toutes ces années ?

PETE *(s'assied enfin. Chuchote à l'oreille de Tommy).* – Je ne peux pas en parler.

36. INT. JOUR. *THE BROOKLYN CIGAR CO.*

L'homme aux lunettes bizarres, comme précédemment.

L'HOMME – Mes lunettes représentent probablement l'avenir des lunettes... pour une certaine catégorie de gens. Je me suis adressé... Je suis d'abord allé au bureau d'enregistrement des brevets... pour mes lunettes. Et ça parce que... Faut que je vous explique ce que c'est que ces lunettes. *(Il passe le doigt à travers la monture vide.)* Elles n'ont de verres que sur le dessus.

37. EXT. JOUR. DEVANT *THE BROOKLYN CIGAR CO.*

Suite de la scène 35.

PETE. – As-tu entendu parler de la Fondation Bosco ?

TOMMY. – Ouais. Bosco... Bosco... *(Il rit.)* C'est ce lait chocolaté qu'on buvait quand on était gosses, c'est ça ? Elle est bonne. Elle est bonne, celle-là.

PETE. – Giuseppe Bosco était un industriel milanais. Tu n'en as jamais entendu parler ? Tu es à moitié italien, non ?

TOMMY. – Ouais...

PETE. – Ça je m'en souviens... Moitié italien, moitié...

TOMMY. – Par mon père.

PETE. – Et t'as jamais entendu parler de Giuseppe Bosco ?

TOMMY. – J'ai perdu le contact avec le pays des ancêtres, si tu vois ce que je veux dire.

PETE. – Eh bien, c'est l'inventeur...

TOMMY *(à Jimmy)*. – Jimmy, pourquoi tu t'assieds pas un moment ?

Jimmy s'assied.

PETE. – C'est l'inventeur de la Bible électronique. Tu connais la Bible électronique ?

TOMMY. – Ouais. La Bible électronique. J'en ai entendu parler... J'en ai entendu parler. C'est le truc où, quand tu t'éveilles le matin, tu pousses sur un petit bouton et les versets de la Bible t'apparaissent... ça s'allume... ça clignote...

38. INT. JOUR. *THE BROOKLYN CIGAR CO.*

L'homme aux lunettes bizarres, comme précédemment.

L'HOMME. – J'ai assisté au lancement d'une navette spatiale, et pendant que la navette décollait, j'ai pu passer les jumelles carrément à travers la monture... puisqu'il n'y avait pas de verres. Et tous ces scientifiques se bousculaient autour de moi : "Comment puis-je me procurer une paire de lunettes comme ça ? Comment puis-je me procurer une paire de lunettes comme ça ?" Parce qu'ils étaient tous là avec leurs lunettes pendues à des petits cordons minables autour de leurs cous, ou plantées sur leurs crânes chauves. Ou bien, je vais au restaurant et quand je veux lire le menu... hop, je relève les verres. Et les gens viennent me demander : "Comment puis-je me procurer une paire de lunettes qui fait ça ?" Donc j'ai vu où était mon avenir, que mon avenir consistait peut-être à fabriquer des montures de lunettes. Ou à me faire sponsoriser par un fabricant de montures... Et je les appellerais : *Vues de Lou*.

39. EXT. JOUR. DEVANT *THE BROOKLYN CIGAR CO.*

Suite de la scène 37.

PETE. – Le principe de base, c'est qu'on fait des enquêtes un peu partout. Et puis on prend les réponses des gens et on les canalise vers une philosophie... en principe... qui doit les aider à mieux vivre. J'ai là... euh... tu veux pas... tu veux pas répondre à un questionnaire ? Je peux te poser quelques questions ?

TOMMY. – Qui, moi ?

PETE. – Parce que j'ai un quota, et vraiment tu me rendrais service...

TOMMY. – Comme ça, ici ?

PETE. – Oui, on peut faire ça ici.

TOMMY. – Sûr. Bien sûr. J'ai rien à perdre. Pourquoi pas ? Allons-y.

Fondu.

PETE. – Crois-tu en Dieu, Tommy ?

TOMMY. – Ouais, je crois en Dieu.

PETE *(il note la réponse)*. – Bon. *(Une pause.)* Vraiment ?

TOMMY. – Quoi... pas toi ?

PETE. – Je crois qu'il y a un Dieu... et que ce n'est pas moi.

Fondu.

Penses-tu qu'il existe une vie intelligente sur d'autres planètes – ou que nous sommes seuls dans l'univers ?

TOMMY. – La vie existe sur d'autres planètes.

PETE *(il note la réponse)*. – Bon.

TOMMY. – Je ne sais pas si elle est intelligente ou non, mais sinon, pourquoi on serait toujours là ? On est toujours là.

PETE. – Ça peut être que oui ou non.

TOMMY. – Oui.

PETE. – Y a-t-il quelqu'un que tu détestes au point de vouloir sa mort ? Et si quelqu'un te disait pouvoir tuer cette personne pour toi sans que le crime soit jamais découvert, tu lui dirais allez-y, faites-le ?

TOMMY. – Elle est vache, celle-là. Je ne souhaite la mort de personne.

PETE. – C'est Pete ici, Tommy. Tu peux me le dire.

TOMMY. – Bon, d'accord, d'accord. Peut-être un type. OK ?

PETE. – Il y a toujours ce putain de type, tu sais, cet unique putain de salaud.

TOMMY. – Juste un putain de type.

PETE. – Juste un putain de type, c'est ça.

Fondu.

Bien. Es-tu satisfait de la forme et de la taille de ton pénis ?

TOMMY. – Eh, Pete, ça va. C'est une question personnelle, ça, une question personnelle.

PETE. – Personne ne saura que c'est toi. Il n'y a pas de noms...

TOMMY. – Qui va voir ces trucs ?

PETE. – On les introduit dans un ordinateur, c'est tout. T'as pas vu *2001* ? C'est comme Hal. On branche ça dans Hal...

TOMMY. – D'accord, d'accord.

PETE. – ... fondé sur la théorie du chaos...

TOMMY *(à Jimmy)*. – Jimmy. Jimmy, tire-toi d'ici. D'accord ? Bouche-toi les oreilles deux minutes.

PETE. – Jimmy a un panier... Laisse tomber...

TOMMY. – Non.

PETE. – Non ? Que veux-tu dire ? Non, tu n'es pas satisfait ? C'est quoi ? Calibre, pas de portée ? Portée, pas de calibre ? Ni calibre ni portée ?

TOMMY. – Strictement entre nous ? La longueur, ça va. L'épaisseur, c'est moins sûr. Et il est un peu courbé vers la gauche.

PETE. – T'en as un courbe ?

TOMMY. – Tu sais, il dévie un peu.

PETE. – Un courbe. *(Il écrit la réponse.)* Bon. Ça compte dans les fers à cheval.

Fondu.

Bon. Combien d'argent faudrait-il pour que tu acceptes de manger un bol de merde, Tom ?

TOMMY *(il rit)*. – Ah ! Laisse-moi te dire quelque chose. Ça, je le ferais pas. Je veux dire, tout le monde a son prix, mais pas moi. Pas moi, pas Tommy Fanelli.

PETE. – Pas de merde pour Tommy.

TOMMY. – Je mange pas de merde. C'est contraire à ma religion.

PETE. – C'est quoi, ta religion, Tommy ?

TOMMY. – La religion du sens commun, Peter. Tu devrais l'essayer un jour ou l'autre.

PETE. – J'en ai été. On m'a excommunié.

40. INTERVIEW D'UN HABITANT DE BROOKLYN

Tourné en vidéo. Prospect Park.

IAN FRAZIER. – Une chose qu'on a ici à Brooklyn, je le sais parce que j'ai circulé dans le pays et j'ai regardé si y en avait ailleurs, c'est des sacs en plastique accrochés dans les arbres. Et ça, vraiment, ça me rend dingue. C'est comme un étendard... du chaos. Un sac dans un arbre. C'est un symbole. Et avant, quand j'en voyais, ça me flanquait les boules. Et puis un jour je me suis rendu compte qu'on pouvait les enlever de là. Alors avec un de mes copains, on a fabriqué une longue perche à sacs... pour laquelle nous avons déposé une demande de brevet, en fait. Parce que personne n'a jamais fabriqué un truc pour enlever les sacs des arbres. Et ça marche très bien. C'est une longue perche en aluminium, et nous atteignons maintenant, pratiquement, au moins cinquante pieds. *(Coupe.)* On se marre, on fait de l'exercice, des extensions en élevant cette grande perche. On marche pas mal, et ça améliore nettement les choses... ça améliore les arbres. *(Vue d'un sac en plastique dans un arbre.)* Voilà le sac dans un arbre type. On peut l'enregistrer sur film. Nous savons qu'il a existé, et quand vous reviendrez, ce ne sera plus qu'une image sur film. Parce que je l'aurai enlevé.

VOIX OFF. – C'est votre mission à Brooklyn ?

IAN FRAZIER. – Eh bien, je ne considère pas ça comme une mission. Ce serait plutôt un hobby, un truc à faire avec mes copains. C'est marrant à faire, et c'est très satisfaisant. Dans le temps, quand je voyais un sac comme ça, je haussais les épaules et je me disais : "Bon, y a ce sac." Maintenant, je vois le sac et je pense : "Tu vas dégager, bonhomme."

41. CARTON

Les mots suivants apparaissent sur l'écran :
QUESTIONS DE FRIC.

42. EXT. JOUR. DEVANT *THE BROOKLYN CIGAR CO.*

Une jeune femme vêtue d'un sari se tient devant le magasin.

JEUNE FEMME. — Autrefois, il y avait à Brooklyn une équipe de base-ball de *major league*. Mais il y a très longtemps de cela.

43. EXTRAIT D'UNE ANCIENNE BANDE D'ACTUALITÉS

En alternance, vues de Jackie Robinson en train de courir entre les bases, et vues de la foule à Ebbets Field.

44. INTERVIEW D'UN HABITANT DE BROOKLYN

Tourné en vidéo. Un gymnase à Brooklyn Heights.

ROBERT JACKSON. — Mais, oh la la, le jour où les *Dodgers* ont dû quitter Brooklyn, je crois qu'y a jamais eu pire. Sauf à la déclaration de la guerre, peut-être. Mais à part ça, je crois pas que Brooklyn ait jamais connu un jour plus noir que celui où les *Dodgers* ont été envoyés en Californie... et où la masse des démolisseurs est tombée sur Ebbets Field. *(Coupe.)* C'était un truc unique. Le stade... le terrain... on aurait dit un petit club campagnard de l'ancien temps. Tous les fans se connaissaient. Le *Dodger Symphony*, c'était un groupe de travailleurs qui jouaient du trombone, de la trompette, de la batterie, et en général ils se contentaient de déconner... et tout le monde les aimait. Et ils s'en faisaient pas. *(Coupe.)* Les joueurs habitaient tous à Brooklyn. Ils n'étaient pas tous de Brooklyn, mais ils habitaient Bedford Avenue et louaient des appartements tout autour du stade, autour d'Ebbets Field. Tout le monde les connaissait dans le quartier. Eh, Duke Snider, Jackie... ça va ? Vous savez, des trucs de ce genre. C'était comme une famille. *(Coupe.)* Maintenant ? Fini, le base-ball, à Brooklyn.

45. INT. NUIT. *THE BROOKLYN CIGAR CO.*

Musique. L'Orchestre national John Lurie joue dans le magasin.

46. INT. NUIT. *THE BROOKLYN CIGAR CO.*

Vinnie et Auggie discutent dans le magasin. Jimmy vaque en silence à ses tâches.

VINNIE. – Eh, Auggie, c'est une fortune. Je serais fou de cracher dessus.

AUGGIE. – Après dix-neuf ans, tu vas te tirer comme ça ? Je peux pas le croire.

VINNIE. – Question de fric. Ça fait des années que cette boutique perd de l'argent. Tu le sais aussi bien que moi.

AUGGIE. – Mais t'en as plein, de l'argent, Vin. Toutes ces affaires immobilières là-bas sur l'île. Je veux dire que tout ce que t'as à faire, c'est décompter tes pertes de tes impôts.

VINNIE. – Il est trop tard. On est déjà engagés.

AUGGIE. – Alors la *Brooklyn Cigar Company* va se transformer en boutique bio ?

VINNIE. – Les temps changent, Auggie. Exit le tabac, place aux germes de blé. Tu sais, ce ne sera peut-être pas plus mal pour toi non plus. Je veux dire, pour toi aussi, il est peut-être temps de bouger. J'aime pas l'idée de te voir vieillir assis derrière ce comptoir.

AUGGIE. – Tout le monde vieillit. Qu'est-ce que ça peut faire, où ça se passe ?

VINNIE. – Plus de cigares à l'œil, hein, Auggie ?

AUGGIE *(pensif)*. – Tu devrais vraiment y réfléchir à fond avant de permettre ça, Vincent. Je veux dire, d'accord, c'est qu'une minable petite boutique de quartier de rien du tout. Mais tout le monde vient ici. Pas seulement les fumeurs...

Les gosses viennent, les écoliers, pour leurs bonbons... la vieille Mrs McKenna pour ses magazines à l'eau de rose... Louis le Louf pour ses pastilles contre la toux... Frank Diaz pour son *El Diario*... le gros Mr Chen pour ses mots croisés. Tout le quartier vient ici. C'est un foyer, qui contribue à la vie du quartier. Va voir à vingt rues d'ici : des mômes de douze ans s'entretuent pour une paire de tennis. Si tu fermes cette boutique, c'est un clou de plus dans le cercueil. Tu aideras à achever ce quartier.

VINNIE. – T'essaies de me flanquer des remords ? C'est ça ?

AUGGIE. – Non. Je te rappelle les faits, c'est tout. T'en fais ce que tu veux.

47. INT. JOUR. *THE BROOKLYN CIGAR CO.*

Vinnie est seul dans le magasin, assis sur un tabouret devant le comptoir, perdu dans ses pensées.

VINNIE. – Cet Auggie. Il va me rendre dingue. J'ai à peine arrangé l'affaire, et crac, le voilà qui vient me jouer ses putains de violons. Brooklyn... Brooklyn. Je devrais me soucier de Brooklyn, moi ? J'habite même plus dans ce patelin de merde.

Jackie Robinson apparaît soudain dans le magasin, en tenue de Dodger. *Vinnie relève la tête et le regarde avec ahurissement.*

JACKIE ROBINSON. – Salut, Vinnie.

VINNIE. – Jackie ?

JACKIE ROBINSON. – En personne, vieux.

VINNIE. – Jackie... Le plus grand de tous les joueurs. Je priais pour toi tous les soirs, quand j'étais gosse.

JACKIE ROBINSON. – Je suis le type qui a transformé l'Amérique, Vinnie. Et j'ai fait ça ici même, à Brooklyn. Oh, on m'a craché dessus, on m'a maudit, on a fait de ma vie un

enfer sans fin... et je n'avais pas le droit de me défendre.
C'est pas donné, d'être un martyr. Je suis mort à cinquante-
trois ans, Vinnie, plus jeune que toi maintenant. Mais j'étais
un sacré joueur, pas vrai ?

VINNIE. – Le meilleur, Jackie. Y a jamais eu meilleur que toi.

JACKIE ROBINSON. – Ça a changé, après moi. Et pas seulement
pour les Noirs. Pour les Blancs aussi. Après moi... eh bien,
les Blancs et les Noirs ne se sont plus jamais regardés de
la même façon. Et tout ça s'est passé ici. A Brooklyn.

VINNIE. – Ouais. Et là-dessus ils ont déplacé l'équipe. Ça
m'a presque brisé le cœur. Qu'est-ce qu'ils avaient besoin
de faire une connerie pareille ?

JACKIE ROBINSON. – Question de fric, Vinnie. Ebbets Field a
peut-être disparu, maintenant, mais ce qui s'y est passé vit
encore dans les mémoires. C'est ça qui compte, Vinnie.
L'esprit passe avant la matière. Y a des choses plus importantes dans la vie que le base-ball. *(Il regarde par la
fenêtre.)* Mais Brooklyn se porte bien, dirait-on. Plus ou
moins pareil que la dernière fois que je l'ai vu. Et Prospect Park, là-bas... toujours aussi beau. *(Une pause.)* Dis
donc, Vinnie. Est-ce qu'on vend encore de ces gaufres
belges, tu sais ? Bon Dieu, qu'est-ce que je donnerais pas
pour enfoncer mes dents dans une gaufre belge ! Avec
deux boules de glace à la pistache, quelques rondelles de
banane par-dessus... Seigneur, ce que ces trucs-là peuvent
me manquer !

VINNIE. – Des gaufres belges ? Sûr qu'on en fait encore. Va
à deux rues d'ici, au *Cosmic Diner*, Jackie, on t'y donnera
toutes les gaufres belges que tu voudras.

JACKIE ROBINSON. – Merci, camarade. Ça me déplairait pas.
Une journée à Brooklyn ne serait pas complète si on ne
s'offrait pas une gaufre belge, pas vrai ?

Jackie se détourne et sort du magasin.

48. EXT. JOUR. DEVANT *THE BROOKLYN CIGAR CO.*

Un homme en costume arabe traditionnel est debout devant le magasin.

L'HOMME. – Chaque jour, sept mille neuf cent quatre-vingt-dix-neuf gaufres belges sont consommées dans les restaurants de Brooklyn.

49. INTERVIEW D'UN HABITANT DE BROOKLYN

Tourné en vidéo, sur le seuil d'un immeuble brownstone.

LUC SANTE. – Bien sûr, les gaufres, c'est important, en Belgique. Mais elles ne ressemblent pas aux "gaufres belges". Il n'y a pas de crème fouettée dessus. C'est un truc qui a commencé avec l'Exposition internationale de New York, en 1964, où on en faisait une promotion monstre dans le soi-disant Village belge. Un des aspects les plus chouettes des gaufres belges, c'est que si on voyage dans le pays et qu'on s'arrête dans des relais routiers ou des restaus de camionneurs, on voit encore sur le menu : "Nouveau, point d'exclamation, gaufres belges", bien que ça se trouve sur ce menu depuis trente ans. La culture gaufre en Belgique est complexe. Les gaufres sont généralement fabriquées en grandes quantités, et puis on les mange froides. C'est pas quelque chose qu'on mange au petit déjeuner. C'est plutôt comme des biscuits ou... ou du pain aux raisins... ce genre de choses-là. On les mange avec du café dans l'après-midi. La gaufre belge telle qu'on la connaît ici, avec une montagne de fraises et de crème fouettée, c'est un truc qui ne manque jamais d'étonner les Belges. *(Coupe.)* Je pense que les Belges aiment assez les gaufres belges, mais que pour eux c'est un truc typiquement américain. Elles ont ce côté hollywoodien, excessif, que les Belges, vous savez... c'est pas tellement leur genre d'exagérer les choses à ce point-là.

50. EXT. JOUR. DEVANT *THE BROOKLYN CIGAR CO.*

Des clients entrent et sortent, comme aux scènes 3 et 19.

51. INT. JOUR. *THE BROOKLYN CIGAR CO.*

Suite de la scène 31.

BOB. – Les cigarettes sont en quelque sorte un rappel de notre nature mortelle, vous savez ? Chaque bouffée est comme un moment fugitif, une pensée fugitive. Vous savez : on fume, la fumée disparaît. Ça vous rappelle que vivre est aussi mourir, d'une certaine manière. Je sais pas, elles vont me manquer. Mais en tout cas, c'est la dernière. A la vôtre, Auggie.

AUGGIE *(imitant un roulement de tambour)*. – Ta-da... boum !

BOB *(il tente d'allumer sa cigarette ; son briquet refuse de marcher)*. – Zut. Il est naze. Vous avez du feu ?

Fondu. Bob allume sa cigarette avec une allumette.

AUGGIE. – Adios.

BOB *(en fumant)*. – Adios, amigo.

AUGGIE. – Adios, cigarettos.

BOB. – LS égale MFT.

AUGGIE. – *Loose stomach means full toilet.*

BOB. – Ou quelque chose comme ça.

AUGGIE. – Quand on était mômes, c'est ça qu'on disait à propos des Lucky Strike.

BOB *(montrant le paquet à Auggie)*. – Ouais, c'est là*.

AUGGIE. – Qu'est-ce que je vous disais.

BOB *(examinant le paquet)*. – Ça aussi, j'adore : *"It's toasted."*

---

* Les lettres LSMFT *(Lucky Strike means Fine Tobacco)* figurent sur les paquets américains de cette marque. La blague de sales gamins que rappelle Auggie – qui signifie à peu près : "Estomac vide, cuvette pleine" – joue sur ces initiales ; quant à la mention *"It's toasted"*, on peut la lire en France aussi sur les paquets de Lucky. *(N.d.T.)*

AUGGIE. – Oh la la. Ils en mettent un coup, pas vrai ? Elle est bonne ?

BOB *(inspirant profondément).* – Divine.

Fondu. Il aspire la dernière bouffée ; souffle la fumée. Puis se penche et laisse tomber la cigarette par terre.

Et voilà. Trente secondes sur Tôkyô.

Il imite le bruit de bombes en train de tomber.

AUGGIE. – Larguez ! *(Après quelques instants, il se tourne vers Bob et lui offre une cigarette.)* Z'en voulez une ?

BOB *(il rit).* – Non merci. J'ai arrêté.

52. EXTRAIT D'UNE ANCIENNE BANDE D'ACTUALITÉS

La démolition d'Ebbets Field.

VOIX DU PRÉSENTATEUR. – Ebbets Field, le joyau de Flatbush, va céder la place à des immeubles d'habitation. Le vieux stade, au bout de presque un demi-siècle d'existence, arrive en fin de parcours. Les tribunes où ont hurlé jadis des milliers de spectateurs attendent une équipe de saccageurs d'un autre genre. On déterre le marbre, auquel une niche est réservée dans le musée du Base-Ball à Cooperstown. Au cours de cette triste cérémonie, Roy Campanella est entouré des ex-*Dodgers* Tommy Holmes, Ralph Branca et Carl Erskine. Ils assistent stoïquement à la démolition de leur vieux terrain de jeu. Et maintenant, place à la balle, de nouveau. Mais pas du genre de celles qu'applaudissaient les supporters des *Dodgers*. Cette fois, Ebbets Field a perdu.

53. BROOKLYN : MONTAGE

Tourné en vidéo. Images de toute une série de rues, d'immeubles et de panneaux... se terminant sur une plaque indiquant le site d'Ebbets Field et une vue des "Ebbets Field Apartments".

54. INTERVIEW DE RÉSIDENTS DE BROOKLYN

Suite de la scène 18.

SASALINA GAMBINO. – C'est mon anniversaire aujourd'hui. Dix-huit ans...

VOIX OFF *(chantant).* – Joyeux anniversaire...

SASALINA GAMBINO. – Ça c'est gentil. Personne ne me l'a encore chanté. *(Coupe.)* Brooklyn va s'occuper de moi ce soir, quand même. Si je vais me balader en racontant à tout le monde que c'est mon anniversaire, on va fêter ça. Vous verrez des feux d'artifice, mais ce sera des coups de fusil. *(Elle rit.)* Et ils vont sans doute m'envoyer des gâteaux et des œufs à la figure, et des chaussettes bourrées de farine. C'est comme ça qu'on va me fêter mon anniversaire. Je reçois pas de gâteau pour en manger, faut qu'on me l'écrase sur la figure ou qu'on me tabasse avec une chaussette, ce sera ça ma surprise-party. Je rentrerai dans mon immeuble, et quelqu'un m'enverra un coup de chaussette ou un œuf, y a des chances. *(Coupe.)* Bonne journée, tout le monde.

VOIX OFF. – Toi aussi. Bon anniversaire.

SASALINA GAMBINO. – Merci.

55. CARTON

Les mots suivants apparaissent sur l'écran :
ÉCOUTEZ-MOI.

56. INT. NUIT. LA CHAMBRE DE VIOLETTE

Suite de la scène 17.

VIOLETTE. – Oh, Agosto, tu me mets dans un de ces états ! Mes *tripas*... elles tremblent... Aïe, Agosto, tu serais si merveilleux... si seulement t'étais différent. *(Exaspérée.)* Cet Auggie, cet Auggie... il va me rendre marteau. D'abord il dit oui, et puis il dit non. C'est oui, c'est non, c'est une autre fois, peut-être. Mais Ramón, voyez-vous, il connaît pas une autre fois. Il joue chez Freddy le seize. Et maintenant Agosto il m'annonce qu'il est pas libre le seize. Qu'est-ce qu'y se passe ici, hein ? Y a quelqu'un qui est sourd ou quoi ? Je me tue à y espliquer et ça sert jamais à rien.

57. INT. JOUR. *THE BROOKLYN CIGAR CO.*

Auggie est seul dans la boutique. Dot entre en trombe.

DOT. – Verrouille cette porte. Je veux que tu verrouilles cette porte.

AUGGIE. – Qu'est-ce qui t'arrive, Dot ?

DOT. – J'ai pas envie de te parler. J'ai rien envie de te dire. S'il s'amène, le laisse pas entrer.

AUGGIE. – Vinnie ?

DOT. – Ouais. *(Elle s'approche de la caisse enregistreuse.)* Où est le fric ? Je sais qu'il garde du fric ici. Où est le fric ?

AUGGIE. – Justement, j'allais faire la caisse…

DOT. – Je sais qu'il a un magot caché ici quelque part… en plus de ce qu'y a là-dedans, c'est pas vrai ?

AUGGIE. – Non…

DOT *(elle ouvre la caisse et s'empare de l'argent).* – Je prends ça, en tout cas.

AUGGIE. – Dot, qu'est-ce qui t'arrive ? C'est rien que la recette d'aujourd'hui. Qu'est-ce que tu fabriques ?

DOT. – Je prends le fric. Je te l'ai déjà dit… je pars à Las Vegas. Toute seule. Je lui ai demandé d'y aller, et lui il n'a pas envie d'y aller. Alors je pars à Las Vegas, et c'est pas que pour un jour ou deux, je m'en vais là-bas… et y se pourrait que je m'y installe. Tu piges ?

AUGGIE. – Qu'est-ce qui s'est passé ?

DOT. – Ce qui s'est passé ! Je te l'ai dit, ce qui s'est passé. C'est qu'un emmerdeur. Je vais vivre des choses passionnantes. Je vais aller à Las Vegas, et je vais attendre de rencontrer Wayne Newton. Et alors, si je rencontre Wayne Newton, je lui cours après dans la rue... et je l'enfourche comme Jolly Jumper ! *(Coupe.)* Je veux me tirer, et je veux m'éclater. Et c'est ce que je vais faire. C'est ce que je vais faire, et essaie pas de me faire changer d'avis. Parce que la dernière fois que j'ai essayé de te parler, t'avais rien à me dire. Et moi non plus j'ai rien à te dire. Et lui, j'aurai rien à y dire non plus. Et toi tu lui diras ça de ma part. *(Coupe.)* Je lui ai donné une chance de partir avec moi, et il a dit non. Je lui donnerai pas de seconde chance.

AUGGIE. – T'es pas en train de le quitter, dis donc ? Je veux dire, t'as pas fait tes valises et tout ça ?

DOT. – Non, j'ai que ce que je porte sur moi. J'ai besoin de rien, parce qu'il y a des magasins à Las Vegas. Pour les femmes fortes et séduisantes. *(Coupe. Dot et Auggie sont debout près du comptoir, face à face.)* Ton existence n'a rien d'ennuyeux, c'est ça ? Ça te branche vachement, tout ce que tu fais ? Ça te branche vachement, tout ça ? Tout est nickel, super, parfait, c'est ça ?

AUGGIE. – Je me trouve bien là où je suis, ouais.

DOT. – Je crois pas que t'es bien où t'es. Ça fait longtemps que je te connais, et je crois pas que t'es bien où t'es. Ce que je t'en dis, c'est en amie. Je crois que tu pourrais être bien mieux ailleurs.

AUGGIE. – Par exemple ?

DOT. – Je sais pas, je crois que tu pourrais être mieux ailleurs. Par exemple, je crois que tu pourrais être mieux ailleurs, par exemple, Las Vegas ce serait mieux. *(Pause.)* Tu veux pas partir avec moi ?

AUGGIE. – Hein ?

DOT. – Je veux dire que j'ai de l'argent, tout ça...

AUGGIE. – Dot, bon Dieu, Dot...

Coupe.

DOT. – Je pense que tu mériterais d'être aimé... foutrement fort. C'est vrai, c'est ce que je pense de toi. Et je sais que ça, tu l'as pas. Et moi je pourrais faire ça. Je... pourrais... je pourrais faire ça. *(Elle tire une bouffée de la cigarette d'Auggie.)* File-moi un peu de ça. Je pourrais t'aimer très fort.

AUGGIE. – Bon Dieu, Dot.

Coupe.

DOT. – Tu viendrais pas à Las Vegas avec moi ?

AUGGIE. – Bon Dieu, Dot.

DOT *(elle attire Auggie contre elle).* – Tu viendrais pas à Las Vegas avec moi ? *(Ils s'embrassent.)* Tu viens à Las Vegas avec moi ?

AUGGIE. – Dot, bon Dieu, Vinnie est mon ami, Dot.

DOT. – Des amis, tout le monde en a. T'en as plein, des amis.

AUGGIE *(en se dégageant).* – Dot, c'est pas bien, Dot. Dot, non. Non, non, Dot, c'est pas bien. C'est pas bien. Ecoute, je t'aime vraiment beaucoup. Je t'aime vraiment beaucoup, mais ça, c'est pas bien. C'est pas bien, c'est pas bien... c'est pas bien.

DOT. – Ecoute. Ecoute, rien n'est bien.

AUGGIE. – Non... non... non... non...

DOT. – Y a jamais rien de bien dans tout ce foutu bordel de monde, tu sais ? Les trucs qui sont mal... ils sont bons !

AUGGIE. – Ouais, ça pourrait être bon, c'est vrai... c'est vrai...

DOT. – Ça pourrait être bon. Tu sais ce que je veux dire ? Ça pourrait être bon. J'ai toujours eu envie de t'embrasser.

AUGGIE. – Ça c'est mal… c'est mal…

DOT. – J'ai toujours eu envie de t'embrasser. Laisse-moi t'embrasser.

AUGGIE. – Eh ben, je peux pas dire que j'ai jamais eu envie de t'embrasser. Je peux pas dire… *(Dot essaie de l'embrasser de nouveau.)* Non… non… non… non. *(Auggie s'écarte.)* Dot, je t'en prie, arrête. Je t'en prie, arrête.

DOT. – Très bien, va te faire foutre. Je me casse ! *(Elle va vers la porte dans un tourbillon.)* Salut !

Elle sort.

AUGGIE *(il marche en long et en large).* – Bordel de bordel. *(La porte se rouvre ; entre Vinnie.)* Comment ça va ? Et alors ?

VINNIE. – Qu'est-ce qui se passe ?

AUGGIE. – T'as vu Dot sortir ? Elle vient de sortir d'ici.

VINNIE. – Qu'est-ce qui se passe ? Elle m'a pas dit un mot.

AUGGIE. – Qu'est-ce qui ne va pas ? Elle avait l'air dans tous ses états. *(Vinnie sort de la boutique ; Auggie continue à aller et venir, en s'essuyant la bouche avec un mouchoir. A l'extérieur, une dispute étouffée commence entre Vinnie et Dot.)* Oh la la, oh la la…

VOIX DE DOT. – Parce que je voulais pas que tu entres ! Tu comprends ? Quelle langue tu parles ?

Vinnie et Dot entrent ensemble dans la boutique.

VINNIE. – Tu ne t'en vas nulle part.

DOT. – Et pourquoi ?

VINNIE. – Comment, pourquoi ? Qu'est-ce que tu veux dire ?

DOT. – Je pars à Las Vegas.

VINNIE. – Pour quoi faire ?

DOT. – Pour quoi faire ? Pour être dans le showbiz. Pour m'amuser. Pour faire autre chose que de te regarder assis sur le canapé… devant cette saloperie de télé.

VINNIE. – Dans le showbiz ? Tu veux être dans le showbiz ?

DOT. – Eh bien, *dans le monde* du showbiz.

VINNIE. – Tu n'iras pas à Las Vegas, tu n'iras nulle part.

DOT. – Ça te regarde absolument plus, ce que je fais.

VINNIE. – Ah non ?

DOT. – Non.

VINNIE. – Et depuis quand ?

DOT. – Depuis que je t'ai dit que ce que je fais te regarde absolument plus. C'est-à-dire maintenant. *Et toc !*

Coupe.

DOT *(à Auggie)*. – Alors tu lui dis que je lui parle pas. *(A Vinnie :)* Je te parle pas. *(A Auggie :)* Veux-tu s'il te plaît lui dire que je lui parle pas ? *(A Vinnie :)* Parce que je te parle pas !

VINNIE. – Qu'est-ce que t'as ? Qu'est-ce qui se passe ?

DOT *(à Auggie)*. – Je lui parle pas. Dis-lui que je lui parlerai pas !

AUGGIE. – Tu veux que je lui dise ça ?

DOT. – Quoi ? Cent fois, tu veux que je te le répète ?

VINNIE. – Qu'est-ce que j'ai fait ?

DOT *(à Vinnie)*. – Je te parle pas, Vinnie !

VINNIE. – A qui tu parles ?

DOT. – C't à lui que je parle. C'est mon ami, à moi aussi. C'est pas seulement ton ami. C'est aussi mon ami. Je suis venue ici pour lui parler. *(A Auggie :)* Je veux que tu lui dises ce que je t'ai demandé de lui dire ! Dis-lui que je lui parle pas ! Tu peux pas faire ça ? Doux Jésus !

AUGGIE *(à Vinnie)*. – Elle te parle pas.

VINNIE *(à Dot)*. – Pourquoi pas ?

DOT *(à Auggie).* – Merci !

VINNIE. – Pourquoi pas ?

DOT. – Je ne *répondrai* pas ! Je ne dirai *pas* pourquoi ! *(A Auggie :)* Dis-lui que je lui parle pas parce qu'il sait pas communiquer. Tu peux lui dire ça ? Je ne lui parle pas. Et pourquoi : parce qu'il sait pas communiquer. Et on peut pas parler à des gens qui savent pas communiquer. Et moi je parle pas à quelqu'un qui sait pas communiquer ! *(Coupe.)* Communiquer. Tu connais le sens de ce mot ?

VINNIE. – Oui. Qu'est-ce qui t'arrive ?

DOT. – Quel est le sens de ce mot ? Dis-moi le sens de ce mot. Donne-moi une définition.

VINNIE. – Parler ensemble.

DOT. – Parler. Mais qu'est-ce qui vient après parler ? T'as la moindre idée de ce qui vient après parler ? Ça commence par un E, je peux te le dire. Ça commence par un E. Ça a trois syllabes. Tu sais ce que c'est ?

VINNIE. – Ouais.

DOT. – Qu'est-ce que c'est ?

VINNIE. – Ecouter.

DOT. – Oui ! Merci. T'as gagné le jackpot, bravo.

VINNIE. – Ça va, ça va… je t'écoute.

DOT. – Non, tu sais pas écouter.

Coupe.

VINNIE. – Je t'écoute !

DOT. – Eh ben, je te l'ai dit, quel est le problème. Pourquoi tu le demandes encore ? Je t'ai dit, quel est le problème ! Alors me demande pas quel est le problème ! Parce que je te l'ai dit. C'est que t'écoutes pas.

Coupe.

VINNIE. – Je t'écoute !

DOT. – T'écoutes pas !

VINNIE. – Quel est le problème ?

DOT. – Le problème c'est que jamais, jamais t'écoutes.

VINNIE. – Je t'écoute, en ce moment.

DOT. – T'écoutes pas.

VINNIE. – Quoi ? Quoi ? Quoi ? Quoi ? C'est quoi, le problème ?

DOT. – Le problème c'est que t'écoutes pas.

VINNIE. – J'écoute !

DOT. – Le problème c'est que t'écoutes pas.

VINNIE. – Explique-moi !

DOT. – Tu m'écoutes pas.

VINNIE *(désespéré, se tourne vers Auggie)*. – Qu'est-ce que je fais ?

AUGGIE. – Tu écoutes.

VINNIE *(à Dot)*. – J'écoute.

Dot pousse un profond soupir.

58. INT. NUIT. LA CHAMBRE DE VIOLETTE

Suite de la scène 56. Violette est en train de changer de robe en chantant Fever, *toute seule, devant son miroir. Pendant qu'elle chante, on entend ses pensées :*

VOIX DE VIOLETTE *(par-dessus la chanson)*. – Ah, Agosto... C'était vraiment super, hier soir, mon cœur. Tu me surprendras toujours. Et Ramón, il était si fier de toi. T'as dansé comme ce Gene Kelly de mes deux... Las Vegas ? Qu'est-ce qui te fait penser que j'ai envie d'y aller ? On a tout le spectacle qu'on veut ici à Brooklyn !

59. CARTON

Les mots suivants apparaissent sur l'écran :
ENCORE UNE FOIS, AVEC ÂME.

60. INT. JOUR. *THE BROOKLYN CIGAR CO.*

Auggie est derrière le comptoir. Tommy, Dennis et Jerry traînent à leur place habituelle.

TOMMY *(à Jerry et Dennis)*. – Je ne parle pas du jeu. Ce que je veux dire... Je dis simplement... en ce qui me concerne... *(Entre le rappeur, en complet blanc.)* Ce que j'en pense... Laisse tomber, Dennis. Laisse tomber.

LE RAPPEUR *(s'approche du comptoir et s'adresse à Auggie, avec un fort accent latino)*. – C'est vous le chef ?

AUGGIE. – Ouais.

LE RAPPEUR. – J'ai quelque chose pour vous.

AUGGIE. – Quoi ça ?

LE RAPPEUR. – Des cigares cubains.

AUGGIE. – Ah ouais ?

LE RAPPEUR. – J'ai des relations. Je pourrais faire ça... et ça baignerait pour vous, mec.

AUGGIE. – Quel genre de cigares ?

TOMMY *(au rappeur, en riant de le reconnaître)*. – T'as failli m'avoir. *(A Auggie :)* Il a failli m'avoir !

LE RAPPEUR. – Que voulez-vous dire ?

TOMMY *(à Auggie)*. – Allez, Auggie, tu ne vois pas ?

LE RAPPEUR. – Il s'agit d'affaires sérieuses ici, mon cher.

TOMMY *(à Auggie)*. – Tu vois pas ? T'entends pas cette voix ? Il était là la semaine dernière avec des montres !

LE RAPPEUR. – De quoi vous parlez ? Savez pas qui je suis, mon cher. J'ai des relations.

Il se met à rire, et se trahit.

AUGGIE. – Faut que tu me fasses sacrément marcher !

LE RAPPEUR *(riant toujours)*. – J'ai des relations.

AUGGIE *(à la blague)*. – Fais-moi un bisou.

LE RAPPEUR. – Tu veux un bisou, mon joli ?

TOMMY. – Oh, merde, encore une magouille. Toujours dans les magouilles, hein ?

AUGGIE. – T'étais sérieux, à propos des cigares ?

LE RAPPEUR. – Non.

TOMMY. – T'as des combines pour tout.

AUGGIE. – Tu te plais, ici ? Tu te sens seul ?

LE RAPPEUR *(à Tommy, en exhibant son costume)*. – Ça te plaît ?

TOMMY. – Impeccable. Super. T'es qui, cette semaine ?

LE RAPPEUR *(en reprenant son accent latino)*. – Valentino.

TOMMY. – Valentino, ah ?

LE RAPPEUR. – Le séducteur. Le *latin lover*.

TOMMY. – Tu te prends la tête pour inventer ces trucs-là ?

LE RAPPEUR. – En fait, je vais... J'ai rendez-vous à trois heures et demie. J'ai un contrat pour un disque... qui *pourrait* se faire.

TOMMY. – C'est ça, et puis tu achèteras le pont de Brooklyn ?

LE RAPPEUR. – Ha, ha ! très drôle ! Non, sérieusement, vieux, je suis très musicien.

TOMMY *(à Auggie)*. – Il pourrait le faire.

LE RAPPEUR. – J'ai un enregistrement...

AUGGIE. – Tu as une voix…

LE RAPPEUR. – Dieu bénisse Brooklyn, grâce à qui je suis ce que je suis.

TOMMY. – Eh bien, vraiment, tu devrais le faire.

LE RAPPEUR. – Faire quoi ?

TOMMY. – Tu peux le faire ?

LE RAPPEUR. – Je peux faire quoi ?

TOMMY. – Enregistrer un disque.

LE RAPPEUR. – Ouais, je crois. Aujourd'hui… en principe. A trois heures et demie.

TOMMY. – Bonne chance, vieux. Bonne chance à toi.

LE RAPPEUR. – Merci, merci. Je suis content que le costume vous plaise, les gars. Je m'étais dit que j'essaierais de vous feinter encore une fois avant de m'en aller. Encore une petite feinte. Tu piges ? *(A Jerry :)* T'es d'où, toi ?

JERRY. – Moi ? Eh bien, ma famille vient de…

LE RAPPEUR. – Ma famille ? Pourquoi ils disent tous ça ? *(Il montre Tommy du doigt.)* Lui, il vient d'Italie. *(A Jerry :)* Et toi, t'es d'où ?

JERRY. – Je suis fier d'être…

LE RAPPEUR. – Français ? Portoricain ?

JERRY. – Je suis portoricain, latino jusqu'à la moelle…

LE RAPPEUR. – Qu'est-ce qui ne va pas, vous autres ?

JERRY. – Dis donc, de quoi tu parles ?

LE RAPPEUR *(braquant l'index sur Dennis)*. – Maintenant tu vas me dire qu'il est noir. *(Sur Tommy :)* Lui, il est italien. *(Sur Jerry :)* Toi t'es français. *(Et de nouveau sur Dennis :)* Et lui est noir. Qu'est-ce t'en dis, mon frère ? Comment tu vas, homme noir ?

TOMMY *(entraînant le rappeur à l'écart)*. – T'as un rap formidable, formidable, mais faut que tu ailles jusqu'au bout.

LE RAPPEUR. – Qu'est-ce que tu racontes... jusqu'au bout ? Vise le costard, mon joli !

TOMMY. – Le costard... Je reconnais, l'habit fait le mec, mais tu sais, faut que tu décides ce que tu veux faire de ta vie. Tu t'en vas, là, et la semaine prochaine... *(A Auggie :)* la semaine prochaine il va revenir, il sera dans la vente de voitures d'occase, là-dehors... ou de pneus...

LE RAPPEUR. – Nan, la semaine prochaine j'aurai un contrat pour un disque.

TOMMY. – Tu pourrais avoir un contrat pour un disque. Mais faut faire ce qu'il faut.

LE RAPPEUR *(il tire une bouffée d'un gros cigare)*. – T'aimes le cigare ? Je me suis mis à fumer.

TOMMY. – J'aime le cigare. Tu sais, y a des tas de possibilités. On ne sait jamais de quoi il retourne dans la vie.

LE RAPPEUR. – Ecoute, ça c'est ton problème. Je crois que t'es pas très réaliste, homme noir.

TOMMY. – Je suis réaliste.

LE RAPPEUR. – Ecoute, la dernière fois que j'étais ici, tu m'as vraiment fait chier, mec. A traîner ici avec tous ces Blancs. Maintenant, t'as Julio là-bas qui joue à être François. Pitié !

TOMMY. – Un de mes copains... on avait dix ans, d'accord ?... on lui avait tous dit chiche que tu cambrioles pas ce marchand de poulet frit. Le proprio était un vieil Allemand, et on se disait, cet Allemand, c'est un vrai cave, c'est un Blanc... On vivait à Harlem, vu ?... donc on lui dit chiche que t'y vas pas. Ce gamin, il avait des couilles, vu ? Il entre, mais le vieux avait déjà enfermé la recette de la soirée, d'accord ? Mais il avait un peu de fric en poche. Alors le gars, il entre, et il frappe le gars sur la tête avec une bouteille. Il prend un peu de fric dans la poche du gars et le laisse pour mort sur le sol. D'accord ? Le gars ne meurt pas... évidemment... un gamin de dix ans. Il rentre chez lui, d'accord ? Sa mère demande : Où t'as trouvé cet argent ? Elle vient dans sa chambre pour le réveiller le lendemain matin, et l'argent est sur la commode. Où t'as trouvé cet argent ? Il va pas le lui dire, où il a trouvé l'argent... hein ? Elle découvre que le type du coin s'est fait voler, elle fait le lien. Elle prend le gamin par le col, elle le ramène dans le magasin, d'accord ? Le type est là, un bandage autour du crâne, il fait sa journée de boulot. Elle demande : C'est mon fils qui vous a volé ? Le type regarde le gamin. Ouais, je crois que c'était lui. Mais ça va, il a que dix ans, il est jeune. Tant pis, qu'elle dit, il est à vous. Qu'est-ce que vous voulez en faire ? Vous voulez l'envoyer en taule ? Vous voulez qu'il travaille pour vous ? Qu'est-ce que vous voulez ? Alors il donne un boulot au gosse. Le gosse balaie le magasin... juste comme Jimmy... il balaie le magasin tous les jours. D'accord ? Et puis, petit à petit, il lave la vaisselle, et puis, petit à petit, il essuie les tables... tu me suis ? Je rencontre ce type dix ans plus tard. Je le regarde, je lui demande : Qu'est-ce que tu deviens ? Il me dit : Tu te souviens, ce marchand de poulet frit ? Le marchand de poulet frit ! que je dis. C'était quand t'avais dix ans. Il me répond : C'est moi le patron. L'Allemand était mort... il lui avait légué le truc, et le gars gagne des mille et des cents.

LE RAPPEUR. — Ecoute, ça c'est ton problème. Je suis un Noir, faut que je vende du poulet frit. C'est ton problème. Faut que j'aille vendre du poulet.

JERRY. — C'est pas ça qu'il dit...

TOMMY. — C'est pas ce que je veux dire...

LE RAPPEUR. — Ça n'a rien à voir avec mon enregistrement.

TOMMY. — J'essaie d'expliquer quelque chose. Mon idée c'est... mon idée c'est... que d'un truc vraiment dégueulasse peut sortir quelque chose de vraiment super.

Vinnie entre dans la boutique.

LE RAPPEUR *(à Tommy).* — T'as des pastèques, aussi ?

JERRY. – Allez, écrase, c'est pas ça l'idée...

LE RAPPEUR. – Relax, Max, je blaguais. Je t'ai eu. Merci. Les Noirs doivent se serrer les coudes.

VINNIE *(il s'arrête à côté du rappeur et désigne son poignet).* – J'ai une montre.

LE RAPPEUR. – Eh, qu'est-ce que tu penses de mon costard ? *Te gusta ?*

VINNIE. – Formidable.

TOMMY *(au rappeur).* – Dis donc, où sont les dix dollars que je t'ai filés la semaine dernière ? Tu te rappelles les dix dollars ? T'as la mémoire courte. Tu te rappelles les dix dollars que je t'ai filés ?

LE RAPPEUR. – Ouais.

TOMMY *(en lui tapotant l'épaule).* – Dès que tu peux, tu me les rends, d'accord ?

LE RAPPEUR. – D'accord, merci, vieux. *(Il sourit.)* Me suis acheté du poulet frit avec.

VINNIE *(derrière le comptoir, sa guitare à la main).* – J'ai une bonne nouvelle, et j'ai une mauvaise nouvelle. La bonne, c'est que vous êtes tous là. La mauvaise, c'est que je vais chanter.

Tout le monde geint. Vinnie commence à jouer et à chanter. Tous l'accompagnent.

61. EXT. JOUR. DEVANT *THE BROOKLYN CIGAR CO.*

Tommy et l'amateur de gaufres, comme à la scène 21.

TOMMY. – Voulez que je vous achète une gaufre ?

L'AMATEUR DE GAUFRES. – C'est ça l'idée.

TOMMY. – C'est ça l'idée. Et alors, vous voulez venir avec moi pendant que je vous achète une gaufre ?

L'AMATEUR DE GAUFRES. – Ouais.

TOMMY. – Parce que je vous donnerai pas d'argent.

L'AMATEUR DE GAUFRES. – Je veux pas d'argent. Je veux une gaufre.

TOMMY. – Je donne pas d'argent aux mendigots.

L'AMATEUR DE GAUFRES. – Je peux vous dire un truc ? Je voudrais deux gaufres. Je voudrais une gaufre que je mangerai tout de suite. L'autre, je l'emballerai et je l'emporterai. Parce que ma femme est enceinte et euh...

TOMMY. – Vous voulez une gaufre pour tout de suite... et une à emporter ?

L'AMATEUR DE GAUFRES. – Parce que... il existe une éthique... un code du cannibalisme. Et j'ai vu l'échographie de ma femme... La vie... C'est une belle chose...

TOMMY. – La vie est vraiment une belle chose. On va vous chasser d'ici, voyez ce que je veux dire ? Si vous voulez une gaufre belge, allez en Belgique. Mais n'allez pas du côté hollandais, allez du côté français.

Il s'éloigne.

L'AMATEUR DE GAUFRES *(il crie)*. – Et si je veux une crème de Boston, faut que j'aille à Boston ?

62. INT. JOUR. *THE BROOKLYN CIGAR CO.*

Suite de la scène 57.

DOT. – Je veux aller à Las Vegas. J'suis jamais allée à Las Vegas.

VINNIE. – Je vais t'emmener à Las Vegas.

DOT. – T'avais promis de m'emmener à Las Vegas. Y est plus question que tu m'emmènes à Las Vegas *maintenant*. Après que t'as dit que tu m'emmènerais pas à Las Vegas, tu vas pas retourner ta veste et m'emmener à Las Vegas, parce que j'ai aucune envie d'aller à Las Vegas avec un type qui n'a pas envie de m'emmener à Las Vegas. *(Vinnie s'approche d'elle.)* Fous le camp.

VINNIE. – Calme-toi, s'il te plaît. Allez, viens.

DOT. – Fous le camp. D'accord, j'irai à Las Vegas. Et j'irai toute seule. Et je ferai tout ce que j'ai envie de faire, tout ce que j'avais oublié que j'avais envie de faire et que je me rappelle tout à coup que j'ai envie de faire. Et je vais le faire... tout ce que j'aurai envie de faire.

VINNIE. – Ecoute, je règle deux ou trois trucs et on y va. Dans deux petites semaines, je te promets. Je te le jure.

DOT. – Dans deux petites semaines ! C'est tout de suite que je veux y aller. Si t'es sérieux quand tu dis que tu vas m'emmener à Las Vegas, alors tu prends tes trucs et tu m'emmènes tout de suite à Las Vegas. Tout de suite. Là, maintenant. Ou j'y vais toute seule. J'attends pas deux semaines de plus. Je veux y aller tout de suite !

VINNIE. – D'accord, rentrons à la maison...

DOT. – Non, je veux pas aller à la maison. Je veux aller à Las Vegas. *Tout de suite !* Et j'irai avec ou sans toi, parce que j'ai déjà de l'argent. Alors tu viens avec moi ou pas ? D'ailleurs je vais même pas te demander ça. Oublie ce que j'ai dit. Parce que t'as déjà dit non, et je te laisserai pas me dire non une deuxième fois.

VINNIE. – On part à Vegas. Maintenant. Là, tout de suite. *(A Auggie.)* On part à Vegas, Auggie.

AUGGIE. – Amusez-vous bien.

VINNIE *(à Dot)*. – D'accord ? Oui, on part à Vegas. OK ?

DOT. – Maintenant ? Sans faire de bagages ?

Elle et Vinnie s'embrassent.

VINNIE *(sortant avec Dot)*. – On part à Vegas, Auggie.

DOT. – A un de ces jours.

AUGGIE. – Adios.

Auggie verrouille la porte puis revient au comptoir avec un large sourire. Il écrase sa cigarette. Fondu sur magasin vide.

63. EXT. JOUR. DEVANT *THE BROOKLYN CIGAR CO.*

Auggie et Jimmy sont debout sur le trottoir. Une jeune femme (la messagère) en tenue légère arrive du coin de la rue et s'approche d'Auggie.

LA MESSAGÈRE. – C'est bien la *Brooklyn Cigar Co.* ?

AUGGIE. – Soi-même. Que puis-je pour vous ?

LA MESSAGÈRE. – Je cherche un M. Augustus Wren.

AUGGIE. – Eh bien, vous l'avez trouvé, beauté.

LA MESSAGÈRE. – Super. J'étais encore jamais venue à Brooklyn. J'étais pas sûre de vous dénicher.

AUGGIE. – Vous savez, Brooklyn est sur la carte. On a même des rues, par ici. Et aussi l'électricité.

LA MESSAGÈRE. – Pas possible ! *(Une pause.)* Alors ?

AUGGIE. – Alors quoi ?

LA MESSAGÈRE. – J'ai un télégramme pour vous.

AUGGIE. – Personne n'est mort, j'espère.

LA MESSAGÈRE. – Un télégramme chantant.

AUGGIE. – De mieux en mieux.

LA MESSAGÈRE. – Prêt ?

AUGGIE. – Quand vous voudrez.

LA MESSAGÈRE *(elle chante et danse).* – Marché annulé, stop. Ba-ba-ba-ba-ba-ba-ba-boum. Vends pas la boutique, stop. Ba-ba-ba-ba-ba-ba-ba-boum. A la semaine prochaine, stop.

Ba-ba-ba-ba-ba-ba-ba-boum. Te fais plein d'bises... bises... bises de Las Vegas ! Ba-ba-ba-ba-ba-ba-ba-boum.

AUGGIE. – De la dynamite, mon petit cœur. De la dynamite. A mon avis, ça vaut au moins une prime de cinq dollars.

Il lui donne l'argent.

LA MESSAGÈRE. – Cinq dollars ? Merci beaucoup, m'sieu. Je vais enfin pouvoir acheter cet appareil auditif dont ma mère a besoin depuis si longtemps.

Elle s'en va.

AUGGIE *(il crie)*. – Si des fois vous avez d'autres bonnes nouvelles à apporter, vous savez où me trouver. *(Il lit le télégramme à Jimmy.)* Marché annulé... vends pas la boutique, stop... à la semaine prochaine... bises de Las Vegas. Ba-ba-boum, Jimmy !

Il étreint Jimmy.

JIMMY. – On ne doit pas partir ?

AUGGIE. – Non, on ne doit pas partir, Jimmy. Continue à balayer. Balaie tout Brooklyn, Jimmy ! Brooklyn est à toi !

64. CARTON

Le texte suivant se déroule sur l'écran : A la fin, cinq cent soixante-douze citoyens émergèrent des hauteurs, des plaines et des marais de Brooklyn pour faire la fête. Ils dansèrent jusqu'à l'arrivée des camions poubelles pour la tournée du matin. Le premier enfant d'Auggie et Violette fut conçu cette nuit-là dans le débit de tabac. Ils le nommèrent Jackie. Son premier aliment solide fut une gaufre belge.

65. EXT. JOUR. LA RUE

Plan d'ensemble : une grande fête de quartier bat son plein.

Gros plan : Auggie et Violette en train de danser.

66. CARTON

Les mots suivants apparaissent sur l'écran :
LES COMÉDIENS.

67. MONTAGE : LES ACTEURS

L'un après l'autre, en musique, on voit passer les différents acteurs et leur nom imprimé sur l'écran.

68. CLIPS ET POSTGÉNÉRIQUE

Le postgénérique se déroule, entrecoupé par les clips suivants :

A. *L'HOMME AUX LUNETTES BIZARRES*
Voix off. – Pourquoi tu fumes encore ?
L'homme. – Je n'avale pas la fumée !

B. *L'AMATEUR DE GAUFRES ET JERRY*
L'amateur de gaufres. – Eh, l'ami !
Jerry. – Faut que j'y aille. Ecoutez, vieux, faites-moi plaisir...
L'amateur de gaufres *(en français)*. – Passez-vous...
Jerry. – Dégage... Gardez vos distances. Faites gaffe.
L'amateur de gaufres. – Z'auriez pas un Kleenex ?

C. *BOB ET AUGGIE*
Auggie. – Eh, l'ami !
Fusil sous-marin électronique. – Recule, connard !
Auggie rit.
Bob. – Vous savez, au cas où on serait coincés, ou quoi ; y a qu'à sortir le poisson.

D. *AUGGIE ET VIOLETTE*
Violette. – Des gaufres belges ? Auggie, je t'en prie, d'accord ? Tu crois que je vais manger c'te saloperie et foutre en l'air un corps pareil ?
Elle rit.

E. DOT, AUGGIE, VINNIE

Dot *(brandissant un revolver)*. – Dis-lui que je lui parle pas !

Auggie. – Dot ! Qu'est-ce que tu fais ? Qu'est-ce que tu fais ?

Il tente de lui prendre le revolver.

Dot. – Rends-moi mon flingue, salaud !

Elle lui lance un coup de genou dans le bas-ventre.

F. TOMMY ET JERRY

Tommy *(faisant la leçon à Jerry)*. – Je suis assis ici dehors avec mon journal. Pour la plupart des gens, j'ai l'air de ne rien foutre. Je prends un café, d'accord ? Je fume un cigare. Je passe le temps avec Auggie. Mais ils me regardent... Ils me lèvent leur chapeau. Bonjour, comment ça va ? Toi, si on te regarde, qu'est-ce qu'on voit ? On te prend pour un voyou.

G. L'AMATEUR DE GAUFRES ET DENNIS

Dennis. – C'est pas un aliment. C'est du sucre... et de la merde. Tu sais ce que ça provoque ? Le diabète.

L'amateur de gaufres. – Non, pas à moi.

Dennis. – Ah non ?

L'amateur de gaufres. – Non, j'ai des antisucre.

H. BOB ET AUGGIE

Bob. – J'avais un copain, vieux, il aimait tellement les cigarettes qu'il faisait sonner son réveil au milieu de la nuit. Par exemple, il allait dormir, il le réglait sur quatre heures plus tard. Il se réveille. Il en grille une.

I. PETE ET TOMMY

Pete. – Tu regardes le produit de tes intestins avant de tirer la chasse ?

Tommy. – Oh, ça va, Peter !

Pete. – Juste pour me faire plaisir. Tu regardes ? allez... c'est... ouah !... un flotteur d'un pied de long. T'as même pas envie de lui dire adieu. Tu lui donnes un nom.

J. LE RAPPEUR, AUGGIE ET LES PARIEURS
Le rappeur. – Je téléphone beaucoup *(Imitant l'accent italien.)*, comme ça les gens voient pas que je suis noir. Mais en réalité je crois que je suis sicilien.
Jerry. – C'est bon, ça, très bon... Je te suis complètement.
Le rappeur. – Tu me crois. Tu me crois. Alors là j'en crois pas mes oreilles !

K. LE RAPPEUR, AUGGIE ET LES PARIEURS
Le rappeur. – C'est le même problème qu'on a eu l'autre fois. Parce que je suis noir, vous croyez que je ne peux pas être italien !

L. LE RAPPEUR, AUGGIE ET LES PARIEURS
Auggie. – Si ça c'était sicilien, moi je suis Malcolm X.

M. DOT, AUGGIE, VINNIE
Dot *(tentant de baisser le store)*. – Désolé, c'est fermé.
Auggie. – Eh, Dot, tu ne peux pas faire ça !
Dot *(le store remonte, révélant Vinnie devant la porte)*. – Zut !
Auggie. – Dot, Dot... Qu'est-ce que tu fiches ?
Dot. – Ferme ce foutu truc. Tu ne lui adresseras pas la parole.

N. VIOLETTE ET AUGGIE
Violette *(elle enlève sa veste et la laisse tomber sur le sol)*. – Etre ou ne pas être, voilà la question.
Auggie *(gesticulant)*. – Jimmy, verrouille la porte.

O. RUPAUL ET LES DANSEURS
RuPaul. – D'accord, Brooklyn, je vais t'apprendre une nouvelle danse. Ça s'appelle le cha-cha-cha de Brooklyn. C'est très simple. OK ? On fait comme ça. OK ? Un, deux, croisé, écarté, en arrière, en arrière, cha-cha-cha. Un, deux, en avant, un, croisé, écarté, en avant, cha-cha-cha. Un, deux, là, là, mmh, mmh. Croisé, écarté, un, deux, trois.
Rires.

P. LE COMMANDO DE LA MORT
Premier acteur. – Moi une clope.
Second acteur. – Dernier paquet.
Premier acteur *(tandis que des mains se tendent vers le paquet)*. – Otez vos sales pattes de là.

TABLE

L'INVENTION DE LA SOLITUDE	7
Portrait d'un homme invisible	9
Le livre de la mémoire	85
Index des citations	201
LE VOYAGE D'ANNA BLUME	205
MOON PALACE	379
LA MUSIQUE DU HASARD	709
LÉVIATHAN	927
SMOKE	1203
Préface de Wayne Wang	1205
Entretien de Paul Auster avec Annette Insdorf :	
L'invention de *Smoke*	1207
Smoke	1227
LE CONTE DE NOËL D'AUGGIE WREN	1331
BROOKLYN BOOGIE	1345
"C'est Brooklyn, ici. On n'est pas des numéros !"	1347
Notes pour les acteurs, juillet et octobre 1994	
(scènes et commentaires)	1351
Brooklyn Boogie	1397

OUVRAGE RÉALISÉ
PAR L'ATELIER GRAPHIQUE ACTES SUD
REPRODUIT ET ACHEVÉ D'IMPRIMER
EN AOÛT 2003
PAR NORMANDIE ROTO IMPRESSION S.A.S.
61250 LONRAI
POUR LE COMPTE DES ÉDITIONS
ACTES SUD
LE MÉJAN
PLACE NINA-BERBEROVA
13200 ARLES